致謝

新刊《新華嚴論》終于與讀者朋友們見面了！本論的學術價值臺灣華嚴學會的海雲繼夢法師在後面的叙言裏有詳細的論證。在此我們想特別説明的是：

首先特别感謝海雲繼夢法師，是法師的一再倡導，促成了本書的策劃、編輯以及最終的出版。是爲緣起。

其次，要感謝陝西師範大學宗教研究中心華嚴研究所，特别是所長吴言生教授，感謝他在本書的編輯整理過程中給予的大力協助和支持。

在此我們特别表示深深的謝意！

書僮圖書工作室／如風
2005年10月26日
于漱玉齋

論藏名著選編

主編·李利安

整理·楊航 康曉紅

新華嚴經論

[唐] 李通玄 著

壹

西北大學出版社

图书在版编目(CIP)数据

新华严经论/(唐)李通玄著;杨航,康晓红整理 .—西安:西北大学出版社,2005.11
(论藏名著选编/李利安主编)
ISBN 7-5604-2064-8
Ⅰ.新… Ⅱ.①李…②杨…③康… Ⅲ.大乘—论藏 Ⅳ.B942.1
中国版本图书馆 CIP 数据核字(2005)第 100825 号

论藏名著选编

新华严经论

作　　者:李通玄
整　　理:杨　航　康晓红
主　　编:李利安

出版发行:西北大学出版社
策　　划:书僮图书工作室
地　　址:西安市太白北路 229 号
购书电话:029-88302590　84337138
邮政编码:710069
印　　刷:陕西地质印刷厂

开　　本:880 毫米×1230 毫米　1/32
印　　张:75
字　　数:912 千字
版　　次:2005 年 11 月第 1 版　第 1 次印刷
书　　号:ISBN 7-5604-2064-8/B·59
定　　价:148.00 元(共伍册)

《论藏名著选编》总序

人类生活在这个地球上，总会遇到各种各样的疑惑和烦恼，无论在科技落后、物资匮乏的古代，还是在科技飞速发展、物质生活极大丰富的今天，这些疑惑和烦恼都始终弥漫在人们的心头，牵制着人类的现实生活，缠绕着人类前进的脚步。为了消除这些疑惑和烦恼，人类曾提出了许许多多的理论，试图对这些奥秘进行解释，并采取了各种不同的实践方法，希望摆脱烦恼的羁绊，实现快乐幸福的人生，于是形成了各种不同的思想学说，并逐渐融合完善，形成各种不同的文明体系。从世界范围内来看，最有名的人类文明要算中华文明、印度文明、欧洲文明、伊斯兰文明等四大文明体系。今天，这四大文明体系中的欧洲文明和伊斯兰文明正面临着巨大的困惑，并相互形成激烈的冲突，引起整个世界的动荡和不宁。而印度文明和中华文明却以其宽厚、圆融、深邃、超脱、友善等优势而越来越受到世人的关注和喜爱。尤其是由印度文明和中华文明共同浇灌而成的佛教文明，就像一颗璀璨的明珠，日益成为整个东方文明的象征。佛教文明塑造的这种神奇精湛的东方文化与东方艺术，深刻地影响了东方社会生活的方方面面，喜爱和信仰佛教的人，也由此获得精神的超越和心灵的安详，从而体验到人性的庄严和生命的快乐。

佛教思想体系的宏大与深邃早已为世人所惊叹，诠释这些思想体系之经典的宏阔与复杂也使世人对佛教文明有了客观的认识。按照佛教固有的分类方法，这些经典可以划分为经、律、论三个有机组成部分，合称“三藏”。经藏为佛所说之经典，音译“素怛缆藏”、“修多罗藏”，意译“契经藏”，意思是上契诸佛之理，下契众生之机；律藏为佛所制定之律仪，音译“毗奈耶藏”、“毗尼藏”，意译“调伏藏”，意思是能对治众生之恶习，调伏众生之心性；论藏则是后世佛弟子以殊胜之智慧对佛典经义加以组织化、体系化的论议解释，音译"阿毗达磨藏"、"阿毗昙藏"，意译作"对法藏"，主要是依据佛陀说教的基本原理，对经藏化精简为详细，化深妙为显明，为佛陀教说的进一步发展。佛教界还有一个说法，即把三藏与三学结合在一起，认为经说定学，律说戒学，论说慧学。而智慧之学实乃三学之要害，佛法之根本，全部佛教思想体系之核心。如此看待论藏，足见其在佛法修证体系中的重要性。所以，自古以来，无论是小乘佛教还是大乘佛教，无论是释迦如来所说的显教还是大日如来所示的密教，无论是缘起无住的空宗还是法相唯识的有宗，无论是顿悟之南禅还是渐修之北宗，均对论藏表现出极大的兴趣。论藏成为佛教修行悟道过程中非常重要的经典依据，直到今天依然是学习佛教、理解佛教和实践佛教的不可或缺的理论凭证。

中国自改革开放以来，为了适应佛教文化爱好者和佛教信仰者认识佛教、理解佛教和修习佛法的需要，已经相继出版发行了许多佛教经典著作。从总体上来看，这些年来业已出版的佛学经典在佛教文化的研究和学习过程中起到了非常重要的作用，但这些年来的佛教经典出版也明显存在一些问题，有待进一步改进。我认为这些问题主要表现在以下几个方面：一是多经藏而少律藏和论藏，特别是论藏的出版发行近年来一直未受到足够的重视，这实为当今佛教弘传过程中的第一大遗憾；二是多短篇佛经而少中长篇著作，所以，一般人无论在修学佛法过程中还是在理解佛教文化时，总是局限于对那些业已烂熟的短篇经典的引用和敷衍，往往具有很大偏狭性和附会性；三是多集中在《金刚经》、《心经》、《法华经》等为数甚少的几部著名经典上，而较少出版内容照样丰富、思想同样深刻、见地同样正确、甚至方法更加明了、体系更易理解的其他各种名气相对小一些但依然非常重要的经典；四是多影印而少重排，所以，除了一些白话佛经的作品外，佛教经典的出版多是繁体字、竖排版、无标点、无校勘，往往模糊不清，一般读者阅读极为不便，严重限制了佛教文化的传播和佛学研究的开展；五是多选集择编而少全集完本，特别是对于那些部头较大的著作来说，不利于系统而全面地理解这些作品；六是多空宗和性宗的著作而少有宗和密教的作品，这既不利于佛教文化的全面展现，也不适应佛教修证体系日益多样化的客观需要。

针对以上情况，这些年来我在培养佛教文化专业和南亚宗教文化专业的硕士研究生和世界宗教与文化专业的博士研究生的过程中，不断鼓励研究生们在论藏的搜集和研究中多作努力。因为从内容上来看论藏是契理契机的。说其契理，是因为所有论藏或者是对经藏的直接阐发解释，或者是依据经藏对某个或某几个事理的剖析解读，它始终是以佛所说的经藏为根据的；说其契机，是因为论藏都是根据各个不同时代、不同地域、不同人群的不同背景而对经藏的阐发，所以论藏最能显示佛教思想的发展，特别是在没有新经说出的后释迦时代，论藏更能体现佛教思想的最新动态。另一方面，从形式上来看，论藏是详明系统的。说其详明，是因为论藏部头一般都比所阐发的经典为大，说理更加充分，解释更加显明；说其系统，是因为论藏一般都围绕某个主题，从某个特定的角度，以各种方法，展开层层深入的论证，结构都比较完整，层次比较清晰，显示出很强的系统性。论藏的重要性还体现在其他很多方面，这里不能一一展开阐述。可喜的是，西北大学出版社的同仁也对论藏的重要性和论藏出版的滞后现状深有同感，于是我们联手选编这套《论藏名著选编》，由我担任主编，负责对论藏中具有较高理论价值和实践价值的作品进行选择和编排，然后再请专业人员对所选论藏名著进行详细的整理。首批选入这套丛书的论藏名著是：(1)《正续指月录》(收于《卍续藏》第143册)；(2)《弥勒五论》(收于藏文大藏经丹珠尔和《大正藏》第31册)；(3)《菩提道次第略论》；

(4)《瑜伽师地论》(收于《大正藏》第30册);(5)《新华严经论》(收于《大正藏》第36册);其中《正续指月录》属于大乘显教中性宗一系的名著,《弥勒五论》及《瑜伽师地论》属于大乘显教中有宗一系的奠基之作,《新华严经论》属于大乘显教中号称经中之王的新译《华严经》最透彻深切的注疏之作,《菩提道次第略论》则属于大乘密教中最重要的论书之一。这五种论藏名著的整理工作主要是以简化汉字横向重新排版,重新标点,部分地方还稍作校勘(其中《新华严经论》还提供了古籍原版的影印),以使其更加准确,更加通畅,更加适合现代人的阅读,从而更加有利于现代人进一步了解佛教、领会佛教、修学佛教。

李利安

2005 年 8 月于西北大学桃园校区心苑书屋

新刊《新華嚴經論》叙

《華嚴經》,原名《大方廣佛華嚴經》,國人喜好簡約,故稱爲《華嚴經》。本經從本質上講,是解讀生命奥秘的百科全書;若從誕生的文化背景上講,則凝聚着人類五大古文明的精華,是人類文化的登峰造極之作。

要注解這部經書,没有壽越山河、福逾時空、智超日月的才華是難克其功的。注解八十卷《華嚴經》的人,歷史上只有兩位,其中之一即是李通玄長者,其《新華嚴經論》與清涼國師的《華嚴經疏鈔》合稱爲"華嚴雙璧",同爲歷史上永垂不朽的名著。兩者風格迥异,各出奇裁,亦同屬歷史佳話。

清涼國師,壽一百零二歲,出家八十年,身歷九朝,爲七帝國師,福壽彌天,鮮人能及。大師生性嚴謹,其《疏鈔》之作,系以儒家思想的立場來詮釋《華嚴經》,是佛儒交融的最高境界。此乃比丘系華嚴思想的代表作,其著作風格嚴謹、博大、精湛,難可比擬。李通玄長者(635 – 730),于賢首國師入滅后撰寫闡釋《八十華嚴》之作,較清涼國師稍早。長者又稱棗柏大士,滄州(今河北省滄縣東南)人。青年時鑽研易理,至四十余歲時,專攻佛典,潛心《華嚴》。當時正值《八十華嚴》譯成。長者于開元七年(719)春,携新譯《華嚴經》至太原盂縣西南同穎鄉大賢村高山(一作仙)奴家,造論闡明經義。三年足不出户,據説每天早晨只食棗十顆、柏葉餅一枚,由此世稱棗柏大士。長者后來携带論稿移居神福山原下的土龕(即太原壽陽方山土龕)繼續撰述,經過五年告成,是爲《新華嚴經論》四十卷。長者具有老、莊、周易的深厚修養,故其著作多以八卦釋經,瀟灑、落拓、大方,輔以易道來詮釋《華嚴經》。《新華嚴經論》在李通玄去世后四、五年,方由僧人廣超等傳寫弘通,至宣宗大中年(847~859)中,福州開元寺比丘志寧又將論文會入經文之下,成一百二十卷,后又經思研整理,稱爲《華嚴經合論》,遂大行天下。《新華嚴經論》乃長者系華嚴思想的代表作,也是李長者最重要的作品。其作行文灑脱、奔放不羈、氣勢磅礴,非有道行高深如斯者,難克爲功也！書中運用《易經》思想解釋《華嚴》，也是引起學者注意并促使此論推廣、流行的一個因素。

李長者在智儼、法藏一系以外，別樹一幟，于華嚴一宗傳統的學說，有不少的變更，但大體仍不出法界圓融的義旨。他在《新華嚴經論》的卷首，立十門解釋《華嚴》一經的義旨。這十門都是自出機杼，和法藏一系的五教十宗說迥异。

李長者把《八十華嚴》的組織分作十段，認爲《華嚴經》是重重無盡圓滿無礙的法門；又將《華嚴》一經科爲序、正、流通三分：《世主妙嚴品》，總括全經，作爲序分；《入法界》一品，總通前后四十品，作爲正宗，而以余品爲伴；《如來出現品》，具說付囑、流通，作爲流通分。又品品之中、會會之内，都有序、正、流通三分。

長者在《新華嚴經論》卷八、三十一、三十二中，倡導其獨創的三聖圓融說，他說文殊、普賢、佛(毗盧遮那)等三德，體用主伴無礙。又說文殊以理會行，普賢以行會理，體用相徹，成一真法界。又說文殊爲法身的妙慧，普賢爲萬行的盛德，二聖合體，體用自在，即名爲佛。又說文殊爲法界體，普賢爲法界用，或互爲體用。文殊爲因，普賢爲果，或互爲因果。進而說一一位次(十信、十住、十行、十回向、十地等)、法門，旨在互相成就；如帝釋綱，互相徹入；一中無量，無量中一；諸佛菩薩，體用相成，因果相入，同時無二。更進而說十方諸佛心不動智與衆生自心(即無明)與十方諸佛心無异，無明本空，所以信自心所有無始無明能分別心，即是信自心的根本不動智佛，從而用自心根本無明的體用，觀不動智與諸佛及衆生同一體性、同一境界、同一智海，即是發心；才發心時即于十方世界現身成佛。

李長者的《新華嚴經論》，在華嚴學術史上占有半片天的地位，華嚴思想亦因其見解，及引進易道的曠達，更使我們在解讀生命的奥秘時，備覺方便與通達，同時也幫助我們體悟了人類思惟的另一種模式。

中華民族的文明與智慧，完成于周。東周列國的時代，正式地整合成中國文化系統，經過西漢的强盛之后，中國文化與民族遭逢了各古文明民族的共同宿命，即衰微。但在王莽之亂后，中國的政治領袖們，已經發現獨尊儒術的政治思想不足以統治諸大的帝國。幸好印度的佛教騎着六牙白象，馱着莊嚴衆寶進入中國，此時朝野上下，集天下之菁英，吸取佛教文化，豐富了中國的文明，由此才有了后來唐宋的文明，并使中國在往后的歲月中綿延不绝，由此成就了中華文明與智慧的第二度興盛。

幾千年的人類歷史文明，有兩大活水源頭：一是佛教的禪宗，一是中國的道家。這兩大源頭皆有一大特色，即是踐行生命内在的體驗。生命内在體驗的實踐是一個民族生命存續的關鍵。魏晋南北朝以前，中國唯有道家的實踐，不够徹底。自從寶志禪師、傅大士以后，中國禪宗逐漸興起。中國人内在生命的體驗，透過這項實踐工程，令中國人的生命體驗清明澄澈，達致究竟，由此也創造了人類歷史文明的奇迹。

如今西方的主流文化雖缺乏内在生命的實踐與體驗，却也是一項極有效的工具，可令此項生命體驗工程有效率地推進。否則，傳統的生命價值，將被功利主義的效率所擊垮。中華的生命體驗文明，將邁入第三階段而引領世界文明的發展。

綜觀中華文明的歷史，佛法與易道的融合，完成于李通玄的《新華嚴經論》，處于中國文明的第二次興盛階段。如今，中華文明的第三次興盛正處在啟蒙階段，各方有識之士有鑒于此，擬新刊《新華嚴經論》，并將古版書及新版書一體呈現，吾甚樂見其成。此亦同時將中國文化發展的兩個階段，一頁并現，實爲文化史上的一大喜事。

要想讓相距千余年的精神風貌相互輝映，殊非易事，而今我等皆躬逢其盛，何其榮幸！此乃一大殊勝因緣。陝西師範大學博士生導師、知名佛教學者吴言生教授，多年來亦熱心于佛教文化研究事業，先推動陝西師大華嚴研究所成立于前，復又助成《華嚴論》新刊于后，此段勝緣，殊可嘉嘆。

如今，陝西師大華嚴研究所的成立，乃藉助今日西方主流文化之優勢，以興盛中華智慧文明。蓋于人類内在生命的體驗而言，道家與禪宗已達徹底與究竟之境界，唯未擴充而已。而今，當代哲學、東方文明的走向，不只是停留在大腦推理作用的表淺層面，而是已經逐漸深入到生命的内在體驗層面。陕西師大華嚴研究所將廣泛深入這一領域，除了將對古賢先哲的生命體驗，作全面深入的探討及研究之外，還將對存留于石窟中的人類生命體驗模式展開研究，對于散失在中國各地的内在生命體驗資料，亦將透過田野調查等途徑，令其回歸于傳統的話語之中。并且，還將在世界範圍内對人類内在生命體驗進行完整、全面、深入的探討與整理。我們今天匯整歷史的遺產，契合現代人的根機，在未來的歲月里，我們將繼續彰顯文化的光芒，爲歷史奉獻力量，此一體驗内在生命的進程，將永遠不會終止。

李長者在文化交融的歷史上，占有極重要的地位，在易道文化的歷史上，他直與徐子平、袁天罡等人的地位齊等，他們都是令易道思想進步邁入新領域的前輩，在中國文化史中，扮演了中國文化第二次興盛之完成者的角色。陕師大華嚴研究所將繼承李長者的精神，努力匯整世界各種相關學説于一爐，并將歷史上的精華重新整理，以期產生新的DNA，使古德禪心，焕顯于當代。

當今之世，大潮東漸的西方主流文化，實有其優點及缺點。其優點在于效率及目的性的组織與系統化；其缺點在于過度依賴大腦推理的力量，因而斫喪人性、失落生命價值觀。這一切優缺點，在萬華莊嚴的生命華園中，不但是滿園芬芳，更是雜華累敷。我們深信，只要不懈努力，我們將起着對新哲學的引領作用，讓我們内在生命體驗的華嚴瑰寶，更有系統、更有效率地推廣到世界的每一個角落，饒益衆生，這，也許正符合新刊《新華嚴經論》的本懷。

是爲叙。

海雲繼夢

二〇〇五年六月六日于臺灣華嚴學會

编者按：本书中单页码简体字中部分外带“□”的字句，为整理者参阅多种藏经版本提供，谨供参考。

大方广佛新华严经论

(华严经合论)

第一册(卷第一至卷第八;“会释”至“第一品”)
第二册(卷第九至卷第十六;“第一品之余”至“第十四品”)
第三册(卷第十七至卷第二十四;“第十四品之余”至“第二十六品”)
第四册(卷第二十五至卷第三十二;“第二十六品之余”至“第三十九品”)
第五册(卷第三十三至卷第四十;“第三十九品之余”)

目录一

釋大方廣佛新華嚴經論主李長者事迹

李長者諱通玄。莫詳所自。或有詢其本者。但言滄州人。開元二十七年三月望日。曳策荷笈。至於太原盂縣西四十里同穎鄉。村名大賢。有高山奴者。尚德慕士。延納無倦。長者徑詣其門。山奴諦睹神儀。知非常器。遂虔誠接禮。請歸安居。每日唯食棗十顆。柏葉餅子如匕大者一枚。自爾不交外人。掩室獨處。含毫臨紙。曾無虛時。如是者三稔。一旦捨山奴。南去五六里至馬氏古佛堂。自搆土室。寓於其側。端居宴默。於茲十年。後復囊挈經書。遷道而去。二十里餘。次韓氏別業。即今冠蓋村焉。忽逢一虎。當塗馴伏。如有所待。長者語之曰。吾將著論釋華嚴經。可與吾擇一棲止處。言畢虎起。長者徐而撫之。遂將所挈之囊掛於虎背。任其所止。於是虎望神福山原。直下三十餘里。當一土龕前。便自蹲駐。長者旋收囊裝。置於龕內。虎乃屢顧。妥尾而去。其龕瑩潔圓迴。廣袤尋丈。自然而有。非人力成。龕之四旁。舊無泉澗。長者始來之夕。風雷暴作。拔去一古松。高三百餘尺。及旦。松根之下。化為一潭。深廣極數尋。迴還五十餘步。甘逾甜露。色奪瑠璃。時人號為長者泉。至今澄明。未曾增減。愆陽之歲。祈之

释大方广佛新华严经论主李长者事迹

李长者讳通玄。莫详所自。或有询其本者。但言沧州人。开元二十七年三月望日。曳策荷笈。至于太原盂县西四十里同颖乡。村名大贤。有高山奴者。尚德慕士。延纳无倦。长者径诣其门。山奴谛瞻神仪。知非常器。遂罄折礼接。请归安居。每旦唯食枣十颗。柏叶饼子如匕大者一枚。自尔不交外人。掩室独处。含毫临纸。曾无虚时。如是者三稔。一旦舍山奴南去。五六里至马氏古佛堂自构土室寓于其侧。端居宴默。于兹十年。后复囊挈经书遵道而去。二十里余次韩氏别业。即今冠盖村焉。忽逢一虎。当途驯伏。如有所待。长者语之曰。吾将著论释华严经。可与吾择一栖止处。言毕虎起。长者徐而抚之。遂将所挈之囊挂于虎背。任其所止。于是虎望神福山原。直下三十余里。当一土龛前。便自蹲驻。长者旋收囊装置于龛内。虎乃屡顾妥尾而去。其龛莹洁圆回。广袤寻丈。自然而有。非人力成。龛之四旁旧无泉涧。长者始来之夕。风雷暴作。拔去一古松。高三百余尺。及旦。松根之下。化为一潭。深极数寻。回还五十余步。甘逾瑞露。色夺琉璃。时人号为长者泉。至今澄明。未曾增减。愆阳之岁。祈之必應長者製論之夕。心窮玄奧。口出白光。照耀龕中以代燈燭。居山之後。忽有一女子。容華絕世。皆可笄年。俱衣大布之衣。悉以白巾幪首。姓氏居處一無所言。常為長者汲水焚香。供給紙筆。卯辰之際。具淨饌。甘珍畢備。置長者前。齋罷撤器。莫知所止。歷於五祀。曾不闕時。及其著論將終。遂爾絕迹。謹按華嚴舊傳。東晉三藏佛駄跋陀羅於江都謝司空寺譯經。有二青衣童子。忽自庭沼而出。承事梵僧。執香添薪。不離座右。每欲將夕。還潛沼中。日日皆然。率為常事。及譯畢。寫淨沈默無迹。長者感遇事符曩昔。長者身長七尺二寸。廣眉朗目。丹唇紫肥。長髯美茂。脩臂圓直。髮彩紺色。毛端右旋。質狀無倫。風姿特異。殊妙之相靡不具足。首冠樺皮之冠。身披麻衣。長裙博袖。散腰而行。亦無韋帶。居常跣足。不務將迎。放曠人天。無所拘制。忽一日出山。訪舊止之里。適值野人聚族合樂。長者徧語之曰。汝等好住。吾將欲歸。眾乃罷樂。驚愕相顧。咸皆惻愴。必謂長者卻還滄州。揮涕同詞。懇請留止。長者曰。縱在百年。會當歸去。於是舉眾卻送長者入山。至其龕所。復語之曰。去住常然耳。汝等可各還家。及眾旋踵之頃。嵐霧四起。景物不分。行路之人。

必应。长者制论之夕。心穷玄奥。口出白光。照耀龛中。以代灯烛。居山之后。忽有二女子。容华绝世。皆可笄年。俱衣大布之衣。悉以白巾蒙首。姓氏居处一无所言。常为长者汲水焚香。供给纸笔。卯辰之际。辄具净馔。甘珍毕备。置长者前。斋罢撤器。莫知所止。历于五祀。曾不阙时。及其著论将终。遂尔绝迹。谨按华严旧传。东晋三藏佛驮跋陀罗。于江都谢司空寺译经。有二青衣童子。忽自庭沼而出。承事梵僧。爇香添饼。不离座右。每欲将夕。还潜沼中。日日皆然。率为常事。及译毕写净。沉默无迹。长者感通。事符曩昔。长者身长七尺二寸。广眉朗目。丹唇紫肥。长髯美茂。修臂圆直。发彩绀色。毛端右旋。质状无伦。风姿特异。殊妙之相。靡不具足。首冠桦皮之冠。身披麻衣。长裙博袖。散腰而行。亦无韦带。居常跣足。不务将迎。放旷人天。无所拘制。忽一日出山。访旧止之里。适值野人聚族合乐。长者遍语之曰。汝等好住。吾将欲归。众乃罢乐。惊惶相顾。咸皆恻怆。必谓长者却还沧州。挥涕同词。恳请留止。长者曰。纵在百年。会当归去。于是举众却送长者入山。至其龛所。复语之曰。去住常然耳。汝等可各还家。及众旋踵之顷。岚雾四起。景物不分。行路之人。

咸共駭異翌日長叟結徒登山禮候但見姿容端嚴已坐化於龕中矣時當三月二十八日報齡九十六有一巨蛇蟠當龕外張目呀口不可向近眾乃歸誠致祝某等今欲收長者全身將營殯藏乞潛威靈願得就事蛇因攝形不現耆舊潸泣舉荷擇地於大山之陰累石爲墳蓋取堅淨即神福山逝多蘭若今方山是也初長者隱化之日及成墳之時煙雲凝布巖谷震蕩有二白鶴哀唳當空二鹿相叫連夕其餘飛走悲鳴滿山鄉原之人相率變服追攀孺慕若喪所天每當建齋即墳上雲起七七如是良足異夫長者平昔之時每年常於三月末間設十方賢聖淨會不以女人造食貴使觸事精誠至於棗核米泔不許輒棄齋畢任用犬彘徧霑如斯之會遵承到今未曾廢絕至大歷九年二月六日有僧廣超於逝多蘭若獲長者所著論二部一是大方廣佛新華嚴經論四十卷一是十二緣生解迷顯智成悲十明論一卷傳寫揚顯徧於幷汾廣超門人道光能繼師志肩負二論同遊燕趙昭示淮泗使後代南北學人悉得參閱論文宗承長者皆超光二僧流布之功耳其爲論也統貫經意標表法身廓性海於無邊歷剎塵而不動分

咸共骇异。翌日。长叟结徒登山礼候。但见姿容端俨。已坐化于龛中矣。时当三月二十八日。报龄九十六。有一巨蛇蟠当龛外。张目呀口。不可向近。众乃归诚致祝。某等今欲收长者全身。将营殡藏。乞潜威灵。愿得就事。蛇因摄形不现。耆旧潸泣举荷。择地于大山之阴。累石为坟。盖取坚净。即神福山逝多兰若。今方山是也。初长者隐化之日。及成坟之时。烟云凝布。岩谷震荡。有二白鹤哀唳当空。二鹿相叫连夕。其余飞走悲鸣满山。乡原之人相率变服。追攀孺慕。若丧所天。每当建斋。即坟上云起。七七如是。良足异夫。长者平昔之时。每年常于三月末间。设十方贤圣净会。不以女人造食。贵使触事精诚。至于枣核米泔。不许辄弃。斋毕任用。犬彘遍沾。如斯之会。遵承到今。未曾废绝。至大历九年二月六日。有僧广超。于逝多兰若。获长者所著论二部。一是大方广佛新华严经论四十卷。一是十二缘生解迷显智成悲十明论一卷。传写扬显。遍于并汾。广超门人道光。能继师志。肩负二论。同游燕赵。昭示淮泗。使后代南北学人。悉得参阅论文。宗承长者。皆超光二僧流布之功耳。其为论也。统贯经意。标表法身。廓性海于无边。历刹尘而不动。分泮衆教極彼源流。融鎔上乘。會此華藏。俾迷徑者獲道。滯教者忘機。可謂毗盧之指歸。華嚴之日月矣。若非聖人愍世降生。開導昏瞑。孰能條釋大典。指授大心歟。長者行止玄微。固難遐究。虛空不可等度。況擬求邊際耶。比歲僧元覘。特抵方山。求長者遺迹。初禮石墳。次尋龕址。龕前有松三株。一已查立。俱是長者手植。長者將化之月。一株遂枯。至今二株。常有靈鶴結巢於頂。又於壽陽南界解愁村遇李士源者。乃傳論僧廣超之猶子也。示長者眞容圖。瞻禮而迴。斯爲滿願矣。向之云云。蓋在摭實。枝葉華藻無所務焉。雲居散人馬支纂錄。

泮众教。极彼源流。融镕上乘。会此华藏。俾迷径者获道。滞教者忘机。可谓毗卢之指归。华严之日月矣。若非圣人。愍世降生。开导昏瞑。孰能条释大典。指授大心欤。长者行止玄微。固难遐究。虚空不可等度。况拟求边际耶。比岁僧元觇。特抵方山。求长者遗迹。初礼石坟。次寻龛址。龛前有松三株。一已查立。俱是长者手植。长者将化之月。一株遂枯。至今二株。常有灵鹤结巢于顶。又于寿阳南界解愁村。遇李士源者。乃传论僧广超之犹子也。示长者真容图。瞻礼而回。斯为满愿矣。向之云云。盖在摭实。枝叶华藻。无所务焉。云居散人马支纂录 。

大方廣佛華嚴經合論序

宋沙門慧研奉　王旨撰

夫法界之真源也。澹十重之藏海。涌萬德之華王。體
用齊彰。身刹互含於影像。果因相入。智悲交煥於靈
真。原其無性妙光。若金波而發影。幻生齊應。同眾水
以分形。良由實循一照之精明。倏晦千光之圓鑒。返
認。創成於心體。靈點太清。依心發動於輪迴。波搖王
海。故我毗盧遮那如來。照平寢惑。布以身雲於一切
法而坐道場。於一切智而成正覺。說此大方廣佛華
嚴經也。緣是即閻浮之境界。統華藏之莊嚴。星羅於
五位神天。鏡寫於十方刹海。光宮紺殿。含莫限之勞
生。玉樹金臺。泚微塵之佛子。一念未移於蓮座。九天
同發於雷音。神光闢十會法門。實澤潤三周因果。故
此經初。世主雲集。同心默請。有三十七問。備陳體用
因果法門。則一部雄文之宗極也。謂藏身為體。行海
為用。以體起用。斷習為因。以用全體。習盡為果。中有
神通之事。心境互彰者。則明因果相入。體用一揆。是
以從心念法明體起用。則菩薩神通。從境宣音明用
全體。則佛神通。咸諸妙門。同歸此問。若夫法無宗旨。
人莫准憑。爰彰古佛之果因。以顯今人之證信。是以

大方广佛华严经合论序

宋沙门慧研奉　王旨撰

夫法界之真源也。濬十重之藏海。涌万德之华王。体用齐彰。身刹互含于影象。果因相入。智悲交焕于灵真。原其无性妙光。若金波而粲影。幻生齐应。同众水以分形。良由瞥循一照之精明。倏晦千光之圆鉴。返认创成于心体。云点太清。依心发动于轮回。波摇玉海。故我毗卢遮那如来。愍乎寝惑。布以身云。于一切法而坐道场。于一切智而成正觉。说此大方广佛华严经也。繇是即阎浮之境界。统华藏之庄严。星罗于五位神天。镜写于十方刹海。彤宫绀殿。含莫限之劳生。玉树金台。诞微尘之佛子。一念未移于莲座。九天同发于雷音。神光开十会法门。宝泽润三周因果。故此经初。世主云集。同心默请。有三十七问。备陈体用因果法门。则一部雄文之宗极也。谓藏身为体。行海为用。以体起用。断习为因。以用全体。习尽为果。中有神通之义。心境互彰者。则明因果相入。体用一揆。是以从心念法。明体起用。则菩萨神通。从境宣音。明用全体。则佛神通。咸诸妙门。同酬此问。若夫法无宗旨。人莫准凭。爰彰古佛之果因。以显今人之证信。是以

初會世尊光騰皓齒。海眾雲舒。則示乎果也。次乃玉
毫相中。誕諸佛子。則示乎因也。後以普賢承威。宣華
藏海。則因全果也。然以毗盧印之。則明古佛果因。總
答前法。又以智海無性。因覺妄而成凡。達妄原虛。即
凡心而見佛。故第一會普光明殿。以佛果為凡心信
因。三會妙峯山。凡心相盡成佛住。四會夜摩天。以智
從用成佛行。五會兜率天。智行相入成佛迴向。六會
他化天。自他同體成佛地。七會三禪天。智行清淨成
佛華。八會普光明殿自因成果為佛出現。九會普光
明殿。因果圓融。即普賢常行。十會給孤園。諸位齊明
同彰法界。此則發心因果。總答前法。次復圓悟一真。
恐迷修進。不盡千門之惑。習焉成萬行之智。悲。故以
善財特行軌範。初參文殊佛智信因。南詢諸友。發行
治習。入慈氏閣。習盡成果。再面文殊。因果同時。便見
普賢法界原行。此顯修道行門一周因果。良以三周
十會之玄稱。三十七義之指歸。一字法門。書海墨而
無盡。三乘權學。宗涯涘而莫窮。故此教。非具嚴所徧。
乃文殊結集。總三部。一部有十三千大千世界微塵
數偈。一四天下微塵數品。一部有四十九萬八千八
百偈。一千二百品。一部有十萬偈四十八品。隱乎龍

初会世尊光腾皓齿。海众云舒。则示乎果也。次乃玉毫相中。诞诸佛子。则示乎因也。后以普贤承威。宣华藏海。则因全果也。然以毗卢印之。则明古佛果因。总答前法。又以智海无性。因觉妄而成凡。达妄原虚。即凡心而见佛。故第二会普光明殿。以佛果为凡心信因。三会妙峰山。凡心相尽成佛住。四会夜摩天。以智从用成佛行。五会兜率天。智行相入成佛回向。六会他化天。自他同体成佛地。七会三禅天。智行清净成佛华。八会普光明殿。自因成果为佛出现。九会普光明殿。因果圆融即普贤常行。十会给孤园。诸位齐明同彰法界。此则发心因果。总答前法。次复圆悟一真。恐迷修进。不尽千门之惑习。焉成万行之智悲。故以善财。特行轨范。初参文殊。佛智信因。南询诸友。发行治习。入慈氏阁。习尽成果。再面文殊。因果同时。便见普贤。法界原行。此显修道行门一周因果。良以三周十会之玄称。三十七义之指归。一字法门。书海墨而无尽。三乘权学。谅涯涘而莫穷。故此教。非贝岩所编。乃文殊结集。总三部。一部有十三千大千世界微尘数偈。一四天下微尘数品。一部有四十九万八千八百偈。一千二百品。一部有十万偈。四十八品。隐乎龙藏。未擴閻浮。遂從正法光餘。年將五百。則第十四代祖師龍樹。運神海藏。觀前二部。非世人所及。乃誦後部歸於五天。傳布千年。方垂華夏。東晉初譯。地涌靈泉。唐朝天翻。天降甘露。玄宗開元中。太原有逸士李通玄者。間代淨名也。而神鑒物表。陶情釋氏。因閱華嚴義疏。歎云。大教弘芳多家繁製。勞文白首。豈暇進修。遂窮八十卷之真詮。總括四十軸之玄論。夜驪神筆。舒玉齒之祥光。日採幽玄。盛天童之給饍。張皇教海。羅列義天。大中載無著有高僧志寧。緬思後進之披尋。難測法門之豐富。遂合經論。文旨相須。然其義類繁衍。未圓品藻。慧研因參。裒水叩覽指歸。敢擅麗毫。釐斯漏略。列經論以標舉。彰教理而相收。義朗文清。不假猊臺而抱帙。神燁智發。何勞鸞嶺以尋師。總圓一部一百二十卷。粵有報恩光教道場。正覺空慧禪師。永安傳心祖印。味道華嚴。仰聞王旨。以傾金開印傳通而廣益。慧研度膺制命俾序。真文。輒述大綱深慙麗則。所冀長光佛日。將兩曜以齊明。永贊金輪等二儀而遠大。時龍集乾德歲旅丁卯。蕤賓之月。望日序。

藏。未擅阎浮。逮从正法光余。年将五百。则第十四代祖师龙树。运神海藏。观前二部。非世人所及。乃诵后部。归于五天。传布千年。方垂华夏。东晋初译。地涌灵泉。唐朝次翻。天降甘露。玄宗开元中。太原有逸士李通玄者。间代净名也。而神鉴物表。陶情释氏。因阅华严义疏。叹云。大教弘芳。多家繁制。劳文白首。岂暇进修。遂穷八十卷之真诠。总括四十轴之玄论。夜驱神笔。舒玉齿之祥光。日探幽玄。感天童之给膳。张皇教海。罗列义天。大中载。无诸有高僧志宁。缅思后进之披寻。难测法门之丰富。遂合经论。文旨相须。然其义类繁衍。未圆品藻。慧研因参云水。叨览指归。敢揾笺毫。整斯漏略。列经论以标举。彰教理而相收。义朗文清。不假猊台而抱帙。神辉智发。何劳鹫岭以寻师。总圆一部一百二十卷。粤有报恩光教道场。正觉空慧禅师永安。传心祖印。味道华严。仰闻王旨以倾金。开印传通而广益。慧研虔膺制命。俾序真文。辄述大纲深惭丽则。所冀长光佛日。将两曜以齐明。永赞金轮。等二仪而远大。时龙集乾德。岁旅丁卯。蕤宾之月。望日序。

大方廣佛華嚴經合論序

唐福州開元寺沙門志寧述

遐矣曠古太素為混沌之先存而不論道為一生之
始洪儒之子浴歸沂水之濱周聖孔明樂在先王之
道安有得於太空之量現法界於一塵之中耘除始
終處彼生滅太虛不能齎量無為猶是假名常用而
常無居有而非有華嚴經者蓋非羅漢結集亦非小
聖傳持大本華嚴非佛不能知見中本華嚴住地菩
薩乃能知之小本華嚴即十萬之偈今之所傳只獲
四萬五千餘偈即八十卷經是也（此准華嚴經纂靈記中說也）經
云此經不入二乘人手若兼大心凡夫此之法門即
嘗散滅經有十玄六相義如結綰眾絲帝網天珠重
重各有條貫談端舉一則萬類齎歸義海千殊爛如
星布以緣生為旨以法界性為宗法身與報化同時
體用別無一相以華嚴為遊履以菩提心為家以萬
德萬行為家業以文殊為種智以普賢為行華以毗
盧遮那為結果之身以四十一位而為眷屬演則彌
綸法界卷則巨海毛端會萬象雖以云多入塵毛尚
有餘地圓融行布理事互參行布圓融主伴交現如
斷金之杖一即是多如斷杖之金多即是一隨觀一

大方广佛华严经合论序

唐福州开元寺沙门志宁述

邈矣旷古。太素为混沌之先。存而不论。道为一生之始。洪儒之子。浴归沂水之滨。周圣孔明。乐在先王之道。安有得于太空之量。现法界于一尘之中。耘除始终。蔑彼生灭。太虚不能齐量。无为犹是假名。常用而常无。居有而非有。华严经者。盖非罗汉结集。亦非小圣传持。大本华严。非佛不能知见。中本华严。住地菩萨乃能知之。小本华严。即十万之偈。今之所传。只获四万五千余偈。即八十卷经是也。此准华严经纂灵记中说也。经云。此经不入二乘人手。若无大心凡夫。此之法门即当散灭。经有十玄六相。义如结绾众丝。帝网天珠。重重各有条贯。谈端举一。则万类齐归。义海千殊。烂如星布。以缘生为旨。以法界性为宗。法身与报化同时。体用别无二相。以华严为游履。以菩提心为家。以万德万行为家业。以文殊为种智。以普贤为行华。以毗卢遮那为结果之身。以四十二位而为眷属。演则弥纶法界。卷则巨海毛端。会万象虽以云多。入尘毛尚有余地。圆融行布。理事互参。行布圆融。主伴交现。如断金之杖。一即是多。如断杖之金。多即是一。随观一境西種法界圓頓現前。一地初登百門妙義聯緜俱集。證趣七地功用方休。八地定力轉深起智還由諸佛。風帆既便任運而行。其勢不停直至法雲之地會中十地普眼初遊未見普賢佛前大智十大登聞不覩逝多之勝事良由發心既小大願未圓等覺妙覺現前爾乃一愚方盡。此經法界無始無終佛身非有成與不成。大智無滅無生。常以利人為本普慧二百大問。普賢二千法訓。法界性本如如出沒卷舒自在經云。如人化心化作佛。化與不化等無異一切諸佛成菩提成與不成無差別。善財童子成道只在一生。六千比丘發智不由多劫。白牛之駕將悟即以超於大乘金色世界現前文殊之智全證法華龍女成佛只在刹那妙峯見佛光明初住便登正覺但隨圓見罔取漸修頓悟只在刹那如牛食肥膩之草。大唐忻代之間有長者姓李號通玄其實異人莫知來處造斯經論四十卷成彼有記云猛虎馱經引於巖下。下筆之後常得天人餉食乃至論終身亦去世。後人獲其藁本傳寫流行其論所明與諸家疏義稍有差別。經有十處十會。義搜瓔珞經文。瓔珞經兩卷是四十品之妙文文在第三譯說十十以為圓數。豈合只有三十九品之文恐是梵本翻譯之時有所流落。

境。四种法界圆顿现前。一地初登。百门妙义联绵俱集。证趣七地。功用方休。八地定力转深。起智还由诸佛。风帆既便。任运而行。其势不停。直至法云之地。会中十地普眼。初游未见普贤。佛前大智十大声闻。不睹逝多之胜事。良由发心既小。大愿未圆。等觉妙觉现前。尔乃二愚方尽。此经法界无始无终。佛身非有成与不成。大智无灭无生。常以利人为本。普慧二百大问。普贤二千法酬。法界性本如如。出没卷舒自在。经云如人化心化作佛化与不化等无异一切诸佛成菩提。成与不成无差别。善财童子。成道只在一生。六千比丘。发智不由多劫。白牛之驾将悟。即以超于大乘。金色世界现前。文殊之智全证。法华龙女成佛。只在刹那。妙峰见佛光明。初住便登正觉。但随圆见。罔取渐修。顿悟只在刹那。如牛食肥腻之草。大唐忻代之间。有长者姓李号通玄。其实异人。莫知来处。造斯经论四十卷成。彼有记云。猛虎驮经引于岩下。下笔之后。常得天人饷食。乃至论终。身亦去世。后人获其稿本。传写流行。其论所明。与诸家疏义稍有差别。经有十处十会。义搜璎珞经文。璎珞经两卷是.四十品之妙文。文在第三禅说十十以为圆数。岂合只有三十九品之文。恐是梵本翻译之时有所流落。

今尋經見義。文以貫花。甘露瀑流。猶如瓶寫。去聖懸遠。誰復證明。十萬之途。孰能往檢。亦如生公忍死。清辯踞身。後若勘同。方知義在。普光明殿三會。豈乃成三。善財福城之東。良亦成其會數。志寧雖不親觀造論。皆憑人世盛傳。覽此論文。稍似得其大意。今見此方君子好善之流。以論與經難爲和會。志寧不揆裒遷。才無能爲。今將論文注於經下。使後之覽者無費乃心。纔始開經。便得見論。稽首諸佛毗盧遮那一切聖賢。願垂加護。論從第八卷起註入經。兼論與經共成一百二十卷。願諸達士。同有恠焉。論有會釋七卷。不入註文。今亦寫附於初矣。

今寻经见义。又似贯花。甘露泽流。犹如瓶泻。去圣悬远。谁复证明。十万之途。孰能往检。亦如生公忍死。清辩留身。后若勘同。方知义在。普光明殿三会。岂乃成三。善财福城之东。良亦成其会数。志宁虽不亲观造论。皆凭人世盛传。览此论文。稍似得其大意。今见此方君子好善之流。以论与经难为和会。志宁不揆衰迈。才无能为。今将论文注于经下。使后之览者。无费乃心。才始开经。便得见论。稽首诸佛毗卢遮那。一切圣贤。愿垂加护。论从第八卷起注入经。兼论与经。共成一百二十卷。愿诸达士。罔有怪焉。论有会释七卷。不入注文。今亦写附于初矣 。

大方廣佛新華嚴經論卷第一

唐于闐國三藏沙門實叉難陀譯經

唐太原方山長者李通玄造論

夫以有情之本，依智海以為源。含識之流，總法身而為體。只為情生智隔，想變體殊。達本情亡，知心體合。今此大方廣佛華嚴經者，明眾生之本際，示諸佛之果源。其為本也，不可以功成。其為源也，不可以行得。功亡本就，行盡源成。源本無功，能隨緣自在者，即此毗盧遮那也。以本性為先，智隨根應。大悲濟物，以此為名。依本如是設其教澤，滂流法界，以潤含生。於是寄位四天，示形八相。菩提場內現蘭若以始成，普光法堂處報身之大宅。普賢長子，舉果德於藏身；文殊小男，創啟蒙於金色。以海印三昧周法界而降靈，用普眼之法門觀塵中之剎海。依正二報身土交參，因果兩門體用相徹。明以釋天之寶網彰十剎以重重，取離垢之摩尼明十身而隱隱。無邊剎境自他不隔於毫端，十世古今始終不移於當念。其為廣也，以虛空而為量。其為小也，處極微而無跡。十方無卷，匪虧於小相之

大方广佛新华严经论卷第一

唐于阗国三藏沙门实叉难陀译经

唐太原方山长者李通玄造论

夫以有情之本。依智海以为源。含识之流。总法身而为体。只为情生智隔。想变体殊。达本情亡。知心体合。今此大方广佛华严经者。明众生之本际。示诸佛之果源。其为本也。不可以功成。其为源也。不可以行得。功亡本就。行尽源成。源本无功。能随缘自在者。即此毗卢遮那也。以本性为先。智随根应。大悲济物。以此为名。依本如是。设其教泽。滂流法界。以润含生。于是寄位四天。示形八相。菩提场内。现兰若以始成。普光法堂。处报身之大宅。普贤长子。举果德于藏身。文殊小男。创启蒙于金色。以海印三昧。周法界而降灵。用普眼之法门。睹尘中之刹海。依正二报。身土交参。因果两门。体用相彻。以释天之宝网。彰十刹以重重。取离垢之摩尼。明十身而隐隐。无边刹境。自他不隔于毫端。十世古今。始终不移于当念。其为广也。以虚空而为量。其为小也。处极微而无迹。十方无卷。匪亏于小相之中。纖塵不舒合十方而非礙。於智海果德殊分於五位之門常住法堂。示進修於九天之上此方如是。十剎同然。聖眾如雲。海會相入智凡不礙狀多鏡以納眾形。彼此無妨若千燈而共一室此經總有四十品之勝典。玄開果德之門百萬億之妙言咸舉佛華之行海。十身十會闡十十之法門。十處十方啟十通而疏十辯。出現品內示因果以結始。終。給孤獨園利人天之明法界目連鶖子隔視聽於對顏。六千比丘啟十明於路上覺城東際五眾咸臻。古佛廟前同登十智。善財發明導首用彰來眾齊然。又成五位法門。具德行其軌範。令使啟蒙易達。解行無疑還信首文殊之前。正證妙峯之頂。經過五眾。成一百一十之法門。至慈氏之園結會一生之佛果。返示文殊之初友明以果同因後入普賢之妙身彰體用圓極。此經名大方廣佛華嚴經者。大以無方爲義。方以理智爲功廣則毫剎相含。佛乃體用無作。華喻行門可樂能敷理事之功。嚴即依正莊嚴經。即貫穿縫綴。世主妙嚴品者菩薩示生皆爲世主同臻海會故號妙嚴品者類會同流法門均隔爲品。此經總有四十品之勝典。此中。纤尘不舒。含十方而非碍。于智海果德。殊分于五位之门。常住法堂。示进修于九天之上。此方如是。十刹同然。圣众如云。海会相入。智凡不碍。状多镜以纳众形。彼此无妨。若千灯而共一室。此经总有四十品之胜典。玄开果德之门。百万亿之妙言。咸举佛华之行海。十身十会。阐十十之法门。十处十方。启十通而疏十辩。出现品内。示因果以结始终。给孤独园。利人天之明法界。目连鹭子。隔视听于对颜。六千比丘。启十明于路上。觉城东际。五众咸臻。古佛庙前。同登十智。善财发明导首。用彰来众齐然。又成五位法门。具德行其轨范。令使启蒙易达。解行无疑。还信首文殊之前。正证妙峰之顶。经过五众。成一百一十之法门。至慈氏之园。结会一生之佛果。返示文殊之初友。明以果同因。后入普贤之妙身。彰体用圆极。此经名大方广佛华严经者。大以无方为义。方以理智为功。广则毫刹相含。佛乃体用无作。花喻行门可乐。能敷理事之功。严即依正庄严。经即贯穿缝缀。世主妙严品者。菩萨示生。皆为世主。同臻海会。故号妙严。品者。类会同流法门均隔为品。此经总有四十品之胜典。此

品建初故稱第一。是故言大方廣佛華嚴經世主
妙嚴品第一。
釋此一部之經總作十門分別。第一明依教分宗。
第二明依宗教別。第三明教義差別。第四明成佛
同別。第五明見佛差別。第六明說教時分。第七明
淨土權實。第八明攝化境界。第九明因果延促。第
十明會教始終。

第一明依教分宗

夫如來成道體應真源。理事一門。一多相徹。智境
圓寂。何法不周。只為器有差殊。軌儀各異。始終漸
頓。隨根不同。設法應宜。大小全別。時分因果。延促
不同。化佛本身。施詮各異。國土淨穢。增減不同。地
位果因。自有投分。創學之流。未詣教跡。孰權成實。
迷不進修。若不咸舉眾宗。類其損益。無以了其迷
滯者矣。今略分十法。以辯關鍵。使得學者知宗。遣
權就實。不滯其行。速證菩提。第一小乘戒經為情
有為宗。第二菩薩戒為情有及真俱示為宗。第三
般若教說空彰實為宗。第四解深密經為不空不
有為宗。第五楞伽經五法三自性八識二無我為
宗。第六維摩經以會融染淨二見現不思議為宗。

品建初。故称第一。是故言大方广佛华严经。世主妙严品第一 。

释此一部之经。总作十门分别。第一明依教分宗。第二明依宗教别。第三明教义差别。第四明成佛同别。第五明见佛差别。第六明说教时分。第七明净土权实。第八明摄化境界。第九明因果延促。第十明会教始终 。

第一明依教分宗

夫如来成道。体应真源。理事二门。一多相彻。智境圆寂。何法不周。只为器有差殊。轨仪各异。始终渐顿。随根不同。设法应宜。大小全别。时分因果。延促不同。化佛本身。施诠各异。国土净秽。增减不同。地位果因。自有投分。创学之流。未谙教迹。执权成实。迷不进修。若不咸举众宗。类其损益。无以了其迷滞者矣。今略分十法。以辩阐猷。使得学者知宗。迁权就实。不滞其行。速证菩提。第一小乘戒经。为情有为宗。第二菩萨戒。为情有及真俱示为宗。第三般若教。说空彰实为宗。第四解深密经。为不空不有为宗。第五楞伽经。五法三自性八识二无我为宗。第六维摩经。以会融染净二见。现不思议为宗。

第七法華經會權就實爲宗第八大集經以守護
正法爲宗。第九涅槃經明佛性爲宗。第十名大方
廣佛華嚴經以此經名一切諸佛根本智慈因圓
果滿。一多相徹法界理事。自在緣起無礙佛乘爲
宗。已上分宗皆是承前先德所立宗旨設有少分
增減不同。爲見解各別。大意名目亦多相似。如西
域及此方諸德各立宗教後當更明。
第一小乘戒經爲情有爲宗者。爲如來創爲凡夫
造業處說。是應作是不應作。捨者善。不捨者不善
如此立教未爲實有。如此有教且約凡情虛妄之
處橫計諸惡以教制之令生人天。是故戒序云。若
欲生天上及生人中者。常當護戒足。勿令有毀損
衆生有爲作業虛妄非實得故。生人天無常虛妄
非實。未得法身智身。非爲實有宗。且爲情有宗。於
小乘中爲軌持教也。如華嚴經持戒即不然。經云
身是梵行耶。身業四威儀乃至佛法僧十衆七遮
和尚羯磨壇場等是梵行耶。如是諦觀求梵行者
了不可得。是故名爲清淨梵行。如梵行品說。如是
清淨行者。名持佛性戒得佛法身故。乃至初發心
時便成正覺。以持佛性戒故。與佛體齊。理事平等。

第七法华经。会权就实为宗。第八大集经。以守护正法为宗。第九涅槃经。明佛性为宗。第十名大方广佛华严经。以此经名一切诸佛根本智慈。因圆果满。一多相彻。法界理事。自在缘起。无碍佛乘为宗。已上分宗。皆是承前先德所立宗旨。设有少分增减不同。为见解各别。大意名目亦多相似。如西域及此方诸德各立宗教。后当更明 。

第一小乘戒经。为情有为宗者。为如来创为凡夫造业处说。是应作。是不应作。舍者善。不舍者不善。如此立教。未为实有。如此有教。且约凡情虚妄之处横计诸恶。以教制之。令生人天。是故戒序云。若欲生天上。及生人中者。常当护戒足。勿令有毁损。众生有为。作业虚妄。非实得故。生人天无常。虚妄非实。未得法身智身。非为实有宗。且为情有宗。于小乘中。为轨持教也。如华严经持戒即不然。经云。身是梵行耶。身业四威仪。乃至佛法僧。十众七遮。和尚羯磨坛头等。是梵行耶。如是谛观。求梵行者。了不可得。是故名为清净梵行。如梵行品说。如是清净行者。名持佛性戒。得佛法身故。乃至初发心时。便成正觉。以持佛性戒故。与佛体齐。理事平等。

混眞法界。如是持戒。不見自身能持戒者。不見他身有破戒者。非凡夫行。非賢聖行。不見自身發菩提心。不見諸佛成等正覺。若好若惡。若有少法可得。不名菩提。不名淨行。當如是觀。如是性戒。即法身也。法身者。即如來智慧也。如來智慧者。即正覺也。是故不同小乘有取捨故。

第一如梵網經菩薩戒為情有及眞俱示為宗者。如來為凡夫之中。有大心眾生樂行慈悲。有所求佛果者。說盧舍那佛為本身。千百億為化身。頓令識未還本故。經言。如是千百億。各接微塵眾。俱來至我所。又言。若人受佛戒。即入諸佛位。位同大覺已。眞是諸佛子。即為性戒故。即為眞宗。此乃為大心眾生。頓示法身性戒。下劣者得漸。一教應一根。如是千百億。各接微塵眾。俱來至我所。明捨權而就實。此為實有教。當教之內。頓示權實故。不同小乘前亦無。當後亦無。當為但生人天故。雖然立實有宗。不同華嚴經毗盧遮那所說也。此經仍隨化身所化方來至本身也。圓教之宗。一下頓示本身本法界大智報身。因果理事齊彰。又如華嚴經中世界量。與梵網經中蓮華形量。亦不同。廣狹全別。

混真法界。如是持戒。不见自身能持戒者。不见他身有破戒者。非凡夫行。非贤圣行。不见自身发菩提心。不见诸佛成等正觉。若好若恶。若有少法可得。不名菩提。不名净行。当如是观。如是性戒。即法身也。法身者。即如来智慧也。如来智慧者。即正觉也。是故不同小乘有取舍故 。

第二如梵网经菩萨戒。为情有及真俱示为宗者。如来为凡夫之中。有大心众生。乐行慈悲。有忻求佛果者。说卢舍那佛为本身。千百亿为化身。顿令识末还本故。经言。如是千百亿。各接微尘众。俱来至我所。又言。若人受佛戒。即入诸佛位。位同大觉已。真是诸佛子。即为性戒故。即为真宗。此乃为大心众生。顿示法身性戒。下劣者得渐。一教应二根。如是千百亿。各接微尘众。俱来至我所。明舍权而就实。此为实有教。当教之内。顿示权实故。不同小乘。前亦无常。后亦无常。为但生人天故。虽然立实有宗。不同华严经毗卢遮那所说也。此经仍随化身所化方。来至本身也。圆教之宗。一下顿示本身。本法界大智报身。因果理事齐彰。又如华严经中世界量。与梵网经中莲华形量。亦不同。广狭全别。

廣如下文所說。

第三般若教爲說空彰實爲宗者。爲如來初爲人天凡夫說二乘教。繫著理事俱實。不能離障。爲說空教破所繫著故。般若經中說十八種空法。世間三寶四諦三世等。一切皆空。空亦空。廣如經說。此乃空卻無明諸障等業。無明總盡障業皆無自性涅槃自然顯著。此爲真有。不名空宗。雖然爲真有所說教門多有成壞故未可爲圓。如華嚴經具報相好莊嚴能虛能實。當部之內當品之中。十十菩薩等上下自相輪貫空有之法。不獨孤行。又以普賢文殊上下交參。理事相徹互相交映。一部之典品品相徹。句句相參。一品之中四十品經同入一言之內。十萬頌之齊塵。一成卽一切成。一壞卽一切壞。總以性齊時齊行齊故。如上等齊說法亦齊如是齊故。如今成佛與三世佛齊成佛故。爲無三世故。爲無時故。不同彼教成壞別時故。因果前後故。

第四解深密經爲不空不有宗者。如來說於有教空教之後。說此一部之教。和會有無二見。爲不空不有。卽說九識爲純淨無染識。如凝水流生多波广如下文所说。

第三般若教。为说空彰实为宗者。为如来初为人天凡夫。说二乘教。系著理事俱实。不能离障。为说空教。破所系著故。般若经中。说十八种空法。世间三宝四谛三世等。一切皆空。空亦空。广如经说。此乃空却无明诸障等业。无明总尽。障业皆无。自性涅槃。自然显著。此为真有。不名空宗。虽然为真有。所说教门。多有成坏故。未可为圆。如华严经。具报相好庄严。能虚能实。当部之内。当品之中。十十菩萨等。上下自相轮贯。空有之法。不独孤行。又以普贤文殊。上下交参。理事相彻。互相交映。一部之典。品品相彻。句句相参。一品之中。四十品经同入。一言之内。十万颂之齐靡。一成即一切成。一坏即一切坏。总以性齐时齐行齐故。如上等齐。说法亦齐。如是齐故。如今成佛。与三世佛齐成佛故。为无三世故。为无时故。不同彼教成坏别时故。因果前后故。

第四解深密经。为不空不有宗者。如来说于有教空教之后。说此一部之教。和会有无二见。为不空不有。即说九识为纯净无染识。如瀑水流。生多波

浪。諸波浪等。以水爲依。五六七八等識。皆以阿陀
那識爲依故。如彼波浪。以水爲依。如深密經云。如
善鏡面。若有一影生緣現前。唯一影起。若二若多
影生緣現前。有多影起。非此鏡面轉變爲影。亦無
受用滅盡可得。此明五六七八識所依第九淨識
處也。又云。如是菩薩雖由法住。智爲依止。爲建立
故。此經意欲令於識處。便明識體本唯眞智故。如
彼瀑流。不離水體而生波浪。又如明鏡。依彼淨體
無所分別。含多影像。不礙有而常無故。如是自心
所現識相。不離本體無作淨智。所現影相。都無自
他內外等執。任用隨智。無所分別。以破空有二繫
爲不空不有故。深密經頌曰。阿陀那識甚深細。一
切種子如瀑流。我於凡愚不開演。恐彼分別執爲
我。阿陀那識甚深細者。引彼凡流。就識成智。不同
二乘及漸始學菩薩。破相成空。不同凡夫。繫而實
有。不同彼故。不空不有。何法不空。爲智能隨緣照
機利物故。何法不有。爲智正隨緣時。無性相故。無
生住滅故。以是義故。名不空不有。此經雖復如是。
於心識之處。令知空有無二。華嚴經則不然。但彰
本身本法界一眞之根本智佛體用故。混眞性相

浪。诸波浪等。以水为依。五六七八等识。皆以阿陀那识为依故。如彼波浪。以水为依。如深密经云。如善镜面。若有一影。生缘现前。唯一影起。若二若多影。生缘现前。有多影起。非此镜面转变为影。亦无受用灭尽可得。此明五六七八识所依第九净识处也。又云。如是菩萨。虽由法住。智为依止。为建立故。此经意欲令于识处。便明识体。本唯真智故。如彼瀑流。不离水体而生波浪。又如明镜。依彼净体。无所分别。含多影像。不碍有而常无故。如是自心所现识相。不离本体无作净智。所现影相。都无自他内外等执。任用随智。无所分别。以破空有二系为不空不有故。深密经颂曰。阿陀那识甚深细。一切种子如瀑流。我于凡愚不开演。恐彼分别执为我。阿陀那识甚深细者。引彼凡流。就识成智。不同二乘及渐始学菩萨。破相成空。不同凡夫。系而实有。不同彼故。不空不有。何法不空。为智能随缘。照机利物故。何法不有。为智正随缘时。无性相故。无生住灭故。以是义故。名不空不有。此经虽复如是。于心识之处。令知空有无二。华严经则不然。但彰本身本法界一真之根本智佛体用故。混真性相法報之海。直爲上上根人。頓示佛果德一眞法界本智。以爲開示悟入之門。不論隨妄而生識等。法華經以佛智慧示悟衆生。使得清淨故出現於世故。不爲餘乘若二若三。又三乘之人於佛性相之法。如來不許彼知解故。法華經云。種種性相義我及十方佛乃能知是事。舍利弗辟支佛及不退諸菩薩皆悉不能知。以法華經會三乘權學來歸佛乘寶法界。故門前三駕。且受權乘。露地白牛。方明實德。以此義故。於中有少分義意與華嚴經相符。龍女即是所乘白牛之乘。又與善財同其所得。是故華嚴教門。直彰本體用法界佛果門。直授上根凡夫。令其悟入。不同深密經中。安立五六七八九識施設權門。如深密經權施第九阿陀那識意有異途。爲一乘之人。人厭患生死。修空滅識直趣空寂。又第一時說般若等教。爲迴一乘。及漸學菩薩。宗說空破有。以六波羅蜜爲行所乘。於中一乘。雖少分迴心。及漸學菩薩樂空增勝。爲彼權學菩薩初對治門。還與小乘初對治門。少分相似。但有一分慈悲增勝。未證法身佛性根本智等道理。但以空門而爲所乘。六波羅蜜而爲行相。初對治門還法报之海。直为上上根人。顿示佛果德一真法界本智。以为开示悟入之门。不论随妄而生识等。法华经。以佛智慧示悟众生。使得清净故。出现于世故。不为余乘若二若三。又三乘之人。于佛性相之法。如来不许彼知解故。法华经云。种种性相义。我及十方佛。乃能知是事。舍利弗。辟支佛。及不退诸菩萨。皆悉不能知。以法华经。会三乘权学。来归佛乘实法界故。门前三驾。且受权乘。露地白牛。方明实德。以此义故。于中有少分义意。与华严经相符。龙女即是所乘白牛之乘。又与善财同其所得。是故华严教门。直彰本体用法界佛果门。直授上根凡夫。令其悟入。不同深密经中。安立五六七八九识。施设权门。如深密经。权施第九阿陀那识。意有异途。为二乘之人。久厌患生死。修空灭识。直趣空寂。又第二时说般若等教。为回二乘。及渐学菩萨。多说空破有。以六波罗蜜为行所乘。于中二乘。虽少分回心。及渐学菩萨。乐空增胜。为彼权学菩萨初对治门。还与小乘初对治门。小分相似。但有一分慈悲增胜。未证法身佛性根本智等道理。但以空门而为所乘。六波罗蜜而为行相。初对治门。还同二乘無常不淨白骨微塵等觀。方入空觀。二乘趣滅。菩薩留生。以空無我等觀。折伏我法。不令增長。元來未是法身佛性根本智。爲見未眞故。樂空增勝。以是義故。解深密經。方便安六七八識外別說九識爲純淨識。云七八識以淨識爲依止故。未卽直爲說第八種子識爲如來藏者。爲彼學徒畏苦習故。若說業種恆眞生怖難信故。是故權且安立第九阿陀那識爲淨識故。欲令不滅識性長大菩提。是故維摩經云。未具佛法亦不滅受而取證也。受既不滅。想識亦然。如楞伽經直爲根熟者說第八識業種爲如來藏。下文更明。維摩經云。塵勞之疇爲如來種等。夫修道之士。品類異途。解行差殊。千端萬別。除二乘之外。菩薩之乘有四品不同。一修空無我菩薩。二漸見佛性菩薩。三頓見佛性菩薩。四以如來自性清淨智。以五位加行起差別智滿普賢行。成大慈悲菩薩。究竟不出刹那際。充滿十方佛果門。此略示名目。下文廣明。如華嚴經說。有一類菩薩經百千億那由他劫。行六波羅蜜不生佛家。猶名假名菩薩。廣會在下文。以雖見佛性。未彰智業。猶名假名菩薩。

同二乘无常不净白骨微尘等观。方入空观。二乘趣灭。菩萨留生。以空无我等观。折伏我法。不令增长。元来未是法身佛性根本智。为见未真故。乐空增胜。以是义故。解深密经。方便安六七八识外。别说九识为纯净识。云七八识。以净识为依止故。未即直为说第八种子识为如来藏者。为彼学徒畏苦习故。若说业种恒真。生怖难信故。是故权且安立第九阿陀那识为净识故。欲令不灭识性。长大菩提。是故维摩经云。未具佛法。亦不灭受而取证也。受既不灭。想识亦然。如楞伽经。直为根熟者。说第八识业种。为如来藏。下文更明。维摩经云。尘劳之畴。为如来种等。夫修道之士。品类异途。解行差殊。千端万别。除二乘之外。菩萨之乘。有四品不同。一修空无我菩萨。二渐见佛性菩萨。三顿见佛性菩萨。四以如来自性清净智。以五位加行起差别智。满普贤行。成大慈悲菩萨。究竟不出刹那际。充满十方佛果门。此略示名目。下文广明。如华严经说。有一类菩萨。经百千亿那由他劫。行六波罗蜜。不生佛家。犹名假名菩萨。广会在下文。以虽见佛性。未彰智业。犹名假名菩萨 。

第五楞伽經。以五法三自性八識二無我為宗者。彼經於南海中楞伽山說。如來於此山下過。羅婆那夜叉王。與摩諸菩薩乘華宮殿來請如來於此山上說法。其山高峻。下瞰大海。傍無門戶。得神通者堪能昇往。乃表心地法門。無修無證者。方能昇也。下瞰大海。表其心海本自清淨。因境風所轉。識浪波動。欲明達境自空。心海自寂。心境俱寂。事無不照。猶如大海無風。日月參羅。煥然明現。彼經意直為根熟菩薩。頓說種子業識為如來藏。異彼二乘滅識趣寂者故。亦為異彼般若修空菩薩樂空增勝者故。直明識體本性全真。便成智用故。如彼大海無風。即境像更明。心海法門。亦復如是。了真即識成智。此經異彼深密經意。別立九識。接引初根。漸令留惑。長大菩提故。不令其心植種於空。亦不令其心如彼敗種。解深密經乃是入惑之初門。楞伽維摩。直示惑之本實。楞伽即明八識為如來藏。淨名即觀身實相。觀佛亦然。淨名與楞伽略同。深密經文。與此一部少別也。如華嚴經不爾。佛身及境界法門行相懸自不同。說彼楞伽經。即是化身所說。境界即是穢土山峯所居。法門說識境界第五楞伽经。以五法三自性八识二无我为宗者。彼经于南海中楞伽山说。如来于此山下过。罗婆那夜叉王。与摩谛菩萨。乘华宫殿。来请如来。于此山上说法。其山高峻。下瞻大海。傍无门户。得神通者。堪能升往。乃表心地法门。无修无证者。方能升也。下瞻大海。表其心海。本自清净。因境风所转。识浪波动。欲明达境自空。心海自寂。心境俱寂。事无不照。犹如大海无风。日月参罗。焕然明现。彼经意。直为根熟菩萨。顿说种子业识。为如来藏。异彼二乘灭识趣寂者故。亦为异彼般若修空菩萨。乐空增胜者故。直明识体。本性全真。便成智用故。如彼大海无风。即境像更明。心海法门。亦复如是。了真即识成智。此经异彼深密经意。别立九识。接引初根。渐令留惑。长大菩提故。不令其心植种于空。亦不令其心如彼败种。解深密经。乃是入惑之初门。楞伽维摩。直示惑之本实。楞伽即明八识为如来藏。净名即观身实相。观佛亦然。净名与楞伽略同。深密经文。与此二部少别也。如华严经不尔。佛身及境界法门行相。悬自不同。说彼楞伽经。即是化身所说。境界即是秽土山峰所居。法门说识境界爲眞。問答卽以大慧菩薩爲首。化身明教是權。大慧且論簡擇。如華嚴經教。佛身卽是本眞法報。境界卽是華藏所居。法門卽是佛果法界爲門。問答卽是文殊普賢理事智之妙用。五位行相因果互融。十刹十身體徹相入。若論同別。未可具言。更待下文。依位廣辯。

第六維摩經。不思議爲宗者。維摩經與華嚴十種別。一種同。別者。一淨土莊嚴別。二佛身諸相報化別。三不思議德神通別。四所設法門對根別。五諸有聞法來衆別。六設教安立法門別。七淨名菩薩建行別。八所闡法門處所別。九常隨佛衆部從別。十所付法藏流通別。一同者。入道方便法門略同。

一淨土莊嚴別者。如維摩經中所說淨土。如來以足指按地。卽三千大千世界若干百千珍寶嚴飾。譬如寶莊嚴佛。無量功德寶莊嚴土。一切大衆歎未曾有。而皆自見坐寶蓮華。而未說無盡佛刹莊嚴等事在一毫塵中。如華嚴經中具說十佛毗盧遮那境界。十蓮華藏世界海。一一世界海有無盡世界海重重相入。一塵之內。有無盡世界海。圓滿十方。佛境界衆生境界。互相涉入。不相障礙。衆寶为真。问答即以大慧菩萨为首。化身明教是权。大慧且论简择。如华严经教。佛身即是本真法报。境界即是华藏所居。法门即是佛果法界为门。问答即是文殊普贤理事智之妙用。五位行相。因果互融。十刹十身。体彻相入。若论同别。未可具言。更待下文。依位广辩。

第六维摩经。不思议为宗者。维摩经与华严。十种别。一种同。别者。一净土庄严别。二佛身诸相报化别。三不思议德神通别。四所设法门对根别。五诸有闻法来众别。六设教安立法门别。七净名菩萨建行别。八所阐法门处所别。九常随佛众部从别。十所付法藏流通别。一同者。入道方便法门略同。一净土庄严别者。如维摩经中。所说净土。如来以足指按地。即三千大千世界若干百千珍宝严饰。譬如宝庄严佛无量功德宝庄严土。一切大众叹未曾有。而皆自见坐宝莲华。而未说无尽佛刹庄严等事。在一毫尘中。如华严经中。具说十佛毗卢遮那境界。十莲华藏世界海。一一世界海。有无尽世界海重重相入。一尘之内。有无尽世界海。圆满十方。佛境界。众生境界。互相涉入。不相障碍。众宝

莊嚴。如光如影。廣如經說。不但獨言三千大千世
界之所嚴淨。二佛身諸相報化別者。說此維摩經
是三十二大人之相化佛所說。說華嚴經佛。是九
十七大人之相及十華藏世界海微塵數大人之
相。實報如來之所說也。三不思議德神通別者。如
維摩經說菩薩神通。以須彌之高廣。內芥子中。能
以四大海水。入一毛孔。又小室之內。能容三萬二
千師子之座。各各高八萬四千由旬。八千菩薩五
百聲聞。百千天人。維摩詰置其右手掌擎其大眾
往詣庵園。又以手斷取東方妙喜佛國。來至此土
示於大眾。送還本處。如是神變。且為權學三乘聲
聞菩薩等眾。現如斯事。何以故。為權教聲聞菩薩
等。見道未實。自他未亡。所現神變。依根所見。皆有
往來分劑限量。又是一時之間聖意。以神力變化
起諸小根。令漸增進故。非是法爾力故。如華嚴經
中。以本法力。法如是故。能以一塵之內。含容十方
一切佛剎。眾生剎。總在塵中。世界不小。微塵不大。
十方世界所有微塵。一一塵中。總皆如是。如經所
說。菩薩於一小眾生身中。成等正覺。廣度眾生。其
小眾生。不知不覺。當知佛以權教引小根故。身外

庄严。如光如影。广如经说。不但独言三千大千世界之所严净。二佛身诸相报化别者。说此维摩经。是三十二大人之相化佛所说。说华严经佛。是九十七大人之相。及十华藏世界海微尘数大人之相。实报如来之所说也。三不思议德神通别者。如维摩经。说菩萨神通。以须弥之高广。内芥子中。能以四大海水。入一毛孔。又小室之内。能容三万二千师子之座。各各高八万四千由旬。八千菩萨。五百声闻。百千天人。维摩诘置其右手掌。擎其大众往诣庵园。又以手断取东方妙喜佛国。来至此土。示于大众。送还本处。如是神变。且为权学三乘声闻菩萨等众。现如斯事。何以故。为权教声闻菩萨等。见道未实。自他未亡。所现神变。依根所见。皆有往来分剂限量。又是一时之间圣意。以神力变化。起诸小根。令渐增进故。非是法尔力故。如华严经中。以本法力。法如是故。能以一尘之内。含容十方一切佛刹。众生刹。总在尘中。世界不小。微尘不大。十方世界。所有微尘。一一尘中。总皆如是。如经所说。菩萨于一小众生身中。成等正觉。广度众生。其小众生。不知不觉。当知佛以权教。引小根故。身外見佛。現神通力、而有來去、實教之中。以自本覺、自覺本心。身心性相、與佛無異、無有內外往來諸見。是故毗盧遮那佛。不移本處、而身徧坐一切道場。十方來眾。不移本處、而隨化往、都無來去。亦無神力所致。是故經言、法如是故。經中每言、以佛神力。及法如是力者。以佛神力推佛爲尊。法如是故。推其本德。都無變化。一一國刹。身心性相。以依本故。不隨妄故。大小諸境。皆如光如影。互相映徹。周徧十方。都無往來。都無分限。卽一一眾生身諸毛孔之內。周徧十方。不同權教。以其神力。分劑往來。擎來送去。致斯妄見。違本法身。障眞菩提本覺性智。是故淨名菩薩現斯神變已。方陳實教。維摩經云。觀身實相。觀佛亦然。我觀如來前際不來後際不去。今則不住。如阿閦佛品廣明。是故權教小見樂欲希奇。菩薩稱根麤施接引。令生樂學方授實門。不可以執化成眞。恆迷智眼。識權就實。遷入法界之門。有作之法難成。隨緣無作易辦。作者勞而無功。不作隨緣自就。無功之功。功不虛棄。有功之功。功皆無常。多劫積修。終歸敗壞。不如一念緣起無生。超彼三乘權學等見。四所設法門對根別者。彼见佛。现神通力。而有来去。实教之中。以自本觉。自觉本心。身心性相。与佛无异。无有内外往来诸见。是故毗卢遮那佛。不移本处。而身遍坐一切道场。十方来众。不移本处。而随化往。都无来去。亦无神力所致。是故经言。法如是故。经中每言。以佛神力。及法如是力者。以佛神力。推佛为尊。法如是故。推其本德。都无变化。一一国刹。身心性相。以依本故。不随妄故。大小诸境。皆如光如影。互相映彻。周遍十方。都无往来。都无分限。即一一众生有诸毛孔之内。周遍十方。不同权教。以其神力。分剂往来。擎来送去。致斯妄见。违本法身。障真菩提本觉性智。是故净名菩萨。现斯神变已。方陈实教。维摩经云。观身实相。观佛亦然。我观如来。前际不来。后际不去。今则不住。如阿閦佛品广明。是故权教小见。乐欲希奇。菩萨称根。粗施接引。令生乐学。方授实门。不可以执化成真。恒迷智眼。识权就实。迁入法界之门。有作之法难成。随缘无作易办。作者劳而无功。不作随缘自就。无功之功。功不虚弃。有功之功。功皆无常。多劫积修。终归败坏。不如一念缘起无生。超彼三乘权学等见。四所设法门对根别者。彼維摩經對二乘根。令迴向菩提。入大乘故。又對大乘中滯淨菩薩悲智未滿者。令進修故。即如衆香世界諸來菩薩衆。欲還本土。請佛世尊願賜少法。如來依根見彼菩薩滯於淨土。悲智心劣。便爲說法。令學有盡無盡解脫門。下文云。不離大慈。不捨大悲。深發一切智心。而不忽忘教化衆生。終不厭倦。於四攝法常念順行。在諸禪定如地獄想。於生死中如園觀想。見來求者如善師想。廣如維摩經說。彼經對二乘三乘悲智未滿。令且漸修增長悲智。未即一下頓示佛門。未即說言十住初心便成正覺。未即示其廣大妙事。皆有分劑故。五諸有來衆聞法別者。如維摩經中所有來衆。除文殊慈氏等大菩薩衆。舍利弗等影響聲聞。餘外來衆總是三乘之中權學之衆。設有於中菩薩生於諸趣。同類俱來。皆欲成就三乘權學。漸令增進。未說圓滿諸佛本乘。如華嚴經中所有來衆。皆是乘如來乘。佛智果德自體法身。具普賢行。而隨影現十方刹海一切道場。還成如來所乘本法。無有一箇三乘根機。設有三乘根機。如盲如聾。不知不覺。猶如盲人對於日月。猶如聾人聽天樂音。如業貧人對天维摩经。对二乘根。令回向菩提。入大乘故。又对大乘中滞净菩萨。悲智未满者。令进修故。即如众香世界。诸来菩萨众。欲还本土。请佛世尊愿赐少法。如来依根。见彼菩萨滞于净土。悲智心劣。便为说法。令学有尽无尽解脱门。下文云。不离大慈。不舍大悲。深发一切智心。而不忽忘。教化众生。终不厌倦。于四摄法。常念顺行。在诸禅定。如地狱想。于生死中。如园观想。见来求者。如善师想。广如维摩经说。彼经对二乘三乘悲智未满。令且渐修。增长悲智。未即一下顿示佛门。未即说言十住初心便成正觉。未即示其广大妙事。皆有分剂故。五诸有来众闻法别者。如维摩经中。所有来众。除文殊慈氏等大菩萨众。舍利弗等影响声闻。余外来众。总是三乘之中。权学之众。设有于中菩萨。生于诸趣。同类俱来。皆欲成就三乘权学。渐令增进。未说圆满诸佛本乘。如华严经中。所有来众。皆是乘如来乘。佛智果德。自体法身。具普贤行。而随影现十方刹海一切道场。还成如来所乘本法。无有一个三乘根机。设有三乘根机。如盲如聋。不知不觉。犹如盲人。对于日月。犹如聋人。听天乐音。如业贫人。对天寶藏。如大福德處於地獄。亦如餓鬼臨大海邊。三乘之器。遺力未窮。未迴心者。常居法界海中。諸佛境界。與佛同德同身。終不能信。不覺不知。別求佛見。如華嚴經云。佛子。設有菩薩。於無量百千億那由他劫。行六波羅蜜。修習種種菩提分法。若未聞此如來不思議功德法門。或時聞已。不信不解。不順不入。不得名爲眞實菩薩。以不能生如來家故。當知聞法衆全別。維摩經中。娑婆之衆。彼此未亡。香積諸徒。垢淨全在。當知此類。並是見解未眞。守一方之淨剎。雖名菩薩。諸道未圓。如是之徒。未詳佛意。雖有忻菩提之志願。滯淨剎以居心。彼與法身智身懸隔。是故法華經云。不退諸菩薩。其數如恆沙。亦復不能知。卽如華嚴之衆。自身與佛身無別。自智與佛智無差。性相合容。一多同別。居法界海之智水。示作魚龍。住涅槃之大宅。現陰陽而化物。主伴自在。交暎相參。師弟互融。因果通徹。並是如斯之衆也。六設教安立法門別者。彼維摩經。以淨名居士。現少許不思議之通變。令二乘迴心。又處於生死。現身有疾。令知染淨無二。又表菩薩大悲有疾。菩薩具陳不二之門。建定慧觀智。用彰不宝藏。如大福德。处于地狱。亦如饿鬼。临大海边。三乘之器。道力未穷。未回心者。常居法界海中。诸佛境界。与佛同德同身。终不能信。不觉不知。别求佛见。如华严经云。佛子。设有菩萨。于无量百千亿那由他劫。行六波罗蜜。修习种种菩提分法。若未闻此如来不思议功德法门。或时闻已。不信不解。不顺不入。不得名为真实菩萨。以不能生如来家故。当知闻法众全别。维摩经中。娑婆之众。彼此未亡。香积诸徒。垢净全在。当知此类。并是见解未真。守一方之净刹。虽名菩萨。谛道未圆。如是之徒。未详佛意。虽有忻菩提之志愿。滞净刹以居心。彼与法身智身悬隔。是故法华经云。不退诸菩萨。其数如恒沙。亦复不能知。即如华严之众。自身与佛身无别。自智与佛智无差。性相含容。一多同别。居法界海之智水。示作鱼龙。住涅槃之大宅。现阴阳而化物。主伴自在。交映相参。师弟互融。因果通彻。并是如斯之众也。六设教安立法门别者。彼维摩经。以净名居士。现少许不思议之通变。令二乘回心。又处于生死。现身有疾。令知染净无二。又表菩萨大悲有疾。菩萨具陈不二之门。建定慧观智。用彰不求之法最要。故云。夫求法者。於一切法應無所求。然未似華嚴經。具陳十住。十行。十迴向。十地。等覺五位。六位行相因果同別法門。七淨名菩薩示行別者。淨名為表大悲示人生死現其病行。華嚴經毗盧遮那以大悲示人生死成正覺行彰大智能出世故。八所闡法門處所別者。說維摩經在毗耶離城菴羅園。及在淨名之室。說華嚴經在摩竭國菩提場中。及一切世界。及一切塵中說。九常隨佛眾別者。說維摩經時。聲聞為常隨佛眾。但具五百。說華嚴經時。總是一乘大菩薩眾為常隨佛眾。具十佛剎微塵大眾。總是具普賢文殊體用等眾。十所付法藏流通別者。彼維摩經囑累品中說。佛告彌勒菩薩言。彌勒。我今以是無量億阿僧祇劫所集阿耨多羅三藐三菩提法。付囑於汝。故即以其經付囑已成菩薩已生佛家者。華嚴經如來出現品中付囑流通。即以其經法付囑凡夫初心始能見道生在佛家者。何以然。此經難入。許人能證以自證故。方堪能說。表二乘是權。但以聖勸修證。所有得法未成實故。所有說法者亦未實故。華嚴經云。此經珍寶不入一切餘眾生手。唯除如來法王求之法最要。故云。夫求法者。于一切法应无所求。然未似华严经。具陈十住。十行。十回向。十地。等觉。五位。六位。行相因果同别法门。七净名菩萨示行别者。净名为表大悲。示入生死。现其病行。华严经毗卢遮那。以大悲示入生死。成正觉行。彰大智能出世故。八所阐法门处所别者。说维摩经。在毗耶离城庵罗园。及在净名之室。说华严经。在摩竭国菩提场中。及一切世界。及一切尘中说。九常随佛众别者。说维摩经时。声闻为常随佛众。但具五百。说华严经时。总是一乘大菩萨众。为常随佛众。具十佛刹微尘大众。总是具普贤文殊体用等众。十所付法藏流通别者。彼维摩经嘱累品中说。佛告弥勒菩萨言。弥勒。我今以是无量亿阿僧祇劫。所集阿耨多罗三藐三菩提法。付嘱于汝故。即以其经。付嘱已成菩萨。已生佛家者。华严经如来出现品中。付嘱流通。即以其经法。付嘱凡夫初心。始能见道。生在佛家者。何以然。此经难入。许人能证。以自证故。方堪能说。表三乘是权。但以圣劝修证。所有得法。未成实故。所有说法者。亦未实故。华严经云。此经珍宝。不入一切余众生手。唯除如来法王

眞子。生如來家。種如來種諸善根者。佛子。若無此
等佛之眞子。如是法門不久散滅。問曰。若計佛之
眞子。即十方世界無盡無邊。以世界微塵莫知其
數。何須慮此經若無眞子。即便散滅。答曰。此經意
者付囑凡夫令覺悟入此法門。故令生佛家。使其
轉教佛種不斷。即凡夫令得入眞之境。若囑累諸
大菩薩。凡夫無繇。諸聖自明。無凡夫修學者。凡夫
道中佛種即斷。此經散滅。以此義故付囑凡夫令
修。不付已前大菩薩舊見道者。一入道方便同者。
維摩經云。夫求法者於一切法應無所求。乃至觀
身實相。觀佛亦然。我觀如來前際不來後際不去
今則無住等。是初觀智門略同。於入道行相門戶
次第軌則全別。廣如下明。

第七法華經會權入實爲宗者。此經引彼三根之
人歸一乘實教。故引衆流而歸大海。攝三末而還
源。藏法師等前諸大德會爲共教一乘。爲三乘同
聞故。華嚴經爲別教一乘。爲不與三乘同聞故。參
詳此理會此二門。法華經引權器以歸眞。華嚴者
頓示大根而直受。雖一乘名合法事略同。論其軌
範有多差別。今欲備舉事廣難周。略舉十門。用知

真子。生如来家。种如来种诸善根者。佛子。若无此等佛之真子。如是法门。不久散灭。问曰。若计佛之真子。即十方世界。无尽无边。以世界微尘。莫知其数。何须虑此经。若无真子。即便散灭。答曰。此经意者。付嘱凡夫。令觉悟入此法门故。令生佛家。使其转教。佛种不断。即凡夫令得入真之境。若嘱累诸大菩萨。凡夫无缘。诸圣自明。无凡夫修学者。凡夫道中。佛种即断。此经散灭。以此义故。付嘱凡夫令修。不付已前大菩萨旧见道者。一入道方便同者。维摩经云。夫求法者。于一切法应无所求。乃至观身实相。观佛亦然。我观如来。前际不来。后际不去。今则无住等。是初观智门略同。于入道行相。门户。次第。轨则全别。广如下明 。

第七法华经。会权入实为宗者。此经引彼三根之人。归一乘实教故。引众流而归大海。摄三末而还源。藏法师等。前诸大德。会为共教一乘。为三乘同闻故。华严经为别教一乘。为不与三乘同闻故。参详此理。会此二门。法华经引权器以归真。华严者顿示大根而直受。虽一乘名合。法事略同。论其轨范。有多差别。今欲备举。事广难周。略举十门。用知綱目。十門者。一者教主別。二放光別。三國土別。四請法主別。五大會莊嚴眞化別。六序分之中列衆別。七龍女轉身成佛別。八龍女成佛所居國土別。九六千之衆發心別。十受諸聲聞遠記別。一教主別者。說此法華經。卽是化身佛說。還過去滅度多寶佛來。證成此經。三世諸佛同共宣說。如華嚴經卽不然。教主。卽是毗盧遮那爲教主。故。卽是法報理智眞身。具無量相海功德之身之所莊嚴。三世諸佛同爲一際一時一法界。報相重重無有障礙。古今一際。非三世故。舊佛非過去。今佛非新出。爲根本智性相齊理。事不異故。如是本佛說本法頓受大根故。不是化佛故。不似法華經有舊佛滅度多寶如來。今佛出世說法華經。以是義故。言教主別。二放光明別者。說法華經雖放眉間毫相果光。所照境界。但言萬八千土。皆如金色。仍有限量。不稱無邊無量無盡故。但彰果法。不彰因位。華嚴一部經典教行因果。表法光明始終具十。後當更明。三國土別者。說法華經時。三變世界。令成淨土。移諸天人置於他土。然後安置他方來衆。變此穢境令成淨剎。說華嚴經時。卽此娑婆世界。卽是蓮華纲目。十门者。一者教主别。二放光别。三国土别。四请法主别。五大会庄严真化别。六序分之中列众别。七龙女转身成佛别。八龙女成佛所居国土别。九六千之众发心别。十受诸声闻远记别。一教主别者。说此法华经。即是化身佛说。还过去灭度多宝佛来。证成此经。三世诸佛。同共宣说。如华严经即不然。教主。即是毗卢遮那为教主故。即是法报理智真身。具无量相海功德之身之所庄严。三世诸佛。同为一际一时一法界。报相重重。无有障碍。古今一际。非三世故。旧佛非过去。今佛非新出。为根本智。性相齐理。事不异故。如是本佛说本法。顿受大根故。不是化佛故。不似法华经。有旧佛灭度多宝如来。今佛出世说法华经。以是义故。言教主别。二放光明别者。说法华经。虽放眉间毫相果光。所照境界。但言万八千土。皆如金色。仍有限量。不称无边无量无尽故。但彰果法。不彰因位。华严一部经典。教行因果。表法光明。始终具十。后当更明。三国土别者。说法华经时。三变世界。令成净土。移诸天人置于他土。然后安置他方来众。变此秽境令成净刹。说华严经时。即此娑婆世界。即是莲华藏世界。一一世界互相含入。經云。一一世界滿十方。十方入一。亦無餘。世界不增亦不減。無比功德故如是。又云。諸佛成道在一小眾生身中。化無量眾。其彼小眾生不知不覺。只為凡聖同體。無移轉相。纖塵之內。自他同體。不同法華之會。移轉人天。方明淨剎。此是對權根。乃分自他滯見者之所建立。是故今明國土別也。四請法主別者。說法華經時請法主者。卽是舍利弗。以為勸請之首。說華嚴經時佛令文殊普賢隨位菩薩各自說自位法門。為說法首。佛表果法。舉果為因。起大悲行。成根本智。果體自成。故無言不說也。以大悲行從無作根本智起故。文殊普賢表因位。可說佛果法示悟眾生。阿僧祇品世間數法廣大難量。唯佛究竟不屬五位中因果門故。是佛自位內法門。還佛自說。隨好光明功德品。卽是如來自成因果後自說佛法法爾之力。恆常福智光明之法門。亦不屬五位之內行相因果故。佛亦自說。此明佛果無二愚也。除此二品經外。諸餘三十八品皆是五位之內行相法門。是故佛不自說。總令十信十住十行等當位之內菩薩自說。佛但放光表之。其所放光表法之藏世界。一一世界互相含入。经云。一一世界满十方。十方入一亦无余。世界不增亦不减。无比功德故如是。又云。诸佛成道。在一小众生身中。化无量众。其彼小众生。不知不觉。只为凡圣同体无移转相。纤尘之内。自他同体。不同法华之会。移转人天。方明净刹。此是对权根。乃分自他滞见者之所建立。是故今明国土别也。四请法主别者。说法华经时。请法主者。即是舍利弗。以为劝请之首。说华严经时。佛令文殊普贤随位菩萨。各自说自位法门。为说法首。佛表果法。举果为因。起大悲行。成根本智。果体自成。故无言不说也。以大悲行。从无作根本智起故。文殊普贤表因位。可说佛果法。示悟众生。阿僧祇品。世间数法。广大难量。唯佛究竟。不属五位中因果门故。是佛自位内法门。还佛自说。随好光明功德品。即是如来自成因果后。自说佛法法尔之力。恒常福智光明之法门。亦不属五位之内行相因果故。佛亦自说。此明佛果无二愚也。除此二品经外。诸余三十八品。皆是五位之内行相法门。是故佛不自说。总令十信十住十行等。当位之内菩萨自说。佛但放光表之。其所放光表法之

相後當廣明。當說華嚴經時。一無聲聞及小菩薩
為請法主。皆佛果位內諸大菩薩自相問答。安立
佛果法門。行相。為悟大根者故。頓將佛果直受。為
因。因即以果為因。果即以因為果。如種子等。以
定慧力。思之可見。是故今言請法主。別五大會。莊
嚴真化。別者。如法華會。令三千大千世界清淨莊
嚴。其諸化眾亦皆充滿。所來諸佛。皆云是化。華嚴
經即不爾。即有十處十會眾。皆滿十方。不移本處
而充法界。一一身相及身毛孔國剎重重菩薩佛
身互相徹入。雜類眾生亦皆無礙。身土相徹。如影
含容。所來之眾不壞法身而隨相好。法身相好。一
際無差。即相全真。無有化也。不同餘教說化說真
有相參會。是故今言大會別也。六序分之中列眾
別者。法華會中先列聲聞眾萬二千人俱。次列摩
訶波闍波提與眷屬六千人俱。此為姨母六千人
俱。次列耶輸陀羅比丘尼。此是佛為太子時夫人
佛為太子時有三夫人。一名瞿夷。二名耶輸。三名
摩奴舍。瞿夷是善財童子十地法雲地善知識。表
十地法悅能慈故。為法利生。法悅身心是其妻義
次列菩薩八萬人俱。次列諸天龍鬼等。華嚴經即

相。后当广明。当说华严经时。一无声闻及小菩萨为请法主。皆佛果位内诸大菩萨。自相问答。安立佛果法门行相。为悟大根者故。顿将佛果直受为因。因即以果为因。果即以因为果。如种种子等。以定慧力。思之可见。是故今言请法主别。五大会庄严真化别者。如法华会。令三千大千世界清净庄严。其诸化众。亦皆充满。所来诸佛。皆云是化。华严经即不尔。即有十处十会众。皆满十方。不移本处而充法界。一一身相及身毛孔。国刹重重。菩萨佛身。互相彻入。杂类众生。亦皆无碍。身土相彻。如影含容。所来之众。不坏法身而随相好。法身相好。一际无差。即相全真。无有化也。不同余教。说化说真。有相参会。是故今言大会别也。六序分之中列众别者。法华会中。先列声闻众。万二千人俱。次列摩诃波阇波提。与眷属六千人俱。此为姨母六千人俱。次列耶输陀罗比丘尼。此是佛为太子时夫人。佛为大子时。有三夫人。一名瞿夷。二名耶输。三名摩奴舍。瞿夷是善财童子十地法云地善知识。表十地法悦能慈故。为法利生。法悦身心。是其妻义。次列菩萨。八万人俱。次列诸天龙鬼等。华严经即不然。先列菩薩上首有十佛世界微塵數。不論其從者。次列執金剛神眾。已後諸神龍天等眾部類。總有五十五眾。一一部從各別。各各部從。各有佛世界微塵數眾。或有部從直言無量。且於初會通菩提場眾有五十五部眾。其於十會之眾。後當更明。大意論之佛身眾海無邊法界以重重。一一諸身普含容而無際。一身即以法界爲量自他之境都亡。法界即自身偏周能所之情見絕。約略論之如是。十會列眾後當更明。從初至八會都不聞聲聞之名。九會之中始有比丘三眾。至位方明行相。

七龍女轉身成佛別者。如法華經龍女於刹那之際即轉女身具菩薩行。南方成佛。如華嚴經即不然。但使自無情見。大智遍明。即萬法體真。無轉變相。如維摩經中舍利弗謂天女曰。何故不轉女身。天女謂舍利弗。我十二年來求女人相了不可得。當何所轉。如庵提遮女謂舍利弗。自男生我女。當知萬法本自體如。有何可轉。如華嚴經入法界品中。善財童子善知識文殊普賢比丘比丘尼長者童子優婆夷童女仙人外道五十三人。各各自具菩薩行。自具佛法。隨諸眾生見身不同。不云有轉。

不然。先列菩萨上首。有十佛世界微尘数。不论其从者。次列执金刚神众。以后诸神龙天等众部类。总有五十五众。一一部从各别。各各部从。各有佛世界微尘数众。或有部从。直言无量。且于初会。通菩提场众。有五十五部众。其于十会之众。后当更明。大意论之。佛身众海。无边法界以重重。一一诸身。普含容而无际。一身即以法界为量。自他之境都亡。法界即自身遍周。能所之情见绝。约略论之如是。十会列众。后当更明。从初至八会。都不闻声闻之名。九会之中。始有比丘三众。至位方明行相。七龙女转身成佛别者。如法华经。龙女于刹那之际。即转女身。具菩萨行。南方成佛。如华严经即不然。但使自无情见。大智逾明。即万法体真。无转变相。如维摩经中。舍利弗谓天女曰。何故不转女身。天女谓舍利弗。我十二年来。求女人相。了不可得。当何所转。如庵提遮女谓舍利弗。自男生我女。当知万法。本自体如。有何可转。如华严经入法界品中。善财童子善知识。文殊。普贤。比丘。比丘尼。长者。童子。优婆夷。童女。仙人。外道。五十三人。各各自具菩萨行。自具佛法。随诸众生。见身不同。不云有转。

若以法眼觀。無俗不眞。若以世間肉眼觀。無眞不
俗。以法華經。對權教三根見未盡者。令成信種。且
將女相速轉成佛。令生奇特。方始發心。趣眞知見。
不堪本法。而起善根。此明且引三權。令歸一實。又
破彼時劫。定執三僧祇。令於刹那。證三世性本來
一際。無始無終。稱法平等。裂三乘之見網。撤菩薩
之草庵。令歸法界之門。入佛眞實之宅。故令龍女
成佛。明非過去久修。年始八歲。又表今非舊學。轉
女時分。不逾刹那。具行佛果。無虧毫念。法本如是
自體無時。權學三根。自將見隔。自迷實法。返稱爲
化。不知窮己本事如斯。全處宅中。猶懷滯見。云何
界外。懸指僧祇。此見不離。定乖永劫。迴心見謝方
始舊居。何如今時滅諸見業。徒煩多劫。苦困方迴。
如華嚴經法界緣起門。明凡聖一眞。猶存見隔。見
在即凡。情亡即佛。稱性緣起。俯仰進退屈伸謙敬
皆菩薩行。無有一法。可轉變相。有生住滅。是故不
同龍女轉身成佛。八龍女成佛所居國土別者。即
言南方無垢世界。非此娑婆。解云。心得應眞。故稱
無垢。正順本覺。故號南方。爲南北爲正。故又南爲
明爲虛。南爲離。離中虛。八卦中。離法心。心虛無故

若以法眼观。无俗不真。若以世间肉眼观。无真不俗。以法华经。对权教三根见未尽者。令成信种。且将女相速转成佛。令生奇特。方始发心。趣真知见。不堪本法。而起善根。此明且引三权。令归一实。又破彼时劫。定执三僧祇。令于刹那证三世性。本来一际。无始无终。称法平等。裂三乘之见网。撤菩萨之草庵。令归法界之门。入佛真实之宅。故令龙女成佛。明非过去久修。年始八岁。又表今非旧学。转女时分。不逾刹那。具行佛果。无亏毫念。法本如是。自体无时。权学三根。自将见隔。自迷实法。返称为化。不知躬已本事如斯。全处宅中。犹怀滞见。云何界外。悬指僧祇。此见不离。定乖永劫。回心见谢。方始旧居。何如今时。灭诸见业。徒烦多劫。苦困方回。如华严经法界缘起门。明凡圣一真。犹存见隔。见在即凡。情亡即佛。称性缘起。俯仰进退。屈伸谦敬。皆菩萨行。无有一法。可转变相。有生住灭。是故不同龙女转身成佛。八龙女成佛所居国土别者。即言南方无垢世界。非此娑婆。解云。心得应真。故称无垢。正顺本觉。故号南方。为南北为正故。又南为明为虚。南为离。离中虚。八卦中。离法心。心虚无故刹明還依世俗八卦表之餘方雖無八卦之名其方法是一法也故雖然理如是有理卽有事故還須有國衆所歸依若有別住南方自他彼此猶隔此乃猶順三乘分引權根而生信解還就佛乘故爲三乘餘執勢分難摧且有一分迴心自他之情未絕頓印法界之體不同華嚴自他相徹一一微塵之內住因陀羅網之門是故今言所居國土別凡六千之衆發心別者如法華經云龍女成佛時娑婆世界菩薩聲聞擧衆皆遥見龍女成佛普爲時會人天說法心大歡喜悉遥敬禮又下文娑婆世界三千衆生住不退地三千衆生發菩提心而得受記智積菩薩及舍利弗一切衆會默然信受雖智積菩薩及舍利弗而爲智士寄在迷流爲利啟蒙故遣教行益濟凡學令成軌躅既娑婆之衆皆遥敬禮六千發意彼此未亡但順三乘權學有爲菩提未得普門法界本覺菩提自他同體以此義故故有遥敬禮華嚴經卽不然卽以普門法界普見法門如來藏身三昧之境因陀羅網莊嚴法門世界海漩重重妙智一時同得爲一證一切證一斷一切斷故卽自身之內有十身諸佛刹海莊

则明。还依世俗八卦表之。余方虽无八卦之名。其方法是一法也故。虽然理如是。有理即有事。故还须有国。众所归依。若有别住南方。自他彼此犹隔。此乃犹顺三乘。分引权根。而生信解。还就佛乘故。为三乘余执势分难摧。且有一分回心。自他之情未绝。顿印法界之体。不同华严自他相彻。一一微尘之内。住因陀罗网之门。是故今言所居国土别。九六千之众发心别者。如法华经云。龙女成佛时。娑婆世界。菩萨声闻。举众皆遥见龙女成佛。普为时会人天说法。心大欢喜。悉遥敬礼。又下文娑婆世界。三千众生。住不退地。三千众生。发菩提心。而得受记。智积菩萨。及舍利弗。一切众会。默然信受。虽智积菩萨。及舍利弗。而为智士。寄在迷流。为利启蒙。故遣教行。益济凡学。令成轨躅。既娑婆之众。皆遥敬礼。六千发意。彼此未亡。但顺三乘权学有为菩提。未得普门法界本觉菩提。自他同体。以此义故。故有遥敬礼。华严经即不然。即以普门法界。普见法门。如来藏身三昧之境。因陀罗网庄严法门。世界海漩。重重妙智。一时同得。为一证一切证。一断一切断故。即自身之内。有十身诸佛刹海庄

嚴。佛身之內卽自身之境。重重隱現十方世界法
爾如斯。猶如衆流歸於大海。雖未入海潤性無差。
若入大海皆同鹹味。一切衆生亦復如是。迷之與
悟雖然有殊。本來佛海元本不異。云何法華經中
娑婆之衆有遙敬禮。以此事儀法則與華嚴全別。
只如法界品內。六千之衆剎那十眼遍明。五百小
童。一生十身咸證。餘衆皆爾。善財南詢諸友。佛果
文殊慈氏已圓。復入普賢之身。海漩漩門總備。理
事齊互。無法不彰。法界既處塵中。何得有遙敬禮。
是故今言六千之衆發心別。十授聲聞遠記別者。
爲法華之中龍女雖復頓印法界無時之門。全彰
佛果。三乘權學雖有信順之心。餘風未殄未能頓
證。遠劫方登故受遠記。不同華嚴迷卽處凡悟卽
是佛。設有餘習以佛知見而用治之。無佛知見。但
成折伏。不得入佛駛水之流。還經遠劫方能入也。
爲三乘之初心。信根下劣故。不能離纏縛。籠繫煩多。
樂著生死。雖求出世。根器下劣。滯住退還。如來於
是以生老病死。無常不淨。剎那滅壞。念念不住。如
是等觀使令觀之令生厭離。捨厭心成。心居淨穢
如來於化教之中。爲此根故。雖復勸修悲智以求

严。佛身之内。即自身之境。重重隐现十方世界。法尔如斯。犹如众流。归于大海。虽未入海。润性无差。若入大海。皆同咸味。一切众生。亦复如是。迷之与悟。虽然有殊。本来佛海。元本不异。云何法华经中。娑婆之众。有遥敬礼。以此事仪法则。与华严全别。只如法界品内。六千之众。刹那十眼逾明。五百小童。一生十身咸证。余众皆尔。善财南询诸友。佛果文殊慈氏已圆。复入普贤之身。海漩澓门总备。理事齐亘。无法不彰。法界既处尘中。何得有遥敬礼。是故今言六千之众发心别。十授声闻远记别者。为法华之中。龙女虽复顿印法界无时之门。全彰佛果。三乘权学。虽有信顺之心。余风未殄。未能顿证。远劫方登。故受远记。不同华严。迷即处凡。悟即是佛。设有余习。以佛知见而用治之。无佛知见。但成折伏。不得入佛驶水之流。还经远劫。方能入也。为三乘之初心。信根下劣故。不能离缚。笼系烦多。乐著生死。虽求出世。根器下劣。滞住退还。如来于是以生老病死。无常。不净。刹那灭坏。念念不住。如是等观。使令观之。令生厌离。舍厌心成。心居净秽。如来于化教之中。为此根故。虽复劝修悲智。以求佛果。仍推淨土在於餘方。爲彼二乘見分未亡。見此娑婆恆常是穢。說因說果。破彼疑心。暫化令淨。卻攝神力。還當見穢。三乘教印自有明文。則因斯無常觀習性難迴。龍女雖頓示佛乘。雖信未能即證。以是義故。法華會內。所受記別。皆蒙遠劫。法華漸引來歸華嚴。當時直授發心。即佛。故以此義故。行相不同。其此一部之經。同門有二。一乘如來乘直至道場。如來乘者。即一乘也。如華嚴經賢首品云。一切世間群生類。鮮有欲求聲聞乘。求緣覺者轉復少。求大乘者甚希有。求大乘者猶爲易。能信此法甚爲難。又經云。若有諸眾生。其心暨沒者。爲說聲聞道。令離於眾苦。若復有眾生。其心少明利。爲說因緣法。令得辟支佛。若復有眾生。樂學慈悲心。廣饒益眾生。爲說菩薩道。若復有眾生。決定樂大事。轉無盡佛法。爲說一乘道。此乃華嚴經中分四乘義也。如法華經中門前三駕。且示權門。露地白牛。方明正教。佛乘唯有一。無二亦無三。二三門外之權宗。方明露地之實教。四乘契會。二教其同施設化儀。各有差殊。又法華云。唯此一事實。餘二則非真。准此一文。似立三乘。論其契會。還成四佛果。仍推净土在于余方。为彼三乘见分未亡。见此娑婆恒常是秽。说因说果。破彼疑心。暂化令净。却摄神力。还当见秽。三乘教印。自有明文。则因斯无常观智。习性难回。龙女虽顿示佛乘。虽信未能即证。以是义故。法华会内。所受记别。皆蒙远劫。法华渐引来归。华严常时直授。发心即佛故。以此义故。行相不同。其此一部之经。同门有二。一乘如来乘。直至道场。如来乘者。即一乘也。如华严经贤首品云。一切世间群生类。鲜有欲求声闻乘。求缘觉者转复少。求大乘者甚希有。求大乘者犹为易。能信此法甚为难。又经云。若有诸众生。其心餍没者。为说声闻道。令离于众苦。若复有众生。其心少明利。为说因缘法。令得辟支佛。若复有众生。乐学慈悲心。广饶益众生。为说菩萨道。若复有众生。决定乐大事。转无尽佛法。为说一乘道。此乃华严经中。分四乘义也。如法华经中。门前三驾。且示权门。露地白牛。方明正教。佛乘唯有一。无二亦无三。二三门外之权宗。方明露地之实教。四乘契会。二教共同。施设化仪。各有差殊。又法华云。唯此一事实。余二则非真。准此一文。似立三乘。论其契会。还成四

法。唯此一事實者。即佛乘事實。餘二者。即菩薩大
乘道緣覺聲聞。是餘二。爲緣覺聲聞厭苦相似故
足爲龜鏡。可以明鑑。二龍女一刹那之際印三世
性。又從凡夫即聖。不移毫分。此乃與善財童子。解
行入道法門略同。善財一生成佛者。不離刹那際
證三世性。古今總齊。還與龍女一刹那際轉身具
行成佛。一時總畢。皆稱本法法如是故。立時劫者。
衆生情塵也。善財證此名爲一生。爲三世時劫既
盡更有何生。故名爲一生。諸餘施設十種不同。前
已論訖。龍女轉身。善財不變。爲轉無所轉有異故

校譌

第十九紙十二行說下北板多說字

法。唯此一事实者。即佛乘事实。余二者。即菩萨大乘。通缘觉声闻。是余二。为缘觉声闻。厌苦相似故。足为龟镜。可以明鉴。二龙女一刹那之际。印三世性。又从凡夫即圣。不移毫分。此乃与善财童子。解行入道法门略同。善财一生成佛者。不离刹那际。证三世性。古今总齐。还与龙女一刹那际。转身具行成佛。一时总毕。皆称本法。法如是故。立时劫者。众生情尘也。善财证此。名为一生。为三世时劫既尽。更有何生。故名为一生。诸余施设。十种不同。前已论讫。龙女转身。善财不变。为转无所转有异故。

大方廣佛新華嚴經論卷第二

唐于闐國三藏沙門實叉難陀譯經

唐太原方山長者李通玄造論

第八大集經以守護正法爲宗者。爲此經在於
欲界上色界向下，安立寶坊，集諸人天上下二界
天人魔梵及八部鬼神龍等及他方菩薩皆就寶
坊。諸鬼神等有不往者，四天王放熱鐵輪逐之，令
往至佛所。如來悉敕令守護正法。衆魔王中唯有
一箇魔王不順佛敕，待令衆生成佛盡，始當發菩
提心。此下疑有闕文

第九涅槃經佛性爲宗者。與華嚴經有十種別。一
種同，其十種別者，一說法處所別，二境界莊嚴化
報別，三大會來衆別，四所建法輪別，五所來之衆
聞法別，六報土淨穢別，七佛身權實別，八出生滅
度軌則別，九示教行相別，十從初爲友軌範別。一
同者，如雪山有草名曰肥膩，牛若食者純得醍醐
無有青黃赤白黑色。一說法處所別者，涅槃經在
拘尸那國阿利羅跋提河邊娑羅雙樹間說，華嚴
經在摩竭提國菩提場中寶菩提樹下說，故言說

大方广佛新华严经论卷第二

唐于阗国三藏沙门实叉难陀译经

唐太原方山长者李通玄造论

第八大集经。以守护正法为宗者。为此经。在于欲界上色界向下。安立宝坊。集诸人天上下二界天人魔梵。及八部鬼神龙等。及他方菩萨。皆就宝坊。诸鬼神等有不往者。四天王放热铁轮逐之。令往至佛所。如来悉敕令守护正法。众魔王中。唯有一个魔王。不顺佛敕。待令众生成佛尽。始当发菩提心。此下疑有阙文。

第九涅槃经。佛性为宗者。与华严经。有十种别。一种同。其十种别者。一说法处所别。二境界庄严化报别。三大会来众别。四所建法轮别。五所来之众闻法别。六报土净秽别。七佛身权实别。八出生灭度轨则别。九示教行相别。十从初为友轨范别。一同者。如雪山有草。名曰肥腻。牛若食者。纯得醍醐。无有青黄赤白黑色。一说法处所别者。涅槃经。在拘尸那国。阿利罗跋提河边。娑罗双树间说。华严经。在摩竭提国。菩提场中。宝菩提树下说。故言说

法處別。一境界莊嚴化報別者。如說此大涅槃經
時。娑羅雙樹吉祥福地。縱廣三十二由旬。大眾充
滿其間。無空缺處。爾時四方無邊眾菩薩以其眷
屬所坐之處。或如錐鋒或如針頭微塵。十方如微
塵等諸佛世界。諸大菩薩悉來集會。又文云。爾時
三千大千世界。以佛神力故。地皆柔軟。無有丘墟
沙土礫石荊棘毒草。眾寶莊嚴猶如西方無量壽
佛極樂世界。是大眾悉見十方如微塵等諸佛世
界。如於明鏡自觀己身。見諸佛土亦復如是。又下
文。娑羅雙樹。忽然變白。廣如經說。如說華嚴經時。
有十蓮華藏世界海。又上下二十重。最下重中略
言一佛世界微塵數廣大國周圍。一一國有十佛
剎微塵數諸小國以為眷屬。以上倍倍增。如是十
蓮華藏世界中。金剛為地。樹臺樓閣殿堂池海皆
眾寶莊嚴。如經所說。如是我聞。一時佛在摩竭提
國。阿蘭若法菩提場中。始成正覺。其地堅固金剛
所成。上妙寶輪及眾寶華清淨摩尼以為嚴飾。諸
色相海無邊顯現。如是已下直至一切佛土不思
議劫所有莊嚴悉皆含容顯現中間兩紙已來經
是數佛境界所有莊嚴。又下文華藏世界品廣說。

法处别。二境界庄严化报别者。如说此大涅槃经时。娑罗双树吉祥福地。纵广三十二由旬。大众充满其间。无空缺处。尔时四方无边众菩萨。以其眷属所坐之处。或如针锋。或如锥头微尘。十方如微尘等诸佛世界。诸大菩萨悉来集会。又文云。尔时三千大千世界。以佛神力故。地皆柔软。无有丘墟。沙土砾石。荆棘毒草。众宝庄严。犹如西方无量寿佛极乐世界。是大众悉见十方如微尘等诸佛世界。如于明镜。自观己身。见诸佛土。亦复如是。又下文。娑罗双树。忽然变白。广如经说。如说华严经时。有十莲华藏世界海。又上下二十重。最下重中。略言一佛世界微尘数广大国周围。一一国。有十佛刹微尘数诸小国以为眷属。以上倍倍增。如是十莲华藏世界中。金刚为地。树台楼阁。殿堂池海。皆众宝庄严。如经所说如是我闻。一时佛在摩竭提国。阿兰若法。菩提场中。始成正觉。其地坚固。金刚所成。上妙宝轮。及众宝华。清净摩尼以为严饰。诸色相海。无边显现。如是以下。直至一切佛土不思议劫所有庄严悉皆含容显现。中间两纸已来经。是叹佛境界所有庄严。又下文华藏世界品广说。

如此莊嚴即是如來自身實報之所莊嚴。非如此
涅槃經中以佛神力。為眾生故。暫化令淨。所以然
者。為此涅槃經來眾。三乘根眾雜故。若不以佛神
力持。無由自見。如華嚴中。一乘根純無有雜眾。如
聲聞為根別故。在其會內元來不見。經中雖然還
有以佛神力。下文還有法如是力。所言神者應真
曰神。非同實是凡夫。加令暫見。名之曰神。當知華
藏莊嚴。本明實報。涅槃神力。暫爾權施。又涅槃經
推佛淨土在於西方。過三十二恆河沙佛土之外。
不在此處故。即明知是化。非為實故。三大會來眾
別者。說此大涅槃經所有來眾。總是人天種性三
乘之眾同來。除諸大菩薩眾。餘者皆是憶念如來
辦淚盈目。荷叅香薪。嗟苦悲哀。戀承佛日。皆是如
是等眾。即是宜提闡佛滅度之眾。除諸一乘菩薩
入佛智等眾。餘皆例然。華嚴經所來之眾。皆性智
海中佛果位內諸菩薩眾。純是一乘。更無別種。人
天神眾皆悉同根。入佛智流。具佛知見。初會之中
十佛世界微塵等諸菩薩眾。皆從如來善根海生。
善根海者。即是如來法身智海大智所生。一切諸
佛以法身根本智以為根本所生。若不如是所有

如此庄严。即是如来自身实报之所庄严。非如此涅槃经中。以佛神力。为众生故。暂化令净。所以然者。为此涅槃经来众。三乘根众杂故。若不以佛神力持。无由自见。如华严中。一乘根纯。无有杂众。如声闻为根别故。在其会内元来不见。经中虽然还有以佛神力。下文还有法如是力。所言神者。应真曰神。非同实是凡夫。加令暂见。名之曰神。当知华藏庄严。本明实报。涅槃神力。暂尔权施。又涅槃经。推佛净土在于西方。过三十二恒河沙佛土之外。不在此处故。即明知是化。非为实故。三大会来众别者。说此大涅槃经。所有来众。总是人天种性。三乘之众同来。除诸大菩萨众。余者皆是忆念如来。涕泪盈目。荷奉香薪。嗟苦悲哀。恋承佛日。皆是如是等众。即是宜堪闻佛灭度之众。除诸一乘菩萨入佛智等众。余皆例然。华严经所来之众。皆性智海中。佛果位内。诸菩萨众。纯是一乘。更无别种。人天神众。皆悉同根。入佛智流。具佛知见。初会之中。十佛世界微尘等诸菩萨众。皆从如来善根海生。善根海者。即是如来法身智海大智所生。一切诸佛。以法身根本智。以为根本所生。若不如是。所有行門。總屬有爲。如此之眾從初發心入佛智海。容治十信十住。十行十迴向十地等覺六位。淺深行相差別不同。涅槃三乘同攝人天善種同來至會華嚴經三乘之眾不霑其會。設在會內如聾不聞。當知涅槃會三乘菩薩聲聞人天等眾不同華嚴。此是一乘位中菩薩眾也。初發心位階同佛位。入佛智流同佛知見爲眞佛子也。四所建法輪主伴別者。涅槃經勸請之首。卽是迦葉菩薩文殊師利菩薩師子吼菩薩舍利弗等爲法軌度勸請之首。魔王波旬勸請如來入般涅槃。如華嚴經建法之首。卽是普賢文殊覺首法慧功德林金剛幢金剛藏等。如是十首十慧十林十幢十藏佛果位內大菩薩等。建立五位佛果之行相法門。故以諸位卽佛佛卽諸位。明位位中有佛果。故如華嚴經所有建立法度問答諸菩薩。皆是十方此土諸菩薩眾。盡是神洞眞源。智齊法界。十方應現不來而到。不去而至。稱法性之施設。非往來之所致。纖塵之內乃有無盡身雲。微毫之中。顯現難思相海。十方法界一切皆然。一切處忽然而有。無所從來。忽爾而無。無所從去。於一切處。一切時。於有情身相境界行门。总属有为。如此之众。从初发心。入佛智海。寄治十信。十住。十行。十回向。十地。等觉。六位。浅深行相。差别不同。涅槃三乘同摄。人天善种同来至会。华严经三乘之众。不沾其会。设在会内。如聋不闻。当知涅槃会三乘菩萨声闻人天等众。不同华严。此是一乘位中菩萨众也。初发心位。阶同佛位。入佛智流。同佛知见。为真佛子也。四所建法轮主伴别者。涅槃经劝请之首。即是迦叶菩萨。文殊师利菩萨。师子吼菩萨。舍利弗等。为法轨度劝请之首。魔王波旬。劝请如来入般涅槃。如华严经建法之首。即是普贤。文殊。觉首。法慧。功德林。金刚幢。金刚藏等。如是十首。十慧。十林。十幢。十藏。佛果位内大菩萨等。建立五位佛果之行相法门故。以诸位即佛。佛即诸位。明位位中有佛果故。如华严经所有建立法度问答诸菩萨。皆是十方此土诸菩萨众。尽是神洞真源。智齐法界。十方应现。不来而到。不去而至。称法性之施设。非往来之所致。纤尘之内。乃有无尽身云。微毫之中。显现难思相海。十方法界。一切皆然。一切处。忽然而有无所从来。忽尔而无。无所从去。于一切处。一切时。于有情身相境界。

山河大海十方虛空示現色像有無自在無盡童
重如是皆是大菩薩眾是故不同涅槃經中迦葉
菩薩聲聞舍利弗生在人家示同凡位引彼三乘
之種見佛涅槃而生悲感涕流盈目而來集會五
所來之眾聞法別者此涅槃經為諸聲聞二乘權
教菩薩行諸觀行未離執障樂著諸行執持行相
於此行相迷無作法身無證無修本來自體也以
行修生修顯建立菩提涅槃能所等證如來為此
根故於此涅槃經說諸行無常是生滅法生滅滅
已寂滅為樂所行善行及能證菩提是生法故所
證涅槃是滅法故既心存能所生滅不休以生滅
不休便滯真理今此涅槃經中故說諸行及能證
菩提所證涅槃二俱滅故方應真理故說諸行無
常是生滅法生滅滅已寂滅為樂是故如來隱身
不現及諸能所心盡名大涅槃一乘涅槃可有能
所有修有證是故名為有為無漏是故如來涅槃
無有能所是故涅槃經中純陀向文殊師利菩薩
言莫謂如來同於諸行復次文殊師利為知而說
不知而說而言如來同於諸行若言如來同於諸
行則不得言於三界中為人天中自在法王是故

山河大海。十方虚空。示现色像。有无自在。无尽重重。如是皆是大菩萨众。是故不同涅槃经中。迦叶菩萨。声闻舍利弗。生在人家。示同凡位。引彼三乘之种。见佛涅槃。而生悲感。涕流盈目。而来集会。五所来之众闻法别者。此涅槃经。为诸声闻三乘。权教菩萨。行诸观行。未离执障。乐著诸行。执持行相。于此行相。迷无作法身。无证无修。本来自体也。以行修生修显。建立菩提涅槃。能所等证。如来为此根故。于此涅槃经。说诸行无常。是生灭法。生灭灭已。寂灭为乐。所行善行。及能证菩提。是生法故。所证涅槃。是灭法故。既心存能所。生灭不休。以生灭不休。便滞真理。今此涅槃经中。故说诸行。及能证菩提。所证涅槃。二俱灭故。方应真理。故说诸行无常。是生灭法。生灭灭已。寂灭为乐。是故如来隐身不现。及诸能所心尽。名大涅槃。二乘涅槃。可有能所。有修有证。是故名为有为无漏。是故如来涅槃。无有能所。是故涅槃经中。纯陀向文殊师利菩萨言。莫谓如来。同于诸行。复次文殊师利。为知而说。不知而说。而言如来同于诸行。若言如来同于诸行。则不得言于三界中。为人天中自在法王。是故大般涅槃令彼三乘令知諸行菩提能證所證涅槃悉是無常。生者本無不證諸滅。無行無修名大涅槃是名圓寂是故涅槃經令諸三乘樂著行者。離行離修。有所證者令行無證無修。如華嚴經所有他方來衆此土人天。霑其會位從始發心卽達理事自在。理行無礙文殊理普賢行。一時頓印如印印泥。一時頓印無有先後中間等。皆依本法法爾如然若存始終因果先後皆是凡情皆是生滅有成有壞皆是隨根破繫不關成佛正宗諸教引生之門。皆入華嚴理智果海方爲契當。教門明著。龜鏡宛然。宜可徧覽經文觀智隨照。豁然開悟。智日雲披頓陟妙峯。俄登智海。凡聖二見因定水而滌除悲智二門以法身而方現。此華嚴經直爲最上大心者說。如將寶位直授凡庸。如夜夢千秋覺已隨滅。如涅槃經所說。雪山有草名曰肥膩。牛若食者。純得醍醐無有靑黃赤白黑色。最上大心衆生亦復如是。頓見佛性便成正覺不從小位漸漸而來。是故今言來衆聞法別以涅槃經攝末從體。未論智慈眞俗並用無礙。六報土淨穢所居別者。涅槃經佛報土指在西方。過三十二恆河沙佛土。

大般涅槃。令彼三乘。令知诸行菩提。能证所证涅槃。悉是无常。生者本无。不证诸灭。无行无修。名大涅槃。是名圆寂。是故涅槃经。令诸三乘乐著行者。离行离修。有所证者。令行无证无修。如华严经。所有他方来众。此土人天。沾其会位。从始发心。即达理事自在。理行无碍。文殊理。普贤行。一时顿印。如印印泥。一时顿印。无有先后中间等。皆依本法。法尔如然。若存始终因果先后。皆是凡情。皆是生灭。有成有坏。皆是随根破系。不关成佛正宗。诸教引生之门。皆入华严理智果海。方为契当。教门明著。龟镜宛然。宜可遍览经文。观智随照。豁然开悟。智日云披。顿陟妙峰。俄登智海。凡圣二见。因定水而涤除。悲智二门。以法身而方现。此华严经。直为最上大心者说。如将宝位。直授凡庸。如夜梦千秋。觉已随灭。如涅槃经所说。雪山有草。名曰肥腻。牛若食者。纯得醍醐。无有青黄赤白黑色。最上大心众生。亦复如是。顿见佛性。便成正觉。不从小位。渐渐而来。是故今言来众闻法别。以涅槃经。摄末从体。未论智慈真俗。并用无碍。六报土净秽所居别者。涅槃经。佛报土。指在西方。过三十二恒河沙佛土。

有釋迦報土。爲二乘權學垢淨未亡。見此娑婆穢惡不淨。如來於是權指報土在於西方。華嚴實教法門。卽此娑婆世界清淨無垢。十方世界清淨無瑕。爲實教菩薩垢淨盡故。境界純淨。權教菩薩。無垢淨處。自見穢故。故指報土在於西方。七佛身權實別者。如涅槃經中。三十二相如來是權。涅槃圓寂眞理是實。爲一切報相無量莊嚴皆依眞而有故。如華嚴經毗盧遮那佛。三十二相入涅槃佛俱實。理事無二。不壞法身而隨相海。無量無盡。卽相卽性。卽報卽理。如光如影。自在無礙。且略明權實廣待下文。八出生滅度現相別者。此涅槃經爲諸人天聲聞緣覺二乘之人。施設從兜率天降神受生。及入涅槃。八相成道。亦爲諸大乘菩薩說不從兜率天降神母胎。說常樂我淨。無始無終。不生不滅。然且隱身不現。仍推報土在於西方。去此三十二恆沙佛土之外。有釋迦報土。以此娑婆卽爲化土穢境。有此事別。引彼權根。華嚴經卽不然。直示本身本法。出超情見。無始無終。三世相絕。一圓眞報。不生不滅。不常不斷。性相無礙。自在果海法門。直受上根人。教門行相勢分如是。不同權學依有释迦报土。为三乘。权学垢净未亡。见此娑婆秽恶不净。如来于是权指报土在于西方。华严实教法门。即此娑婆世界清净无垢。十方世界清净无瑕。为实教菩萨。垢净尽故。境界纯净。权教菩萨。无垢净处。自见秽故。故指报土在于西方。七佛身权实别者。如涅槃经中。三十二相如来是权。涅槃圆寂真理是实。为一切报相无量庄严。皆依真而有故。如华严经。毗卢遮那佛。三十二相入涅槃佛。俱实。理事无二。不坏法身而随相海。无量无尽。即相即性。即报即理。如光如影。自在无碍。且略明权实。广待下文。八出生灭度现相别者。此涅槃经。为诸人天声闻缘觉二乘之人。施设从兜率天降神受生。及入涅槃。八相成道。亦为诸大乘菩萨。说不从兜率天降神母胎。说常乐我净。无始无终。不生不灭。然且隐身不现。仍推报土在于西方。去此三十二恒沙佛土之外。有释迦报土。以此娑婆。即为化土秽境。有此事别。引彼权根。华严经即不然。直示本身本法。出超情见。无始无终。三世相绝。一圆真报。不生不灭。不常不断。性相无碍。自在果海法门。直受上上根人。教门行相势分如是。不同权学。依

次第漸漸而成。只如登峯九仞。不可以絕其蹤履
十層之級者。不可以亡其跡。常見宣階一品。但以
爲臣。聞古士夫。忽有身登九五。明珠頓照。普見無
方。澤霖大海。滴滴皆滿。一塵空性。法界無差。品類
有情。强生斷繫。根器不等。權實不同。以此教門。千
差萬別。須知權實識假修眞。不可久滯權宗迷其
實教者也。九示教行相別者。如涅槃經。十住菩薩
於如來性品中說。菩薩位階十地尚不了了知見
佛性。即從凡夫十信心後。十住之位少分而見如
來之性。安立十住。十行。十迴向。十地階降漸漸而
修。等覺位中。方明果行。圓滿妙覺之位方是如來。
亦說雪山有草。名曰肥膩。牛若食者。純得醍醐。無
有青黃赤白黑色。亦復說此頓成之教。當知此經
還有五乘六乘。七八九十乘等。法門種性。又此經
中除聲聞乘。緣覺乘外。有三種菩薩乘。通彼一乘
爲五乘也。幷取人天五戒十善。即爲六乘七乘。故
又二乘之人同聞。各得自法。互參有九乘。其三種
乘。行相云何。一修無我法門乘。二從十住至十地
漸見佛性乘。三如雪山肥膩草。牛若食者。純得醍
醐乘。不從乳酪生熟酥等。漸漸方成。如如來性品

次第渐渐而成。只如登峰九仞。不可以绝其踪。履十层之级者。不可以亡其迹。常见官阶一品。但以为臣。闻古士夫。忽有身登九五。明珠顿照。普见无方。泽霖大海。滴滴皆满。一尘空性。法界无差。品类有情。强生留系。根器不等。权实不同。以此教门。千差万别。须知权实。识假修真。不可久滞权宗。迷其实教者也。九示教行相别者。如涅槃经。十地菩萨。于如来性品中说。菩萨位阶十地。尚不了了知见佛性。则从凡夫十信心后。十住之位。少分而见如来之性。安立十住。十行。十回向。十地阶降。渐渐而修。等觉位中。方明果行。圆满妙觉之位。方是如来。亦说雪山有草。名曰肥腻。牛若食者。纯得醍醐。无有青黄赤白黑色。亦复说此顿成之教。当知此经。还有五乘六乘。七八九十乘等。法门种性。又此经中。余声闻乘。缘觉乘外。有三种菩萨乘。通彼二乘。为五乘也。并取人天五戒十善。即为六乘七乘故。又三乘之人同闻。各得自法。互参有九乘。其三种乘。行相云何。一修无我法门乘。二从十住至十地。渐见佛性乘。三如雪山肥腻草。牛若食者。纯得醐醍乘。不从乳酪生熟酥等。渐渐方成。如如来性品

中說。菩薩摩訶薩既見性已成作是言甚奇世尊
我等流轉無量生死。常爲無我之所惑亂。即是法
華。華嚴經中說有諸菩薩經無量劫修六波羅蜜
得六神通讀誦通利八萬四千法藏。猶故不信此
深經典。是其例也。所得神通不依性起。爲修衆善
及無我等觀。報勝諸天。又如北鬱單越人。先世亦
修無我所觀。報生彼國。壽千年。衣食自然。粳米七
寸。火珠熟之。香所及處皆來共食。無有佛法。不得
解脫。皆是過去行解詭謬。故致斯咎。令其所得。永
不得亡。如此涅槃經。都會人天外道二乘差別。畢
竟皆歸佛性涅槃圓寂。雖性眞理。未示報相。無有
自他圓談理事智用。無礙重重。仍立自他淨穢等
別。故說釋迦報土。過西方三十二恆河沙之刹。由
根未全。堪教從根設。引彼二乘。有繫眞障佛性圓
寂。眞如理門。未得示相重重。礙諸有見。便生惑著。
便障法身。如是涅槃經中。十地後佛果法門。乃是
華嚴經中十住初心之所見處。即雪山之草名爲
肥膩。牛若食者。純得醍醐。無有青黃赤白黑色。如
華嚴經中十住菩薩初心見道。頓見自他無始無
終。無古無今。本來是佛。身心性相本是佛故。以此

中说。菩萨摩诃萨既见性已。咸作是言。甚奇世尊。我等流转无量生死。常为无我之所惑乱。即是法华华严经中说。有诸菩萨经无量劫。修六波罗蜜。得六神通。读诵通利八万四千法藏。犹故不信此深经典。是其例也。所得神通。不依性起。为修众善。及无我等观。报胜诸天。又如北郁单越人。先世亦修无我所观。报生彼国。寿千年。衣食自然。粳米七寸。火珠熟之。香所及处。皆来共食。无有佛法。不得解脱。皆是过去行解讹谬。故致斯咎。令其所得。永不得亡。如此涅槃经。都会人天外道三乘差别。毕竟皆归佛性。涅槃圆寂。无性真理。未示报相。无有自他圆该。理事智用。无碍重重。仍立自他净秽等别。故说释迦报土。过西方三十二恒河沙之刹。由根未全堪。教从根设。引彼三乘。有系直障。佛性圆寂。真如理门。未得示相重重。碍诸有见。便生惑著。便障法身。如是涅槃经中。十地后佛果法门。乃是华严经中。十住初心之所见处。即雪山之草。名为肥腻。牛若食者。纯得醍醐。无有青黄赤白黑色。如华严经中。十住菩萨。初心见道。顿见自他无始无终。无古无今。本来是佛。身心性相。本是佛故。以此佛門以爲解脫。乘如來乘直至道場。龍女善財一萬諸龍。八千之眾。總是六千比丘。五百優婆塞五百優婆夷。五百童子。五百童女。都爲八千。頓彰五位。總齊佛果理智之門。初住即十地。初住即佛位。若初住不即佛位者。如世卿臣從初九品至階一品。但得爲臣不得名王。若不名王者。當知權教安立五位諸地次第。一一而登。至三祇之滿劫但爲菩薩。不名佛乘。不名爲乘如來乘直至道場。但爲修無我觀悲勝二乘。不見佛性。名爲菩薩。若少見性者亦得佛乘。如大海中。一毫之滴。乃至多滴。一一滴中皆得大海。如是菩薩五位之中十住十地一一位內皆有佛果。如彼海水一毫之滴。不離佛性行諸行故。以彼佛性而有進修。如華嚴經直以佛全果不動智等十智如來示凡信修。如有凡夫頓昇寶位。身持王位。徧知臣正。一切羣品無不該含。華嚴經中法門菩薩行相亦復如是。從初發心十住之始。頓見如是如來法身佛性無作智果。徧行普賢一切萬行。隨緣不滯。悉皆無作。涅槃經云。佛性非是作法。但爲客塵煩惱所覆故。是故今從十住初位。以無作三昧自體應眞。煩惱客塵全無佛门以为解脱。乘如来乘。直至道场。龙女。善财。一万诸龙。八千之众。总是六千比丘。五百优婆塞。五百优婆夷。五百童子。五百童女。都为八千。顿彰五位。总齐佛果理智之门。初住即十地。初住即佛位。若初住不即佛位者。如世卿臣。从初九品。至阶一品。但得为臣。不得名王。若不名王者。当知权教。安立五位诸地次第。一一而登。至三祇之满劫。但为菩萨。不名佛乘。不名为乘如来乘。直至道场。但为修无我观。悲胜二乘。不见佛性。名为菩萨。若少见性者。亦得佛乘。如大海中。一毫之滴。乃至多滴。一一滴中。皆得大海。如是菩萨五位之中。十住十地一一位内。皆有佛果。如彼海水一毫之滴。不离佛性行诸行故。以彼佛性而有进修。如华严经。直以佛全果不动智等十智如来。示凡信修。如有凡夫顿升宝位。身持王位。遍知臣正。一切群品。无不该含。华严经中法门。菩萨行相。亦复如是。从初发心十住之始。顿见如是如来法身佛性无作智果。遍行普贤一切万行。随缘不滞。悉皆无作。涅槃经云。佛性非是作法。但为客尘烦恼所覆故。是故今从十住初位。以无作三昧。自体应真。烦恼客尘。全无體性。唯眞體用。無貪嗔癡。任運卽佛。故一念相應。一念成佛。一日相應。一日成佛。何須劫數漸漸而修。多劫積修。三祇至果。心緣劫量。見障何休。諸佛法門。本非時攝。計時立劫。非是佛乘。十從初爲友軌範別者。如涅槃中說雪山童子遇羅刹而發心。重半偈而輕命。闘諸行無常是生滅法。生滅滅已。寂滅爲樂。言佛性涅槃。不可以行修。不可以心證。爲不可以行修。行是有爲。是無常故。不可以心證。有能所故。是故行不可以修其性。心不可以證其理。爲心卽性。更無能所故。是故純陀言。莫謂如來同於諸行。如華嚴經。善財童子所立軌範。從文殊師利發菩提心。至末後普賢菩薩五十三善知識。一一皆云。我先發阿耨多羅三藐三菩提心。云何教我學菩薩道。行菩薩行。不云諸行無常等事。何以故。爲此華嚴經明緣起法界門。理事無二。無緣不寂。無事不眞。十方世界。一眞性海。大智圓周。爲國土境界。總爲性海。爲一眞法界。非有情無情。隨業說故。爲華嚴中純眞境界。總爲智故。十住菩薩以慧爲國。十行菩薩以智爲國。十迴向十地以妙爲國。不說情與無情二見差別。以華嚴經爲彰本体性。唯真体用。无贪嗔痴。任运即佛故。一念相应。一念成佛。一日相应。一日成佛。何须劫数。渐渐而修。多劫积修。三祇至果。心缘劫量。见障何休。诸佛法门。本非时摄。计时立劫。非是佛乘。十从初为友轨范别者。如涅槃中。说雪山童子。遇罗刹而发心。重半偈而轻命。闻诸行无常。是生灭法。生灭灭已。寂灭为乐。言佛性涅槃。不可以行修。不可以心证。为不可以行修。行是有为。是无常故。不可以心证。有能所故。是故行不可以修其性。心不可以证其理。为心即性。更无能所故。是故纯陀言。莫谓如来同于诸行。如华严经。善财童子。所立轨范。从文殊师利发菩提心。至末后普贤菩萨。五十三善知识。一一皆云。我先发阿耨多罗三藐三菩提心。云何教我学菩萨道。行菩萨行。不云诸行无常等事。何以故。为此华严经。明缘起法界门。理事无二。无缘不寂。无事不真。十方世界。一真性海。大智圆周。为国土境界。总为性海。为一真法界。非有情无情。随业说故。为华严中。纯真境界。总为智故。十住菩萨。以慧为国。十行菩萨。以智为国。十回向十地。以妙为国。不说情与无情二见差别。以华严经为彰本

法異三乘權學教故是無情是有情有生有滅故
是故涅槃經中以雪山童子說諸行無常者為三
乘根種性行下劣故佛令以行調柔折伏麤惡方
堪入道便於所說計行成實障無作性賢契真理
以是義故說諸行無常能證所證亦是生滅法不
同善財一念發心頓無能所了三世性性絕古今
自覺自心本來是佛不成正覺不證菩提身心性
相無證修者不成不壞本來如是隨緣動寂不壞
有無所行諸行皆唯智起是故不說諸行無常一
同者如涅槃經中雪山有肥膩草喻又如光明遍
照高貴德王菩薩品說一切眾生皆有佛性佛法
眾僧無有差別三寶性相常樂我淨一切諸佛無
有畢竟入於涅槃華嚴經云如來不出世亦無有
涅槃如涅槃中訶二乘曲見佛從兜率天宮降神
處胎如是八相成道皆為曲見即如華嚴經智入
三世而無來往十方諸佛以無古今性成大菩提
一念見道古今見盡新故總無還同已前億千劫
佛不可說劫佛一時成佛亦與未來不可說劫佛
一時成佛以自證見三世無時故以無時即無去
來設使眾生不自見知自己身心本來正覺自己

法。异三乘权学教故。是无情。是有情。有生有灭故。是故涅槃经中。以雪山童子。说诸行无常者。为三乘根种性行下劣故。佛令以行调柔。折伏粗恶。方堪入道。便于所说。计行成实。障无作性。废契真理。以是义故。说诸行无常。能证所证。亦是生灭法。不同善财。一念发心。顿无能所。了三世性。性绝古今。自觉自心。本来是佛。不成正觉。不证菩提。身心性相。无证修者。不成不坏。本来如是。随缘动寂。不坏有无。所行诸行。皆唯智起。是故不说诸行无常。一同者。如涅槃经中。雪山有肥腻草喻。又如光明遍照高贵德王菩萨品说。一切众生。皆有佛性。佛法众僧。无有差别。三宝性相。常乐我净。一切诸佛。无有毕竟入于涅槃。华严经云。如来不出世。亦无有涅槃。如涅槃中诃二乘曲见。佛从兜率天宫降神处胎。如是八相成道。皆为曲见。即如华严经。智入三世而无来往。十方诸佛。以无古今性。成大菩提。一念见道。古今见尽。新故总无。还同已前亿千劫佛。不可说劫佛。一时成佛。亦与未来不可说劫佛。一时成佛。以自证见三世无时故。以无时即无去来。设使众生。不自见知自己身心。本来正觉。自己身心正覺全德本無有滅設有眾生若自見知自己身心本來正覺於自正覺本來無生本如是故本無能覺所覺者故若有覺者還如是覺本無能覺及以所覺者故如是本覺佛之境界無凡無聖無定無亂不修不證不智不愚不生不滅三乘權教為下劣者說上根引來至此華嚴實教頓授佛門涅槃經雖說佛性法身理與華嚴共同所說報土佛身及相智用全別如前十門准知只如法華涅槃兩部之教雖化佛所為皆欲令彼二乘及人天種類成就一乘之法是故法華經中破三乘還繫故令龍女以其本法剎那之際便得菩提涅槃經破闡提之人無佛性故令屠兒廣額賢劫之中而成正覺又雪山肥膩草牛若食者純得醍醐不作乳酥方成妙藥一下直頓體不變移如彼龍女所得之果此法華涅槃二部之教勢分大意皆令三乘捨權入實成就法界一實眞門自餘諸教並皆方便設有但論理事少分而談於中事宜不能全具唯是華嚴法界毗盧遮那根本佛門理事性相輪圓具足諸餘漸學究竟總歸時諸學者隨路流滯隨於權教中繫著多劫方迴種性下愚自生

身心。正觉全德。本无有灭。设有众生。若自见知自己身心。本来正觉。于自正觉。本来无生。本如是故。本无能觉所觉者故。若有觉者。还如是觉。本无能觉及以所觉者故。如是本觉佛之境界。无凡无圣。无定无乱。不修不证。不智不愚。不生不灭。三乘权教。为下劣者说。上根引来。至此华严实教。顿授佛门。涅槃经。虽说佛性法身理。与华严共同。所说报土。佛身及相。智用全别。如前十门准知。只如法华涅槃两部之教。虽化佛所为。皆欲令彼二乘。及人天种类。成就一乘之法。是故法华经中。破三乘远系故。令龙女以其本法。刹那之际便得菩提。涅槃经。破阐提之人无佛性故。令屠儿广额。贤劫之中而成正觉。又雪山肥腻草。牛若食者。纯得醍醐。不作乳酥。方成妙药。一下直顿。体不变移。如彼龙女所得之果。此法华涅槃二部之教。势分大意。皆令三乘舍权入实。成就法界一实真门。自余诸教。并皆方便设有。但论理事。少分而谈。于中事宜。不能全具。唯是华严法界。毗卢遮那根本佛门。理事性相。轮圆具足。诸余渐学。究竟总归。时诸学者。随路流滞。随于权教中系著。多劫方回。种性下愚。自生艱難非是聖旨故致如斯問曰如涅槃經中屠兒廣額賢劫之中而成正覺者如佛所說賢劫之中千佛出世於中定數教有明文更著廣額一人千數有剩云何數內重成佛耶答曰三乘權學繫未亡者重成不得至其體達三世盡劫佛皆總一時同成正覺本無先後無妨無礙爲法本體性無時故凡情橫繫妄作時生妄見網中見佛出世而實諸佛應眞會本無出無沒是故華嚴經云諸佛不出世亦無有涅槃諸佛但自體合應眞任性圓寂稱性緣起對現色身無來無去無造作故

第十大方廣佛華嚴經者卽以此經名根本佛乘爲宗又以因圓果滿法界理事自在緣起無礙爲宗爲此經名大方廣佛華嚴經還以佛乘爲宗此經說毗盧遮那自體智悲果德普示衆生還令大心衆生信佛果德用成因位既生信已還修理智萬行大悲果德用成初證初發心時便成正覺理行雙修使體用自在不一理不孤行除其偏見此經有十種甚深廣大無比法與諸經別一是一切諸佛自體根本理智大悲法界圓滿無限之乘非是三乘權施設故甚深廣大無比二佛身卽是法

艰难。非是圣旨。故致如斯。问曰。如涅槃经中。屠儿广额。贤劫之中而成正觉者。如佛所说贤劫之中。千佛出世。于中定数。教有明文。更著广额一人。千数有剩。云何数内重成佛耶。答曰。三乘权学。系未亡者。重成不得。至其体达。三世尽劫佛。皆总一时同成正觉。本无先后。无妨无碍。为法本体。性无时故。凡情横系。妄作时生妄见网中。见佛出世。而实诸佛。应真会本。无出无没。是故华严经云。诸佛不出世。亦无有涅槃。诸佛但自体合应真。任性圆寂。称性缘起。对现色身。无来无去。无造作故。

第十大方广佛华严经者。即以此经。名根本佛乘为宗。又以因圆果满。法界理事。自在缘起无碍为宗。为此经名大方广佛华严经。还以佛乘为宗。此经说毗卢遮那自体智悲果德。普示众生。还令大心众生。信佛果德。用成因位。既生信已。还修理智万行。大悲果德。用成初证。初发心时。便成正觉。理行双修。使体用自在。不一理。不孤行。除其偏见。此经有十种甚深广大无比法。与诸经别。一。是一切诸佛自体根本理智大悲法界圆满无限之乘。非是三乘权施设故。甚深广大无比。二。佛身即是法

報本身。無量相海之所莊嚴。一一毛孔含容法界
一切境界重重無盡。甚深廣大無比。三此經說一
切諸佛本報國土十蓮華藏世界海。一一蓮華藏
最下世界皆有十佛世界微塵數廣大剎清淨莊
嚴。一一廣大剎復有十佛世界微塵數諸小剎眷
屬圍遶已上倍倍增廣。一一華藏世界皆遍虛空
互相徹入重重無盡甚深廣大無比。四此經說有
菩提樹。金剛爲身。瑠璃爲幹枝條雜寶所成寶華
雜色摩尼爲果。與華間列。高遍十萬金剛藏菩薩
身中所現菩提樹。其莖周圍如十萬三千大千世
界。高百萬三千大千世界。枝條廣狹與樹相稱廣
大無比。五此經說普光明殿包含法界。眾妙寶飾
光影重重眾寶樓閣臺樹階砌莊嚴。皆光映徹遍
周法界廣大無比。六此經有一切處文殊師利。一
切處普賢菩薩體用相徹充滿法界。理事無礙纖
塵之內行海無盡甚深廣大無比。七此經有如來
於剎那際從兜率天降神母胎成佛說法化終涅
槃。然不廢報身常居菩薩眾海充遍十方。無盡身
雲皆真金色。目髮紺青。身色光明互相照徹如是
眾海皆齊法界。十方無間。無有纖塵空缺之處體

报本身。无量相海之所庄严。一一毛孔。含容法界。一切境界。重重无尽。甚深广大无比。三。此经说一切诸佛本报国土。十莲华藏世界海。一一莲华藏最下世界。皆有十佛世界微尘数广大刹。清净庄严。一一广大刹。复有十佛世界微尘数诸小刹。眷属围绕。已上倍倍增广。一一华藏世界。皆满虚空。互相彻入。重重无尽。甚深广大无比。四。此经说有菩提树。金刚为身。琉璃为干。枝条杂宝所成。宝华杂色。摩尼为果。与华间列。高逾十万。金刚藏菩萨身中所现菩提树。其茎周围。如十万三千大千世界。高百万三千大千世界。枝条广狭。与树相称。广大无比。五。此经说普光明殿。包含法界。众妙宝饰。光影重重。众宝楼阁台榭阶砌庄严。皆光映彻。遍周法界。广大无比六。此经有一切处文殊师利。一切处普贤菩萨。体用相彻。充满法界。理事无碍。纤尘之内。行海无尽。甚深广大无比七。此经有如来于刹那际。从兜率天。降神母胎。成佛说法。化终涅槃。然不废报身常居。菩萨众海。充遍十方。无尽身云。皆真金色。目发绀青。身色光明。互相照彻。如是众海。皆齐法界。十方无间。无有纤尘空缺之处。体

相藏。入色像重重。無妨無礙。隨所宜堪對現色身
令諸眾生發菩提心。而無失時。如是眾海廣大無
比。入此經若有大心眾生。於此法門深生信心。不
讚餘經。深明體用。以少方便疾得菩提。初發心時
十住之首。位齊佛果。如來出現品中所說云設有
菩薩於無量百千那由他劫行六波羅蜜修習種
種菩提分法。若求聞此如來不思議大威德法門
或時聞已。不信不解不順不入。名為假名菩薩。以
不能生如來家故。若得聞此如來無量不可思議
無障無礙智慧法門。聞已信解。隨順悟入。當知此
人生如來家。隨順一切如來境界。文下文佛子菩
薩摩訶薩成就如是功德。少作功力。得無師智自
然智。又普賢菩薩言。見佛聞法。不生信者。亦成解
脫智種。如食少金剛等喻。廣如經說。此經有如是
大威德不思議法門。超著三乘。廣大無比。凡此經
有表法之首。善財童子不離一念而經一生。不離
一處徧至十方。經歷五十三善知識。得一百一十
城之法門。一一菩薩法門諸藝行相身色形貌。靡
生之軌。皆齊法界。具足無盡廣大行門。不離一生
便成正覺。更無始終前後之際。即廣大如法界。究

相彻入。色像重重。无妨无碍。随所宜堪。对现色身。令诸众生发菩提心。而无失时。如是众海。广大无比。八。此经若有大心众生。于此法门。深生信心。不读余经。深明体用。以少方便。疾得菩提。初发心时。十住之首。位齐佛果。如来出现品中所说云。设有菩萨。于无量百千那由他劫。行六波罗蜜。修习种种菩提分法。若未闻此如来不思议大威德法门。或时闻已。不信不解。不顺不入。名为假名菩萨。以不能生如来家故。若得闻此如来无量不可思议无障无碍智慧法门。闻已信解。随顺悟入。当知此人。生如来家。随顺一切如来境界。又下文。佛子。菩萨摩诃萨。成就如是功德。少作功力。得无师智。自然智。又普贤菩萨言。见佛闻法。不生信者。亦成解脱智种。如食少金刚等喻。广如经说。此经有如是大威德不思议法门。超诸三乘。广大无比。九。此经有表法之首。善财童子不离一念。而经一生。不离一处。遍至十方。经历五十三善知识。得一百一十城之法门。一一菩萨法门。诸艺行相。身色形貌。摄生之轨。皆齐法界。具足无尽广大行门。不离一生。便成正觉。更无始终前后之际。即广大如法界。究

竟如虛空。如是廣大無比。十此經有十佛境界十
無盡法門。十智。十地。十身。十眼。十耳。十鼻。十辯。十
寶山王。十龍王。十剎塵。十海。一一名具十不可說
境界。譬喻無盡法門。廣大無比。又此經有十種德。
一。如大海。眾流所歸。諸流入已。隨卽廣大。皆同海
德。此經亦爾。若有眾生。能生信入者。卽同如來性
海智海果德。一如世間一切井泉以海為體。若人
飲者皆得海味。一體無異。但隨業力而得鹹味。此
經亦爾。若有大心眾生。聞持信入。便得如來法身
佛性大悲智味。闡提之人。無所堪任。然如來智性
尚作生因。二猶如大海。有四寶珠。一名積集。二名
無盡寶藏。三名遠離熾然。四名具足莊嚴。此四寶
珠。一切凡、夫諸龍神等所不能見。此經亦爾。一切
二乘。及權教菩薩行六波羅蜜未迴心者。所不能
見。唯除最上佛乘。大心眾生。能見此經。而生信入。
自見自心。同佛知見。大智之寶。此如來出現品中
說云。此諸眾生。云何具有如來智慧。愚癡迷惑不
知不見。我教以聖道。令其永離妄想執著。於自身
中。得見如來廣大智慧與佛無異。四者猶如大海。
一切諸龍。俱等同在海中。而有出生。此經亦爾。能

竟如虚空。如是广大无比。十。此经有十佛境界。十无尽法门。十智。十地。十身。十眼。十耳。十鼻。十辩十宝山王。十龙王。十刹尘。十海。一一各具十不可说境界。譬喻无尽法门。广大无比。又此经有十种德。一。如大海。众流所归。诸流入已。随即广大。皆同海德。此经亦尔。若有众生。能生信入者。即同如来性海智海果德。二。如世间一切井泉。以海为体。若人饮者。皆得海味。一体无异。但随业力不得咸味。此经亦尔。若有大心众生。闻持信入。便得如来法身佛性大悲智味。阐提之人。无所堪任。然如来智性。尚作生因。三。犹如大海。有四宝珠。一名积集。二名无尽宝藏。三名远离炽然。四名具足庄严。此四宝珠。一切凡夫诸龙神等。所不能见。此经亦尔。一切二乘。及权教菩萨。行六波罗蜜未回心者。所不能见。唯除最上佛乘。大心众生。能见此经。而生信入。自见自心。同佛知见。大智之宝。此如来出现品中说云。此诸众生。云何具有如来智慧。愚痴迷惑。不知不见。我教以圣道。令其永离妄想执著。于自身中。得见如来广大智慧。与佛无异。四者。犹如大海。一切诸龙鱼等。同在海中。而有出生。此经亦尔。能

説一切衆生心海。一念之中有無量諸佛於諸衆
生心海而興出世。成等正覺如此經如來出現品
云。佛子。菩薩摩訶薩應知自心念念常有佛成等
正覺何以故。諸佛如來不離此心成正覺故。如自
心然。一切衆生心亦復如是。五猶如大海能受大
雨。無量大雨。一時滴入。若水及海皆同海味。無有
前後。此經亦爾。爲此經説十住初發心時便成正
覺。同得如來一切智味。經云。以少方便疾得菩提。
如善財龍女等是其人也。六猶如大海大身衆生
之所都止。此經亦爾。最上大心衆生之所都止。澤
沼之龍。不樂其居。七此經猶如大海不宿死屍。此
經亦爾。若有見聞信樂而能悟入。永離凡夫權學
闡提死屍。直同如來法身智海。八此經猶如大海
潮無失時。此經亦爾。若有衆生根堪聞者卽得聞
之。隨其樂欲卽得聞之。五乘法化而無失時。如來
出現品云。佛子。如來音聲亦復如是。無生無作。無
有分別。非入非出。但從如來功德法力。出於五種
廣大音聲。其五者何。一曰汝等當知。一切衆生諸
行皆悉是苦。地獄苦。畜生苦。餓鬼苦。無福德著我
所苦。作諸惡行苦。欲生人天。當修善根。生人天中。

说一切众生心海。一念之中。有无量诸佛。于诸众生心海而兴出世。成等正觉。如此经如来出现品云。佛子。菩萨摩诃萨。应知自心。念念常有佛。成等正觉。何以故。诸佛如来。不离此心。成正觉故。如自心然。一切众生心。亦复如是。五。犹如大海。能受大雨。无量大雨。一时滞入。若水及海。皆同海味。无有前后。此经亦尔。为此经说。十住初发心时。便成正觉。同得如来一切智味。经云。以少方便。疾得菩提。如善财龙女等。是其人也。六。犹如大海。大身众生之所都止。此经亦尔。最上大心众生之所都止。泽沼之龙。不乐其居。七。此经犹如大海。不宿死尸。此经亦尔。若有见闻信乐而能悟入。永离凡夫权学阐提死尸。直同如来法身智海。八。此经犹如大海潮无失时。此经亦尔。若有众生根堪闻者。即得闻之。随其乐欲。即得闻之。五乘法化而无失时。如来出现品云。佛子。如来音声。亦复如是。无生无作。无有分别。非入非出。但从如来功德法力。出于五种广大音声。其五者何。一曰。汝等当知。一切众生诸行。皆悉是苦。地狱苦。畜生苦。饿鬼苦。无福德著我所苦。作诸恶行苦。欲生人天。当修善根。生人天中。

離諸難處。眾生聞已捨離顛倒。修諸善行離諸雜處。生人天中。二曰。汝等當知。一切諸行。眾苦熾然如熱鐵丸。諸行無常。是磨滅法。涅槃是寂靜無為安樂。遠離熾然。消諸熱惱。眾生聞已。勤修善法。於聲聞乘得隨順音聲忍。此是聲聞乘。三曰。汝等當知。聲聞乘者隨他語解。智慧狹劣。更有上乘。名獨覺乘。悟不由他。汝等應學。樂勝道者。聞此音已。捨聲聞道。修獨覺乘。四曰。汝等當知。過二乘位。更有勝道。名為大乘。菩薩所行。順六波羅蜜。不斷菩薩行。不捨菩提心。處無量生死而不疲厭。過於二乘名為大乘。此是菩薩大乘。五曰。第一乘。勝乘。最勝乘。上乘。無上乘。利益一切眾生乘。若有眾生信解廣大。諸根猛利。宿種善根。為諸如來神力所加。有勝樂欲。求佛果者。聞此音已。發菩提心。此是佛乘佛子。如來音聲不從身出。不從心出。而能利益無量眾生。佛子。是為如來音聲第一相。當知如來音聲常隨五乘眾生應所聞故。猶如大海潮無失時故。亢此經猶如大海體無作用。以因緣故而生四大寶珠。於此四寶能生一切諸珍寶等。若無此四寶。一切諸寶無所生得。四寶名前已說訖。此經亦离诸难处。众生闻已。舍离颠倒。修诸善行。离诸难处。生人天中。二曰。汝等当知。一切诸行。众苦炽然。如热铁丸。诸行无常。是磨灭法。涅槃是寂静无为安乐。远离炽然。消诸热恼。众生闻已。勤修善法。于声闻乘。得随顺音声忍。此是声闻乘。三曰。汝等当知。声闻乘者。随他语解。智慧狭劣。更有上乘。名独觉乘。悟不由他。汝等应学。乐胜道者。闻此音已。舍声闻道。修独觉乘。四曰。汝等当知。过二乘位。更有胜道。名为大乘。菩萨所行。顺六波罗蜜。不断菩萨行。不舍菩提心。处无量生死。而不疲厌。过于二乘。名为大乘。此是菩萨大乘。五曰。第一乘。胜乘。最胜乘。上乘。无上乘。利益一切众生乘。若有众生。信解广大。诸根猛利。宿种善根。为诸如来神力所加。有胜乐欲求佛果者。闻此音已。发菩提心。此是佛乘。佛子。如来音声。不从身出。不从心出。而能利益无量众生。佛子。是为如来音声第一相。当知如来音声。常随五乘众生应所闻故。犹如大海。潮无失时故。九。此经犹如大海。体无作用。以因缘故。而生四大宝珠。于此四宝。能生一切诸珍宝等。若无此四宝。一切诸宝无所生得。四宝名前已说讫。此经亦

爾。而悉能演說如來一性清淨海。一切眾生而共
有之。而如來隨眾緣。起四大智。四無量心。而能出
生一切法門。利安眾生。無所乏求。無量道寶。於此
性海。若無四智四無量心。設有聖果。皆隨聲聞緣
覺二乘之行。於性海雖能成就四智四無量心。無
量法寶。如彼性海。都無作者。以無得無證。法如是
故。十猶如大海。以清淨德。而能影現七金山。須彌
寶山四天王等。所有莊嚴。莫不於中分明顯現。此
經亦爾。具說如來法身性海。具德莊嚴。十佛身。十
蓮華藏。五位。十智。十波羅蜜。十定。十通。十忍。因果
報得。諸道品法。莫不分明顯現其事。此經大體以
性起大智法界為體用。於性起大智法界體用門。
安立諸地差別化生之法。是故於此法中起信發
大菩提心。十住初首便即見性起法身佛智慧便
成正覺。然始即從性起智慧之位。行諸行相教化
眾生。即覺行圓滿佛。不同權教先行菩薩行。學假
冥如等觀。地前伏忍。十地已來。猶有十真如障。故
為觀當情真如成障。所行之行。並是有為。所發菩
提心。並求離生滅。所有能斷分別無明。由觀折伏。
十地之位。方能見性。經三祇劫。方始成佛。仍須百

尔。而悉能演说如来一性清净海。一切众生而共有之。而如来随众缘。起四大智。四无量心。而能出生一切法门。利安众生。无所乏求。无量道宝。于此性海。若无四智四无量心。设有圣果。皆随声闻缘觉二乘之行。于性海虽能成就四智四无量心。无量法宝。如彼性海。都无作者。以无得无证。法如是故。十。犹如大海。以清净德。而能影现七金山。须弥宝山。四天王等。所有庄严。莫不于中分明显现。此经亦尔。具说如来法身性海。具德庄严。十佛身。十莲华藏。五位。十智。十波罗蜜。十定。十通。十忍。因果报得。诸道品法。莫不分明显现其事。此经大体。以性起大智法界为体用。于性起大智法界体用门。安立诸地差别化生之法。是故于此法中起信。发大菩提心。十住初首。便即见性起法身佛智慧。便成正觉。然始即从性起智慧之位。行诸行相。教化众生。即觉行圆满佛。不同权教。先行菩萨行。学假真如等观。地前伏忍。十地已来。犹有十真如障故。为观当情。真如成障。所行之行。并是有为。所发菩提心。并未离生灭。所有能断分别无明。由观折伏。十地之位。方能见性。经三祇劫。方始成佛。仍须百劫別修相好。若將此大方廣佛華嚴經佛所本乘同彼化身引彼權學。上中下流全非信解。去佛懸遠。未解經意。久大曠劫終無成佛之期。若上上根人信解此經。明知不謬。卽當乘如來乘直至道場。當所乘時卽是道場。更無可至。如法華經亦是佛乘。卽是化佛引彼三乘。令知實法。卽三界火宅門前三乘。羊車鹿車大牛之車。卽是上中下根三乘。爲上根之人有一分慈悲故。勝餘二乘。故爲觀假故。未有實見。名爲不眞菩薩。此三種上中下根之人。俱有惡三界苦。中下根人聲聞緣覺惡而求出。上根菩薩厭而不離。爲慈悲勝彼二乘。故有饒益之心。此三種人俱不知三界體相。一眞佛境。如出現品中廣明。佛對此故說佛所有功德報相皆是修生。令諸權學修治作意。經多祇劫終無成佛之期。是故門前之駕。是佛權施。露地白牛。方明法界。法界性相本唯眞智。所有分別皆是智爲。是故法華經云。種種性相義。我及十方佛乃能知是事。聲聞及緣覺不退諸菩薩皆悉不能知。此等卽是門前三乘也。爲未明世間相常住。是法住法位。爲三乘同有厭苦集。樂修滅道之心。未明苦集本唯智劫。别修相好。若将此大方广佛华严经。佛所本乘。同彼化身。引彼权学上中下流。全非信解。去佛悬远。未解经意。久大旷劫。终无成佛之期。若上上根人。信解此经。明知不谬。即当乘如来乘。直至道场。当所乘时。即是道场。更无可至。如法华经。亦是佛乘。即是化佛。引彼三乘。令知实法。即三界火宅。门前三乘。羊车。鹿车。大牛之车。即是上中下根三乘。为上根之人。有一分慈悲故。胜余二乘故。为观假故。未有实见。名为不真菩萨。此三种上中下根之人。俱有恶三界苦。中下根人。声闻缘觉。恶而求出。上根菩萨。厌而不离。为慈悲胜彼二乘故。有饶益之心。此三种人。俱不知三界体相。一真佛境。如出现品中广明。佛对此故。说佛所有功德报相。皆是修生。令诸权学。修治作意。经多祇劫。终无成佛之期。是故门前之驾。是佛权施。露地白牛。方明法界。法界性相。本唯真智。所有分别。皆是智为。是故法华经云。种种性相义。我及十方佛。乃能知是事。声闻及缘觉。不退诸菩萨。皆悉不能知。此等即是门前三乘也。为未明世间相常住。是法住法位。为三乘同有厌苦集。乐修灭道之心。未明苦集。本唯智起。不了滅道。本自無修。無造無作。化諸羣品。如幻住世。性絶無明。卽是佛故、一念相應。一念佛。一日相應。一日佛。何須苦死要三僧祇。但自了三界業、能空業處。任運接生。卽是佛也。何須變易方言成佛。龍天變易豈爲佛耶。三乘之人亦變易。何故待三僧祇佛方成故。十地之上方能見性。是故經云。若以色性大神力。而欲望見調御士。彼卽瞖目顚倒見。彼爲不識最勝法。佛者覺也。覺業性眞。業無生滅。無得無證。不出不沒。性無變化。本來如是。卽是佛故。隨緣六道。行菩薩行。變化神通。接引迷流、佛非變化。淨名經云。雖成正覺。轉於法輪。不捨菩薩之道。是菩薩行故。以此善財十住初心於妙峯山上德雲比丘所得憶念一切諸佛境界智慧光明普見法門。卽便成正覺。然後始詣諸友求菩薩道行菩薩行。當知正覺體用之時卽心無作處卽是佛故。不須修行。設當行滿亦不移今故。如化佛示成化相之時。苦行麻麥剃髮持衣捨諸飾好藉草等事。爲化外道樂苦行者及三乘之根有放逸者。經中佛已和會。非佛自須如是等行。無增上慢者豈須如是。一念任無作性佛智慧現前無得無起。不了灭道。本自无修。无造无作。化诸群品。如幻住世。性绝无明。即是佛故。一念相应。一念佛。一日相应。一日佛。何须苦死要三僧祇。但自了三界业。能空业处。任运接生。即是佛也。何须变易。方言成佛。龙天变易。岂为佛耶。三乘之人亦变易。何故待三僧祇。佛方成故。十地之上。方能见性。是故经云。若以色性大神力。而欲望见调御士。彼即翳目颠倒见。彼为不识最胜法。佛者觉也。觉业性真。业无生灭。无得无证。不出不没。性无变化。本来如是。即是佛故。随缘六道。行菩萨行。变化神通。接引迷流。佛非变化。净名经云。虽成正觉。转于法轮。不舍菩萨之道。是菩萨行故。以此善财十住初心。于妙峰山上。德云比丘所。得忆念一切诸佛境界智慧光明普见法门。即便成正觉。然后始诣诸友。求菩萨道。行菩萨行。当知正觉体用之时。即心无作处即是佛故。不须修行。设当行满。亦不移今故。如化佛示成化相之时。苦行麻麦。剃发持衣。舍诸饰好。藉草等事。为化外道乐苦行者。及三乘之根有放逸者。经中佛已和会。非佛自须如是等行。无增上慢者。岂须如是。一念任无作性。佛智慧现前。无得无證即是佛也。還如善財證覺之後方求菩薩道行菩薩行。何以然者。爲覺道之後方堪入纏。處纏無縛始能爲衆生説法解縛。若自有縛能解彼縛無有是處。説時前後。法是一時。是故當知。若欲行菩薩行。先成正覺。是故善財十住初首於妙峯山頂此像須彌山頂上。説十住法門。德雲比丘所得憶念一切諸佛境界智慧光明普見法門。解云。以處表法者。爲至法之際無相可得。如上高山。至相盡處故。以無相性能現色身。無心性中。知見自在。觀機攝益。名之爲妙。善害煩惱。名之曰峯。具足知見出過情境。智逾高遠。不動爲山。釋法門者。憶念者常無念也。一切諸佛境界者。無念即無內外中間無內外中間故。即佛憶念境界也。智慧光明者。應物觀根。名之曰智。簡機權實。名之曰慧。應機破惑名之曰光。心垢解脱。名之曰明。法眼還明。等衆生界。名之曰普。極無所得。名之曰見。創證斯理。名之曰法門。此一位之中。悲智齊足。具差別智。入俗接凡。一如善財所行軌範。從初住位。與佛齊光。等覺位中。行唯卑下。始同人庶。童女童男。不閑教跡。虛相誹毀。違心明體。遍鏡宛然。問曰。法華經爲佛乘证。即是佛也。还如善财证觉之后。方求菩萨道。行菩萨行。何以然者。为觉道之后。方堪入缠。处缠无缚。始能为众生说法解缚。若自有缚。能解彼缚。无有是处。说时前后。法是一时。是故当知。若欲行菩萨行。先成正觉。是故善财十住初首。于妙峰山顶。此像须弥山顶上。说十住法门。德云比丘所。得忆念一切诸佛境界智慧光明普见法门。解云。以处表法者。为至法之际。无相可得。如上高山。至相尽处故。以无相性。能现色身。无心性中。知见自在。观机摄益。名之为妙。善害烦恼。名之曰峰。具足知见。出过情境。智逾高远。不动为山。释法门者。忆念者。常无念也。一切诸佛境界者。无念即无内外中间。无内外中间故。即佛忆念境界也。智慧光明者。应物观根。名之曰智。简机权实。名之曰慧。应机破惑。名之曰光。心垢解脱。名之曰明。法眼遐明。等众生界。名之曰普。恒无所得。名之曰见。创证斯理。名之曰法门。此一位之中。悲智齐足。具差别智。入俗接凡。一如善财所行轨范。从初住位。与佛齐光。等觉位中。行唯卑下。始同人庶童女童男。不闲教迹。虚相诽毁。达心明体。龟镜宛然。问曰。法华经为佛乘。

門前三乘大牛車。與露地白牛之車。一種是牛。有何異也。答曰。門前三乘。對三界苦。且令離火宅所燒。權免火難。非云成佛。爲權教菩薩。樂行悲心。有饒益志。自離火難。不離三界。有一分度衆生心。勝一乘自求解脫故。且得一分運載之心。名爲大牛。望一乘處大故。十地見性方成佛。故猶經多劫。始能眞故。望彼一乘。但名菩薩大乘。非名佛乘。法華經云。佛乘唯有一。無一亦無三。卽引彼三乘。總歸一乘。猶說小乘遠成佛記。爲雖有信許成佛。迴習稍難。故標遠劫。龍女剎那之頃便至佛乘。卽明眞證。速若卽眞無所厭故。是故門前之乘。對三乘設露地白牛。方明至無依之處。露地者。卽佛地也。爲佛智無依止故。故云露地白牛者。卽法身也。悲智也。以法身無相。名之爲白。智能觀機。悲心濟物。名之爲牛。爲取牛能運載故。爲以無作法身悲智濟物故。喻同牛也。以濟益名之曰牛。門前之牛。何異此牛。爲門前之牛。觀空增勝。破三界苦處。且有一分慈悲。離一分麤三業苦。二祇未滿。未見佛性。不證法身根本智。不言白色。不言露地。爲假眞如。及空觀當情。猶有所依故。不言白色也。有所依故。不门前三乘大牛车。与露地白牛之车。一种是牛。有何异也。答曰。门前三乘。对三界苦。且令离火宅所烧。权免火难。非云成佛。为权教菩萨。乐行悲心。有饶益志。自离火难。不离三界。有一分度众生心。胜二乘自求解脱故。且得一分运载之心。名为大牛。望二乘处大故。十地见性。方成佛故。犹经多劫。始能真故。望彼二乘。但名菩萨大乘。非名佛乘。法华经云。佛乘唯有一。无二亦无三。即引彼三乘。总归一乘。犹说小乘远成佛记。为虽有信许成佛。回习稍难。故标远劫。龙女刹那之顷。便至佛乘。则明真证。达苦即真。无所厌故。是故门前之乘。对三乘设。露地白牛。方明至无依之处。露地者。即佛地也。为佛智无依止故。故云露地。白牛者。即法身也。悲智也。以法身无相。名之为白。智能观机。悲心济物。名之为牛。为取牛能运载故。为以无作法身悲智济物故。喻同牛也。以济益名之曰牛。门前之牛。何异此牛。为门前之牛。观空增胜。破三界苦处。且有一分慈悲。离一分粗三业苦。三祇未满。未见佛性。不证法身根本智。不言白色。不言露地。为假真如。及空观当情。犹有所依故。不言白色也。有所依故。不言露地也。今諸子馳走，雖至露地，同索三車：羊車、鹿車、大牛之車者。明三乘人出三界苦，且免火難，雖復迴心信此一乘，至於佛地，猶將未及，爲三乘習氣未亡故。但隨佛語而隨信之，猶心未成堅信故，還索三乘，未敢欣大故。佛便誘引，令成信力等與大車。故言非已所望，今皆與之。此明即三乘迴心。如門前牛車，不云白色，不云裝飾，爲有漏故，且得一分勝人天樂，未得無作智身功德勝妙樂故。不同露地白牛之乘，具言裝飾高廣等事。此乃門前與露地之乘，全別不同。諸有餘意，下文更明。是故法華經是會權入實，此華嚴經即諸佛根本所乘。又彼經龍女所表，此經善財所彰，和會善財龍女行相，下文廣明。佛之意者，化彼三權，咸歸此實。故此經名爲一切智根本佛乘。

校譌

第一紙十一行心下疑有闕文　第二紙十一行下重之重宋作至

第三紙十四行是等之是書藏作來明　第六紙九行闕宋作闕一

四行授宋作受　第十六紙十一行隨宋作復　第二十紙十九

行明宋作門

言露地也。今诸子驰走。虽至露地。同索三车。羊车鹿车大牛之车者。明三乘人。出三界苦。且免火难。虽复回心信此一乘。至于初地犹将未及。为三乘习气未亡故。但随佛语而随信之。犹心本成坚信故。还索三乘。未敢欣大故。佛便诱引。令成信力。等与大车。故言非己所望。今皆与之。此明即三乘回心。如门前牛车。不云白色。不云装饰。为有漏故。且得一分胜人天乐。未得无作智身。功德胜妙乐故。不同露地白牛之乘。具言装饰高广等事。此乃门前。与露地之乘。全别不同。诸有余意。下文更明。是故法华经。是会权入实。此华严经。即诸佛根本所乘。又彼经龙女所表。此经善财所彰。和会善财龙女行相。下文广明。佛之意者。化彼三权。咸归此实。故此经名为一切智根本佛乘。

大方廣佛新華嚴經論卷第三

唐于闐國三藏沙門實叉難陀譯經
唐太原方山長者李通玄造論

第一明依宗教別

夫大覺出興稱真智而自在。法身無際等羣品以同軀。任器現形。應根施教。如空谷響。應擊成音。谷響無心。亦無處所。但以隨緣而能普應。如來設教亦復如是。稱自根緣得自心之法。隨根增廣而成熟之。示無常宗而成立教。對病施藥。病痊藥除。一念之間爾無量法。稱周法界。對現色身。法既無窮。宗教無盡。無前後際。普備諸根。但爲衆生自分前後且如毗盧遮那之教。無始無終。無性無方。無斷無絕。隨其根類。自見入胎出家說法始終教行入寂涅槃。其實如來本不如是。即法華經亦說吾從成佛已來。經無量阿僧祇劫。以性海圓智一念即無量劫也。如是圓智何有前後者焉。此經云。入剎那際三昧。示現初生涅槃。又如此經中兜率天子生三生十地。第一生上。猶從惡道中來。蒙光照身。生於兜率天上。得離垢三昧。便見如來。住金剛寶地

大方广佛新华严经论卷第三

唐于阗国三藏沙门实叉难陀译经

唐太原方山长者李通玄造论

第二明依宗教别

夫大觉出兴。称真智而自在。法身无际。等群品以同躯。任器现形。应根施教。如空谷响。应击成音。谷响无心。亦无处所。但以随缘。而能普应。如来设教。亦复如是。称自根缘。得自心之法。随根增广而成熟之。示无常宗。而成立教。对病施药。病痊药除。一念之间。雨无量法。称周法界。对现色身。法既无穷。宗教无尽。无前后际。普备诸根。但为众生。自分前后。且如毗卢遮那之教。无始无终。称性无方。无断无绝。随其根类。自见入胎。出家说法。始终教行。入寂涅槃。其实如来本不如是。即法华经亦说。吾从成佛已来。经无量阿僧祇劫。以性海圆智。一念即无量劫也。如是圆智。何有前后者焉。此经云。入刹那际三昧。示现初生涅槃。又如此经中。兜率天子三生十地。第二生上。犹从恶道中来。蒙光照身。生于兜率天上。得离垢三昧。便见如来。住金刚宝地化大菩薩在閻浮提始入母胎。又法華經云。衆生見劫盡。大火所燒時。我此土安穩。有何前後教之差別也。但隨一期同而且異。約立先德十家之教行也。約爲軌範。餘可准知。第一後魏菩提留支立一音教。第二陳朝眞諦三藏立二教同時。第三後魏光統律師立三種教。第四齊朝大衍法師立四種教。第五護身法師立五種教。第六陳朝南嶽思禪師智者等立四教同時。第七唐朝海東新羅國元曉法師造此經疏亦立四教。第八唐朝吉藏法師立三種教。第九梁朝光宅寺雲法師立四教。第十唐朝江南印法師立二教。

第一後魏菩提留支立一音教者。謂一切聖教唯是如來一圓音教。但隨根異故種種差殊。如經。一雨所潤等。經云。佛以一音演說法。衆生隨類各得解。

第二陳朝眞諦三藏立二教者。謂一漸二頓。約漸悟菩薩大由小起。所設具有三乘之教。名爲漸。即涅槃等經。若約直往頓機大不由小起。所設教唯菩薩乘。是故名爲頓。即華嚴經是。大遠法師亦同此說。

化大菩萨在阎浮提。始入母胎。又法华经云。众生见劫尽。大火所烧时。我此土安稳。何有前后教之差别也。但随一期同而且异。约立先德十家之教行也。约为轨范。余可准知。第一后魏菩提留支。立一音教。第二陈朝真谛三藏。立二教同时。第三后魏光统律师。立三种教。第四齐朝大衍法师。立四种教。第五护身法师。立五种教。第六陈朝南岳思禅师。智者等。立四教同时。第七唐朝海东新罗国元晓法师。造此经疏。亦立四教。第八唐朝吉藏法师。立三种教。第九梁朝光宅寺云法师。立四教。第十唐朝江南印法师。立二教 。

第一后魏菩提留支。立一音教者。谓一切圣教。唯是如来一圆音教。但随根异故。种种差殊。如经。一雨所润等。经云。佛以一音演说法。众生随类各得解 。

第二陈朝真谛三藏。立二教者。谓一渐。二顿。约渐悟菩萨。大由小起。所设具有三乘之教。名为渐。即涅槃等经。若约直往顿机。大不由小起。所设教唯菩萨乘。是故名为顿。即华严经是。大远法师。亦同此说 。

第三後魏光統律師承習佛陀三藏立三教者。一漸。二頓。三圓。光師釋意。一爲根熟之輩。於一法中具足演說一切法。謂常與無常空不空等教。一切具說。更無漸次。故名爲頓。二爲上達之人。分契佛境者。說於如來解脫無礙究竟果德圓極祕密自在法門。故名圓教。於二教之上。分爲三教。

第四齊朝大衍法師立四教者。一因緣教。謂小乘薩婆多等部。二假名教。謂成實論及經部等。三不實教。謂般若說卽空理。明一切不實等。四眞宗教。謂華嚴涅槃法界眞理性等。

第五護身法師立五教者。謂於前等四教內。眞如佛性。以爲眞教。卽涅槃經是。第五法界教。卽華嚴明法界自在無礙門是。

第六陳朝南嶽思禪師智者禪師等立四教。一三藏教。亦名小乘教。如法華經云。不得親近小乘三藏學者。智論中小乘爲三藏。大乘爲摩訶衍藏。二名通教。亦名漸教。謂大乘經中通說三乘通備三根。又如大品經中乾慧地等通三乘者是。三名別教。亦名頓教。謂頓說大乘經中所說法門道理。不通小乘者是也。四謂圓教。亦名祕密教。說法界自第三后魏光统律师。承习佛陀三藏。立三教者。一渐。二顿。三圆。光师释意。一为根熟之辈。于一法中。具足演说一切法。谓常与无常。空不空等教。一切具说。更无渐次。故名为顿。二为上达之人。分契佛境者。说于如来解脱无碍究竟果德圆极秘密自在法门。故名圆教。于二教之上。分为三教 。

第四齐朝大衍法师。立四教者。一因缘教。谓小乘萨婆多等部。二假名教。谓成实论。及经部等。三不实教。谓般若说即空理。明一切不实等。四真宗教。谓华严涅槃。法界真理性等 。

第五护身法师。立五教者。谓于前等四教内。真如佛性。以为真教。即涅槃经是。第五法界教。即华严明法界自在无碍门是 。

第六陈朝南岳思禅师。智者禅师等。立四教。一三藏教。亦名小乘教。如法华经云。不得亲近小乘三藏学者。智论中。小乘为三藏。大乘为摩诃衍藏。二名通教。亦名渐教。谓大乘经中。通说三乘。通备三根。又如大品经中。乾慧地等。通三乘者是。三名别教。亦名顿教。谓顿说大乘。经中所说法门道理。不通小乘者是也。四谓圆教。亦名秘密教。说法界自在具足圓滿。一即一切。一切即一。無礙法門華嚴法華經等是也。

第七唐朝海東新羅國元曉法師造此經疏亦立四教。一三乘別教。謂如四諦教緣起經等。二三乘通教。謂如般若教深密經等。三一乘分教。如瓔珞經及梵網等經。四一乘滿教。謂如華嚴經普賢教。釋四別如彼疏中。

第八唐朝吉藏法師立三種教。謂三輪。一根本法輪。即華嚴經最初說。二支末法輪。即三乘等於後所說。三攝末歸本法輪。法華經四十年後說迴三入一之教。

第九梁朝光宅寺雲法師立四教者。謂如法華經中臨門三車。即為三乘。四衢道中所授大白牛車為第四乘。以臨門牛車亦同羊鹿。俱不得故。若不爾。長者宅內引諸子時。云此三車指在門外。諸子出宅即合得車。如何出已索本所指之車而不得故。後更索耶。故知是權同於羊鹿也。以是大乘權教方便說故。具釋如彼法華疏中。

第十唐朝江南印法師立二教。一釋迦經名屈曲教。以逐機性隨計說故。二華嚴經盧舍那十身等在具足圆满。一即一切。一切即一。无碍法门。华严法华经等是也。

第七唐朝海东新罗国元晓法师。造此经疏。亦立四教。一三乘别教。谓如四谛教。缘起经等。二三乘通教。谓如般若教。深密经等。三三乘分教。如璎珞经。及梵网等经。四一乘满教。谓如华严经。普贤教。释四别如彼疏中。

第八唐朝吉藏法师。立三种教。谓三轮。一根本法轮。即华严经。最初说。二支末法轮。即三乘等。于后所说。三摄末归本法轮。法华经。四十年后说。回三入一之教。

第九梁朝光宅寺云法师。立四教者。谓如法华经中。临门三车。即为三乘。四衢道中所授大白牛车。为第四乘。以临门牛车。亦同羊鹿。俱不得故。若不尔。长者宅内引诸子时。云此三车指在门外。诸子出宅。即合得车。如何出已。索本所指之车而不得故。后更索耶。故知是权。同于羊鹿也。以是大乘权教。方便说故。具释如彼法华疏中。

第十唐朝江南印法师。立二教。一释迦经。名屈曲教。以逐机性。随计说故。二华严经。卢舍那十身等

教。彼法師立二教，略有四別。一主別。謂彼釋迦化
身所說。此是舍那十身所說。二處別。謂彼說娑婆
世界。木樹草座上所說。此經於蓮華藏世界。寶樹
金座上說。三眾別。謂彼與聲聞及菩薩說。此唯菩
薩極位同說。四說別。謂彼但是當方所說。此要論
十方同說。一如華嚴經中說。
已上十家所釋。並依今唐朝吉藏法師所集同異
各是一家。並是當世英才。智超羣品。皆為統賢盡
之法。將開佛日之明燈。不可是非加其名也。但知
仰敬其高旨。只如思智二德位已昇堂。雲公演法
雨華庭下。悟靈山於即夕。法眼逾明。登果位於今
辰。遵齊遐古。只如佛說內外中間之言。遂即入定
後。有五百阿羅漢各解此言。佛出定後。同問世尊
誰當佛意。佛言。並非我意。諸人問佛。既不當佛意
將無得罪。佛言。雖非我意。各順正理。堪為聖教。有
福無罪。況此諸德所說。各有典據。然今唐朝藏法
師承習儼法師為門人。立教深有道理。亦可敘其
指趣。一小乘教。二大乘始教。三終教。四頓教。五圓
教。初小乘可知。二始教者。深密經中立第三時教
同許定性二乘俱不成佛。故今會總為一教。此說

教。彼法师立二教。略有四别。一主别。谓彼释迦化身所说。此是舍那十身所说。二处别。谓彼说娑婆世界。木树草座上所说。此经于莲华藏世界。宝树金座上说。三众别。谓彼与声闻及菩萨说。此唯菩萨极位同说。四说别。谓彼但是当方所说。此要论十方同说。一如华严经中说 。

已上十家所释。并依今唐朝吉藏法师所集。同异各是一家。并是当世英才。智超群品。皆为统贤灵之法将。开佛日之明灯。不可是非加其名也。但知仰敬其高旨。只如思智二德。位已升堂。云公演法。雨华庭下。悟灵山于即夕。法眼逾明。登果位于今辰。道齐遐古。只如佛说内外中间之言。遂即入定。后有五百阿罗汉。各解此言。佛出定后。同问世尊。谁当佛意。佛言。并非我意。诸人问佛。既不当佛意。将无得罪。佛言。虽非我意。各顺正理。堪为圣教。有福无罪。况此诸德所说。各有典据。然今唐朝藏法师。承习俨法师为门人。立教深有道理。亦可叙其指趣。一小乘教。二大乘始教。三终教。四顿教。五圆教。初小乘可知。二始教者。深密经中。立第三时教。同许定性二乘。俱不成佛故。今会总为一教。此说未盡大乘法理。是故立爲大乘始教。三終教者。定性二乘無佛性者。及闡提悉當成佛。猶未盡大乘至極之說。立爲終教。然上始終二教。並依地位漸次修成。俱爲漸教。四頓教者。但一念不生。卽名爲佛。不從地位漸次而說。故立爲頓教。如思益經。得諸法正性者。不從一地至一地。楞伽經云。初地卽八地。乃至無所有。有何等次。又下十地品中。十地猶如空中鳥跡。豈有差別可得。具如諸法無行經等說。五圓教者。一位卽一切位。一切位卽一位。故十信滿心卽攝六位成正覺等。依普賢法界帝網重重主伴具足。故名圓教。如此經等說。藏法師作如是和會。又西域戒賢法師。遠承彌勒無著。近踵護法難陀。依深密經瑜伽等論。立三種教。謂佛初鹿園說小乘法。雖說生空。猶未說法空真理。以非了義。卽四阿含等經是。第一時中。雖依遍計所執自性說諸法空。然猶未說依他圓成唯識道理。故亦非了義。卽諸部般若等教是。第二時中。方就大乘正理具說三性三無性等唯識二諦。方爲了義。卽解深密經等。又此三位各三義釋。一機。二說教。三顯理。且初唯攝聲聞。唯說小乘。唯顯生空。二唯未尽大乘法理。是故立为大乘始教。三终教者。定性二乘无佛性者。及阐提。悉当成佛。犹未尽大乘至极之说。立为终教。然上始终二教。并依地位渐次修成。俱为渐教。四顿教者。但一念不生。即名为佛。不从地位渐次而说。故立为顿教。如思益经。得诸法正性者。不从一地至一地。楞伽经云。初地即八地。乃至无所有。有何次第。又下十地品中。十地犹如空中鸟迹。岂有差别可得。具如诸法无行经等说。五圆教者。一位即一切位。一切位即一位。故十信满心。即摄六位。成正觉等。依普贤法界。帝网重重。主伴具足。故名圆教。如此经等说。藏法师作如是和会。又西域戒贤法师。远承弥勒无著。近踵护法难陀。依深密经。瑜伽等论。立三种教。谓佛初鹿园。说小乘法。虽说生空。犹未说法空真理。以非了义。即四阿含等经是。第二时中虽依遍计所执自性。说诸法空。然犹未说依他圆成。唯识道理。故亦非了义。即诸部般若等教是。第三时中。方就大乘正理。具说三性。三无性等。唯识二谛。方为了义。即解深密经等。又此三位。各三义释。一机。二说教。三显理。且初。唯摄声闻。唯说小乘。唯显生空。二。唯說諸攝菩薩唯說大乘唯顯二空三普攝諸機乘具顯空有是故前二攝機理各有闕故非了義後一教無不攝故教無不具理無不圓故為了義又智光論師遠承文殊龍樹近稟提婆清辯依般若等經中觀等論亦立三教謂佛初鹿園為諸小根說小乘法明心境俱有第二時中為彼中根說法相大乘明境空心有唯識道理以根猶劣故未能全入平等真空故作是說第三時中為上根說無相大乘辯心境俱空平等一味為真了義又此三位亦三義釋先攝初機者初時唯攝二乘人機二通攝大小三機以此宗許一分二乘不向佛果三唯攝菩薩通於漸頓以諸二乘悉向佛果更無餘路故二約教者初說小乘二說通三後唯一乘三約顯理者初破外道自然性故說緣生法定是實有二漸次破二乘故緣生實有執說此緣生以為假有以彼怖畏此真空故猶存假有而接引之方於後時就究竟大乘說此緣生即是性空平等一味不礙二諦是故法相大乘有所得等屬第二教非真了義此三教次第如智光論師說此乃西國法將立教各有一途皆詮聖教在彼一方軌式

摄菩萨。唯说大乘。唯显二空。三。普摄诸机。通说诸乘。具显空有。是故前二摄机。理各有阙。故非了义。后一教无不摄故。教无不具。理无不圆。故为了义。又智光论师。远承文殊龙树。近禀提婆清辩。依般若等经。中观等论。亦立三教。谓佛初鹿园。为诸小根。说小乘法。明心境俱有。第二时中。为彼中根。说法相大乘。明境空心有。唯识道理。以根犹劣故。未能全入平等真空。故作是说。第三时中。为上根。说无相大乘。辩心境俱空。平等一味。为真了义。又此三位。亦三义释。先摄初机者。初时唯摄二乘人机。二通摄大小三机。以此宗许一分二乘不向佛果。三唯摄菩萨。通于渐顿。以诸二乘。悉向佛果。更无余路故。二约教者。初说小乘。二说通。三后唯一乘。三约显理者。初破外道自然性故。说缘生法定是实有。二渐次破二乘故。缘生实有执。说此缘生以为假有。以彼怖畏此真空故。犹存假有而接引之。方于后时。就究竟大乘。说此缘生即是性空。平等一味。不碍二谛。是故法相大乘。有所得等。属第二教。非真了义。此三教次第。如智光论师说。此乃西国法将。立教各有一途。皆诠圣教。在彼一方轨式。

仰惟高旨。未可僉量。但通玄自參聖教。隨己管窺。
以述意懷。用呈後哲。准其教旨。略立十種教。總該
佛日出興。始終教意。何者爲十。第一時說小乘純
有教。第二時說般若破有明空教。第三時說解深
密經和會空有明不空不有教。第四時說楞伽經
明契假即眞教。第五時說維摩經明即俗恒眞教。
第六時說法華經明引權歸實教。第七時說涅槃
經令諸三乘捨權同實教。第八時說華嚴經於剎
那之際通攝十世圓融無始終前後通該教。第九
共不共教。第十不共共教。
第一時說小乘純有教者。爲諸凡夫繫著世法。以
爲實有。隨於色塵作諸不善。以不善故墮於苦趣。
還將有法讎勸彼心。以戒防護制諸不善。故名純
有教。於小乘中還說無表性戒等通其大體。但隨
根性用事不同。如菩薩戒亦爾。經云。若人受佛戒。
即入諸佛位。亦以性戒論之。又云。如是千百億。各
撥微塵眾。俱來至我所者。所謂初以化身化報引
藪。後以令歸法身實報。若上根者法身事理一時。
爲依本故。
第二時說般若破有明空教者。既說小乘實有。令

仰惟高旨。未可佥量。但通玄自参圣教。随已管窥。以述意怀。用呈后哲。准其教旨。略立十种教。总该佛日出兴。始终教意。何者为十。第一时说小乘纯有教。第二时说般若破有明空教。第三时说解深密经。和会空有。明不空不有教。第四时说楞伽经。明契假即真教。第五时说维摩经。明即俗恒真教。第六时说法华经。明引权归实教。第七时说涅槃经。令诸三乘舍权向实教。第八时说华严经。于刹那之际。通摄十世。圆融无始终。前后通该教。第九共不共教。第十不共共教 。

第一时说小乘纯有教者。为诸凡夫。系著世法。以为实有。随于色尘。作诸不善。以不善故。堕于苦趣。还将有法。辔勒彼心。以戒防护。制诸不善。故名纯有教。于小乘中。还说无表性戒等。通其大体。但随根性用事不同。如菩萨戒亦尔。经云。若人受佛戒。即入诸佛位。亦以性戒论之。又云。如是千百亿。各接微尘众。俱来至我所者。所谓初以化身化报引接。后以令归法身实报。若上根者。法身事理一时。为依本故 。

第二时说般若破有明空教者。既说小乘实有。令成軌範制其身語意。得住善法。卽說生空等觀方說法空教破彼繫著。漸向法身。

第三時說解深密經爲和會空有教者。爲於前空有二教和會。令邊見者不滯空有。二門爲不空不有教。爲二乘人滅識證寂住寂。無知。爲迴彼故寄說第九阿陀那識爲純淨識。五六七八等識常依彼九識以爲依止。凡愚不了妄執爲我。如水瀑流不離水體。諸波浪等以水爲依。五六七八識常以淨識爲依。故漸迴二乘之心。達識成智。何故安立九識爲淨識者。爲二乘人久於生死業種六七八識有怖畏故。恐彼難信。方便於生死種外別立淨識漸漸引之。意欲使令聞識不滅。使令悲智漸漸得生。深密經云。如是菩薩雖由法住。以智爲依止。漸令空見達識成智。

第四時說楞伽經云。說假卽眞教者。如楞伽經直爲大乘根堪之者頓說第八業種之識名爲如來藏識。又云。得相者曰識。不得相曰智。又經云。藏識海常住。境界風所動。此經直於無明業種以明智門。明與無明其性不二。起信論亦同此說。此教雖說無明業種成智。猶希出俗。未現同纏也。

成轨范。制其身语意。得住善法。即说生空等观。方说法空教。破彼系著。渐向法身 。

第三时说解深密经。为和会空有教者。为于前空有二教和会。令边见者。不滞空有二门。为不空不有教。为二乘人。灭识证寂。住寂无知。为回彼故。寄说第九阿陀那识。为纯净识。五六七八等识。常依彼九识以为依止。凡愚不了。妄执为我。如水瀑流不离水体。诸波浪等。以水为依。五六七八识。常以净识为依故。渐回二乘之心。达识成智。何故安立九识为净识者。为二乘人。久于生死业种六七八识。有怖畏故。恐彼难信。方便于生死种外。别立净识。渐渐引之。意欲使令留惑不灭。使令悲智渐渐得生。深密经云。如是菩萨。虽由法住。以智为依止。渐令空见。达识成智 。

第四时说楞伽经。云说假即真教者。如楞伽经。直为大乘根堪之者。顿说第八业种之识。名为如来藏识。又云。得相者曰识。不得相曰智。又经云。藏识海常住。境界风所动。此经直于无明业种。以明智门。明与无明。其性不二。起信论亦同此说。此教虽说无明业种成智。犹希出俗。未现同缠也 。

第五說維摩經時明卽俗恆眞敎者爲維摩經中不以聲聞二乘及三乘菩薩爲知法者故是以十大弟子杜口於毗耶彌勒光嚴息芳言於法席此經破前四種敎中菩薩聲聞染淨未融常忻出俗卽以淨名身居俗士明卽俗常眞壞彼淨相常懷染淨故說有身爲如來種無明有愛爲種等使令三乘之眾淨相心亡出俗入纏平等無礙方明實德也爲有實宗還現實報淨土如佛以足指按地所現之土是也爲三乘根劣藉佛神通信劣土亡非自證故自餘之意前判敎分宗門中已說是故此維摩經明卽俗恆眞敎故以文殊爲法身卽以維摩詰明入纏之行卽以法身爲體以行爲用此經乃令體用自相問答爲三乘樂學如如空理厭假修眞積行多生方成佛者令歸法界性相理事因果同時此經同別前已判敎分宗門中已說訖第六時說法華經引權歸實敎者爲羅漢隨空會寂緣覺會十二緣生法皆無體性以明六根識及名色心境三事自性無生如是一人皆心識滅三界業滅智慈不生又爲析法明空以空破惑樂生淨土及留惑潤生菩薩並不了一切眾生無明諸

第五说维摩经时。明即俗恒真教者。为维摩经中。不以声闻二乘。及三乘菩萨。为知法者故。是以十大弟子。杜口于毗耶。弥勒光严。息芳言于法席。此经破前四种教中。菩萨声闻。染净未融。常忻出俗。即以净名身居俗士。明即俗常真。坏彼净相。常怀染净。故说有身为如来种。无明有爱为种等。使令三乘之众。净相心亡。出俗入缠。平等无碍。方明实德也。为有实宗。还现实报净土。如佛以足指按地。所现之土是也。为三乘根劣。籍佛神通。信劣土亡。非自证故。自余之意。前判教分宗门中已说。是故此维摩经。明即俗恒真教。故以文殊为法身。即以维摩诘明入缠之行。即以法身为体。以行为用。此经乃令体用自相问答。为三乘乐学如如空理。厌假修真。积行多生方成佛者。令归法界性相理事因果同时。此经同别。前已判教分宗门中已说讫。第六时说法华经。引权归实教者。为罗汉随空会寂。缘觉会十二缘生法。皆无体性。以明六根识及名色心境三事自性无生。如是二人。皆心识灭。三界业灭。智慈不生。又为析法明空。以空破惑。乐生净土。及留惑润生菩萨。并不了一切众生无明诸藏皆從一切如來根本性淸淨普光明無中邊智之所生。皆有淨土穢土自佛他佛。忻厭等諸邪見。不稱眞理。引此三根令歸本智。故即以妙法蓮華。令知無明生死性本唯智體性自無染。但迷悟不同。無有二性。以蓮華像之。引彼三根令歸本故。是故法華經云。明世間相常住。一如判教分宗中已說。

第七說涅槃經時。令諸三乘捨權向實教者。爲餘三乘教中爲責慢故。爲不信故。說有無性有情畢究不得成佛。令起信進修行。於此經中。明一切有情皆有佛性。如佛無異。但爲無明覆故不見。前爲三權。末後是實。是三乘中修假眞如及空教三祇之滿極是見性之初門。於中佛與迦葉菩薩問答亦和會初成正覺時爲大菩薩說法界法門時道理故。更有餘同別意前已判教分宗門中已說。涅槃經是三乘中。捨權就實相盡見性之門。法華即是捨權就實智法界緣起理事性相之門。二部之經俱是三乘中第六時教。但爲化相門中。說時前後。故分涅槃經爲第七時教。然其智境無有次第古今時也。

惑。皆从一切如来根本性清净普光明无中边智之所生。皆有净土秽土。自佛他佛。忻厌等诸邪见。不称真理。引此三根令归本智。故即以妙法莲华。令知无明生死性。本唯智体。性自无染。但迷悟不同。无有二性。以莲华像之。引彼三根令归本故。是故法华经云。明世间相常住。一如判教分宗中已说。

第七说涅槃经时。令诸三乘舍权向实教者。为余三乘教中。为责慢故。为不信故。说有无性有情。毕究不得成佛。令起信进修行。于此经中。明一切有情。皆有佛性。如佛无异。但为无明覆故不见。前为三权。末后是实。是三乘中修假真如。及空教三祇之满极。是见性之初门。于中佛与迦叶菩萨问答。亦和会初成正觉时。为大菩萨说法界法门时道理故。更有余同别意。前已判教分宗门中已说。涅槃经。是三乘中。舍权就实。相尽见性之门。法华即是舍权就实智。法界缘起理事性相之门。二部之经。俱是三乘中第六时教。但为化相门中。说时前后。故分涅槃经。为第七时教。然其智境。无有次第古今时也。

第八說華嚴經時。於剎那際通攝三世及十世圓融教者。如經說云。入剎那際三昧。降神受生入相成道入涅槃總不移時。爲依本性理智。本無時故非權依本也。故名爲入。非是本法性中。而有出入三昧。以化儀軌則施方便言。不可無言濟其化跡。令諸羣品。都無所歸。是故諸明人。莫隨其言。言佛世尊一人。入剎那際三昧。諸佛世尊。常於法身智海。與衆生數等諸三昧門應衆生見。本無出入。應如是知如來三昧出入之相。此經教門。無始無終。是佛實報果德性相圓周。若求其頭尾長短。始終路絕。該括諸教諸行世間境界。一切行解。依本總作一時一際法門。本如是故。該彼三世諸時爲一際一剎那時教。猶如衆流皆歸海故。出此法外。別生情量總是權門。非究竟說。如此法門。佛不出世亦無涅槃。爲依本法非情教故。依本法者。即無出入。依權學者。即說出世入般涅槃。從初發心十住之首。以三昧力。頓印三界。三世一際。諸法一味。解脫涅槃常寂滅味。更無始終。因果一際。諸性一性。諸智一智。諸相一相。諸行一行。三世一念。一念三世。乃至十世。如是等法。自在無礙。此經法門。無始第八说华严经时。于刹那际。通摄三世及十世圆融教者。如经说云。入刹那际三昧。降神受生。八相成道。入涅槃。总不移时。为依本性理智。本无时故。非权依本也。故名为入。非是本法性中。而有出入三昧。以化仪轨则。施方便言。不可无言。滞其化迹。令诸群品。都无所归。是故诸明人。莫随其言。言佛世尊一人。入刹那际三昧。诸佛世尊。常于法身智海。与众生数等诸三昧门。应众生见。本无出入。应如是知如来三昧出入之相。此经教门。无始无终。是佛实报果德。性相圆周。若求其头尾长短。始终路绝。该括诸教诸行。世间境界。一切行解。依本总作一时一际法门。本如是故。该彼三世诸时。为一际一刹那时教。犹如众流。皆归海故。出此法外。别生情量。总是权门。非究竟说。如此法门。佛不出世。亦无涅槃。为依本法。非情教故。依本法者。即无出入。依权学者。即说出世入般涅槃。从初发心十住之首。以三昧力。顿印三界。三世一际。诸法一味。解脱涅槃。常寂灭味。更无始终。因果一际。诸性一性。诸智一智。诸相一相。诸行一行。三世一念。一念三世。乃至十世。如是等法。自在无碍。此经法门。无始無終名爲常轉法輪是故此經教門依本安立以備大根依本一際不立始終爲非虛妄見故入一總得餘爲法界一際故不同權學見未盡故入餘總得一爲法界體無礙故如圓珠無方如明鏡頓照如虛空無隔如響無依如影不礙如化人所生此法門者是該括始終一際圓滿無礙無成無壞無出無沒常轉法輪若人了得此法門者佛智自然智無師智之所現前爲此法無出沒故還以自然無出沒智而自能得之非情計思量之所能得也一切權教法門總在其中一時而說爲諸權教不出法界無三世故各依自見無量差殊此一乘教是始成正覺時說若依情是最初成佛時說若依智無始終說

第九共不共教者爲說諸大乘經人天三乘同聞得益各別又華嚴經於一毛量處及以一塵中諸佛轉法輪衆生解差別又經云菩薩在一小衆生身中成等正覺轉法輪度無量衆生其此小衆生不知不覺此乃常與衆生共及以大小乘共在佛海中身之與心本無差別然見佛不見佛聞法不聞法解脫知見大小及苦樂各各不同是故名爲

无终。名为常转法轮。是故此经教门。依本安立。以备大根。依本一际。不立始终。为非虚妄见故。入一总得余。为法界一际故。不同权学见未尽故。入余总得一。为法界体无碍故。如圆珠无方。如明镜顿照。如虚空无隔。如响无依。如影不碍。如化人所生。此法门者。是该括始终一际。圆满无碍。无成无坏。无出无没。常转法轮。若人了得此法门者。佛智。自然智。无师智。之所现前。为此法无出没故。还以自然无出没智。而自能得之。非情计思量之所能得也。一切权教法门。总在其中。一时而说。为诸权教。不出法界。无三世故。各依自见无量差殊。此一乘教。是始成正觉时说。若依情。是最初成佛时说。若依智。无始终说。

第九共不共教者。为说诸大乘经。人天三乘同闻。得益各别。又华严经。于一毛量处。及以一尘中。诸佛转法轮。众生解差别。又经云。菩萨在一小众生身中。成等正觉。转法轮。度无量众生。其此小众生。不知不觉。此乃常与众生共。及以大小乘。共在佛海中。身之与心。本无差别。然见佛不见佛。闻法不闻法。解脱知见。大小及苦乐。各各不同。是故名为共不共教。又經云。入刹那際三昧。示現從兜率天。降神母胎。出現。轉法輪。入涅槃。此乃於無時之中。諸衆生等。自得時分。見初中後。於一音法内。自得天人小乘大乘佛乘。自得道果。各各不同。見佛住劫。壽命長短。各自差別。而實如來。性無造作。無生無滅。然以無作法性。無垢白淨之智。自體清淨。與一切衆生。本來體同。故稱衆生應見應聞。不違彼念。爲法性智本無造作者。以法性智自在故。能稱彼念。令無失時。如是與佛共法共智共時共身共心共乘。以知見解脫各各不共。故言共不共教。亦如五百聲聞。共在華嚴會。而如聾如盲。是其事也。

第十不共共教者。如華嚴經中。十方雲集諸來菩薩及佛國土。所從來方。不同各別。所共同聲説法總同。聞法獲益。能同能別。又於會中天龍八部人非人等。各各差殊。同得聞毗盧遮那果德法門。具同具別自在。諸餘三乘。亦有如是不共共教。准例可知。如是十教總是如來於本法界。一刹那際。一時一聲頓印如響。隨諸衆生自分根力漸頓不同。是故於今以圓數故。略分十種教門。用彰進修解行差別。如上十時教門。總是如來無三世智海。一共不共教。又经云。入刹那际三昧。示现从兜率天。降神母胎。出现。转法轮。入涅槃。此乃于无时之中。诸众生等。自得时分。见初中后。于一音法内。自得天人小乘大乘佛乘。自得道果。各各不同。见佛住劫。寿命长短。各自差别。而实如来。性无造作。无生无灭。然以无作法性。无垢白净之智。自体清净。与一切众生。本来体同。故称众生应见应闻。不违彼念。为法性智本无造作者。以法性智自在故。能称彼念。令无失时。如是与佛。共法。共智。共时。共身。共心。共乘。以知见解脱。各各不共。故言共不共教。亦如五百声闻。共在华严会。而如聋如盲。是其事也。第十不共共教者。如华严经中。十方云集诸来菩萨。及佛国土所从来方。不同各别。所共同声说法总同。闻法获益。能同能别。又于会中天龙八部人非人等。各各差殊。同得闻毗卢遮那果德法门。具同具别自在。诸余三乘。亦有如是不共共教。准例可知。如是十教。总是如来于本法界。一刹那际。一时一声。顿印如响。随诸众生自分根力。渐顿不同。是故于今以圆数故。略分十种教门。用彰进修解行差别。如上十时教门。总是如来无三世智海。一時說故。由根闕故。大小及時分差別。自根而生。

第三明教義差別

夫三界大雄。應眞寂寞。身心性相都無所爲。然以性起大悲稱法同體。從無作智隨緣教生。一雨普滋。任生各異。或名同而義別（即漸教十地圓教十地等）或言別而義同（十方世界法門皆是四諦法門）或理事兩乖。或體用相徹或初或漸。或頓或圓。法不自施。依根教立。根羸則法劣。器廣則道圓。稱物所宜。大小隨見。或同言而解別。或異語而齊知。當類所堪。應時施設。或樂門前之駕。廢遊露地之乘。且約最上之徒。及以漸漸之眾。麤陳十法。義理差殊。使得始學之流。不以滯權而妨實者也。其十門者。一佛日出興教主別。二光明表法現相別。三問答所詮主伴別。四所示因圓果滿別。五地位所行行相別。六重令善財證法別。七明六位菩薩來眾別。八明所施法門理事別。九與諸三乘得果別。十所付法藏流通別。

第一佛日出興教主別者。此教即以毗盧遮那爲教主也。梵云毗者種種。盧遮那云光明徧照。又毗之云徧。以大智種種光明照諸眾生根機。此即以法身悲智爲名。不同權教以姓爲號。牟尼者此云时说故。由根闻故。大小及时分差别。自根而生。

第三明教义差别 。

夫三界大雄。应真寂寞。身心性相。都无所为。然以性起大悲。称法同体。从无作智。随缘教生。一雨普滋。任生各异。或名同而义别。即渐教十地圆教十地等。或言别而义同。十方世界法门皆是四谛法门。或理事两乖。或体用相彻。或初或渐。或顿或圆。法不自施。依根教立。根羸则法劣。器广即道圆。称物所宜。大小随见。或同言而解别。或异语而齐知。当类所堪。应时施设。或乐门前之驾。废游露地之乘。且约最上之徒。及以渐渐之众。粗陈十法。义理差殊。使得始学之流。不以滞权而妨实者也。其十门者。一佛日出兴教主别。二光明表法现相别。三问答所诠主伴别。四所示因圆果满别。五地位所行行相别。六重令善财证法别。七明六位菩萨来众别。八明所施法门理事别。九与诸三乘得果别。十所付法藏流通别 。

第一佛日出兴教主别者。此教即以毗卢遮那为教主也。梵云毗者种种。卢遮那云光明遍照。又毗之云遍。以大智种种光明。照诸众生根机。此即以法身悲智为名。不同权教以姓为号。牟尼者。此云寂默但且讚法體無說不言智悲但有三十二相八十種好不具無邊相海故又是剃除鬚髮非是頂著華冠佛故是同三乘出俗者故不同此教即俗即真無出入故如毗盧遮那如來大約且以九十七種大人之相頂上華冠具足嚴好三十二種寶王化無量種種莊嚴手著鐶釧頸串瓔珞廣如經說一二相中及以隨好皆無盡相

第一光明表法現相別者除如來十身相海品中九十七種相中所放光明亦除夜摩天等所放光明但且直論表法光明始終有十一一皆表因果次第十信十住十行十迴向十地等位其中行相無有雜亂不同餘教化佛放光或放多光或放一光而無十或全身悉放而無次或放果光而無因或放因光而無果如法華經直放眉間毫相果光而無足輪下信位因光如大品經中佛放足輪下光及全身一時盡放光明一時普攝三乘因果直從下向上以放光明以成漸次從凡向聖多劫積修行滿之後方成果德不同此經放光從果成因以因成果因果一體不壞進修第一先放齒間十種光明莊嚴法界一切道場爲初登正覺十方告

寂默。但且赞法体无说。不言智悲。但有三十二相八十种好。不具无边相海故。又是剃除须发。非是顶著华冠佛故。是同三乘出俗者故。不同此教即俗即真无出入故。如毗卢遮那如来。大约且以九十七种大人之相。顶上华冠。具足严好。三十二种宝王。化无量种种庄严。手著环钏。颈串璎珞。广如经说。一一相中。及以随好。皆无尽相 。

第二光明表法现相别者。除如来十身相海品中。九十七种相中所放光明。亦除夜摩天等所放光明。但且直论表法光明。始终有十。一一皆表因果次第。十信十住十行十回向十地等位。其中行相。无有杂乱。不同余教。化佛放光。或放多光。或放一光。而无十。或全身悉放。而无次。或放果光。而无因。或放因光。而无果。如法华经。直放眉间毫相果光。而无足轮下信位因光。如大品经中。佛放足轮下光。及全身一时尽放光明。一时普摄三乘因果。直从下向上以放光明。以成渐次。从凡向圣。多劫积修。行满之后。方成果德。不同此经放光。从果成因。以因成果。因果一体。不坏进修。第一先放齿间十种光明。庄严法界一切道场。为初登正觉。十方告

眾使令咸集。如經廣明。此爲莊嚴告眾雲集光故
第二放眉間果光入足輪中。以果成因起信之首
第三然後還從足輪下放出所入果光用照金色
世界不動智佛。還是果佛。亦是根本金剛智體文
殊師利。卽是初心及究竟成果已來所覺根本法
身成智之母。以彼眉間果光入足輪中。卽是以果
成因還以足輪下所入之果光復出照金色世界
不動智佛。卽是用因成果用果成因因果頓示用
成初信之門。卽以智首等十首菩薩用成信位其
位行相。後當廣明。第四又說十住品時。昇須彌頂
上。如來於足指端放光。以明發足之始見道之初。
以三昧力住法之頂。從前信位入眞實證須彌山
者。明因止而慧明。以入十住聖位之中要定方能
眞證慧明也。故十住位菩薩下名其同皆名爲慧。
第五如來昇夜摩天上。放足趺上光。以明用成行
位。此天離地際。故說十行位也。表依空起行用也。
表法以明先證法身根本智慧始行萬行。第六昇
兜率天宮品中。如來膝上放光說十迴向。表此天
處欲界之中。理事無礙。故名迴向。初發心住時理
事無礙。非獨此處方有迴向。但以次第名言法須

众。使令咸集。如经广明。此为庄严告众云集光故。第二放眉间果光。入足轮中。以果成因。起信之首。第三然后还从足轮下。放出所入果光。用照金色世界。不动智佛。还是果佛。亦是根本金刚智体。文殊师利即是初心。及究竟成果已来。所觉根本法身。成智之母。以彼眉间果光入足轮中。即是以果成因。还以足轮下所入之果光。复出照金色世界不动智佛。即是用因成果。用果成因。因果顿示。用成初信之门。即以智首等十首菩萨。用成信位。其位行相。后当广明。第四又说十住品时。升须弥顶上。如来于足指端放光。以明发足之始。见道之初。以三昧力。住法之顶。从前信位。入真实证。须弥山者。明因止而慧明。以入十住圣位之中要定。方能真证慧明也。故十住位菩萨。下名共同。皆名为慧。第五如来升夜摩天上。放足趺上光。以明用成行位。此天离地际。故说十行位也。表依空起行用也。表法以明先证法身根本智慧。始行万行。第六升兜率天宫品中。如来膝上放光。说十回向。表此天处欲界之中。理事无碍。故名回向。初发心住时。理事无碍。非独此处。方有回向。但以次第名言。法须

安立。然實體中。一一位中皆具足也。勝者明以伸
迴旋自在故。說迴向義也。表真俗自在故。生死涅
槃自在成智悲故也。第七他化自在天中。放眉間
毫相果德光明。說十地位也。為十地菩薩因果位
終故。還像此天。依他起化無自心化故。表十地菩
薩但為眾生所須教化自無業化。又於欲界之際
即無欲故。還同四禪及出三界之法門故。異彼小
乘修生涅槃出三界藏故。又異權教菩薩於第四
禪中成十地故。又從兜率天超過化樂天至他化
自在天者。表十地位法徧法界故。不須次第上界
四禪亦在其會。不來而到。不往而至。不動而見故
上下諸天皆處其中。十方世界悉在毛孔。但以表
法階降如是。實無上下彼此往來。十一地普賢佛
華三昧會。在第三禪天。說來文未足。第八如來普
光明殿。說如來出現品。放眉間毫光灌文殊頂明
前他化天上十地果終。第三禪中等覺位畢。設法
已成。陳施本教行相規模。規模既終因果圓備。設
教既畢後方出現。未說法門何名出現。又世主妙
嚴品中始成正覺出現。起自信心修行五位五位
既成佛果自現。後出現品中。即明自己證修果終。

安立。然实体中。一一位中皆具足也。膝者。明屈伸回旋自在故。说回向义也。表真俗自在故。生死涅槃自在。成智悲故也。第七他化自在天中。放眉间毫相果德光明。说十地位也。为十地菩萨。因果位终故。还像此天。依他起化。无自心化故。表十地菩萨。但为众生所须教化。自无业化。又于欲界之际即无欲故。还同四禅。及出三界之法门故。异彼小乘。修生涅槃。出三界惑故。又异权教菩萨。于第四禅中。成十地故。又从兜率天。超过化乐天。至他化自在天者。表十地位法。遍法界故。不须次第。上界四禅。亦在其会。不来而到。不往而至。不动而见故。上下诸天。皆处其中。十方世界。悉在毛孔。但以表法阶降如是。实无上下彼此往来。十一地普贤佛华三昧会。在第三禅天说。来文未足。第八如来普光明殿。说如来出现品。放眉间毫光。灌文殊顶。明前他化天上。十地果终。第三禅中。等觉位毕。设法已成。陈施本教行相规模。规模既终。因果圆备。设教既毕后方出现。未说法门。何名出现。又世主妙严品中。始成正觉出现。起自信心。修行五位。五位既成。佛果自现。后出现品中。即明自己证修果终。

自已稱法所見出現。又明從初始終。於佛法界體
上安諸地位次第之門。於始於終。長明出現。本來
一際無前無後。放光灌文殊之頂。以果光灌果法。
以文殊是佛法身根本智。欲令文殊普賢菩薩具
相問答。結會五位始終因果體用徹故。文殊菩薩
知而故問。經云。誰為佛長子。我今當問誰。於是如
來放口中光灌普賢口。第九如來口中放光灌普
賢口。口中光者是佛教光。欲令普賢以差別智說
佛出現果德法門。文殊因佛放光始知問法之處。
夫聖智本自相知。今以佛法印成用成後則。此乃
九度放光以成一部經之始終法則。結會已前五
位因果體用之門。此之三人始終不相離故。以明
如來是文殊普賢一人之果。第十復更於給園之
內。更放眉間毫相果光。明以上五位因果已成。還
將果法用利眾生。故入法界品中令人天凡夫六
千比丘。五百優婆塞。五百優婆夷。五百童男女等
皆令於此法門得道成佛。更餘廣意。後當更明。從
此已上十度放光。於中表意各有分劑。此經放光
具足表德圓滿故。具足其十皆周法界。不同化佛
所放光明。說一部經時。或一度放光。或即全身未

自己称法所见出现。又明从初始终。于佛法界体上。安诸地位次第之门。于始于终。长明出现。本来一际。无前无后。放光灌文殊之顶。以果光灌果法。以文殊是佛法身根本智。欲令文殊普贤菩萨。共相问答。结会五位。始终因果。体用彻故。文殊菩萨知而故问。经云。谁为佛长子。我今当问谁。于是如来放口中光。灌普贤口。第九如来口中放光。灌普贤口。口中光者。是佛教光。欲令普贤。以差别智。说佛出现果德法门。文殊因佛放光。始知问法之处。夫圣智本自相知。今以佛法印成。用成后则。此乃九度放光。以成一部经之始终法则。结会已前五位因果体用之门。此之三人。始终不相离故。以明如来是文殊普贤二人之果。第十复更于给园之内。更放眉间毫相果光。明以上五位因果已成。还将果法用利众生故。入法界品中。令人天凡夫。六千比丘。五百优婆塞。五百优婆夷。五百童男女等。皆令于此法门得道成佛。更余广意。后当更明。从此已上。十度放光。于中表意。各有分剂。此经放光具足。表德圆满故。具足其十。皆周法界。不同化佛所放光明。说一部经时。或一度放光。或即全身。未會有如此經中圓周始終。一一成備德具其十也。但言說十。備德無盡。十爲圓數故也。

校譌

第二紙二行 穩宋作隱

第三紙二行 釋意下疑有闕文查懸談云初爲根未熟者先說無常後方說常先空後不空等如是漸次故名爲漸二爲根熟之輩云云三爲於上達分階佛境云云

第五紙十一行 庭宋作亭

第六紙十七行 中宋作十

第七紙十五行 故字疑在執字下

第九紙十五行 云說疑當作明契

第十五紙七行 則宋作卽

第十六紙六行 量下宋有寶字

第三問答所詮主伴別者。說此一部經之問答體用所乘宗之大意總相具德有三。一佛。二文殊。三普賢佛表果德無言。當不可說。不可修。不可得不可證。但因成果自得。文殊因位可說。以此說法身果德勸修。普賢自行可行行其行海充滿法界故。用此三德將爲利樂衆生。文殊成讚法身本智。

曾有如此经中。圆周始终。一一成备德。具其十也。但言说十。备德无尽。十为圆数故也 。

第三问答所诠主伴别者。说此一部经之问答体用。所乘宗之大意总相。具德有三。一佛。二文殊。三普贤。佛表果德无言。当不可说。不可修。不可得。不可证。但因成。果自得。文殊因位可说。以此说法身果德劝修。普贤自行可行。行其行海。充满法界故。用此三德。将为利乐众生。文殊成赞法身本智。

普賢成其差別智之行德。一切諸佛皆依此一尊若以爲師範而能成就大菩提之極果。或說普賢爲長子。爲建行成滿眾生故。或說文殊爲小男。爲創始發心。證法身本智佛性之首。爲最初證法身本智佛性。爲初生諸佛聖性智慧家故。爲啟蒙發明之首。故爲小男。主東北方。爲艮卦。艮爲小男。又爲山。爲石。在丑寅兩間。表平旦創明。暗相已無。日光未著。像啟蒙之首。十住初心創見道也。故指文殊師利在東北方清涼山也。且取此閻浮之洲境位也。託法在於世間。使令易解。又經云。一切處文殊師利。即明法身徧也。又過東方十佛剎微塵世界。有金色世界。有文殊師利。又十方文殊師利所從來國。金色世界。金爲白色。其相黃。體白而黃相者。即明法身佛性智也。體白淨清潔。非屬色。形身心無染。非如世間色白之白也。法身佛性。無心無身。任性無作。縱緣自淨。物物無心。唯無依智。名爲白淨。若諸菩薩證如是性。如是智身。皆眞色。爲黃爲福慶之色。無貪嗔恚。即有和氣。智慈益物之德也。經云。應眞菩薩皆眞金色也。故言文殊師利從金色世界來者。明一切處法皆眞也。表一眞法界普贤成其差别智之行德。一切诸佛。皆依此二尊者以为师范。而能成就大菩提之极果。或说普贤为长子。为建行成满众生故。或说文殊为小男。为创始发心。证法身本智佛性之首。为最初证法身本智佛性。为初生诸佛圣性智慧家故。为启蒙发明之首。故为小男。主东北方。为艮卦。艮为小男。又为山。为石。在丑寅两间。表平旦创明。暗相已无。日光未著。像启蒙之首。十住初心创见道也。故指文殊师利在东北方清凉山也。且取此阎浮之洲境位也。托法在于世间。使令易解。又经云。一切处文殊师利。即明法身遍也。又过东方十佛刹微尘世界。有金色世界。有文殊师利。又十方文殊师利。所从来国。金色世界。金为白色。其相黄。体白而黄相者。即明法身佛性智也。体白净清洁。非属色形。身心无染。非如世间色白之白也。法身佛性。无心无身。任性无作。缘缘自净。物物无心。唯无依智。名为白净。若诸菩萨。证如是性。如是智。身皆黄色。为黄为福庆之色。无贪嗔恚。即有和气。智慈益物之德也。经云。应真菩萨。皆真金色也。故言文殊师利从金色世界来者。明一切处。法皆真也。表一真法界也。普賢長子者。位在東方卯位。爲震卦。震爲長男。爲頭。爲首。爲青龍。爲吉慶。爲春生。爲建法則之初也。世間佛法皆取東方爲初首。表像日出咸照萬物悉皆明了。堪施作務隨緣運用。故普賢爲行首。故爲長男也。觀音爲悲首。位在西方。住金剛山之西。阿說慈悲經。西爲西位。西爲兌卦。兌爲金。爲白虎。爲凶危。爲秋殺。故以慈悲觀音主之。於不善處行慈。是觀音也。文殊普賢觀音三法。是十方諸佛共行。爲善財童子十迴向中第七慈悲位中善知識。餘廣義後當更明。佛法無言。以用世間法託事表之。有言說者。皆是世間法也。若也無言啟蒙何達。以此義故。用佛文殊普賢觀音三德互爲主伴。以成法則化利眾生之首。佛收一切果。文殊收一切所行因果法身本智。普賢收一切因果行身差別智。以此義故。或說文殊普賢爲一切諸佛之師。或說文殊普賢爲小男長子。三人互體成一法界之體用也。即文殊爲始見道初法身本智之門。普賢即爲始見道之後行行之門。佛即二事之中無作體也。故以文殊法身該此一部之教所說法身本智。備一切眾生初見道門。普賢該此一部之教也。普贤长子者。位在东方卯位。为震卦。震为长男。为头。为首。为青龙。为吉庆。为春生。为建法则之初也。世间佛法。皆取东方为初首。表像日出。咸照万物。悉皆明了。堪施作务。随缘运用故。普贤为行首。故为长男也。观音为悲首。位在西方。住金刚山之西阿。说慈悲经。西为酉位。酉为兑卦。兑为金。为白虎。为凶危。为秋煞。故以慈悲观音主之。于不善处行慈。是观音也。文殊。普贤。观音。三法。是十方诸佛共行。为善财童子十回向中。第七慈悲位中善知识。余广义。后当更明。佛法无言。以用世间法。托事表之。有言说者。皆是世间法也。若也无言。启蒙何达。以此义故。用佛。文殊。普贤。观音。三德。互为主伴。以成法则。化利众生之首。佛收一切果。文殊收一切所行因果法身本智。普贤收一切因果行身差别智。以此义故。或说文殊普贤。为一切诸佛之师。或说文殊普贤。为小男长子。三人互体。成一法界之体用也。即文殊为始见道初法身本智之门。普贤即为始见道之后行行之门。佛即二事之中无作体也。故以文殊法身。该此一部之教所说法身本智。备一切众生初见道门。普贤该此一部之教所說行門差別智。備一切眾生行之門。法行具足名之爲佛。化佛教中無此所表。涅槃經中佛隱身不現。昔雪山童子所得了諸行無常是生滅法。獨表法身涅槃無有行故。大品經中薩陀波倫菩薩求般若波羅蜜門。具六波羅蜜。未有方便波羅蜜願力智等十波羅蜜。但爲引聲聞人天小器。未堪聞方便願力智等波羅蜜也。六波羅蜜中無方便波羅蜜者。爲方便波羅蜜行於非道。彼小器未堪聞也。何以然者。有長愛故。及於彼經中多有聲聞人共佛爲問答。非大菩薩故。設有菩薩非文殊普賢故。設有文殊無普賢者。表未具行故。設有普賢無文殊者。明不見法身本智慧故。設有文殊普賢不自相問答明理事未徹故。又不言一切處文殊一切處及微塵中普賢行眾行故。又化佛自爲問答主。但有因果行待三僧祇劫之後。爲引小器之徒。未說即因即果理事圓融十住初心即是佛故。無前後際故頓全法界故眞俗俱眞以此不同用。例化佛所說之教無如此經也。一切諸教皆權施設。引彼諸根咸求至此華嚴大海入毗盧遮那一眞境界。以三乘空觀折伏現行無明不生不滅所说行门差别智。备一切众生行行之门。法行具足。名之为佛。化佛教中。无此所表。涅槃经中。佛隐身不现。昔雪山童子。所得了诸行无常。是生灭法。独表法身涅槃无有行故。大品经中。萨陀波伦菩萨。求般若波罗蜜门。具六波罗蜜。未有方便波罗蜜愿力智等十波罗蜜。但为引声闻人天小器。未堪闻方便愿力智等波罗蜜也。六波罗蜜中。无方便波罗蜜者。为方便波罗蜜。行于非道。彼小器未堪闻也。何以然者。有畏爱故。及于彼经中。多有声闻人共佛为问答。非大菩萨故。设有菩萨。非文殊普贤故。设有文殊无普贤者。表未具行故。设有普贤无文殊者。明不见法身本智慧故。设有文殊普贤。不自相问答。明理事未彻故。又不言一切处文殊。一切处及微尘中普贤行众行故。又化佛自为问答主。但有因果行。待三僧祇劫之后。为引小器之徒。未说即因即果。理事圆融。十住初心。即是佛故。无前后际故。顿全法界故。真俗俱真。以此不同。用例化佛所说之教。无如此经也。一切诸教。皆权施设。引彼诸根。咸来至此华严大海。入毗卢遮那一真境界。以三乘空观。折伏现行无明。不生不灭根本智。未具差別智故。忻生他土。厭此娑婆。設有住者猶言留惑也。又此經中。善財童子依十住中。徧行五位法門行相。徧行滿故。以此十住位內具有十地行門。以表此法。德用滿故。不同餘教行也。如雪山童子。見一善知識。得一法門。薩陀波崙亦然。法華經中。略示龍女成佛。猶指南方。非為法界自他圓滿故。分示少分。仍問答主別。教主即是化佛。權閫設化令淨。非實淨土。仍移人天置於他土。仍彼此未終也。若說此經與餘經別者。事廣而難終。略而言之。且復如是。

根本智。未具差别智故。忻生他土。厌此娑婆。设有住者。犹言留惑也。又此经中。善财童子依十住中。遍行五位法门行相。遍行满故。以此十住位内。具有十地行门。以表此法。德用满故。不同余教行也。如雪山童子。见一善知识。得一法门。萨陀波伦亦然。法华经中。略示龙女成佛。犹指南方。非为法界自他圆满故。分示少多。仍问答主别。教主即是化佛。秽国设化令净。非实净土。仍移人天置于他土。仍彼此未终也。若说此经与余经别者。事广而难终。略而言之。且复如是 。

大方廣佛新華嚴經論卷第四

第四所示因圓果滿別者。顯佛果有三種不同。一
亡言絕行獨明法身無作果。二從行積修行滿功
成多劫始成果。三創發心時十住初位體用隨緣
所成果。初亡言絕行所明法身無作果者。即涅槃
無行等經是。隱身不現。龍事休息。又云羅剎爲雪
山童子說諸行無常是生滅法。生滅滅已寂滅爲
樂。是無作果。不具行故。二從行積修行滿多劫方
明果者。即權教之中說從行修成。三僧祇劫行滿
所成佛果是也。此以不了無明十二有支本是法
身智慧。厭而以空觀折伏現行煩惱。忻別淨門。三
從凡十住初心創證隨緣運用所成果者。即華嚴
經是也。十信終心即以方便三昧達無明十二有
支成理智大悲。即具文殊普賢體用法界法門。又
如化佛所施因果教行。定經三僧祇中。所有佛功
德總是修生。百劫修相好業。然燈得光明。不殺得
長壽。布施得資財。忍辱得端正。一一因果屬對相
似具足。仍對治薄雜法門。始得見性成佛。如華嚴
經即不然。一念頓證法界法門。身心性相本唯法
體。施爲運用動寂。任無作智。即是佛也。爲一切佛
法應如是。無長無短。始終畢竟。法皆如是。於一真

大方广佛新华严经论卷第四

第四所示因圆果满别者。显佛果有三种不同。一亡言绝行。独明法身无作果。二从行积修。行满功成。多劫始成果。三创发心时。十住初位。体用随缘所成果。初亡言绝行。所明法身无作果者。即涅槃无行等经是。隐身不现。万事休息。又云。罗刹为雪山童子。说诸行无常。是生灭法。生灭灭已。寂灭为乐。是无作果。不具行故。二从行积修。行满多劫方明果者。即权教之中。说从行修成。三僧祇劫。行满所成佛果是也。此以不了无明十二有支。本是法身智慧。厌而以空观折伏现行烦恼。忻别净门。三从凡十住初心创证。随缘运用所成果者。即华严经是也。十信终心。即以方便三昧。达无明十二有支。成理智大悲。即具文殊普贤体用法界法门。又如化佛所施因果教行。定经三僧祇中。所有佛功德。总是修生。百劫修相好业。然灯得光明。不杀得长寿。布施得资财。忍辱得端正。一一因果属对。相似具足。仍对治种种法门。始得见性成佛。如华严经即不然。一念顿证法界法门。身心性相。本唯法体。施为运用动寂。任无作智。即是佛也。为一切佛。法应如是。无长无短。始终毕竟。法皆如是。于一真法界。任法旋為。悉皆具足恆沙德用。即因即果。以此普門法界理智。諸障自無。無別對治別修別斷。不見變化變異不變。無異性相故。普觀一切。無非法門。無非解脫。但為自心。强生繫著。為多事故。沉潛苦流。故勞聖說。種種差別。於所說處復生繫著。以此義故。聖說不同。或漸或圓應諸根器。如此經教頓示圓乘。上上乘人。所應堪受。設不堪受者當須樂修。究竟歸流。畢居此海。是故餘教。先因後果。不同此教因果同時。為法性智海中。因果不可得故。為不可得中。因果同時。無有障礙也。可得因果即有前後。有所得者。皆是無常非究竟說也。若先因後果者。因亦不成。故。果亦壞也。緣生之法。不相續故。即斷滅故。自他不成故。如數一錢。不數後錢。無後一者。一亦不成。為刹那不相續。刹那不成果亦壞。多劫不相續。多劫因果壞。要待數後錢時。前一始成。因果亦爾。要待一時中無間者。因果始成。若爾者。如數兩錢同數。無前無後。誰為一二。如豎一指誰為因果。如一一指等。隨心數處為因。後數為果。若如是有前有後。即有中間者。還有刹那間斷。有間斷者。不成因果。若同時者。如豎一指。無前無法界。任法施为。悉皆具足恒沙德用。即因即果。以此普门法界理智。诸障自无。无别对治。别修别断。不见变化。变与不变。无异性相故。普观一切。无非法门。无非解脱。但为自心。强生系著。为多事故。沉潜苦流。故劳圣说。种种差别。于所说处。复生系著。以此义故。圣说不同。或渐或圆。应诸根器。如此经教。顿示圆乘。上上乘人。所应堪受。设不堪受者。当须乐修。究竟归流。毕居此海。是故余教。先因后果。不同此教。因果同时。为法性智海中。因果不可得故。为不可得中。因果同时。无有障碍也。可得因果。即有前后。有所得者。皆是无常。非究竟说也。若先因后果者。因亦不成故。果亦坏也。缘生之法。不相续故。即断灭故。自他不成故。如数一钱。不数后钱。无后二者。一亦不成。为刹那不相续。刹那不成果亦坏。多劫不相续。多劫因果坏。要待数后钱时。前一始成。因果亦尔。要待一时中无间者。因果始成。若尔者。如数两钱同数。无前无后。谁为一二。如竖二指。谁为因果。如二指等。随心数处为因。后数为果。若如是有前有后。即有中间者。还有刹那间断。有间断者。不成因果。若同时者。如竖二指。无前无後誰爲因果亦皆不成如此華嚴經因果同時者俱無如是前後因果及同時情量繫著妄想有無俱不俱常無常等繫著因果但了法體非所施設非因果繫名爲因果非情所立同時前後之妄想也如是者何異楞伽漸教之說此則不然前說敎主別問答主別等即明文殊普賢佛等三德體用主伴無礙故楞伽經中化佛及大慧菩薩問答破相但教顯理無繫著故不論緣起如緣起法界者法界不成不破但知了法如是故楞伽經云先示相似物後當與眞實又云得相者是識不得相者是智即是明成壞也如此經中意者即眞無有假法諸法總眞純眞更無假無相似存眞存假經云衆生界即佛界也如此經中文殊以理會行普賢以行會理二人體用相徹以成一眞法界前後相收四十品經互相該括前後相徹文義相收一法門中具多法也是故經云於多法中爲一法於一法中爲多法於漸教中設有少分義同多分不相似故如覺首等十首菩薩各說一法以成十信於十信中共成一信爲十箇信位互體相成不獨施設以十信成一信以一信成十信有解者不

后。谁为因果。亦皆不成。如此华严经因果同时者。俱无如是前后因果。及同时情量系著妄想。有无俱不俱。常无常等。系著因果。但了法体。非所施设。非因果系。名为因果。非情所立同时前后之妄想也。如是者何异楞伽渐教之说。此则不然。前说教主别。问答主别等。即明文殊普贤佛等三德体用主伴无碍故。楞伽经中。化佛及大慧菩萨。问答破相。但教显理无系著故。不论缘起。如缘起法界者。法界不成不破。但知了法如是故。是故楞伽经云。先示相似物。后当与真实。又云。得相者是识。不得相者是智。即是明成坏也。如此经中意者。即真无有假法。诸法总真。纯真更无假。无相似存真存假。经云。众生界即佛界也。如此经中。文殊以理会行。普贤以行会理。二人体用相彻。以成一真法界。前后相收。四十品经。互相该括。前后相彻。文义相收。一法门中。具多法也。是故经云。于多法中为一法。于一法中为多法。于渐教中。设有少分义同。多分不相似故。如觉首等十首菩萨。各说一法以成十信。于十信中。共成一信。为十个信位。互体相成。不独施设。以十信成一信。以一信成十信。有解者不

可偏取一門。十慧菩薩。十林菩薩。十幢菩薩。十藏
菩薩。又說十定十通十忍。如是一一位次法門。皆
悉如是互相成就。如帝釋網互相徹入。一中無量。
無量中一。諸佛菩薩體用相成因果相入同時無
二。如經中說。法慧菩薩入定卽十方世界同名法
慧佛來。功德林菩薩入定十方世界同名功德林
佛來。金剛幢菩薩入定卽十方世界同名金剛幢
佛來。金剛藏菩薩入定卽十方世界同名金剛藏
佛來摩頂。如是位位之內地地之中。佛與菩薩。因
果相成體用相徹。所來諸佛卽明是果。入定菩薩
卽明是因。明因果無二故。於佛法身智體上安立
十住十行十迴向十地十一地等。行相引凡接俗
化生之門。諸位卽佛。佛卽諸位。若上上根人於此
敎中起信行者。還依此法。創首十住初心正證如
來佛果智法。方行一切菩薩萬行。爲初證之首。爲
知法體智性故。設同凡事經過多劫行。而於自見
本不移時。於初發心時與三世佛同成正覺。無前
無後際故。法如是故。應如是知。不同權敎經三僧
祇方成佛果。是故今言與諸三乘得果別故。又於
此經乘如來一切智乘得佛果故。無二乘人。得四

可偏取一门。十慧菩萨。十林菩萨。十幢菩萨。十藏菩萨。又说十定十通十忍。如是一一位次法门。皆悉如是。互相成就。如帝释网。互相彻入。一中无量。无量中一。诸佛菩萨体用相成。因果相入。同时无二。如经中说。法慧菩萨入定。即十方世界。同名法慧佛来。功德林菩萨入定。十方世界。同名功德林佛来。金刚幢菩萨入定。即十方世界。同名金刚幢佛来。金刚藏菩萨入定。即十方世界。同名金刚藏佛来摩顶。如是位位之内。地地之中。佛与菩萨。因果相成。体用相彻。所来诸佛。即明是果。入定菩萨。即明是因。明因果无二故。于佛法身智体上。安立十住。十行。十回向。十地。十一地等。行相。引凡接俗化生之门。诸位即佛。佛则诸位。若上上根人。于此教中起信行者。还依此法。创首十住初心。正证如来佛果智法。方行一切菩萨万行。为初证之首。为知法体智性故。设同凡事。经过多劫行。而于自见。本不移时。于初发心时。与三世佛同成正觉。无前无后际故。法如是故。应如是知。不同权教。经三僧祇。方成佛果。是故今言与诸三乘得果别故。又于此经。乘如来一切智乘。得佛果故。无二乘人。得四沙門果。亦無權教菩薩諸地行相。因前果後也。

第五明地位所行行相別者。凡發大乘心者。依其根品有六種所乘。三種五位十地差別行相不同。其名數如何。一念佛願生淨土門。二作淨土觀行所生淨土門。三修空無我所乘門。四和會有無觀智門。五漸見佛性進修門。六頓證佛性圓融門。修大乘者。不離此六種所乘行相。何者三種五位十地。一修假詮假智假眞如等安立五位十地。二修分眞分證一分眞如安立五位十地。三頓修頓證頓眞頓說佛境界圓滿眞如安立十地五位行相。(此佛乘中無假法言說名相總眞)如是三種十地五位行相。向菩提者。行菩薩行者。滿佛果者。莫不總在其中。今以總舉。各以已所乘宗。辯其權實。使令離障進修。有功。不相誹毀。顯了差別。令無疑悔。令進修者。分明了知權實故。令成佛者。不迂滯其功故。一念佛力修戒發願力生於淨土。是化佛淨土。非眞淨土。爲非見性及不了無明是一切如來根本智故。是有爲故。如阿彌陀經是也。二作淨土觀行所生淨土。是化淨土。從心想生故。是有爲故。不見佛性本智慧故。卽無量壽觀經是也。三修空無我觀所乘門沙门果。亦无权教菩萨。诸地行相。因前果后也。

第五明地位所行行相别者。凡发大乘心者。依其根品。有六种所乘。三种五位十地。差别行相不同。其名数如何。一念佛愿生净土门。二作净土观行所生净土门。三修空无我所乘门。四和会有无观智门。五渐见佛性进修门。六顿证佛性圆融门。修大乘者。不离此六种所乘行相。何者三种五位十地。一修假诠假智假真如等。安立五位十地。二修分真分证一分真如。安立五位十地。三顿修顿证顿真顿说佛境界圆满真如。安立十地五位行相。此佛乘中无假法言说名相总真。如是三种十地五位行相。向菩提者。行菩萨行者。满佛果者。莫不总在其中。今以总举。各以已所乘宗。辩其权实。使令离障。进修有功。不相诽毁。显了差别。令无疑悔。令进修者。分明了知权实故。令成佛者。不迁滞其功故。一念佛力修戒发愿力生于净土。是化佛净土。非真净土。为非见性。及不了无明是一切如来根本智故。是有为故。如阿弥陀经是也。二作净土。观行所生净土。是化净土。从心想生故。是有为故。不见佛性本智慧故。即无量寿观经是也。三修空无我观所乘门

者。為初說般若。破凡夫實有。二乘生空我執故。多
修空法。空有俱空。為空增勝故。雖行六波羅蜜。修
種種菩提分法。得六神通。行菩薩行。福勝人天。不
生佛家。不見佛性。為析法明空。不了無明是如來
智慧故。華嚴經亦同此訶責。如前已述。如法華經
云。假使有人。讀誦八萬四千法藏。為人解說。行六
波羅蜜。得六神通。亦未為難。暫讀此經。是則為難。
法華經成就佛乘故。非菩薩乘故。是故如來於涅
槃經中說。一切眾生。皆有佛性。常樂我淨。有諸菩
薩自悔過言。我於無量劫流轉生死。只為無我之
所惑亂。有如此過故。迴心方可得見性。達我是智。
諸般若中。有文殊師利菩薩為問答者。皆論一分
法身佛性道理。如文殊般若是也。若與聲聞為問
答者。多為破二乘生空我執。說法空故。與普賢問
答者。多約行門。凡說法依根。但見問答主伴。可知
表裏。准之可見。四和會有無觀智門者。即解深密
經。第三時教說。九識為淨識。與業種為依。并說三
性。三無性。所謂遍計所執性。依他起性。圓成實性。
互相成壞。離諸執障。不成不壞。性自涅槃。如深密
經頌曰。一切諸法皆無性。無生無滅本來寂。諸法

者。为初说般若。破凡夫实有。二乘生空我执故。多修空法。空有俱空。为空增胜故。虽行六波罗蜜。修种种菩提分法。得六神通。行菩萨行。福胜人天。不生佛家。不见佛性。为析法明空。不了无明是如来智慧故。华严经亦同此诃责。如前已述。如法华经云。假使有人。读诵八万四千法藏。为人解说。行六波罗蜜。得六神通。亦未为难。暂读此经。是则为难。法华经成就佛乘故。非菩萨乘故。是故如来于涅槃经中。说一切众生。皆有佛性。常乐我净。有诸菩萨自悔过言。我于无量劫流转生死。只为无我之所惑乱。有如此过故。回心方可得见性达我是智。诸般若中。有文殊师利菩萨为问答者。皆论一分法身佛性道理。如文殊般若是也。若与声闻为问答者。多为破二乘生空我执。说法空故。与普贤问答者。多约行门。凡说法依根。但见问答主伴。可知表里。准之可见。四和会有无观智门者。即解深密经。第三时教。说九识为净识。与业种为依。并说三性三无性。所谓遍计所执性。依他起性。圆成实性。互相成坏。离诸执障。不成不坏。性自涅槃。如深密经颂曰。一切诸法皆无性。无生无灭本来寂。诸法自性恆涅槃離有智者無密意。此經爲破般若修空增勝者壞緣生法故。空見現前違道理故。但於此經成就緣生諸法自體涅槃。不須誹撥言空言有互相破斥。不令計有不令計無。又此經雖安立十地名同華嚴。於中義意軌則各別。又無地前三賢十信等位。但立十地斷惑行相。及說佛地爲十一地。於其十地位之內復說有十一種麤重。二十二種愚癡。所以此經不安立地前三賢十信具足行門。爲此經地前非見道故。又爲第三時教中間但和會有無未是文殊普賢理事相攝行滿故。是故華嚴經中說十信十住十行十迴向十地法門時。十方諸佛同來印可故。一切諸佛國土總說此門故。十三種相加表眞實故。三乘經中但說十地攝諸衆生不盡故。此即是三種十地中假詮假智假眞如十地行故。何以然者。爲此十一地是佛位佛位之內猶有障故。明十一地已前未有眞理本智故。若全眞理智。云何十一地有十一麤重。既有麤重即非地地中有佛智爲因果故。此經且漸和會有無令無滯住。未似普賢文殊理事智盡大用而說故。如仁王經說五位十地行門。安立從凡漸自性恒涅槃。谁有智者无密意。此经为破般若修空增胜者。坏缘生法故。空见现前。违道理故。但于此经。成就缘生诸法。自体涅槃。不须诽拨。言空言有。互相破斥。不令计有。不令计无。又此经虽安立十地。名同华严。于中义意轨则各别。又无地前三贤十信等位。但立十地断惑行相。及说佛地为十一地。于其十地位之内。复说有十一种粗重。二十二种愚痴。所以此经不安立地前三贤十信具足行门。为此经地前非见道故。又为第三时教。中间但和会有无。未是文殊普贤理事相摄行满故。是故华严经中。说十信十住十行十回向十地法门时。十方诸佛同来印可故。一切诸佛国土。总说此门故。十三种相加。表真实故。三乘经中。但说十地。摄诸众生不尽故。此即是三种十地中。假诠假智假真如十地行故。何以然者。为此十一地是佛位。佛位之内犹有障故。明十一地以前。未有真理本智故。若全真理智。云何十一地。有十一粗重。既有粗重。即非地地中有佛智为因果故。此经且渐和会有无。令无滞住。未似普贤文殊理事智尽大用而说故。如仁王经。说五位十地行门。安立从凡渐習積行多生修假眞如。又有敎說地前伏惑地上見道。或說留惑不斷要經三僧祇劫。方可成佛。如是等敎並對權根假施設有。未爲實說。但化佛所說。皆是引中下根人。未盡實說。餘准可知。又二乘人。迴心向權敎中所忻佛果。及權敎菩薩所忻佛果。僧祇滿後。但只樂求三千大千世界佛之報果。不忻十佛境界毗盧遮那無盡十方境界之報果也。不如華嚴經中。十信菩薩所忻佛果。勝解心上具足凡夫即樂忻修十身毗盧遮那之境界。深心廣大盡無極重玄之妙境界也。不同權敎佛之境界。皆立分劑限量。此乃爲根狹未廣。故且權安立。如解深密經中。十地斷惑分劑。第一初地中對治惡趣煩惱業生雜染障。第二地中對治微細悞犯現行障。第三地中對治欲貪障。第四地中對治定愛及法愛障。第五地中對治生死涅槃一向背趣障。第六地中對治麤相現行障。第七地中對治細相現行障。第八地中對治於無相無作功用及於有相不得自在障。第九地中對治於一切種善巧言辭不得自在障。第十地中對治不得圓滿法身證得障。善男子。此奢摩他毗鉢舍那。於如來地對习。积行多生。修假真如。又有教。说地前伏惑。地上见道。或说留惑不断。要经三僧祇劫。方可成佛。如是等教。并对权根。假施设有。未为实说。但化佛所说。皆是引中下根人。未尽实说。余准可知。又二乘人。回心向权教中。所忻佛果。及权教菩萨。所忻佛果。僧祇满后。但只乐求三千大千世界佛之报果。不忻十佛境界毗卢遮那无尽十方境界之报果也。不如华严经中。十信菩萨。所忻佛果。胜解心上。具足凡夫。即乐忻修十身毗卢遮那之境界。深心广大。尽无极重玄之妙境界也。不同权教佛之境界。皆立分剂限量。此乃为根狭未广故。且权安立。如解深密经中。十地断惑分剂。第一初地中。对治恶趣烦恼业生杂染障。第二地中。对治微细误犯现行障。第三地中。对治欲贪障。第四地中。对治定爱及法爱障。第五地中。对治生死涅槃一向背趣障。第六地中。对治粗相现行障。第七地中。对治细相现行障。第八地中。对治于无相无作功用及于有相不得自在障。第九地中。对治于一切种善巧言辞不得自在障。第十地中。对治不得圆满法身证得障。善男子。此奢摩他毗钵舍那。于如来地。对治極微細最極微細煩惱障及所知障。如華嚴經但於地前三賢初發心住中。即能頓證佛果法門。普印諸位。十住十行十迴向十地等覺諸位。如印印時。文相具足。無前後際。即以初發心時頓印三界無明。便爲佛智之海。以如來法身智身大悲之印。一下頓印世間。以爲法界大用。無前後。故法如是故。不同權教法外施設。且引三根來歸一實。故五漸見佛性進修門者。如涅槃經云。十住菩薩少分見性。乃至十地未能了了。起信論云。十住菩薩少分得見法身化八相成道。故如彼論釋。言是願力所爲。既是願力。非爲實報。總爲漸見佛性。皆是權教分分中漸引之宗。非爲圓故。如是之類。從初發心住已後所證佛果不定僧祇。何以故。如涅槃經云。記屠兒廣額於賢劫中成佛。闡提創發心。尚有越劫之功。何況具足信根。復能少分見性者。何有僧祇之隔哉。世有諸德解屠兒廣額是化作。爾者。此乃曲逐人情。未詳佛意者也。漸漸引權向實。豈令見劫存情。令違本耶。漸漸引至龍女善財。一念之中得成佛者。始成實說。三乘小見。但念長時。時體本無空嗟忻仰。無繩自縛。何有休期。前略說治极微细最极微细。烦恼障。及所知障。如华严经。但于地前三贤初发心住中。即能顿证佛果法门。普印诸位。十住十行十回向十地等觉诸位。如印印时。文相具足。无前后际。即以初发心时。顿印三界无明。便为佛智之海。以如来法身智身大悲之印。一下顿印世间。以为法界大用。无前后故。法如是故。不同权教法外施设。且引三根来归一实故。五渐见佛性进修门者。如涅槃经云。十住菩萨。少分见性。乃至十地。未能了了。起信论云。十住菩萨。少分得见法身。化八相成道故。如彼论释。言是愿力所为。既是愿力。非为实报。总为渐见佛性。皆是权教分分中渐引之宗。非为圆故。如是之类。从初发心住已后。所证佛果。不定僧祇。何以故。如涅槃经云。记屠儿广额。于贤劫中成佛。阐提创发心。尚有越劫之功。何况具足信根。复能少分见性者。何有僧祇之隔哉。世有诸德。解屠儿广额是化作尔者。此乃曲逐人情。未详佛意者也。渐渐引权向实。岂令见劫存情。令违本耶。渐渐引至龙女善财。一念之中得成佛者。始成实说。三乘小见。但念长时。时体本无。空嗟忻仰。无绳自缚。何有休期。前略说

三種十地。又以經義校量有六種十地者。如三乘
權教中有三種十地。實教中有三種十地。如仁王
經解深密大品經。此三部經中。所說十地。多立假
真如門。以成十地行相。如此是權教中三種十地。
第四如涅槃經中。十住菩薩少分見性。十地菩薩
見性未能了了。即明以佛性爲所乘門。分修分證
十地。第五又涅槃經。如牛食雪山肥膩草。純得醍
醐等。即明證佛位故。即爲五種十地。此教通華嚴
經初發心上。同佛正覺故。第六一乘十地。如華嚴
經所說法界門。重玄無盡法。以成十地。是爲六種
十地。涅槃法華。龍女刹那成佛。皆是引權向實教
故。且三乘十地菩薩所忻佛果境界。但忻三千大
千世界爲報佛之果故。此即實教中第三化身。非
爲實報身故。三種化身者。一者佛化身作種種衆
生身。二化身者化作一四天下。及一十八天所化
之佛。三化身者化作三千大千世界佛也。實報身
者十身毗盧遮那。互體相徹。重玄境界。量齊法界
及微纖塵。塵塵之內。皆齊法界。具如華嚴經說。三
乘之教既權。所說法門及佛報境界。總未實說。是
故大品經中名共教。三乘共行十地。第一解深密

三种十地。又以经义较量。有六种十地者。如三乘权教中。有三种十地。实教中。有三种十地。如仁王经。解深密。大品经。此三部经中。所说十地。多立假真如门。以成十地行相。如此是权教中三种十地。第四如涅槃经中。十住菩萨。少分见性。十地菩萨。见性未能了了。即明以佛性为所乘门。分修分证十地。第五又涅槃经。如牛食雪山肥腻草。纯得醍醐等。即明证佛位故。即为五种十地。此教通华严经。初发心上。同佛正觉故。第六一乘十地。如华严经所说法界门。重玄无尽法。以成十地。是为六种十地。涅槃法华。龙女刹那成佛。皆是引权向实教故。且三乘十地菩萨。所忻佛果境界。但忻三千大千世界。为报佛之果故。此即实教中。第三化身。非为实报身故。三种化身者。一者佛化身作种种众生身。二化身者。化作一四天下。及二十八天所化之佛。三化身者。化作三千大千世界佛也。实报身者。十身毗卢遮那。互体相彻重玄境界。量齐法界。及彻纤尘。尘尘之内。皆齐法界。具如华严经说。三乘之教既权。所说法门。及佛报境界。总未实说。是故大品经中。名共教。三乘共行十地。第二解深密經所說十地。直爲解深密廣意菩薩廣慧菩薩。清淨慧菩薩等共爲問答主伴。說十地門。不共聲聞爲問答主伴。爲深密經。迴彼般若樂空增勝者故此大品深密等經。但說十地之名。無地前十信三賢四資糧位。第三如仁王經中。具足五位行相法門。如是權教中所說三賢十聖。多分總是說假眞如。次第漸細方明佛性。方可說乘如來乘直至道場。將知權教非眞。所說地位次第未實。第四如來乘中。如涅槃經中說十住少分見性。十地菩薩未全了了者。如起信論中。十住菩薩少分見性。以誓願力能八相成佛者。是其流也。雖未圓滿。爲見少分性力故。勢力如是。猶如儲君爲有因緣。父王令其統紹君政。爲是王眞子故。力堪如是故。爲少見性故。爲如來眞子生佛家故。不同餘教假眞如假智等。待於初地方云生佛家故。明見性力眞勝餘宗故。少分如是。何況全得。第五明圓教十地者。一念體道智全佛故。以會無明體全智故。經云。一成一切成。一壞一切壞。後當廣明。是名五種十地。此四種十地位次第行相。以化下中根。接生門中。大同小異。至於本法教門。而權教之中。三種假立眞经。所说十地。直为解深密广意菩萨。广慧菩萨。清净慧菩萨等。共为问答主伴。说十地门。不共声闻为问答主伴。为深密经。回彼般若乐空增胜者故。此大品深密等经。但说十地之名。无地前十信三贤四资粮位。第三如仁王经中。具足五位行相法门。如是权教中所说三贤十圣。多分总是说假真如。次第渐细。方明佛性。方可说乘如来乘。直至道场。将知权教非真。所说地位次第未实。第四如来乘中。如涅槃经中。说十住少分见性。十地菩萨未全了了者。如起信论中。十住菩萨少分见性。以誓愿力能八相成佛者。是其流也。虽未圆满。为见少分性力故。势力如是。犹如储君。为有因缘。父王令其统绍君政。为是王真子故。力堪如是故。为少见性故。为如来真子生佛家故。不同余教。假真如假智等。待于初地。方云生佛家故。明见性力真。胜余宗故。少分如是。何况全得。第五明圆教十地者。一念体道。智全佛故。以会无明体全智故。经云。一成一切成。一坏一切坏。后当广明。是名五种十地。此四种十地位次第行相。以化下中根。接生门中。大同小异。至于本法教门。而权教之中。三种假立真如爲觀智。與從法身佛性體上妄立漸頓一門全別。如權教中。雖復還從初地之中。對治惡趣煩惱業生雜染障。乃至第七地中。對治細相現行猶成障。障無相智未全自在。至於八地無相無作功用及於有相功用。亦未自在。如是地地中不自在。皆有障故。如前依解深密經中。地位斷惑次第法門說。如三乘中十地畢定如是。階降斷惑。經三僧祇。百劫修相好業。如涅槃經等。佛性門中。安立諸地次第。如前已明。如本業瓔珞經云。十住菩薩銅寶瓔珞。銅輪王。百福子爲眷屬。生一佛土。受佛學行。教一天下。十行菩薩銀寶瓔珞。銀輪王。五百福子爲眷屬。生二佛國中。受教行。化二天下。十迴向菩薩金剛寶瓔珞。金輪王。千福子爲眷屬。入十方佛國中。化一切眾生。處四天下。初地已上。百寶瓔珞。二地千寶。三地萬寶。四地菩薩不可稱數寶爲瓔珞。乃至十地寶瓔珞漸漸增廣。及十地十一地通佛法王。及三賢菩薩。總有十五種輪王位。實如瓔珞經說。又言三賢菩薩伏三界煩惱麤業道麤相續果亦不起麤見道喜忍伏三業道。離忍伏地獄餓鬼畜生人中業道明忍伏六天業道。炎忍伏諸如为观智。与从法身佛性体上。安立渐顿二门全别。如权教中。虽复还从初地之中。对治恶趣烦恼业生杂染障。乃至第七地中。对治细相现行犹成障。障无相智。未全自在。至于八地无相无作功用。及于有相功用。亦未自在。如是地地中不自在。皆有障故。如前依解深密经中。地位断惑次第法门说。如三乘中十地。毕定如是。阶降断惑。经三僧祇。百劫修相好业。如涅槃经等。佛性门中。安立诸地次第。如前已明。如本业璎珞经云。十住菩萨。铜宝璎珞。铜轮王。百福子为眷属。生一佛土。受佛学行。教二天下。十行菩萨。银宝璎珞。银轮王。五百福子为眷属。生三佛国中。受教行。化三天下。十回向菩萨。金刚宝璎珞。金轮王。千福子为眷属。入十方佛国中。化一切众生。处四天下。初地已上。百宝璎珞。二地千宝。三地万宝。四地菩萨。不可称数宝为璎珞。乃至十地。宝璎珞渐渐增广。及十地。十一地。通佛法王。及三贤菩萨。总有十五种轮王位。广如璎珞经说。又言三贤菩萨。伏三界烦恼粗业道。粗相续果。亦不起粗见道。喜忍。伏三业道。离忍。伏地狱饿鬼畜生人中业道。明忍。伏六天业道。炎忍。伏诸見業道勝忍伏疑見業道現忍伏因業道無生忍伏果業道不動忍伏色因業道光忍伏心因業道寂滅忍伏心色二習業道無垢忍伏習果業道習前已除而果不敗亡是故佛子三賢名爲伏斷喜忍已上亦伏亦斷一切煩惱覺忍現時法界中一切無明頓斷無餘如是已上說十一種忍三堅菩薩用除三界麤煩惱故亦伏斷故解云三堅者卽三賢菩薩也十住十行十迴向地前三位也又瓔珞經云佛子初地一念無相法身智成就百萬阿僧祇功德雙照二諦心心寂滅法流水中不可以凡夫心識量二種法身解云二身者一法性身二報化身法流水者言初地菩薩卽法性習流中住運至佛位故無所修造何況二地三地故又經云地前三賢菩薩入聖人位但法性流中心心寂滅自然流入妙覺大海佛子乃至三賢十地之名亦無名無相但以應化故古佛道法有十地之名此經卽是說華嚴經已後教化三乘人於別時中重於初始成佛菩提樹下重略敘華嚴法門此瓔珞經中皆言我會於普光堂說淨土法門及至忉利天說十住今更略說廣如彼經說准此經次第說

见业道。胜忍。伏疑见业道。现忍。伏因业道。无生忍。伏果业道。不动忍。伏色因业道。光忍。伏心因业道。寂灭忍。伏心色二习业道。无垢忍。伏习果业道。习前已除。而果不败亡。是故佛子。三贤名为伏断。喜忍已上。亦伏亦断一切烦恼。觉忍现时。法界中一切无明。顿断无余。如是已上说十一种忍。三坚菩萨。用除三界粗烦恼故。亦伏断故。解云。三贤者。即三贤菩萨也。十住。十行。十回向。地前三位也。又璎珞经云。佛子。初地一念无相法身智。成就百万阿僧祇功德。双照二谛。心心寂灭。法流水中。不可以凡夫心识。量二种法身。解云。二身者。一法性身。二报化身。法流水者。言初地菩萨。即法性智流中。任运至佛位故。无所修造。何况二地三地故。又经云。地前三贤菩萨。入圣人位。但法性流中。心心寂灭。自然流入妙觉大海。佛子。乃至三贤十地之名。亦无名无相。但以应化故。古佛道法。有十地之名。此经即是说华严经以后。教化三乘人。于别时中。重于初始成佛菩提树下。重略叙华严法门。此璎珞经中。皆言我曾于普光堂。说净土法门。乃至忉利天。说十住。今更略说。广如彼经说。准此经次第。说十地已後。於第三禪中說十一地法門。經在西方不來。經云。佛子。吾先於第三禪中。集八禪衆說一生補處菩薩入佛華三昧。說百萬億偈。今已略說一偈之義。開衆生心。汝等受持。又依瓔珞經安十地斷惑法相門。經云。佛子。前三賢伏三界無明。而用除麤業。何以故。當受生時。善爲緣。子解云。三賢菩薩初受法性智慧。生佛家時。悲心增勝。爲觀一切三界衆生。總爲子故。誓願無捨。爲慈悲故。潤生三界業故。三界受生。又經云。爲潤業故。受未來果。故名息用。解云。於三界無造新業。故爲息用。又經云。而不斷愛用。解云。然三界業亡。慈業受生不亡。經云。有十一人。亦伏法界中三界業果故。解云。十一人者。十地幷等覺位爲十一人。又經云。初地乃至七地。三界業果俱伏盡無餘。八地乃盡故。解云。七地已前伏盡。八地稱法盡故。從此已上示現作佛。王宮受生。出家得道。轉法輪。滅度。示現一切化佛界故。無子愛三界之報。唯有無明習在。解云。此八地現前住無功用智。雖度衆生。無衆生想。七地已前悲勝。八地已後。無相智現前智勝。雖無受生。任運度人。非無愛法習故。佛地始盡。以本願力故十地以后。于第三禅中。说十一地法门。经在西方不来。经云。佛子。吾先于第三禅中。集八禅众。说一生补处菩萨入佛华三昧。说百万亿偈。今已略说一偈之义。开众生心。汝等受持。又依璎珞经。安十地断惑法相门。经云。佛子。前三贤伏三界无明。而用除粗业。何以故。当受生时。善为缘子。解云。三贤菩萨。初受法性智慧生佛家时。悲心增胜。为观一切三界众生。总为子故。誓愿无舍。为慈悲故。润生三界业故。三界受生。又经云。为润业故。受未来果。故名息用。解云。于三界无造新业。故为息用。又经云。而不断爱用。解云。然三界业亡。慈业受生不亡。经云。有十一人。亦伏法界中三界业果故。解云。十一人者。十地并等觉位。为十一人。又经云。初地乃至七地。三界业果。俱伏尽无余。八地乃尽故。解云。七地已前伏尽。八地称法尽故。从此以上。示现作佛。王宫受生。出家得道。转法轮。灭度。示现一切化佛界故。无子爱三界之报。唯有无明习在。解云。此八地现前。住无功用智。虽度众生。无众生想。七地已前悲胜。八地已后。无相智现前智胜。虽无受生。任运度人。非无爱法习故。佛地始尽。以本愿力故變化生。是以我昔天中說生不生義業生變生。佛子。聖位中二種業。一慧業。無相無生智。心心緣法性。而生無照。是名慧業。二功德業。實智出有諦中。有爲無漏集百萬阿僧祇功德。故名爲功德業。從初聖已上。而現受生。以變易故不造新。以願力故。住壽百劫千劫變化生。以上並依本業瓔珞經說。此即是圓教中。亦頓亦漸二門。亦頓者。此經云。三賢菩薩。即入聖人位。入法性流中。任運至佛海。更無造作。漸者。斷惑階降。一一進修。此瓔珞經三賢十住。即入法性之流。不同權教初地見道道前伏惑。若望華嚴經十地品初地。令凡夫修行。不云要聖人方學。彼經自有明文。又明進退者。如瓔珞經云。佛子。若退若進者。十住已前。一切凡夫法中發菩提心。有恆河沙眾生學行佛法。信相心中行者。是退分善根。諸善男子。一劫二劫乃至修行十信入十住。是人爾時從初至第六住中。若修第六般若波羅蜜。正觀現前。復值諸佛菩薩善知識所護念故。出到第七住。常住不退。自在七住已前名爲退分。佛子。若不退者。入第六般若修行於空。無我無人無主者。畢竟不生。畢竟入定佛位。佛子。若不变化生。是以我昔天中说生不生义业生变生。佛子。圣位中二种业。一慧业。无相无生智。心心缘法性。而生无照。是名慧业。二功德业。实智出有谛中。有为无漏。集百万阿僧祇功德故。名为功德业。从初圣已上。而现受生。以变易故不造新。以愿力故。住寿百劫千劫变化生。以上并依本业璎珞经说。此即是圆教中。亦顿亦渐二门。亦顿者。此经云。三贤菩萨。即入圣人位。入法性流中。任运至佛海。更无造作。渐者。断惑阶降。一一进修。此璎珞经。三贤十住。即入法性之流。不同权教。初地见道。道前伏惑。若望华严经。十地品初地。令凡夫修行。不云要圣人方学。彼经自有明文。又明进退者。如璎珞经云。佛子。若退若进者。十住以前。一切凡夫法中发菩提心。有恒河沙众生。学行佛法。信相心中行者。是退分善根。诸善男子。一劫二劫。乃至修行十信入十住。是人尔时。从初至第六住中。若修第六般若波罗蜜。正观现前。复值诸佛菩萨善知识所护念故。出到第七住。常住不退自在。七住已前。名为退分。佛子。若不退者。入第六般若。修行于空。无我无人无主者。毕竟不生。毕竟入定佛位。佛子。若不値善知識者。若一劫若一劫乃至十劫退菩提心。如我初會衆中有八萬人退。如淨目天子法才王子舍利弗等。欲入第七住。其中値惡因緣故。退入凡夫不善惡中。不名習種性人。退入外道。若一劫若十劫乃至千劫。作大邪見及五逆無惡不造也。

問。如涅槃經聞常住二字尚七劫不墮地獄。如華嚴經云。設聞如來名及所說法。不生信解。亦能成種。必得解脫。至成佛故。何故今言第六住心及從凡夫信位猶言有退。此意若爲和會。解云。十信之中。勝解未成。未得謂得。便生憍慢。不近善友。不敬賢良。爲慢怠故。久處人天。惡業便起。能成就大地獄業。若一信不慢常求勝友。卽無此失。若權教中。第六住心可有退位。實教中爲稽滯者責令進修。如舍利弗是示現聲聞。非實聲聞。所作方便皆度衆生。使令進策。如權教中。第六住心可說實退。何以故。爲權教中地前三賢總未見道。所修作業皆是有爲。所有無明皆是折伏。功不強者便生退還。若折伏有力亦不退失。如蛇有毒爲呪力故毒不能起。但於佛法中種於信心。謙下無慢。敬順賢良。於諸惡人心常慈忍。於諸勝己者諮受未聞所聞。

值善知识者。若一劫。若二劫。乃至十劫。退菩提心。如我初会众中。有八万人退。如净目天子。法才王子。舍利弗等。欲入第七住。其中值恶因缘故。退入凡夫不善恶中。不名习种性人。退入外道。若一劫。若十劫。乃至千劫。作大邪见。及五逆。无恶不造也。问。如涅槃经。闻常住二字。尚七劫不堕地狱。如华严经云。设闻如来名。及所说法。不生信解。亦能成种。必得解脱。至成佛故。何故今言第六住心。及从凡夫信位。犹言有退。此意若为和会。解云。十信之中。胜解未成。未得谓得。便生骄慢。不近善友。不敬贤良。为慢怠故。久处人天。恶业便起。能成就大地狱业。若一信不慢。常求胜友。即无此失。若权教中。第六住心。可有退位。实教中。为稽滞者。责令进修。如舍利弗。是示现声闻。非实声闻。所作方便。皆度众生。使令进策。如权教中。第六住心。可说实退。何以故。为权教中。地前三贤。总未见道。所修作业。皆是有为。所有无明。皆是折伏。功不强者。便生退还。若折伏有力。亦不退失。如蛇有毒。为咒力故。毒不能起。但于佛法中。种于信心。谦下无慢。敬顺贤良。于诸恶人。心常慈忍。于诸胜己者。咨受未闻。所闻勝法奉行無忘。所有虛妄依教蠲除。於三菩提道。常勤不息。夫爲人生之法。法合如然。但不長惡而生何須慮退。已上五種十地。權教中三種十地。如大品般若但有十地名。第八名大人地。第九名乾慧地。地名少殊。解深密經中十地名。雖與華嚴經中十地名雖同。從初地至十一地有十一種麤重二十二種愚癡。此二部經中但有十地。總無地前四種資糧。仁王經中。雖說地前十信十住十行十迴向四資糧。十信卽說爲外凡。十住爲內凡。卽不同實教中。十住初心便登聖性。體齊諸佛。十信之中。若不信自身與佛身因果無二者。不成信解。是故如來出現品云。菩薩摩訶薩應知自心之內。一念念中有十方諸佛成等正覺轉正法輪。何以故。佛心與自心無二故。如是信心方名信故。何況十住之位。不證此心。若不證此心。云何爲住。以是義故。住於佛住。名之爲住。是故初發心住便成正覺。又權教中說十地時。並無他方佛與說法者同名故。又無同名佛來證成。表同因果故。以是義故。地及教門。並是接小根衆生權施設故。諸有智者。勿滯其中。應忻昇進。是故說華嚴經中五位十地法胜法。奉行无忘。所有虚妄。依教蠲除。于三菩提道。常勤不息。夫为人生之法。法合如然。但不长恶而生。何须虑退。已上五种十地。权教中三种十地。如大品般若。但有十地名。第八名大人地。第九名乾慧地。地名少殊。解深密经中十地名。虽与华严经中十地名虽同。从初地至十一地。有十一种粗重。二十二种愚痴。此二部经中。但有十地。总无地前四种资粮。仁王经中。虽说地前。十信。十住。十行。十回向。四资粮。十信即说为外凡。十住为内凡。即不同实教中。十住初心。便登圣性。体齐诸佛。十信之中。若不信自身与佛身因果无二者。不成信解。是故如来出现品云。菩萨摩诃萨。应知自心之内。一念念中。有十方诸佛成等正觉。转正法轮。何以故。佛心与自心无二故。如是信心。方名信故。何况十住之位。不证此心。若不证此心。云何为住。以是义故。住于佛住。名之为住。是故初发心住。便成正觉。又权教中。说十地时。并无他方佛与说法者同名故。又无同名佛来证成。表因果同故。以是义故。地及教门。并是接小根众生。权施设故。诸有智者。勿滞其中。应忻升进。是故说华严经中五位十地法門時。十住中。法慧菩薩入定。欲說十住法門時。過十方千佛世界外。有千佛世界微塵數同名法慧佛來。手摩法慧菩薩頂。及語業讚歎。及與法慧智力。十三種加持。說十行位時。功德林菩薩入定。十方過萬佛世界外。有萬佛世界微塵數佛來。俱名功德林。及十三種加功德林菩薩等。說十迴向時。十方過百萬佛世界外。有百萬佛世界微塵數佛來同名金剛幢。亦十三種加金剛幢菩薩。十地亦然。佛與菩薩名同者。明因果同故。從當廣明。如十地論。是天親菩薩造。解十地經。是華嚴經中十地品也。於解義處文義通三乘及一乘義解。於中解者多解三乘義。於一乘義人多不解。爲一乘道理情解不及。設有以情解者。疑網不除。且信佛語故自疑不斷。會入在無思。不厭苦者。不滯寂者。悟常樂我淨者。之所能知故。是故五種十地。二種是權餘一種十地是實教故。是故瓔珞經云。古佛道法爲化眾生。有此十地。當知三乘權教十地名雖同。所設方便引眾生行解全別。以此當處具說未有同名佛與眾生印信因果契證故。

门时。十住中。法慧菩萨入定。欲说十住法门时。过十方千佛世界外。有千佛世界微尘数同名法慧佛来。手摩法慧菩萨顶。及语业赞叹。及与法慧智力。十三种加持。说十行位时。功德林菩萨入定。十方过万佛世界外。有万佛世界微尘数佛来。俱名功德林。及十三种加功德林菩萨等。说十回向时。十方过百万佛世界外。有百万佛世界微尘数佛来。同名金刚幢。亦十三种加金刚幢菩萨。十地亦然。佛与菩萨名同者。明因果同故。后当广明。如十地论。是天亲菩萨造。解十地经。是华严经中十地品也。于解义处。文义通三乘。及一乘义解。于中解者。多解三乘义。于一乘义。人多不解。为一乘道理。情解不及。设有以情解者。疑网不除。且信佛语故。自疑不断。会久在无思。不厌苦者。不滞寂者。悟常乐我净者。之所能知故。是故五种十地。三种是权。余二种十地。是实教故。是故璎珞经云。古佛道法。为化众生。有此十地。当知三乘权教十地名虽同。所设方便引众生行解全别。以此当处具说。未有同名佛。共成印信因果契证故。

六明頓證佛性理智萬行圓融門者。如華嚴經第一會。如來現相品中。如來齒間放光。又放眉間中道果德光明。又令普賢菩薩入三昧。說世界成就品。華藏世界品。毗盧遮那品。說諸佛果法。令生愛樂。既生愛樂已。於第二會中。令文殊師利。說如來名號品。四聖諦品。又於兩足輪下放光明。其光明過十方十佛剎微塵數世界外。各有十佛剎微塵數菩薩。皆來集會。又說菩薩問明品。淨行品。賢首品。成就十信之門。兩足輪下光者。爲其最下。明入信之首。以信爲因。信爲最下故。此是如來眉間果光放入故。前如來現相品中。如來眉間放光已。入兩足輪中。爲欲明舉佛果德用成信位。諸有學者還信果法用成初證。入於十住之門故。以是義故。十方各有十佛剎微塵數十首菩薩。皆從十色世界。十智如來所來。以十信爲入道之初故。是故所來菩薩。皆名爲首。十色世界者。爲十信菩薩未六明顿证佛性理智万行圆融门者。如华严经第一会。如来现相品中。如来齿间放光。又放眉间中道果德光明。又令普贤菩萨入三昧。说世界成就品。华藏世界品。毗卢遮那品。说诸佛果法。令生爱乐。既生爱乐已。于第二会中。令文殊师利。说如来名号品。四圣谛品。又于两足轮下放光明。其光明过十方十佛刹微尘数世界外。各有十佛刹微尘数菩萨。皆来集会。又说菩萨问明品。净行品。贤首品。成就十信之门。两足轮下光者。为其最下。明入信之首。以信为因。信为最下故。此是如来眉间果光放入故。前如来现相品中。如来眉间放光已。入两足轮中。为欲明举佛果德。用成信位。诸有学者。还信果法。用成初证。入于十住之门故。以是义故。十方各有十佛刹微尘数十首菩萨。皆从十色世界。十智如来所来。以十信为入道之初故。是故所来菩萨。皆名为首。十色世界者。为十信菩萨。未成實證明是凡夫。雖信果德佛境，未離色塵以色爲國。十住菩薩理事圓明，以華爲國。爲創從凡位理事開敷故。十行菩薩善達簡擇覺慧圓明，以慧爲國。十迴向十地，以妙用自在，以妙爲國。從當位法門所來，以法爲國。非爲四大地水火風故。入聖智者，已離此障。十信位中菩薩，皆從十智佛所來者。所謂不動智佛、無礙智佛、解脫智佛。如是十智佛者，智爲果德，爲十信位中以果成信故，爲明信從果來，以果爲因故。若不以果爲信，即無所信故。信無所依何故。文殊師利爲上首者，爲文殊師利皆啟蒙之主故。十方諸佛，皆以文殊師利妙德爲發信心之首故。以彰顯法身根本智故，常以文殊爲果前之信。普賢明是差別智，爲果後之行故。是故善財童子，初見文殊爲信門，後見慈氏爲佛位。又自見其身入普賢身，是佛果後行。文殊爲小男，普賢爲長子。二聖合體名之爲佛。文殊爲法身妙慧。普賢爲萬行成德故，體用自在名之爲佛。文殊小男者，爲信證法身根本智慧，爲初生故。因初證本智法身，能生佛家故。普賢爲長子者，爲依根本智起行，行差別智，治佛家法，諸波羅蜜事自在故。

成实证。明是凡夫。虽信果德佛境。未离色尘。以色为国。十住菩萨。理事圆明。以华为国。为创从凡位。理事开敷故。十行菩萨。善达简择。觉慧圆明。以慧为国。十回向十地。以妙用自在。以妙为国。从当位法门所来。以法为国。非为四大地水火风故。入圣智者。已离此障。十信位中菩萨。皆从十智佛所来者。所谓不动智佛。无碍智佛。解脱智佛。如是十智佛者。智为果德。为十信位中。以果为信故。为明信从果来。以果为因故。若不以果为信。即无所信故。信无所依。何故文殊师利为上首者。为文殊师利。皆启蒙之主故。十方诸佛。皆以文殊师利妙德。为发信心之首故。以彰显法身根本智故。常以文殊为果前之信。善贤明是差别智。为果后之行故。是故善财童子。初见文殊为信门。后见慈氏为佛位。又自见其身入普贤身。是佛果后行。文殊为小男。普贤为长子。二圣合体。名之为佛。文殊为法身妙慧。普贤为万行成德故。体用自在。名之为佛。文殊小男者。为信证法身根本智慧。为初生故。因初证本智法身。能生佛家故。普贤为长子者。为依根本智起行行差别智。治佛家法诸波罗蜜事自在故。

常以行門建佛家法治佛家事。但諸經之內以文殊爲問答主者。多明法身佛性之門。普賢爲問答主者。多論其行。以此表之。又文殊乘師子者。爲明創證法身佛性根本智斷惑之嚴故。普賢乘香象王者。表行庠序爲威德故。又文殊常居東方金色世界不動智佛所者。爲明金爲白色能離垢故。金色者表法身也。不動智者依法性身根本智起智用。即兼動故。普賢菩薩常居東方寶威德上王佛所者。明萬行爲寶。以此行故成其威德。若具行者以法寶身自在也。威德兼畏自在爲王。若不具行者皆有所畏。設居高位。不得爲王。爲有所畏故。與文殊師利同在東方者。爲法身智身理事體用本自一故。本無二故。又文殊居東北方清涼山者。像艮卦。艮爲小男。主東北方。故艮爲小男。爲童蒙。爲文殊常化凡夫。啟蒙見性。及本智之初首故。又與普賢俱在東方卯位。卯爲震卦。震爲長男。又像日出東方。春陽發萌。無物不生。無物不照。表理智雙徹。體一無二。如日出東方。無物不照。春陽發萌無物不生。以根本智差別智無體用生萬行故。是故子爲佛位。丑爲信位。寅爲十住。卯爲十行。辰爲常以行门。建佛家法。治佛家事。但诸经之内。以文殊为问答主者。多明法身佛性之门。普贤为问答主者。多论其行。以此表之。又文殊乘师子者。为明创证法身佛性根本智断惑之骏故。普贤乘香象王者。表行庠序为威德故。又文殊常居东方金色世界不动智佛所者。为明金为白色。能离垢故。金色者。表法身也。不动智者。依法性身根本智起智用。即无动故。普贤菩萨常居东方宝威德上王佛所者。明万行为宝。以此行故。成其威德。若具行者。以法宝身自在也。威德无畏。自在为王。若不具行者。皆有所畏。设居高位。不得为王。为有所畏故。与文殊师利同在东方者。为法身智身。理事体用。本自一故本无二故。又文殊居东北方清凉山者。像艮卦。艮为小男。主东北方故。艮为小男。为童蒙。为文殊常化凡夫。启蒙见性。及本智之初首故。又与普贤俱在东方卯位。卯为震卦。震为长男。又像日出东方。春阳发萌。无物不生。无物不照。表理智双彻。体一无二。如日出东方。无物不照。春阳发萌。无物不生。以根本智差别智。无别体用。生万行故。是故子为佛位。丑为信位。寅为十住。卯为十行。辰为十迴向。巳爲十地。午爲等覺。未爲晦明入俗。同俗化迷。申酉戌亥。爲所化故。如是安立法則。法合如是故。易卦。坎爲君。離爲臣。震爲上相。西爲上將。東爲青龍。西爲白虎。前爲朱雀。後爲玄武。青龍爲吉慶。白虎爲凶吉。朱雀爲其明。玄武爲其黑。是故如來治坎而發明。普賢爲智相。主萬行。觀音爲大悲之首。治凶危。爲上將。文殊爲覺崇之首。常爲接信之師。丘體交參。以持佛家之法。皆令衆生住於中道。處恬和之性。智慈益物。以是身皆金色。目髮紺青。體白而相黃。爲應真和氣也。皆爲無形之形無色之色也。若以其體用也。一一菩薩總具智德無邊。究其法則。常以文殊爲創信之首。今以南北且立東西之一門。若論互體重玄。一方總俱有十。經云。一切處普賢菩薩。一切處金色世界。一切處文殊師利。一切處不動智佛。經云。佛身充滿於法界。普現一切衆生前。應受化器悉充滿。佛故處此菩提樹。一切佛刹微塵等。爾所佛坐一毛孔。皆有無量菩薩衆。各爲具說普賢行。如是一方卽十方無盡。一隨卽刹海無窮。今爲化儀。各示方方分總別。今言十信者。信何等位。決定成於十信之門。如經十十回向。巳为十地。午为等觉。未为晦明入俗。同俗化迷。申酉戌亥。为所化故。如是安立法则。法合如是故。易卦。坎为君。离为臣。震为上相。酉为上将。东为青龙。西为白虎。前为朱雀。后为玄武。青龙为吉庆。白虎为凶害。朱雀为其明。玄武为其黑。是故如来治坎而发明。普贤为智相。主万行。观音为大悲之首。治凶危。为上将。文殊为觉蒙之首。常为接信之师。互融交参。以持佛家之法。皆令众生住于中道。处恬和之性。智慈益物。以是身皆金色。目发绀青。体白而相黄。为应真和气也。皆为无形之形。无色之色也。若以其体用也。一一菩萨。总具智德无边。次其法则。常以文殊为创信之首。今以南北。且立东西之一门。若论互体重玄。一方总俱有十。经云。一切处普贤菩萨。一切处金色世界。一切处文殊师利。一切处不动智佛。经云。佛身充满于法界。普现一切众生前。应受化器悉充满。佛故处此菩提树。一切佛刹微尘等。尔所佛坐一毛孔。皆有无量菩萨众。各为具说普贤行。如是一方。即十方无尽。一尘即刹海无穷。今为化仪。各示方分总别。今言十信者。信何等位。决定成于十信之门。如经十信中光明覺品云。十方一切處文殊師利。於十方一切處說十方一切處法門。歎佛十種果德以成信位。如光明覺品說。又令起信根者。轉更明淨。文殊師利又問十首菩薩等業不知心。心不知業等十問。令起信者。自身觀照。轉令深固。經云。諸法無作用。亦無有體性。是故彼一切。各各不相知。又作水流火燄風起。大地所生。不相知喻。又下頌云。分別觀內身。此中誰是我。若能如是解。彼達我有無。如是文殊師利。問十首菩薩。所成十信觀行之門。具如問明品說。又賢首品中。從凡夫位。以信爲首決定取佛大菩提果故。從凡夫地。信十方諸佛心不動智。與自心無異智故。只爲無明所迷故。無明與十方諸佛心。本來無二故。從凡夫地。信十方諸佛身根本智。與自身無異故。何以故。皆是一法性身。一根本智。猶如樹枝。一根生多枝葉等。以因緣故。一樹枝上。成壞不同故。從凡夫地。信如來十住十行十迴向十地。我悉盡能行之。何以故。自憶無始時來。淚流若海。無益之事。尚以行之。何況加今有益之事。菩薩萬行。濟衆生事。豈不能爲。從凡夫地。信十方諸佛。皆從三昧生。我亦當得。何以故。諸信中。光明觉品云。十方一切处文殊师利。于十方一切处。说十方一切处法门。叹佛十种果德。以成信位。如光明觉品说。又令起信根者。转更明净。文殊师利又问十首菩萨等。业不知心。心不知业等。十问。令起信者。自身观照。转令深固。经云。诸法无作用。亦无有体性。是故彼一切。各各不相知。又作水流。火焰。风起。大地所生。不相知喻。又下颂云。分别观内身。此中谁是我。若能如是解。彼达我有无。如是文殊师利。问十首菩萨。所成十信观行之门。具如问明品说。又贤首品中。从凡夫位。以信为首。决定取佛大菩提果故。从凡夫地。信十方诸佛心不动智。与自心无异智故。只为无明所迷故。无明与十方诸佛心。本来无二故。从凡夫地。信十方诸佛身根本智。与自身无异故。何以故。皆是一法性身。一根本智。犹如树枝。一根生多枝叶等。以因缘故。一树枝上成坏不同故。从凡夫地。信如来十住十行十回向十地。我悉尽能行之。何以故。自忆无始时来。波流苦海。无益之事。尚以行之。何况如今有益之事。菩萨万行。济众生事。岂不能为。从凡夫地。信十方诸佛皆从三昧生。我亦当得。何以故。诸佛三昧皆從如來自性方便生我亦具有如來自體清淨之性與佛平等從凡夫地信十方佛一切神通我亦當得何以故諸佛神通依真智而得我但依真性智中無有煩惱無明成智一切業亡唯有智慈通化自在從凡夫地信佛智慧我亦當得何以故一切諸佛悉從凡夫來故從凡夫地信佛大悲皆覆一切我亦當得何以故諸佛大悲從大願起我亦如諸佛發大願故從凡夫地信佛自在我亦當得何以故諸佛自在於性起法門智身法身入眾生界不染色塵諸根自在我亦不離性起如來智故從凡夫地信自發心經無盡劫修功德行滿位齊諸佛不移一念何以故為三世無時故如是從凡夫信解始終徹佛果位如上所發十種信者必能決定成就十信之門住於堅固之種永不退轉又十信中文殊師利及覺首等十首菩薩皆從十色世界來所謂金色世界者表本自淨法中來故為明信心依本信故妙色世界者為依理事自在妙用而生信故蓮華色世界者依行能信故為蓮華表萬行故薝蔔華色世界者表從徧塵之色以理智大慈中和性而生信心故五色之中

佛三昧。皆从如来自性方便生。我亦具有如来自体清净之性。与佛平等。从凡夫地。信十方佛一切神通。我亦当得。何以故。诸佛神通。依真智而得。我但依真性智中。无有烦恼。无明成智。一切业亡。唯有智慈。通化自在。从凡夫地。信佛智慧。我亦当得。何以故。一切诸佛。悉从凡夫来故。从凡夫地。信佛大悲普覆一切。我亦当得。何以故。诸佛大悲。从大愿起。我亦如诸佛发大愿故。从凡夫地。信佛自在。我亦当得。何以故。诸佛自在。于性起法门。智身法身。入众生界。不染色尘。诸根自在。我亦不离性起如来智故。从凡夫地。信自发心。经无尽劫。修功德行满。位齐诸佛。不移一念。何以故。为三世无时故。如是从凡夫信解。始终彻佛果位。如上所发十种信者。必能决定成就十信之门。住于坚固之种。永不退转。又十信中。文殊师利及觉首等十首菩萨。皆从十色世界来。所谓金色世界者。表本白净法中来故。为明信心依本信故。妙色世界者。为依理事自在妙用而生信故。莲华色世界者。依行能信故。为莲华表万行故。薝卜华色世界者。表从福庆之色。以理智大慈中和性而生信心故。五色之中。

黃色爲最。此爲應眞色。亦中宮色也。表中道色故。爲此華爲黃色華故。此信心菩薩爲智慈中和之色應眞世界來故。優鉢羅華色世界者。其華赤黃色兼有紫燄氣。表一行行一切行能純能雜而生信故。寶色世界。表智慈法行成信而可貴故。金剛色世界。表以佛果德而生信心故。必能決斷諸煩惱故。玻瓈色世界似水精。表信心本淸淨故。平等色世界。表信法界平等無二故。如是十色世界。皆是十信菩薩所信之法門。皆從自信法門中來故。名曰從如是世界中來。已下本所事佛。所謂不動智佛。無礙智佛。解脫智佛。如是十箇智佛。卽是佛果中佛明信自智從佛智果爲因故來。表不因佛果不成信故。其十住位中昇須彌山頂。於兩足指端放百千妙色光明。明前十信位。於普光明殿兩足下千輻輪中放光。表信位在凡未離凡地。光出足下。爲表以信爲初因其位最下。今說十住上昇須彌之頂者。明十住初心證法頂故。從地昇上至相盡處故。陟山王頂至法王位處故。明其止爲山也。以入眞實證非止不會。於兩足指端放百千妙色光者。爲明足指以艮爲手足之指。初取聖道非黄色为最。此为应真色。亦中宫色也。表中道色故。为此华为黄色华故。此信心菩萨。为智慈中和之色。应真世界来故。优钵罗华色世界者。其华赤黄色。兼有紫焰气。表一行行一切行。能纯能杂而生信故。宝色世界。表智慈法行成信而可贵故。金刚色世界。表以佛果德而生信心故。必能决断诸烦恼故。玻璃色世界。似水精。表信心本清净故。平等色世界。表信法界平等无二故。如是十色世界。皆是十信菩萨所信之法门。皆从自信法门中来故。名曰从如是世界中来。已下本所事佛。所谓不动智佛。无碍智佛。解脱智佛。如是十个智佛。即是佛果中佛。明信自智从佛智果为因故来。表不因佛果。不成信故。其十住位中。升须弥山顶。于两足指端。放百千妙色光明。明前十信位。于普光明殿。两足下千辐轮中放光。表信位在凡。未离凡地。光出足下。为表以信为初因。其位最下。今说十住。上升须弥之顶者。明十住初心。证法顶故。从地升上。至相尽处故。陟山王顶。至法王位处故。明其止为山也。以入真实证。非止不会。于两足指端。放百千妙色光者。为明足指。以艮为手足之指。初取圣道。非止不明履踐之始。表創從十信凡夫之位。權始在十住初首履踐如來法王聖蹤。以其定門普觀凡聖一切境界性相無礙。已無不妙。故稱為光。如本業瓔珞經云。修三賢法。入聖位法流水中。心心寂滅自然流入妙覺之位。然此華嚴經意。即不然。識滅時亡。情塵頓絕。唯真智境。一念則五位齊明。為全將佛果以為因。故設凡夫住世百年。及以多劫。而於自見不見須臾可遷。不見當成佛。不見已成佛。不見現成佛。十住之位。法既如是。更有何生不成佛耶。更有何生而成正覺。此華嚴經是本法界門。一切諸佛本住大宅。一切佛子究竟所歸。化身權乘總居其外。若有人者。一入全真。此位中初發心住菩薩見道。住佛知見。入佛知見。直與如來同身心性智相。故頓印五位行相。總在其中。如持明鏡普臨眾色。此經法門法合如是。所有數說。應如是知。應如是信解。為法界法門圓無始終。於一念中歲月晦明重重無盡。一毫之內佛境眾生境色相無邊。一成一切成。一壞一切壞。此十住位中有十箇菩薩下名悉同名之為慧。本從來土皆號為華。從十箇華國土來。本所事佛下名悉同名之為止不明。履践之始。表创从十信凡夫之位。极始在十住初首。履践如来法王圣踪。以其定门。普观凡圣一切境界。性相无碍。色无不妙。故称为光。如本业璎珞经云。修三贤法。入圣位。法流水中。心心寂灭。自然流入妙觉之位。然此华严经意即不然。识灭时亡。情尘顿绝。唯真智境。一念则五位齐明。为全将佛果以为因故。设凡夫住世百年。及以多劫。而于自见。不见须臾可迁。不见当成佛。不见已成佛。不见现成佛。十住之位。法既如是。更有何生不成佛耶。更有何生而成正觉。此华严经。是本法界门。一切诸佛。本住大宅。一切佛子。究竟所归。化身权乘。总居其外。若有入者。一入全真。此位中初发心住菩萨见道。住佛知见。入佛知见。直与如来同身心性智相故。顿印五位行相。总在其中。如持明镜。普临众色。此经法门。法合如是。所有叹说。应如是知。应如是信解。为法界法门。圆无始终。于一念中。岁月晦明。重重无尽。一毫之内。佛境众生境。色相无边。一成一切成。一坏一切坏。此十住位中。有十个菩萨。下名悉同。名之为慧。本从来土。皆号为华。从十个华国土来。本所事佛。下名悉同。名之为月釋云此位自己證眞善簡邪正名之爲慧理事齊發開敷若華以開敷法門爲國所居得法惱除清涼如月名爲本所事佛此之名目總是十住位中所證法門非虛名也經云爾時法慧菩薩以佛神力入菩薩無量方便三昧以三昧力故十方各千佛刹微塵數世界之外有千佛刹微塵數諸佛皆同一號名曰法慧普現其前以十三種加法慧菩薩十三加者語業加以言稱歎善哉善哉身業加者以手摩法慧菩薩頂智業加者經云卽與法慧菩薩十種無礙智及此土如來光照其身是爲

大方廣佛新華嚴經論卷第五

十三十方佛所以同名爲慧此十住法證聖位法流已入法界大海同佛入聖位智慧故是以佛與法慧菩薩名同爲表法同故又明十住法門因果齊故佛位果德菩薩爲因因與果體不異是故同名說此十住法時昇須彌山頂上有六品經共成十住法門之行相一昇須彌山品二偈讚品三十住品四梵行品五初發心功德品六明法品但依此六品經中解行法門修學悟入必能成就十住法門住佛種性生如來家爲佛眞子不同權教初地菩薩始生佛家或說三賢菩薩以誓願成佛此

月。释云。此位自己证真。善简邪正。名之为慧。理事齐发。开敷若华。以开敷法门为国所居。得法恼除。清凉如月。名为本所事佛。此之名目。总是十住位中。所证法门。非虚名也。经云。尔时法慧菩萨。以佛神力。入菩萨无量方便三昧。以三昧力故。十方各千佛刹微尘数世界之外。有千佛刹微尘数诸佛。皆同一号。名曰法慧。普现其前。以十三种加法慧菩萨。十三加者。语业加。以言称叹善哉善哉。身业加者。以手摩法慧菩萨顶。智业加者。经云。即与法慧菩萨十种无碍智。及此土如来光照其身。是为

(大方广佛新华严经论卷第五)*

十三*十方佛所以同名为慧。此十住法。证圣位法流。已入法界大海。同佛入圣位智慧故。是以佛与法慧菩萨名同。为表法同故。又明十住法门因果齐故。佛位果德。菩萨为因。因与果体不异。是故同名。说此十住法时。升须弥山顶上。有六品经。共成十住法门之行相。一升须弥山品。二偈赞品。三十住品。四梵行品。五初发心功德品。六明法品。但依此六品经中。解行法门。修学悟入。必能成就十住法门。住佛种性。生如来家。为真佛子。不同权教。初地菩萨。始生佛家。或说三贤菩萨。以誓愿成佛。此

華嚴經直論實證位不論誓願爲此教門總一時
一際一法界無異念前後情絕凡聖一性不論情
計應以無念無作法界門照之可見若立情見不
可信也設生信者懸信佛語故非是自見若自見
者非情絕想亡心與理合智與境冥方知萬境性
相通收若不如斯心常彼此是非競作垢淨何休
若也稱性情亡法界重玄之門自達一多純雜自
在含容總別之門圓融自在於利生之法善達諸
根隨所堪能悉皆成益敬承親近者皆能友之如
昇夜摩天宮說十行品及如來於兩足趺上放百
千妙色光明爲表依空建行始可理事自在明十
住之位證法身本智十行之位以法身根本智無
礙方行萬行行亦無礙若不見法身本智所行萬
行皆屬人天因果皆爲有漏生滅之福以法身自
智慧用治諸惑以萬行悲濟衆生法身智身任無
作大悲一時頓用雖寄七地悲增八地智增之行
相此華嚴法界門十住初位總該諸位在十住初
門位同佛果爲一法界體用故以一位中具十波
羅蜜諸十法故以諸法重玄門照之可見此乃總
是如來藏身普賢菩薩世界海漩法門此乃如日

华严经。直论实证位。不论誓愿。为此教门。总一时一际一法界。无异念。前后情绝。凡圣一性。不论情计。应以无念无作法界门照之可见。若立情见。不可信也。设生信者。悬信佛语故。非是自见。若自见者。非情绝想亡。心与理合。智与境冥。方知万境性相通收。若不如斯。心常彼此。是非竞作。垢净何休。若也称性情亡。法界重玄之门自达。一多纯杂。自在含容。总别之门。圆融自在。于利生之法。善达诸根。随所堪能。悉皆成益。敬承亲近者。皆能友之。如升夜摩天宫。说十行品。及如来于两足趺上。放百千妙色光明。为表依空建行。始可理事自在。明十住之位。证法身本智。十行之位。以法身根本智无碍。方行万行。行亦无碍。若不见法身本智。所行万行。皆属人天因果。皆为有漏生灭之福。以法身自智慧。用治诸惑。以万行悲济众生。法身智身。任无作大悲。一时顿用。虽寄七地悲增。八地智增之行相。此华严法界门。十住初位。总该诸位。在十住初门。位同佛果。为一法界体用故。以一位中。具十波罗蜜诸十法故。以诸法重玄门照之可见。此乃总是如来藏身普贤菩萨世界海漩法门。此乃如日月照臨。盲者不見非日月咎應自責躬循德可以頂敬。以定慧觀之。如來藏身者。卽法身也。諸福智海。莫不居中。故稱爲藏。若不見法身。一切福智大慈大悲悉皆不辦。總屬生滅世界海漩者。悲智觀根。屈曲徹俗。身土及業重重衆生重重諸業各別大悲普救。根無不盡。故名之曰海漩。漩者甚深漩澓義也。像此佛果位中菩薩。一入法界之門。攝重重衆生根業盡。故無出世心。永沒生死大海漩流無出沒。故此十行門。同普賢行。前十住門。同文殊師利法身根本無相智慧。二人齊體。互爲主伴。中間無作智。卽爲佛果。三人體一。寄安五位。用接凡迷。若有凡夫信滿發心。十住之初。三身同得。文殊是佛法身。普賢是佛行身。無作之智果是佛報身。常以文殊法身無相妙慧。以爲先導。說時先後。證卽三身一時。法合如是。廢一不可。若廢文殊存普賢。所有行門屬有漏。若廢普賢存文殊。所證寂定是二乘。若廢佛存普賢文殊。佛是覺義。無覺者故。以是義故。三人不可廢一。若廢一。三不成故是故三乘權教中無此三人。始終不相去離。以教門未實。總皆化身。權逐小根。且略權施。待其熟。故方遷月照临。盲者不见。非日月咎。应自责躬循德。可以顶敬。以定慧观之。如来藏身者。即法身也。诸福智海。莫不居中。故称为藏。若不见法身。一切福智大慈大悲。悉皆不办。总属生灭。世界海漩者。悲智观根。屈曲徇俗。身土及业重重。众生重重。诸业各别。大悲普救。根无不尽。故名之曰海漩。漩者。甚深漩复义也。像此佛果位中菩萨。一入法界之门。摄重重众生根业尽故。无出世心。永没生死大海漩流。无出没故。此十行门。同普贤行。前十住门。同文殊师利法身根本无相智慧。二人齐体。互为主伴。中间无作智。即为佛果。三人体一。寄安五位。用接凡迷。若有凡夫。信满发心。十住之初。三身同得。文殊是佛法身。普贤是佛行身。无作之智果。是佛报身。常以文殊法身。无相妙慧。以为先导。说时先后。证即三身一时。法合如是。废一不可。若废文殊。存普贤。所有行门属有漏。若废普贤。存文殊。所证寂定是二乘。若废佛。存普贤文殊。佛是觉义。无觉者故。以是义故。三人不可废一。若废一。三不成故。是故三乘权教中。无此三人始终不相去离。以教门未实。总是化身。权逐小根。且略权施。待其熟故。方迁就實。如法華涅槃總是漸漸遷向實教。如此經中十住初位。即是十行十迴向十地等覺位。總得其初及得其終。互相貫通。一位中得五十法門。以互相徹故。一一位中。一千五百總別之義。齊現。乃至無盡諸位等進修行相層級不廢漸漸而是一時不廢一時中漸漸。此十行位中。隨其十方。各有一大菩薩來至佛所。各將十佛剎微塵數菩薩而來集會。十箇上首菩薩下名悉同名之爲林。本從來國下名悉同名之爲慧。本所事佛下名悉同名之爲眼。十箇上首菩薩下名悉同名之曰林。林有五德。一建立德。二身根幹枝條緣互相生無生德。三華葉果實成益德。四能隱災路清涼德。五人龍鳥獸鬼神所歸德。一。何謂林爲建立德。謂如大林內有龍神所居。外無大風所折。若不如是。不得建立高顯成林。明此位菩薩內有大智之龍。常以大慈悲神而自守護。了境自寂。外無色塵境風所折。異道邪論。以智摧之。無能所伐。而建萬行。與一切眾生皆共同之。常爲利益故。爲建立德。二何謂身根幹枝條緣互相生無生德。爲明樹身根幹枝條上各各求能生所生性。了不可得。但爲緣生之法緣就实。如法华涅槃。总是渐渐迁向实教。如此经中。十住初位。即是十行十回向十地等觉位。总得其初。及得其终。互相贯通。一位中得五十法门。以互相彻故。一一位中。二千五百总别之义齐现。乃至无尽诸位等。进修行相层级。不废渐渐而是一时。不废一时中渐渐。此十行位中。随其十方。各有一大菩萨。来至佛所。各将十佛刹微尘数菩萨而来集会。十个上首菩萨。下名悉同。名之为林。本从来国。下名悉同。名之为慧。本所事佛。下名悉同。名之为眼。十个上首菩萨。下名悉同。名之曰林。林有五德。一建立德。二身根干枝条。缘互相生无生德。三华叶果实成益德。四能障炎暑清凉德。五人龙鸟兽鬼神所归德。一。何谓林为建立德。谓如大林。内有龙神所居。外无大风所折。若不如是。不得建立高显成林。明此位菩萨。内有大智之龙。常以大慈悲神而自守护。了境自寂。外无色尘境风所折。异道邪论。以智摧之。无能所伐。而建万行。与一切众生皆共同之。常为利益故。为建立德。二。何谓身根干枝条。缘互相生无生德。为明树身根干枝条上。各各求能生所生性。了不可得。但为缘生之法。缘

緣無所生。本來不生。生本來生不生。爲明此位菩
薩所行行無盡門故。爲以法身本智爲先導故常
行萬行。於身於境求能行所行了不可得但以法
如是行故。三。何謂華葉果實成益德如樹林華敷
可觀令人愛樂。葉能映障炎熱令得清涼果實資
養衆生飢渴者皆令充足。明此位菩薩常行萬行。
令人天樂見。廣布大慈悲之葉。令人親而不捨。施
大智之果充足法界衆生。皆令滿足本願方終。四。
云何障炎暑清涼德。謂如林隨所歸者皆得離暑
獲清涼樂。如林爲明此性都無有心。此位菩薩所
歸依者隨其根性皆得清涼。本性無心利與不利。
五。云何鬼神所歸德。謂好茂林。人多所採龍多所
居。衆鳥所都。明此位菩薩亦復如是。以建萬行之
林。衆人所歸採其衆德。龍鬼所居常恭敬。鳥獸所
歸離恐怖。又林爲多義。以此位菩薩建行衆多故。
又以行多故。功德亦多。言以法身悲智行諸行。功
德如林故。是故菩薩下名悉同。名之曰林。同故本
從來國下名悉同。名之曰慧。凡夫人以土地所居
名之爲國。此位菩薩。以定慧解脱安養自他平等
名之爲國。皆令離苦名之爲國。地水火風所居之

缘无所生。本来不生生。本来生不生。为明此位菩萨所行行无尽门故。为以法身本智为先导故。常行万行。于身于境。求能行所行。了不可得。但以法如是行故。三。何谓华叶果实成益德。如树林华敷可观。令人爱乐。叶能映障炎热。令得清凉果实资养众生。饥渴者皆令充足。明此位菩萨常行万行。令人天乐见。广布大慈悲之叶。令人亲而不舍。施大智之果。充足法界众生。皆令满足。本愿方终。四。云何障炎暑清凉德。谓如林。随所归者。皆得离暑。获清凉乐。如林。为明此性都无有心。此位菩萨。所归依者。随其根性。皆得清凉。本性无心利与不利。五。云何鬼神所归德。谓好茂林。人多所采。龙多所居。众鸟所都。明此位菩萨。亦复如是。以建万行之林。众人所归。采其众德。龙鬼所居常恭敬。鸟兽所归离恐怖。又林为多义。以此位菩萨。建行众多故。又以行多故。功德亦多。言以法身悲智行诸行。功德如林故。是故菩萨。下名悉同。名之曰林。何故本从来国。下名悉同。名之曰慧。凡夫人以土地所居。名之为国。此位菩萨。以定慧解脱安养。自他平等。名之为国。皆令离苦。名之为国。地水火风所居之

國是眾生業之影像非是實故法身智慧解脫是
諸菩薩常住本體之國非業幻生之國是故菩薩
以慧爲國又此位菩薩以建萬行行解利生行能
同事慧能設教利樂人天名所居之國何故本所
事佛下名悉同名之爲眼此華嚴經以事表法以
其佛名同已所證所證法處名之爲佛爲此位菩
薩以行益眾生善能觀根稱根中法不失時度名
之爲眼經云爾時功德林菩薩承佛神力入菩薩
善思惟三昧入是三昧已十方各過萬佛剎微塵
數世界外有萬佛剎微塵數諸佛皆號功德林而
現其前還如前十三種加功德林菩薩只如佛果
位內菩薩法身悲智常現在前定慧法門常當具
足何須入定諸佛來加爲諸菩薩設教度生要成
軌則言佛神力推德於尊雖法界體齊平等爲化
儀故須存師弟爲化儀故入定觀法出定方說三
昧者名爲等引引生正解名善思惟十住之內過
千佛世界十行之內過萬佛世界者表位增廣化
儀軌則行相眉目法合如是然其眞性皆滿十方
他方所來諸佛與入定菩薩同名功德林者明因
果俱齊法智一種以此所來諸佛與入定菩薩同

国。是众生业之影像。非是实故。法身智慧解脱。是诸菩萨常住本体之国。非业幻生之国。是故菩萨以慧为国。又此位菩萨。以建万行行解利生。行能同事。慧能设教。利乐人天。名所居之国。何故本所事佛。下名悉同。名之为眼。此华严经。以事表法。以其佛名。同已所证。所证法处。名之为佛。为此位菩萨以行益众生。善能观根。称根说法。不失时度。名之为眼。经云。尔时功德林菩萨。承佛神力。入菩萨善思惟三昧。入是三昧已。十方各过万佛刹微尘数世界外。有万佛刹微尘数诸佛。皆号功德林。而现其前。还如前十三种加功德林菩萨。只如佛果位内菩萨。法身悲智。常现在前。定慧法门。常当具足。何须入定。诸佛来加。为诸菩萨。设教度生。要成轨则。言佛神力。推德于尊。虽法界体齐平等。为化仪故。须存师弟。为化仪故。入定观法。出定方说。三昧者。名为等引。引生正解。名善思惟。十住之内。过千佛世界。十行之内。过万佛世界者。表位增广。化仪轨则。行相眉目。法合如是。然其真性。皆满十方。他方所来诸佛。与入定菩萨同名功德林者。明因果俱齐。法智一种。以此所来诸佛。与入定菩萨同名十三種加者一語加二手加摩頂三與十種智及此土如來光照其身以語加者表法不謬以手摩頂者法身智悲知見解脫相及故又摩頂者安慰之相與十智者明菩薩智與佛果齊故名之爲與又推德於尊謙和離慢故名之佛與於經中皆云法如是故自善根故皆是化儀軌則故有此言此十行位總有四品經共成此位法則之門一昇夜摩天宮品二夜摩天宮偈讚品三十行品四十無盡藏品十行門中所有法門當依此四品經修行理事悉皆具足如說十迴向品時何故昇兜率天因何如來兩膝之上而放光明何故上首菩薩下名悉同名之爲幢所從來國下名悉同名之爲妙本所事佛下名悉同名之爲幢爲兜率天於欲界中上下處中故如四天王天總是帝釋所攝連妙高頂總是一天之界所收夜摩天名第二天四天王天帝釋妙高俱連地界夜摩天已上方是空居以次兜率天上下居中向上即化樂他化二天以此天於欲界處中故故於此天和會理事會於中道迴理向事迴事向理理事無礙成智慈妙用之門故名迴向夫十住初心理事元來自會非在

名。十三种加者。一语加。二手加摩顶。三与十种智。及此土如来光照其身。以语加者。表法不谬。以手摩顶者。法身智悲知见解脱相及故。又摩顶者。安慰之相。与十智者。明菩萨智与佛果齐故。名之为与。又推德于尊。谦和离慢故。名之佛与。于经中皆云。法如是故。自善根故。皆是化仪轨则。故有此言。此十行位。总有四品经。共成此位法则之门。一升夜摩天宫品。二夜摩天宫偈赞品。三十行品。四十无尽藏品。十行门中所有法门。当依此四品经修行。理事悉皆具足。如说十回向品时。何故升兜率天。因何如来两膝之上而放光明。何故上首菩萨。下名悉同。名之为幢。所从来国。下名悉同。名之为妙。本所事佛。下名悉同。名之为幢。为兜率天。于欲界中。上下处中故。如四天王天。总是帝释所摄。连妙高顶。总是一天之界所收。夜摩天名第二天。四天王天。帝释妙高。俱连地界。夜摩天已上。方是空居。以次兜率天。上下居中。向上即化乐他化二天。以此天于欲界处中故。故于此天。和会理事。会于中道。回理向事。回事向理。理事无碍。成智慈妙用之门。故名回向。夫十住初心。理事元来自会。非在

後位始有迴向。爲化眾生故。名目法則須存。從初
發心住已後。五位之內。理事本自迴向。令此第三
位中。迴向前十住十行。一一法位無礙。說名迴向
之位。不在第三普和諸位。名爲迴向。託事表法。故
於此天說十迴向。如來膝上放光者。爲膝迴旋屈
伸之所自在。表迴於膝。故於膝上。放百千億那由
他光明。用表理事涅槃生死無礙卷舒自在。亦是
以事表法。此之一部之典。名言境界處所。身相名
目。及放光明總是所表自證法門。此位中上首菩
薩名之爲幢。爲明十迴向菩薩。智悲自在。能壞自
他惑業。於生死中能建眾德。名之爲幢。幢者建德
不傾動義。降怨義。摧壞義。堅固義。勝智立法幢豎
建大慈心。堅固。摧慢山。遊寶路。藉蓮臺。成妙悟。是
故此位菩薩名之爲幢。爲以不動無作智悲能破
自他生死。故此華嚴經教。十住十行十迴向十地
位位有佛果。故又此位菩薩能建勝德。常處生死
普度一切無盡眾生。而智無怯懼。名之曰幢。以了
無明爲智。故有所厭者不可爲。又行施波羅蜜時。
若有乞者。乞諸財寶盡世所有。及身若命盡世所
有皆悉歡喜心不傾動。名之曰幢。幢者不傾動義。

后位。始有回向。为化众生故。名目法则须存。从初发心住已后。五位之内。理事本自回向。今此第三位中。回向前十住十行。一一法位无碍。说名回向之位。不在第三普和诸位。名为回向。托事表法。故于此天说十回向。如来膝上放光者。为膝回旋屈伸之所自在。莫过于膝。故于膝上。放百千亿那由他光明。用表理事涅槃生死无碍。卷舒自在。亦是以事表法。此之一部之典。名言。境界。处所。身相。名目。及放光明。总是所表自证法门。此位中上首菩萨。名之为幢。为明十回向菩萨。智悲自在。能坏自他惑业。于生死中。能建众德。名之为幢。幢者。建德不倾动义。降怨义。摧坏义。坚固义。胜智立。法幢坚。建大慈。心坚固。摧慢山。游宝路。藉莲台。成妙悟。是故此位菩萨。名之为幢。为以不动无作智悲。能破自他生死故。此华严经教。十住十行十回向十地。位位有佛果故。又此位菩萨。能建胜德。常处生死。誓度一切无尽众生。而智无怯惧。名之曰幢。以了无明为智故。有忻厌者不可为。又行施波罗蜜时。若有乞者。乞诸财宝。尽世所有。及身若命。尽世所有。皆悉欢喜。心不倾动。名之曰幢。幢者。不倾动义。

施有二種。一者以法施。二者事施。以法施者。以法施人無我所故。一切無念名爲法施。事施者。以物與衆生。於身命財所求無悋。此位菩薩行二種施尋常無懈。廣如此十迴向位中說。何爲所從來國名之爲妙明。此位菩薩智慧妙用。以妙用自在。不滯有無及諸見量限礙等過。名之爲國。何爲本所事佛同名爲幢。與己同號。明此位菩薩旣成妙用。與佛妙用理事因果。當位體齊。還同前十住十行當位與所事佛因果體齊。位位如是。爾時金剛幢菩薩承佛神力入菩薩智光三昧。入是三昧已。十方各過十萬佛刹微塵數世界外。有十萬佛刹微塵數諸佛。皆同一號。號金剛幢。而現其前。還如前十三種加金剛幢菩薩。言承佛神力者。推德於尊。師弟之敬。入智光三昧者。名之等引。入是三昧引生無量敎光。以根本智爲光體。差別智爲敎光。隨根與益。智能破闇。光者是敎。爲敎能破迷惑。故發生明解。開一切衆生智日。故令其衆生密雲昏夜不迷亂。故能決盲聾。開耳目。故能令邪慢之山悉傾倒。故敎光如是不可思議。前十行位功德林菩薩入善思惟三昧。此十迴向位金剛幢菩薩入智施有二种。一者以法施。二者事施。以法施者。以法施人。无我所故。一切无念。名为法施。事施者。以物与众生。于身命财。所求无吝。此位菩萨。行二种施。寻常无懈。广如此十回向位中说。何为所从来国。名之为妙。明此位菩萨。智慧妙用。以妙用自在。不滞有无及诸见量限碍等过。名之为国。何为本所事佛。同名为幢。与已同号。明此位菩萨。既成妙用。与佛妙用。理事因果。当位体齐。还同前十住十行当位。与所事佛因果体齐。位位如是。尔时金刚幢菩萨。承佛神力。入菩萨智光三昧。入是三昧已。十方各过十万佛刹微尘数世界外。有十万佛刹微尘数诸佛。皆同一号。号金刚幢。而现其前。还如前十三种加金刚幢菩萨。言承佛神力者。推德于尊。师弟之敬。入智光三昧者。名之等引。入是三昧。引生无量教光。以根本智为光体。差别智为教光。随根与益。智能破暗。光者是教。为教能破迷惑故。发生明解。开一切众生智日故。令其众生密云昏夜不迷乱故。能决盲聋。开耳目故。能令邪慢之山悉倾倒故。教光如是不可思议。前十行位。功德林菩萨入善思惟三昧。此十回向位。金刚幢菩萨入智光三昧。以明五位層級次第增廣眉目行相前位明始善思惟。此位明妙用自在教光遐照前位過萬佛刹塵。此位過十萬佛刹微塵世界外有十萬佛刹塵佛來。亦明五位次第增廣進修之門皆亡情以定慧門入重玄理事照之方可迷解。不可懸頭斟酌生增上慢。十三加者。以言善讚以手摩頂十方諸佛與金剛幢菩薩十種智。此土如來光照其身。十三加者。以言讚歎爲明所說法者及法不謬故。手摩其頂者表說法者與佛智相及故。與智慧者明說法者與佛智同故。此土如來光照其身者明與佛教光合故。又以光覺觸許令說法故。十三加意者欲令後世斷疑成法。令生信故。論其實體。總是諸佛隨諸五位行門。依本位法而立其名而現其身與衆生作法軌則。令其倣學使令悟入。佛既立教。學者必得不虛所以同名者也。十住十行中已釋訖。此位之內。有昇兜率天宮品。兜率天宮中偈讚品。十迴向品。此三品經成斯一位十迴向法門法用軌則。學之者依之成則。如說十地品時。何故不從兜率天次第而昇化樂。何故越化樂天而昇他化自在天。爲明十地菩薩法門功德廣光三昧。以明五位层级。次第增广。眉目行相。前位明始善思惟。此位明妙用自在。教光遐照。前位过万佛刹尘。此位过十万佛刹微尘世界外。有十万佛刹尘佛来。亦明五位次第增广进修之门。皆亡情。以定慧门入重玄理事照之。方可迷解。不可悬头斟酌。生增上慢。十三加者。以言善赞。以手摩顶。十方诸佛。与金刚幢菩萨十种智。此土如来光照其身。十三加者。以言赞叹。为明所说法者及法不谬故。手摩其顶者。表说法者与佛智相及故。与智慧者。明说法者与佛智同故。此土如来光照其身者。明与佛教光合故。又以光觉触。许令说法故。十三加意者。欲令后世断疑成法。令生信故。论其实体。总是诸佛随诸五位行门。依本位法而立其名。而现其身。与众生作法轨则。令其仿学。使令悟入。佛既立教。学者必得不虚。所以同名者也。十住十行中已释讫。此位之内。有升兜率天宫品。兜率天宫中偈赞品。十回向品。此三品经。成斯一位十回向法门法用轨则。学之者效之成则。如说十地品时。何故不从兜率天次第而升化乐。何故越化乐天而升他化自在天。为明十地菩萨法门。功德广

博攝境超前不依次第。又明十地妙用無方蘊功
自在。說處亦須自在。同彼天稱名爲自在。又明十
地菩薩以稱理體性自體無心無自心化。皆因眾
生起大悲智。因他起化。德似彼天。以處表德故。是
故於他化自在天而說十地。一明功高勝前故。須
超次第。二表自在而化眾生故。於此天處而說十
地。如普賢等覺位。在第三禪。集八禪天眾。入佛華
三昧。說百萬億偈。此之一會文廣。不可於世傳持。
如是超間位倍倍於前。佛華者佛行也。入佛行三
昧者是普賢法界行也。何故十信十住十行十迴
向四位之中菩薩但舉十箇上首菩薩同名。此十
地位中。何故舉三十七箇菩薩同名爲藏。解脫月
菩薩何故獨名爲月。此一部之教。各各菩薩與佛
果功齊。皆十方來佛與入定菩薩同名者。爲表當
位之內。菩薩證入與佛齊。因果相似。以成龜鏡。然
六位五位中層級非無次第。同別之義。影互參差。
能純能雜。能同能別。能成能壞。以六相總別同異
成壞門准之可見。六相者。一總門。二別門。三同門。
四異門。五成門。六壞門。此六門義。一門中具六。互
爲純雜。不可廢一也。十重玄義亦然。此之文繁出

博。摄境超前。不依次第。又明十地妙用无方。蕴功自在。说处亦须自在。同彼天称名为自在。又明十地菩萨。以称理体性。自体无心。无自心化。皆因众生。起大悲智。因他起化。德似彼天。以处表德故。是故于他化自在天而说十地。一明功高胜前故。须超次第。二表自在而化众生故。于此天处而说十地。如普贤等觉位。在第三禅。集八禅天众。入佛华三昧。说百万亿偈。此之一会文广。不可于世传持。如是超间位。倍倍于前。佛华者。佛行也。入佛行三昧者。是普贤法界行也。何故十信十住十行十回向四位之中菩萨。但举十个上首菩萨同名。此十地位中。何故举三十七个菩萨同名为藏。解脱月菩萨。何故独名为月。此一部之教。各各菩萨。与佛果功齐。皆十方来佛。与入定菩萨同名者。为表当位之内。菩萨证入。与佛齐。因果相似。以成龟镜。然六位五位中层级。非无次第。同别之义。影互参差。能纯能杂。能同能别。能成能坏。以六相总别同异成坏门准之可见。六相者。一总门。二别门。三同门。四异门。五成门。六坏门。此六门义。一门中具六。互为纯杂。不可废一也。十重玄义亦然。此之文繁。出於別本。但且影響參之。然十地法。且於別門中立層級處。說其行相。此十地位為中道果終之教。是故前位勝上放光。此位如來眉間出清淨光明名菩薩力。欲明此百千阿僧祇光明以為眷屬。眉間光者。表中道果終之義。此眉間光從初會中。如來現相品中。如來於眉間放果德光明。入足下輪中。明以果成因。便令普賢菩薩。示佛果德。令其信樂既生樂已。便說信門。即於光明覺品中。還從兩足下輪中放出初眉間放入果德光明。用照金色世界不動智佛。以成信位。以次欲說十住品時。昇須彌山頂。於偈讚品中。於如來兩足指端放光明。以次欲說十行品時。於偈讚品中。於如來兩足趺上放光。以次欲說十迴向品時。於如來膝上放光。如令說十地法門。還於初會之中眉間放中道佛果光。終而復始。如至果極際。三乘中十地。不同於此。行相全別。十地菩薩。自見道未能明了。初會中。如來眉間放佛果光明。名一切菩薩智光明普照耀十方藏。此光使令菩薩入佛果德門故。還放果光使令入果。以因果所修相似故。經云。爾時世尊欲令一切菩薩大眾得於如來無邊境界神通力故。放眉于别本。但且影响参之。然十地法。且于别门中。立层级处。说其行相。此十地位。为中道果终之教。是故前位膝上放光。此位如来眉间出清净光明。名菩萨力焰明。以百千阿僧祇光明以为眷属。眉间光者。表中道果终之义。此眉间光。从初会中。如来现相品中。如来于眉间放果德光明。入足下轮中。明以果成因。使令普贤菩萨。示佛果德。令其信乐。既生乐已。便说信门。即于光明觉品中。还从两足下轮中。放出初眉间放入果德光明。用照金色世界不动智佛。以成信位。以次欲说十住品时。升须弥山顶。于偈赞品中。于如来两足指端放光明。以次欲说十行品时。于偈赞品中。于如来两足趺上放光。以次欲说十回向品时。于如来膝上放光。如今说十地法门。还于初会之中眉间放中道佛果光。终而复始。至果极际。三乘中十地。不同于此。行相全别。十地菩萨。见道未能明了。初会中。如来眉间放佛果光明。名一切菩萨智光明普照耀十方藏。此光使令菩萨入佛果德门故。还放果光。使令入果。以因果忻修相似故。经云。尔时世尊。欲令一切菩萨大众。得于如来无边境界神通力故。放眉

開光名一切菩薩智光明普照耀十方藏其狀猶
如寶色燈雲。其光名為普照耀十方藏者。即照此
十地之藏。一一地內皆徧法界虛空界。福智大悲
之藏。令此十地即是初會之內。如來使令菩薩所
成之門。終而復始。以放眉間光明相似故。放光處
相似故。前初會放光其狀猶如寶色燈雲。此十地
放光名菩薩力燄明。此前後光明因果相似故。燈
之與燄相似故。前之放光名菩薩智光明普照耀
十方藏者。即明如來開悟菩薩智令諸菩薩至此
十地故。此十地品中。如來所放光明名菩薩力燄
明者。即明菩薩自力功極而登十地。前光開發後
明自力。以自力故。至於如來初開發處。稱佛本心
始終相似。是故明此十地中道果終之門。後徹初
故。前光舉果勸修。後十地放光明自修至果。是故
光明名菩薩力。以菩薩修自精勤力無退轉力。不
懈怠力。而能修習至此十地如來法界藏故。是故
菩薩悉名為藏。藏者含藏蘊德。不遺失義。此法界
自體清淨無漏法門。體該法界。含藏一切大智大
慈諸功德故。興萬行雲。普雨法雨潤眾生故。此位
菩薩稱如斯法名之為藏。此位中有三十七箇菩

间光。名一切菩萨智光明普照耀十方藏。其状犹如宝色灯云。其光名为普照耀十方藏者。即照此十地之藏。一一地内。皆遍法界虚空界福智大悲之藏。今此十地。即是初会之内。如来使令菩萨所成之门。终而复始。以放眉间光明相似故。放光处相似故。前初会放光。其状犹如宝色灯云。此十地放光。名菩萨力焰明。此前后光明。因果相似故。灯之与焰相似故。前之放光。名菩萨智光明普照耀十方藏者。即明如来开悟菩萨智。令诸菩萨至此十地故。此十地品中。如来所放光明。名菩萨力焰明者。即明菩萨自力功极。而登十地。前光开发。后明自力。以自力故。至于如来初开发处。称佛本心。始终相似。是故明此十地中道果终之门。后彻初故。前光举果劝修。后十地放光。明自修至果。是故光明名菩萨力。以菩萨修自精勤力。无退转力。不懈怠力。而能修习至此十地如来法界藏故。是故菩萨。悉名为藏。藏者。含藏蕴德。不遗失义。此法界自体清净无漏法门。体该法界。含藏一切大智大慈诸功德故。兴万行云。普雨法雨。润众生故。此位菩萨。称如斯法。名之为藏。此位中有三十七个菩薩同名爲藏者。爲明此十地法門果終。意欲辯知正道助道故。故立三十七菩薩成三十七助道法門。非正果故。十住已來菩薩所行皆是助道非是正位故。意欲明行所行者。是爲助道無住無行任眞自體名之爲正果故。若以初發心住。以法性無相根本智。不離無作用之體。行諸萬行。菩薩與佛因果本來體齊。若簡佛果無作無修菩薩正加行已來總名助道。以動寂無礙正助元來不異一法門也。眉目不可不簡。體用圓寂正助全同。此卽全別全同門。還以重玄門思之可解。聞所未聞之法聞之不疑。全別全同境界難解。佛及凡夫各自別有是全別義故。二見恆存。若全同故便成滯寂。圓融道理事理不礙。若也法門全分兩向是凡夫法。全合一體是二乘法。但以理事自在。其道在中。留心滅之此亦不可。以心存之此亦不可。此助道行門。與正智果德無作之門。體合無二。事中軌則不可不分。以其體用不可一向全別。以全同作全別以全別作全同。不可全別無全同。不可全同無全別。如迷此同別二門。卽智不自在。如解脫月菩薩三十七箇同名爲藏。三十七菩薩外。獨自一箇名萨。同名为藏者。为明此十地法门果终。意欲辩知正道助道故。故立三十七菩萨。成三十七助道法门。非正果故。十住已来。菩萨所行。皆是助道。非是正位故。意欲明行所行者。是为助道。无住无行。任真自体。名之为正果故。若以初发心住。以法性无相根本智。不离无作用之体。行诸万行。菩萨与佛。因果本来体齐。若简佛果无作无修。菩萨正加行已来。总名助道。以动寂无碍。正助元来不异一法门也。眉目不可不简。体用圆寂。正助全同。此即全别全同门。还以重玄门思之可解。闻所未闻之法。闻之不疑。全别全同。境界难解。佛及凡夫。各自别有。是全别义故。二见恒存。若全同故。便成滞寂。圆融道理。事理不碍。若也法门。全分两向。是凡夫法。全合一体。是二乘法。但以理事自在。其道在中。留心灭之。此亦不可。以心存之。此亦不可。此助道行门。与正智果德无作之门。体合无二。事中轨则。不可不分。以其体用。不可一向全别。以全同作全别。以全别作全同。不可全别无全同。不可全同无全别。如迷此同别二门。即智不自在。如解脱月菩萨。三十七个同名为藏。三十七菩萨外。独自一个名解脫月。何以故。同名爲藏者。總明十地法中。正助之內。爲同法眾。三十七即爲其主。唯解脫月一箇菩薩獨是伴。明非同法眾。故立別名。以爲賓主。須有啓請擊難十地之法。令現在及後世得聞正法無疑。經意如是。應如是知。是故此十地法門。即是解脫月爲眾請法首。金剛藏菩薩爲眾說法首。已上可知。爾時金剛藏菩薩承佛神力。入菩薩智慧光明三昧者。十迴向位中。金剛幢菩薩。入菩薩大智光明三昧。今此十地金剛藏菩薩。入菩薩大智慧光明三昧。此位菩薩智增明故。妙用決擇增明更加其慧。此乃明位位層級法門。漸增勝故。然諸餘位非無慧用。入是三昧已。即時十方各過十億佛刹微塵數世界外。各有十億佛刹微塵數諸佛同名金剛藏。而現其前。則以十三種法。加金剛藏菩薩。一以言讚諭。二十方諸佛與無能映奪身。三與無礙樂說辯。四與善分別淸淨智。五與善憶念不忘力。六與善決定明了慧。七與至一切處開悟眾生智。八與成道自在力。九與如來無所畏。十與一切智人觀察分別諸法門辯才智。十一與一切如來上妙身語意具足莊嚴。十二十方諸佛手摩解脱月。何以故。同名为藏者。总明十地法中。正助之内。为同法众。三十七即为其主。唯解脱月一个菩萨独是伴。明非同法众。故立别名。以为宾主。须有启请击难十地之法。令现在及后世。得闻正法无疑经意如是。应如是知。是故此十地法门。即是解脱月。为众请法首。金刚藏菩萨。为众说法首。已上可知。尔时金刚藏菩萨。承佛神力。入菩萨智慧光明三昧者。十回向位中。金刚幢菩萨。入菩萨大智光明三昧。今此十地。金刚藏菩萨。入菩萨大智慧光明三昧。此位菩萨智增明故。妙用决择增明。更加其慧。此乃明位位层级法门。渐增胜故。然诸余位。非无慧用。入是三昧已。即时十方各过十亿佛刹微尘数世界外。各有十亿佛刹微尘数诸佛。同名金刚藏。而现其前。即以十三种法。加金刚藏菩萨。一以言赞谕。二十方诸佛与无能映夺身。三与无碍乐说辩。四与善分别清净智。五与善忆念不忘力。六与善决定明了慧。七与至一切处开悟众生智。八与成道自在力。九与如来无所畏。十与一切智人观察分别诸法门辩才智。十一与一切如来上妙身语意具足庄严。十二十方诸佛手摩其頂。十三此土如來光照其身。與意加者。欲令後世斷疑成法。令生信故。一如經說。以言讚論許說無疑。以手摩其頂安慰許智相及。何以同名者。明金剛藏菩薩證法因果與佛所證相似。如五位菩薩與佛因果俱齊。皆以同名佛印之成法。令現在眾及後世無疑。幷此土如來光照其身。爲十三種加。如等覺位中普賢境界。准菩薩本業瓔珞經在第三禪說。來文不備。不可和會本業經是說華嚴經竟化三乘眾於後重於菩提場中更略說。彼經自有明文。此五位教門依品次第。今且略說後法界品內善財童子。求五位菩薩善知識。一一行之。師弟軌則行相利益眾生後當更明。地地法門。一一別相隨文釋義方解。略會三乘十地門差別。三乘十地教行印信全別。上下披讀思之可見。三乘十地無似此華嚴法界佛所乘門法門次第。經中五位六位行門。皆以菩薩自證果德爲己躬之號。即如十信位中與覺首等十首菩薩。十住位中法慧等十慧菩薩。十行位中功德林等十林菩薩是也。如前所述。皆以當位之內自證本法名之所從來國。皆以根本智導利眾生觀根滅惑之智號之其顶。十三此土如来光照其身。与意加者。欲令后世断疑成法。令生信故。一如经说。以言赞谕。许说无疑。以手摩其顶。安慰许智相及。何以同名者。明金刚藏菩萨。证法因果。与佛所证相似。如五位菩萨。与佛因果俱齐。皆以同名佛印之成法。令现在众及后世无疑。并此土如来光照其身。为十三种加。如等觉位中。普贤境界。准菩萨本业璎珞经。在第三禅说。来文不备。不可和会。本业经。是说华严经竟。化三乘众。于后重于菩提场中更略说。彼经自有明文。此五位教门。依品次第。今且略说。后法界品内。善财童子。求五位菩萨善知识。一一行之。师弟轨则行相。利益众生。后当更明。地地法门。一一别相。随文释义方解。略会三乘十地门差别。三乘十地。教行印信全别。上下披读。思之可见。三乘十地。无似此华严法界佛所乘门法门次第。经中五位六位行门。皆以菩萨自证果德。为已躬之号。即如十信位中。与觉首等十首菩萨。十住位中。法慧等十慧菩萨。十行位中。功德林等十林菩萨是也。如前所述。皆以当位之内。自证本法。名之所从来国。皆以根本智导利众生。观根灭惑之智。号之爲本所事佛。當位之內有十方同名諸佛來現其前。十三種加成信表因果體齊。以現同名總別通徹。時劫互融。無盡重玄。一多相徹。一切諸法。皆如帝網。同別重重無障礙。三乘之中。三賢十地無此印信。行相全別。有修眞者。須知權實。勿滯其功。滯權迷實。虛煩多劫也。

校譌

第十三紙十八行日宋作爲　十九行平等下名之爲國四字疑衍文

第二十紙九行放入之放宋誤作故　第二十一紙十二行至宋作主

第二十二紙四行任宋作住　第二十三紙十五行　第二十四紙二行諭宋俱作喩

为本所事佛。当位之内。有十方同名诸佛。来现其前。十三种加成信。表因果体齐。以现同名。总别通彻。时劫互融。无尽重玄。一多相彻。一切诸法。皆如帝网。同别重重无障碍。三乘之中。三贤十地。无此印信。行相全别。有修真者。须知权实。勿滞其功。滞权迷实。虚烦多劫也。

第六重令善財證法別者。如經中從第二會光明覺品。於如來兩足輪下放光明。徧照百千那由他三千大千世界。乃至如是無量無數無邊無等不可稱不可量不可說。盡虛空徧法界所有世界。四維上下。亦復如是。蒙光照及。一切處金色世界。一切處文殊師利。乃至十色世界中。覺首目首等十首菩薩。各與佛剎微塵數菩薩同時發來。各說一法。如是十法共成信位法門。如善財童子。於覺城東見文殊師利。說種種法。而生信心。還倣前信位之中。文殊覺首等十首菩薩所成信位。第三會昇須彌山頂。法慧等十慧菩薩各說一法門。共成十住。如善財童子。南行至妙峯山頂。見德雲比丘。及已下十善知識。還如前經中昇須彌頂法慧等十慧菩薩說十住法門。第四會昇夜摩天宮中功德林等十林菩薩各說一法。共成十行法門。如善財童子南行至三眼國見善見比丘。及已下十善第六重令善财证法别者。如经中从第二会光明觉品。于如来两足轮下放光明。遍照百千那由他三千大千世界。乃至如是无量无数无边无等。不可称不可量不可说。尽虚空遍法界。所有世界。四维上下。亦复如是。蒙光照及。一切处金色世界。一切处文殊师利。乃至十色世界中。觉首目首等十首菩萨。各与佛刹微尘数菩萨同时发来。各说一法。如是十法。共成信位法门。如善财童子。于觉城东。是文殊师利。说种种法。而生信心。还仿前信位之中。文殊觉首等十首菩萨所成信位。第三会升须弥山顶。法慧等十慧菩萨。各说一法门。共成十住。如善财童子。南行至妙峰山顶。见德云比丘。及已下十善知识。还如前经中。升须弥顶。法慧等十慧菩萨。说十住法门。第四会升夜摩天宫中。功德林等十林菩萨。各说一法。共成十行法门。如善财童子。南行至三眼国。见善见比丘。及已下十善知識。還如前經中。功德林等說十行法門。一一以行行之。第五會昇兜率天宮中。金剛幢菩薩等十幢菩薩各說一法。共成十迴向法門。如善財童子。南行至廣大國。靑蓮華長者。及已下十善知識。還如前經中。金剛幢等十幢菩薩所說十迴向法門。善財一一詢友。以行行之。第六會昇他化自在天宮。金剛藏等菩薩說十地法門。如善財童子。至此閻浮提迦毗羅城婆珊婆演底夜天。及已下十善知識。還如前經中他化自在天上。金剛藏菩薩說十地法門。善財詢友。一一以行行之。第七會昇第三禪。爲八禪衆說一生補處菩薩入佛華三昧所有法門。十一地等覺位中普賢境界。如善財童子。至摩耶夫人。及已下十善知識。還如前瓔珞經中。重說華嚴大。第十一地法門普賢境界。善財詢友一一以行倣而行之。令成後則。第八會佛地法門。於菩提場中始成正覺時說。如善財童子。至海岸國大莊嚴園林廣大樓閣名毗盧遮那莊嚴藏彌勒菩薩所。此爲善財佛果圓滿善知識也。還如前經中。如來於菩提場中始成正覺。及三十七如來出現品。如經中。如來出現品前。卽是普賢行品。出知识。还如前经中。功德林等。说十行法门。一一以行行之。第五会升兜率天宫中。金刚幢菩萨等十幢菩萨。各说一法。共成十回向法门。如善财童子。南行至广大国。青莲华长者。及已下十善知识。还如前经中。金刚幢等十幢菩萨。所说十回向法门。善财一一询友。以行行之。第六会升他化自在天宫。金刚藏等菩萨。说十地法门。如善财童子。至此阎浮提迦毗罗城。婆珊婆演底夜天。及已下十善知识。还如前经中。他化自在天上。金刚藏菩萨。说十地法门。善财询友。一一以行行之。第七会升第三禅。为八禅众。说一生补处菩萨。入佛华三昧所有法门。十一地等觉位中普贤境界。如善财童子。至摩耶夫人。及已下十善知识。还如前璎珞经中。重说华严次第。十一地法门普贤境界。善财询友一一以行仿而行之。令成后则。第八会佛地法门。于菩提场中始成正觉时说。如善财童子。至海岸国。大庄严园林。广大楼阁。名毗卢遮那庄严藏。弥勒菩萨所。以为善财佛果圆满善知识也。还如前经中。如来于菩提场中始成正觉。及三十七如来出现品。如经中。如来出现品前。即是普贤行品。出現品。後即是離世間品。還是普賢菩薩說。善財童子一一倣之。還從前五位摩耶夫人十一地等覺位中。乘普賢行而自成正覺。出現世間。還以普賢行導引眾生令離世間。善財童子還以倣之。從彌勒菩薩後自見其身入普賢身中。即明自乘普賢行自成正覺。出現於世。常以普賢行導引眾生令離世間。自見其身入普賢身。普明行滿同普賢故。法相似同一體故。如出現品。即是經中如來自放眉間光灌文殊頂。口中光灌普賢口。令此二人。其相問答。明因果理事交徹相入故。以此二人理事體用一門。成佛果故。出現世間。如善財童子至於彌勒所。彌勒菩薩還令善財還見初善知識文殊師利。善財聞已。憶念之間。便聞普賢菩薩名。乃入無量三昧門。便見其身入普賢身。及於彌勒樓閣中。會三世事。在於今時。即是善財童子功窮果極。彌勒菩薩而與會之。令成法則。令使後學信解證入無疑。經中但有法門。求有人求學者。故令善財詢友。一一以行行之。一如前經之法則。若也空施法則。還恐在行猶迷。故令善財以行行之。令使後學無滯。彌勒令善財卻見文殊。明從法身理體根现品后。即是离世间品。还是普贤菩萨说。善财童子一一仿之。还从前五位。摩耶夫人十一地等觉位中。乘普贤行。而自成正觉。出现世间。还以普贤行。导利众生。令离世间。善财童子还以仿之。从弥勒菩萨后。自见其身。入普贤身中。即明自乘普贤行。自成正觉。出现于世。常以普贤行。导引众生。令离世间。自见其身入普贤身者。明行满同普贤故。法相似同一体故。如出现品。即是经中如来自放眉间光。灌文殊顶。口中光。灌普贤口。令此二人。共相问答。明因果理事交彻相入故。以此二人理事体用二门。成佛果故。出现世间。如善财童子至于弥勒所。弥勒菩萨。还令善财。还见初善知识文殊师利。善财闻已。忆念之间。便闻普贤菩萨名。乃入无量三昧门。便见其身入普贤身。及于弥勒楼阁中。会三世事。在于今时。即是善财童子功穷果极。弥勒菩萨而与会之。令成法则。令使后学信解证入无疑。经中但有法门。未有人求学者。故令善财询友。一一以行行之。一如前经之法则。若也空施法则。还恐在行犹迷。故令善财以行行之。令使后学无滞。弥勒令善财却见文殊。明从法身理体根本智爲因。見彌勒菩薩。是善財乘法身本智爲果及諸善知識所。行普賢行。以成自己佛果。見彌勒之後。入普門法界。自見其身入普賢身者。雖成正覺。常以普賢行利益衆生。即明文殊普賢彌勒佛果。並三人始終一處。表通因徹果。此三人之道。是古佛之大都。是源始之法際。若迷解者即本來全得。處迷者自沒輪迴。爲古佛道法本來常如是故。非生滅法。無作無爲也。修之者及以放逸者皆有作者故。忻寂不當。放逸還非。以自情纏乖其聖性。是故修道者。以定慧力。善自觀之。勿滯其事。

第七明六位菩薩乘果別者。且如權教之內。所説菩薩諸地位次。但説假眞如爲因果。仍地前三賢未能正證。初地之中。一地證一眞如。十地證十眞如。證十眞如之後。方能始見佛性。前證眞如。復言有十眞如障。眞如既能成障。明知權教之中。即施設假眞如。非本眞也。所説地位三乘同聞。聲聞人天共會。此經不爾。總是果位菩薩。六位之中一位具十。又當位之內十箇菩薩下名悉同。各從十方與十佛刹微塵數菩薩來至佛所。信位之內俱名爲首。初名覺首。文殊名目首。有十首菩薩也。創初起本智为因。见弥勒菩萨。是善财乘法身本智为果。及诸善知识所。行普贤行。以成自己佛果。见弥勒之后。入普门法界。自见其身入普贤身者。虽成正觉。常以普贤行利益众生。即明文殊普贤弥勒佛果。三人始终一处。表通因彻果。此三人之道。是古佛之大都。是源始之法际。若迷解者。即本来全得。处迷者。自没轮回。为古佛道法。本来常如是故。非生灭法。无作无为也。修之者。及以放逸者。皆有作者故。忻寂不当。放逸还非。以自情缠。乖其圣性。是故修道者。以定慧力。善自观之。勿滞其事 。

第七明六位菩萨来众别者。且如权教之内。所说菩萨诸地位次。但说假真如为因果。仍地前三贤。未能正证。初地之中。一地证一真如。十地证十真如。证十真如之后。方能始见佛性。前证真如。复言有十真如障。真如既能成障。明知权教之中。既施设假真如。非本真也。所说地位。三乘同闻。声闻人天共会。此经不尔。总是果位菩萨。六位之中。一位具十。又当位之内。十个菩萨。下名悉同。各从十方。与十佛刹微尘数菩萨来至佛所。信位之内。俱名为首。初名觉首。次名目首。有十首菩萨也。创初起信卽有一切處文殊師利。所從來國。金色世界。本所事佛。皆號不動智。華嚴經卽事表法。無一事不表法門。金色世界者。白法也。金爲白色。明法身本體也。不動智佛。明法身之內無作性智。是根本智也。文殊師利。卽是能證之因。不動智佛。卽是所證之果。今舉此因果同體無二用。成十信之初門。還令諸信者信果成因。還修果法。以成因位。十住初心之上。便成正覺。爲從證果本智爲因也。是故此經下云。以少方便疾得菩提。不同權教菩提。同有爲故。立能證所證也。一念之間無有能所。能所盡處。名爲正覺。亦不同小乘滅能所也。了能所本無動故。此乃住法性。故動寂皆平。爲本智非動寂故。妄謂爲動。愚夫不了。棄動而求寂。爲大苦也。故維摩經云。五受陰洞達空。爲苦義。爲小乘有忻厭故。卽苦生也。以此文殊等十首菩薩。還與果德示悟衆生。法華經云。以佛智慧示悟衆生。使得清淨故。以此義故。覺首等十首菩薩。皆從本所事佛下名皆同名之爲智。所謂不動智佛。無礙智佛。解脫智佛。如是十智如來。所來皆表所從本智所來。來處是己身之智。所來者是因也。卽明因從本智果來。

信。即有一切处文殊师利。所从来国。金色世界。本所事佛。皆号不动智。华严经即事表法。无一事不表法门。金色世界者。白法也。金为白色。明法身本体也。不动智佛。明法身之内。无作性智。是根本智也。文殊师利。即是能证之因。不动智佛。即是所证之果。今举此因果同体无二。用成十信之初门。还令诸信者。信果成因。还修果法。以成因位。十住初心之上。便成正觉。为从证果本智为因也。是故此经下云。以少方便。疾得菩提。不同权教菩提。同有为故。立能证所证也。一念之间。无有能所。能所尽处。名为正觉。亦不同小乘灭能所也。了能所本无动故。此乃住法性故。动寂皆平。为本智非动寂故。妄谓为动。愚夫不了。弃动而求寂。为大苦也。故维摩经云。五受阴洞达空为苦义。为小乘有忻厌故。即苦生也。以此文殊等十首菩萨。还兴果德。示悟众生。法华经云。以佛智慧。示悟众生。使得清净故。以此义故。觉首等十首菩萨。皆从本所事佛。下名皆同。名之为智。所谓不动智佛。无碍智佛。解脱智佛。如是十智如来所来。皆表所从本智所来。来处是己身之智。所来者是因也。即明因从本智果来。

猶如全將金體以成環釧。全將佛體以成菩薩。全將佛果以作自身。今還以自佛本智成初證也。一切眾生總皆如是。今從佛所來者。即表初發心時頓證本智如佛體用。以成初覺。以此正覺爲初證之因。是故彼十首菩薩以表因從果來。次十住位中十慧菩薩。所謂法慧菩薩。一切慧菩薩勝慧菩薩。如是等十慧菩薩。各各與佛剎微塵數菩薩來至佛所。所從來國本所事佛。所謂殊特月佛無盡月佛。不動月佛。如是等十箇月佛所表是果法慧等十慧菩薩所表是因。還表因從果來。佛皆爲月者。表此十住之內。創證果德無明熱除性清涼故。以此義故。表果德清涼故佛名爲月。像此位初證者。故還同體清涼也。經云。法慧菩薩入菩薩無量方便三昧。以三昧方故。十方各千佛剎微塵數世界外。有千佛剎微塵數諸佛皆同一號名曰法慧。普現法慧菩薩前。慰歎善哉。如此言千者爲一一佛皆滿十方故。不同權教有限量彼此國土也。此則明此位之中創發心時因果相成無差別體故。是故菩薩與佛號名同。但法慧菩薩爲印因果爲一體故佛名與已同名。表一切證道者皆然。前十犹如全将金体以成环钏。全将佛体以成菩萨。全将佛果以作自身。今还以自佛本智成初证也。一切众生。总皆如是。今从佛所来者。即表初发心时。顿证本智。如佛体用。以成初觉。以此正觉。为初证之因。是故彼十首菩萨。以表因从果来。次十住位中。十慧菩萨。所谓法慧菩萨。一切慧菩萨。胜慧菩萨。如是等十慧菩萨。各各与佛刹微尘数菩萨来至佛所。所从来国。本所事佛。所谓殊特月佛。无尽月佛。不动月佛。如是等十个月佛。所表是果。法慧等十慧菩萨。所表是因。还表因从果来。佛皆为月者。表此十住之内。创证果德。无明热除。性清凉故。以此义故。表果德清凉故。佛名为月。像此位初证者故。还同体清凉也。经云。法慧菩萨。入菩萨无量方便三昧。以三昧方故。十方各千佛刹微尘数世界外。有千佛刹微尘数诸佛。皆同一号。名曰法慧。普现法慧菩萨前。慰叹善哉。如此言千者。为一一佛。皆满十方故。不同权教。有限量彼此国土也。此则明此位之中。创发心时。因果相成。无差别体故。是故菩萨与佛号名同。但法慧菩萨。为印因果为一体故。佛名与己同名。表一切证道者皆然。前十

信中。未勤智佛。是根本智。此十住中。佛果名號月
者。是隨位進修獲益之果因果者。即是非因果之
因果。但以無依止處空之因果。亦不同外道以情
撥無因果。不同人天凡夫。繫成因果。不同此二名
爲佛因果也。如此位中。十住初首證此非因果之
因果也。是故初發心時。即是佛故。如此位之中。無
上慧菩薩頌曰。凡夫無覺解。佛令住正法。諸法無
所住。悟此見自身。非身而說身。非起而現起。無身
亦無見。是佛無上身。問曰。何故前信位之中。十首
菩薩。不入三昧。即便說法。又無同名覺首佛而稱
歎。何故此十住位中。法慧菩薩入三昧。始說法。又
千佛世界微塵數佛。與法慧同名。皆號之爲法慧
來慰歎。何故前十信無此等相者。何爲也。答曰。爲
信位。但示果法。因果同舉。但令生信。未有實證。故
不入三昧。以十住之位。入真實證故。以此義故。須
入三昧。方能真證。爲與衆生成證法則故。爲正證
果德。同號佛來印成因果一味。故前信位中。但且
成信。未正證故。以此不入三昧。亦無同號佛來印
成因果。當加是知。如是信解。如是千佛。已次萬佛
者。明進修行相故。如十行品中。功德林菩薩。入善

信中。不动智佛。是根本智。此十住中。佛果名号月者。是随位进修获益之果。因果者。即是非因果之因果。但以无依止处。名之因果。亦不同外道。以情拨无因果。不同人天凡夫。系成因果。不同此二。名为佛因果也。如此位中。十住初首。证此非因果之因果也。是故初发心时。即是佛故。如此位之中。无上慧菩萨颂曰。凡夫无觉解。佛令住正法。诸法无所住。悟此见自身。非身而说身。非起而现起。无身亦无见。是佛无上身。问曰。何故前信位之中。十首菩萨。不入三昧。即便说法。又无同名觉首佛而称叹。何故此十住位中。法慧菩萨。入三昧。始说法。又千佛世界微尘数佛。与法慧同名。皆号之为法慧。来慰叹。何故前十信无此等相者。何为也。答曰。为信位。但示果法。因果同举。但令生信。未有实证。故不入三昧。以十住之位。入真实证故。以此义故。须入三昧。方能真证。为与众生成证法则故。为正证果德。同号佛来。印成因果一味故。前信位中。但且成信。未正证故。以此不入三昧。以无同号佛来。印成因果。当如是知。如是信解。如是千佛。已次万佛者。明进修行相故。如十行品中。功德林菩萨。入菩塵善思惟三昧。入是三昧已。十方各過萬佛剎微塵數世界外。有萬佛剎微塵數佛。皆同一號。號曰功德林。而現其前。歎慰功德林。還如前位因果同故。其佛名號與菩薩名同。還以菩薩為因。佛為果德。二體同故。是故名同。十林菩薩本所來國。皆名為慧。功德林等十林菩薩。各各與佛剎微塵數菩薩俱。從十方萬佛剎微塵數國土外。諸世界中來。其國名親慧世界。幢慧世界。寶慧世界。如是十慧世界。本所事佛。所謂常住眼佛。無勝眼佛。無住眼佛。如是等十眼佛。問。何故前十住位中向名法慧佛。只舉千佛剎微塵數所有菩薩來。亦過千世界外來。所來世界名同為華。本所事佛名同為月。何故此十行位中。本從來國皆同名為慧。本所事佛同名為眼。何意如是。答曰。為十住位中從凡創證果德。始從凡夫來。故國土名同。皆名為華。為創住佛所住。自佛智慧開敷。故證佛慧初生諸佛家故。佛號皆同為月。以表得法清涼如月。此十行位之中。始終總佛。內外俱真。國亦以法為名。佛亦以法為號。前位始證。以表如月清涼。此位已真純。名之為眼。眼者法眼也。為此行中明法眼圓明應機萨善思惟三昧。入是三昧已。十方各过万佛刹微尘数世界外。有万佛刹微尘数佛。皆同一号。号曰功德林。而现其前。叹慰功德林。还如前位。因果同故。其佛名号。与菩萨名同。还以菩萨为因。佛为果德。二体同故。是故同名。十林菩萨。本所来国。皆名为慧。功德林等十林菩萨。各各与佛刹微尘数菩萨俱。从十方万佛刹微尘数国土外。诸世界中来。其国名亲慧世界。幢慧世界。宝慧世界。如是十慧世界。本所事佛。所谓常住眼佛。无胜眼佛。无住眼佛。如是等十眼佛问。何故前十住位中。同名法慧佛。只举千佛刹微尘为数。所有菩萨来。亦过千世界外来。所来世界。名同为华。本所事佛。名同为月。何故此十行位中。本从来国。皆同名为慧。本所事佛。同名为眼。何意如是。答曰。为十住位中。从凡创证果德。始从凡夫来故。国土名同。皆名为华。为创住佛所住。自佛智慧开敷故。证佛慧。初生诸佛家故。佛号皆同为月。以表得法。清凉如月。此十行位之中。始终总佛。内外俱真。国亦以法为名。佛亦以法为号。前位始证。以表如月清凉。此位已真纯。名之为眼。眼者法眼也。为此行中。明法眼圆明。应机

照俗以成德故以無干及萬數漸漸增廣者明法
界圓明不增不滅但以佛果位菩薩引生方便引
接凡庸令增勝故皆為如來智慧方便故如佛名
經無量辟卯來日月光明世尊偏增致敬重加三
禮云滅罪名者如來方便引凡心生令策志故豈
謂諸佛體同一味功德有差別耶今時佛果中諸
菩薩安立地位境界增廣如是漸次言于佛世界
萬佛世界乃至數終一一數體緣起相徹一一數
中始終相入無前後際是諸佛密意方便故猶如
十錢去一錢十總無者一錢十全成為諸數如鎖
應聲同時緣起故得初即得終還以性齊時齊緣
起同時故今此中安立境界法門如此此下迴向文似闕

大方廣佛新華嚴經論卷第六

初地菩薩多百法明門王化多百佛世界一地菩
薩多千法明門王化多千佛世界者不同權教實
有分限如前數法亦相徹入文如人以指畫空作
百千微塵數分復以手除之令盡然彼空中無有
增減以情量故見彼虛空數有增減此經亦爾所
有菩薩安立諸地法門增減亦復如是為成諸有
情故使令進修若也一概皆平無心進也凡夫無
有策修之心發心修至不修方知萬法無修也而

照俗。以成德故。以次千及万数渐渐增广者。明法界圆明。不增不减。但以佛果位菩萨。引生方便。引接凡庸。令增胜故。皆为如来密意方便故。如佛名经。无量声如来。日月光明世尊。遍增致敬。重加三礼。云灭罪名者。如来方便。引凡心生。令策志故。岂谓诸佛体同一味。功德有差别耶。今时佛果中诸菩萨。安立地位。境界增广。如是渐次。言千佛世界。万佛世界。乃至数终。一一数体。缘起相彻。一一数中。始终相入。无前后际。是诸佛密意方便故。犹如十钱。去一钱。十总无著。一钱十全。成为诸数。如响应声。同时缘起故。得初即得终。还以性齐时齐。缘起同时故。今此中安立境界。法门如此。此下似阙十回向文。

大方广佛新华严经论卷第六

初地菩萨多百法明门。王化多百佛世界。二地菩萨多千法明门。王化多千佛世界者。不同权教。实有分限。如前数法。互相彻入。又如人以指画空。作百千微尘数分。复以手除之令尽。然彼空中无有增减。以情量故。见彼虚空数有增减。此经亦尔。所有菩萨安立诸地法门增减。亦复如是。为成诸有情故。使令进修。若也一概皆平。无心进也。凡夫无有策修之心。发心修至不修。方知万法无修也。而實教菩薩。一得一切得。爲稱法體中無前後故。猶如帝網光影互相參徹相入。無前後際也。亦如百千寶鏡同臨妙像。一一鏡中影像相入。色像齊平。如佛果位中諸菩薩爲從性起法身根本智爲十住之中創證心故。所有法門境界皆悉依本。以體用通收皆悉徹故。還以性齊卽時齊故。更有餘不齊之法爲不可也。不同權學情障未亡。九地已來未見佛性。所立地位皆有分劑而實可得。爲未見佛性有假眞如障故。是故經云。十地差別如空中鳥跡。如是地位法門。權施增減爲逐衆生情故。體道者眞俗便爲一眞也。一切眞故都無假法。不可於此圓教作增減見。同其漸也。此經所有一切衆海。菩薩天龍諸神等衆。皆佛果位海諸菩薩衆。非是凡夫。欲令入者卽同聖故。明毗盧遮那攝化境界等衆生偏故。皆是佛果位衆。以化儀主伴故。如是果德位衆共會成法。示悟衆生。成法之後。入法界品中。文殊師利以此果德法門。出祇園會外。南行欲往覺城中。利樂於人。舍利弗六千比丘。路上發心得十耳十眼。覺城東會善財偏求諸友。一生佛果圓明。五百優婆塞。五百優婆夷。五百童子。五实教菩萨。一得一切得。为称法体中无前后故。犹如帝网。光影互相参彻相入。无前后际也。亦如百千宝镜。同临妙像。一一镜中。影像相入。色像齐平。如佛果位中诸菩萨。为从性起法身根本智。为十住之中创证心故。所有法门境界。皆悉依本。以体用通收。皆悉彻故。还以性齐。即时齐故。更有余不齐之法。为不可也。不同权学情障未亡。九地已来未见佛性。所立地位。皆有分剂。而实可得。为未见佛性。有假真如彰故。是故经云。十地差别。如空中鸟迹。如是地位法门。权施增减。为逐众生情故。体道者真俗便为一真也。一切真故。都无假法。不可于此圆教。作增减见。同其渐也。此经所有一切众海。菩萨天龙诸神等众。皆佛果位海诸菩萨众。非是凡夫。欲令入者即同圣故。明毗卢遮那摄化境界。等众生遍故。皆是佛果位众。以化仪主伴故。如是果德位众。共会成法。示悟众生。成法之后。入法界品中。文殊师利。以此果德法门。出祇园会外。南行欲往觉城中。利乐于人。舍利弗六千比丘。路上发心。得十耳十眼。觉城东会。善财遍求诸友。一生佛果圆明。五百优婆塞。五百优婆夷。五百童子。五

百童女。皆如善財。經文不可一一具陳。同會總皆
如是。若也無緣。總亦不聞。如祇園羅漢比丘等同
會不聞不見如來說此華嚴經典。是五眾同會於
文殊所同聞此法。悉皆同證之流。是故經云此經
不入凡夫手。能深信者。情過三乘權學之流。何況
能證者。故此經賢首品中云。一切世間群生類。鮮
有欲求聲聞乘。求緣覺乘轉復少。求大乘者甚希
有。求大乘者猶爲易。能信此法爲甚難。是故當知
正集海會。未有人中凡夫。純是諸天果位菩薩集
會。成其教法。文殊覺城所化。始明以此教法將用
利樂閻浮提眾生。善財等五眾總表實得此法者。
餘意如前所明。如是眾純是果位菩薩來明果
德用備上機。都無權教菩薩小乘人天凡夫因果
等眾來集此會。權教菩薩至於九地已來不預此
眾。何況凡夫。何以故。爲行六波羅蜜故。有雖行十
波羅蜜者。由三僧祇劫成道果德故。不同此教一
時卽一切時。非情所收故。出祇園會。文殊南行六
千比丘路上發心者。此明許聲聞亦有最上之器。
甚能入此最上乘中。又彼六千比丘。於舍利弗所
皆新出家。未忻小果。以器利故。方能發心。至此位

百童女。皆如善财。经文不可一一具陈。同会总皆如是。若也无缘。总亦不闻。如祇园罗汉比丘等。同会不闻不见如来说此华严经典。是五众同会。于文殊所。同闻此法。悉皆同证之流。是故经云。此经不入凡夫手。能深信者。情过三乘权学之流。何况能证者。故此经贤首品中云。一切世间群生类。鲜有欲求声闻乘。求缘觉乘转复少。求大乘者甚希有。求大乘者犹为易。能信此法为甚难。是故当知。正集海会。未有人中凡夫。纯是诸天果位菩萨集会。成其教法。文殊觉城所化。始明以此教法。将用利乐阎浮提众生。善财等五众。总表实得此法者。余意如前所明。如是来众。纯是果位菩萨。来明果德。用备上机。都无权教菩萨。小乘。人天凡夫。因果等众。来集此会。权教菩萨。至于九地已来。不预此众。何况凡夫。何以故。为行六波罗蜜故。有虽行十波罗蜜者。由三僧祇劫成道果德故。不同此教。一时即一切时。非情所收故。出祇园会。文殊南行。六千比丘路上发心者。此明许声闻。亦有最上之器。堪能入此最上乘中。又彼六千比丘。于舍利弗所。皆新出家。未忻小果。以器利故。方能发心。至此位

流。若登小果卒迴難得。如舍利弗由是影響聲聞
非實聲聞也。即是已登佛位入流接凡。以此義故。
此經來衆。與權教不同。化佛說有處純會菩薩無
小乘者亦不同此教。何以故。或有教說。即因成佛
者即不行五位。或五位行相體用不同。如前已述。
故如是准例無有同者。法既不同。衆亦全別。又於
此經中所有來衆有十種同法與諸經來衆不同。
一色身同。二法身根本智同。三慈悲智位次同。四
言說法輪同。五來處同。六所成法則同。七與佛因
果同。八事佛師弟同。九報身國土圓滿同。十壞疑
獲益同。一色身同者。如五位中諸菩薩各從十方
來。一一方來衆皆有十佛剎微塵數衆菩薩來。皆
金色身。自髮紺青。與當位菩薩色身相似。諸天八
部之衆當類相似。明得法同故。報亦同。如初會中
有五十五種部類。雖別明行門。攝化異故。然其行
相身色法門。互五十五部。互相參徹。一行作多行。多
行作一行。一身作多身。多身作一身。相似故。前後
十處十會例然。二法身本智同者。如十處十會中
所有衆海皆同如來法性身本智慧故。設有新學
凡夫入會之者見聞佛法剎那證入皆齊如來法

流。若登小果。卒回难得。如舍利弗。即是影响声闻。非实声闻也。即是已登佛位。入流接凡。以此义故。此经来众。与权教不同。化佛设有处纯会菩萨。无小乘者。亦不同此教。何以故。或有教说即因成佛者。即不行五位。或五位行相体用不同。如前已述故。如是准例。无有同者。法既不同。众亦全别。又于此经中。所有来众。有十种同法。与诸经来众不同。一色身同。二法身根本智同。三慈悲智位次同。四言说法轮同。五来处同。六所成法则同。七与佛因果同。八事佛师弟同。九报身国土圆满同。十怀疑获益同。一色身同者。如五位中诸菩萨。各从十方来。一一方来众。皆有十佛刹微尘数众菩萨来。皆金色身。目发绀青。与当位菩萨色身相似。诸天八部之众。当类相似。明得法同。故报亦同。如初会中。有五十五种部类。虽别明行门。摄化异故。然其行相身色法门。五十五部。互相参彻。一行作多行。多行作一行。一身作多身。多身作一身。相似故。前后十处十会例然。二法身本智同者。如十处十会中所有众海。皆同如来法性身本智慧故。设有新学凡夫入会之者。见闻佛法。刹那证入。皆齐如来法。

性身根本智故。無有入會見聞法者，不同佛身智慧者。五百羅漢身在會內，不見不聞不知不覺此之大會及所說法門。不同權教菩薩二乘人天八部同會見佛聞法獲益全殊。三慈悲智同者，法身本智及差別智慈悲體同，解行合故。爲文殊普賢佛果始終一法故。如華嚴經三寶者，佛爲佛寶，文殊爲法寶，普賢爲僧寶，是古今佛之舊法故。若合即一切皆同。爲本如是故，非造作有，非成壞故。四言說法輪同者，如經中五位菩薩各十方來，一一方各有十佛刹微塵數菩薩來至此會。十方世界皆悉如是。一時雲集，異口同音，十方衆海一時說偈，皆同文句，名字恰合。一無差別，爲智慧同，法行同，所說法門十方世界一種，皆同，不似餘經之衆解行差別有得不得故。五五位菩薩衆來處同者，爲此五位菩薩所來會者十方一切處皆至。又十方世界及微塵中，一一菩薩皆共住，爲居法界體，自他彼此遠近情盡故。總不出一塵故，亦本來無入故，不似權教三祇未滿，諸見未亡，來至此已，各還本土。又未論一塵之境圓法界故，然通變皆有限故，皆言神通，非本法故。六所成法則同者，十信性身根本智故。无有入会见闻法者。不同佛身智慧者。五百罗汉身在会内。不见不闻不知不觉此之大会。及所说法门。不同权教。菩萨二乘人天八部同会。见佛闻法获益全殊。三慈悲智同者。法身本智。及差别智。慈悲体同。解行合故。为文殊普贤佛果。始终一法故。如华严经三宝者。佛为佛宝。文殊为法宝。普贤为僧宝。是古今佛之旧法故。若合即一切皆同。为本如是故。非造作有。非成坏故。四言说法轮同者。如经中五位菩萨。各十方来。一一方。各有十佛刹微尘数菩萨来至此会。十方世界。皆悉如是。一时云集。异口同音。十方众海。一时说偈。皆同文句。名字恰合。一无差别。为智慧同。法行同。所说法门。十方世界一种皆同。不似余经之众。解行差别。有得不得故。五五位菩萨众来处同者。为此五位菩萨所来会者。十方一切处皆至。又十方世界及微尘中。一一菩萨皆共住。为居法界体。自他彼此远近情尽故。总不出一尘故。亦本来无入故。不似权教。三祇未满。诸见未亡。来至此已。各还本土。又未论一尘之境。圆法界故。然通变皆有限故。皆言神通。非本法故。六所成法则同者。十信十住。五位六位普薩行門。十方世界同施設故。十方世界古今諸佛同此法故。頓示因果在剎那中。其法元來無前後故。非同權教因前果後故。十地位終方始見性地前菩薩是凡夫故。設有地前成佛者。推爲誓願力能非本法故。或推地上菩薩引諸凡夫起勝行故。非論本法本來佛故。此華嚴經所施法則。直論根本智佛自乘門。不論權教開三乘門。設多劫故。直明眾生本來自體無作者故。性本自法界元眞佛智慧故。以爲所乘也。七與佛因果同者。既是文殊法身智身諸佛果德普賢行門。本來一法。此諸眾海皆悉同之故。初發心時便成正覺。於一剎那際皆得此之法者。不許於剎那際外有別時得者。即非本法故。若有人於佛法中見佛成道。作劫量延促處所而生見者。信亦未成未論修道見道。是故修道者。莫作如是順情所迷妄云修道。輪轉生死。無有休息。此是情量非是佛法。是故此經來眾。皆與佛果位齊。還成佛果位法。若有見聞悟入。皆同佛果位。爲依本智慧法故。八事佛師弟同者。如因陀羅網影互相徹。此十會法界海中菩薩。徧法界中一切佛所皆有其身。奉事諸十住。五位六位。菩萨行门。十方世界同施设故。十方世界古今诸佛同此法故。顿示因果。在刹那中。其法元来无前后故。非同权教。因前果后故。十地位终。方始见性。地前菩萨。是凡夫故。设有地前成佛者。推为誓愿力能。非本法故。或推地上菩萨。引诸凡夫起胜行故。非论本法本来佛故。此华严经所施法则。直论根本智佛自乘门。不论权教开三乘门。设多劫故。直明众生本来自体无作者故。性本自法界元真佛智慧故。以为所乘也。七与佛因果同者。既是文殊法身智身。诸佛果德。普贤行门。本来一法。此诸众海。皆悉同之。故初发心时。便成正觉。于一刹那际。皆得此之法者。不许于刹那际外有别时得者。即非本法故。若有人于佛法中见佛成道。作劫量延促处所而生见者。信亦未成。未论修道见道。是故修道者。莫作如是顺情所迷。妄云修道。轮转生死。无有休息。此是情量。非是佛法。是故此经来众。皆与佛果位齐。还成佛果位法。若有见闻悟入。皆同佛果位。为依本智慧法故。八事佛师弟同者。如因陀罗网。影互相彻。此十会法界海中菩萨。遍法界中一切佛所。皆有其身。奉事诸佛成師弟之教門能同佛果師弟之教不失故不同權教有自他佛故有往彼佛所來還歸自土故不同此教不移本處不作神通而依本法恆遍滿故承事諸佛能同別故凡報身圓滿國土同者為以實法故而起信修法既恆遍身亦遍故依法智行身土皆圓此以一圓即一切滿故以無作智終大小量故為依本法身智身為依正報亦等故十懷疑獲益同者如初會中五十五眾一時同疑心念同請如來放光示現果德一時同益諸眾各得一法一人得諸人之法已下九會皆悉如是如上來眾十種同法此於餘教全無相似此本智本法本時本處古佛本法六位行門大眾之海充滿虛空微塵之中重重如是一時集會如此經中大眾之海從前至後皆是成就彰表如來所乘五位六位佛因果門無有一人得二乘果者皆以此法十住初心體用齊佛依本智法故不增不減於法體性任運利生十處十會眾行相隨文釋義方可料簡

第八明所施法門理事別者如化佛權教中說有情有佛性無情無佛性一切草木不能成道轉法

佛。成师弟之敬门。能同佛果。师弟之敬不失故。不同权教。有自他佛故。有往彼佛所。来还归自土故。不同此教。不移本处。不作神通。而依本法恒遍满故。承事诸佛。能同别故。九报身圆国土满同者。为以实法故。而起信修。法既恒遍。身亦遍故。依法智行。身土皆圆。此以一圆即一切满故。以无作智终大小量故。为依本法身智身为依。正报亦等故。十怀疑获益同者。如初会中。五十五众。一时同疑。心念同请。如来放光。示现果德。一时同益。诸众各得一法。一人得诸人之法。已下九会。皆悉如是。如上来众。十种同法。比于余教。全无相似。此本智本法。本时本处。古佛本法。六位行门大众之海。充满虚空微尘之中。重重如是。一时集会。如此经中大众之海。从前至后。皆是成就彰表如来所乘五位六位佛因果门。无有一人得三乘果者。皆以此法。十住初心。体用齐佛。依本智法故。不增不减。于法体性。任运利生。十处十会。来众行相。随文释义。方可料简。

第八明所施法门理事别者。如化佛权教中说。有情有佛性。无情无佛性。一切草木。不能成道转法

輪等。如華嚴經即是越情實教。即不如彼化佛權
宗約凡化教如功德林菩薩等十林菩薩所從來
國國亦名慧。一切境界總名慧體。何以然者。無有
情無無情故。所以然者無二見故。為一眞智境界
無成佛者無不成者故。夫有情無情者。此是依業
說。夫論成佛者。非屬業故。若非屬業者。即非有情
非無情故。何得於出情法上計言有成佛不成佛
耶。彼有情此無情者是業收。非佛解脫故。豈將自
已情業之計。作如是卜量情與非情成與不成。如
經所說。是諸法空相。不生不滅不垢不淨。世間相
常住。諸法住法位。如是之道。為有情及非情耶。如
此華嚴經中大意。本無凡聖情與非情。全眞法體
為一佛智境界。更無餘事。莫將凡夫情量妄作斟
量。若存情計者。見有情成佛見無情不成佛。此為
自身業執。如是解者。終不成佛。夫言理性偏非情
者。而不同有情成佛者。此由未見法空。不依實慧。
未了得世間諸相本來常住。但見隨情識變生滅
之相。而妄斟酌言非情但有其理偏故。只如成佛
豈可理外別有佛耶。若理即是佛者。於此理中情
與非情本無異相。豈從妄見立情非情耶。如佛是

轮等。如华严经。即是越情实教。即不如彼化佛权宗。约凡化教。如功德林菩萨等十林菩萨。所从来国。国亦名慧。一切境界。总名慧体。何以然者。无有情。无无情故。所以然者。无二见故。为一真智境界。无成佛者。无不成者故。夫有情无情者。此是依业说。夫论成佛者。非属业故。若非属业者。即非有情非无情故。何得于出情法上。计言有成佛不成佛耶。彼有情此无情者是业收。非佛解脱故。岂将自己情业之系。作如是卜量。情与非情。成与不成。如经所说。是诸法空相。不生不灭。不垢不净。世间相常住。诸法住法位。如是之道。为有情及非情耶。如此华严经中大意。本无凡圣情与非情。全真法体。为一佛智境界。更无余事。莫将凡夫情量。妄作斟量。若存情计者。见有情成佛。见无情不成佛。此为自身业执。如是解者。终不成佛。夫言理性遍非情者。而不同有情成佛者。此由未见法空。不依实慧。未了得世间诸相本来常住。但见随情识变生灭之相。而妄斟酌。言非情但有其理遍故。只如成佛。岂可理外别有佛耶。若理即是佛者。于此理中。情与非情。本无异相。岂从妄见立情。非情耶。如佛是非情應不得成佛。若有成大菩提者。不依此二見是故法華經會權歸一實。經云。種種性相義。我及十方佛乃能知。是事聲聞辟支佛。不退諸菩薩。如是等三乘權學。總皆不能了。廣如彼經。如華嚴經中。無有情與非情。俱爲智智境界。一切山河樹木皆能現佛菩薩身及說法。與佛體同能同能別自在無礙。佛於世界中住持安立自在莊嚴境界差殊莊嚴各異。於其妙刹國土莊嚴。一一境中纖塵之內佛身出現。刹海重重佛身無盡。佛身毛孔亦復如是境界重重佛身無盡。互相徹入。能同能別。全同全異。淨穢國土無障無礙。不論如是情與非情。是故今言所施教門別。又權教之中。諸行爲先。佛果在十地之後。此教之中。佛果根本智爲先證。以差別智而互爲資。因果行相。一時頓徹。無前後際。一成一切成。一壞一切壞。不同餘教一地修一地。以爲性齊時齊行齊智齊。故以修定慧用智觀之。莫將情解。

第九明與諸三乘得果別者。如經所說。爲聲聞人說四諦法。生老病死。爲緣覺人說十二緣行。爲諸菩薩說應六波羅蜜。今此華嚴經亦說四諦法。即非情。应不得成佛。若有成大菩提者。不依此二见。是故法华经。会权归一实。经云。种种性相义。我及十方佛。乃能知是事。声闻辟支佛。不退诸菩萨。如是等三乘权学。总皆不能了。广如彼经。如华严经中。无有情与非情。俱为智智境界。一切山河树木。皆能现佛菩萨身及说法。与佛体同。能同能别。自在无碍。佛于世界中住持。安立自在庄严。境界差殊。庄严各异。于其妙刹国土庄严。一一境中。纤尘之内。佛身出现。刹海重重。佛身无尽。佛身毛孔。亦复如是。境界重重。佛身无尽。互相彻入。能同能别。全同全异。净秽国土。无障无碍。不论如是情与非情。是故今言所施教门别。又权教之中。诸行为先。佛果在十地之后。此教之中。佛果根本智为先证。以差别智而互为资。因果行相。一时顿彻。无前后际。一成一切成。一坏一切坏。不同余教一地修一地。以为性齐时齐行齐智齐故。以修定慧。用智观之。莫将情解 。

第九明与诸三乘得果别者。如经所说。为声闻人。说四谛法。生老病死。为缘觉人。说十二缘行。为诸菩萨。说应六波罗蜜。今此华严经。亦说四谛法。即與聲聞四諦法不同。如四諦品中廣明。皆爲四諦明苦集本眞。元來是根本智。不同三乘有忻厭故。又五地菩薩作十諦觀。一切十方世界諸佛皆說四諦法輪。但隨類音不同爾。如世間孔老。一切治衆生法。總是四諦法。但隨器所授。深淺不同。或說十二分教門。或作呪說。皆爲四諦法輪所收。聲聞之人。但隨自根器得一分斷苦之教。只如小乘斷苦之法。廣如小乘等部所說。且約四乘總相所趣成果處論之。聲聞觀苦集二諦。深生厭離。作無常不淨白骨微塵等觀。知身空寂。隨空寂法。智滅身亡。不生悲智。名之爲滅。以此滅處名爲涅槃。設當從空起後。亦無世間三毒等過。爲在道前修諸觀等。以觀折伏。如呪毒蛇。又修生空。知心性滅。本來無我。以此人無我法故。空三毒業。不生悲智。出定入定。無離此修。不離此者。畢竟同空。悲心頓息。名爲滅諦。滅伏諸苦。名爲滅諦。以此滅諦。名爲道諦。如楞伽經說。譬如昏醉人。酒消然後覺。彼覺法亦然。得佛無上身。如是等比。不依佛慧。偏修空定。從此知過。迴心從正。能成佛身。如經所說。有永滅者爲滯寂故。責令早修。不應永滅也。爲修生涅槃非与声闻四谛法不同。如四谛品中广明。皆为四谛。明苦集本真。元来是根本智。不同三乘有忻厌故。又五地菩萨。作十谛观。一切十方世界诸佛。皆说四谛法轮。但随类音不同尔。如世间孔老。一切治众生法。总是四谛法。但随器所授。深浅不同。或说十二分教门。或作咒说。皆为四谛法轮所收。声闻之人。但随自根器。得一分断苦之教。只如小乘断苦之法。广如小乘等部所说。且约四乘总相所趣。成果处论之。声闻观苦集二谛。深生厌离。作无常。不净。白骨。微尘。等观。知身空寂。随空寂法。智灭身亡。不生悲智。名之为灭。以此灭处。名为涅槃。设当从空起后。亦无世间三毒等过。为在道前。修诸观等。以观折伏。如咒毒蛇。又修生空。知心性灭。本来无我。以此人无我法故。空三毒业。不生悲智。出定入定。无离此修。不离此者。毕竟同空。悲心顿息。名为灭谛。灭伏诸苦。名为灭谛。以此灭谛。名为道谛。如楞伽经说。譬如昏醉人。酒消然后觉。彼觉法亦然。得佛无上身。如是等比。不依佛慧。偏修空定。从此知过。回心从正。能成佛身。如经所说。有永灭者。为滞寂故。责令早修。不应永灭也。为修生涅槃。非示滅故。此乃大乘經中。自有和會。如華嚴經中都無此文。如緣覺之流。知十二緣生之法本來無實。自體皆空。知身知心自皆無主。身心無主性恆無我。以無我故無明便滅。無明滅十二緣滅。逍遙任性。獨覺自居。異聲聞故。不趣於寂。異菩薩故無有悲智。准不趣寂故。卽勝聲聞。准能持法故。卽不如聲聞。以聲聞之人。聞佛所說大乘經典。亦能宣傳但未親證。如淨名所責。無以生滅心行說實相法。權教菩薩。創迴二乘。及小菩薩。未能全具大悲智者。如大品經等是也。但說六波羅蜜。引起小根。令成智慧。以彼偏修定業。滯在無智故。但說六波羅蜜。以根劣故。猶怖生死。未說七八九十波羅蜜等。為無方便波羅蜜。成其大悲故。處於生死能運度故。如仁王經中。外凡內凡修六波羅蜜。作六種八王。忍等已上四波羅蜜。俱是四種輪王。十地十聖修十波羅蜜。能成十種天王。又餘經漸迴彼二乘分學。及頓學等根。成其悲智。雖修十波羅蜜。猶修假真如觀。作諸法從本已來自體凝然。不遷不變觀。破修空有二執。成不生不滅法門。猶觀當情。九地已來。未明佛性。為修彼假智。乃成障故。如前已永灭故。此乃大乘经中。自有和会。如华严经中。都无此文。如缘觉之流。知十二缘生之法。本来无实。自体皆空。知身知心。自皆无主。身心无主。性恒无我。以无我故。无明便灭。无明灭。十二缘灭。逍遥任性。独觉自居。异声闻故。不趣于寂。异菩萨故。无有悲智。准不趣寂故。即胜声闻。准能持法故。即不如声闻。以声闻之人。闻佛所说大乘经典。亦能宣传。但未亲证。如净名所责。无以生灭心行。说实相法。权教菩萨。创回二乘。及小菩萨。未能全具大悲智者。如大品经等是也。但说六波罗蜜。引起小根。令成智慧。以彼偏修定业。滞在无智故。但说六波罗蜜。以根劣故。犹怖生死。未说七八九十波罗蜜等。为无方便波罗蜜。成其大悲故。处于生死。能运度故。如仁王经中。外凡内凡。修六波罗蜜。作六种人王。忍等已上。四波罗蜜。俱是四种轮王。十地十圣。修十波罗蜜。能成十种天王。又余经。渐回彼二乘分学。及顿学等根。成其悲智。虽修十波罗蜜。犹修假真如观。作诸法从本已来。自体凝然。不迁不变观。破修空有二执。成不生不灭法门。犹观当情。九地已来。未明佛性。为修彼假智。乃成障故。如前已說如此經爲上上根人頓示本智。初心創發十住。位上。卽與佛同智慧。如善財妙峯山頂得憶念一切諸佛智慧光明。是其義也。以依本智法。卽無所修故。本無障故。任運悲智。不作而成。隨緣六道。無非法界。了緣生法。自體恆眞。更無修作。所有念慮皆從智生。但知任運對現色身。說法應機如響相對。恆處生死。流法身常寂。雖經多劫。體不移時。入死出生非没生也。任大悲智法隨緣故。法應如是。性無憂惱。不住證修。法如是故。龍女善財總明如是。此法難信。三乘拱手。遙推是化。非是人修。直說僧祇。遂情立劫。爲能信此無時智門。是故經云。能信此法爲甚難者。卽其事也。設經多劫勤苦作修。有得有求。作長作短。作是作非。作成作壞。捨身壞命。豈有成佛之期。何如初心卽須如是入佛智境修學。豈不省力不枉功耶。以此義故。聲聞緣覺權教菩薩。不眞解四諦十二緣及眞如法身實智境界。皆是毗盧遮那方便引修。向此華嚴眞實之海。令歸本法。任智施爲。所修諸地隨智所作。不起能心。而皆成辦一切種智。不似諸教地上別作對治。但十信終心。十住初位。卽自了知混然法界本智说。如此经。为上上根人。顿示本智。初心创发。十住位上。即与佛同智慧。如善财妙峰山顶。得忆念一切诸佛智慧光明。是其义也。以依本智法。即无所修故。本无障故。任运悲智。不作而成。随缘六道。无非法界。了缘生法。自体恒真。更无修作。所有念虑。皆从智生。但知任运。对现色身。说法应机。如响相对。恒处生死流。法身常寂。虽经多劫。体不移时。入死出生。非没生也。任大悲智法随缘故。法应如是。性无忧恼。不住证修。法如是故。龙女善财。总明如是。此法难信。三乘拱手。遥推是化。非是人修。直说僧祇。逐情立劫。焉能信此无时智门。是故经云。能信此法为甚难者。即其事也。设经多劫。勤苦作修。有得有求。作长作短。作是作非。作成作坏。舍身坏命。岂有成佛之期。何如初心。即须如是入佛智境修学。岂不省力不枉功耶。以此义故。声闻。缘觉。权教菩萨。不真解四谛十二缘。及真如法身实智境界。皆是毗卢遮那方便引修。向此华严真实之海。令归本法。任智施为。所修诸地。随智所作。不起能心。而皆成办一切种智。不似诸教。地上别作对治。但十信终心。十住初位。即自了知混然法界本智慧境。凡聖不異。脫體全真。不見有情無情有性無性。如是繫障任法不生。如經所說。如來成等正覺出興於世。以其自身之智。普見衆生成等正覺。善惡情絕。性相無殊。雖度衆生而無度者。是則名爲種如來相諸善根故。如是之法。付囑流通。全與三乘淺深懸異。如大乘權學。二乘及人天。不聞如此華嚴經典。上上根流。唯希佛因果位諸菩薩等。而能聞之。如上四乘之內。具有明證。如是所乘既別見諦全殊。於一名言。淺深全隔。又如華嚴十地品所說。五地菩薩修十種四諦觀。六地菩薩修十種十二緣。以此不同三乘四諦十二緣。

第十明所付法藏流通別者。如此如來出現品中說。佛子。此法門。如來不爲餘衆生說。唯爲趣向大乘菩薩者說。唯爲乘不思議乘菩薩說。此經法門。不入一切餘衆生手。唯除菩薩摩訶薩。佛子。譬如轉輪聖王所有七寶。因此寶故。顯示輪王。此寶不入餘衆生手。唯除第一夫人所生太子。具足成就聖王相者。若轉輪王無此太子具衆德者。王命終後。此諸寶等。於七日中悉皆散滅。佛子。此經珍寶。亦復如是。不入一切餘衆生手。唯除如來法王真慧境。凡圣不异。脱体全真。不见有情无情。有性无性。如是系障。任法不生。如经所说。如来成等正觉出兴于世。以其自身之智。普见众生成等正觉。善恶情绝。性相无殊。虽度众生。而无度者。是则名为种如来相诸善根故。如是之法。付嘱流通。全与三乘浅深悬异。如大乘权学。二乘。及人天。不闻如此华严经典。上上根流。唯希佛因果位诸菩萨等。而能闻之。如上四乘之内。具有明证。如是所乘既别。见谛全殊。于一名言。浅深全隔。又如华严十地品所说。五地菩萨。修十种四谛观。六地菩萨。修十种十二缘。以此不同三乘四谛十二缘 。

第十明所付法藏流通别者。如此如来出现品中说。佛子。此法门。如来不为余众生说。唯为趣向大乘菩萨者说。唯为乘不思议乘菩萨说。此经法门。不入一切余众生手。唯除菩萨摩诃萨。佛子。譬如转轮圣王所有七宝因此宝故。显示轮王。此宝不入余众生手。唯除第一夫人所生太子。具足成就圣王相者。若转轮王。无此大子具众德者。王命终后。此诸宝等。于七日中悉皆散灭。佛子。此经珍宝。亦复如是。不入一切余众生手。唯除如来法王真子。生如來家。種如來相諸善根者。佛子。若無此等佛之眞子。如是法門不久散滅。何以故。一切二乘不聞此經。何況受持讀誦書寫分別解說。唯諸菩薩乃能如是。是故菩薩聞此法門應大歡喜。以尊重心恭敬頂受。何以故。菩薩摩訶薩信樂此經疾得阿耨多羅三藐三菩提故。解云。生如來家者。自覺自身法身根本智。與佛眞性性相平等同無性味。混然法界。自他情盡。唯佛智慧明徹十方。無性無依。無生死性。名爲生在佛家。以自體無作平等悲智力故。紹隆正法。統洽衆生。隨所應作。以法調伏。令諸衆生差生死業。所有一切安樂之法皆悉樂之。是則名爲持佛家法。又云種如來相諸善根者。解云。證佛法身性同法界。同佛悲智。如是信修。理事不殊。性相平等。如是學者。種如來相同佛善根。不同權教付囑三乘聲聞菩薩所共流通。又三乘之教多付囑諸聖。及未生佛家者諸凡夫。此經付囑最上大心凡夫。唯求如來不思議乘生佛家者。若無大心凡夫求此法門。生如來家。此經當滅。何以故。爲此經難信。設有聖說。凡夫不信不證。此經當滅。若不如是付囑凡夫令生佛家。聖位菩薩子。生如来家。种如来相诸善根者。佛子。若无此等佛之真子。如是法门不久散灭。何以故。一切二乘不闻此经。何况受持读诵书写。分别解说。唯诸菩萨乃能如是。是故菩萨闻此法门。应大欢喜。以尊重心恭敬顶受。何以故。菩萨摩诃萨信乐此经。疾得阿耨多罗三藐三菩提故。解云。生如来家者。自觉自身法身根本智。与佛真性。性相平等。同无性味。混然法界。自他情尽。唯佛智慧。明彻十方。无性无依。无生死性。名为生在佛家。以自体无作平等悲智力故。绍隆正法。统治众生。随所应作。以法调伏。令诸众生。差生死业。所有一切安乐之法。皆悉乐之。是则名为持佛家法。又云。种如来相诸善根者。解云。证佛法身。性同法界。同佛悲智。如是信修。理事不殊。性相平等。如是学者。种如来相。同佛善根。不同权教。付嘱三乘。声闻菩萨所共流通。又三乘之教。多付嘱诸圣。及未生佛家者诸凡夫。此经付嘱最上大心凡夫。唯求如来不思议乘。生佛家者。若无大心凡夫。求此法门。生如来家。此经当灭。何以故。为此经难信。设有圣说。凡夫不信不证。此经当灭。若不如是付嘱凡夫。令生佛家。圣位菩萨。

有一切佛世界微塵數。如來何處此經散滅。當知如是如來意者。令諸凡夫而起信修。得生佛家。不念已齊佛位諸菩薩眾。諸有行者。應如是知。何故二乘之教多付囑諸聖者。令使流通。及付囑未生佛家諸凡夫等。爲二乘之法。未出情塵。明法未眞易信解故。且令凡聖共讚。令教流行。善根不斷。未出情量。不似此十信之終。剎那即佛故。以此義故。二乘之教。且漸引生。未出情塵。三僧祇劫。方得作佛。順情之教。根易信故。凡聖共讚。皆得流通。不同華嚴。十方諸佛根本智法。及差別智大慈大悲法出情塵教。深難信故。要待入證十住之位生在佛家。爲佛眞子。方是流通。但有聖說。無入證者。不名流通。但有凡夫說教。無入證者。亦不名流通。爲自法不明。疑情猶在。不破自他暗故。未能決定知佛意故。以此義故。要待入證。同諸佛智心。方可決知佛教門故。以是義故。付囑大心凡夫入證者故。始名流通。但聞不繫。不名流通。

第四明成佛同別

夫智身寥廓。總萬象以成軀。萬象無形。與智身而齊體。還眞相隔。得本形同。只爲乖本相殊。致使化有一切佛世界微尘数。如来何虑此经散灭。当知如是如来意者。令诸凡夫而起信修。得生佛家。不念已齐佛位诸菩萨众。诸有行者。应如是知。何故三乘之教。多付嘱诸圣者。令使流通。及付嘱未生佛家诸凡夫等。为三乘之法。未出情尘。明法未真。易信解故。且令凡圣共赞。令教流行。善根不断。未出情量。不似此十信之终。刹那即佛故。以此义故。三乘之教。且渐引生。未出情尘。三僧祇劫。方得作佛。顺情之教。根易信故。凡圣共赞。皆得流通。不同华严。十方诸佛根本智法。及差别智大慈大悲法。出情尘教。深难信故。要待入证十住之位。生在佛家。为佛真子。方是流通。但有圣说。无人证者。不名流通。但有凡夫说教。无人证者。亦不名流通。为自法不明。疑情犹在。不破自他暗故。未能决定知佛意故。以此义故。要待入证。同诸佛智心。方可决知佛教门故。以是义故。付嘱大心凡夫入证者故。始名流通。但闻不契。不名流通 。

第四明成佛同别 。

夫智身寥廓。总万象以成躯。万象无形。与智身而齐体。违真相隔。得本形同。只为乖本相殊。致使化儀各別。或見形贏道樹。藉草蓐以微軀。或見色究竟天。處蓮華之妙相。或見寶菩提樹。居淨土以成眞。或見遠劫修行。或見剎那當證。或見報身圓滿相海無邊。或見化體分身。具三十二相。如是殊形異狀。徧含識以情根。萬別千差。言何能悉。且約人天共感四乘權實之流。略作十門。成道差別。使得萬蒙起信。發解除疑。識本離權。情希勝德。十門者第一成佛身別。第二成佛時別。第三菩提樹別。第四所坐座別。第五同住眾別。第六所示相別。第七轉法輪別。第八轉法輪處別。第九大會莊嚴別。第十所受法門別。

第一成佛身別者。此毗盧遮那佛身。如經所說有九十七種相。及無盡相身。非三十二相八十種好身。

第二成佛時別者。如權教中。佛生之後。即以逾城出家。菩提樹下成等正覺時。以之爲時。如毗盧遮那佛。即實不如是。如來安立化相爲度三乘眾生應見如是出家成佛。如華嚴經中。實法界淨。即不如是。如法華經云。吾從成佛已來。經無量阿僧祇劫。此即是迴彼三乘人。就實而論。此毗盧遮那佛仪各别。或见形羸道树藉草褥之微躯。或见色究竟天。处莲华之妙相。或见宝菩提树。居净土以成真。或见远劫修行。或见刹那当证。或见报身圆满。相海无边。或见化体分身。具三十二相。如是殊形异状。遍含识以情根。万别千差。言何能悉。且约人天共感四乘权实之流。略作十门成道差别。使得童蒙起信。发解除疑。识本离权。情希胜德。十门者。第一成佛身别。第二成佛时别。第三菩提树别。第四所坐座别。第五同住众别。第六所示相别。第七转法轮别。第八转法轮处别。第九大会庄严别。第十所受法门别。

第一成佛身别者。此毗卢遮那佛身。如经所说。有九十七种相。及无尽相身。非三十二相。八十种好身。

第二成佛时别者。如权教中。佛生之后。即以逾城出家。菩提树下成等正觉时。以之为时。如毗卢遮那佛。即实不如是。如来安立化相。为度三乘众生。应见如是出家成佛。如华严经中。实法界海。即不如是。如法华经云。吾从成佛已来。经无量阿僧祇劫。此即是回彼三乘人。就实而论。此毗卢遮那佛。

依本法界。成大菩提。還依本法界。無始無終。不出不沒。無成無壞。無有時分。此經云，如來不出世，亦無有涅槃，此為實說。又頂著華冠，不非出家，都無入相之事。若有人能知如來不出不沒，不成不壞，即知如來常住在世。常轉法輪。即是毗盧遮那出興於世。又從兜率天下。降神入母胎。轉法輪。入涅槃。不出一剎那際。彼天猶未下。母胎猶未出。此已入涅槃。一切法事總畢。

第三菩提樹別者。二乘之中。見佛道樹是木樹高下稱人間。如一乘中如來成道所居之樹。即寶樹高顯殊特。如金剛藏身中所現之樹高百三千大千世界。其身周圓廣十三千大千世界。大意總一切處遍故。

第四所坐座別者。二乘中。化身成道藥榮眞藉草蓐。此一乘中。本身成道。坐寶蓮華師子之座，妙寶嚴飾。具眾莊嚴。

第五大眾別者。為毗盧遮那佛。所有大眾圍遶。皆是普賢文殊等眾。及有新發意者。皆是志求佛果法界之眾。非是二乘權學。為求聲聞緣覺厭苦菩薩之道。樂生淨土之眾。設有聲聞之眾。若未迴心依本法界。成大菩提。还依本法界。无始无终。不出不没。无成无坏。无有时分。此经云。如来不出世。亦无有涅槃。此为实说。又顶著华冠本非出家。都无八相之事。若有人能知如来不出不没。不成不坏。即知如来常住在世。常转法轮。即是毗卢遮那出兴于世。又从兜率天下。降神入母胎。转法轮。入涅槃。不出一刹那际。彼天犹未下。母胎犹未出。此已入涅槃。一切法事总毕 。

第三菩提树别者。三乘之中。见佛道树。是木树。高下称人间。如一乘中。如来成道所居之树。即宝树。高显殊特。如金刚藏身中所现之树。高百三千大千世界。其身周圆广十三千大千世界。大义总一切处遍故 。

第四所坐座别者。三乘中。化身成道。弃荣贵。藉草褥。此一乘中。本身成道。坐宝莲华师子之座。妙宝严饰。具众庄严 。

第五大众别者。为毗庐遮那佛。所有大众围绕。皆是普贤文殊等众。及有新发意者。皆是志求佛果法界之众。非是三乘权学。为求声闻缘觉。厌苦菩萨之道。乐生净土之众。设有声闻之众。若未回心。

如聾不聞不知不見說此甚深華嚴經典。亦非因前經三祇劫後得果之眾也。皆智圓多劫一際無前後時之眾。

第六示相別者。如權敎中。即以兜率天受生降神入胎八相成道等。一乘敎中。即以初發心住會法身本智以爲正覺。情絕始終。不見時遷。及以不遷不乖當念蘊功。即佛。都無時分遷轉之相。應眞自性常轉法輪。不似權敎八相等事。或於摩醯首羅天坐華王之寶座。或以三千大千之國土以爲報境。如是施設分量限劑者。皆引眾生之化儀漸令心廣。未爲究竟之實相也。如此華嚴法界之妙門者。約分十佛刹塵蓮華藏刹海參映重重。爲明無盡佛國互相徹入。一一佛刹。皆滿十方。十佛刹塵國土。皆無限礙。身土相稱。都無此彼往來之相。不同三乘爲小根故。權安分劑身土之相。如此盧舍那之相海也。纖塵匪隔其十方。毛孔詎虧於刹海。三乘示相者。螢光不可以比日月之照功。瑠璃難以類摩尼之淨德。此乃非由佛爾。只爲器劣故然。

第七轉法輪別者。化佛轉三乘法輪。毗盧遮那轉一乘法輪。一乘者所謂佛乘。如法華經云。佛乘唯如聋不闻不知不见说此甚深华严经典。亦非因前经三祇劫后得果之众也。皆智圆多劫一际。无前后时之众 。

第六示相别者。如权教中。即以兜率天受生。降神入胎。八相成道等。一乘教中。即以初发心住。会法身本智。以为正觉。情绝始终。不见时迁。及以不迁。不乖当念。蕴功即佛。都无时分迁转之相。应真自性。常转法轮。不似权教八相等事。或于摩醯首罗天。坐华王之宝座。或以三千大千之国土。以为报境。如来施设分量限剂者。皆引众生之化仪。渐令心广。未为究竟之实相也。如此华严法界之妙门者。约分十佛刹尘莲华藏刹海。参映重重。为明无尽佛国。互相彻入。一一佛刹。皆满十方。十佛刹尘国土。皆无限碍。身土相称。都无此彼往来之相。不同三乘为小根故。权安分剂身土之相。如此卢舍那之相海也。纤尘匪隔其十方。毛孔讵亏于刹海。三乘示相者。萤光不可以比日月之照功。琉璃难以类摩尼之净德。此乃非由佛尔。只为器劣故然。

第七转法轮别者。化佛转三乘法轮。毗卢遮那转一乘法门。一乘者。所谓佛乘。如法华经云。佛乘唯

有一。無二亦無三。但以假言說。引導於羣生。乃至
乘如來乘。直至道場。爲法華經會三乘引令至實
如前依判教分宗門中已說。只爲三乘種性人還
依本種性作三乘教說。說龍女剎那成佛是化。反
成謗教。不順佛心。元佛本意者。令龍女剎那成佛。
爲本法法自無時。證盡時處即爲實法。反云是化
此是苦哉。當復奈何。不期甘露反成毒藥。翻將寶
王喚作泥塵。以實爲虛。將虛爲實。請後達士莫匯
前賢。先聖法門。普咸垂訓。隨根權實事非一途。深
可久思。具開佛意。了明權實。順教流通。不滯諸根
權實俱濟。只可引小歸大。衆聖允心。以實成虛佛
不悅可。依宗傳教。福利人天。使得金玉燦然。答不
沉沒。是故毗盧遮那佛說佛乘。化佛說三乘。化佛
教中法華涅槃。漸漸引權。令歸實門。即龍女剎那
成佛。尋山肥膩草喻。若牛食者純得醍醐等是也。
皆爲分有。未具全示。一一具足因果報相之門。唯
此華嚴具足。是故今言轉法輪別。
第八轉法輪處別者。權教中化佛轉法輪。或言鹿
園。或言給孤獨園等。皆有處所上下往來。此經即
十處十會及一切塵中佛國佛身。重重重重重重

有一。无二亦无三。但以假言说。引导于群生。乃至乘如来乘。直至道场。为法华经。会三乘。引令至实。如前依判教分宗门中已说。只为三乘种性人。还依本种性。作三乘教说。说龙女刹那成佛是化。反成谤教。不顺佛心。元佛本意者。令龙女刹那成佛。为本法。法自无时。证尽时处。即为实法。反云是化。此是苦哉。当复奈何。不期甘露。反成毒药。翻将宝玉。唤作泥尘。以实为虚。将虚为实。请后达士。莫踵前贤。先圣法门。普咸垂训。随根权实。事非一途。深可久思。具闲佛意。了明权实。顺教流通。不滞诸根。权实俱济。只可引小归大。众圣允心。以实成虚佛不悦可。依宗传教。福利人天。使得金玉焕然。各不沉没。是故毗卢遮那佛说佛乘。化佛说三乘。化佛教中。法华涅槃。渐渐引权。令归实门。即龙女刹那成佛。雪山肥腻草喻。若牛食者。纯得醍醐等。是也。皆为分有。未具全示。一一具足因果报相之门。唯此华严具足。是故今言转法轮别。

第八转法轮处别者。权教中化佛转法轮。或言鹿园。或言给孤独园等。皆有处所。上下往来。此经即十处十会。及一切尘中。佛国佛身。重重重重。重重

無盡無盡無盡。常轉法輪不去不來不出不沒十
會名處後當更明。皆云不離菩提場而昇一切處
經自具言。
第九大會莊嚴別者。說此經時天上人中十會十
處一時普集十方聖衆大心衆生無有三乘定性
未迴心者。設在其會不在其流。又十會之衆各從
十方來。隨所來方皆云有十佛刹微塵衆而來集
會位位地地以次十百千增多。爲明無盡。又一一
會衆皆徧法界。重重重重參光影像纖塵之內亦
衆會重重一一塵中衆會皆與法界虛空等。乃至
於一小衆生身內成等正覺衆海重重轉正法輪。
其彼衆生不知不覺。如是衆會皆爲諸佛菩薩性
徧一切處。身土衆會皆徧一切處故。不似三乘中
化佛衆會皆有處所限量分劑往來。爲衆生根小。
非佛故然。
第十所授法門別者。如權教中。或從小乘漸漸修
習無常苦空厭老病死。修四諦觀。於中苦集二諦
以爲世諦。滅道二諦以爲真諦。觀彼苦集真實是
苦。深生厭離。趣求寂滅。以無常不淨白骨等觀觀
彼微塵成於空觀。故苦集本無。識滅智亡。以空爲

无尽。无尽无尽。常转法轮。不去不来。不出不没。十会名处。后当更明。皆云不离菩提场。而升一切处。经自具言 。

第九大会庄严别者。说此经时。天上人中。十会十处。一时普集十方圣众。大心众生。无有三乘定性。未回心者。设在其会。不在其流。又十会之众。各从十方来。随所来方。皆云有十佛刹微尘众而来集会。位位地地。以次十百千增多。为明无尽。又一一会众。皆遍法界。重重重重。参光影像。纤尘之内。亦众会重重。一一尘中众会。皆与法界虚空等。乃至于一小众生身内。成等正觉。众海重重。转正法轮。其彼众生。不知不觉。如是众会。皆为诸佛菩萨。性遍一切处。身土众会。皆遍一切处故。不似三乘中。化佛众会。皆有处所限量。分剂往来。为众生根小。非佛故然 。

第十所授法门别者。如权教中。或从小乘。渐渐修习无常苦空。厌老病死。修四谛观。于中苦集二谛。以为世谛。灭道二谛。以为真谛。观彼苦集。真实是苦。深生厌离。趣求寂灭。以无常。不净。白骨。等观。观彼微尘。成于空观。故苦集本无。识灭智亡。以空为證。且令苦盡。然後方爲說大乘法。令使迴心。修法空觀。行諸六度。漸起悲智。或有大乘菩薩種性者。觀行對治。似彼小乘。性有慈悲。樂行諸度。不取空證。悶寂益生。成法空等觀。或有大乘菩薩種性。一下頓修假眞如等觀。以假眞如門加行調伏。經三僧祇劫。十地見性。方始成佛。或有教說地前三賢菩薩。以觀力故。折伏無明。地上見道。或有教說。三賢菩薩。少分得見法身。如是等說。總是三乘權教所說。如此華嚴經。卽不爾。直爲上上根人。一下直授法界自體根本法身。古佛智海迷在無明。頓令以方便三昧而令現之。全將佛果頓授十住初心。一念一時一際一法界門。頓收文殊普賢萬行理事。更無情量卷舒延縮。不廢隨俗時劫。了然具存。三世日月歲數差別。了然明著。然其歲劫當自不移。常與無常。不成不壞。法本如是。了知苦諦本來聖諦。元無諸苦。亦無涅槃。若如是信解。如是證入。經云。以少分方便。疾得菩提。卽以智幻門幻生其身。等衆生界。同衆生事。卽以無礙念門。了衆生根。卽以師範門。以成軌則。卽以衆歎門。訓誨衆生。卽以無依道場門。法無所著。卽以無念門。念而不著。

证。且令苦尽。然后方为说大乘法。令使回心。修法空观。行诸六度。渐起悲智。或有大乘菩萨种性者。观行对治。似彼小乘。性有慈悲。乐行诸度。不取空证。留惑益生。成法空等观。或有大乘菩萨种性。一下顿修假真如等观。以假真如门。加行调伏。经三僧祇劫。十地见性。方始成佛。或有教说。地前三贤菩萨。以观力故。折伏无明。地上见道。或有教说。三贤菩萨。少分得见法身。如是等说。总是三乘权教所说。如此华严经即不尔。直为上上根人。一下直授法界自体根本法身。古佛智海。迷在无明。顿令以方便三昧而令现之。全将佛果。顿收十住初心。一念一时一际一法界门。顿授。文殊普贤万行理事。更无情量卷舒延缩。不废随俗时劫。了然具存。三世日月岁数差别。了然明著。然其岁劫。当自不移。常与无常。不成不坏。法本如是。了知苦谛本来圣谛。元无诸苦。亦无涅槃。若如是信解。如是证入。经云。以少分方便。疾得菩提。即以智幻门。幻生其身。等众生界。同众生事。即以无碍念门。了众生根。即以师范门以成轨则。即以众艺门。训诲众生。即以无依道场门。法无所著。即以无念门。念而不著。

即以淨智光明門遍照無礙。安立諸法度脫眾生。
即以無盡相門不壞色身。即以誠願語門出言誠
諦。即以幻住門常住世間。成就眾生諸纏解脫。如
是十法。即是善財童子等覺位內善知識利安眾
生之門。令諸學者頓修悟入。行此十法利安眾生。
善住世間解脫法門。殊非如二乘之眾厭苦集樂
滅道之法也。亦非留惑樂空出纏別求淨土也。

校訛

第五紙十二行住宋作任第九紙十二行如此下似十迴向文闕
第十紙八行立宋作位第十六紙十六行若非之非東譯作此十三
行將東藏板作作第十七紙十四行前宋作中第二十一紙十
八行終東譯板作跋第二十四紙一行摩東譯板作礙第二十六
紙十一行大東譯板作末

即以净智光明门。恒照无碍。安立诸法。度脱众生。即以无尽相门。不坏色身。即以诚愿语门。出言诚谛。即以幻住门。常住世间。成就众生。诸根解脱。如是十法。即是善财童子。等觉位内善知识。利安众生之门。令诸学者顿修悟入。行此十法。利安众生。善住世间解脱法门。殊非如三乘之众。厌苦集乐灭道之法也。亦非留惑乐空出缠。别求净土也。

第五明見佛差別

夫佛身性相一體無差。器有萬端。依根各異。情存
想隔。見絕體齊。身立影生。情習佛異。佛由情應。以
此乖眞。心盡情亡。智身自稱。隨緣無作。動寂俱眞。
如是相應。名毗盧遮那佛也。毗盧遮那者。名種種
光明徧照也。以法身悲智。示相教光。用對諸根。隨
情現色。爲情乖相別。見異佛殊。以體用混收。本是
毗盧遮那一智身也。只可歸眞去假。不可滯假亡
眞。略立十門見佛差別。使得留心創信者返末而
還源也。一人中見佛。但有三十二相。二諸天見佛
但有八十種好。三諸龍見佛。或同人所見。或見但
爲大龍王也。餘畜例然。四諸仙人見佛。但見仙人。
五諸餘外道還見佛與己同類。六八部神等見佛
與己爲王。七小乘人見佛爲大聲聞。八緣覺人見
佛還爲緣覺。九權教中菩薩見佛。但爲三千大千
世界之主。福智充徧三千大千世界。十一乘教中

第五明见佛差别 。

夫佛身性相。一体无差。器有万端。依根各异。情存相隔。见绝体齐。身立影生。情留佛异。佛由情应。以此乖真。心尽情亡。智身自称。随缘无作。动寂俱真。如是相应。名毗卢遮那佛也。毗卢遮那者。名种种光明遍照也。以法身悲智。示相教光。用对诸根。随情现色。为情乖相别。见异佛殊。以体用混收。本是毗卢遮那一智身也。只可归真去假。不可滞假亡真。略立十门见佛差别。使得留心创信者。返末而还源也。一。人中见佛。但有三十二相。二。诸天见佛。但有八十种好。三。诸龙见佛。或同人所见。或见但为大龙王也。余畜例然。四。诸仙人见佛。但见仙人。五。诸余外道。还见佛与己同类。六。八部神等。见佛与己为王。七。小乘人见佛。为大声闻。八。缘觉人见佛。还为缘觉。九。权教中菩萨见佛。但为三千大千世界之主。福智充遍三千大千世界。十。一乘教中菩薩見佛爲十佛刹塵蓮華藏世界海爲法界主具云十佛刹塵蓮華藏世界爲明無盡總攝一切刹故福智充滿一切諸刹無盡相海重重故如上十種見佛不同皆由發心之時信樂差別以信樂力故見佛不同是故當知發心之者發廣大心信廣大教門發廣大願行廣大行入廣大智利益成就無盡衆生卽得速成菩提行願福智悉皆圓滿若不如是終非畢竟成大菩提勞而功少何如直往一切智之本智中也

第六明說教時分

夫創證覺心道源虛寂智圓三世始終俱盡會萬象齊有無混去來印今古豁達唯神恬怕應眞情亡智立想絕悲存圓聲遐布隨根受益一雨普滋百卉齊得如空谷響稱擊成音諸機獲益任智無心刹那無際爲存古今略依權實且立十種教起前後時分不同第一如力士經說佛初成道一七日思惟已卽於鹿園說法第二如大品經說佛初鹿苑轉四諦法輪無量衆生發聲聞心乃至獨覺心大菩提心等第三如法華經說三七日詣鹿園說法第四如四分律及薩婆多論六七日方說法

菩萨见佛。为十佛刹尘莲华藏世界海。为法界主。具云十佛刹尘莲华藏世界。为明无尽。总摄一切刹故。福智充满一切诸刹。无尽相海重重故。如上十种见佛不同。皆由发心之时。信乐差别。以信乐力故。见佛不同。是故当知发心之者。发广大心。信广大教门。发广大愿行广大行。入广大智。利益成就无尽众生。即得速成菩提行愿。福智悉皆圆满。若不如是。终非毕竟成大菩提。劳而功少。何如直往一切智之本智中也 。

第六明说教时分 。

夫创证觉心。道源虚寂。智圆三世。始终俱尽。会万象。齐有无。混去来。印今古。豁达唯神。恬怕应真。情亡智立。想绝悲存。圆声遐布。随根受益。一雨普滋。百卉齐得。如空中响。称击成音。诸机获益。任智无心。刹那无际。焉存古今。略依权实。且立十种教起前后时分不同。第一如力士经说。佛初成道。一七日思惟已。即于鹿园说法。第二如大品经说。佛初鹿苑。转四谛法轮。无量众生。发声闻心。乃至独觉心。大菩提心等。第三如法华经说。三七日诣鹿园说法。第四如四分律。及萨婆多论。六七日方说法。

第五如典起行經及出曜經。七七日方說法第六
如五分律。八七日方說法。第七如大智論。五七日
方說法。第八如十二遊經。一年不說法。第九依今
唐朝藏法師判如來成道定經一七日後方說華
嚴經。第十通玄今依此華嚴經法界門。總不依如
上所說。如此經以法界尒智性自體用理事大悲
本實爲宗。不依情量時分之說。古今見盡。常轉法
輪。無始無終。法本如是。如上所說。總依根自見時
分。並非如來有此不同。如來本法智體。並無時分
可立。但使令心信解法界無時。即是如來說法時
也。情亡心盡任智利人。即是如來成佛轉法輪時
也。若也情存立見。云如來如是時出世。如是時說
法者。並不依佛見。總是自情。如此華嚴經教門。即
是無始無終。爲門不可逐情強立時分。此經乃是
無時之時。一切時說。如法華經云。吾從成佛已來
經無量阿僧祇劫。若量既本無。知欲將何爲說法
時也。皆是如來一智用。一圓音。一刹那時。以無時
之時。爲說法時也。

第七明淨土權實

夫以滔滔智海。茫茫莫究其涯。淼淼真源。蕩蕩罕

第五如典起行经。及出曜经。七七日方说法。第六如五分律。八七日方说法。第七如大智论。五七日方说法。第八如十二游经。一年不说法。第九依今唐朝藏法师。判如来成道。定经二七日后。方说华严经。第十通玄今依此华严经法界门。总不依如上所说。如此经以法界本智性自体用理事大悲本实为宗。不依情量时分之说。古今见尽。常转法轮。无始无终。法本如是。如上所说。总依根自见时分。并非如来有此不同。如来本法智体。并无时分可立。但使令心信解法界无时。即是如来说法时也。情亡心尽。任智利人。即是如来成佛转法轮时也。若也情存立见。云如来如是时出世。如是时说法者。并不依佛见。总是自情。如此华严经教门。即是无始无终为门。不何逐情强立时分。此经乃是无时之时。一切时说。如法华经云。吾从成佛已来。经无量阿僧祇劫者。量既本无。知欲将何为说法时也。皆是如来一智用。一圆音。一刹那时。以无时之时。为说法时也 。

第七明净土权实 。

夫以滔滔智海。茫茫莫究其涯。淼淼真源。荡荡罕尋其際遮那法界體相括於塵沙方廣靈門淨穢互參於無極但隨自修業用見境不同致使聖說乖違依根不定或權分淨土於他國指穢境於娑婆或此處爲化儀示上方爲實報文殊住居東國金色世界而來觀音身處西方安樂妙土而至如是權儀各別啟蒙的信無依今以略會諸門令使創修有託約中十種以定指南第一阿彌陀淨土第二無量壽觀經淨土第三維摩經淨土第四梵網經淨土第五摩醯首羅天淨土第六涅槃經中所指淨土第七法華經三變淨土第八靈山會所指淨土第九唯心淨土第十毗盧遮那所居淨土第一阿彌陀淨土者此爲一分取相凡夫未信法空實理以專憶念念想不移以專誠故其心分淨得生淨土是權未實第二無量壽觀經淨土者爲一分未信法空實理衆生樂妙色相者令使以其心想想彼色像想成就故而生佛國此權非實第三維摩經淨土者佛以足指按地加其神力暫現還無是實報土未具陳廣狹是實未廣第四梵網經淨土者雖說一大華王而有千華一一華上有百億化佛教化百億四天下衆生然彼千華及彼

寻其际。遮那法界。体相括于尘沙。方广灵门。净秽互参于无极。但随自修业用。见境不同。致使圣说乖违。依根不定。或权分净土于他国。指秽境于娑婆。或此处为化仪。示上方为实报。文殊住居东国。金色世界而来。观音身处西方。安乐妙土而至。如是权仪各别。启蒙的信无依。今以略会诸门。令使创修有托。约申十种。以定指南。第一阿弥陀净土。第二无量寿观经净土。第三维摩经净土。第四梵网经净土。第五摩醯首罗天净土。第六涅槃经中所指净土。第七法华经三变净土。第八灵山会所指净土。第九唯心净土。第十毗卢遮那所居净土。第一阿弥陀净土者。此为一分取相凡夫。未信法空实理。以专忆念。念想不移。以专诚故。其心分净。得生净土。是权非实。第二无量寿观经净土者。为一分未信法空实理众生。乐妙色相者。令使以其心想。想彼色像。想成就故。而生佛国。此权非实。第三维摩经净土者。佛以足指按地。加其神力。暂现还无。是实报土。未具陈广狭。是实未广。第四梵网经净土者。虽说一大华王。而有千华。一一华上。有百亿化佛。教化百亿四天下众生。然彼千华。及彼

華王。爲三乘菩薩見未廣故。分示報境未成圓滿
是權未實第五摩醯首羅天淨土者如來於彼坐
寶蓮華座。成等正覺以爲實報。此閻浮提摩竭提
國菩提場中。成正覺者是化。此爲三乘中權教菩
薩染淨未亡者說。言此閻浮提及六天等是欲界
有漏。彼上界摩醯首羅天是無漏故。心存染淨彼
此未亡。此爲權教。未爲實說第六涅槃經所指淨
土者。云如來有實報淨土在西方過三十二恒河
沙佛土外者。爲三乘權教一分染淨未亡者言。此
三千大千世界總是穢土。權推如來報境淨土在
西方。此權非實。第七法華經三變淨土者。此爲三
乘權教菩薩染淨未亡者言。移諸人天置於他土
是權非實。第八靈山會所指淨土者。此引三乘中
權教菩薩染淨未亡者。令知此土即穢恆淨。諸衆
信可。未能自見是實非權。信而未見。第九唯心淨
土者。自證自心當體無心性唯眞智不念淨穢稱
眞任性。心無罣礙。無貪嗔癡。任大悲智安樂衆生
是實淨土。以自淨故。教化衆生令他亦淨故是故
維摩經云。隨其心淨即佛土淨。欲得淨土當淨其
心。第十毗盧遮那所居淨土者。即居十佛刹塵蓮

华王。为三乘菩萨见未广故。分示报境。未成圆满。是权未实。第五摩醯首罗天净土者。如来于彼坐宝莲华座。成等正觉。以为实报。此阎浮提。摩竭提国。菩提场中。成正觉者。是化。此为三乘中权教菩萨。染净未亡者说。言此阎浮提。及六天等。是欲界有漏。彼上界摩醯首罗天。是无漏故。心存染净。彼此未亡。此为权教。未为实说。第六涅槃经所指净土者。云如来有实报净土在西方。过三十二恒河沙佛土外者。为三乘权教。一分染净未亡者言。此三千大千世界总是秽土。权推如来报境净土在西方。此权非实。第七法华经三变净土者。此为三乘权教菩萨。染净未亡者言。移诸人天置于他土。是权非实。第八灵山会所指净土者。此引三乘中权教菩萨染净未亡者。令知此土即秽恒净。诸众信可。未能自见。是实非权。信而未见。第九唯心净土者。自证自心。当体无心。性唯真智。不念净秽。称真任性。心无挂碍。无贪嗔痴。任大悲智。安乐众生。是实净土。以自净故。教化众生。令他亦净故。是故维摩经云。唯其心净。即佛土净。欲得净土。当净其心。第十毗卢遮那所居净土者。即居十佛刹尘莲華佛國土。淨穢總含。無穢無淨。無有上下彼此自他之相。一一佛土皆充法界。無相障隔。略言十佛剎塵國土。為知無盡佛國不出一塵。為無大小故不立限量故。以法為界。不限邊際。相海純雜。色像重重。此為實報。非是權收。

大方廣佛新華嚴經論卷第七

第八明攝化境界

夫佛境無邊。順機各異。隨情廣狹。見有差殊。非是如來分其量數。情微即境狹。量廣即境寬。若也智契真源。佛境彌綸法界。或見閻浮為化境。或見四洲以濟生。或見形滿大千。或見報身十海。如是種種器有萬端。設教不同。千差萬別。發蒙始學。憑准何依。略示五門。識其權實。使得捨諸條而從本。返末而還源。速證菩提。無令稽滯。一人中見佛境界。二諸天見佛境界。三二乘見佛境界。四權教菩薩見佛境界。五實教菩薩見佛境界。第一人中見佛但見化一閻浮提眾生。第二諸天見佛者。但隨自見境見佛亦然。隨自見廣狹故。如帝釋梵王及諸天王即是菩薩位。即依菩薩位配。所見佛攝化境界廣狹。不可依諸凡見天人之類。如帝釋即是二地菩薩位。乃至漸昇至梵天王。是十地菩薩位也。

华佛国土。净秽总含。无秽无净。无有上下彼此自他之相。一一佛土。皆充法界。无相障隔。略言十佛刹尘国土。为知无尽佛国。不出一尘。为无大小故。不立限量故。以法为界。不限边际。相海纯杂。色像重重。此为实报。非是权收 。

大方广佛新华严经论卷第七

第八明摄化境界 。

夫佛境无边。顺机各异。随情广狭。见有差殊。非是如来分其量数。情微即境狭。量广即境宽。若也智契真源。佛境弥纶法界。或见阎浮为化境。或见四洲以济生。或见形满大千。或见报身十海。如是种种。器有万端。设教不同。千差万别。发蒙始学。凭准何依。略示五门。识其权实。使得舍诸条而从本。返末而还源。速证菩提。无令稽障。一人中见佛境界。二诸天见佛境界。三二乘见佛境界。四权教菩萨见佛境界。五实教菩萨见佛境界。第一人中见佛。但见化一阎浮提众生。第二诸天见佛者。但应自见境。见佛亦然。随自见广狭故。如帝释梵王。及诸天王。即是菩萨位。即依菩萨位。配所见佛摄化境界广狭。不可依诸凡见天人之类。如帝释。即是二地菩萨位。乃至渐升至梵天王。是十地菩萨位也。

或時以佛暫時佛神通力。成就眾生。亦令人天中凡夫及二乘并小菩薩總得見佛報土境界故。即如維摩經佛以足指按地所現淨土是也。或時以佛神力亦令人天總得相見故。即如大集經中所說寶坊之上處欲界上色界下。大集人天之眾總在其中。如彼經說。第三二乘中羅漢見佛攝化境界者。如大羅漢以天眼力。得見佛攝化三千大千之境界也。即如阿那律云。我以天眼。見釋迦牟尼佛土。三千大千世界。如觀掌中庵摩勒菓。如小羅漢即不定。或見佛攝化一閻浮提。此即以久伏忍力能斷結使。未有定力。亦名斷結。未有神力通變等事。如以大羅漢。或見佛攝化四洲。及上三界境界也。此廣說在小乘諸部中。第四權教菩薩見佛攝化境界者。初地百佛。二地千佛。三地萬佛境界以此漸增。如三乘大乘教說。第五實教菩薩見佛攝化境界者。初地菩薩即見多百佛多千佛。即是無盡之百。不是一百之百。二地菩薩即見多千佛等。即是無盡之千故。三地菩薩即云多千萬等。以實之說。諸地菩薩皆悉齊見。如帝網等。三賢菩薩亦然。非但十佛刹塵蓮華藏為其報境。法界虛空或时以佛暂时佛神通力。成就众生。亦令人天中。凡夫及二乘。并小菩萨。总得见佛报土境界故。即如维摩经。佛以足指按地。所现净土是也。或时以佛神力。亦令人天总得相见故。即如大集经中。所说宝坊之上。处欲界上色界下。大集人天之众。总在其中。如彼经说。第三二乘中罗汉。见佛摄化境界者。如大罗汉以天眼力。得见佛摄化三千大千之境界也。即如阿那律云。我以天眼。见释迦牟尼佛土。三千大千世界。如观掌中庵摩勒果。如小罗汉即不定。或见佛摄化一阎浮提。此即以久伏忍力。能断结使。未有定力。亦名断结。未有神力通变等事。如以此罗汉。或见佛摄化四洲。及上三界境界也。此广说在小乘诸部中。第四权教菩萨见佛摄化境界者。初地百佛。二地千佛。三地万佛。境界以此渐增。如三乘大乘教说。第五实教菩萨见佛摄化境界者。初地菩萨。即见多百佛。多千佛。即是无尽之百。不是一百之百。二地菩萨。即见多千佛等。即是无尽之千故。三地菩萨。即云多千万等。以实之说。诸地菩萨。皆悉齐见。如帝网等。三贤菩萨亦然。非但十佛刹尘莲华藏为其报境。法界虚空。

總皆平等。爲十住初心初見道時卽已無大小見故。卽總見佛化境皆如法界不分大小。行布之中。寄位階降。如此經初地見多百佛境界者。卽明滿義故。非如三乘單百之百。此多百者卽齊無盡之數故。如三乘教化佛卽攝一四天下。報佛卽云攝化千百億四天下爲一釋迦報境。如梵網經所說如華嚴經所說毗盧遮那攝化境界。且約立一大蓮華藏世界海。廣大無際。與法界虛空等。但爲化衆生故約陳形狀。令衆生心廣大發開狹劣心故。於此大蓮華中總言有十不可說佛刹微塵數世界種。爲教文有限。且立其一百一十一箇世界種中心有十一箇世界種。上下各具二十重蓮華藏世界。最下重中有一佛世界微塵數廣大世界圍繞。次上第二重二佛世界微塵數。次上第三重三佛世界微塵數。此十一箇世界種皆悉如是。從下向上轉轉倍增。最上重中具足二十佛世界微塵數廣大刹。一一刹各有十佛刹微塵數諸小刹圍繞。其十一箇二十重世界外有一百箇一重世界種圍繞十一箇二十重世界。此一百箇世界種外。近金剛山復有十箇四重世界種。其中國刹重重总皆平等。为十住初心。初见道时。即已无大小见故。即总见佛化境。皆如法界。不分大小。行布之中。寄位阶降。如此经。初地见多百佛境界者。即明满义故。非如三乘单百之百。此多百者。即齐无尽之数故。如三乘教。化佛即摄一四天下。报佛即云摄化千百亿四天下。为一释迦报境。如梵网经所说。如华严经所说毗卢遮那摄化境界。且约立一大莲华藏世界海。广大无际。与法界虚空等。但为化众生故。约陈形状。令众生心广大发开狭劣心故。于此大莲华中。总言有十不可说佛刹微尘数世界种。为教文有限。且立其一百一十一个世界种。中心有十一个世界种。上下各具二十重莲华藏世界。最下重中。有一佛世界微尘数广大世界围绕。次上第二重。二佛世界微尘数。次上第三重。三佛世界微尘数。此十一个世界种。皆悉如是。从下向上。转转倍增。最上重中。具足二十佛世界微尘数广大刹。一一刹。各有十佛刹微尘数诸小刹围绕。其十一个二十重世界外。有一百个一重世界种。围绕十一个二十重世界。此一百个世界种外。近金刚山。复有十个四重世界种。其中国刹。重重

之內。如上所說。於金剛山內。圍繞如上諸世界種
等。如天帝網分布而住。如來所化周偏其間淨穢
純雜諸世界海等。如三乘中所說世界種者。數三
千大千之刹至一恆河沙為一世界性。數性世界
至恆河沙為一世界海。數海世界至恆河沙為一
世界種。如此經世界並數一佛刹微塵。一佛刹微
塵。二佛刹微塵。如是倍增至最上重中。二十佛刹
微塵數世界。如是上下通數總二百一十佛刹微
塵數廣大刹始成一世界種。非為恆沙以限其數。
三乘之中多取恆河沙數為量。如此經中常取一
佛刹塵十佛刹塵為表無盡為其數。如是增廣令
小狹劣眾生知佛攝化境界。發菩提心。其佛攝化
境界。一一塵中境界與法界虛空界等。不言獨化
三千大千世界。於中表法。至後釋華藏世界品廣
明。

第九明因果延促

夫法界圓寂無始無終。理智虛空非因非果。但為
有情存量假寄其名。情亡量絕何名能立。名不自
施本由量起。量亡情盡名亦自真。今以無名之真
名談無果之真果。以無說之真說談無因之真因

之内。如上所说。于金刚山内。围绕如上诸世界种等。如天帝网。分布而住。如来所化。周遍其间净秽纯杂诸世界海等。如三乘中所说世界种者。数三千大千之刹至一恒河沙。为一世界性。数性世界至恒河沙。为一世界海。数海世界至恒河沙。为一世界种。如此经世界。并数一佛刹微尘。二佛刹微尘。三佛刹微尘。如是倍增。至最上重中。二十佛刹微尘数世界。如是上下通数总二百一十佛刹微尘数广大刹。始成一世界种。非为恒沙以限其数。三乘之中。多取恒河沙数为量。如此经中。常取一佛刹尘。十佛刹尘。为表无尽为其数。如是增广。令小狭劣众生。知佛摄化境界。发菩提心。其佛摄化境界。一一尘中境界。与法界虚空界等。不言独化三千大千世界。于中表法。至后释华藏世界品广明。

第九明因果延促。

夫法界圆寂。无始无终。理智虚空。非因非果。但为有情存量。假寄其名。情亡量绝。何名能立。名不自施。本由量起。量亡情尽。名亦自真。今以无名之真名。谈无果之真果。以无说之真说。说无因之真因。

啟蒙之士不可以滯其名。始學之流不可以廢其說。滯名則名立。廢說則言亡。當可任性隨緣起爲法起。若無緣者滅唯法滅有此法者性不相知。今談因果延促如空中鳥跡如石女之子但爲衆生情有愚智。隨心照或遲速不同。劈竹登梯稱機各別。因茲之類延促不同。非謂日月與作時分。教不自施因機故起。教隨根應有根教生。今以依根約立十門因果延促。使得啟蒙之士後學無疑也。第一小乘善來得阿羅漢果。第二小乘一生得阿羅漢果。第三小乘三生得阿羅漢果。第四小乘六十劫得阿羅漢果。第五緣覺四生得緣覺果。第六緣覺遲經百劫得緣覺果。第七依權教菩薩成佛。定經三僧祇劫得成佛果。第八依法華經實教會三歸一。令龍女一刹那成佛。破彼三乘經於多劫方始成佛。第九華嚴經說兜率天子三生得十地果。第十善財童子一生成佛。如上所說皆是三乘及一乘聖教依根約器所說。各各依其部教。自有和會。今欲廣引諸義文句繁多。根有萬端依根教別。今以略分十種大意得果延促不同。意令知權向實不滯虛乘。入眞實門速成佛道。如龍女。破三乘启蒙之士。不可以滞其名。始学之流。不可以废其说。滞名则名立。废说则言亡。当可任性随缘。起为法起。若无缘者。灭唯法灭。有此法者。性不相知。今谈因果延促。如空中鸟迹。如石女之子。但为众生。情有愚智。随心照惑。迟速不同。劈竹登梯。称机各别。因兹之类。延促不同。非谓日月。与作时分。教不自施。因机故起。教随根应。有根教生。今以依根。约立十门因果延促。使得启蒙之士。后学无疑也。第一小乘善来得阿罗汉果。第二小乘一生得阿罗汉果。第三小乘三生得阿罗汉果。第四小乘六十劫得阿罗汉果。第五缘觉四生得缘觉果。第六缘觉迟经百劫得缘觉果。第七依权教菩萨成佛。定经三僧祇劫。得成佛果。第八依法华经实教。会三归一。令龙女一刹那成佛。破彼三乘经于多劫方始成佛。第九华严经说。兜率天子三生得十地果。第十善财童子一生成佛。如上所说。皆是三乘及一乘圣教。依根约器所说。各各依其部教。自有和会。今欲广引诸义。文句繁多。根有万端。依根教别。今以略分十种大意。得果延促不同。意令知权向实。不滞虚乘。入真实门。速成佛道。如龙女。破三乘之定劫。成刹那之實門，涅槃經屠兒廣額授賢劫中成佛之記者。破闡提之無性說，越三僧祇之功。兜率天子明一乘之教，殊勝之力，聞之生信，爲不修故，設入地獄中，亦能成種，蒙光觸身，來生兜率天上，登十地位，一如隨好光明功德品說。舉此一事，意令信此諸佛所乘。以難信故，信即必定成種，爲信解，內熏必至成佛。設暫著樂，遇苦便修，若至十住初心位，齊十地，更無退轉。如善財童子一生成佛者。明於十住初心一刹那際，情亡想盡，三世一念，更無所生，名爲一生。不取存情立劫時分之生。如是無生，便成佛果。如本生故，名爲一生。還同龍女一刹那際情盡時亡，名之爲佛。

第十明會教始終

夫慧日世尊，稱法界而徧照；智周萬有，與凡聖而同眞。理事互融，體用相入，即四十品之勝典，終始交羅；百萬頌之妙言，前後參映。十處十會，如帝網之重重；十刹十身，若鏡像之相入。舉一門，眾門俱發；談一品，諸品齊麾。道樹始成，九天同屆；普光一集，十處咸登。今古無差，舊新一念，不離一位，便分五位之門；一行之中，乃建塵沙行海，法界體上，安之定劫。成刹那之实门。涅槃经。屠儿广额授贤劫中成佛之记者。破阐提之无性说。越三僧祇之功。兜率天子明一乘之教殊胜之力。闻之生信。为不修故。设入地狱中。亦能成种。蒙光触身。来生兜率天上。登十地位。一如随好光明功德品说。举此一事。意令信此诸佛所乘。以难信故。信即必定成种。为信解内熏。必至成佛。设暂著乐。遇苦便修。若至十住初心。位齐十地。更无退转。如善财童子。一生成佛者。明于十住初心。一刹那际。情亡想尽。三世一念。更无所生。名为一生。不取存情立劫时分之生。如是无生。便成佛果。如本生故。名为一生。还同龙女。一刹那际。情尽时亡。名之为佛 。

第十明会教始终 。

夫慧日世尊。称法界而遍照。智周万有。与凡圣而同真。理事互融。体用相入。即四十品之胜典。终始交罗。百万颂之妙言。前后参映。十处十会。如帝网之重重。十刹十身。若镜像之相入。举一门。众门俱发。谈一品。诸品齐麾。道树始成。九天同届。普光一集。十处咸登。今古无差。旧新一念。不离一位。便分五位之门。一行之中。乃建尘沙行海。法界体上。安立訓俗之詮，果德性齊。施設引生之教，文殊以賢明法體，普賢為成備行。修一人悲智參光，使得並滋齊潛法界品內。復令善財重修做此一部之經一一行其行相，菩薩拔生之軌，各令入第分明。發心求進，師資差別，具陳法則，令使童蒙易解。學者不枉功程，一念與道相應，便得超過永劫。今分十法，以紉紀綱。教體參差，略知分劑。第一明毗盧遮那始成正覺。第二明示果勸修。第三明信心成備。第四明入真實證。第五明發行修行。第六明理事相入。第七明蘊修成德。第八明隨緣無礙。第九明因果位終。第十明令凡實證。

第一明毗盧遮那始成正覺者，即世主妙嚴一品經是。言始成正覺者，以自身心證盡三世古今等法在一念中無久近相。於一念中而亦不壞眾生三世久近劫智及種種眾生差別知見智。如經智入三世而無來往。如是有十種智具在經說。如是上下前後四十品經，總於始成正覺時，於一剎那際，以法界海智印三昧門，一時頓印身色言音說諸佛法，及一切塵中諸國剎海普宣流布，及入涅槃，不移一時一際一性。皆是法如是故，前佛後佛立训俗之诠。果德性齐。施设引生之教。文殊以赞明法体。普贤为成备行修。二人悲智参光。使得云滋宝泽。法界品内。复令善财重修。仿此一部之经。一一行其行相。菩萨接生之轨。各各次第分明。发心求进。师资差别。具陈法则。令使童蒙易解。学者不枉功程。一念与道相应。便得超过永劫。今分十法。以约纪纲。教体参差。略知分剂。第一明毗卢遮那始成正觉。第二明示果劝修。第三明信心成备。第四明入真实证。第五明发行修行。第六明理事相入。第七明蕴修成德。第八明随缘无碍。第九明因果位终。第十明令凡实证。

第一明毗卢遮那始成正觉者。即世主妙严一品经是。言始成正觉者。以自身心。证尽三世古今等法。在一念中。无久近相。于一念中。而亦不坏众生三世久近劫智。及种种众生差别知见智。如经智入三世而无来往。如是有十种智。具在经说。如是上下前后四十品经。总于始成正觉时。于一刹那际。以法界海智印三昧门。一时顿印身色言音说诸佛法。及一切尘中。诸国刹海。普宣流布。及入涅槃。不移一时一际一性。皆是法如是故。前佛后佛。

古今如是總在一時隨諸眾生現差別法古今相
徵名之為始契法如是名之為成依法如是非心
造作名之為正智達斯理名之為纔此經在晉朝
初譯有三十四品今於唐朝再譯為三十九品又
檢菩薩瓔珞本業經云佛子吾先於第六天說十
地道化天人令故略開眾生心汝等受行又下文
佛子第四十一地心者名入法界心又此下文佛
子吾先於第三禪中集八禪眾說一生補處菩薩
入佛華三昧定說百萬億偈令以略說一偈之義
開眾生心汝等受持此品即在十地品後是十一
地等覺位計此品名還名佛華品為依法為名故
又下文佛子吾先在此樹下說法界海時有八萬
無垢菩薩現身得佛故今為此大眾略開佛果行
處汝應頂受如瓔珞本業經即是說華嚴經竟化
諸三乘眾來詣菩提樹下一一重敘初成正覺時
所說華嚴五位法門具如彼經說為華嚴經少十
一地一品經今將彼對勘方知亦第後有圓者不
須生疑但取彼經勘驗可知卓日今以第三禪中
說十一地佛華品即總有十處十會四十品並在
初成正覺時以一剎那際海印法門一時頓說以

古今如是。总在一时。随诸众生。现差别法。古今相彻。名之为始。契法如是。名之为成。依法如是。非心造作。名之为正。智达斯理。名之为觉。此经在晋朝初译。有三十四品。今于唐朝再译。为三十九品。又检菩萨璎珞本业经云。佛子。吾先于第六天。说十地道。化天人。今故略开众生心。汝等受行。又下文佛子。第四十一地心者。名入法界心。又此下文佛子。吾先于第三禅中。集八禅众。说一生补处菩萨。入佛华三昧定。说百万亿偈。今以略说一偈之义。开众生心。汝等受持。此品即在十地品后。是十一地等觉位。计此品名。还名佛华品。为依法为名故。又下文佛子。吾先在此树下。说法界海时。有八万无垢菩萨。现身得佛。故今为此大众。略开佛果行处。汝应顶受。如璎珞本业经。即是说华严经竟。化诸三乘众。来诣菩提树下。一一重叙初成正觉时。所说华严五位法门。具如彼经说。为华严经。少十一地一品经。今将彼对勘。方知次第。后有闻者。不须生疑。但取彼经勘验。可知皂白。今以第三禅中。说十一地佛华品。即总有十处十会四十品。并在初成正觉时。以一刹那际海印法门。一时顿说。以依本法。無前後故。爲法本如是故。以本身以本智示本法故。無重會普光明殿。及三會等事故若重重重重無盡之重。不論三會。以其法界海門。總收三世一念前後並是一時。亦無往彼重來入此。如來但以本智對現色身海印門故。一時普示。今言於普光明殿重重三會者此非如是。總是一時頓印之法。如經云。如來於一言說中。演說無邊契經海。但從法門品類爲表法故菩薩名殊。非是先來後來之衆。於法界海內。不可以情作前後之想違本法故。於一念之內。現三世事者。爲衆生故。非於本法而有三世。此爲明本法。不可從末前已覆車後須改轍。不可直推先德。以爲龜鏡。檢參經意。都無重會之名。以文字敘致法門似有重意。不觀品中經意總是敘其前後通括一時一際一法界之智用法門。如十定品。離世間品。皆云。如是我聞。一時佛在摩竭提國菩提場中。始成正覺普光明殿入刹那際三昧者。但隨法位菩薩名別。非是如來去已重來。以普光明殿爲法界果智體故。於一時之際。會其理事不離無作定門。以十定門。是法界體故。以普賢行是法界用。卽離世間品是也。會此依本法。无前后故。为法本如是故。以本身。以本智。示本法故。无重会普光明殿。及三会等事故。若重重重重无尽之重。不论三会。以其法界海门。总收三世一念。前后并是一时。亦无往彼重来入此。如来但以本智对现色身海印门故。一时普示。今言于普光明殿重重三会者。此非如是。总是一时顿印之法。如经云。如来于一言说中。演说无边契经海。但从法门品类。为表法故。菩萨名殊。非是先来后来之众。于法界海内。不可以情作前后之想。违本法故。于一念之内。现三世事者。为众生故。非于本法而有三世。此为明本法。不可从末。前已覆车。后须改辙。不可直推先德。以为龟镜。检参经意。都无重会之名。以文字叙致。法门似有重意。不观品中经意。总是叙其前后通括一时一际一法界之智用法门。如十定品。离世间品。皆云。如是我闻。一时佛在摩竭提国。菩提场中。始成正觉。普光明殿。入刹那际三昧者。但随法位菩萨名别。非是如来去已重来。以普光明殿。为法界果智体故。于一时之际。会其理事。不离无作定门。以十定门。是法界体故。以普贤行。是法界用。即离世间品是也。会此二品不離普光明殿果德大宅智之本都如此三度之說。總是一處一時一法界一會之說。非是如情所見前後往來。通餘九會。總在一會一時一法界一智海。法門重重。一時隱現無障無礙。今於一法界內。隨其進修方便行相門中。寄處表法。以分其十處十會者。一菩提場第一會。二普光明殿第二會。三昇須彌山頂第三會。四昇夜摩天第四會。五昇兜率天第五會。六昇他化自在天第六會。七昇三禪天第七會。八給孤獨園第八會。九覺城東大塔廟處第九會。十於一切國刹及塵中一切虛空法界會。名爲十處十會。普光明殿中會。此經中五位六位法門。十定妙理。普賢萬行。始終體用。十處十會。總在普光明殿一眞法界。因圓果滿報居之宅。之所含容。十方世界都爲一法一處一時一體用際。攝末歸本。不可別分作前後往來三會之說。不可以己情塵翳障眞教。又此經中諸法。皆以十爲圓數。不可但言七處九會之說。又問。何故至第七會但至三禪。集八天衆說十一地法門。何故不至第四禪天者。答曰。爲四禪天。依其次第。是佛果處。故佛正於菩提場中。正證佛果。通收四禪及二品。不离普光明殿果德大宅智之本都。如此三度之说。总是一处一时一法界一会之说。非是如情所见前后往来。通余九会。总在一会一时一法界一智海。法门重重。一时隐现。无障无碍。今于一法界内。随其进修方便行相门中。寄处表法。以分其十处十会者。一菩提场第一会。二普光明殿第二会。三升须弥山顶第三会。四升夜摩天第四会。五升兜率天第五会。六升他化自在天第六会。七升三禅天第七会。八给孤独园第八会。九觉城东大塔庙处第九会。十于一切国刹及尘中一切虚空法界会。名为十处十会。普光明殿中会。此经中五位六位法门。十定妙理。普贤万行。始终体用。十处十会。总在普光明殿一真法界。因圆果满报居之宅。之所含容。十方世界。都为一法一处一时一体用际。摄末归本。不可别分。作前后往来三会之说。不可以己情尘。翳障真教。又此经中诸法。皆以十为圆数。不可但言七处九会之说。又问。何故至第七会。但至三禅。集八天众。说十一地法门。何故不至第四禅天者。答曰。为四禅天。依其次第。是佛果处故。佛正于菩提场中。正证佛果。通收四禅。及十方世界總爲一普光明殿法界之宅報居之都更無上下往來進修所在可得之相。明佛四禪心相無依無進修處故無往來也。情絕應眞同法界故是佛第四禪以菩提樹下寄同阿蘭若處普光明殿即是本居之報宅以此三說始終因果重敘前初成佛之時。以明前後不離菩提體本智海故如此圓融始終因果成一際門。於此經中前後有六處和會也。示果勸修門中有一處。已信修行門中有四處。一如初會中普賢菩薩入如來藏身三昧以世界海漩法門示佛本源法界十蓮華藏世界海因果始終報得之門。即普賢菩薩是其行。如來藏身是其體。即明以用入體理事徹故。一毗盧遮那所坐之座。諸有莊嚴亦明因果始終體用相徹故。即以遮那佛以爲報果。以一切法空本智爲座體。以普賢萬行爲用莊嚴。以此一切莊嚴具即還以輪臺戶牖諸莊嚴具中出衆菩薩有十佛世界微塵數雨寶供佛即明如來果德常居一切法空之座普賢衆行妙用常感依報之所莊嚴。理事因果體用常相益故。又以信修行門中有四度和會因果無一門者。即普光明殿三說始成正覺攝十方世界。总为一普光明殿法界之宅报居之都。更无上下往来进修所在可得之相。明佛四禅心相。无依无进修处。故无往来也。情绝应真。同法界故。是佛第四禅。以菩提树下。寄同阿兰若处。普光明殿。即是本居之报宅。以此三说始终因果。重叙前初成佛之时。以明前后不离菩提体本智海故。如此圆融始终因果。成一际门。于此经中。前后有六处和会也。示果劝修门中有二处。已信修行门中有四处。一。如初会中。普贤菩萨。入如来藏身三昧。以世界海漩法门。示佛本源法界。十莲华藏世界海。因果始终报得之门。即普贤菩萨是其行。如来藏身是其体。即明以用入体。理事彻故。二。毗卢遮那所坐之座。诸有庄严。亦明因果始终。体用相彻故。即以遮那佛以为报果。以一切法空本智为座体。以普贤万行为用庄严。以此一切庄严具。即还以轮台户牖。诸庄严具中。出众菩萨。有十佛世界微尘数。雨宝供佛。即明如来果德。常居一切法空之座。普贤众行妙用。常感依报之所庄严。理事因果体用。常相益故。又以信修行门中。有四度和会因果无二门者。即普光明殿。三说始成正觉。摄末歸本一際法界。是一度和會。三十七品名如來出現品。如來放眉間光灌文殊頂。放口中光灌普賢口。令此二人共相問答。說佛出現果德之門。即文殊爲本智法體。普賢爲行。爲明和會體用徹故。以此徹處即名爲佛。初會中佛即明佛所自成佛也。三十七品中佛即明菩薩自力所及也。因初佛故。而起信進所修。以信進修行故自力所及自佛果故。以自佛果與前所信無異故。三祇圓之中如來以師子頻伸三昧門舉五位因果。導利人天。四。善財童子彌勒樓閣中和會文殊普賢始終因果。及彌勒菩薩始終因果都爲一際。體用徹故通前示果勸修門中普賢菩薩毗盧遮那二處和會。及後普光明殿如來出現品給孤獨園及彌勒樓閣四處。通爲六處和會體用因果無二。一際法門。是故彌勒樓閣名毗盧遮那莊嚴藏。與初會中普賢菩薩所入三昧名如來藏身。前後名字一相似故。但取經文品類意況尋之參驗可見。如來會通總爲一時一際。以刹那際根本智宅門出生滅度及常住在世轉正法輪總無虧一念成正覺時是故經言智入三世而無來往。此經總有十處十會末归本一际法界。是一度和会。二。三十七品名如来出现品。如来放眉间光。灌文殊顶。放口中光。灌普贤口。令此二人共相问答。说佛出现果德之门。即文殊为本智法体。普贤为行。为明和会体用彻故。以此彻处。即名为佛。初会中佛。即明佛所自成佛也。三十七品中佛。即明菩萨自力所及也。因初佛故。而起信进所修。以信进修行故。自力所及自佛果故。以自佛果。与前所信无异故。三。祇园之中。如来以师子频伸三昧门。举五位因果导利人天。四。善财童子。弥勒楼阁中。和会文殊普贤始终因果。及弥勒菩萨始终因果。都为一际。体用彻故。通前示果劝修门中。普贤菩萨。毗卢遮那。二处和会。及后普光明殿。如来出现品。给孤独园。及弥勒楼阁。四处。通为六处。和会体用因果无二。一际法门。是故弥勒楼阁。名毗卢遮那庄严藏。与初会中。普贤菩萨所入三昧。名如来藏身。前后名字一相似故。但取经文品类意况寻之。参验可见。如来会通。总为一时一际。以刹那际根本智宅门。出生灭度。及常住在世。转正法轮。总无亏一念成正觉时。是故经言。智入三世而无来往。此经总有十处十会四十品經。於九會中雲集都眾總有三百四十二種眾。并第三禪中一會九種眾亦在其數。如是之眾各各云有佛世界微塵數。或云十佛世界微塵數。如是眾會一時俱會在始成正覺一剎那際。猶如大海周徧十方。互相參映無障無礙。若以第十會一切國剎及塵中虛空法界一切會中者。即十方世界虛空法界及纖塵之內。及一切眾生身塵毛孔海會如海。十方無間重重重重無盡無盡。諸佛菩薩眾海常然。三世一念古今咸即今時之際。過去未來無盡之劫同時無虧。一念成正覺時也。如是時體成佛不成佛覺與不覺時法如是故。

第二明示果勸修者。即如來現相品普賢三昧品世界成就品華藏世界品毗盧遮那品。如是五品經是也。於現相品如來口中眾齒之間放光。以光中音聲十方告眾。使令咸集普賢菩薩為佛長子。治佛家法入佛三昧。舉佛果德令眾欽愛起信樂修。如來於自身及座舉體用因果門令眾咸知。以佛自身為法界大智身。以諸莊嚴具為普賢行用報果。以一切法空為座身。以此三法齊平與悲智門無始無終。示悟眾生名之為佛。如來又於眉間四十品经。于九会中。云集都众。总有三百四十二种众。并第三禅中一会。八种众。亦在其数。如是之众。各各云有佛世界微尘数。或云十佛世界微尘数。如是众会。一时俱会。在始成正觉一刹那际。犹如大海。周遍十方。互相参映。无障无碍。若以第十会。一切国刹及尘中虚空法界一切会中者。即十方世界虚空法界。及纤尘之内。及一切众生身尘毛孔。海会如海。十方无间。重重重重。无尽无尽。诸佛菩萨众海常然。三世一念。古今咸即今时之际。过去未来无尽之劫同时。无亏一念成正觉时也。如是时体。成佛不成佛。觉与不觉时。法如是故 。

第二明示果劝修者。即如来现相品。普贤三昧品。世界成就品。华藏世界品。毗卢遮那品。如是五品经是也。于现相品。如来口中众齿之间放光。以光中音声。十方告众。使令咸集。普贤菩萨。为佛长子。治佛家法。入佛三昧。举佛果德。令众敬爱。起信乐修。如来于自身及座。举体用因果门。令众咸知。以佛自身。为法界大智身。以诸庄严具。为普贤行用报果。以一切法空。为座身。以此三法齐平。兴悲智门。无始无终。示悟众生。名之为佛。如来又于眉间毫相中放光明名一切菩薩智光明普照耀十方世界藏其狀猶如寶色燈雲普照十方世界已右遶於佛從足下入及於眉間毫相之內出十佛世界微塵數菩薩眾於其佛前共坐一蓮華之座復讚歎佛境界甚深此明因果無二光入足下明以果成因眉間光者十地智果之光令入佛足下以果成因十信之位還從足下輪中出此光也至十住位內次至足指端出十行之內從足趺上出十迴向之內膝上出十地之內還至眉間出終而復始毫相光明是十地之果光其中出菩薩是其因行明因從果出明此已上五品經是示佛果德令眾信樂故

第二明信心成備者即第一會中如來名號品四聖諦品光明覺品菩薩問明品淨行品賢首品已上六品經是也此六品經共成十信之一位一如來名號品信佛名號十方世界隨生不同一四聖諦品信知十方世界法門名字差殊皆以四聖諦爲本三光明覺品知光明本從果而來入佛足下今還從足下放彼果光用成信位四菩薩問明品信菩薩所問之法門五淨行品明信菩薩淨行從

毫相中放光明。名一切菩萨智光明普照耀十方世界藏。其状犹如宝色灯云。普照十方世界已。右绕于佛。从足下入。及于眉间毫相之内。出十佛世界微尘数菩萨众。于其佛前。共坐一莲华之座。复赞叹佛境界甚深。此明因果无二。光入足下。明以果成因。眉间光者。十地智果之光。今入佛足下。以果成因。十信之位。还从足下轮中出此光也。至十住位内。次至足指端出。十行之内。从足趺上出。十回向之内。膝上出。十地之内。还至眉间出。终而复始。毫相光明。是十地之果光。其中出菩萨。是其因行。明因从果出。明此已上五品经。是示佛果德。令众信乐故 。

第三明信心成备者。即第二会中。如来名号品。四圣谛品。光明觉品。菩萨问明品。净行品。贤首品。已上六品经是也。此六品经共成十信之一位。一如来名号品。信佛名号。十方世界。随生不同。二四圣谛品。信知十方世界法门名字差殊。皆以四圣谛为本。三光明觉品。知光明本从果而来入佛足下。今还从足下放彼果光。用成信位。四菩萨问明品。信菩萨所问之法门。五净行品。明信菩萨净行。从大願力生。六賢首品。信知成佛以信爲首。信此六品法門。共成信位。此六品經。於普光明殿中說。以普光明殿是佛智用果滿報居之本宅。還從中說信位法門。爲明說果成信。既信果德。從茲已後。至十地十一地佛華品已來。方明入道進修五位成滿階降同別。一通一切通。爲從因至果不隔時故。皆以根本不動智等十箇佛以爲所信之門。還以自心根本不動智佛。以爲會體用故。

第四明入眞實證者。從第三會昇須彌山頂上。於如來兩足指端放光明。於中說六品經。是一昇須彌山頂品。二須彌頂上偈讚品。三十住品。四梵行品。五初發心功德品。六明法品。此六品經中。如須彌山頂品及偈讚品兩品經。是帝釋諸天。迎讚如來歎佛功德及處之勝。十住品。梵行品。初發心功德品。明法品。四品經。明創證法門。住佛所住。生在佛家。同佛智性。功德解行。理智如佛。初發心時便成正覺。此會兩足指端放光者。明初證法門發足之始。昇須彌山頂者。明從前信心今昇十住法王山頂。至法之際智照無礙。如上高山至相盡處故。又山者表定能發慧故。從茲已去住法無功始終大愿力生。六贤首品。信知成佛以信为首。信此六品法门。共成信位。此六品经。于普光明殿中说。以普光明殿。是佛智用果满报居之本宅。还从中说信位法门。为明说果成信。既信果德。从兹以后。至十地十一地佛华品已来。方明入道进修。五位成满阶降同别。一通一切通。为从因至果不隔时故。皆以根本不动智等十个佛。以为所信之门。还以自心根本不动智佛。以为会体用故 。

第四明入真实证者。从第三会升须弥山顶上。于如来两足指端放光明。于中说六品经是。一升须弥山顶品。二须弥顶上偈赞品。三十住品。四梵行品。五初发心功德品。六明法品。此六品经中。如须弥山顶品。及偈赞品。两品经。是帝释诸天。迎赞如来。叹佛功德及处之胜。十住品。梵行品。初发心功德品。明法品。四品经。明创证法门。住佛所住。生在佛家。同佛智性。功德解行。理智如佛。初发心时。便成正觉。此会两足指端放光者。明初证法门发足之始。升须弥山顶者。明从前信心。今升十住法王山顶。至法之际。智照无碍。如上高山。至相尽处故。又山者。表定能发慧故。从兹以去。任法无功。始终俱佛。不從八地方具無功瓔珞經云。三賢菩薩法流水中。任運至佛。初水後水。一性水者。因佛果佛一性佛故。於其中間無初中後。不隔念故。依本法故。無念可隔。因果便終。一念相應。一念佛故。不論相好及與神通相好神通。從此正覺中得。若證正覺。卽不著諸相。但以覺道恆相應故通變相好。不求自至。設至於後福智終時。三世一時不隔念故。

第五發行修行者。從第四會昇夜摩天上。於如來兩足趺上放光。說四品經。一昇夜摩天宮品。二夜摩天宮偈讚品。三十行品。四十無盡藏品。如此會中。昇夜摩天宮品夜摩天宮偈讚品兩品。是諸天迎佛讚歎佛功德及歎處之勝。十行品十無盡藏品兩品經。明從智身具普賢行。悲智具足理智行門所成依正二報福智無盡。此位從如來兩足上放光及昇夜摩天上說者。爲明從須彌山頂至相盡際證佛智身至夜摩天下。依法空本智起普賢萬行門故。以處表法。令易解故。如彼諸天離地際故。此天依空而住。爲明十行依本智法空而行故。

第六明理事相入者。從第五會昇兜率天宮。於如來膝上放光。說十迴向有三品經。一昇兜率天宮俱佛。不从八地方具无功。璎珞经云。三贤菩萨。法流水中。任运至佛。初水后水。一性水者。因佛果佛。一性佛故。于其中间。无初中后。不隔念故。依本法故。无念可隔。因果便终。一念相应。一念佛故。不论相好及与神通。相好神通。从此正觉中得。若证正觉。即不著诸相。但以觉道恒相应故。通变相好。不求自至。设至于后。福智终时。三世一时。不隔念故。第五发行修行者。从第四会升夜摩天上。于如来两足趺上放光。说四品经。一升夜摩天宫品。二夜摩天宫偈赞品。三十行品。四十无尽藏品。如此会中。升夜摩天宫品。夜摩天宫偈赞品。两品。是诸天迎佛。赞叹佛功德。及叹处之胜。十行品。十无尽藏品。两品经。明从智身。具普贤行。悲智具足。理智行门。所成依正二报。福智无尽。此位从如来两足上放光。及升夜摩天上说者。为明从须弥山顶。至相尽际。证佛智身。至夜摩天下。依法空本智。起普贤万行门故。以处表法。令易解故。如彼诸天离地际故。此天依空而住。为明十行。依本智法空而行故。第六明理事相入者。从第五会升兜率天宫。于如来膝上放光。说十回向。有三品经。一升兜率天宫品。一兜率天宮偈讚品。三十迴向品前之一品經是諸天迎讚如來敬歎佛德及歎處之勝。後之一品是正說十迴向之法門。迴向者令諸事法皆入理故。以十行事法入前十住中。理事無礙故名迴向。前十住即是文殊法身本智。後十行即是普賢之萬行。明一人體用相徹名為迴向。膝上放光者明理事卷舒自在故。猶如人膝屈伸迴旋皆由於膝。何故兜率天說此位者。為明此天於欲界之中處中故。又於天上五位五處五會之中故向下有帝釋宮夜摩之兩會。向上即有他化三禪之兩會處五會中故。於欲界中此天處中故。故說十迴向令會理事無礙根本智差別智智悲均融處於中道。以處表法。故須此處說十迴向之門故。

第七明蘊修成德者。從第六會昇他化自在天宮中。如來眉間放光明名菩薩力燄明。此光與初會中如來眉間所放光明。終而復始。如至本處。故說十地一品經是也。何故無昇他化天宮品。無偈讚品者。為明十地果終。住法本宮。遍一切。功終行極更無昇進。乃至三禪十方世界亦同此也。為表果終。十地智滿無進修故。常對諸佛現在前故。為非品。二兜率天宫偈赞品。三十回向品。前之二品经。是诸天迎赞如来。敬叹佛德。及叹处之胜。后之一品。是正说十回向之法门。回向者。令诸事法皆入理故。以十行事法。入前十住中。理事无碍。故名回向。前十住。即是文殊法身本智。后十行。即是普贤之万行。明二人体用相彻。名为回向。膝上放光者。明理事卷舒自在故。犹如人膝。屈伸回旋。皆由于膝。何故兜率天说此位者。为明此天。于欲界之中处中故。又于天上五位五处五会之中故。向下有帝释宫夜摩之两会。向上即有他化三禅之两会。处五会中故。于欲界中。此天处中故。故说十回向。令会理事无碍。根本智。差别智。智悲均融。处于中道。以处表法。故须此处说十回向之门故 。

第七明蕴修成德者。从第六会。升他化自在天宫中。如来眉间放光明。名菩萨力焰明。此光与初会中。如来眉间所放光明。终而复始。至本处故。说十地一品经是也。何故无升他化天宫品。无偈赞品者。为明十地果终。住法本宫。恒遍一切。功终行极。更无升进。乃至三禅。十方世界。亦同此也。为表果终。十地智满。无进修故。常对诸佛。现在前故。为非新來無稱歎故此十地門但於十住十行十迴向中蘊積功成使令淳熟更無所住任運而成自令具足一切諸法何故於此天處而說十地法門爲此天依他起化以成自樂名之他化自在天此位菩薩依眾生故而行悲智興諸行雲雨諸法雨以此爲樂無自心想作諸行相以處表法故須此處而說十地法門依藏法師說此品時有三加五請者檢尋經意佛有十三種加金剛藏菩薩解脫月及諸菩薩有四重請十三種加者一十方同號佛現身以言讚慰使令說法又十方佛與十種智及自善根力勝智力法如是力十二十方佛手摩金剛藏菩薩頂許令說法十三毗盧遮那如來放眉間光照金剛藏身光中說偈勸令說法是名十三明以言讚慰是語業加與十種智是智業加手摩頂是身業加眉間光照光中說法是法力加總通言讚與十智手摩頂及光照身都爲十三種加四種請者一解脫月菩薩舉大眾疑請金剛藏菩薩止而不說二解脫月重請金剛藏重止三解脫月三請四諸大菩薩一時同請都爲四請未知三加五請從何而來若但取身語意業爲三加者即與

新来。无称叹故。此十地门。但于十住十行十回向中。蕴积功成。使令淯熟。更无所住。任运而成。自令具足一切诸法。何故于此天处。而说十地法门。为此天依他起化。以成自乐。名之他化自在天。此位菩萨。依众生故。而行悲智。兴诸行云。雨诸法雨。以此为乐。无自心想。作诸行相。以处表法。故须此处而说十地法门。依藏法师。说此品时。有三加五请者。检寻经意。佛有十三种加金刚藏菩萨。解脱月及诸菩萨有四重请。十三种加者。一。十万同号佛现身。以言赞慰。使令说法。又十方佛与十种智。及自善根力。胜智力。法如是力。十二。十方佛手摩金刚藏菩萨顶。许令说法。十三。毗卢遮那如来。放眉间光。照金刚藏身。光中说偈。劝令说法。是名十三。明以言赞慰。是语业加。与十种智。是智业加。手摩顶。是身业加。眉间光照。光中说法。是法力加。总通言赞。与十智。手摩顶。及光照身。都为十三种加。四种请者。一解脱月菩萨举大众疑请。金刚藏菩萨止而不说。二解脱月重请。金刚藏重止。三解脱月三请。四诸大菩萨一时同请。都为四请。未知三加五请。从何而来。若但取身语意业。为三加者。即与

十智眉間光照金剛藏身及光說法其加則有餘
若但取十方諸佛言讚使說為五請者佛位居尊
軌則之中不合為請以此之義總有十三種加四
種請與十種智業雖是智體不殊為不迷法相成
差別智故用時各別不可直取同門以一同中有
十三種所加各別四度重請皆殊超昇之義前已
說訖
第八隨緣無礙者於第七會第三禪天集八禪眾
說一生補處菩薩入佛華三昧定說十一地等覺
位中普賢法門十地已終明自分道終等覺位中
行普賢行徧明入俗徧周法界行門重疊廣及虛
空及微塵中諸國刹海重重無礙究竟如法界廣
大如虛空名為等覺位中普賢行也言佛華三昧
者華之言行能堪可觀開敷感果義也此為佛行
法門佛者覺也明十一地等覺行用明十地成佛
已終次十一地覺行滿也故名佛華法門三昧者
法界本體大寂法門定亂情盡名為本寂以此定
故行普賢行門一切三昧此乃為本體故於彼天
處為於色界無色界八禪之眾說一生補處菩薩
入佛華三昧定門有百萬億偈以此位菩薩入佛

十智。眉间光照金刚藏身。及光说法。其加即有余。若但取十方诸佛言赞使说。为五请者。佛位居尊。轨则之中。不合为请。以此之义。总有十三种加。四种请。与十种智业。虽是智体不殊。为不迷法相。成差别智故。用时各别。不可直取同门。以一同中。有十三种所加各别。四度重请皆殊。超升之义。前已说讫 。

第八随缘无碍者。于第七会。第三禅天。集八禅众。说一生补处菩萨入佛华三昧定。说十一地等觉位中普贤法门。十地已终。明自分道终。等觉位中行普贤行。遍明入俗。遍周法界。行门重叠。广及虚空。及微尘中。诸国刹海。重重无碍。究竟如法界。广大如虚空。名为等觉位中普贤行也。言佛华三昧者。华之言行。能堪可观。开敷感果义也。此为佛行法门。佛者觉也。明十一地等觉行用。明十地成佛已终。次十一地觉行满也。故名佛华法门。三昧者。法界本体大寂法门。定乱情尽。名为本寂。以此定故。行普贤行门。一切三昧。此乃为本体故。于彼天处。为于色界无色界八禅之众。说一生补处菩萨入佛华三昧定门。有百万亿偈。以此位菩萨。入佛

華法門。善明人俗廣利含生自在故。名隨緣無礙
此位明法界行周。何故在彼天處說十一地法門。
爲彼天處憂苦情亡。唯三昧樂。爲明此位菩薩定
亂情亡。唯智悲利衆生樂故。以處表法。故於此處
說十一地法門。地位行門。廣如瓔珞經說。此以當
華嚴經來文未足。
第九明因果位終者。從十定品。十通品。十忍品。阿
僧祇品。壽量品。諸菩薩住處品。不思議法品。如來
十身相海品。如來隨好光明功德品。普賢行品。如
來出現品。離世間品。已上十一品經是也。何以然
者。爲十定品至離世間品總該五位十地佛位。及
普賢萬行。始終因果門。前後徹故。是以十定品離
世間品二品。經初皆卻敘初會及第二會云。如是
我聞。一時佛在摩竭提國。阿蘭若法。菩提場中。始
成正覺。於普光明殿。入刹那際諸佛三昧者。非是
重來集會。但爲十定及離世間二品。是體用門。通
始終故。於普光明殿加來重敘。依其法門菩薩衆
名號差別。非是去已還復重來。於十住十行十迴
向十地十一地法。遍諸天處。一時頓說。諸位此之
二品意明體用徹於始終。佛因果門故。十定體是

华法门。善明入俗广利含生自在故。名随缘无碍。此位明法界行周。何故在彼天处。说十一地法门。为彼天处。忧苦情亡。唯三昧乐。为明此位菩萨。定乱情亡。唯智悲利众生乐故。以处表法。故于此处说十一地法门。地位行门。广如璎珞经说。此以当华严经来文未足。

第九明因果位终者。从十定品。十通品。十忍品。阿僧祇品。寿量品。诸菩萨住处品。不思议法品。如来十身相海品。如来随好光明功德品。普贤行品。如来出现品。离世间品。已上十二品经是也。何以然者。为十定品至离世间品。总该五位十地佛位。及普贤万行。始终因果门。前后彻故。是以十定品离世间品二品经初。皆却叙初会及第二会云。如是我闻。一时佛在摩竭提国。阿兰若法。菩提场中。始成正觉。于普光明殿。入刹那际诸佛三昧者。非是重来集会。但为十定及离世间二品。是体用门。通始终故。于普光明殿如是重叙。依其法门。菩萨众名号差别。非是去已。还复重来。于十住十行十回向十地十一地法。遍诸天处。一时顿说诸位。此之二品意。明体用彻于始终。佛因果门故。十定体是文殊。離世間法是普賢。是故如來出現品中放光和會二人因果相徹門故。放眉間光。入文殊頂。放口中光。入普賢口。令其理事自相問答說佛果門。佛果之門。總在二人根本智差別智之際。以定慧力照之可見。此之十二品經。一時都會諸會六位十一地總入普光本智法堂果德大宅法界之門故。是故十定品及離世間品皆敘前之初一二之會。說此經時。譬如空中置百千寶鏡。置一佛像在於地上。以眾菩薩圍繞莊嚴。於彼百千寶鏡之中。一時頓現。一一鏡中影像互相參入。都無往來。如來亦爾。於始成正覺之時。天上人間十方國土。一時頓現。互相參徹。都無來去。故彼此言音句義。悉皆參入。都無來去。不論重會。不得作世間情解。作往來重會之心。如前已述。事須計會。至而復說。此之經末須知和會始終。如來出現品明五位十一地果終之門。一部之經始終之際。以是義故。流通付囑總在其中。出現品前普賢行品。卽明自己佛果修行之行。出現品後離世間品。卽明自己佛果之後利生之行。明佛果之後。所行大悲智行諸習總盡。雖行普賢萬行。不染世間。名離世間品。自修文殊。离世间法是普贤。是故如来出现品中。放光和会二人因果相彻门故。放眉间光。入文殊顶。放口中光。入普贤口。令其理事自相问答。说佛果门。佛果之门。总在二人根本智差别智之际。以定慧力照之可见。此之十二品经。一时都会诸会六位十一地。总入普光本智法堂。果德大宅法界之门故。是故十定品及离世间品。皆叙前之初一二之会。说此经时。譬如空中置百千宝镜。置一佛像在于地上。以众菩萨围绕庄严。于彼百千宝镜之中。一时顿现。一一镜中。影像互相参入。都无往来。如来亦尔。于始成正觉之时。天上人间。十方国土。一时顿现。互相参彻。都无来去故。彼此言音句义。悉皆参入。都无来去。不论重会。不得作世间情解。作往来重会之心。如前已述。事须计会。至而复说。此之经末。须知和会始终。如来出现品。明五位十一地果终之门。一部之经始终之际。以是义故。流通付嘱。总在其中。出现品前。普贤行品。即明自己佛果修行之行。出现品后。离世间品。即明自己佛果之后利生之行。明佛果之后。所行大悲智行。诸习总尽。虽行普贤万行。不染世间。名离世间品。自修佛果前普賢行。明是自所乘。幷勸他學佛果也。後普賢行。自己佛果已終。果後純是利他。以此能令三寶不斷。十通十忍。亦是十定。徧通五位。體徹始終也。通者。總通明義也。忍者。法忍之門。阿僧祇。乃明數量之門。壽量者。乃明佛壽量隨人。菩薩住處者。明菩薩所爲人攝化住持境界。常在不滅。不思議法者。爲明如來化儀法則自在。非諸二乘及三乘權學所知。如來十身相海品者。明十世界海十毗盧遮那。皆有九十七種相。及十華藏世界微塵數相。如來隨好光明功德品。爲明如來隨好光明照燭功德。蒙光獲益。普賢行品。爲明果前進修之行。如來出現品。爲明五位菩薩自力果終出現。因果位極。離世間品。爲明佛果之後純是利他。此已上三十九品經。六位五位因果位終。利及諸天。諸神王衆。入法界一品經。如來入師子頻伸三昧。還舉佛果五位。利及人間。已前總結初會二會。乃至十一地。七會之中。佛位因果法門竟。八會在祇園中。後當更敘。

第十明令凡實證者。從第八會在祇園之中。如來入師子頻伸三昧門。還舉法界果德現諸世間。令佛果前普贤行。明是自所乘。并劝他学佛果也。后普贤行。自己佛果已终。果后纯是利他。以此能令三宝不断。十通十忍。亦是十定。遍通五位。体彻始终也。通者。总通明义也。忍者。法忍之门。阿僧祇。乃明数量之门。寿量者。乃明佛寿量随人。菩萨住处者。明菩萨所为人摄化住持境界。常在不灭。不思议法者。为明如来化仪法则自在。非诸二乘及三乘权学所知。如来十身相海品者。明十世界海十毗卢遮那。皆有九十七种相。及十华藏世界微尘数相。如来随好光明功德品。为明如来随好光明照烛功德。蒙光获益。普贤行品。为明果前进修之行。如来出现品。为明五位菩萨自力果终出现。因果位极。离世间品。为明佛果之后。纯是利他。此已上三十九品经。六位五位因果位终。利及诸天诸神王众。入法界一品经。如来入师子频伸三昧。还举佛果五位。利及人间。已前总结初会二会。乃至十一地。七会之中。佛位因果法门竟。八会在祇园中。后当更叙 。

第十明令凡实证者。从第八会。在祇园之中。如来入师子频伸三昧门。还举法界果德。现诸世间。令生信樂逢佛實相。五百聲聞目連鶖子。示同不聞。寄同二乘有信不信。如初會中五十五衆。及覺首等十首菩薩。功德林等十林菩薩。金剛幢等十幢菩薩。金剛藏等三十七箇藏菩薩。如是各各有十佛刹微塵數菩薩共集。隨位倍增。寄成諸位。令諸人天凡夫。得此法門。如此會中六千比丘。明是凡夫。於文殊師利所頓明十耳十眼。此衆雖居在路發心。境界不離佛會。路上發心為表進修。非是卽離其佛會。乃至第九會覺城東會。一萬龍衆。五百優婆塞。五百優婆夷。五百童子。五百童女。並明是凡夫同證佛位。是故今言令凡實證。第九會覺城東過去佛大塔廟處。文殊師利。説普照法界脩多羅門。無量諸龍得生人趣。一萬諸龍發菩提心。覺城五衆。俱登佛果。但舉善財一人為首。俱及其五百之數。法皆同然。五百者表五位。六千者表六位。信亦在中。一萬龍者表其萬行之門。故無行一事浪施設。故皆表法門。過去諸佛大塔廟處為其會者。明古佛今佛道跡不殊。還同如來會內一種。善財南詢諸友。還明進修。又明菩薩攝化衆生之行相。第十會者。一切國刹及塵中虛空法界一切會生信乐。达佛实相。五百声闻。目莲鹫子。示同不闻。寄同二乘。有信不信。如初会中五十五众。及觉首等十首菩萨。功德林等十林菩萨。金刚幢等十幢菩萨。金刚藏等三十七个藏菩萨。如是各各有十佛刹微尘数菩萨共集。随位倍增。寄成诸位。令诸人天凡夫。得此法门。如此会中六千比丘。明是凡夫。于文殊师利所。顿明十耳十眼。此众虽居在路发心。境界不离佛会。路上发心。为表进修。非是即离其佛会。乃至第九会。觉城东会。一万龙众。五百优婆塞。五百优婆夷。五百童子。五百童女。并明是凡夫同证佛位。是故今言令凡实证。第九会觉城东过去佛大塔庙处。文殊师利。说普照法界修多罗门。无量诸龙。得生人趣。一万诸龙。发菩提心。觉城五众。俱登佛果。但举善财一人为首。俱及其五百之数。法皆同然。五百者。表五位。六千者。表六位。信亦在中。一万龙者。表其万行之门故。无有一事浪施设故。皆表法门。过去诸佛大塔庙处为其会者。明古佛今佛道迹不殊。还同如来会内一种。善财南询诸友。还明进修。又明菩萨摄化众生之行相。第十会者。一切国刹及尘中虚空法界一切会。

此十會徧一切剎塵中虛空法界有情身塵毛孔
之內。如來重重重重海會無盡故。如是法界佛果
法門。諸有信解及初發心證入之者。猶如師子王
之子。初生之時雖則未能如其師子王力勢自在。
然則師子相全體無異。一切諸獸皆當畏之。如於
此華嚴經佛果法門。修信解及初證入者亦復如
是。能信自己身心性相全體同諸佛果。自體恆眞
本大智故。及證入者同諸如來佛果之門。本無修
造。自體全佛。以此眞門成備進修差別萬行恆無
始終。一眞果德。雖未能堪力用如佛。是則名為種
佛種子。在於身田。以信為始。以定慧力證入之者
初發心時。十住之首。已入佛智慧。是則名為生在
佛家。為佛眞子。已與佛智同故。具足如來諸善根
故。便即超彼二乘。得神通菩薩九地等見。一切三
乘人天外道。智所不及。是故應當根堪之士。一心
奉行。

校譌　第十三紙六行今宋作合第十六紙八行已疑當作以

此十会遍一切刹尘中虚空法界有情身尘毛孔之内。如是重重重重海会无尽故。如是法界佛果法门。诸有信解。及初发心证入之者。犹如师子王之子。初生之时。虽则未能如其师子王。力势自在。然则师子相。全体无异。一切诸兽。皆当畏之。如于此华严经佛果法门。修信解及初证入者。亦复如是。能信自己身心性相。全体同诸佛果。自体恒真本大智故。及证入者。同诸如来佛果之门。本无修造。自体全佛。以此真门。成备进修差别万行。恒无始终。一真果德。虽未能堪力用如佛。是则名为种佛种子在于身田。以信为始。以定慧力证入之者。初发心时。十住之首。已入佛智慧。是则名为生在佛家。为佛真子。已与佛智同故。具足如来诸善根故。便即超彼三乘得神通菩萨九地等见。一切三乘人天外道。智所不及。是故应当根堪之士。一心奉行。

大方廣佛新華嚴經論卷第八

唐于闐國三藏沙門實叉難陀譯經

唐太原方山長者李通玄造論

世主妙嚴品第一

稽首十方清淨海。法界眞報盧遮那。六位因果諸菩薩。文殊普賢大海衆。所說法門清淨輪。果德圓滿金剛句。我今釋此微妙典。將欲廣利諸衆生。唯願衆聖垂加護。令於法門無罣礙。諸有見聞獲大利。皆同遮那清淨海。

夫闡教弘經。須分四義。一長科經意。二明經宗趣。三明其教體。四總陳會數

一、長科經意者。略作十段長科。一明如來始成正覺。二明舉果勸修。三明以果成信。四明入眞實證。五明發行修行。六明智悲相入。七明蘊修成德。八明利生自在。九明諸賢寄位。十明令凡實證。一明始成正覺者。卽世主妙嚴品是。二舉果勸修者。卽現相品已下。至毗盧遮那品。總五品經是。及世主妙嚴品舉佛所成之果。令使人修。三明以果成信者。卽從佛名號品已下。至賢首品。六品經是。亦通

大方广佛新华严经论卷第八

唐于阗国三藏沙门实叉难陀译经

唐太原方山长者李通玄造论

世主妙严品第一

稽首十方清净海。法界真报卢遮那。六位因果诸菩萨。文殊普贤大海众。所说法门清净轮。果德圆满金刚句。我今释此微妙典。将欲广利诸众生。唯愿众圣垂加护。令于法门无挂碍。诸有见闻获大利。皆同遮那清净海 。

夫阐教弘经。须分四义。一长科经意。二明经宗趣。三明其教体。四总陈会数 。

一长科经意者。略作十段长科。一明如来始成正觉。二明举果劝修。三明以果成信。四明入真实证。五明发行修行。六明智悲相入。七明蕴修成德。八明利生自在。九明诸贤寄位。十明令凡实证。一明始成正觉者。即世主妙严品是。二举果劝修者。即现相品已下。至毗卢遮那品。总五品经是。及世主妙严品。举佛所成之果。令使人修。三明以果成信者。即从佛名号品已下。至贤首品。六品经是。亦通取前世主妙嚴品已來總是。便以十箇智佛以爲自心之果。以不動智佛爲首。明自心智隨分別性無所動故。四人眞實證者。從昇須彌山頂品已下六品經是。以十住爲體。住佛智慧家生故。五發行修行者。從夜摩天宮已下四品經是。以十行爲體行佛行故。六明智悲相入者。從昇兜率天宮品已下三品經是。以十迴向爲體。體圓眞俗成大悲故。七明蘊修成德者。從他化自在天中十地一品是蘊修前三法令慣習成就故。八利生自在者。十定品已下。乃至普賢行品等十二品經總是。以十地中蘊德成功。十一地利生行滿。方名法行圓滿佛。於始於終無作體性。不移毫念。爲以法界圓明大智之性。爲十住見道之初。無時念故。三世無性故。總一時故。此非情識所知。唯智會故。九諸賢寄位者。卽已上六位諸菩薩。扌佛出現世間品亦是。皆從性海大智境界中方便出現其身。寄位成十信十住十行十迴向十地及等覺位十一地法門。令凡夫信入做學依跡不迷其事。十明令凡實證者。以法界性中安立十信等六位進修方便。行不離體用。不壞方便。其智彌高。其行彌下。逐根行滿故。

取前世主妙严品已来总是。便以十个智佛。以为自心之果。以不动智佛为首。明自心智。随分别性。无所动故。四入真实证者。从升须弥山顶品已下六品经是。以十住为体。住佛智慧家生故。五发行修行者。从夜摩天宫已下四品经是。以十行为体。行佛行故。六明智悲相入者。从升兜率天宫品已下三品经是。以十回向为体。体圆真俗。成大悲故。七明蕴修成德者。从他化自在天中十地一品是。蕴修前三法。令惯习成就故。八利生自在者。十定品已下。乃至普贤行品等。十二品经总是。以十地中蕴德成功。十一地利生行满。方名法行圆满佛。于始于终。无作体性。不移毫念。为以法界圆明大智之性。为十住见道之初。无时念故。三世无性故。总一时故。此非情识所知。唯智会故。九诸贤寄位者。即已上六位诸菩萨。并佛出现世间品亦是。皆从性海大智境界中。方便出现其身。寄位成十信十住十行十回向十地。及等觉位十一地法门。令凡夫信入仿学。依迹不迷其事。十明令凡实证者。以法界性中。安立十信等六位。进修方便行。不离体用。不坏方便。其智弥高。其行弥下。逐根行满。故

名進修。隨力堪能。安立諸位。隨位知行。令不迷因
果。使學者善明總別。依位成功。不滯始終。故不離初
故。即如下文善財等眾優婆塞優婆夷童子童女。
各列有五百。具明十住十行十迴向十地十一地
五位。一位有十。通為五百。如六千比丘。通信亦不
退。總云六千。一萬諸龍以明萬行。如是之眾。並是
凡夫。皆信是法界佛果智境門故。而登十住十地。
故名令凡實證已上十段長科經意竟。於中廣意。
至文方明。如法界一品總通前後四十品經。總法
界。故明三世法總法界。故以此法界一品是一切
諸佛及以一切眾生之果也。於此一部之經總有
五種因果徧周義。一示成正覺因果徧周。即世主
妙嚴品通下五品經是。二信位及進修因果徧周。
從佛名號品已下六品經通十住十行十迴向十
地位中共二十品經是。三定體徧周。即十定十通
十忍等品是。四行海徧周。即普賢行品離世間品
是。五法界不思議大圓明智海徧周。即法界品是。
有此五徧周義。故以此一部之經有五品之內品
初皆有爾時世尊在摩竭提國。以為品首者。明此
五法是一時一法界一剎那際一體用一切諸佛

名进修。随力堪能。安立诸位。随位知行。令不迷因果。使学者善明总别。依位成功。不滞始故。不离初故。即如下文善财等众。优婆塞。优婆夷童子。童女。各列有五百。具明十住十行十回向十地十一地五位。一位有十。通为五百。如六千比丘。通信亦不退。总云六千。一万诸龙。以明万行。如是之众。并是凡夫。皆信是法界佛果智境门故。而登十住十地。故名令凡实证。已上十段长科经意竟。于中广意至文方明。如法界一品。总通前后四十品经。总法界故。明三世法总法界故。以此法界一品。是一切诸佛及以一切众生之果也。于此一部之经。总有五种因果遍周义。一示成正觉因果遍周。即世主妙严品。通下五品经是。二信位及进修因果遍周。从佛名号品已下六品经。通十住十行十回向十地位中。共二十品经是。三定体遍周。即十定十通十忍等品。是四行海遍周。即普贤行品离世间品是。五法界不思议大圆明智海遍周。即法界品是。有此五遍周义故。以此一部之经。有五品之内。品初皆有尔时世尊在摩竭提国。以为品首者。明此五法。是一时一法界一刹那际一体用一切诸佛。

一共同之法。一因果等周圓滿無前後義。一切諸佛皆如是。如是之法。不離十定之中。刹那際。降誕入胎示現成佛入涅槃。不離一刹那際。更無移也。以此一部之典。五度一箇爾時世尊在摩竭提國唯法界品別。總明此一部之經大體宗趣。一法界大圓明智。有此五種徧周之因果。從初信心進修諸行始終因果萬行圓滿。畢竟不出十定之體。無時之性。凡聖總齊本來如是。由情妄計。時量隨生。由妄計故生老便有。若於根本法界門中起延促見。皆是自情妄見。非實有故。如是迷無性理。達本無時智境之法門。起逐情隨妄見時劫延促者。於佛正法之中。不成信種。當知是人。設修行出三界果。未有成佛之種故。即權教六通菩薩聲聞緣覺是也。如法華經不退諸菩薩。亦復不能知。此明出生死之不退。未成處生死中不退。又亦但得以空觀折伏現行煩惱。入初地見道位。非是已達根本無明。得根本智見不退。如是三乘見道。總是三種意生身菩薩。皆非是根本法界大圓明智初發心住中能十方成佛等不退。三種意生身者。初二三地名三摩跋提樂意生身。四五六地名覺法自性一共同之法。一因果等周圆满。无前后义。一切诸佛皆如是。如是之法。不离十定之中。刹那际。降神入胎。示现成佛。入涅槃。不离一刹那际。更无移也。以此一部之典。五度一个尔时世尊在摩竭提国。唯法界品别。总明此一部之经。大体宗趣。一法界大圆明智。有此五种遍周之因果。从初信心。进修诸行。始终因果。万行圆满。毕竟不出十定之体。无时之性。凡圣总齐。本来如是。由情妄计。时量随生。由妄计故。生老便有。若于根本法界门中。起延促见。皆是自情妄见。非实有故。如是迷无性理。违本无时智境之法门。起逐情随妄。见时劫延促者。于佛正法之中。不成信种。当知是人。设修行出三界果。未有成佛之种故。即权教六通菩萨。声闻缘觉是也。如法华经。不退诸菩萨。亦复不能知。此明出生死之不退。未成处生死中不退。又亦但得以空观折伏现行烦恼。入初地见道位。非是已达根本无明。得根本智见不退。如是三乘见道。总是三种意生身菩萨。皆非是根本法界大圆明智。初发心住中。能十方成佛等不退。三种意生身者。初二三地。名三摩跋提乐意生身。四五六地。名觉法自性意生身。七八九十地名種類俱生無行作意生身。如是三種意生身菩薩。並是法界大圓明智海大宅門外。草室權施方便安立令諸子等。且免火難。如此經下文。聾聞在會如聾若盲。六通菩薩設聞此經不能生信。如經具明。為從無始際來隨計設能於佛法生信。但隨情生信。迷自智境故無自契實智起真信修故。若不迴心畢竟不成佛故。設復教化眾生。還能成得三乘及人天之種。但住一方之淨刹。無廣大法界量。等虛空無邊智之大見。十方塵刹。對現色身。一切眾生隨根引接。三乘無分。但云見三千大千之境。如此經有世界海有世界性有世界種。皆甚深廣大與法界虛空等。具如華藏世界品說。如三乘中設見如來身三十二相八十種好。設復廣大云八萬四千。不見如來十佛刹微塵等身相隨好。三乘之種但見如來化滿三千大千世界等行。不見如來化滿無盡佛刹微塵等行。三乘之種。所作一切皆有邊量。不見法界一一塵中無邊量法。普賢行法互參不礙也。

二明經宗趣者。其義有六。一明經宗趣。二此經何藏所攝。三分其序分。四定其正宗。五明此經付囑意生身。七八九十地。名种类俱生无行作意生身。如是三种意生身菩萨。并是法界大圆明智海大宅门外。草室权施。方便安立。令诸子等。且免火难。如此经下文。声闻在会。如聋若盲。六通菩萨。设闻此经。不能生信。如经具明。为从无始际来随计。设能于佛法生信。但随情生信。迷自智境故。无自契实智。起真信修故。若不回心。毕竟不成佛故。设复教化众生。还能成得三乘。及人天之种。但住一方之净刹。无广大法界。量等虚空。无边智之大见。十方尘刹。对现色身。一切众生。随根引接。三乘无分。但云见三千大千之境。如此经。有世界海。有世界性。有世界种。皆甚深广大。与法界虚空等。具如华藏世界品说。如三乘中。设见如来身。三十二相。八十种好。设复广大。云八万四千。不见如来十佛刹微尘等身相随好。三乘之种。但见如来化满三千大千世界等行。不见如来化满无尽佛刹微尘等行。三乘之种。所作一切。皆有边量。不见法界。一一尘中。无边量法。普贤行法。互参不碍也 。

二明经宗趣者。其义有六。一明经宗趣。二此经何藏所摄。三分其序分。四定其正宗。五明此经付嘱何人。六明此經流通所在。

一明經宗趣者。此經名毗盧遮那大智法界。本真自體寂用圓滿果德法報性相無礙佛自所乘為宗。如法華經云。乘此寶乘直至道場。又此經云。有樂求佛果者。說最勝乘上乘無上乘不思議乘等。是還令初發心者為志樂廣大故。還得如是如來大智之果與自智合一無二故。此經宗趣甚深難信。若有信者勝過承事十佛剎微塵數諸佛。盡經於一劫所得功德。不如信此經中如來大智境界佛果法界門而自有之。信此福勝於彼。如賢首品下文頌云。有以手擎十佛剎。盡於一劫空中住。彼之所作未為難。能信此法為甚難。十剎塵數眾生所。悉施樂具經一劫。彼之福德未為勝。信此法者為最勝。十剎塵數如來所。悉皆承事盡一劫。若於此品能誦持。其福最勝過於彼。又前頌云。一切世界諸群生。少有欲求聲聞乘。求獨覺者轉復少。趣大乘者甚希有。趣大乘者猶為易。能信此法倍甚難。為明此經宗趣甚深難信。修空觀者息妄修禪垢淨情存。聲聞獨覺六通菩薩未迴心者無如是分。如經下文云。設有菩薩經無量百千那由他劫行六波羅蜜得六神何人。六明此经流通所在。　一明经宗趣者。此经名毗卢遮那大智法界。本真自体。寂用圆满。果德法报。性相无碍。佛自所乘为宗。如法华经云。乘此宝乘。直至道场。又此经云。有乐求佛果者。说最胜乘。上乘。无上乘。不思议乘等是。还令初发心者。为志乐广大故。还得如是如来大智之果。与自智合一无二故。此经宗趣。甚深难信。若有信者。胜过承事十佛刹微尘数诸佛。尽经于一劫。所得功德。不如信此经中如来大智境界佛果法界门而自有之。信此福胜于彼。如贤首品下文颂云。有以手擎十佛刹。尽于一劫空中住。彼之所作未为难。能信此法为甚难。十刹尘数众生所。悉施乐具经一劫。彼之福德未为胜。信此法者为最胜。十刹尘数如来所。悉皆承事尽一劫。若于此品能诵持。其福最胜过于彼。又前颂云。一切世界诸群生。少有欲求声闻乘。求独觉者转复少。趣大乘者甚希有。趣大乘者犹为易。能信此法倍甚难。为明此经宗趣甚深难信。修空观者。息妄修禅。垢净情存。声闻独觉六通菩萨。未回心者。无如是分。如经下文云。设有菩萨。经无量百千那由他劫。行六波罗蜜。得六神通猶名假名菩薩不眞菩薩設聞此經不信不入如法華經亦是爲迴三乘人令歸一乘故迴彼門外三車權引諸子令歸如來大智法界眞實門故破彼几案所依法故令得如來無依住智本自在故華嚴經卽是始成正覺時頓爲上根者說法華經卽是佛出世後四十年中爲迴三乘者說又佛乘三乘一時總說但隨根自應一音法門各有差別總別義生爲眞體無時無可作前後故如法華經云十方佛土中唯有一乘法無二亦無三但以假名字引導於眾生又云唯此一事實餘二卽非眞餘二者但以十方諸佛共所乘門爲實三乘爲餘二但權施設未眞者是餘二故以一實對諸權皆是餘二爲法華經責聲聞緣覺不退菩薩三乘等皆未能信一乘法故爲權教菩薩雖有一分求菩提之心猶有怖生死故得離染不退未得稱眞染淨平等不退如修空觀菩薩樂空增勝及假眞如觀一向離纏皆有忻厭及樂生淨土等諸菩薩眾皆能離生死出纏不退不入法界性海一眞無忻厭門故望此佛乘樂生死者及厭生死者二俱是退設觀空增勝修假眞如門行六波羅蜜得六

通。犹名假名菩萨。不真菩萨。设闻此经。不信不入。如法华经。亦是为回三乘人。令归一乘故。回彼门外三车。权引诸子。令归如来大智法界真实门故。破彼几案所依法故。令得如来无依住智本自在故。华严经。即是始成正觉时。顿为上根者说。法华经。即是佛出世后。四十年中。为回三乘者说。又佛乘三乘。一时总说。但随根自应。一音法门各有差别。总别义生。为真体无时。无可作前后故。如法华经云。十方佛土中。唯有一乘法。无二亦无三。但以假名字。引导于众生。又云。唯此一事实。余二即非真。余二者。但以十方诸佛共所乘门为实。三乘为余二。但权施设未真者。是余二故。以一实对诸权。皆是余二。为法华经。责声闻缘觉不退菩萨三乘等。皆未能信一乘法故。为权教菩萨。虽有一分求菩提之心。犹有怖生死故。得离染不退。未得称真染净平等不退。如修空观菩萨。乐空增胜。及假真如观。一向离缠。皆有忻厌。及乐生净土等诸菩萨众。皆能离生死。出缠不退。不入法界性海。一真无忻厌门故。望此佛乘。乐生死者。及厌生死者。二俱是退。设观空增胜。修假真如门。行六波罗蜜。得六神通是離生死不退非是生死涅槃一性中不退故以是義故華嚴及法華經說得六神通菩薩不問不信此經典故如法華經云設有菩薩讀誦八萬四千法藏為人解說得六神通亦未為難暫讀此經是則為難唯此智境界違情所解故甚難信也三乘信解順情所忻何以故說佛果卽在三僧祇之後說佛淨土在於他方此娑婆是穢土修菩提者厭垢忻眞樂生淨國設有住世菩薩所言留惑潤生為濟眾生故非由法爾根本智自在力合如斯故如是菩薩皆是順情之法法易信故非如此經說入佛果不逾刹那但隔迷悟說無量劫總不移一時故說從凡夫地創見道時因果一時無前後際不見未成佛時不見成正覺時不見煩惱斷不見菩提證畢竟不移毫念修習五十位滿一切種智悉皆成就總別同異成壞一時自在皆非世情所見故是故難信也其所信者如經下文十信之位金色世界不動智佛上首菩薩名文殊師利此云妙德云金色者明白淨無垢卽法身之理不動智佛者卽理中智也一切凡聖身等共有之故云一切處文殊師利一切處金色世界一切處

神通。是离生死不退。非是生死涅槃一性中不退故。以是义故。华严及法华经说。得六神通菩萨。不闻不信此经典故。如法华经云。设有菩萨。读诵八万四千法藏。为人解说。得六神通。亦未为难。暂读此经。是则为难。唯此智境界。违情所解故。甚难信也。三乘信解。顺情所忻。何以故。说佛果即在三僧祇之后。说佛净土在于他方。此娑婆是秽土。修菩提者。厌垢忻真。乐生净国。设有住世菩萨。所言留惑润生。为济众生故。非由法尔根本智自在力。合如斯故。如是菩萨皆是顺情之法。法易信故。非如此经。说入佛果。不逾刹那。但隔迷悟。说无量劫。总不移一时故。说从凡夫地。创见道时。因果一时。无前后际。不见未成佛时。不见成正觉时。不见烦恼断。不见菩提证。毕竟不移毫念。修习五十位满。一切种智。悉皆成就。总别同异成坏。一时自在。皆非世情所见故。是故难信也。其所信者。如经下文十信之位。金色世界。不动智佛。上首菩萨。名文殊师利。此云妙德。云金色者。明白净无垢。即法身之理。不动智佛者。即理中智也。一切凡圣身。等共有之。故云一切处文殊师利。一切处金色世界。一切处

不動智佛。今之信者當信自心無依住性妙慧解
脫是自文殊。於心無依住中無性妙理有自在分
別。無性可動名不動智佛。理智無二。妙用自在。是
故號曰妙德菩薩。是故一切諸佛從此信生。故號
文殊為十方諸佛之母。亦號文殊為童子菩薩。為
皆以信為初生故。信心成就。卽以定慧觀智力印
之相契。一念相應名十住初心便成正覺。取能行
行處號曰普賢。取妙慧無依處號曰妙德。取善能
分別知根之智號之為不動智佛。自契相應名為
正覺。且能信處號曰信心。自契相應名為住心。為
住佛所住妙慧解脫相盡無生法故。若心外有佛
不名信心。名為邪見人也。一切諸佛皆同自心。一
切眾生皆同自性。性無依故。體無差別。智慧一性
應如是知。以此同體妙慧知諸佛心及眾生心。應
如是信解。不自欺誑。是故此經宗趣為大心眾生
說如斯法。諸佛自所乘門。一乘妙典。法界道理。令
大心眾生入佛根本大智佛果故。一念契真理智
同現卽便佛故。為法界道理見則無初中後故。異
彼三乘劣解者宜聞三無數劫登佛果故。宜說釋
迦淨土在於他方。此娑婆是穢土故。是故法華經

不动智佛。今之信者。当信自心。无依住性。妙慧解脱。是自文殊。于心无依住中。无性妙理。有自在分别。无性可动。名不动智佛。理智无二。妙用自在。是故号曰妙德菩萨。是故一切诸佛。从此信生。故号文殊为十方诸佛之母。亦号文殊为童子菩萨。为皆以信为初生故。信心成就。即以定慧观智力印之相契。一念相应。名十住初心便成正觉。取能行行处。号曰普贤。取妙慧无依处。号曰妙德。取善能分别知根之智。号之为不动智佛。自契相应。名为正觉。且能信处。号曰信心。自契相应。名为住心。为住佛所住。妙慧解脱。相尽无生法故。若心外有佛。不名信心。名为邪见人也。一切诸佛。皆同自心。一切众生。皆同自性。性无依故。体无差别。智慧一性。应如是知。以此同体妙慧。知诸佛心及众生心。应如是信解。不自欺诳。是故此经宗趣。为大心众生。设如斯法。诸佛自所乘门。一乘妙典。法界道理。令大心众生。入佛根本大智佛果故。一念契真。理智同现。即便佛故。为法界道理。见则无初中后故。异彼三乘劣解者。宜闻三无数劫。登佛果故。宜说释迦净土在于他方。此娑婆是秽土故。是故法华经內爲迴三乘劣解者令龍女非器剎那成佛明信心廣大非權施設現實教故所修實教不迂滯故言龍女始年八歲表今生始學非舊學故畜生女者明非過去積修此明此生所信法門理直無滯故法界體性非三世收一念應眞三世情盡智無出沒即佛果故是故經云爲劣解衆生興度八相等事娑婆世界舉衆遙見龍女即往南方無垢世界成佛者解云南方者爲明爲正以主离故离爲明爲日爲虛無即無垢也舉衆遙見者明三乘權學信而未自證故故言遙見夫法界一眞自他相徹若當自得焉得稱遙見此經即令善財一生得佛解云一生者從凡夫地起信之後十住初心契無生也即任法界智生非業生也至文廣釋今且略明此經宗之所趣佛果法門竟博達君子孰可思焉

二明此經何藏所攝者此經名毗盧遮那法界藏所攝以徧照法界海一切諸法門盡含藏故又此經不許三乘化佛權教所收衆生所知解故化佛教中菩薩及二乘之衆不能解了一眞法界報佛法門唯知三乘自分法故設是菩薩但知三千大千世界爲一報佛境界故千百億釋迦是

内。为回三乘劣解者。令龙女非器。刹那成佛。明信心广大。非权施设。现实教故。所修实教。不迂滞故。言龙女始年八岁。表今生始学。非旧学故。畜生女者。明非过去积修。此明此生所信法门。理直无滞故。法界体性。非三世收。一念应真。三世情尽。智无出没。即佛果故。是故经云。为劣解众生。兴度八相等事。娑婆世界。举众遥见龙女。即往南方无垢世界成佛者。解云。南方者。为明为正。以主离故。离为明。为日。为虚无。即无垢也。举众遥见者。明三乘权学。信而未自证故。故言遥见。夫法界一真。自他相彻。若当自得。焉得称遥见。此经即令善财一生得佛。解云。一生者。从凡夫地起信之后。十住初心契无生也。即任法界智生。非业生也。至文广释。今且略明此经宗之所趣佛果法门竟。博达君子。孰可思焉。　二明此经何藏所摄者。此经名毗卢遮那法界藏所摄。以遍照法界海。一切诸法门。尽含藏故。又此经不许三乘化佛权教所收众生所知解故。化佛教中。菩萨及二乘之众。不能解了一真法界报佛法门。唯知三乘自分法故。设是菩萨。但知三千大千世界。为一报佛境界故。千百亿释迦。是化身故不解此一乘實報法界報佛所說法門故是故此經還名毗盧遮那法界佛果智海所收非同三乘菩薩化佛教中權施菩薩藏所攝是故下文法界品中慈氏所居樓閣名毗盧遮那莊嚴藏善財入已唯見無量諸佛法藏行門報相莊嚴無盡福相皆阿僧祇一一具如經說此即依毗盧遮那佛所教法法行行之因所報得所居宮殿樓閣一依法界藏行行所成因果故乃至諸佛報得莊嚴因果亦如之故藏者含容義含容法界一切法門因果法皆無盡故三乘經多以恆河沙爲法門數之比量成廣大義此一乘經多以一佛刹塵及十佛刹塵乃至無量佛刹微塵爲法數之比量又三乘法相或一或二三等七八九十爲數此經法門一一具十爲數以明佛果法門圓滿故名詮既是廣狹不同法藏必當差別是故此經是毗盧遮那藏所收非三乘菩薩藏所攝故此經常以佛果爲進修道跡是佛根本大智古跡修差別智故若異佛古跡而有進修無成佛義如三乘且免一分麤生死苦非是依佛智體古跡契修佛乘也是故此經是毗盧遮那藏所收非三乘菩薩藏所攝

化身故。不解此一乘实报法界报佛所说法门故。是故此经。还名毗卢遮那法界佛果智海所收。非同三乘菩萨化佛教中权施菩萨藏所摄。是故下文法界品中。慈氏所居楼阁。名毗卢遮那庄严藏。善财入已。唯见无量诸佛。法藏行门。报相庄严。无尽福相。皆阿僧祇。一一具如经说。此即依毗卢遮那佛所教法法行行之因所报得。所居宫殿楼阁。一依法界藏行行所成因果故。乃至诸佛报得庄严因果亦如之故。藏者含容义。含容法界一切法门因果法皆无尽故。三乘经。多以恒河沙为法门数之比量。成广大义。此一乘经。多以一佛刹尘。及十佛刹尘。乃至无量佛刹微尘。为法数之比量。又三乘法相。或一。或二三等。七八九十为数。此经法门。一一具十为数。以明佛果法门圆满故。名诠既是广狭不同。法藏必当差别。是故此经。是毗卢遮那藏所收。非三乘菩萨藏所摄故。此经常以佛果为进修道迹。是佛根本大智古迹。修差别智故。若异佛古迹。而有进修。无成佛义。如三乘。且免一分粗生死苦。非是依佛智体古迹。契修佛乘也。是故此经。是毗卢遮那藏所收。非三乘菩萨藏所摄。

三明分經序分者。分爲二門。一都該一部。二當品自有序分。一都該一部者。卽世主妙嚴品是。二當品自有序分。如經品品之中會會之內。皆有爾時如是如是序。其品內之意。又此一部經上下五度序其世尊所居菩提場之處所。問。何以如是。答曰。從初第一卷。如是我聞。一時佛在摩竭提國。明初成佛處在蘭若之中。次第二會中。又爾時世尊在摩竭提國阿蘭若法菩提場中。始成正覺。明不移本處而至報宅中居。爲普光明殿。明理智之行報得之宅。寄同世間蘭若契證方詣宅居。自此已去上昇天宮。皆云不離本處而身徧坐一切道場。或云而昇。如是天上昇天。明列位進修。不移本處者。明法界道理。以法性妙理無往來內外故。大智體自徧周故。次四十卷初十定品。又云爾時世尊在摩竭提國阿蘭若法菩提場中。始成正覺於普光明殿。入刹那際三昧。明以法界法身爲定體無三世性故。從兜率天下降神及入涅槃。四十九年住世轉一切法輪總不出刹那際。以此三昧圓通始終。非三世古今故。如是敘致。以總言之。一切過現未來諸佛皆盡一時成佛。幷衆生生死亦不移刹三明分经序分者。分为二门。一都该一部。二当品自有序分。一都该一部者。即世主妙严品是。二当品自有序分。如经品品之中。会会之内。皆有尔时如是如是。序其品内之意。又此一部经。上下五度。序其世尊所居菩提场之处所。问。何以如是。答曰。从初第一卷。如是我闻。一时佛在摩竭提国。明初成佛处。在兰若之中。次第二会中。又尔时世尊在摩竭提国。阿兰若法菩提场中。始成正觉。明不移本处。而至报宅中居。为普光明殿。明理智之行报得之宅。寄同世间。兰若契证。方诣宅居。自此已去。上升天宫。皆云不离本处。而身遍坐一切道场。或云而升。如是天上升天。明列位进修。不移本处者。明法界道理。以法性妙理。无往来内外故。大智体自遍周故。次四十卷初十定品。又云。尔时世尊在摩竭提国。阿兰若法菩提场中。始成正觉。于普光明殿。入刹那际三昧。明以法界法身为定体。无三世性故。从兜率天下降神。及入涅槃。四十九年住世。转一切法轮。总不出刹那际。以此三昧圆通始终。非三世古今故。如是叙致。以总言之。一切过现未来诸佛。皆尽一时成佛。并众生生死。亦不移刹

那但眾生妄計有年歲長短。如佛所說即生即死
皆不移時。是故經云。一念普觀無量劫無去無來
亦無住。如是徧知三世事。超諸方便成十力。如此
一品經總括前後始終之際無去來今古性盡。明
從凡夫地。一念發心忽然見道進修十住十行十
迴向十地十一地五位等法。成佛轉法輪入涅槃。
總不移刹那。爲以法界門爲開示悟入故明實教
一乘法界之門。法如是故以三昧名目明之。此品
都舉此一乘根本法界寂用之門。始終一際無本
末時分故。以爲成佛之頭。次離世間品亦然。敘致
始成正覺乃至普光明殿者。爲普賢菩薩入佛華
三昧。佛華者是所修佛行故。三昧者明寂用無礙
也。還同前敘致所在者。明修佛行體用無始終。常
圓滿無三世也。此品明修以普賢行。還以法界體
大智常隨眾行圓該三世。還不移刹那際等。故明
其眾行。即法界體用也。故如是敘致皆明時不移。
亦不移處。以菩提場無中邊。故所修眾行常等。如
刹那三世無增減故。無去來故。次入法界品云。爾
時世尊在室羅筏國誓多林給孤獨園者。此舉正
宗。如來所乘通前徹後。天上人間。十方世界。總以

那。但众生妄计。有年岁长短。如佛所说。即生即死。皆不移时。是故经云。一念普观无量劫。无去无来亦无住。如是遍知三世事。超诸方便成十力。如此一品经。总括前后始终之际。无去来。今古性尽。明从凡夫地。一念发心。忽然见道。进修十住十行十回向十地十一地。五位等法。成佛转法轮入涅槃。总不移刹那。为以法界门为开示悟入故。明实教一乘法界之门。法如是故。以三昧名目明之。此品都举此一乘根本法界寂用之门。始终一际。无本末时分故。以为成佛之头。次离世间品亦然。叙致始成正觉。乃至普光明殿者。为普贤菩萨入佛华三昧。佛华者。是所修佛行故。三昧者。明寂用无碍也。还同前叙致所在者。明修佛行。体用无始终。常圆满无三世也。此品明修以普贤行。还以法界体大智。常随众行。圆该三世。还不移刹那际等故。明其众行。即法界体用也。故如是叙致。皆明时不移。亦不移处。以菩提场无中边故。所修众行常等。如刹那三世。无增减故。无去来故。次入法界品。云尔时世尊在室罗筏国逝多林给孤独园者。此举正宗。如来所乘。通前御后。天上人间。十方世界。总以法界爲體。非虛妄體故。爲衆生隨迷不達故。此品之、內都舉天上人間十方世界總不思議法界體寂用自在故。故令衆生悟入。是故此之一品。如來但以不思議神力說。不藉口言。明世間總眞總神。無出沒故。以明法界普該前後本一際故。不須同敘菩提場。以菩提卽法界故。前會總在法界會中故。故如是敘致也。十會之體用。總以此品通括一體一性一時一智之本母故。此五度敘其初成正覺者。總明此法界一時無前後說。如此一部經內。世主妙嚴品佛名號品十定品離世間品四度皆重敘致始成正覺普光明殿。入法界品但言給孤園。此五品經大意有五種佛果徧周。總該餘品。此五品經意是故重敘。但爲此五種徧周法界因果。一剎那際五事頓彰。該收諸位。總在其內。成法界大智果故。以此有五箇經頭題目相似。唯入法界品獨言給孤園。云何爲五種徧周因果者。一世主妙嚴品明始成佛果徧周。經云不移本處而身徧坐一切道場。二佛名號品在普光明殿中說明報身及國土名號法門設化利物總徧周。此會說六品經。成就信位佛果。此明信心徧周。三十定品如法界为体。非虚妄体故。为众生随迷不达故。此品之内。都举天上人间十方世界。总不思议法界体。寂用自在故。故令众生悟入。是故此之一品。如来但以不思议神力说。不藉口言。明世间总真总神。无出没故。以明法界普该。前后本一际故。不须同叙菩提场。以菩提即法界故。前会总在法界会中故。故如是叙致也。十会之体用。总以此品通括一体一性一时一智之本母故。此五度叙其初成正觉者。总明此法界一时。无前后说。如此一部经内。世主妙严品。佛名号品。十定品。离世间品。四度皆重叙致始成正觉普光明殿。入法界品。但言给孤园。此五品经大意。有五种佛果遍周。总该余品。此五品经意。是故重叙。但为此五种遍周法界因果。一刹那际。五事顿彰。该收诸位。总在其内。成法界大智果故。以此有五个经头。题目相似。唯入法界品。独言给孤园。云何为五种遍周因果者。一世主妙严品。明始成佛果遍周。经云。不移本处而身遍坐一切道场。二佛名号品。在普光明殿中说。明报身及国土名号法门。设化利物总遍周。此会说六品经。成就信位佛果。此明信心遍周。三十定品。如來入刹那際三昧以此三昧普該此經及無盡三世劫總是一時本來如是爲佛道合然相應現其本法成佛說法及滅度時分無有遷移此明佛大智本性自體寂用定體徧周乃至入涅槃四十九年住世說法處母胎猶未出在兜率天猶未下生以實法際體然無往來今古性故四離世間品明以法界自體本寂定大智爲普賢行體卽明覺行徧周佛華者覺行也三昧者本覺體也五入法界品明根本法界本體大智佛果徧周此五種徧周總以法界爲體總是一徧周法門此五徧周該收諸位諸差別故恐人不解失其意趣故一部經內五處敘致題目鉤連前後相攝爲明此經以法界體本無次第本末兩頭中間時分長短故如王寶印一時普印無前後成文也以法界寶印普印諸位但明五位十住十行等進修習氣不同故性無差別以總別同異成壞十玄六相義融通道理自明此六字義爲緣起三對六字都該萬法一總別一對二同異一對三成壞一對總不相離不可廢一留一亦不可雙立亦不可雙捨總是斷常生滅中邊等見皆是情量不了任法自性緣生此乃以

来入刹那际三昧。以此三昧。普该此经。及无尽三世劫。总是一时。本来如是。为佛道合然。相应现其本法。成佛说经。及灭度时分。无有迁移。此明佛大智本性自体寂用定体遍周。乃至入涅槃。四十九年住世说法。处母胎犹未出。在兜率天犹未下生。以实法际体然。无往来今古性故。四离世间品。明以法界自体本寂定大智。为普贤行体。即明觉行遍周。佛华者。觉行也。三昧者。本觉体也。五入法界品。明根本法界本体大智佛果遍周。此五种遍周。总以法界为体。总是一遍周法门。此五遍周。该收诸位诸差别故。恐人不解。失其意趣。故一部经内。五处叙致。题目钩连。前后相摄。为明此经。以法界体。本无次第本末两头中间。时分长短故。如王宝印。一时普印。无前后成文也。以法界宝印。普印诸位。但明五位十住十行等。进修习气不同故。性无差别。以总别同异成坏。十玄六相义融通。道理自明。此六字义。为缘起三对。六字都该万法。一总别一对。二同异一对。三成坏一对。总不相离。不可废一留一。亦不可双立。亦不可双舍。总是断常生灭中边等见。皆是情量。不了任法自性缘生。此乃以

無思正慧力方解以思而知之者且信心也此是
初地菩薩觀察世間一切緣起法雖總同時不計
俱有雖總具別皆無自性不可計法俱無餘兩對
亦然皆是有無非有無俱不俱常無常情所計故
如一切緣生法如空中響本自無爲應物成音如
善筮蓍龜者無思無爲不鬼不神而應緣能知萬
有而告人古今吉凶如指掌者也應如是知任法
緣起非如情也一多總別諸同異門一切成壞皆
非前後同時等計法界法門道理亦復如是皆非
前後有無同時俱不俱或滅或留情所計故皆是
性起大悲無作大願任法緣起稱無作智非故非
新施設轉正法輪出生滅沒皆不可作故新去來
之解皆是如來無生滅智自在力故雖異二乘自
寂取證滅情亡智卽以起大願等利諸眾生而無
願想雖以大慈大悲饒益眾生而無愛想雖入生
死不沒淤泥雖在涅槃十方世界利人不息皆是
如來無性無依無作智力皆不可作去來現在古
今之解　四定其正宗者有三種正宗一隨位正
宗二隨品正宗三大體正宗一若以隨位正宗十
信十住十行十迴向十地十一地各有正宗十信

无思正慧力方解。以思而知之者。且信心也。此是初地菩萨。观察世间一切缘起法。虽总同时。不计俱有。虽总具别。皆无自性。不可计法俱无。余两对亦然。皆是有无非有无。俱不俱。常无常。情所计故。如一切缘生法。如空中响。本自无为。应物成音。如善筮蓍龟者。无思无为。不鬼不神。而应缘能知万有。而告人古今吉凶。如指掌者也。应如是知。任法缘起。非如情也。一多总别。诸同异门。一切成坏。皆非前后同时等计。法界法门道理。亦复如是。皆非前后有无同时。俱不俱。或灭或留。情所计故。皆是性起大悲无作大愿。任法缘起。称无作智。非故非新。施设转正法轮。出生灭没。皆不可作故新去来之解。皆是如来无生灭智自在力故。虽异二乘自寂取证。灭情亡智。即以起大愿等利诸众生。而无愿想。虽以大慈大悲饶益众生。而无爱想。虽入生死。不没淤泥。虽在涅槃。十方世界利人不息。皆是如来无性无依无作智力。皆不可作去来现在古今之解。 四定其正宗者。有三种正宗。一随位正宗。二随品正宗。三大体正宗。一若以随位正宗。十信十住十行十回向十地十一地。各有正宗。十信。

以佛根本不動智以爲正宗。十住創以證入法界智如來果德理體妙慧以爲正宗。十行以佛根本智起普賢行進修以爲正宗。十迴向以理智圓融眞俗起興大願以成悲智使令理智大悲均平不偏靜亂以爲正宗。十地滋修悲智使令慣習功滿以爲正宗。十一地普賢行等衆生情流充滿法界海任用利生以爲正宗。此爲隨位正宗。二若以一部教門四十品之內當品自有正宗隨品名目總是可知。三以一部教大體正宗以如來大智法界性絕古今體用圓滿一乘佛果以爲正宗。當以此佛果正宗以爲開示悟入進修使令慣習成就。又此經四十品中以法界品爲正宗。餘品爲伴。爲十方諸佛以自心分別煩惱成一切智。一切種智。法界體用。以爲所乘成正覺故。此根本煩惱非三乘所知故。二乘且伏而不悲。菩薩以空觀折伏。無現行故。廣如勝鬘經說。一切衆生以法界門。以爲開示悟入。明如來根本智是衆生分別心。契同無二故。則法界自在故。以是義故。十住初心便成正覺以將十行十迴向十地十一地法門治令慣習智悲成就更亦不離初心法界智體用故。但以此法以佛根本不动智。以为正宗。十住。即以证入法界智。如来果德。理体妙慧。以为正宗。十行。以佛根本智。起普贤行进修。以为正宗。十回向。以理智圆融真俗。起兴大愿。以成悲智。使令理智大悲均平。不偏静乱。以为正宗。十地。蕴修悲智。使令惯习功济。以为正宗。十一地。普贤行等众生情流。充满法界海。任用利生。以为正宗。此为随位正宗。二若以一部教门。四十品之内。当品自有正宗。随品名目总是。可知。三以一部教大体正宗。以如来大智法界。性绝古今。体用圆满。一乘佛果。以为正宗。常以此佛果正宗。以为开示悟入进修。使令惯习成就。又此经四十品中。以法界品为正宗。余品为伴。为十方诸佛。以自心分别烦恼。成一切智。一切种智。法界体用。以为所乘。成正觉故。此根本烦恼。非三乘所知故。二乘且伏而不起。菩萨以空观折伏。无现行故。广如胜鬘经说。一切众生。以法界门。以为开示悟入。明如来根本智。是众生分别心。契同无二故。则法界自在故。以是义故。十住初心。便成正觉。以将十行十回向十地十一地法门。治令惯习智悲成就。更亦不离初心法界智体用故。但以此法

界智體用無依住門。治諸習惑惑薄智明。分分殊
勝。但須定慧照用。身心諸法內外無依無根無本
諸貪恚癡漸漸微薄諸佛智慧漸漸增明。法樂自
娛。非貪世樂。此是法界中漸漸非始末也。　五此
經法門付囑何人者。此經法付囑大心凡夫。經云。
此經法不入餘眾生手。解云。餘眾生者。二乘及外
道樂著人天。及求出世樂者。何以故。此經不許三
乘菩薩具六神通尚自未能聞經生信。何況二乘
人天外道。經云。唯除生如來家法王真子。即大心
凡夫能生信證入故生於佛家。不言已生佛家諸
大菩薩。諸大菩薩常為眾生說法無大心凡夫信
證。不名付囑。不名流通。為無人信無人悟入故。經
云。若無此子。此經當滅者。解云。若無凡夫信證者。
此經當滅。若不如是者。諸大菩薩已生佛家者已
有如是無量佛世界海微塵數故。如來何須念此
經當滅。既不念已生佛家大菩薩眾。明知當念大
心凡夫。非為已入聖者。當知此經付囑大心凡夫
故。如出現品說　六明此經流通所在者。此經流
通分每在品末有動地雨華菩薩供養處總是。大
都付囑流通分在如來出現品。不在經末者。為此

界智体用无依住门。治诸习惑。惑薄智明。分分殊胜。但须定慧照用。身心诸法内外无依。无根无本。诸贪恚痴。渐渐微薄。诸佛智慧。渐渐增明。法乐自娱。非贪世乐。此是法界中渐渐。非始末也。　五此经法门付嘱何人者。此经法付嘱大心凡夫。经云。此经法不入余众生手。解云。余众生者。三乘及外道。乐著人天。及求出世乐者。何以故。此经不许三乘菩萨。具六神通。尚自未能闻经生信。何况二乘人天外道。经云。唯除生如来家。法王真子。即大心凡夫。能生信证入。故生于佛家。不言已生佛家诸大菩萨。诸大菩萨。常为众生说法。无大心凡夫信证。不名付嘱。不名流通。为无人信。无人悟入故。经云。若无此子。此经当灭者。解云。若无凡夫信证者。此经当灭。若不如是者。诸大菩萨已生佛家者。已有如是无量佛世界海微尘数故。如来何须念此经当灭。既不念已生佛家大菩萨众。明知当念大心凡夫。非为已入圣者。当知此经。付嘱大心凡夫故。如出现品说。　六明此经流通所在者。此经流通分。每在品末。有动地雨华。菩萨供养处总是。大都付嘱流通分。在如来出现品。不在经末者。为此品是經之末。爲此品是三十七品是五位菩薩結會五位因果行門之終。以是義故是經之末。又如來從前第六卷初第二現相品內齒間放光令普賢菩薩說眾生因果如來因果者世界報得國土莊嚴。眉間放光。令文殊師利覺首賢首等說十信之門。次後說十住十行十迴向十地十一地十定十通等法。從現相品至如來出現品有三十六品經等覺位中一會在第三禪說有一品經。來文未足通取其數有三十七品前後總有四十品經至其如來出現品是五位因果始終之末故。如來出現品中示現法則表其始終五位因果滿故。即以眉間光灌文殊頂。口中光灌普賢口。令此二人。體用因果互相問答。以文殊爲法界體普賢爲法界用。二人互爲體用或文殊爲因普賢爲果。或二人互爲因果。此一部經常以此二人表體用因果。今古諸佛同然。皆依此跡。以明因果進修之益。故如來放果光明。及口中教光加此二大士。即明五位教門始終之畢。口光是付囑義流通義令教行流通。故眉間毫光是果義。以放果光付囑文殊。令文殊發問果法。普賢說佛出現。即是流通。

品是经之末。为此品是三十七品。是五位菩萨结会五位因果行门之终。以是义故。是经之末。又如来从前第六卷初。第二现相品内。齿间放光。令普贤菩萨说众生因果。如来因果。如来因果者。世界报得国土庄严。眉间放光。令文殊师利。觉首。贤首等。说十信之门。次后说十住十行十回向十地十一地十定十通等法。从现相品至如来出现品。有三十六品经。等觉位中一会。在第三禅说。有一品经。来文未足。通取其数。有三十七品。前后总有四十品经。至其如来出现品。是五位因果始终之末故。如来出现品中。示现法则。表其始终五位因果满故。即以眉间光。灌文殊顶。口中光。灌普贤口。令此二人。体用因果。互相问答。以文殊为法界体。普贤为法界用。二人互为体用。或文殊为因。普贤为果。或二人互为因果。此一部经。常以此二人表体用因果。今古诸佛同然。皆依此迹。以明因果进修之益。故如来放果光明。及口中教光。加此二大士。即明五位教门始终之毕。口光。是付嘱义。流通义。令教行流通故。眉间毫光。是果义。已放果光。付嘱文殊。令文殊发问果法。普贤说佛出现。即是流通。

此品之內具說付囑流通亦作輪王太子福具王相明能治王位等喻釋文至品方明爲如來出現品後離世間品卽是佛自成果後行普賢利他之行訓俗之門十一地果前行普賢行有自利利他十一地果後行普賢行純是利他如前七卷會釋中略已釋訖如法界一品總該一部教總是法界門在祇園者明衆生世間卽法界故衆生性卽不思議故衆生分別卽如來智故卽明就衆生世間說是法界不思議故

三明教體者依涉法師釋出經教體云一切聖教四法爲體名句文身語爲性故以先慣習相領解故此爲四聞持流布令法久住故然此法依六處轉一者依法謂十二分教故二者依義隨位相故三者依彼時說去來今自他事故四者依處要

此品之内。具说付嘱流通。亦作轮王太子。福具王相。明能治王位等喻。释文至品方明。为如来出现品后离世间品。即是佛自成果后。行普贤利他之行。训俗之门。十一地果前。行普贤行。有自利利他。十一地果后。行普贤行。纯是利他。如前七卷会释中。略已释讫。如法界一品。总该一部教。总是法界门。在祇园者。明众生世间。即法界故。众生性。即不思议故。众生分别。即如来智故。即明就众生世间。说是法界不思议故。

三明教体者。依涉法师释出经教体云。一切圣教。四法为体。名句文身语为性故。以先惯习相领解故。此为四。闻持流布。令法久住故。然此法依六处转。一者依法。谓十二分教故。二者依义。随位相故。三者依彼时。说去来今自他事故。四者依处。要在世界國城故。五者依數一十百千至微塵故。六者依彼補特伽羅必有說佛時故。由斯六處得有正法久住。補特伽羅者此云數取趣也。上依法華師立教體竟。今通玄以自管闚依此大方廣佛華嚴經立其教體約立十法以爲教體。廣乃無盡。一一切衆生根器佛一圓音一念三世無始無終常轉法輪以爲教體。二一切聖凡境界莊嚴果報以爲教體。此乃見境發心不待說故。見惡厭之見善樂之總能起善故。又一切法無非佛事故。三一切法自性清淨以爲教體。以觀察力心契自相應故。不待說故。四以行住坐臥四威儀以爲教體見敬發心不待語故。五以佛菩薩出現涅槃以爲教體以此法事令諸衆生見敬及念戀發心故。六以佛菩薩神通道力以爲教體現諸自在見者發心不待文句故。七以無常苦空爲教體觀者發心不待語故。八以無言寂然爲教體。即淨名居士默答不待名句文及以語故。九以名句文身語及衆生根爲教體藉言方現故。十以法界一切法本眞爲教體。衆生法之能淨垢故。大要言之。一切衆生諸煩惱海。一切衆生隨分善根人天樂果聲聞緣覺菩在世界国城故。五者依数。一十百千至微尘故。六者依彼补特伽罗。必有说佛时故。由斯六处得有正法久住。补特伽罗者。此云数取趣也。上依涉法师立教体竟。今通玄以自管窥。依此大方广佛华严经。立其教体。约立十法。以为教体。广乃无尽。一。一切众生根器。佛一圆音。一念三世。无始无终。常转法轮。以为教体。二。一切圣凡境界。庄严果报。以为教体。此乃见境发心。不待说故。见恶厌之。见善乐之。总能起善故。又一切法。无非佛事故。三。一切法自性清净。以为教体。以观察力。心契自相应故。不待说故。四。以行住坐卧四威仪。以为教体。见敬发心。不待语故。五。以佛菩萨出现涅槃。以为教体。以此法事。令诸众生见敬。及念恋发心故。六。以佛菩萨神通道力。以为教体。现诸自在。见者发心。不待文句故。七。以无常苦空为教体。观者发心。不待语故。八。以无言寂然为教体。即净名居士默答。不待名句文及以语故。九。以名句文身语及众生根为教体。藉言方现故。十。以法界一切法本真为教体。众生法之。能净垢故。大要言之。一切众生诸烦恼海。一切众生随分善根。人天乐果。声闻缘觉菩薩佛乘解脫涅槃名句文身語業等。及一切善惡果報虛空法界。言與無言。一切法無非教體。以自觀智。或以聞法。或自思惟內薰智現。能離諸惡及得涅槃。說與不說。皆是教體。若無煩惱。卽無教體

四總陳衆會者。於中大意其義有三。一總舉會數。二陳其會意。三說佛出世所由。

一總舉會數者。其會有十。

二陳其會意者。一初會在菩提場中。明示現初成正覺。爲化衆生。故第二會在普光明殿。明法報及行所行報得依正二報所居之宅。是故於此品初重言如是我聞。顯起初會。爲初蘭若菩提場體。不離此體得道。此處報宅所居。故猶如世人於靜處得道。方始歸來。示現此法本無來去遷其時分。第三昇須彌山頂帝釋宮。是第三會。明從普光明殿中。說十信之位。於其地上創起信心。今於帝釋天宮表其進修之位法行增勝。故於此天說十住之門。明十住之位創始應眞。心與空合。一分自得慧用。自在如天。故。如上高山身與空合。以處表法位勝。不卽要在生天。明無相慧用。如天自在。故又明山體於世間中出高過俗也。表於十住初心禪定如山不動無相妙慧出俗現前能破

萨佛乘。解脱涅槃。名句文身语业等。及一切善恶果报。虚空法界。言与无言。一切法无非教体。以自观智。或以闻法。或自思惟。内薰智现。能离诸恶。及得涅槃。说与不说。皆是教体。若无烦恼。即无教体。四总陈众会者。于中大意。其义有三。一总举会数。二陈其会意。三说佛出世所由。　一总举会数者。其会有十。　二陈其会意者。一初会在菩提场中。明示现初成正觉。为化众生故。第二会在普光明殿。明法报及行所行报得依正二报所居之宅。是故于此品初。重言如是我闻。显起初会。为初兰若菩提场体。不离此体得道。此处报宅所居故。犹如世人于净处得道。方始归来。示现此法本无来去迁其时分。第三升须弥山顶帝释宫。是第三会。明从普光明殿中。说十信之位。于其地上。创起信心。今于帝释天宫。表其进修之位。法行增胜。故于此天说十住之门。明十住之位。创始应真。心与空合。一分自得慧用。自在如天故。如上高山。身与空合。以处表法位胜。不即要在生天。明无相慧用。如天自在故。又明山体。于世间中。出高过俗也。表于十住初心。禅定如山不动。无相妙慧。出俗现前。能破

障故第四會在夜摩天宮者明夜摩天居在空際
不與地連明其上行依空行行不與貪欲凝愛繫
著諸有之漣故於此處說十行位表法如是不要
身生彼天明住行修空無所依故第五會在兜率
天宮者明此天處是樂知足故說十迴向爲表迴
向之位均融理事大願大悲大智使不偏僻不貪
世樂不貪涅槃不著大悲不著大願不離其中使
令處世如蓮華同塵而不汚又表此天於欲界處
中下有忉利夜摩上有化樂他化以明上下此天
處欲界之中還說十迴向門表令法身大智萬行
大願大悲均調處中不令同世慈悲有愛不令如
二乘樂修出世心增一乘趣寂菩薩遐生及捨淨
土等過皆非稱其法爾故表法如是不即要生彼
天明迴眞入俗使悲智均平第六會在他化自在
天爲於此天說其十地爲此天以他變化用成己
樂以明十地大悲大智皆悉成滿但化衆生以爲
自己涅槃之樂無自樂故問何故超化樂而於他
化說十地之行答曰爲明從十迴向均融理智大
悲大願成滿增勝不依次第而超化樂不同下位
次第而修如世興易初以十錢得利一倍後以二

障故。第四会在夜摩天宫者。明夜摩天居在空际。不与地连。明其十行。依空行行。不与贪欲痴爱系著诸有之连。故于此处说十行位。表法如是。不要身生彼天。明在行恒空。无所依故。第五会在兜率天宫者。明此天处。是乐知足。故说十回向。为表回向之位。均融理事。大愿大悲大智。使不偏僻。不贪世乐。不贪涅槃。不著大悲。不著大愿。不离其中。使令处世。如莲华同尘而不污。又表此天。于欲界处中。下有忉利夜摩。上有化乐他化。以明上下此天处欲界之中。还说十回向门。表令法身大智万行。大愿大悲。均调处中。不令同世慈悲有爱。不令如三乘乐修出世心增。二乘趣寂。菩萨留生。及舍净土等过。皆非称其法尔故。表法如是。不即要生彼天。明回真入俗。使悲智均平。第六会在他化自在天。为于此天说其十地。为此天。以他变化。用成己乐。以明十地。大悲大智。皆悉成满。但化众生。以为自己涅槃之乐。无自乐故。问。何故超化乐。而于他化说十地之行。答曰。为明从十回向。均融理智大悲大愿成满增胜。不依次第而超化乐。不同下位次第而修。如世兴易。初以十钱。得利一倍。后以二十。便成四十。即便超初及第二利故。又明十地果終。居欲界之際。而得自在。同而不染。出而不離。又明十地菩薩功超欲縛故。此天同其魔梵。教化波旬故。同魔王位。攝魔眷屬。教化自在。故居此天。又明菩薩進修行相。十地之位。道力功行階降合然。以無明住地未純熟故。未明淨故。具無明住地果極方終。設至十一地。二愚猶在。是故此經阿僧祇品。如來隨好功德品。此二品之法。佛果已前十一地普賢行滿未能達盡。以是義故。如來自說。明果終始知算數之極。如來隨好功德佛果方終。已前諸位法門當位菩薩自說。最下入法界一品如來神力說。表法界中明一切法總神總眞總不思議。明法界體。凡聖一性。故於人中說。至文方明以此二愚佛果方息。是故十地之位隨力所堪。堪至此天故。雖進修階降位位差殊。然法界體一時一念一得一切得。爲明法界無始終法故。不可即作始終長短存情思想違理之見。故以定慧照之可見。

第七會在第三禪說。此一會說百萬億偈。此會來文未足。如纓絡本業經具云。彼經是化三乘人已後。如來領至菩提樹下。卻說初成佛時說華嚴經十。便成四十。即便超初及第二利故。又明十地果终。居欲界之际。而得自在。同而不染。出而不离。又明十地菩萨。功超欲缚故。此天同其魔梵。教化波旬故。同魔王位。摄魔眷属。教化自在。故居此天。又明菩萨进修行相。十地之位。道力功行。阶降合然。以无明住地。未纯熟故。未明净故。其无明住地。果极方终。设至十一地。二愚犹在。是故此经。阿僧祇品。如来随好功德品。此二品之法。佛果已前。十一地普贤行满。未能达尽。以是义故。如来自说。明果终始知算数之极。如来随好功德。佛果方终。已前诸位法门。当位菩萨自说。最下入法界一品。如来神力说。表法界中。明一切法总神总真。总不思议。明法界体。凡圣一性。故于人中说。至文方明。以此二愚佛果方息。是故十地之位。随力所堪。堪至此天故。虽进修阶降。位位差殊。然法界体。一时一念一得一切得。为明法界无始终法故。不可即作始终长短。存情思想。违理之见故。以定慧照之可见。第七会在第三禅说。此一会说百万亿偈。此会来文未足。如缨络本业经具云。彼经是化三乘人已后。如来领至菩提树下。欲说初成佛时。说华严经會次第彼經具言計此一會通爲十處十會四十品經爲此經十十成法皆圓滿故明三禪之中初禪除憂二禪滅苦憂苦既無三禪唯是法悅樂故由法樂故喜動還存以喜動故色心還在此色心是樂禪悅樂無思之色非如欲界之色故心有無思樂禪之色出入之息猶存報得淨身身如皓雪衣如金色過身一倍行卽遊空足不履踐初禪身長二里半二禪身五里三禪身十里衣與身倍至文廣明明於此天說十一地法門表等覺位中順其法身行其萬行教化衆生徧周法界常法樂故至第四禪寄同是佛位故稱眞法性無出入息隨理普周任衆生見習氣迷法之愚一時總盡世及出世法無事不窮號之爲種種光明徧照義也以智滿故表法如是不卽如是上下往來但以法身大智虛空一切智日對現色身於法界中隨其器水普現衆像此之一會超前十地過初禪二禪二天明此十一地智倍倍增故已上昇天寄處表法昇進漸漸自在非是法屬彼天皆徧一切處故第八會在普光明殿說十定法門其定名入刹那際如三乘說八十生滅爲一刹那八十刹那名爲一

会次第。彼经具言。计此一会。通为十处十会四十品经。为此经十十成法。皆圆满故。明三禅之中。初禅除忧。二禅灭苦。忧苦既无。三禅唯是法悦乐故。由法乐故。喜动还存。以喜动故。色心还在。此色心。是乐禅悦。乐无思之色。非如欲界之色故。心有无思乐禅之色。出入之息犹存。报得净身。身如皓雪。衣如金色。过身一倍。行即游空。足不履践。初禅身长二里半。二禅身五里。三禅身十里。衣与身倍。至文广明。明于此天说十一地法门。表等觉位中顺其法身。行其万行。教化众生。遍周法界。常法乐故。至第四禅。寄同是佛位故。称真法性。无出入息。随理普周。任众生见。习气迷法之愚。一时总尽。世及出世法。无事不穷。号之为种种光明遍照义也。以智满故。表法如是。不即如是上下往来。但以法身大智虚空。一切智日对现色身。于法界中。随其器水。普现众像。此之一会。超前十地。过初禅二禅二天。明此十一地智。倍倍增故。已上升天寄处。表法升进渐渐自在。非是法属彼天。皆遍一切处故。第八会在普光明殿。说十定法门。其定名入刹那际。如三乘说。八十生灭。为一刹那。八十刹那。名为一

念。此明三乘說，如此一乘中，但以剎那是極短促
思慮不及之故。終不論別有生滅，明如來出世始
終不離剎那際。如離世間品說，如來正處胎時，住
兜率天。幷初生出家學道成菩提轉法輪入涅槃
總一時。身猶處胎未出，爲此定體稱法界本性。以
爲定體更無長短始終。三世總爲一際，更不許如
世妄情想佛出興作長短計。違眞理故，即明時之
極也。更不論剎那外別有生滅。此是當部經之意
趣不同。古人釋此會爲重會普光法堂者，意不如
是。不以見名言教中兩度三度重敘普光明殿，即
云重會乃至三會等故，失其眞意。豈可令他作去
來之見？如經意者，但以佛自體無作大悲爲母，以
一切種智爲佛，以法無性無所依爲時日歲月，以
一切眾生根器爲明鏡。佛於一切眾生心海任物
自見，各得自法，皆令向善及得菩提，非是如來有
重來重去相故。但明此普光明殿是如來自性一
切智種智之都體也。爲依報所居，此剎那際定是
佛一切智種智之法性故，意在總括一切法界眾
海會等總體，不令學者有往來自他故。今者部作
往來重會之見，此將不可也。總明如王寶印一時

念。此明三乘说。如此一乘中。但以刹那是极短促。思虑不及之故。终不论别有生灭。明如来出世。始终不离刹那际。如离世间品说。如来正处胎时。住兜率天。并初生。出家。学道。成菩提。转法轮。入涅槃。总一时。身犹处胎未出。为此定体。称法界本性。以为定体。更无长短始终。三世总为一际。更不许如世妄情。想佛出兴。作长短计。违真理故。即明时之极也。更不论刹那外别有生灭。此是当部经之意趣不同。古人释此会为重会普光法堂者。意不如是。不以见名言教中两度三度重叙普光明殿。即云重会乃至三会等故。失其真意。岂可令他作去来之见。如经意者。但以佛自体无作大悲为母。以一切种智为佛。以法无性无所依为时日岁月。以一切众生根器为明镜。佛于一切众生心海。任物自见。各得自法。皆令向善。及得菩提。非是如来有重来重去相故。但明此普光明殿。是如来自性一切智种智之都体也。为依报所居。此刹那际定是佛一切智种智之法性故。意在总括一切法界众海会等总体。不令学者有往来自他故。今者却作往来重会之见。此将不可也。总明如王宝印。一时

頓印。不可作重會去來之見。經無此意。第九會在
普光明殿者。明從此處而起信心。發行修十住十
行十迴向十地十定十通十忍。乃至如來出現品
佛果位終。皆悉不離普賢舊行。是故佛果向前。十
住已上。自乘普賢行滿。即如來出現品前三十六
品經。至普賢行品。是佛果位。後自行已滿。純是利
他普賢行故。出現品後。離世間品。是爲從第一會
普光明殿中起信心。已經過五位。始終因果。不離
本跡諸佛果滿。舊普賢門。於十定品中。亦其此處
明以法身定體圓通。終始一際。一處三法同一不
移。普光明殿報居之宅。齊頭普印。無有重會。二會
去已還來。古人釋此會爲重會。三會普光明殿。以
法界門。不可作世情思想解故。如善財從覺城東
大塔廟處。妙德之所。初生信心。經過五十箇位。門
至德生童子有德童女。爲未是佛果。已前自利利
他普賢行終故。十一位中。妙道之位。見慈氏如來
是佛果終位。卻令其善財卻見文殊。明令至果。不
離舊所初信之門菩提理智。便聞普賢名。便見其
身等普賢身者。彼明果後普賢之行。經云。更入無
量三昧者。爲明治過佛果位內一種愚故。一愚者

顿印。不可作重会去来之见。经无此意。第九会在普光明殿者。明从此处而起信心。发行修十住十行十回向十地十定十通十忍。乃至如来出现品佛果位终。皆悉不离普贤旧行。是故佛果向前。十住已上。自乘普贤行满。即如来出现品前三十六品经。至普贤行品是。佛果位后。自行已满。纯是利他普贤行故。出现品后离世间品是。为从第二会普光明殿中起信心已。经过五位。始终因果。不离本迹诸佛果满旧普贤门。于十定品中。亦其此处。明以法身定体。圆通终始。一际一处。三法同一不移普光明殿。报居之宅。齐头普印。无有重会三会去已还来。古人释此会为重会三会普光明殿。以法界门。不可作世情思想解故。如善财。从觉城东大塔庙处。妙德之所。初生信心。经过五十个位门。至德生童子有德童女。为未是佛果。以前自利利他普贤行终故。十二位中妙觉之位。见慈氏如来。是佛果终位。却令其善财却见文殊。明今至果。不离旧所初信之门菩提理智。便闻普贤名。便见其身等普贤身者。彼明果后普贤之行。经云。更入无量三昧者。为明证过佛果位内二种愚故。二愚者。

論藏名著選編

主編・李利安

整理・楊航　康曉紅

新華嚴經論

[唐] 李通玄 著

貳

西北大學出版社

图书在版编目(CIP)数据

新华严经论/(唐)李通玄著;杨航,康晓红整理 .—西安:
西北大学出版社,2005.11
(论藏名著选编/李利安主编)
ISBN 7-5604-2064-8
Ⅰ.新… Ⅱ.①李…②杨…③康… Ⅲ.大乘—论藏 Ⅳ.B942.1
中国版本图书馆 CIP 数据核字(2005)第 100825 号

论藏名著选编

新华严经论

作　　者:李通玄
整　　理:杨　航　康晓红
主　　编:李利安

出版发行:西北大学出版社
策　　划:书僮图书工作室
地　　址:西安市太白北路 229 号
购书电话:029-88302590　84337138
邮政编码:710069
印　　刷:陕西地质印刷厂

开　　本:880 毫米×1230 毫米　1/32
印　　张:75
字　　数:912 千字
版　　次:2005 年 11 月第 1 版　第 1 次印刷
书　　号:ISBN 7-5604-2064-8/B·59
定　　价:148.00 元(共伍册)

目　录　二

一迷阿僧祇廣大數愚。二佛位之內隨好功德廣大愚。此之二法。唯佛究竟。自利進修五位菩薩未過故。以是義故。此兩品經。如來自說。及法界品。如來不思議神力說。爲明法界是一切諸佛共所究竟果故。以將此品示悟衆生。餘三十七品是當位菩薩說。勝鬘經云。無明住地佛地方除。三乘三祇之果及淨穢別報菩薩還歸本土。二見順情多不相似。如法界因果當念不遷不虧階級總別一多通融方便全殊。此普光明殿說離世間品。明信心及究竟佛果普賢行總不離舊跡。亦如慈氏樓閣內普現三世。一念普觀三世諸佛及以菩薩一切

大方廣佛新華嚴經論卷第九

衆生視如卽夕無有古今。卽其義也。第十會在法界品。明此一會普含諸會及十方刹海法界虛空界總之一會重重無盡無盡重重。一切諸佛海會及一切衆生之海總以此法界一品總爲一體。一切境界隨衆生心以此爲別以六相十玄該之。以無思之心照之觀之可見。或以世主妙嚴品爲一會。此普光明殿三會爲一會通前世主妙嚴品爲二會。上昇須彌夜摩兜率他化第三禪等天爲五會通前兩會爲七會。法界品祇園人間爲第八會。

一迷阿僧祇广大数愚。二佛位之内随好功德广大愚。此之二法。唯佛究竟。自利进修五位菩萨未过故。以是义故。此两品经。如来自说。及法界品。如来不思议神力说。为明法界。是一切诸佛共所究竟果故。以将此品。示悟众生。余三十七品。是当位菩萨说。胜鬘经云。无明住地。佛地方除。三乘三祇之果。及净秽别报。菩萨还归本土。二见顺情。多不相似。如法界因果。当念不迁。不亏阶级。总别一多通融。方便全殊。此普光明殿。说离世间品。明信心及究竟佛果普贤行。总不离旧迹。亦如慈氏楼阁内。普现三世。一念普观三世诸佛。及以菩萨一切

(大方广佛新华严经论卷第九)*

众生。视如即夕。无有古今。即其义也*第十会在法界品。明此一会。普含诸会。及十方刹海法界虚空界。总之一会。重重无尽。无尽重重。一切诸佛海会。及一切众生之海。总以此法界一品总为一体。一切境界。随众生心。以此为别。以六相十玄该之。以无思之心照之。观之可见。或以世主妙严品为一会。此普光明殿三会为一会。通前世主妙严品为二会。上升须弥。夜摩。兜率。他化。第三禅等天。为五会。通前两会为七会。法界品祇园人间为第八会。

善財大塔廟處爲第九會以虛空法界一切處會
爲十會卽該收前後十方總盡亦是一家所釋亦
不違道理古人云九會者爲未知有十一地在第
三禪說此經總十法爲准不可說九也如善財覺
城東會明前諸會但且寄成五位之法未寄顯能
修行之人如覺城一會卽明能修行之人及菩薩
攝生方便法則　第三說佛出世所由者如來出
世寄位示眞若見如來始成正覺及正像末三時
教者非正覺見非見佛出興此乃劣解衆生且如
是見求正覺者不應如是問曰云何見佛出興答
曰當見自身無身無心無出無沒無內無外不動
不寂無思無求世及出世都無住處無心所法無
法法心心法無依性無始末以無依住智說如斯
法教化衆生皆令悟入是名見佛出興如光明覺
品文殊師利頌曰世及出世見一切皆超越而能
善知法當成大光耀若於一切智發生迴向心見
心無所生當獲大名稱衆生無所生亦復無有壞
若得如是智當成無上道一中解無量無量中解
一了彼互生起當成無所畏前兩行頌明佛出興
後兩行頌明正覺中智佛出興世當知如是不令

善财大塔庙处为第九会。以虚空法界一切处会为十会。即该收前后十方总尽。亦是一家所释。亦不违道理。古人云。九会者。为未知有十一地在第三禅说。此经总十法为准。不可说九也。如善财觉城东会。明前诸会。但且寄成五位之法。未寄显能修行之人。如觉城一会。即明能修行之人。及菩萨摄生方便法则。　第三说佛出世所由者。如来出世。寄位示真。若见如来始成正觉。及正像末三时教者。非正觉见。非见佛出兴。此乃劣解众生。且如是见。求正觉者。不应如是。问曰。云何见佛出兴。答曰。当见自身。无身无心。无出无没。无内无外。不动不寂。无思无求。世及出世。都无住处。无心所法。无法法心。心法无依。性无始末。以无依住智。说如斯法。教化众生。皆令悟入。是名见佛出兴。如光明觉品。文殊师利颂曰。世及出世见。一切皆超越。而能善知法。当成大光耀。若于一切智。发生回向心。见心无所生。当获大名称。众生无所生。亦复无有坏。若得如是智。当成无上道。一中解无量。无量中解一。了彼互生起。当成无所畏。前两行颂。明佛出兴。后两行颂。明正觉中智。佛出兴世。当知如是。不令衆生取佛出興滅沒之相見。初見末但見自身衆生身心無生滅體是出世間。

夫說一部之經始終徒衆形相總有二百二十八衆。形類部從莊嚴道場。形類各異。當會事意皆有所表。至位方明不可懸揔且初一品有四十五衆。表意如下。至文方釋。敘文廣博頗陳難解。對事方指自擊道存。如前長科經意十段門中。第一會中始成正覺總有六品經經有十一卷其中品名者一世主妙嚴品。二如來現相品。三普賢三昧品。四世界成就品。五華藏世界品。六毗盧遮那品。此六品經於初會中有六種意。此初會中。從如是我聞已下有序分正說分流通分。自餘會皆然。此初會中從如是我聞六字義至始成正覺是序分。其地堅固金剛所成已下是正說分。至動地雨華是流通分。從正說分中說如來成佛因果菩薩神天五十衆。表佛自行利生之衆。令諸來菩薩見如來因果及示現得道入法。入卽同佛所知見法。與後學者以爲樣式。從其凡夫入法。卽同佛知見故。初發心時便成正覺。從此義生。已後諸會皆悉自有序分。至文方明。大都付囑流通分。從如是我聞至如众生取佛出兴灭没之相。见初见末。但见自身。众生身心无生灭体。是出世间 。

夫说一部之经。始终徒众形相。总有二百二十八众。形类部从。庄严道场。形类各异。当会事意。皆有所表。至位方明。不可悬摸。且初一品。有四十五众。表意如下。至文方释。教文广博。预陈难解。对事方指。目击道存。如前长科经意十段门中。第一会中。始成正觉。总有六品经。经有十一卷。其中品名者。一世主妙严品。二如来现相品。三普贤三昧品。四世界成就品。五华藏世界品。六毗卢遮那品。此六品经。于初会中。有六种意。此初会中。从如是我闻已下。是序分。正说分。流通分。自余会皆然。此初会中。从如是我闻六字义。至始成正觉。是序分。其地坚固金刚所成已下。是正说分。至动地雨华。是流通分。从正说分中。说如来成佛因果。菩萨神天五十众。表佛自行利生之众。令诸来菩萨。见如来因果。及示现得道入法。入即同佛所知见法。与后学者以为样式。从其凡夫入法。即同佛知见故。初发心时。便成正觉。从此义生。以后诸会。皆悉自有序分。至文方明。大都付嘱流通分。从如是我闻至如來出現品是。前已敘竟。如論王太子窳是。一初世主妙嚴品。明佛初成正覺。諸世間主來集慶佛成道。又自來所益。又所表加來自行五位法門。二如來現相品。明佛初成正覺。口光告眾。毫光示法。三普賢三昧品。明佛令普賢長子入如來藏身三昧審諦觀法。從三昧起。說佛果報眾生業力成。就世界依正二報國土莊嚴。四世界成就品。明由眾生業力起。五明華藏世界海。佛自智果報得莊嚴。六毗盧遮那品。即明引古證今。令眾信順法不虛來。古今相照。令信不疑。今此初會六品經皆有意趣。就六品之中。遍依會釋分為二門。一從世主妙嚴一品經。明佛始成正覺。略示依正二報之所莊嚴。二如來現相品已下五品經。明示果勸修。於此一門。且於初門世主妙嚴一品義分十門。第一明毗盧遮那始成正覺依正二報之所莊嚴。第二明十普賢眾常隨佛眾。第三明諸神八部諸天來集。第四明結眾已來。第五明十大天王。以自得益法門歎佛十地行果。第六明日月天子八部王等以自得法門。歎佛十迴向行果。第七明十眾諸神王主稼神為首。各以自所得法門歎佛十行之果来出现品是。前已叙竟。如轮王太子喻是。一初世主妙严品。明佛初成正觉。诸世间主来集。庆佛成道。又自求所益。又所表如来自行五位法门。二如来现相品。明佛初成正觉。口光告众。毫光示法。三普贤三昧品。明佛令普贤长子。入如来藏身三昧。审谛观法。从三昧起。说佛果报。众生业力。成就世界依正二报。国土庄严。四便说世界成就品。明由众生业力起。五明华藏世界海。佛自智果报得庄严。六毗卢遮那品。即明引古证今。令众信顺。法不虚来。古今相照。令信不疑。今此初会六品经。皆有意趣。就六品之中。还依会释。分为二门。一从世主妙严一品经。明佛始成正觉。略示依正二报之所庄严。二如来现相品已下五品经。明示果劝修。于此二门。且于初门世主妙严一品。义分十门。第一明毗卢遮那始成正觉。依正二报之所庄严。第二明十普贤众。常随佛众。第三明诸神八部诸天来集。第四明结众已来。第五明十大天王。以自得益法门。叹佛十地行果。第六明日月天子八部王等。以自得法门。叹佛十回向行果。第七明十众诸神王。主稼神为首。各以自所得法门。叹佛十行之果。

第八明海月光大明菩薩等十大菩薩通九眾諸神以自得法門歎佛十住行果。第九明座出自眾明佛自行普賢行歎佛自行普賢行果。第十明華藏世界動地與供明佛出與大眾歡喜福威感應。已上初會十門中菩薩神天總得如來五位法門。但化令入位者皆得一分應眞理智。總得稱之爲神。能主導眾生非鬼神之神。已入如來智法力自在。故十地如天亦明自在至文方明。

今釋初會中世主妙嚴一品。如前十段科文中第一段明佛始成正覺於此一段復分爲二。一釋經題目。二隨文釋義。

一釋經題目者。何故名爲大方廣佛華嚴經世主妙嚴品第一。解云。大者無方義。方者法則義。廣者理智徧周義。佛者智體無依住義。智自在義。華者徧法界無盡行義。以行能開敷自他果故。華是感果義開敷義。嚴是莊飾義。明初發心住位以十信中有作行華開敷十住位中妙理智慧果故復生無作十種行華。常以法行互嚴用淨自利利他之道。故行爲嚴飾義。世主妙嚴者以此初品有諸神天八部之眾。皆爲世間主。各將十佛世界微塵數第八明海月光大明菩萨等十大菩萨。通九众诸神。以自得法门。叹佛十住行果。第九明座出自众。明佛自行普贤行。叹佛自行普贤行果。第十明华藏世界动地兴供。明佛出兴。大众欢喜。福威感应。已上初会十门中。菩萨神天。总得如来五位法门。但化令入位者。皆得一分应真理智。总得称之为神。能主导众生。非鬼神之神。已入如来智。法力自在故。十地如天。亦明自在。至文方明 。

今释初会中世主妙严一品。如前十段科文中第一段。明佛始成正觉。于此一段。复分为二。一释经题目。二随文释义 。

一释经题目者。何故名为大方广佛华严经。世主妙严品第一。解云。大者无方义。方者法则义。广者理智遍周义。佛者智体无依住义。智自在义。华者遍法界无尽行义。以行能开敷自他果故。华是感果义。开敷义。严是庄饰义。明初发心住位。以十信中有作行华。开敷十住位中妙理智慧果故。复生无作十种行华。常以法行互严。用净自利利他之道故。行为严饰义。世主妙严者。以此初品。有诸神天八部之众。皆为世间主。各将十佛世界微尘数隨身部從。或但云無[illegible]法。來嚴道場。此爲依衆成名也。故云世主妙嚴。又佛及菩薩皆爲世間主。故以能主導衆生。總爲世間主。亦此初品總標一部。一部都舉。總有二百二十八衆形狀不同。各各部類。或言一佛世界微塵。或十佛刹微塵。或言無量。以嚴海會。故言世主妙嚴。或以佛福報境界。妙嚴依正。亦得稱爲世主妙嚴爲如來亦爲世間主主導衆生。故此爲依主得名。品者均別義。明五位及信心。同異差降。意類別敍。進修生熟。各有條貫次第分明。令後學者自識本行進修不惑。故爲品類均別義也。第一者。非是次第前後之第一。爲法界門中無前頭在後之次第。皆是一時無二念同時顯著諸品之第一。一多緣起同時之第一。是名同時具足相應門。一多相容不同門。以十玄門及六相義通融品名。亦如是可知。不可如情所計。故名第一。

第二隨文釋義者。從如是我聞至如是無量功德已來。於中有七十一行經。長科爲四分。

随身部从。或但云无量。来严道场。此为依众成名也。故云世主妙严。又佛及菩萨。皆为世间主故。以能主导众生。总为世间主。亦此初品。总标一部。一部都举。总有二百二十八众。形状不同。各各部类。或言一佛世界微尘。或十佛刹微尘。或言无量。以严海会。故言世主妙严。或以佛福报境界。妙严依正。亦得称为世主妙严。为如来亦为世间主。主导众生故。此为依主得名。品者。均别义。明五位及信心。同异差降。意类别叙。进修生熟。各有条贯。次第分明。令后学者。自识本行。进修不惑故。为品类均别义也。第一者。非是次第前后之第一。为法界门中。无前头在后之次第。皆是一时无二念。同时显著诸品之第一。一多缘起同时之第一。是名同时具足相应门。一多相容不同门。以十玄门及六相义通融。品名亦如是可知。不可如情所计。故名第一。

第二随文释义者。从如是我闻。至如是无量功德已来。于中有七十一行经。长科为四分。

第一從初如是我聞已下至始成正覺於中有八句經。二十四言總明斷疑成信分。前之六字明結集聞經之主。後之五句敘致如來得道之處。義分為三。一定傳教人二定說經時分。三釋經文義。一定傳教人者。如三乘中。大智度論第二卷所釋。如來臨入涅槃時告阿難。十二部經汝當流通。復告優波離。一切戒律汝當受持。告阿那律。汝得天眼。常守護舍利。勸人供養。告大眾言。我若住世一劫若減一劫會亦當滅。語已雙林北首而臥。入般涅槃。阿難親屬愛習未除。心沒憂海。阿泥盧豆語阿難。汝是守護佛法藏者。不應如凡夫人自沒憂海。諸有為法並是無常。汝何愁憂。又佛世尊手付汝法。汝今愁悶失所受事。世尊今日雖在明朝即無。汝當問佛未來要事。盧豆教問要事有四。一問如來在世親自說法人皆信受。如來滅後。一切經首當置何言。二問如來在世諸比丘等以佛為師。如來滅後以何為師。三問佛在世諸比丘依佛而住。如來滅後依誰而住。四問如來在世惡性車匿佛自治之。佛滅度後。云何共住。阿難如教請問世尊。世尊答云經首當置如是我聞一時等六字為句。

第一从初如是我闻以下。至始成正觉。于中有八句经。二十四言总明断疑成信分。前之六字。明结集闻经之主。后之五句。叙致如来得道之处。义分为三。一定传教人。二定说经时分。三释经文义。一定传教人者。如三乘中。大智度论第二卷所释。如来临入涅槃时。告阿难。十二部经。汝当流通。复告优波离。一切戒律。汝当受持。告阿那律。汝得天眼。常守护舍利。劝人供养。告大众言。我若住世一劫。若减一劫。会亦当灭。语已。双林北首而卧。入般涅槃。阿难亲属。爱习未除。心没忧海。阿泥卢豆语阿难。汝是守护佛法藏者。不应如凡夫人。自没忧海。诸有为法。并是无常。汝何愁忧。又佛世尊手付汝法。汝今愁闷。失所受事。世尊今日虽在。明朝即无。汝当问佛未来要事。卢豆教问要事有四。一问如来在世。亲自说法。人皆信受。如来灭后。一切经首。当置何言。二问如来在世。诸比丘等。以佛为师。如来灭后。以何为师。三问佛在世。诸比丘依佛而住。如来灭后。依谁而住。四问如来在世。恶性车匿。佛自治之。佛灭度后。云何共住。阿难如教请问世尊。世尊答云。经首当置如是我闻一时等六字为句。

二云比丘皆以波羅提木叉爲師。三云諸比丘皆以四念處住。四云惡性比丘以梵檀治之。此云默擯。若心輭伏。爲說迦旃延經。此云離有無。破我慢心。又如五卷大悲經中。阿難請佛。云何結集法眼。佛告阿難。我滅度後。大德比丘應如是問。世尊何處說大阿陀那等經。汝應如是答。如是我聞。一時佛在摩伽陀國菩提樹下。初成正覺說法。乃至娑羅雙樹間說。如是等二十餘處所說之經。佛自重教阿難結集。如是是故此六字句義佛教立故。斷後聞經者疑。知非是他餘人說故。亦非阿難自說故。依涅槃安立。如經初准科文。從如是我聞至始成正覺有八句。依五卷經說。令斷眾疑。一者從如是是一句。我聞是二句。一時是三句。佛在是四句。摩竭提國阿蘭若法菩提場中。此之三句義唯是一。但陳一處三法。是一并始成正覺爲六句。是故如是我聞。一時佛在菩提場始成正覺。總爲六句。今言如是者。如即如佛所言。是者是佛所說。簡非異說。兩名相順。契信不殊。明眞是佛說。非阿難自說。亦非魔梵所說。又我聞一句。是阿難從佛所聞。非轉轉傳聞故。亦非是非人所制故。又非如外道二云。比丘皆以波罗提木叉为师。三云。诸比丘皆以四念处住。四云。恶性比丘以梵檀治之。此云默摈。若心软伏。为说迦旃延经。此云离有无破我慢心。又如五卷大悲经中。阿难请佛。云何结集法眼。佛告阿难。我灭度后。大德比丘应如是问。世尊何处说大阿陀那等经。汝应如是答。如是我闻。一时佛在摩伽陀国。菩提树下。初成正觉说法。乃至娑罗双树间说。如是等二十余处。所说之经。佛自重教阿难结集如是。是故此六字句义。佛教立故。断后闻经者疑。知非是他余人说故。亦非阿难自说故。依涅槃安立。如经初。准科文。从如是我闻。至始成正觉。有八句。依五卷经说。令断众疑。一者。从如是是一句。我闻是二句。一时是三句。佛在是四句。摩竭提国。阿兰若法。菩提场中。此之三句。义唯是一。但陈一处。三法是一。并始成正觉。为六句。是故如是我闻。一时。佛在菩提场。始成正觉。总为六句。今言如是者。如即如佛所言。是者是佛所说。简非异说。两名相顺。契信不殊。明真是佛说。非阿难自说。亦非魔梵所说。又我闻一句。是阿难从佛所闻。非转转传闻故。亦非是非人所制故。又非如外道。

經書青烏衍來。石崖崩得。是斷疑成信分。如眞諦
三藏云。依微細律。阿難當昇法座。結集法藏之時。
其身如佛。具足相好。眾見此瑞。遂生三疑。一疑佛
大師從涅槃起。更為眾生說法。二疑他方佛來。三
疑阿難轉身成佛。今為除此三疑。故安立六字。是
阿難自稱。如是之法。我從佛聞知。非是佛重起。所
說法亦非他方佛來。又非阿難自身成佛。但以法
力故。令我似佛。是故下高座已。復本形。以此義故。
以此六字。用斷眾疑。問。如阿難既是如三乘中說
是佛得道夜生。年二十方為佛弟子。其二十年已
後經是親聞。已前傳聞。故轉法輪經云。阿難結集
時。自說偈。佛初說法時。爾時我不見。如是展轉聞。
佛遊波羅柰國。為五比丘眾。轉四諦法輪。故知已
前非親聞故。答。薩婆多論云。阿難為佛作侍者時。
請願言。願佛二十年中所說之經盡為我說。勿與
我故衣及殘食。將知此也是親聞。又如涅槃經云。
阿難多聞士。若在若不在。自然當解了。常與無常
義。又阿難得覺意三昧。佛所說經。遠近常聞。此已
上阿難傳法。並是三乘經中所說。如此大方廣佛
華嚴經傳法阿難。非如上說。夫天中之天。十方調

经书。青鸟衔来。石崖崩得。是断疑成信分。如真谛三藏云。依微细律。阿难当升法座。结集法藏之时。其身如佛。具足相好。众见此瑞。遂生三疑。一疑佛大师。从涅槃起。更为众生说法。二疑他方佛来。三疑阿难转身成佛。今为除此三疑故。安立六字。是阿难自称。如是之法。我从佛闻知。非是佛重起所说法。亦非他方佛来。又非阿难自身成佛。但以法力故。令我似佛。是故下高座已复本形。以此义故。以此六字。用断众疑问。如阿难既是如三乘中说。是佛得道夜生。年二十方为佛弟子。其二十年已后经是亲闻。已前传闻故。转法轮经云。阿难结集时。自说偈。佛初说法时。尔时我不见。如是展转闻。佛游波罗奈国。为五比丘众。转四谛法轮。故知已前非亲闻故答。萨婆多论云。阿难为佛作侍者时。请愿言。愿佛二十年中所说之经。尽为我说。勿与我故衣及残食。将知此也是亲闻。又如涅槃经云：阿难多闻士。若在若不在。自然当解了。常与无常义。又阿难得觉意三昧。佛所说经。远近常闻。此已上阿难传法。并是三乘经中所说。如此大方广佛华严经。传法阿难。非如上说。夫天中之天。十方调

御化儀主伴豈是小緣自非器類齊肩示陰陽而
影響三世窮劫一念而知無盡古今常如朝夕今
以三乘情見延促始終者未可詳其傳教之主今
此華嚴經明傳教主伴者皆是神洞玄源道齊智
海如文殊普賢互爲師範之旨所爲也豈論生時
年歲作前後之見如是佛出興世轉法輪時如來
以性海大智之印印衆生情欲爲文字於一音中
無前後際一時普印隨樂不同各隨自心所樂之
法皆得聞之設阿難示行傳教之主伴者是普賢
行海隨器高低出沒任流依根現跡皆不得以三
乘定例同己凡夫識達聖詮當時從實如上所說
並是聖賢密潛同事是應三乘權化未爲了教如
阿闍世王懺悔經有三種阿難一阿難陀此云慶
喜持聲聞法藏於上二乘隨力隨分一阿難陀跋
陀羅此云慶喜賢持中乘法藏於上大乘隨力隨
分於下小乘容與兼持三名阿難陀娑伽羅此云
慶喜海持菩薩大乘法藏於下小乘容與兼持此
者亦是三乘中傳教阿難亦爲實教如是華嚴經
傳教阿難者正是阿難昇高座時身同諸佛一時
頓演四乘等教隨根總結集即阿難與佛體同不

御。化仪主伴。岂是小缘。自非器类齐肩。示阴阳而影响。三世穷劫。一念而知。无尽古今。常如即夕。今以三乘情见延促始终者。未可详其传教之主。今此华严经。明传教主伴者。皆是神洞玄源。道齐智海。如文殊普贤。互为师范之者。所为也。岂论生时年岁。作前后之见。如是佛出兴世。转法轮时。如来以性海大智之印。印众生情欲为文字。于一音中。无前后际。一时普印。随乐不同。各随自心所乐之法。皆得闻之。设阿难示行传教之主伴者。是普贤行海。随器高低。出没任流。依根现迹。皆不得以三乘定例。同已凡夫识达圣诠。简权从实。如上所说。并是圣贤。密潜同事。是应三乘权化。未为了教。如阿阇世王忏悔经。有三种阿难。一阿难陀。此云庆喜。持声闻法藏。于上二乘随力随分。二阿难陀跋陀罗。此云庆喜贤。持中乘法藏。于上大乘随力随分。于下小乘容与兼持。三名阿难陀婆伽罗。此云庆喜海。持菩萨大乘法藏。于下小乘容与兼持。此者。亦是三乘中传教阿难。未为实教。如是华严经传教阿难者。正是阿难升高座时。身同诸佛。一时顿演四乘等教。随根总结集。即阿难与佛。体同不殊。此釋亦不違道理。又如涅槃經云。阿難所未聞經。弘廣菩薩當爲流通若望此經非三乘所知。即此弘廣菩薩傳教非謬今此稱如是我聞者弘廣菩薩也。又大智度論云。是文殊師利稱如是我聞。以彼論中云。文殊師利佛涅槃後四百年中。時文殊師利猶在世間故。又如智度論云。文殊師利與阿難在餘清淨處結集摩訶衍藏。如上所釋總是聖者隨方便言。若以大體論之。總是如來。文殊師利。普賢菩薩隨事之行故。設言三身阿難亦復如之總是佛自普賢行中隨根方便隨器高低故。已上定傳教人竟。

二定說經時分者。略立十種說教前後不同。一如力士經說佛初成道。一七日思惟已。即於鹿園說法。二如大品經說。佛初成道鹿苑轉四諦法輪。無量眾生發聲聞心。乃至獨覺心。大菩提等心。不言時日。三如法華經說。三七日詣鹿園說法。四如四分律及薩婆多論。六七日方說法。五如興起行經及出曜經。七七日方說法。六如五分律。八七日方說法。七如大智度論。五十日方說法。八如十二遊經說。一年不說法。九如今唐朝藏法師。決定將如來成道定二七日。說華嚴經。已殊。此释亦不违道理。又如涅槃经云。阿难所未闻经。弘广菩萨。当为流通。若望此经。非三乘所知。即此弘广菩萨。传教非谬。今此称如是我闻者。弘广菩萨也。又大智度论云。是文殊师利。称如是我闻。以彼论中云。文殊师利。佛涅槃后。四百年中。时文殊师利。犹在世间故。又如智度论云。文殊师利与阿难。在余清净处。结集摩诃衍藏。如上所释。总是圣者。随方便言。若以大体论之。总是如来。文殊师利。普贤菩萨。随事之行故。设言三身阿难。亦复如之。总是佛自普贤行中。随根方便。随器高低故。已上定传教人竟。 二定说经时分者。略立十种说教。前后不同。一如力士经说。佛初成道。一七日思惟已。即于鹿园说法。二如大品经说。佛初成道。鹿苑转四谛法轮。无量众生。发声闻心。乃至独觉心。大菩提等心。不言时日。三如法华经说。三七日诣鹿园说法。四如四分律。及萨婆多论。六七日方说法。五如兴起行经。及出曜经。七七日方说法。六如五分律。八七日方说法。七如大智度论。五十日方说法。八如十二游经说。一年不说法。九如今唐朝藏法师。决定将如来成道。定二七日。说华严经。已上見佛說法。前後不同。皆是隨自見佛說法。前後不同。非是依本法界成道之說。下令通玄依此華嚴法界門。定說法時分。還依本教定其時分。總不如上。如來依眞出世。利物還令至眞。若也各自隨逐自情。永劫迷輪。苦內趣。非眞逐妄。佛意不然。經自有文。何須違教。逐權背實。障業何休。如十定品說如來於剎那際出現於世。入涅槃。總無時也。言剎那際者。猶是寄言爾。以無時。卽一切時出現。一切時說法。一切時涅槃。爲寂用無礙故。隨衆生心現故。又如法華經言。從成佛已來。經無量阿僧祇劫。以無時可量故。言無量。此爲佛說法時也。以此爲定。不逐世情邊思。爲無量之想也。以無時是佛說法時也。以本教說本時。本時者法界無時也。如十定品。以剎那際出現住世入涅槃者。意言時無可移。如剎那際。總明法界無可遷移時也。今定說經時分。只是三世古今情盡。以爲本說法時也。不可依前權教逐情引接之說。

二隨文釋義者。從初六字八句斷疑成信分中。依大智度論云。如者順也。又是者印也。卽印順信受。故言如是。如是總舉一部文義。卽指已所聞之法。故。故云如是。又依長上见佛说法。前后不同。皆是随自见佛说法。前后不同。非是依本法界成实之说。十今通玄依此华严法界门。定说法时分。还依本教。定其时分。总不如上。如来依真出世。利物还令至真。若也各自随逐自情。永劫迷轮苦趣。乖真逐妄。佛意不然。经自有文。何须违教。逐权背实。障业何休。如十定品说。如来于刹那际。出现于世。入涅槃。总无时也。言刹那际者。犹是寄言尔。以无时。即一切时出现。一切时说法。一切时涅槃。为寂用无碍故。随众生心现故。又如法华经。吾从成佛已来。经无量阿僧祇劫。以无时可量。故言无量。此为佛说法时也。以此为定。不逐世情远思。为无量之想也。以无时。是佛说法时也。以本教。说本时。本时者。法界无时也。如十定品。以刹那际出现住世入涅槃者。意言时无可移。如刹那际。总明法界无可迁移时也。今定说经时分。只是三世古今情尽。以为本说法时也。不可依前权教。逐情引接之说。　三随文释义者。从初六字八句断疑成信分中。依大智度论云。如者顺也。又是者印也。即印顺信受。故言如是。如是总举一部文义。即指已所闻之法故。故云如是。又依长

耳三藏約三寶釋。一約佛。謂如佛所說是我所聞
是佛所說。又依藏法師釋。約法云。謂如我所聞是
佛所說。又如稱理教。是我所聞。又今通玄約法釋
云。如者。諸法如故。即是佛故。言如是以法界大智
之眞我。聞佛說法界大智之眞經。故言如是我聞
即明師弟體一。此約華嚴法界門釋。爲明初發心
因果理智不異佛故。又一切法如也。以法體如。所
說法者及法亦如。以法界智是所聞之智。智亦如
故。故言如是。心境不一。方聞佛所說經。若心境有
差。不可聞佛所說。亦復不能信順領受故。我聞者。
是法界智之眞我。還見法界智之眞佛。還聞法界
智之眞經。總法界智之眞人。互爲主伴。還化法界
之眞眾生。悟入法界智之眞性。故故言如是我聞。
夫佛日出興。化群生之軌範。所有結集傳經之主
伴。自非氣類齊光。道相知而利物。以弘廣諸薩文
殊師利。如來自行普賢等傳持聖教。是實也。非實
是三乘權智等人。能傳教乎。設是阿難。亦是同流。
皆以常樂我淨大智慧之眞我。聞如來大智所說
之眞經。非假我故。皆如佛知見。故言如是我聞。不
同涅槃具四緣和合之所聞故。云何四緣。一耳根

耳三藏约三宝释。一约佛。谓如佛所说。是我所闻。是佛所说。又依藏法师释。约法云。谓如我所闻。是佛所说。又如称理教。是我所闻。又今通玄约法释云。如者。诸法如故。即是佛故。言如是以法界大智之真我。闻佛说法界大智之真经。故言如是我闻。即明师弟体一。此约华严法界门释。为明初发心因果理智不异佛故。又一切法如也。以法体如。所说法者。及法亦如。此法界智是所闻之智。智亦如故。故言如是。心境不二。方闻佛所说经。若心境有差。不可闻佛所说。亦复不能信顺领受故。我闻者。是法界智之真我。还见法界智之真佛。还闻法界智之真经。总法界智之真人。互为主伴。还化法界之真众生。悟入法界智之真性故。故言如是我闻。夫佛日出兴。化群生之轨范。所有结集传经之主伴。自非气类齐光。道相知而利物。以弘广菩萨。文殊师利。如来自行普贤等。传持圣教是实也。非实是三乘种智等人。能传教乎。设是阿难。亦是同流。皆以常乐我净大智慧之真我。闻如来大智所说之真经。非假我故。皆如佛知见故。言如是我闻。不同涅槃具四缘和合之所闻故。云何四缘。一耳根不壞。一聲在可聞。三中間無障礙。四有欲欲聞。如是之聞是凡夫聞故。又凡夫及三乘有十種緣方得聞。一本識爲依。二耳識種子爲因。三末那爲染汚依。四意識相依。五自類耳識爲無間依。六耳根不壞爲境根。七作意欲聞。八境界爲所緣緣。九中間無障礙。十境近在可聞。如是之聞是凡夫及三乘有限量聞。不同此教菩薩以徧法界大智慧爲聞。更無能所。以一圓明智境。一念普聞三世劫無量等諸聲。皆不如上說凡夫及三乘計無量劫者。是法界間中一念一時聞。以智無裏外。一時聞故。

一時者。依梁論一時有三義。一平等時。無沈浮顛倒故。二和合時。謂今聞能聞正聞故。三轉法輪時。卽正說正受時。如依諸古人說。正說法華經時非是說餘經時。正說金剛般若經時非是說餘經時。名爲一時。取正是說當部經時名爲一時。今此說大方廣佛華嚴經時卽不爾。卽是以法界體寄言一刹那際出世及涅槃。以一言音一時徧周十方國土轉法輪時名爲一時。非如上說一時之義。佛者覺也。覺有二義。一始覺。二本覺。此佛者覺無始終。三世障盡名之爲佛。不如權教有出世涅槃有不坏。二声在可闻。三中间无障碍。四有欲欲闻。如是之闻。是凡夫闻故。又凡夫及三乘。有十种缘方得闻。一本识为依。二耳识种子为因。三末那为染污依。四意识相依。五自类耳识为无间依。六耳根不坏为境根。七作意欲闻。八境界为所缘缘。九中间无障碍。十境近在可闻。如是之闻。是凡夫及三乘有限量闻。不同此教菩萨。以遍法界大智慧为闻。更无能所。以一圆明智境。一念普闻三世劫无量等诸声。皆不如上说凡夫及三乘计无量劫者。是法界闻中。一念一时闻。以智无里外。一时闻故。一时者。依梁论。一时有三义。一平等时。无沉浮颠倒故。二和合时。谓今闻能闻正闻故。三转法轮时。即正说正受时。如依诸古人说。正说法华经时。非是说余经时。正说金刚般若经时。非是说余经时。名为一时。取正是说当部经时。名为一时。今此说大方广佛华严经时即不尔。即是以法界体。寄言一刹那际。出世及涅槃。以一言音。一时遍周十方国土。转法轮时。名为一时。非如上说一时之义。佛者觉也。觉有二义。一始觉。二本觉。此佛者。觉无始终。三世障尽。名之为佛。不如权教。有出世涅槃。有始終故又佛者大智度論中有四義一名有德謂婆伽名德婆名有故二名巧分別婆伽名分別婆名巧故三名有名聲婆伽名名聲婆名有故四名能破婬怒癡婆伽名破婆名婬怒癡故又佛地論說有六義頌云自在熾盛與端嚴名稱吉祥及尊貴如是六種義差別是故總號婆伽婆在者在何處所在有二義一指事二舉法指事者在摩竭提國且指其國二舉法者在何處在法界即事即法界無二故爲法界無中邊大小彼此故又摩竭提者此云不害國摩者云無竭提云害總云無害國又云摩者不也竭提者至也言其此國將謀兵勇隣國敵不能侵至又摩者徧也竭提云聰慧此國爲多有聰慧人徧其國內故又云摩者大也竭提者體也謂五印土中此國最大統攝諸國故云大體也又此國王不行刑戮其有罪者送置寒林中爲明佛大悲以處表德故阿蘭若法此云寂靜處寂靜有二義一事二理一事者在摩伽陀國尼連河側漚樓頻螺聚落中去人間五里一牛吼地得阿耨多羅三藐三菩提此處有一萬道場神常在其處一切諸佛示成正覺總在其中表如來萬行

始终故。又佛者。大智度论中有四义。一名有德。谓婆伽名德。婆名有故。二名巧分别。婆伽名分别。婆名巧故。三名有名声。婆伽名名声。婆名有故。四名能破淫怒痴。婆伽名破。婆名淫怒痴故。又佛地论说有六义。颂云。自在炽盛与端严。名称吉祥与尊贵。如是六种义差别。是故总号婆伽婆。在者。在何处所。在有二义。一指事。二举法。指事者。在摩竭提国。且指其国。二举法者。在何处。在法界。即事即法界无二故。为法界无中边大小彼此故。又摩竭提者。此云不害国。摩者云无。竭提云害。总云无害国。又云摩者不也。竭提者至也。言其此国。将谋兵勇。邻国敌。不能侵至。又摩者遍也。竭提云聪慧。此国为多有聪慧人。遍其国内故。又云。摩者大也。竭提者体也。谓五印土中。此国最大。统摄诸国。故云大体也。又此国王。不行刑戮。其有罪者。送置寒林中。为明佛大悲。以处表德故。阿兰若法。此云寂静处。寂静有二义。一事。二理。一事者。在摩伽陀国。尼连河侧。沤楼频螺聚落中。去人间五里。一牛吼地。得阿耨多罗三藐三菩提。此处有一万道场神。常在其处。一切诸佛。示成正觉。总在其中。表如来万行

圓滿中道無偏故此處是閻浮提之中心故一理
者即一切法自體靜故即動而常靜故菩提道場
者有二義故一事二理一事者如前尼連河邊二
理者徧法界也法界無邊道場亦無邊於一切剎
皆示成佛故如世間場簡穢故法場治惑故示現
成佛治衆生惑故此場依主釋為佛在其中現成
道故依主得名為覺場也始成正覺者古今情盡
名之為始心無所依名之為正理智相應名之為
覺得如是法名之為成又自覺覺他名之為覺已
上釋八句中斷疑成信分竟

校譌

第五紙五行位作位住宋位第八紙六行中作宋十第十八紙
七行小作疑一當十行行同故東作霸用

圆满。中道无偏故。此处是阎浮提之中心故。二理者。即一切法自体静故。即动而常静故。菩提道场者。有二义故。一事。二理。一事者。如前尼连河边。二理者。遍法界也。法界无边。道场亦无边。于一切刹。皆示成佛故。如世间场简秽故。法场治惑故。示现成佛。治众生惑故。此场依主释。为佛在其中。现成道故。依主得名。为觉场也。始成正觉者。古今情尽。名之为始。心无所依。名之为正。理智相应。名之为觉。得如是法。名之为成。又自觉觉他。名之为觉。已上释八句中断疑成信分竟 。

第二莊嚴道場分者。從其地堅固已下至妙音遐暢無處不及。於中有二十六行半經。(四百五十二言)總明歎佛依正二報及菩薩神力莊嚴道場分。此如帝網之重重。於此一段文中明如來本性中行四種因感四種果報。於一心性中有四種因行十波羅蜜。又於其中各得十種莊嚴。何者爲四種因果。

第一明法身因報得金剛地果。經云其地堅固者是也。其地上有十種莊嚴。卽以十波羅蜜以成依報。金剛地爲正報。何者爲十種莊嚴。一以法性中大智以爲檀體。卽一行中具十行總圓。故以此經宗、一行卽一切行。主伴恆圓滿故。故以寶輪圓滿用嚴金地。明一卽一切故。二以寶華以嚴金地。

第二庄严道场分者。从其地坚固已下。至妙音遐畅无处不及。于中有二十六行半经。四百五十二言总明叹佛依正二报。及菩萨神力庄严道场分。此如帝网之重重。于此一段文中。明如来本性中。行四种因。感四种果报。于一心性中。有四种因。行十波罗蜜。又于其中。各得十种庄严。何者为四种因果。

第一明法身因。报得金刚地果。经云其地坚固者是也。其地上有十种庄严。即以十波罗蜜以成依报。金刚地为正报。何者为十种庄严。一以法性中大智以为檀体。即一行中具十行总圆故。以此经宗。一行即一切行。主伴恒圆满故。故以宝轮圆满用严金地。明一即一切故。二以宝华以严金地。

明其性戒清潔猶如妙華開敷菡萏令人樂見。發生自他善因果故。三摩尼寶以嚴金地。摩尼者。此云離垢寶也。以忍行清高。心無諸垢所招依果故。四諸色相海以嚴金地。以精進波羅蜜總該眾行。能招自他果故。以招報故得諸色相海以嚴金地。五摩尼為幢莊嚴者。明定體恆淨無傾動故所招果也。禪波羅蜜能普寂故。六幢常放光明及出妙音莊嚴法界者。明定能發慧慧能說教。以為依果以嚴虛空。又明第六波羅蜜空慧滿故。七寶網莊嚴者。明方便波羅蜜成就大悲。覆護眾生。施教行故。所招依果為明七住七地等。成大悲法門故。施教行之網。漉出眾生安置於大般涅槃之岸故。因行如是。依果亦然。八妙香華纓垂布。莊嚴虛空。此網向下懸垂之飾也。明第八願波羅蜜。以任運之大智。入俗益生教行。所招依果也。如十地菩薩七地已前作七度鍊真金轉令明淨喻。八地即作種種莊嚴華鬘喻故。九摩尼寶王變現自在。莊嚴虛空者。明第九力波羅蜜。九住及九地等為大法師。說法自在。所招依果故。明十住第九。十行中第九十迴向中第九。十地中第九。總明法師位。說法自明其性戒清洁。犹如妙华开敷菡萏。令人乐见。发生自他善因果故。三摩尼宝以严金地。摩尼者。此云离垢宝也。以忍行清高。心无诸垢。所招依果故。四诸色相海以严金地。以精进波罗蜜。总该众行。能招自他果故。以招报故。得诸色相海。以严金地。五摩尼为幢庄严者。明定体恒净。无倾动故。所招果也。禅波罗蜜能普寂故。六幢常放光明及出妙音。庄严法界者。明定能发慧。慧能说教。以为依果。以严虚空。又明第六波罗蜜空慧满故。七宝网庄严者。明方便波罗蜜。成就大悲。覆护众生。施教行故。所招依果。为明七住七地等。成大悲法门故。施教行之网。漉出众生。安置于大般涅槃之岸故。因行如是。依果亦然。八妙香华璎垂布。庄严虚空。此网向下悬垂之饰也。明第八愿波罗蜜。以任运之大智。入俗益生教行。所招依果也。如十地菩萨。七地已前。作七度炼真金转令明净喻。八地即作种种庄严华鬘喻故。九摩尼宝王变现自在。庄严虚空者。明第九力波罗蜜。九住及九地等。为大法师。说法自在。所招依果故。明十住第九。十行中第九。十回向中第九。十地中第九。总明法师位。说法自在所招報故十雨寶及華以嚴金地者明十住十地等大智法雲雨眾法寶及利眾生行普周徧故所招依果從第九摩尼寶變現自在卽雨十地法雲之寶者明住住地地五位相卽故 第二明萬行因果者其如來自行普賢行爲因所招寶樹行列莊嚴金地周徧十方爲依果故經云令此道場一切嚴具樹中現像者明覺行相徹體用徹故此總陳樹上莊嚴後別舉菩提樹一箇用明眾樹亦爾其菩提樹有十種依果者常以金剛地爲正報其上莊嚴爲依報又如來身爲正報金剛地及地上一切莊嚴爲依報今樹者以如來行爲因因行招報樹爲依報又樹上其樹金剛爲身金剛爲正報幹枝條葉華果爲依明以行樹法華智果慈悲之葉以十波羅蜜爲枝幹法身以爲其莖而隨十行之上報得十種依果莊嚴何者爲十一金剛爲樹身以法性爲檀行體故所招金剛樹身依果爲明一切行從法性生故是故以金剛爲身云樹高顯者如下十地品說十地菩薩行中依果所招之樹其莖周圓十萬三千大千世界高百萬三千大千世界如十地菩薩行中依果向自如是況復如

在所招报故。十雨宝及华。以严金地者。明十住十地等。大智法云。雨众法宝。及利众生行普周遍故。所招依果。从第九摩尼宝变现自在。即雨十地法云之宝者。明住住地地五位相即故。 第二明万行因果者。其如来自行普贤行为因。所招宝树行列。庄严金地。周遍十方。为依果故。经云。令此道场一切严具树中现像者。明觉行相彻。体用彻故。此总陈树上庄严。后别举菩提树一个。用明众树亦尔。其菩提树有十种依果者。常以金刚地为正报。其上庄严为依报。又如来身为正报。金刚地及地上一切庄严为依报。今树者。以如来行为因。因行招报。树为依报。又树上。其树金刚为身。金刚为正报。干枝条叶华果为依。明以行树。法华。智果。慈悲之叶。以十波罗蜜为枝干。法身以为其茎。而随十行之上。报得十种依果庄严。何者为十。一金刚为树身。以法性为檀行体故。所招金刚树身依果。为明一切行从法性生故。是故以金刚为身。云树高显者。如下十地品说。十地菩萨行中依果。所招之树。其茎周围十万三千大千世界。高百万三千大千世界。如十地菩萨行中依果。尚自如是。况复如來。二璢璃為幹者。生枝已上為幹。向下無枝條處為樹身。明自行淨戒為因。外招璢璃為樹幹。故直出者為幹。傍生者為枝。枝上生者為條。明萬行隨流以淨戒為體。以無染故。皆是法性身隨流而無染淨行果所招報相。三眾妙雜寶以為枝條以嚴其幹者。明純雜萬行對緣成忍能利自他所招依果故。四寶葉扶疏垂蔭如雲而嚴其條者。扶疏者蔭映得所。明精進波羅蜜自利利他教行法門覆護得所。不省不繁。恰中故。外招依果樹葉以嚴覆蔭眾生得所故也。五寶華雜色分枝布影以嚴寶樹者。明如來以無量三昧方便隨流利生。影應一切眾生之行。隨類現形。外招其華以嚴寶樹。亦明三昧能開敷故。六智慧果故報得依果以華為嚴。摩尼為果與華間列者。明以定華能敷慧果。寂用自在故。含輝發焰者。慧能照燭自他。故所招依果華果間嚴。七樹出光嚴者。明方便波羅蜜以大悲心處纏同事。方便破闇故。所招依果故樹出光嚴。八光出摩尼者。明第八願波羅蜜與智自在所招果故。九摩尼寶內有諸菩薩俱時出現者。明第九力波羅蜜以無功智身出應隨緣利含識故。九地来。二琉璃为干者。生枝已上为干。向下无枝条处为树身。明自行净戒为因。外招琉璃为树干故。直出者为干。傍生者为枝。枝上生者为条。明万行随流。以净戒为体。以无染故。皆是法性身随流而无染净行果。所招报相。三众妙杂宝以为枝条。以严其干者。明纯杂万行。对缘成忍。能利自他。所招依果故。四宝叶扶疏垂荫如云。而严其条者。扶疏者荫映得所。明精进波罗蜜。自利利他教行法门。覆护得所。不省不繁恰中故。外招依果树叶以严。覆荫众生得所故也。五宝华杂色分枝布影。以严宝树者。明如来以无量三昧方便。随流利生。影应一切众生之行。随类现形。外招其华以严宝树。亦明三昧能开敷故。六智慧果故。报得依果。以华为严。摩尼为果。与华间列者。明以定华。能敷慧果。寂用自在故。含辉发焰者。慧能照烛自他故。所招依果。华果间严。七树出光严者。明方便波罗蜜。以大悲心。处缠同事。方便破暗故。所招依果。故树出光严。八光出摩尼者。明第八愿波罗蜜。兴智自在。所招果故。九摩尼宝内有诸菩萨俱时出现者。明第九力波罗蜜。以无功智身。出应随缘。利含识故。九地

菩薩爲大法師所招依正本末相似以行果能召
樹報樹出菩薩眾寶行明本行明依正交參具總別
故爲明本行萬行報得樹嚴樹出菩薩以明因果
徹故以明摩尼寶中現菩薩身雲者表八地兼功
之淨智九地出行設教利生故以菩薩是行樹是
行中報得還於樹中出菩薩故十菩提樹座出妙
音說法莊嚴者明如來十住十地等智波羅蜜以
大法雲雨法雨故所招依果　第三明大悲因果
者以如來大悲爲因如來所處宮殿爲依果此中
有五種德而共成之一如來大悲含育德以成其
宮二以正智利眾生德以成其殿三以智觀照利
自他德能成其樓四以大智知根設教益生德能
成其閣五以大悲弘願周徧利生德報得宮殿還
閣周徧十方又以十波羅蜜行隨大悲生復成十
種依果何者爲十以隨法身隨萬行隨大悲隨大
智所招依果各自區分不相障礙猶如大地生諸
卉木地唯是一萬像不同如水育生節思之可見
但十波羅蜜理唯一性隨其法身萬行大悲大智
報自差殊故如法身大願大悲大智十波羅蜜廢
一不可至八地已求其功未熟若廢一即一切不

菩萨。为大法师。所招依正。本末相似。以行果能招树报。树出菩萨众。还明本行。明依正交参。具总别故。为明本行万行。报得树严。树出菩萨。以明因果彻故。以明摩尼宝中现菩萨身云者。表八地无功之净智。九地出行设教利生故。以菩萨是行。树是行中报得。还于树中出菩萨故。十菩提树恒出妙音说法庄严者。明如来十住十地等智波罗蜜。以大法云雨法雨故。所招依果。 第三明大悲因果者。以如来大悲为因。如来所处宫殿为依果。此中有五种德而共成之。一如来大悲含育德。以成其宫。二以正智利众生德。以成其殿。三以智观照利自他德。能成其楼。四以大智知根设教益生德。能成其阁。五以大悲弘愿周遍利生德。报得宫殿楼阁周遍十方。又以十波罗蜜行。随大悲生。复成十种依果。何者为十。以随法身。随万行。随大悲。随大智。所招依果。各自区分。不相障碍。犹如大地。生诸卉木。地唯是一。万像不同。如水资生喻。思之可见。但十波罗蜜。理唯一性。随其法身万行大悲大智。报自差殊故。如法身大愿大悲大智。十波罗蜜。废一不可。至八地已来。其功未熟。若废一。即一切不成欲學佛菩提者如此通融不修一行若偏修理卽滯寂偏修智卽無悲偏修悲卽染習便增若但修大願卽有爲情起菩薩於此衆行不去不留以法性均融得所卽得以定慧力善觀察之不可懸情斟酌長諸癡愛其十種行以爲十種依果莊嚴者一以十方一切諸佛平等法性無著大慈大悲心行檀波羅蜜所招依果衆色摩尼之所集成以大悲位中萬行或染或淨非一色故所招依果非一色故以嚴宮殿二以法性自體淸淨無表戒體隨大慈悲行守護衆生名爲行華能感自他果故所招寶華報以嚴宮殿三以忍波羅蜜處世濟凡毀譽不變動故外招依果諸寶流光光化爲幢幢者不傾動義勝怨義勝於毀讚之怨故四以精進波羅蜜隨大悲行外招依果無邊菩薩道場衆會以嚴宮殿咸集其所五以禪波羅蜜隨大悲行外招依果菩薩出現光明以定能發大悲慧光明故六以慧波羅蜜隨大悲行外招依果得不思議摩尼寶王而爲其網以慧能簡擇成諸法網故還得不思議音寶網用嚴宮殿七以方便波羅蜜能隨大悲同於染淨隨流之行外招依果得自在神通

成。欲学佛菩提者。如此通融。不修一行。若偏修理。即滞寂。偏修智。即无悲。偏修悲。即染习便增。若但修大愿。即有为情起。菩萨于此众行。不去不留。以法性均融得所即得。以定慧力善观察之。不可悬情斟酌。长诸痴爱。其十种行。以为十种依果庄严者。一以十方一切诸佛平等法性无著大慈大悲心。行檀波罗蜜。所招依果。众色摩尼之所集成。以大悲位中万行。或染或净。非一色故。所招依果。非一色故。以严宫殿。二以法性自体清净无表戒体随大慈悲行。守护众生。名为行华。能感自他果故。所招宝华报。以严宫殿。三以忍波罗蜜。处世济凡。毁誉不变动故。外招依果。诸宝流光。光化为幢。幢者。不倾动义。胜怨义。胜于毁赞之怨故。四以精进波罗蜜。随大悲行。外招依果。无边菩萨道场众会。以严宫殿。咸集其所。五以禅波罗蜜。随大悲行。外招依果。菩萨出现光明。以定能发大悲慧光明故。六以慧波罗蜜随大悲行。外招依果。得不思议摩尼宝王而为其网。以慧能简择。成诸法网故。还得不思议音宝网。用严宫殿。七以方便波罗蜜。能随大悲。同于染净随流之行。外招依果。得自在神通之力所有境界皆從中出明如來以法無依住智慧之門。成大悲方便之行爲因所招神力。以嚴宮殿。如七地位中所行方便行成大悲門經中除云。猶如一國純穢。一國純淨。於此二國事難可了知。明七地菩薩以成就大悲方便萬行於染淨二見難斷難成。故爲此悲門化利衆生無休息故。八以願波羅蜜外招依果衆生所居屋宅現宮殿中明如來大願應衆生爲因所招依果。如斯顯現故。又以此中明智悲圓淨故。九如來以力波羅蜜門隨大悲行。爲大法師故。諸佛神力所加。以嚴宮殿以爲依果。十以如來行智波羅蜜爲因。外招神力。一念之間宮殿悉皆包含十方法界。明智隨悲用普含覆故。已上十種行用嚴宮殿上莊嚴皆是如來隨大悲行所招依報故。文勢連貫互體相依。明一行一切行互參故。一切報果不可無因而得。以此知之故。但以智細細思之。本來因果內外相似。第四明如來大智隨萬行因果者。即智遍萬行出現世間示成正覺爲正因也。師子座爲依果從其師子座一段文中義分爲三。一釋座名。二陳座高廣。三明座上莊嚴因果。一釋座名。師子者依主釋之力。所有境界皆从中出。明如来以法无依住智慧之门。成大悲方便之行为因。所招神力。以严宫殿。如七地位中。所行方便行。成大悲门。经中喻云。犹如一国纯秽。一国纯净。于此二国事。难可了知。明七地菩萨。以成就大悲方便万行。于染净二见。难断难成故。为此悲门。化利众生。无休息故。八以愿波罗蜜。外招依果。众生所居屋宅现宫殿中。明如来大愿应众生为因。所招依果。如斯显现故。又以此中明智悲圆净故。九如来以力波罗蜜门。随大悲行。为大法师故。诸佛神力所加。以严宫殿。以为依果。十以如来行智波罗蜜为因。外招神力。一念之间。宫殿悉皆包含十方法界。明智随悲用。普含覆故。以上十种行。用严宫殿上庄严。皆是如来随大悲行所招依报故。文势连贯。互体相依。明一行一切行互参故。一切报果。不可无因而得。以此知之故。但以智细细思之。本来因果。内外相似。

第四明如来大智随万行因果者。即智通万行。出现世间。示成正觉。为正因也。师子座为依果。从其师子座一段文中。义分为三。一释座名。二陈座高广。三明座上庄严因果。一释座名。师子者依主释。

如來於大眾中得無畏故。非於座上有師子莊嚴設有者。但明依報故。二陳座高廣者。經但言高廣不言量數。今以例比之。如下十住位中。帝釋天宮佛座高十千層級。十行位中。夜摩天宮佛座高百萬層級。十迴向位中兜率天宮佛座高百萬億層級。高廣隨位各各相稱。以次類之。十地之位他化天宮。其座高億萬億層級。彼天宮已超化樂故。第三禪中說十一地。又超二天倍倍更高。十地品不言佛座層級高廣之量也。但以次類之。此之四位佛座高下層級不同者。以明隨十住十行十迴向十地進修階降。隨位所見高下不同。以貫而論。佛座高廣。無有決定大小高下可得。爲如來心量盡所繫故。無有量也。所招依果亦不可以量度故。如無邊身菩薩量佛身際不可得故。已出情際心數量故。以此義故。住毛孔中而身不小。居法界中而身不大。爲情量盡故。身若隨類及座高廣座亦隨類。若以如來自報體而言。以法界爲座體。因既如是。依果亦然。故亦非可量。如法界品中等於法界座。量爲定。三明座上莊嚴因果者。略有十種。皆以如來智隨萬行、一切處示成正覺爲因。一切處十如来于大众中得无畏故。非于座上有师子庄严。设有者。但明依报故。二陈座高广者。经但言高广。不言量数。今以例比之。如下十住位中。帝释天宫佛座。高十千层级。十行位中。夜摩天宫佛座。高百万层级。十回向位中。兜率天宫佛座。高百万亿层级。高广随位。各各相称。以次类之。十地之位。他化天宫。其座高亿万亿层级。彼天宫已超化乐故。第三禅中说十一地。又超二天倍倍更高。十地品。不言佛座层级高广之量也。但以次类之。此之四位佛座高下层级不同者。以明随十住十行十回向十地进修阶降。随位所见高下不同。以实而论。佛座高广。无有决定大小高下可得。为如来心量尽所系故。无有量也。所招依果。亦不可以量度故。如无边身菩萨。量佛身际不可得故。已出情际心数量故。以此义故。住毛孔中而身不小。居法界中而身不大。为情量尽故。身若随类。及座高广。座亦随类。若以如来自报体而言。以法界为座体。因既如是。依果亦然。故亦非可量。如法界品中。等于法界座量为定。三明座上庄严因果者。略有十种。皆以如来智随万行。一切处示成正觉为因。一切处十種莊嚴爲依果故其十者何一摩尼爲臺者明如來智隨法施成檀波羅蜜門明智體淨所招依果得離垢寶爲嚴故摩尼者此云離垢寶也智能出俗以此爲臺明智體超塵迴出義也二蓮華爲網者以智隨萬行成戒波羅蜜門明其性戒得眞不證處纏不汙猶如蓮華處水無染爲網者明智隨戒體教行漉衆生故所招依果報相似故三清淨妙寶以爲其輪者明如來以智隨行成其忍門生在王宮及示成正覺假令調達梵魔波旬惱而不恚所招依果妙寶爲輪明佛忍行圓滿故果報圓滿也四衆色雜華而作纓絡者明如來以智隨衆行成精進波羅蜜故所招依果衆色之華而作纓絡以嚴寶座爲明精進行爲嚴大智法身爲華纓故明智行互嚴五堂樹樓閣階砌戶牖凡諸物像備體莊嚴者明如來以智隨行成禪波羅蜜門故明其如來智隨禪行無動不寂明此禪門總攝法身大悲大智進修行門層級次第總皆具足所招依果亦具足故總舉凡諸物像備體莊嚴俗書云大屋曰榭其狀上平可以爲臺觀四周置簷上下以軒檻階砌嚴之中虛爲其室亦云臺上有木爲

种庄严为依果故。其十者何。一摩尼为台者。明如来智随法施。成檀波罗蜜门。明智体净。所招依果。得离垢宝为严故。摩尼者。此云离垢宝也。智能出俗。以此为台。明智体超尘回出义也。二莲华为网者。以智随万行。成戒波罗蜜门。明其性戒。得真不证。处缠不污。犹如莲华。处水无染。为网者。明智随戒体。教行漉众生故。所招依果。报相似故。三清净妙宝以为其轮者。明如来以智随行。成其忍门。生在王宫。及示成正觉。假令调达梵魔波旬恼而不恚。所招依果妙宝为轮。明佛忍行圆满故。果报圆满也。四众色杂华而作璎珞者。明如来以智随众行。成精进波罗蜜故。所招依果。众色之华。而作璎珞。以严宝座。为明精进行为严。大智法身为华璎故。明智行互严。五堂榭楼阁阶砌户牖。凡诸物像备体庄严者。明如来以智随行。成禅波罗蜜门故。明其如来智随禅行。无动不寂。明此禅门。总摄法身大悲大智。进修行门层级次第总皆具足。所招依果。亦具足故。总举凡诸物像备体庄严。俗书云。大屋曰榭。其状上平。可以为台观。四周置檐。上下以轩槛阶砌严之。中虚为其室。亦云台上有木为樹。此為略言之。六寶樹枝果周迴間列者。明如來智隨慧用。依根同行。所招依果。樹嚴寶座。寶樹枝果周迴間列者。明理智悲願互參同時。總別得所不偏修故。以十玄門參之。七摩尼光雲互相照耀者。明如來智隨方便行。隨器與益。所招如是依果莊嚴。照耀者。知根同事。八十方諸佛化現珠王。一切菩薩髻中妙寶悉放光明而來瑩燭者。明如來一因中。八地大智。大願功終。大悲已滿。大智圓明。諸佛摩頂。能十方示成佛身。一切菩薩願行齊等。故招依果佛化珠王。明同十方諸佛自在。故菩薩妙寶共來瑩座者。明菩薩行圓。瑩者明淨義。燭者照耀義。以明如來因中。八地大智隨本大願力。照眾生根。依根與益。故為依果也。皆以十玄六相該通總一剎那際。同別具足。故不可順情而知。常不異理智而知。依無作定體方明。思而知之者信位也。九。復以諸佛威神所持者。如來大智隨行。成力波羅蜜。為大法師說佛法輪。同諸佛力故。所招依果佛力持座。令座說法。十座出音聲說佛境界妙音遐暢無處不及者。遐者遠也。暢者悅也。明座出音說佛境界。遍周法界。遠悅眾生故。此如來因位十榭。此为略言之。六宝树枝果周回间列者。明如来智随慧用。依根同行。所招依果。树严宝座。宝树枝果周回间列者。明理智悲愿互参同时。总别得所不偏修故。以十玄门参之。七摩尼光云互相照耀者。明如来智随方便行。随器与益。所招如是依果庄严。照耀者。知根同事。八十方诸佛化现珠王。一切菩萨髻中妙宝。悉放光明而来莹烛者。明如来因中。八地大智。大愿功终。大悲已满。大智圆明。诸佛摩顶。能十方示成佛身。一切菩萨愿行齐等。故招依果佛化珠王。明同十方诸佛自在故。菩萨妙宝共来莹座者。明菩萨行圆。莹者明净义。烛者照耀义。以明如来因中。八地大智。随本大愿力。照众生根。依根与益故。为依果也。皆以十玄六相该通。总一刹那际同别具足故。不可顺情而知。常不异理智而知。依无作定体方明。思而知之者信位也。九复以诸佛威神所持者。如来大智随行。成力波罗蜜。为大法师。说佛法轮。同诸佛力故。所招依果。佛力持座。令座说法。十座出音声说佛境界。妙音遐畅无处不及者。遐者远也。畅者悦也。明座出音说佛境界。遍周法界。远悦众生故。此如来因位。十

地法雲潤澤所招依果故

第三爾時世尊處於此座已下至所有莊嚴悉令顯現有十三行經明歎佛成道修行果滿。依正報得悲智攝生自在無邊分於此分中從爾時世尊已下至所有莊嚴悉令顯現於中有十三行經二百二十言　總明如來處座成佛身語智等三業自在眷屬莊嚴利生自在。如來所坐之座以法界爲座體。以如來一切萬行報得爲依果莊嚴。如來是大智之身。緣座·上所有莊嚴皆是如來大智隨行任運報得。如龍遊雲起虎嘯風生。報感之應然。非物能與爲也。成最正覺者爲簡非外道聲聞緣覺。於權教中木樹草·座厭俗出纏。令劣解衆生起三乘種。且拔分段苦。非究竟覺之正覺。簡非如是覺故故言成最正覺。此正覺者。不忻不厭。不出不沒。染淨情盡。以大圓鏡智稱法界性自在教化盡一切衆生世界刹海。皆非限劑所有報境身國相徹圓滿十方諸佛衆生自他同處互相參入。影現重重。不云報滿三千大千之刹。不云淨土在於他方。略地法云润泽。所招依果故。

第三尔时世尊处于此座已下。至所有庄严悉令显现。有十三行经。明叹佛成道。修行果满。依正报得。悲智摄生。自在无边分。于此分中。从尔时世尊已下。至所有庄严悉令显现。于中有十三行经。二百二十言。总明如来处座成佛。身语智等三业自在。眷属庄严。利生自在。如来所坐之座。以法界为座体。以如来一切万行报得。为依果庄严。如来是大智之身。缘座上所有庄严。皆是如来大智随行任运报得。如龙游云起。虎啸风生。报感之应然。非物能与为也。成最正觉者。为简非外道声闻缘觉。于权教中。木树草座厌俗出缠。令劣解众生。起三乘种。且拔分段苦。非究竟觉之正觉。简非如是觉故。故言成最正觉。此正觉者。不忻不厌。不出不没。染净情尽。以大圆镜智。称法界性。自在教化。尽一切众生。世界刹海。皆非限剂。所有报境。身国相彻圆满十方。诸佛众生。自他同处。互相参入。影现重重。不云报满三千大千之刹。不名净土在于他方。略說大相有九十七種大人之相。隨好無盡。頂著華冠。頂著纓絡。手著環釧。非同三乘厭俗出家勸諸菩薩生於他方佛國淨土。簡非如是。故言成最正覺。號毗盧遮那。此云光明徧照。佛以其大智教光。依根破障。故如經一一自有其文。智入三世。悉皆平等者。明智能隨俗言入三世。卽俗體本眞。故言平等。以總別同異成壞六相義該括。卽總而全別。卽別而全總。卽同而俱異。卽異而恆同。卽成而俱壞。卽壞而俱成。皆非情計。一異俱不俱有無非有無常無常。生滅相故。如是皆是如來理智體用。依正悉自在故。以自體無念力大智照之可見。此一段十三行經總明如來身語智三業依正。隨用自在。經文自具。不煩更釋。

第四從有十佛世界微塵數菩薩已下。至無量功德。於中有三十行經（五百一十一言）。明菩薩大眾圍遶分。

於此分中。都顯初會總有四十七眾。皆是圍遶。皆有其意。於此四十七眾之內。從初菩提樹內流光眾已下。至普賢等十箇上名悉同名之爲普眾具说大相。有九十七种大人之相。随好无尽。顶著华冠。项著璎珞。手著环钏。非同三乘。厌俗出家。劝诸菩萨生于他方佛国净土。简非如是。故言成最正觉。号毗卢遮那。此云光明遍照佛。以其大智教光。依根破障故。如经一一自有其文。智入三世悉皆平等者。明智能随俗。言入三世。即俗体本真。故言平等。以总别同异成坏六相义该括。即总而全别。即别而全总。即同而俱异。即异而恒同。即成而俱坏。即坏而俱成。皆非情计。一异。俱不俱。有无。非有无。常无常。生灭相故。如是皆是如来理智体用。依正悉自在故。以自体无念力大智照之可见。此一段十三行经。总明如来身语智三业依正。随用自在。经文自具。不烦更释 。

第四从有十佛世界微尘数菩萨以下。至无量功德。于中有三十行经。五十 百二 一言 明菩萨大众围绕分 。

于此分中。都显初会。总有四十七众。皆是围绕。皆有其意。于此四十七众之内。从初菩提树内流光众已下。至普贤等十个上名悉同名之为普众。具

大方廣佛新華嚴經論卷第十

唐于闐國三藏沙門實叉難陀譯經

唐太原方山長者李通玄造論

分爲三。一菩提樹內流光衆，是明本因五位進修建行利生成報顯因衆。如前所釋。二如來所居宮殿內衆，明佛本因大悲圓滿覆育含生利生之行等衆顯因成報衆。三十佛世界微塵數菩薩衆中普賢等上名悉同同名爲普者十箇菩薩衆，明古今諸佛共行普賢行衆。已上三衆皆是古今諸佛共五萬行大悲大智隨五位中進修自利利他十波羅蜜四攝四無量等之常行普賢之道也。一切菩薩以此爲體，一切凡夫以此爲所乘，如大王路法則常然，行與不行非道之異。

從此十普賢衆已下至第四從三十三天王至大自在天王衆已來隨位復分爲五。第一從爾時世尊處於此座成最正覺幷十普賢衆，此是現果普賢成因生信分。何以然者，爲如來是正覺之果普賢等衆是佛行果。如來所居華藏淨土是佛報得依

（大方广佛新华严经论卷第十）*

唐于阗国三藏沙门实叉难陀译经

唐太原方山长者李通玄造论

分为三* 一菩提树内流光众。是明本因。五位进修。建行利生。成报显因众。如前所释。 二如来所居宫殿内众。明佛本因。大悲圆满。覆育含生。利生之行等众。显因成报众。 三十佛世界微尘数菩萨众中。普贤等上名悉同同名为普者。十个菩萨众。明古今诸佛共行普贤行众。 已上三众。皆是古今诸佛。共五万行大悲大智。随五位中进修自利利他。十波罗蜜。四摄四无量等。之常行普贤之道也。一切菩萨。以此为体。一切凡夫。以此为所乘。如大王路。法则常然。行与不行。非道之异 。

从此十普贤众已下。至第四从三十三天王至大自在天王众已来随位复分为五。 第一从尔时世尊处于此座成最正觉。并十普贤众。此是现果成因生信分。何以然者。为如来是正觉之果。普贤等众。是佛行果。如来所居华藏净土。是佛报得依

果。一切眾生以自根性觀如來二種因果及行佛
自行普賢門。而生信心。故若不如是。從何生信。是
故如來以此二種因果。而令眾生信樂修行。以是
義故。此之初會。及普光明殿中第一會至賢首品
已來十一品經。總是舉果勸修生信分。　第二從
海月光大明菩薩等已下。菩薩眾。科取已下第二
執金剛神等九眾諸神。以明十住因果。何以然者。
海月光大明菩薩亦是普賢等眾分為異名意者。
明還以佛果位內普賢行門。入俗利生隨行名別。
與以佛果位內諸佛共行普賢法。入俗利生所提
刹者。還得舊法。不移舊行。以是義故。還以普賢位
內海月光異名菩薩。便為十住初心。明從凡夫地
修學十信心。信諸佛正覺之果。無異自心。本性清
淨。如諸佛性所有分別本性清淨。名無依住智。如
諸佛根本智。以禪波羅蜜無作印印之。即法界性
自然相稱。所行諸行。即普賢行故。動靜無二故。所
轉法輪。即與十方諸佛智。與同不異。如是修習慣
習使熟。正覺不移。其本一故。會同諸佛舊覺本智
同一性故。行行不移舊普賢行故。以是義故。將普
賢眾內十箇海月光等異名菩薩眾為成十住初

果。一切众生。以自根性观如来三种因果。及行佛自行普贤门。而生信心故。若不如是。从何生信。是故如来以此三种因果。而令众生信乐修行。以是义故。此之初会。及普光明殿中第二会。至贤首品已来。十二品经。总是举果劝修生信分。 第二从海月光大明菩萨等已下菩萨众。并取已下第二执金刚神等九众诸神。以明十住因果。何以然者。海月光大明菩萨。亦是普贤等众。分为异名意者明还以佛果位内普贤行门。入俗利生。随行名别。既以佛果位内诸佛共行普贤法。入俗利生。所堪利者。还得旧法。不移旧行。以是义故。还以普贤位内海月光异名菩萨。便为十住初心。明从凡夫地。修学十信心。信诸佛正觉之果。无异自心。本性清净。如诸佛性。所有分别本性清净。名无依住智。如诸佛根本智。以禅波罗蜜无作印印之。即法界性自然相称。所行诸行。即普贤行故。动静无二故。所转法轮。即与十方诸佛智。契同不异。如是修习。惯习使熟。正觉不移。其本一故。会同诸佛旧觉本智。同一性故。行行不移旧普贤行故。以是义故。将普贤众内十个海月光等异名菩萨众。为成十住初心。明十住初心不離舊法智故。以此下文初發心時。便成正覺。又如海月光大明菩薩向下獲益歎德中。經云。復次海月光大明菩薩摩訶薩得出生菩薩諸地諸波羅蜜教化眾生及嚴淨一切佛國土方便解脫門。明以普賢行成就眾生入佛大智法界行普賢行。五位次第進修法門故。以普賢入俗果行名海月光。通已下等共成十眾。用成十住菩薩位門。已下通九眾諸神至主藥神等。明是入十住之果行也。為入十住應真稱之為神。明入住菩薩以自應真法合為神覆育含識故。以智靈通救生自在故稱之為神。非世鬼神也。次後諸神天等。明五位進修增勝故漸漸自在也。以此菩薩神天總明十住已上入位菩薩皆隨自位攝生因果自在行故。非鬼神之神。若自心達理不與妄合其智自神。不為不思而智善通萬有故。此諸神眾皆是如來以五位行攝生得益之眾。還將行相法門次第作法樣式。令其後學者一一倣之。善知因果故。

第三從主稼神已下至主晝神。此十眾諸神明十行利生法門因果故。

第四從阿脩羅王已下至日天子中。有十眾。明十迴向利生法則因果。

心。明十住初心。不离旧法智故。以此下文。初发心时。便成正觉。又如海月光大明菩萨。向下获益叹德中。经云。复次海月光大明菩萨摩诃萨。得出生菩萨诸地诸波罗蜜。教化众生。及严净一切佛国土方便解脱门。明以普贤行。成就众生。入佛大智法界。行普贤行。五位次第。进修法门故。以普贤入俗果行。名海月光。通已下等。共成十众。用成十住菩萨位门。已下通九众诸神。至主药神等。明是入十住之果行也。为入十住应真。称之为神。明入住菩萨。以自应真。法合为神。覆育含识故。以智灵通。救生自在故。称之为神。非世鬼神也。次后诸神天等。明五位进修增胜故。渐渐自在也。以此菩萨神天。总明十住。已上入位菩萨。皆随自位摄生。因果自在行故。非鬼神之神。若自心达理。不与妄合。其智自神。不为不思。而智善通万有故。此诸神众。皆是如来以五位行摄生得益之众。还将行相法门次第。作法样式。令其后学者。一一仿之。善知因果故。 第三从主稼神已下。至主昼神。此十众诸神。明十行利生法门因果故。 第四从阿修罗王已下。至日天子中。有十众。明十回向利生法则因果。

第五從三十三天王已下。至大自在天王。於中有十大天王。明十地利生因果。已上五眾。是寄位表佛果五位行門因果故。爲利眾生故。寄位顯法。寄位入法。與眾生作法樣。令眾生學修。

從如來座內眾。至如來眉間毫相中所出眾。於中有四種眾。其意如何。第一如來座內眾。明是如來往昔自行與古同因彰果眾。二十方菩薩來集興供眾。三諸來菩薩毛孔光明眾。是法界性起無礙。一多同異自在大悲無盡不思議眾。明此法界門法爾如此。體本如是。法行依正重重無礙。以法界智境身土一多法爾相容故。四如來眉間毫中眾。是示果成因生信利生眾。此是成佛已後以十信心位乃至十住十行十迴向十地一地徧法界法門眾。總此自修之因果。還令學者倣之。

已上諸眾配位及來意。卽通前樹內流光眾。宮殿樓閣眾。總有十一眾。隨位則配卽四十七眾。爲五位之內十箇普賢總爲一眾。當位不分十十部類故。海月光大明菩薩眾。及已下神天十住十行十迴向十地各各有十種部從故。都爲四十。通十普第五从三十三天王已下。至大自在天王。于中有十大天王。明十地利生因果。已上五众。是寄位表佛果五位行门因果故。为利众生故。寄位显法。寄位入法。与众生作法样。令众生证修。

从如来座内众。至如来眉间毫相中所出众。于中有四种众。其意如何。第一如来座内众。明是如来往昔自行。与古同因彰果众。二十方菩萨来集兴供众。三诸来菩萨毛孔光明众。是法界性起无碍。一多同异自在。大悲无尽。不思议众。明此法界门。法尔如此体本如是。法行依正。重重无碍。以法界智境。身土一多。法尔相容故。四如来眉间毫中众。是示果成因生信利生众。此是成佛以后。以十信心位。乃至十住十行十回向十地十一地。遍法界法门众。举此自修之因果。还令学者仿之。

以上诸众。配位及来意。即通前树内流光众。宫殿楼阁众。总有十一众。随位别配。即四十七众。为五位之内。十个普贤。总为一众。当位不分十十部类故。海月光大明菩萨众。及已下神天。十住十行十回向十地。各各有十种部从故。都为四十。通十普賢爲一衆。取上四十。共爲四十一。并菩提樹內流光衆。如來所居宮殿衆。如來座內衆。十方諸來菩薩衆。菩薩毛孔衆。如來眉間毫中衆。都爲四十七衆。且長科衆意如是。於中義趣。至文方明。菩提樹內衆。如來宮殿內衆。前已釋訖。已上且長科初會衆竟。餘待至文。已上總明舉果行徧周以成信位

校譌

第二紙九行第二下東禪板無莊嚴等七字　十一行二報東禪板作此土他方

第六紙十八行唯宋作爲　第十二紙十四行第三下爾時等二十四字疑衍文

第十六紙六行四當作五　第十七紙十八行位門宋作位明等明宋作等門

第十九紙十三行孔東禪板作光

贤为一众。取上四十。共为四十一。并菩提树内流光众。如来所居宫殿众。如来座内众。十方诸来菩萨众。菩萨毛孔众。如来眉间毫中众。都为四十七众。且长科众意如是。于中义趣。至文方明。菩提树内众。如来宫殿内众。前已释讫。已上且长科初会众竟。余待至文。已上总明举果行遍周。以成信位。

第一此已上四十七眾若別列十普賢眾即五
十七眾諸大眾海皆是大眾圍遶分從此初段中
有三十行經分為三段一初有七行半經總列菩
薩之數及陳同號普賢菩薩之名二從海月光大
明菩薩已下至十佛世界微塵數於此一段文中
有七行半經陳異名菩薩眾并都結已上諸菩薩
數三從此諸菩薩已下至成就無量功德於中有
十五行半經陳大眾本修行之因及歎大眾之德
一從初段中七行半經列同號普賢之內義分為三
一釋菩薩名下之義二釋菩薩同號之意三舉眾
所為因緣　一釋菩薩名者略釋普賢菩薩一號
餘可准之行與理齊利生皆徧號之為普知根利
俗稱之為賢菩之言覺薩言眾生菩覺眾生號名
菩薩廣云摩訶菩提薩埵也摩訶云大梵言摩訶
薩此云大覺眾生謂常於生死海覺悟無盡眾生

第一。此已上四十七众。若别列十普贤众。即五十七众。诸大众海。皆是大众围绕分。从此初段中。有三十行经。分为三段。一初有七行半经。总列菩萨之数。及陈同号普贤菩萨之名。二从海月光大明菩萨以下。至十佛世界微尘数。于此一段文中。有七行半经。陈异名菩萨众。并都结已上诸菩萨数。三从此诸菩萨已下。至成就无量功德。于中有十五行半经。陈大众本修行之因。及叹大众之德。从初段中七行半经。列同号普贤之内。义分为三。一释菩萨名下之义。二释菩萨同号之意。三举众所为因缘。 一释菩萨名者。略释普贤菩萨一号。余可准之。行与理齐。利生皆遍。号之为普。知根利俗。称之为贤。菩之言觉。萨言众生。善觉众生。号名菩萨。广云摩诃菩提萨埵也。摩诃云大。梵言摩诃萨。此云大觉众生。谓常于生死海。觉悟无尽众生故已下九箇同號爲普者普賢菩薩通號也明一一菩薩皆有此十種德行約德爲名故爲表德行圓滿始終具十一一菩薩隨行之號無盡故爲行無盡行故但以其名下之義即彰自行餘准知之總以十波羅蜜爲體 二釋同號之意者明此十普之義是一人之普一一菩薩具十普也一切菩薩總然下名別者明一一普賢能徧別故方知普義得成也總是十方諸佛同行之行更無故新如大王路發跡登之者即是無奈不行之何一念隨喜少分見性智慧現前總是不離佛正覺根本智故不離普賢行故如普賢行一念中少分善心總是向法流者故如下經云聞如來名號及所說法門聞而不信猶能畢竟至於金剛智地何況信修者也

三舉眾所爲因緣者明佛出興世所現依正二報大集普賢菩薩眾海意爲令眾生見果生信修行故此是舉果勸修生信分如來是十方諸佛正覺根本智之果十普賢等是十方諸佛差別行果舉此二法中因果報得令眾生信樂修行趣入故如三轉法輪中一示相八相成道是二勸修以觀果知因勸人天等修學三證同云我與汝等

故。已下九个同号为普者。普贤菩萨通号也。明一一菩萨。皆有此十种德行。约德为名故。为表德行圆满。始终具十。一一菩萨。随行之号无尽故。为行无尽行故。但以其名下之义。即彰自行。余准知之。总以十波罗蜜为体。　二释同号之意者。明此十普之义。是一人之普。一一菩萨。具十普也。一切菩萨总然。下名别者。明一一普贤。能遍别故。方知普义得成也。总是十方诸佛同行之行。更无故新。如大王路。发迹登之者。即是无奈不行之何。一念随喜。少分见性。智慧现前。总是不离佛正觉根本智故。不离普贤行故。如普贤行一念中少分善心。总是向法流者故。如下经云。闻如来名号。及所说法门。闻而不信。犹能毕竟至于金刚智地。何况信修者也。　三举众所为因缘者。明佛出兴世。所现依正二报。大集普贤菩萨众海。意为令众生。见果生信修行故。此是举果劝修生信分。如来是十方诸佛正觉根本智之果。十普贤等。是十方诸佛差别行果。举此二法中因果报得。令众生信乐。修行趣入故。如三转法轮中。一示相。八相成道是。二劝修。以观果知因。劝人天等修学。三证同。云我与汝等同如是三乘一乘等證今此一乘中將此佛乘根本智果普賢徧法界行果勸令大心衆生生信修行此乃卽是五位中十一地普賢等覺位門十方諸佛成佛竟亦行之不息如初發菩提心者行之不息今將此位以爲信門若不如是以何爲信入故佛果後普賢行純是利他初發心已後普賢行是自利利他行故今此初衆弁佛所爲如是舉果勸修令生信樂修行趣入故今之經大意爲若此也將舊果勸初心向下海月光大明菩薩諸神天衆卽明信已入證十住十地修行進趣漸漸增修因果也明立隨位當分之因果令後學者見其體樣信樂無疑趣入隨位各異故若不如是滯在一法智無增勝故已上一段且是初見佛成道見佛果五位菩薩集衆示現入法入卽同佛所知與佛齊見若信他佛然初心菩薩未能然也未是自信自心自身是佛大智境界是佛法身是堪行普賢行者從第二會光明覺品已後一切處金色世界寶色世界卽明自心法性是金色白淨無染名爲所居世界不動智佛卽是自心於無性理中無分別之智本來無動上首菩薩文殊師利明是自心

同如是三乘一乘等证。今此一乘中。将此佛乘根本智果。普贤遍法界行果。劝令大心众生。生信修行。此乃即是五位中。十一地普贤等觉位门。十方诸佛成佛竟。亦行之不息。如初发菩提心者。行之不息。今将此位。以为信门。若不如是。以何为信入。故佛果后普贤行。纯是利他。初发心以后普贤行。是自利利他行故。今此初众。并佛所为如是。举果劝修。令生信乐。修行趣入故。今之经大意。为若此也。将旧果。劝初心。向下海月光大明菩萨。诸神天众。即明信已入证。十住十地。修行进趣。渐渐增修因果也。明立随位当分之因果。令后学者。见其体样。信乐无疑。趣入随位各异故。若不如是。滞在一法。智无增胜故。已上一段。且是初见佛成道。见佛果五位菩萨集众。示现入法。入即同佛所知。与佛齐见。若信他佛然。初心菩萨。未能然也。未是自信自心自身。是佛大智境界。是佛法身。是堪行普贤行者。从第二会光明觉品已后。一切处金色世界。宝色世界。即明自心法性。是金色白净无染。名为所居世界。不动智佛。即是自心。于无性理中。无分别之智。本来无动。上首菩萨文殊师利。明是自心

無性之中。善能簡擇妙分別慧。觀首菩薩。即是自
心如是真信之首。目首菩薩。即是自心明見可信
之心。心境俱佛。如海門國法。普見自他俱佛。故至
文廣釋。方明。是身作佛。是心作佛。心外見佛。不名
信心。已上大眾圍遶分中。釋同號眾竟。
第二釋海月光等異名眾。其意如何。此七行半經
其中義分爲三。一陳菩薩眾意。二釋菩薩名號。三
結眾數。 一陳菩薩眾意者。此十箇異名眾。所以
異名爲表初發心住。前同號意。況如前段已釋竟。
此一段異名意趣。爲明以彼普賢行人。俗利生。隨
其行異。名亦還異。爲明以普徧別。方名爲普。其眾
意爲明入俗利生教化眾生。還令眾生得自身之
法。是故寄位在十住初心。以明用彰十住初心。一
下頓乘古法。不移古跡。故無異舊道。如大王路。新
舊同行。以此。以舊古法入俗利生。開悟迷流。還令
學古。以是義故。還將佛果位內。普賢異名之眾。寄
位成十住初心。爲彰後悟。不移舊跡故。又明前如
來成正覺佛果。及普賢行果。古今諸佛。所乘常道。
是明所信之門。此入俗利生異名之眾。即明所化
眾生入道初心。還同自法。不移古跡故。後有發心

无性之中。善能简择妙分别慧。觉首菩萨。即是自心如是真信之首。目首菩萨。即是自心明见可信之心。心境俱佛。如海门国法。普见自他俱佛故。至文广释方明。是身作佛。是心作佛。心外见佛。不名信心。已上大众围绕分中。释同号众竟。

第二释海月光等异名众。其意如何。此七行半经。其中义分为三。一陈菩萨众意。二释菩萨名号。三结众数。 一陈菩萨众意者。此十个异名众。所以异名。为表初发心住。前同号意况。如前段已释竟。此一段异名意趣。为明以彼普贤行。入俗利生。随其行异。名亦还异。为明以普遍别。方名为普。其众意。为明入俗利生。教化众生。还令众生得自身之法。是故寄位在十住初心。以明用彰十住初心。一下顿乘古法。不移古迹故。无异旧道。如大王路。新旧同行以此。以旧古法。入俗利生。开悟迷流。还令学古。以是义故。还将佛果位内。普贤异名之众。寄位成十住初心。为彰后悟。不移旧迹故。又明前如来成正觉佛果。及普贤行果。古今诸佛。所乘常道。是明所信之门。此入俗利生异名之众。即明所化众生。入道初心。还同自法。不移古迹故。后有发心之土一一自心以定慧力照之可見不可以情信者堪爲自非久種善根應當聞而不惑設使三乘根種六通菩薩尚自懷疑凡流之中一乘之性處凡流而信入如下經自有明文爲三乘種性劣解佛隨根性且說此娑婆爲穢土是五濁故淨土在他方或言此方是穢向上第四禪已上別有菩薩淨土或說佛果在僧祇之後方成未說淨穢含容塵含法界凡聖同居各無妨礙等教執權成實難信此法界一乘之門爲學假詮假教假觀破麤現行無明縈著故行一分麤波羅蜜門得三種意生身見諸佛國土有自有他有淨有穢忻彼厭此兼修淨行修諸假眞如觀及空觀等得一分神通報勝諸天神通亦勝忻厭心勝更亦不生惡國穢土爲本願力有佛成道處誓來還去如說三乘教中多有此事未迴心者常當如是學權教者爲根下劣故不聞此教聞亦不信如經下文自具說故如維摩經法華經爲破彼故方始一分略說猶未具論是故學教者慎勿偏習一門諸部經文總各深思意趣大有一生學道爲聞慧不妙不廣返謗眞宗廣說云云且略而陳爾已上陳異名菩薩眾意

之土。一一自心以定慧力照之可见。不可以情信者堪为。自非久种善根。应当闻而不惑。设使三乘根种。六通菩萨。尚自怀疑。凡流之中。一乘之性。处凡流而信入。如下经自有明文。为三乘种性劣解。佛随根性。且说此娑婆为秽土。是五浊故。净土在他方。或言此方是秽。向上第四禅已上。别有菩萨净土。或说佛果在僧祇之后方成。未说净秽含容。尘含法界。凡圣同居。各无妨碍等教。执权成实。难信此法界一乘之门。为学假诠假教假观。破粗现行无明系著故。行一分粗波罗蜜门。得三种意生身。见诸佛国土。有自有他。有净有秽。忻彼厌此。兼修净行。修诸假真如观。及空观等。得一分神通。报胜诸天。神通亦胜。忻厌心胜。更亦不生恶国秽土。为本愿力。有佛成道处。暂来还去。如说三乘教中。多有此事。未回心者。常当如是。学权教者。为根下劣故。不闻此教。闻亦不信。如经下文。自具说故。如维摩经法华经。为破彼故。方始一分略说。犹未具论。是故学教者。慎勿偏习一门。诸部经文。总各深思意趣。大有一生学道。为闻慧不妙不广。返谤真宗。广说云云。且略而陈尔。以上陈异名菩萨众意

趣竟。一釋菩薩名者此十箇菩薩名一箇是隨
十住位中一箇波羅蜜之通稱。一一中具十爲隨
行成名故此十箇菩薩所行十箇波羅蜜各是五
位中菩薩通行又隨五位行中十住具十十行具
十。十迴向具十。十地具十。十一地具十。通爲百數
此明一波羅蜜中有十十中有百又十住中一一
住中具十。十住中具百。五位總然通爲五百箇波
羅蜜門隨其行位名目感果各别通位總是此十
箇菩薩之名號是也何故號曰海月光大明菩薩
摩訶薩以法行無邊大悲廣利如海所有蒙益總
令見性清涼號名月光既得清涼之後智無不照
號曰大明。一切世界大覺衆生故名摩訶菩提薩
埵摩訶云大菩提此云覺也薩埵此云衆生爲不
捨衆生生死故廣云摩訶菩提薩埵也略云菩薩
梵云摩訶薩此云大覺道衆生爲自覺道不捨生
死大覺悟衆生故又衆生生死是菩薩菩提故明
法界一眞無異相故此是檀波羅蜜爲主餘九菩
薩名號爲伴明以法界行大施門廣濟如海利他
得益爲月光除煩惱熱得清涼故以此名號即是
所行之行即此十箇菩薩之號是十住位中初發

趣竟。 二释菩萨名者。此十个菩萨名。一个是随十住位中。一个波罗蜜之通称。一一中具十。为随行成名故。此十个菩萨。所行十个波罗蜜。各是五位中菩萨通行。又随五位行中。十住具十。十行具十。十回向具十。十地具十。十一地具十。通为百数。此明一波罗蜜中有十。十中有百。又十住中。一一住中具十。十住中具百。五位总然。通为五百个波罗蜜门。随其行位名目感果各别。通位总是此十个菩萨之名号是也。何故号曰海月光大明菩萨摩诃萨。以法行无边。大悲广利如海。所有蒙益。总令见性清凉。号名月光。既得清凉之后。智无不照。号曰大明。一切世界。大觉众生。故名摩诃菩提萨埵。摩诃云大。菩提此云觉也。萨埵此云众生。为不舍众生生死故。广云摩诃菩提萨埵也。略云菩萨。梵云摩诃萨。此云大觉道众生。为自觉道。不舍生死。大觉悟众生故。又众生生死。是菩萨菩提故。明法界一真。无异相故。此是檀波罗蜜为主。余九菩萨名号为伴。明以法界。行大施门。广济如海。利他得益。为月光。除烦恼热。得清凉故。以此名号。即是所行之行。即此十个菩萨之号。是十住位中初发心住十波羅蜜之主伴萬行故。此像下文十住品位內菩薩本所事佛。下名號之爲月。十住位中十箇佛下名悉同號之爲月。倣此法也。次戒波羅蜜中菩薩號雲音海光無垢藏菩薩摩訶薩者。明性戒大悲普雨法音故。號雲音性戒無染猶如大海不宿死屍故。明法界無性以爲戒體。無法不淨。如海廣大故。光者明性戒之體。心境俱眞名之爲光。又以淨智常當照俗名之爲光。無垢者法性無染也藏者明法界性。常含萬象無法不淨。明一眞故總別俱眞。無垢淨故。故號雲音海光無垢藏故菩薩如前。次忍波羅蜜中菩薩號功德寶髻智生者。明法忍莊嚴其身故號名功德寶髻寶髻者首上之飾明菩薩發心忍爲上首故寶嚴其頂也智生者。以能忍故是智生也菩薩如前明忍爲華鬘義故。次精進波羅蜜中菩薩號功德自在王大光者明勤行饒益衆生招多功德所行萬行無不益他故自在如王。大光者普照也以常於生死海中以智光明益生無倦故並令開曉故號大光菩薩如前。次禪波羅蜜中號善勇猛蓮華髻菩薩者明法勇爲禪體從凡夫地起信心已入證之初明一念心住。十波罗蜜之主伴万行故。此像下文十住品位内。菩萨本所事佛。下名号之为月。十住位中。十个佛。下名悉同。号之为月。仿此法也。次戒波罗蜜中。菩萨号云音海光无垢藏菩萨摩诃萨者。明性戒大悲普雨法音。故号云音。性戒无染。犹如大海。不宿死尸故。明法界无性。以为戒体。无法不净。如海广大故。光者。明性戒之体。心境俱真。名之为光。又以净智常当照俗。名之为光。无垢者。法性无染也。藏者。明法界性。常令万象。无法不净明。一真故。总别俱真。无垢净故。故号云音海光无垢藏故。菩萨如前。次忍波罗蜜中。菩萨号功德宝髻智生者。明法忍庄严其身故。号名功德宝髻。宝髻者。首上之饰。明菩萨发心。忍为上首。故宝严其顶也。智生者。以能忍故。是智生也。菩萨如前。明忍为华鬘义故。次精进波罗蜜中。菩萨号功德自在王大光者。明勤行饶益众生。招多功德。所行万行。无不益他故。自在如王。大光者。普照也。以常于生死海中。以智光明。益生无倦故。并令开晓。故号大光。菩萨如前。次禅波罗蜜中。号善勇猛莲华髻菩萨者。明法勇为禅体。从凡夫地。起信心已。入证之初。明一念無思頓起諸想。寶智具會。故六勇猛也。智能達俗。處世無染。故號蓮華也。髻者明此位菩薩表法中。以蓮華冠頂。明灌體處世即真。不染寂亂。故六般若波羅蜜中號普智雲日幢菩薩者。明第六智慧如雲雨法雨。故慧光破暗。名之為日。摧邪顯正號之為幢。六方便波羅蜜中號大精進金剛齊菩薩者。明第七住第七行第七迴向第七地五位中凡是第七位總修悲位。故以其真理圓融染淨。故名方便。如下十地中第七地菩薩舉喻云。譬如一國純淨。一國純穢。於此淨穢事難可了知。如善財童子於第七住中見休捨優婆夷。此云滿願。為明此第七住位。成就深厚大悲。滿一切眾生願故。又告善財言。我有八萬四千那由他同行眷屬常居此園。如是之意。明每住位中第七方便波羅蜜成大悲位。言八萬四千那由他同行眷屬者。八萬四千一切諸塵勞門。我皆同行。常以生死為園林故。如此菩薩即明是十住位中初發心住。一住中十箇波羅蜜中第七波羅蜜故。非是第七住中第七波羅蜜。故十住之中有十箇第七方便波羅蜜。當一一住中各各以方便圓其悲智萬行。故餘波羅蜜无思。顿超诸想。真智冥会。故云勇猛也。智能达俗。处世无染。故号莲华也。髻者。明此位菩萨表法中。以莲华冠顶。明禅体处世即真。不染寂乱故。次般若波罗蜜中。号普智云日幢菩萨者。明第六智慧如云。雨法雨故。慧光破暗。名之为日。摧邪显正。号之名幢。次方便波罗蜜中。号大精进金刚脐菩萨者。明第七住。第七行。第七回向。第七地。五位中。凡是第七位。总修悲位故。以其真理。圆融染净。故名方便。如下十地中。第七地菩萨举喻云。譬如一国纯净。一国纯秽。于此净秽事。难可了知。如善财童子。于第七住中。见休舍优婆夷。此云满愿。为明此第七住位。成就深厚大悲。满一切众生愿故。又告善财言。我有八万四千那由他同行眷属。常居此园。如是之意。明每住位中。第七方便波罗蜜。成大悲位。言八万四千那由他同行眷属者。八万四千一切诸尘劳门。我皆同行。常以生死为园林故。如此菩萨。即明是十住位中。初发心住。一住中十个波罗蜜中。第七波罗蜜故。非是第七住中。第七波罗蜜故。十住之中。有十个第七方便波罗蜜。当一一住中。各各以方便圆其悲智万行故。余波罗蜜亦同於十住中一一具十十行十迴向十地十一地總然各有十故此十箇菩薩名號且圓初發心住上第一住內十波羅蜜中第七方便門故且圓一住中悲智主伴十波羅蜜故明大悲堅固處生死而無疲倦名大精進壞他堅垢號曰金剛處俗同纏無虧中道號之曰齋齋者明處智悲中際如佛放受生光在齋輪者表智悲中際廣意在下文方明菩薩如前此是十住位中初發心住內第七方便波羅蜜且明一住中十波羅蜜主伴也洽地住修行住如是十住各自具十波羅蜜主伴圓融一住具十十住具百五位例然通有五百乃至無盡次明第八願波羅蜜中菩薩名號名香燄光幢者大願弘芳號之為香智能隨願依根破惑故名為光入邪破障故號為幢如第八智住中多作外道邪師與邪同行破邪師道如八住中毗目多羅仙等是善財第八住中善知識也明智淨方能破邪故次第九力波羅蜜中菩薩名號大明德深美音菩薩者明力波羅蜜為大法師位善說法故故名大明德深美音也菩薩如前釋次第十智波羅蜜中菩薩名大福光智生菩薩者明此是智波羅

亦同。于十住中。一一具十。十行十回向十地十一地总然。各有十故。此十个菩萨名号。且圆初发心住上。第一住内十波罗蜜中。第七方便门故。且圆一住中。悲智主伴十波罗蜜故。明大悲坚固。处生死而无疲倦。名大精进。坏他坚垢。号曰金刚。处俗同缠。无亏中道。号之曰脐。脐者。明处智悲中际。如佛放受生光在脐轮者。表智悲中际。广意在下文方明。菩萨如前。此是十住位中。初发心住内。第七方便波罗蜜。且明一住中。十波罗蜜主伴也。治地住。修行住。如是十住。各自具十波罗蜜。主伴圆融。一住具十。十住具百。五位例然。通有五百。乃至无尽。次明第八愿波罗蜜中。菩萨名号。名香焰光幢者。大愿弘芳。号之为香。智能随愿。依根破惑。故名为光。入邪破障。故号为幢。如第八智位中。多作外道邪师。与邪同行。破邪师道。如八住中毗目多罗仙等。是善财第八住中善知识也。明智净方能破邪故。次第九力波罗蜜中。菩萨名号。大明德深美音菩萨者。明力波罗蜜。为大法师位。善说法故。故名大明德深美音也。菩萨如前释。次第十智波罗蜜中。菩萨名大福光智生菩萨者。明此是智波罗蜜故。此上十菩薩名。明初發心住中。以十波羅蜜用。治初發心住中。染淨成法身悲智門故。計此修治。法合一法。今說諸波羅蜜各各修行不同。明於一法上。以十法修治。慣習增明。以成一故。其法不離舊行也。時亦不移舊時也。故時無性故。三世無去來故。但於一法上具十箇波羅蜜行門體用。但於一法上修行生熟處分一住二住。但於一法上會悲智願行生熟。智者淺深不同。隨不同處分其地位差別故。非是法異故。以總別同異成壞六相義圓通可知。　三部結衆數者。經云。如是等而為上首。有十佛世界微塵數者是。

第二歎德者。從此諸菩薩已下。十五行半經是也。經自具文。不煩更釋。

如是已上大衆之海。總是普賢行滿。常住世間。安立法則。成就菩薩十住十行十迴向十地等位次第。令諸衆生開示悟入。常為世間一切依護。如上歎德中具明。已下獲益中亦具明。如獲益中。總是作利生方便。入法次第。入則同佛所知。寔異後學者作見道之樣。迷即是凡。悟即同佛知見。皆是本來舊達。並是影響衆也。已下神天。亦同是此例。皆是蜜故。此上十菩萨名。明初发心住中。以十波罗蜜。用治初发心住中染净。成法身悲智门故。计此修治。法合一法。今说诸波罗蜜。各各修行不同。明于一法上。以十法修治。惯习增明。以成一故。其法不离旧行也。时亦不移旧时也。故时无性故。三世无去来故。但于一法上。具十个波罗蜜行门体用。但于一法上。修行生熟处。分一住二住。但于一法上。会悲智愿行生熟。智者浅深不同。随不同处。分其地位差别故。非是法异故。以总别同异成坏六相义。圆通可知。　三都结众数者。经云。如是等而为上首。有十佛世界微尘数者是　。

第三叹德者。从此诸菩萨已下。十五行半经是也。经自具文。不烦更释　。

如是已上大众之海。总是普贤行满。常住世间。安立法则。成就菩萨十住十行十回向十地等位次第。令诸众生开示悟入。常为世间一切依护。如上叹德中具明。以下获益中亦具明。如获益中。总是作利生方便。入法次第。入则同佛所知。与后学者作见道之样。迷即是凡。悟即同佛知见。皆是本来旧达。并是影响众也。以下神天。亦同是此例。皆是助佛揚化顯德。令佛法化流行。久住世間眾生獲益故。

第一復有佛世界微塵數執金剛神。此一段有十三行半經。一百二十六言。於中義意分之為四。一舉眾數。二寄位表法。三釋名配行。四列數并數神德。一舉眾數者。列行是。明神眾是道。以性齊諸佛智同真理。隨普賢行。處世護持。稱之為神。護持正法故。二隨行表法者。為表十住位內第二治地住門主戒波羅蜜。明戒為防護義。故以法身為戒體。稱真不壞號曰金剛。前海月光大明菩薩為十住中初發心住。於中意義。如前段文已釋。此一眾有十神。明第二治地住法門主戒為防護義故。號為執金剛神。執者執持不犯名之為執。其智應真號之為神。三釋名配行者。此之一眾神以戒波羅蜜為體。十箇神名即是隨戒體上十箇波羅蜜名。一箇神是一行。第一妙色那羅延執金剛神。主戒波羅蜜中檀波羅蜜門。以性戒成檀。感招妙色法空破慳故號那羅延。是不壞義。此位明以持性戒故。得不助佛扬化显德。令佛法化流行。久住世间。众生获益故。

第二。复有佛世界微尘数执金刚神。此一段有十三行半经。二百二十六言。于中义意。分之为四。一举众数。二寄位表法。三释名配行。四列数并叹神德。一举众数者。初行是。明神众是道。以性齐诸佛。智同真理。随普贤行。处世护持。称之为神。护持正法故。二随行表法者。为表十住位内。第二治地住门。主戒波罗蜜。明戒为防护义故。以法身为戒体。称真不坏。号曰金刚。前海月光大明菩萨。为十住中初发心住。于中意义。如前段文已释。此一众有十神。明第二治地住。法门主戒。为防护义故。号为执金刚神。执者。执持不犯。名之为执。其智应真。号之为神。三释名配行者。此之一众神。以戒波罗蜜为体。十个神名。即是随戒体上。十个波罗蜜名。一个神。是一行。第一妙色那罗延执金刚神。主戒波罗蜜中檀波罗蜜门。以性戒成檀。感招妙色。法空破惑故号那罗延。是不坏义。此位明以持性戒故。得不壞身。執者執持義。金剛者不壞義也。一日輪速疾幢執金剛神。主性戒中戒波羅蜜爲戒光無缺名號日輪見者應眞名爲速疾。白他惑盡名之爲幢心無異念名之爲執。性不可破號曰金剛稱眞自在名之爲神。以智爲神故。二須彌華光執金剛神。主戒波羅蜜中忍波羅蜜爲法忍高勝號曰須彌。以忍嚴行人見皆悅號之爲華。觀之破慢號之爲光。忍心無失名之爲執。法性爲忍猶如金剛。智無思而知萬有號之爲神。四清淨雲音執金剛神。主戒波羅蜜中精進波羅蜜。履俗恆眞名爲清淨。演法無懈潤澤含識號曰雲音。聞法破惑號之金剛智不爲而知萬有稱之名神。五諸根美妙執金剛神。主戒波羅蜜中禪波羅蜜爲禪無思。六根隨智而用。故名諸根美妙也。用而恆寂名之爲執。無思可破號曰金剛。又無思之智能破自他惑故號金剛。寂然智不動正慧隨用號之爲神。六可愛樂光明執金剛神。主慧能破闇故。七大樹雷音主第七大悲門樹。是覆蔭義。明方便波羅蜜門覆蔭眾生故。八師子王光明者。主願波羅蜜起無功用智。自在如師子王能破外道諸邪論故。九密燄勝目者。

坏身。执者。执持义。金刚者。不坏义也。二日轮速疾幢执金刚神。主性戒中戒波罗蜜。为戒光无缺。名号日轮。见者应真。名为速疾。自他惑尽。名之为幢。心无异念。名之为执。性不可破。号曰金刚。称真自在。名之为神。以智为神故。三须弥华光执金刚神。主戒波罗蜜中忍波罗蜜。为法忍高胜。号曰须弥。以忍严行。人见皆悦。号之为华。观之破慢。号之为光。忍心无失。名之为执。法性为忍。犹如金刚。智无思而知万有。号之为神。四清净云音执金刚神。主戒波罗蜜中精进波罗蜜。履俗恒真。名为清净。演法无懈。润泽含识。号曰云音。闻法破惑。号之金刚。智不为而知万有。称之名神。五诸根美妙执金刚神。主戒波罗蜜中禅波罗蜜。为禅无思。六根随智而用。故名诸根美妙也。用而恒寂。名之为执。无思可破。号曰金刚。又无思之智。能破自他惑。故号金刚。寂然智不动。正慧随用。号之为神。六可爱乐光明执金刚神。主慧能破暗故。七大树雷音。主第七大悲门。树是覆荫义。明方便波罗蜜门。覆荫众生故。八师子王光明者。主愿波罗蜜。起无功用智。自在如师子王。能破外道诸邪论故。九密焰胜目者。

主力波羅蜜法力自在潛流同事或作外道邪師同事破所繫故此位是大法師位凡第九波羅蜜徧入五位中五百箇波羅蜜門皆第九爲法師位十住第九爲法王子住如善財童子善知識十住中第九住法師位中作勝熱婆羅門示入外道五熱炙身上刀山入火聚等此名密撥勝日密潛同事設教破愚故名密撥智目知根故名勝目十蓮華光摩尼髻執金剛神者主戒波羅蜜中習波羅蜜如善財童子第十灌頂住中善知識作童女名曰慈行得眞不謎處俗無汙名曰蓮華大智知根名之爲光位昇灌頂名曰摩尼髻摩尼者此云離垢寶也此是第二治地住中十住十波羅蜜主伴十住主伴萬行號曰十箇執金剛神名皆以行位立名之故明十住中一住具十十住具百五位皆然一一次第以名義配當法合如然第四有佛刹已下七行經列數歎德二門如文可知

主力波罗蜜。法力自在。潜流同事。或作外道邪师。同事破所系故。此位是大法师位。凡第九波罗蜜。遍入五位中五百个波罗蜜门。皆第九为法师位。十住第九为法王子住。如善财童子善知识。十住中第九住法师位中。作胜热婆罗门。示入外道。五热炙身。上刀山入火聚等。此名密焰胜目。密潜同事。设教破愚。故名密焰。智目知根。故名胜目。十莲华光摩尼髻执金刚神者。主戒波罗蜜中智波罗蜜。如善财童子。第十灌顶住中善知识。作童女。名曰慈行。得真不证。处俗无污。名曰莲华。大智知根。名之为光。位升灌顶。名曰摩尼髻摩尼者。此云离垢宝也。此是第二治地住中。十位十波罗蜜。主伴十住。主伴万行。号曰十个执金刚神名。皆以行位立名之故。明十住中。一住具十。十住具百。五位皆然。一一次第。以名义配当。法合如然。第四有佛刹已下七行经。列数叹德二门。如文可知 。

第三是十住中修行住於中有上六行半經一十百
言三義分爲四一列數二寄位表法三釋名配行四
重結其數并歎神德一列數者如上初行是二寄
位表法者此十箇身眾神寄位表十住中忍波羅
蜜以法忍成就於生死中利生自在號曰爲神下
文歎德中成就大願供養承事一切諸佛明於往
昔以調忍心承事一切眾生令其成佛爲諸佛眾
生體無有二故已成諸佛何須藉其供養以無量
身無量眾供養承事於一切時中供養一切眾生
令其成佛是調忍義是身眾義三釋名配行者此
十箇神是忍波羅蜜中十波羅蜜故明一一行徧
一切行故第一所謂華髻莊嚴身眾神者主忍波
羅蜜中檀波羅蜜門明忍辱爲華髻報得以嚴其
頂上之飾故身眾者爲忍位中行檀明以眾多身
要眾多嚴具徧周法界承事供養廣利眾生故神
者皆隨忍行自在故號之爲神此十波羅蜜以忍
爲體一光照十方身眾神者主忍波羅蜜中戒波
羅蜜此位中以法忍爲戒體明忍戒圓明是者歎

第三是十住中修行住。于中有六行半经。二百十三言义分为四。一列数。二寄位表法。三释名配行。四重结其数。并叹神德。一列数者。如上初行是。二寄位表法者。此十个身众神。寄位表十住中忍波罗蜜。以法忍成就。于生死中。利生自在。号曰为神。下文叹德中。成就大愿。供养承事一切诸佛。明于往昔以调忍心。承事一切众生。令其成佛。为诸佛众生。体无有二故。已成诸佛。何须藉其供养。以无量身无量众。供具承事。于一切时中。供养一切众生。令其成佛。是调忍义。是身众义。三释名配行者。此十个神。是忍波罗蜜中十波罗蜜故。明一一行。遍一切行故。第一所谓华髻庄严身众神者。主忍波罗蜜中檀波罗蜜门。明忍辱为华髻。报得以严其顶上之饰故。身众者。为忍位中行檀。明以众多身云。众多严具。遍周法界。承事供养。广利众生故。神者。智随忍行自在故。号之为神。此十波罗蜜。以忍为体。二光照十方身众神者。主忍波罗蜜中戒波罗蜜。此位中以法忍为戒体。明忍戒圆明。见者欢

喜法忍戒光號之爲光照十方身眾神如前釋三
海音調伏身眾神者主忍波羅蜜中忍波羅蜜故
明海音者開諸善惡毀讚音聲廣多猶如海潮之
音不生憂喜是調伏義是爲能忍也又以自聲如
海潮音知時教化眾生令無失時故四淨華嚴髻
身眾神者主忍波羅蜜中精進波羅蜜以法忍進
名之爲淨也進行可觀名之爲華因行招果用嚴
頂髻明精進是長道之首故以華嚴頂飾五無
量威儀身眾神主忍波羅蜜中禪波羅蜜稱根現
法名爲無量動止常寂名爲威儀明行住坐臥不
離定體名曰威儀六最上光嚴身眾神主智慧照
曜自他故明以定慧光明照觸心境以嚴法身七
淨光香雲身眾神明第七大悲方便染淨不拘名
爲淨光慈悲含覆出言成法悅可眾心號曰香雲
明法雨潤眾生故即明雨戒定慧解脫解脫知見
五分法身之香也八守護攝持身眾神明智隨大
願攝持一切眾生故八住八地但五位第八位中
明無功之智功成即得十方諸佛手灌其頂是諸
佛攝持義故九普現攝取身眾神明第九力波羅
蜜法力自在法王之位普現諸教九十六種邪流

喜。法忍戒光。号之为光照十方。身众神如前释。三海音调伏身众神者。主忍波罗蜜中忍波罗蜜故。明海音者。闻诸善恶毁赞音声广多。犹如海潮之音。不生忧喜。是调伏义。是为能忍也。又以自声如海潮音。知时教化众生。令无失时故。四净华严髻身众神者。主忍波罗蜜中精进波罗蜜。以法忍进。名之为净也。进行可观。名之为华。因行招果。用严顶髻。明精进是长道之首故。故以华严顶饰。五无量威仪身众神。主忍波罗蜜中禅波罗蜜。称根现法。名为无量。动止常寂。名为威仪。明行住坐卧。不离定体。名曰威仪。六最上光严身众神。主智慧照曜自他故。明以定慧光明照烛心境。以严法身。七净光香云身众神。明第七大悲方便。染净不拘。名为净光。慈悲含覆。出言成法。悦可众心。号曰香云。明法雨润众生故。即明雨戒。定。慧。解脱。解脱知见。五分法身之香也。八守护摄持身众神。明智随大愿。摄持一切众生故。八住八地。但五位第八位中。明无功之智。功成即得十方诸佛手灌其顶。是诸佛摄持义故。九普现摄取身众神。明第力九波罗蜜。法力自在。法王之位。普现诸教。九十六种邪流。

及一切眾生悉同行故名普現攝取也即勝熱婆羅門等是十不動光明身眾神明第十智波羅蜜名不動光明亦爲灌頂位名不動光也且明此忍位中十波羅蜜之一終四結歎歎德如文可知已上十波羅蜜以忍爲體此明善惡毀讚得不動智也

第四段中有六行半經一百一十一言義分爲四一舉眾數二寄位表法三釋名配行四結歎歎德一舉眾數者如初一行都列數是二寄位表法者此十箇足行神表十住位中生貴住主精進波羅蜜如下歎德中無量劫中親近如來隨逐不捨是精進義爲明以法性眞如爲行之體以此法行用嚴法身足行者表精勤義以眾行滿足故名足行神神者是隨行之智三釋名配行者一寶印手足行神

及一切众生。悉同行故。名普现摄取也。即胜热婆罗门等是。十不动光明身众神。明第十智波罗蜜。名不动光明。亦为灌顶位。名不动光也。且明此忍位中十波罗蜜之一终。四结数叹德。如文可知。已上十波罗蜜。以忍为体。此明善恶毁赞。得不动智也。

第四段中。有六行半经。一百一十一言。义分为四。一举众数。二寄位表法。三释名配行。四结数叹德。一举众数者。如初一行都列数是。二寄位表法者。此十个足行神。表十住位中生贵住。主精进波罗蜜。如下叹德中。无量劫中。亲近如来随逐不舍。是精进义。为明以法性真如。为行之体。以此法行。用严法身。足行者。表精勤义。以众行满足故。名足行神。神者是随行之智。三释名配行者。一宝印手足行神。

主精進波羅蜜中櫂波羅蜜門明以法寶之智印
行精勤之行引接眾生故手爲引取之義二蓮華
光足行神者明生貴住中精進波羅蜜中戒波羅
蜜常居生死之海猶如蓮華無所染故見者發心
名之爲光足行是精進修行無疲勞義智自在故
號之爲神三清淨華髻足行神主精進波羅蜜中
忍波羅蜜法忍無垢名爲清淨也忍招依果華嚴
頂飾爲忍爲華髻義故四攝諸善見足行神主精
進波羅蜜中精進波羅蜜攝諸見者是精進義爲
常攝諸根不令起見即無見不善五妙寶星幢足
行神主禪波羅蜜門以妙理爲禪故名爲妙寶寶
者道也隨行破惑故名星幢爲萬行爲星不離禪
體皆有光照隨根破惑知根了名之爲星此位
以精進行爲禪體以禪能現智智能知法遷以善
知法故名星也幢爲定也六樂吐妙音足行神主
慧波羅蜜樂吐妙音者謂以精進爲慧體故常樂
爲人說法故七栴檀樹光足行神者主第七方便
波羅蜜成大悲行故以香樹爲名表慈悲覆蔭義
故光者照燭眾生義八蓮華光明足行神主智隨
大願隨所利生無所染故九微妙光足行神主力

主精进波罗蜜中檀波罗蜜门。明以法宝之智印。行精勤之行。引接众生故。手为引取之义。二莲华光足行神者。明生贵住中精进波罗蜜中戒波罗蜜。常居生死之海。犹如莲华。无所染故。见者发心。名之为光。足行是精进修行。无疲劳义。智自在故。号之为神。三清净华髻足行神。主精进波罗蜜中忍波罗蜜。法忍无垢。名为清净也。忍招依果。华严顶饰。为忍为华鬘义故。四摄诸善见足行神。主精进波罗蜜中精进波罗蜜。摄诸见者。是精进义。为常摄诸根。不令起见。即无见不善。五妙宝星幢足行神。主禅波罗蜜门。以妙理为禅故。名为妙宝。宝者道也。随行破惑。故名星幢。为万行为星。不离禅体。皆有光照。随根破惑。知根了了。名之为星。此位以精进行为禅体。以禅能现智。智能知法。还以善知法故名星也。幢为定也。六乐吐妙音足行神。主慧波罗蜜。乐吐妙音者。谓以精进为慧体故。常乐为人说法故。七旃檀树光足行神者。主第七方便波罗蜜。成大悲行故。以香树为名。表慈悲覆荫义故。光者照烛众生义。八莲华光明足行神。主智随大愿。随所利生。无所染故。九微妙光足行神。主力波羅蜜法王之位。以微妙法光化眾生故。十積集妙華足行神。主智波羅蜜。以智積集諸教猶貫華結鬘不令散失。教化眾生。已上十波羅蜜皆以精進波羅蜜以爲體。位位內自有同別義。思之可見。不可作一槩准之四結數歎德如文可知。

第五段有六行半經。一百一十三言一義分爲四。一舉眾數。二寄位表法。三釋名配法。四結數歎德。一舉眾數者。如上初行是。二寄位表法者。此之一位。表具足方便住中十波羅蜜。以禪波羅蜜爲體。以道場是除蘊穢義。明禪能治蘊義故。如世間場也。爲明禪定淨六七識之取染。顯般若能開妙慧。簡擇理智體之本實故。以禪波羅蜜以爲場體。般若波羅蜜以爲人功。以普賢萬行爲䭾運至法界普光明智殿爲大都居。以一切種種智爲大藏。此中十箇波罗蜜。法王之位。以微妙法光。化众生故。十积集妙华足行神。主智波罗蜜。以智积集诸教。犹贯华结鬘。不令散失。教化众生。已上十波罗蜜。皆以精进波罗蜜以为体。位位内自有同别义。思之可见。不可作一概准之。四结数叹德。如文可知。

第五段。有六行半经。一百二十三言。义分为四。一举众数。二寄位表法。三释名配法。四结数叹德。一举众数者。如上初行是。二寄位表法者。此之一位。表具足方便住中十波罗蜜。以禅波罗蜜为体。以道场是除蕴秽义。明禅能治蕴义故。如世间场也。为明禅定。净六七识之取染。显般若。能开妙慧。简择理智体之本实故。以禅波罗蜜以为场体。般若波罗蜜以为人功。以普贤万行为驮。运至法界普光明智殿。为大都居。以一切种种智为大藏。此中十个神。一神為一波羅蜜。為自益益人之行樣。二釋名配法者。一淨莊嚴幢道場神。主具足方便住禪波羅蜜中檀波羅蜜門故。以法性定體為檀。名為淨也。以無礙定體萬行為莊嚴幢也。幢名定體不動義。以法性無性為所乘。名之為道。以無性之禪定能治所依之蘊。名之為場。神者是無依無性之中大智也。以不思不為無形無質等周法界而知萬有者稱之為神。二須彌寶光道場神。以須彌是高顯義。寶光是無垢義。以戒光照俗。見者發心故。以禪定為戒。出過情識是須彌義。以定能無妄是無垢義。以定能發慧寶光義。三雷音幢相道場神。主禪波羅蜜中忍波羅蜜。明毀譽之音如雷。法忍不動。名幢相。道場神如前釋。十波羅蜜。隨五位中各各自具道場儀故。四雨華妙眼道場神。主禪波羅蜜中精進波羅蜜。明法身為定體。依定體起萬行精進名為雨華。是精進義。定能起慧。故稱妙眼。以其法眼行華。利生無懈。是精進故。五華纓光髻道場神。主禪波羅蜜中禪波羅蜜。以法界自體無動靜上。而起行禪。化諸亂意。名為華纓。以定能發慧故名之為光。以行招果。用嚴其頂。以此為名。又此神。一神为一波罗蜜。为自益益人之行样。三释名配法者。一净庄严幢道场神。主具足方便住禅波罗蜜中檀波罗蜜门故。以法性定体为檀。名为净也。以无亏定体万行。为庄严幢也。幢名定体不动义。以法性无性为所乘。名之为道。以无性之禅定。能治所依之蕴。名之为场。神者。是无依无性之中大智也。以不思不为。无形无质。等周法界。而知万有者。称之为神。二须弥宝光道场神。以须弥是高显义。宝光是无垢义。以戒光照俗。见者发心故。以禅定为戒。出过情识。是须弥义。以定能无妄。是无垢义。以定能发慧。宝光义。三雷音幢相道场神。主禅波罗蜜中忍波罗蜜。明毁誉之音如雷。法忍不动。名幢相。道场神如前释。十波罗蜜。随五位中。各各自具道场义故。四雨华妙眼道场神。主禅波罗蜜中精进波罗蜜。明法身为定体。依定体起万行精进。名为雨华。是精进义。定能起慧。故称妙眼。以其法眼行华。利生无懈。是精进故。五华璎光髻道场神。主禅波罗蜜中禅波罗蜜。以法界自体无动静上。而起行禅。化诸乱意。名为华璎。以定能发慧故。名之为光。以行招果。用严其顶。以此为名。又此十波羅蜜皆爲直法。何以然者。謂以十住初心一一度門至佛果故。無初中後故。以從佛果起勝進故。六雨寶莊嚴道場神。主慧波羅蜜。慧能開法寶故。七勇猛香眼道場神。主方便波羅蜜。此位是慈悲位故。常處生死。名爲勇猛。慈眼觀眾生。名爲香眼。以戒定慧解脫解脫知見五分法身之香。而觀眾生。拔苦與樂。故名香眼。八金剛彩雲道場神。明第八願波羅蜜。以爲願雲覆眾生故。以此位是無功用智。能破邪流。號曰金剛彩雲。明能同異道故。九蓮華光明道場神。主力波羅蜜。是法王之位。處世如蓮華。說法爲光明故。十妙光照曜道場神。主智波羅蜜。以大智知根。名爲妙光。知根破惑。故名照曜。已上十波羅蜜。皆歸波羅蜜爲體。四結歎德。如文可知。

十波罗蜜。皆为顶法。何以然者。谓以十住初心。一一度门。至佛果故。无初中后故。以从佛果起胜进故。六雨宝庄严道场神。主慧波罗蜜。慧能雨法宝故。七勇猛香眼道场神。主方便波罗蜜。此位是慈悲位故。常处生死。名为勇猛。慈眼视众生。名为香眼。以戒定慧解脱解脱知见五分法身之香。而视众生。拔苦与乐。故名香眼。八金刚彩云道场神。明第八愿波罗蜜。以为愿云覆众生故。以此位是无功用智能破邪流。号曰金刚彩云。明能同异道故。九莲华光明道场神。主力波罗蜜。是法王之位。处世如莲华。说法为光明故。十妙光照曜道场神。主智波罗蜜。以大智知根。名为妙光。知根破惑。故名照曜。已上十波罗蜜。皆禅波罗蜜为体。四结数叹德。如文可知。

第十六正心住。主般若波羅蜜爲體。十箇主城融
爲此般若波羅蜜中十波羅蜜。於中有十六行半經
十一三百一言義分爲四。一舉眾數。二寄位表法。三釋名
配行。四結數歎德。一舉眾數者。如初行是。二寄位
表法者。寄此神眾表正心住。空觀成就。明善守心
城名正心住。如善財童子十住之中第六善知識
海幢比丘是也。其在經行道側念止。寂居寂默。出
入息悉。膝出阿修羅。臍中出天身。頂上出諸佛等
以廣大身雲周遍法界教化眾生。又如十住位中明
正心住位經云。此菩薩聞十種法。心定不動。即明
正心住善守護心城。故以主城神寄表正心之住
也。二釋名配行者。所謂寶峯光曜主城神。主般若
波羅蜜中權波羅蜜明以無性妙慧廣施含生。故以
號寶峯光曜。如其山峯以至虛空相盡處故。明以
法空慧至相盡處故。以無相妙慧廣施眾生。名爲
照曜。主者空慧自在。名之爲主城者。空有自在不
與涅槃生死合散。故名之爲城。又以法慧施人。不
與情慾之漏合故。名之爲城。二妙嚴宮殿主城神。
明以慧利含生。以爲戒體。以妙慧爲宮。治人爲殿。
萬行爲嚴。又以菩薩正慧爲妙嚴。大慈大悲爲宮

第六正心住。主般若波罗蜜为体。十个主城神。为此般若波罗蜜中十波罗蜜。于中有六行半经。一百一十三言。义分为四。一举众数。二寄位表法。三释名配行。四结数叹德。一举众数者。如初行是。二寄位表法者。寄此神众。表正心住。空观成就。明善守心城。名正心住。如善财童子十住之中。第六善知识海幢比丘是也。其在经行道侧念止。端居寂默。出入息尽。膝出阿修罗。脐中出天身。顶上出诸佛等。以广大身云。周遍法界。教化众生。又如十住位中正心住位。经云。此菩萨闻十种法。心定不动。即明正心住。善守护心城故。以主城神。寄表正心之住也。三释名配行者。所谓宝峰光曜主城神。主般若波罗蜜中檀波罗蜜。明以无性妙慧。广施含生故。号宝峰光曜。如其山峰。以至虚空相尽处故。明以法空慧至相尽处故。以无相妙慧。广施众生。名为照曜。主者。空慧自在。名之为主。城者。空有自在。不与涅槃生死合散故。名之为城。又以法慧施人。不与情欲之漏合故。名之为城。二妙严宫殿主城神。明以慧利含生。以为戒体。以妙慧为宫。治人为殿。万行为严。又以菩萨正慧为妙严。大慈大悲为宫殿。心無思慮爲主城。無相妙慧任理智而知名之爲神。此以慧利爲主。以戒爲防護義。防護一切眾生爲城。三清淨喜寶主城神主慧波羅蜜中忍波羅蜜。明以法空慧而成忍。故故名清淨喜。以忍卽喜。故以法喜卽名爲寶。故明能忍爲寶也。自此下四眾神准上排位配之。經文廣大。不可一一釋之。略知法則然爾。如主道場神。主城神。主地神等。總是女神。爲明慈悲。故而實體中。非男非女。但隨事示現。

第七主地神。有七行經一百一十七言。主第七不退住方便波羅蜜中十波羅蜜。故各以十箇神名配之。此以法身爲地體。能生萬行。以理智慈悲爲神。性無所退動故。大悲如地。養萬有故。

第八主山神。有六行經九十八言。是童真住行願波羅蜜中十波羅蜜。山者不動義。高勝義。神者智體應真自在明。第八住第八行第八迴向第八地。總無功之智。不動如山。故以山神表之。其中十箇神。卽是此位中十波羅蜜行。亦名智能出世高勝如山。

第九主林神。有六行經一百一言。是法王子住。主力波羅蜜。明說法如林。廣多覆蔭。故是法師位也。

殿。心无思虑为主城。无相妙慧。任理智而知。名之为神。此以慧利为主。以戒为防护义。防护一切众生为城。三清净喜宝主城神。主慧波罗蜜中忍波罗蜜。明以法空慧而成忍故。故名清净喜。以忍即喜故。以法喜即名为宝故。明能忍为宝也。自此下四众神。准上排位配之。经文广大。不可一一释之。略知法则然尔。如主道场神。主城神。主地神等。总是女神。为明慈悲故。而实体中。非男非女。但随事示现。

第七主地神。有百二十七行经一言。主第七不退住方便波罗蜜中十波罗蜜故。各以十个神名配之。此以法身为地体。能生万行。以理智慈悲为神性。无所退动故。大悲如地。养万有故。

第八主山神。有九十六行经八言。是童真住。行愿波罗蜜中十波罗蜜。山者。不动义。高胜义。神者。智体应真自在。明第八住。第八行。第八回向。第八地。总无功之智。不动如山故。以山神表之。其中十个神。即是此位中十波罗蜜行。亦名智能出世。高胜如山。

第九主林神。有二百六十二行经言。是法王子住。主力波罗蜜。明说法如林。广多覆荫故。是法师位也。

第十主藥神。有九十五行半經五十五言 明灌頂住。主智波羅蜜。於中十箇神。主智波羅蜜中十波羅蜜。明智能知根與法藥故。第四歎德如文可知。

已上從海月光大明菩薩至此主藥神。表如來五位眾中。十住之智門百波羅蜜竟。十行之眾。如下須知。如此一部之典。一切施設。總是法門。終不唐設一事一字。總是五位之中。信修悟入之法則故。入法方便門戶。此明佛果五位。入法益生覆育之樣式故。入之者。創與智合名之爲神。亦以覆育眾生故爲神祐物也。以修行自在處如天。亦以化利諸天故。於十方三界示受天報。亦以迴向門同修羅身。入諸鬼趣。亦表自在如王。

校譌

第四紙七行 三宋板東禪板俱作四第八行數下俱有四歎德三字後第十紙十二行第三歎德者從此諸菩薩十字宋東板俱作四歎德者四字今悉改正蓋歎德屬總科第三此諸菩薩已下十五行半經是不應總科第二海月光已下七行半經中有歎德之科也此必後賢羼合筆削之誤 第七紙一行 往宋作上 九行 令北論作含 第八紙八行 位宋作住 第十一紙十三行 往調之往南北藏俱作示 第十二紙五行 執持之執北論俱作軌 第二十四紙三行 照南北宋藏俱作曜

第十主药神。有五行半经九十五言。明灌顶住。主智波罗蜜。于中一个神。主智波罗蜜中十波罗蜜。明智能知根。与法药故。第四叹德。如文可知。

已上从海月光大明菩萨。至此主药神。表如来五位众中。十住之智门。百波罗蜜竟。十行之众。如下须知。如此一部之典。一切施设。总是法门。终不唐设一事一字。总是五位之中。信修悟入之法则故。入法方便门户。此明佛果五位。入法益生覆育之样式故。入之者。创与智合。名之为神。亦以覆育众生故。为神佑物也。以修行自在处如天。亦以化利诸天故。于十方三界。示受天报。亦以回向门。同修罗身。入诸鬼趣。亦表自在如王。

大方廣佛新華嚴經論卷第十一

唐于闐國三藏沙門實叉難陀譯經

唐太原方山長者李通玄造論

第二從主稼神已下。至主晝神。此十眾神。明十行利生·法門因果者。以主稼神爲表行爲資糧故。如世間以禾稼爲資糧長養有爲之身。佛法即以十波羅蜜行爲資糧。長養法身。令使世間習氣漸微。出世習氣大慈大悲大智得辨。如資糧位。准三乘說。十信十住十行十迴向。爲道前四種資糧。初地已上。爲見道加行。爲二乘地前菩薩經一大僧祇劫。修有爲有漏行。初地見道。如此經十信之中。全信自心與十方諸佛性相大智無差別體。十住初心。以修方便三昧力見道。從初發心住。及已上諸住。總爲見道之位。十行十迴向十地。總爲加行。總爲資糧。爲資糧加行。與佛因果同進故。爲加行與佛果齊。資以普賢行用。資悲願成滿。以十住初心。所見法身理智性果。資糧普賢行。不屬人天有爲無常。從初發心住。五位進修。如來法身理智性

大方广佛新华严经论卷第十一

唐于阗国三藏沙门实叉难陀译经

唐太原方山长者李通玄造论

第三。从主稼神已下。至主昼神。此十众神。明十行利生法门因果者。以主稼神。为表行为资粮故。如世间以禾稼为资粮。长养有为之身。佛法即以十波罗蜜行为资粮。长养法身。令使世间习气渐微。出世习气大慈大悲大智得办。如资粮位。准三乘说。十信十住十行十回向。为道前四种资粮。初地已上。为见道加行。为三乘地前菩萨。经一大僧祇劫。修有为有漏行。初地见道。如此经十信之中。全信自心与十方诸佛。性相大智无差别体。十住初心。以修方便三昧力见道。从初发心住。及已上诸住。总为见道之位。十行十回向十地。总为加行。总为资粮。为资粮加行。与佛因果同进故。为加行与佛果齐资。以普贤行。用资悲愿成满。以十住初心。所见法身理智性果。资粮普贤行。不属人天有为无常。从初发心住。五位进修。如来法身理智性

果普賢行果於一眞法界之中互爲資糧闕二
俱不成即一垢一淨心悲是故以佛理智之果嚴
行以行嚴果故爲佛華嚴也是故已下十住十行
十迴向位中皆得十方諸佛與入位菩薩同號及
與智摩頂會同體智也如三乘菩薩多生他方淨
土及四禪向上別有菩薩淨土設在欲界即言以
悲願力故留惑潤生非如此經法門乘如來法界
乘從初發心住以如來大智法身性果普賢行果
普周生死動寂均平理事皆進以法界體用以治
餘習法無前卻故新舊執不如三乘別教說他方
別有淨土留惑娑婆加行即在初地位初資糧即
在十信十住十行十迴向五位既無佛果明知十
地見道未眞如此經於十信心中自信自心有十
種佛果十種世界即如金色世界妙色世界蓮華
色世界如是有十箇色世界爲十信心是有爲故
所信佛境界是色也本所事佛不動智佛無礙智
佛解脫智佛如是十箇智佛即是自心所信自心
十種智果以爲十種佛果號故畢竟證修諸佛滿
處爲成此智不異此智除此十信位中以生滅心
信十色世界十智如來至十住十行十迴向十地

果。普贤行果。于一真法界之中。互为资粮。废一二俱不成。即一垢一净心起。是故以佛理智之果严行。以行严果。故为佛华严也。是故已下十住十行十回向位中。皆得十方诸佛。与入位菩萨同号。及与智摩顶。会同体智也。如三乘菩萨。多生他方净土。及四禅向上。别有菩萨净土。设在欲界。即言以悲愿力故。留惑润生。非如此经法门。乘如来法界乘。从初发心住。以如来大智法身性果。普贤行果。普周生死。动寂均平。理事普进。以法界体用。以治余习。法无前却故新等执。不如三乘别教。说他方别有净土。留惑娑婆。加行即在初地位初。资粮即在十信十住十行十回向。五位既无佛果。明知十地见道未真。如此经于十信心中。自信自心。有十种佛果。十种世界。即如金色世界。妙色世界。莲华色世界。如是有十个色世界。为十信心。是有为故。所信佛境界是色也。本所事佛。不动智佛。无碍智佛。解脱智佛。如是十个智佛。即是自心。所信自心。十种智果。以为十种佛果号故。毕竟证修诸佛满处。为成此智。不异此智。除此十信位中。以生灭心。信十色世界。十智如来。至十住十行十回向十地等覺十一地總有五十箇因果皆以普賢行爲因以如來法身理智性爲果或更互參之以相資發以此一種因果五位之中共有一百重佛因果進取本五位上各有五重因五重果總爲一百一十重因果如十住位中佛因果者即因陀羅華世界波頭摩華世界寶華世界佛號殊特月佛無盡月佛不動月佛如是十華世界十箇同號月佛以爲佛果法慧菩薩等十箇慧菩薩以爲普賢行修行之因爲此十住以入方便三昧力眞證法身妙慧即世界名華以華開敷現果故所現佛果皆號之爲月者爲明十住之中創見法身妙慧現前無煩惱熱得佛法身清涼如月故以所見道除惑處爲作佛名以心開悟處而爲世界如因陀羅華者此云能主華也明初發心住生在佛家能爲眾生設法主故波頭摩華者赤蓮華也明治地住進修增勝赫弈開敷可觀之義總是以隨位人道處因果爲佛及國土世界菩薩之名皆非外有總明自行所行也如十行位中十箇慧世界十箇佛號皆名之爲眼以爲其佛果功德林等十林菩薩以爲其行行之因以入十迴向十地如經可知至位方明

等觉十一地。总有五十个因果。皆以普贤行为因。以如来法身理智性为果。或更互参之。以相资发。以此二种因果。五位之中。共有一百重佛因果。通取本五位上。各有五重因。五重果。总为一百一十重因果。如十住位中佛因果者。即因陀罗华世界。波头摩华世界。宝华世界。佛号殊特月佛。无尽月佛。不动月佛。如是十华世界。十个同号月佛。以为佛果。法慧菩萨等。十个慧菩萨。以为普贤行修行之因。为此十住。以入方便三昧力。真证法身妙慧。即世界名华。以华开敷现果故。所现佛果。皆号之为月者。为明十住之中。创见法身。妙慧现前。无烦恼热。得佛法身。清凉如月故。以所见道除惑处。为作佛名。以心开悟处。而为世界。如因陀罗华者。此云能主华也。明初发心住。生在佛家。能为众生设法主故。波头摩华者。赤莲华也。明治地住进修增胜。赫弈开敷可观之义。总是以随位入道处因果。为佛及国土世界菩萨之名。皆非外有。总明自行所行也。如十行位中。十个慧世界。十个佛号。皆名之为眼。以为其佛果。功德林等十林菩萨。以为其行行之因。以次十回向十地。如经可知。至位方明。

大要言之以當位十佛爲本位之果當位十菩薩爲當位修行之因如此初會中以如來爲當五位之果普賢菩薩及諸神天等爲五位修行之因又普賢菩薩及諸神天等以毗盧遮那根本智爲起修行本因以自己修行之身爲佛差別智果故爲以佛性智果爲因以現修之身即理智之性果故互爲因果互爲體用是故神天歎德中先歎佛德次歎自己與佛同智同德也此爲入法之樣令諸學者迷即凡悟即佛故以智悲齊進也如善財童子十行初位中歡喜行善知識所居之國名爲三眼還同十行菩薩所居世界名爲親慧世界幢慧世界寶慧世界等十慧世界也如三眼者一摩訶般若二解脫三法身亦以智眼慧眼法眼爲三眼故如世∴字如摩醯首羅天王面上三目故爲一切佛法不離此大智大慧法身故此十慧世界義通此三眼以是善財十行之中初善知識國名三眼比丘名善見即同十行之位佛號常住眼佛無勝眼佛名爲善見者具三眼也爲十行之中以智眼知衆生根而同行故佛號爲眼善知識名善見目髮紺青皮膚金色圓光一尋相好如佛者明十

大要言之。以当位十佛。为本位之果。当位十菩萨。为当位修行之因。如此初会中。以如来为当五位之果。普贤菩萨。及诸神天等。为五位修行之因。又普贤菩萨。及诸神天等。以毗卢遮那根本智。为起修行本因。以自己修行之身。为佛差别智果故。为以佛性智果为因。以现修之身。即理智之性果故。互为因果。互为体用。是故神天叹德中。先叹佛德。次叹自己与佛同智同德也。此为入法之样。令诸学者。迷即凡。悟即佛故。以智悲齐进也。如善财童子。十行初位中。欢喜行善知识所居之国。名为三眼。还同十行菩萨所居世界。名为亲慧世界。幢慧世界。宝慧世界等。十慧世界也。如三眼者。一摩诃般若。二解脱。三法身。亦以智眼慧眼法眼。为三眼故。如世∴字。如摩醯首罗天王面上三目故。为一切佛法。不离此大智大慧法身故。此十慧世界义。通此三眼。以是善财十行之中。初善知识。国名三眼。比丘名善见。即同十行之位。佛号常住眼佛。无胜眼佛。名为善见者。具三眼也。为十行之中。以智眼知众生根。而同行故。佛号为眼。善知识名善见。目发绀青。皮肤金色。圆光一寻。相好如佛者。明十行中。所行三眼行。因果卽佛也。在林中經行者。明萬行稠林。覆蔭衆生故。還如十行位中。菩薩號功德林慧林勝林等。十林菩薩也。善財十行中知識。卽以比丘爲十行位中之行。處林中經行。如下文中。以功德林等十林菩薩爲所行。今此初會中。卽以主稼神。爲佛果十行資糧。資糧衆生入佛位故。資糧見道菩薩長大悲故。如此初會佛果五位。與第二三會已後。諸菩薩進修五位。及善財童子示行五位。前後相參。體勢相似。總明佛果普賢行果。體用相資。始終不異。以是義故。五位中。五十種資糧。五十種佛果。互爲主伴。互爲因果。互爲體用。以如來理智性果。常資普賢行。使令無染。普賢行常資如來性果。使得圓滿悲智。墮一邊。一切不成。所有行門。卽是人天因果。設得出世。卽是聲聞二乘。及出世淨土菩薩。及習感潤生等。此非是法爾理智。世及出世大悲動靜染淨自在圓融故。如此十行。與佛果資糧。猶如菓瓜。果華同出。華果相資。以無功而爲自在也。法爾理智行周故。

行中。所行三眼行。因果即佛也。在林中经行者。明万行稠林。覆荫众生故。还如十行位中。菩萨号功德林慧林胜林等。十林菩萨也。善财十行中知识。即以比丘。为十行位中之行。处林中经行。如下文中。以功德林等十林菩萨为所行。今此初会中。即以主稼神。为佛果十行资粮。资粮众生入佛位故。资粮见道菩萨长大悲故。如此初会佛果五位。与第二三会已后。诸菩萨进修五位。及善财童子示行五位。前后相参。体势相似。总明佛果普贤行果。体用相资。始终不异。以是义故。五位中。五十种资粮。五十种佛果。互为主伴。互为因果。互为体用。以如来理智性果。常资普贤行。使令无染。普贤行常资如来性果。使得圆满悲智。废一边。一切不成。所有行门。即是人天因果。设得出世。即是声闻二乘。及出世净土菩萨。及留惑润生等。此非是法尔理智。世及出世大悲。动静染净。自在圆融故。如此十行。与佛果资粮。犹如黄瓜。果华同出。华果相资。以无功而为自在也。法尔理智行周故。

於此主稼神一段文中，有九十八行言義，分為四。一舉其眾數。二寄位表法。三釋名配行。四結數歎德。一舉眾數者，如初行一句是。二寄位表法者，以主稼神表資糧位中十行位也。三釋名配行者，所謂柔軟勝味主稼神者，主歡喜行中檀波羅蜜。於此檀中有二義：一法檀，二事檀。法檀者，見來求法者歡喜無厭，故名柔軟勝味，以法味資人，令心調伏故。二事檀者，即主稼神是，后稷神之流也，以神祐五穀令生勝味，資益含生，故遍十方世界，隨處異名。二時華淨光主稼神者，即是歡喜行檀波羅蜜中戒波羅蜜，知根同行，號曰時華，令得性戒開敷，名之淨光，亦是世間五穀之華，依時祐之，令光淨開敷故。三色力勇健主稼神，明檀波羅蜜中忍波羅蜜，明法忍功成，名為勇健，隨忍成果，故得色力嚴身，諸力之中風力為最，諸行之內忍力為最，八風不能動故，以能隨行成忍，故名勇健。如善財十行中第三行具足優婆夷是其行，以明忍為諸于此主稼神一段文中。有九十六行经八言。义分为四。一举其众数。二寄位表法。三释名配行。四结数叹德。一举众数者。如初行一句是。二寄位表法者。以主稼神。表资粮位中十行位也。三释名配行者。所谓柔软胜味主稼神者。主欢喜行中檀波罗蜜。于此檀中有二义。一法檀。二事檀。一法檀者。见来求法者。欢善无厌故。名柔软胜味。以法味资人。令心调伏故。二事檀者。即主稼神。是后稷神之流也。以神佑五谷。令生胜味。资益含生故。遍十方世界。随处异名。二时华净光主稼神者。即是欢喜行檀波罗蜜中戒波罗蜜。知根同行。号曰时华。令得性戒开敷。名之净光。亦是世间五谷之华。依时佑之。令光净开敷故。三色力勇健主稼神。明檀波罗蜜中忍波罗蜜。明法忍功成。名为勇健。随忍成果。故得色力严身。诸力之中。风力为最。诸行之内。忍力为最。八风不能动故。以能随行成忍。故名勇健。如善财十行中第三行。具足优婆夷。是其行。以明忍为诸

行中果故故名具足四增長精氣主稼神主檀波
羅蜜中精進波羅蜜以精進力資糧法力大慈大
悲力處生死海敎化衆生而無勞倦自無所求故
名增長精氣主稼神表無精進力卽諸行不成故
五普生根果主稼神主檀波羅蜜中禪波羅蜜以
法性爲禪出生萬行理智妙慧名普生根果以法
性理禪生智慧萬行故卽根卽果以明根從果生
本末無異故如佛果普賢行果互相資故明從果
生根以根資果六妙嚴環髻主稼神主檀波羅蜜
中慧波羅蜜明以妙慧嚴行行復嚴慧行慧互嚴
將用利生以招依果以環其髻用嚴其首此是垂
髻如環明解行圓滿故七潤澤淨華主稼神主檀
波羅蜜中方便波羅蜜此位明成就大悲故爲潤
澤淨華利他行故令他解行法開敷故此爲檀波
羅蜜中方便門成大慈悲故八成就妙香主稼神
主檀波羅蜜中願波羅蜜十行第八位中同於八
地智無功用五分法身香悉成就故又以淨智知
根依根設敎用成戒定慧之妙香故九見者愛樂
主稼神主檀波羅蜜中力波羅蜜明法師位成說
法利生見聞法者皆愛樂故十離垢淨光主稼神

行中果故。故名具足。四增长精气主稼神。主檀波罗蜜中精进波罗蜜。以精进力。资粮法力。大慈大悲力。处生死海。教化众生。而无劳倦。自无所求故名增长精气主稼神。表无精进力。即诸行不成故。五普生根果主稼神。主檀波罗蜜中禅波罗蜜。以法性为禅。出生万行理智妙慧。名普生根果。以法性理禅。生智慧万行故。即根即果。以明根从果生本末无异故。如佛果普贤行果。互相资故。明从果生根。以根资果。六妙严环髻主稼神。主檀波罗蜜中慧波罗蜜。明以妙慧严行。行复严慧。行慧互严。将用利生。以招依果。以环其髻。用严其首。此是垂髻如环。明解行圆满故。七润泽净华主稼神。主檀波罗蜜中方便波罗蜜。此位明成就大悲故。为润泽净华。利他行故。令他解行法开敷故。此为檀波罗蜜中方便门。成大慈悲故。八成就妙香主稼神。主檀波罗蜜中愿波罗蜜。十行第八位中。同于八地。智无功用。五分法身香。悉成就故。又以净智知根。依根设教。用成戒定慧之妙香故。九见者爱乐主稼神。主檀波罗蜜中力波罗蜜。明法师位成。说法利生。见闻法者。皆爱乐故。十离垢净光主稼神。

主檀波羅蜜中智波羅蜜以智能離自他垢故。諸法灌頂同十住十地中灌頂位也。四結數歎德。如文可知。已上十箇主稼神。總是歡喜行中檀波羅蜜中十波羅蜜資糧從行成號。已下例然。法則如上。

第二十箇主河神。有六行經九十八言是饒益行行戒波羅蜜中十波羅蜜。第一普發迅流主河神。明十行中戒波羅蜜中檀波羅蜜。若以其事如此孟母是也。如善財童子。饒益行中善知識。於河渚中。一萬童子。釋天為首。聚沙為戲。以河為行。主戒體明饒益故。此初會中。河神為戒體。前後相似。普發迅流明應一乘之種。第二普潔泉澗主河神。明應三乘及人天等善法。主十行中戒波羅蜜中戒波羅蜜。已下諸神依行位名號。以名下義。如前配之可知。如十行中戒體者。如釋天童子。以算數法。相應子法。五行陰陽。以利人之巧術。以為十行之中戒體。故名普潔泉澗義。若不如是。行不滿故。明人天及三乘總化。以巧術利生。是普潔義。

第三主海神。有六行經一百二言明無違逆行。明忍波羅主檀波罗蜜中智波罗蜜。以智能离自他垢故。诸法灌顶。同十住十地中灌顶位也。四结数叹德。如文可知。已上十个主稼神。总是欢喜行中檀波罗蜜中十波罗蜜资粮。从行成号。已下例然。法则如上。

第二十个主河神。有九十六行经八言。是饶益行行戒波罗蜜中十波罗蜜。第一普发迅流主河神。明十行中戒波罗蜜中檀波罗蜜。若以其事。如此孟母是也。如善财童子。饶益行中善知识。于河渚中。一万童子。释天为首。聚沙为戏。以河为行。主戒体。明饶益故。此初会中。河神为戒体。前后相似。普发迅流。明应一乘之种。第二普洁泉涧主河神。明应三乘及人天等善法。主十行中戒波罗蜜中戒波罗蜜。已下诸神。依行位名号。以名下义。如前配之可知。如十行中戒体者。如释天童子。以算数法。相黡子法。五行阴阳。以利人之巧术。以为十行之中戒体故。名普洁泉涧义。若不如是。行行不满故。明人天及三乘总化。以巧术利生。是普洁义。

第三主海神。有一百六行经二言。明无违逆行。明忍波罗蜜。如海能納眾流。是無違逆也。主忍波羅蜜有十箇海神。即明忍波羅蜜中十波羅蜜也。各隨名下義。如前配之。大意此十行中忍以法性大悲以為忍體。是故如海合潤處其下流。能容一切無明高慢生死之流。皆為法流而無妨礙。故名無違逆行。如善財童子無違逆行中善知識南方有城名曰海住。有優婆夷名具足。素服莊嚴者慈忍之貌具足成忍無行不周。故名具足。海神者女神。明慈悲柔輭處行能忍其心如海。福智具足饒益眾生。是故忍為萬行中果也。能容眾流。

第四主水神。有六行經一百一十二言明無厭捲行。主精進波羅蜜。為明水體能淨諸垢。以明此位菩薩以法性之水常勤精進教化眾生。一一知根而益而無厭捲其心。如水潤生隨物而益。各得其所而無厭捲。

蜜。如海能纳众流。是无违逆也。主忍波罗蜜。有十个海神。即明忍波罗蜜中十波罗蜜也。各随名下义。如前配之。大意此十行中忍。以法性大悲。以为忍体。是故如海含润。处其下流。能容一切无明高慢生死之流。皆为法流。而无妨碍。故名无违逆行。如善财童子。无违逆行中善知识。南方有城。名曰海住。有优婆夷名具足。素服垂发者。慈忍之貌。具足成忍。无行不周。故名具足。海神者女神。明慈悲柔软处行能忍。其心如海。福智具足。饶益众生。是故忍为万行中果也。能容众流 。

第四主水神。有六行经一百二言。明无屈挠行。主精进波罗蜜。为明水体能净诸垢。以明此位菩萨。以法性之水。常勤精进。教化众生。一一知根而益。而无屈挠其心。如水润生。随物而益。各得其所。而无屈挠。

於中十箇水神即是精進波羅蜜中十波羅蜜明其萬行如水同事潤生各各隨名下義配之常以十行中精進爲體如十住中精進門樂勤觀法性爲體此十行中以精進門處世益生以行潤物爲體位位中各隨當位主行爲體餘九於主忍行體上作別不得一向解故即體意不當如十迴向中精進波羅蜜圓融理智大悲使令均平自在如是五位得一即五位俱行齊等以慣習生熟須有次第雖立次第以法界智體而無前卻是無前後中次第是一性無差別中同異不可以情作前卻解也以寶而論初發心住中如一滴之水入大海水中總同海體諸龍魚寶藏咸在其中爲教化衆生故教綱差別方法不可不具以名言竹帛著錄即似如前後義生體道者明鑒即加持寶鏡普臨萬象十地即明使慣習功成淨疑位中即明自在行周法界若但直十住一位但明見道初功又安十行修行但有出世心勝加十迴向興大願雲使令悲智萬行圓滿十地但蘊功成德使令慣習須成十一地人俗自在行周任法饒益明張教綱學者有所歸依若不如斯發心者何措

于中十个水神。即是精进波罗蜜中十波罗蜜。明其万行如水。同事润生。各各随名下义配之。常以十行中精进为体。如十住中精进门。乐勤观法性为体。此十行中。以精进门。处世益生。以行润物为体。位位中各随当位主行为体。余九于主忍行体上作别。不得一向解故。即体意不当。如十回向中精进波罗蜜。圆融理智大悲。使令均平自在。如是五位。得一即五位俱有齐等。以惯习生熟须有次第。虽立次第。以法界智体。而无前却。是无前后中次第。是一性无差别中同异。不可以情作前却解也。以实而论。初发心住中。如一滴之水入大海水中。总同海体。诸龙鱼宝藏咸在其中。为教化众生故。教网筌罬方法不可不具。以名言竹帛著篆。即似如前后义生。体道者。明鉴即如持宝镜普临万象。十地即明使惯习功成。等觉位中。即明自在行周法界。若但置十住一位。但明见道初功。又安十行修行。但有出世心胜。加十回向兴大愿云。使令悲智万行圆满。十地但蕴功成德。使令惯习。须成十一地。入俗自在行周。任法饶益。明张教网。学者有所归依。若不如斯。发心者何措 。

第五主火神。有一百六十行言遷明無癡亂行。主神波羅蜜。於中十神。明一神波羅蜜中十波羅蜜。皆以十行位。神爲行體。即明普智照而恆寂。故即以火神爲定。體即寂而常照。即事而常理。悲智照用而無礙故。以火神爲定體。若其世間事也。即南方爲神。是也。若其人也。是其心也。爲法心。故若其法也。是虛無之智也。若外事。是其日也。若在其身也。是其目也。若在方法也。爲中道。爲正。爲明。爲虛無。爲智。照萬有。爲普光明殿。是文神。故善財童子南行意者。爲若此也。明無凝亂行。以火神能破暗。故不迷惑故。無暗障。故此一段約用而爲定也。

第五主火神。有一百六十行经。明无痴乱行。主禅波罗蜜。于中十神。明禅波罗蜜中十波罗蜜。皆以十行位禅为行体。即明普智照而恒寂故。即以火神为定体。即寂而常照。即事而常理。悲智照用而无碍故。以火神为定体。若其世间事也。即南方离神是也。若其人也。是其心也。离法心故。若其法也。是虚无之智也。若外事。是其日也。若在其身也。是其目也。若此方法也。为中道。为正明。明为虚无。为智照万有。为普光明殿。是女神故。善财童子南行意者。为若此也。明无痴乱行。以火神。能破暗故。不迷惑故。无暗障故。此一段约用而为定也。

第六主風神（有六行經九十八言）明善現行以般若波羅蜜爲體十箇風神明智慧波羅蜜中十波羅蜜也若世間也卽辰巳之間巽神也是女神故爲法則也爲言說爲教令如周易乾四世卦巽上坤下曰觀易云風行地上可以觀象君子設政教而衆人從之而法之可以觀以是義故巽爲風教明第六波羅蜜智慧功成善現言教教化衆生此名善現行也又辰巳之間如來取之爲齋戒法則明吉凶之際成善之終至午卽萬法爲正也上值角宿角爲天門主僧尼道士在其中明是設教令成衆善之門也一切風化皆從此起象以口爲天門吐納風氣成政教故以智爲神又敷華發果發生一切能持世界能成能壞故名善現行也此經下文云如海有四種風一名積集能集衆寶明大圓鏡智二名能成能成衆寶明成所作智三名揀擇能揀衆寶明妙觀察智四名能散能散衆寶明平等性智是故以四智爲風神能現法自在故以風神爲表善現行故爲此第六智慧法以智慧風神善現

第六主风神。有九十六行经八言。明善现行。以般若波罗蜜为体。十个风神。明智慧波罗蜜中十波罗蜜也。若世间也。即辰巳之间巽神也。是女神故。为法则也。为言说。为教令。如周易乾四世卦。巽上坤下曰观。易云风行地上。可以观象。君子设政教。而众人从之。而法之可以观。以是义故。巽为风教。明第六波罗蜜。智慧功成。善现言教。教化众生。此名善现行也。又辰巳之间。如来取之为斋戒法则。明吉凶之际。成善之终。至午即万法为正也。上值角宿。角为天门。主僧尼道士在其中。明是设教。令成众善之门也。一切风化。皆从此起。象以口。为天门。吐纳风气。成正教故。以智为神。又敷华发果。发生一切。能持世界。能成能坏。故名善现行也。此经下文云。如海有四种风。一名积集。能集众宝。明大圆镜智。二名能成。能成众宝。明成所作智。三名拣择。能拣众宝。明妙观察智。四名能散。能散众宝。明平等性智。是故以四智为风神。能现法自在故。以风神为表善现行故。为此第六智慧法。以智慧风神。善现一切法行悉皆自在故如十信位中第六信位佛果配在東南方佛號究竟智爲東南方是巽以巽爲風神又易云巽爲言說以借物表法將風神明智慧能善現衆法故方者法也以取其法大象無方也

第七主空神有六行經九十八言明無著行主方便波羅蜜成大悲門以法空起行教化攝取一切衆生故名方便故名無著行於中衆神明方便波羅蜜中十波羅蜜以一切法空爲體以智爲神故無所著以一切法空能生悲智故即萬行無著

第八主方神有六行經一百六十六言明難得行爲智用無功功難成故主願波羅蜜爲智體性淨以願防之念其本願引智起行令行周徧使令不住涅槃不住生死於中十箇神明願波羅蜜中十波羅蜜方者法也以第八行大智成就以智設法饒益衆生此是大智爲神總以震坎兌离四維上下正方之神都舉明無功之智圓攝故

一切法行。悉皆自在故。如十信位中第六信位。佛果配在东南方。佛号究竟智。为东南方是巽。以巽为风神。又易云。巽为言说。以借物表法。将风神明智慧。能善现众法故。方者法也。以取其法。大象无方也。

第七主空神。有六行经九十八言。明无著行。主方便波罗蜜。成大悲门。以法空起行。教化摄取一切众生。故名方便。故名无著行。于中众神。明方便波罗蜜中十波罗蜜。以一切法空为体。以智为神。故无所著。以一切法空能生悲智故。即万行无著。

第八主方神。有六行经一百六言。明难得行。为智用无功功难成故。主愿波罗蜜。为智体性净。以愿防之。念其本愿。引智起行。令行周遍。使令不住涅槃。不住生死。于中十个神。明愿波罗蜜中十波罗蜜。方者法也。以第八行。大智成就。以智设法。饶益众生。此是大智为神。总以震坎兑离四维上下正方之神都举。明无功之智圆摄故。

第九主夜神。有六行經九十八言明善法行主力波羅蜜。法力已成法王功辦。常處生死長夜以法照明世間。故名善法行。於中十神主力波羅蜜中十波羅蜜。是女神也。此爲善財童子十地中知識故。以明此位行體徹十地法故。

第十主晝神。有六行經一百六言明眞實行。主智波羅蜜。於中十神明智波羅蜜中十波羅蜜。以智日恆明名爲主晝。智無爲而應萬有稱之爲神。歎德中俱其精勤嚴飾宮殿者。以智普周教化衆生。成法宮殿。悲爲宮智爲殿。成就衆生悲智宮殿展轉相益故。已上明十行位竟。

第四從阿修羅王至日天子。於中有十衆。用表十迴向。何以然者。爲阿修羅居大海中不沒其身。表十迴向圓融眞俗常處生死大海不沒其身。前之十住十行。但修出世悲智。心增加以迴向迴眞入俗。以成處世悲智圓滿。故以阿修羅等十衆。以表十迴向處大海而不溺。表此位菩薩以大悲心得眞不證知眞同俗處俗無染利生自在。

第九主夜神。有六行经九十八言。明善法行。主力波罗蜜。法力已成法王功办。常处生死长夜。以法照明世间。故名善法行。于中十神。主力波罗蜜中十波罗蜜。是女神也。此为善财童子十地中知识故。以明此位行体。彻十地法故 。

第十主昼神。有六行经一百六言。明真实行。主智波罗蜜。于中十神。明智波罗蜜中十波罗蜜。以智日恒明名为主昼。智无为而应万有。称之为神。叹德中。俱共精勤严饰宫殿者。以智普周。教化众生。成法宫殿。悲为宫。智为殿。成就众生悲智宫殿。展转相益故。已上明十行位竟 。

第四从阿修罗王。至日天子。于中有十众。用表十回向。何以然者。为阿修罗居大海中。不没其身。表十回向。圆融真俗。常处生死大海。不没其身。前之十住十行。但修出世悲智心增。加以回向。回真入俗。以成处世悲智圆满。故以阿修罗等十众。以表十回向。处大海而不溺。表此位菩萨。以大悲心。得真不证。知真同俗。处俗无染。利生自在 。

第一從初一眾阿修羅王有六行經一百八言義分爲四一舉眾數二寄位表法三釋名配行四結數歎德一舉眾數者如初一行是二寄位表法者寄阿修羅位表救護一切眾生離眾生相迴向爲明此初迴向如阿修羅雖處大海而海水不沒雖同天趣無天妙樂故如此位菩薩處於生死無生死中五次樂雖處涅槃無涅槃中寂滅之樂故名救護眾生離眾生相迴向又如法界品云成就如來高出世間阿修羅王又王者自在義明此位菩薩於涅槃生死中得自在故又阿修羅亦云阿素羅阿之言無素云遊故又云妙又羅云戲如婆沙論釋爲非天也雖天趣攝爲多諂詐而無天妙樂像此位菩薩行大悲方便萬行似如諂詐似如生死無有人天五欲樂無常住涅槃出世寂滅之樂主十迴向中檀波羅蜜門舊名不須此舊翻謬矣或云毗摩之母以本從卵生故故名劣天如阿含經云劫初成時光音天來入海中洗浴水觸其身失精在

第一。从初一众阿修罗王。有二六百行八经言。义分为四。一举众数。二寄位表法。三释名配行。四结数叹德。一举众数者。如初一行是。二寄位表法者。寄阿修罗位。表救护一切众生离众生相回向。为明此初回向。如阿修罗。虽处大海。而海水不没。虽同天趣。无天妙乐故。如此位菩萨。处于生死。无生死中五欲乐。虽处涅槃。无涅槃中寂灭之乐故。名救护众生离众生相回向。又如法界品云。成就如来高出世间阿修罗王。又王者自在义。明此位菩萨。于涅槃生死中。得自在故。又阿修罗。亦云阿素罗。阿之言无。素云游故。又云妙。又罗云戏。如婆沙论释。为非天也。虽天趣摄。为多谄诈。而无天妙乐。像此位菩萨。行大悲方便万行。似如谄诈。似如生死。无有人天五欲乐。无常住涅槃出世寂灭之乐。主十回向中檀波罗蜜门。旧名不须此。旧翻谬矣。或云。毗摩之母。以本从卵生故。故名劣天。如阿含经云。劫初成时。光音天来入海中洗浴。水触其身。失精在

水還成肉卵經八千歲乃生一女身若須彌山有
九百九十頭頭有千眼有九百九十口口有四牙
牙上出火猶如霹靂一十四手九百九十脚在海
浮戲水精入身生一肉卵經八千歲生毗摩質多
身有九頭頭有千眼口中出水有九百九十手有
八脚其形四倍大於須彌山純食淤泥及以藕根
又與天諍廣如正法念經說然阿修羅住處有五
一地上眾寶山中二云在須彌山北下入大海二
萬一千由旬有阿修羅王名羅睺此云障礙能以
手障日月明領無量眾三從此更下二萬一千由
旬有阿修羅王名勇健亦領多眾四復過二萬一
千由旬有阿修羅王名華鬘亦領諸眾第五復過
是數名毗摩質多羅此名鑿高是舍脂父舍脂是
天帝釋后父身如須彌山與天帝釋鬪戰時發自
海中揚聲大叫云我是毗摩質多我是毗摩質多
時閻浮提山岳一時震動亦名究居謂彼中有光
明城於中住故或天趣攝已上佛地論依毗曇鬼
趣攝又毗摩質多羅此云種種事又毗摩者此云
偏空質多羅云種種嚴儀言此修羅與帝釋戰時
嚴備種種軍仗之儀空中而列皆云鑿高又曰究

水。还成肉卵。经八千岁。乃生一女。身若须弥山。有九百九十头。头有千眼。有九百九十口。口有四牙。牙上出火。犹如霹雳。一十四手。九百九十脚。在海浮戏。水精入身。生一肉卵。经八千岁。生毗摩质多。身有九头。头有千眼。口中出水。有九百九十手。有八脚。其形四倍大于须弥山。纯食淤泥。及以藕根。又与天诤。广如正法念经说。然阿修罗住处有五。一地上众宝山中。二云在须弥山北。下入大海二万一千由旬。有阿修罗王。名罗睺。此云障碍。能以手障日月明。领无量众。三从此更下二万一千由旬。有阿修罗王。名勇健。亦领多众。四复过二万一千由旬。有阿修罗王。名华鬘。亦领诸众。第五复过是数。名毗摩质多罗。此云响高。是舍脂父。舍脂是天帝释后。父身如须弥山。与天帝释斗战时。发自海中。扬声大叫云。我是毗摩质多。我是毗摩质多。时阎浮提山岳。一时震动。亦名宂居。谓彼中有光明城。于中住故。或天趣摄。已上佛地论。依毗昙。鬼趣摄。又毗摩质多罗。此云种种事。又毗摩者。此云遍空。质多罗。云种种严仪。言此修罗与帝释战时。严备种种军仗之仪。遍空而列。旧云响高。又曰宂居者非。此依唐朝禮法師等翻。是第四惡趣攝。如經中十種阿修羅王表位進修中。以明菩薩大悲徹下。如居大海而得其底身出大海明菩薩不沒惡道。能離自憍慢故以真攝俗真俗圓融處苦海而恆出寄其此位表迴向法門。三釋名配行者。一羅睺阿修羅王。明十迴向中檀波羅蜜中檀波羅蜜門故。此迴向中十波羅蜜以事表法中。取阿修羅明此十迴向純以大悲大願以爲十度之體無自求益之心。似彼修羅所居徹下。其身處海徹上出身之半總明託事表法令易解故似大悲門用彰此位中。一一度門純以大智大悲大願徹真俗爲體。如羅睺者此云能障明此位菩薩以大悲心入生死趣顯大法空障諸惡趣故。二毗摩質多阿修羅王者。明檀波羅蜜中戒波羅蜜毗摩質多者此云響高明以大悲大願音聲誓度三界六道故以悲願爲戒體王者自在義處苦海中沈浮自在故。三巧幻術阿修羅王者明忍波羅蜜。明此位菩薩雖居生死大海常得如幻忍故。四大眷屬阿修羅王者。主精進波羅蜜。明以萬行攝眾生徧故。五大力阿修羅王者明以法性大禪定力。在苦海而居者非。此依唐朝礼法师等翻。是第四恶趣摄。如经中十种阿修罗王。表位进修中。以明菩萨大悲彻下。如居大海而得其底。身出大海。明菩萨不没恶道。能离自骄慢故。以真摄俗。真俗圆融。处苦海而恒出。寄其此位。表回向法门。三释名配行者。一罗睺阿修罗王。明十回向中檀波罗蜜。中檀波罗蜜门故。此回向中十波罗蜜。以事表法中取阿修罗。明此十回向。纯以大悲十愿。以为十度之体。无自求益之心。似彼修罗所居彻下。其身处海彻上。出身之半。总明托事表法。令易解故。似大悲门。用彰此位中。一一度门纯以大智大悲大愿。彻真俗为体。如罗睺者。此云能障。明此位菩萨。以大悲心。入生死趣。显大法空。障诸恶趣故。二毗摩质多阿修罗王者。明檀波罗蜜中戒波罗蜜。毗摩质多者。此云响高。明以大悲大愿音声。普度三界六道故。以悲愿为戒体。王者自在义。处苦海中。沉浮自在故。三巧幻术阿修罗王者。明忍波罗蜜。明此位菩萨。虽居生死大海。常得如幻忍故。四大眷属阿修罗王者。主精进波罗蜜。明以万行摄众生遍故。五大力阿修罗王者。明以法性大禅定力。在苦海而無苦故。六徧照阿修羅王者。明慧光攝化衆生徧故。七堅固行妙莊嚴阿修羅王者。明大悲方便爲嚴故。八廣大因慧阿修羅王者。以智慧增明。以本願利生爲因。爲在第八位中。得智增明。皆須念初發心時大願爲因故。令度衆生故。九出現勝德阿修羅王者。明法師位成力波羅蜜。十妙好音聲阿修羅王者。明智位成就妙音善說法故。四結數歎德。如文可知。已上十波羅蜜皆是知眞處俗融會大悲性中十波羅蜜。如是十度以大悲爲體。故託事顯法在於阿修羅。喻菩薩處生死海而得其底。而恆不沒生死海中。是故下文成就如來高出世間阿修羅王。又十住十行。但明達智應眞號之爲神。十迴向十地皆以十王表之。明以慣習增長自在故。自餘廣意至十迴向品方明。

无苦故。六遍照阿修罗王者。明慧光摄化众生遍故。七坚固行妙庄严阿修罗王者。明大悲方便为严故。八广大因慧阿修罗王者。以智慧增明。以本愿利生为因。为在第八位中。得智增明。皆须念初发心时。大愿为因故。令度众生故。九出现胜德阿修罗王者。明法师位成。力波罗蜜。十妙好音声阿修罗王者。明智位成就妙音。善说法故。四结数叹德。如文可知。已上十波罗蜜。皆是知真处俗。融会大悲性中十波罗蜜。如是十度。以大悲为体。故托事现法。在于阿修罗。喻菩萨处生死海。而得其底。而恒不没生死海中。是故下文成就如来高出世间阿修罗王。又十住十行。但明达智应真。号之为神。十回向十地。皆以十王表之。明以惯习增长自在故。自余广意。至十回向品方明。

第二有七行經一百二十二言明不壞迴向為明以眞理智
而同纏利生成大悲戒為達俗性眞眞俗不二故
法華經名妙法蓮華者是其義也此經名大方廣
佛華嚴者亦其義也以理智大悲法界自體清淨
覺而興萬行故號佛華嚴經明菩薩以法性大智
大悲不捨世流同事名之為水具普賢行名之蓮
華以覺行同資名為妙法故名不壞迴向眞性無
虧同流入俗名為不壞明無性菩提無依住智自
在故今以迦樓羅王託事顯之是金翅鳥也於此
一段文中義分為四一舉眾數二寄位表法三釋
名配行四結數歎德一舉眾數者如初行可知二
寄位表法者託事寄迦樓羅王位明於大海上以
清淨目觀命盡之龍而以兩翼而搏取之明勉濟
義如法界品云恆願拔濟眾生出諸有海迦樓羅
王此云金翅鳥王顯十迴向菩薩常於生死大海
之上以法空清淨智目觀有根熟眾生而以止觀
兩翼而搏取之安置自性清淨涅槃之岸此止觀
以法性為止體以自性無性智為觀體非能觀所
觀而有二事主戒波羅蜜戒淨故猶如大海不宿

第二。有七行经一百二十二言。明不坏回向。为明以真理智。而同缠利生。成大悲戒。为达俗性真。真俗不二故。法华经。名妙法莲华者。是其义也。此经名大方广佛华严者。亦其义也。以理智大悲。法界自体清净觉。而兴万行故。号佛华严经。明菩萨以法性大智大悲。不舍世流同事。名之为水。具普贤行。名之莲华。以觉行同资。名为妙法。故名不坏回向。真性无亏。同流入俗。名为不坏。明无性菩提无依住智自在故。今以迦楼罗王。托事现之。是金翅鸟也。于此一段文中。义分为四。一举众数。二寄位表法。三释名配行。四结数叹德。一举众数者。如初行可知。二寄位表法者。托事寄迦楼罗王位。明于大海上。以清净目。观命尽之龙。而以两翼而搏取之。明勉济义。如法界品云。恒愿拔济众生出诸有海。迦楼罗王。此云金翅鸟王。显十回向菩萨。常于生死大海之上。以法空清净智目。观有根熟众生。而以止观两翼而搏取之。安置自性清净涅槃之岸。此止观。以法性为止体。以自性无性智为观体。非能观所观而有二事。主戒波罗蜜。戒净故。犹如大海不宿

死屍。明大悲大智戒不脩人天及三乘染淨一見
之死屍故此金翅鳥兩翼相去三百三十六萬里
三釋名配行者。大速疾力迦樓羅王。明戒波羅蜜
中檀波羅蜜明此位菩薩以性起大悲入生死海
度根熟衆生。以止觀力如一念頃至於佛果涅槃
之岸。爲明於一念至法界性中非古今三世所繫
故以金翅鳥取龍之喻。如速疾力者。以金翅鳥取
龍之時。於一念頃擗身入海水水波未合取龍而
出。名爲速疾力也。故下文歎德中言能救攝一切
衆生出生死海。得道菩薩亦復如是。以定慧觀察
力。從無明大海之際。繫長短心。一念應眞古今三
世。一時見盡。如是見道。如是修道。是名爲發心畢
竟。二不別。如是發心先心難。但明十住初心從凡
夫地一念應眞難故。非爲究竟佛果難故。至於究
竟不異初心故。明法不異。智慧不異。時復不遷故
以明法界體用。故以定慧照之可見。以情思之卽
迷也。已下以諸波羅蜜依名義配之可知。四結數
歎德如文可知。

校讎

死尸。明大悲大智戒。不宿人天及三乘。染净二见之死尸故。此金翅鸟。两翼相去三百三十六万里。三释名配行者。大速疾力迦楼罗王。明戒波罗蜜中檀波罗蜜。明此位菩萨。以性起大悲。入生死海。度根熟众生。以止观力。如一念顷。至于佛果涅槃之岸。为明于一念至法界性中。非古今三世所系故。以金翅鸟取龙之喻。如速疾力者。以金翅鸟取龙之时。于一念顷。掇身入海水。水波未合。取龙而出。名为速疾力也。故下文叹德中。善能救摄一切众生。出生死海。得道菩萨。亦复如是。以定慧观察力。从无明大海之际。系长短心。一念应真。古今三世。一时见尽。如是见道。如是修道。是名为发心毕竟二不别。如是发心先心难。但明十住初心。从凡夫地。一念应真难故。非为究竟佛果难故。至于究竟。不异初心故。明法不异。智慧不异。时复不迁故。以明法界体用故。以定慧照之可见。以情思之即迷也。已下以诸波罗蜜。依名义配之可知。四结数叹德。如文可知。

第三紙十三行以宋作爲主宋作生十四行主宋論作生第九紙七行雷聲南藏作雲音北藏宋藏俱作雷音第十一紙九行任北論作任十四行雲南北宋藏俱作雷第十二紙十行梢南北宋藏俱作杪第十四紙二十行音海南北宋藏俱作海音第十七紙十三行一北論作二第二十紙十行善北藏北論俱作普

第三緊那羅王。有七行經一百一十七言明等一切諸佛迴向。以一切諸佛處於生死。以法忍門。以爲萬行之主。令一切衆生皆得菩提無上法樂。故寄表緊那羅王。此云疑神。亦爲行主。似人而頂上有角。似牛口。人見皆疑人耶非人耶。故曰疑神。明此位菩薩。以十迴向。成大慈心。以法忍力生於六道。同行益生。人見皆疑爲凡爲聖。若是凡夫。有智如佛。若是賢聖。行同凡事。故以疑神。寄表其行也。此神能作行主。與天作戲。主忍波羅蜜門。以忍爲萬行主。

第三紧那罗王。有七行经一百一十七言。明等一切诸佛回向。以一切诸佛。处于生死。以法忍门。以为万行之主。令一切众生。皆得菩提无上法乐故。寄表紧那罗王。此云疑神。亦为行主。似人而顶上有角。口似牛口。人见皆疑。人耶非人耶。故曰疑神。明此位菩萨。以十回向。成大悲心。以法忍力。生于六道。同行益生。人见皆疑。为凡为圣。若是凡夫。有智如佛。若是贤圣。行同凡事。故以疑神。寄表其行也。此神能作行主。与天作戏。主忍波罗蜜门。以忍为万行主。

若無忍者萬行不成。是故忍爲行主。於中四義如上推之。十箇疑神。以忍波羅蜜中十波羅蜜以名下義配之可見。此類畜生道攝。

第四摩睺羅伽王。有八行經一百三十一言。此云大蟒也。亦云大腹。羅伽云胷腹行也。主精進波羅蜜。胷腹行者。明趣求樂法利人匍匐離慢謙敬也。是精進義也。明至一切處迴向也。六道四生無處不入。此是守護伽藍神。能護法故。如法界品云見佛歡喜曲躬恭敬摩睺羅伽王。此中十王明精進波羅蜜中十波羅蜜。一一以名下義配之可見。此眾亦明方便同於眾生愛著所爲。明菩薩處生死同行令除愛網。如下歎德中習廣大方便令諸眾生示割凝網故。

若无忍者。万行不成。是故忍为行主。于中四义。如上准之。十个疑神。以忍波罗蜜中十波罗蜜。以名下义配之可见。此类畜生道摄。

第四摩睺罗伽王。有八行经一百三十一言。此云大蟒也。亦云大腹。罗伽云胸腹行也。主精进波罗蜜。胸腹行者。明趣求乐法。利人匍匐。离慢谦敬也。是精进义也。明至一切处回向也。六道四生。无处不入。此是守护伽蓝神。能护法故。如法界品云。见佛欢喜曲躬恭敬。摩睺罗伽王。此中十王明精进波罗蜜中十波罗蜜。一一以名下义配之可见。此众亦明方便同于众生爱著所为。明菩萨处生死同行。令除爱网。如下叹德中。皆广大方便。令诸众生。永割痴网故。

第五夜叉王。(有五行半經九十一言)明無盡功德藏迴向。主禪波羅蜜。以禪定夜叉守護一切眾生心。令心不妄得大功德藏故夜叉者此云苦活。或名伺察。明以禪門守護伺察一切眾生苦活心令心不妄。如法界品云。常勤守護眾生諸夜叉王。餘十王是禪波羅蜜中十波羅蜜。以名下義隨位配之可見。又毗沙門夜叉因主所管得名。毗沙門天王領夜叉眾在須彌山北面。

第六(有五行半經九十二言)毗樓博叉龍王。亦依所管得名。毗樓博叉天王。主領龍眾在須彌山西。井富多那此主熱病鬼。此之龍王。主隨順堅固迴向。明般若波羅蜜門。如龍遊空能隱顯降雨潤眾生故。以般若空慧自在有無雨諸法雨益眾生故。以龍表之也。毗樓博叉者具云毗路波呵迄叉。亦云雜語主。舊云醜目。新名毗者種種也。路者色也。波呵迄叉者根也。以種種色莊嚴眼根。明以種種慧莊嚴諸見令見無著。龍有五種龍。一象形。二蛇形。三馬形。四魚形。五蝦蟇形。一善住龍王。爲一切象形龍主。二難陀龍王。此云歡喜。爲一切蛇形龍主。三阿那婆達多龍王。此云無熱惱。亦名清涼。爲一切馬形第五夜叉王。有五行半经九十一言。明无尽功德藏回向。主禅波罗蜜。以禅定夜义。守护一切众生心。令心不妄。得大功德藏故。夜叉者。此云苦活。或名伺察。明以禅门。守护伺察一切众生苦活心,令心不妄。如法界品云。常勤守护众生。诸夜叉王。余十王。是禅波罗蜜中十波罗蜜。以名下义随位配之可见。又毗沙门夜叉。因主所管得名。毗沙门天王。领夜义众。在须弥山北面 。

第六有五行半经九十二言。毗楼博叉龙王。亦依所管得名。毗楼博叉天王。主领龙众。在须弥山西。并富多那。此主热病鬼。此之龙王。主随顺坚固回向。明般若波罗蜜门。如龙游空。能隐显降雨。润众生故。以般若空慧自在有无。雨诸法雨。益众生故。以龙表之也。毗楼博叉者。具云毗路波呵迄叉。亦云杂语主。旧云丑目。新名毗者。种种也。路者。色也。波呵迄叉者。根也。以种种色庄严眼根。明以种种慧庄严诸见。令见无著。龙有五种龙。一象形。二蛇形。三马形。四鱼形。五虾蟆形。一善住龙王。为一切象形龙主。二难陀龙王。此云欢喜。为一切蛇形龙王。三那婆达多龙王。此云无热恼。亦名清凉。为一切马形龍主。此一箇龍王遠離諸龍三種過患。一熱沙不墮其頭。二不以蛇形行欲。三無金翅鳥畏。又更有一苦。以風吹寶衣露身生苦。唯此龍王得免斯惱故曰清涼。依智度論此龍王是七住菩薩。四娑樓那龍王。此云水天。爲一切魚形龍主。五摩那蘇婆帝龍王。亦名摩那斯。此云慈心。慈心風不鳴條雨不破塊。亦名得意。又云摩那此云意高。以此龍有威德故名爲意高。爲一切蝦蟇形龍主。如四分律文中說諸龍初生時。睡時。瞋時。行欲時。此四時中不能變形。餘時皆能變形。此約三乘中龍王。其事如是。如此一乘中龍王。其德並是入不思議乘。佛果位中大菩薩等。爲化衆生故。徧於諸道普現其身。今於此會賀佛出興。酬其本緣寄位表法。卽如此經毗樓博叉龍王得銷滅一切諸龍趣熾然苦解脫門。爲明此位般若智慧之龍常遊法空。以種種語言說諸教網故。此是十迴向中檀波羅蜜。娑竭羅龍王。此云海也。得一念中轉自龍形示現無量衆生身解脫門。明此是入生死海成大悲。戒。報得願力神通故。此十迴向大體成慈悲願行。得願力神通。雲音幢龍王得一切諸有趣中以清淨音龙王。此一个龙王。远离诸龙三种过患。一热沙不堕其头。二不以蛇形行欲。三无金翅鸟畏。又更有一苦。以风吹宝衣露身生苦。唯此龙王得免斯恼。故曰清凉。依智度论。此龙王是七住菩萨。如婆楼那龙王。此云水天。为一切鱼形龙主。五摩那苏婆帝龙王。亦名摩那斯。此云慈心。慈心风不鸣条。雨不破块。亦名得意。又云摩那。此云意高。以此龙有威德故。名为意高。为一切虾蟆形龙主。如四分律文中。说诸龙初生时。睡时。嗔时。行欲时。此四时中。不能变形。余时皆能变形。此约三乘中龙王。其事如是。如此一乘中龙王。其德并是入不思议乘。佛果位中大菩萨等。为化众生故。遍于诸道。普现其身。今于此会。贺佛出兴。酬其本缘。寄位表法。即如此经。毗楼博叉龙王。得销灭一切诸龙趣炽然苦解脱门。为明此位船若智慧之龙。常游法空。以种种语言。设诸教网故。此是十回向中檀波罗蜜。娑竭罗龙王。此云海也。得一念中转自龙形示现无量众生身解脱门。明此是入生死海。成大悲戒。报得愿力神通故。此十回向大体。成慈悲愿行。得愿力神通。云音幢龙王。得一切诸有趣中以清净音說佛無邊名號海解脫門。此明忍招名譽如是。獲益分中廣明。德叉迦龍王者。此云能害。於所害爲德。叉是所害聲。迦是能害聲。言此龍瞋時噓視人畜皆致命終故。舊云多舌龍者。由多言故。故云多舌。非是口中有多舌故。表進修中。此是第六般若波羅蜜門。善說多法故。故云多舌。託此龍位寄顯法故。已下准上以名義配之可知。已上十龍王。以十迴向中般若波羅蜜爲體。表智慧遊空兩法自在。

第七。有六行半經一百十二言。等隨順一切眾生迴向。以鳩槃荼王主之。明此位菩薩成大悲徧入諸道。垂慈利生。此是魘魅鬼神。噉食精氣。亦名冬瓜鬼。依正法念經說其名字。如是惡眾生菩薩亦皆隨順。是故名等隨順一切眾生迴向。乃至地獄悉皆徧入。此神是南方天王領二部眾。一名鳩槃荼。二名薜荔鬼。此鳩槃荼。陰囊大如冬瓜。若行乃擎置肩上。坐時卽踞之而坐。法界品云。常勤除滅諸餓鬼趣鳩槃荼王。明愛染貪求猶如餓鬼。大悲菩薩盡與隨行。斷一切貪求故。

说佛无边名号海解脱门。此明忍招名誉如是。获益分中广明。德叉迦龙王者。此云能害。于所害为德。叉是所害声。迦是能害声。言此龙嗔时。嘘视人畜。皆致命终故。旧云多舌龙者。由多言故。故云多舌。非是口中有多舌故。表进修中。此是第六般若波罗蜜门。善说多法故。故云多舌。托此龙位寄。显法故。已下准上以名义配之可知。已上十龙王。以十回向中般若波罗蜜为体。表智慧游空雨法自在。

第七。有一六百行十半二经言。等随顺一切众生回向。以鸠槃茶王主之。明此位菩萨。成大悲。遍入诸道。垂慈利生。此是魇魅鬼神。啖食精气。亦名冬瓜鬼。依正法念经。说其名字。如是恶众生。菩萨亦皆随顺。是故名等随顺一切众生回向。乃至地狱。悉皆遍入。此神是南方天王领二部众。一名鸠槃茶。二名薜荔鬼。此鸠槃茶。阴囊大如冬瓜。若行乃擎置肩上。坐时而踞之而坐。法界品云。常勤除灭诸饿鬼趣。鸠槃茶王。明爱染贪求。犹如饿鬼。大悲菩萨。尽与随行。断一切贪求故。

第八、有六行半經一百十二言真如相迴向。寄乾闥婆王以表法。此云尋香。有香氣處。以作娛樂而求其食。託事表真如相位菩薩。常以真如法界。戒定慧解脫解脫知見五分法身無染之香。娛樂眾生。令其愛樂。故下文云。皆於大法深生信解。歡喜愛重勤修不倦。入法界品云。常令眾生增長歡喜。乾闥婆王以法悅眾生義故。於中十王。明願波羅蜜中十波羅蜜。此位智增。隨根設教。悅眾生故。令歡喜也。

第九、有五行半經九十二言無縛無著解脫迴向。託事於月天子。表力波羅蜜。以無縛無著法性虛空智慧照燭眾生。淨煩惱熱。得法清涼。故於中十箇月天子、明力波羅蜜中十波羅蜜。隨名下義配之可見。

第十、有六行經九十九言入法界無量迴向。以日天子託事表之。明十迴向中智波羅蜜。如日處空。下臨照萬有。其位於上。其功益下。像此位菩薩。其智甚高。其行彌下。徹至人天神鬼外道邪行畜生地獄。盡同其行。猶如日月。其形在上。其功在下。善惡俱照。故於中十日天子。明智波羅蜜中十波羅蜜。一一隨名義配之。常以智波羅蜜為體。已上十王配十第八。有六行半经一百十二言。真如相回向。寄乾闼婆王以表法。此云寻香。有香气处。以作娱乐。而求其食。托事表真。如相位菩萨。常以真如法界戒定慧解脱解脱知见五分法身无染之香。娱乐众生。令其爱乐故。下文云。皆于大法深生信解。欢喜爱重。勤修不倦。入法界品云。常令众生增长欢喜。乾闼婆王以法悦众生义故。于中十王。明愿波罗蜜中十波罗蜜。此位智增。随根设教。悦众生故。令欢喜也。

第九。有五行半经九十二言。无缚无著解脱回向。托事于月天子。表力波罗蜜。以无缚无著法性虚空智慧。照烛众生。净烦恼热。得法清凉故。于中十个月天子。明力波罗蜜中十波罗蜜。随名下义配之可见。

第十。有六行经九十九言。入法界无量回向。以日天子托事表之。明十回向中智波罗蜜。如日处空。下临照万有。其位于上。其功益下。像此位菩萨。其智甚高。其行弥下。彻至人天神鬼。外道邪行。畜生地狱。尽同其行。犹如日月。其形在上。其功在下。善恶俱照故。于中十日天子。明智波罗蜜中十波罗蜜。一一随名义配之。常以智波罗蜜为体。已上十王。配十迴向中十波羅蜜竟。如十住。十行。十迴向。乃至十地。一一位中波羅蜜名。隨當位取意即得。一例取之。即不知其趣。如日月一位。其形狀及高下者。如俱舍論。月去地四萬由旬。廣四十由旬。以水精銀。合為兩面。迴轉相映。故有虧盈。此論如是說。未可為定。依。但依經說者為指南。依長阿含經。其月上有城。其城正方一千九百六十里。高下亦爾。二分天金作。一分瑠璃作。以遙看似圓。天子五百歲。子孫相襲一劫。日月相近。光影相映。即有虧盈。此可為定。日廣五十由旬。其城正方二千四十里。高下亦爾。其城純金。七寶嚴飾。王坐二十里。壽命子孫同月天子。以風持故。遶須彌山。日月天子。總是四天王所攝。此已上多依長阿含經說。如是日月天子。皆表十迴向。成大悲願行之門。明悲智無依常以法空為體。隨根普照。無有所為。任無功之智日。稱萬有而成益。

第五從三十三天王已下。至大自在天王。於中有十大天王。明十地利生因果者。

回向中十波罗蜜竟。如十住。十行。十回向。乃至十地。一一位中波罗蜜。各随当位取意即得。一例取之。即不知其趣。如日月二位。其形状及高下者。如俱舍论。月去地四万由旬。广四十由旬。以水精白银。合为两面。回转相映。故有亏盈。此论如是说。未可为定依。但依经说者为指南。依长阿含经。其月上有城。其城正方一千九百六十里。高下亦尔。二分天金作。一分琉璃作。以遥看似圆。天子五百岁。子孙相袭一劫。日月相近光影相映。即有亏盈。此可为定。日广五十由旬。其城正方二千四十里。高下亦尔。其城纯金。七宝莹饰。王坐二千里。寿命子孙。同月天子。以风持故。绕须弥山。日月天子。总是四天王所摄。此已上多依长阿含经说。如是日月天子。皆表十回向。成大悲愿行之门。明悲智无依。常以法空为体。随根普照。无有所为。任无功之智日。称万有而成益 。

第五从三十三天王已下。至大自在天王。于中有十大天王。明十地利生因果者 。

從初第一。三十三天十大天王。有六行經一百七言託事表初歡喜地義分爲四。一舉天王名號。二寄位表法。三釋名配行。四結數歎德。一舉天王名號者。如經云所謂釋迦因陀羅天王等十大天王名號是。二寄位表法者。寄託此天。表歡喜地菩薩得歡喜地時。得法悅心。無有世間五欲等諸繫著故。樂唯是法樂。以此義故。多歡喜。多適悅。猶如世人。創得生於忉利天上。受天妙樂。又如昇山頂。至無相際身與空合。明此位菩薩。從十住十行十迴向。習氣之有爲。而昇此初地之位。法空之際。一分習氣盡故。以須彌之頂。忉利之天。寄表其位。令易解故。十住十行寄表如神。十迴向位寄表如王。於此十地寄表如天。明其進修漸漸慣習殊勝。以總別同異成壞門。三對六字義該之。亦以十玄門該之。如是進修差別。總是一刹那中同異。皆不得如情所知。如理思之可見。又如仁王經云。習種銅輪二天下。

从初第一。三十三天十大天王。有二百六十七行经言。托事表初欢喜地。义分为四。一举天王名号。二寄位表法。三释名配行。四结数叹德。一举天王名号者。如经云。所谓释迦因陀罗天王等。十大天王名号是。二寄位表法者。寄托此天。表欢喜地菩萨。得欢喜地时。得法悦心。无有世间五欲等诸系著故。乐唯是法乐。以此义故。多欢喜。多适悦。犹如世人。创得生于忉利天上。受天妙乐。又如升山顶。至无相际。身与空合。明此位菩萨。从十住十行十回向。习气之有为。而升此初地之位。法空之际。一分习气尽故。以须弥之顶。忉利之天。寄表其位。令易解故。十住十行。寄表如神。十回向位。寄表如王。于此十地。寄表如天。明其进修渐渐惯习殊胜。以总别同异成坏门。三对六字义该之。亦以十玄门该之。如是进修差别。总是一刹那中同异。皆不得如情所知。如理思之可见。又如仁王经云。习种铜轮二天下。

銀輪三天性種性道種竪德轉輪王七寶金輪四
天下初地菩薩忉利王二地菩薩夜摩王以次寄
位配當明福智殊勝不可以世間之樂爲比也以
實而言如菩薩悲智所攝周徧六道所生不棄微
流一切惡生之類但以饒益故法性自在故寄表
如天如王自在之義不忻世樂之所表之如此華
嚴經下文初地菩薩多作閻浮提王今十大天王
但爲表法進修不離一刹那間漸漸殊勝故又此
天名妙高天其山在大海中出水高八億由旬入
水深八億由旬四寶合成北面黃金南面瑠璃西
面水精東面白銀形如腰鼓上有四層級四天王
各隨方所居四面其山頂上四埵埵別八天王各
有自部眾中頂帝釋居眾寶所莊嚴以是名妙高
亦名妙峯山亦名忉利天此云能主天由帝釋能
爲天主也依主爲名故下有七重海重別金山圍
遶迦樓羅速飛七日方始達金山有天居皆四天
王所攝其上三十三天所有天身長一由旬衣長
二由旬廣一由旬衣重六銖壽一千歲一日一夜
同此人間一百年三十日爲一月十二月爲一歲
已上依俱舍三法等論說此天王有五種名一名

银轮三天性种。性道种坚德转轮王。七宝金轮四天下。初地菩萨忉利王。二地菩萨夜摩王。以次寄位配当。明福智殊胜。不可以世间之乐为比也。以实而言。如菩萨悲智所摄。周遍六道所生。不弃微流一切恶生之类。但以饶益故。法性自在故。寄表如天如王。自在之义。不忻世乐之所表之。如此华严经下文。初地菩萨。多作阎浮提王。今十大天王。但为表法进修。不离一刹那间。渐渐殊胜故。又此天名妙高天。其山在大海中。出水高八亿由旬。入水深八亿由旬。四宝合成。北面黄金。南面琉璃。西面水精。东面白银。形如腰鼓。上有四层级。四天王各随方所居四面。其山顶上四埵。埵别八天王。各有自部众。中顶帝释居。众宝所庄严。以是名妙高。亦名妙峰山。亦名忉利天。此云能主天。由帝释能为天主也。依主为名故。下有七重海。重别金山围。绕。迦楼罗速飞七日方始达。金山有天居。皆四天王所摄。其上三十三天。所有天身。长一由旬。衣长二由旬。广一由旬。衣重六铢。寿一千岁。一日一夜。同此人间一百年。三十日。为一月。十二月。为一岁。已上依俱舍三法等论说。此天王有五种名。一名能主。一名釋提桓。一名憍尸迦。一名天帝釋。一名因陀羅天。此名天主。具云釋迦因陀羅。釋迦者此名百也。為先因百度設無遮齋得作天主。此配歡喜地中檀波羅蜜已下十天王。是檀波羅蜜中十波羅蜜。各隨名義配之可見。其四段配文如前可知。此位菩薩對治觀行苦空無常世法非實。皆從十二緣生。本無體相。成於捨法身命財等。如是於諸佛深信順修行。且治欲界麤慳悋業。行檀波羅蜜。於十二緣生未善了知。六地菩薩方明十二緣法。作如鍊真金數數入火。喻明對治慳障。

第二復有無量須夜摩天王。有五行半經九十五言託事表離垢地。為此天離地際。故依空而居。有眾妙樂也。像此位菩薩戒波羅蜜增勝。有法妙樂。以法身為戒體。故漸增進。離前地世間繫。故初地檀度為勝。此位上上十善淨戒為勝。名為離垢。初地須彌能主。一名释提桓。一名憍尸迦。一名天帝释。一名因陀罗天。此名天主。具云释迦因陀罗。释迦者。此名百也。为先因百度设无遮斋。得作天主。此配欢喜地中檀波罗蜜。已下十天王。是檀波罗蜜中十波罗蜜。各随名义配之可见。其四段配文。如前可知。此位菩萨。对治观行。苦空无常。世法非实。皆从十二缘生。本无体相。成于舍法。身命财等。如是于诸佛法。信顺修行。且治欲界粗悭吝业。行檀波罗蜜。于十二缘生未善了知。六地菩萨。方明十二缘法。作如炼真金。数数入火喻。明对治悭障。

第二。复有无量须夜摩天王。有九五十行五半言经。托事表离垢地。为此天离地际故。依空而居。有众妙乐也。象此位菩萨。戒波罗蜜增胜。有法妙乐。以法身为戒体。故渐增进。离前地世间系故。初地檀度为胜。此位上上十善净戒为胜。名为离垢。初地须弥之頂世界與人連寄同世間。此位以空居寄同出世間故名離垢。初地喻鍊眞金。未云加藥。但數數入火轉轉明淨。此地鍊眞金。加以礬石轉令明淨。以戒爲礬石。然金體無二。明以戒對治欲界中愛欲等麤障。但以法身大慈大悲大願四攝四無量十波羅蜜三十七道品之法藥。互相磨鎣。使令智悲自在故。夜摩天者。此云時分天也。爲此天無日月。天光自相照。不分晝夜。但蓮華開合。知其晝夜時分故。此天身長二由旬。衣長四由旬。廣二由旬。衣重三銖。壽二千歲。日月歲數與前天倍。此天王有十天眾。即明此戒波羅蜜中十波羅蜜。各隨位名義配之可知。此位修上上十善戒。治欲界現行麤惑習氣。三地修九次第定。方無三界煩惱。生如來家同如來性。

之顶。世界与人连。寄同世间。此位以空居。寄同出世间。故名离垢。初地喻炼真金。未云加药。但数数入火。转转明净。此地炼真金。加以矾石。转令明净。以戒为矾石。然金体无二。明以戒对治欲界中爱欲等粗障。但以法身大慈大悲大愿四摄四无量十波罗蜜三十七道品之法药。互相磨莹。使令智悲自在故。夜摩天者。此云时分天也。为此天无日月。天光自相照。不分昼夜。但莲华开合。知其昼夜时分故。此天身长二由旬。衣长四由旬。广二由旬。衣重三铢。寿二千岁。日月岁数。与前天倍。此天王有十天众。即明此戒波罗蜜中十波罗蜜。各随位名义配之可知。此位修上上十善戒。治欲界现行粗惑习气。三地修九次第定。方无三界烦恼。生如来家。同如来性 。

大方廣佛新華嚴經論卷第十二

第三復有不可思議兜率天王。有六行經一百言 此託事表發光地。此名知足天。佛地論云。最後身菩薩。於此敎化。如纓珞本業經。十一地等覺地始名一生補處。方名最後身。配在第三禪。此知足天爲最後身菩薩在中者。皆是如來隨時方便設法利生。不可定也。前位明以上上十善淨戒離欲界現行麤惑垢。故此位菩薩以九次第定淨色界無色界幷欲界心習。得出三界心。作鍊金喻善巧鍊之不失銖兩。轉轉明淨。明以九次第定鍊之。以法眼觀之。以行加之無虧本法。但轉明淨。欲界修定。以治欲障。上界修慧。以治定障。如是對治。卽如六地菩薩位在色界初禪。修十二緣觀。用治定障。隨順法行方便利生。無所染著。名發光地。以忍波羅蜜爲體。於中十大天王。是忍波羅蜜中十波羅蜜。此天身長四由旬。衣長八由旬。廣四由旬。壽四千歲。日月歲數。皆與前天倍。此知足天。當修三法得生。其中所謂戒定慧。若但修戒施。卽生餘天。皆有放逸若一乘法中。其事不爾。以智徧周。以爲天體故。

大方广佛新华严经论卷第十二

第三。复有不可思议兜率天王。有二六百行言经。此托事表发光地。此名知足天。佛地论云。最后身菩萨。于此教化。如璎珞本业经。十一地等觉地。始名一生补处。方名最后身。配在第三禅。此知足天。为最后身菩萨在中者。皆是如来随时方便。设法利生。不可定也。前位明以上上十善净戒。离欲界现行粗惑垢故。此位菩萨。以九次第定。净色界无色界并欲界心习。得出三界心。作炼金喻。善巧炼之。不失铢两。转转明净。明以九次第定炼之。以法眼观之。以行加之。无亏本法。但转明净。欲界修定。以治欲障。上界修慧。以治定障。如是对治。即如六地菩萨。位在色界初禅。修十二缘观。用治定障。随顺法行。方便利生。无所染著。名发光地。以忍波罗蜜为体。于中十大天王。是忍波罗蜜中十波罗蜜。此天身长四由旬。衣长八由旬。广四由旬。寿四千岁。日月岁数。皆与前天倍。此知足天。当修三法。得生其中。所谓戒定慧。若但修戒施。即生余天。皆有放逸。若一乘法中。其事不尔。以智遍周。以为天体故 。

第四化樂天王（有五行半經九十七言）託事表彂慧地菩
薩以三十七助道品觀以捨爲體以本願故法如
是故不捨教化一切衆生以三十七助道觀門莊
嚴慧業將用化利一切衆生以爲自樂像此天處
常以變化以悅自樂亦名樂變化天心外無境從
心變故表此位菩薩從初發心住以法空現前心
外無境爲進修故以三十七品助道法門對治此
天及三界邪見等障鍊磨心地用嚴慧業使令明
淨將用教化一切衆生以爲自樂故名彂慧地也
如菩薩纓珞本業經云一歡喜地菩薩名爲逆流
二離垢地名爲道流三明地名爲人流四地須陀
洹五地斯陀含六地阿那含七地阿羅漢八地變
化生死九地是智慧妙善地十地是法雲地又纓
珞經云十住菩薩人法流水任運至佛如此華嚴
經十住十行十迴向十地十一地五位之中一一
各有十重佛果普賢行爲因十信位心便信自心
分別之性爲不動智佛無礙智佛等十箇佛果總

第四。化乐天王。有五行半经九十七言。托事表焰慧地菩萨。以三十七助道品观。以舍为体。以本愿故。法如是故。不舍教化一切众生。以三十七助道观门。庄严慧业。将用化利一切众生。以为自乐。像此天处。常以变化以悦自乐。亦名乐变化天。心外无境从心变故。表此位菩萨。从初发心住。以法空现前。心外无境。为进修故。以三十七品助道法门。对治此天及三界邪见等障。炼磨心地。用严慧业。使令明净。将用教化一切众生。以为自乐。故名焰慧地也。如菩萨璎珞本业经云。一欢喜地菩萨。名为逆流。二离垢地。名为道流。三明地。名为入流。四地须陀洹。五地斯陀含。六地阿那含。七地阿罗汉。八地变化生死。九地是智慧妙善地。十地是法云地。又璎珞经云。十住菩萨。入法流水。任运至佛。如此华严经。十住十行十回向十地十一地五位之中。一一各有十重佛果。普贤行为因。十信位心。便信自心分别之性。为不动智佛无碍智佛等十个佛果。总

爲自心之智方名信心如是和會多諸同異隨信
解別親疏不等但依當部進修行門皆以總別同
異成壞門該通圓融皆不離刹那際即義通也若
延時取解即違法界之道理此天王衆有十天王
皆是精進波羅蜜中十波羅蜜各各隨名義配之
可見常以精進波羅蜜爲體此位作鍊眞金作莊
嚴具喻精進明修三十七助道之觀對治三界邪
業習故此天身長八由旬衣長十六由旬廣八由
旬壽八千歲日月歲數與前天倍衣重一銖食甘
露味歎德餘門如前可解

第五復有無數他化自在天王（有五行半經九十七言）託
事表難勝地爲此天在欲界頂明菩薩欲境難超
故故曰難勝地明五地已來菩薩於五欲境界未
得全自在故但爲觀照諸波羅蜜修行力故不沒
其中未同八地無功法流自在故此位菩薩修十

为自心之智。方名信心。如是和会。多诸同异。随信解别。亲疏不等。但依当部进修行门。皆以总别同异成坏门。该通圆融。皆不离刹那际。即义通也。若延时取解。即违法界之道理。此天王众。有十天王。皆是精进波罗蜜中十波罗蜜。各各随名义配之可见。常以精进波罗蜜为体。此位作炼真金作庄严具喻精进。明修三十七助道之观。对治三界邪业习故。此天身长八由旬。衣长十六由旬。广八由旬。寿八千岁。日月岁数。与前天倍。衣重一铢。食甘露味。叹德余门。如前可解 。

第五。复有无数他化自在天王。有五行半经九十七言。托事表难胜地。为此天在欲界顶。明菩萨欲境难超故。故曰难胜地。明五地已来菩萨。于五欲境界。未得全自在故。但为观照诸波罗蜜修行力故。不没其中。未同八地无功法流自在故。此位菩萨。修十諦觀以治三界染淨惑障餘習故得工巧明門。五明方現此天處若不如是修十諦觀治之便爲魔境。三界染淨業習不能自在。故曰難勝地。此位菩薩常以禪波羅蜜以爲觀體。魔王波旬居此天中。修十諦觀即爲菩薩位。不修觀者是魔眷屬。又此天名他化自在。以他變化以爲自樂。像此位菩薩常教化衆生令他得樂以爲已樂。此作硨磲喻金喻明。以十諦觀爲硨磲。於中十大天王明禪波羅蜜中十波羅蜜。以名下之義配之可見。此天身長十六由旬衣長三十二由旬壽命歲月恐與前倍

第六復有不可數大梵天王。有五行半經九十六言　明現前地。以十二緣生觀得寂滅神通三解脫門。空無相無願智慧增明。除其初禪樂靜迷眞障。明在欲界修定如三地菩薩是也。在禪界修慧。心染勝處即以法治之。不令障眞無依之性。故常處三界不

谛观。以治三界染净惑障余习故。得工巧明门。五明方现。此天处若不如是修十谛观治之。便为魔境。三界染净业习。不能自在。故曰难胜地。此位菩萨。常以禅波罗蜜。以为观体。魔王波旬。居此天中。修十谛观。即为菩萨位。不修观者。是魔眷属。又此天名他化自在。以他变化以为自乐。像此位菩萨。常教化众生。令他得乐。以为已乐。此作车磲磨金喻。明以十谛观为车磲。于中十大天王。明禅波罗蜜中十波罗蜜。以名下之义配之可见。此天身长十六由旬。衣长三十二由旬。寿命岁月。悉与前倍。

第六。复有不可数大梵天王。有九五十行六半言经。明现前地。以十二缘生观。得寂灭神通三解脱门。空无相无愿。智慧增明。除其初禅乐静迷真障。明在欲界修定。如三地菩萨是也。在禅界修慧。心染胜处。即以法治之。不令障真。无依之性故。常处三界。不

在其中也。名尸棄天王。此依新翻。爲具梵摩。此云
清潔寂靜。以初禪是色界。無女人生。無欲界染故。
依佛地論云。離欲寂靜故名梵身。又依長阿含云。
梵眾中以梵音語故。故名爲梵。又尸棄者。或云持
髻。或云螺髻。或云火頂。以火災至此天故。修得初
禪者得生此天。此天王於梵眾中發大梵音。諸天
各自謂言唯共我語。於大千界最得自在。顏如童
子。身如白銀色。長半由旬。衣如金色。無男女形。禪
悅爲食。壽命一劫。此依長阿含經說。此位作毗瑠
璃寶。磨真金轉轉明淨喻。明十種逆順緣生觀得
十空定門。爲毗瑠璃寶也。毗之云光明。此位菩薩
以十種十二緣生觀及十空三昧。表以十二緣觀
如明淨瑠璃。用磨智慧轉轉明淨。明觀無明成根
本智更令明淨。於中有十大梵王明般若波羅蜜
中十波羅蜜各各以名下義。如前配之可解。此第
六地第六住等。總明出三界業現前。寂滅神通三
空自在。如十住中以海幢比丘表之。如十地第六
地以夜神名守護一切城增長勝力是也。總如善
財善知識表之。第七地明入纏同事如下。

在其中也。名尸弃天王。此依新翻为具梵摩。此云清洁寂静。以初禅是色界。无女人生。无欲界染故。依佛地论云。离欲寂静。故名梵身。又依长阿含云。梵众中以梵音语故。故名为梵。又尸弃者。或云持髻。或云螺髻。或云火顶。以火灾至此天故。修得初禅者。得生此天。此天王于梵众中。发大梵音。诸天各自谓言。唯共我语。于大千界。最得自在。颜如童子。身如白银色。长半由旬。衣如金色。无男女形。禅悦为食。寿命一劫。此依长阿含经说。此位作毗琉璃宝磨真金转转明净喻。明十种逆顺缘生观。得十空定门。为毗琉璃宝也。毗之云光明。此位菩萨。以十种十二缘生观。及十空三昧。表以十二缘观。如明净琉璃。用磨智慧。转转明净。明观无明成根本智。更令明净。于中有十大梵王。明般若波罗蜜中十波罗蜜。各各以名下义。如前配之可解。此第六地第六住等。总明出三界业现前。寂灭神通。三空自在。如十住中。以海幢比丘表之。如十地第六地。以夜神名守护一切城增长胜力是也。总如善财善知识表之。第七地。明入缠同事如下 。

第七復有無量光音天王。九有五十八行半言經明遠行
地。如此二禪天初禪滅竟。二禪滅苦。明此位菩薩
在七地諸行已終。大悲圓滿。四攝四無量十波羅
蜜。三十七助道法常在現行。自苦已無。常度他苦。
染淨二障。此位通過。憂如真金飾以眾妙雜寶轉
更殊勝明。以法身爲金體。悲智萬行圓滿爲眾妙
寶。互爲莊嚴。常以行網教光普化一切眾生故。
像此天。已滅憂苦。以心淨故。出語口中光生用明
此位菩薩教光破暗故。於此有十大光音天。以明
方便波羅蜜中十波羅蜜。各隨名下義配之可解。
此天身長二由旬。壽二劫。此天水災至。
第八復有無量遍淨天。有一百六十六行言經明不動地菩
薩。明此天憂苦已無。唯有禪悅。像此位菩薩功用
已終。唯有法悅。法悅習氣十地始無。此天風災至。
爲有禪悅生法喜動其性。像此位菩薩無功智現前。猶
有無生法樂習淨習氣。以諸佛三加七種勸發。令
憶本願。方始隨智行廣利眾生十方世界度生無
限。此乃如來設教。防之防護初發心之際圓融悲
智。非獨是此位。方有諸淨之功。是一即一切中防
叢也。望七地中萬事總具何得第八地中佛果知

第七。复有无量光音天王。有五行半经九十八言。明远行地。如此二禅天。初禅灭忧。二禅灭苦。明此位菩萨在七地。诸行已终。大悲圆满。四摄四无量十波罗蜜三十七助道法。常在现行。自苦已无。常度他苦。染净二障。此位通过。譬如真金。饰以众妙杂宝。转更殊胜。明以法身为金体。悲智万行圆满。为众妙宝。互为庄严。常以行网教光。普化一切众生故。故像此天。已灭忧苦。以心净故。出语口中光生。用明此位菩萨。教光破暗故。于此有十大光音天。以明方便波罗蜜中十波罗蜜。各随名下义配之可解。此天身长二由旬。寿二劫。此天水灾至 。

第八。复有无量遍净天。有六行经一百六言。明不动地菩萨。明此天忧苦已无。唯有禅悦。像此位菩萨。功用已终。唯有法悦。法悦习气。十地始无。此天风灾至。为有禅悦。喜动其性。像此位菩萨。无功智现前。犹有无生法乐智净习气。以诸佛三加七种劝发。令忆本愿。方始随智行广利众生。十方世界。度生无限。此乃如来设教防之。防护初发心之际。圆融悲智。非独是此位方有滞净之功。是一即一切中防护也。望七地中。万事总具。何得第八地中。佛果知見猶行未終。還以十玄六相通融，不可違法界體作前後解。凡夫妄作無量劫，只是法界中無始終。此位作治真金作人王寶冠，諸臣冠不勝喻，明八地法性無功智勝故。十力四無畏猶十地方終，普賢行海十一地方滿。

第九復有無量廣果天。有六行經一百二言明善慧地。為此第四禪無出入息，三災不及。又此十天，如歎德中莫不皆以寂靜法門而作宮殿，表九地善慧莊嚴，以百千阿僧祇陀羅尼門法寶宮殿教化眾生。能以一箇言音為一切眾生說種種法，無心意識，為大法師。任智法明，一切具足，故像此天無思意識，能為語言。此天無下界意識，有色界意識，乃至非想天皆有微識，若識想都非，非三界業收故。此位作如真金用作輪王寶冠喻，一切小王寶冠不勝喻。以此位菩薩智慧寶冠，下地菩薩無有能勝。於中有十天王，明力波羅蜜中十波羅蜜，各隨名義配之可解。此天身衣及壽與前天皆倍，明此位菩薩常以法宮而為安止，以福德廣大名為廣果天。

见。犹自未终。还以十玄六相通融。不可违法界体作前后解。凡夫妄作无量劫。只是法界中无始终。此位作治真金作人王宝冠。诸臣冠不胜喻。明八地法性无功智胜故。十力四无畏。犹十地方终。普贤行海。十一地方满。

第九。复有无量广果天。有一六百行二经言。明善慧地。为此第四禅。无出入息。三灾不及。又此十天。如叹德中。莫不皆以寂静法门而作宫殿。表九地善慧庄严。以百千阿僧祇陀罗尼门法宝宫殿。教化众生。能以一个言音。为一切众生说种种法。无心意识。为大法师。任智法明。一切具足。故像此天。无思意识。能为语言。此天无下界意识。有色界意识。乃至非想天。皆有微识。若识想尽。即非三界业收故。此位作如真金。用作轮王宝冠。喻一切小王宝冠不胜喻。以此位菩萨智慧宝冠。下地菩萨无有能胜。于中有十天王。明力波罗蜜中十波罗蜜。各随名义配之可解。此天身衣及寿。与前天皆倍。明此位菩萨。常以法宫而为安止。以福德广大。名为广果天。

第十大自在天王（有六行經一百二言）表第十法雲地。如下歎德中。皆勤觀察無相之法所行平等。明此位無相智成。如菩薩本業纓珞經云。三賢菩薩能伏三界麤業麤相續果。初地已上亦伏亦斷。八地已去色因業勝因境緣法法執習故。明猶有於境見未純熟猶執法習在故。九地已去心因業勝內心自緣法執習故九地有內心緣法執習故。十地之中心色二習一時總盡。十一地方心境二緣中得無礙自在故。從八地至十地無功用中。緣眞法執內外習亡。於十一地普賢門猶未自在。如十定品中求覓普賢不見者是。又智度論云。第九天外更別有十地菩薩天名摩醯首羅。此天有八臂三目。騎白牛。一念知三千大千世界雨滴之數。此是引進菩薩方便設法託事表法。及攝化境界漸增勝故。望一乘法界理事同參。一微塵內諸佛國土人天同處。身塵毛孔如影相入。修眞之者須當如實而知眞隨化相應須以同時具足相應門。一多相容不同門。諸法相卽自在門。因陀羅網境界門。微細相容安立門。祕密隱顯俱得門。十世隔別異成第十。大自在天王。有二六百行二经言。表第十法云地。如下叹德中。皆勤观察无相之法。所行平等。明此位无相智成。如菩萨本业璎珞经云。三贤菩萨。能伏三界粗业粗相续果。初地已上。亦伏亦断。八地已去。色因业胜。因境缘法法执习故。明犹有于境。见未纯熟。犹执法习在故。九地已去。心因业胜。内心自缘法执习故。九地有内心缘法执习故。十地之中。心色二习。一时总尽。十一地。方心境二缘中。得无碍自在故。从八地至十地。无功用中。缘真法执。内外习亡。于十一地普贤门。犹未自在。如十定品中。求觅普贤不见者是。又智度论云。第九天外。更有别十地菩萨天。名摩醯首罗。此天有八臂三目。骑白牛。一念知三千大千世界雨滴之数。此是引进菩萨。方便设法。托事表法。及摄化境界。渐增胜故。望一乘法界。理事同参。一微尘内。诸佛国土。人天同处。身尘毛孔。如影相入。修真之者。须当如实而知。莫随化相应。须以同时具足相应门。一多相容不同门。诸法相即自在门。因陀罗网境界门。微细相容安立门。秘密隐显俱成门。十世隔别异成門。主伴交參無礙門。託事現法生解門。唯心迴轉善成門。以此十玄門該之。即理順故。已上神天之位但利生門中託事表法。令易解故。如如來寶非牛王龍王象王。以託事表之。令生解故。望得道處其智無形無為。而能知萬有。即為神也。以此神性隨行祐生。即行非虛也。以智常居三界。不隨染淨以此自在寄位如王。以通化無方。福過群品。寄位同天。即隨行徧生。行非虛也。同異總得。表實無妨。

校譌

第四紙十一行三下東禪板有阿字十六行慈心下東禪板少慈心二字第五紙三行今宋作令第八紙十三行廣東禪板作應第十二紙二行不下東禪板有可字齋宋作齊四行常南藏作恆第十五紙五行菩下東禪板無地字第十九紙五行淨下宋藏有慧字第二十紙二行人東禪板作輪十七行乃宋作及

從大眾圍遶常隨佛眾之中。從普賢菩薩至大自在天已來。此四十一眾義分為二。一現果成因彰位分。如已前列眾是二從位舉法進修寄同獲益分。如向下直至普賢海月光等是今從第二卷初。爾時如來道場眾海悉已雲集已下。至第五卷中海月光大明菩薩眾门。主伴交参无碍门。托事现法生解门。唯心回转善成门。以此十玄门该之。即理顺故。已上神天之位。但利生门中。托事表法。令易解故。如如来实非牛王龙王象王。以托事表之。令生解故。望得道处。其智无形无为。而能知万有。即为神也。以此神性。随行佑生。即行非虚也。以智常居三界。不随染净。以此自在。寄位如王。以通化无方。福过群品。寄位同天。即随行遍生。行非虚也。同异总得。表实无妨。

从大众围绕常随佛众之中。从普贤菩萨。至大自在天已来。此四十一众。义分为二。一现果成因彰位分。如已前列众是。二从位举法进修寄同获益分。如向下直至普贤海月光等是。今从第二卷初。尔时如来道场众海。悉已云集已下。至第五卷中。海月光大明菩萨众已來。此四十一衆。是從位舉法進修寄同獲益分。此中合有五十衆。爲普賢等衆十箇菩薩當等覺十一地法門。十箇互參。自具十衆。爲一人具十。總爲五十衆。如下獲益分中人則同佛知見爲與後學者作樣式令倣之也。不悟是凡。悟已同佛知見。故名初發心時便成正覺。如已下神天獲益之中。各有二十行頌。皆初兩行歎佛之德。後十八行皆三句歎佛。一句自歎與佛同知。其例如是。隨時科文。隨時稱歎。無煩更釋。唯普賢菩薩一人。獨入十法者。普賢衆明一位普周衆行也。海月光衆。但歎佛德與自所入之法相似。以此頌中更不別歎自德。如普賢衆中。加淨德妙光菩薩是文殊師利別號。文殊師利此云妙德。又法華經內。往昔號妙光。又妙德與光其意相似。以德爲光。以能破暗發明故。今在普賢衆內表法明因果理智萬行圓融故。普賢獨獲十種益者。明一卽一切故。明一多自在延促自由故。是總攝義也。

以来。此四十一众。是从位举法进修寄同获益分。此中合有五十众。为普贤等众十个菩萨。当等觉十一地法门。十个互参。自具十众。为一人具十。总为五十众。如下获益分中。入即同佛知见。为与后学者作样式。令仿之也。不悟是凡。悟已同佛知见。故名初发心时。便成正觉。如已下神天获益之中。各有二十行颂。皆初两行叹佛之德。后十八行。皆三句叹佛。一句自叹与佛同知。其例如是。随时科文。随时称叹。无烦更释。唯普贤菩萨一人。独入十法者。普贤众。明一位普周众行也。海月光众。但叹佛德。与自所入之法相似。以此颂中。更不别叹自德。如普贤众中。加净德妙光菩萨。是文殊师利别号。文殊师利。此云妙德。又法华经内。往昔号妙光。又妙德妙光。其意相似。以德为光。以能破暗发明故。今在普贤众内表法。明因果理智。万行圆融故。普贤独获十种益者。明一即一切故。明一多自在。延促自由故。是总摄义也 。

一從爾時如來道場眾海已下有二十六行經四百四十一字義分為二。第一從初爾時已下有十一行經明眾已雲集於此段中義有其五。一陳眾雲集二陳部類各別三部歎眾德。四明本因佛化五明今以勝解力入佛所知。第二從所謂妙談海大自在天王已下有十五行經。於此段中義有其二。一明天王獲益。二明天王乘威說頌。

於此二十行頌中有其二義。第一兩行頌純歎佛德。第二十八行頌皆三句歎佛。一句自歎與佛同知。已下例然。唯普賢少異前已敘意訖。

校譌

第四紙十三行恆東禪板作常第七紙十七行能悉東禪板作悉能第十紙十五行威宋論作神第十六紙十八行就宋南北藏俱作熟第十八紙二行如南北藏俱作大十四行俾南藏作解癡東板作疑十八行平宋論作無第十九紙十一行勝南北藏宋論俱作雲第二十二紙八行威宋論作神

已上諸眾皆悉如上以義科文隨義稱歎教門弘大不用文繁得意即得此初會之內四十七眾之中已前七眾前已釋訖。

一。从尔时如来道场众海已下。有二十六行经。四百四十一言。义分为二。第一。从初尔时已下。有十一行经。明众已云集。于此段中。义有其五。一陈众云集。二陈部类各别。三都叹众德。四明本因佛化。五明今以胜解力入佛所知。第二。从所谓妙焰海大自在天王已下。有十五行经。于此段中。义有其二。一明天王获益。二明天王乘威说颂 。

于此二十行颂中。有其二义。第一。两行颂。纯叹佛德。第二。十八行颂。皆三句叹佛。一句自叹与佛同知。已下例然。唯普贤少异。前已叙意讫 。

已上诸众。皆悉如上。以义科文。随义称叹。教门弘大。不用文繁。得意即得。此初会之内。四十七众之中。已前七众。前已释讫 。

校譌

第六紙五行眾上宋論無取字　第七紙四行必宋論作悉　第十一紙二十行來去東禪板作去來　第十三紙三行從香髻至眾生二十二字宋南藏作香幢莊嚴髻主蛾神得破一切煩惱臭氣出生一切智性香氣○髻北藏作幢　第十九紙七行護東禪板作攝　第二十紙十五行世宋論作明　第二十一紙十三行現宋論作見　第二十二紙十九行一切下宋南藏無諸字　第二十五紙一行即宋論作而　十四行法宋論作說　十六行遺宋論作爲

如來座內眾。經云。如來師子之座。眾寶妙華輪臺基陛及諸戶牖。如是一切莊嚴具中。一一各出佛刹微塵數菩薩摩訶薩。於此段中。義分爲二。一述眾來意。二長科經文。一述眾來意者。是中其意有三。一明諸菩薩是古佛舊行。二明今佛契同。三明古今不二爲門。所坐之座。合古。所行菩薩行。依舊故。如下頌中。諸佛所悟我已知。常以法身爲座體。以普賢萬行爲莊嚴。以無作大悲之智爲座上佛。前佛後佛皆同此也。明今佛契同古跡。定眾生狐疑。是故須來。是名爲如來自行。與古同。因眾爲如来座内众。经云。如来师子之座。众宝妙华。轮台基陛。及诸户牖。如是一切庄严具中。一一各出佛刹微尘数菩萨摩诃萨。于此段中。义分为二。一述众来意。二长科经文。一述众来意者。是中其意有三。一明诸菩萨是古佛旧行。二明今佛契同。三明古今不二为门。所坐之座合古。所行菩萨行依旧故。如下颂中。诸佛所悟我已知。常以法身为座体。以普贤万行为庄严。以无作大悲之智为座上佛。前佛后佛。皆同此也。明今佛契同古迹。定众生狐疑。是故须来。是名为如来自行与古同。因众为座體是法界所行，行亦是法界，以此無礙自在。故座身是正報，座上莊嚴是行所招依報，今還從本行報得之果內還出本自行因菩薩眾也。亦明因果不二體故。如法界品如來師子之座普遍法界爲座體故。第二長科經文者，從爾時如來師子座已下有二十九行經（四百九十言今二十五行），於中其義有七。一明座上莊嚴出眾。二列所出眾名。三來眾興供。四其眾遶佛致敬。五致敬已昇座而坐。六歎來眾之德。七乘威說頌。從此已下有十菩薩各說一十行頌。歎如來成道福智依正及往昔所修之因。任其後哲隨文隨義稱歎。不煩更釋。此一段明今佛合古行。古行合今佛。明座外普賢之眾是佛利他之行。座內之人是佛自行所現普賢之眾。此之大眾古今一切諸佛同道更無二路。眾生乘之即名乘不思議乘如來乘最勝乘無上乘。至於道場此以一切法皆爲道場也。以法界爲場。地諸波羅蜜爲人。明治一切垢。本自淨。故名無明。成根本智故教文弘廣略申體意隨文讚歎任在後賢。此十箇頌中向下歎佛十波羅蜜及十地。有二十行頌。自餘皆二十行也。準知座体。体是法界所行。行亦是法界。以此无碍自在故。座身是正报。座上庄严。是行所招依报。今还从本行报得之果内。还出本自行因菩萨众也。亦明因果不二体故。如法界品。如来师子之座。普遍法界为座体故。第二长科经文者。从尔时如来师子座已下。有二十九行经。四百九十言今二十五行。于中其义有七。一明座上庄严出众。二列所出众名。三来众兴供。四其众绕佛致敬。五致敬已升座而坐。六叹来众之德。七乘威说颂。从此已下。有十菩萨。各说二十行颂。叹如来成道。福智依正。及往昔所修之因。任其后哲随文随义称叹。不烦更释。此一段。明今佛合古行。古行合今佛。明座外普贤之众。是佛利他之行。座内之人。是佛自行所契普贤之众。此之大众。古今一切诸佛同道。更无二路。众生乘之。即名乘不思议乘如来乘。最胜乘。无上乘。至于道场。以此一切法皆为道场也。以法界为场地。诸波罗蜜为人功。治一切垢。本自净故。治无明成根本智故。教门弘广。略申体意。随文赞叹。任在后贤。此十个颂中。向下叹佛十波罗蜜及十地。有二十行颂。自余皆二十行也。准知 。

從爾時華藏莊嚴世界海已下有二十一行經
（三百六十二言今十八行半）明動地與供於此一段經文其意
有七一明舉世界之名二推佛神力地六震動三
世主與供歎喜四明以此例同多土五明佛徧與
於世六明世主各隨自解七明法會與供普同十
方問曰何爲地動答曰其地動大意有五一此會
大衆得道二智人出現三智人去世四世間災變
五得道歡悅此明大衆獲益歡悅故地動推佛神
力者明師弟之敬推德於上問曰何故於此段中
地動興供答曰爲至此中一段明初會中常隨佛
衆當境之內神天衆及如來座內古今諸佛同因
衆菩提樹內流光衆幷如來宮殿內大悲衆如是
當佛自衆來集復得益及賀佛出興心歡喜故衆
心喜動故地亦隨心動故此明初會當境之內大
集一終然後面門放光普集他土亦來此會此是
無自他中他也以明化儀主伴此乃龍行雲應法
事合然爲化衆生軌模如是以眞法性塵利普周
一刹那之中三世同際還以一多相容不同門該
括如是放光集衆意令知佛境界相參無二已上

从尔时华藏庄严世界海已下。有二十一行经。三百六十二言今十八行半。明动地兴供。于此一段经文。其意有七。一明举世界之名。二推佛神力地六震动。三世主兴供欢喜。四明以此例同多土。五明佛遍兴于世。六明世主各随自解。七明法会兴供普周十方。问曰。何为地动。答曰。其地动大意有五。一此会大众得道。二智人出现。三智人去世。四世间灾变。五得道欢悦。此明大众获益欢悦故地动。推佛神力者。明师弟之敬。推德于上。问曰。何故于此段中地动兴供。答曰。为至此中一段。明初会中常随佛众。当境之内神天众。及如来座内古今诸佛同因众。菩提树内流光众。并如来宫殿内大悲众。如是当佛自众来集复得益。及贺佛出兴心欢喜故。众心喜动故。地亦随心动故。此明初会当境之内大集一终。然后面门放光。普集他土亦来此会。此是无自他中他也。以明化仪主伴。此乃龙行云应。法事合然。为化众生。轨模如是。以真法性。尘刹普周。一刹那之中。三世同际。还以一多相容不同门该括。如是放光集众。意令知佛境界相参无二。已上是初成正覺顯示五位行門一終因果此一部之經總有六重因果一從世主妙嚴品及至華藏世界品五品經明初成正覺顯示五位行門報得及示現入法一重因果二毗盧遮那品是古佛因果。引古證今明佛佛相襲道不虛來三第二會普光明殿顯示十信因果四從須彌之頂直至離世間品顯菩薩證修因果。五入法界品明古今本法不思議因果此是一切諸佛共所乘宗為一切佛之本體眾生同具只為迷之六覺城東會明顯示菩薩利生行門善知識攝生形狀法則進修因果若但說其法在行猶迷此經設教及行證修前後六度總舉解行證修因果令使啟蒙易解不滯其功。

校譌

第一紙十二行貫宋論作雷第二紙五行已宋論作以十六行明宋論作門第三紙十三行入南北論作眾第四紙十三行嚴宋論作莊第五紙十一行生宋論作至第十一紙十四行眾下南論無會字海下無已字第十二紙六行心宋論作深十八行眾下南北宋藏南北論俱無會字海下俱無已字第十四紙一行力北宋藏作神從普觀至海已南北宋嚴真作觀察十方二行眾下南論無會字海下無已字

是初成正觉。显示五位行门。一终因果。此一部之经。总有六重因果。一从世主妙严品。乃至华藏世界品。五品经。明初成正觉。显示五位行门报得。及示现入法一重因果。二毗卢遮那品。是古佛因果。引古证今。明佛佛相习道不虚来。三第二会普光明殿。显示十信因果。四从须弥之顶。直至离世间品。显菩萨证修因果。五入法界品。明古今本法。不思议因果。此是一切诸佛共所乘宗。为一切佛之本体。众生同具。只为迷之。六觉城东会。明显示菩萨利生行门。善知识摄生形状。法则进修因果。若但说其法。在行犹迷。此经设教及行证修。前后六度。总举解行证修因果。令使启蒙易解。不滞其功。

如來現相品第二

釋此一品義分爲三。一釋品名目。二釋品來意。三隨文釋義。一釋品名目者。此品何故名現相品。爲諸菩薩神天衆皆悉已集。默思心念請法。問有三十七問。如來知念。卽於面門舒光現相。及集十方衆。答前所問。此品之內。如來兩度放光。齒光告衆令集。毫光示法。令信佛境界。及所行因果行門。又諸來菩薩毛孔放光通爲三度放光。故又集十方衆海佛境界相。答前衆所問。故名現相品。此經表法及集衆。如來放光前後總十度放光。故一面門齒光集他方之衆。二眉間毫光示果成因。三足下輪中放光成十信。四帝釋宮中足指端放光集衆入道成十住位。五夜摩天宮足趺上放光成十行門。六兜率天宮膝上放光成十迴向。七他化天宮眉間毫相放光成十地。八如來出現品眉間放光入文殊頂。九口中放光入普賢口。

如来现相品第二

释此一品。义分为三。一释品名目。二释品来意。三随文释义。一释品名目者。此品何故名现相品。为诸菩萨神天众皆悉已集。默思心念请法。问有三十七问。如来知念。即于面门舒光现相。及集十方众。答前所问。此品之内。如来两度放光。齿光告众令集。毫光示法。令信佛境界。及所行因果行门。又诸来菩萨毛孔放光。通为三度放光故。又集十方众海。佛境界相。菩萨境界相。答前众所问。故名现相品。此经表法及集众如来放光。前后总十度放光故。一面门齿光。集他方之众。二眉间毫光。示果成因。三足下轮中放光成十信。四帝释宫中足指端放光。集众入道成十住位。五夜摩天宫足趺上放光。成十行门。六兜率天宫膝上放光。成十回向。七他化天宫眉间毫相放光。成十地。八如来出现品眉间放光。入文殊顶。九口中放光。入普贤口。

令此二人問答如來出現始終因果道理。十法界品中放眉間光名普照三世法界門。是爲十。如隨好光明功德品常放光明隨根普照此光非獨緣五位進修表法也。是常依根攝化光也。二釋品來意者。此品爲前世間主等默念三十七問。此品放光集衆示其法相答前衆所問三十七法。此品故來。三隨文釋義者。復分爲二。一長科經意。二科其當品。一長科經意者。自此現相品乃至普賢三昧品世界成就品華藏世界品毗盧遮那品。此五品經總是答前三十七問。明舉果勸修分。二科其當品者。於此當品其意有四。

第一從爾時諸菩薩及一切世間主已下。二段長行并偈頌是世主請法分義分爲三。一從爾時已下至唯願世尊哀愍我等。於中長行有八行半令此二人问答如来出现始终因果道理。十法界品中放眉间光。名普照三世法界门。是为十。如随好光明功德品。常放光明。随根普照此光非独缘五位进修表法也。是常依根摄化光也。二释品来意者。此品为前世间主等默念三十七问。此品放光集众。示其法相。答前众所问三十七法。此品故来。三随文释义者。复分为二。一长科经意。二科其当品。一长科经意者。自此现相品。乃至普贤三昧品。世界成就品。华藏世界品。毗卢遮那品。此五品经。总是答前三十七问。明举果劝修分。二科其当品者。于此当品。其意有四。

第一。从尔时诸菩萨及一切世间主已下。一段长行并偈颂。是世主请法分。义分为三。一从尔时已下。至唯愿世尊哀愍我等。于中长行。有八行半經純請十八種佛法。二又十方世界海已下。有六行半經問佛海菩薩海有十九問通爲三十七問三願佛世尊已下。可兩行經明菩薩神力故。一切供具放光光中說頌請佛斷疑分第一。從初爾時諸菩薩及一切世間主。作是思惟明心念默請。云何是諸佛地法界不思議地是佛地故。下文云。法性如虛空諸佛於中住此爲如來地也。云何是諸佛境界。如下經云。如來處此菩提座。一毛示現多剎海。一一毛現悉亦然此是如來之境界。又法界是如來境界云何是諸佛加持下如來加普賢菩薩入於三昧說佛持故。云何是諸佛所行。經云。無礙行是如來行。又普賢行是一切諸佛共所行行故。云何是諸佛力。經云。如來有處非處十種力是云何是諸佛無所畏。如來無五怖畏及四無畏是云何是諸佛無能攝取。如來無性妙智是無能攝取。云何是諸佛眼。知一切法智知一切眾生根智名一切種智是佛眼故。又此經下文說十眼等是又如十身相海云。如來眼有大人相名自在普見雲。云何是諸佛耳。如法界品云。一切諸佛有無障礙耳悉能解了一切音聲。云何是諸佛鼻。如來鼻经。纯请十八种佛法。二又十方世界海已下。有六行半经。问佛海菩萨海有十九问。通为三十七问。三愿佛世尊已下。可两行经。明菩萨神力故。一切供具放光。光中说颂。请佛断疑分。第一。从初尔时诸菩萨。及一切世间主。作是思惟。明心念默请。云何是诸佛地。法界不思议地。是佛地故。下文云。法性如虚空诸佛于中住。此为如来地也。云何是诸佛境界。如下经云。如来处此菩提座。一毛示现多刹海。一一毛现悉亦然。此是如来之境界。又法界是如来境界。云何是诸佛加持。下如来加普贤菩萨。入于三昧。说佛持故。云何是诸佛所行。经云。无碍行是如来行。又普贤行。是一切诸佛共所行行故。云何是诸佛力。经云。如来有处非处十种力是。云何是诸佛无所畏。如来无五怖畏。及四无畏是。云何是诸佛无能摄取。如来无性妙智。是无能摄取。云何是诸佛眼。知一切法智。知一切众生根智。名一切种智。是佛眼故。又此经下文说十眼等是。又如十身相海云。如来眼有大人相。名自在普见云。云何是诸佛耳。如法界品云。一切诸佛有无障碍耳。悉能解了一切音声。云何是诸佛鼻。如来鼻

有大人相名一切神通智慧於中出現無量化佛
坐寶蓮華往諸世界云何是諸佛舌。如下經云。如
來舌有大人相名示現音聲影像雲云何是諸佛
身。下文云諸佛同法身無依無差別。又佛身充滿
於法界普現一切眾生前。云何是諸佛意。如來出
現品云。云何知如來應正等覺心。佛子。如來心意
識俱不可得。但以智無量故知如來心。云何是
諸佛身光。如來隨好品光隨根照物普周法界。云
何是諸佛光明。光有二種。一教光。二如此經光明
覺品是。及前後十度表法光明是。云何是諸佛智
一切智一切種種分別智是。又如下文。如來甚深
智普入於法界能隨三世轉與世為明導。此已上
問十八種法竟。第二經云。唯願世尊哀愍我等有
三句經文結請佛說十九種海。經云。一切諸佛皆
為諸菩薩說世界海。總舉問竟。眾生海。釋曰。如世
間眾生廣多如海故。佛海。經云。如來安處菩提座
一毛示現多剎海。一一毛現悉亦然。如是普周於
法界。佛波羅蜜海。十波羅蜜偏一切菩薩行故。佛
解脫海。如來法身是佛解脫。又智慧解脫乃至五
分法身戒定慧解脫解脫知見等是佛變化海。如

有大人相。名一切神通智慧。于中出现无量化佛。坐宝莲华。往诸世界。云何是诸佛舌。如下经云。如来舌有大人相。名示现音声影像云。云何是诸佛身。下文云。诸佛同法身。无依无差别。又佛身充满于法界。普现一切众生前。云何是诸佛意。如来出现品云。云何知如来应正等觉心。佛子。如来心意识无量。俱不可得。但智无量故。知如来心。云何是诸佛身光。如来随好常光。随根照物普周法界。云何是诸佛光明。光有二种。一教光。二如此经光明觉品是。及前后十度表法光明是。云何是诸佛智。一切智一切种种分别智是。又如下文。如来甚深智。普入于法界。能随三世转。与世为明导。此已上问十八种法竟。第二。经云。唯愿世尊哀愍我等。有三句经文。结请佛说。十九种海。经云。一切诸佛。皆为诸菩萨说世界海。总举问竟。众生海。释曰。如世间众生广多如海故。佛海。经云。如来安处菩提座。一毛示现多刹海。一一毛现悉亦然。如是普周于法界。佛波罗蜜海。十波罗蜜。遍一切菩萨行故。佛解脱海。如来法身。是佛解脱。又智慧解脱。乃至五分法身。戒。定。慧。解脱。解脱知见。等是佛变化海。如

下文無體無住處亦無生可得無相亦無形所現
皆如影又一切剎土微塵數常現身雲悉充滿又
云於一佛身上化爲無量身佛演說海下文一一
毛孔中光網徧十方演佛妙音聲調彼難調者又
一音徧諸根故然如來音聲不從心出不從身出
佛名號海如下名號品是如來名號等一切眾生
心也佛壽量海如下文佛身如影現生滅不可得
是佛壽量海又下文壽量品是及一切菩薩誓願
海淨行品等是又十迴向品中大願是一切菩薩
發趣海如下文云此會諸佛子善修眾智慧其入
已能入如斯方便門又下文云從地而得地住於
力地中億劫勤修行所獲法如是明從地而得地
者不離真法界自體清淨性地而行進修十住十
行等法故云從地而得地又十行品是十發趣加
行成就令菩提心智悲純熟故一切菩薩助道海
三十七助道品是觀身受心法爲首一切菩薩乘
海乘如來乘不思議乘法界乘是乃至八萬四千
乘等一切菩薩行海普賢行是如下經云如是分
身智境界普賢行中能建立一切菩薩出離海如
五位中加行方便是如下經云此會諸菩薩入佛

下文。无体无住处。亦无生可得。无相亦无形。所现皆如影。又一切刹土微尘数。常现身云悉充满。又云。于一佛身上。化为无量身。佛演说海。下文。一一毛孔中。光网遍十方。演佛妙音声。调彼难调者。又一音遍诸根故。然如来音声。不从心出。不从身出。佛名号海。如下名号品是。如来名号。等一切众生心也。佛寿量海。如下文。佛身如影现。生灭不可得。是佛寿量海。又下文寿量如是。及一切菩萨誓愿海。净行品等是。又十回向品中大愿是。一切菩萨发趣海。如下文云。此会诸佛子。善修众智慧。其人已能入。如斯方便门。又下文云。从地而得地。住于力地中。亿劫勤修行。所获法如是。明从地而得地者。不离真法界自体清净性地。而行进修十住十行等法。故云从地而得地。又十行品是十发趣。加行成就。令菩提心智悲纯熟故。一切菩萨助道海。三十七助道品是。观身受心法为首。一切菩萨乘海。乘如来乘。不思议乘。法界乘是。乃至八万四千乘等。一切菩萨行海。普贤行是。如下经云。如是分身智境界。普贤行中能建立。一切菩萨出离海。如五位中加行方便是。如下经云。此会诸菩萨。入佛

難思地。一一皆能見。一切佛神力。又下文云普賢
諸行願修治已明潔能於一切剎普見佛神變身
住一切處。一切皆平等智能如是行入佛之境界。
一切菩薩神通海。如下十方佛剎來集菩薩眾及
毛孔出眾隨行利生等事是。又下十通品亦是。又
下文。一一佛剎中往詣悉無餘見佛神通力入佛
所行處。一切菩薩波羅蜜海。如下經中十方來集
大眾身諸毛孔各出十佛世界微塵數光。一一光
出十佛世界微塵數菩薩悉能徧入一切法界諸
安立海教化眾生。廣如經具說是波羅蜜海也。此
是與發心者作普賢樣。一切菩薩地海。如下經云
從地而得地是也。又十地品是答。又如來地是菩
薩地。如下經云。此會諸菩薩入佛難思地。一切菩
薩智海。根本智是如來智。於根本智起差別智教
化眾生。是菩薩智海。乃至十無盡智是也。唯願世
尊已下三句。總結勸請。准例十方諸佛既說今佛
世尊亦合同說。又爾時已下四句明供具說頌。已
上三十七問。向下至毗盧遮那品已來有三種答
前所問。一如下齒間放光集眾現相神通答。二如
下眉間毫光出眾現相及十菩薩偈頌答。三普賢

难思地。一一皆能见。一切佛神力。又下文云。普贤诸行愿。修治已明洁。能于一切刹。普见佛神变。身住一切处。一切皆平等。智能如是行。入佛之境界。一切菩萨神通海。如下十方佛刹来集菩萨众。及毛孔出众。随行利生等事是。又下十通品亦是。又下文。一一佛刹中。往诣悉无余。见佛神通力。入佛所行处。一切菩萨波罗蜜海。如下经中。十方来集大众身诸毛孔。各出十佛世界微尘数光。一一光出十佛世界微尘数菩萨。悉能遍入一切法界诸安立海。教化众生。广如经具说。是波罗蜜海也。此是与发心者。作普贤样。一切菩萨地海。如下经云从地而得地是也。又十地品是答。又如来地是菩萨地。如下经云。此会诸菩萨。入佛难思地。一切菩萨智海。根本智是如来智。于根本智。起差别智。教化众生。是菩萨智海。乃至十无尽智是也。唯愿世尊已下三句。总结劝请。准例十方诸佛既说。今佛世尊亦合同说。又尔时已下四句。明供具说颂。已上三十七问。向下至毗卢遮那品已来。有三种答前所问。一如下齿间放光集众。现相神通答。二如下眉间毫光出众现相。及十菩萨偈颂答。三普贤入定出定以言詮示佛業眾生業因果古今相襲答如世界成就品菩薩眾生染淨報業答前三十七問。佛海菩薩行海不離其中。又說華藏莊嚴世界海說佛報得所居之土答前三十七問佛境界海眾生海菩薩行海波羅蜜海總不離其中。又說古往毗盧遮那品。是引古印今。令眾生信承襲不斷法不虛來。若古無舊跡。今從何得。以是義故引古佛用印今時成信。從此初會一會至毗盧遮那品六品經總明舉果勸修。信他已成佛者果德悲智境界行普賢行及報得莊嚴身土分。從佛名號品重問二十八問。即是舉古佛果門。令今世及未來發心者。自信自心佛果與古佛果不異。及菩薩十信十住十行十迴向十地十一地佛眼耳鼻舌身意不異故。信自今修不異古法。有此二十八種不異之法。具如佛名號品所問二十八問之法。令古不異。令初發心者應如是依古證修。使令道不謬故。直至法界品總是其答所問之法故。若依五位法上有一百一十重佛果菩薩行古今不異。若通信位即一百二十重古今佛因果不異。至位方明。三從供具雲中出音說二十行頌於中義分為入定出定。以言诠示佛业众生业因果古今相袭答。如世界成就品。菩萨众生染净报业。答前三十七问。佛海。菩萨行海。不离其中。又说华藏庄严世界海。说佛报得所居之土。答前三十七问。佛境界海。众生海。菩萨行海。波罗蜜海。总不离其中。又说古往毗卢遮那品。是引古印今。令众生信。承袭不断。法不虚来。若古无旧迹。今从何得。以是义故。引古佛用印今时成信。从此初会一会。至毗卢遮那品。六品经。总明举果劝修。信他已成佛者。果德悲智境界。行普贤行。及报得庄严身土分。从佛名号品。重问二十八问。即是举古佛果门。令今世及未来发心者。自信自心佛果。与古佛果不异。及菩萨十信十住十行十回向十地十一地。佛眼耳鼻舌身意不异故。信自今修。不异古法。有此二十八种不异之法。具如佛名号品。所问二十八问之法。今古不异。令初发心者。应如是依古证修。使令道不谬故。直至法界品。总是其答所问之法故。若依五位法上。有一百一十重佛果菩萨行。古今不异。若通信位。即一百二十重古今佛因果不异。至位方明。三从供具云中出音说二十行颂。于中义分为

四初兩行頌歎佛行滿成佛行徧三世次兩行頌
明勸佛為眾除疑得證次兩行頌明大眾已集勸
請除疑次云何已下十四行頌明重頌前三十七
問問曰大眾云何不以言自問因何默念致疑何不
自以言讚勸請云何供具雲出音請佛答曰明佛
得法界心與一切眾生同心故以心不異故知彼
心疑供具說頌者明一切法總法界體也法界不
思議一切法不思議故明聖眾心境無二故凡夫
迷法界自見心境有二故顛倒生也

第二段從爾時世尊知諸菩薩心之所念已下有
一段長行并一偈頌是如來放齒光十方告眾令
眾咸集現法答前所問分於此分中大意有十一
如來知眾心念有疑二齒光普照三其光有十名
四明光具香雲五陳光色相六明光照遠近七明
大眾蒙光彼此相見八明光徧他方眾會九明光
能出聲告眾十明十方之眾聞告咸來問曰何故
如來面門齒間出光光告眾答曰面門及齒明言音
出於中故於中出光令欲答所疑普告十方佛
上大眾來集示法答前三十七問中云何是諸佛

四。初两行颂。叹佛行满成佛。行遍三世。次两行颂。明劝佛为众除疑得证。次两行颂。明大众已集。劝请除疑。次云何已下十四行颂。明重颂前三十七问。问曰。大众何不以言自问。因何默念致疑。何不自以言赞劝请。云何供具云出音请佛。答曰。明佛得法界心。与一切众生同心故。以心不异故。知彼心疑。供具说颂者。明一切法总法界体也。法界不思议。一切法不思议故。明圣众心境无二故。凡夫迷法界。自见心境有二。故颠倒生也 。

第二。从尔时世尊知诸菩萨心之所念已下。有一段长行并一偈颂。是如来放齿光。十方告众。令众咸集现法。答前所问分。于此分中。大意有十。一如来知众心念有疑。二齿光普照。三其光有十名。四明光具眷属。五陈光色相。六明光照远近。七明大众蒙光彼此相见。八明光遍他方众会。九明光能出声告众。十明十方之众闻告咸来。问曰。何故如来面门齿间出光告众。答曰。面门及齿。明言音出于中故。于中出光。今欲答众所疑。普告十方佛土大众来集示法。答前三十七问中。云何是诸佛地佛境界佛加持佛行佛力等故須口中齒間放光光者除暗義又答前云何是佛光明除現在未來衆心疑暗故口齒者吐納言音說法表告之所由也故於中出光於此光明說其二十行頌於中大意歎如來道滿利生光明出音告衆令集問法。

第三從爾時十方世界海已下。一段長行幷一偈頌是十方世界海蒙光所照皆來雲集示法分。於此段中大意有十。一明佛光普照二明十方衆來三明來已興供四明興供不同五明衆海影像相參六明大衆自他同異自在七明大衆毛孔出光八明光出菩薩九明菩薩同事利生十明衆生發心得果此之十事如文可知如毛孔流光衆明法界體性自在不思議自他無礙能同能異衆於中菩薩同行利生即明古今已成正覺者菩薩及行十波羅蜜海佛地佛海等舉其已成佛者悲智境界答前大衆三十七疑用成來世與今同悟身心境界自在無礙如帝網境界門如此一段以佛神力放光集衆答前所問後之一段毫光示法及菩薩偈頌答前所問於此十方來衆光明中同時發聲說二十行頌於此中大意歎佛光明道行已地佛境界佛加持佛行佛力等。故须口中齿间放光。光者除暗义。又答前云何是佛光明。除现在未来众心疑暗故。口齿者。吐纳言音。说法表告之所由也。故于中出光。于此光明。说其二十行颂。于中大意。叹如来道满利生。光明出音告众。令集闻法。

第三。从尔时十方世界海已下。一段长行并一偈颂。是十方世界海。蒙光所照。皆来云集示法分。于此段中。大意有十。一明佛光普照。二明十方众来。三明来已兴供。四明兴供不同。五明众海影像相参。六明大众自他同异自在。七明大众毛孔出光。八明光出菩萨。九明菩萨同事利生。十明众生发心得果。此之十事。如文可知。如毛孔流光众。明法界体性。自在不思议。自他无碍。能同能异众。于中菩萨同行利生。即明古今已成正觉者菩萨。及行十波罗蜜海佛地佛海等。举其已成佛者。悲智境界。答前大众三十七疑。用成来世与今。同悟身心境界。自在无碍。如帝网境界门。如此一段。以佛神力放光集众。答前所问。后之一段。毫光示法。及菩萨偈颂。答前所问。于此十方来众。光明中同时发声。说二十行颂。于此中大意叹佛光明道行已滿身口意耳鼻總徧周刹海滿普賢行答前三十七問。如文可知。

校譌

第二紙十五行三昧下南北宋藏有云何是諸佛神通云何是諸佛自在十四字○二十行眾生海下南北宋藏有法界安立海五字第六紙十五行一南論作妙十七行如下下北藏南論俱無文字第十二紙八行東宋論誤作眾第二十一紙五行說此南論作而說

第四從爾時世尊欲令一切菩薩大眾得如來無邊境界已下。一段長行有二十八行半經。四百八十四言於中分爲兩段。一從初十行經明光之德。二十八行半經明蓮華出現。第一。從初明光之德。大意有十。一令眾除疑獲益。二顯光出處。三顯光之名。四顯光之色。五明光所照遠近。六明光所照威動世界。七光照塵中現無數佛隨根與益。八光雨十满。身口意耳鼻总遍周刹海。满普贤行。答前三十七问。如文可知。

第四。从尔时世尊欲令一切菩萨大众得如来无边境界已下。一段长行。有二十八行半经。四百八十四言于中分为两段。一从初十行经。明光之德。二十八行半经。明莲华出现。第一。从初明光之德。大意有十。一令众除疑获益。二显光出处。三显光之名。四显光之色。五明光所照远近。六明光所照威动世界。七光照尘中现无数佛。随根与益。八光雨十種法輪雲。九光明遶佛。十光入佛足輪。以成大眾信心。明足下是初信入。故說十種智佛。以為自己信心。以不動智為首。第二爾時佛前已下。十八行半經明蓮華出現。於此一段文中。大意有十一明華現所由。二明華具十種嚴飾。三明毫光出眾來坐。四明勝音菩薩為主。餘者為伴。五明上首菩薩勝音之德。六明諸佛與勝音之力。七明勝音常見諸佛。八明勝音神變自在。九明勝音觀眾說頌。十明正申頌意。此之一段經文。如來眉間毫出光明名一切菩薩光明普照耀十方藏者。明是十地菩薩智滿中道教行之光。又毫相中出眾菩薩有世界海微塵數。上首名曰一切法勝音。即是其十地滿足中道果行。將此中道覺行悲智圓滿法界行門毫塵剎海無障礙法。答前大眾三十七問。使令現在及以未來信此十地法界因果法門行滿十方。使令得益。是故經云。欲令一切菩薩大眾得於如來無邊境界神通力故放眉間光。又光體是法界之理。勝音大眾之海是其法界之行。用故明從十住初心。以理智萬行體用不相離也。故從十信即與果行令修理智體用法合。然故從果行信進。

种法轮云。九光明绕佛。十光入佛足轮。以成大众信心。明足下是初信入。故说十种智佛。以为自己信心。以不动智为首。第二。尔时佛前已下。十八行半经。明莲华出现。于此一段文中大意有十。一明华现所由。二明华具十种严饰。三明毫光出众来坐。四明胜音菩萨为主。余者为伴。五明上首菩萨胜音之德。六明诸佛与胜音之力。七明胜音常见诸佛。八明胜音神变自在。九明胜音观众说颂。十明正申颂意。此之一段经文。如来眉间毫出光明。名一切菩萨光明普照耀十方藏者。明是十地菩萨智满中道教行之光。又毫相中出众菩萨。有世界海微尘数。上首名曰一切法胜音。即是其十地满足中道果行。将此中道觉行悲智圆满法界行门。毫尘刹海无障碍法。答前大众三十七问。使令现在及以未来。信此十地法界因果法门行满十方。使令得益。是故经云。欲令一切菩萨大众。得于如来无边境界神通力故。放眉间光。又光体是法界之理。胜音大众之海。是其法界之行用故。明从十住初心。以理智万行。体用不相离也。故从十信即与果行。令修理智体用。法合然故。从果行信进。

又勝音菩薩坐蓮華臺。諸菩薩眾坐蓮華鬚。明主伴萬行。明勝音一行徧一切行。一切萬行是勝音一行。明法界理智中圓滿無礙自在行故。還如前菩薩毛孔流光出菩薩行相似。體性一多重重自在無體可礙。諸波羅蜜一中具十。乃至無盡故。緣起互爲因果。主伴自在故。以理智照之可見。大意明法界行門。一行徧一切行故。同別自在。十正申頌意。中通勝音菩薩有十菩薩。各申一段偈頌。初二十行頌歎佛身充徧普現眾生前及毛孔刹土眾會無盡相入兩行一頌。如文具明。無煩更釋。大體得大綱紀。即得。經文自具。此十段頌。從九段總十行一段總是答前世主所問。又明此會菩薩能入如來之境。最下有三行經。五十一言明都結十方世界同然。一時雲集。已上現神通及語答前大眾所疑竟。示業及法答者。如已下世界成就品。蓮華藏世界品。毗盧遮那品。神通法業俱示。若通當類總自具法業答故。普賢三昧品。世界成就品。華藏世界品。毗盧遮那品。此初會六品經。是以佛果勸修門。

又胜音菩萨坐莲华台。诸菩萨众坐莲华须。明主伴万行。明胜音一行遍一切行。一切万行是胜音一行。明法界理智中。圆满无碍自在行故。还如前菩萨毛孔流光出菩萨行相似。体性一多重重自在。无体可碍。诸波罗蜜。一中具十。乃至无尽故。缘起互为因果。主伴自在故。以理智照之可见。大意明法界行门。一行遍一切行故。同别自在。十正申颂意中。通胜音菩萨。有十菩萨。各申一段偈颂。初二十行颂。叹佛身充遍普现众生前。及毛孔刹土众会无尽相入。两行一颂。如文具明。无烦更释。大体得。大纲纪即得。经文自具。此十段颂。后九段总十行一段。总是答前世主所问。又明此会菩萨。能入如来之境。最下有三行经。五十二言明都结十方世界同然一时云集。已上现神通及语。答前大众所疑竟。示业及法答者。如已下世界成就品。莲华藏世界品。毗卢遮那品。神通法业俱示。若通当类。总自具法业答故。普贤三昧品。世界成就品。华藏世界品。毗卢遮那品。此初会六品经。是以佛果劝修门。

普賢三昧品第三

將釋此品略作三門分別一釋品之名二釋品來意三隨文釋義 一釋品名者理智無邊名之爲普智隨根益稱之曰賢三之云正昧之云定亦云正受爲正定不亂能受諸法憶持簡擇故名正受亦云等持爲正定能發生正慧等持諸法是故名之等持也爲普賢爲佛紹法界大智之家諸佛萬行徧周之長子以答前所問三十七問中云何一切菩薩行海出離海神通海波羅蜜海世界海等故須入定善簡衆法答前所問令衆迷解故故須入定然普賢菩薩恆無定亂以示法則故須如是又以初舉果勸修中以入定爲法則後十定品中明十地道滿起諸想念方眞二釋品來意者明普賢菩薩常在三昧靜亂總眞然教化衆生故成法則答所問疑故爲善簡擇諸三昧出入同異相故爲善擇衆生業海果報佛行業海果報故須入定從定起已說世界成就品華藏世界品毗盧遮那品答前所問故此品須來意明初入法須加定業以顯眞門後十定品中明十地眞智已終智隨一切衆生想念應根接物方是修道者應如是知三隨文釋義者於此一品經文中義分爲二一科其

普贤三昧品第三

将释此品。略作三门分别。一释品之名。二释品来意。三随文释义。一释品名者。理智无边。名之为普。智随根益。称之曰贤。三之云正。昧之云定。亦云正受。为正定不乱。能受诸法。忆持简择。故名正受。亦云等持。为正定能发生正慧。等持诸法。是故名之等持也。为普贤为佛绍法界大智之家。诸佛万行遍周之长子。以答前所问三十七问中。云何一切菩萨行海出离海神通海波罗蜜海世界海等。故须入定。善简众法。答前所问。令众迷解故。故须入定。然普贤菩萨。恒无定乱。以示法则。故须如是。又以初举果劝修中。以入定为法则。后十定品中。明十地道满。起诸想念方真。二释品来意者。明普贤菩萨。常在三昧。静乱总真。然教化众生。故成法则。答所问疑故。为善简择诸三昧出入同异相故。为善择众生业海果报。佛行业海果报。故须入定。从定起已。说世界成就品。华藏世界品。毗卢遮那品。答前所问故。此品须来。意明初入法。须加定业。以显真门。后十定品。中明十地真智已终。智随一切众生想念。应根接物方是。修道者。应如是知。三随文释义者。于此一品经文中。义分为二。一科其經意。一釋三昧名。一科其經意者。

此一段（經有八十二行一千三百五十六言）其意有十一。一從爾時普賢菩薩已下。一行半經。明承佛威神入定。二此三昧已下。八行半經。明舉三昧名。及歎三昧之德。三如此世界已下。可七行經。明都舉普賢入定此界如是十方總然。四爾時一一普賢菩薩已下。有十一行半經。明普賢入定諸佛現前佛力所加。佛言讚歎普賢之德。五爾時十方一切諸佛已下。有七行經。明諸佛與普賢十種智。六如此世界中已下。可三行經。明都舉十方世界中普賢。一切諸佛一時同與其智法如是故。七是時已下。可六行經。明諸佛以手加持摩普賢頂。八如是一切世界海已下。可兩行經。都舉十方世界同然。九爾時普賢菩薩已下。九行半經。明普賢從三昧起并陳三昧之名。十普賢菩薩從如是三昧門起時已下。十二行半經。明大眾獲益并都結與十方同然。十一爾時十方一切世界海已下至偈頌已來有十经意。二释三昧名。一科其经意者 。

此一段经有三八百十五二十行六一言千。其意有十一。一从尔时普贤菩萨已下。一行半经。明承佛威神入定。二此三昧已下。八行半经。明举三昧名。及叹三昧之德。三如此世界已下。可七行经。明都举普贤入定。此界如是。十方总然。四尔时一一普贤菩萨已下。有十一行半经。明普贤入定。诸佛现前佛力所加。佛言赞叹普贤之德。五尔时十方一切诸佛已下。有七行经。明诸佛与普贤十种智。六如此世界中已下。可三行经。明都举十方世界中普贤。一切诸佛一时同与其智。法如是故。七是时已下。可六行经。明诸佛以手加持。摩普贤顶。八如是一切世界海已下。可两行经。都举十方世界同然。九尔时普贤菩萨已下。九行半经。明普贤从三昧起。并陈三昧之名。十普贤菩萨从如是三昧门起时已下。十二行半经。明大众获益。并都结与十方同然。十一尔时十方一切世界海已下。至偈颂以来。有十一行半經明佛力三昧力其地微動及興供末後諸佛毛孔光明說頌歎普賢之德問曰何故前世主妙嚴品末其地六種十八相大動此品何故其地微動答曰前明如來始成正覺大眾賀佛及自皆得佛果之益其益廣大明位極行終以此其地大動此品答世主所問之疑爲成初信故其地微動於中菩薩示有疑問寄同得益皆是成其凡夫始信之心是故名爲舉果勸修生信分仍是信他佛及菩薩得然未是信自心得也第一會中金色世界不動智佛已去方明信自心得亦然也至第十二卷中諸世間主更作二十八問方明信自心是佛不動智等至文方明此經直至法界品覺城東已來菩薩及一切大眾皆是寄法同迷示行修證唯覺城人間五百童子童女優婆塞優婆夷各具五百一萬諸龍寄位是凡表其凡夫有得入者故若無實得者佛教豈是虛行者哉聖者立樣令凡實得終不虛施應如是知應如是信不自欺誑若有人言此經非是凡夫境界是菩薩所行是人當知滅佛知見破滅正法令其正教世不流通令其世間正見不生斷滅佛種諸有智者不應如是

二行半经。明佛力三昧力。其地微动及兴供。末后诸佛毛孔光明。说颂叹普贤之德。问曰。何故前世主妙严品末。其地六种十八相大动。此品何故其地微动。答曰。前明如来始成正觉。大众贺佛。及自皆得佛果之益。其益广大。明位极行终。以此其地大动。此品答世主所问之疑。为成初信故。其地微动。于中菩萨。示有疑问。寄同得益。皆是成其凡夫始信之心。是故名为举果劝修生信分。仍是信他佛及菩萨得然。未是信自心得也。第二会中金色世界不动智佛已去。方明信自心得亦然也。至第十二卷中。诸世间主更作二十八问。方明信自心是佛不动智等。至文方明。此经直至法界品觉城东已来。菩萨及一切大众。皆是寄法同迷。示行修证。唯觉城人间五百童子童女。优婆塞优婆夷。各具五百。一万诸龙。寄位是凡。表其凡夫有得入者故。若无实得者。佛教岂是虚行者哉。圣者立样。令凡实得。终不虚施。应如是知。应如是信。不自欺诳。若有人言。此经非是凡夫境界。是菩萨所行。是人当知。灭佛知见。破灭正法。令其正教世不流通。令其世间正见不生。断灭佛种。诸有智者。不应如是

不勸修行說行不得不失善種猶成來世積習勝
緣故。於此佛毛孔光明說頌中已下。有兩段頌。於
初一十行頌明佛毛孔光明讚普賢德。即文具明。
毛孔光是萬行光遐歎普賢萬行。二爾時一切諸
菩薩已下有二十行頌明大眾歎普賢并請說後

大方廣佛新華嚴經論卷第十三

三品之法亦如文具明第一釋三昧之名者。於此
三昧名中義分為三。一釋三昧名。二釋三昧體用。
三歎三昧之德。一釋三昧之名者。名毗盧遮那如
來藏身。毗盧云光遮那云種種徧照。如來是法性
之體。藏身是含容眾法之智明以理智種種教行
之光照燭眾生之器隨根與益。如經歎德中具明
一釋三昧之體用者。此三昧體者以法界根本智
為體。以差別智為大用。又以法界根本智為體隨
眾生智為用。又以入三昧為體出定為用。又以無
入無出為體。又入出俱為用。又以入出俱為體以
義准之可見。大要言之。且以為化眾生法則之中
以入定明體。從從定起顯示十種定名是用。於十
箇定名中。總以法界無依住智性為體。此體亦名
普賢藏定。並不可說一切諸三昧諸智慧門為體
如歎德中具明。如經云。世界海旋無不隨入者是

不劝修行。设行不得。不失善种。犹成来世积习胜缘故。于此佛毛孔光明说颂中已下。有两段颂。于初二十行颂。明佛毛孔光明。赞普贤德。如文具明。毛孔光是万行光。还叹普贤万行。二尔时一切诸菩萨已下。有二十行颂。明大众叹普贤。并请说后

(大方广佛新华严经论卷第十三)*

三品之法。亦如文具明*第二释三昧之名者。于此三昧名中。义分为三。一释三昧名。二释三昧体用。三叹三昧之德。一释三昧之名者。名毗卢遮那如来藏身。毗卢云光。遮那云种种偏照。如来是法性之体。藏身是含容众法之智明以理智种种教行之光。照烛众生之器。随根与益。如经叹德中具明。二释三昧之体用者。此三昧体者。以法界根本智为体。以差别智为大用。又以法界根本智为体。随众生智为用。又以入三昧为体。出定为用。又以无入无出为体。又入出俱为用。又以入出俱为体。以义准之可见。大要言之。且以为化众生法则之中以入定明体。后从定起显示十种定名是用。于十个定名中。总以法界无依住智性为体。此体亦名首楞严定。与不可说一切诸三昧诸智慧门为体。如叹德中具明。如经云。世界海漩。无不随入者。是

三昧之用徹徧一切眾法之名故。海者廣大義漩者甚深義明此三昧。體用廣大。甚深無盡諸佛菩薩及一切十方六道眾生中行皆徧故。此一三昧答前三十七問總盡向前以佛神力答前三十七問中云何是佛地佛海佛眼佛耳身等。今普賢三昧答前三十七問中云何菩薩行海三昧海等問爲欲明佛行菩薩行體用徹故。以佛爲體普賢行海爲用。以此體用說通諸法。無法不盡故佛眼耳鼻舌身意爲體能徧知眾生事業爲用已下如來與普賢智明普賢智契合佛根本智一體不殊合從信者信自智佛根本智。一體無二無疑故十方諸佛手摩其頂者明接引忍可。言普賢從三昧起者明定體隨根用處成復依根獲益名起其用無盡略舉其十以表無盡故餘義經文自具廣明意明佛根本智是定體普賢是用

校譌

第一紙十七行而作北論作以爲衆行南論作 第二紙四行[illegible]
行藏作法[illegible] 第三紙[illegible] 第七紙十一[illegible]
論作佛 第十紙[illegible] 第十五紙[illegible]

三昧之用。彻遍一切众法之名故。海者。广大义。漩者甚深义。明此三昧。体用广大。甚深无尽。诸佛菩萨及一切十方六道众生中行皆遍故。此一三昧。答前三十七问总尽。向前以佛神力。答前三十七问中。云何是佛地佛海佛眼佛耳鼻等。今普贤三昧。答前三十七问中。云何菩萨行海三昧海等问为欲明佛行菩萨行体用彻故。以佛为体。普贤行海为用。以此体用该通诸法。无法不尽故。佛眼耳鼻舌身意为体。能遍知众生事业为用。已下如来与普贤智。明普贤智契合佛根本智。二智不殊。令后信者。信自智佛根本智。一体无二无疑故。十方诸佛手摩其顶者。明接引忍可。言普贤从三昧起者。明定体随根用处。彼复依根获益。名起。其用无尽。略举其十。以表无尽故。余义经文自具广明。意明佛根本智是定体。普贤是用 。

十七紙十八行宋藏俱作渡南作度北第二十紙四行宋藏作渡南作度第二
十二紙三行論作眾宋界

世界成就品第四

今釋此品略作三門分別。一釋品名目。一釋品來意。三隨文釋義。一釋品名目者。為明世界海依住形相苦樂淨穢。皆是眾生自業果報之所莊嚴。不從他有佛菩薩世界海。依大願力。依自體清淨法性力。依諸波羅蜜諸行海等自體清淨力。依為度眾生大慈悲智力。以不思議變化力之所成就。故名世界成就品。一釋品來意者。此品所來。大意有五。一答前世主三十七問佛海眾生海波羅蜜海等。此品示業果報。示法果報。答前所問故。明向前是佛光明神力。答此品示其佛行海眼耳鼻舌波羅蜜海。遍法界海。眾生業行海故。三十七問。一時總答。令大眾海悟佛所行入普賢菩薩所行也。故號佛華嚴經。一令諸現在未來始發菩提心者。識佛所行及菩薩行海。備菩薩大慈悲海。能普遍法界海眾生行業海而利益之。令到究竟岸故。既

世界成就品第四

今释此品。略作三门分别。一释品名目。二释品来意。三随文释义。一释品名目者。为明世界海。依住形相苦乐净秽。皆是众生自业果报之所庄严。不从他有。佛菩萨世界海。依大愿力。依自体清净法性力。依诸波罗蜜诸行海等自体清净力。依为度众生。大慈悲智力。以不思议变化力之所成就。故名世界成就品。二释品来意者。此品所来。大意有五。一答前世主三十七问佛海众生海波罗蜜海等。此品示业果报。示法果报。答前所问故。明向前是佛光明神力答。此品示其佛行海。眼耳鼻舌波罗蜜海。遍法界海。众生业行海故。三十七问。一时总答。令大众海。悟佛所行。入普贤菩萨所行也。故号佛华严经。二令诸现在未来始发菩提心者。识佛所行。及菩萨行海。佛菩萨大慈悲海。能普遍法界海。众生行业海。而利益之。令到究竟岸故。既見是已而倣效之學佛行故令始發心者悲智圓滿行解不錯謬故三令始發心菩薩知衆生業報同異差別由心造故四令始發心者知衆生界廣大等法界虛空界如影相入重重無盡依住各別佛菩薩行悉充滿故五令始發心菩薩知諸佛菩薩境界海衆生境界一異不可得故隨衆生自業轉變刹海轉變故隨自業成壞刹海成壞故以衆因緣故此品須來發初蒙故若無此品初心菩薩云何知其如來攝生如來行門及以衆行業世界廣狹之相若不知者依何發心乘佛大悲普濟願行廣度以是義故如下頌云離諸諂誑心清淨常樂慈悲性歡喜志欲廣大深信人彼聞此法生欣悅安住普賢諸願地修行菩薩清淨道觀察法界虛空界此乃能知佛行處若不說衆生界法界佛界菩薩境界虛空界無二無盡如影重重依住者所有發心者設不入二乘道修菩薩行但得權教菩薩心常染淨而有限礙不入佛境界故有自佛他佛及以國刹分劑有往來所依處故如三乘中所說淨土在於他方菩薩願生其中是也說此品者意欲令初發菩提心者知衆生境界諸佛境界

见是已。而仿效之。学佛行故。令始发心者。悲智圆满。行解不错谬故。三令始发心菩萨。知众生业报。同异差别。由心造故。四令始发心者。知众生界广大。等法界虚空界。如影相入。重重无尽。依住各别。佛菩萨行。悉充满故。五令始发心菩萨。知诸佛菩萨境界海。众生境界。一异不可得故。随众生自业转变。刹海转变故。随自业成坏。刹海成坏故。以众因缘故。此品须来。发初蒙故。若无此品。初心菩萨。云何知其如来摄生。如来行门。及以众行业世界广狭之相。若不知者。依何发心。乘佛大悲普济。愿行广度。以是义故。如下颂云。离诸谄诳心清净。常乐慈悲性欢喜。志欲广大深信人。彼闻此法生欣悦。安住普贤诸愿地。修行菩萨清净道。观察法界虚空界。此乃能知佛行处。若不说众生界法界佛界菩萨境界虚空界。无二无尽。如影重重依住者。所有发心者。设不入二乘道。修菩萨行。但得权教菩萨。心常染净。而有限碍。不入佛境界故。有自佛他佛。及以国刹分剂。有往来所依处故。如三乘中所说净土。在于他方。菩萨愿生其中是也。说此品者。意欲令初发菩提心者。知众生境界诸佛境界廣大之相重重無礙無盡之相佛及菩薩願行含攝。利益纖塵無遺故。此品須來。三隨文釋義者。此之一品有十一段經文。從初一段長行。一段偈頌。是此品中序分。後十段長行及十段偈頌。是正說乃至華藏世界海總通此品。爲世界成就品。總爲正說分。

從初序分中。長科爲六段。一爾時已下。四行半經。是普賢觀察十海分。二如是觀察已下。可八行經。明普賢告衆。歎諸佛十種之智海十不可思議。三建立演說海已下。可六行經。明普賢歎佛十種身業教化不可思議。四從勇猛調伏諸衆生海無空過者已下。七行經。是普賢歎佛身智二業隨轉法輪成就衆生入佛之地十不可思議。五如是等佛一切法已下。十八行半經。明普賢承佛神力說菩薩智業身業教化饒益成就衆生海之德。令多菩薩一切衆生入佛境界海故。六明普賢說頌重明前法。於此二十行頌中。兩行爲一頌。於中意有二十。總答前三十七問。爲頌合多義故。一明佛智慧甚深。二明佛身業隨根普應。三明佛語業普周。四明佛行多剎遍嚴。五明諸佛大悲成熟衆生。六明佛广大之相。重重无碍。无尽之相。佛及菩萨愿行。含覆利益。纤尘无遗故。此品须来。三随文释义者。此之一品。有十一段经文。从初一段长行。一段偈颂。是此品中序分。后十段长行。及十段偈颂。是正说。及至华藏世界海。总通此品。为世界成就品。总为正说分。

从初序分中。长科为六段。一尔时已下。四行半经。是普贤观察十海分。二如是观察已下。可八行经。明普贤告众。叹诸佛十种之智海。十不可思议。三建立演说海已下。可六行经。明普贤叹佛十种身业教化不可思议。四从勇猛调伏诸众生海无空过者已下。七行经。是普贤叹佛身智二业。随转法轮成就之众。入佛之地十不可思议。五如是等一切法已下。十八行半经。明普贤乘佛神力。说佛智业身业。教化饶益。成就众生海之德。令多菩萨一切众生。入佛境界海故。六明普贤说颂。重明前法。于此二十行颂中。两行为一颂。于中意有二十。总答前三十七问。为颂含多义故。一明佛智慧甚深。二明佛身业随根普应。三明佛语业普周。四明佛行。多刹遍严。五明诸佛大悲。成熟众生。六明佛普現出興與益七明眾生根劣隨迷八明大心淨信堅固者堪爲九明諸佛與力方知十明離諂慈悲志欲深廣能入十一明觀察法界如虛空而獲善利十二簡修餘道者不堪普賢行入得入十三明眾生界廣大法輪普至十四明普賢自示身廣大十五勸眾令觀毛孔十六明普賢示法與眾之益十七明普賢行願無邊十八明普賢自歎行具十九歎法眼智眼法身智身廣大二十歎是佛所行應諸聽此已上經文自具可知略科眉目如是

第二正說分中有十段經

第一段中長行有十八行半經於中大意有六一明普賢告眾欲說其法二正說世界海有十事之法一切三世諸佛同歎三正舉世界形狀體性有七廣大無盡四正說世界已成現成當成具十種因緣五正說由如來神力法如是等如下十事因緣是也六承佛神力說頌於此十八行頌中重頌前長行之法明眾生界廣多佛菩薩悲願含覆故以行廣大故莊嚴國土廣大以眾生業無量故菩薩行無量以菩薩信心廣大離垢所住國刹光明寶成清淨無垢此明淨穢同居業現各異如文

普现出兴与益。七明众生根劣随迷。八明大心净信坚固者堪为。九明诸佛与力方知。十明离谄慈悲志欲深广能入。十一明观察法界如虚空而获善利。十二简修余道者不堪普贤行人得入。十三明众生界广大。法轮普至。十四明普贤自示身广大。十五劝众令观毛孔。十六明普贤示法与众之益。十七明普贤行愿无边。十八明普贤自叹行具。十九叹法眼智眼法身智身广大。二十叹是佛所行应谛听。此已上。经文自具可知。略科眉目如是。第二正说分中。有十段经 。

第一段中。长行有十八行半经。于中大意有六。一明普贤告众。欲说其法。二正说世界海有十事之法。一切三世诸佛同敷。三正举世界形状体性有十。广大无尽。四正说世界已成现成当成。具十种因缘。五正说由如来神力法如是等。如下十事因缘是也。六乘佛神力说颂。于此十八行颂中。重颂前长行之法。明众生界广多。佛菩萨悲愿含覆故。以行广大故。庄严国土广大。以众生业无量故。菩萨行无量。以菩萨信心广大离垢。所住国刹。光明宝成。清净无垢。此明净秽同居。业现各异。如文可知。是故經云。菩薩修行諸願海。普隨衆生心所欲。衆生心行廣無邊。菩薩國土徧十方。

第二段中爾時已下九行半經幷四十四行頌。明世界依住。如文具明。

第三段中爾時已下有六行經幷二十行頌。明世界差別形由業。如文具明。

第四段爾時已下有十三行經十行頌。明世界體差別。

第五段爾時已下有十一行經二十行頌。明世界莊嚴差別。

第六段爾時已下有十行經幷二十行頌。明所修行方便願力故。出生諸世界海莊嚴。故業清淨故莊嚴清淨。業垢濁故莊嚴垢濁。

第七段爾時已下有八行經幷二十行頌。明諸世界諸佛出現差別。依衆生業行。壽命脩短佛出現不同。

第八段爾時已下有七行經幷二十行頌。明世界劫住不同由業。

第九段爾時已下有十四行經幷十行頌。明劫隨業轉變淨穢。

第十爾時已下有十五行半經二十行頌。明一

可知。是故经云。菩萨修行诸愿海。普随众生心所欲。众生心行广无边。菩萨国土遍十方。

第二段中。尔时已下九行半经。并四十四行颂。明世界依住。如文具明。

第三段中。尔时已下有六行经。并二十行颂。明世界差别形由业。如文具明。

第四段。尔时已下有十三行经。十行颂。明世界体差别。

第五段。尔时已下有十一行经。二十行颂。明世界庄严差别。

第六段。尔时已下有十行经。并二十行颂。明所修行方便愿力故。出生诸世界海庄严。故业清净故。庄严清净。业垢浊故。庄严垢浊。

第七段。尔时已下有八行经。并二十行颂。明诸世界。诸佛出现差别。依众生业行。寿命修短。佛出现不同。

第八段。尔时已下有七行经。并二十行颂。明世界劫住不同由业。

第九段。尔时已下有十四行经。并十行颂。明劫随业转变净秽。

第十。尔时已下有十五行半经。二十行颂。明一

切世界海如來出現無差別一一如來具明此之
一品答前三十七問意令現在未來發菩提心者
識佛所行眾生業海無際如來以普賢行普濟以
法性理智無礙從初發心興大願雲悲智普賢以
波羅蜜海無剎不現其身無行不同其事應毫內
剎影現重重平等智身與不隨入以法界之體同
無往來法常如是令學者倣之趣求不認此乃如
大王路法爾常然更有異求偏僻不當也

校譌

第七紙三行身下南北論有海字第八紙四行其論作此宋第九紙十一
行下南字北論有亦第十一紙三行變論謂作通宋第十五紙十行遂論作比
論前謂論第十六紙十二藏宋行作迴測第十七紙五行論作觀察宋十
五作行就宋論謂作熟十第十八紙六行論作偏南北第二
八行行宋論謂作門第二十一紙四行論作見者宋第二十三
十紙七論謂作行合令宋
紙十藏九論謂作行內中宋

華藏世界品第五

將釋此品略作十門分別一釋品來意二釋品
名目三釋華藏世界海因何報得四釋華藏世界
形狀安立五配華藏世界安立屬因六釋華藏世
界海純雜無礙七釋華藏世界海圓滿三世業境
八釋華藏世界本空出生所緣九明華藏世界因

切世界海。如来出现无差别。一一如文具明。此之一品。答前三十七问。意令现在未来发菩提心者。识佛所行。众生业海无际。如来以普贤行普济。以法性理智无碍。从初发心。兴大愿云。悲智普覆。以波罗蜜海。无刹不现其身。无行不同其事。尘毫内刹。影现重重。平等智身莫不随入。以法界之体。而无往来。法常如是。令学者仿之。趣求不谬。此乃如大王路。法尔常然。更有异求。偏僻不当也。

华藏世界品第五

将释此品。略作十门分别。一释品来意。二释品名目。三释华藏世界海因何报得。四释华藏世界形状安立。五配华藏世界安立属因。六释华藏世界海纯杂无碍。七释华藏世界海圆摄三世业境。八释华藏世界本空出生所缘。九明华藏世界因

何得隱現自在。十隨文釋義。一釋品來意者。此品
答前三十七問中佛世界海眾生海波羅蜜海等。
此品舉如來五位中行業因果報得。答前三十七
問。故此品須來。二釋品名目者。為說此佛境報得
之土。蓮華所持。含藏一切淨穢境界。皆在其中。故
名華藏。三釋華藏世界因何報得者。以從初信心
至於八地已來。恆以大志願力持。令其不退菩提
諸波羅蜜海。教化饒益一切眾生。至於八地。任利
無功。當知風輪是大願波羅蜜所成報。故眾生世
間。妄想業風所持。如來世間。以大願力智風能持
諸境。為以智能隨願。願能成智。還以大願法身大
智之所報成風輪之體。若不以法身。一切諸行總
有為故。若無志願。法身無性。不能自成。何況成他
以此二事為緣。方堪利生。不滯空有。進修功熟。任
利無功。且取初因大願為首。令持萬境。總以大願
智風。以為持境。是故此品下文。普散摩尼妙寶華。
以昔願力空中住。如是華藏世界所有莊嚴。總是
風輪上持諸境。由諸願行本從願生。還將本因以
持諸果。以此用願波羅蜜能成一切諸波羅蜜海。
以本因如此。故因果相持。今以第八及初發心時

何得隐现自在。十随文释义。一释品来意者。此品答前三十七问中佛世界海众生海波罗蜜海等。此品举如来五位中行业因果报得。答前三十七问故。此品须来。二释品名目者。为说此佛境报得之土。莲华所持。含藏一切净秽境界。皆在其中。故名华藏。三释华藏世界因何报得者。以从初信心至于八地已来。恒以大志愿力持。令其不退菩提。诸波罗蜜海。教化饶益一切众生。至于八地。任利无功。当知风轮。是大愿波罗蜜所成报故。众生世间。妄想业风所持。如来世间。以大愿力智风。能持诸境。为以智能随愿。愿能成智。还以大愿法身大智之所报。成风轮之体。若不以法身。一切诸行总有为故。若无志愿。法身无性。不能自成。何况成他。以此三事为缘。方堪利生。不滞空有。进修功熟。任利无功。且取初因大愿为首。令持万境。总以大愿智风。以为持境。是故此品下文。普散摩尼妙宝华。以昔愿力空中住。如是华藏世界所有庄严。总是风轮上持诸境。由诸福行本从愿生。还将本因以持诸果。以此用愿波罗蜜。能成一切诸波罗蜜海。以本因如此。故因果相持。今以第八及初发心时。

願波羅蜜中十波羅蜜以成十種風輪用持其上十種一切莊嚴以願波羅蜜互體相參能持其上諸行報得一切莊嚴如最下風輪名平等是願波羅蜜中檀波羅蜜報得故能持其上一切寶燄熾然莊嚴還是願波羅蜜中檀度門法財惠施之所報生還自相持因果相徹法不虛得因不唐捐以次准此用願波羅蜜中十度法門配之十種風輪報得因果相持故還如眾生世間妄想業風最居其下上持水際金剛地山令其安住字象玄光以成天文運遊不墮蓮華藏體是法身隨行無依住智體之所報得及宮殿總大悲含育之所報得樓閣即是智照觀根順悲濟物之所報得其地金剛平等自性法身之所報得但是諸莊嚴中所有金剛為莊嚴者皆法身隨行之報但是摩尼莊嚴皆法身成戒體隨行報得金剛輪圍山即是大悲戒防護之業之所報得眾華莊嚴者萬行利生開敷眾善之所報得故寶樹莊嚴者建行利生覆蔭含識之所報得如十行位中功德林等十箇菩薩下名悉同名之曰林為行覆蔭故師子座莊嚴者即是以法身隨智建法輪報得故略而言之且復如

愿波罗蜜中十波罗蜜。以成十种风轮。用持其上十种一切庄严。以愿波罗蜜互体相参。能持其上诸行报得一切庄严。如最下风轮名平等。是愿波罗蜜中檀波罗蜜报得故。能持其上一切宝焰炽然庄严。还是愿波罗蜜中檀度门法财惠施之所报生。还自相持。因果相彻。法不虚得。因不唐捐。以次准此。用愿波罗蜜中十度法门配之。十种风轮报得。因果相持故。还如众生世间。妄想业风最居其下。上持水际金刚地山。令其安住。孛象玄光。以成天文。运游不堕。莲华藏体。是法身随行无依住智体之所报得。及宫殿。总大悲含育之所报得。楼阁。即是智照观根顺悲济物之所报得。其地金刚。平等自性法身之所报得。但是诸庄严中。所有金刚为庄严者。皆法身随行之报。但是摩尼庄严。皆法身成戒体随行报得。金刚轮围山。即是大悲戒防护之业之所报得。众华庄严者。万行利生。开敷众善之所报得故。宝树庄严者。建行利生覆荫含识之所报得。如十行位中。功德林等十个菩萨。下名悉同名之曰林。为行覆荫故。师子座庄严者。即是以法身随智建法轮报得故。略而言之。且复如是廣說報業所因不可具悉夫報不虛得皆有所因若不知因云何修果是故此品之初云此華藏莊嚴世界海是毗盧遮那如來往昔於世界海微塵數佛一一佛所淨修世界海微塵數大願之所嚴淨但云願者爲行由願成又下云普賢智地行悉成一切莊嚴從此出如香水海大慈悲業之所報得香水河是進修之行之所報得如下文殊師利常隨眾中總以名表法卽見名知行如此華藏世界海見果知因不可別引餘經將來證此此經見名卽知法見果卽知因方可識此經之意趣餘經法相門戶多不與此經相應餘經云苦諦此經云苦聖諦卽義有餘餘經說四諦此經說十種聖諦及十十二因緣若廣說無量差別不可卒申以是義故此配因果不可引於餘教配此經文此經見名知行以果識因如文殊師利常隨之眾云明練十方儀式主方神除滅無明黑闇主夜神一心匪懈闡明佛日主晝神卽其例矣此華藏世界報得之體大要總言大願法身大智萬行大慈大悲以此五事成滿盡法界虛空界乃至塵毫之內重重剎海中一切眾生行皆悉等利至八地任用無

是。广说报业所因。不可具悉。夫报不虚得。皆有所因。若不知因。云何修果。是故此品之初云。此华藏庄严世界海。是毗卢遮那如来。往昔于世界海微尘数佛。一一佛所。净修世界海微尘数大愿之所严净。但云愿者。为行由愿成。又下云。普贤智地行悉成。一切庄严从此出。如香水海。大慈悲业之所报得。香水河。是进修之行之所报得。如下文殊师利常随众中。总以名表法。即见名知行。如此华藏世界海。见果知因。不可别引余经。将来证此。此经见名即知法。见果即知因。方可识此经之意趣。余经法相门户。多不与此经相应。余经云苦谛。此经云苦圣谛。即义有余。余经说四谛。此经说十种圣谛。及十十二因缘。若广说无量差别。不可卒申。以是义故。此配因果。不可引于余教。配此经文。此经见名知行。以果识因。如文殊师利常随之众云。明练十方仪式主方神。除灭无明黑暗主夜神。一心匪懈阐明佛日主昼神。即其例矣。此华藏世界报得之体。大要总言大愿。法身大智。万行。大慈。大悲。以此五事。成满尽法界虚空界。乃至尘毫之内。重重刹海中。一切众生行。皆悉等利。至八地任用无

功自常充徧以此為體非是滯寂自安及人天自
求樂果者之所境界故亦非樂生淨土菩薩者境
界故此淨土菩薩設修六波羅蜜得六神通亦未
能生信故為本不以法界根本智差別智乘發生
信進修行故四釋華藏世界海形狀者以無盡大
願風輪持大悲水生無邊行華以法性虛空能容
萬境重疊無礙於其水上生一大蓮華周空法界
名種種蘂香幢明根本智起差別智行差別行名
蘂香幢於蓮華內日珠王寶上有大輪圍山經云
日珠王蓮華之上者只是華內有寶名日珠王非
別有華也具寶所成林樹香水妙華開敷經自有
文具陳其事其華內地金剛所成地具眾寶間錯
嚴飾經自具言於其地上無數香水海眾寶為底
如經具說一一香水海外各有四天下微塵數香
水河右旋圍遶從南向東以次遶之如六甲等為
右其河嚴飾經自具言於不可說香水海中一一
海內各有一大世界種而住其中其世界種者同
流所居名之曰種種者類也如先德釋云三千大
千世界數至恆沙為一世界海世界數至恆沙
為一世界性性數至恆沙為一世界種此中世界

功。自常充遍。以此为体。非是滞寂自安。及人天自求乐果者之所境界故。亦非乐生净土菩萨者境界故。此净土。菩萨设修六波罗蜜。得六神通。亦未能生信故。为本不以法界根本智差别智乘。发生信进修行故。四释华藏世界海形状者。以无尽大愿风轮。持大悲水。生无边行华。以法性虚空。能容万境。重叠无碍。于其水上。生一大莲华。周空法界。名种种蕊香幢。明根本智。起差别智。行差别行。名蕊香幢。于莲华内。日珠王宝上。有大轮围山。经云。日珠王莲华之上者。只是华内有宝。名日珠王。非别有华也。具宝所成林树香水。妙华开敷。经自有文。具陈其事。其华内地。金刚所成。地具众宝。间错严饰。经自具言。于其地上。无数香水海。众宝为底。如经具说。一一香水海外。各有四天下微尘数香水河右旋围绕。从南向东。以次绕之。如六甲等为右。其河严饰。经自具言。于不可说香水海中。一一海内。各有一大世界种而住其中。其世界种者。同流所居。名之曰种。种者类也。如先德释云。三千大千世界数至恒沙。为一世界海。海世界数至恒沙。为一世界性。性数至恒沙为一世界种。此中世界種有不可說佛刹微塵數。一一香水海中各有其一世界種。如經且略舉世界種於最中心香水海。名名無邊妙華光明中道智悲之妙用爲作名也。即是風輪向上種種香幢大蓮華之內處中香水海也。此中海內出大蓮華名一切香摩尼王莊嚴。有世界種於中而住名普照十方熾然寶光明。此世界種上下有二十重世界各各相去佛刹微塵數。此娑婆世界在第十三重中最下重中有佛刹微塵數世界周帀圍遶。次上重有二佛刹塵次上重中。三佛刹塵數世界周帀圍遶。一重增一至其上二十重。有二十佛刹微塵數世界圍遶。如是周旋通中心有十一箇世界種各有二十重上下相去遠近相似。此十一箇世界種外周圍至輪圍山。復有一百箇世界種。隨方各十於中布列直往隨方行列而住。近輪圍山周帀十箇世界種各各上下四重重數雖少上下相去極遠。每第三重與此娑婆世界齊等最上重或言相去七佛刹塵向下第二重與下相去多言十佛刹微塵數計四重世界還與中心十一箇二十重世界種高下齊等。此近輪圍山十箇世界種卽有四重並餘九十箇世种。有不可说佛刹微尘数。一一香水海中。各有其一世界种。如经且略举世界种。于最中心香水海名。名无边妙华光。明中道智悲之妙用。为作名也。即是风轮向上。种种蕊香幢大莲华之内。处中香水海也。此中海内出大莲华。名一切香摩尼王庄严。有世界种于中而住。名普照十方炽然宝光明。此世界种。上下有二十重世界。各各相去佛刹微尘数。此娑婆世界。在第十三重中。最下重中。有佛刹微尘数世界周匝围绕。次上重。有二佛刹尘。次上重中。三佛刹尘数世界周匝围绕。一重增一。至最上二十重。有二十佛刹微尘数世界围绕。如是周旋。通中心有十一个世界种。各有二十重。上下相去远近相似。此十一个世界种外。周围至轮围山。复有一百个世界种。随方各十。于中布列。直往随方。行列而住。近轮围山周匝十个世界种。各各上下四重。重数虽少。上下相去极远。每第三重。与此娑婆世界齐等。最上重。或言相去七佛刹尘。向下第二重。与下相去多言十佛刹微尘数。计四重世界。还与中心十一个二十重世界种。高下齐等。此近轮围山十个世界种。即有四重。余九十个世

界種不言重數。且略舉世界種中心有十一箇世
界種周圍有一百箇世界種。共有一百一十一箇
世界種。如天帝網分布而住。大都總數有不可說
佛刹微塵數諸世界種。總於種種衆寶香幢大蓮華
之上。諸香水海。各出蓮華。諸世界種。各各而住。卽
於其大華之上。別華而居。卽是第一重各別蓮華
之上。布列而住。最下有須彌山微塵數風輪而持
其上種種莊嚴。及持其上重重世界。猶如日月衆
星以風所持處空而住。餘廣者經自有文。若廣引
支繁恐見不當。略陳綱紀攝而言之。五毗遮藏此
界海安立廣因者。夫果不自生。從因而得。經云。廣
大願雲周法界。於一切劫化羣生。普賢智地行悉
成。所有莊嚴從此出。如經總舉不可說佛刹微塵
數世界種者。明普賢行。攝化之境。徧法界故。卽是
座內衆眉間衆。所行覺行報得之境。總是都舉果
行圓周之境。於彼但言佛世界微塵衆。對不可說
佛刹微塵數。於彼是略舉數。此是廣數。如說普賢
之行。且但言萬行。此是略言。意在無盡等法界行
也。卽此一重舉果中普賢滿行。卽如座內衆眉間
衆。卽此華藏莊嚴世界海不可說佛刹微塵世界

界种。不言重数。且略举世界种中心有十一个世界种。周围有一百个世界种。共有一百一十一个世界种。如天帝网。分布而住。大都总数有不可说佛刹微尘数诸世界种。总于种种蕊香幢大莲华之上。诸香水海。各出莲华。诸世界种。各各而住。即于其大华之上。别华而居。即是第二重各别莲华之上。布列而住。最下有须弥山微尘数风轮。而持其上种种庄严。及持其上重重世界。犹如日月众星。以风所持处空而住。余广者经自有文。若广引文繁。恐见不当。略陈纲纪。粗而言之。五配华藏世界海安立属因者。夫果不自生。从因而得。经云。广大愿云周法界。于一切劫化群生。普贤智地行悉成。所有庄严从此出。如经总举不可说佛刹微尘数世界种者。明普贤行。摄化之境遍法界故。即是座内众眉间众。所行觉行报得之境。总是都举果行圆周之境。于彼但言佛世界微尘众。对不可说佛刹微尘数。于彼是略举数。此是广数。如说普贤之行。且但言万行。此是略言。意在无尽等法界行也。即此二重举果中。普贤满行。即如座内众眉间众。即此华藏庄严世界海。不可说佛刹微尘世界種。如天帝網分布在種種藏香幢大蓮華之中。是其彼果行所攝生報滿果所得之境。今在經中不舉大數。但舉中心十一箇世界種。上下二十重。重別相去一佛刹塵。最下重世界各有一佛刹塵世界周帀圍遶。所住其中。次上第二重中即云二佛刹世界周帀圍遶。次上第三重中即言三佛刹塵數世界周帀圍遶。以次向上。一重加一。直至最上重世界中有二十佛刹塵世界周帀圍遶。此中心十一箇世界種。總皆如是。此明十一地行門進修攝化境界報得。中心十一箇。即十一地報得。上下二十重漸漸增廣者。明十一地行門中。一地有兩重因果。為地地進修中。皆一正果一向果。其二十重中所有佛號。皆是勝進中因果佛也。所有世界是隨位中所化之境界也。即明十一地進修攝化層降佛果故。各隨位配之可見。除此十一箇世界外。周圍別舉出一百箇世界種者。即明此十一地攝化十波羅蜜行徧輪圍山法界內故。且隨方次第各有其十。都言一百。明徧不可說佛刹塵境界滿故。近金剛輪圍山周圍有十箇世界種上下有四重者。明十一地中四攝法徧故。餘九十箇世界种。如天帝网。分布在种种蕊香幢大莲华之中。是其彼果行所摄生报满果所得之境。今在经中不举大数。但举中心十一个世界种。上下二十重。重别相去一佛刹尘。最下重世界。各有一佛刹尘世界周匝围绕。而住其中。次上第三重中。即云二佛刹世界周匝围绕。次上第三重中。即言三佛刹尘数世界周币围绕。以次向上。一重加一。直至最上重世界中。有二十佛刹尘世界周匝围绕。此中心十一个世界种。总皆如是。此明十一地行门进修摄化境界报得。中心十一个。即十一地报得。上下二十重渐渐增广者。明十一地行门中。一地有两重因果。为地地进修中。皆一正果一向果。其二十重中所有佛号。皆是胜进中因果佛也。所有世界。是随位中所化之境界也。即明十一地进修摄化层降佛果故。各随位配之可见。除此十一个世界外。周围别举出一百个世界种者。即明此十一地摄化十波罗蜜行。遍轮围山法界内故。且随方次第。各有其十。都言一百。明遍不可说佛刹尘境界满故。近金刚轮围山。周围有十个世界种。上下有四重者。明十一地中四摄法遍故。余九十个世界種不云重數者。明但是十波羅蜜。十中具百。所攝化境故。此是一箇因果竟。自餘十箇四重世界。配四攝法。更作一配。總舉中心十一箇世界種。并周圍直至金剛輪圍山一百箇世界種。總共有一百一十一箇世界種。配十住十行十迴向十地十一地五位法。各有佛因果。都有一百。本五位中。本自有十重因果。爲本五位中。各有兩重因果。卽是十。此爲本五位佛因果。與五位中作進修故。卽如此初會五位佛果。是都有一百一十。更有一箇世界種爲明佛位。是一徧一切中作一故。若無此一位諸位不成故。又明緣生之法。皆須有一故。緣生之法始成。如一三五七九。與十作緣。但置二四六八十具滿數故。是圓數不可加減。是佛法世間法皆相似故。如一日三日五日七日九日。皆一三五七九爲法首。成緣生無盡。一多相徹故。明其一者非同時無前後中間故。爲一不自一。與萬法作一故。爲萬法不自多。爲一作多故。爲成緣起法。合如是。一多自在。無作任相成故。如俗法。一爲陽。二爲陰。陽動陰隨。不可自用。陰若自用。卽天地兩乖。雲不興。雨不施。皆主伴陰陽動靜相順。互爲主伴。方成种。不云重数者。明但是十波罗蜜。十中具百。所摄化境故。此是一个因果竟。自余十个四重世界。配四摄法。更作一配。总举中心十一个世界种。并周围直至金刚轮围山一百个世界种。总共有一百一十一个世界种。配十住十行十回向十地十一地五位法。各有佛因果。都有一百。本五位中。本自有十重因果。为本五位中。各有两重因果。即是十。此为本。五位佛因。果与五位中作进修故。即如此初会五位佛果是。都有一百一十。更有一个世界种。为明佛位。是一遍一切中作一故。若无此一位。诸位不成故。又明缘生之法。皆须有一故。缘生之法始成。如一三五七九。与十作缘。但置二四六八十。具满数故。是圆数不可加减。是佛法世间法皆相似故。如一日三日五日七日九日。皆一三五七九为法者。成缘生无尽。一多相彻故。明其一者。非同时无前后中间故。为一不自一。与万法作一故。为万法不自多。为一作多故。为成缘起。法合如是。一多自在。无作任相成故。如俗法。一为阳二为阴。阳动阴随。不可自用。阴若自用。即天地两乖。云不兴。雨不施。皆主伴阴阳。动静相顺。互为主伴。方成緣生兩剛即鉄兩柔即離爲不成濟故是如來出世意在利生真不隨俗故行無所設也德無所濟也即佛自佛眾生自眾生若爲利生施設法則即佛爲陽德所設教爲陰是故此經名爲圓教佛處坎之一而設教即十以坎爲師卦故是故普賢菩薩爲明設教利生因果緣起法須自在不滯緣生故舉一百一十一世界種配其五位因果有一百一十之門爲攝生報得有一箇世界種明其佛位與五位及一切諸行作多故還如眉間之眾勝音菩薩獨坐蓮華臺諸菩薩眾坐其華鬚明主伴萬行一多相即故定慧觀之可見十下作一是其十字明仁土之法迭合十一令以十一箇世界安立十一地法門四重世界明十波羅蜜四攝法之方便大意舉前座內眾及眉間眾明其所行之行此華藏世界明彼行中報得依果於中雜類世界即明所攝之眾生同住一處而境各異者約法界理智真俗不殊六釋華藏世界純雜無礙者爲佛所行之行徧法界眾生界故既是行徧所得依果亦徧但業不相應者同住居而不見猶如靈神及諸鬼趣與人同處人不能見如經云譬如人身常有

缘生。两刚即缺。两柔即离。为不成济故。是如来出世。意在利生。真不随俗。故行无所设也。德无所济也。即佛自佛。众生自众生。若为利生。施设法则。即佛为阳德。所设教为阴。是故此经名为圆教。佛处坎之一。而设教即十。以坎为师卦故。是故普贤菩萨。为明设教利生。因果缘起。法须自在。不滞缘生故。举一百一十一世界种。配其五位因果。有一百一十之门。为摄生报得。有一个世界种。明其佛位。与五位及一切诸行作多故。还如眉间之众。胜音菩萨。独坐莲华台。诸菩萨众坐其华须。明主伴万行。一多相即故。定慧观之可见。十下作一。是其士字。明仁士之法。法合十一。令以十一个世界。安立十一地法门。四重世界。明十波罗蜜四摄法之方便。大意举前座内众及眉间众。明其所行之行。此华藏世界。明彼行中报得依果。于中杂类世界。即明所摄之众生。同住一处。而境各异者。约法界理智。真俗不殊。六释华藏世界纯杂无碍者。为佛所行之行。遍法界众生界故。既是行遍。所得依果亦遍。但业不相应者。同住居而不见。犹如灵神及诸鬼趣。与人同处。人不能见。如经云。譬如人身。常有二天隨逐。天常見人。人不見天。此經爲佛行周徧依正亦徧。不同三乘推淨土於餘方而致去來。自他之相。爲彼小心根劣者且如是設教網故。畢竟求大菩提心者。還須歸此不二之門。興徧周法界之行願也。七明華藏世界圓攝三世業境者。此華藏世界海明此教法。一念三世故。一念者爲無念也。無念卽無三世古今等法。以明法身無念。一切眾生妄念三世多劫之法。不離無念之中。以是義故。此華藏世界所有莊嚴境界。能現諸佛業眾生三世所行行業因果總現其中。或過去業現未來中。或未來業現過去中。或過去未來業現現在中。或現在業現過去未來中。如百千明鏡俱懸四面前後影像互相徹。故爲法界之體性無時。故妄計三世之業。頓現無時法中。是故經言。智入三世而無來往。經云。佛子汝應觀剎種威神力。未來諸國土。如夢悉令見。十方諸世界。過去國土海。咸於一剎中。現像猶如化。三世一切佛。及以其國土。於一剎種中。一切悉觀見。論主頌曰。三世無有時。妄計三世法。以眞無妄想。一念現三世。三世無時者。亦無有一念。計著三世法。總現無時中。了達無時法二天随逐。天常见人。人不见天。此经为佛行周偏。依正亦遍。不同三乘。推净土于余方。而致去来自他之相。为彼小心根劣者。且如是设教网故。毕竟求大菩提心者。还须归此不二之门。兴遍周法界之行愿也。七明华藏世界圆摄三世业境者。此华藏世界海。明此教法。一念三世故。一念者。为无念也。无念即无三世古今等法以明法身无念。一切众生忘念三世多动之法。不离无念之中。以是义故。此华藏世界所有庄严境界。能现诸佛业。众生三世所行行业。因果总现其中。或过去业。现未来中。或未来业。现过去中。或过去未来业。现现在中。或现在业。现过去未来中。如百千明镜俱悬四面前后。影像互相彻故。为法界之体性无时故。妄计三世之业。顿现无时法中。是故经言。智入三世而无来往经云。佛子汝应观。刹种威神力。未来诸国土。如梦悉令见。十方诸世界。过去国土海。咸于一刹中。现像犹如化。三世一切佛。及以其国土。于一刹种中。一切悉观见。论主颂曰。三世无有时。妄计三世法。以真无妄想。一念现三世。三世无时者。亦无有一念。计著三世法。总现无时中。了达无时法。

一念成正覺。八歸佛國本空何爲華藏世界出生
所緣者。緣何事意緣意有四。一爲明一乘雖得解
脫三界麤業。無有福智不利眾生滯於涅槃一爲
二乘菩薩有樂生淨土。淨相常存障法性如理染
淨當情妄見不盡情存淨土不得自在。不如此法
隱現自在。爲利眾生顯勝福德故。即具相萬差光
明顯照。若令眾生情無取著。如幻雲散。一物無
無有所得存其斷故二乘怖一切法空眾生爲法
空無相之理謂明言斷見空無福智不樂觀空樂取
相縛。隨境存業。不能解脫者。所現福德依正果故。
令觀空法空卻無明成福德業四總爲一切二乘。
及一切凡夫。現廣大遂行普賢智境界量度樣式令
其修學。不偏執。故經云。諸佛國土如虛空。無等無
生無有相。爲利眾生普嚴淨。示現力故住其中。凡
明華藏世界因何得隱現自在者。爲從一切法空
之理隨智現故。得隱現自在。世間諸能鬼具有二尊
猶能隱現。何況法空。若諸二尊。純清淨智不能隱
現自在。如善財入彌勒樓閣。以三昧力具見眾莊
嚴。從三昧起。忽然不見。一相都無。善財白言。此莊
嚴何處去。彌勒答言。從來處去。曰從何處來。曰從

一念成正觉。八释佛国本空何为华藏世界出生所缘者。缘何事意。缘意有四。一为明二乘虽得解脱三界粗业。无有福智。不利众生。滞于涅槃。二为三乘菩萨。有乐生净土。净想常存。障法性如理。染净当情。知见不普。情存净土。不得自在。不如此法。隐现自在。为利众生。显胜福德故。即具相万差。光明显照。若令众生。情无取著。如幻云散。一物便无。无有所得。存其系故。三为怖一切法空众生。为法空无相之理。谓言断见。空无福智。不乐观空乐取相缚。随境存业。不能解脱者。所现福德依正果故。令观空法。空却无明。成福德业。四总为一切三乘。及一切凡夫。现广大愿行。福智境界。量度样式。令其仿学。不偏执故。经云。诸佛国土如虚空。无等无生无有相。为利众生普严净。本愿力故住其中。九明华藏世界因何得隐现自在者。为从一切法空之理。随智现故。得隐现自在。世间龙鬼。具有三毒。犹能隐现。何况法空。空诸三毒。纯清净智。不能隐现自在。如善财入弥勒楼阁。以三昧力。具见众庄严。从三昧起。忽然不见。一相都无。善财白言。此庄严何处去。弥勒答言。从来处去。曰。从何处来。曰。从菩薩智慧神通來。依菩薩智慧神力而住。無有去處。亦無住處。非集非常。遠離一切。又如幻師作諸幻事。無所從來。無所至去。雖無來去。以幻力故。分明可見。彼莊嚴事亦復如是。無所從來。亦無所去。雖無來去。然以慣習不可思議幻智力故。及往昔大願力故。如是顯現華藏世界。亦復如是。以如來大願智力法性自體空無性力。隱現自在。若隨法性。萬相都無。隨願智力。衆相隨現。隱現隨緣。都無作者。但以理智法爾。自具不思議功。不思議變。無能作者。自在隱現。凡夫執著。用作無明。執障既無。智用自在。順法身。萬象俱寂。隨智用。萬象俱生。隨大悲。常居生死。但隨理智。生死恆眞。以此三事。隱顯萬端。不離一眞之智。化儀百變。十隨文釋義者。

此一品經長科爲十二段。

第一爾時普賢菩薩已下。長行有二十四行經。幷二十行頌。明歎佛往因行菩薩行修淨大願力。報得風輪。以持華藏世界及衆莊嚴。

二爾時已下。有八行半經。幷二十行頌。明歎蓮華之上寶輪圍山具衆嚴飾。由如來神力所生。

三爾時已下。十行半經。幷二十行頌。歎輪圍山菩萨智慧神通来。依菩萨智慧神力而住。无有去处。亦无住处。非集非常。远离一切。又如幻师。作诸幻事。无所从来。无所至去。虽无来去。以幻力故。分明可见。彼庄严事。亦复如是。无所从来。亦无所去。虽无来去。然以惯习不可思议幻智力故。及往昔大愿力故。如是显现。华藏世界。亦复如是。以如来大愿智力。法性自体空无性力。隐现自在。若随法性。万相都无。随愿智力。众相随现。隐现随缘。都无作者。但以理智。法尔自具。不思议功。不思议变。无能作者。自在隐现。凡夫执著。用作无明。执障既无。智用自在。顺法身。万像俱寂。随智用。万像俱生。随大悲。常居生死。但随理智。生死恒真。以此三事。隐显万端。不离一真之智。化仪百变。十随文释义者。此一品经。长科为十二段 。

第一尔时普贤菩萨已下。长行有二十四行经。并二十行颂。明叹佛往因。行菩萨行。修净大愿力。报得风轮。以持华藏世界。及众庄严 。

二尔时已下。有八行半经。并二十行颂。明叹莲华之上。宝轮围山。具众严饰。由如来神力所生 。

三尔时已下。十行半经。并二十行颂。叹轮围山

內平地金剛所成。具足眾寶間錯。其地華網莊嚴

四爾時已下。一十六行半經。一十行頌。明金剛
寶地有眾香水海。眾寶爲底。妙香嚴岸。具眾莊飾。

五爾時已下。十二行半經。一十行頌。明各各香
海具眾香河。其河底岸。具諸嚴飾。右旋遶海。

六爾時已下。十五行半經。一十行頌。明香河兩
間平地具樹華果眾妙莊嚴。芬陀利華。此云百葉
白蓮華。

七爾時已下五行經。一十行頌。都結總歎此世
界海如來無量功德莊嚴。

校譌

第一紙十七行志第一紙三行志南論作第一十
一紙藏五作行同洞作波宋第二十二紙作十六行萃南藏
紙疑當作智第一紙至疑當作智第一
作周迴復第十二紙作華十九行株
作南末藏

八爾時已下三十八行經。一十行頌。明世界種
體性形狀依住。

九爾時以下。直至卷末及初部。結諸世界種於
此大蓮華上分布而住。并別舉此中心華藏世界
海有世界種名普照十方熾然寶光明。上下二十
重世界。於中大意如前已釋。

内平地。金刚所成。具足众宝间错。其地华网庄严。

四尔时已下。一十六行半经。二十行颂。明金刚宝地。有众香水海。众宝为底。妙香严岸。具众庄饰。

五尔时已下。十二行半经。二十行颂。明各各香海。具众香河。其河底岸。具诸严饰。右旋绕海 。

六尔时已下。十五行半经。二十行颂。明香河两间平地。具树华果众妙庄严。芬陀利华。此云百叶白莲华 。

七尔时已下。五行经。二十行颂。都结总叹此世界海。如来无量功德庄严 。

八尔时已下。三十八行经。二十行颂。明世界种体性形状依住 。

九尔时已下。直至卷末及初。都结诸世界种。于此大莲华上分布而住。并别举此中心华藏世界海。有世界种。名普照十方炽然宝光明。上下二十重世界。于中大意。如前已释 。

十此第九卷經。都有十箇二十重世界種。遶此中心世界種。總都有十一箇二十重世界種。於中意趣前已釋畢。

第十一此第十卷中。總舉一百箇世界種。圍遶中心十一箇二十重世界種。布列而住。近輪圍山十箇世界種。上下四重。高下與此中心十一箇世界種相似。中間相去極遠。自餘九十箇世界種。不云重數。大數有一百一十一箇世界種。於中表意如前已釋。

校譌

第一紙七行此下八行九行有下南北宋論俱無十字十一行齊南北藏宋論俱作劑十五行旋宋論作旋第二紙十四行壞下宋論無音字第四紙一行此下朱論無十字六行有下宋論無十字第十紙七行塵南論作垢八行喜南藏作廣十行明下南北藏南宋論俱無雲字第十三紙五行法宋論作化十一行光下宋南藏無明字明下北藏無寶字第十四紙八行漩北論作旋

十此第九卷经。都有十个二十重世界种。绕此中心世界种。总都有十一个二十重世界种。于中意趣。前已释毕。

第十一此第十卷中。总举一百个世界种。围绕中心十一个二十重世界种。布列而住。近轮围山十个世界种。上下四重。高下与此中心十一个世界种相似。中间相去极远。自余九十个世界种。不云重数。大数有一百一十一个世界种。于中表意如前已释。

十二第十卷經末一段頌。都頌已前諸世界海
安住虛空。或淨或穢。純雜同居。而不相障。皆由業
力所起。經文廣博。不可子細科文。文句亂繁。障其
義趣。於中義味大意。前已略述。餘之廣義經文自
具。不同小經。小經即須多引外文莊飾其義。此大
部一乘之典。餘經義與此多不相應。意況與三乘
全別。不可例此經典。此已上十卷經。明三度舉果。
一前如來始成正覺及座內眾。舉佛果行果。明佛
自證。二眉間眾。是舉佛中道行果。與一切未信者
作成信之因。三華藏世界海。明是所向前座內眾
眉間眾所行之行報得之果。大意以佛報業之果。
答前三十七問。見果知因。使後學者如是倣之。行
如是行願。得如是果報。

校譌

第七紙十一行離垢燄藏香水海東下似闕一箇香水海莕下文無盡光明輪香水海外等下并最近輪圍山香水海皆有十箇香水海獨此段止有九箇香水海疑有闕文第十七紙三行現南北宋藏俱作見四行圍南北宋藏俱作閩六行輪南北宋藏俱作轉第二十一紙二行作南北宋藏俱作有十七行能宋南北藏俱作佛第二十二紙十行明北藏作照十九行號叫北藏作嘷叫

十二第十卷经末一段颂。都颂已前诸世界海。安住虚空。或净或秽。纯杂同居。而不相障。皆由业力所起。经文广博。不可子细。科文。文句乱繁。障其义趣。于中义味大意。前已略述。余之广义。经文自具。不同小经。小经即须多引外文。庄饰其义。此大部一乘之典。余经义与此多不相应。意况与三乘全别。不可例此经典。此已上十卷经。明三度举果。一前如来始成正觉。及座内众。举佛果行果。明佛自证。二眉间众。是举佛中道行果。与一切未信者。作成信之因。三华藏世界海。明是所向前座内众眉间众。所行之行报得之果。大意以佛报业之果。答前三十七问。见果知因。使后学者。如是仿之。行如是行愿。得如是果报 。

毗盧遮那品第六

將釋此品約作三門分別。一釋品來意。二釋品名目。三隨文釋義。一釋品來意者。前之五品以舉現世毗盧遮那佛果。恐不成信。何以然者。爲古無舊迹。今何所來。以此引古證今。明道不謬故。又明古今諸佛。三世法相似故。成其信者不狐疑故。二釋品名。毗盧遮那品者此品依主得名。明引古佛成今信。還以佛號以爲品名。毗云種種。遮那云光明。言以法身悲智設種種教行之光破衆生之業暗故。問曰。古佛今佛。爲一爲異。答曰。爲一爲異。何以然者。爲法身智身九十七大人之相。大慈大悲智慧解脫是一。各各衆生發心成佛是異。又無量三世諸佛皆同一念成佛無前後際是一。然亦不壞一念中見無量衆生三世劫量是異。以十玄門六相義該通可解。經云。一切諸佛身唯是一法身。一身一智慧力無畏亦然。三隨文釋義者。於此一

毗卢遮那品第六

将释此品。约作三门分别。一释品来意。二释品名目。三随文释义。一释品来意者。前之五品。以举现世毗卢遮那佛果。恐不成信。何以然者。为古无旧迹。今何所来。以此引古证今。明道不谬故。又明古今诸佛。三世法相似故。成其信者。不狐疑故。二释品名。毗卢遮那品者。此品依主得名。明引古佛成今信。还以佛号以为品名。毗云种种。遮那云光明。言以法身悲智。设种种教行之光。破众生之业暗故。问曰。古佛今佛。为一为异。答曰。为一为异。何以然者。为法身。智身。九十七大人之相。大慈。大悲。智慧。解脱。是一。各各众生。发心成佛。是异。又无量三世诸佛。皆同一念成佛。无前后际。是一。然亦不坏一念中。见无量众生。三世劫量。是异。以十玄门。六相义。该通可解。经云。一切诸佛身。唯是一法身。一身一智慧。力无畏亦然。三随文释义者。于此一品經中長科總有十五段經文。於此十五段文中。有四佛出世總明毗盧遮那一號。各隨世間應緣名異非是佛名號異。此經下文佛名號品一一佛皆具等法界衆生界隨緣名號。世間一切名號皆是諸佛名爲如來德徧一切法故。猶如虛空徧含衆法無不淨故。一切衆生名入佛名號無不淨故又如有香名爲象藏。因龍鬭而生。燒之一丸。凝停七日。降金色雨。霑人身者悉皆金色。一切名言入佛名號者悉皆清淨。亦復如是。如是佛名號徧一切世界名字故。始名毗盧遮那。以種種教行之光。徧照一切。以法眼照之。其長科十五段者。

一爾時已下。一段八行經明普賢告衆欲說其法。於此段中復分爲十。一舉古佛所過之劫數。二舉古世界海之名。三舉世界海中別有世界之號。四舉世界所依住處。五舉世界周圍眷屬之數。六舉世界形狀。七舉世界地上莊嚴。八舉世界寶樹及山輪圍重數。九舉世界城邑宮殿。十舉世界人飲食衣服隨念而至。及舉劫名。此已上但隨文自具。不煩更解。

品经中。长科总有十五段经文。于此十五段文中。有四佛出世。总明毗卢遮那一号。各随世间应缘名异。非是佛名号异。此经下文佛名号品。一一佛皆具等法界众生界随缘名号。世间一切名号。皆是诸佛名。为如来德遍一切法故。犹如虚空遍含众法无不净故。一切众生名。入佛名号无不净故。又如有香。名为象藏。因龙斗而生。烧之一丸。凝停七日。降金色雨。沾人身者。悉皆金色。一切名言。入佛名号者。悉皆清净。亦复如是。如是佛名号。遍一切世界名字故。始名毗卢遮那。以种种教行之光。遍照一切。以法眼照之。其长科十五段者　。

一尔时已下。一段八行经明普贤告众。欲说其法。于此段中。复分为十。一举古佛所过之劫数。二举古世界海之名。三举世界海中别有世界之号。四举世界所依住处。五举世界周围眷属之数。六举世界形状。七举世界地上庄严。八举世界宝树及山轮围重数。九举世界城邑宫殿。十举世界人饮食衣服随念而至。及举劫名。此已上但随文自具。不烦更解　。

二諸佛子已下。有八行半經。於中大意義分爲八。一明勝音世界中香水海及舉其名。二明海中有華山出現。形如須彌。三明山上莊嚴有十。四明山上有一大樹林。及舉林名。五舉山上五種無量衆事莊嚴。六明都舉莊嚴雜紀。七明山上諸城之數。八明雜類衆生共居。云芬陀利華者。此云白蓮華也。此上一段。文自顯著。不煩更解。

三諸佛子已下。十九行半經。明林東之城。於此段中義分爲十。一舉城之名。二舉人王所居。三舉諸城圍遶。四明城體衆寶所成。五明城廣狹。六明城郭莊嚴悉皆崇麗。七明城上下衆事莊嚴。言櫓者。依音義解云。城上守禦曰櫓。出頭前引曰敵。衆飾高勝曰崇。美而可觀曰麗。城下遶而長坑深廣者曰壕。狹者曰壍。優鉢羅華者。此云青色華。根似藕。其葉狹長。近下小圓。上漸尖。似佛眼。故其華莖無刺。准歎佛中目淨脩廣如青蓮。即是青蓮華葉也。波頭摩華。此云赤蓮華。其華莖有刺。拘物頭華其莖有刺。或曰赤白華也。其華葉頭稍短。未開敷時。狀如鬱然也。芬陀利華者。白蓮華也。寶多羅二诸佛子已下。有八行半经。于中大意。义分为八。一明胜音世界中香水海。及举其名。二明海中有华山出现。形如须弥。三明山上庄严有十。四明山上有一大树林。及举林名。五举山上五种无量众事庄严。六明都举庄严难纪。七明山上诸城之数。八明杂类众生共居。云芬陀利华者。此云白莲华也。此上一段。文自显著。不烦更解 。

三诸佛子已下。十九行半经。明林东之城。于此段中。义分为十。一举城之名。二举人王所居。三举诸城围绕。四明城体众宝所成。五明城广狭。六明城郭庄严悉皆崇丽。七明城上下众事庄严。言橹者。依音义解云。城上守御曰橹。出头前引曰敌。众饰高胜曰崇。美而可观曰丽。城下绕而长坑。深广者曰壕。狭者为堑。优钵罗华者。此云青色华。根似藕。其叶狭长。近下小圆。上渐尖。似佛眼故。其华茎无刺。准叹佛中。目净修广如青莲。即是青莲华叶也。波头摩华。此云赤莲华。其华茎有刺。拘物头华。其茎有刺。或曰赤白华也。其华叶头稍短。未开敷时。状如郁蹙然也。芬陀利华者。白莲华也。宝多罗樹者或云無憂樹。此之未定。檢文未得也。七重圍遶法事中或一三五七九契陽數也。尸羅此云清淨寶幢。已上莊嚴總爲衆寶。八明城中居人。九明人得業報神通也。所念皆至。十明城四邊天龍乾闥婆等。七種雜類諸城所居。及都結城及莊嚴無量。問曰。此中一種是人。非天龍神。何得業報神通。衣服飲食隨念而至。又所居高勝依報寶嚴。以何業故報得如是。答曰。爲因廣大故業報廣大。爲因高勝故業報所居高勝。問曰何者是因廣大高勝。答曰。爲於往因於此毗盧遮那法界智體用無依住門性清淨法而生信心。修信解力。常信自他凡聖一體同如來智無所依住無我無我所。心境平等無二相故。無我所故。一切凡聖本唯法界。無造作性無生滅性依眞而住。住無所住。與一切諸佛衆生同一心智。住性眞法界。所行分別是一切諸佛本不動智。凡聖一眞共同此智。全信自心是佛種智及一切智故。不於心外別有信佛之心。亦不於自心之內見自心有佛相故。信如斯法自力未充。以此是人獲諸人中一切勝報。以是信力還得毗盧遮那佛在國同居而恆出現神足通力。與天树者。或云无忧树。此之未定。检文未得也。七重围绕。法事中或一三五七九。契阳数也。尸罗。此云清净宝幢。已上庄严。总为众宝。八明城中居人。九明人得业报神通也。所念皆至十明城四绕天龙乾闼婆等。七种杂类诸城所居。及都结城及庄严无量。问曰。此中一种是人。非天龙神。何得业报神通。衣服饮食随念而至。又所居高胜。依报宝严。以何业故。报得如是。答曰。为因广大故。业报广大。为因高胜故。业报所居高胜。问曰。何者是因广大高胜。答曰。为于往因。于此毗卢遮那法界智。体用无依住门。性清净法。而生信心。修信解力。常信自他凡圣一体。同如来智无所依住。无我无我所。心境平等。无二相故。无我所故。一切凡圣。本唯法界。无造作性。无生灭性。依真而住。住无所住。与一切诸佛众生同一心智。住性真法界。所有分别是一切诸佛本不动智。凡圣一真。共同此智。全信自心是佛种智。及一切智故。不于心外别有信佛之心。亦不于自心之内。见自心有佛相故。信如斯法。自力未充。以此是人。获诸人中一切胜报。以是信力。还得毗卢遮那佛在国同居。而恒出现神足通力。与天同處。一切諸城所居神天龍八部等皆是同緣於此法中而生信解故。以此信因高勝廣大獲得如斯勝妙依正果報故。

四諸佛子已下有九行經。明華枝林中道場。幷陳嚴飾廣大。此林眾華嚴飾常有妓樂之音。

五諸佛子已下有十一行半經。明初劫中佛出現之數。幷陳初佛名號。及舉華枝大林先現之瑞。

六爾時已下有九行半經。明初佛蓮華中忽然出現。幷陳佛身徧坐一切法界道場眾生皆見等事。問曰。何故此佛蓮華化現出興。釋迦佛母胎出現。答曰。隨根所見。母胎出現。唯劣解眾生自根見爾。如離世間品云。為劣解眾生母胎出爾。應大根眾生皆見蓮華出現也。

七爾時已下有八行經。明初佛出現放光集眾。幷陳光德大眾來集。

八諸佛子已下有十四行經。明光明大城有人王名喜見善慧王與眷屬俱集。幷陳太子威光以自善根見佛光明。得十種法門。具如經說。最下三句。明威光說頌歎佛。於此十行頌中歎佛之德及德與眾生益。如文可知。

同处。一切诸城所居神天龙八部等。皆是同缘。于此法中而生信解故。以此信因高胜广大。获得如斯胜妙依正果报故 。

四诸佛子已下。有九行经。明华枝林中道场。并陈严饰广大。此林众华严饰。常有妓乐之音 。

五诸佛子已下。有十二行半经。明初劫中佛出现之数。并陈初佛名号。及举华枝大林先现之瑞。

六尔时已下。有九行半经。明初佛莲华中忽然出现。并陈佛身遍坐一切法界道场。众生皆见等事。问曰。何故此佛莲华化现出兴。释迦佛母胎出现。答曰。随根所见。母胎出现。唯劣解众生自根见尔。如离世间品云。为劣解众生。母胎出尔。应大根众生。皆见莲华出现也 。

七尔时已下。有八行经。明初佛出现。放光集众。并陈光德。大众来集 。

八诸佛子已下。有十四行经。明光明大城。有人王名喜见善惠。王与眷属俱集。并陈太子威光。以自善根。见佛光明。得十种法门。具如经说。最下三句。明威光说颂叹佛。于此十行颂中。叹佛之德。及德与众生益。如文可知 。

九諸佛子已下。有兩行半經。明威光說頌。以佛神力其聲徧聞。父王聞之歡喜說頌。於此十一行頌中明其善慧王敕眾令集。幷令辦供具。

十爾時已下。有三十四行半經。明十王興供見佛。幷陳所聞脩多羅經。威光獲益。脩多羅者此為長行經也。最下兩句明威光說偈。此十行頌中明威光聞法獲益。得宿命智力見佛所行往因之事。幷自立願如佛所行。

十一諸佛子已下。有十一行經。明威光菩薩以見初佛承事供養故。得十種顯示如來所行法。令須彌山塵數眾生發菩提心。功德山須彌勝雲如來為威光說頌歎威光之德。於此十一行頌中明功德山如來歎威光所得。如佛所行廣大。如文可知。

十二諸佛子已下。有十四行半經。明莊嚴劫中佛及人壽命長短。初佛去世。第二佛出興。幷明威光見第二佛得十種利。幷為眷屬說頌。此二十行頌中。明威光歎佛慈悲出世難遇。勸其眷屬同往佛所。

十三諸佛子已下。有十六行經。明威光說頌。其九诸佛子已下。有两行半经。明威光说颂。以佛神力。其声遍闻。父王闻之。欢喜说颂。于此十一行颂中。明其善惠王。敕众令集。并令办供具 。

十尔时已下。有三十四行半经。明十王兴供见佛。并陈所闻修多罗经。威光获益。修多罗者。此为长行经也。最下两句。明威光说偈。此十行颂中。明威光闻法获益得宿命智力。见佛所行往因之事。并自立愿如佛所行 。

十一诸佛子已下。有十一行经。明威光菩萨。以见初佛。承事供养故。得十种显示如来所行法。令须弥山尘数众生。发菩提心。功德山须弥胜云如来。为威光说颂。叹威光之德。于此十一行颂中。明功德山如来。叹威光所得。如佛所行广大。如文可知 。

十二诸佛子已下。有十四行半经。明庄严劫中。佛及人寿命长短。初佛去世。第二佛出兴。并明威光见第二佛。得十种利。并为眷属说颂。此二十行颂中。明威光叹佛慈悲。出世难遇。劝其眷属。同往佛所 。

十三诸佛子已下。有十六行经。明威光说颂。其聲徧聞。威光與眷屬同往佛所得十種利。第二佛爲威光說頌。此二十行頌中明第二如來歎威光入道得益。所得之益是八地法門。如經云得灌頂智慧海名無功用修極妙見。

十四諸佛子已下有十二行經。明第二佛去世。善慧王亦去世。大威光受輪王位。第三如來於舊道場出興於世。威光見佛聞法得益。第三如來說頌歎威光之德。此二十二行頌明第三如來歎威光所得之法。

十五諸佛子已下有八行半經明第四如來於舊道場中出現。大威光去世。生須彌山頂爲大天王。還來見佛獲益而去。此一品經來文未足。末有結終之處。此品但明引古印今。毗盧遮那出世之法古今相襲不異。又明所信樂道高法勝。人壽命長遠。福德所居依正果勝。見佛聞法所獲利益勝故。

校譌

第三紙十一行迴宋藏作迴 第四紙十六行寶莊嚴下來南北藏俱有次有緊那羅城名遊戲快樂究有摩睺羅城名金剛幢一十一字 第七紙一十行目宋論作自 第九紙二行五百人則本作一萬五千人 第十四紙十三行滿宋南北藏俱作偏 第十六紙九行土宋論作法 第十七紙十七行一切下宋藏有智字

声遍闻。威光与眷属。同往佛所。得十种利。第二佛为威光说颂。此二十行颂中。明第二如来。叹威光入道得益。所得之益。是八地法门。如经云。得灌顶智慧海。名无功用。修极妙见。

十四诸佛子已下。有十二行经。明第二佛去世。善惠王亦去世。大威光受轮王位。第三如来。于旧道场出兴于世。威光见佛。闻法得益。第三如来说颂。叹威光之德。此二十二行颂。明第三如来。叹威光所得之法。

十五诸佛子已下。有八行半经。明第四如来。于旧道场中出现。大威光去世。生须弥山顶。为大天王。还来见佛。获益而去。此一品经。来文未足。未有结终之处。此品但明引古印今。毗卢遮那出世之法。古今相习不异。又明所信乐道高法胜。人寿命长远。福德所居。依正果胜。见佛闻法。所获利益胜故。

大方廣佛新華嚴經論卷第十四

唐于闐國三藏沙門實叉難陀譯經

唐太原方山長者李通玄造論

佛名號品第七

第一會六品經。明菩薩信心門。於此一會之中。自有序分正說流通。今從第十一卷初爾時已下。有四行半經是序分。已下至賢首品是正說分。賢首品末有二行半經是流通分。第七如來名號品從此已下至賢首品。是第二長科文中以果成信信自己心是佛分。於此一段之中。約有六法以成信心佛果。以令信者入佛果故。一佛名號品。令信心者信佛名號徧一切世間名。知名性離故。二四聖諦品。令信心者自信一切世間苦諦即聖諦不別求故。三光明覺品。令信心者自以自心光明覺照一切世間無盡大千世界總佛境界。自亦同等以心隨光。一一照之。心境合一。內外見亡。初三千大千世界已。次還以東方爲首光至東方十三千大千世界。照百三千大千世界。如是十方十重倍倍周遍。十方圓照。身心一性。無礙徧周。同佛境界

大方广佛新华严经论卷第十四

唐于阗国三藏沙门实叉难陀译经

唐太原方山长者李通玄造论

佛名号品第七

第二会六品经。明菩萨信心门。于此一会之中。自有序分正说流通。今从第十二卷初尔时已下。有四行半经。是序分。已下至贤首品。是正说分。贤首品末。有三行半经。是流通分。第七如来名号品。从此已下至贤首品。是第三长科文中。以果成信。信自己心是佛分。于此一段之中。约有六法。以成信心佛果。以令信者。入佛果故。一佛名号品。令信心者。信佛名号。遍一切世间名。知名性离故。二四圣谛品。令信心者。自信一切世间苦谛即圣谛。不别求故。三光明觉品。令信心者。自以自心光明。觉照一切无间无尽。大千世界。总佛境界。自亦同等。以心随光。一一照之。心境合一。内外见亡。初三千大千世界已。次还以东方为首。光至东方。十三千大千世界。照百三千大千世界。如是十方十重。倍倍周回。十方圆照。身心一性。无碍遍周。同佛境界。

一作意如是觀察。然後以無作方便定印之。入十住初心。生如來智慧家。為如來智慧法王之眞子。一如光明所照。如經具明。不可作佛光明。自無其分。須當自以心光如佛光。開覺其心。圓照法界。四問明品。令信心者所信之法門。五淨行品。令信心者所信菩薩初發心時皆發大願為首。又令信心者便迴無始妄念。以成智海無生滅性。六賢首品。令信心者信佛神力通化無邊得大自在。及信心之福。信此六法名為賢首。以此六法觀行相應名為信心。皆以不動智佛等十智如來是自心之果。以不動智為體。餘智為用。至下方明。文殊師利覺首自首十首菩薩等。是修行信心者之身。此品已下。至賢首品已來六品經。是長科一部經中第三以果成信門也。為明初會是舉佛果勸修信諸佛所得。此第二會一會以果成信。信自心是佛眞果佛不異故。至文方明。前之已成佛果將用勸修。此舉佛名號果勸修。十方世界無有一名非佛名者。名體性自解脫故。但隨眾生所聞不同故。此明佛名號徧周。卽明於一切名無所著故。釋此品作三門。一釋品來意。二釋品名目。三隨文釋義。一釋一一作意。如是观察。然后以无作方便定印之。入十住初心。生如来智慧家。为如来智慧法王之真子。一如光明所照。如经具明。不可作佛光明。自无其分。须当自以心光如佛光。开觉其心。圆照法界。四问明品。令信心者。所信之法门。五净行品。令信心者。所信菩萨初发心时。皆发大愿为首。又令信心者。便回无始妄念。以成智海无生灭性。六贤首品。令信心者。信佛神力。通化无边。得大自在。及信心之福。信此六法。名为贤首。以此六法。观行相应名为信心。皆以不动智佛等十智如来。是自心之果。以不动智为体。余智为用。至下方明。文殊师利。觉首。目首。十首菩萨等。是修行信心者之身。此品已下。至贤首品已来。六品经。是长科一部经中。第三以果成信门也。为明初会。是举佛果劝修。信诸佛所得。此第二会一会。以果成信。信自心是佛。与果佛不异故。至文方明。前之以成佛果。将用劝修。此举佛名号果劝修。十方世界。无有一名非佛名者。名体性自解脱故。但随众生所闻不同故。此明佛名号遍周。即明于一切名。无所著故。释此品作三门。一释品来意。二释品名目。三随文释意。一释品來意者。明前之初會但明如來成等正覺之身及智攝生。未明如來名號攝生廣狹。今此第二會普光明殿方明佛果名號攝生故。此品須來。又爲舉佛果名令生信解故。此品須來。前會明身智徧周。此會明名身及智俱徧周故。初會世主雖問未有其答。此品答前所問使令生後信者之心。令使信佛名身及智普徧法界。應機利物。照俗破迷。故成普光明殿。約德名殿。約殿明德故。此品須來。於此佛名號中約有五緣以成佛號。一以法界自體根本智緣以成佛號。二約如來示成正覺約自德緣以成佛號。三約如來利生方便緣約位進修以成佛號。四明如來以一切衆生隨根所樂緣以成佛號。五約法界體用平等緣。一切諸法總名佛號。一以法界自體根本智以成佛號者。如下不動智佛無礙智佛滅闇智佛。如是十智佛號是也。以此法界根本智上以施十種之名。以成十種信力。至位方明廣意。大意令衆生達自根本無明。本唯如來根本大智。令諸衆生頓識本故頓作佛故。二約如來示成正覺自德成號者。卽十方諸佛示成正覺共同十號。所謂如來應供正徧知是。又毗盧遮品来意者。明前之初会。但明如来成等正觉之身。及智摄生。未明如来名号摄生广狭。今此第二会。普光明殿。方明佛果名号摄生故。此品须来。又为举佛果名。令生信解故。此品须来。前会明身智遍周。此会明名身及智俱遍周故。初会世主虽问。未有其答。此品答前所问。使令生后信者之心。令使信佛名身及智。普遍法界。应机利物。照俗破迷。故成普光明殿。约德名殿。约殿明德故。此品须来。于此佛名号中。约有五缘。以成佛号。一以法界自体根本智缘。以成佛号。二约如来示成正觉。约自德缘。以成佛号。三约如来利生方便缘。约位进修。以成佛号。四明如来以一切众生随根所乐缘。以成佛号。五约法界体用平等缘。一切诸法。总名佛号。一以法界自体根本智。以成佛号者。如下不动智佛。无碍智佛。灭暗智佛。如是十智佛号是也。以此法界根本智上。以施十种之名。以成十种信力。至位方明广意。大意令众生达自根本无明。本唯如来根本大智。令诸众生。顿识本故。顿作佛故。二约如来示成正觉。自德成号者。即十方诸佛。示成正觉。共同十号。所谓如来应供正遍知是。又毗卢遮那是總名。是大智光明照耀種種諸法及種種眾生故。故毗云種種。盧遮那云徧照。三明如來利生方便約位進修緣以成佛號者。即如下舉十箇根本不動智佛。以成十信。舉十箇月佛下名悉同號之為月。以成十住。明創契法身本智心得清涼。為明此位菩薩契理惑亡得法性智清涼故。約自得益之法以成佛號。十行位中以十箇眼佛下名悉同號之為眼。為明十行以智知根利生攝益故。佛號為眼。以善知根性故。皆是約自得益立名為佛。十迴向中以十箇妙佛上名悉同號之為妙。為明十迴向位中菩薩進修漸熟妙智現前故。佛號為妙。十地同妙。已上以明從十信中自信自心分別之智與一切諸佛根本不動智佛本來是一。以成信心。心外見法不成信心也。從此信已下以三昧力契理會源名為十住佛號為月。皆是約修行之人所得之法以成佛號。安立五位五十箇佛名。五十箇因五十箇果。為當位具因果故。成一百重因果。為根本五位中本有五因五果。成一百一十重因果法門。不異法界體。不異十信中所信之法。根本不動智佛。以為諸位進修。且約如是廣意。至下那是总名。是大智光明。照耀种种诸法。及种种众生故。故毗云种种。卢遮那云遍照。三明如来利生方便。约位进修缘。以成佛号者。即如下举十个根本不动智佛。以成十信。举十个月佛。下名悉同号之为月。以成十住。明创契法身本智。心得清凉。为明此位菩萨。契理惑亡。得法性智清凉故。约自得益之法。以成佛号。十行位中。以十个眼佛。下名悉同号之为眼。为明十行。以智知根。利生摄益。故佛号为眼。以善知根性故。皆是约自得益。立名为佛。十回向中。以十个妙佛。上名悉同号之为妙。为明十回向位中菩萨。进修渐熟。妙智现前。故佛号为妙。十地同妙。已上以明从十信中。自信自心分别之智。与一切诸佛根本不动智佛。本来是一。以成信心。心外见法。不成信心也。从此信已下。以三昧力契理会源。名为十住。佛号为月。皆是约修行之人。所得之法。以成佛号。安立五位。五十个佛名。五十个因。五十个果。为当位具因果故。成一百重因果。为根本五位中。本有五因五果。成一百一十重因果。法门不异。法界体不异。十信中所信之法。根本不动智佛。以为诸位进修。且约如是。广意至下

本位廣明。是名隨位進修以成佛號四明如來以
一切衆生隨根所樂。以成佛號者。即以對現色身
等衆生界。爲佛。爲天。爲神。爲主。爲人。爲仙。徧衆生
界。令諸衆生不作惡者。總是。不可以自凡情所測
也。總是佛名號徧周。五明法界體用平等。一切諸
法總名佛號者。爲一切諸法及以名言自體性離
故。一切法自體性離。即法界性。法界性。即佛號。故
是故一切法及名言皆是佛號。故爲如來稱此一
切法自性離之法。以成佛故。欲廣引經文證義。爲
此教文弘廣言繁翳本作業者難解。但依此經上
下。自相契會作業者易解。故如三乘中。亦說根本
智後得智。今欲令三乘人迴心。指此金色世界不
動智佛。令使直認是自心能分別智本無所動。文
殊師利。即是自心善簡擇無相妙慧覺首目首等
菩薩。即是自心隨信解中所見之理智。如是三乘
之人。未迴心者。定當不信何以故。爲立三阿僧祇
劫後當得佛故。爲直認自身及心總是凡夫。但信
佛有不動智等。不自信自心是根本不動智佛。與
佛無異。以是義故不成此教。法界乘中。以根本智
爲信心。此經信心應當如是直信自心分別之性

本位广明。是名随位进修以成佛号。四明如来以一切众生随根所乐。以成佛号者。即以对现色身。等众生界。为佛。为天。为神。为主。为人。为仙。遍众生界。令诸众生不作恶者总是。不可以自凡情所测也。总是佛名号遍周。五明法界体用平等。一切诸法。总名佛号者。为一切诸法。及以名言。自体性离故。一切法自体性离。即法界性。法界性。即佛号故。是故一切法及名言。皆是佛号故。为如来称此一切法自性离之法。以成佛故。欲广引经文证义。为此教文弘广。言繁翳本。作业者难解。但依此经上下。自相契会。作业者易解故。如三乘中。亦说根本智后得智。今欲令三乘人回心。指此金色世界不动智佛。令使直认是自心。能分别智。本无所动。文殊师利。即是自心善简择无相妙慧。觉首目首等菩萨。即是自心随信解中所见之理智。如是三乘之人。未回心者。定当不信。何以故。为立三阿僧祇劫后当得佛故。为直自认身及心总是凡夫。但信佛有不动智等。不自信自心。是根本不动智佛与佛无异。以是义故。不成此教。法界乘中。以根本智为信心。此经信心。应当如是。直信自心分别之性。

是法界性中根本不動智佛金色世界是自心無染之理文殊師利是自心善簡擇妙慧覺首目首等菩薩是隨信心中理智現前以信因中契諸佛果法分毫不謬方成信心從此信已以定慧進修經歷十住十行十迴向十地十一地日月歲劫時分無遷法界如本不動智佛如舊而成一切種智海教化衆生因果不遷時劫不改方成信也若立僧祇定實身是凡夫凡聖二途時劫移改心外有佛不成信心如是已上有此五種佛名號不同問曰名之與號何異答曰有二同別何者爲二約父母所生幼稚無德且作字呼之爲名有德即約德立名其名可尊稱之爲號名即下人不得呼稱其號即下人得呼稱之故雖有德無德之異亦總屬名收爲名言所攝故若約此經佛號總是約法約德立名不同世俗也三隨文釋義者於此段中義分爲二一長科三十二品經意第三禪中說十一地一品未來二科當品經意一長科三十二品者從此如來名號品第二會世主起問二十八問已下直至向後如來出現品是世主所問一終因果所答總有三十二品經是答二十八問故以從普

是法界性中根本不动智佛。金色世界。是自心无染之理。文殊师利。是自心善简择妙慧。觉首目首等菩萨。是随信心中理智现前。以信因中契诸佛果法。分毫不谬。方成信心。从此信已。以定慧进修。经历十住十行十回向十地十一地。日月岁劫。时分无迁。法界如本。不动智佛如旧。而成一切种智海。教化众生。因果不迁。时劫不改。方成信也。若立僧祇定实。身是凡夫。凡圣二途。时劫移改。心外有佛。不成信心。如是已上。有此五种佛名号不同。问曰。名之与号何异。答曰。有二同别。何者为二。约父母所生。幼稚无德。且作字呼之。为名。有德。即约德立名。其名可尊。称之为号。名即下人不得呼称。其号即下人得呼称之。故虽有德无德之异。亦总属名收。为名言所摄故。若约此经佛号。总是约法约德立名。不同世俗也。三随文释义者。于此段中。义分为二。一长科三十二品经意。第三禅中说十一地一品未来。二科当品经意。一长科三十二品者。从此如来名号品。第二会也主起问二十八问已下。直至向后如来出现品。是世主所问一终因果。所答总有三十二品经。是答二十八问故。以从普光明智法界佛果報居之殿舉佛果名號拜舉佛果所行教化衆生四聖諦法門幷舉法界根本智體佛號不動智佛以成信修直至彼如來出現品三十二品經是信進修行之一終因果之極也明此普光明智殿佛果至如來出現品此信進修行因果不二故又明此始成正覺果德之上起信心修行至後如來出現品中明法界無時可隔故以明法界體中凡夫妄見見無量劫始起信進修行者依眞起行以爲進修經歷五位行門無時可移故若未起信進修行時常謂已前諸佛先已成佛經無量劫及其以正信力便見十方無量劫已成佛者而自身與彼先成佛者一時成佛無先後故以是義故如來始成正覺時如今凡夫始發菩提心起行進修自行已滿畢竟不離如來初成正覺初出現時爲無情量依本法界本無時故是故經言信心畢竟二不別者爲法界性無三世別故以三世時無別以無時故無別以智無別故無別爲不異不動智佛體故妙慧用無別不異文殊善簡擇妙慧故行無別爲從初發心不異十波羅蜜行普賢行而爲修行故大悲無別常教化故大願無

光明智。法界佛果。报居之殿。举佛果名号。并与佛果所行教化众生四圣谛法门。并举法界根本智体佛号不动智佛。以成信修。直至彼如来出现品。三十二品经。是信进修行之一终因果之极也。明此普光明智殿佛果。至如来出现品。此信进修行因果不二故。又明此始成正觉。果德之上。起信心修行。至后如来出现品中。明法界无时可隔故。以明法界体中。凡夫妄见。见无量劫。始起信进修行者。依真起行。以为进修。经历五位行门。无时可移故。若未起信进修行时。常谓已前诸佛。先已成佛。经无量劫。及其以正信力。便见十方无量劫已成佛者。而自身与彼先成佛者。一时成佛无先后故。以是义故。如来始成正觉时。如今凡夫始发菩提心。起行进修。自行已满。毕竟不离如来初成正觉初出现时。为无情量。依本法界。本无时故。是故经言信心毕竟二不别者。为法界性。无三世别故。以三世时无别以无时。故无别。以智无别。故无别。为不异不动智佛体故。妙慧用无别。不异文殊善简择妙慧故。行无别。为从初发心不异十波罗蜜行普贤行而为修行故。大悲无别。常教化故。大愿无別不捨眾生故。四攝無別。四無量心無別。故三十七道品無別。以此十種無別。故云發心畢竟二不別。是故發心先心難。爲明入此十種信解者難故。若心外信有他佛得道。我是凡夫者。卽世間人情量。是此乃不論信進修行。直是生死長流。常隨見網。何大苦哉。以此如今第二會及初會。明始成正覺如來出現。後三十二品。又著如來出現品。明始終信進修行者。與三世佛一時出現。明法界總一時故。如持寶鏡普臨眾像。頓照顯現。無前後時故。明於法界根本佛智境界中。頓現眾法。不可將情量度量作前後解故。一依彌勒樓閣中境界。初會中始成正覺佛。是舉果勸修。佛出現品中佛是明諸菩薩進修五位因果行終佛。與信位中不動智佛相對故。問曰。何故諸品諸菩薩說。唯阿僧祇品隨好品是佛自說。答曰。如菩薩加行。如五位煩惱無明。以如來位中不思議菩薩眾寄成五位菩薩。當位自彰次第法門。卽如十慧十林十幢十藏等菩薩是如佛位之內迷法無明。如來自說。如此阿僧祇品隨好品。是佛位之內無明。至佛位內方決此二迷。是故無明住地佛位方終。如勝鬘經說。一别。不舍众生故。四摄无别。四无量心无别故。三十七道品无别。以此十种无别。故云发心毕竟二不别。是故发心先心难。为明入此十种信解者难故。若心外信有他佛得道。我是凡夫者。即世间人情量是。此乃不论信进修行。直是生死长流。常随见网。何大苦哉。以此如今第二会及初会。明始成正觉如来出现。后三十二品。又著如来出现品。明始终信进修行者。与三世佛一时出现。明法界总一时故。如持宝镜。普临众像。顿照显现。无前后时故。明于法界根本佛智境界中。顿现众法。不可将情量度量。作前后解故。一依弥勒楼阁中境界。初会中始成正觉佛。是举果劝修。佛出现品中佛。是明诸菩萨进修五位因果行终佛。与信位中不动智佛相对故。问曰。何故诸品。诸菩萨说。唯阿僧祇品。随好品。是佛自说。答曰。如菩萨加行。如五位烦恼无明。以如来位中不思议菩萨众。寄成五位菩萨。当位自彰次第法门。即如十慧十林十幢十藏等菩萨是。如佛位之内迷法无明。如来自说。如此阿僧祇品随好品是。佛位之内无明。至佛位内方决此二迷。是故无明住地佛位方终。如胜鬘经说。一分教網三乘相似。唯不許二乘及淨土菩薩。斷得根本無明。爲不了無明是根本智故。以此一乘教以不動智佛爲信心。以此所有修行證照衆法。不同此經故。此教明當念初心畢竟心總盡。以法界中無三世故。三乘定滿僧祇。又三賢十聖進修路別。地上加行地前四資糧等。佛果定滿僧祇。如前已明。以此經十住卽見道。加行資糧一時。何以故。以法界大智用資其行。令行無染。以行資糧法界智體。使慣習令熟。爲明從凡創見如來理智性故。又此五位中修行位位各有佛果。隨位慣習處安立名別。三乘教中前位向後位。但有菩薩果。非佛果故。後至位廣明。此法界法門說之經無量劫不延。說之一刹那中亦不促。唯迷之者妄作長短延促之解。卽不稱應眞之心。自此如來名號品已去直至如來出現品。總有三十二品經。是十信十住十行十迴向十地十一地進修因果。以初卽後。以後卽初。不二之位故。如大王路。其法常爾。非故新體也。如文殊師利頌云。一念普觀無量劫。無去無來亦無住。如是了知三世事。超諸方便成十力。二科當品者。於當品中長科爲四。

一從爾時世尊已下。有八行半經。明歎德集衆分教网。三乘相似。唯不许二乘及净土菩萨。断得根本无明。为不了无明是根本智故。以此一乘教。以不动智佛为信心。以此所有修行证照众法。不同此经故。此教明当念。初心毕竟心总尽。以法界中无三世故。三乘定满僧祇。又三贤十圣。进修路别。地上加行。地前四资粮等。佛果定满僧祇。如前已明以此经十住即见道。加行资粮一时。何以故。以法界大智。用资其行。令行无染。以行资粮法界智体。使惯习令熟。为明从凡创见如来理智性故。又此五位中修行。位位各有佛果。随位惯习处。安立名别。三乘教中。前位向后位。但有菩萨果。非佛果故。后至位广明。此法界法门。说之经无量劫不延。说之一刹那中亦不促。唯迷之者。妄作长短延促之解。即不称应真之心。自此如来名号品以去。直至如来出现品。总有三十二品经。是十信十住十行十回向十地十一地进修因果。以初即后。以后即初。不二之位故。如大王路。其法常尔。非故新体也。如文殊师利颂云。一念普观无量劫。无去无来亦无住。如是了知三世事。超诸方便成十力。二科当品者。于当品中。长科为四 。

一从尔时世尊已下。有八行半经。明叹德集众分文分爲二。一歎如來德。二歎菩薩大衆德。從初歎如來德中爾時已下兩行經是序分。敍前初得菩提處并普光明殿意明二處不異。爲不移本處道場而身徧坐一切處故。爲菩提場體是法界體故。爲普光明殿是法界報居所都故。法報二體性相一眞本末因果本無異故。由斯道理故重敍古人釋云。由相近故故須重敍者。經意不然。又云見佛露居龍造普光明殿。此義亦不然。設有此事是三乘之說。又云。菩提場在熙連河邊。與普光明殿相去三里。在菩提場東南。明菩提場是阿蘭若得道之處。普光明殿是報居之宅。此一部之經前後通法界品五度重有爾時佛在者。意明居處是法界。如來身及宮殿莊嚴總是法界性相。根本智不二故。五度敍意前會已述。從妙悟已滿下至普見三世。於中有兩行半經是正歎佛德。妙悟已滿明十智徧周自在故。二行示絶者。有爲無爲二行盡故。達無相法取捨盡故。住於佛住者。過現未來三世諸佛共住法界大智大悲故。又如來及十方三世諸佛住五種徧周。一示成正覺徧周。如初會菩提場是也。二依報正報莊嚴及名號徧周。即第二會普光明殿是也。三定體徧周。即十定品是也。四分。文分为二。一叹如来德。二叹菩萨大众德。从初叹如来德中。尔时已下两行经。是序分。叙前初得菩提处。并普光明殿。意明二处不异。为不移本处道场。而身遍坐一切处故。为菩提场体。是法界体故。为普光明殿。是法界报居所都故。法报二体。性相一真。本末因果。本无异故。由斯道理故重叙。古人释云。由相近故。故须重叙者。经意不然。又云。见佛露居。龙造普光明殿。此义亦不然。设有此事。是三乘之说。又云。菩提场在熙连河边。与普光明殿相去三里。在菩提场东南。明菩提场。是阿兰若得道之处。普光明殿是报居之宅。此一部之经。前后通法界品。五度重有尔时佛在者。意明居处是法界。如来身。及宫殿庄严。总是法界性相根本智不二故。五度叙意。前会已述。从妙悟已满下。至普见三世。于中有两行半经。是正叹佛德妙悟已满。明十智遍周自在故。二行永绝者。有为无为。二行尽故。达无相法。取舍尽故。住于佛住者。过去未来三世诸佛。共住法界大智大悲故。又如来及十方三世诸佛。住五种遍周。一示成正觉遍周。如初会菩提场是也。二依报正报庄严及名号遍周。即第二会普光明殿是也。三定体遍周。即十定品是也。四普賢行教徧周。即離世間品是也。五法界圓滿無礙不思議智用徧周。即法界品是也。以此五種諸佛徧周。故名住佛所住也。是故以此義故。於此一部之經安立五度。爾時佛在摩竭國。唯法界品少異。明重重徧周。不離一處一菩提體。一法界一根本智。一時無前後故。經文恐失其意。五度重敘。令後學者不迷其事。故明此五徧周。總明一際無前後。於一刹那際無二念。說四十九年中所轉法輪。兜率天猶未下。母胎猶未出。已入涅槃。不離佛平等者。理事無二。故到無障處。不可轉法者。明佛常處生死不爲業遷。故又能轉不遷之法也。所行無礙者。明佛於生死中。皆能同事。真俗不礙。故立不思議者。歎佛道滿。行終總無功用。任運利生。以智自在。非思想意識可度量。故普見三世者。智眼圓滿。故非三世中見三世眾生事也。從與十佛刹微塵數諸菩薩俱已下。至過現未來。於中可有四行經。歎菩薩德。與十佛刹塵數諸菩薩俱者。明徒眾圓滿。徧法界海。故俱者同時而至。無去來。故莫不皆是一生補處者。皆十地菩薩。故爲十地經等覺位中普賢位熟。道滿功終。方登佛果。故名一生也。

普贤行教遍周。即离世间品是也。五法界圆满无碍不思议智用遍周。即法界品是也。以此五种诸佛遍周。故名住佛所住也。是故以此义故。于此一部之经。安立五度尔时佛在摩竭国。唯法界品少异。明重重遍周。不离一处。一菩提体。一法界。一根本智。一时无前后故。经文恐失其意。五度重叙。令后学者。不迷其事故。明此五遍周。总明一际无前后。于一刹那际无二念。说四十九年中所转法轮。兜率天犹未下。母胎犹未出。已入涅槃。不离。佛平等者。理事无二故。到无障处。不可转法者。明佛常处生死。不为业迁故。又能转不迁之法也。所行无碍者。明佛于生死中。皆能同事。真俗不碍故。立不思议者。叹佛道满行终。总无功用。任运利生。以智自在。非思想意识可度量故。普见三世者。智眼圆满故。非三世中。见三世众生事也。从与十佛刹微尘数诸菩萨俱已下。至过现未来。于中可有四行经。叹菩萨德。与十佛刹尘数诸菩萨俱者。明从众圆满。遍法界海故。俱者。同时而至。无去来故。莫不皆是一生补处者。皆十地菩萨故。为十地。经等觉位中。普贤位熟。道满功终。方登佛果。故名一生也。

如纓珞本業經說、又從初發心住亦名一生菩薩
以初見性現根本智、不見有生前後際、故名爲一
生。纓珞經云、三賢菩薩法流水中任運至佛。悉從
他方而共來集者。言他方共來集、簡非舊衆。皆是
不來而到、不去而徧。又明前會舉果勸修信他佛
果。今此第二會明以他佛果解行成其自心信證
之道、名從他方而共來集。爲從前信佛果中來。皆
一生補處者、明於初會信解生至於此會信滿入
位、便成佛故。如龍女善財等。由是義故、爲他方來
皆是一生之衆。此乃即是表人法之言從他方來
也。迷名他方、悟名曰來。普善觀察諸衆生界法界
世界涅槃界已下。此三行經、歎所來衆善觀此三
種世界無二性故、亦知衆生隨煩惱業、亦知菩薩
隨位煩惱行業等事故。餘如經說。

第二大衆請法分。時諸菩薩作是思惟已下、十
四行半經。於中有三十二問、義分爲二。一初有四
問、問四種佛刹。二成就大菩提心、引十方諸佛勸

如璎珞本业经说。又从初发心住。亦名一生菩萨。以初见性现根本智。不见有生前后际故。名为一生。璎珞经云。三贤菩萨。法流水中。任运至佛。悉从他方而共来集者。言他方共来集。简非旧众。皆是不来而到。不去而遍。又明前会举果劝修。信他佛果。今此第二会。明以他佛果解行。成其自心信证之道。名从他方而共来集。为从前信佛果中来。皆一生补处者。明于初会信解生。至于此会信满入位。便成佛故。如龙女善财等。由是义故。为他方来皆是一生之众。此乃即是表人法之言。从他方来也。迷名他方。悟名曰来。普善观察诸众生界法界世界涅槃界已下。此三行经。叹所来众。善观此三种世界。无二性故。亦知众生随烦恼业。亦知菩萨随位烦恼行业等事故。余如经说 。

第二大众请法分。时诸菩萨作是思惟已下。十四行半经。于中有三十二问。义分为二。一初有四问。问四种佛刹二成就大菩提心。引十方诸佛劝

說已下有二十八問遍問菩薩住心。佛眼耳等。如
是等三十一問。直至如來出現品是答。如經具明。
問曰。初會中世主所問。與此義多相似。但廣略不
同。何故此第二會還復再問如上之問。答曰。前會
是世主問。舉佛果勸修信佛所得。此會是自信自
身自心是佛。及人位修行。故須再問。前位是普賢
入定舉果。此會即明文殊生起人信之初。即明凡
夫始信。為彰信心麤故。不入定說。十住已去。始明
當位菩薩入定始說。以是義故。前問雖義理少同。
應緣差別故異。前會信他佛得。此會自人信修行
也。古人說前會是請。此會是問。其義不然。前後總
是其請。當請是問故。但為勸修與自人法事少殊。
如前會舉如來修行道滿。及過去諸佛已成道者
行滿之果。此第二會舉十方諸佛根本之智凡聖
共有之果。即一切處金色世界一切處不動智佛。
十智佛等是也。明一切諸佛衆生共有此不動智。
金色是理法性身也。為信心生滅。故言色也。以十
色世界表之。即是此會所問四種佛刹中。一佛住
佛刹。即一切諸佛及以一切衆生共所住。故為一
切凡聖根本之智。總含一切衆生信自心是佛所

说已下。有二十八问。通问菩萨住地。佛眼耳等。如是等三十二问。直至如来出现品是答。如经具明。问曰。初会中世主所问。与此义多相似。但广略不同。何故此第二会。还复再问如上之问。答曰。前会是世主问。举佛果劝修。信佛所得。此会是自信自身自心是佛。及入位修行。故须再问。前位是普贤入定举果。此会即明文殊生起入信之初。即明凡夫始信。为彰信心粗故。不入定说。十住已去。始明当位菩萨入定始说。以是义故。前问虽义理少同。应缘差别故异。前会信他佛得。此会自入信修行也。古人说前会是请。此会是问。其义不然。前后总是其请。当请是问故。但为劝修与自入法事少殊。如前会举如来修行道满。及过去诸佛已成道者行满之果。此第二会。举十方诸佛根本之智。凡圣共有之果。即一切处金色世界。一切处不动智佛。十智佛等是也。明一切诸佛众生共有此不动智。金色。是理法性身也。为信心生灭。故言色也。以十色世界表之。即是此会所问四种佛刹中。一佛住佛刹。即一切诸佛。及以一切众生。共所住故。为一切凡圣根本之智。举令一切众生。信自心是佛所住智故一切諸佛從此信生一切凡夫亦從此起二莊嚴佛法性佛刹者即如十住十行十迴向十地十一地隨位各有十箇佛號是也因此自心根本智起信進修行隨位隨行諸波羅蜜莊嚴以莊嚴法身智身令成熟故以法身智身用嚴萬行令行無著故名莊嚴佛法性佛刹三清淨佛所說法佛刹者如來示成正覺轉法輪是四體性佛威德佛刹者神通應現隨根出世者是明後二佛刹從前二佛刹起信修行成熟故得以此義故應知十方諸佛共此一道而得出生故應如是知應如是信解即得信解成就一如諸佛所信故得是信者如賢首品說勝以手擎三千大千世界住於空中經過一劫明其難信故亦勝供養十方世界塵數諸佛經由一劫功德不如如是信心如已下二十八問經自具答義隱難明者釋之義顯者如文可知此三十二問中有問十通十頂經中但有十通十忍不見頂名剩其十忍少其十頂願佛世尊亦為我諸菩薩說此兩句結請自此已下如來以神力舉法顯答

住智故。一切诸佛。从此信生。一切凡夫。亦从此起。二庄严佛法性佛刹者。即如十住十行十回向十地十一地。随位各有十个佛号是也。因此自心根本智。起信进修行。随位随行诸波罗蜜庄严。以庄严法身智身。令成熟故。以法身智身。用严万行。令行无著故。名庄严佛法性佛刹。三清净佛所说法佛刹者。如来示成正觉。转法轮是。四体性佛威德佛刹者。神通应现。随根出世者是。明后二佛刹。从前二佛刹。起信修行成熟故得。以此义故。应知十方诸佛。共此一道而得出生故。应如是知。应如是信解。即得信解成就。一如诸佛所信故。得是信者。如贤首品说。胜以手擎三千大千世界。住于空中。经过一劫。明其难信故。亦胜供养十方世界尘数诸佛。经由过一劫。功德不如如是信心。已下二十八问。经自具答。义隐难明者释之。义显者如文可知。此三十二问中。有问十通十顶。经中但有十通十忍。不见顶名。剩其十忍。少其十顶。愿佛世尊。亦为我诸菩萨说。此两句结请。自此已下。如来以神力举法显答 。

第三爾時世尊知諸菩薩心之所念已下四十一行經。明如來神通現法分。於此分中。義分爲二。一明隨類現法。二明約初信心。第一隨類現法中有二。一隨五位之中菩薩之類各現十種佛位。十住十行十迴向十地十一地中各有隨位佛果名號。是二隨一切國刹一切衆生之類各現名號不同。如下文殊師利所說佛號者是。第二約信心者。卽此當品及通一部總爲信心。於此信心總信五位中因果。心無滯礙。方可以行修行。如有教說。譬如有人過五百由旬嶮道。先知通塞。然後行往。喻如十信菩薩於信心之中。先知五位進修通塞。預以願行防之。以信自心分別之性本是一切諸佛不動智體。用防邪見外取他境。故以隨位妄識散動障眞智故。以禪波羅蜜防之。以隨位第八住第八行第八迴向第八地智增滯寂障眞無作大悲故。以一百四十大願防之。以樂生死障眞智故。以第三尔时世尊知诸菩萨心之所念已下。四十一行经。明如来神通现法分。于此分中。义分为二。一明随类现法。二明约初信心。第一随类现法中有二。一随五位之中菩萨之类。各现十种佛位。十住十行十回向十地十一地中。各有随位佛果名号是。二随一切国刹一切众生之类。各现名号不同。如下文殊师利所说佛号者是。第二约信心者。即此当品及通一部总为信心。于此信心。总信五位中因果。心无滞碍。方可以行修行。如有教说。譬如有人。过五百由旬险道。先知通塞。然后行往。喻如十信菩萨。于信心之中。先知五位进修通塞。预以愿行防之。以信自心分别之性。本是一切诸佛不动智体。用防邪见外取他境故。以随位妄识散动。障真智故。以禅波罗蜜防之。以随位第八住第八行第八回向第八地。智增滞寂。障真无作大悲故。以一百四十大愿防之。以乐生死。障真智故。以四念處觀等三十七助菩提分法防之。及十四諦觀及十二緣生觀防之。以十波羅蜜利益眾生。恐不弘廣故。以四攝四無量法防之。以求自樂果。教化眾生不周廣故。起十迴向加以大願大慈大悲不捨一切惡道地獄人天徧生其處以防自樂達菩提心有所得故。以是義故十信之心總通五位悉皆成信。若自信徹趣求無法不達若也疑心不除豈成信也。如此品舉佛果門至賢首品舉佛神通及佛所行行業。使初信心者信徹故。始名信心。今此一部之經頓舉五位因果諸佛果門總成信也。從總信已入位修行。方始不迷理智。如人造食五味一時頓熟方始食之。從初食時五味同食乃至食竟其味不離五也。明五位因果十信總明時亦不移本末爲信三世一際。故畢竟佛果不離初信之法。如依樣畫像等喻可知。於此神通示法門中總有四十一行經長科爲十一段。第一爾時世尊知諸菩薩已下一行半經明如來知眾所念以神通現法。第二東方過十佛剎塵已下三十九行半經總明十方菩薩來集十方自有分劑不煩更科。於此十方菩薩來眾之中義分爲十。一舉佛四念处观等。三十七助菩提分法防之。及十四谛观。及十十二缘生观防之。以十波罗蜜。利益众生。恐不弘广故。以四摄四无量法防之。以求自乐果。教化众生不周广故。起十回向。加以大愿。大慈大悲。不舍一切恶道地狱人天。遍生其处。以防自乐。违菩提心。有所得故。以是义故。十信之心。总通五位。悉皆成信。若自信彻。趣求无法不达。若也疑心不除。岂成信也。如此品举佛果门。至贤首品举佛神通。及佛所行行业。使初信心者信彻故。始名信心。今此一部之经。顿举五位因果。诸佛果门。总成信也从总信已。入位修行。方始不迷理智。如人造食。五味一时顿熟。方始食之。从初食时。五味同食。乃至食竟其味不离五也。明五位因果。十信总明。时亦不移本末。为信三世一际故。毕竟佛果不离初信之法。如依样画像等喻可知。于此神通示法门中总有四十一行经。长科为十一段。第一尔时世尊知诸菩萨已下。一行半经。明如来知众所念以神通现法。第二东方过十佛刹尘已下。三十九行半经。总明十方菩萨来集。十方自有分剂。不烦更科。于此十方菩萨来众之中。义分为十。一举佛剎方面。一舉佛剎遠近。二舉世界名色。四舉佛名號。五舉上首菩薩之名。六明大眾之數。七明大眾來已致敬。八明隨方化座。九明座之名目。十明大眾昇座而坐。一舉佛方面者。在東方。東方者為震卦。為春生。為初明。為長男。為頭。為首。為青龍。為吉慶。為震動。明法事作業動用之初。故道俗通以用之故。先舉東方為首。故方者法也。但取方法之義。一切用之始。非如世所見執東西南北可得之方。一切處東方。一切處南方。但取其法故。餘准此。一舉佛剎遠近者。過東方十佛剎微塵數世界之外。此有四義。一明十為圓數。為明遠近無盡。二明令信心者知佛境廣大。令自心弘博。三明佛境遍周。如鏡中像互參無礙。四明未起信心者以十佛剎塵況喻處迷十無明未達。自障佛境界而不現前。故舉塵表迷。故如涅槃經云。釋迦淨土過西方三十二恒河沙世界之外。總是表法之數。如會釋已述。此云十佛剎微塵世界之外來者。明隔十無明。十無明中。一一無明有無量正使業習主伴相熏。煩惱過於世界塵數。莫知涯際。能障智境。故言十佛剎微塵數世界外也。來者。明從迷入信。故號為來。

刹方面。二举佛刹远近。三举世界名色。四举佛名号。五举上首菩萨之名。六明大众之数。七明大众来已致敬。八明随方化座。九明座之名目。十明大众升座而坐。一举佛方面者。在东方。东方者。为震卦。为春生。为初明。为长男。为头。为首。为青龙。为吉庆。为震动。明法事作业动用之初故。道俗通以用之故。先举东方为首故。方者法也。但取方法之义。动用之始。非如世所见。执东西南北可得之方。一切处东方。一切处南方。但取其法故。余准此。二举佛刹远近者。过东方十佛刹微尘数世界之外。此有四义。一明十为圆数。为明远近无尽。二明令信心者。知佛境广大。令自心弘博。三明佛境遍周。如镜中像。互参无碍。四明未起信心者以十佛刹尘。况喻处迷。十无明未达。自障佛境界。而不现前故。举尘表迷故。如涅槃经云。释迦净土。过西方三十二恒河沙世界之外。总是表法之数。如会释已述。此云十佛刹微尘世界之外来者。明隔十无明。十无明中。一一无明。有无量正使业习。主伴相熏。烦恼过于世界尘数。莫知涯际。能障智境。故言十佛刹微尘数世界外也。来者。明从迷入信。故号为来。

言彼世界中有佛號不動智者爲明不動智佛是十方凡聖共有根本之智明於此智能起信心故號之爲來此不動智佛一切衆生常自有之若取相隨迷即塵障無盡若一念覺迷達相即淨若虛空但爲隨迷稱外悟處言來而實佛刹本無遠近內外等障亦無去來無邊佛刹不出毛孔微塵之表令致遠近意令初信心者心廣大故言其從彼世界中來又明從迷入悟故言爲來也有佛號不動智者明是信者自根本智故由有此智故一切衆生而能發菩提心故以根本智體能了迷性超信解故超彼迷境稱之曰來如起信論云不思議業相者以依智淨能作一切勝妙境界所謂無量功德之相常無斷絕隨衆生根自然相應種種而見得利益故又云依本覺上而起不覺故又云依於智故生其苦樂如起信論廣明意明一切衆生迷根本智而有世間苦樂法故爲智無性故隨緣不覺苦樂業生爲智無性故爲苦所纏方能自覺根本無性衆緣無性萬法自寂若不覺時以無性故總不自知有性無性如人因地而倒因地而起一切衆生因自心根本智而倒因自心根本智

言彼世界中有佛号不动智者。为明不动智佛是十方凡圣共有根本之智。明于此智能起信心故。号之为来。此不动智佛。一切众生常自有之。若取相随迷。即尘障无尽。若一念觉迷达相。即净若虚空。但为随迷称外。悟处言来。而实佛刹本无远近。内外等障亦无去来。无边佛刹。不出毛孔微尘之表。今致远近。意令初信心者。心广大故。言其从彼世界中来。又明从迷入悟。故言为来也有佛号不动智者。明是信者自根本智故。由有此智故。一切众生而能发菩提心。故以根本智体。能了迷性。超信解故。超彼迷境。称之曰来。如起信论云。不思议业相者。以依智净。能作一切胜妙境界。所谓无量功德之相。常无断绝。随众生根。自然相应。种种而见。得利益故。又云。依本觉上。而起不觉故。又云依于智故。生其苦乐。如起信论广明。意明一切众生迷根本智。而有世间苦乐法故。为智无性故。随缘不觉苦乐业生。为智无性故。为苦所缠。方能自觉根本无性。众缘无性。万法自寂。若不觉苦时。以无性故。总不自知有性无性。如人因地而倒。因地而起。一切众生。因自心根本智而倒。因自心根本智而起。以是義故如來於此一乘之經。頓彰本法為金色世界明法身白淨無染。頓彰本智號不動智佛。頓彰文殊師利是自心妙擇之慧。餘九箇世界九箇智佛九箇菩薩。是隨自心信解修行位上進修增勝法身智身隨行異名。故從斯自心本不動智佛自覺之上見道入位。起十住十行十迴向十地十一地加行進修法身智身。大願大慈大悲四攝四無量十波羅蜜三十七助道分法。從初發心根本法身本不動智體上用資萬行。悲願參融互為資熟。法身資行使令無染。行資法身使令純熟。五位中各各立十箇佛果十箇菩薩明隨位進修中約自行所得處佛果菩薩行果立名。故非他佛號非他菩薩而立其名。隨智佛果隨其行果。五位之上因果各有五十。共為一百。通本五位有五箇因果共為一百一十城之法門。故此答前菩薩問四種佛剎中佛住佛剎莊嚴法性清淨佛剎。從此二佛剎上得示成正覺佛剎神通自在佛威德佛剎。是故前會世主所問是他毗盧遮那佛得自在之因果。此第二會菩薩所問是自修行者佛剎菩薩行之因果。從是已後直至如來出現品。是五位而起。以是义故。如来于此一乘之经。顿彰本法。为金色世界。明法身白净无染。顿彰本智。号不动智佛。顿彰文殊师利。是自心妙择之慧。余九个世界。九个智佛。九个菩萨。是随自心信解修行位上。进修增胜。法身智身。随行异名故。从斯自心本不动智佛自觉之上。见道入位。起十住十行十回向十地十一地。加行进修。法身智身。大愿大慈大悲。四摄四无量。十波罗蜜。三十七助道分法。从初发心根本法身本不动智体上。用资万行。悲愿参融。互为资熟。法身资行。使令无染。行资法身。使令纯熟。五位中。各各立十个佛果。十个菩萨。明随位进修中。约自行所得处。佛果菩萨行果立名故。非他佛号。非他菩萨。而立其名。随智佛果。随其行果。五位之上。因果各有五十。共为一百。通本五位。有五个因果。共为一百一十城之法门故。此答前菩萨问四种佛刹中。佛住佛刹。庄严法性清净佛刹。从此二佛刹上。得示成正觉佛刹。神通自在佛威德佛刹。是故前会世主所问。是他毗卢遮那佛得自在之因果。此第二会菩萨所问。是自修行者佛刹菩萨行之因果。从是已后。直至如来出现品。是五位勝進菩薩加行自力一終之位。明此品是信心進趣之因果。至出現品是修行位極之因果。已上於自心根本佛智上而生信進修行。故此不動智是一切諸佛一切衆生之地。以此智故而作衆生。以此智故。而成正覺。以此智故。隨迷作衆生時。於六道中。隨天上人間。及惡道中。皆有隨衆生依正之果報也。隨業麤細不同。以此智故。隨覺悟時。成就三乘。及法界圓滿一乘佛果依正妙報。若無此智元是虛空。亦非衆生。亦非諸佛。故問曰。一切衆生本有不動智。何故不自應真常淨。何故隨染。答曰一切衆生。以此智故而生三界。若爲智無性。不能自知是智非智。善惡苦樂等法。爲智體無性。但隨緣現。如空含響。應物成音。且無性之智。但應緣分別。以分別故。癡愛隨起。因癡愛故。即我所病生。有我所故。自他執業便起。因執取故。號曰末那。以末那執取故。名之爲識。因識種子。生死相續。以生死故衆苦無量。以苦無量。方求不苦之道。迷不知苦者不能發心。知苦求真者。還是本智。會苦緣故方能知苦。不會苦緣。不能知苦。知苦緣故。方能發心。求無上道。有種性菩薩。以兩世先已知苦。發心信解。

胜进菩萨。加行自力一终之位。明此品。是信心进趣之因果。至出现品。是修行位极之因果。已上于自心根本佛智上。而生信进修行故。此不动智。是一切诸佛一切众生之地。以此智故。而作众生。以此智故。而成正觉以此智故。随迷作众生时。于六道中。随天上人间。及恶道中。皆有随众生依正之果报也。随业粗细不同。以此智故。随觉悟时。成就三乘。及法果圆满一乘佛果。依正妙报。若无此智。无是虚空。亦非众生。亦非诸佛故。问曰。一切众生。本有不动智。何故不自应真常净。何故随染。答曰。一切众生以此智故而生三界者。为智无性。不能自知是智非智善恶苦乐等法。为智体无性。但随缘现。如空谷响。应物成音。无性之智。但应缘分别。以分别故。痴爱随起。因痴爱故。即我所病生。有我所故。自他执业便起。因执取故。号曰末那。以末那执取故。名之为识。因识种子。生死相续。以生死故。众苦无量。以苦无量。方求不苦之道。迷不知苦者。不能发心。知苦求真者。还是本智。会苦缘故。方能知苦。不会苦缘不能知苦。知苦缘故。方能发心求无上道。有种性菩萨。以宿世先已知苦。发心信解。

種強者雖受人天樂果亦能發心求無上道是故
因智隨迷因智隨悟是故如人因地而倒因地而
悲止隨迷時名之爲識正隨悟時名之爲智在纏
名識在覺名智識之與智本無自名但隨迷悟而
立其名故不可計常計斷名也此智之與識但隨
迷悟立名若覓始終如空中求迹如影中求人如
身中求我依住所在終不可得故新長短處所之
相也如此無明及智無有始終若得菩提時無明
不滅何以故爲本無故更無有滅若隨無明時不
動智亦不滅爲本無故亦更無有滅但爲隨色暨
香所取緣名爲無明但爲知若發心緣名之爲智
但隨緣名之爲有故體無本末也如空谷響思之
可見

校譌

第一紙十八行十三字下宋論無大千二字第十四紙十九行即南北論俱作明

三舉世界名色者世界名金色爲明金體白淨
無染舉之況喻法身無性體無垢染故如世間西
方金爲白色也體白色黃明應真菩薩內契白法
外現黃相黃色者是應真之氣許文云五色之中
黃色爲最人面如黃瓜色內有寶行經云應真菩

种强者。虽受人天乐果。亦能发心求无上道。是故因智随迷。因智随悟。是故如人因地而倒。因地而起。正随迷时。名之为识。正随悟时。名之为智。在缠名识。在觉名智。识之与智。本无自名。但随迷悟而立其名故。不可计常计断名也。此智之与识。但随迷悟立名。若觅始终。如空中求迹。如影中求人。如身中求我。依住所在。终不可得故新长短处所之相也。如此无明及智。无有始终。若得菩提时无明不灭。何以故。为本无故。更无有灭。若随无明时不动智亦不灭。为本无故。亦更无有灭。但为随色声香所取缘。名为无明。但为知苦发心缘。名之为智。但随缘名之为有。故体无本末也。如空谷响。思之可见。

三举世界名色者。世界名金色。为明金体白净无染。举之况喻法身无性。体无垢染故。如世间西方金为白色也。体白色黄。明应真菩萨。内契白法。外现黄相。黄色者。是应真之气。许父云。五色之中。黄色为最。人面如黄瓜色。内有贤行。经云。应真菩薩皆眞金色。又明金色世界者。明信心之位。雖信自身心是法身智身。白淨本來無染。爲信是生滅有漏心故。是色心也。舉東方爲首者。明東方是初明。爲萬物發生震動之首。故取之表法。況喻十信之初首也。在方無方。但舉其法以況其理。表其體用故。如牛王龍王等。況佛德也。問曰。以東方表法況喻十信初首者。如金位在西方。何故東方爲金色世界。以表法身爲金色。顯根本智爲不動智。答曰。此問甚彰道理。如經所說。以信心爲胎。至十住之位名初生佛家。今以東方爲金色世界者。明金正月胞。二月胎。三月成形。四月生於巳。五月養於午。六月冠帶於未。七月相。八月王。明十信如胎。故以東方金胎表之。以亥南西北方四維上下表十信心進修增勝故。以託事況之。令易解故。如此品文殊師利云。世尊昔爲菩薩時。以種種談論方便及地位等。而得成就。亦令衆生如是知見。而爲說法。後諸學者以智觀察。皆是說此方隅以表法故。當知藉網求魚。魚非網也。若無網者。亦不可得魚。故以義思之。至理方成信也。又經云。一切處金色世界。一切處不動智佛。一切處文殊師利者。明法萨皆真金色。又明金色世界者。明信心之位。虽信自身心。是法身智身白净本来无染。为信是生灭有漏心故。是色心也。举东方为首者。明东方是初明。为万物发生震动之首。故取之表法。况喻十信之初首也。在方无方。但举其法。以况其理。表其体用故。如牛王龙王等。况佛德也。问曰。以东方表法。况喻十信初首者。如金位在西方。何故东方为金色世界。以表法身为金色。显根本智为不动智。答曰。此问甚彰道理。如经所说。以信心为胎。至十住之位。名初生佛家。今以东方为金色世界者。明金正月胞。二月胎。三月成形。四月生于巳。五月养于午。六月冠带于未。七月相。八月王。明十信如胎故。以东方金胎表之。以次南西北方四维上下。表十信心进修增胜故。以托事况之。令易解故。如此品文殊师利云。世尊昔为菩萨时。以种种谈论方便及地位等而得成就。亦令众生如是知见。而为说法。后诸学者。以智观察。皆是说此方隅以表法故。当知藉网求鱼。鱼非网也。若无网者。亦不可得鱼故。以义思之。至理方成信也。又经云。一切处金色世界。一切处不动智佛。一切处文殊师利者。明法徧一切法一切眾生身心故總不動智佛總文殊師利故應如是知如是信解也明金色世界是信心者所信之理以爲世界之名亦是因此信故還當報得所生無染所居無著即如西方蓮華色世界是其義如金色世界此是舉十信初因如南方妙色世界西方蓮華色世界等是十信進修之勝用故此中有十因十果故十果者十智佛是十因者文殊師利覺首等十菩薩是修行之因因中得益即因中之果即不動智等十箇智佛是十箇世界是所修之法門四舉佛名號者佛號不動智佛者此明一切諸佛一切眾生根本智體今先舉之以成剎信此明答前佛住佛剎餘九箇智佛總是從此根本不動智上進修之名非是他有十方諸佛皆同此名號之迹而起信進修行經歷五位得示成正覺佛剎及佛威德佛剎威德佛剎者如來神通是也餘意如前已述五舉上首菩薩之名者名文殊師利即是十方諸佛無性之中擇法妙慧一切諸佛皆從此慧簡擇正邪而成正覺故號文殊爲十方一切諸佛之師亦云佛母明一切諸佛從此妙慧生故若無此慧設修解脫但得二乘及

遍一切法。一切众生身心故。总不动智佛。总文殊师利故。应如是知。如是信解也。明金色世界。是信心者所信之理。以为世界之名。亦是因此信故。还当报得所生无染。所居无著。即如西方莲华色世界是其义。如金色世界。此是举十信初因。如南方妙色世界。西方莲华色世界等。是十信进修之胜用故。此中有十因十果故。十果者。十智佛是。十因者。文殊师利觉首等十菩萨是。修行之因。因中得益。即因中之果。即不动智等十个智佛是。十个世界。是所修之法门。四举佛名号者。佛号不动智佛者。此明一切诸佛一切众生根本智体。今先举之。以成初信。此明答前佛住佛刹。余九个智佛。总是从此根本不动智上进修之名。非是他有。十方诸佛。皆同此名号之迹。而起信进修行。经历五位。得示成正觉佛刹。及佛威德佛刹。威德佛刹者。如来神通是也。余意如前已述。五举上首菩萨之名者。名文殊师利。即是十方诸佛无性之中择法妙慧。一切诸佛。皆从此慧。简择正邪。而成正觉。故号文殊。为十方一切诸佛之师。亦云佛母。明一切诸佛从此妙慧生故。若无此慧。设修解脱。但得二乘及生淨土菩薩非是乘如來乘而成正覺是故乘此不動智體文殊妙慧法身妙理大智從信心上而經歷五位不離不動智佛文殊妙慧而成正覺故號爲乘如來乘不思議乘最勝乘無上乘而成正覺故亦號文殊師利爲小男爲童子明一切諸佛從此妙慧善知正法而初生佛家故故號爲童子菩薩如來去世文殊師利猶在世間後當化緣已畢於香山頂上示入涅槃此是三乘教說此經云一切處文殊師利即明一切處衆生等共有之今於此經信心之首舉其名號明信心者信自心妙擇之慧一同於此不移古跡此是一切諸佛及以衆生根本妙慧凡聖等有更無異性如大王路法則常然今所是諸經但有文殊爲問答之首者皆明法身妙慧之門以普賢爲問答之首者皆明妙智之萬行體用如是二士是一切諸佛理智妙用萬行之門依其法門立其名號現身成佛以利衆生故一切衆生發心之者皆悉同修皆悉自有自利利他之行以爲常範今於教中推在東北方清涼山文殊師利并一萬菩薩於中住者有三義一令此界一切衆生忻心有趣善根不絕二明菩薩

生净土菩萨。非是乘如来乘。而成正觉。是故乘此不动智体。文殊妙慧。法身妙理大智。从信心上。而经历五位。不离不动智佛。文殊妙慧。而成正觉故。号为乘如来乘。不思议乘。最胜乘。无上乘。而成正觉故。亦号文殊师利为小男。为童子。明一切诸佛。从此妙慧。善知正法。而初生佛家故。故号为童子菩萨。如来去世。文殊师利犹在世间。后当化缘已毕于香山顶上示入涅槃。此是三乘教说。此经云。一切处文殊师利。即明一切处众生等共有之。今于此经信心之首。举其名号明信心者。信自心妙择之慧。一同于此不移古迹。此是一切诸佛及以众生根本妙慧凡圣等有。更无异性。如大王路。法则常然。今所是诸经但有文殊为问答之首者。皆明法身妙慧之门。以普贤为问答之首者。皆明妙智之万行体用如是二士。是一切诸佛理智妙用万行之门。依其法门。立其名号。现身成佛。以利众生故。一切众生发心之者。皆悉同修。皆悉自有自利利他之行。以为常范。今于教中推在东北方清凉山。文殊师利并一万菩萨。于中住者有三义。一令此界一切众生。忻心有趣。善根不绝。二明菩萨常住世間。三明隨方顯法示法易解故。前二門可知。第三隨方顯法者。明東北方者。取此閻浮一境東北方。此清涼山是也。經推在震旦國。亦曰支提那國。此云思惟。以其國人多所思慮多所計度故。以立其名。即是今漢國也。表法明東北是艮卦。艮爲小男。爲童蒙。丑寅之間。是初明。故像文殊師利菩薩常以發起凡夫入正信。及初見道之童蒙。令妙慧明生故。又如登山之頂。至相盡處。故明如初入正信者。創信諸法空故。能信法空妙慧生。故以丑如初信。以寅如初證見道故。卯辰巳爲進修。午爲中道。未申酉戌亥以爲同事利生。子爲師位。以坎卦爲君爲師處愚立範。制法利生。故是故爲北方爲君爲師尊者所居。以明德而治。故六明大衆之數者。有十佛剎微塵數爲明身行徧故。一佛剎塵。尚自周徧。何況十佛剎塵。明身行無盡重重之徧故。七明大衆來已致敬者。明師弟法則敬順之儀。八明隨方化座還在東方。九明座之名目者。名蓮華藏師子之座。於此分中義分爲三。一蓮華是無染義。此依法依行之報得也。以法身之行。性無染世間故。能開敷理智之果。轉明淨故。明因果相常住世间。三明随方显法。示法易解故。前二门可知。第三随方显法者。明东北方者。取此阎浮一境。东北方此清凉山是也。经推在震旦国。亦曰支提那国。此云思惟。以其国人。多所思虑多所计度故。以立其名。即是今汉国也。表法。明东北是艮卦。艮为小男。为童蒙。丑寅之间。是初明故。像文殊师利菩萨。常以发起凡夫入正信。及初见道之童蒙。令妙慧明生故。又如登山之顶。至相尽处故。明如初入正信者。创信诸法空故。能信法空。妙慧生故。以丑如初信。以寅如初证见道故。卯辰巳为进修。午为中道。未申酉戌亥。以为同事利生。子为师位。以坎卦。为君。为师。处愚立范。制法利生故。是故为北方。为君为师。尊者所居。以明德而治故。六明大众之数者。有十佛刹微尘数。为明身行遍故。一佛刹尘。尚自周遍。何况十佛刹尘。明身行无尽重重之遍故。七明大众来已致敬者。明师弟法则敬顺之仪。八明随方化座。还在东方。九明座之名目者。名莲华藏师子之座。于此分中。义分为三。一莲华。是无染义。此依法依行之报得也。以法身之行。性无染世间故。能开敷理智之果转明净故。明因果相

資。令純熟故。明開敷菩莊嚴事法。有可觀故。以
此法行之華感招此報蓮華為座。一藏者含藏義
為明以法身理智處世隨行利生普含衆法饒益
一切。招多功德名之為藏。二名師子者依主得名
也。為以法性大智無生滅身。處世間利人。生死無
畏。又以正智光明辯才無畏。乃至無五怖畏等。如
師子也。十明大衆昇座而坐。其座以法界為座體
明以從凡契法界體故。以為信進修行方成信故
此是一切十方諸佛果座也。明初信心頓信佛果
以為自行所行法故方成信也。於此段中。復分為
二。一明座廣狹。二明菩薩云何安座。一明座廣狹
者。如法界品云。其師子座包含法界等。如文具明
大意以心性無依無定亂體以為座體故。二明菩
薩如何安坐者。云結跏趺坐。以會世間衆緣為一
法界名之為結。以一法而稱多緣名之為跏。又結
跏趺坐者是安靜不動威儀之相故。此位主檀波
羅蜜中十波羅蜜。第二南方已下。可四行經於此
段中義分為十。一舉佛刹方面。二舉佛刹遠近。三
舉世界名色。四舉佛名號。五舉上首菩薩之名。六
明大衆之數。七明大衆來已致敬。八明隨方化座。

资。令纯熟故。明开敷菡萏。庄严事法。有可观故。以此法行之华。感招此报莲华为座。二藏者。含藏义。为明以法身理智。处世随行利生。普含众法。饶益一切。招多功德。名之为藏。三名师子者。依主得名也。为以法性大智无生灭身。处世间利人。生死无畏。又以正智光明。辩才无畏。乃至无五怖畏等。如师子也。十明大众升座而坐。其座以法界为座体。明以从凡契法界体故。以为信进修行。方成信故。此是一切十方诸佛果座也。明初信心。顿信佛果。以为自行所行法故。方成信也。于此段中。复分为二。一明座广狭。二明菩萨云何安坐。一明座广狭者。如法界品云。其师子座。包含法界等。如文具明。大意以心性无依无定乱体。以为座体故。二明菩萨如何安坐者。云结跏趺坐。以会世间众缘为一法界。名之为结。以一法而称多缘。名之为跏。又结跏趺坐者。是安静不动威仪之相故。此位主檀波罗蜜中十波罗蜜。第二南方已下。可四行经。于此段中。义分为十。一举佛刹方面。二举佛刹远近。三举世界名色。四举佛名号。五举上首菩萨之名。六明大众之数。七明大众来已致敬。八明随方化座。

九明座之名目十明大眾昇座而坐。一舉佛刹方
面者，如經云南方表法中南為正為日為明為虛
無為離中虛故，即明為像十信進修了諸法虛無
漸增明也。是故文殊覺悟啟蒙令信，即逐根於覺
城之東。善財入道進修，即南巡諸友，表其南方為
正為日為明為虛無之理。是故禮佛皆云南無。明
南方虛無也。但虛無之理是南方之義，是一切處
南方。但創首生信即是一切處東方義也。是故四
諸東西配苦集，南北配滅道，然法無方所，化蒙生
解起信，不爾即法性難明。如此品下文云：世尊為
菩薩時，以種種談論、種種語言，乃至種種信解等
而得成熟，亦令眾生如是知見，而為說法，具如經
說。又南無者，為明正順，為正順虛無之理，故號南
無。某甲佛者，即是了虛無之智人，故稱南無某甲
佛。一舉佛刹遠近者，云十佛刹微塵數義，如前釋
迷。云外入法云來也。三舉世界名色者，名妙色，為
第二信心漸增妙故，勝前信心故，為達法虛無，即
法自妙故。四佛號無礙智者，明以不動智體進修
信心增明，智即無礙，總明自心信位之佛也，非他
佛故。佛心眾生心自心總為一心一性一法界一

九明座之名目。十明大众升座而坐。一举佛刹方面者。如经云南方。表法中。南为正为日。为明。为虚无。为离中虚。故即明。为像十信进修。了诸法虚无渐增明也。是故文殊觉母。启蒙令信。即逐根于觉城之东。善财入道进修。即南巡诸友。表其南方。为正为日为明。为虚无之理。是故礼佛。皆云南无。明南方虚无也。但虚无之理。是南方之义。是一切处南方。但创首生信。即是一切处东方义也。是故四谛。东西配苦集。南北配灭道。然法无方所。化蒙生解起信。不尔即法性难明。如此品下文云。世尊为菩萨时。以种种谈论。种种语言。乃至种种信解等。而得成熟。亦令众生如是知见。而为说法。具如经说。又南无者。为明正顺。为正顺虚无之理。故号南无。某甲佛者。即是了虚无之智人。故称南无某甲佛。二举佛刹远近者。云十佛刹微尘数。义如前释。迷云外。入法云来也。三举世界名色者。名妙色。为第二信心。渐增妙故。胜前信心故。为达法虚无。即法自妙故。四佛号无碍智者。明以不动智体进修。信心增明。智即无碍。总明自心信位之佛也。非他佛故。佛心众生心自心。总为一心一性一法界一智慧始成信故。五顯上首菩薩名者。名為覺首。為明以文殊妙慧簡正邪能自覺故。亦於自所覺法能覺他故。此位菩薩所覺何法。於此位中。其覺有三。一覺自身心本是法界自淨無染。如前金色世界是。二覺自身心分別之性本無能所。本來是不動智佛。三覺自心善簡擇正邪妙慧是文殊師利。於信心之初覺此三法名為覺首。即明是信心之中善覺之行名為覺首菩薩。總須自認是自所行之法門方成信故。信他而有自無其分不名信故。六明大眾之數者。有十佛刹微塵。義如初釋。七明大眾來已致敬可知。八明隨方化座如前可知。九明座之名目名蓮華藏師子之座。為明入信成就。得於生死之中能無畏故。依主得名故。餘義如前。十明大眾昇座而坐者。義如前釋。此位主戒波

大方廣佛新華嚴經論卷第十五

羅蜜為主。餘九為伴。第三西方過十佛刹微塵數已下。可四行經。於中十法如前。一舉佛刹方面者是西方。二舉佛刹遠近。義如初釋。三舉世界名色者。名蓮華色。為明十信位中進修漸勝。心如蓮華無染故。言蓮華色者。蓮華有四色。明信心於此四色無所染故。又明信心菩薩以色心觀空無性道

智慧。始成信故。五举上首菩萨名者。为为觉首。为明以文殊妙慧。善简正邪。能自觉故。亦于自所觉法。能觉他故。此位菩萨。所觉何法。于此位中。其觉有三。一觉自身心。本是法界。白净无染。如前金色世界是。二觉自身心分别之性。本无能所。本来是不动智佛。三觉自心善简择正邪妙慧。是文殊师利。于信心之初。觉此三法。名为觉首。即明是信心之中。善觉之行。名为觉首菩萨。总须自认是自所行之法门。方成信故。信他而有。自无其分。不名信故。六明大众之数者。有十佛刹微尘。义如初释。七明大众来已致敬。可知。八明随方化座。如前可知。九明座之名目。名莲华藏师子之座。为明人信成就。得于生死之中。能无畏故。依主得名故。余义如前。十明大众升座而坐者。义如前释。此位主戒波

(大方广佛新华严经论卷第十五)*

罗蜜为主。余九为伴*第三西方过十佛刹微尘数已下。可四行经。于中十法如前。一举佛刹方面者。是西方。二举佛刹远近。义如初释。三举世界名色。者。名莲华色。为明十信位中。进修渐胜。心如莲华无染故。言莲华色者。莲华有四色。明信心于此四色。无所染故。又明信心菩萨。以色心观空无性道

理對治不染故名蓮華色也四舉佛名號者佛號滅暗智爲明西方爲金爲白虎爲殺害爲昏暗爲不祥爲苦諦故佛號滅暗智明信位進修智增勝故能破自他暗故五舉菩薩上首名者名曰財首爲明信位增勝有法財利物故卽第三信中自行利衆生之名也佛號卽是自覺之智菩薩卽是自智之行總明覺行俱進餘門如初已釋可知此主忍波羅蜜中十波羅蜜第四北方過十佛刹微塵數世界已下有四行經十門如上一舉佛刹方面者是北方二舉佛刹遠近其義如前三舉世界名色者名薝蔔華色此華黃色也爲明第四信心增勝開敷感果得中和之色也黃色是五色中最上之色黃者中宮之色爲福慶之氣明內心白淨外現黃相經云應眞菩薩皆眞金色明此信心適悅恬和白淨無染福應和氣開敷道果名爲世界故世界爲薝蔔華色四舉佛名號者佛號威儀智爲明北方坎爲師爲君像君有德處黜位而接凡故爲師也佛號威儀智者明第四信心增勝以爲軌範接引凡愚明威儀智以智庠序爲師之貌故五舉上首菩薩名者名爲寶首明爲師範以法寶利

理。对治不染。故名莲华色也。四举佛名号者。佛号灭暗智。为明西方。为金。为白虎。为杀害。为昏暗。为不祥。为苦谛。故佛号灭暗智。明信位进修智增胜故。能破自他暗故。五举菩萨上首名者。名曰财首。为明信位增胜。有法财利物故。即第三信中。自行利众生之名也。佛号即是自觉之智。菩萨即是自智之行。总明觉行俱进。余门如初已释可知。此主忍波罗蜜中十波罗蜜。第四北方过十佛刹微尘数世界已下。可四行经。十门如上。一举佛刹方面者。是北方。二举佛刹远近。其义如前。三举世界名色者。名薝卜华色。此华黄色也。为明第四信心增胜。开敷感果。得中和之色也。黄色是五色中最上之色。黄者中宫之色。为福庆之气。明内心白净。外现黄相。经云。应真菩萨。皆真金色。明此信心。适悦恬和。白净无染。福应和气。开敷道果。名为世界。故世界为薝卜华色。四举佛名号者。佛号威仪智。为明北方坎。为师。为君。像君有德。处黑位而接凡。故为师也。佛号威仪智者。明第四信心增胜。以为轨范。接引凡愚。明威仪智。以智庠序为师之貌故。五举上首菩萨名者。名为宝首。明为师范。以法宝利生故故爲名也。餘義如前。此位主精進門中十波羅蜜第五東北方已下可四行經。於中分爲十法如前。一舉其方面者。云東北方爲艮卦爲小男爲童蒙爲創明爲清朝。二舉佛刹遠近義如初釋。三舉世界名色者名優鉢羅華色。此是青蓮華。像此第五信心清潔色香無染開敷感果。故如艮位處清朝也。四舉佛名號者佛號明相智像此第五信心增勝。如艮位處清朝明明相現。故以所自信上而標佛號。非他佛也。五舉上首菩薩名者名爲功德首前位明寶首卽法寶利生。此位卽自利利生之功德也。餘義如前。此位主禪門中十波羅蜜。以艮爲止故。第六東南方已下可四行經。於中十義如前。一舉佛方面者是東南方也。是巽卦。巽爲風爲教在事爲方在人爲說像君子說教利人易有明著君子設教啟蒙順之。如草上加風是順義也。如觀卦是易曰風行地上可以觀像君子有德設政教衆人信順如草上加風無不順故。巽爲衆爲信順故。又四大之中風力爲最天地賴之而持。人賴之而生。日月賴之運行。又明風能簡穢擇淨義故故爲教也。爲教能簡非擇是教愚蒙故是故巽卦生故。故为名也。余义如前。此位主精进门中十波罗蜜。第五东北方已下。可四行经。于中分为十法如前。一举其方面者。云东北方。为艮卦。为小男。为童蒙。为创明。为清朝。二举佛刹远近。义如初释。三举世界名色者。名优钵罗华色。此是青莲华。像此第五信心清洁。色香无染。开敷感果故。如艮位处清朝也。四举佛名号者。佛号明相智。像此第五信心增胜。如艮位处清朝明相现故以所自信上而标佛号。非他佛也。五举上首菩萨名者。名为功德首。前位明宝首。即法宝利生。此位即自利利生之功德也。余义如前。此位主禅门中十波罗蜜。以艮为止故。第六东南方已下。可四行经。于中十义如前。一举佛方面者。是东南方也。是巽卦。巽为风。为教。在事为方。在人为说。像君子说教利人。易有明著。君子设教。启蒙顺之。如草上加风。是顺义也。如观卦是。易曰。风行地上。可以观像。君子有德设正教。众人信顺。如草上加风。无不顺故。巽为众。为信顺故。又四大之中。风力为最。天地赖之而持。人赖之而生。日月赖之运行。又明风能简秽择净义故。故为教也。为教能简非择是。教愚蒙故。是故巽卦。

位在東南。爻辰持丑。丑為艮位。艮為小男為童蒙。
為明。巽為風。故發化童蒙令發明。故如來之法。辰巳
之間為齋戒故。辰巳之間上値角亢。角為天門。主
為倉厄道上。是衆善之門。明智慧言說是衆善門
故。故此義無量難為具說。且約略而言之也。後有
智者以法辯相之。詳之思之。義唯深細故。一舉佛利
遠近。義如前說。二舉世界名色者。世界名金色。為
明最初第一信心明始信如胎。故以東方金胎之
位表初信解。今以進修至第六信位。明信心轉轉
增勝故。故以金生於巳。以像之信心更增明白淨
生故。此東南方金色世界。像四月金生於巳。表信
心增明白淨轉勝。善簡擇衆法能說教故。風化行
故。以此表智慧門也。四舉佛名號者。佛號究竟智
明信心增進。善能以教簡擇正邪至究竟智。又以
巽為風。在事成方。方猶法也。在聖善簡擇成白淨
之理。在言成說。在化成教。在凡成愚。在智成慧。成
離之德為赤為文章。成兌之德為金。初生為白淨。
兌為金為口。為口能說白淨究竟之理故。故佛號
為究竟智佛。五舉上首菩薩名者。名為目首。明以
第六信心增勝。善簡正邪。其道明著。正見不惑。名

位在东南。爻辰持丑。丑为艮位。艮为小男。为童蒙。为明巽为风教。化童蒙令发明故。如来之法。辰巳之间。为斋戒故。辰巳之间。上值角宿。角为天门。主为僧尼道士。是众善之门。明智慧言说。是众善门故。故此义无量。难为具说。且约略而言之也。后有智者。以法审之详之思之。义唯深细故。二举佛利远近。义如前说。三举世界名色者。世界名金色。为明最初第一信心。明始信如胎。故以东方金胎之位。表初信解。今以进修至第六信位。明信心转转增胜故。故以金生于巳以像之。信心更增明。白净生故。此东南方金色世界。像四月金生于巳表信心增明。白净转胜。善简择众法。能说教故。风化行故。以此表智慧门也。四举佛名号者。佛号究竟智。明信心增进。善能以教简择正邪。至究竟智。又以巽为风。在事成方。方犹法也。在圣善简择。成白净之理。在言成说。在化成教。在凡成愚。在智成慧。成离之德。为赤。为文章。成兑之德。为金初生。为白净。兑为金。为口。为口能说白净究竟之理故。故佛号为究竟智佛。五举上首菩萨名者。名为目首。明以第六信心增胜。善简正邪。其道明著。正见不惑。名爲日首像其巽卦。位在東南爻辰在丑其位是風。
上值巽离。明巽爲風离爲擇義也。又巽爲寅位主初
明也。明此第六信心主般若波羅蜜以決定智慧
善簡正邪。令自他勝慧明生故名日首者善
見簡擇分明義也。餘義如上此東南方明吉因定
正邪之際。至午萬事畢。午爲常明法門善財童子
南行詢友。爲法虛無無作常明之道是不爲之妙
用也。是故君臣師弟父子之儀臣南君北正治正
明無爲無作常然之道爲南方离离中虛爲虛無
爲日爲明在身爲眼目爲心也是故周易云离法

心故然法無住處。法無所得法非眼耳鼻舌身心。
亦不離也。今如來以方隅而顯法。令啟蒙者易解
故若不如是彰表令生信者啟蒙何託。有言之法
皆是託事以顯像。故唯得意者法像俱真也。言默
皆契此位主慧波羅蜜爲主餘九爲伴第七西南
方已下可四行經。於中十法如前一舉佛方面者
在西南方。申未兩間爲坤位坤爲土爲信順爲安
靜爲負載萬有爲生養爲圓滿也。二舉佛刹遠近。
義如前釋。三舉世界名色者。名寶色。爲明此第七
信心。是方便波羅蜜成就慈悲門故託此坤位爲

为目首。像其巽卦。位在东南。爻辰在丑。其位是风。上值箕宿。明箕为风。简择义也。又箕为寅位。主初明也。明此第六信心。主般若波罗蜜。以决定智慧。善简正邪。令自他胜慧明生故。故名目首。目者善见。简择分明义也。余义如上。此东南方。明吉凶定正邪之际。至午万事毕。午为常明法门。善财童子南行询友。为法虚无无作常明之道。是不为之妙用也。是故君臣师弟父子之仪。臣南君北正治。正明无为无作常然之道。为南方离。离中虚。为虚无。为日。为明。在身。为眼目。为心也。是故周易云。离法心故。然法无住处。法无所得。法非眼耳鼻舌身心。亦不离也。令如来以方隅而显法。令启蒙者易解故。若不如是彰表。令生信者启蒙何托。有言之法。皆是托事以显像故。唯得意者。法像俱真也。言默皆契。此位主慧波罗蜜为主。余九为伴。第七西南方已下。可四行经。于中十法如前。一举佛方面者。在西南方。申未两间。为坤位。坤为土。为信顺。为安静。为负载万有。为生养。为圆满也。二举佛刹远近。义如前释。三举世界名色者。名宝色。为明此第七信心。是方便波罗蜜。成就慈悲门故。托此坤位。为其母也。明常以慈悲心育生如母故。以法寶利人世界名寶。明法寶利生。是自世界。為明以法寶利生之業。以成自世界來。生感果生在中。故表業表法總如寶。故四舉佛名號者。佛號最勝智。明此信位慈心增勝。處眾治人。令信順故。佛號最勝智。又大悲圓滿。如土像故。荷負眾生。資養萬物。如大地故。名為最勝智。五舉上首菩薩名者。名為精進首。為明大悲增勝。如母處眾利生。心無疲倦。名精進首也。餘如前。此位主方便門。餘九為伴。第八西北方已下。可四行經。於中十義如前。一舉佛方面者在西北方。是乾卦。乾為金。為堅剛。為父。二舉佛刹遠近。義如前釋。三舉世界名色者。名金剛色。明此信位是第八願波羅蜜。大堅固力。故號金剛色。故寄託此乾位。為金為堅剛也。又以智增勝故。四舉佛名號者。佛號自在智。明此第八信心。信同八住地。智增自在故。像其乾為天為父。明智自在義故。五舉上首菩薩名者。名法首。明此信位智增勝故。以法利生。故名法首。餘義如前。此位王願波羅蜜。第九下方已下。可四行經。於中十義如前。一舉佛方面者。在下方。下方最下是風輪際。其風甚堅密。

其母也。明常以慈悲心育生如母故。以法宝利人。世界名宝。明法宝利生。是自世界。为明以法宝利生之业。以成自世界。来生感果。生在中故。表业表法。总如宝故。四举佛名号者。佛号最胜智。明此信位。慈心增胜。处众治人。令信顺故。佛号最胜智。又大悲圆满。如土像故。荷负众生。资养万物。如大地故。名为最胜智。五举上首菩萨名者。名为精进首。为明大悲增胜如母。处众利生。心无疲倦。名精进首也。余如前。此位主方便门。余九为伴。第八西北方已下。可四行经。于中十义如前。一举佛方面者。在西北方。是乾卦。乾为金。为坚刚。为父。二举佛刹远近。义如前释。三举世界名色者。名金刚色。明此信位。是第八愿波罗蜜。大坚固力。故号金刚色故。寄托此乾位。为金为坚刚也。又以智增胜故。四举佛名号者。佛号自在智。明此第八信心。信同八住地。智增自在故。像其乾。为天为父。明智自在义故。五举上首菩萨名者。名法首。明此信位。智增胜故。以法利生。故名法首。余义如前。此位主愿波罗蜜。第九下方已下。可四行经。于中十义如前。一举佛方面者。在下方。下方最下。是风轮际。其风甚坚密。

假設有大力士以金剛輪向下擊之然金剛碎如
微塵而風輪無損以堅密故能持世界明此信位
是第九力波羅蜜信當九住九地法力成就教化
衆生荷負一切而心堅固如風無損一舉佛刹遠
近其義如前三舉世界名色者名玻瓈色此實有
青黄赤白然舉此下方色者是白如似水精明風
能摧殲是白淨義故又取法身妙智爲最上故四
舉佛名號者佛號梵智明智風是淨義梵者此云
淨也明此位進修增勝以白淨大智用利自他故
五舉上首菩薩名者名智首明第九力波羅蜜九
住九地信心善慧成就以智利生故名爲首又下
方者是禪定義安靜義謙下義是根本智上方者
觀照義如日月處空而照物故餘義如前此位主
力波羅蜜是法師位第十上方已下可四行經於
中十義如前一舉佛方面者在上方明有日月衆
星處虛空而照萬有像其智也處法空而照諸根
以此表智波羅蜜一舉刹遠近者義如前釋三舉
世界名色者名平等色爲上方空界表法空無相
平等也爲信心者法空之心現前有念法空之情
故名之爲色四舉佛名號者佛號觀察智爲明上

假设有大力士。以金刚轮。向下击之。然金刚碎如微尘。而风轮无损。以坚密故。能持世界。明此信位。是第九力波罗蜜。信当九住九地。法力成就。教化众生。荷负一切。而心坚固。如风无损。二举佛刹远近。其义如前。三举世界名色者。名玻璃色。此宝有青黄赤白。然举此下方色者。是白如似水精。明风能简秽。是白净义故。又取法身妙智。为最上故。四举佛名号者。佛号梵智。明智风是净义。梵者。此云净也。明此位进修增胜。以白净大智。用利自他故。五举上首菩萨名者。名智首。明第九力波罗蜜。九住九地信心善慧成就。以智利生。故名为首。又下方者。是禅定义。安静义。谦下义。是根本智。上方者。观照义。如日月处空。而照物故。余义如前。此位主力波罗蜜。是法师位。第十上方已下。可四行经。于中十义如前。一举佛方面者。在上方。明有日月众星处虚空而照万有。像其智也。处法空而照诸根。以此表智波罗蜜。二举刹远近者。义如前释。三举世界名色者。名平等色。为上方空界。表法空无相平等也。为信心者。法空之心现前。有念法空之情。故名之为色。四举佛名号者。佛号观察智。为明上方虛空有日月星辰下照萬有明信心者智照自他身心皆無有體性如虛空故如光影像無體質故是故名爲觀察智佛五舉菩薩上首名號者名爲賢首爲明信此十種世界及佛名號菩薩名號總是自心之智所見妙理號之爲世界法空之智號之爲佛故智所行行號爲菩薩總是隨見隨行進修立名有此十法故得是十法名爲賢首如上所有世界遠近云十佛刹塵者即明佛刹重重相入如光影像迷之即心障無邊故舉刹塵爲遠悟之即無盡佛刹在自身毛孔中如影重重以迷處便言遠在他土以悟之入法處名之從他方遠刹而來總明迷悟上作遠近之名非佛刹法界中有遠近之事菩薩來衆其數亦云十佛刹塵即言信心能信普賢行智隨根欲菩薩行無盡重重徧諸刹土教化衆生以成其數既信之已決定身能如是行之故以是義故十方菩薩各舉十佛刹微塵者是斯義也明一一菩薩行無盡重重滿諸刹土教化衆生故應如是知如是信解此已上答前莊嚴佛法性佛刹佛住佛刹等

方虚空。有日月星辰。下照万有。明信心者。智照自他身心。皆无有体性。如虚空故。如光影像。无体质故。是故名为观察智佛。五举菩萨上首名号者。名为贤首。为明信此十种世界。及佛名号菩萨名号。总是自心之智。所见妙理。号之为世界。法空之智。号之为佛故。智所行行。号为菩萨。总是随见随行。进修立名。有此十法故。得是十法。名为贤首。如上所有世界远近。云十佛刹尘者。即明佛刹。重重相入。如光影像。迷之。即心障无边。故举刹尘为远。悟之。即无尽佛刹。在自身毛孔中。如影重重。以迷处。便言远在他土。以悟之人法处。名之从他方远刹而来。总明迷悟上作远近之名。非佛刹法界中有远近之事。菩萨来众。其数亦云十佛刹尘。即言信心。能信普贤行。智随根欲。菩萨行无尽重重遍诸刹土。教化众生。以成其数。既信之已决定。身能如是行之故。以是义故。十方菩萨。各举十佛刹微尘者。是斯义也。明一一菩萨行。无尽重重。满诸刹土。教化众生故。应如是知。如是信解。此已上。答前庄严佛法性佛刹。佛住佛刹等 。

第四爾時文殊師利已下至品末已來明舉法演說分。於此分中義分爲七。一文殊師利已下兩行經。明文殊觀衆。二諸佛子已下可三行經明歎四種佛刹不可思議。三何以故已下。可兩行半經明諸佛隨根設法調伏。四諸佛子已下可三行半經舉佛身業名色相壽命脩短等隨根之法化衆生故。五諸佛子已下舉佛名號先舉此處四天下次及三千及周法界名號不同初舉十千次漸增廣乃至無量十千者是初首數之一終爲明佛號普徧諸名字故令諸衆生了知一切名字平等清淨無分別好惡故。已下直至品末。六諸佛子已下可四行經。是都結此土他方例然。七如是世尊已下三行半經。舉世尊往因所行今爲衆說此已上答前二十八問中四種佛刹出現及名號徧周已第四尔时文殊师利已下。至品末已来明举法演说分。于此分中。义分为七。一文殊师利已下。两行经。明文殊观众。二诸佛子已下。可三行经。明叹四种佛刹不可思议。三何以故已下。可两行半经。明诸佛随根设法调伏。四诸佛子已下。可三行半经。举佛身业名色相寿命修短等。随根之法。化众生故。五诸佛子已下。举佛名号。先举此处四天下。次及三千。及周法界。名号不同。初举十千。次渐增广。乃至无量。十千者。是初首数之一终。为明佛号普遍诸名字故。令诸众生。了知一切名字。平等清净。无分别好恶故。已下直至品末。六诸佛子已下。可四行经。是都结此土。他方例然。七如是世尊已下。三行半经。举世尊往因所行。今为众说。此已上答前二十八问中。四种佛刹出现。及名号遍周。已

下四聖諦品。即明如來說法徧周。十方世界所說
法門。不離四諦義故。又此如來名號品。非但論名
號徧周。但是如來身口意業總皆徧周。文殊師利
菩薩略而都舉。如前文中云。諸佛子。如來於娑婆
世界諸四天下。種種身種種名種種色相等。如經
廣明。即明此品總答如來身語意業。一切徧周。從
此品文殊師利舉佛果海身語等一切徧周。令大
眾自信己身同佛三業。入如來性海等如來智。發
跡進修。經過十住十行十迴向十一地。直至入
如來出現品。是其一終。同果此名號品是始。初入
信名號徧周。即一切名總是自佛之果。出現品是
己身自修行行滿之果。是故如來放眉間光灌文
殊頂。使令問佛出現果法。放口中光灌普賢口。使
令說佛果德。始明自行因果徹故。明文殊普賢理
智妙行此齊體也。離世間品法界品雖在其後。爲
文字相排似有前後。總是前後相通徹法故。總是一
一圓滿法故。如法界品是此一部經之大體。爲一
切凡聖之本源也。當初會信佛果。即以如來并普
賢爲首。即明已成佛果及已行之果生信。今以入
自己入信修行門。即以文殊師利及如來名號并

下四圣谛品。即明如来说法遍周。十方世界。所说法门。不离四谛义故。又此如来名号品。非但论名号遍周。但是如来身口意业。总皆遍周。文殊师利菩萨。略而都举。如前文中云。诸佛子。如来于娑婆世界。诸四天下。种种身。种种名。种种色相等。如经广明。即明此品总答如来身语意业。一切遍周。从此品文殊师利。举佛果海。身语等一切遍周。令大众自信己身。同佛三业。入如来性海等。如来智。发迹进修。经过十住十行十回向十地十一地。直至如来出现品。是其一终因果。此名号品。是始初入信。名号遍周。即一切名。总是自佛之果。出现品。是己身自修行行满之果。是故如来。放眉间光。灌文殊顶。使令问佛出现果法。放口中光。灌普贤口。使令说佛果德。始明自行因果彻故。明文殊普贤。理智妙行。此齐体也。离世间品。法界品。虽在其后。为文字相排。似有前后。总是前后相通彻法故。总是一圆满法故。如法界品。是此一部经之大体。为一切凡圣之本源也。前初会信佛果。即以如来并普贤为首。即明已成佛果。及已行之果。生信。今以入自已入信修行门。即以文殊师利。及如来名号。并

四諦法門。爲所信之因果。即明以妙慧法門及名
言而修學故。問曰。何故如來不自說其教。何用放
光令菩薩說。答曰。如來意令當位菩薩說當位法
門。令修學者知分劑易解故。文殊常與一切諸佛
及一切衆生作信心之因成妙慧之本。母普賢菩
薩常與一切諸佛衆生作修行之因。以此二人成
就菩提無作智果大悲之海。令二人自相對問說
如來出現品明是修行者因果始終圓滿前後因
果性果智果行果相徹一體故。明從此品至出現
品文殊普賢二行因果信心者修行位滿體用徹
故。令後學者易解故。如有兩品經如來自說前已
述訖。明是佛果二愚至佛方明。

校譌

第四紙十二行境下南北 第七紙十四行有 第十
論有菩提場三字 宋論作爲
五紙十四行知字下 第十八紙七行意下宋論無 無
宋論無諸字宋 或名聞慧四字 第
二十紙論六行振
作震

四谛法门。为所信之因果。即明以妙慧法门及名言。而修学故。问曰。何故如来不自说其教。何用放光令菩萨说。答曰。如来意令当位菩萨说当位法门。令修学者。知分剂易解故。文殊常与一切诸佛。及一切众生。作信心之因。成妙慧之本母。普贤菩萨常与一切诸佛众生。作修行之因。以此二人。成就菩提无作智果大悲之海。今二人自相对问。说如来出现品。明是修行者。因果始终圆满。前后因果性果智果行果。相彻一体故。明从此品。至出现品。文殊普贤二行因果。信心者。修行位满体。用彻故。令后学者易解故。如有两品经。如来自说。前已述讫。明是佛果二愚。至佛方明 。

四聖諦品第八

於此一品之中義分爲三。一釋品名目。二釋品來意。三隨文釋義。一釋品名目者。諦者實義也。明如來說四種實義。令諸衆生起信解故。問曰。何故不說多。但云四。答曰。此四種諦義總攝多故。爲明一切世間不離苦集。一切出世間不離滅道。滅盡諸苦名爲滅諦。滅盡涅槃名爲道諦。三乘涅槃皆有可得。此大涅槃無餘可得。名爲道諦。以二乘趣寂。菩薩多生淨土。又推淨土在餘他方。又云菩薩留惑潤生故。若不故留煩惱。還應必有涅槃可證。或有他方淨土可生。是故三乘涅槃皆有可得。又閻浮提成正覺佛。木樹草座。是化佛。上方摩醯首羅天紅蓮華上佛。是實報。皆有忻厭故。是故三乘四諦厭苦集忻滅道。名四諦法輪。此一乘經言四聖諦者。是其實義。何以故。達苦性眞無忻厭。故無有他方別佛剎別淨土。故無有染淨涅槃生死有

四圣谛品第八

于此一品之中。义分为三。一释品名目。二释品来意。三随文释义。一释品名目者。谛者实义也。明如来说四种实义。令诸众生起信解故。问曰。何故不说多。但云四。答曰。此四种谛义。总摄多故。为明一切世间。不离苦集。一切出世间。不离灭道。灭尽诸苦。名为灭谛。灭尽涅槃名为道谛。三乘涅槃。皆有可得。此大涅槃。无余可得。名为道谛。以二乘趣寂。菩萨多生净土。又推净土在余他方。又云。菩萨留惑润生故。若不故留烦恼。还应必有涅槃可证。或有他方净土可生。是故三乘涅槃皆有可得。又阎浮提成正觉佛。木树草座。是化佛。上方摩醯首罗天。红莲华上佛。是实报。皆有忻厌故。是故三乘四谛厌苦集。忻灭道。名四谛法轮。此一乘经言四圣谛者。是其实义。何以故。达苦性真。无忻厌故。无有他方别佛刹。别净土故。无有染净涅槃生死有

忻厭所修道故所修道者住如法住修如法道不
厭不著不欣不取一如法界無去來性無住處性
身塵毛孔心之及境皆稱法性如是信解如是修
道以是義故一乘四聖諦三乘四諦各各差別各
有信解如來依根方便設教皆非凡夫能立如今
修道者但隨自信解力便處卽作不可例然如法
華經為聲聞人說四諦法為緣覺人說十二因緣
為諸菩薩說六波羅蜜亦是如來隨時之說如此
經十地品五地菩薩作十種諦觀以四聖諦為體
六地菩薩作十種十二緣生觀此是如來隨位進
修之法大要總言此四聖諦十二緣生法門但一
切諸聖一切凡夫起信樂佛法心道未滿者皆從
初心觀自他苦故發菩提心樂求道法但依大小
勝劣不同四諦十二緣各別但一切世間法四諦
義無不該通此是如來語業說法徧周故如瓔珞
經立九乘法門者意明三乘參用四諦十二緣各
自得道差別其九乘者一聲聞聲聞乘二聲聞緣
覺乘三聲聞菩薩乘如是三乘同觀四諦十二緣
法各自得道不同如是三乘中各有三通為九通
此法界不思議乘於解脫道中總有十乘皆得究

忻厌所修道故。所修道者。住如法住。修如法道。不厌不著。不欣不取。一如法界。无去来性。无住处性。身尘毛孔。心之及境。皆称法性。如是信解。如是修道。以是义故。一乘四圣谛。三乘四谛。各各差别。各有信解。如来依根。方便设教。皆非凡夫能立。如今修道者。但随自信解力。便处即作。不可例然。如法华经。为声闻人。说四谛法。为缘觉人。说十二因缘。为诸菩萨。说六波罗蜜。亦是如来随时之说。如此经十地品。五地菩萨。作十种谛观。以四圣谛为体。六地菩萨。作十种十二缘生观。此是如来随位进修之法。大要总言此四圣谛。十二缘生法门。但一切诸圣。一切凡夫。起信乐佛法心。道未满者。皆从初心。观自他苦故。发菩提心。乐求道法。但依大小胜劣不同。四谛十二缘各别。但一切世间法。四谛义无不该通。此是如来语业。说法遍周故。如璎珞经。立九乘法门者。意明三乘。参用四谛十二缘。各自得道差别。其九乘者。一声闻声闻乘。二声闻缘觉乘。三声闻菩萨乘。如是三乘。同观四谛十二缘法。各自得道不同。如是三乘中。各有三通。为九通。此法界不思议乘。于解脱道中。总有十乘。皆得究竟無三界苦。諸餘道門皆是人天世間生滅之法。設得少樂。終竟不離苦本。三乘雖得出三界。其道未貞。未是佛果乘故。二釋品來意者。爲明前名號品。是說如來身業隨方名號不同各別。此品說如來隨方語業。隨方說法。不離四聖諦故。此品須來。三隨文釋義者。於此一品經文。於中總有十二段。

經

從爾時文殊師利已下。十一段是通中心幷十方正說四聖諦義各別不同。

末後一段。是總都說十方世界無盡名目。皆是四聖諦爲體。從此四諦上分作種種法門。五蘊十二緣總在其內。八萬四千塵勞解脫總在其內。如文具說。不煩更釋。已上佛名號品四聖諦品。是自已信進修行中所信之法。已下光明覺品。現佛境及所行行門徧周。如文具明。如是已上十信門以根本普光明智爲殿體。如是進修究竟不離此智也。

竟。无三界苦。诸余道门。皆是人天世间生灭之法。设得少乐。终竟不离苦本。三乘虽得出三界。其道未真。未是佛果乘故。二释品来意者。为明前名号品。是说如来身业。随方名号不同各别。此品说如来随方语业。随方说法。不离四圣谛故。此品须来。三随文释义者。于此一品经文。于中总有十二段经。

从尔时文殊师利已下。十一段。是通中心并十方。正说四圣谛义各别不同。

末后一段。是总都说十方世界无尽名目。皆是四圣谛为体。从此四谛上。分作种种法门。五蕴十二缘。总在其内。八万四千尘劳解脱。总在其内。如文具说。不烦更释。已上佛名号品。四圣谛品。是自已信进修行中所信之法。已下光明觉品。现佛境及所行行门遍周。如文具明。如是已上十信门。以根本普光明智为殿体。如是进修。究竟不离此智也。

光明覺品第九

將釋此品約作三門分別。一釋品名目。二釋品來意。三隨文釋義。一釋品名目者此品名光明覺品爲明因如來放十信中足輪下光照燭十方。初云一三千大千。以次十三千大千。以次增廣至不可說法界虛空界。爲明無盡。令信心者了心境廣大無盡無礙與法界虛空界等。明其自己法身智身願行亦等故以光所照覺悟信心令修行故以是因緣名光明覺品。修行者。一一隨光觀照十方已能觀之心亦盡。即與法身同體入十住初心。入信心者。一一隨此寶色燈雲光觀內心及方所。總令心境無有內外中間。方可入方便三昧入十住法門。若不作此寶色光明觀不成一切普賢願海。神通道力諸佛大用皆悉不成。二釋品來意者。爲此第二會中普光明殿說十信心。明成凡夫自心所契佛果信。其前之如來名號品舉佛身眼耳鼻舌等及名號徧周。四聖諦品明如來口業說法行行徧周。總明佛果徧也。令此品放如來信位教行之光覺悟一切。令信心者自信自心智境界身行徧周。即一切處不動智佛。一切處文殊師利。一切處覺首目首財首等十首菩薩是也。即明信心者

光明觉品第九

将释此品。约作三门分别。一释品名目。二释品来意。三随文释义。一释品名目者。此品名光明觉品。为明因如来放十信中足轮下光。照烛十方。初云一三千大千。以次十三千大千。以次增广。至不可说法界虚空界。为明无尽。令信心者。了心境广大。无尽无碍。与法界虚空界等。明其自己法身智身愿行亦等故。以光所照觉悟信心。令修行故。以是因缘。名光明觉品。修行者。一一随光观照十方已。能观之心亦尽。即与法身同体。入十住初心。入信心者。一一随此宝色灯云光。观内心及方所。总令心境。无有内外中间。方可入方便三昧。入十住法门。若不作此宝色光明观。不成一切普贤愿海。神通道力。诸佛大用。皆悉不成。二释品来意者。为此第二会中。普光明殿。说十信心。明成凡夫自心所契佛果信。其前之如来名号品。举佛身眼耳鼻舌等及名号遍周。四圣谛品。明如来口业说法行行遍周。总明佛果遍也。今此品放如来信位教行之光。觉悟一切。令信心者。自信自心智境界身行遍周。即一切处不动智佛。一切处文殊师利。一切处觉首目首财首等十首菩萨是也。即明信心者。

自己身語意業名號徧周。一如佛故。此品須來明已上不動智佛等十箇智佛。是信心中所信之果。是自已之智與佛本同。文殊師利。卽是自心妙理之慧。餘九是行。十色世界是所見之法。三隨文釋義者。

從初爾時世尊已下。有二十四行半經。於中大意義分爲五。一擧光出處。二擧光所照境界遠近。三擧一切處百億衆會菩薩同集。四擧一切處佛刹根本智佛。五明一切處文殊同聲一時說頌。一擧光出處者。經云。爾時世尊兩足輪下放百億光明。此光是初會中。如來放眉間光。名一切菩薩智光明普照耀十方藏。此光是教化十方菩薩安立十信及五位十地法門次第。令隨位進修開敷智眼。成其無量福智之海。是故名之照耀十方藏。又藏者有二義。一衆生善根堪受此法。名之爲藏。如文殊師利。歎善財童子善哉功德藏。能來至我所。二大願大悲大智法身總名爲藏。此光明常照耀十方法界善根衆生。而能成就大菩提心。大願大悲大智饒益衆生藏者故。此如來兩足輪所放光自已身语意业名号遍周。一如佛故。此品须来。明已上不动智佛等十个智佛。是信心中所信之果。是自已之智。与佛本同。文殊师利。即是自心妙理之慧。余九是行。十色世界。是所见之法。三随文释义者 。

从初尔时世尊已下。有二十四行半经。于中大意。义分为五。一举光出处。二举光所照境界远近。三举一切处百亿众会菩萨同集。四举一切处佛刹根本智佛。五明一切处文殊同声一时说颂。一举光出处者。经云。尔时世尊两足轮下放百亿光明。此光是初会中。如来放眉间光。名一切菩萨智光明普照耀十方藏。此光是教化十方菩萨。安立十信及五位十地法门次第。令随位进修开敷智眼。成其无量福智之海。是故名之照耀十方藏。又藏者有二义。一众生善根。堪受此法。名之为藏。如文殊师利。叹善财童子。善哉功德藏。能来至我所。二大愿大悲大智。法身。总名为藏。此光明常照耀十方法界善根众生。而能成就大菩提心。大愿大悲大智。饶益众生藏者故。此如来两足轮所放光明。是彼現相品中眉間之光照十方已其光還來入佛足下。爲欲以十地果光用成十信故。是故於此品中還放彼第一會中所入如來足下之光以成十信。如今如來兩足輪下放光是現相品中所入之光故。明足下放光者。是以果成信初始故。如十住位中於如來足指端放光。即明入聖之始發跡應眞之初故。是初生諸佛大智家故。十行位中。足趺上放光。十迴向位中。膝上放光。十地位中眉間放光。終而復始還依舊果。初以果成因因修果體。至功終位極本末不移。至位更明。今此放兩足輪中之光。明以果成信故。乃至修行常修果體使慣習成熟故。如此從眉間放光。足下輪中放光。足指端放光。足趺上放光。膝上放光。眉間放光。出現品中又於眉間放光名如來出現光明。如此六度放光。總明成就十信十住十行十迴向十地十一地因果法門進修之行相一終故。法界品又眉間放光者。明此一部之經菩薩五位進修及如來出現所證本法總法界爲體故明法界一品。是過現未來一切諸佛之本末故。是恆法故。是法常道不思議故。是一切衆生本末故是一切法之本體故。

明。是彼现相品中眉间之光。照十方已。其光还来入佛足下。为欲以十地果光。用成十信故。是故于此品中。还放彼第一会中所入如来足下之光。以成十信。如今如来两足轮下放光。是现相品中所入之光故。明足下放光者。是以果成信初始故。如十住位中。于如来足指端放光。即明入圣之始。发迹应真之初故。是初生诸佛大智家故。十行位中。足趺上放光。十回向位中。膝上放光。十地位中眉间放光。终而复始。还依旧果。初以果成因。因修果体。至功终位极。本末不移。至位更明。今此放两足轮中之光。明以果成信故。乃至修行常修果体。使惯习成熟故。如此从眉间放光。足下轮中放光。足指端放光。足趺上放光。膝上放光。眉间放光。出现品中。又于眉间放光。名如来出现光明。如此六度放光。总明成就十信十住十行十回向十地十一地。因果法门。进修之行相一终故。法界品又眉间放光者。明此一部之经。菩萨五位进修。及如来出现所证本法。总法界为体故。明法界一品。是过现未来一切诸佛之本末故。是恒法故。是法常道不思议故。是一切众生本末故。是一切法之本体故。

二舉光照遠近者。初照三千大千之境界。次照十百千。乃至十億。及不可說。問曰。何故不一時普照而有漸次耶。答。是一時中漸次。為法界中無前後故。漸次者為十信中修勝進增勝故。三舉一切處百億眾會菩薩同集者。明自己信行徧周故。四舉一切處佛世界及十智如來者。明信心者自己智德果徧周故。五一切處文殊師利同時說頌者。明信心者自己妙慧擇法徧周。總明自有非是他法。從初自信如是十色世界十智如來十首菩薩總是自己果行法性大智萬行徧周。以成信故。從此修行經歷五位不離此也。是故發心畢竟二不別。如是發心先心難。自未得度先度他。是故我禮初發心。初發以為天人師。超勝聲聞及緣覺。一如涅槃經說此明從凡入信心者難故為凡夫總自認是凡夫不肯認自心是不動智故。是故入十信難。明十信心成就。任運至十住初發心住故。乃至究竟佛果故。如三乘中修十信心經十千劫。此教中為以根本智法界為教體。但以才堪見實即得。不論劫量。如覺城二千之眾善財為首者。是路上發心。六千比丘之眾亦皆是智慧猛利人類精奇。一二举光照远近者。初照三千大千之境界。次照十百千。乃至十亿及不可说。问曰。何故不一时普照。而有渐次耶答。是一时中渐次。为法界中无前后故。渐次者。为十信中修胜进增胜故。三举一切处百亿众会菩萨同集者。明自己信行遍周故。四举一切处佛世界及十智如来者。明信心者自己智德果遍周故。五一切处文殊师利同时说颂者。明信心者自己妙慧择法遍周。总明自有。非是他法。从初自信如是十色世界十智如来十首菩萨。总是自己果行法性大智万行遍周。以成信故。从此修行。经历五位。不离此也。是故发心毕竟二不别。如是发心先心难。自未得度先度他。是故我礼初发心。初发以为天人师。超胜声闻及缘觉。一如涅槃经说。此明从凡入信心者难故。为凡夫总自认是凡夫。不肯认自心是不动智故。是故入十信难。明十信心成就。任运至十住初发心住故。乃至究竟佛果故。如三乘中。修十信心。经十千劫。此教中为以根本智法界为教体。但以才堪见实即得。不论劫量。如觉城二千之众。善财为首者。是路上发心。六千比丘之众。亦皆是智慧猛利。人类精奇。一聞多曉悟謙恕仁慈。專求大道以利含生。皆是一生信滿發心人位人也。若不信自心元是不動智佛者。即永劫飄淪。何能利人濟物。如經所說。若自有縛能解彼縛。無有是處。是故發心有二種。一修信解發心。但修十信解故。即如前十智如來十首菩薩是。二信滿發心。十住位初。名初發心住。故即十慧菩薩十箇月佛是其因果也。又就此說頌門中。義分爲二。一明文殊師利說十偈頌歎如來十種德。令信心者信解增廣。二明信心者心地增廣。其光漸增。其光漸增者。明信心漸勝。如文可知。一一隨光所照之境。以心觀之。隨方令心無礙。盡十方總然。十方觀徧。唯有能觀心在。復觀能觀之心。亦無內外。即十方無礙。方入十住初心。一從文殊說頌中。歎如來十種德。令信心者漸漸增廣。

一從初十行頌。歎如來法身無體性德。

二十行頌。歎如來大慈悲德。爲衆生求菩提心故。

三十行頌。歎如來了法如幻德。應緣現身故。

四十行頌。歎如來以甚深法德。爲衆開示故。

五十行頌。歎佛救護衆生德。勸信心者有十種闻多晓。悟谦恕仁慈。专求大道。以利含生。皆是一生信满。发心入位人也。若不信自心元是不动智佛者。即永劫飘沦。何能利人济物。如经所说。若自有缚。能解彼缚。无有是处。是故发心有二种。一修信解发心。但修十信解故。即如前十智如来十首菩萨是。二信满发心。十住位初。名初发心住故。即十慧菩萨十个月佛。是其因果也。又就此说颂门中。义分为二。一明文殊师利说十偈颂。叹如来十种德。令信心者信解增广。二明信心者。心地增广。其光渐增。其光渐增者。明信心渐胜。如文可知。一一随光所照之境。以心观之。随方令心无碍。尽十方总然。十方观遍。唯有能观心在。复观能观之心。亦无内外。即十方无碍。方入十住初心。一从文殊说颂中。叹如来十种德。令信心者渐渐增广。

一。从初十行颂。叹如来法身无体性德。

二。十行颂。叹如来大慈悲德。为众生求菩提心故。

三。十行颂。叹如来了法如幻德。应缘现身故。

四。十行颂。叹如来以甚深法德。为众开示故。

五。十行颂。叹佛救护众生德。劝信心者。有十种業應作故。

六。十五行頌歎如來無相之相德。隨其見者皆得見故。

七。十行頌歎如來無依自在德。具一切功德。令信心者修學故。

校譌

第四紙七行分宋藏作名九行趣宋藏作處第五紙十八行即北藏作刪二十行毀下宋藏南論俱無訾字第八紙十六行簡宋論作揀二十行出生下宋論無或名失利四字第九紙六行破宋論作彼第十紙七行振宋論作震下同第十一紙二行正南論作王第二十三紙三行大宋論作此宋南藏作此神通智力

八。二十行頌歎如來智慧方便德。令信心者樂學修行故。

九。二十行頌歎如來廣大苦行精進德。令信心者修行故。

业应作故。

六。十五行颂。叹如来无相之相德。随其见者皆得见故。

七。十行颂。叹如来无依自在德。具一切功德。令信心者修学故。

八。二十行颂。叹如来智慧方便德。令信心者乐学修行故。

九。二十行颂。叹如来广大苦行精进德。令信心者修行故。

十二十行頌歎如來實性無三世德無二相徧周一切。令信心者修學故。已上文殊師利說此十頌歎佛十德。令起信心者發信進修行故。此光明覺品舉佛果法。令信心者。正自入信同諸佛果法不移法身不動智菩薩行徧周。一體自古及今。更無他法。凡聖一性同無性味同大願大慈大悲大智文殊妙慧普賢萬行之味總爲動寂一體用故。如是信修從初發心。一時並進以此十信位內置一百四十大願成大悲行。法身慧身智身。一時俱進故。法身者即十色世界是。智身者即十智佛是。慧身者即文殊師利是。大悲者即一百四十大願成之是。如是已上諸法。皆是此光明覺品悉皆信入。如問明品即是已入信中問答法則成其信力修行故。問曰。何故成十信門皆文殊師利說法答曰。爲明文殊是十方諸佛妙慧簡擇正邪。正邪既定方以行修行即名普賢行也。次第合然故首故因行成名也。問曰。五位法中菩薩入定方說何故信位不入定說。答。信是凡夫生滅心。信未入證故無定也。以五位是入體應眞無作之理智。非十。二十行颂。叹如来实性无三世德。无二相遍周一切。令信心者修学故。已上文殊师利。说此十颂。叹佛十德。令起信心者。发信进修行故。此光明觉品。举佛果法。令信心者。正自入信。信同诸佛果法。不移法身不动智。菩萨行遍周。一体自古及今。更无他法。凡圣一性。同无性味。同大愿大慈大悲大智。文殊妙慧。普贤万行之味。总为动寂一体用故。如是信修。从初发心。一时并进。以此十信位内。置一百四十大愿。成大悲行。法身慧身智身。一时俱进故。法身者。即十色世界是。智身者。即十智佛是。慧身者。即文殊师利是。大悲者。即一百四十大愿成之是。如是已上诸法。皆是此光明觉品。悉皆信入。如问明品。即是已入信中问答法则。成其信力修行故。问曰。何故成十信门。皆文殊师利说法。答曰。为明文殊。是十方诸佛妙慧。善简择正邪。正邪既定。方以行修行。即名普贤行也。次第合然故。明文殊师利。是童子菩萨。以因创发。启蒙入信之首故。因行成名也。问曰。五位法中。菩萨入定方说。何故信位。不入定说答。信是凡夫生灭心。信未入证。故无定也。以五位是入体应真无作之理智。非

無思而顯不可以有情求之故須入定

菩薩問明品第十

將釋此品約分三門。一釋品名目。二釋品來意。三隨文釋義。一釋品名目者。爲成十種信根長十種信力。文殊師利覺首等互爲主伴問十種法明故。故爲問明品。二釋品來意者。前品如來足下輪中放光開覺所照佛境遠近。令信心者一一觀之無礙。令心行廣大稱法界故。又文殊師利菩薩以十偈頌歎佛十德。勸令信心者修行。故此問明品即是明十信心者正修行之行及斷疑。故有此品來也。三隨文釋義者。於此品一段文中有十一段經。明文殊覺首十菩薩等互爲主伴問十種法明。各以菩薩之名即表十信所行之行。文殊還以名下之行以相諮問。十菩薩等各以自行之法以頌答之。令信心者依而倣學。其十問十頌其文如下。最下一段都結十方同此

第一爾時文殊師利菩薩已下。六行經。是文殊菩薩起二十問善惡因果。或一字一問或一句一問。總有二十問向下十一行頌。是覺首菩薩答初

无思而显。不可以有情求之。故须入定 。

菩萨问明品第十

将释此品。约分三门。一释品名目。二释品来意。三随文释义。一释品名目者。为成十种信根。长十种信力。文殊师利觉首等。互为主伴。问十种法明故。故为问明品。二释品来意者。前品如来足下轮中。放光开觉。所照佛境远近。令信心者。一一观之无碍。令心行广大。称法界故。又文殊师利菩萨。以十偈颂。叹佛十德。劝令信心者修行故。此问明品。即是明十信心者。正修行之行。及断疑故。有此品来也。三随文释义者。于此品一段文中。有十一段经。明文殊觉首十菩萨等。互为主伴。问十种法明。各以菩萨之名。即表十信所行之行。文殊还以名下之行。以相咨问。十菩萨等。各以自行之法。以颂答之。令信心者。依而仿学。其十问十颂。其文如下。最下一段。都结十方同此 。

第一。尔时文殊师利菩萨已下。六行经。是文殊菩萨起二十问善恶因果。或一字一问。或一句一问。总有二十问。向下十一行颂。是觉首菩萨答。初一行頌是歎能問之人及勸聽。後十行頌是答所問之法。文殊善問世間善惡因果不相知。業能成就善惡因果。覺首菩薩便以法不相知以眞理答。但爲迷眞自作業爾。知眞者但以全業是眞。末後一行頌明眞妄總亡。舉喻及法說故。如文自具。思之可見。文順理顯。不煩更釋。於此十一行頌中。義分爲三。一科頌意。一釋菩薩名。二配隨位因果。一科頌意者。此十一行。一行是一頌。初行歎能問及勸聽。次下十行文各自具明。初一行頌。頌法無作無性。次一行舉喻明水流不相知。准意知之。不煩更科。一釋菩薩名者。爲明覺此隨流生死業體。本性恆眞。而無流轉。眼耳鼻舌身意。恆如法知。非流轉生死性故。亦無虛妄。亦無眞實。但爲無貪瞋癡愛眞智慧故。名之爲眞。故說如斯法利衆生。故名爲自覺覺他大道心衆生者。故爲以此當體無明諸業因果上。自覺覺他。令知法界自性眞理。眞妄兩亡。名爲覺首。以信此法。初名之爲首。此明十信初心。全信自身眼耳鼻舌身意。及以一切衆生全體眞妄兩亡。唯佛智游。故以不動智佛十智如來。爲十信位中。自己果。故金色世界妙色世界蓮華一行颂。是叹能问之人及劝听。后十行颂。是答所问之法。文殊善问世间善恶因果不相知。业能成就善恶因果。觉首菩萨。便以法不相知。以真理答。但为迷真。自作业尔。知真者。但以全业是真。末后一行颂。明真妄总亡。举喻及法说故。如文自具。思之可见。文顺理显不烦更释。于此十一行颂中。义分为三。一科颂意。二释菩萨名。三配随位因果。一科颂意者。此十一行。一行是一颂。初行叹能问及劝听。次下十行文各自具明。初一行颂。颂法无作无性。次一行举喻水流不相知。准意知之。不烦更科。二释菩萨名者。为明觉此随流生死业体。本性恒真。而无流转。眼耳鼻舌身意。恒如法知。非流转生死性故。亦无虚妄。亦无真实。但为无贪嗔痴爱。真智慧故。名之为真故。说如斯法利众生故。名为自觉觉他大道心众生者故。为以此当体无明诸业因果上。自觉觉他。令知法界自性真理。真妄两亡。名为觉首。以信此法初。名之为首。此明十信初心。全信自身眼耳鼻舌身意。及以一切众生全体。真妄两亡。唯佛智海故。故以不动智佛十智如来。为十信位中自已果故。金色世界妙色世界莲华色世界等十色世界是十信之中所信之理。文殊師利、覺首、財首等十菩薩衆，是十信之行。以行立名，得名知行。一一菩薩倣行解上而立名故。已下菩薩例然。世界名妙色，即是覺首菩薩所覺之理明無礙智佛，即自覺首當位所修佛果。以此信心明諸業因果真妄兩亡，即智用無礙故。三配隨位因果者，常以自心本不動智佛爲本信心之因，以進修得此無礙智佛，是隨位佛果。此乃但依問答及菩薩名號、佛名號、世界形色，取其意趣，理自分明，勿須疑也。

第一爾時文殊師利菩薩已下五行經，是文殊師利問財首菩薩言：如來十種方便隨時之法。初舉非衆生，即約覺首所答業體純真。從問如來十種隨時之化，何緣而有？財首爲成信心，約實而答隨時是假。如下十行頌中具明。於此十行頌中，義分爲三：一科其頌意，二釋菩薩名，三配隨位因果。一科頌意者，此十行頌中，一行一頌。初一行頌中，初兩句歎所問法非小器所堪，是多聞者之境界。次兩句今如問當說及勸聽。已下九行頌是財首以實而答，如文具明。二釋菩薩名者，爲將如下頌中善逆真假法財而惠施衆生，故名爲財首。以十色世界等十色世界。是十信之中所信之理。文殊师利觉首财首等十菩萨众。是十信之行。以行立名。得名知行。一一菩萨。仿行解上而立名故。已下菩萨例然。世界名妙色。即是觉首菩萨所觉之理。无碍智佛。即自觉首当位所修佛果。以此信心。明诸业因果。真妄两亡。即智用无碍故。三配随位因果者。常以自心本不动智佛。为本信心之因。以进修得此无碍智佛。是随位佛果。此乃但依问答。及菩萨名号佛名号世界形色。取其意趣。理自分明。勿须疑也 。

第二。尔时文殊师利菩萨已下。五行经。是文殊师利问财首菩萨。言如来十种方便随时之法。初举非众生。即约觉首所答业体纯真。后问如来十种随时之化。何缘而有。财首为成信心。约实而答。随时是假。如下十行颂中。具明。于此十行颂中义分为三。一科其颂意。二释菩萨名。三配随位因果。一科颂意者。此十行颂中。一行一颂。初一行颂中。初两句。叹所问法非小器所堪。是多闻者之境界。次两句。今如问当说及劝听。已下九行颂。是财首以实而答。如文具明。二释菩萨名者。为将如下颂中。善达真假法财。而惠施众生故。名为财首。以十信心中法財初始益生之行。名之爲首。世界名蓮華色者。明此信中。以法聖財饒益衆生。令其自他性無染著。號曰世界名爲蓮華色。以法施人。破迷成智。名爲滅暗智佛。明當位信中。自具法門。理行智之因果故。財首是當位之行。已下例然。三配隨位因果者。常以自心根本不動智佛。文殊師利爲信心之因。進修得解脫智佛。財首菩薩是隨位之行果故。佛是智果。餘者例然倣此。

第三爾時已下。四行半經。是文殊師利問寶首菩薩。先總舉衆生同有四大。無我無我所。云何已下有十問業因果法。已下有十行頌。是寶首菩薩答前十問故。初明舉體無分別。二明受業之好醜由行所生。具如經說。大意達體業亡。迷眞業起故。於此十行頌中義分爲三。一科頌意。二釋菩薩名。三配隨位因果。一科頌意者。初兩句是歎果報由行生。次兩句歎業體本眞本無所有。是諸佛所說。已下九行。一行一頌。舉喻顯法。達法無業。法業無一由行不同。如文可知。二釋菩薩名者。明此信位達業即法體。不從有業名之法寶。以此法寶益生爲信首故。故名寶首。明此是北方以法師位以成儀軌則以利衆生故。師號成儀智佛。世界名[illegible]

信心中法财初始益生之行。名之为首。世界名莲华色者。明此信中。以法圣财饶益众生令其自他性无染著。号曰世界名为莲华色。以法施人。破迷成智。名为灭暗智佛。明当位信中。自具法门。理行智之因果故。财首是当位之行。已下例然。三配随位因果者。常以自心根本不动智佛。文殊师利。为信心之因。进修得解脱智佛。财首菩萨。是随位之行果故。佛是智果。余者例然仿此 。

第三。尔时已下。四行半经。是文殊师利问宝首菩萨。先总举众生同有四大。无我无我所。云何已下。有十问业因果法。已下有十行颂。是宝首菩萨答前十问故。初明举体无分别。二明受业之好丑由行所生。具如经说。大意达体业亡。迷真业起故。于此十行颂中。义分为三。一科颂意。二释菩萨名。三配随位因果。一科颂意者。初两句。是叹果报由行生。次两句。叹业体本真。本无所有。是诸佛所说。已下九行。一行一颂。举喻显法。达法无业。法业无二。由行不同。如文可知。二释菩萨名者。明此信位。达业即法体。不复有业。名之法宝。以此法宝益生。为信首故。故名宝首明此是北方是师位。以威仪轨则以利众生故。佛号威仪智佛。世界名薝卜华者此華黃色。明是利眾生之福德色也。黃者福慶之氣。內應白淨。外現黃相。故如來爲人天之師。衣緇衣像北方坎。故內應白淨無染之理。外現黃相。卽明以利生白淨無染之福相。以爲世界之名。以利眾生德行庠序。佛號威儀智。佛常以法寶利生。達業性眞。名爲寶首菩薩。總是第四信心自所得法因果理智之號。問曰。何故北方爲師爲君。答曰。像水利潤萬物。又水流慕下。像爲君爲師者。就愚濟迷。使令發明。又明北方坎爲下位。像爲君爲師者。常以謙下之行。令眾生所歸益之。以道潤之故。君子常謙處下位。而濟物發明故。故以北方坎爲君爲師。夫大方無隅。但取其義表德故。餘位如名號品已釋。一佛號徧十方故。此以隨方表法故。如周易泰卦乾下坤上。初九拔茅連茹。爲茅潔白柔弱。其根甘甜。像君子有德。如茅柔弱潔白甘和。可以引而接之與仕也。然茅非君子。以物喻之。然此方隅非佛也。以法喻之。令知法也。佛智無依。依物名智。其方無方。以法成方也。非東西南北如情所見方故。三配隨位因果者。常以自心本不動智佛爲始信心之因。進修得威儀智佛爲第四精進波羅蜜中之果也。

者。此华黄色。明是利众生之福德色也。黄者福庆之气。内应白净。外现黄相故。如来为人天之师。衣缁衣。像北方坎故。内应白净无染之理。外现黄相。即明以利生白净无染之福相。以为世界之名。以利众生德行庠序。佛号威仪。智佛。常以法宝利生。达业性真。名为宝首菩萨。总是第四信心自所得法。因果理智之号。问曰。何故北方为师为君。答曰。像水利润万物。又水流慕下。像为君为师者。就愚济迷。使令发明。又明北方坎为下位。像为君为师者。常以谦下之行。令众生所归益之。以道润之故。君子常谦处下位。而济物发明故。故以北方坎为君为师。夫大方无隅。但取其义表德故。余位如名号品已释。一佛号遍十方故。此以随方表法故。如周易泰卦。乾下坤上。初九拔茅连茹。为茅洁白柔弱。其根甘甜。像君子有德。如茅柔弱洁白甘和。可以引而接之与仕也。然茅非君子。以物喻之。然此方隅非佛也。以法喻之。令如法也。佛智无依。依物名智。其方无方。以法成方也。非东西南北。如情所见方故。三配随位因果者。常以自心本不动智佛。为始信心之因。进修得威仪智佛。为第四精进波罗蜜中之果也 。

第四爾時已下六行經是文殊問德首菩薩如來所悟是一法。云何已下有十問如文具明已下有十行頌是德首菩薩答。於此說頌中義分為二。一科頌之意。二釋菩薩名。三配隨位因果。一科頌意者。此十行頌中初一行歎所問之義甚深唯智所知。次下九行頌一行一頌。如文具明。大意明不異一法界。修行無量法門。無量法門祇是一法界性。不可滯一不作多。不可滯多不是一。如十玄義思之。以無依住智照之可見。二釋菩薩名者。名德首者。為明此位不離一法界性。以消癡愛及一切煩惱。而常修習一切諸功德。以名為德首。世界名青蓮華者。明此第五信心是禪波羅蜜故。心淨無染無貪愛癡故。此是東北方。佛號明相智。明此位進修之果得法心淨故。如艮位寅丑兩間明相現故。故佛號明相智。用此方隅以表禪定法故。以東北方是艮。艮為山。山表安靜不動義。是禪定義故。三配隨位因果者。常以自心根本不動智佛為所信之因。進修得明相智佛為果也。

第五爾時已下五行半經是文殊問目首菩薩。如來福田等一無異所謂已下有十問。具如經說。

第四。尔时已下。六行经。是文殊问德首菩萨。如来所悟是一法。云何已下有十问。如文具明。已下有十行颂。是德首菩萨答。于此说颂中。义分为三。一科颂之意。二释菩萨名。三配随位因果。一科颂意者。此十行颂中。初一行。叹所问之义甚深。唯智所知。次下九行颂。一行一颂。如文具明。大意明不异一法界。修行无量法门。无量法门。只是一法界性。不可滞一不作多。不可滞多不是一。如十玄义思之。以无依住智照之可见。二释菩萨名者。名德首者。为明此位。不离一法界性。以消痴爱。及一切烦恼。而常修习一切诸功德。以名为德首。世界名青莲华者。明此第五信心。是禅波罗蜜故。心净无染。无贪爱痴故。此是东北方。佛号明相智。明此位进修之果。得法心净故。如艮位。寅丑两间。明相现故。故佛号明相智。用此方隅。以表禅定法故。以东北方是艮。艮为山。山表安静不动义。是禅定义故。三配随位因果者。常以自心根本不动智佛。为所信之因。进修得明相智佛为果也 。

第五。尔时已下。五行半经。是文殊问目首菩萨。如来福田等一无异。所谓已下有十问。具如经说。

已下有十行頌是目首所答三門如前一科頌意者。此十行頌。一行一頌。其頌意答前所問佛福田是一。云何布施果報不同。其義有二不同。一明佛自福田不同。二明眾生所施福田不同。一明佛自福田不同者。明如來身目髮紺青。身金色。丹脣素齒。一身之上色各不同。華藏世界莊嚴萬異者。總明法性理智中具有。以法性理智中本具無量功德故。有隨行報得莊嚴者。如如來身有九十七種大人之相者。是法身智體自具故。如來有無量隨好功德莊嚴。是隨行報得故。如外邊依正報中。金剛地是法性身報得。是正報。寶樹莊嚴世界。是法性隨行報得。是依報。宮殿樓閣是法性大智隨大慈悲含育眾生業上報得。師子座是法性隨智轉法輪報得。蓮華藏世界是法性隨行教化眾生無染性報得。香水海是法性隨大悲心謙下饒益行報得。香河右漩是隨順法性進修教化眾生報得。總不離法性大智隨行報殊。一一行中皆有無量行門互為主伴。以此莊嚴依報正報。一一境界中有無量同異。此是觀因知果。以此准知。總是一性中隨用不同故。二眾生布施福田果報不同者。此乃由心輕重有智無智謙下高心所求有異總是已下有十行颂。是目首所答。三门如前。一科颂意者。此十行颂。一行一颂。其颂意答前所问。佛福田是一。云何布施果报不同。其义有二不同。一明佛自福田不同。二明众生所施福田不同。一明佛自福田不同者。明如来身。目发绀青。身金色。丹唇素齿。一身之上。色各不同。华藏世界庄严万异者。总明法性理智中具有。以法性理智中。本具无量功德故。有随行报得庄严者。如如来身有九十七种大人之相者。是法身智体自具故。如来有无量随好功德庄严。是随行报得故。如外边依正报中。金刚地。是法性身报得。是正报。宝树庄严世界。是法性随行报得。是依报。宫殿楼阁。是法性大智随大慈悲含育众生业上报得。师子座。是法性随智转法轮报得。莲华藏世界。是法性随行教化众生无染性报得。香水海。是法性随大悲心谦下饶益行报得。香河右漩。是随顺法性进修教化众生报得。总不离法性大智。随行报殊。一一行中。皆有无量行门。互为主伴。以此庄严依报正报。一一境界中。有无量同异。此是观因知果。以此准知。总是一性中随用不同故。二众生布施福田果报不同者。此乃由心轻重。有智无智。谦下高心。所求有异。总是一心中隨用不同。二釋菩薩名者名爲目首。明此位是東南方辰巳之間。像此信心進修智日漸高善知福田因果等報名爲目首。是故如來常取辰巳以爲齋戒之則。如前名號品已釋。准彼知之。三配因果者。還以自心本不動智佛爲因。此位究竟智佛爲進修之果。

第六爾時文殊師利已下。五行半經。是文殊問勤首。佛教是一。云何得見者有斷煩惱不斷煩惱不同等。然其已下十問。已下有十行頌。是勤首菩薩所答。於中三門如前。一科頌意者。此十行頌初一行勸聽。次一行頌勸聞法勤修。已下八行責其懈怠。如文具明。二釋菩薩名者。名爲勤首。爲明前目首善示福田因果佛號究竟智。此位當須勤而行之。故名勤首佛號最勝智。爲明勤修勝進。即得最勝智爲果。故三配隨位因果者。還以本不動智佛爲因。最勝智佛爲進修之果。

第七爾時已下。六行經。是文殊問法首。如佛所說。若有衆生受持正法。悉能除斷一切煩惱。何故有受持正法而不斷者。於中有十一問。如文具明。於中有十行頌。是法首所答。三門義如前。一科頌意者。此十行頌中初一句勸聽。次一句歎能問。次一心中随用不同。二释菩萨名者。名为目首。明此位是东南方。辰巳之间。像此信心进修智日渐高。善知福田因果等报。名为目首。是故如来常取辰巳。以为斋戒之则。如前名号品已释。准彼知之。三配因果者。还以自心本不动智佛为因。此位究竟智佛。为进修之果 。

第六。尔时文殊师利已下。五行半经。是文殊问勤首。佛教是一。云何得见者。有断烦恼。不断烦恼。不同等。然其已下十问。已下有十行颂。是勤首菩萨所答。于中三门如前。一科颂意者。此十行颂。初一行劝听。次一行颂。劝闻法勤修。已下八行。责其懈怠。如文具明。二释菩萨名者。名为勤首。为明前目首。善示福田因果。佛号究竟智。此位当须勤而行之。故名勤首。佛号最胜智。为明勤修胜进。即得最胜智为果故。三配随位因果者。还以本不动智佛为因。最胜智佛为进修之果 。

第七。尔时已下。六行经。是文殊问法首。如佛所说。若有众生受持正法。悉能除断一切烦恼。何故有受持正法而不断者。于中有十一问。如文具明。于中有十行颂。是法首所答。三门义如前。一科颂意者。此十行颂中初一句劝听。次一句叹能问。次兩句責多聞者不修行已下九行頌。一行一頌責多聞而心不精專不能斷煩惱如文具明。二釋菩薩名者。名爲法首爲明此是西北方。戊亥兩間。明愚迷長夜中。能以正法自利利他專求無懈名爲法首。世界名金剛者。以堅精無怠是自世界。託西北方乾卦。乾爲堅剛。佛號自在智者。以自精勤觀照達理業亡名爲自在智佛。三配隨位因果者還以自心本不動智佛爲因進修得自在智佛爲果

第八爾時已下。有五行經。是文殊問智首。如來唯一法而得出離。又於佛法中以智爲首。何故讚歎布施等。總有十問。大意明十波羅蜜四無量心畢竟無體何須用爲。已下有十行頌。是智首菩薩答。如文具明。於中三門如前。一科頌意者。此十行頌中初一行頌歎能問及勸聽。已下九行。一行一頌。如文具明智首答意明諸助道法隨根遣病若不修學無性菩提不成。如頌中分明舉喻況說可知。但須依法有病即治之。如除堆阜道自無礙自病已除還與人服故藥藥之與方終無捨離。二釋菩薩名者。名爲智首以明智能知根權施法藥。四攝四無量十波羅蜜三十七助菩提分隨病生起增多之處而令服之顯發菩提無作之性漸令依

两句。责多闻者不修行。已下九行颂。一行一颂。责多闻而心不精专。不能断烦恼。如文具明。二释菩萨名者。名为法首。为明此是西北方。戌亥两间。明愚迷长夜中。能以正法自利利他。专求无懈。名为法首。世界名金刚者。以坚精无怠。是自世界。托西北方乾卦。乾为坚刚。佛号自在智者。以自精勤观照。达理业亡。名为自在智佛。三配随位因果者。还以自心本不动智佛为因。进修得自在智佛为果。

第八。尔时已下。有五行经。是文殊问智首。如来唯一法而得出离。又于佛法中。以智为首。何故赞叹布施等。总有十问。大意明十波罗蜜。四无量心。毕竟无体。何须用为。已下有十行颂。是智首菩萨答。如文具明。于中三门如前。一科颂意者。此十行颂中。初一行颂。叹能问及劝听。已下九行。一行一颂。如文具明。智首答意。明诸助道法。随根遣病。若不修学。无性菩提不成。如颂中分明举喻况说可知。但须依法。有病即治之。如除堆阜。道自无碍。自病已除。还与人服故药。药之与方。终无舍离。二释菩萨名者。名为智首。以明智能知根。权施法药。四摄。四无量十波罗蜜。三十七助菩提分。随病生起增多之处。而令服之。显发菩提无作之性。渐令依本名爲智首此是下方世界明以布施戒忍進定等十波羅蜜門如地能生發一切白淨之法故世界名玻瓈此是白色如水精寳色佛號梵智者明心如大地荷負萬有常安淨故梵者淨也三配隨位因果者還以自心本不動智佛爲因進修得心智寂靜爲果表地體安靜故

第九爾時已下是文殊問賢首一切諸佛一道而得出離云何今見種種不同所謂已下有十問

大方廣佛新華嚴經論卷第十六

下有十行頌是賢首答於中三門如前一科頌意者此十行頌中初兩行歎法王唯一法一身一智已下八行頌於中大意有四一歎差別佛土因本迴向心所成爲明迴向心就根益物身土教儀悉皆就根二明諸佛自報之境非是行因方見三明衆差別之事皆由衆生之心行異故隨自心見別非佛之異四明佛神力能就根現法二釋菩薩名者名爲賢首爲明得此十種信心信佛果德與自心體一善詣疑滯通塞入其賢位故名賢首此是上方位也意明此信位心智及境悉如虛空無所不含皆無妨礙是賢仁之德故名賢首又世界名平等色爲明既是上方明身心與空合故世界名

本。名为智首。此是下方世界。明以布施戒忍进定等十波罗蜜门。如地能生发一切白净之法故。世界名玻璃。此是白色。如水精宝色。佛号梵智者。明心如大地荷负万有。常安净故。梵者净也。三配随位因果者。还以自心本不动智佛为因。进修得心智寂静为果。表地体安静故 。

第九。尔时已下。是文殊问贤首。一切诸佛。一道而得出离。云何今见种种不同。所谓已下有十问。

(大方广佛新华严经论卷第十六)*

下有十行颂。是贤首答。于中三门如前*一科颂意者。此十行颂中。初两行。叹法王唯一法一身一智。已下八行颂。于中大意有四。一叹差别佛土。因本回向心所成。为明回向心。就根益物。身土教仪。悉皆就根。二明诸佛自报之境。非是行因方见。三明众差别之事。皆由众生之心行异故。随自心见别。非佛之异。四明佛神力。能就根现法。二释菩萨名者。名为贤首。为明得此十种信心。信佛果德。与自心体一。善谙疑滞通塞。入其贤位。故名贤首。此是上方位也。意明此信位。心智及境。悉如虚空。无所不含。皆无妨碍。是贤仁之德。故名贤首。又世界名平等色。为明既是上方。明身心与空合。故世界名平等位佛號觀察智明以其自心空智慧門善能觀察諸法皆空無所染著。是故名觀察智佛。二配隨位因果者。還以自心根本性空無分別不動智佛為因。以進修至此法空觀察智佛為果。明不動智是體。觀察智佛是用。至此明體用圓滿因果一性。以是義故。還說如來一身一心一智慧法門。明契果會因。始末無二。總以一為根本故。問曰。何故須初云文殊法常爾。答曰。為文殊是諸佛之慧。不動智是體。文殊是用。以將此一切諸佛一切眾生根本智之體用門。與一切信心者作因果體用。故使依本故。從至究竟果滿與因不異。無二性。故方名初發心畢竟心二種不別。明此十信心難發難信難入。聞之者皆云我是凡夫。何可得。是佛。故說少分信者即讚神通道力。是故當知且須如是正信。方始以正信正見法力加行。如法進修。分分無明薄。解脫智慧明。依自得法。淺深漸當神通德用隨自己得。信猶未得。何齊神通說言漸漸者。不移一時一法性一智慧無依住無所得中漸漸。故以十玄六相義圓之法。性理中無有漸頓。但為無始無明。慣習習熟。卒令契理。純熟難故。而有漸漸平等色。佛号观察智明以其自心空智慧门。善能观察诸法皆空。无所染著。是故名观察智佛。三配随位因果者。还以自心根本性空无分别不动智佛为因。以进修至此法空观察智佛为果。明不动智是体。观察智佛是用。至此明体用圆满。因果一性。以是义故。还说如来一身一心一智慧法门。明契果会因。始末无二。总以一为根本故。问曰。何故颂初云。文殊法常尔。答曰。为文殊是诸佛之慧。不动智是体。文殊是用。以将此一切诸佛一切众生根本智之体用门。与一切信心者作因果体用故。使依本故。迄至究竟果满。与因不异。无二性故。方名初发心毕竟心二种不别。明此十信心。难发难信难入。闻之者。皆云我是凡夫。何犹可得是佛。故设少分信者。即赞神通道力。是故当知。且须如是正信。方始以正信正见。法力加行。如法进修。分分无明薄。解脱智慧明。依自得法浅深。渐当神通德用。随自己得。信犹未得。何索神通。说言渐渐者。不移一时一法性一智慧。无依住无所得中。渐渐故。以十玄六相义圆之。法性理中。无有渐顿。但为无始无明。惯习习熟。卒令契理纯熟难故。而有渐渐。

其漸漸者畢竟無始終延促長短等量故名爲漸
漸

校譌

第一紙二十行慧宋論作意 第十五紙十二行如是宋論作亦然 第十七紙五行亦然宋論作如是 第二十三紙六行四宋論作此 第二十六紙十四行賛宋論作讃

第十爾時已下明諸菩薩共問文殊師利十一
種佛境界已下十行頌是文殊師利答於中三門
如前一科頌意此十行頌一行一頌其頌文答前
所問頌文自具不煩更釋二釋菩薩名者名文殊
師利此云妙德以妙慧善揀正邪自在故云妙德
此是東方卯位也明卯主東方震卦震爲雷動啟
蟄發生之始明此妙慧是震動發生信心之始是
故亦云妙生菩薩爲明一切諸佛從此慧生十信
解故乃至滿足菩提一切願行海故世界名金色
者明因舉果體白淨無染法故又明金胎二月表
十信爲聖胎故一切處金色世界一切處文殊師
利明無性淨慧徧故佛號不動智爲無明本空無
體可動名不動智故但有應境知法應器知根如
響應聲無有處所形體可得名之爲智無可取捨

其渐渐者。毕竟无始终延促长短等量故。名为渐渐。

第十。尔时已下。明诸菩萨共问文殊师利。十一种佛境界。已下十行颂。是文殊师利答。于中三门如前。一科颂意。此十行颂。一行一颂。其颂文答前所问。颂文自具。不繁更释。二释菩萨名者。名文殊师利。此云妙德。以妙慧善拣正邪自在。故云妙德。此是东方卯位也。明卯主东方震卦。震为雷动。启蛰发生之始。明此妙慧。是震动发生信心之始。是故亦云妙生菩萨。为明一切诸佛。从此慧生十信解故。乃至满足菩提一切愿行海故。世界名金色者。明因举果体白净无染法故。又明金胎二月。表十信为圣胎故。一切处金色世界。一切处文殊师利。明无性净慧遍故。佛号不动智。为无明本空。无体可动。名不动智故。但有应境知法。应器知根。如响应声。无有处所形体可得。名之为智。无可取舍故名。為不動三配當位因果者。妙慧為因。不動智為果。亦互為因果。若以妙慧善揀擇法顯智故。即以妙慧為因。不動智為果。若以慧由智起。即不動智為因。妙慧文殊以為果。故或智之與慧。總因總果。明體用一真無二法。故亦智之與慧。總非因非果。為體無本末依住所得。故是性法界自在知見。非如世間因果比對可得。故此文殊師利不動智佛。初起信心。亦從此起。乃至信終。亦不離之。故迄至自行圓滿。示成正覺。亦不離之。故此明以佛智慧示悟眾生。欲令眾生入佛知見。佛知見者。文殊師利妙慧不動智佛是。此是凡聖等共有之。佛示凡夫。使令悟入。

第十一爾時已下有八行經。是都舉娑婆九種

故。名为不动。三配当位因果者。妙慧为因。不动智为果。亦互为因果。若以妙慧善拣择法显智故。即以妙慧为因。不动智为果。若以慧由智起。即不动智为因。妙慧文殊以为果故。或智之与慧。总因总果。明体用一真。无二法故。亦智之与慧总非因非果。为体无本末依住所得故。是性法界自在知见。非如世间因果比对可得故。此文殊师利。不动智佛。初起信心。亦从此起。乃至信终。亦不离之故。迄至自行圆满。示成正觉。亦不离之故。此明以佛智慧。示悟众生。故令众生。入佛知见。佛知见者。文殊师利妙慧不动智佛是。此是凡圣等共有之。佛示凡夫。使令悟入 。

第十一。尔时已下。有八行经。是都举娑婆九种差別。并都舉十方一切差別悉皆以佛神力無不明現。如文可知。已上但隨文殊師利所問隨位菩薩答。依所說頌取其意趣。理自分明。及以世界佛號菩薩名號。即知進修因果。總是前莊嚴法性清淨佛刹四種佛刹中金色世界及不動智佛是佛住佛刹餘九世界及九箇智佛是莊嚴法性佛刹及十地已來。總是如來出現品是示成正覺佛刹清淨佛刹。四諦品是此之一品大意有六。一菩薩以名表行。二以世界之色表所得之理。三以佛名號表所得之智。四以方隅表所得之法。五成其十信所行之行。六明十信進修同異。如上已述可知。

淨行品第十一

將釋此品約作四門分別。一釋品名目。二釋品來意。三釋品宗趣。四隨文釋義。一釋品名目者。何故名爲淨行品。以無始諸見無明貪瞋癡愛。今已發菩提心信樂正法。頓翻諸見。成其大願長大悲門。若但以三空無相對治。不生大慈大悲。不能成就普賢行。故欲行長路。非足不行。欲行大悲入普賢門。充法界行者。於一切見聞覺知而無過失。便成萬行莊嚴。皆勸修習此一百四十大願門。便於差别。并都举十方一切差别。悉皆以佛神力无不明现。如文可知。已上但随文殊师利所问。随位菩萨答。依所说颂。取其意趣。理自分明。及以世界佛号菩萨名号。即知进修因果。总是前庄严法性清净佛刹。四种佛刹中。金色世界及不动智佛。是佛住佛刹。余九世界及九个智佛。是庄严法性佛刹。及十地以来总是。如来出现品。是示成正觉佛刹。清净佛刹。四谛品是。此之一品。大意有六。一菩萨以名表行。二以世界之色表所得之理。三以佛名号表所得之智。四以方隅表所得之法。五成其十信所行之行。六明十信进修同异。如上已述可知。

净行品第十一

将释此品。约作四门分别。一释品名目。二释品来意。三释品宗趣。四随文释义。一释品名目者。何故名为净行品。以无始诸见无明贪嗔痴爱。今已发菩提心。信乐正法。顿翻诸见。成其大愿。长大悲门。若但以三空无相对治。不生大慈大悲。不能成就普贤行故。欲行长路非足不行。欲行大悲入普贤门充法界行者。于一切见闻觉知而无过失。便成万行庄严。皆勤修习此一百四十大愿门。便于生死海中見聞覺知一切諸行悉皆清淨。入普賢行故。故名淨行。若無此願設斷煩惱即二乘行故設是菩薩即生淨土。以此一百四十大願門頓能淨其一切塵勞行門便成普賢法界行故。故名淨行以此大願莊嚴一切世間諸行。總爲法界一切道場。故名淨行。以此諸見成大善根故名淨行。二釋品來意者。爲明前問明品是成其十信中解故。此品成其十信之行故此品須來。乃至果行圓滿已來。不離此大願故。三釋品宗趣者。以智首是下方玻瓈色世界佛號梵智。明是一切諸佛法本自體白淨無染之智。以爲能問之人。文殊師利菩薩即是一切諸佛善擇妙慧。以爲說法之主。以一切諸佛根本智慧之門。善自爲問答之主伴。說一百四十大願之門以成十信十住十行十迴向十地十一地等普賢法界無盡行海。以本淨智問其妙慧。說其一百四十淨願之門。用淨信等六位中染淨無明。七地法執現行。十地已來法執習氣佛地二愚。一時總淨。於此信心之中不令偏執以願防之。使令寂用無礙故以此諸佛本淨智妙慧門。說一百四十大願。以防染淨二障以爲宗趣。故以六生死海中。见闻觉知一切诸行。悉皆清净。入普贤行故。故名净行。若无此愿。设断烦恼。即二乘行故。设是菩萨。即生净土。以此一百四十大愿门。顿能净其一切尘劳行门。便成普贤法界行故。故名净行。以此大愿庄严一切世间诸行。总为法界一切道场。故名净行。以此诸见。成大善根。故名净行。二释品来意者。为明前问明品。是成其十信中解故。此品成其十信之行故。此品须来。乃至果行圆满已来。不离此大愿故。三释品宗趣者。以智首是下方玻璃色世界。佛号梵智。明是一切诸佛法本自体白净无染之智。以为能问之人。文殊师利菩萨。即是一切诸佛善择妙慧。以为说法之主。以一切诸佛根本智慧之门。善自为问答之主伴。说一百四十大愿之门。以成十信十住十行十回向十地十一地。等普贤法界无尽行海。以本净智。问其妙慧。说其一百四十净愿之门。用净信等六位中染净无明。七地法执现行。十地以来法执习气。佛地二愚。一时总净。于此信心之中。不令偏执。以愿防之。使令寂用无碍故。以此诸佛本净智妙慧门。说一百四十大愿。以防染净二障。以为宗趣故。以六位上通信并十住十行十迴向十地十一地隨位修道上煩惱六位中。一位上有二十故。六位共有一百二十。根本十無明皆因身見邊見二見有二十。共隨位進修染淨煩惱總有一百四十爲防此障起一百四十願。令此進修者從初信心理事圓融使信心者達其願體無礙自心根本淨智妙擇之慧動寂俱眞不偏修故是故華藏世界有如須彌山微塵數風輪所持其上一切莊嚴因大願風輪能持萬行以行招果故因以願力堅持報得風輪持剎故又云如是華藏莊嚴皆從普賢願力起爲無願故行乃不成卽莊嚴不現不感無盡依果報故由是義故信心之上法性悲智妙慧萬行總依佛有而爲進修不得別有若離佛別有自法者不成信心不成十種勝解不成修行設苦行精勤是邪精進勤苦累劫生人天中。一念貪瞋。一時焚盡。是故此品下文云住去來今諸佛之道隨衆生住恆不捨離如諸法相悉能通達斷一切惡具足衆善當如普賢色像第一一切行願皆得具足已上明宗趣竟意明迴凡所執心境差別業皆成願海具普賢門四隨文釋義者於此之中義分爲二位上通信并十住十行十回向十地十一地。随位修道上烦恼。六位中。一位上有二十故。六位共有一百二十。根本十无明。皆因身见边见。二见有二十。共随位进修染净烦恼。总有一百四十。为防此障。起一百四十愿。令此进修者。从初信心。理事圆融。使信心者。达其愿体无亏。自心根本净智妙择之慧。动寂俱真。不偏修故。是故华藏世界有如须弥山微尘数风轮。所持其上一切庄严。因大愿风轮能持万行。以行招果故因以愿力坚持报得风轮持刹故。又云。如是华藏庄严。皆从普贤愿力起。为无愿故。行乃不成。即庄严不现。不感无尽依果报故。由是义故。信心之上。法性悲智妙慧万行。总依佛有。而为进修。不得别有。若离佛别有自法者。不成信心。不成十种胜解。不成修行。设苦行精勤。是邪精进。勤苦累劫。生人天中。一念贪嗔。一切焚尽。是故此品下文云。住去来今诸佛之道。随众生住。恒不舍离。如诸法相。悉能通达。断一切恶。具足众善。当如普贤。色像第一。一切行愿皆得具足。已上明宗趣竟。意明回凡所执心境差别业。皆成愿海。具普贤门。四随文释义者。于此之中。义分为二。

一科其一品經意。二隨文解釋。一科其一品經意者。於此一品文義分為十四段。

一從爾時智首菩薩已下。從云何得無過失身語意業。總有十問。於十問中總有一百一十問。問世間三業等。如下可知。

二從云何生處具足問十具足中。初種族具足中有二義。一世間。即是生族姓家為種族。二出世間。即是生在佛家。具佛種性色相念慧等。並是佛家。非世間故。

三云何已下。問十種慧。並是出世勝慧。如文可知。

四云何已下。問十種力。初因力者。所謂生生之中住運能發大菩提力。欲力者。志樂大菩提心無退失故。方便力者。以大願善自覺悟。不費功力故。亦能覺他。皆功不迂迴故。緣力所緣力者。能緣所緣。不忘失常與大願故。根力者。大願善根不失故。觀察力者。能觀力。奢摩他力。毗鉢舍那力。觀其止雙行。二皆自在。或先觀後止。或先止後觀。或即止一科其一品经意。二随文解释。一科其一品经意者。于此一品文。义分为十四段 。

一。从尔时智首菩萨已下。从云何得无过失身语意业。总有十问。于十问中。总有一百一十问。问世间三业等。如下可知 。

二。从云何生处具足。问十具足中。初种族具足中。有二义。一世间。即是生族姓家为种族。二出世间。即是生在佛家。具佛种性。色相念慧等。并是佛家。非世间故 。

三。云何已下。问十种慧。并是出世胜慧。如文可知 。

四。云何已下。问十种力。初因力者。所谓生生之中。任运能发大菩提力。欲力者。志乐大菩提心。无退失故。方便力者。以大愿善自觉悟。不费功力故。亦能觉他。省功不迂回故。缘力所缘力者。能缘所缘不忘失。常与大愿故。根力者。大愿善根不失故。观察力者。能观力。奢摩他力。毗钵舍那力。观共止双行。二皆自在。或先观后止。或先止后观。或即止即觀。或即觀即止。悲皆自在。思惟力者。不失正理智常現前故。

五云何已下十問。問十善巧。初蘊善巧者。明同世間五蘊而生。不著五蘊之過。界善巧者。同十八界及三界法生而不染三界法。處善巧者。三界六道為處。禪定解脫為非處。處非處皆不離其中而無所染。緣起善巧者。不壞世間十二緣生處。纏不污。欲界色界無色界善巧者。三界同事而無所著。過去未來現在善巧者。於過去劫在現在未來劫中。現在劫在過去劫中。三世中互參皆自在故。

六云何已下十問。問七覺三空。如文可知。

七云何已下十問。問六度四無量心。如文可知。

八云何已下。問佛十力。如文可知。

九云何已下十問。問十王守護。此明願行所及而招致敬。

十云何已下十問。問云何能為眾生所依師導。如文可知。

十一云何已下十問。問云何於眾生中最勝最妙。如文可知。

十二爾時已下。至勝妙功德已來。有八行半經。明文殊頌上一百一十問。及歎智首菩薩問。

即观。或即观即止。悉皆自在。思惟力者。不失正理智。常现前故。

五。云何已下十问。问十善巧。初蕴善巧者。明同世间五蕴而生。不著五蕴之过。界善巧者。同十八界及三界法生。而不染三界法。处善巧者。三界六道为处。禅定解脱为非处。处非处皆不离其中。而无所染。缘起善巧者。不坏世间十二缘生。处缠不污。欲界色界无色界善巧者。三界同事。而无所著。过去未来现在善巧者。于过去劫。在现在未来劫中。现在劫。在过去劫中。三世中互参。皆自在故。

六。云何已下十问。问七觉三空。如文可知。

七。云何已下十问。问六度四无量心。如文可知。

八。云何已下。问佛十力。如文可知。

九。云何已下十问。问十王守护。此明愿行所及。而致招敬。

十。云何已下十问。问云何堪为众生所依师导。如文可知。

十一。云何已下十问。问云何于众生中最胜最妙。如文可知。

十二。尔时已下。至胜妙功德以来。有八行半经。明文殊领上。一百一十问。及叹智首善问。

十三佛子菩薩在家已下有一百四十大願。答前所問。令十信心菩薩常用其心淨其身口意行。如文具明。

十四最下佛子若諸菩薩有三行經。明依教而行獲其勝益。已上以世間有此一百四十種事法。頓翻爲一百四十種大願用成十信內修行之心。雖是有爲之心。能成十住已後五位之內理智大悲之海。已後人位萬行之海。皆由此一百四十大願勝上緣力之所能成故。若初發心菩薩無此之願。所修解脫皆成聲聞獨覺之行。設是菩薩但生淨土無成佛緣。爲此教中發心菩薩畢竟達此有爲成其理智如也。

賢首品第十二

將釋此品約作五門分別。一釋品名目。二釋品來意。三明品之宗趣。四明信心退住。五隨文解義。

一釋品名目者。何故名爲賢首。爲依行立菩薩之十三。佛子菩萨在家已下。有一百四十大愿。答前所问。令十信心菩萨。常用其心。净其身口意行。如文具明 。

十四。最下佛子若诸菩萨。有三行经。明依教而行。获其胜益。已上以世间有此一百四十种事法。顿翻为一百四十种大愿。用成十信内修行之心。虽是有为之心。能成十住已后五位之内。理智大悲之海。已后入位万行之海。皆由此一百四十大愿胜上缘力之所能成故。若初发心菩萨。无此之愿。所修解脱。皆成声闻独觉之行。设是菩萨。但生净土。无成佛缘。为此教中发心菩萨。毕竟达此有为。成其理智如也 。

贤首品第十二

将释此品。约作五门分别。一释品名目。二释品来意。三明品之宗趣。四明信心退住。五随文解义。一释品名目者。何故名为贤首。为依行立菩萨之

名。依菩薩所說之法及行立品之名。爲賢首者。以
明信解如來因果普賢五位行門。心行調柔。順和
正直深心。正念樂集善根。常念利生。名之爲賢。創
從凡夫頓彰法界。諸佛因果理智。一時明現。名之
爲首。此依法主解行立名。此賢首者。乃是於佛果圓
滿文殊普賢行之賢首。爲信佛因果理智之首。圓
滿法界解行兼始終之首。故爲賢首品。以佛文殊
普賢之果行成信者之初首故。二釋品來意者。爲
第一會已來五品經。但明十信菩薩所修行法門。
及一百四十願等法。此品明十信中所忻修佛果

所行行願功德廣大故。故有此品來也。三明宗趣
者。明已生十信心已得福獲益爲宗。四明信心退
住者。有二義。一三乘。二一乘。一三乘者。如起信論
有三種發心。一信成就發心。經一萬劫善根相續
方至不退。二者解行發心。以佛菩薩教令發心。或
自有大悲。或以正法欲滅。護正法發心。論云。如是
信心成就。得入正定聚。畢竟不退。名住如來種中
正因。已前二種是不退發心。三證發心者。若有衆
生善根微少。久遠已來煩惱深厚。雖值於佛亦得
供養。然起人天種子。或二乘種子。設求大乘者根

名。依菩萨所说之法及行。立品之名。为贤首者。以明信解如来因果。普贤五位行门。心行调柔。顺和正直。深心正念。乐集善根。常念利生。名之为贤。创从凡夫。顿彰法界。诸佛因果理智。一时明现。名之为首。此依法主解行立名。此贤首者。乃是于佛果海。文殊普贤行之贤首。为信佛因果理智之首。圆满法界解行无始终之首故。为贤首品。以佛文殊普贤之果行成信者之初首故。二释品来意者。为第二会已来五品经。但明十信菩萨所修行法门。及一百四十愿等法。此品明十信中所忻修佛果。所行行愿。功德广大故。故有此品来也。三明宗趣者。明已生十信心已。得福获益为宗。四明信心退住者。有二义。一三乘。二一乘。一三乘者。如起信论。有三种发心。一信成就发心。经一万劫。善根相续。方至不退。二者解行发心。以佛菩萨教令发心。或自有大悲。或以正法欲灭。护正法发心。论云。如是信心成就。得入正定聚。毕竟不退。名住如来种中正因。已前二种。是不退发心。三证发心者。若有众生。善根微少。久远已来。烦恼深厚。虽值于佛。亦得供养。然起人天种子。或二乘种子。设求大乘者。根則不定或進或退。大意自己善根微少。依他發心者。或以二乘或教令發心者爲解行不實皆有得有證有捨有取總住退位又如起信論云若人修行一切善法自然歸順真如法故。略說方便有四種一者行根本方便謂觀一切法自性無生離於妄見。不住生死觀一切法因緣和合。業果不失。起於大悲修福德攝化衆生不住涅槃。以順法性無生故。二者能止方便謂慚愧悔過能止一切惡法不令增長隨順法性離諸過故。三者發起善根增長方便謂勤供養禮拜三寶讚歎隨喜勸請諸佛以愛敬心淳厚心故信得增長乃能志求無上之道又因佛法僧力所護故能消業障善根不退以隨順法性離癡障故。四者大願平等方便所謂願盡於未來。化度一切衆生使無有餘。皆令究竟無餘涅槃以順法性廣大徧一切衆生平等無二不念彼此究竟寂滅故。菩薩發如是心故。則得少分見於法身。以見法身故隨其願力能現八相成道利益衆生然是菩薩。未名法身以其過去無量世來有漏之業未能決斷隨其所生與微苦相應廣如彼論說。計其少分得見法身即是信滿入十住则不定。或进或退。大意自己善根微少。依他发心者。或以二乘或教令发心者。为解行不实。皆有得有证。有舍有取。总住退位。又如起信论云。若人修行一切善法。自然归顺真如法故。略说方便有四种。一者行根本方便。谓观一切法自性无生。离于妄见。不住生死。观一切法因缘和合。业果不失。起于大悲。修福德摄化众生。不住涅槃。以顺法性无生故。二者能止方便。谓惭愧悔过。能止一切恶法不令增长。随顺法性离诸过故。三者发起善根增长方便。谓勤供养礼拜三宝。赞叹随喜。劝请诸佛。以爱敬心淳厚心故。信得增长。乃能志求无上之道。又因佛法僧力所护故。能消业障。善根不退。以随顺法性离痴障故。四者大愿平等方便。所谓愿尽于未来。化度一切众生。使无有余。皆令究竟无余涅槃。以顺法性广大。遍一切众生。平等无二。不念彼此。究竟寂灭故。菩萨发如是心故。则得少分见于法身。以见法身故。随其愿力。能现八相成道。利益众生然是菩萨。未名法身。以其过去无量世来有漏之业。未能决断。随其所生与微苦相应。广如彼论说。计其少分得见法身。即是信满入十住位菩薩。已上是三乘發十信滿心入十住初心。初發心住上以願力故成佛。二一乘發心者。如此經十信發心。初發心時。以初會中。如來始成正覺之果。普賢菩薩法界微塵毛孔重重無盡隨根本智行果而起信心。信他諸佛所得之果。以第二會中。普光明殿如來報滿之果及行果而自信人修行。金色等十色世界。即明自覺之理。不動智佛等十智如來。即明是自心所信自心佛智。文殊師利。即明自心智上分別妙慧。與古今三世諸佛同一體用。分毫不差。方名為信發心。從此信心。以佛名號品。即明所信十方示成正覺佛果之號。徧周四聖諦品。即明三世諸佛所說法門。徧眾生界隨界名別。光明覺品。即明如來智慧光明境界。徧照法界無有盡極。令發信心者以觀。觀之令心廣博如佛境。故菩薩問明品。明十信心菩薩十種所行之法是自己所修之行。淨行品一百四十大願。即是十信心位所發大願。成大悲門。具普賢行。此賢首品明十信心所忻佛果功德無有盡極。明初發十信心。誦持此品功德。勝過供養十佛剎微塵數佛。經於一劫。何況隨其解行而以修治。如此經十住初位菩萨。已上是三乘发十信满心入十住初心。初发心住上。以愿力故成佛。二一乘发心者。如此经十信发心。初发心时以初会中。如来始成正觉之果。普贤菩萨法界微尘毛孔重重无尽。随根本智行果。而起信心。信他诸佛所得之果。以第二会中。普光明殿如来报满之果及行果而自信入修行。金色等十色世界。即明自觉之理。不动智佛等十智如来。即明是自心所信自心佛智。文殊师利。即明自心智上分别妙慧。与古今三世诸佛。同一体用。分毫不差。方名为信发心。从此信心。以佛名号品。即明所信十方示成正觉佛果之号遍周。四圣谛品。即明三世诸佛所说法门。遍众生界随界名别。光明觉品。即明如来智慧光明境界。遍照法界。无有尽极。令发信心者。以观观之。令心广博如佛境故。菩萨问明品。明十信心菩萨十种所行之法。是自己所修之行。净行品一百四十大愿。即是十信心位所发大愿。成大悲门。具普贤行。此贤首品。明十信心所忻佛果功德无有尽极。明初发十信心诵持此品。功德胜过供养十佛刹微尘数佛。经于一劫。何况随其解行。而以修治。如此经十住初心纔發心時。法爾身徧十方。示成正覺在十住位發心功德品中。至位方明文繁不引其事。所因大意明此纔發十信心。但以法界不思議乘一切智乘而發其心。不依佛。不依佛法。不依菩薩法。不依聲聞法獨覺法。不依世間法。不依出世間法。而發其心。但無所依發菩提心。但以一切智發菩提心。不如二乘依倚物故發菩提心。不依三祇劫後有佛果故發菩提心。不依現在三世有佛果故發菩提心。以是義故。入此信者皆無有退故。設習氣未盡熟者暫時念退。信及住位。一往不退為正信自己身心總是法界。佛兼自他性故。以十方諸佛無依住智幻住莊嚴門。等法界虛空界法性徧十方。如影對現色身。同自身故。本不一故。體無差別故。十方諸佛智身如影。所言如響。如是信解。當得成佛。我今信者亦如是知。如是信解。云何有退。全身全心一切境界。總是法界一真法身體用理智住在何所。退至何處。若也身心有所依住。放卻依處。卽有退失。自了身心本無依住。本無所得。一切語言分別。如空中響。應無作緣。任物成聲。本無依住。了如斯法而生信解。卽無退轉。有所依法而發心。才发心时。法尔身遍十方。示成正觉在十住位发心功德品中。至位方明。文繁不引其事。所因大意明此经发十信心。但以法界不思议乘一切智乘。而发其心。不依佛。不依佛法。不依菩萨法。不依声闻法独觉法。不依世间法。不依出世间法。而发其心。但无所依发菩提心。但以一切智发菩提心。不如三乘依倚物故。发菩提心。不依三祇劫后有佛果故。发菩提心。不依现在三世有佛果故。发菩提心。以是义故。入此信者。皆无有退故。设习气未淳熟者。暂时念退。信及住位。一往不退。为正信自己身心。总是法界佛。无自他性故。以十方诸佛无依住智幻住庄严门。等法界虚空界。法性恒遍十方。如影对现色身。同自身故。本不二故。体无差别故。十方诸佛智身如影。所言如响。如是信解。当得成佛。我今信者。亦如是知。如是信解。云何有退。全身全心一切境界。总是法界一真法身体用理智。住在何所。退至何处。若也身心有所依住。放却依处。即有退失。自了身心。本无依住。本无所得。一切语言分别。如空中响。应无作缘。任物成声。本无依住。了如斯法。而生信解。即无退转。有所依法而发心者。放卻所得所依著處。卽有退轉。是故起信論云。證發心者。多住退位。爲有所得可證故。是故乘此不思議乘。一切智無依住乘。發菩提心。一往不退。若有退者。只爲信心不成故。於佛教法及如來所乘有所得故。有取捨故。未成信故。不入信流。又此經云。設有菩薩經無量百千那由他劫行六波羅蜜。具六神通。由未聞此大方廣佛華嚴經。猶名假名菩薩。不眞菩薩。設復聞時。不信不入。具如經說。如此品頌云。一切世界諸羣生。少有欲求聲聞乘。求獨覺者轉復少。趣大乘者甚難遇。趣大乘者猶爲易。能信此法倍更難。又如下頌云。有以手擎十佛剎。盡於一劫空中住。彼之所作未爲難。能信此法倍更難。遇此難信而能信。眞信決定不退故。又如此經普賢菩薩云。但聞如來名號及所說法門。聞而不信。亦能成金剛智種。作如人食少金剛喻。若以遠因總不退。若以現成佛因卽是未信之人。五隨文解義者。於此一品經義分爲二。一長科當品。二隨文解義。一長科當品經意。於此一品中。長科爲十四段。

心者。放却所得所依著处。即有退转。是故起信论云。证发心者。多住退位。为有所得可证故。是故乘此不思议乘。一切智无依住乘。发菩提心。一往不退。若有退者。只为信心不成故。于佛教法。及如来所乘。有所得故。有取舍故。未成信故。不入信流。又此经云。设有菩萨。经无量百千那由他劫。行六波罗蜜。具六神通。由未闻此大方广佛华严经。犹名假名菩萨。不真菩萨。设复闻时。不信不入。具如经说。如此品颂云。一切世界诸群生。少有欲求声闻乘。求独觉者转复少。趣大乘者甚难遇。趣大乘者犹为易。能信此法倍更难。又如下颂云。有以手擎十佛刹。尽于一劫空中住。彼之所作未为难。能信此法倍更难。遇过此难信而信。真信决定不退故。又如此经普贤菩萨云。但闻如来名号。及所说法门。闻而不信。亦能成金刚智种。作如人食少金刚喻。若以远因总不退。若以现成佛因。即是未信之人。五随文解义者。于此一品经。义分为二。一长科当品。二随文解义。一长科当品经意。于此一品中。长科为十四段 。

一爾時文殊師利已下兩行經兩行頌。是文殊師利説發菩提心功德分。

二爾時賢首菩薩以偈答曰已下有七百一十六行頌。是賢首菩薩答末後三行半經明説頌感諸佛許可分。

三從初善哉仁者應諦聽已下八行頌明發心功德廣大難量隨力少説分。爲明菩提心不可以邊際量故。功德還當如是。

四菩薩發意求菩提已下六行頌明初發心所因分。

五深心信解常清淨已下十八行頌明信三寶增益分。

校譌

第十三紙十八行欲宋論作谷　第十六紙十一行顧宋論作願　第二十四紙十五行次第説宋藏作説次第

六若常信奉於諸佛已下九十五行頌明增進修行獲果分。

七菩薩勤修大悲行已下。一百五十一行頌明菩薩得果行悲教化衆生及興供自在分。

八從有勝三昧名安樂已下有一百六十行頌

一。尔时文殊师利已下。两行经。两行颂。是文殊师利请说发菩提心功德分。

二。尔时贤首菩萨以偈答曰已下。有七百一十六行颂。是贤首菩萨答。末后三行半经。明说颂感诸佛许可分。

三。从初善哉仁者应谛听已下。八行颂。明发心功德广大难量。随力少说分。为明菩提心不可以边际量故。功德还当如是。

四。菩萨发意求菩提已下。六行颂。明初发心所因分。

五。深心信解常清净已下。十八行颂。明信三宝增益分。

六。若常信奉于诸佛已下。九十五行颂。明增进修行获果分。

七。菩萨勤修大悲行已下。一百五十一行颂。明菩萨得果行悲教化众生。及兴供自在分。

八。从有胜三昧名安乐已下。有一百六十行颂。

明放光明因果分。

九。如是等比光明門已下。二十行頌。明光出處及光差別分。

十。從有勝三昧能出現已下。八十一行頌。明三昧自在分。如此同異無礙自在大方網三昧門。入出隱現同時自在者。隨眾生業異所見差別。諸佛得道自在故。隨眾生業自在故。然如來心無作。性故。智隨影應。無去來性而可取捨。如響應聲喻。如水潛流。隨諸卉木各滋生喻。如春陽生草木喻。如水養魚龍喻。如地所生草木喻。如火成食喻。如風發生所益眾生長短壽生喻。以喻思之。以智照之。執計情亡。任眞之智本合如是。爲執計故。設得一分出世道果。亦不能爲大自在故。

校譌

第七紙十八行牖宋論作寶 第十一紙七行愛宋南藏作受 第十五紙十七行滅宋論作滅 第十九紙九行以宋南北藏俱作令 第二十紙二行倮宋南北藏俱作騍

十一。從如來咸共說已下。有一百五十八行頌。明舉一喻況說分。

十二。從第一智慧廣大慧已下。有十四行頌。明明放光明因果分。

九。如是等比光明门已下。二十行颂。明光出处及光差别分。

十。从有胜三昧能出现已下。八十一行颂。明三昧自在分。如此同异无碍自在大方网三昧门。入出隐现同时自在者。随众生业异。所见差别。诸佛得道自在故。随众生业自在故。然如来心无作性故。智随影应。无去来性。而可取舍。如响应声喻。如水潜流随诸卉木各滋生喻。如春阳生草木喻。如水养鱼龙喻。如地所生草木喻。如火成食喻。如风发生所益众生长短寿生喻。以喻思之。以智照之。执计情亡。任真之智本合如是。为执系故。设得一分出世道果。亦不能为大自在故。

十一。从如来咸共说已下。有一百五十八行颂。明举。一喻况说分。

十二。从第一智慧广大慧已下。有十四行颂。明信佛智慧自欲同知難信分。

十三從十刹塵數眾生所已下有四行頌。明信樂受持得福分。

十四時賢首菩薩已下三行半經。明賢首菩薩所說法門威感十方諸佛摩頂許可分。一隨文釋義者文自具明不煩更釋。幽隱難知者方可解之。已前總明以果成信。覺人真實證如下昇帝釋天宮說十住法門是此一會。昇須彌山品是序分。餘五品經是正說分。至明法品末後動地雨華是流通分。

昇須彌山頂品第十三

此十住位中有六品經。一昇須彌頂品。二頂上偈讚品。三十住品。四梵行品。五發心功德品。六明法品。如是六品共成十住法門。將釋此品義分為三。一釋品來意。二以處表法。三隨文釋義。一釋品來意者。明前於普光明殿人間地上成十信之心已終。此妙峯之頂明從十信入十住入位之昇進。故此品須來。二以處表法者。明此山於七重金輪圍山七重大海之內。出水高八萬四千由旬。縱廣亦爾。四寶所成。東面黃金。西白銀。南吠瑠璃。北瑪瑙。上有四埵。埵有八輔天。眾四八三十二。中心名妙高頂天帝釋在其上居寶宮殿。通為帝釋天三信佛智慧自欲同知难信分。

十三。从十刹尘数众生所已下。有四行颂。明信乐诵持得福分。

十四。时贤首菩萨已下。三行半经。明贤首菩萨所说法门。威感十方诸佛摩顶许可分。二随文释义者。文自具明。不烦更释。幽隐难知者。方可解之。已前总明以果成信竟。入真实证。如下升帝释天宫说十住法门是此一会。升须弥山品。是序分。余五品经。是正说分。至明法品末后动地雨华。是流通分。

升须弥山顶品第十三

此十住位中。有六品经。一升须弥顶品。二顶上偈赞品。三十住品。四梵行品。五发心功德品。六明法品。如是六品。共成十住法门。将释此品。义分为三。一释品来意。二以处表法。三随文释义。一释品来意者。明前于普光明殿人间地上。成十信之心已终。此妙峰之顶。明从十信入十住。入位之升进故。此品须来。二以处表法者。明此山于七重金轮围山。七重大海之内。出水高八万四千由旬。纵广亦尔。四宝所成。东面黄金。西白银。南吠琉璃。北玛瑙。上有四埵。埵有八辅天众。四八三十二。中心名妙高顶。天帝释在其上。居宝宫殿。通为帝释天。三

十三天總以帝釋爲主帝釋有四名一名天帝釋
二名憍尸迦三名釋提桓因四名因陀羅大意名能
主爲能爲諸天作主故此妙峯山四寶合成諸天金
寶宮殿在上莊嚴故爲妙峯山此山之外七重金
山及七重大海廣量金翅鳥兩翼相去三百三十
六萬里迅疾能飛一鼓翼萬萬九千里七日七夜
方至其頂其山在大海之中形如腰鼓卒然高聳
非以手足攀攬之所能登爲表此十住法門創生
如來智慧之家爲眞佛子不可以有生滅尋思觀
察及多聞心想攀攬所得故以將妙峯山用況表
之令後人倣學山者高勝義故像此十住住佛所
住法身妙智慧海故是出世高勝義故妙峯山者
不動義諸天所居妙樂義莊嚴義像此位菩薩以
方便三昧寂然不動無思無心不收不攝任性而
定稱平等理與法身合忽然妙慧從此定生無始
無明總無所得住佛妙慧都無所依得法妙樂智
慧莊嚴出過情見諸佛所說解脫微妙經典無不
解了爲生在如來智慧家故三界無明一時頓盡
唯有習氣煩惱漸漸以法治之如下十住品云佛
子菩薩住處廣大與法界虛空等佛子菩薩住三

十三天。总以帝释为主。帝释有四名。一名天帝释。二名憍尸迦。三名释提桓。四名因陀罗。大意名能主。为能为诸天作主故。此妙峰山。四宝合成。诸天宝宫殿在上庄严。故为妙峰山。此山之外。七重金山。及七重大海。广量。金翅鸟两翼相去三百三十六万里。迅疾能飞。一鼓翼万万九千里。七日七夜方至其顶。其山在大海之中。形如腰鼓。崒然高耸。非以手足攀揽之所能登。为表此十住法门。创生如来智慧之家。为真佛子。不可以有生灭寻思观察。及多闻心想攀揽所得故。以将妙峰山用况表之。令后人仿学。山者高胜义故。像此十住。住佛所住法身妙智慧海故。是出世高胜义故。妙峰山者。不动义。诸天所居。妙乐义。庄严义。像此位菩萨。以方便三昧。寂然不动。无思无心。不收不摄。任性而定。称平等理与法身合。忽然妙慧从此定生。无始无明。总无所得。住佛妙慧都无所依。得法妙乐智慧庄严。出过情见。诸佛所说解脱微妙经典。无不解了。为生在如来智慧家故。三界无明。一时顿尽。唯有习气烦恼。渐渐以法治之。如下十住品云。佛子。菩萨住处广大。与法界虚空等。佛子。菩萨住三世諸佛家故又如初發心功德品云聽知此人即與三世諸佛同等即與三世諸佛如來境界平等即與三世諸佛如來功德平等得如來一身無量身究竟平等眞實智慧纔發心時即爲十方一切諸佛所共稱歎乃至震動一切世界及一切世界中示現成佛等如文廣明不可同於三乘方便教說地前三賢菩薩得折伏現行無明地上見道爲此經法教門依一切諸佛根本不動智而發心故以乘如來一切智乘而發心故於此十住位中能與如來同智慧故不同三乘但將三空觀且折伏現行於此經中發心之者從佛不動智而發菩提心設有餘習還以無依住智治之還是根本智不伏不斷爲本寂用自在故無體可斷故無可伏故設修三昧任性淨故亦無收攝亦不伏捺故任自淨故設行分別任性智慧隨事用爲亦無取捨故如是任法調治習氣使稱理智合惛習增明如佛願行而隨事世間成長大悲不出不沒故以心境一眞無出沒故是故經中以阿脩羅王等表之處大海而不出不沒等喻問曰何故不昇四天王宮而超至帝釋宮答曰爲四天王在妙峯山半傍住

世诸佛家故。又如初发心功德品云。应知此人。即与三世诸佛同等。即与三世诸佛如来境界平等。即与三世诸佛如来功德平等。得如来一身无量身。究竟平等真实智慧。才发心时。即为十方一切诸佛所共称叹。乃至震动一切世界。及一切世界中示现成佛等。如文广明。不可同于三乘方便教说。地前三贤菩萨得折伏现行无明。初地见道。为此经法教门。依一切诸佛根本不动智而发心故。以乘如来一切智乘而发心故。于此十住位中能与如来同智慧故。不同三乘。但将三空观且折伏现行。于此经中发心之者。从佛不动智而发菩提心。设有余习。还以无依住智治之。还是根本智。不伏不断。为本寂用自在故。无体可断故。无可伏故。设修三昧。任性净故。亦无收摄。亦不伏捺故。任自净故。设行分别。任性智慧。随事用为。亦无取舍故。如是任法调治习气。使称理智。令惯习增明。如佛愿行。而随事世间。成长大悲不出不没故。以心境一真。无出没故。是故经中以阿修罗王等表之。处大海而不出不没等喻。问曰。何故不升四天王宫。而超至帝释宫。答曰。为四天王在妙峰山半傍住。

非是可表昇法頂處至相盡現智慧莊嚴住不退故善財童子於妙峯山得憶念諸佛智慧光明門同此位故准例可知以超情塵之跡以山表之非要登山也已入如來智慧於衆中堪爲主導故非要爲帝釋也第三隨文釋義中義分爲三一總科一品二明如來身行徧周等印如下經云十方一切諸世界中悉亦如是明十方一切妙峯山總見如來昇妙峯山頂三隨文釋義

一長科一品者於此品中長科爲十段第一從爾時已下三行經明佛神力普現十方二爾時已下一行半經明佛不離菩提樹下而上昇須彌向帝釋殿三時天帝釋已下可七行經明帝釋遥見佛來嚴殿敷座四曲躬合掌已下可兩行經明帝釋請佛入殿五爾時世尊已下三句經是如來十方一時受請入殿六十方一切世界已下三句經是結十方普會同此七爾時帝釋已下可一行半經明佛神力樂音自息八卽自憶念已下四句明帝釋自念過去善根說頌歎佛來此九如此世界中已下兩行半經都結此處以偈歎佛十方同然十爾時已下可兩行經明如來處座而坐殿廣博寬容幷結十方同此三隨文釋義者云不離菩提

非是可表升法顶处。至相尽。现智慧庄严。住不退故。善财童子于妙峰山。得忆念诸佛智慧光明门。同此位故。准例可知。以超情尘之迹。以山表之。非要登山也。已入如来智慧。于众中堪为主导故。非要为帝释也。第三随文释义中。义分为三。一总科一品。二明如来身行遍周等印。如下经云。十方一切诸世界中。悉亦如是。明十方一切妙峰山。总见如来升妙峰山顶。三随文释义 。

一长科一品者。于此品中。长科为十段。第一从尔时已下三行经。明佛神力普现十方。二尔时已下一行半经。明佛不离菩提树下。而上升须弥向帝释殿。三时天帝释已下可七行经。明帝释遥见佛来严殿敷座。四曲躬合掌已下可两行经。明帝释请佛入殿。五尔时世尊已下三句经。是如来十方一时受请入殿。六十方一切世界已下三句经。是结十方普会同此。七尔时帝释已下可一行半经。明佛神力乐音自息。八即自忆念已下四句。明帝释自念过去善根说颂叹佛来此。九如此世界中已下两行半经。都结此处以偈叹佛。十方同然。十尔时已下可两行经。明如来处座而坐殿广博宽容。并结十方同此。三随文释义者。云不离菩提樹者明菩提體無去來遠近處所可離可到故又如來智身無表裏體徧周故又法界非大小毫刹相容故又心境無二相無中邊方所故又諸法無自性一多俱圓滿故帝釋遥見佛來者有一義一事一表法一事者爲如來於無去來性示去來之相故言遥見一表法者明帝釋亦同未悟不見如來智身徧周與心一體故言遥見佛來又信解爲遥見自心人位爲佛來帝釋即以神力莊嚴此殿者亦有一義一事一表法其事可知一表法者自加行也爰請普光明師子之座者亦有一義一約

位諸座一約諸釋自德根此一約位諸座者約此十住位中法位也爲十住中得一切諸佛智慧光明之藏於一切法自在無畏故置此座故如十行位中於諸塵宮中化作寶蓮華師子之座此約行位在一切生死具大悲行萬行以理智體得無染故以是義故以蓮華爲座體在此十住位中以得一切諸佛智慧光明普照萬法故安置普光明藏師子之座此十住中安置其座十十層級十行中化作百萬層級師子之座爲十住位中初始入位明須彌之上猶逆地居明心有所得從信創會見

树者。明菩提体。无去来远近处所。可离可到故。又如来智身无表里。体遍周故。又法界非大小。毫刹相容故。又心境无二相。无中边方所故。又诸法无自性。一多恒圆满故。帝释遥见佛来者。有二义。一事。二表法。一事者。为如来于无去来性。示去来之相。故言遥见。二表法者。明帝释示同未悟。不见如来智身遍周。与心一体。故言遥见。佛来。又信解为遥见自心入位为佛来。帝释即以神力庄严此殿者。亦有二义。一事。二表法。其事可知。二表法者。自加行也。安置普光明师子之座者。亦有二义。一约位置座。二约帝释自德根堪。一约位置座者。约此十住位中法位也。为十住中。得一切诸佛智慧光明之藏。于一切法自在无畏。故置此座故。如十行位中。于夜摩宫中化作宝莲华师子之座。此约行位。在一切生死具大悲行万行。以理智体得无染故。以是义故。以莲华为座体。在此十住位中。以得一切诸佛智慧光明普照万法故。安置普光明藏师子之座。此十住中。安置其座十千层级。十行中。化作百万层级师子之座。为十住位中初始入位。明须弥之上犹连地居。明心有所得。从信创会见法之報。以此義故。師子座須有安置。又方便三昧是安置故。十行位中。約十住位中理智妙慧功成卽十行位中。以妙用而化其座。又約行從空而立。還約位在夜摩空居之天。云座十千層級。又百萬層級。及帝釋天宮夜摩天。總明隨位昇進行相。若也正入法智慧流。不出毫塵。徧諸刹海。其座乃至十迴向十地高下嚴飾。各各隨位不同。准例知之。其座上莊嚴。皆十千者。明萬行報得故。如十千金網者。約能以教行之網漉衆生之果報故。十千種帳者。明養育義。以於一切處爲佛爲天爲大力士之神。擁護養育衆生行之果報所得故。十千種蓋者。是大悲義。以大悲心覆養一切衆生之果報所得故。十千繒綺者。以一行中行無盡差別行。一言音中具差別教。皆明自可觀之果也。十千珠瓔者明萬行普周。莊嚴智境化利衆生無休息之果所得故。如一一塵中。皆有無盡普賢身者是也。十千衣服是於一切生死海柔和善忍覆養含生之果故。十千天子者。明能行萬行之人。十千梵王者。明於行中智慧自在故。十千光明照耀者。明智慧照耀能破自他迷闇長夜。令大明故。已上皆是舉此法之报。以此义故。师子座须有安置。又方便三昧。是安置故。十行位中。约十住位中理智妙慧功成。即十行位中。以妙用而化其座。又约行从空而立。还约位在夜摩空居之天。云座十千层级。又百万层级。及帝释天宫夜摩天。总明随位升进行相。若也正入法智慧流。不出毫尘。遍诸刹海。其座乃至十回向十地。高下严饰。各各随位不同。准例知之。其座上庄严皆十千者。明万行报得故。如十千金网者。约能以教行之网漉众生之果报故。十千种帐者。明养育义。以于一切处为佛为天为大力士之神。拥护养育众生行之果报所得故。十千种盖者。是大悲义。以大悲心覆养一切众生之果报所得故。十千缯绮者。以一行中行无尽差别行。一言音中具差别教。皆明白可观之果也。十千珠璎者。明万行普周。庄严智境。化利众生无休息之果所得故。如一一尘中。皆有无尽普贤身者是也。十千衣服是于一切生死海。柔和善忍覆养含生之果故。十千天子者。明能行万行之人。十千梵王者。明于行中智慧自在故。十千光明照耀者。明智慧照耀能破自他迷暗长夜。令大明故。已上皆是举此位之果德用成莊嚴。令發心人位菩薩識果行因無疑惑故。從由躬已下明帝釋於如來致敬請佛入宮。明行謙行也。如來受請明從信人住。如文可知。一約帝釋自德最下明帝釋得宿念力。於過去佛所種善根。說頌歎佛者明以三昧力自見身心體性同古今佛智慧善根。故已下十佛是當位之功用合古也。於說頌中。有二十行頌。兩行一頌。初兩行頌歎迦葉佛。具云迦葉波。此云飲光。此是其姓。亦以身光殊特能飲諸天及日月等光。皆悉不現故。次兩行歎拘那牟尼佛。正云迦那伽牟尼。言拘那者此云金也。牟尼者佛也。以金色為號。次兩行歎迦羅鳩馱佛。具云迦羅鳩村馱。此云所應斷已斷。次兩行歎毗舍浮佛。此云徧一切自在。次兩行歎尸棄佛。正云式棄那。此云持髻。或曰有髮。次兩行歎毗婆尸佛。此云淨觀。或曰勝觀。或曰種種觀。次兩行歎弗沙佛。正云勃沙。此云增盛。次兩行歎提舍佛。正云底沙。此云說法度人。次兩行歎波頭摩華佛。正云鉢特忙。此亦蓮華也。次兩行歎然燈如來。前之三佛是此今賢劫中佛。後之七佛是前劫中佛。以明創入十住之門。古今法則相會。明古位之果德。用成庄严。令发心入位菩萨识果行因。无疑惑故。从曲躬已下。明帝释于如来致敬。请佛入宫。明行谦行也。如来受请。明从信入住。如文可知。二约帝释自德。最下明帝释得宿念力。于过去佛所种善根。说颂叹佛者。明以三昧力自见身心体性。同古今佛智慧善根故。已下十佛。是当位之功用合古也。于说颂中。有二十行颂。两行一颂。初两行颂。叹迦叶佛。具云迦叶波。此云饮光。此是其姓。亦以身光殊特。能饮诸天及日月等光。皆悉不现故。次两行。叹拘那牟尼佛。正云迦那牟尼。言拘那者。此云金也。牟尼者佛也。以金色为号。次两行叹迦罗鸠驮。具云迦罗鸠村驮佛。此云所应断已断。次两行。叹毗舍浮佛。此云遍一切自在。次两行。叹尸弃佛。正云式弃那。此云持髻。或曰有发。次两行。叹毗婆尸佛。此云净观。或曰胜观。或曰种种观。次两行。叹弗沙佛。正云勃沙。此云增盛。次两行。叹提舍佛。正云底沙。此云说法度人。次两行。叹波头摩华佛。正云钵特忙。此赤莲华也。次两行。叹然灯如来。前之三佛。是此今贤劫中佛。后之七佛。是前劫中佛。以明创入十住之门。古今法则相会。明古佛令佛法不異故。入此位者會同不別故。言吉祥者。歎此山頂是福善之處故。明昇進者。以三昧力身心不動如山王。總會古今諸佛同智慧故。第九如此世界中忉利天已下。有四行經。於中義分為四。一舉此世界歎佛功德。二總舉十方同然。三爾時已下。明如來入殿昇座而坐。四明其殿忽然廣博。普容諸天住處。此明約如來無自他之德合然令大眾得見。以明令大眾入位同此。已上釋昇須彌品竟。大約此明以三昧力正入定時。身心蕩然稱法界性無我。最光明顯徹。是忽然廣博義。亦是普光明殿師子之座義。智慧現前是佛來義。一一如是會理修行。不可但逐名言也。

須彌頂上偈讚品第十四

將釋此品。約作四門分別。一釋品名目。二釋品來意。三都會此十住六品之經意。四隨文釋義。一釋品名目者。以法慧等十菩薩各以自己當位隨位進修之法。還自以偈讚讚之。令信終菩薩倣之悟入故。此品名為偈讚品。明古今諸佛同會此智殿悲宮。但會古今之佛。自身是未來之佛。與古佛道合故。二釋品來意者。明前已創昇須彌帝釋佛今佛法不异故。入此位者。会同不别故。言吉祥者。叹此山顶是福善之处故。明升进者。以三昧力身心不动如山王。总会古今诸佛同智慧故。第九如此世界中忉利天已下。有四行经。于中义分为四。一举此世界叹佛功德。二总举十方同然。三尔时已下。明如来入殿升座而坐。四明其殿忽然广博。普容诸天住处。此明约如来无自他之德合然。令大众得见。以明令大众入位同此。已上释升须弥品竟。大约以明以三昧力正入定时。身心荡然。称法界性无表里。光明朗彻。是忽然广博义。亦是普光明藏师子之座义。智慧现前。是佛来义。一一如是会理修行。不可但逐名言也 。

须弥顶上偈赞品第十四

将释此品。约作四门分别。一释品名目。二释品来意。三都会此十住六品之经意。四随文释义。一释品名目者。以法慧等十个菩萨。各以自己当位随位进修之法。还自以偈赞赞之。令信终菩萨仿之悟入故。此品名为偈赞品。明古今诸佛同会此智殿悲宫。俱会古今之佛。自身是未来之佛。与古佛道合故。二释品来意者。明前已创升须弥。帝释以偈歎佛。此品明十住位當位菩薩將當位法門以偈讚之，令信心者得入位故，故有此品須來初歎過去佛，次歎今現在佛、未來佛者，卽入此位者是也。是故經中不云未來十佛是過去佛、盧舍那是現在佛。修行始入位者是未來佛。三、都會十住之內須彌之上說六品經意者，一、昇須彌品明信終昇進；二、須彌頂上偈讚品明偈讚當位之法勸修昇進之理；三、說十住品明當位所行之行；四、說梵行品明總十住之中所持無相之性戒；五、發心功德品明於十住之中發心所得功德之量；六、明法品卽明當位之法昇進向十行之因。此六品明當位之修行因果及向十行之因。四、隨文釋義中復分爲二：一、長科一品經意；二、隨文釋義。一、長科一品經意者，義分爲十一段。

以偈叹佛。此品明十住位当位菩萨。将当位法门以偈赞之。令信心者得入位故。故有此品须来。初叹过去佛。次叹今现在佛。未来佛者。即入此位者是也。是故经中不云未来。十佛是过去佛。卢舍那是现在佛。修行始入位者。是未来佛。三都会十住之内须弥之上说六品经意者。一升须弥品。明信终升进。二须弥顶上偈赞品。明偈赞当位之法。劝修升进之理。三说十住品。明当位所行之行。四说梵行品。明总十住之中所持无相之性戒。五发心功德品。明于十住之中发心所得功德之量。六明法品。即明当位之法升进向十行之因。此六品。明当位之修行因果。及向十行之因。四随文释义中。复分为二。一长科一品经意。二随文释义。一长科一品经意者。义分为十一段。

一從爾時佛神力故已下。有十九行半經。明佛
以神力令眾來集分。於此分中十九行半經復分
爲七段。一從爾時佛神力故五行半經。明菩薩來
集。一所從來土已下三行半經。明菩薩世界之名。
三各於佛所淨修梵行已下三行經。明本所事佛。
四是諸菩薩至佛所已下兩行經。明菩薩來已化
座而坐。五如此世界中已下兩行經。明都結十方
世界菩薩同然。六爾時世尊已下兩行半經。明佛
足指端放光普照一切處帝釋宮殿。十信足輪下
放光。此十住中足指端放光。明位勝進。十行足趺
十迴向膝上。十地眉間毫中放光。此光表法位昇
進故。還是第一會中現相品所放眉間之光。以果
成信入位之光。足指光普明照入此住位者身心
智慧宮殿。表入聖之初故。足指端放光也。七爾時
已下一行經。明法慧菩薩說頌歎佛。餘義隨文可
知。約科文之意。明悉其意。如初菩薩來集其世界
名。并本所事佛。總都會配當位法及法門因果始
可得見其意。況從法慧菩薩是此位中所修之行
人。約所得如來智慧立名也。界名因陀羅華世界

一。从尔时佛神力故已下。有十九行半经。明佛以神力令众来集分。于此分中十九行半经。复分为七段。一从尔时佛神力故五行半经。明菩萨来集。二所从来土已下三行半经。明菩萨世界之名。三各于佛所净修梵行已下三行经。明本所事佛。四是诸菩萨至佛所已下两行经。明菩萨来已化座而坐。五如此世界中已下两行经。明都结十方世界菩萨同然。六尔时世尊已下两行半经。明佛足指端放光。普照一切处帝释宫殿。十信足轮下放光。此十住中足指端放光。明位胜进。十行足趺。十回向膝上。十地眉间毫中放光。此光表法位升进故。还是第一会中现相品。所放眉间之光。以果成信入位之光。足指光者。明照入此住位者身心智慧宫殿。表入圣之初故。足指端放光也。七尔时已下一行经。明法慧菩萨说颂叹佛。余义随文可知。约科文之意。即悉其意。如初菩萨来集。共世界名。并本所事佛。总都会配当位法。及法门因果。始可得见其意况。从法慧菩萨。是此位中所修之行人。约所得如来智慧立名。世界名因陀罗华世界足所修之法殊特月佛是初發心住位中約法所修之果云因陀羅者此云能主也華者是開敷感果義爲此十住中初發心菩薩即能十方一切世界中示現成佛故世界名能主以能示現上尊一切衆生故以其行華能開敷自他智慧果故經云一一各與佛刹微塵數同名法慧菩薩俱者明智慧解行了悟徧知是境界故以達自心一切總爾故一迷一切迷一悟一切悟此明唯應度者自迷解故智慧徧故云從百佛刹微塵數國土外諸世界中來者明迷云國土之外迷解云來但以迷無明暗障廣多以比之世界塵數悟之解行廣多故亦比之加世界之塵智慧與無明相似但只隔迷悟故是故此經下文云有三千大千世界量等經卷內小衆生身中是其義也佛號殊特月者殊者勝也特者奇也月者清涼也明入此位菩薩生住如來智慧家時無始無明煩惱炎熱普皆蕩然一時頓滅唯有如來智慧明然清涼如月故明此位菩薩創始入此以能破煩惱惑熱處立自己佛果之名以次十行十迴向隨位昇進菩薩名佛世界名各各隨位差別十行中佛果名號下名悉同名

是所修之法。殊特月佛。是初发心住位中约法所修之果。云因陀罗者。此云能主也。华者。是开敷感果义。为此十住中初发心菩萨。即能十方一切世界中示现成佛。故世界名能主。以能示现主导一切众生故。以其行华。能开敷自他智慧果故。经云一一各与佛刹微尘数同名法慧菩萨俱者。明智慧解行了悟遍知是境界故。以达自心一切总尔故。一迷一切迷。一悟一切悟。此明唯应度者。自迷解故。智慧遍故。云从百佛刹微尘数国土外诸世界中来者。明迷云国土之外。迷解云来。但以迷无明暗障广多。以比之世界尘数。悟之解行广多故。亦比之如世界之尘。智慧与无明相似。但只隔迷悟故。是故此经下文云。有三千大千世界量等经卷。内小众生身中。是其义也。佛号殊特月者。殊者胜也。特者奇也。月者清凉也。明入此位菩萨。生住如来智慧家时。无始无明。烦恼炎热。恶道炽然。一时顿灭。唯有如来智慧朗然清凉如月故。明此位菩萨。创始入真。以能破烦恼惑热处。立自己佛果之名。以次十行十回向随位升进。菩萨名佛世界名。各各随位差别。十行中佛果名号。下名悉同名之爲眼爲知根利眾生處立名十迴向中佛果名號上名悉同名之爲妙爲於生死中利眾生之妙用自在故。至位方明。又云十方諸來法慧等十菩薩眾各於佛所淨修梵行者。明各於自心法身智慧能淨煩惱淸涼如月處立名爲各於佛所淨修梵行。梵者淨也。以明此位菩薩妙慧現前諸行體自淨故。爲法性智慧任法運爲體無生滅故。明以體無生滅處。以摽自心佛果故。是故有發心之士應當如是以方便無作無思任性之定而自顯發自心無性佛智慧門。卽能於煩惱無所染汙。便卽名之殊特月佛。隨所來方各化作毗盧遮那藏師子之座者。此法慧菩薩是東方之位。明入位之首破暗之初。如日初出東方能破暗故。以世間之名名爲殊特。以智慧明能破自他無始長夜之迷暗故。是故佛果名之殊特月佛。以初發心已爲天人師。以是世界名能主華。其化所作之座名毗盧遮那藏師子之座者。是佛果座也。明毗盧者光也。遮那者徧也。明徧座無始一切無明煩惱。以化作一切大智慧光明藏徧照一切心境。化成法界自在解脫之門。師子者得無畏也。已上總依主釋結跏之为眼。为知根利众生处立名。十回向中佛果名号。上名悉同名之为妙。为于生死中。利众生之妙用自在故。至位方明。又云。十方诸来法慧等十菩萨众。各于佛所净修梵行者。明各于自心法身智慧能净烦恼清凉如月处。立名为各于佛所净修梵行。梵者净也。以明此位菩萨。妙慧现前。诸行体自净故。为法性智慧。任法运为。体无生灭故。明以体无生灭处。以标自心佛果故。是故有发心之士应当如是。以方便无作无思任性之定。而自显发自心无性佛智慧门。即能于烦恼无所染污。便即名之殊特月佛。随所来方。各化作毗卢遮那藏师子之座者。此法慧菩萨。是东方之位。明入位之首。破暗之初。如日初出东方。能破暗故。以世间之名。名为殊特。以智慧明。能破自他无始长夜之迷暗故。是故佛果。名之殊特月佛。以初发心已为天人师。以是世界名能主华。其化所作之座。名毗卢遮那藏师子之座者。是佛果座也。明毗卢者光也。遮那者遍也。明遍坐无始一切无明烦恼。以化作一切大智慧光明藏。遍照一切心境。化成法界自在解脱之门。师子者。得无畏也。已上总依主释。结跏趺坐者會妄想而爲眞智慧故故爲結跏趺坐此十住位中十箇菩薩同於善財童子於妙峯山頂上初入信之後入十住之初德雲比丘下至慈行童女法門相似文殊師利菩薩以明初發信心以此經中圓會教行使令後學者令易解故但說其教不著行之人難解了故以是義故初會舉佛果神天示入法而勸修以明一一皆同佛知見第二會勸生信解以不動智佛以成信門次說入位進修之教則十住十行十迴向十地十一地法門法界品中舉善財童子是能行五位行者以教行具彰令易解故若不如是雖見教法在行猶迷是故於此一部之經因果理智教行仁士一一具彰也令修道者倣學不謬故此十住入眞見道之初心與後十行十迴向十地十一地爲正覺之果故如人百歲以初生爲長故人生十子初生爲長

校譌

第三紙二行二宋論作三　第七紙十一行天鼓宋南北藏俱作大鼓　第十紙二十行住下南論無位字　第十一紙九行輔南北論作部　第十九紙一行佛南北論作敘　第二十二紙一行言宋南北藏俱作曰

跌坐者。会妄想而为真智慧故。故为结跏趺坐。此十住位中十个菩萨。同于善财童子。于妙峰山顶上。初入信之后。入十住之初。德云比丘下。至慈行童女。法门相似。文殊师利菩萨。以明初发信心。以此经中。圆会教行。使令后学者。令易解故。但说其教不著行行之人难解了故。以是义故。初会举佛果神天。示入法而劝修。以明一一皆同佛知见。第二会劝生信解。以不动智佛以成信门。次说入位进修之教则。十住十行十回向十地十一地法门。法界品中举善财童子。是能行五位行者。以教行具彰。令易解故。若不如是。虽见教法。在行犹迷。是故于此一部之经。因果理智教行仁士。一一具彰也。令修道者仿学不谬故。此十住入真见道之初心。与后十行十回向十地十一地。为正觉之果故。如人百岁。以初生为长故。人生十子。初生为长。

論藏名著選編

主編·李利安

整理·楊航　康曉紅

新華嚴經論

[唐] 李通玄 著

叁

西北大學出版社

图书在版编目(CIP)数据

新华严经论/(唐)李通玄著;杨航,康晓红整理 .—西安:西北大学出版社,2005.11
(论藏名著选编/李利安主编)
ISBN 7-5604-2064-8
Ⅰ.新…　Ⅱ.①李…②杨…③康…　Ⅲ.大乘—论藏　Ⅳ.B942.1
中国版本图书馆 CIP 数据核字(2005)第 100825 号

论藏名著选编
新华严经论

作　　者:李通玄
整　　理:杨　航　康晓红
主　　编:李利安

出版发行:西北大学出版社
策　　划:书僮图书工作室
地　　址:西安市太白北路 229 号
购书电话:029-88302590　84337138
邮政编码:710069
印　　刷:陕西地质印刷厂

开　　本:880 毫米×1230 毫米　1/32
印　　张:75
字　　数:912 千字
版　　次:2005 年 11 月第 1 版　第 1 次印刷
书　　号:ISBN 7-5604-2064-8/B·59
定　　价:148.00 元(共伍册)

目 录 三

大方廣佛新華嚴經論卷第十七

唐于闐國三藏沙門實叉難陀譯經

唐太原方山長者李通玄造論

第二一切慧菩薩。世界名波頭摩華。佛號無盡月。於此義中義分爲五。一釋菩薩名。二釋世界名。三釋隨位進修佛果之號。四釋其座體。五定其所來方面。第一釋菩薩名者。所以名一切慧。以隨位進修中達一切法無體無性。非迷執故。此當第二治地住。修戒波羅蜜中十波羅蜜。以一切法無體性非染淨。以爲戒體故。如此十住位梵行品是其戒體。二釋世界名者。所以世界名波頭摩華。此云赤蓮華也。爲表戒相無染處世赫奕開敷莊嚴萬行。感果可觀義也。三釋隨位進修佛果之號者。佛號無盡月。爲菩薩名一切慧。佛果還號無盡月。明因果相似故。卽明一切慧是修行得一切佛智慧之人。世界是所修行之法。佛果是治地住中所得之果。明能清涼一切煩惱故。四座體。如前已釋。五定其所來方面者。是南方之眾也。爲表南方是离

大方广佛新华严经论卷第十七

唐于阗国三藏沙门实叉难陀译经

唐太原方山长者李通玄造论

第二一切慧菩萨。世界名波头摩华。佛号无尽月。于此义中。义分为五。一释菩萨名。二释世界名三释随位进修佛果之号。四释其座体。五定其所来方面。第一释菩萨名者。所以名一切慧。以随位进修中。达一切法无体无性。非迷执故。此当第二治地住。修戒波罗蜜中十波罗蜜。以一切法无体性非染净。以为戒体故。如此十住位梵行品。是其戒体。二释世界名者。所以世界名波头摩华。此云赤莲华也。为表戒相无染处世。赫奕开敷庄严万行。感果可观义也。三释随位进修佛果之号者。佛号无尽月。为菩萨名一切慧。佛果还号无尽月。明因果相似故。即明一切慧。是修行得一切佛智慧之人。世界。是所修行之法。佛果。是治地住中所得之果。明能清凉一切烦恼故。四座体。如前已释。五定其所来方面者。是南方之众也。为表南方是离位是虛無義。是文章義。是赤色赫奕義。如日正南照萬象而圓明義。是故菩薩名一切慧。世界名赤蓮華。佛號無盡月。此是善財童子見海雲比丘。見佛說普眼經。以義思之自當明矣。第三勝慧菩薩義分爲四。一明菩薩名。二明所居國土。三明隨位佛果之號。四明從所來方。一明菩薩名者所以名勝慧。爲明隨位進修更明淨故。不移一法勝前位故。二明世界名者。所以名寶華世界。此明忍波羅蜜。已得一切諸佛之智慧。以道體而能行忍行。華者行也。明以忍行莊嚴智慧法身。三明佛果之號所以佛號不動月者。以得理成行。達心境而無可動故。明能堪忍也。月者清涼義。四明從所來方者。是西方之眾。以西方爲秋爲殺爲苦諦。以慈悲位在中。如十迴向中善財見觀音在金剛山之西。爲明金爲殺位。以表眾苦之處。以修其慈忍。以是義故。菩薩名勝慧。世界名寶華。佛號不動月。總明得法成忍之力用勝故。此是寶華義。此是修行住對治法也。此是善財見善住比丘。得無礙法門。以能忍故。第四菩薩名功德慧。於此義中分之爲四。一明菩薩名。二明世界名。三明佛果之號。四明從所位。是虚无义。是文章义。是赤色赫奕义。如日正南照万像面圆明义。是故菩萨名一切慧。世界名赤莲华。佛号无尽月。此是善财童子见海云比丘。见佛说普眼经。以义思之。自当明矣。第三胜慧菩萨。义分为四。一明菩萨名。二明所居国土。三明随位佛果之号。四明从所来方。一明菩萨名者。所以名胜慧。为明随位进修更明净故。不移一法。胜前位故。二明世界名者。所以名宝华世界。此明忍波罗蜜。以得一切诸佛之智慧。以道体而能行忍行。华者行也。明以忍行庄严智慧法身。三明佛果之号。所以佛号不动月者。以得理成行。达心境而无可动故。明能堪忍也。月者清凉义。四明从所来方者。是西方之众。以西方。为秋。为杀。为苦谛。以慈悲位在中。如十回向中。善财见观音在金刚山之西。为明金为杀位。以表众苦之处。以修其慈忍。以是义故。菩萨名胜慧。世界名宝华。佛号不动月。总明得法成忍之力用胜故。此是宝华义。此是修行住对治法也。此是善财见善住比丘。得无碍法门。以能忍故。第四菩萨名功德慧。于此义中。分之为四。一明菩萨名。二明世界名。三明佛果之号。四明从所來方。一明菩薩名者。云何名功德慧。此位修精進波羅蜜。勤行利物。廣益衆生。故招多功德。以立其名。二明世界名者。所以名優鉢羅華。此云青蓮華。諸色蓮華。此華最勝。爲明諸行之中精進最勝。故以此華爲所居法體故。一切萬行以此爲功。三明佛果之號。所以名爲風月佛。爲明精進波羅蜜離慢無懈。一念成佛。速疾如風。又明精勤觀照定慧如風。能消染淨無明塵垢。香臭悉吹。如風能淸涼故。四明所從來方者。是北方之衆。北方者是坎位。是黑。是愚。是世間嶮盜之義。又爲師爲君之位。以是義故。以精進波羅蜜勤修利益之行。破迷離暗。速令成佛。是故菩薩號功德慧。世界名青蓮華。佛果號之爲風月佛也。以風能淨諸垢故。此已上是生貴住中對治法門。故此當善財第四善知識彌伽長者。說輪字法門。了俗諦法。而令愚黑者得出世樂故。第五菩薩名精進慧者。於此義中四義如前。一所以名精進慧。明此位是具足方便住。精勤修習方便定門。以彰深智慧故。以立其名。又一行之中。具無量行故。於定位起精進之名。精進之上起功德之名。以明諸行參用。一行具無量行故。二来方。一明菩萨名者。云何名功德慧。此位修精进波罗蜜。勤行利物广益众生故。招多功德。以立其名。二明世界名者。所以名优钵罗华。此云青莲华。诸色莲华。此华最胜。为明诸行之中。精进最胜。故以此华为所居法体故。一切万行。以此为功。三明佛果之号。所以名为风月佛。为明精进波罗蜜。离慢无懈。一念成佛。速疾如风。又明精勤观照定慧如风。能消染净无明尘垢。香臭悉吹。如风能清凉故。四明所从来方者。是北方之众。北方者。是坎位。是黑。是愚。是世间险盗之义。又为师为君之位。以是义故。以精进波罗蜜。勤修利益之行。破迷离暗。速令成佛。是故菩萨号功德慧。世界名青莲华。佛果号之为风月佛也。以风能净诸垢故。此已上是生贵住中对治法门故。此当善财第四善知识弥伽长者。说轮字法门。了俗谛法。而令愚黑者。得出世乐故。第五菩萨名精进慧者。于此义中。四义如前。一所以名精进慧。明此位是具足方便住。精勤修习方便定门。以彰深智慧故。以立其名。又一行之中。具无量行故。于定位起精进之名。精进之上。起功德之名。以明诸行参用。一行具无量行故。二

世界名金剛華者。以法性為體起妙慧揀擇正
邪不壞是金剛義故。華者行也。以明定慧能揀擇
之妙用故。三佛果名水月者。為定體能淨能清涼
能現萬像如水故。四明所從來方者。是東北方之
眾。東北者是艮位也。為山為石為門闕為童蒙為
初明為高顯為寂靜為止。以明定體徧與諸位諸
行修進啟蒙發明清涼惑熱進修始終之本末故。
為艮為歲始年終之本末故為初明為止。故菩薩
名精進慧世界名金剛華佛號為水月。此是善財
第五善知識解脫長者。主禪門。於其身中現十佛
剎塵佛國土總在身中。十方各十佛剎微塵之數
佛國土總在身中。明禪體周徧故。第六善慧菩薩
四義如前。一明菩薩名者明此正心住修般若波
羅蜜智慧門故。菩薩名善慧。二妙香華世界者。以
明妙用智慧之香華開敷自他佛果明智慧說教
是香華義故。三佛號解脫月者明妙慧分明心境
解脫故。四明所從來方者。此是東南方之眾。東南
方是巽位。巽為風教為言說。以像此位以智慧善
說妙法教化眾生令解脫故。是故菩薩名善慧世
界名妙香華佛果號解脫月。此當善財第六海幢

世界名金刚华者。以法性为禅体。起妙慧拣择正邪不坏。是金刚义故。华者行也。以明定慧能拣择之妙用故。三佛果名水月者。为定体能净。能清凉。能现万像。如水故。四明所从来方者。是东北方之众。东北者。是艮位也。为山。为石。为门阙。为童蒙。为初明。为高显。为寂静。为止。以明定体。遍与诸位诸行修进启蒙。发明清凉惑热进修始终之本末故。为艮为岁始年终之本末。故为初明为止。故菩萨名精进慧。世界名金刚华。佛号为水月。此是善财第五善知识解脱长者。主禅门。于其身中现十佛刹尘佛国土总在身中。十方各十佛刹微尘之数佛国土总在身中。明禅体用遍故。第六善慧菩萨。四义如前。一明菩萨名者。明此正心住。修般若波罗蜜智慧门故。菩萨名善慧。二妙香华世界者。以明妙用智慧之香华。开敷自他佛果。明智慧说教。是香华义故。三佛号解脱月者。明妙慧分明。心境解脱故。四明所从来方者。此是东南方之众。东南方是巽位。巽为风教。为言说。以像此位。以智慧善说妙法。教化众生。令解脱故。是故菩萨名善慧。世界名妙香华。佛果号解脱月。此当善财第六海幢比丘位。身心寂然。離出入息。身出化身徧法界故。明寂用自在。得寂滅神通。第七菩薩名智慧。四義如前。一明菩薩名智慧者。明此不退住是第七成大慈悲門。以智慧成滿。方能隨俗。善入生死。以此為名。二世界名悅意華者。以有智慧在於生死。隨順六道。同事利生。知根悅俗。皆令得入法悅無憂故。名悅意華。三佛號無上月者。明諸行之中慈悲為首。為濟利眾生為最勝故。故號之名無上月。四所從來方者。西南方也。是坤位。為信順。為母。為地為眾。明方便波羅蜜。以大悲為母。入於一切眾生生死之地。同一切眾生之行而教化之。令信順入正法故。是故菩薩名智慧。世界名悅意華。佛號為無上月。此當善財第七善知識休捨優婆夷。此云滿願。以大慈悲行滿眾生願故。像此方西南為母義。表悲位故。第八真實慧菩薩。四義如前。一明菩薩名者。以此第八童真住中。行願波羅蜜。以真實智慧不謬說眾生故。二明世界名者。世界名阿盧那華。此云紅蓮華。此華赤白分明。是其紅色。為此位是第八住智增位。明以大智隨願行悲。令智悲圓滿。加紅蓮華赤白分明。白表智。赤表悲故。世界比丘位。身心寂然。离出入息。身出化身遍法界故。明寂用自在。得寂灭神通。第七菩萨名智慧。四义如前。一明菩萨名智慧者。明此不退住。是第七成大慈悲门。以智慧成满。方能随俗。善入生死。以此为名。二世界名悦意华者。以有智慧。在于生死。随顺六道。同事利生。知根悦俗。皆令得入法悦无忧故。名悦意华。三佛号无上月者。明诸行之中。慈悲为首。为济利众生为最胜故。故号之名无上月。四所从来方者。西南方也。是坤位。为信顺。为母。为地。为众。明方便波罗蜜。以大悲为母。入于一切众生生死之地。同一切众生之行而教化之。令信顺入正法故。是故菩萨名智慧。世界名悦意华。佛号为无上月。此当善财第七善知识休舍优婆夷。此云满愿。以大慈悲行。满众生愿故。像此方西南为母义。表悲位故。第八真实慧菩萨。四义如前。一明菩萨名者。以此第八童真住中。行愿波罗蜜。以真实智慧。不谬误众生故。二明世界名者。世界名阿卢那华。此云红莲华。此华赤白分明。是其红色。为此位是第八住智增位。明以大智随愿行悲。令智悲圆满。如红莲华赤白分明。白表智。赤表悲故。世界

名紅蓮華，表隨眞智處生死而無染，如蓮華處水
亦白開敷而可觀故。三明佛號星宿月者，爲此位
眞智朗明，知根器而了差別故，佛號爲星宿月，表
了眾生差別根性分明也。四所來方者，是西北方，
爲乾爲父爲堅剛爲天，爲圓圓白淨能現眾色，咸
處其中。以是義故，菩薩名眞實慧，世界名紅蓮華，
佛號星宿月，總明大智圓明能現眾生根器差別，
如天現象品物分明。此當善財第八善知識仙人
毗目瞿沙，此云出聲可畏，明眞智圓明出語眾邪
可畏。仙人者，爲表此位智增無染故，又表得智同
邪化邪見故。第九無上慧菩薩，四義如前。一明菩
薩名者，以此位是力波羅蜜法王子住，善說法故，
名無上慧。二世界名者，所以世界名那羅陀華者，
那羅者此云人也，陀云爲持，爲此華香潔殊妙，人
持帶佩，表此位菩薩以善說妙法，殊妙聞之者得
戒定慧解脫知見五分法身之香，人皆持誦帶佩，
故世界名那羅陀華。三明何故佛號清淨月，此位
菩薩善說法故爲大法師，能淨自他煩惱，故佛號
清淨月。四從所來方者，是下方之眾，明下方是金
剛是水是風輪能持世間故，表此位菩薩善說妙

名红莲华。表随真智处生死而无染。如莲华[处]水赤白开敷而可观故。三明佛号星宿月者。为此位真智朗明。知根器而了差别故。佛号为星宿月。表了众生差别根性分明也。四所来方者。是西北方为乾。为父。为坚刚。为天。为团圆白净。能现众色。咸处其中。以是义故。菩萨名真实慧。世界名红莲华。佛号星宿月。总明大智圆明。能现众生根器差别。如天现象品物分明。此当善财第八善知识。仙人毗目瞿沙。此云出声可畏。明真智圆明。出语众邪可畏。仙人者。为表此位智增无染故。又表得智同邪。化邪见故。第九无上慧菩萨。四义如前。一明菩萨名者。以此位是力波罗蜜。法王子住。善说法故。名无上慧。二世界名者。所以世界名那罗陀华者。那罗者。此云人也。陀云为持。为此华香洁殊妙。人持带佩。表此位菩萨。以善说妙法殊妙。闻之者。得戒定慧解脱知见五分法身之香。人皆持诵带佩故。世界名那罗陀华。三明何故佛号清净月。此位菩萨。善说法故。为大法师。能净自他烦恼故。佛号清净月。四从所来方者。是下方之众。明下方。是金刚。是水。是风轮。能持世间故。表此位菩萨。善说妙法。能持世間軌度法則。令人倣學。是故菩薩名無上慧世界名那羅陀華。佛號清淨月。此位同善財見勝熱婆羅門。昇刀山。入火聚。隨諸人天所求見者。皆得道而去。此明菩薩智滿同那攝諸異道令入正見故。第十堅固慧菩薩四義如前。一明所以菩薩名堅固慧者。以此位是灌頂住。行智波羅蜜。能堅固利益一切眾生。以為其名。二世界名虛空華者。以智慧日。照明世間及出世間。總無依住。以此為名。三明所以佛號明了月者。以此位大智圓明。普照世間無不明了。以此為名。四所求方者是上方之眾。上方者。為虛空為日月星辰。表大智無依。不依空有。明鑒萬象。如日月星辰。是故菩薩名堅固慧。世界名虛空華。佛號明了月。此位是善財童子見師子幢王女。名慈行童女。師子幢王女者。明智悲圓滿。以此十住一終已生在佛家。會融十法悲智一終圓滿也。以從初住創生佛家。修智行悲。卽王女慈行。十地修悲已滿。於十一地初以悲行智。卽佛母摩耶。幻生諸佛。佛是大智。母是大悲。廣意至文方明。如下十段頌文。隨文可知。一依如前科文釋過。已上菩薩名世界名十箇佛果。總是法。能持世间轨度法则。令人仿学。是故菩萨名无上慧。世界名那罗陀华。佛号清净月。此位同善财见胜热婆罗门。升刀山。入火聚。随诸人天所来见者。皆得道而去。此明菩萨智满同邪。摄诸异道。令入正见故。第十坚固慧菩萨。四义如前。一明所以菩萨名坚固慧者。以此位是灌顶住。行智波罗蜜。能坚固利益一切众生。以为其名。二世界名虚空华者。以智慧日。照明世间及出世间。总无依住。以此为名。三明所以佛号明了月者。以此位大智圆明。普照世间无不明了。以此为名。四所来方者。是上方之众。上方者为虚空。为日月星辰。表大智无依。不依空有。明凿万象。如日月星辰。是故菩萨名坚固慧。世界名虚空华。佛号明了月。此位是善财童子见师子幢王女。名慈行童女。师子幢王女者。明智悲圆满。以此十住一终已生在佛家。会融十法悲智一终圆满也。以从初住创生佛家。修智行悲。即王女慈行。十地修悲已满。于十一地初。以悲行智。即佛母摩耶。幻生诸佛。佛是大智。母是大悲。广意至文方明。如下十段颂文。随文可知。一依如前科文释过。已上菩萨名世界名十个佛果。总是此十住之中隨位進修因果之號。約隨方而表法。約人法而成名。如上所配之可知。

二從法慧菩薩承威說頌已下。十行頌。是明法慧菩薩歎佛放光集衆分。

三爾時已下明一切慧承威說十行頌。明歎無相法爲眞實。

四爾時已下。明勝慧菩薩說十行頌。歎凡夫迷五蘊之眞性。由入說之方了。

五爾時功德慧說十行頌。明妄取諸法眞實之相。

六爾時精進慧說十行頌。歎諸法自體無見妄見迷眞。

七爾時善慧菩薩說十行頌。歎無衆生可盡法非有無二見。

八爾時智慧菩薩說十行頌。歎言說不能及眞性。

九爾時眞實慧菩薩說十行頌。歎諸法無合散別不屬名數。

十爾時無上慧說十行頌。歎佛所得法體無分

十一爾時堅固慧說十行頌。歎佛大悲出興利

此十住之中随位进修因果之号。约随方而表法。约入法而成名。如上所配之可知。

二。从法慧菩萨承威说颂已下。十行颂。是明法慧菩萨叹佛放光集众分。

三。尔时已下。明一切慧承威说十行颂。明叹无相法为真实。

四。尔时已下。明胜慧菩萨说十行颂。叹凡夫迷五蕴之真性。由人说之方了。

五。尔时功德慧说十行颂。明妄取诸法真实之相。

六。尔时精进慧说十行颂。叹诸法自体无见。妄见迷真。

七。尔时善慧菩萨说十行颂。叹无众生可尽。法非有无二见。

八。尔时智慧菩萨说十行颂。叹言说不能及真。

九。尔时真实慧菩萨说十行颂。叹诸法无合散性。

十。尔时无上慧说十行颂。叹佛所得法。体无分别。不属名数。

十一。尔时坚固慧说十行颂。叹佛大悲出兴利益。已上十菩薩各說十行頌。和會入位法。令身心諸計皆無所依。離於偏執。住佛所住。

十住品第十五

將釋此品約作五門分別。一釋品名目。二釋品來意。三明品之宗趣。四都會斷惑次第。五隨文釋義。一釋品名目。此品說十種住門。名爲十住品。二明品來意者。爲前品是偈讚勸修之門。此品明正舉修行十住之行。是故此品須來。十住者。生諸佛大智慧中住。入此位永不退還。故名之爲住。三明品宗趣者。明此品說十種住。二十種進修因果爲正宗。又住佛所住以爲正宗。明此十住位中。各有兩種因果。各各當位之中。初舉十法。是忻趣增上之緣。後舉十法。是當位之內修學之果。如文具明。四會當十住位中斷惑次第者。如初發心住。治地住。修行住。此三種住中。明總修出世間心。破諸世間煩惱纏縛。其世間煩惱。如善財所說頌根本煩惱有十。隨煩惱總有六。其十種根本煩惱者。一欲。二色。三無色。此是三界根本所縛處。四憍慢。五諸趣。六愛。七愚癡。八貪。九恚。十心魔王。是爲十。又隨煩惱總有六者。一諂。二誑。三疑惑。四慳。五嫉。六嬌盈。善財頌曰。三有爲城郭。憍慢爲垣墻。諸趣爲門益。已上十菩萨。各说十行颂。和会入位法。令身心诸计。皆无所依。离于偏执。住佛所住。

十住品第十五

将释此品。约作五门分别。一释品名目。二释品来意。三明品之宗趣。四都会断惑次第。五随文释义。一释品名目。此品说十种住门。名为十住品。二明品来意者。为前品是偈赞劝修之门。此品明正举修行十住之行。是故此品须来。十住者。生诸佛大智慧中住。入此位。永不退还故。名之为住。三明品宗趣者。明此品说十种住二十种进修因果为正宗。又住佛所住以为正宗。明此十住位中。各有两种因果。各各当位之中。初举十法。是忻趣增上之缘。后举十法。是当住之内修学之果。如文具明。四会当十住位中断惑次第者。如初发心住。治地住。修行住。此三种住中。明总修出世间心。破诸世间烦恼缠缚。其世间烦恼。如善财所说颂。根本烦恼有十。随烦恼总有六。其十种根本烦恼者。一欲。二色。三无色。此是三界根本所缚处。四骄慢。五诸趣。六爱。七愚痴。八贪。九恚。十心魔王。是为十。又随烦恼总有六者。一谄。二诳。三疑惑。四悭。五嫉。六娇盈。善财颂曰。三有为城郭。骄慢为垣墙。诸趣为门戶。愛水爲池塹。愚癡爲闇覆。貪恚火熾然。魔王作君主。童蒙依止住。貪愛爲徽纆。諂誑爲轡勒。疑惑蔽其眼。趣入諸邪見。慳嫉憍盈故。入於三惡道。此約內心所起。不約身見邊見見取戒取邪見。內心成智。諸見自是解脫。以此一乘教體。但約悟無明而成大智。用諸見而作自在。以此不論五見。如十信位文殊師利問法首菩薩有十一種煩惱。云何爲十一。一貪。二瞋。三愚癡。四慢。五覆。六忿。七恨。八嫉。九慳。十誑。十一諂。如般若經中五蘊十二緣等。如上煩惱。以十住中初發心住治地住修行住。此三住一時頓成根本智慧。即如善財於妙峯山上見德雲比丘。得諸佛智慧光明門。即除已上世間諸煩惱障。以成佛智慧光明故。如善財妙峯山上信眼明淨。智光照耀。普觀境界。離一切障。此是初發心住。第二海門國見海雲比丘。除心境迷眞。作十二緣生觀。令無障故。即見海中有佛出現說普眼經。明見自他十二緣生。成大智海。是佛義故。心境總是經故。明前得佛智慧。觀十二緣生成大智海。心境普周自在徧故。此是治地住。以十二緣生治令成如來智地故。第三海岸國見善住比丘。除户。爱水为池堑。愚痴为暗覆。贪恚火炽然。魔王作君主。童蒙依止住。贪爱为徽纆。谄诳为辔勒。疑惑蔽其眼。趣入诸邪见。悭嫉骄盈故。入于三恶道。此约内心所起。不约身见边见见取戒取邪见。内心成智。诸见自是解脱。以此一乘教体。但约悟无明而成大智。用诸见而作自在。以此不论五见。如十信位文殊师利问法首菩萨有十一种烦恼。云何为十一。一贪。二嗔。三愚痴。四慢。五覆。六忿。七恨。八嫉。九悭。十诳。十一谄。如般若经中五蕴十二缘等。如上烦恼。以十住中初发心住治地住修行住。此三住一时顿成根本智慧。即如善财于妙峰山上见德云比丘。得诸佛智慧光明门。即除已上世间诸烦恼障。以成佛智慧光明故。如善财妙峰山上。信眼明净。智光照耀。普观境界。离一切障。此是初发心住。第二海门国见海云比丘。除心境迷真。作十二缘生观。令无障故。即见海中有佛出现。说普眼经。明见自他十二缘生。成大智海。是佛义故。心境总是经故。明前得佛智慧。观十二缘生成大智海。心境普周自在遍故。此是治地住。以十二缘生治令成如来智地故。第三海岸国见善住比丘。除

心境不明淨障。得菩薩無礙解脫門。能見一切眾
生根器業行。死此生彼悉皆明見。此是修行住。於
此三種住中明得出纏心自在故。總以十信心自
信一切三界分別無明是根本不動智佛。於初發
心住中。以自在決定解力。信眼清淨。智光照耀。普
觀境界。離一切障。契會悟入十住初心。以隨位進
修中安立五十箇佛果次第法門方便皆不動智
以為根本。已上初發心住治地住修行住明得十
住中出纏心勝。是故善財初三善知識皆是比
丘。明離纏解脫。表此三住位中行相。故第四生貴
住。明對治世間法則及生死煩亂不自在障。令自
在故。即善財於市肆之上見彌伽長者說輪字
經。即表生死市鄽闠處常寂。於一一字。猶如車輪
一多圓滿互體相成。文如帝釋寶網互為緣起映
徹重重。一字之中。有無盡字句。為世間名句文身
引諸未學。以成教軌。即俗士彌伽以成其行。為令
得出世心。復須明世間諍亂緣起生死之性寓法
無生無滅。及世間名字義理一切眾生語言。互相
成就。如古者伏羲之類是也。第五具足方便住。對
治真俗身邊二見。令大智境界得自在。變不自在

心境不明净障。得菩萨无碍解脱门。能见一切众生根器业行。死此生彼。悉皆明见。此是修行住。于此三种住中。明得出缠心自在故。总以十信心。自信一切三界分别无明。是根本不动智佛。于初发心住中。以自在决定解力。信眼清净。智光照耀。普观境界。离一切障。契会悟入十住初心。以随位进修中。安立五十个佛果次第。法门方便。皆不动智以为根本。已上初发心住治地住修行住。明得十住中出缠心胜。是故善财初二三善知识。皆是比丘。明离缠解脱。表此三住位中行相故。第四生贵住。明对治世间法则。及生死烦阓不自在障。令自在故。即如善财于市肆之上。见弥伽长者。说轮字经。即表生死市廛。闹而常寂。于一一字。犹如车轮。一多圆满。互体相成。又如帝释宝网。互为缘起。映彻重重。一字之中。有无尽字句。为世间名句文身。引诸未学以成教轨。即俗士弥伽以成其行。为令得出世心后。须明世间静乱缘起生死之性。万法无生无灭。及世间名字义理。一切众生语言。互相成就。如古者伏羲之类是也。第五具足方便住。对治真俗身边二见。令大智境界得自在。破不自在

障故。如善財見解脫長者。即入三昧名普攝一切
佛刹無邊陀羅尼，十方各現十佛刹微塵數佛國
土海清淨莊嚴總在身中。即明一切衆生身總含
無邊佛刹體相無礙。爲明眞俗色相。皆如光影互
相容故。無中邊故，欲令六十二見無邊諸見性解
脫故。第六正心住。對治習定寂用不自在障。即如
善財見海幢比丘。於經行地側結跏趺坐。離出入
息無別思覺。於其身上各隨身分皆出化身。如雲
廣覆周徧十方隨應所見。此明寂用無礙故。此已
上總明世間出世間和會皆解脫故。如是已後四
波羅蜜入俗行悲。令自在故。第七不退住。對治大
慈大悲同行攝生不圓滿自在障。令圓滿故。即如
善財於普莊嚴園見休捨優婆夷。謂善財言。我有
八萬四千那由他同行眷屬。常居此園。明大悲位
中行方便波羅蜜。同於八萬四千不可說一切衆
生煩惱總共同事教化利益。經云。其餘衆生住此
園者亦皆普得不退轉位。明能行悲智行者悉同
此也。第八童眞住。對治處纏同事世間餘習智不
清淨障。令清淨故。即如善財見毗目瞿沙仙人表
大智清淨無所染故。休捨優婆夷與仙人住處同

障故。如善财见解脱长者。即入三昧。名普摄一切佛刹无边陀罗尼。十方各现十佛刹微尘数佛国土海。清净庄严总在身中。即明一切众生身。总含无边佛刹。体相无碍。为明真俗色相。皆如光影互相容故。无中边故。欲令六十二见无边诸见性解脱故。第六正心住。对治智慧寂用不自在障。即如善财见海幢比丘。于经行地侧。结跏趺坐。离出入息。无别思觉。于其身上。各随身分。皆出化身。如云广覆。周遍十方。随应所见。此明寂用无碍故。此已上总明世间出世间和会。皆解脱故。如是已后。四波罗蜜。入俗行悲。令自在故。第七不退住。对治大慈大悲同行摄生。不圆满自在障。令圆满故。即如善财于普庄严。园见休舍优婆夷。谓善财言。我有八万四千那由他同行眷属。常居此园。明大悲位中。行方便波罗蜜。同于八万四千不可说一切众生烦恼。总共同事。教化利益。经云。其余众生住此园者。亦皆普得不退转位。明能行悲智行者。悉同此也。第八童真住。对治处缠同事。世间余习。智不清净障。令清净故。即如善财见毗目瞿沙仙人。表大智清洁无所染故。休舍优婆夷与仙人住处。同名俱是海潮處者。明此悲智一體無染而不汙。若隨悲修智猶有習氣染境之心。即此第七第八兩位和會一終是也。若也隨智行慈無有染習。即師子幢王女慈行童女是。可以思之得見其意。第九法王子住。對治說法不自在障令自在故。即如善財見勝熱婆羅門。以登刀山入於火聚行苦行時。隨天龍神人及非人來者無不獲益而已。十灌頂住。對治悲智不自在清淨障令得清淨。即如善財見師子幢王女慈行童女。王者智自在故。女者表隨悲同事無染習故。明智滿從悲處世間故。即同事而無習氣故。已上十種對治。皆一念心上初發心時。一行之中。一時之內。無前後際。對治此十種障法。成一法一心一智慧一行之中十十無盡法門。皆以自心不動智佛為體。以法事之中。合具此十種無盡法門同別一多自在故。以此十種對治一時令慣習自在故。不同三乘權教約劣解眾生存世間三世之性。說佛果在三僧祇之外。以自心根本無明分別之種便成不動智佛。以法界體用以為信進悟入之門。從信及入位進修乃至經十住十行十迴向十地十一地。總不離本不動智佛名俱是海潮处者。明此悲智一体无染而不污。若随悲修智。犹有习气染境之心。即此第七第八两位和会一终是也。若也随智行慈。无有染习。即师子幢王女。慈行童女是。可以思之。得见其意。第九法王子住。对治说法不自在障。令自在故。即如善财见胜热婆罗门。以登刀山。入于火聚。行苦行时。随天龙神人及非人来者。无不获益而已。十灌顶住。对治悲智不自在清净障。令得清净。即如善财见师子幢王女慈行童女。王者。智自在故。女者。表随悲同事。无染习故。明智满从悲。处世间故。即同事而无习气故。已上十种对治。皆一念心上。初发心时。一行之中。一时之内。无前后际。对治此十种障法。成一法一心一智慧。一行之中。十十无尽法门。皆以自心不动智佛为体。以法事之中。合具此十种无尽法门。同别一多自在故。以此十种对治。一时令惯习自在故。不同三乘权教。约劣解众生。存世间三世之性。说佛果在三僧祇之外。以自心根本无明分别之种。便成不动智佛。以法界体用。以为信进悟入之门。从信及入位进修。乃至经十住十行十回向十地十一地。总不离本不动智佛。

不離一時一念一法一行上而有無邊無量不可說不可說法界虛空界微塵數法門。何以故。爲從法界及根本不動智上爲信進悟入故。法合如然故。如龍女剎那成佛。善財一生以取佛果。法界無性無生。爲一生非延促生故。爲法界體無情量延促長短去來今故。諸有信者應如是知。如今成佛與過去未來一切諸佛一時成佛。以法界智體無別時故。如一滴之水入大海中便同大海無新舊水故。故去情方見。非識心知。如三乘中。十住菩薩猶受三界分段生死。分學生空觀。對治闡提不信障。十行菩薩分作法空觀。修自利利他行。對治聲聞自利障。十迴向菩薩作法空觀。成起大悲願力。垂形六道教化眾生。對治獨覺自度障。此明三乘中三十心菩薩對治地前三種障。但除正使。未除習氣。十地菩薩斷其餘習。如初地菩薩見自身眞如佛性故名見道位。從二地至七地是修道位。猶有功用而修其行。從八地至十地名究竟位。不假功用任運至佛果故。又如三乘中。十二住地。一種性住。十解行是。二解行住。十迴向是也。三歡喜住。初地是。四增上戒住。二地是。五增上慧住。三地是不离一时一念一法一行上。而有无边无量不可说不可说法界虚空界微尘数法门。何以故。为从法界及根本不动智上。为信进悟入故。法合如然故。如龙女刹那成佛。善财一生以取佛果。法界无性无生为一生。非延促生故。为法界体。无情量延促长短去来今故。请有信者。应如是知。如今成佛。与过去未来一切诸佛一时成佛。以法界智体无别时故。如一滴之水。入大海中。便同大海。无新旧水故。故去情方见。非识心知。如三乘中。十住菩萨。犹受三界分段生死。分学生空观。对治阐提不信障。十行菩萨。分作法空观。修自利利他行。对治声闻自利障。十回向菩萨。作法空观。成起大悲愿力。垂形六道。教化众生。对治独觉自度障。此明三乘中。三十心菩萨。对治地前三种障。但除正使未除习气。十地菩萨。断其余习。如初地菩萨。见自身真如佛性故。名见道位。从二地至七地。是修道位。犹有功用。而修其行。从八地至十地。名究竟位。不假功用。任运至佛果故。又如三乘中。十二住地。一种性住。十解行是。二解行住。十回向是也。三欢喜住。初地是。四增上戒住。二地是。五增上慧住。三地是。

六道品相應增上慧住四地是。七諦相應增上慧住五地是。八緣起相應增上慧住六地是。九有行有開發無相住七地是。十無行無開發無相住。八地是。十一無礙住九地是十二最上菩提住。十地是。又如三乘中地前三賢菩薩得伏忍。十地與佛地得寂滅忍。又豈勝鬘經。羅漢辟支佛淨土菩薩總是伏忍。以空觀伏現行十使不起。爲不識無明住地煩惱故。猶不識。云何名斷煩惱。但伏現行不起。得三種意生身。受三界外變易生死。如是菩薩爲行六波羅蜜得六神通。福德神通並勝人天。唯非修佛果法界門故。是門外三車草庵。仍聲聞辟支佛。三乘菩薩不同其德。出三界行六神通名則相似行六波羅蜜功德果報不同故。如是三乘六通菩薩等於大方廣佛華嚴經不聞不信如此經云。設有菩薩經無量那由他劫修六波羅蜜得六神通。猶不聞此華嚴經典。猶名假名菩薩不眞菩薩。設復聞時不信不入。如法華亦然。如三乘中。三種意生身者。初一二三地名三摩跋提樂法意生身。二四五六地名覺法自性意生身。三七八九十地名種類俱生無行作意生身。欲廣引云云。自有六道品相应增上慧住。四地是。七谛相应增上慧住。五地是。八缘起相应增上慧住。六地是。九有行有开发无相住。七地是。十无行无开发无相住。八地是。十一无碍住。九地是。十二最上菩提住。十地是。又如三乘中。地前三贤菩萨得伏忍。十地与佛地得寂灭忍。又望胜鬘经。罗汉。辟支佛。净土菩萨。总是伏忍。以空观伏现行十使不起。为不识无明住地烦恼故。犹不识。云何名断烦恼。但伏现行不起。得三种意生身。受三界外变易生死。如是菩萨。为行六波罗蜜。得六神通。福德神通。并胜人天。唯非修佛果法界门故。是门外三车草庵。仍声闻。辟支佛。三乘菩萨。不同其德。出三界行六神通。名则相似。行六波罗蜜功德果报不同故。如是三乘六通菩萨等。于大方广佛华严经。不闻不信。如此经云。设有菩萨。经无量那由他劫。修六波罗蜜。得六神通。犹不闻此华严经典。犹名假名菩萨。不真菩萨。设复闻时。不信不入。如法华亦然。如三乘中。三种意生身者。初一。二三地。名三摩跋提乐法意生身。二。四五六地。名觉法自性意生身。三。七八九十地。名种类俱生无行作意生身。欲广引云云。自有三乘教自明。約會對治如是如此一乘教。都無如上三乘之趣以爲根本無明住地煩惱便爲一切諸佛不動智。一切衆生皆自有之只爲智體無性無依不能自了。會緣方了。云何爲會緣會緣有三種。一會苦緣遇苦方能發心。二會樂緣久處人天內心明慧達世樂果生死無常方始求眞。三見佛及一乘菩薩而能發心求佛種智以會三緣近正善知友。而能自覺無明本是佛智。三乘同然。爲意樂淺深各別。以因本智上而生信心。約本智而爲悟入。以不離本智故。於初發心住。卽五位齊周。雖列十住十行十迴向十地十一地行位法門進修軌度。如王寶印。一印無差。以一心大智之印印無始三世總在一時。無邊諸法智印咸徧。以智等諸佛故。以智等衆生心故。以智等諸法故。以智無中邊表裏三世長短近遠故。爲智過虛空量故。如世虛空無所了知。如無分別智虛空一念而能分別過虛空等法門。是故經言。一切虛空猶可量。諸佛說法不可量。以是義故。以自心根本無明體用而見不動智。與一切諸佛及以一切衆生同一體性。同一境界。同一智海。以是發心之初住佛種智家。

三乘教自明。约会对治如是。如此一乘教。都无如上三乘之趣。以为根本无明住地烦恼。便为一切诸佛不动智。一切众生皆自有之。只为智体无性无依。不能自了。会缘方了。云何为会缘。会缘有三种。一会苦缘。遇苦方能发心。二会乐缘。久处人天。内心明慧。达世乐果。生死无常。方始求真。三见佛及一乘菩萨。而能发心。求佛种智。以会三缘。近正善知友。而能自觉无明。本是佛智。三乘同然。为意乐浅深各别。以因本智上而生信心。约本智而为悟入。以不离本智故。于初发心住。即五位齐周。虽列十住十行十回向十地十一地。行位法门。进修轨度。如王宝印。一印无差。以一心大智之印。印无始三世。总在一时。无边诸法。智印咸遍。以智等诸佛故。以智等众生心故。以智等诸法故。以智无中边表里三世长短近远故。为智过虚空量故。如世虚空。无所了知。如无分别智虚空一念。而能分别过虚空等法门。是故经言。一切虚空犹可量。诸佛说法不可量。以是义故。以自心根本无明体用。而见不动智。与一切诸佛。及以一切众生。同一体性。同一境界。同一智海。以是发心之初。住佛种智家。

故纔發心時卽於十方現身成佛。如初發心功德品自明。以是義故。於此十住位中。入初發心住者。住一切諸佛智慧大悲海境界中住。卽五位通修。以初住及十地不離一佛智慧境界故。但明生熟慣習勝劣安立住地之名。爲智體之中。非三世情攝故。一如龍女一刹那之際。已具三生普賢行滿。佛果亦就。如文殊師利菩薩頌云。一念普觀無量劫。無去無來亦無住。如是了知三世事。超諸方便成十力。明知三乘三祇出世成佛。是權方便教。此教約實法。不說以願力成佛等事。設以願力成行還以約實成佛。不說以願力暫成。故是故當知從十住中初入位菩薩。卽五位通修。爲十住行相通有十行十迴向十地等法門故。如十住中。七八兩住還修悲智。九住中是法師位。十住中悲智圓滿。如是五位行相相似故。如善財十住中善知識。一一智慧境界。皆悉無極。但爲約法身大智大悲之上法具無盡。須當安立五位行門。總是一心一智一時智等徧滿所行之道。是故起信進修行者。於大智境界莫作三世近遠延促之見。違智境界故。失本大智之境。逐情識故。隨相轉故。此會第四斷故才发心时。即于十方现身成佛。如初发心功德品自明。以是义故。于此十住位中。入初发心住者。住一切诸佛智慧大悲海境界中。住即五位通修。以初住及十地。不离一佛智慧境界故。但明生熟惯习胜劣。安立住地之名。为智体之中。非三世情摄故。一如龙女。一刹那之际。已具三生。普贤行满。佛果亦就。如文殊师利菩萨颂云。一念普观无量劫。无去无来亦无住。如是了知三世事。超诸方便成十力。明知三乘三祇出世成佛。是权方便教。此教约实法。不说以愿力成佛等事。设以愿力成行。还以约实成佛。不说以愿力暂成故。是故当知。从十住中初入位菩萨。即五位通修。为十住行相。通有十行十回向十地等法门故。如十住中。七八两住还修悲智。九住中是法师位。十住中悲智圆满。如是五位行相相似故。如善财十住中善知识。一一智慧境界皆悉无极。但为约法身大智大悲之上。法具无尽。须当安立五位行门。总是一心一智一时。智等遍满。所行之道。是故起信进修行者。于大智境界。莫作三世近远延促之见。违智境界故。失本大智之境。逐情识故。随相转故。此会第四断惑次第竟如此五位斷惑次第。如空無時如圓鏡頓照。如摩尼寶能同衆色如一滴之水。入大海中。等同無二。以大智慧之圓鏡普印諸作莫不皆成無作用之大用故無三世之一時故。

校譌

第八紙四行王宋南論作主　第十一紙六行來宋藏作法

第五隨文釋義者長科爲六段。

第一從爾時法慧菩薩已下至菩薩住我今當說。此一段有十九行半經明法慧菩薩入定諸佛加持分。於中大意有十。一釋菩薩名。二明入三昧之意。三明三昧之力。四明十方佛來現其前與法慧同號。五明十方佛與力共加。六明毗盧遮那如來往昔願力使然。七明法慧菩薩自善根力能入三昧。八明入定因緣。九明十方諸佛與十智。十明惑次第竟。如此五位断惑次第。如空无时。如圆镜顿照。如摩尼宝。能同众色。如一滴之水。入大海中。等同无二。以大智慧之圆镜。普印诸作。莫不皆成无作用之大用故。无三世之一时故。

第五随文释义者。长科为六段。

第一从尔时法慧菩萨已下。至菩萨住我今当说。此一段。有十九行半经。明法慧菩萨入定。诸佛加持分。于中大意有十。一释菩萨名。二明入三昧之意。三明三昧之力。四明十方佛来现其前。与法慧同号。五明十方佛与力共加。六明毗卢遮那如来往昔愿力使然。七明法慧菩萨自善根力能入三昧。八明入定因缘。九明十方诸佛与十智。十明法慧出定演說十種住門。一釋菩薩名者。如十信位中菩薩下名悉同名之爲首爲明信心以信爲首。此十住位中已生諸佛智慧家故。下名悉同名之爲慧。爲明入聖法流中得佛智慧同佛知見善簡正邪。契會正法。名之法慧。若也自己不能同諸佛智慧知見者。自邪未明。焉能簡邪見也。是故此位能同一切諸佛知見故。得一切同名法慧佛而現其前。以爲印信。定其詮表也。以與十方諸佛智慧同故。二明入三昧之意者。如十信位中。且以生滅心信自心所有無始無明能分別心。便卽信爲自心根本不動智佛。未有方便三昧合其體用。故是故十信位中。十箇世界皆名爲色。爲十信未入法性之流。以生滅心而信解故。故十箇世界名之爲色。如此十住位中。以方便三昧無沈掉心。能現自體無生滅智慧故。是故一切修道者。初以聞解信入。次以無思契同。依本無作用之本智慧故。故須入三昧。以淨攀緣染習力故。無作眞智方明現故。以是義故須入三昧。三者云正昧者云定總言正定。正定者無沈掉也。無思所緣境也。亦無攝持伏滅心也。無忻無厭。任性無思。任理不作。智自明法慧出定演说十种住门。一释菩萨名者。如十信位中菩萨。下名悉同。名之为首。为明信心。以信为首。此十住位中。已生诸佛智慧家故。下名悉同。名之为慧。为明入圣法流中。得佛智慧同佛知见。善简正邪。契会正法。名之法慧。若也自己不能同诸佛智慧知见者。自邪未明。焉能简邪见也。是故此位。能同一切诸佛知见故。得一切同名法慧佛而现其前。以为印信。定其诠表也。以与十方诸佛智慧同故。二明入三昧之意者。如十信位中。且以生灭心。信自心所有无始无明能分别心。便即信为自心根本不动智佛。未有方便三昧。合其体用故。是故十信位中。十个世界。皆名为色。为十信未入法性之流。以生灭心而信解故。故十个世界名之为色。如此十住位中。以方便三昧无沉掉心。能现自体无生灭智慧故。是故一切修道者。初以闻解信入。次以无思契同。依本无作用之本智慧故。故须入三昧。以净攀缘染习力故。无作真智。方明现故。以是义故。须入三昧。三者云正。昧者云定。总言正定。正定者。无沉掉也。无思所缘境也。亦无摄持伏灭心也。无忻无厌。任性无思。任理不作。智自明矣。是名方便。是名無量。以淨無量妄想故。不可以情量思度所知故。故名無量方便三昧。三者正也。昧之云定。明情識昧正智自明。如色界無色界三昧、皆以息想慮而得之。聲聞緣覺三昧。修厭患觀而對治樂。觀空而滅悲智、以寂滅爲樂。權教菩薩。樂觀空而行六度。離苦本而生淨國。設有住此界者。言留惑而化衆生。皆非法爾合然。無出沒故。以此義故。此方便三昧者。爲一切衆生迷法界體用五欲情生。以不造作心現本智故。便將根本定體淨所妄情名爲方便。非是別於眞外別有假安立之定名爲方便。譬如以水淸寶能淸濁水。爲珠淨緣現本淨水。非是珠能作得淨水。方便三昧亦復如是。爲以萬法無作本自淨緣現得本自無作智慧力故。故名方便。但天人外道三乘所有因果皆有所作。以此所生。皆有處所皆有果報廣狹淨穢差別等事。於此佛華嚴一乘法門。以無住無作任性法門。所有其生。任無依智無依止心智幻生身。稱眞法界。於一切衆生前對現色身。然其體相無來去。然亦不作神通變化之事。雖然普現三世一切業果在剎那之中。然亦不住三世遠近及剎那矣。是名方便。是名无量。以净无量妄想故。不可以情量思度所知故。故名无量方便三昧。三者正也。昧之云定。明情识昧。正智自明。如色界无色界三昧。皆以息想虑而得之。声闻缘觉三昧。修厌患观而对治。乐观空而灭悲智。以寂灭为乐。权教菩萨。乐观空而行六度。离苦本而生净国。设有住此界者。言留惑而化众生。皆非法尔合然。无出没故。以此义故。此方便三昧者。为一切众生。迷法界体用。五欲情生。以不造作心。现本智故。便将根本定体。净所妄情。名为方便。非是别于真外别有假安立之定。名为方便。譬如以水清宝。能清浊水。为珠净缘。现本净水。非是珠能作得净水。方便三昧。亦复如是。为以万法无作本自净缘。现得本自无作智慧力故。故名方便。但天人外道三乘。所有因果。皆有所作。以此所生。皆有处所。皆有果报。广狭净秽。差别等事。于此佛华严一乘法门。以无住无作任性法门。所有其生。任无依智。无依止心。智幻生身。称真法界。于一切众生前。对现色身。然其体相无来去。然亦不作神通变化之事。虽然普现三世一切业果。在刹那之中。然亦不住三世远近。及刹那之見。於此經所作三昧智慧。一切願行。總是任理智之運爲。非有作有修忻厭之法也。三明三昧之力者。其力有五。一定體淨欲徧周力。二定能顯智慧同佛力。三定能同佛身相名號現前力。四定能契佛所知見得諸佛共所加持力。五定能生在如來家爲眞佛子。住佛智慧力。一定體而能淨欲徧周力者。爲以此無作定體而能淨諸欲妄心身同於虛空無表裏徧周虛空法界故。二定能顯智慧同佛力者。爲無作用定能現無作用自然慧故。爲一切衆生皆具足如來自然智慧。爲迷境情起緣五欲心障故。以修無作定爲方便佛智自然智便現故。三定能同佛身相名號現前力者。爲以無作定顯得自法身智身。無作白淨無垢。與一切諸佛法身智慧合故是故十方各千佛刹微塵數諸佛同名法慧而現其前。以智慧契會同佛知見故。是故皆佛號與自己同名。名爲法慧。云十方各千佛刹微塵爲數量者。爲明隨位進修智慧徧周昇降之數。十行之中云萬佛刹微塵。十迴向位中云百萬佛刹微塵。以彰智慧昇進。爲對迷時即不可說刹塵煩惱。爲對悟時即不可說刹塵佛國。及佛智之见。于此经所作三昧智慧。一切愿行。总是任理智之运为。非有作有修忻厌之法也。三明三昧之力者。其力有五。一定体净欲遍周力。二定能显智慧同佛力。三定能同佛身相名号现前力。四定能契佛所知见。得诸佛共所加持力。五定能生在如来家为真佛。子住佛智慧家力。一定体能净欲遍周力者。为以此无作定体。而能净诸欲忘心身。同于虚空无表里。遍周虚空法界故。二定能显智慧同佛力者。为无作用定能现无作用自然慧故。为一切众生。皆具足如来自然智慧。为迷境情起。缘五欲心障故。以修无作定为方便。佛智自然智便现故。三定能同佛身相名号现前力者。为以无作定。显得自法身智身。无作白净无垢。与一切诸佛法身智慧合故。是故十方各千佛刹微尘数诸佛。同名法慧。而现其前。以智慧契会。同佛知见故。是故皆佛号与自己同名。名为法慧。云十方各千佛刹微尘为数量者。为明随位进修。智慧遍周。升降之数。十行之中。云万佛刹微尘。十回向位中。云百万佛刹微尘。以彰智慧升进。为对迷时。即不可说刹尘烦恼。为对悟时。即不可说刹尘佛国。及佛智慧也。四定能契佛所知見得諸佛加持力者。諸佛加持有七。一同名號加持。令不疑故。二言讚加持。令入位者心安隱故。三毗盧遮那師弟加持。彰本願故。四神力加持。與本師會同本神力智慧故。五自善根力加持。以自修方便定顯本智慧故。六得十方同號佛皆與十種智力加持。以說法同諸如來辯無礙故。七得十方同號諸佛手摩其頂加持。明至佛知見之頂許可不謬故。有是七種加持也。五定能生在如來家爲眞佛子。住佛智慧力者。爲以無作定體顯本智慧。同諸如來解脫智慧故。

第二從出定後。明正說十種住名目分。如文可見。

第三有十法。明正說發心之因分。卽是見佛身色端嚴或聞教誡等是。

第四有十法。明初發心住所緣如來十種勝智。弁取此位十法。至下十住之終。總有二百箇法門。共成十住之位。一一住內皆有二十箇法門。十法以成當位之門。十法以爲昇進之行。經文自具。不煩更釋。約知分劑以行行之

第五明說教威感大地震動。從此段中科爲六

慧也。四定能契佛所知见。得诸佛加持力者。诸佛加持有七。一同名号加持。令不疑故。二言赞加持。令入位者心安隐故。三毗卢遮那师弟加持。彰本愿故。四神力加持。与本师会同本神力智慧故。五自善根力加持。以自修方便定。显本智慧故。六得十方同号佛。皆与十种智力加持。以说法同诸如来。辩无碍故。七得十方同号诸佛手摩其顶加持。明至佛知见之顶。许可不谬故。有是七种加持也。五定能生在如来家为真佛子。住佛智慧力者。为以无作定体。显本智慧。同诸如来解脱智慧故 。

第二从出定后。明正说十种住名目分。如文可见 。

第三有十法。明正说发心之因分。即是见佛身色端严或闻教诫等是 。

第四有十法。明初发心住所缘如来十种胜智。并取此位十法。至下十住之终。总有二百个法门。共成十住之位。一一住内。皆有二十个法门。十法以成当位之门。十法以为升进之行。经文自具。不烦更释。约和分剂。以行行之 。

第五。明说教威感大地震动。从此段中。科为六段。一明大地六種十八相動。二明天雨十種供養。三明總結十方同說。四明十方感應遠近。五明十方同號菩薩成來作證。六明十方佛果名妙法。此明從妙慧而說此法。

第十六明法慧承威說頌歎法分。於此段中總有二百行頌。以歎十住位中二百箇法門。文自具足不煩釋也。即灌頂住。如將淨水從頂而灌遍身而下。如此位菩薩以法界智爲無中邊體等虛空界以對現一切眾生宜應現身。一時等雨法雨無不灌注。故名灌頂住。亦爲登此位時。十方諸佛手灌其頂。亦名灌頂住。

校譌

第十一紙 十五行位住論作住

梵行品第十六

將釋此品。約作三門分別。一釋品名目。二釋品來意。三隨文釋義。第一釋品名目者。何故云梵行品。梵者此云淨也。云以其淨行利眾生。故常居世間。行一切行法化利眾生。無行可得。則無行不淨。是故名爲梵行也。又約能問之主。名曰正念無念段。一明大地六种十八相动。二明天雨十种供养。三明总结十方同说。四明十方威感远近。五明十方同号菩萨咸来作证。六明十方佛果名妙法。此明从妙慧而说此法 。

第六。明法慧承威说颂叹法分。于此段中。总有二百行颂。以叹十住位中二百个法门。文自具足。不烦释也。如灌顶住者。如将净水从顶而灌。遍身而下。如此位菩萨。以法界智无中边体。等虚空界。以对现一切众生宜应现身。一时等雨法雨。无不灌注故。故名灌顶住。亦为登此位时。十方诸佛。手灌其顶。亦名灌顶住 。

梵行品第十六

将释此品。约作三门分别。一释品名目。二释品来意。三随文释义。第一释品名目者。何故云梵行品。梵者此云净也。云以其净行利众生故。常居世间。行一切行法。化利众生。无行可得。则无行不净。是故名为梵行也。又约能问之主。名曰正念。无念之念名為正念。隨行無念名為正念。行念總無以斯益物名第一義天。以天有慈名為天子。又約能說之人名為法慧。隨行無念名之為法。以法簡情名之為慧。起情乖理名無法慧。達理情亡名為法慧。今約能問之主所說法人及所說法總名淨行品。品者均分理教義。第二釋品來意者。前品明住佛無所住之門。故還行無行之行。是故此品須來。無住之住名為佛住。無行之行。利益無眾生之眾生名為淨行。是故此品須來。第三隨文釋義者。科此一品經約作七門分別

第一爾時已下三行經。是正念天子所請分。

第二法慧菩薩已下至佛法僧戒可兩行半經。正舉十法以為所觀之緣分。

第三應如是觀已下至如是觀已有二十六行半經。是正行觀法分。

第四從於身無所取已下至名為清淨梵行。於中可有十行經。通觀三世及身受想行識佛法悉平等具足一切佛法分。

第五復應修習十種法已下至永斷習氣智於中可三行半經。正舉如來十種智力令修習分。

之念。名为正念。随行无念。名为正念。行念总无。以斯益物。名第一义天。以天有慈。名为天子。又约能说之人。名为法慧。随行无念。名之为法。以法简情名之为慧。起情乖理。名无法慧。达理情亡。名为法慧。今约能问之主。所说法人。及所说法。总名净行品。品者均分理教义。第二释品来意者。前品明住佛无所住之门。故还行无行之行。是故此品须来。无住之住。名为佛住。无行之行。利益无众生之众生。名为净行。是故此品须来。第三随文释义者。科此一品经。约作七门分别 。

第一尔时已下三行经。是正念天子所请分 。

第二法慧菩萨已下。至佛法僧戒。可两行半经。正举十法以为所观之缘分 。

第三应如是观已下。至如是观已。有二十六行半经。是正行观法分。

第四从于身无所取已下。至名为清净梵行。于中可有十行经。通观三世。及身受想行识。佛法悉平等。具足一切佛法分 。

第五复应修习十种法已下。至永断习气智。于中可三行半经。正举如来十种智力。令修习分 。

第六於如來十力已下至不求果報於中可三行經勸修十力有迷諸問并起大悲分。

第七了知境界已下可四行半經明了法如幻觀終獲益成佛分。如是依如上觀行。令身口意業。佛法僧戒色受想行識身邊二見三世遠近總無。又無能觀所觀心。不沈不掉。不生不滅。任理無思。如來十種智力。因斯而現夫佛智非深。只爲迷心逐相。情虧也。智隱一體也。智現非遙。智現執障都亡。十方廓然自在。塵不爲小。周空不爲大。窮其跡也。十方無纖毫之蹤。與其用則不出刹那之際。身行徧周。等虛空而無盡。若存其有。卽一切刹海現色像重重。若置其無。萬境不可窺其體。以不思不惟而知衆法。將不造不作而辦大功。非生死變其志。非苦樂移其性。若非神之稱理者。不可以情想知。不可以滅心得。以此如來設淨行之教。觀法盡也。始正法當興。諸見亡也。佛智方起。是知見亡智應名初發心時便成正覺。具足慧身不由他悟。是故後學之士應法修行。不可以逐境沈淪迷流永劫。更欲解其上義。慮將言豐障理以亂後學之心。但如上所說之經。多少自然恰中。如一百四十第六于如来十力已下。至不求果报。于中可三行经。劝修十力。有迷咨问。并起大悲分。

第七了知境界已下。可四行半经。明了法如幻。观终获益成佛分。如是依如上观行。令身口意业。佛法僧戒。色受想行识。身边二见。三世远近总无。又无能观所观心。不沉不掉。不生不灭。任理无思。如来十种智力。因斯而现。夫佛智非深。只为迷心逐相。情亏也。智隐一体也。智现非遥。智现。执障都亡。十方廓然自在。处尘不为小。周空不为大。穷其迹也。十方无纤毫之踪。兴其用。则不出刹那之际。身行遍周。等虚空而无尽。若存其有。即一切刹海现色像重重。若置其无。万境不可窥其体。以不思不惟而知众法。将不造不作而办大功。非生死变其志。非苦乐移其性。若非神之称理者。不可以情想知。不可以灭心得。以此如来设净行之教。观法尽也。始正法当兴。诸见亡也。佛智方起。是知见亡智应。名初发心时便成正觉。具足慧身不由他悟。是故后学之士。应法修行。不可以逐境沉沦。迷流永劫。更欲解其上义。虑将言丰障理。以乱后学之心。但如上所说之经。多少自然恰中。如一百四十願名淨行者。是十信位中以願成世間知見萬法以爲淨行。此十住位中以行體無爲無性名爲淨行。以此淨行用成智用自在。此淨行品成十住中初發心之佛果。亦爲已後十行十迴向十地等作佛果故。從此無性之行行清淨故。一切諸行皆清淨故。諸行淨則智慧淨。智慧淨則其心淨。其心淨。則諸法淨。諸法淨名法界淨。法界淨卽衆生淨。衆生淨則佛國土淨。行此法平等者名爲淨行也。

初發心功德品第十七

夫以初發心之士。功德難量。擧等虛空無以比其類。磨盡刹塵無以酬其匹。虛空但明無相之大一切刹塵但明形礙之廣。爲能對其菩提心福智之境。其智也於刹那之際滿十方現身如雲。狀因陀羅網。妙像相入光影重重。各各以一言音普周法界說等衆生敎門如雨灑衆生心得清涼樂。爾其福也。妙相莊嚴與華藏而同其體。爲初發心之際與十方諸佛等住無盡劫海在刹那之中延促相似。如一小流入大海中與大海等。以水體不別故。如初發心菩薩纔入諸佛大智慧流中等佛功德故。爲初入與究竟時無延促又智慧一故。爲誓愿名净行者。是十信位中。以愿成世间知见万法。以为净行。此十住位中。以行体无为无性。名为净行。以此净行。用成智用自在。此净行品成十住中初发心之佛果。亦为已后十行十回向十地等。作佛果故。从此无性之行。行清净故。一切诸行皆清净故。诸行净。则智慧净。智慧净则其心净。其心净。则诸法净。诸法净。名法界净。法界净。即众生净。众生净。即佛国土净。行此法平等者。名为净行也。

初发心功德品第十七

夫以初发心之士。功德难量。举等虚空。无以比其类。磨尽刹尘。无以酬其匹。虚空但明无相之大。一切刹尘但明形碍之广。焉能对其菩提心福智之境。其智也。于刹那之际。满十方现身如云。状因陀罗网。妙像相入。光影重重。各各以一言音。普周法界。说等众生教门如雨洒众生心。得清净乐。尔其福也。妙相庄严。与华藏而同其体。为初发心之际。与十方诸佛。等住无尽劫海。在刹那之中。延促相似。如一小流。入大海中。与大海等。以水体不别故。如初发心菩萨。才入诸佛大智慧流中。等佛功德故。为初入与究竟。时无延促。又智慧一故。为誓度衆生悉令成佛志願等故。又如十方世界盡抹爲塵。一一塵中有無量佛刹無量衆生。如菩提心大智慧身。於一刹那際等一切刹塵供養諸佛教化衆生。一時等徧。但以智慧力故法如是故智徧周故亦不作神通變化之想。初發心菩薩志樂廣大。與佛界衆生界等無限量故。故今此品所歎初發菩提心。以十種功德廣大難量無比不可喻。於此佛果根本不動大智不思議法界乘而發心者。如輪王太子。初生之時具足王相。如師子王之子威勢與父相似體不異故。如初發菩提心菩薩初生如來智慧種性家時。智慧所知不異佛故。三世時劫無延促見不異佛故。志樂廣大教化衆生不異佛故。從初發心乘如來一切智乘不出刹那際成等正覺教化衆生不異佛故。設於三乘順世情教說三祇劫而成佛者。畢竟迴心入此一切智境界乘。方得成佛。如法華經卽是所迴三乘。人一切智境界之教。如龍女一刹那際一生成佛者是也。一切衆生總須悟如此法方得成佛。不可取如來三乘中順世方便之言。以法如是故。如此品下文云。初發心菩薩纔發心時卽爲十方一切諸佛所度众生。悉令成佛。志愿等故。又如十方世界。尽抹为尘。一一尘中。有无量佛刹。无量众生。如菩提心大智慧身。于一刹那际。等一切刹尘。供养诸佛。教化众生。一时等遍。但以智慧力故。法如是故。智遍周故。亦不作神通变化之想。初发心菩萨。志乐广大。与佛界众生界。等无限量故。故今此品所叹初发菩提心。以十种功德广大难量。无比不可喻。于此佛果根本不动大智。不思议法界乘。而发心者。如轮王太子。初生之时。具足王相。如师子王之子。威势与父相似。体不异故。如初发菩提心菩萨。初生如来智慧种性家时。智慧所知。不异佛故。三世时劫。无延促见。不异佛故。志乐广大。教化众生。不异佛故。从初发心。乘如来一切智乘。不出刹那际成等正觉教化众生。不异佛故。设于三乘顺世情教。说三祇劫而成佛者。毕竟回心入此一切智境界乘。方得成佛。如法华经。即是所回三乘。入一切智境界之教。如龙女一刹那际。一生成佛者是也。一切众生。总须悟如此法。方得成佛。不可取如来三乘中。顺世方便之言。以法如是故。如此品下文云。初发心菩萨。才发心时。即为十方一切诸佛所

共稱歎。即能說法教化調伏一切世界所有衆生
乃至示現成佛等。廣如此品下文所說。此品之內
長行總有四十段經意也。頌有一百四十一行。以
歎初發心菩薩之功德其文如下。將釋此品約作
三門分別。一釋品名目。二釋品來意。三隨文釋義。
第一釋品名目者。此品名初發心功德品者。創始
發心見無古今。名之爲初。無心智應。名之爲發。身
邊見盡。名之爲心。不爲而成大果。名之爲功。但化
利一切。不所求報自德無邊妙相莊嚴故。名之爲
德。又福智徧周。名之爲功。事無不達。名之爲德。品
者均分教義。第二釋品來意者。前品既有淨行之
功。此品所明淨行之中無邊功德。是故此品須來。
第三隨文釋義者。復分二門。第一長科經意。第二
隨文解說。第一長科經意者。從初爾時已下至品
末已來長科爲四十段。

一爾時已下至其量幾何。有一行半經。是天帝請說發心功德分。

二法慧菩薩言已下至而爲汝說。可三行半經。明初發心功德甚深十種難知。許說分。

三佛子已下至無能量者。可五行經。明一人所

共称叹。即能说法。教化调伏一切世界所有众生。乃至示现成佛等。广如此品下文所说。此品之内。长行总有四十段经意也。颂有二百四十二行。以叹初发心菩萨之功德。其文如下。将释此品。约作三门分别。一释品名目。二释品来意。三随文释义。第一释品名目者。此品名初发心功德品者。创始发心。见无古今。名之为初。无心智应。名之为发。身边见尽。名之为心。不为而成大果。名之为功。但化利一切。不忻来报。自获无边妙相庄严故。名之为德。又福智遍周。名之为功。事无不达。名之为德。品者均分教义。第二释品来意者。前品既有净行之功。此品所明净行之中无边功德。是故此品须来。第三随文释义者。复分二门。第一长科经意。第二随文解说。第一长科经意者。从初尔时已下。至品末已来。长科为四十段。

一。尔时已下。至其量几何。有一行半经。是天帝请说发心功德分。

二。法慧菩萨言已下。至而为汝说。可三行半经。明初发心功德甚深。十种难知。许说分。

三。佛子已下。至无能量者。可五行经。明一人所供十方各一阿僧祇世界眾生并令淨持五戒。且舉功德廣大難量分。

四。法慧菩薩已下。至亦不及一。有五行半經。明將前所有廣多供養功德不可比對初發心功德無比近喻分。正明將人所供養不可校量。如歌羅分者。是將多比少。不如喻如折人身上毛作百分將前人所作功德。不如初發心菩薩百分毛中一分毛許功德。又云優波尼沙陀分者。謂少許相近。類之無限善根。不可將有限比對。餘如文自明。

五。佛子已下。至唯佛能知。有十行經。明且舉如上功德廣大分。云教住十善道者。身三。口四。意三。是欲界生天善。上者出世善。云四禪。色界業也。初禪滅憂。二禪滅苦。三禪滅喜。四禪唯寂靜。云教住四無量心。此是有爲中慈悲喜捨。云教住四無色定。此是無色界定。已上是三界中善業。云教住須陀洹果。謂初斷見惑。捨異生性。初獲聖性。入聖行供十方各一阿僧祇世界众生。并令净持五戒。且举功德广大难量分 。

四。法慧菩萨已下。至亦不及一。有五行半经。明将前所有广多供养功德。不可比对初发心功德。无比近喻分。正明将人所供养。不可校量。如歌罗分者。是将多比少。不如喻如折人身上毛作百分。将前人所作功德。不如初发心菩萨百分毛中一分毛许功德。又云优波尼沙陀分者。谓少许相近。类之无限善根。不可将有限比对。余如文自明 。

五。佛子已下。至唯佛能知。有十行经。明且举如上功德广大分。云教住十善道者。身三。口四。意三。是欲界生天善。上者出世善。云四禅。色界业也。初禅灭尤。二禅灭苦。三禅灭喜。四禅唯寂静。云教住四无量心。此是有为中慈悲喜舍。云教住四无色定。此是无色界定。已上是三界中善业。云教住须陀洹果。谓初断见惑。舍异生性。初获圣性。人圣行流。故名入流。云教住斯陀含果。此云一來。謂此聖者雖斷欲界六品惑。然爲有餘三品未斷。令此聖者一度來欲界生。故名一來果。云教住阿那含果。此云不還。謂斷欲界九品惑盡。從此生色界。更不來欲界受生。故名不來。此十使中。見道疑未能明了。不入羅漢果。如十使煩惱。一身見。二邊見。三見取。四戒取。五邪見。已前五爲利使。已後五鈍使。見諦斷。六貪。七瞋。八癡。九慢。十疑。此五鈍使能迷隨行之事。此之十使。前五利使須陀洹見諦之後伏之不起。後五鈍使薄貪瞋癡。斯陀含斷欲界六種惑。非無色界貪。於瞋癡慢三種微而且薄現行不生。非種無故。爲上二界報且無瞋爲修定伏而現行不起。爲須斯二果有厭患而不令增長常求出世之心。以此不成三界沈淪種子。阿那含厭令永息。唯有見道疑。以見道不分明。不能頓超三界業果。阿羅漢爲見道無疑。三界業果。一時盡故。望前三果。設斷九種煩惱。唯有疑在。不得名爲斷煩惱。爲見諦無明未明。總名厭伏。不得名斷。又羅漢辟支佛但析出世淨土菩薩及空觀菩薩爲但析出世行六波羅蜜。總是折伏現行無明。不得名爲流故。故名入流。云教住斯陀含果。此云一来。谓此圣者。虽断欲界六品惑。然为有余三品未断。令此圣者一度来欲界生故。名一来果。云教住阿那含果。此云不还。谓断欲界九品惑尽。从此生色界。更不来欲界受生。故名不来。此十使中。见道疑未能明了。不入罗汉果。如十使烦恼。一身见。二边见。三见取。四戒取。五邪见。已前五为利使。已后五钝使。见谛断。六贪。七真。八痴。九慢。十疑。此五钝使。能迷随行之事。此之十使。前五利使。须陀洹见谛之后。伏之不起。后五钝使。薄贪嗔痴。斯陀含断欲界六种惑。非无色界贪。于嗔痴慢三种。微而且薄。现行不生。非种无故。为上二界报且无嗔。为修定伏而现行不起。为须斯二果。有厌患而不令增长。常求出世之心。以此不成三界沉沦种子。阿那含厌令永息。唯有见道疑。以见道不分明。不能顿超三界业果。阿罗汉为见道无疑。三界业果。一时尽故。望前三果。设断九种烦恼。唯有疑在。不得名为断烦恼。为见谛无明未明。总名厌伏。不得名断。又罗汉辟支佛。但忻出世。净土菩萨及空观菩萨。为但忻出世行六波罗蜜。总是折伏现行无明。不得名为永斷煩惱爲且以空觀折伏無明。不了無明從本已來是不動智佛。爲不了根本以空折伏使令不起。乃至十地但得意生身等。不名如來一切種智生。以作十眞如等觀斷十種麤重。不了無明本是如來根本智故。大用極寂故。一乘佛果教中依佛果發心。初發心時。達根本無明是根本無分別智。成差別智大用法門。初心之上圓滿一切諸佛共所乘門。名乘一切智乘。若智悲願行毫釐不似佛。信心亦不成。何況住佛所住。生在如來一切種智家生。爲佛眞子。具諸佛事。以智不異願行平等大悲不異。無限境界不異過去未來劫差別與一念不異。應如是定慧照之可見。此是名依佛菩薩正善知識依根本智發心。如下文纔發心菩薩能十方示身成佛者。爲初發心時。乘如來不思議一切智乘得佛種智生。如來法界之家。乘佛一分之智慧大慈悲勢分。卽能如是示身成佛。如下頌云。菩薩於佛十力中。雖未證得亦無疑。菩薩於一毛孔中普現十方無量刹。如是總明初發心菩薩之德。爲得如來一分智力勢分。如是如輪王太子權統王政。亦得自在一分與父王相似。

永断烦恼。为且以空观折伏无明。不了无明从本已来是不动智佛。为不了根本。以空折伏。使令不起。乃至十地。但得意生身等。不名如来一切种智生。以作十真如等观。断十种粗重。不了无明本是如来根本智故。大用恒寂故。一乘佛果教中。依佛果发心。初发心时。达根本无明。是根本无分别智。成差别智大用法门。初心之上。圆满一切诸佛共所乘门。名乘一切智乘。若智悲愿行。毫厘不似佛。信心亦不成。何况住佛所住。生在如来一切种智家生。为佛真子。具诸佛事。以智不异。愿行平等大悲不异。无限境界不异。过去未来劫差别与一念不异。应如是定慧照之可见。此是名依佛菩萨正善知识。依根本智发心。如下文才发心菩萨。能十方示身成佛者。为初发心时。乘如来不思议一切智乘。得佛种智。生如来法界之家。乘佛一分之智慧大慈悲势分。即能如是示身成佛。如下颂云。菩萨于佛十力中。虽未证得亦无疑。菩萨于一毛孔中。普现十方无量刹。如是总明初发心菩萨之德。为得如来一分智力。势分如是。如轮王太子权统王政。亦得自在一分。与父王相似 。

六法慧菩薩言已下。至亦不及一。可兩行半經。明前功德不可比對初發心功德喻分。

七何以故已下。至無上菩提之心。有十四行半經。明初發心菩薩爲起無限心教化一切衆生不斷佛種性分。

八佛子復置此喻已下。至可知邊際有七行經。明且舉速行邊際廣大可知喻分。

九菩薩初發心已下。至三藐三菩提心。可十五行經。明初發心菩薩所知世界境界無限難知分。

十佛子復置此喻已下。至可知邊際。可六行半經。明且舉速知劫數成壞廣多可知分。

十一菩薩初發心已下。至了知一切劫神通智可十六行經。明初發心菩薩了劫成壞難知分。

十二復置此喻已下。至可知邊際。可六行經。明且舉所解廣大猶可能知分。

十三菩薩初發心已下。至三藐三菩提心。可二十行半經。明初發心菩薩知解廣大難知分。

十四佛子復置此喻已下。至可知邊際。可六行經。明且舉知衆生根廣多猶能可知分。

六。法慧菩萨言已下。至亦不及一。可两行半经。明前功德不可比对。初发心功德喻分。

七。何以故已下。至无上菩提之心。有十四行半经。明初发心菩萨。为起无限心。教化一切众生。不断佛种性分。

八。佛子复置此喻已下。至可知边际。有七行经明且举速行边际广大可知喻分。

九。菩萨初发心已下。至三藐三菩提心。可十五行经。明初发心菩萨所知世界。境界无限难知分。

十。佛子复置此喻已下。至可知边际。可六行半经。明且举速知劫数成坏广多可知分。

十一。菩萨初发心已下。至了知一切劫神通智。可十六行经。明初发心菩萨了劫成坏难知分。

十二。复置此喻已下。至可知边际。可六行经。明且举所解广大犹可能知分。

十三。菩萨初发心已下。至三藐三菩提心。可二十行半经。明初发心菩萨知解广大难知分。

十四。佛子复置此喻已下。至可知边际。可六行经。明且举知众生根广多犹能可知分。

十五菩薩初發心已下至三藐三菩提心可五行半經。明初發心菩薩善知眾生根性廣大難量分。

十六佛子復置此喻已下至可知邊際可四行經。明且舉所欲樂廣大猶可知分。

十七菩薩初發心已下至三藐三菩提心可六行經。明初心菩薩所知一切眾生欲樂廣大難知分。

十八佛子復置此喻已下至可知邊際可四行經。明且舉所知眾生方便廣大猶可知分。

十九菩薩初發心已下至三菩提心可六行經。明初心菩薩善知一切眾生種種方便廣大難知分。

二十佛子復置此喻已下至可知邊際可三行經。且舉所有一切眾生心廣大猶可知分。

二十一菩薩初發心已下至三菩提心可五行半經。明初發心菩薩知一切眾生差別心廣大難知分。

二十二佛子復置此喻已下至不可得知有四行經。明且舉所有眾生業廣大猶可知分。

十五。菩萨初发心已下。至三藐三菩提心。可五行半经。明初发心菩萨善知众生根性广大难量分。

十六。佛子复置此喻已下。至可知边际。可四行经。明且举所欲乐广大犹可知分。

十七。菩萨初发心已下。至三藐三菩提心。可六行经。明初心菩萨所知一切众生欲乐广大难知分。

十八。佛子复置此喻已下。至可知边际。可四行经。明且举所知众生方便广大犹可知分。

十九。菩萨初发心已下。至三菩提心。可六行经。明初心菩萨善知一切众生种种方便广大难知分。

二十。佛子复置此喻已下。至可知边际。可三行经。且举所有一切众生心广大犹可知分。

二十一。菩萨初发心已下。至三菩提心可五行半经。明初发心菩萨知一切众生差别心广大难知分。

二十二。佛子复置此喻已下。至不可得知。有四行经。明且举所有众生业广大犹可知分。

二十三何以故已下至三菩提心可三行半經。明初心菩薩知衆生差別業廣大難知分。

二十四佛子復置此喻已下至可知邊際有七行經。且舉如衆生煩惱廣大猶可能知分。

二十五菩薩初發心已下至三藐三菩提心有十六行經。明初心菩薩所知一切衆生煩惱廣大難知分。

二十六佛子復置此喻已下至亦復如是可九行半經。且明供養廣大難知猶可知分。

二十七佛子於汝意云何已下至亦不及一可四行半經。明初發心供養廣大難知分。

二十八佛子復置是喻至亦復如是有十行半經。明且舉供養及起塔廣多猶可知分。

二十九佛子此前功德已下至發是心已有七行經。明初心菩薩供養功德廣大難知分。大直就法說分。

三十能知前際一切諸佛已下至能與諸佛平等一性可四行經。是初發心已能知三世諸佛成佛及涅槃智慧平等分。攝佛功德分。

三十一何以故已下至三世智故發心可九行

二十三。何以故已下。至三菩提心。可三行半经。明初心菩萨知众生差别业广大难知分。

二十四。佛子复置此喻已下。至可知边际。有七行经。且举如众生烦恼广大犹可能知分。

二十五。菩萨初发心已下。至三藐三菩提心。有十六行经。明初心菩萨所知一切众生烦恼广大难知分。

二十六。佛子复置此喻已下。至亦复如是。可九行半经。且明供养广大难知犹可知分。

二十七。佛子于汝意云何已下。至亦不及一。可四行经。明初发心供养广大难知分。

二十八。佛子复置是喻。至亦复如是。有十行半经。明且举供养及起塔广多犹可知分。

二十九。佛子此前功德已下。至发是心已。有七行经。明初心菩萨供养功德广大难知分。次直就法说分。

三十。能知前际一切诸佛已下。至能与诸佛平等一性。可四行经。是初发心已。能知三世诸佛。成佛及涅槃智慧平等分。摄佛功德分。

三十一。何以故已下。至三世智故发心。可九行經。明菩薩初發心志意所求甚深深廣分。

三十二。以發心故已下。至說法智慧有六行經。明菩薩發心已。得三世一切諸佛憶念與法及自力昇進分。得果佛因佛分。

三十三。何以故已下。至智慧光明有十行半經。明纔初發心菩薩成佛利生同三世諸佛分。化用分。無著分。

三十四。此初發心菩薩已下。至心無所著有四行半經。明初發心菩薩志樂所知。世間出世間無限分。瑞分。

校譌

第三紙六行不合集句下宋經論無不隨順是法耶無所得是法耶二句 第七紙十七行一生之一宋論作三 第十紙一行折疑當作析 第二十五紙九行當南北論作即十二行力宋論作四十八行當南北論作即

三十五。爾時佛神力已下。至等偏擊有三行半經。明大地震動分。

三十六。天雨眾華已下。至及天音聲有兩行經。明諸天興供分。證成分。如動地興供。明法威力。亦明大眾法悅。心悅地動。明心境體無二故。境由心現故。

经。明菩萨初发心志意所求甚深深广分。

三十二。以发心故已下。至说法智慧。有六行经。明菩萨发心已。得三世一切诸佛忆念与法。及自力升进分。得果佛因佛分。

三十三。何以故已下。至智慧光明。有十行半经。明才初发心菩萨。成佛利生。同三世诸佛分。化用分。无著分。

三十四。此初发心菩萨已下。至心无所著。有四行半经。明初发心菩萨。志乐所知。世间出世间无限分。瑞分。

三十五。尔时佛神力已下。至等遍击。有三行半经。明大地震动分。

三十六。天雨众华已下。至及天音声。有两行经。明诸天兴供分。证成分。如动地兴供。明法威办。亦明大众法悦。心悦地动。明心境体无二故。境由心现故。

三十七是時十方已下。至悉如是說有四行半經。明十方同號佛來現其前歎譽許可法同分。如十方各有萬佛刹微塵數佛同名法慧來現其前者。爲明與十方諸佛智慧合故。萬佛刹塵者。明昇進修行。啟迷悟法之量。十信十。十住百。十行千。總是明昇進見諦解迷悟法之名。

三十八汝說此法時已下。至皆悉得聞有五行經。明說此法時。十方各有萬佛刹塵菩薩發心授記分。如萬佛刹微塵數菩薩發心授過千不可說劫成佛之記。皆同號之爲清淨心者。亦明達如是千不可說劫量法門。總清淨故。故佛號清淨心。非是實有如情所見長遠之劫也。總明當位隨迷悟法之名。不是存其劫量之說。如妄情所見也。自此已下直至品末。如文自具。如文稱歎。

三十九如此娑婆世界已下。至說如是法有九行半經。明十方所說法人及法門一時同說分。

四十爾時法慧已下。至說頌有六行半經。明法慧菩薩觀欲所緣之法說頌稱歎分。已下頌文有二百四十二行。四行一頌。其頌有六十段頌。都計三十七。是时十方已下。至悉如是说。有四行半经。明十方同号佛来现其前。叹誉许可法同分。如十方各有万佛刹微尘数佛同名法慧来现其前者。为明与十方诸佛智慧合故。万佛刹尘者。明升进修行。启迷悟法之量。十信十。十住百。十行千。总是明升进见谛。解迷悟法之名 。

三十八。汝说此法时已下。至皆悉得闻。有五行经。明说此法时十。方各有万佛刹尘菩萨发心授记分。如万佛刹微尘数菩萨发心。授过千不可说劫成佛之记。皆同号之为清净心者。亦明达如是千不可说劫量法门。总清净故。故佛号清净心。非是实有如情所见长远之劫也。总明当位随迷悟法之名。不是存其劫量之说。如妄情所见也。自此已下直至品末。如文自具。如文称叹 。

三十九。如此娑婆世界已下。至说如是法。有九行半经。明十方所说法人及法门一时同说分 。

四十。尔时法慧已下。至说颂。有六行半经。明法慧菩萨。观欲所缘之法。说颂称叹分。已下颂文。有二百四十二行。四行一颂。其颂有六十段颂。都计有二百四十行。末後兩行頌總結頌意歎勸發心初一百六十八行是總都歎佛果已來五位及信等諸法。明初發心者志樂智德總合一切諸佛智德體用。始成一念初發心菩薩位也。方明初發心境與心不二。若志樂毫釐不似如來所修法身悲智願行者不名初發心菩薩故。

以此初頌有一百六十八行。且總歎信等六位因果。及如來智德總歎。令初發心者法之相似。

有二百四十行。末后两行颂。总结颂意。叹劝发心。初一百六十八行。是总都叹佛果以来。五位及信等诸法。明初发心者。志乐智德总含一切诸佛智德体用。始成一念初发心菩萨位也。方明初发心境与心不二。若志乐毫厘不似如来所修法身悲智愿行者。不名初发心菩萨故。

以此初颂有一百六十八行。且总叹信等六位因果。及如来智德总叹令初发心者法之相似。

大方廣佛新華嚴經論卷第十八

然後七十四行頌始重頌前四十段中校量發
心功德廣大之量。如文具明。隨文稱歎四行一頌
准例知之。如是校量初發心功德。設使以等虛空
無限境。以一切樂具。總供養無限眾生。皆令得人
天勝樂。又教令得四沙門果及辟支佛及二乘出
世菩提。如是虛空境界及所度眾生。雖等。然未令
所化眾生得成佛。亦不可比於此教中初發心乘
如來大智等佛所行普化眾生皆成佛故發菩提
心。以是義故。雖然所乘境界廣狹(雖)等。所化眾生
成佛不成佛不等。故不可為比。故是故此品下文
云。初發心菩薩不於三世少有所得。所謂若諸佛
若諸佛法。若菩薩若菩薩法。若獨覺若獨覺法。若
聲聞若聲聞法。乃至廣說如經。但為求一切智
於諸法界心無所著。發菩提心。略說菩提其法有
四。一聲聞菩提。二緣覺菩提。三權教菩薩菩提。四
一乘菩薩佛果菩提。前三並是出世菩提。佛果菩
提是法身大智大悲真俗萬行法界圓滿菩提無
出入故。三乘菩提雖觀四諦十二緣。而亦未知四
諦十二緣之實體。非獨二乘不知。三種意生身菩
薩位登十地猶未能悉知。唯一乘菩薩以智方知。

(大方广佛新华严经论卷第十八)*

然后七十四行颂。始重颂前四十段中校量发心功德广大之量*如文具明。随文称叹。四行一颂。准例知之。如是校量初发心功德。设使以等虚空无限境。以一切乐具。总供养无限众生。皆令得人天胜乐。又教令得四沙门果。及辟支佛。及三乘出世菩提。如是虚空境界。及所度众生虽等。然未令所化众生得成佛。亦不可比于此教中初发心。乘如来大智。等佛所行。普化众生皆成佛故。发菩提心。以是义故。虽然所举境界广狭不等。所化众生成佛不成佛不等。故不可为比故。是故此品下文云。初发心菩萨。不于三世少有所得。所谓若诸佛。若诸佛法。若菩萨。若菩萨法。若独觉。若独觉法。若声闻。若声闻法。乃至广说如经。但为唯求一切智。于诸法界心无所著。发菩提心。略说菩提。其法有四。一声闻菩提。二缘觉菩提。三权教菩萨菩提。四一乘菩萨佛果菩提。前三并是出世菩提。佛果菩提。是法身大智大悲。真俗万行。法界圆满菩提。无出入故。三乘菩提。虽观四谛十二缘。而亦未知四谛十二缘之实体。非独二乘不知。三种意生身菩萨。位登十地。犹未能悉知。唯一乘菩萨。以智方知。

至十地品具明。但且略而總言。二乘中觀苦集滅
道及十二緣生。及行六波羅蜜菩薩。厭苦忻真但
求出世。大悲菩薩方云留惑潤生。一乘菩薩以智
觀四諦十二緣生。無明即智。苦諦即聖諦。於生死
涅槃。無解縛性。是故此經名苦聖諦集聖諦。如是
十聖諦十二因緣。總是法界自性無縛無解自
在之緣。不名無明。不名苦諦。如是總觀萬法。如是
名爲一乘。法界緣起智悲自在。任性緣生。一切眼
耳鼻舌身意。不皆是法界緣起自在法門。一切諸
佛知見神通道力。以此而有。但以禪定觀照諸波
羅蜜而顯發之。是故學者應如是修。如是悟入。已
下頌文四行一頌。如文自具。不煩更釋。有智之士
隨文稱歎。令衆發心。

明發品第十八

將釋此品。約作三門分別。一釋品名目。二釋品
來意。三隨文釋義。第一釋品名目者。此品爲明前
之昇須彌頂品偈讚品十住品梵行品初發心功
德品五品法門。已發菩提之心。得廣大功德。此精
進慧所問之法有二義。一令前五品之法其心更
明。二令後所行之法轉勝明白。故云明法品明昇

至十地品具明。但且略而总言。三乘中。观苦集灭道。及十二缘生。及行六波罗蜜菩萨。厌苦忻真。但求出世。大悲菩萨。方云留惑润生。一乘菩萨。以智观四谛十二缘生。无明即智。苦谛即圣谛。于生死涅槃。无解缚性。是故此经。名苦圣谛。集圣谛。如是十圣谛。十十二因缘。总是法界自性无缚无解自在之缘。不名无明。不名苦谛。如是总观万法。如是名为一乘。法界缘起。智悲自在。任性缘生。一切眼耳鼻舌身。莫不皆是法界缘起自在法门。一切诸佛知见神通道力。以此而有。但以禅定观照诸波罗蜜而显发之。是故学者。应如是修。如是悟入。已下颂文。四行一颂。如文自具。不烦更释。有智之士。随文称叹。令众发心 。

明发品第十八

将释此品。约作三门分别。一释品名目。二释品来意。三随文释义。第一释品名目者。此品为明前之升须弥顶品。偈赞品。十住品。梵行品。初发心功德品。五品法门。已发菩提之心。得广大功德。此精进慧所问之法有二义。一令前五品之法。其心更明。二令后所行之法。转胜明白。故云明法品。明升進前後法故。是精進慧菩薩啟請法慧菩薩言。所有大願悉使滿足。獲諸菩薩廣大之藏。此明前所得法使令更明。後之昇進使令明白。是修十行之向長養本位十住之法。第二釋品來意及名目。如前第三隨文釋義分之爲二。一長科經意。二隨文解釋。第一長科經意者。約科爲三段。第一初爾時已下長行有三十三行半經。通偈頌有五十五行半。明精進慧菩薩請法分。第二爾時法慧菩薩已下有六行經。明法慧菩薩許說分。第三佛子菩薩摩訶薩已下直至品末通偈頌。總明正說法分。從初第一請法分中義分爲二。一科此一段經之文意。第二隨文解義。第一科此一段經文意者。約科爲三段。

第一爾時已下至靡不樂聞有十二行經。明精進慧菩薩初起請法門分。第二隨文解釋者。從初爾時者。爾猶此。云說此法時也。精進慧菩薩者。約位加行成名。此通十箇慧之通稱。爲令欲成此位之昇進。必藉精進之功。慧者照燭義。精進者無思義。以無思之慧照燭有作之功。有作本自無功。萬进前后法故。是精进慧菩萨启请法慧菩萨言。所有大愿悉使满足。获诸菩萨广大之藏。此明前所得法。使令更明。后之升进。使令明白。是修十行之向。长养本位十住之法。第二释品来意。及名目。如前。第三随文释义。分之为二。一长科经意。二随文解释。第一长科经意者。约科为三段。第一初尔时已下。长行有三十三行半经。通偈颂有五十五行半。明精进慧菩萨请法分。第二尔时法慧菩萨已下。有六行经。明法慧菩萨许说分。第三佛子菩萨摩诃萨已下。直至品末。通偈颂。总明正说法分。从初第一请法分中。义分为二。一科此一段经之文意。第二随文解义。第一科此一段经文意者。约科为三段 。

第一尔时已下。至靡不乐闻。有十二行经。明精进慧菩萨初起请法门分。第二随文解释者。从初尔时者。尔犹此。云说此法时也。精进慧菩萨者。约位加行成名。此通十个慧之通称。为令欲成此位之升进。必藉精进之功。慧者照烛义。精进者无思义。以无思之慧。照烛有作之功。有作本自无功。万法本來自淨。萬法自淨名之爲精。無功智應。知根利生名之爲進。此約成位進修之稱也。菩薩者如常說也。白法慧菩薩者。白者明也。明著名言。申其所明也。云昇一切智乘者。明入此位也。以此位菩薩乘一切智乘。生如來家。入佛種智爲佛之子。恆蒙諸佛之所攝受故。明智相應堪與益故。故云攝受。云獲諸菩薩廣大之藏者。如十迴向中。智藏悲藏等十藏是也。云以何方便已下。正說中十十法門是。

第二復次如諸已下至菩薩所行次第願皆演說有二十一行經。明精進慧菩薩升舉當位應所修行之行及獲益重勸說守護法分。云六通者。身法本来自净。万法自净。名之为精。无功智应。如根利生。名之为进。此约成位进修之称也。菩萨者如常说也。白法慧菩萨者。白者明也。明著名言。申其所明也。云升一切智乘者。明入此位也。以此位菩萨。乘一切智乘。生如来家。入佛种智。为佛之子。恒蒙诸佛之所摄受故。明智相应堪与益故。故云摄受。云获诸菩萨广大之藏者。如十回向中。智藏悲藏等十藏是也。云以何方便已下。正说中十十法门是 。

第二复次如诸已下。至菩萨所行次第愿皆演说。有二十一行经。明精进慧菩萨。并举当位应所修行之行及获益。重劝说守护法分。云六通者。身通。天耳通。天眼通。宿命通。他心通。漏盡通。身通者。於一剎那際身隨智用周徧十方對現色身隨根普應。天耳通者。耳根常聞十方一切諸聲。天眼通者。眼根常見十方一切麤細等色。宿命通者。智隨三世一切眾生死此生彼所作業行因果悉能知之。他心通者。一念能知三世一切眾生心念所欲漏盡通者。隨智徧知一切諸法。而無情欲順癡愛心。此經又有十種通。如十通品說。三明者。一宿命二天眼三漏盡。是名三明。四無畏者。一一切智無畏。二漏盡無畏。三說障道無畏。四說盡苦道無畏相好者。此經十身相海也。力無所畏者。十力也。一是處非處力。二業力。三定力。四根力。五欲力。六性力。七一切至處道力。八宿命力。九天眼力。十漏盡力。是爲十。三世業果名爲處。了達非有名非處。善知眾生業因果。心定不動如山王。眾生根品上中下。欲樂種種各差別。種種世間諸性分。一切道法各不同。宿命徧知三世業。天眼十方無礙了。隨諸分別滿十方。心無雜染常無垢。如是十種得自在是名如來無畏力。十八不共者。一佛身無過失。二口無過失。三念無過失。四想無過失。五心無不定通。天耳通。天眼通。宿命通。他心通。漏尽通。身通者。于一刹那际。身随智用。周遍十方。对现色身。随根普应。天耳通者。耳根常闻十方一切诸声。天眼通者。眼根常见十方一切粗细等色。宿命通者。智随三世一切众生。死此生彼。所作业行因果。悉能知之。他心通者。一念能知三世一切众生心念所欲。漏尽通者。随智遍知一切诸法。而无情欲顺痴爱心。此经又有十种通。如十通品说。三明者。一宿命。二天眼。三漏尽。是名三明。四无畏者。一一切智无畏。二漏尽无畏。三说障道无畏。四说尽苦道无畏。相好者。此经十身相海也。力无所畏者。十力也。一是处非处力。二业力。三定力。四根力。五欲力。六性力。七一切至处道力。八宿命力。九天眼力。十漏尽力。是为十。三世业果名为处。了达非有名非处。善知众生业因果。心定不动如山王。众生根品上中下。欲乐种种各差别。种种世间诸性分。一切道法各不同。宿命遍知三世业。天眼十方无碍了。随诸分别满十方。心无杂染常无垢。如是十种得自在。是名如来无畏力。十八不共者。一佛身无过失。二口无过失。三念无过失。四想无过失。五心无不定常在三昧。六無不知已捨。七者欲無減。八者精進無失。九念無減。十慧無減。十一解脫無減。十二解脫知見無減。十三身業隨智慧行。十四口業隨智慧行。十五意業隨智慧行。十六智慧知過去無礙事。十七智慧知未來無礙事。十八智慧知現在無礙事。所言無過失者。妙善相應。所言無減者。所作善法常無忘失。云一切智智者。云種種智無盡智。此明差別智無盡故。如守護分中有二義。一明初發心菩薩守護一切諸佛法藏。而能爲人演說。二得天王夜叉王如來法王等守護。

第三爾時已下。可一行經。明精進慧以偈說重請法分。

如以偈重請分中有二十二行頌。初二行頌歎能說法主。已下二十行兩行一頌。初兩行歎初發心菩薩智慧福德超世獲益。次兩行頌勸說昇進之行。次兩行頌明大智度衆生無著。次兩行頌明衆行無缺。利生令佛種不絕。次兩行頌明堅固功常在三昧。六无不知已舍。七者欲无减。八者精进无失。九念无减。十慧无减。十一解脱无减。十二解脱知见无减。十三身业随智慧行。十四口业随智慧行。十五意业随智慧行。十六智慧知过去无碍事。十七智慧知未来无碍事。十八智慧知现在无碍事。所言无过失者。妙善相应。所言无减者。所作善法常无忘失。云一切智智者。云种种智无尽智。此明差别智无尽故。如守护分中有二义。一明初发心菩萨。守护一切诸佛法藏。而能为人演说。二得天王夜叉王如来法王等守护 。

第三尔时已下。可一行经。明精进慧以偈说。重请法分 。

如以偈重请分中。有二十二行颂。初二行颂。叹能说法主。已下二十行。两行一颂。初两行。叹初发心菩萨。智慧福德。超世获益。次两行颂。劝说升进之行。次两行颂。明大智度众生无著。次两行颂。明众行无缺。利生令佛种不绝。次两行颂。明坚固功成出離法勝重勸請說。次兩行頌明破暗降魔之道亦願請說。次兩行頌明如來所得之法。亦勸請說。次兩行頌明云何演說如來法。末後兩行頌明云何令初發心。無畏如師子。無著如蓮華。

第二爾時法慧菩薩已下。有六行經。明法慧菩薩許說分。於此分中所歎能問之人。如文可知。第三正說分中復分爲二。第一長科經意。第二隨文釋義。第一長科經意者。從佛子菩薩已發一切智心已下至品末。長科爲二十段。

第一從初佛子已下至住不放逸。有十行經。明住十種不放逸法分。

第二佛子已下至十種清淨。有十行半經。明住不放逸得十清淨法分。第二隨文解釋者。從正說分中菩薩摩訶薩二十段文中。但隨經文義隱言幽方可解之。經文自顯處如文自具。不煩更釋。如文中深入禪定不沈不舉者。不沈離聲聞滅盡定。

成出离法胜。重劝请说。次两行颂。明破暗降魔之道。亦愿请说。次两行颂。明如来所得之法。亦劝请说。次两行颂。明云何演说如来法。末后两行颂。明云何令初发心。无畏如师子。无著如莲华 。

第二尔时法慧菩萨已下。有六行经。明法慧菩萨许说分。于此分中。所叹能问之人。如文可知。第三正说分中。复分为二。第一长科经意。第二随文释义。第一长科经意者。从佛子菩萨已发一切智心已下。至品末。长科为二十段 。

第一从初佛子已下。至住不放逸。有十行经。明住十种不放逸法分 。

第二佛子已下。至十种清净。有十行半经。明住不放逸得十清净法分。第二随文解释者。从正说分中菩萨摩诃萨二十段文中。但随经文义隐言幽。方可解之。经文自显处。如文自具。不烦更释。如文中深入禅定不沉不举者。不沉。离声闻灭尽定。

亦離上二界息慮禪。如色界初禪。滅下欲界愁憂
不生。得一分輕安寂靜。無欲界愛。有寂靜愛。水災
便至。楞伽經云。津潤妄想。能生內外水界。以愛爲
津潤故水大至。如色界第二禪。能滅欲界憂苦。不
生得一分輕安寂靜。爲有覺有觀。能緣靜境猶在。
火災便至。如第三禪。無覺無觀有禪悅樂。心有喜
動。風災便至。如第四禪。身心寂滅。離出入息。喜動
亦無。三災不至。唯妙色身如白銀清淨光潔。衣如
金色。四禪身長二十里。衣長四十里。已下三禪倍
倍減半。如初會中已釋。如是四禪皆是息心令靜
以爲勢分。乃至空處識處無所有處非想非非想
定。皆是破除昇進令念不生。住寂定故。如是破色
界靜色令成無色界空識。又破見空之識亦空名
識處定。又破識空之見亦無名無所有定。又破無
所有心此無想無想之想亦無名非想非非想定
如是上界修禪。皆是作意存情伏心不起。不是任
性無爲無沈無掉稱眞理智寂用自在不作而爲
之定也。如欲界定攀緣五欲名掉。色無色界定名
沈。又聲聞緣覺定名沈。空觀菩薩行六波羅蜜生
於淨土名掉。舉如是三乘之定皆有沈掉。爲垢淨

亦离上二界息卢禅。如色界初禅。灭下欲界愁忧不生。得一分轻安寂静。无欲界爱。有寂静爱。水灾便至。楞伽经云。津润妄想。能生内外水界。以爱为津润。故水大至。如色界第二禅。能灭欲界忧苦不生。得一分轻安寂静。为有觉有观。能缘静境犹在。火灾便至。如第三禅。无觉无观。有禅悦乐。心有喜动。风灾便至。如第四禅。身心寂灭。离出入息。喜动亦无。三灾不至。唯妙色身如白银。清净光洁。衣如金色。四禅身长二十里。衣长四十里。已下三禅。倍倍减半。如初会中已释。如是四禅。皆是息心令静。以为势分。乃至空处。识处。无所有处。非想非非想定。皆是破除升进。令念不生。住寂定故。如是破色界静色。令成无色界空识。又破见空之识亦空。名识处定。又破识空之见亦无。名无所有定。又破无所有心。此无想无想之想亦无。名非想非非想定。如是上界修禅。皆是作意存情。伏心不起。不是任性无为。无沉无掉。称真理智。寂用自在。不作而为之定也。如欲界定攀缘五欲名掉。色无色界定名沉。又声闻缘觉定名沉。空观菩萨行六波罗蜜生于净土名掉。举如是三乘之定。皆有沉掉。为垢净

未亡見道不眞有忻厭故。二乘之定。雖無三界現
行之惑。皆是厭患對治伏滅無爲無能起惑。我生
不起悲智亦亡住滅定者頭上擊鼓亦不聞知化
火燒父母分段身者入變易生死。如是二乘斷惑
不分別法意勢相似或有聲聞以十二緣生法得
道。如是三乘觀行緣覺聲聞淨土菩薩所得道者。
皆是出世。三乘互用通爲九乘。大體以約勝鬘經。
得伏三界煩惱不起得意生身無分段生死得變
易生死。非是應眞任智自在無出入體任智應眾
生利樂不息廣如勝鬘之意。以是義故色界無色
界及三乘禪有沈有掉。如大乘中留惑潤生菩薩
道前安立三十心菩薩習種性性種性道種性方
入聖種性。四攝四無量心三十七助道品觀十波
羅蜜名自相似。若以攝化境界及見佛數量意生
身智生身成佛因果總皆不同。以是義故。如是留
惑潤生菩薩所修定亦沈亦掉。爲但得三種意生
身未得如來智生身故。乃至七八九十地得種類
俱生無行作意生身菩薩但得三界煩惱中。空觀
折伏現行不起於意生中自在故。非是生如來一
切種智家故。非是於如來一切種智中起慣習故。

未亡。见到不真。有忻厌故。二乘之定。虽无三界现行之惑。皆是厌患对治。伏灭无为。无能起惑。我生不起。悲智亦亡。住灭定者。头上击鼓。亦不闻知。化火烧父母分段身者。入变易生死。如是二乘断惑。不分别法。意势相似。或有声闻。以十二缘生法得道。如是三乘观行。缘觉声闻净土菩萨所得道者。皆是出世。三乘互用。通为九乘。大体以约胜鬘经。得伏三界烦恼不起。得意生身。无分段生死。得变易生死。非是应真。任智自在。无出入体。任智应众生。利乐不息。广如胜鬘之意。以是义故。色界无色界及三乘禅。有沉有掉。如大乘中。留惑润生菩萨。道前安立三十心菩萨。习种性。性种性。道种性。方入圣种性。四摄。四无量心。三十七助道品观。十波罗蜜。名目相似。若以摄化境界。及见佛数量。意生身。智生身。成佛因果。总皆不同。以是义故。如是留惑润生菩萨所修定。亦沉亦掉。为但得三种意生身。未得如来智生身故。乃至七八九十地。得种类俱生无行作意生身菩萨。但得三界烦恼中。空观折伏现行不起。于意生中自在故。非是生如来一切种智家故。非是于如来一切种智中起惯习故。

所云成佛定滿三藏。所見佛境。初地菩薩。但云俱發及攝化百佛世界。但得百法明門。如此華嚴經者。初發心菩薩。初發如來一切種智之心。名為菩提心。如初發心住創生一切諸佛一切種智大智慧家生。初發心時。便成正覺。為會諸佛一切種智與自智一故。成佛不出刹那之際。以智境界非延促故。攝化境界遍百佛刹微塵文多百佛。明智境德用無盡無限重重故。此猶約隨位進修之言。計體一即一切無限也。如十地中。初地菩薩供養多百佛多百千佛。雖數不離百數。然多百即無限。與畢百即無比。是故四念四攝四無量心。十波羅蜜一一法悉皆無限。是故此十住菩薩所修定業。不屬世間出世間沉掉之定也。已釋住於深定不沈不舉竟。如云深入禪定得佛神通者。如上色界無色界天及二乘神通。色無色界神通息心想淨報得神通。二乘神通依定前所念。淨土菩薩神通得清淨意樂通。如三種意生身是。如此經中。入深禪定得佛神通者。以心稱理元無出入。體無靜亂體無造作性。任理自真。不生不伏。理真智應。性自徧周。三世十方一時普應對現色身。隨以智應而化所云成佛。定满三祇。所见佛境。初地菩萨。但云供养及摄化百佛世界。但得百法明门。如此华严经者。初发心菩萨。初发如来一切种智之心。名为菩提心。如初发心住。创生一切诸佛一切种智大智慧家生。初发心时。便成正觉。为会诸佛一切种智。兴自智一故。成佛不出刹那之际。以智境界非延促故。摄化境界。遍百佛刹微尘。又多百佛。明智境德用。无尽无限重重故。此犹约随位进修之言。计体一即一切无限也。如十地中。初地菩萨。供养多百佛。多百千佛。虽数不离百数。然多百即无限。于单百即无比。是故四念。四摄。四无量心。十波罗蜜。一一法悉皆无限。是故此十住菩萨所修定业。不属世间出世间沉掉之定也。已释住于深定不沉不举竟。如云深入禅定得佛神通者。如上色界无色界天及三乘神通。色无色界神通。息心想净报得神通。二乘神通。依定前所念。净土菩萨神通。得清净意乐通。如三种意生身是。如此经中。入深禅定得佛神通者。以心称理。元无出入。体无静乱。体无造作性。任理自真。不生不伏。理真智应。性自遍周。三世十方。一时普应。对现色身。随以智应而化羣品而無來往。亦不變化。名佛神通。智無依止無形色。體無來去。性性自徧周。非三世攝而能普應三世之法。名曰神通。是故經云。智入三世而無來往。為三世是眾生情所妄安。非實有故。為智體無形色。不造作而應羣品。名之為神。圓滿十方無法不知無根不識。名之為通。

校譌

第四紙十八行於其南論作如來　第十六紙十三行是宋論作其　第十七紙十九行身下南論有意字　第十九紙十六行起南北論在分字下　第二十一紙九行并宋論作若　第二十三紙六行乘宋論作業　第二十五紙十九行息宋論作怠

第三佛子已下。至能令一切如來歡喜。有十一行半經。明行十種法。諸佛歡喜分。經云。依無作門修諸淨行者。以此無作門修法界虛空界行海徧周清淨故。智無所為。名之為修。知根同事名之為行。行無不利。非作非生。名為無作門也。常處十方群品。而无来往。亦不变化。名佛神通。智无依止无形色。体无来去性。性自遍周。非三世摄。而能普应三世之法。名曰神通。是故经云。智入三世而无来往。为三世是众生情所妄安。非实有故。为智体无形色。不造作而应群品。名之为神。圆满十方。无法不知。无根不识。名之为通 。

第三佛子已下。至能令一切如来欢喜。有十一行半经。明行十种法诸佛欢喜分。经云。依无作门修诸净行者。以此无作门。修法界虚空界行海遍周清净故。智无所为。名之为修。知根同事。名之为行。行无不利。非作非生。名为无作门也。常处十方一切三界受生利俗而無染淨。名之爲淨行故。

第四佛子已下。至諸佛歡喜有六行經。明安住十法分。已上佛歡喜分。

第五佛子已下。至令諸菩薩速入諸地有八行經。明行此十法速入諸地分。經云有十種法令諸菩薩速入諸地者明雖於初發心住位而徧知諸住諸行諸迴向諸地法門爲一卽一切故一切卽一故。卽因卽果故。卽如善財童子見彌勒菩薩已彌勒還令卻見文殊師利。明因果不異不離故。此亦如是。從初發心位佛果地位。一念齊進。而亦不出一念中。修成正覺佛因果及菩薩行悉圓滿故。如善財一生。龍女不出一刹那際三生成佛。總相似故。云一生成佛者。明今生是父母分段身。是信心及見道修行。生捨分段身入變易生。名爲一生。亦不出刹那際。無古今性。無分段性。無變易性。萬相如幻故。如化故。非生滅故。無三世故。以此初住徧修諸位諸地故。貫通諸法。總一時一法。多少延一切三界。受生利俗。而无染净。名之为净行故。

第四佛子已下。至诸佛欢喜。有六行经。明安住十法分。已上佛欢喜分。

第五佛子已下。至令诸菩萨速入诸地。有八行经。明行此十法速入诸地分。经云。有十种法令诸菩萨速入诸地者。明虽于初发心住位。而遍知诸住诸行诸回向诸地法门。为一即一切故。一切即一故。即因即果故。即如善财童子见弥勒菩萨已弥勒还令却见文殊师利。明因果不异不离故。此亦如是。从初发心位。佛果地位。一念齐进。而亦不出一念中。修成正觉佛因果。及菩萨行。悉圆满故。如善财一生。龙女不出一刹那际三生成佛。总相似故。云一生成佛者。明今生是父母分段身。是信心及见道修行。生舍分段身入变易生。名为一生。亦不出刹那际。无古今性。无分段性。无变易性。万相如幻故。如化故。非生灭故。无三世故。以此初住遍修诸位诸地故。贯通诸法。总一时一法。多少延促自在無礙，不出一剎那際故。法如是故，去情以智觀之可見。經云：與三世諸佛同一體性者，為法身智身同也。三世廣大劫一念同。三世諸佛普賢業行大智大悲圓滿同故。

第六復次佛子已下，至而自莊嚴入菩薩地，有十行經，明入地勝進分。

第七佛子有十種法已下，至所行清淨，有八行經，明淨行分。經云：知一切眾生與諸如來同一體性者，二乘菩薩知一切眾生同有如來佛性理性，此經知一切眾生同有如來一切種智之性。如經下文有經卷如三千大千世界，內在小眾生身中。有人成佛，破此微塵出此經卷，言微塵許大眾生皆有佛一切種智故。菩薩成佛化之，總得如來一切種智故。達理之智，名一切智；差別智，名一切種智。

第八菩薩既得行清淨已下，至十增勝法，有八行經，明昇進轉增分。

第九佛子已下，至是為菩薩十種清淨願，有七行半經，明大願成行利生分。

第十佛子已下，至守護兼上法門，有七行經，明促自在无碍。不出一刹那际故。法如是故。去情以智观之可见。经云。与三世诸佛同一体性者。为法身智慧同也。三世广大劫一念同。三世诸佛普贤共行大智大悲圆满同故。

第六复次佛子已下。至而自庄严入菩萨地。有十行经。明入地升进分。

第七佛子有十种法已下。至所行清净。有八行经。明净行分。经云。知一切众生与诸如来同一体性者。三乘菩萨。知一切众生。同有如来佛性理性。此经知一切众生。同有如来一切种智之性。如经下文。有经卷如三千大千世界。内在小众生身中。有人成佛。破此微尘。出此经卷。言微尘许大众生。皆有佛一切种智故。菩萨成佛化之。总得如来一切种智故。达理之智。名一切智。差别智。名一切种智。

第八菩萨既得行清净已下。至十增胜法。有八行经。明升进转增分。

第九佛子已下。至是为菩萨十种清净愿。有七行半经。明大愿成行利生分。

第十佛子已下。至守护无上法门。有七行经。明行十法令大願圓滿分。經云。聞諸佛土悉願往生者。不出塵中智徧現應供養十方一切諸佛而無來去。

第十一佛子菩薩滿足如是願已下。至如應說法有九行經。明十種無盡藏分。

第十二所謂知其所作已下。至具足莊嚴波羅蜜道有十六行經。明菩薩知根利益分。

第十三是時已下。至令三寶種永不斷絕有五十二行半經。明行十波羅蜜利益眾生諸對治分。經云。諸次第定者。色界四禪菩薩次第能入。於無色界四禪菩薩悉能順入。或超間入出。如涅槃經闍維分說。從初禪入。三禪出。空處入。無所有出。非想處入。識處出。如是超間。如是次第。如此經方網三昧。一方入定十方起。十方入定一方起。等具如十信位中說。三摩鉢底智印者。明寂用同起。印諸萬法無不明了。如大海水而現萬像。淨智普印一切萬法。皆能了知。而無能所。亦無作者。經云。入眞行十法令大愿圆满分。经云。闻诸佛土悉愿往生者。不出尘中。智遍现应。供养十方一切诸佛。而无来去。

第十一佛子菩萨满足如是愿已下。至如应说法。有八行经。明十种无尽藏分。

第十二所谓知其所作已下。至具足庄严波罗蜜道。有十六行经。明菩萨知根利益分。

第十三是时已下。至令三宝种永不断绝。有五十二行半经。明行十波罗蜜利益众生诸对治分。经云。诸次第定者。色界四禅。菩萨次第能入。于无色界四禅。菩萨悉能顺入。或超间入出。如涅槃经阇维分说。从初禅入。三禅出。空处入。无所有出。非想处入。识处出。如是超间。如是次第。如此经方网三昧。一方入定十方起。十方入定一方起等。具如十信位中说。三摩钵底智印者。明寂用同起。印诸万法。无不明了。如大海水而现万象。净智普印一切万法。皆能了知。而无能所。亦无作者。经云。入真三昧者。無三界及三乘染淨沈掉是也。離諸僻見者。有無二見是。內見外見身見邊見。戒取見取等總是。乃至六十二見是。六十二見者。於一切法上計有四見。一常。二無常。三亦常亦無常。四非常非無常。於五陰上各有四見。四五二十。三世五陰上。合爲六十。本二見。共爲六十二見。一切僻見不離此也。經云。善觀諸法得實相印者。以無作無依無相大智印。印諸萬法。起唯法起。無有無明三世計著。名實相印。普門慧者。徧知眾生諸根及法智。一切智智種種差別智也。色界眾生爲住定故。教令起觀。修無相觀者。教微妙智慧。爲相不當情智慧利故。

第十四所以者何已下。至念念具足十種莊嚴可有十八行經。明令三寶種永不斷絕分。六和敬法者。一身。二口。三意。四戒。五施。六見。名爲六和敬法。於眾生田中下佛種子者。示一切眾生菩提理智故。及微少善根爲勝緣故。

第十五何者爲十已下。至度脫無量無邊眾生有三十行經明以十種莊嚴令見者發心無空過分。六通前已釋訖。如十通品說十通。如經具明。

三昧者。无三界及三乘染净沉掉是也。离诸僻见者。有无二见是。内见外见。身见边见。戒取见取等总是。乃至六十二见是。六十二见者。于一切法上。计有四见。一常。二无常。三亦常亦无常。四非常非无常。于五阴上。各有四见。四五二十。三世五阴上。合为六十。本二见。共为六十二见。一切僻见。不离此也。经云。善观诸法得实相印者。以无作无依无相大智印。印诸万法。起唯法起。无有无明三世计著。名实相印。普门慧者。遍知众生诸根及法智。一切智智。种种差别智也。色界众生为住定故。教令起观。修无相观者。教微妙智慧。为相不当情智慧利故 。

第十四所以者何已下。至念念具足十种庄严。可有十八行经。明令三宝种永不断绝分。六和敬法者。一身。二口。三意。四戒。五施。六见。名为六和敬法。于众生田中下佛种子者。示一切众生菩提理智故。及微少善根为胜缘故 。

第十五何者为十已下。至度脱无量无边众生。有三十行经。明以十种庄严令见者发心无空过分。六通前已释讫。如十通品说十通。如经具明。

第十六佛子已下至如是自在力已有二十三行經，明菩薩初發心得與佛平等法，堪爲大法師分，

第十七假使有不可說世界廣大道場已下至及護持法故，有十三行半經，明處衆無畏說法自在身無映蔽分。

第十八爾時已下可一行經，明法慧以頌歎法分。

第十九如此以頌歎法中，有二十行頌，兩行一頌如文，其義自具，隨文稱歎。

第二十最下一行經，明大衆聞法歡喜奉行分。

第四會夜摩天說十行法門，此之一會昇夜摩天，是序分，從偈讚品已下是正說分，動地與供是流通分。

第十六佛子已下。至如是自在力已。有二十三行经。明菩萨初发心。得与佛平等法。堪为大法师分。

第十七假使有不可说世界广大道场已下。至及护持法故。有十三行半经。明处众无畏。说法自在。身无映蔽分。

第十八尔时已下。可一行经。明法慧以颂叹法分。

第十九如此以颂叹法中。有二十行颂。两行一颂如文。其义自具。随文称叹。

第二十最下一行经。明大众闻法欢喜奉行分。

第四会。夜摩天说十行法门。此之一会。升夜摩天。是序分。从偈赞品已下。是正说分。动地兴供。是流通分。

昇夜摩天宮品第十九

將釋此品。約作三門分別。一釋品名目。二釋品來意。三隨文解釋。一釋品名目者。何故名夜摩天宮。明以處表法。此天名爲時分天。爲此天無日月晦明。以蓮華開爲晝合爲夜。故名時分天。故爲表十行法門。知時而應物化。不可不知時故。故以時分天。以表知根而對行。不可一向爲也。知是人天種。一乘三乘一乘種。知可以何善根而接引之。故以時分天。以表所行之行。須以知時故。須彌山以表十住之法門。明以從信昇進離凡夫地故。又表十住之位。初登法頂。至相盡處故。又表須彌處大海中。高八萬四千由旬。非手足所攀緣而昇上故。以明初十住之位。非以有心思求觀行攀緣所及。以無思不爲蕩然智應。法無依方可昇也。此十行位處夜摩之中。明依空而住。不與人違。十行亦然。依法空而行。行知時而益俗也。故處此天而表之也。於兜率天說十迴向。爲明其處居欲界天之處中。又明此天樂知足也。以表十迴向以迴正智處俗利生。處大悲門。饒益一切。於諸境界無所貪求。故處此天。以爲所表。異他化天說十地法門者。超過化樂。明至欲界際。表十地自在。超昇化樂至欲

升夜摩天宫品第十九

将释此品。约作三门分别。一释品名目。二释品来意。三随文释义。一释品名目者。何故名夜摩天宫。明以处表法。此天名为时分天。为此天无日月晦明。以莲华开为昼。合为夜。故名时分天故。为表十行法门。知时而应物化。不可不知时故。故以时分天。以表知根而对行。不可一向为也。知是人天种。二乘三乘一乘种。知可以何善根而接引之。故以时分天。以表所行之行。须以知时故。须弥山以表十住之法门。明以从信升进。离凡夫地故。又表十住之位。初登法顶。至相尽处故。又表须弥处大海中。高八万四千由旬。非手足所攀缘而升上故。明初十住之位。非以有心思求观行攀缘所及。以无思不为。荡然智应。万法无依。方可升也。此十行位。处夜摩之中。明依空而住。不与人连。十行亦然。依法空而行行。知时而益俗也。故处此天而表之也。于兜率天说十回向。为明其处居欲界天之处中。又明此天乐知足也。以表十回向。以回正智处俗利生。处大悲门。饶益一切。于诸境界无所贪求。故处此天以为所表。升他化天说十地法门者。超过化乐。明至欲界际。表十地自在。超升化乐。至欲界之頂。化心魔王。至欲盡際。故昇第三禪說佛華法門。明普賢行滿。表以行法悅悅無盡眾生故。又彰第四禪是佛位故。此約進修昇降表法且如是安立。然其理智。一一徧周。無去來也。以此皆云不離菩提道場普光明殿而昇忉利夜摩兜率等。如第三禪超初禪二禪者。明位倍倍勝故。此一會未有來文。是纓絡本業經如來領聲聞菩薩眾向菩提樹下。說往昔於此菩提樹下。初成正覺時說法界經。一一排次至第三禪故。是故於此夜摩天以表十行。第二釋品來意者。前明十住昇進以昇須彌之頂。此明十行之昇進以至夜摩。以次此品須來。第三隨文釋義者。於中大意分為二。一長科經意。二隨文解釋。

第一長科經意者。此一品四十九行經中。約作界之顶。化心魔王。至欲尽际故。升第三禅说佛华法门。明普贤行满。表以行法悦。悦无尽众生故。又彰第四禅是佛位故。此约进修升降。表法且如是安立。然其理智。一一遍周。无去来也。以此皆云不离菩提道场普光明殿。而升忉利夜摩兜率等。如第三禅。超初禅二禅者。明位倍倍胜故。此一会未有来文。是璎珞本业经。如来领声闻菩萨众。向菩提树下。说往昔于此菩提树下。初成正觉时。说法界经。一一排次至第三禅故。是故于此夜摩天以表十行。第二释品来意者。前明十住升进以升须弥之顶。此明十行之升进以至夜摩。以次此品须来。第三随文释义者。于中大意。义分为二。一长科经意。二随文解释 。

第一长科经意者。此一品四十九行经中。约作十段長科。一爾時如來威神力故已下。至恆對於佛有三行半經。明十方同見如來不離其處分。二爾時已下。至寶莊嚴殿可有兩行經。明不離十方一切菩提場普光明殿而昇夜摩天分。三時夜摩天王已下。至時彼天王敷置座已有十四行半經。明時分天王遙見佛來化座莊嚴及恭敬分。四向佛世尊已下。至處此宮殿可兩行半經。明時分天王請佛入殿昇座分。五時佛受請已下。至悉亦如是可有一行經。明如來受請都結十方同然分。六爾時天王已下。有一行半經。明天王憶昔往因說頌歎佛分。七說頌之中有二十行頌。歎十如來會來入此天宮分。八如此世界已下。至歎佛功德有兩行半經。明十方同此一時歎佛分。九爾時世尊已下。至諸所住處可兩行半經。明如來受請入殿廣博寬容分。十十方世界悉亦如是。此總結十方同此分。第二隨文解義者。初爾時已下。至恆對於佛。明十方一切處恆徧滿無增減故。言不離菩提樹須彌頂而昇夜摩天者。明智徧一切處而示其身非去來故。云遙見佛來者。明從十住向十行位故。即以神力化座者。明行位依空智而所成無能十段长科。一。尔时如来威神力故已下。至恒对于佛。有三行半经。明十方同见如来不离其处分。二。尔时已下。至宝庄严殿。可有两行经。明不离十方一切菩提场普光明殿。而升夜摩天分。三。时夜摩天王已下。至时彼天王敷置座已。有十四行半经。明时分天王遥见佛来。化座庄严及恭敬分。四。向佛世尊已下。至处此宫殿。可两行半经。明时分天王请佛入殿升座分。五。时佛受请已下。至悉亦如是。可有一行经。明如来受请。都结十方同然分。六。尔时天王已下。有一行半经。明天王忆昔往因。说颂叹佛分。七。说颂之中。有二十行颂。叹十如来曾来入此天宫分。八。如此世界已下。至叹佛功德。有两行半经。明十方同此一时叹佛分。九。尔时世尊已下。至诸所住处。可两行半经。明如来受请入殿广博宽容分。十。十方世界悉亦如是。此总结十方同此分。第二随文解义者。初尔时已下。至恒对于佛。明十方一切处恒遍满。无增减故。言不离菩提树须弥顶。而升夜摩天者。明智遍一切处而示其身。非去来故。云遥见佛来者。明从十住向十行位故。即以神力化座者。明行位依空智而所成。无能所之建立故以座表行號日進華明無作行成無所染著故藏者合容義明無行之行合藏眾善故師子者明無畏也以無為之理智處生死而無畏故此依主為座名百萬層級者明十住十千十行百萬明隨位昇進階級故百萬金網以為交絡者明此位中以行網教網化眾生故此為報得依果故十住十千十行百萬明昇進也華鬘香寶及四種帳明以四攝法方便行合攝眾生故又四種蓋明以四無量心慈悲喜捨覆蔭眾生故百萬光明而為照耀者明以智眼觀根而攝化故天王者行自在也恭敬頂禮者行無慢也梵王踊躍者淨行利生見求乞者歡喜無厭也百萬菩薩稱揚者明以行濟物眾聖歡喜稱歎也天樂奏音者明善能說法所招果也四種雲以行慈覆俗前云蓋後云四種雲明約器大小覆育故摩尼雲亦然隨根大小照燭與益故百萬善根所生明已上莊嚴皆約行中善根所生故為行能利物積善即得諸佛覆護眾福所嚴已下如文可解云善來善逝者善滅眾惑苦災逝者度眾生之離縛時佛受請昇座者明昇進正人十行位故已上望佛自德十方極

所之建立故。以座表行。号曰莲华。明无作行成。无所染著故。藏者含容义。明无行之行含藏众善故。师子者。明无畏也。以无为之理智。处生死而无畏故。此依主为座名。百万层级者。明十住十千。十行百万。明随位升进阶级故。百万金网以为交络者。明此位中以行网教网化众生故。此为报得依果故。十住十千。十行百万。明升进也。华鬘香宝及四种帐。明以四摄法方便行。含摄众生故。又四种盖明以四无量心慈悲喜舍。覆荫众生故。百万光明而为照耀者。明以智眼观根而摄化故。天王者。行自在也。恭敬顶礼者。行行无慢也。梵王踊跃者。净行利生。见求乞者。欢喜无厌也。百万菩萨称扬者。明以行济物。众圣欢喜称叹也。天乐奏音者。明善能说法所招果也。四种云。以行慈覆俗。前云盖。后云四种云。明约器大小覆育故。摩尼云亦然。随根大小。照烛与益故。百万善根所生。明已上庄严。皆约行中善根所生故。为行能利物积善。即得诸佛覆护众福所严。已下如文可解。云善来善逝者。善灭众恶苦灾。逝者度众生之离缚。时佛受请升座者。明升进正入十行位故。已上望佛自德。十方恒自徧周。今作昇降者。總約衆生進修昇降故。二十行頌中。歎十佛昔曾入此殿。明今所入十行理智。與古無殊。此十如來還是約行昇進所成之號。前十住位昇須彌頂。十如來名號。亦是隨位會古之號。明所入之法。不異古今諸佛。故如十住位中須彌頂上帝釋宮中遙見佛來。即於殿中安置普光明藏師子之座。爲明初入如來智慧中生。即以方便三昧之門。名安置普光明藏。即明智慧照耀法界藏故。今此十行位時分天王遙見佛來。化作寶蓮華師子之座者。明以行華。設其教網。漉諸衆生令入如來智之境界藏故。蓮華表行無著義故。化座者。明行體以依十住智慧虛無法身安立也。所作如化也。以茲所表。末後五行經。都結十方同時歎佛。如來入殿。其殿包容如天所住者。明入位昇進自智寬容方知佛境故。

校譌

第十四紙十五行界下宋論有無字

第十九紙十四行力宋論作神

自遍周。今作升降者。总约众生进修升降故。二十行颂中。叹十佛昔曾入此殿。明今所入十行理智。与古无殊。此十如来。还是约行升进所成之号。前十住位升须弥顶。十如来名号。亦是随位会古之号。明所入之法。不异古今诸佛故。如十住位中。须弥顶上帝释宫中。遥见佛来。即于殿中安置普光明藏师子之座。为明初入如来智慧中生。即以方便三昧之门。名安置普光明藏。即明智慧照耀法界藏故。今此十行位时分天王遥见佛来。化作宝莲华师子之座者。明以行华。设其教网。漉诸众生令入如来智之境界藏故。莲华表行无著义故。化座者。明行体以依十住智慧虚无法身安立也。所作如化也。以兹所表。末后五行经。都结十方同时叹佛。如来入殿。其殿包容如天所住者。明入位升进。自智宽容。方知佛境故 。

夜摩天宮偈讚品第二十

將釋此品約作三門分別。一釋品名目。二釋品來意。三隨文釋義。第一釋品名目者。明昇夜摩天宮。以說十行之法。此品以功德林等十菩薩眾。各各以當位之行以偈都讚當位之法。故名偈讚品。第二釋品來意者。明欲說十行之法。先須偈都讚十行之中因果法門。故此品須來。若不先舉所行之因果。十行有何依成。第三隨文釋義者。於此一品之中約作二門分別。一長科經意。二隨文解釋。第一長科經意者。約作五段長科。

第一爾時佛神力故已下。至結跏趺坐有十三行半經。明隨位菩薩功德林等十菩薩幷陳自行佛因果來集分。第二隨文釋義者。於此分中義分為三。一釋菩薩名。及配隨位進修之因果。二釋剎

夜摩天宫偈赞品第二十

将释此品。约作三门分别。一释品名目。二释品来意。三随文释义。第一释品名目者。明升夜摩天宫。以说十行之法。此品以功德林等十菩萨众。各各以当位之行。以偈都赞当位之法故。名偈赞品。第二释品来意者。明欲说十行之法。先须偈都赞十行之中因果法门故。此品须来。若不先举所行之因果。十行有何依成。第三随文释义者。于此一品之中。约作二门分别。一长科经意。二随文解释。第一长科经意者。约作五段长科 。

第一尔时佛神力故已下。至结跏趺坐。有十三行半经。明随位菩萨功德林等十菩萨。并陈自行佛因果来集分。第二随文释义者。于此分中。义分为三。一释菩萨名。及配随位进修之因果。二释刹土遠近之意。三釋菩薩各各同號徧周。第一釋菩薩名及配隨位進修之因果者。約有十種因果。第一功德林菩薩者。如十住位中初生佛智慧家。故菩薩名法慧及財慧等。此位明從慧行行福智二報廣多。故以林爲名也。又林者廣多義。覆蔭義。莊嚴義。身榦枝條華葉果實相資義。明行位菩薩以無性智慧莊嚴萬行枝條。大悲爲葉。覆蔭攝化一切衆生。皆令自他菩提華果悉開發。故如川澤有林。衆鳥歸。若人有行。多人依。是故十行菩薩目之名林。此當歡喜行主檀波羅蜜門。如善財十行之初善知識名爲善見。在林中經行。亦如此也。國名三眼者。如此位佛果號爲眼也。國名親慧世界者。明此十行親從佛慧所生。爲因。亦常與一切衆生以爲親近。佛果號爲常住眼佛。爲親從佛智慧生故。所有知根利俗。直令得其常住之智眼。故明自得如來智慧之眼。所有利生。亦令他得智眼。故明以如來智慧觀根利生之智。卽是當位佛果也。功德林是表所行行之人。親慧世界。是當位所修行智慧之因。常住眼佛。是當位知根見解之果也。與根本智相應名常住眼佛。第二慧林菩薩者明智土远近之意。三释菩萨各各同号遍周。第一释菩萨名。及配随位进修之因果者。约有十种因果。第一功德林菩萨者。如十住位中初生佛智慧家故。菩萨名法慧及财慧等。此位明从慧行行。福智二报广多故。以林为名也。又林者。广多义。覆荫义。庄严义。身干枝条华叶果实相资义。明行位菩萨。以无性智慧壮严万行枝条大悲为叶。覆荫摄化一切众生。皆令自他菩提华果悉开发故。如川泽有林众鸟归。若人有行多人依。是故十行菩萨目之名林。此当欢喜行。主檀波罗蜜门。如善财十行之初。善知识名为善见。在林中经行。亦如此也国名三眼者。如此位佛果号为眼也。国名亲慧世界者。明此十行亲从佛慧所生为因。亦常与一切众生以为亲近。佛果号为常住眼佛。为亲从佛智慧生故。所有知根利俗。直令得其常住之智眼故。明自得如来智慧之眼。所有利生。亦令他得智眼故。明以如来智慧观根利生之智。即是当位佛果也。功德林。是表所行行之人。亲慧世界。是当位所修行智慧之因。常住眼佛。是当位知根见解之果也。与根本智相应。名常住眼佛。第二慧林菩萨者。明智

慧如林廣多義故。此是饒益行。以智慧饒益一切
衆生令不迷故。行戒波羅蜜。此位以智慧爲戒體
故。如善財童子十行中善知識釋天童子。行戒波
羅蜜以算法相法印法。卽安置村營城邑吉凶之
地。是智慧故。十住之中以法身爲戒體。此十行之
中以智慧爲戒體。故幢慧世界。是所修行因。以慧
爲戒體。於生死中不傾動。故無勝眼佛。是所行之
果。以慧眼知根餘無勝故。第三勝林菩薩者。此是
無違逆行。主忍波羅蜜。諸行之中忍行最在初。無
忍不成行也。故號勝林菩薩。如善財童子於此位
中善知識是優婆夷名爲具足。爲忍波羅蜜總攝
衆行。慈悲喜捨總在其中。明優婆夷者表慈悲行
也。素服被髮是戒忍之相。處其一宅室開四門表
慈育衆生四攝法也。十千侍女爲行具也。以一小
器濟惠無窮者表離慢自高四攝無限故。明一一
波羅蜜互含用故。勝林菩薩是行之人。寶慧世
界。是所修行之法。明以忍爲衆行之寶可貴重故。
無住眼佛。卽是忍中之佛果也。明雖行忍行而不
念所行也。第四無畏林菩薩者。明常行精進卽於
生死利人天之無畏也。主無屈撓行。爲以智慧知

慧如林广多义故。此是饶益行。以智慧饶益一切众生。令不迷故。行戒波罗蜜。此位以智慧为戒体故。如善财童子十行中善知识释天童子。行戒波罗蜜。以算法相法印法。即安置村营城邑吉凶之地。是智慧故。十住之中。以法身为戒体。此十行之中。以智慧为戒体故。幢慧世界。是所修行因。以慧为戒体。于生死中不倾动故。无胜眼佛。是所行之果。以慧眼知根。余无胜故。第三胜林菩萨者。此是无违逆行。主忍波罗蜜。诸行之中。忍行最在初。无忍不成行也。故号胜林菩萨。如善财童子于此位中。善知识是优婆夷。名为具足。为忍波罗蜜。总摄众行。慈悲喜舍。总在其中。明优婆夷者。表慈悲行也。素服被发。是戒忍之相。处其一室。室开四门。表慈育众生四摄法也。十千侍女。万行具也。以一小器济惠无穷者。表离慢自高。四摄无限故。明一一波罗蜜。互含用故。胜林菩萨。是行行之人。宝慧世界。是所修行之法。明以忍为众行之实。可贵重故。无住眼佛。即是忍中之佛果也。明虽行忍行。而不念所行也。第四无畏林菩萨者。明常行精进。即于生死利人天之无畏也。主无屈挠行。为以智慧知時知法知根利物不撓其事不滯其功故。如善財善知識明智居士。是此位中善知識也。爲以明智利衆生。卽行無屈撓故。住大興城。是精進義故。於市肆衢道者。明饒益廣多無限利益故。須臾繫念作意方便故。仰視虛空隨所須物惠利衆生。皆從空下者。明智如空。應智念故。空爲智本。智不異空故。是故觀空物隨智現也。是故空者衆法之本。以此觀之明一切功德總從空智而有。無畏林菩薩者。是此位行行之人。勝慧世界。是修行之法。不動眼佛。是此位中之佛果故。明精進之位不隨物變故。佛號不動眼故。於境不動名爲精進第五慚媿林菩薩。是無凝亂行。主禪波羅蜜。爲具慚媿而行禪。爲禪定發慧。卽行無凝亂故。如善財知識寶髻長者。是此位中善知識也。在於市中。明行中禪體鬧而恆寂。執善財手。將詣所居之宅。明引接也。明於生死市中引接。將詣所居智果故。明觀果知因。其宅寶嚴十層八門。院有八門。閣有十層。八門。明八正道。十層之閣。約十波羅蜜之報。一如十度之行。從下向上排之。自具法則至文方明。此約禪體總收萬行。慚媿林菩薩是此位所修行之人。燈慧时知法知根利物。不挠其事。不滞其功故。如善财善知识明智居士。是此位中善知识也。为以明智利众生。即行无屈挠故。住大兴城。是精进义故。于市肆衢道者。明饶益广多无限利益故。须臾系念。作意方便故。仰视虚空。随所须物。惠利众生。皆从空下者。明智如空。应智念故。空为智本。智不异空故。是故观空物随智现也。是故空者众法之本。以此观之。明一切功德。总从空智而有。无畏林菩萨者。是此位行行之人。胜慧世界。是修行之法。不动眼佛。是此位中之佛果故。明精进之位。不随物变。故佛号不动眼故。于境不动。名为精进。第五惭愧林菩萨。是无痴乱行。主禅波罗蜜。为具惭愧而行禅。为禅定发慧。即行无痴乱故。如善财知识宝髻长者。是此位中善知识也。在于市中。明行中禅体。闹而恒寂。执善财手。将诣所居之宅。明引接也。明于生死市中引接。将诣所居智果故。明观果知因。其宅宝严十层八门。院有八门。阁有十层。八门。明八正道。十层之阁。约十波罗蜜之报。一如十度之行。从下向上排之。自具法则。至文方明。此约禅体总收万行。惭愧林菩萨。是此位所修行之人。灯慧世界。是所行之法。為定能起慧明照物。故世界名燈也。天眼佛者。是此位佛果也。為定能淨諸根故。號天眼佛。第六精進林菩薩。此是善現行。主般若波羅蜜門。為以般若善現眾行以益含生。故號精進林。如善財此位中善知識號普眼長者。明初救身命。次施飲食。後與說法一一隨根。明智慧成就。故精進林。是修行之人。金剛慧世界。是修行之法。明智慧破煩惱。名金剛故。解脫眼佛。是此位之佛果。第七力林菩薩。是無著行。主方便波羅蜜。明以方便處俗利生。同其行流。處世無著。成大悲行。是為力林也。以真入俗。處纏不汙。是故名為力林。如善財此位善知識號無厭足王。為行大悲。自化現身作諸不善。還自化其身。追捉治罰。或斷命根。若當面治之。令實眾生懼而斷惡。拔護眾生。愛而不捨。名無厭足。力林菩薩。是能行行之人。安樂慧世界。是所修之法。寶諦眼佛。是此位果也。為此位是成大慈悲門。故名安樂世界。約安樂眾生得名。佛號寶諦眼者。寶知眾生應何法化。故方始調伏。第八行林菩薩。是難得行。主願波羅蜜。難得能得。名為行林。此智位難可昇。故名難得能得。如善財童子世界。是所行之法。为定能起慧明照物。故世界名灯也。天眼佛者。是此位佛果也。为定能净诸根故。号天眼佛。第六精进林菩萨。此是善现行。主般若波罗蜜门。为以般若善现众行。以益含生故。号精进林。如善财此位中善知识。号普眼长者。明初救身命。次施饮食。后与说法一一随根。明智慧成就故。精进林。是修行之人。金刚慧世界。是修行之法。明智慧破烦恼。名金刚故。解脱眼佛。是此位之佛果。第七力林菩萨。是无著行。主方便波罗蜜。明以方便处俗利生。同其行流。处世无著。成大悲行。是为力林也。以真入俗。处缠不污。是故名为力林。如善财此位善知识。号无厌足王。为行大悲。自化现身作诸不善。还自化其身追捉治罚。或断命根苦当治之令实众生惧而断恶。救护众生爱而不舍。名无厌足。力林菩萨。是能行行之人。安乐慧世界。是所修之法。审谛眼佛。是此位果也。为此位是成大慈悲门。故名安乐世界。约安乐众生得名。佛号审谛眼者。审知众生应何法化故。方始调伏。第八行林菩萨。是难得行。主愿波罗蜜。难得能得。名为行林。此智位难可升故。名难得能得。如善财童子此位善知識主名大光。是第八智隨大願滿眾生意行大饒益普施眾生世間樂具。一切智寶悉皆施之行林菩薩是能行之人。日慧世界是所修之法。此位智體增明世界名日慧明相眼佛是此位之果。爲此位智體增明佛果號明相眼佛。第九覺林菩薩。是善法行。主力波羅蜜。如善財此位善知識號不動優婆夷。是第九法師位何故爲女身。爲明處法師位時貞潔慈悲柔輭以女表之。此女發心已經閻浮提微塵劫。自發心來。心無一念五欲之想。明貞潔慈悲柔輭是法師之德也。是故此菩薩號曰覺林。主力波羅蜜。覺林菩薩是行之人。淨慧世界是修行之法。最上眼佛是所修行之果。爲智慧淨故佛號最上眼。第十智林菩薩是眞實慧行故。主智波羅蜜。在此名位相似可知。如善財此位知識號出家外道名爲徧行。明得智自在能同邪見攝諸邪見。云三千之境九十六種外道我皆爲之。智林菩薩是能修行之人。梵慧世界是所修之法。紺青眼佛是此位之果。紺青是十行之智一終之滿明淨照燭之極故。第二釋剎土遠近之意。經云。十方一一各與佛剎微塵數菩薩俱。從此位善知识。王名大光。是第八智随大愿。满众生意。行大饶益。普施众生世间乐具。一切智宝。悉皆施之。行林菩萨。是能行行之人。日慧世界。是所修之法。此位智体增明。世界名日慧。明相眼佛。是此位之果。为此位智体增明。佛果号明相眼佛。第九觉林菩萨。是善法行。主力波罗蜜。如善财此位善知识。号不动优婆夷。是第九法师位。何故为女身。为明处法师位时。贞洁慈悲柔软。以女表之。此女发心。已经阎浮提微尘劫。自发心来。心无一念五欲之想。明贞洁慈悲柔软。是洁师之德也。是故此菩萨号曰觉林。主力波罗蜜。觉林菩萨。是行行之人。净慧世界。是修行之法。最上眼佛。是所修行之果。为智慧净故。佛号最上眼。第十智林菩萨。是真实慧行故。主智波罗蜜。在此名位相似可知。如善财此位知识。号出家外道。名为遍行。明得智自在。能同邪见。摄诸邪见。云三千之境。九十六种外道。我皆为之。智林菩萨。是能修行之人。梵慧世界。是所修之法。绀青眼佛。是此位之果。绀青是十行之智一终之满。明净照烛之极故。第二释刹土远近之意。经云。十方一一各与佛刹微尘数菩萨俱。从十方十萬佛刹微塵數國土之外諸世界中而來集會者。十住云百佛刹微塵。此位云十萬者。明進昇智慧之增廣。迷心及諸境爲塵之量。迷執所居名之爲國。心隨境轉名之爲諸國土之外。執亡智契名之爲來。明智徧周境無不達故號菩薩。一一菩薩例然。總明達迷智徧。第三釋名各同號菩薩徧周者。明心迷諸境塵表無明塵多故。心悟智通遐周刹海。一切種智無不同其見故。卽各各名號徧周。明迷時無境不惑。悟已無境不智。是諸菩薩已下頂禮佛足。明致敬昇座。化座摩尼藏表十行處生死而化衆生。行常無垢故。摩尼座者離垢寶也。藏者含藏義。師子者無畏也。此明凡行有染習行無垢也。師子依主立名故。總明修行者智德所行之法。

第二如此世界已下。至悉等無別。可兩行經。都舉十方世界菩薩來集此分。

第三爾時世尊已下。至靡不皆現。可兩行經。明放光所在分。爾時世尊從兩足趺上放百千億光明者。十信足下輪中放光。十住足指端放光。此十行之中足趺上。明次第隨位昇進表法光。從十千百千百億千億妙色光明。總明隨位昇進也。凡足十方十万佛刹微尘数国土之外诸世界中而来集会者。十住云百佛刹微尘。此位云十万者。明进升智慧之增广。迷心及诸境。为尘之量。迷执所居。名之为国。心随境转。名之为诸国土之外。执亡智契。名之为来。明智遍周。境无不达。故号菩萨。一一菩萨例然。总明达迷智遍。第三释各各同号菩萨遍周者。明心迷诸境。尘表无明广多故。心悟智通。遐周刹海。一切种智无不同其见故。即各各名号遍周。明迷时无境不惑。悟已无境不智。是诸菩萨已下。顶礼佛足。明致敬升座。化座摩尼藏。表十行处生死而化众生。行常无垢故。摩尼座者。离垢宝也。藏者。含藏义。师子者。无畏也。此明凡行有染。圣行无垢也。师子依主立名故。总明修行者智德所行之法。

第二如此世界已下。至悉等无别。可两行经。都举十方世界菩萨来集同此分。

第三尔时世尊已下。至靡不皆现。可两行经。明放光所在分。尔时世尊从两足趺上放百千亿光明者。十信足下轮中放光。十住足指端放光。此十行之中足趺上。明次第随位升进表法光。从十千百千百亿千亿妙色光明。总明随位升进也。凡足下定指滿足跡上總不離所行之行。

第四爾時功德林菩薩一行經。明觀法說頌分。自此長行已下。有十段頌文。是十林菩薩各自頌當位所修行之法。以此十法共成一行。如是一一行中皆具十行各各隨自行位中名目下義釋是所讚之法。如文具明。

第五從初頌已下。有十段經。明十行之中各申自行法門因果分。已下如名之義。各歎當位所行之法。達名知法可知。

大方廣佛新華嚴經論卷第十九

十行品第二十一

將釋此品。約作二門分別。一釋品名目。二釋品來意。二隨文釋義。第一釋品名目者。此品正說十種行門。名為十行品。第二釋品來意者。此夜摩天宮來意說十行品。爲表此天蓮華開爲晝合爲夜。爲此天光自相照及。無有日月。但看蓮華開合而辨晝夜。名爲時分天。夜摩者梵語也。如此位菩薩知衆生心欲開發時應時引接。未應度者與作得度因緣。以此處而表之。故於此處說十種行門。前之兩品且明至此天處而稱歎之。此一品正說十行門故。此品須來。明前之十住猶依須彌之頂。此之十行依空所行。表行無著也。第二隨文解釋中。

下。足指端。足趺上。总不离所行之行。

第四尔时功德林菩萨。一行经。明观法说颂分。自此长行已下。有十段颂文。是十林菩萨。各各自颂当位所修行之法。以此十法。共成一行。如是一一行中。皆具十行各各随自行位中名目下义。即是所赞之法。如文具明。

第五从初颂已下。有十段颂。明十行之中。各申自行法门因果分。已下如名之义。各叹当位所行之法。达名知法可知。

大方广佛新华严经论卷第十九

十行品第二十一

将释此品。约作三门分别。一释品名目。二释品来意。三随文释义。第一释品名目者。此品正说十种行门。名为十行品。第二释品来意者。此夜摩天宫本意。说十行品。为表此天莲华开为昼合为夜。为此天光自相照及。无有日月。但看莲华开合而辨昼夜。名为时分天。夜摩者梵语也。如此位菩萨。知众生心欲开发时。应时引接。未应度者与作得度因缘。以此处而表之。故于此处说十种行门。前之两品。且明至此天处而称叹之。此一品。正说十行门故。此品须来。明前之十住。犹依须弥之顶。此之十行。依空所行。表行无著也。第三随文解释中。

約分爲二。一長科經意。二隨文解說。第一長科經意者。此之一品經。約作十四段長科。第一爾時已下。至是爲十。有二十五行經。明同號功德林佛共加持功德林菩薩。正說十行。第二佛子已下。至第一歡喜行有四十三行經。明正說初歡喜行之法門。第三佛子已下。至第二饒益行。有四十二行經。明饒益行。如是上下總一品。通偈頌有十四段經。末後兩段長行。初一段動地興供分。次一段功德林觀眾說頌分。次二百二行頌說頌歎法分。一品上下總通爲十四段。如經自有分劑。不煩科文。

第一爾時已下。至是爲十。有二十五行經。明同號功德林佛共加持功德林菩薩正說十行分。於此分中。約作四門分別。一明三昧名。二明同號佛數。三明諸佛所以共入定菩薩同號。四明同號諸佛來加。第一明三昧名者。何以名善思惟三昧。三昧者云離沈掉定之異名。且約禪定中有四種禪。一愚夫所行禪。二觀察義禪。三念眞如禪。四如來禪。今云善思惟三昧者。是觀察義禪。爲審定其法。善須觀察。正念思惟安立法門。爲後學者而作法則。故第二明同號佛數者。舉萬佛刹微塵數佛皆约分为二。一长科经意。二随文解说。第一长科经意者。此之一品经。约作十四段长科。第一尔时已下。至是为十。有二十五行经。明同号功德林佛。共加持功德林菩萨。正说十行。第二佛子已下。至第一欢喜行。有四十三行经。明正说初欢喜行之法门。第三佛子已下。至第二饶益行。有四十二行经。明饶益行。如是上下总一品。通偈颂。有十四段经。末后两段长行。初一段。动地兴供分。次一段。功德林观众说颂分。次二百二行颂。说颂叹法分。一品上下总通为十四段。如经自有分剂。不烦科文。

第一尔时已下。至是为十。有二十五行经。明同号功德林佛。共加持功德林菩萨。正说十行分。于此分中。约作四门分别。一明三昧名。二明同号佛数。三明诸佛所以共入定菩萨同号。四明同号诸佛来加。第一明三昧名者。何以名善思惟三昧。三昧者。云离沉掉。定之异名。且约禅定中。有四种禅。一愚夫所行禅。二观察义禅。三念真如禅。四如来禅。今云善思惟三昧者。是观察义禅。为审定其法。善须观察。正念思惟。安立法门。为后学者。而作法则故。第二明同号佛数者。举万佛刹微尘数佛。皆號功德林。明若迷其心境無明與無限刹塵不殊。若了達心源智慧功德等十方而無盡。第三明所以與入定菩薩而同號者。以自一心洞曉與法界福智無差。今此菩薩入此定門。以與一切諸佛契同福慧。遂得同號佛來加持。明與十方諸佛智慧解行同故。福德功德同故。第四明同號佛來加者。有六種加。一言歎加。以言歎譽故。二毗盧遮那願力加。乘往願故。三毗盧遮那神力加。契佛神力故。四諸菩薩眾善根加。同善根故。五諸佛與智加。得十種無礙智故。六諸佛以手摩頂加。安慰許說法故。已下明功德林菩薩即從定起正說十種行門。如下十種行中。以十波羅蜜爲體。

第一歡喜行中。檀波羅蜜爲體。有四十三行經分爲五段。一佛子何等爲歡喜行已下至令一切眾生歡喜愛樂有九行半經。明行檀波羅蜜學佛所修行分。二隨諸方土有貧乏之處已下至不違一切眾生之心有十行半經。明此位菩薩見貧乏之處誓願生彼富貴家悉捨資財及以身命饒益分。三又作如是念已下至三藐三菩提有八行半經明菩薩於飢餓劫中作廣大身捨之濟乏。四菩薩号功德林。明若迷其心境。无明与无限刹尘不殊。若了达心源智慧功德等十方而无尽。第三明所以与入定菩萨而同号者。以自一心洞晓。与法界福智无差。今此菩萨入此定门。以与一切诸佛契同福慧。遂得同号佛来加持。明与十方诸佛。智慧解行同故。福德功德同故。第四明同号佛来加者。有六种加。一言叹加。以言叹誉故。二毗卢遮那愿力加。乘往愿故。三毗卢遮那神力加。契佛神力故。四诸菩萨众善根加。同善根故。五诸佛与智加。得十种无碍智故。六诸佛以手摩顶加。安慰许说法故。已下明功德林菩萨。即从定起。正说十种行门。如下十种行中。以十波罗蜜为体 。

第一欢喜行中。檀波罗蜜为体。有四十三行经。分为五段。一佛子何等为欢喜行已下。至令一切众生欢喜爱乐。有九行半经。明行檀波罗蜜。学佛所修行分。二随诸方土有贫乏处已下。至不违一切众生之心。有十行半经。明此位菩萨见贫乏之处。誓愿生彼富贵家悉舍资财及以身命饶益分。三又作如是念已下。至三藐三菩提有八行半经。明菩萨于饥饿劫中。作广大身。舍之济乏。四菩萨如是已下至不見大果不見小果。有六行半經。明知眞無想分。補特伽羅想此曰數數取趣。摩納婆想者此曰少年。亦曰儒童。意云不分別善惡老少。悉皆施與。五從爾時菩薩觀去來今已下。至第一歡喜行有七行半經。明觀衆生不堅自求堅固身。令永安隱分。

第二饒益行中。以戒波羅蜜爲體。有四十二行經分爲五段。一佛子何等爲菩薩饒益行已下。至得佛所讚平等正法。有六行半經。明於五塵境界不著分。二佛子菩薩如是持淨戒時已下。至一切智心有八行經。明魔將天女不能惑亂分。三佛子已下至無餘涅槃。有八行半經。明菩薩不以五欲惱衆生分。四何以故已下。至令他快樂有十三行半經。明善自調伏方能說法令他得樂分。五佛子已下。至饒益行有六行經。明得離世間行入甚深智慧分。

第三無違逆行。以忍波羅蜜爲體。有三十行經分爲三段。一佛子已下。至忍辱柔和有五行半經明不害自他忍辱柔和分。二佛子已下。至令他心得淸淨有十三行半經明菩薩身語加害堪忍分。

如是已下。至不见大果不见小果。有六行半经。明知真无想分。补特伽罗想。此曰数数取趣。摩纳婆想者。此曰少年。亦曰儒童。意云不分别善恶老少。悉皆施与。五从尔时菩萨观去来今已下。至第一欢喜行。有七行半经。明观众生不坚。自求坚固身。令永安隐分。

第二饶益行中。以戒波罗蜜为体。有四十二行经。分为五段。一佛子何等为菩萨饶益行已下。至得佛所赞平等正法。有六行半经。明于五尘境界不著分。二佛子菩萨如是持净戒时已下。至一切智心。有八行经。明魔将天女不能惑乱分。三佛子已下。至无余涅槃。有八行半经。明菩萨不以五欲恼众生分。四何以故已下。至令他快乐。有十三行半经。明善自调伏。方能说法令他得乐分。五佛子已下。至饶益行。有六行经。明得离世间行。入甚深智慧分。

第三无违逆行。以忍波罗蜜为体。有三十行经。分为三段。一佛子已下。至忍辱柔和。有五行半经。明不害自他忍辱柔和分。二佛子已下。至令他心得清净。有十三行半经。明菩萨身语加害堪忍分。

三菩薩爾時已下至無違逆行，有十行半經。明菩薩觀空成忍分。

第四無屈撓行，以精進波羅蜜爲體，有三十七行半經，分爲三段。一佛子已下至一切佛法句義故而行精進，有二十二行半經，明菩薩不求世利，爲求佛一切智故行精進分。二佛子菩薩摩訶薩已下至答言我能，有六行經，明菩薩爲衆生入地獄受苦無辭勞分。三設復有人已下至無屈撓行，有八行半經，明菩薩爲饒益衆生故多劫受苦不辭勞分。

第五離癡亂行，以禪波羅蜜爲體，有四十九行經，分爲六段。一佛子已下至修菩薩行心無癡亂，有十行經，明以正念隨於生死中利生無亂分。二此菩薩已下至心常憶念無有間斷，有九行經，明菩薩聞持正念不亂分。三何以故已下至未曾一念心有散亂，有七行半經，明以正念於好惡音聲無散亂分。四所謂正念不亂已下至而不能壞此菩薩心，有八行半經，明聞法及利生無餘障分。五菩薩入三昧中已下至等無差別，有五行經，明觀聲無體堪忍分。六菩薩如是成就寂靜身語意行三菩萨尔时已下。至无违逆行。有十行半经。明菩萨观空成忍分。

第四无屈挠行。以精进波罗蜜为体。有三十七行半经。分为三段。一佛子已下。至一切佛法句义故而行精进。有二十二行半经。明菩萨不求世利。为求佛一切智故行精进分。二佛子菩萨摩诃萨已下。至答言我能有六行经。明菩萨为众生入地狱受苦无辞劳分。三设复有人已下。至无屈挠行。有八行半经。明菩萨为饶益众生故。多劫受苦不辞劳分。

第五离痴乱行。以禅波罗蜜为体。有四十九行经。分为六段。一佛子已下。至修菩萨行心无痴乱。有十行经。明以正念于随生死中利生无乱分。二此菩萨已下。至心常忆念无有间断。有九行经。明菩萨闻持正念不乱分。三何以故已下。至未曾一念心有散乱。有七行半经。明以正念于好恶音声无散乱分。四所谓正念不乱已下。至而不能坏此菩萨心。有八行半经。明闻法及利生无余障分。五菩萨入三昧中已下。至等无差别有五行经。明观声无体堪忍分。六菩萨如是成就寂静身语意行已下至離癡亂行。有九行經明身口意淨堪入諸法不離一性分。

校譌

第三紙十七行戒宋論作我　第四紙十一行知根之知宋論作如十四行肆南北論作四　第七紙十三行進昇南北論作昇進十五行故南北論作同　第八紙九行足下宋論有趺字十行摩下宋論有天字　第十一紙十五行揭宋論作陽　第十三紙十一行壞南北宋藏俱作敗十二行法宋南北藏俱作佛　第十四紙十二行往宋藏宋論作注南論作去　第十五紙十五行佛南論作達　第二十紙十六行怯宋南論作惂　第二十一紙九行補下南宋北藏無特字十六行不堅下宋論無固字　第二十八紙十二行離南論作無

第六善現行以般若波羅蜜爲體。有四十行半經分爲四段。一佛子已下至方便現生相有十行半經。明知生之無性示現方便現生分。二佛子已下至與一切衆生作所依處。有十行經。明菩薩達心境一切法無性無依而教化衆生與作依處分。三菩薩爾時已下至不行正道。有十一行經。明念度衆生分。四菩薩如是觀諸衆生已下至善現行。有九行經。明度衆生未盡不取自證涅槃分。

已下。至离痴乱行。有九行经。明身口意净堪入诸法不离一性分 。

第六善现行。以般若波罗蜜为体。有四十行半经。分为四段。一佛子已下。至方便现生相。有十行半经。明知生之无性。示现方便现生分。二佛子已下。至与一切众生作所依处。有十行经。明菩萨达心境一切法无性无依。而教化众生与作依处分。三菩萨尔时已下。至不行正道。有十一行经。明念度众生分。四菩萨如是观诸众生已下。至善现行。有九行经。明度众生未尽。不取自证涅槃分 。

第七無著行。以方便波羅蜜爲體。有六十五行經。分爲六段。一佛子已下。至然於佛法亦無所著。有十二行半經。明菩薩嚴淨佛刹供養諸佛。心無所著分。二此菩薩已下。至能如是無所著故。有十五行經。明菩薩供佛無厭處事法而常行中無所著分。三於佛法中心無障礙已下。至諸善根而無所著。有十一行經。明觀衆生苦長自大悲分。四菩薩爾時已下。至何以故。有十行半經。明菩薩常住生死教化衆生無著分。五菩薩作是念已下。至心無疲厭。有九行經。明教化衆生觀法如幻分。六無疲厭故已下。至無著行。有七行半經。明菩薩見未調伏衆生而往彼生分。

第八難得行。以願波羅蜜爲體。有七十行經。分爲六段。一佛子已下。至一性善根。有四行經。明此位中十善根分。二此菩薩已下。至得不退轉。有八行半經。明處苦無疲厭分。三此菩薩了衆生非有已下。至何以故。有十行經。明不捨不著衆生界分。四菩薩深入衆生界已下。至非得果。有十三行半經。明菩薩入衆生界不著而亦不廢常在世間現身度衆生分。五菩薩成就如是已下。至不著世間第七无著行。以方便波罗蜜为体。有六十五行经。分为六段。一佛子已下。至于诸佛法亦无所著。有十二行半经。明菩萨严净佛刹供养诸佛。心无所著分。二此菩萨已下。至能如是无所著故。有十五行经。明菩萨供佛无厌。处事法而常行中无所著分。三于佛法中心无障碍已下。至诸善根而无所著。有十一行经。明观众生苦。长自大悲分。四菩萨尔时已下。至何以故。有十行半经。明菩萨常住生死教化众生无著分。五菩萨作是念已下。至心无疲厌。有九行经。明教化众生观法如幻分。六无疲厌故已下。至无著行。有七行半经。明菩萨见未调伏众生而往彼生分 。

第八难得行。以愿波罗蜜为体。有七十行经。分为六段。一佛子已下。至一性善根。有四行经。明此位中十善根分。二此菩萨已下。至得不退转。有八行半经。明处苦无疲厌分。三此菩萨了众生非有已下。至何以故。有十行经。明不舍不著众生界分。四菩萨深入众生界已下。至非得果。有十三行半经。明菩萨入众生界不著。而亦不废常在世间现身度众生分。五菩萨成就如是已下。至不著世间。

有十九行半經。明不說而說法自在分。六菩薩如是已下。至第八難得行有十四行半經。明行菩薩行不求果報分。

第九善法行。以力波羅蜜爲體。於此段中。分爲五段。一佛子已下。至旋陀羅尼辯無盡。有十一行經。明十無盡辯分。二此菩薩已下。至悉亦如是。有九行半經。明大千界現身成佛辯才無礙分。三復次已下。至而作佛事。有十六行半經。明於一毛端處道場無盡一切毛端處及不可說三千界示身成佛分。四佛子此菩薩已下。至善能觀察法相故。有六行半經。明十種自在身分。五菩薩成就如是十種身已下。至一切佛法源故。有十行半經。明與一切衆生所爲依處分。

第十眞實行。以智波羅蜜爲體。於此段中。分爲三段。一佛子已下。至悉令清淨故。有十行經。明此位菩薩學三世諸佛誠實身語智得佛十種智分。二此菩薩復生如是增上心已下。至法界虛空界。有十六行半經。明以願力教化衆生不取菩提分。三此菩薩已下。至第十眞實行。有十七行經。明身含衆刹。知根利生自在分。

有十九行半经。明不说而说法自在分。六菩萨如是已下。至第八难得行。有十四行半经。明行菩萨行不求果报分。

第九善法行。以力波罗蜜为体。于此段中。分为五段。一佛子已下。至旋陀罗尼辩无尽。有十二行经。明十无尽辩分。二此菩萨已下。至悉亦如是。有九行半经。明大千界现身成佛辩才无碍分。三复次已下。至而作佛事。有十六行半经。明于一毛端处道场无尽。一切毛端处及不可说三千界示身成佛分。四佛子此菩萨已下。至善能观察法相故。有六行半经。明十种自在身分。五菩萨成就如是十种身已下。至一切佛法源故。有十行半经。明与一切众生所为依处分。

第十真实行。以智波罗蜜为体。于此段中。分为三段。一佛子已下。至悉令清净故。有十行经。明此位菩萨学三世诸佛诚实身语智。得佛十种智分。二此菩萨复生如是增上心已下。至法界虚空界。有十六行半经。明以愿力教化众生。不取菩提分。三此菩萨已下。至第十真实行。可十七行经。明身含众刹。知根利生自在分。

已下動地興供分中有十五行經。義分爲三段。一爾時已下至天微妙音聲有五行半經。明動地興供分。二如此世界已下至悉亦如是有一行半經。明都結十方同然分。三復以佛神力故已下至十方世界悉亦如是有八行經。明十方功德林菩薩來集作證分。如十方十萬佛刹微塵數世界外有十萬佛刹微塵數菩薩皆名功德林者爲明十行徧周故。佛號普功德者爲明此十行徧周。卽功德徧周。卽是此位之中所得之果。以行徧周所招功德。故佛號普功德。舉十方各過十萬佛刹微塵爲數者。明智所達法。亦明行門之量廣大。卽佛果功德廣大。已上十行約十波羅蜜爲昇進經自具分明不煩更釋。如是十行總是一時一念無前後之行門。莫作前後延促之見。皆須約法界智體用成進修之門。

如說頌歎法中。有七行經。明十種種性不斷故。以頌重申。如暨於法界者。暨者及也。云及於法界也。

如下說頌分中。有二百二行頌。兩行一頌。如文具明。

已下动地兴供分中。有十五行经。义分为三段。一尔时已下。至天微妙音声。有五行半经。明动地兴供分。二如此世界已下。至悉亦如是。有一行半经。明都结十方同然分。三复以佛神力故已下。至十方世界悉亦如是。有八行经。明十方功德林菩萨。来集作证分。如十方十万佛刹微尘数世界外。有十万佛刹微尘数菩萨皆名功德林者。为明十行遍周故。佛号普功德者。为明此十行遍周。即功德遍周。即是此位之中所得之果。以行遍周所招功德。故佛号普功德。举十方各过十万佛刹微尘为数者。明智所达法。亦明行门之量广大。即佛果功德广大。已上十行。约十波罗蜜为升进。经自具分明。不烦更释。如是十行。总是一时一念无前后之行门。莫作前后延促之见。皆须约法界智体用成进修之门。

如说颂叹法中。有七行经。明十种种性不断故。以颂重申。如暨于法界者。暨者及也。云及于法界也。

如下说颂分中。有二百二行颂。两行一颂。如文具明。

校讎

第一紙十四行方便下宋論無示字生相下有故字 第三紙十八行聽佛宋藏作聽聞 第五紙二行劫下南論有數字十八行界下宋南北藏無若字 第七紙十八行了下南論有知字 第十七紙八行者北藏作有 第十九紙十行此宋南論作斷 第二十二紙八行月輪宋南北藏作論月 第二十五紙十行其宋南北藏作於 第二十六紙九行搖動宋論作動搖十五行伏宋論作化十七行獨南北藏作獨十九行應供宋藏北論作悉供

十無盡藏品第二十二

將釋此品三門如前。一釋品名目者，爲此說十種藏依法立名可知。第二釋品來意者，此位已說十種行，以此十無盡藏成前十行之法，使令無盡成後十迴向之法，使令進向，令使行門不滯，是故此品須來。第三長科經意者，分爲二門：一長科經意；二隨文釋義。一長科經意者，於此一品經中，大段隨十藏名目，總有十一段經，其文如下。

第一從初爾時功德林菩薩已下，至爲衆生說皆令開悟有二十八行半經，明正舉十無盡藏名字并陳十種信法分。於此分中，復分爲六：一爾時功

十无尽藏品第二十二

将释此品。三门如前。一释品名目者。为说此十种藏。依法立名可知。第二释品来意者。此位已说十种行。以此十无尽藏。成前十行之法。使令无尽。成后十回向之法。使令进向。令使行门不滞。是故此品须来。第三长科经意者。分为二门。一长科经意。二随文释义。一长科经意者。于此一品经中。大段随十藏名目。总有十一段经。其文如下 。

第一。从初尔时功德林菩萨已下。至为众生说皆令开悟。有二十八行半经。明正举十无尽藏名并陈十种信法分。于此分中。复分为六。一尔时功德林已下至是為十有四行經明正說十藏之名分。一佛子已下至生淨信已有五行半經明初舉十種信法分。二聞諸佛法不可思議已下至何以故有七行半經明聞法生信已於法不怯分。四此菩薩已下至無知無捨有五行半經明知一切諸佛出世入涅槃無遠近取捨分。五此菩薩入佛智慧已下至一切諸佛方便有四行半經明入此信藏生在佛家順諸佛善根方便分。六是名菩薩已下一行半經明總結信成能演法分。此信是十行之中位內之信。文殊師利覺首等是十信位中信心故。

第二佛子何等為菩薩戒藏已下至是名菩薩第二戒藏於中有二十八行半經。於此段中復分為三。一佛子已下至無毀犯戒有三行半經明正舉十種戒名號分。二云何已下至十種善業有二十一行經明正說十種戒之持犯分。三菩薩持此至第二戒藏有四行半經明此十行菩薩持戒無毀犯分。

第三佛子已下至第三慚藏有十三行半經。於此段中復分為二。一佛子已下至應專心斷除有德林已下。至是为十。有四行经。明正说十藏之名分。二佛子已下。至生净信已。有五行半经。明初举十种信法分。三闻诸佛法不可思议已下至何以故。有七行半经。明闻法生信已。于法不怯分。四此菩萨已下。至无知无舍。有五行半经。明知一切诸佛出世入涅槃无远近取舍分。五此菩萨入佛智慧已下。至一切诸佛方便。有四行半经。明入此信藏生在佛家。顺诸佛善根方便分。六是名菩萨已下。一行半经。明总结信成能演法分。此信是十行之中位内之信。文殊师利觉首等。是十信位中信心故。

第二。佛子何等为菩萨戒藏已下。至是名菩萨第二戒藏。于中有二十八行半经。于此段中。复分为三。一佛子已下。至无毁犯戒。有三行半经。明正举十种戒名号分。二云何已下。至十种善业。有二十一行经。明正说十种戒之持犯分。三菩萨持此。至第二戒藏。有四行半经。明此十行菩萨持戒无毁犯分。

第三。佛子已下。至第三惭藏。有十三行半经。于此段中。复分为二。一佛子已下。至应专心断除。有十二行經。明斷無慙行。具於慙行分。二有一行半經。明具足於慙善爲衆生說法分。

第四佛子已下。至是名菩薩愧藏。於中有十二行經。於中大意復分爲三。一佛子已下。至復行是事。有三行經。明自念於五欲境無始長貪求分。二又作是念已下。至我當修行於愧。有七行經。明念衆生愚癡爲於五欲互爲怨讎菩薩知之應自斷分。三速成菩提已下。一行半經。善爲衆生說眞實法分。

第五佛子已下。至多聞藏。有三十四行半經。明聞藏。於此段中復分爲三。一佛子已下。至無記法有四行經。明舉十事有無分。二何等爲是事有已下。至是名無記法。有二十六行半經。明正說十種事有無分。初從十二緣說無明有故行有。識無故名色無。愛起故苦起。有滅故生滅。此上四事。識之與愛。皆從無明妄計諸有從生。今達有本無。即十二緣滅。十二緣滅。非智有生。非智有滅。但除其病。其智無依無形無爲。而靈通萬有。無思而現無作而成。學之者以止觀兩門功終方會。此之一辦。後之十法總終。聖教具陳。識相對治異解已下如文十二行经。明断无惭行。具于惭行分。二有一行半经。明具足于惭。善为众生说法分 。

第四。佛子已下。至是名菩萨愧藏。于中有十二行经。于中大意。复分为三。一佛子已下。至复行是事。有三行经。明自念于五欲境无始长贪求分。二又作是念已下。至我当修行于愧。有七行经。明念众生愚痴。为于五欲互为怨仇。菩萨知之应自断分。三速成菩提已下。一行半经。善为众生说真实法分 。

第五。佛子已下。至多闻藏。有三十四行半经。明闻藏。于此段中。复分为三。一佛子已下。至无记法。有四行经。明举十事有无分。二何等为是事有已下。至是名无记法。有二十六行半经。明正说十种事有无分。初从十二缘说。无明有故行有。识无故名色无。爱起故苦起。有灭故生灭。此上四事。识之与爱。皆从无明妄计诸有从生。今达有本无。即十二缘灭。十二缘灭。非智有生。非智有灭。但除其病。其智无依无形无为。而灵通万有。无思而现。无作而成。学之者。以止观两门功终方会。此之一办。后之十法总终。圣教具陈。识相对治异解。已下如文具明三菩薩已下四行經明菩薩念諸眾生無多聞慧我求多聞藏廣爲說法分。

第六佛子已下至施藏有九十三行經於此段中復分爲二。一佛子已下至分減施有三行半經明都舉十種施藏分。二此菩薩已下直至是名菩薩第六施藏總說前十種施藏分。已上十種施理事盡含如文自具。

第七佛子已下至開悟一切眾生有三十行經於此段中復分爲五。一佛子已下至涅槃如實知有十一行經。且舉如實知世間法出世間法根本所集體相分。二云何知已下至廣爲宣說有三行經明都舉前法從緣所生本無所有分。三爲說何等已下至不由他悟有六行經明正說前受想行等無體成壞分。四此慧藏已下至是爲十有八行半經明十不可盡分。五已下一行半經明得法善說分。

第八佛子已下至念藏有二十七行經。於中大意復分爲二。一佛子已下至不可說三昧種種性有十八行經明得無限正念諸法分。二此念有十種已下至第八念藏有九行經明得十正念時於具明。三菩萨已下。四行经。明菩萨念诸众生无多闻慧。我求多闻藏广为说法分。

第六。佛子已下。至施藏。有九十三行经。于比段中。复分为二。一佛子已下。至分减施。有三行半经。明都举十种施藏分。二此菩萨已下。直至是名菩萨第六施藏。总说前十种施藏分。已上十种施。理事尽含。如文自具。

第七。佛子已下。至开悟一切众生。有三十行经。于此段中。复分为五。一佛子已下。至涅槃如实知有十一行经。且举如实知世间法出世间法根末所集体相分。二云何知已下。至广为宣说。有三行经。明都举前法从缘所生本无所有分。三为说何等已下。至不由他悟。有六行经。明正说前受想行等无体成坏分。四此慧藏已下。至是为十。有八行半经。明十不可尽分。五已下一行半经。明得法善说分。

第八。佛子已下。至念藏。有二十七行经。于中大意复分为二。一佛子已下。至不可说三昧种种性。有十八行经。明得无限正念诸法分。二此念有十种已下。至第八念藏。有九行经。明得十正念时。于一切法無過失分。如十二部經名中。祇夜此云應誦。伽陀此云諷誦。尼陀那此云因緣經。優陀那此云無問自說。

第九佛子已下。有十四行經。於中大意復分爲二。一佛子已下。至不可說三昧種種性有十一行半經。明聞持一切諸法無限分。二佛子已下。有三行經。明此位菩薩所說諸法無限唯佛能了知故名持藏分。

第十佛子已下一段有二十四行經。於中其意復分爲三。一佛子已下。至何以故有十二行經。明此位菩薩辯藏無盡分。二此菩薩成就十種無盡藏已下。至第十辯藏有十行經。明正說十種辯藏分。三有兩行經。明辯藏無限分。

第十一段中有八行經。明總舉前十藏成後迴向法門分。此十種藏。爲成當位自分十行令成滿故。亦成後十迴向法門故。每位皆然。已上釋十行法門竟。

校譌

第五紙八行奪宋論作辱　第六紙七行若我宋藏作我若　第十一紙

一切法无过失分。如十二部经名中。祇夜。此云应诵。伽陀。此云讽诵。尼陀那。此云因缘经。优陀那。此云无问自说。

第九。佛子已下。有十四行经。于中大意。复分为二。一佛子已下。至不可说三昧种种性。有十一行半经。明闻持一切诸法无限分。二佛子已下。有三行经。明此位菩萨所说诸法无限。唯佛能了知故名持藏分。

第十。佛子已下一段。有二十四行经。于中其意复分为三。一佛子已下。至何以故。有十二行经。明此位菩萨辩藏无尽分。二此菩萨成就十种无尽藏已下。至第十辩藏。有十行经。明正说十种辩藏分。三有两行经。明辩藏无限分。

第十一段中。有八行经。明总举前十藏。成后回向法门分。此十种藏。为成当位自分十行令成满故。亦成后十回向法门故。每位皆然。已上释十行法门竟。

十二行不宋論作無　十四行取宋論作求　第十二紙　十一行䩭宋論作䩭　第十四紙　五行入深宋論作深入　第十七紙　十四行說演宋論作演說　第十九紙　四行滿北論作就

昇兜率天宮品第二十三

第五會兜率天宮說十迴向法門。於此會中序分正說流通者。從此初昇兜率天宮是序分。已下兩品是正說分。兩品中至下動地興供是流通分。兜率天宮說十迴向法門。於此位中有三品經共成此位。第一從初昇兜率天宮品三義如前。一釋品名目者。以昇天所至立名也。兜率天者此云樂知足天也。二釋品來意者。明前十住十行二位。以彰出世已成如來智慧之業。今於此天以明隨見道者成如來大悲處世利生之業。會融世間出世間不一不二法門。是故此品須來。凡大悲門初發心時。以眞智慧進修中悲有勝劣不同。十住十行智慧兼修仍出世心多。望此位大悲是理智位出世心終迴入生死智慈之悲。十地之中長養大悲更令深厚。是故善財十地表法中。從初地已去有九箇女天。一箇瞿波是佛昔爲太子之時妻。表悲

升兜率天宫品第二十三

第五会。兜率天宫说十回向法门。于此会中。序分正说流通者。从此初升兜率天宫。是序分。已下两品。是正说分。两品中至下动地兴供。是流通分。兜率天宫说十回向法门。于此位中。有三品经。共成此位。第一从初升兜率天宫品。三义如前。一释品名目者。以升天所至立名也。兜率天者。此云乐知足天也。二释品来意者。明前十住十行二位。以彰出世已成如来智慧之业。今于此天。以明随见道者。成如来大悲处世利生之业。会融世间出世间。不一不二法门。是故此品须来。凡大悲门初发心时。以真智慧进修中。悲有胜劣不同。十住十行。智悲兼修。仍出世心多。望此位大悲是理智位。出世心终。回入生死智慈之悲。十地之中。长养大悲。更令深厚。是故善财十地表法中。从初地已去。有九个女天。一个瞿波。是佛昔为太子之时妻。表悲。

十地位已終法悅是表義故。問云何於此天處說
迴向法。答曰。如須彌頂上說十住。明初生佛家。住
佛智慧之頂而無退動。夜摩天上說十行法。表行
依法空一切無著。至此兜率天宮。表雖不離欲界
處大悲門。而於欲境常行知足無所染著。但爲饒
益眾生處於世間。又此天處於欲界。自須彌已上
五天之處中。以會智悲令不偏故。如四天王邊依
帝釋爲主故。是故而於此天說十迴向。明和會眞
俗成大慈悲長處生死。而不廢涅槃名爲迴向。從
初發心住已來。如是和會位終。徧得其名故名迴
向。此爲以處表法昇進。亦即不會身有上下去來。
智悲竝徧故。無中邊故。但明寄處表一生菩薩處
此天中果行滿故。以明發心初始生如來智慧之
家。以佛智慧行大悲門。即是圓滿如來果故。果復
常滿。行復常行。果行相嚴。故號佛華嚴也。十地十
一地依此十住十行十迴向法。三法成其功用。更
亦無別安立。以是他化天中說十地時更不別作
法事與供故。但長養此位大智大慈大悲令深固
圓滿故。故名十地。三隨文解釋者。於此義中。復分
爲二。此會中都會五位累總在其中。如下諸王菩

十地位以终。法悦是妻义故。问云何于此天处说回向法。答曰。如须弥顶上说十住。明初生佛家。住佛智慧之顶。而无退动。夜摩天上说十行法。表行依法空。一切无著。至此兜率天宫。表虽不离欲界。处大悲门。而于欲境常行知足。无所染著。但为饶益众生处于世间。又此天处于欲界。自须弥已上五天之处中。以会智悲。令不偏故。如四天王。还依帝释为主故。是故而于此天说十回向。明和会真俗成大慈悲。长处生死。而不废涅槃名为回向。从初发心住已来。如是和会位终。偏得其名。故名回向。此为以处表法升进。亦即不曾身有上下去来。智悲恒遍故。无中边故。但明寄处。表一生菩萨处此天中果行满故。以明发心初始生如来智慧之家。以佛智慧行大悲门。即是圆满如来果故。果复常满。行复常行。果行常严。故号佛华严也。十地十一地。依此十住十行十回向法。三法成其功用。更亦无别安立。以是他化天中说十地时。更不别作法事兴供故。但长养此位大智大慈大悲令深固圆满故。故名十地。三随文解释者。于此义中。复分为二。此会中都会五位众总在其中。如下诸王菩蓮等總是。一長科經意。一隨文解釋。第一長科經意者。從初至品末約分爲十一段。第一爾時佛神力故已下。至悉皆同等。於中有七紙半經。明兜率天王遥見佛來與諸天衆敷座莊嚴分。復科爲七段。

第一爾時已下。至恆對於佛有二行經。明智身恆圓滿分。隨文釋義者。此昇兜率天品中。云十方一切世界皆常對於佛者。明圓智徧周。

第二爾時世尊已下。至妙寶莊嚴殿。可兩行經。明如來大智徧周。應感所見彼此無來去分。釋義云。不離菩提樹而昇夜摩兜率天者。爲菩提之智體本性無有依住。徧往十方。無去來今。性無可得。無有住處。無有遷變。不動不寂。無所造作。而隨根應十方世界。於一切衆生前對現色身。如應化度。

第三時兜率天王遥見佛來已下。至無有能得究其妙好有七行經。明天王殿上敷座分。釋義云。時兜率天王遥見佛來者。明從前十行位向十迴萨等总是。一长科经意。二随文解释。第一长科经意者。从初至品末。约分为十一段。第一尔时佛神力故已下。至悉皆同等。于中有七纸半经。明兜率天王遥见佛来。与诸天众敷座庄严分。复科为七段。

第一尔时已下。至恒对于佛。有三行经。明智身恒圆满分。随文释义者。此升兜率天品中。云十方一切世界皆常对于佛者。明圆智遍周。

第二尔时世尊已下。至妙宝庄严殿。可两行经。明如来大智遍周。应感所见彼此无来去分。释义云。不离菩提树而升夜摩兜率天者。为菩提之智体本性无有依住。遍往十方。无去来今。性无可得。无有住处。无有迁变。不动不寂。无所造作。而随根应十方世界。于一切众生前对现色身。如应化度。

第三时兜率天王遥见佛来已下。至无有能得究其妙好。有七行经。明天王殿上敷座分。释义云。时兜率天王遥见佛来者。明从前十行位向十回向爲還見佛來。人殿數寶座者契會也。如十住爲以方便三昧顯現如來智慧法流卽座有安置十行之中。爲以法身無相而爲行體。座云化作寶蓮華藏爲表處行無染如蓮華故。今此十迴向位中爲成大悲赴俗座云敷座。敷者開發義。爲表大悲赴俗開敷衆善之華至菩提之妙果故。又敷者設義爲表大悲赴俗設法以利生故。不自求出世法故座體摩尼者。明以大慈悲常在生死而無染汙。以表摩尼名離垢寶座云師子者依主義也。爲如來是無畏之主故。天諸妙寶之所集成者明妙理智悲萬行報得故。是故經云過去修行善根所得。一切如來神力所現者。明一切諸佛福智萬行不異自佛神力故。但自心理智中與一切諸佛同徧智故爲智同行同故。云無量百千億那由他阿僧祇善根所生者。明迴向中福智大悲行周故報也。總云此座嚴飾是不可數無限善根所生。一切如來淨法所起明以智起行無法不淨飾如文自具。從此已下至第一段終有一百九十八行半經有一百八十四箇百萬億種諸莊嚴寶座及寶地虛空悉皆徧滿。又有一百八箇百萬億種諸菩薩幷向。为遥见佛来。入殿敷宝座者。契会也。如十住。为以方便三昧显现如来智慧法流。即座有安置。十行之中。为以法身无相而为行体。座云化作。宝莲华藏。为表处行无染如莲华故。今此十回向位中。为成大悲赴俗。座云敷座。敷者开发义。为表大悲赴俗。开敷众善之华。至菩提之妙果故。又敷者设义。为表大悲赴俗。设法以利生故。不自求出世法故。座体摩尼者。明以大慈悲常在生死而无染污。以表摩尼名离垢宝。座云师子者。依主义也。为如来是无畏之主故。天诸妙宝之所集成者。明妙理智慧万行报得故。是故经云。过去修行善根所得。一切如来神力所现者。明一发诸佛福智万行。不异自佛神力故。但自心理智中。与一切诸佛同福智故。为智同行同故。云无量百千亿那由他阿僧祇善根所生者。明回向中福智大悲行周故报也。总云此座严饰是不可数无限善根所生。一切如来净法所起。明以智起行。无法不净。余如文自具。从此已下。至第一段终。有一百九十八行半经。有一百八十四个百万亿种诸庄严。宝座及宝地虚空悉皆遍满。又有一百八个百万亿种诸菩萨。并諸天八部王眾人法及合掌思惟讚頌持播等眾。
莊嚴寶地及虛空周徧圓滿。又有十箇百萬億善
根之所嚴潔。

第四有百萬億層級已下，至究諸眾樂有一百
一十一行半經，有一百八十四箇百萬億色類莊
嚴寶座及虛空分。釋義云：有百萬億層級周帀圍
遶者，十住云百千，十行云百萬，十迴向云百萬億，
明昇位階級也。百萬億金網者，爲善施教網明淨
故。百萬億華帳者，以萬行合攝義故。百萬億寶帳
者，觀一切眾生智可貴故，可合攝故。百萬億鬘帳
者，大悲垂俗益眾生故。百萬億香帳張施其上者，
明張施戒定慧解脫知見香之業報，華鬘垂下香
氣普熏者，明忍嚴垂飾。百萬億華蓋者，萬行覆育
含識義也。百萬億鬘蓋者，慈蔭義也。百萬億寶蓋
者，以法寶蔭俗義也。諸天侍立者，明能行行人也。

诸天八部王众入法及合掌思惟赞颂持幡等众。庄严宝地及虚空周遍圆满。又有十个百万亿善根之所严洁 。

第四有百万亿层级已下。至克谐众乐。有一百一十一行半经。有一百八十四个百万亿色类庄严宝座及虚空分。释义云。有百万亿层级周匝围绕者。十住云百千。十行云百万。十回向云百万亿。明升位阶级也。百万亿金网者。为善施教网明净故。百万亿华帐者。以万行含摄义故。百万亿宝帐者。观一切众生智可贵故。可含摄故。百万亿鬘帐者。大悲垂俗益众生故。百万亿香帐张施其上者。明张施戒定慧解脱知见香之业报。华鬘垂下香气普熏者。明忍严垂饰百万亿华盖者。万行覆育含识义也。百万亿鬘盖者。慈荫义也。百万亿宝盖者。以法宝荫俗义也。诸天侍立者。明能行行人也。

四面行列者。總云四攝四無量也。百萬億寶衣以
數其上者。明以大慈大悲之理習常處生死衣覆
衆生無有休息之業報故。百萬億樓閣綺煥莊嚴
者。明觀樓智閣。若以觀智分明。名綺煥莊嚴也。百
萬億摩尼網者。明施教網遊諸惡趣故。百萬億寶
網者。明教能護育衆生故。百萬億寶纓絡網四面
垂下者。明以萬行爲纓絡四攝攝衆生報名四面
垂下飾故。大要言凡隨智隨行隨慈隨悲隨波羅
蜜隨觀照隨助道法隨大願所有報境因果相似。
今將此業果將法表之。網表理智行教。樓閣表觀
智。殿表正智利生。宮表含育無限。座表普印法空
悲智萬行。帳表隨根含攝衆生。鈴表法音和悅。華
表道眼開敷。亦表行華資果。十百千萬億都該大
數無限。但隨法進而知之可見。不煩更釋。如梵云
頻婆帳者。此云身影也。謂此帳光明能現一切影
像於中現故。若頻婆羅。此云光潔能現一切影
像故。亦以赤色光淨加頻婆果。阿樓那者。其色加
日赫奕光明。拘蘇摩華。此有總別義。總云一切草
木華也。又有別者。其華白色大小如錢似此白菊
也。樓閣延袤者。言寶閣相連長遠也。寶飛憲底迦此

四面行列者。总云四摄四无量也。百万亿宝衣以敷其上者。明以大慈大悲之理智。常处生死衣覆众生无有休息之业报故。百万亿楼阁绮焕庄严者。明观楼智阁差别观智分明。名绮焕庄严也。百万亿摩尼网者。明施教网漉诸惑垢故。百万亿宝网者。明教能护育众生故。百万亿宝璎珞网四面垂下者。明以万行为璎珞。四摄摄众生。报名四面垂下饰故。大要言凡随智随行。随慈随悲。随波罗蜜。随观照。随助道法。随大愿。所有报境。因果相似。今将此业果。将法表之。网表理智行教。楼阁表观智。殿表正智利生。宫表含育无限。座表普印法空悲智万行。帐表随根含摄众生。铃表法音和悦。华表道眼开敷。亦表行华资果。十百千万亿。都该大数无限。但随法准而知之。可见。不烦更释。如梵云。频婆帐者。此云身影也。谓此帐光明。能现一切影像于中现故。频婆罗香。明此香光洁。能现一切影像故。亦以赤色光净如频婆果。阿楼那香。其色如日。赫奕光明。拘苏摩华。此有总别义。总云一切草木花也。又有别者。其华白色大。小如钱。似此白菊也。楼阁延袤者。言宝阁相连长远也。宝悉底伽。此云佛胷前億德之相。具云佉阿悉底迦。佉者樂也。阿悉底迦者此云有也。明有此相者有大樂故。以座上莊嚴有此相樂寶天牟陀羅天鼓中之別名也。因於撫擊方能出聲。

第五有百萬億初發心菩薩已下。至百萬億菩薩善能教化一切衆生有七十六行經。明菩薩入法諸天八部衆都有一百八箇百萬億大衆海莊嚴寶地及虛空中分。已下四十衆菩薩。明見座莊嚴觀法倍倍入法昇進以爲莊嚴之境。四十衆者。明十住十行十迴向十地位也。明此天蘊修此四位法成普賢行自具故。已下從百萬億天王已下。至百萬億摩醯首羅天王有十六王。總該已上欲界色界主。且總明此十迴向法門徧於三界。以智隨悲徧於六道利生自在如王故。都舉十六種王云佛胸前亿德之相。具云佉阿悉底迦。佉者乐也。阿悉底迦者。此云有也。明有此相者有大乐故。以座上庄严有此相乐宝。天牟陀罗。天鼓中之别名也。因于抚击方能出声 。

第五有百万亿初发心菩萨已下。至百万亿菩萨善能教化一切众生。有七十六行经。明菩萨入法诸天八部众。都有一百八个百万亿大众海。庄严宝地及虚空中分。已下四十众菩萨。明见座庄严。观法倍倍入法升进。以为庄严之境。四十众者。明十住十行十回向十地位也。明此天蕴修此四位法。成普贤行自具故。已下从百万亿天王已下。至百万亿摩醯首罗天王。有十六王。总该已上欲界色界主。且总明此十回向法门。遍于三界。以智随悲遍于六道利生自在如王故。都举十六种王名。明彰此位總徧攝人天六道。以智如王教化衆生自在無礙故。初總百萬億天王。明天王最自在故。然別舉龍王諦觀明知根雨法自在。夜叉王頂上合掌。守護自在。乾闥婆王起淨信心者。明以法樂悅樂衆生自在百萬億阿脩羅王斷憍慢者。明以大悲入生死海謙下同事自在。百萬億迦樓羅王口銜繒帶者。大悲垂俗引接自在義故。百萬億緊那羅王歡喜踊躍者。明能以法歌樂悅衆生令歡喜自在故。百萬億摩睺羅伽王歡喜瞻仰者。明是腹行。表恭敬義自在故。百萬億世主稽首作禮者。明四天王主導衆生軌則義故。此是主人及神龍鬼等乃至地獄總攝在位。百萬億忉利天王瞻仰不瞬者。十住之位修方便進求之定義。百萬億夜摩天王歡喜讚歎者。如世間樂以歌頌之。法樂以讚歎之。明此天以十行法樂故。百萬億兜率天王布身作禮者。明此天大慈悲心。布身如地荷負無倦義故。百萬億化樂天王頭頂禮敬者。明下心徹到大悲屈智至悲之極義也。百萬億他化自在天王恭敬合掌者。明會智悲生死涅槃無一異故。百萬億梵天王一心觀察者。明除細習義故。百萬名。明彰此位。总遍摄人天六道。以智如王。教化众生。自在无碍故。初总百万亿天王。明天王最自在故。然别举龙王谛观。明知根雨法自在。夜叉王顶上合掌。守护自在。乾闼婆王起信净心者。明以法乐悦乐众生自在。百万亿阿修罗王断骄慢者。明以大悲入生死海。谦下同事自在。百万亿迦楼罗王口衔缯带者。大悲垂俗引接自在义故。百万亿紧那罗王欢喜踊跃者。明能以法歌乐悦众生。令欢喜自在故。百万亿摩睺罗伽王欢喜瞻仰者。明是腹行。表恭敬义自在故。百万亿世主稽首作礼者。明四天王主导众生轨则义故。此是主人及神龙鬼等。乃至地狱。总摄在位。百万亿忉利天王瞻仰不瞬者。十住之位。修方便进求之定义。百万亿夜摩天王欢喜赞叹者。如世间乐以歌颂之法。乐以赞叹之。明此天以十行法乐故。百万亿兜率天王布身作礼者。明此天大慈悲心。布身如地。荷负无倦义故。百万亿化乐天王头顶礼敬者。明下心彻到大悲屈智至悲之极义也。百万亿他化自在天王恭敬合掌者。明会智悲生死涅槃无一异故。百万亿梵天王一心观察者。明除细习义故。百万億摩醯首羅天王恭敬供養。明智慧法身大悲圓滿可恭敬供養故。此已上十六天王。龍王等明智悲圓滿三界六道自在如王義故。皆百萬億者表大願智悲行具足也。百萬億菩薩發聲讚歎者。明已上十六王總屬菩薩行徧皆可讚歎故。百萬億天女尊心供養者。明前十六王等行無染大慈悲徧三界故。百萬億同願天踊躍歡喜。此欲界中天往昔同願。亦明此位之中總同佛願行。百萬億往昔同住天。於往昔同住。明此十迴向位菩薩皆同一切諸佛大悲願行住。已下百萬億梵身天布身敬禮。下至阿迦尼吒天恭敬頂禮。明色界初禪已上行徧。總有二十眾天。總收色界諸眾。初十六王等一時包含。今次第別列。無色界天定沈未堪現世發心化儀不及其境。如此一段可十六行經。自梵身天已下至阿迦尼吒天有二十眾天。阿迦尼吒天是色究竟天。此天是色界頂。此已上二十眾天。表此十迴向中大悲之行。天者淨也。明以大悲大智常處生死教化眾生如天自在而無垢染。如梵身天布身敬禮者有二義。一恭敬如來。二表法大悲謙下如地。百萬億梵輔天合掌於頂亦有二亿摩醯首罗天王恭敬供养。明智慧法身大悲圆满。可恭敬供养故。此已上十六天王龙王等。明智悲圆满。三界六道。自在如王义故。皆百万亿者。表大愿智悲行具足也。百万亿菩萨发声赞叹者。明已上十六王。总摄菩萨行遍。皆可赞叹故。百万亿天女专心供养者。明前十六王等行无染大慈悲遍三界故。百万亿同愿天踊跃欢喜。此欲界中天往昔同愿。亦明此位之中总同佛愿行。百万亿往昔同住天。于往昔同住。明此十回向位菩萨。皆同一切诸佛大悲愿行住。已下百万亿梵身天布身敬礼。下至阿迦尼吒天恭敬顶礼。明色界初禅已上行遍。总有二十众天。总收色界诸众。初十六王等一时包含。今次第别列。无色界天定沉。未堪现世发心。化仪不及其境。如此一段可十六行经。自梵身天已下。至阿迦尼吒天。有二十众天。阿迦尼吒天。是色究竟天。此天是色界顶。此已上二十众天。表此十回向中大悲之行。天者净也。明以大悲大智。常处生死。教化众生。如天自在而无垢染。如梵身天布身敬礼者。有二义。一恭敬如来。二表法。大悲谦下如地。百万亿梵辅天合掌于顶。亦有二義。一敬佛。一表法忻進百萬億梵眾天圍遶侍衛。亦有一義。一敬順於佛。一表順正念度眾生故。百萬億大梵天讚歎稱揚無量功德亦有一義。一敬歎於佛。一表法。歎眾生有佛功德。百萬億光天五體投地亦有一義。一敬佛。一表法。望此位以大悲為地。明以戒定慧解脫解脫知見。投於生死慈悲之地。百萬億少光天宣揚讚歎佛世難值亦有一義。一敬世尊難遇。一表法。歎眾生菩提難發。百萬億無量光天遙向佛禮亦有一義。一敬佛。一表法。明教化一切眾生使令信解故。稱為遙見。百萬億光音天讚如來甚難得見亦有一義。一難遇難見。一表法。歎自心難知正法。百萬億淨天與宮殿俱而來皆讚佛。此亦有一義如前。一敬佛。一表法。明悲宮智殿圓滿合攝眾生。百萬億少淨天以清淨心稽首作禮。一義如前。一敬佛。一表法。明理事業故。百萬億無量淨天願欲見佛投身而下。一義如前。一敬佛。一表法。明垂慈救俗。已下准義知之。而以行行之。如百萬億種種天皆歎喜者。此天眾是色界欲界中雜類天故。故云種種也。是部稱表眾行具足。言種種行儀益眾生故。百萬億諸天各善思义。一敬佛。二表法忻进。百万亿梵众天围绕侍卫。亦有二义。一敬顺于佛。二表顺正念度众生故。百万亿大梵天赞叹称扬无量功德。亦有二义。一敬叹于佛。二表法。叹众生有佛功德。百万亿光天五体投地。亦有二义。一敬佛。二表法。望此位以大悲为地。明以戒定慧解脱解脱知见。投于生死慈悲之地。百万亿少光天宣扬赞叹佛世难值。亦有二义。一敬世尊难遇。二表法。叹众生菩提难发。百万亿无量光天遥向佛礼。亦有二义。一敬佛。二表法。明教化一切众生使令信解故。称为遥见。百万亿光音天赞如来甚难得见。亦有二义。一难遇难见。二表法。叹自心难知正法。百万亿净天与宫殿俱而来诣佛。此亦有二义如前。一敬佛。二表法。明悲宫智殿圆满含摄众生。百万亿少净天以清净心稽首作礼。二义如前。一敬佛。二表法。明理事恭敬。百万亿无量净天愿欲见佛投身而下。二义如前。一敬佛。二表法。明垂慈救俗。已下准义知之。而以行行之。如百万亿种种天皆欢喜者。此天众是色界欲界中杂类天故。故云种种也。是都称。表众行具足。言种种行饶益众生故。百万亿诸天各善思惟。總言色界欲界天內天也。都稱百萬億菩薩天護持佛座莊嚴不絕。此但兜率天故。亦是表法。以法界為座體。萬行為莊嚴。此已上三眾通前有二十三眾。從百萬億華手菩薩已下。至百萬億灌頂天子舉身持座。有十一眾菩薩四眾諸天子通為十五眾。初百萬億華手菩薩雨一切華有三義。一處空雨華供養佛。二以空起行。三明往世造華為因。百萬億香手菩薩雨一切香亦有三義。一雨香供養佛。二明五分法身香。三明往因之行以香供養。百萬億鬘手菩薩亦有三義。一雨鬘供佛。二以忍為鬘。三明往因造鬘供佛。已下准義知之。如百萬億諸天子從天宮出至於座所有二義。一出宮供佛。二明以智會悲。百萬億諸天子以淨信心幷宮殿俱亦有二義。一幷宮殿供佛。二表悲智圓融。百萬億生貴天子以身持座亦有二義。一持座供佛。二表法。此生貴住主第四波羅蜜。以精進是持座義。百萬億灌頂天舉身持座亦有二義。一舉身持座供佛。二表十住中灌頂智悲力用增強。此四種天子者。即是欲界兜率天中諸天子。以經言略計次第十住合足。亦明子者慈名。為表修慈故。彌惟。总言色界欲界天内天也。都称百万亿菩萨天护持佛座庄严不绝。此但兜率天故。亦是表法。以法界为座体。万行为庄严。此已上三众。通前有二十三众。从百万亿华手菩萨已下。至百万亿灌顶天子举身持座。有十一众。菩萨四众诸天子。通为十五众。初百万亿华手菩萨雨一切华。有三义。一处空雨华供养佛。二以空起行。三明往世造华为因。百万亿香手菩萨雨一切香。亦有三义。一雨香供养佛。二明五分法身香。三明往因之行以香供养。百万亿鬘手菩萨。亦有三义。一雨鬘供佛。二以忍为鬘。三明往因造鬘供佛。已下准义知之。如百万亿诸天子。从天宫出至于座所。有二义。一出宫供佛。二明以智会悲。百万亿诸天子以净信心并宫殿俱。亦有二义。一并宫殿供佛。二表悲智圆融。百万亿生贵天子以身持座。亦有二义。一持座供佛。二表法。此生贵住主第四波罗蜜。以精进是持座义。百万亿灌顶天举身持座。亦有二义。一举身持座供佛。二表十住中灌顶智悲力用增强。此四种天子者。即是欲界兜率天中诸天子。以经言略计次第。十住合足。亦明子者慈名。为表修慈故。弥

勒號慈也。已次百萬億思惟菩薩已下至善能敎
化一切眾生者。此一段有十箇菩薩。以淨三業或
入住地莊嚴法會。皆名義可解。
　第六百萬億善根所生已下至百萬億讚歎法
而以讚歎。有五行經。明十種善根莊嚴宮殿及寶
座分。釋義云。自百萬億善根所生已下至而以讚
歎。有十百萬億眾善行所嚴。如經具明。
　第七如此世界已下至悉皆同等有五行經。明
都結十方同然分。已上徒眾。有一百十八種百萬
億眾。已上莊嚴有一百八十四種百萬億莊嚴。爲
此段都數已上莊嚴及菩薩神天天女色類間雜
或次或不次者。意表此十迴向位是以智從悲成
大悲滿。於人天六道中以無限徧周法界行門一
時等化。滋根與法或次或超。或住或信或位階十
地或人天善根無有一向次第安立以此莊嚴及
菩薩神天表法間雜不依次第。或菩薩眾有諸天
或諸天眾中有龍神。如是准義思之可見經意問
曰。十住但有諸天眾來迎世尊。十行徒眾卽有諸
天及菩薩眾。此會何故八部王眾大眾廣博莊嚴
色類甚多。十地中不敘致天王及眾來迎入殿莊

勒号慈也。已次百万亿思惟菩萨已下。至善能教化一切众生者。此一段有十个菩萨。以净三业。或入住地。庄严法会。皆名义可解。

第六百万亿善根所生已下。至百万亿赞叹法而以赞叹。有五行经。明十种善根庄严宫殿及宝座分。释义云。自百万亿善根所生已下。至而以赞叹。有十百万亿众善行所严。如经具明。

第七如此世界已下。至悉皆同等。有五行经。明都结十方同然分。已上徒众。有一百十八种百万亿众。已上庄严。有一百八十四种百万亿庄严。为此段都数已上庄严。及菩萨神天天女。色类间杂。或次或不次者。意表此十回向位。是以智众悲。成大悲海。于人天六道中。以无限遍周法界行门。一时等化。逐根与法。或次或超。或住或信。或位阶十地。或人天善根。无有一向次第安立。以此庄严。及菩萨神天。表法间杂。不依次第。或菩萨众有诸天。或诸天众中有龙神。如是准义思之。可见经意。问曰。十住但有诸天众来迎世尊。十行徒众即有诸天及菩萨众。此会何故八部王众大众广博庄严色类甚多。十地中不叙致天王及众来迎入殿庄嚴高座等事。何意其位高昇不陳廣供。答曰。十住有天無菩薩來迎如來所施供養者。爲十住位且明其初生佛智慧家。未有先見道者。但列諸天。未有菩薩。爲初始從信位凡夫。未得入聖位故。以此初昇須彌頂品。不列菩薩之衆。但有諸天奉迎如來。故明從此位方入聖流。如昇夜摩天宮品。卽有諸天及菩薩衆稱揚讚歎者。卽明十住位已有見道入位故。十行位昇進中。卽有諸菩薩衆而迎佛會入十行法門。以十住十行設行衆行出世心多。處世大悲猶未自在故。所以衆不圓滿。故如此兜率天宮諸天菩薩及莊嚴色類多者。明此迴向之門會融悲智出世與世間一體成就大悲普育含識徧周利物不棄微生。是故天王龍王八部諸王菩薩法王。其衆無量。莊嚴境界色相無邊。表明悲位含弘濟生無限利物廣大獲益無窮。是故此天莊嚴廣大。如十地之位但約此十迴向大悲之際智育遐周之門長養大悲使令堅厚。更無餘法別有進求。設復智有奇途。只是此位之中微細。是故佛昇他化更不別有徒衆承迎座體。進修不論別加層級。可知。

严高座等事。何意其位高升不陈广供。答曰。十住有天无菩萨来迎如来所施供养者。为十住位。且明其初生佛智慧家。未有先见道者。但列诸天。未有菩萨。为初始从信位凡夫。未得人圣位故。以此初升须弥顶品。不列菩萨之众。但有诸天奉迎如来故。明从此位方入圣流。如升夜摩天宫品。即有诸天及菩萨众称扬赞叹者。即明十住位。已有见道入位故。十行位升进中。即有诸菩萨众而迎佛。会入十行法门。以十住十行。设行众行。出世心多。处世大悲犹未自在故。所以众不圆满故。如此兜率天宫诸天菩萨及庄严色类多者。明此回向之门。会融悲智。出世与世间一体。成就大悲。普育含识。遍周利物不弃微生。是故天王龙王。八部诸王。菩萨法王。其众无量。庄严境界。色相无边。表明悲位含弘。济生无限。利物广大。获益无穷。是故此天庄严广大。如十地之位。但约此十回向大悲之际。智育遐周之门。长养大悲使令坚厚。更无余法别有进求。设复智有奇途。只是此位之中微细。是故佛升他化。更不别有徒众承迎座体。进修不论别加层级。可知 。

第二兩時兜率天王已下至音樂一時同奏一段經明兜率天王為佛敷座已與諸天眾以淨心興供養雲及諸菩薩奉迎如來分釋義云與十萬億阿僧祇兜率天子奉迎如來有二義一請佛入宮殿二表法以解脫無依住之大智處一切生死饒益眾生即迎佛義又一釋如創入聖位以方便三昧而入真門如此十迴向以取十住十行中無垢正智入大悲方便為迎佛入宮殿如三乘中地前三十心為方便十地見道如此經十信心為方便資糧十住初心為見道成佛十行十迴向十地十一地為資糧資糧十住初正見心成令慣習自在故為三乘教於三僧祇劫方成佛故設十地菩薩得三種意生身非是得佛智生身故以是十地向前三賢菩薩是資糧位十地見道為加行位十一地等覺位中普賢行方終十一地是妙覺佛果此佛華嚴其義先佛而後行以究竟佛果方以悲願之行用資覺體使悲智齊均以此義故號佛華嚴也是故今此兜率天王以將大悲之方便用資十住十行之中大智佛果為迎佛義故今此位教

第二尔时兜率天王已下。至音乐一时同奏。一段经。明兜率天王为佛敷座已。与诸天众以净心兴供养云。及诸菩萨奉迎如来分。释义云。与十万亿阿僧祇兜率天子奉迎如来。有二义。一请佛入宫殿。二表法。以解脱无依住之大智。处一切生死。饶益众生。即迎佛义。又一释。如创入圣位。以方便三昧而入真门。如此十回向。以取十住十行中无垢正智。入大悲方便。为迎佛入宫殿。如三乘中。地前三十心为方便。十地见道。如此经。十信心为方便资粮。十住初心为见道成佛。十行十回向十地十一地为资粮。资粮十住初正见心成。令惯习自在故。为三乘教于三僧祇劫方成佛故。设十地菩萨。得三种意生身。非是得佛智生身故。以是十地向前三贤菩萨。是资粮位。十地见道。为加行位。十一地等觉位中。普贤行方终。十二地是妙觉佛果。此佛华严。其义先佛而后行。以先觉佛果。方以悲愿之行。用资觉体。使悲智齐均。以此义故。号佛华严也。是故今此兜率天王。以将大悲之方便。用资十住十行之中大智佛果。为迎佛义故。今此位教表法大體以將大悲之海用資十住十行之中佛智慧正覺故號之爲迎佛故夫法無始終一念齊等。萬行悲智當體圓終。設教名言不可並立。名詮敘致似有前後義生。體名者名無始末。遂教者境智不移。此教意明混今古之爲一際破情塵於當卽也。終不可作延促解。始終見總不出無時之理。和會一多差別之門也。凡以前位向後位爲遙見正契爲佛來入宮以淸淨心雨阿僧祇色華雲有二義。一供佛。二表法。明大悲萬行徧周。其雲具十種。明法行圓滿。皆從天身出者。明智身興萬行也。大衆天子天女歡喜頂禮者。明以軌度法則利生令得樂故。明菩薩大悲令衆生得樂是菩薩樂故。如世人母。其子樂者其母樂也。兜率宮中不可說諸菩薩住虛空中精勤一心供養出過天者。明以法空成行。出勝世間有爲行也。此一段有十三種衆。

校譌

第八紙十行陰宋論作蔭十五行寶放宋論作莊嚴 第九紙八行螺宋論作蠡十三行飾南藏作擊 第十二紙一行億宋論作臆 第十四紙十三行念南論作向 第十九紙十七行天下南北論有字

表法大体。以将大悲之海。用资十住十行之中佛智慧正觉故。号之为迎佛故。夫法无始终。一念齐等。万行悲智。当体圆终。设教名言。不可并立。名诠叙致。似有前后义生。体名者名无始末。达教者境智不移。此教意明混今古之为一际。破情尘于当即也。终不可作延促解。始终见。总不出无时之理。和会一多差别之门也。凡以前位向后位。为遥见。正契。为佛来入宫。以清净心雨阿僧祇色华云。有二义。一供佛。二表法。明大悲万行遍周。其云具十种。明法行圆满。皆从天身出者。明智身兴万行也。大众天子天女欢喜顶礼者。明以轨度法则利生令得乐故。明菩萨大悲。令众生得乐。是菩萨乐故。如世人母。其子乐者。其母乐也。兜率宫中不可说诸菩萨住虚空中精勤一心供养出过天者。明以法空成行。出胜世间有为行也。此一段有十三种众。

第三爾時如來威神力故已下至讚歎如來無厭足一段經明諸天迎佛各各遙見佛來如對目前敬佛興供分釋義者分為五段云遙見佛來明從前十行發起迴向大悲大願故如對目前者明不離根本智常相應故下文云見如來具一切智是也於法無礙正等覺者明與佛智正覺合故如是思惟已下四句是正入位故各以天衣盛供已下十種供養明前由以身化供明起願也此段明以衣盛供表身行周也於此興供一段六十五行經約作五門分別一爾時如來威神力故已下至同時奉迎如來有五行半經明諸天以佛神力自善根力遙見佛來自契佛智奉迎分二各以天衣已下至供養於佛有四行經明諸天以衣盛香華散佛供養分此有十種供養眾三百千億那由他已下至雨一切纓絡雲無有斷絕有十六行經明諸天各各以心所興供雲供養分此一段十種供養眾四百千億那由他已下至天樂出妙音聲供養如來有十四行經明升陳所興十種持散供養佛分五百千億那由他已下至無厭足有二十五行經明舊住兜率天宮中菩薩以諸波羅蜜行興

第三尔时如来威神力故已下。至赞叹如来无厌足。一段经。明诸天迎佛。各各遥见佛来如对目前。敬佛兴供分。释义者。分为五段。云遥见佛来。明从前十行发起回向大悲大愿故。如对目前者。明不离根本智常相应故。下文云见如来具一切智是也。于法无碍正等觉者。明与佛智正觉合故。如是思惟已下四句。是正入位故。各以天衣盛供已下。十种供养明前由以身化供。明起愿也。此段明以衣盛供。表身行周也。于此兴供一段六十五行经。约作五门分别。一尔时如来威神力故已下。至同时奉迎如来有五行半经。明诸天以佛神力。自善根力遥见佛来。自契佛智奉迎分。二各以天衣已下。至供养于佛。有四行经。明诸天以衣盛香华散佛供养分。此有十种供养众。三百千亿那由他已下。至雨一切璎珞云无有断绝。有十六行经。明诸天各各以心所兴供云供养分。此一段十种供养众。四百千亿那由他已下。至天乐出妙音声供养如来。有十四行经。明并陈所兴十种持散供养佛分。五百千亿那由他已下。至无厌足。有二十五行经。明旧住兜率天宫中菩萨。以诸波罗蜜行。兴其依果以爲供養。此一段十七種供養。云舊住者本位新來者加行入位。此十七種供中先舉蓋爲先者。爲此位迴入大悲菩薩行故以大悲爲首。以諸波羅蜜一時助華。是智慧開敷義。帳是含容義。衣爲忍義。鈴網是說教義。如幻心是堅固義。爲無體可成壞故。餘准例約名義知之。此第三段有三十種百萬億供養衆。末後有先住天宮菩薩衆。有十七種供。從波羅蜜諸行生。從法身智慧解脫知見生。如文具明。所以勝天之供。爲非有爲所報得故。是法界無作門所起超情作故。

第四爾時一切諸天及諸菩薩已下至阿僧祇衆恭敬尊重。有一百六行經。此之一段經文。明諸天菩薩見佛神變饒益衆生充滿十方徧周無限分。於中文義如經具明。

第五爾時大衆咸見佛身已下至不可思議佛法門故。此之一段明如來身光徧照無限分。於此分中有二十行經。約分七段。一爾時大衆咸見佛身已下至無邊法界兩行半經。明見佛光明境界分。二以佛神力已下至出世善根之所成就可兩行經。明如來神力出妙音聲讚頌分。三復現百千其依果以为供养。此一段十七种供养。云旧住者本位新来者加行入位。此十七种供中先举盖为先者。为此位回入大悲菩萨行故。以大悲为首。以诸波罗蜜一时助。华是智慧开敷义。帐是含容义。衣为忍义。铃网是说教义。如幻心是坚固义。为无体可成坏故。余准例约名义知之。此第三段。有三十种百万亿供养众。末后有先住天宫菩萨众。有十七种供。从波罗蜜诸行生。从法身智慧解脱知见生。如文具明。所以胜天之供。为非有为所报得故。是法界无作门所起。超情作故 。

第四尔时一切诸天及诸菩萨已下。至阿僧祇众恭敬尊重。有一百六行经。此之一段经文。明诸天菩萨见佛神变饶益众生充满十方遍周无限分。于中文义。如经具明 。

第五尔时大众咸见佛身已下至不可思议佛法门故。此之一段。明如来身光遍照无限分。于此分中。有二十行经。约分七段。一尔时大众咸见佛身已下。至无边法界。两行半经。明见佛光明境界分。二以佛神力已下。至出世善根之所成就可两行经。明如来神力出妙音声赞颂分。三复现百千億那由他已下至自在之所出生有兩行半經。明如來現自報相莊嚴分。四又現不可說已下至甚深義可一行半經。明現無盡諸佛出興分。五又現不可說已下至平等清淨。一行半經。明如來神力通變徧周分。六如是已下至不思議勝德所生有一行半經。明前所現是如來勝智德所生分。七復現百千億那由他已下至佛法門故有八行經。明如來現不思議妙寶焰現自善根集大衆分。此七段經中文義自具。此段意明如來自現境界。令迴向者加行契入。

第六爾時如來大悲已下至稱揚讚說不可窮盡。此之一段有二十六行半經。明如來示一切智所有莊嚴隨根利生無限令增長分。於此分中分爲兩段。一爾時如來大悲所覆已下至生三世諸如來家有十二行半經。明如來示現莊嚴及神力令不可說世界衆生獲益分。二世尊所現已下至此段末有十三行半經。明如來所現之德顯佛自在。令一切衆生發諸菩薩入佛所行酬本願分。

亿那由他已下。至自在之所出生。有两行半经。明如来现自报相庄严分。四又现不可说已下。至甚深义。可一行半经。明现无尽诸佛出兴分。五又现不可说已下。至平等清净。一行半经。明如来神力通变遍周分。六如是已下。至不思议胜德所生。有一行半经。明前所现。是如来胜智德所生分。七复现百千亿那由他已下。至佛法门故。有八行经。明如来现不思议妙宝焰。现自善根集大众分。此七段经中文义自具。此段意明如来自现境界。令回向者加行契入 。

第六尔时如来大悲已下。至称扬赞说不可穷尽。此之一段。有二十六行半经。明如来示一切智所有庄严。随根利生无限令增长分。于此分中。分为两段。一尔时如来大悲所覆已下。至生三世诸如来家。有十二行半经。明如来示现庄严及神力令不可说世界众生获益分。二世尊所现已下。至此段末有十三行半经。明如来所现之德显佛自在。令一切众生发诸菩萨入佛所行酬本愿分 。

第七爾時兜率陀天王已下至一切世界悉亦如是。此之一段明兜率天王辦供已畢請佛入宮殿如來受請分有十三行經。明兜率天王辦供請佛如來為欲盡益眾生故受請并結十方同此分。

第八爾時一切寶莊嚴殿已下至而說頌言。此之一段明如來入殿以佛殊勝德舉令殿莊嚴勝

大方廣佛新華嚴經論卷第二十

天所供分有十三行半經約分為兩段。一爾時一切寶莊嚴殿已下至悉過諸天供養之上有八行經明如來受請入殿以佛自己善根依果出勝諸天無比對分。此明加行會位勝德如佛故。一時兜率宮中已下至而說頌言有五行半經明諸天妓樂熾然不息諸天歡喜說頌分。此明入法悅樂故。

第九有二十行頌稱歎往昔十佛皆入此殿分。一云吉祥者眾善所集名吉。眾福所加名祥。二云金色殿者。殿有金色光明。亦明法身無垢。三云蓮華殿者。殿有眾色蓮華莊嚴。亦表法身無染是蓮華義。山王殿者。明積德如山王。非非殿有山。如經云寶者貴德為寶。非關寶王。餘義可知。所以須歎往昔如來

第七尔时兜率陀天王已下。至一切世界悉亦如是。此之一段。明兜率天王办供已异。请佛入宫殿。如来受请分。有十三行经。明兜率天王办供请佛如来为欲尽益众生故。受请并结十方同此分。

第八尔时一切宝庄严殿已下。至而说颂言。此之一段。明如来入殿。以佛殊胜德熏。令殿庄严。胜

(大方广佛新华严经论卷第二十)*

天所供分。有十三行半经。约分为两段*一尔时一切宝庄严已下。至悉过诸天供养之上。有八行经。明如来受请入殿。以佛自己善根依果。出胜诸天无比对分。此明加行会位胜德如佛故。二时兜率宫中已下。至而说颂言。有五行半经。明诸天妓乐炽然不息。诸天欢喜说颂分。此明入法悦乐故 。

第九有二十行颂。称叹往昔十佛皆入此殿分。云吉祥者。众善所集名吉。众福所加名祥。云金色殿者。殿有金色光明。亦明法身无垢。云莲华殿者。殿有众色莲华庄严。亦表法身无染。是莲华义。山王殿者。明积德如山王。非殿有山。如经云宝者。贵德为宝。非关宝王。余义可知。所以须叹往昔如来

者有二義。一兜率天王念昔自分善根力今古。二明古今諸佛道跡普周。三明如來道跡依古不異非天魔梵所爲令眾生生信入故。此十佛亦以加行隨行成名。

第十兩行經都結十方同此稱歎往昔如來入此殿分。

第十一爾時世尊已下。至悉亦如是。此之一段明如來入殿昇座而坐以佛之德殿內殊好出過諸天及十方菩薩皆來集分。於此品末有十三行半經約分爲二段。一爾時世尊已下。至爲眾說法有六行半經。明如來處座爲眾說法分。二不可說諸菩薩眾已下。至悉亦如是有七行經。明十方菩薩來集處座殿內莊嚴妙好勝出諸天。一切十方兜率悉同此雲集莊嚴分。座體前已釋訖。師子座上結跏趺坐者有二義。一世間威儀。二會此十迴者。有三义。一兜率天王念昔自分善根力今古。二明古今诸佛道迹普周。三明如来道迹依古不异。非天魔梵所为。今众生生信入故。此十佛亦以加行随行成名 。

第十两行经。都结十方同此称叹往昔如来入此殿分 。

第十一尔时世尊已下。至悉亦如是。此之一段。明如来入殿升座而坐。以佛之德殿内殊好出过诸天。及十方菩萨皆来集分。于此品末。有十三行半经。约分为二段。一尔时世尊已下。至为众说法。有六行半经。明如来处座为众说法分。二不可说诸菩萨众已下。至悉亦如是。有七行经。明十方菩萨来集处座。殿内庄严妙好胜出诸天。一切十方兜率悉同此云集庄严分。座体前已释讫。师子座上结跏趺坐者。有二义。一世间威仪。二会此十回

向中理事交徹如來座體以法界緣起不思議智
無所依住大慈大悲以為座體以無依住智性自
徧周與虛空等不去不來而對現色身與衆生數
等。任根差別隨應調伏而化度之。而無所造作。如
經云法身清淨妙用自在者是也。與三世佛同一
境界住一切智者以智體無內外中邊。諸佛同住
境界亦爾。與一切佛同入一性者為無性之性無
出入也。諸佛同此也。佛眼明了者。覩一切法非有
無而能以智徧知一切諸法也。有大威力普遊十
方未嘗休息者。以無作無依之理智破一切邪見
執著皆悉消亡名之為威力。以智無表裏性徧如
空應感現形而無來去名之為遊。無俗不真名為
法界。一念三世古今情盡教化衆生無終無始名
未嘗休息明時不遷也。具大神通者。大智無依無
形性無生滅名之為神。智無不達名之為通隨應
可化悉能徧往者。智無去來中邊表裏十方衆生
應感皆見皆悉不同名之為徧往以一切諸佛無
礙莊嚴而莊嚴之有二義。一四無礙智莊嚴。二佛
依報正報二福莊嚴。一切相好及隨好是以如來
身是正報。國土蓮華藏界是依報智自善業而嚴

向中理事交彻。如来座体。以法界缘起不思议智无所依住大慈大悲以为座体。以无依住智。性自遍周。与虚空等。不去不来而对现色身。与众生数等。任根差别。随应调伏而化度之。而无所造作。如经云法身清净妙用自在者是也。与三世佛同一境界住一切智者。以智体无内外中边。诸佛同住境界亦尔。与一切佛同入一性者。为无性之性。无出入也。诸佛同此也。佛眼明了者。觉一切法非有无。而能以智遍知一切诸法也。有大威力普游十方未尝休息者。以无作无依之理智。破一切邪见执著。皆悉消亡。名之为威力。以智无表里。性遍如空。应感现形而无来去。名之为游。无俗不真。名为法界。一念三世古今情尽。教化众生无终无始。名未尝休息。明时不迁也。具大神通者。大智无依无形。性无生灭。名之为神。智无不达。名之为通。随应可化悉能遍往者。智无去来中边表里。十方众生应感皆见。皆悉不同。名之为遍往。以一切诸佛无碍庄严而庄严之。有二义。一四无碍智庄严。二佛依报正报二福庄严。一切相好及随好是。以如来身是正报。国土莲华藏界是依报。智自善业而严自身及境為智。法爾自具無邊功德如九十七種大人之相是。只為無明所覆。以慈悲喜捨饒益眾生報得依果者。即隨好光明功德是。如佛大人相。有十華藏世界微塵數隨好無限。經且約舉一種隨好功德名圓滿王。所有利益具在經說。又如無依住智體無自他內外所執。所有依報正報莊嚴身及國土一切境界互相含入。猶如百千明鏡影像互相容入重重重重無盡重重重重身土眾境互入無盡。猶如帝釋所居寶網諸天各處寶內重重眾像相入。身境無礙。身出剎土剎土出身雲俱現佛事。一種自在諸法總然。於智境界不說有情無情之法。經云。善知其時為眾說法者了根生熟如應化度。問曰。何為諸佛知眾生心時與非時答曰。諸佛如來心與一切眾生心本不異。故是一心一智慧。故以此知時與非時。諸佛悟而了與眾生共之。眾生迷自謂為隔。一切諸佛以一切眾生心智慧而成正覺。一切眾生迷諸佛智慧而作眾生。及至成佛時還成眾生迷理之佛。所說法門還解眾生心裏迷佛眾生。以此不異故知眾生心。經云不可說諸菩薩各從他方種種國土而共來集者。

自身及境为智。法尔自具无边功德。如九十七种大人之相是。只为无明所覆。以慈悲喜舍饶益众生。报得依果者。即随好光明功德是。如佛大人相有十华藏世界微尘数。随好无限。经且约举一种随好功德。名圆满王。所有利益。具在经说。又如无依住智。体无自他内外所执。所有依报正报庄严。身及国土一切境界。互相含入。犹如百千明镜。影像互相容入。重重重重无尽。重重重重身土众境互入无尽。犹如帝释所居宝网。诸天眷属宝内重重众像相入。身境无碍。身出刹土。刹土出身云。俱现佛事。一种自在。诸法总然。于智境界。不说有情无情之法。经云善知其时为众说法者。了根生熟如应化度。问曰。何为诸佛知众生心时与非时。答曰。诸佛如来心与一切众生心。本不异故。是一心一智慧故。以此知时与非时。诸佛悟而了。与众生共之。众生迷自谓为隔。一切诸佛。以一切众生心智慧而成正觉。一切众生。迷诸佛智慧而作众生。及至成佛时。还成众生迷理之佛。所说法门。还解众生心里迷佛众生。以此不异故。知众生心。经云不可说诸菩萨。各从他方种种国土而共来集者。

約萬行差別名爲他方以法隨根應物調伏。名種種國土。不出如來大圓明智名爲而共來集衆會清淨者無情識也。法身無二者與佛同一體性等無性也。無所依止無得無證也。而能自在起佛身行者無作之智同佛用也。坐此座已會此十迴向法界本也。殿出殊好以智所感也。出過諸天者以智報感非有情爲也。論主頌解云菩薩所有報相約行所生頌曰菩薩以忍爲垂鬘慚愧爲衣服飾戒品塗香及抹香慈悲普覆爲其蓋正心不動禪定幢智慧幢破諸邪見。方便常住生死海饒益衆生爲妓樂。總持演暢妙法音聞者解脫爲歌樂。已上如文可知此段有不可說他方菩薩衆此一段諸天住兜率天菩薩衆總有一百一十八箇百萬億衆若他方所來菩薩有不可說。諸天莊嚴高座及宮殿色類有百八十四種差別。一類有百萬億。如來及菩薩自福莊嚴無有限數。此會所將如是大悲如是智慧如是萬行。但爲長養初發心住初生佛家之智慧大悲令慣習自在故。時亦不改。法亦不異。智亦不遷。猶如竹葦依舊而成。初生與終無有麤細。亦如小兒長初生而爲大無異大也。

约万行差别。名为他方。以法随根应物调伏。名种种国土。不出如来大圆明智。名为而共来集。众会清净者。无情识也。法身无二者。与佛同一体性。等无性也。无所依止。无得无证也。而能自在起佛身行者。无作之智同佛用也。坐此座已。会此十回向法界本也。殿出殊好。以智所感也。出过诸天者。以智报感。非有情为也。论主颂解云。菩萨所有报相。约行所生。颂曰。菩萨以忍为垂鬘。惭愧恒为衣服饰。戒品涂香及末香。慈悲普覆为其盖。正心不动禅定幢。智慧幢破诸邪见。方便常住生死海。饶益众生为妓乐。总持演畅妙法音。闻者解脱为歌乐。已上如文可知。此段有不可说他方菩萨众。此一段诸天住兜率天菩萨众总有一百一十八个百万亿众。若他方所来菩萨有不可说。诸天庄严高座及宫殿色类。有百八十四种差别。一类有百万亿。如来及菩萨自福庄严无有限数。此会所将如是大悲。如是智慧。如是万行。但为长养初发心住。初生佛家之智慧大悲。令惯习自在故。时亦不改。法亦不异。智亦不迁。犹如竹苇。依旧而成。初生与终无有粗细。亦如小儿长。初生而为大。无异大也。

此道以十行十迴向十地十一地為長養道之方
便。佛果在於初發心。又十住中。一住具十住之功
用故。及十住十行十迴向十地。總十住中總具足
故。猶如神龍馬王所生其神駒。生在其地與父遲
速相似。唯力用未如其父母。如初發心菩薩以乘
如來一切智乘初生佛家與佛同智。唯神通道力
未如。以待大悲萬行長養故。雖長養功終。法不異
也時不遷也。終不出初發心時力用功畢。如龍女
不出刹那際一生成佛是。如善財一生得佛果亦
爾。一生義者得無生也。今且約立無生有十。一諸
蘊自體無生。二諸見自體無生。三空無生。四性無
生。五時劫不遷無生。六涅槃生死無生。七說法音
聲寂默無生。八智慧分別無生。九神通道力性自
周徧無生。十不出刹那際。對現三世盡古今劫一
切衆生前身無生。有此十種無生義故。是名一生
當得菩提。是此經意以十行十迴向十地十一地
法方便用資初發心佛果絕前後之情所望故。以
資糧與佛果同時互為體用相資故。號為覺行嚴
經。以果資行令行無著以行資果大悲大用得辦。
如三乘以意生身菩薩求說乘佛一切智乘者。推

此直以十行十回向十地十一地。为长养道之方便。佛果在于初发心。又十住中。一住具十住之功用故。及十住十行十回向十地。总十住中总具足故。犹如神龙马王。所生其神驹。生在其地。与父迟速相似。唯力用未如其父母。如初发心菩萨。以乘如来一切智乘。初生佛家。与佛同智。唯神通道力未如。以待大悲万行长养故。虽长养功终。法不异也。时不迁也。终不出初发心时。力用功毕。如龙女不出刹那际一生成佛是。如善财一生得佛果亦尔。一生义者。得无生也。今且约立无生有十。一诸蕴自体无生。二诸见自体无生。三空无生。四性无生。五时劫不迁无生。六涅槃生死无生。七说法音声寂默无生。八智慧分别无生。九神通道力性自周遍无生。十不出刹那际。对现三世尽古今劫一切众生前身。无生。有此十种无生义故。是名一生当得菩提。是此经意。以十行十回向十地十一地法方便。用资初发心佛果。绝前后之情所望故。以资粮与佛果同时。互为体用相资故。号为觉行严经。以果资行。令行无著。以行资果。大悲大用得办。如三乘以意生身菩萨未说乘佛一切智乘者。推佛果在十一地。後三祇之劫終也。即地前三賢爲資糧。十地爲見道。佛果在十一地。三祇之劫終也。如此教與三乘中五位行相。一倍顛倒。行相不同。後當更明。

校譌

第十二紙八行疑宋論作擬　第十三紙五行所據經當作普十八行集宋論作修十九行息宋論作怠第十六紙十行玉南北論作王第十八紙四行等下南北論有住字

兜率天宮偈讚品第二十四

將釋此品。三門如前。第一釋品名目者。明以金剛幢等十菩薩各從異佛刹來處兜率天宮。至如來所。各化作妙寶師子之座已。各以十迴向法門因果而偈讚之。故名偈讚品。異佛刹者。從十行中來入十迴向。第二釋品來意者。此品爲欲成十迴向中因果法門。故須此品來也。第三隨文解釋已義分爲二。第一長科經意。第二隨文釋義。一長科經意者。於此一品大意前後總作十一段長科。

一從爾時佛神力故已下至而說頌言。五十二行經明金剛幢等十菩薩衆十方來集彰因示果佛果在十一地后。三祇之劫终也。即地前三贤为资粮。十地为见道。佛果在十一地。三祇之劫终也。如此教。与三乘中五位行相。一倍颠倒行相不同。后当更明 。

兜率天宫偈赞品第二十四

将释此品。三门如前。第一释品名目者。明以金刚幢等十菩萨。各从异佛刹来。处兜率天宫。至如来所。各化作妙宝师子之座已。各以十回向法门因果而偈赞之。故名偈赞品。异佛刹者。从十行中来。入十回向。第二释品来意者。此品为欲成十回向中因果法门。故此品须来也。第三随文解释中。义分为二。第一长科经意。第二随文释义。一长科经意者。于此一品大意。前后总作十一段长科 。

一从尔时佛神力故已下。至而说颂言。五十二行经。明金刚幢等十菩萨众十方来集。彰因示果不二分。於此分中義分爲十段。一爾時佛神力故已下至來詣佛所。是諸眾來集分。二其名曰已下至法幢菩薩眾所來十菩薩名號分。三所從來國已下至妙香世界。是諸菩薩所從來國土分。四各於佛所淨修梵行已下至觀察幢佛剎本所事佛之號分。五其諸菩薩已下至無量功德有八行經明諸來菩薩化座而坐放光顯德饒益分。六所謂已下至猶若虛空有七行經明諸來菩薩見無依止清淨法身智慧徧遊十方事佛自在無礙分。七如此世界已下至無有差別。明都結十方同此來集分。八爾時世尊已下至神變之相。明如來放光所在普照十方彼此大眾皆相見分。九如是菩薩已下至皆來集會有十六行經。明諸來菩薩往因同佛善根至法究竟自在分。十在於佛所因光所見已下至頌有兩行經。明都結十方同此世界菩薩集會分。第二隨文解釋者於此五十一行經約立十門。一明十方菩薩所來之法。二釋菩薩名下之義。三釋十世界之所表。四釋十佛名號之因果。五釋十菩薩來至佛所化之座體。六釋菩薩身光之因。七明菩薩所得何法而能自在化滿十方。

不二分。于此分中。义分为十段。一尔时佛神力故已下。至来诣佛所。是诸众来集分。二其名曰已下。至法幢菩萨。与所来十菩萨名号分。三所从来国已下。至妙香世界。是诸菩萨所从来国土分。四各于佛所净修梵行已下。至观察幢佛。举本所事佛之号分。五其诸菩萨已下。至无量功德。有八行经。明诸来菩萨化座而坐。放光显德饶益分。六所谓已下。至犹若虚空。有七行经。明诸来菩萨见无依止清净法身智慧。遍游十方事佛。自在无碍分。七如此世界已下。至无有差别。明都结十方同此来集分。八尔时世尊已下。至神变之相。明如来放光所在。普照十方。彼此大众皆相见分。九如是菩萨已下。至皆来集会有十六行经。明诸来菩萨往因。同佛善根。至法究竟自在分。十在于佛所因光所见已下。至颂。有两行经。明都结十方同此世界菩萨集会分。第二随文释义者。于此五十二行经。约立十门。一明十方菩萨所来之法。二释菩萨名下之义。三释十世界之所表。四释十佛名号之因果。五释十菩萨来至佛所所化之座体。六释菩萨身光之因。七明菩萨所得何法。而能自在化满十方。

八釋如來放光處所表法。九明諸來菩薩眾海從誰發心。十明隨位進修因果。一明菩薩所來之法者。經云一一各與萬佛剎微塵數者。爲明昇進之法智之知見。勝前位故。十住云百。十行云千。十迴向云萬。俱從萬佛剎微塵數國土外諸世界中來詣佛所者。明迷法云外世界。智達名來詣佛所。云萬佛剎微塵數者。是迷悟之數也。一一釋菩薩名下之義者。其名曰金剛幢菩薩者。菩薩前已釋訖。金剛幢者。明堅固不動義。前十行位菩薩名林。表行覆蔭廣多義故。此位菩薩以幢爲稱者。明大悲之行處生死大海能摧破一切眾生煩惱自智無傾動故。十行明以行自卑和怨義。十迴向明大智堅彊隨悲破怨自在義。此約權度行。堅固幢菩薩者。此大悲爲戒體故。勇猛幢菩薩者。此約大悲爲忍是勇猛義。光明幢菩薩者。此約大悲爲精進之體。長處生死之夜。以智發明故。智幢菩薩者。此位大智於生死之中恆明。常破闇故。以爲定體。寶幢菩薩者。明以大悲大智善施教網名爲寶幢。明教可貴故。非世寶也。精進幢菩薩者。此位是第七方便行。善能知根同事處俗不迷。同塵不污。是精進八释如来放光处所表法。九明诸来菩萨众海。从谁发心。十明随位进修因果。一明菩萨所来之法者。经云一一各与万佛刹微尘数者。为明升进之法。智之知见。胜前位故。十住云百。十行云千。十回向云万。俱从万佛刹微尘数国土外诸世界中来诣佛所者。明迷法。云外世界。智达。名来诣佛所。云万佛刹微尘数者。是迷悟之数也。二释菩萨名下之义者。其名曰金刚幢菩萨者。菩萨前已释讫。金刚幢者。明坚固不动义。前十行位。菩萨名林。表行覆荫广多义故。此位菩萨以幢为称者。明大悲之行。处生死大海。能摧破一切众生烦恼。自智无倾动故。十行。明以行自卑和怨义。十回向。明大智坚强。随悲破怨自在义。此约檀度行。坚固幢菩萨者。此大悲为戒体故。勇猛幢菩萨者。此约大悲为忍。是勇猛义。光明幢菩萨者。此约大悲为精进之体。长处生死之夜。以智发明故。智幢菩萨者。此位大智。于生死之中恒明。常破暗故。以为定体。宝幢菩萨者。明以大悲大智慧。善施教网。名为宝幢。明教可贵故。非世宝也。精进幢菩萨者。此位是第七方便行。善能知根同事。处俗不迷。同尘不污。是精进

幢義故。離垢幢菩薩者。此是第八願波羅蜜。自無
生死以智隨願利生故常無垢也。星宿幢菩薩者。
此力波羅蜜法王位成差別智。明善知眾根猶如
星宿大小皆明。法幢菩薩者。此位是智波羅蜜。善
安立諸法無能摧破者是法幢義故。此已上是能
行行之人。三釋世界名者。所從來國。謂妙寶世界。
明以妙法普施含生是可貴義。世界名妙樂者。明
大悲為戒處生死利眾生令得大樂。妙銀世界者。
明以法身理智以成忍體猶如白銀柔輭明淨。妙
金世界者。明精進利俗無有勞倦。不虧真理實中
致福悉皆金色也。妙摩尼世界者。明法性自淨用
而無垢自在以為定體故。妙金剛世界者。明無性
妙慧能破虛妄不自壞故。妙波頭摩世界者。是赤
蓮華也。明此以大悲方能同色香而無染故。妙優
鉢羅華世界者。青蓮華色也。第八以智隨悲之行
清潔不汙。以青蓮華色處泥不汙以用表之。妙栴
檀世界者。以此法師位成說法香也。妙香世界者。
明此位大智大悲隨位功終以無依無作之妙智
而滿十方無來去智法音隨徧無有形故。但云妙
香。不云形類表勝前有跡故。此已上十世界名是

幢义故。离垢幢菩萨者。此是第八愿波罗蜜。自无生死。以智随愿利生。故常无垢也。星宿幢菩萨者。此力波罗蜜法王位。成差别智。明善知众根。犹如星宿。大小皆明。法幢菩萨者。此位是智波罗蜜。善安立诸法。无能摧破者。是法幢义故。此已上是能行行之人。三释世界名者。所从来国谓妙宝世界。明以妙法普施含生。是可贵义。世界名妙乐者。明大悲为戒。处生死。利众生。令得大乐。妙银世界者。明以法身理智。以成忍体。犹如白银柔软明净。妙金世界者。明精进利俗。无有劳倦。不亏真理。黄中致福。悉皆金色也。妙摩尼世界者。明法性自净。用而无垢自在。以为定体故。妙金刚世界者。明无性妙慧。能破虚妄。不自坏故。妙波头摩世界者。是赤莲华也。明此以大悲。方能同色香。而无染故。妙优钵罗华世界者。青莲华色也。第八以智随悲之行。清洁不污。以青莲华色处泥不污。以用表之。妙旃檀世界者。以此法师位。成说法香也。妙香世界者。明此位大智大悲。随位功终。以无依无作之妙智。而满十方。无来去智。法音随遍。无有形故。但云妙香。不云形类。表胜前有迹故。此已上十世界名。是此十迴向位行中之法故言妙世界者是隨生死教化眾生理智妙用也世間以土地山河為世界智仁以智德妙用為世界四釋十佛名號因果者經云各於佛所淨修梵行者明隨位進修加行佛果即如下十箇佛是所謂無盡幢佛者明此十迴向大悲之位所施無盡以成佛果之號其施如下迴向品自明風幢佛者明巽為風為白淨為言說為赤為日為明為白淨即如風無形色而香臭悉吹皆令淨故又巽為雞知時而鳴故像知根而垂教也上值天門開眾善也巽為已盛陽之始也定是非之時也明齋戒法則之時故巽為言說為口為面門談眾善也能治辛丑丑為小男以眾言說化童蒙也以此言之風幢佛是此戒波羅蜜之風化果號也解脫幢佛者是忍位中果也忍力已成無不解脫此是西方兌為卑下義威儀幢佛此主北方佛果其信位中北方威儀智佛同號此主北方師範位也以威儀庠序以接童蒙故以約行為果號明相幢佛此與十信位東北方明相智佛同號故明約坎為所治丑為信心寅為艮理始明借方表法也主丑為山山為不動不動即靜靜能發

此十回向位行中之法故。言妙世界者。是随生死教化众生。理智妙用也。世间以土地山河为世界。智仁以智德妙用为世界。四释十佛名号因果者。经云各于佛所净修梵行者。明随位进修加行佛果。即如下十个佛是。所谓无尽幢佛者。明此十回向大悲之位。所施无尽。以成佛果之号。其施如下回向品自明。风幢佛者。明巽为风。为白净。为言说。为赤。为日。为明。为白净。即如风无形色。而香臭悉吹。皆令净故。又巽为鸡。知时而鸣故。像知根而垂教也。上值天门。开众善也。巽为巳。盛阳之始也。定是非之时也。时斋戒法则之时故。巽为言说为口。为面门。谈众善也。能治辛丑。丑为小男。以众言说化童蒙也。以此言之。风幢佛。是此戒波罗蜜之风化果号也。解脱幢佛者。是忍位中果也。忍力已成。无不解脱。此是西方。兑为卑下义。威仪幢佛。此主北方佛果。共信位中北方威仪智佛同号。此主北方。师范位也。以威仪庠序。以接童蒙故。以约行为果号。明相幢佛。此与十信位东北方明相智佛同号故。明约坎为所治。丑为信心。寅为契理始明。借方表法也。主丑为山。山为不动。不动即净。净能发明。明癖之始也。人定之始正慧開敷。以十迴向之位不離十信所信之法。於彼法上以爲安立此明十迴向之定體能發大悲利俗之明慧故如常幢佛與十信中第六究竟智佛亦相似。總約隨位昇進波羅蜜上立佛果號之名。總不離十信所信果。一如善財至彌勒佛果還指善財見文殊者是也。明文殊是啟蒙信果之位。發行進修不離舊跡。今文殊菩薩住清涼山。是此閻浮一境之東北。主艮位表啟蒙發明之首故故爲童子菩薩以寶言之本是十方諸佛無性理之妙慧。成佛莫不由之。此門即一切眾生盡有。迷理自惑而不見。若悟理者現行分別是也。以定照之方明故。艮爲止也。自餘准例隨名會位知之。五釋諸菩薩來所化座之體者。經云化作妙寶師子之座。以法寶利生教行網故以寶網彌覆座上。十信位中座體約果成名。以寶蓮華藏爲體。十住位中約得如來智慧大悲而成體。即以毗盧遮那藏爲體。即師子座號毗盧遮那藏。十行位中以行淨離垢師子座。即以蓮華藏爲體。十迴向位明大悲處生死設教行普該萬法不拘一法故座體直以寶爲名不限色類以教行明。明禅之始也。入定之始。正慧开敷。以十回向之位。不离十信所信之法。于彼法上以为安立。此明十回向之定体。能发大悲利俗之明慧故。如常幢佛。与十信中第六究竟智佛亦相似。总约随位升进波罗蜜上。立佛果号之名。总不离十信所信果。一如善财至弥勒佛果。还指善财见文殊者是也。明文殊是启蒙信果之位。发行进修不离旧迹。今文殊菩萨住清凉山。是此阎浮一境之东北。主艮位。表启蒙发明之首故。故为童子菩萨。以实言之。本是十方诸佛无性理之妙慧。成佛莫不由之。此门即一切众生尽有。迷理自惑而不见。若悟理者现行分别是也。以定照之方明故。艮为止也。自余准例随名会位知之。五释诸菩萨来所化座之体者。经云化作妙宝师子之座。以法宝利生教行网故。以宝网弥覆座上。十信位中座体约果成名。以宝莲华藏为体。十住位中约得如来智慧大悲而成体。即以毗卢遮那藏为体。即师子座号毗卢遮那藏。十行位中以行净离垢。师子座即以莲华藏为体。十回向位。明大悲处生死。设教行。普该万法。不拘一法故。座体直以宝为名。不限色类。以教行徧周而漉眾生故座有寶網彌覆其上。六釋菩薩身光者。明此位菩薩以大悲行處世利物。任智慧而照眾生。即淨光恆照。七明菩薩得何法而自在者。經云見無依止清淨法身。以智身現無量故是明見法無依止性。一切無明便爲妙用智慧。即能通化無方。八釋如來放光處所表法者。明十信足下輪中放光。以信爲初。如十住足指端明入聖位之初。十行足趺明依聖性法身起行。十迴向即於膝上放光者。明表法光明。以膝者人之坐起迴旋卷舒自在之所由也。明此迴向位法門是迴眞處俗。解脫無染之大智。以悲願利生處生死而恆涅槃處涅槃與生死。無礙自在。以放光處表之。十地眉間表中道果光也。九明諸菩薩從誰發心者。皆於自心無始分別無明爲發心之始。達此無始無明爲大圓鏡智故。即與十方毗盧遮那如來同善根故。若離此智無成佛期。無見佛日。是故經云。如是菩薩皆與毗盧遮那往昔同善根故明達自無明成大智體。諸佛共此智也。十明隨位進修因果者。明金剛幢菩薩是所修行之人。妙寶世界是所修之行。無盡幢佛是所行之果。餘九例知倣此。已遍周而漉众生故。座有宝网弥覆其上。六释菩萨身光者。明此位菩萨。以大悲行处世利物。任智慧而照众生。即净光恒照。七明菩萨得何法而自在者。经云见无依止清净法身。以智身现无量故是。明见法无依止性。一切无明。便为妙用智慧。即能通化无方。八释如来放光处所表法者。明十信足下轮中放光。以信为初。如十住足指端。明入圣位之初。十行足趺。明依圣性法身起行。十回向即于膝上放光者。明表法光明。以膝者人之坐起。回旋卷舒自在之所由也。明此回向位法门。是回真处俗。解脱无染之大智。以悲愿利生。处生死而恒涅槃。处涅槃与生死。无碍自在。以放光处表之。十地眉间。表中道果光也。九明诸菩萨从谁发心者。皆于自心无始分别无明。为发心之始。达此无始无明为大圆镜智故。即与十方毗卢遮那如来同善根故。若离此智。无成佛期。无见佛日。是故经云。如是菩萨。皆与毗卢遮那往昔同善根故。明达自无明成大智体。诸佛共此智也。十明随位进修因果者。明金刚幢菩萨。是所修行之人。妙宝世界。是所修之行。无尽幢佛。是所行之果。余九例知仿此。已下有十段頌。一段十行。一行一頌。所頌之法是此當位十迴向位中都調治綱紀之門。如文自具。更加文釋文繁義沈表法難知。方可約釋。餘如文自具。

二如來不出世已下。有十行頌。明佛以實示權分。

三爾時堅固幢菩薩已下。有十行頌。明歎佛身性相無比。要常親近供養無疲大願成滿方能履佛所行道分。

四爾時勇猛幢菩薩已下。有十行頌。明佛及法要以淨心淨行方了見佛有爲不堪分。

五光明幢菩薩有十行頌。明一佛身而生多佛身如幻而生起分。

六爾時智幢菩薩已下有十行頌。明佛智無依無作不造不內不外而能現形普徧分。

七爾時寶幢菩薩已下。有十行頌。明如來所有應現非情所爲任智無功衆生自業應見分。此段約自修行之行。智現相應故非時分知。立時分者是情故。多時少時俱是情。

八爾時精進幢菩薩已下有十行頌。明佛身非

下有十段颂。一段十行。一行一颂。所颂之法。是此当位十回向位中。都调治纲纪之门。如文自具。更加文释。文繁义沉。表法难知。方可约释。余如文自具。

二如来不出世已下。有十行颂。明佛以实示权分。

三尔时坚固幢菩萨已下。有十行颂。明叹佛身性相无比。要常亲近供养无疲。大愿成满。方能履佛所行道分。

四尔时勇猛幢菩萨已下。有十行颂。明佛及法。要以净心净行方了。见佛有为不堪分。

五光明幢菩萨。有十行颂。明一佛身而生多佛身。如幻而生起分。

六尔时智幢菩萨已下。有十行颂。明佛智无依。无作不造。不内不外。而能现形普遍分。

七尔时宝幢菩萨已下。有十行颂。明如来所有应现。非情所为。任智无功。众生自业应见分。此段约自修行之行。智现相应故。非时分知。立时分者是情故。多时少时俱是情。

八尔时精进幢菩萨已下。有十行颂。明佛身非內外十方佛同等無有內身對眾生業現分。

九爾時離垢幢菩薩已下有十行頌。明如來以無心無思無依之智性無表裏對現十方隨根普應分。

十爾時星宿幢菩薩已下有十行頌。明以如來無心意識可名為佛眾生以有心意識及住寂滅心者總不能見佛分。

十一爾時法幢菩薩已下有十行頌。明寧受眾苦不捨如來分。已上各說一法。共成十迴向心。或但說有眾生著有。或但說無眾生著無。如經星宿幢菩薩頌云。眾生妄分別。是佛是世界。了達法性者。無佛無世界。如下文法幢菩薩頌云。寧可恆具受一切世間苦。終不遠如來。不覩自在力。此二頌皆相成就有無。恐墮邊見。餘例知。如觀十方何意。為觀眾意之同別。亦觀十方世界諸佛法同不二

十迴向品第二十五

將釋此品。三門如前。一釋品名目者。此品何故名為十迴向。答曰。以十住初生諸佛智慧家。雖有第七方便波羅蜜成大悲行。然為創始應真修理智出世心多。行悲行劣。故於初發心住於妙峯山頂見比丘名為德雲。得憶念諸佛智慧光明門。雖

内外。十方佛同等。无有内身。对众生业现分。

九尔时离垢幢菩萨已下。有十行颂。明如来以无心无思无依之智。性无表里。对现十方。随根普应分。

十尔时星宿幢菩萨已下。有十行颂。明以如来无心意识可名为佛。众生以有心意识及住寂灭心者。总不能见佛分。

十一尔时法幢菩萨已下。有十行颂。明宁受众苦。不舍如来分。已上各说一法。共成十回向心。或但说有。众生著有。或但说无。众生著无。如经星宿幢菩萨颂云。众生妄分别。是佛是世界。了达法性者。无佛无世界。如下文法幢菩萨颂云。宁可恒具受。一切世间苦。终不远如来。不睹自在力。此二颂皆相成就有无。恐堕边见。余例知。如观十方何意。为观众意之同别。亦观十方世界诸佛法同不二。

十回向品第二十五

将释此品。三门如前。一释品名目者。此品何故名为十回向。答曰。以十住初生诸佛智慧家。虽有第七方便波罗蜜。成大悲行。然为创始应真。修理智出世心多。行悲行劣。故于初发心住。于妙峰山顶见比丘。名为德云。得忆念诸佛智慧光明门。虽知已後於第十善知識以十波羅蜜互相參入。和融諸行卑以具足。然當隨本位行門勝劣全異。此明同中別令昇進故。如十行位中爲行之首。即以三眼國比丘名善見。即以林中經行。用表其十行。以智眼慧眼法眼觀根利生化令出俗故。以比丘所表。爲十行廣大覆蔭眾多。以林所表。如此十迴向位中明前二位出俗心多大悲行劣。以將十住初心所得諸佛之智慧十行之中出世之行門處俗利生。故名迴向。迴眞入俗利生。故名迴向。是故此位表法香知識。即以鬻香長者名號青蓮華表之。明此十迴向法門。如合和香法。以將諸眾香合成爲一丸互相資益以成徧熏。十迴向者亦復如是。以戒定慧解脫解脫知見五分法身之香。和合大慈大悲諸波羅蜜。四攝四無量涅槃生死諸塵勞門。共成一箇法界之眞香。皆從大願爲首。是故此位名爲迴向。長者名青蓮華者。表此位行不染斯淨涅槃也。又長者明處俗流智長於世人。名之爲長者。青蓮華者明色。諸華之中此華色香第一。以表五位行門。此十迴向法門第一。何以然者。爲此十迴向法門以大願力會融悲智生死涅槃成知已后次第十善知识。以十波罗蜜互相参入。和融诸行。早已具足。然当随本位行门胜劣全异。此明同中别。令升进故。如十行位中。为行之首。即以三眼国。比丘名善见。即以林中经行。用表其十行。以智眼慧眼法眼。观根利生。化令出俗。故以比丘所表。为十行广大。覆荫众多。以林所表。如此十回向位中。明前二位出俗心多。大悲行劣。以将十住初心所得诸佛之智慧。十行之中出世之行门。处俗利生。故名回向。回真入俗利生。故名回向。是故此位表法善知识。即以鬻香长者。名号青莲华表之。明此十回向法门。如合和香法。以将诸众香。合成为一丸。互相资益。以成遍熏。十回向者。亦复如是。以戒定慧。解脱。解脱知见。五分法身之香。和合大慈。大悲。诸波罗蜜。四摄。四无量。涅槃。生死。诸尘劳门。共成一个法界之真香。皆从大愿为首。是故此位名为回向。长者名青莲华者。表此位行不染垢净涅槃也。又长者。明处俗流。智长于世人。名之为长者。青莲华者。明色。诸华之中。此华色香第一。以表五位行门。此十回向法门第一。何以然者。为此十回向法门。以大愿力。会融悲智生死涅槃。成一法界之眞自在法故。能資前位佛果使具普賢行門圓滿故。亦成後位十地十一地行門使慣習自在故。明前後十住十行十地十一地總是此十迴向位中理智大願大智大悲所圓融故。以此十迴向位通前徹後總通收故。故表青蓮華眾華之中色香最爲殊勝。出過餘華也。又以表兜率天宮於諸三界此天殊勝。何以故。爲世間三世諸佛皆在此天長菩提心滿化世間故。向上化樂天。他化天。樂放逸故。又向上色界無色界是樂靜心多故。已下夜摩忉利是著樂之處。天非知足故。四天王天。四面而居非正位故。是故此天處欲界之天。上下處中故。又此天而修三福德人之共生處故。何者爲三。一修施。二持戒。三修定。自餘諸天。不修三福令均平。故皆偏多也。修戒施二福。是故餘天。或多放逸或多樂靜。是故上生經云。樂欲長菩提心者來生此天。是故此天說此十迴向門於此表法勝故。又向下忉利夜摩向上化樂他化。此天於此五天處中故。故說十迴向和會智悲均平。令處中故。故於此天說十迴向故故將此處表所說法門。又將鬱香長者號青蓮華所表法位。以此義之可一法界之真自在法故。能资前位佛果。使具普贤行门圆满故。亦成后位十地十一地行门。使惯习自在故。明前后十住十行十地十一地。总是此十回向位中。理智大愿大智大悲所圆融故。以此十回向位。通前彻后。总通收故。故表青莲华。众华之中。色香最为殊胜。出过余华也。又以表兜率天宫。于诸三界此天殊胜。何以故。为世间三世诸佛。皆在此天长菩提心满。化世间故。向上化乐天。他化天。乐放逸故。又向上色界。无色界。是乐静心多故。已下夜摩。忉利。是著乐之处。天非知足故。四天王天。四面而居。非正位故。是故此天。处欲界之天上下处中故。又此天而修三福德人之共生处故。何者为三。一修施。二持戒。三修定。自余诸天。不修三福令均平故。皆偏多也。修戒施二福。是故余天。或多放逸。或多乐静。是故上生经云。乐欲长菩提心者。来生此天。是故此天说此十回向门。于此表法胜故。又向下忉利夜摩。向上化乐他化。此天于此五天处中故。故说十回向。和会智悲均平。令处中故。故于此天说十回向故。故将此处表所说法门。又将鬻香长者。号青莲华。所表法位。以此义之可解。是故名十迴向。以表十波羅蜜行參和一多同別之門故。爲十種迴向。以表無盡故。以大願風吹智慈雲令普雨故。二釋品來意者。大意如前所述可知。三隨文釋義者義分爲二。第一長科經意。第二隨文釋義。一長科經意者。從爾時已下至第三十三卷末總作十五段長科。

第一從品初爾時已下至去來現在一切佛迴向有三十三行經。是十方諸佛加金剛幢菩薩令說十迴向分。於此分中復分爲四段。一爾時金剛幢菩薩已下。至演說諸菩薩十迴向有十八行半經。明金剛幢菩薩入定諸佛與同號加持分。二佛子汝當承佛威神之力已下。至無障礙法光故有四行半經。明諸佛勸說十迴向法門分。三爾時已下。至善根力故。六行經。明諸佛與金剛幢十種法力加持分。四爾時已下。至去來現在一切佛迴向。有四行經。明諸佛以手摩頂令金剛幢菩薩出定說法分。第二隨文釋義者約立十門。一釋入三昧因緣。二釋三昧之名。三明諸來佛刹遠近。四明諸佛之數。五明諸佛同號所緣。六明佛來現前稱讚。七明諸佛共加入定。八明諸佛摩頂因緣。九明出定告眾歎法。十明正說十種迴向。第一明入三昧解。是故名十回向。以表十波罗蜜行。参和一多同别之门故。为十种回向。以表无尽故。以大愿风。吹智慈云。令普雨故。二释品来意者。大意如前所述可知。三随文释义者。义分为二。第一长科经意。第二随文释义。一长科经意者。从尔时已下。至第三十三卷末。总作十五段长科。

第一从品初尔时已下。至去来现在一切佛回向。有三十三行经。是十方诸佛。如金刚幢菩萨。令说十回向分。于此分中。复分为四段。一尔时金刚幢菩萨已下。至演说诸菩萨十回向。有十八行半经。明金刚幢菩萨入定。诸佛与同号加持分。二佛子汝当承佛威神之力已下。至无障碍法光故。有四行半经。明诸佛劝说十回向法门分。三尔时已下。至善根力故。六行经。明诸佛与金刚幢十种法力加持分。四尔时已下。至去来现在一切佛回向。有四行经。明诸佛以手摩顶。令金刚幢菩萨出定说法分。第二随文释义者。约立十门。一释入三昧因缘。二释三昧之名。三明诸来佛刹远近。四明诸佛之数。五明诸佛同号所缘。六明佛来现前称赞。七明诸佛共加入定。八明诸佛摩顶因缘。九明出定告众叹法。十明正说十种回向。第一明入三昧之因緣者。爲欲令後學菩薩知軌則故。爲知三昧方便現智令明淨故。爲知三昧之力能令說法智慧簡擇自在分明故。三世諸佛法則合如是故。故須入定。二釋三昧之名者。何故名爲智光三昧。爲以成就大悲之門非大智而不顯。如十住中顯佛智慧與自心同合。即以方便三昧無作無思如淨水澄明。日月萬象自然現故。如十行之內三昧即名號善思惟。則明於理隨事法差別名善思惟。如此十迴向所入三昧名智光者。則以智行悲明處俗無染。以此智光照俗無俗不眞。是以鬻香長者青蓮華表之用明處俗無染十住十行此上以爲標首以明出俗之功。一依善財知識表之是故此位圓悲智之自在故。故三昧名爲智光三昧。三明諸來佛剎遠近者。明隨位勝進智慧增廣。十行云萬佛剎塵。此位云十萬佛剎微塵。表勝進過前。四明諸佛之數者。經云十方各十萬佛剎微塵數。明進修智業廣大與十方如來智體功用合故。五諸佛同號所緣者。何故十方諸佛與入定菩薩同號爲金剛幢而現其前者有二義。一如前所釋進修智會。一以佛名號及如來身而現入定菩薩前明之因缘者。为欲令后学菩萨知轨则故。为知三昧方便现智令明净故。为知三昧之力。能令说法智慧简择自在分明故。三世诸佛法则。合如是故。故须入定。二释三昧之名者。何故名为智光三昧。为以成就大悲之门。非大智而不显。如十住中。显佛智慧与自心同合。即以方便三昧。无作无思。如净水澄明。日月万像自然现彻。如十行之内。三昧即名号善思惟。则明于理随事法差别。名善思惟。如此十回向。所入三昧名智光者。则以智行悲。明处俗无染。以此智光照俗。无俗不真。是以鬻香长者青莲华表之。用明处俗无染。十住十行。比丘以为标首。以明出俗之功。一依善财知识表之。是故此位圆悲智之自在故。故三昧名为智光三昧。三明诸来佛刹远近者。明随位胜进。智慧增广。十行云万佛刹尘。此位云十万佛刹微尘。表胜进过前。四明诸佛之数者。经云十方各十万佛刹微尘数。明进修智业广大。与十方如来智体功用合故。五诸佛同号所缘者。何故十方诸佛与入定菩萨同号为金刚幢。而现其前者。有二义。一如前所释进修智会。二以佛名号及如来身。而现入定菩萨前。明處位不惑。斷自他之疑故。成法印故。又智既合同。身亦無二故。六明諸佛來現稱讚金剛幢明以言加令入定者印法不惑。亦令當學之徒斷除疑惑故。又身智既同說法亦等故。七明諸佛共加入定者所云共加者有二義。一自智所會合佛德故。二諸佛隨智與力二緣會故。名之爲加。又爲自雖不疑斷他惑故。諸佛與加成法則故。又說佛加持有六。一同名號加與同名故。二現身加而現其前故。三言讚加以言讚歎故。四毗盧遮那往昔願力加。五與十種法加如文自具。六以十方諸佛手摩其頂加。八明諸佛手摩其頂因緣。何故手摩其頂。明右手者作用之便。明諸佛以右手引接令出定說法。又自作用與諸佛作用相及故。又諸佛許可到法際故。以當位有自位際法也。九明出定告衆歎法者。經文自具。十明正說十種迴向。如經下文。此釋初段三十三行經竟

校譌

第五紙十二行自宋論作日第八紙十四行妙寶下南北論有藏字第十一紙二行語言宋南北藏俱作言語第十五紙十七行所南論作取第二十二紙十四行大光下明書藏有明字

处位不惑。断自他之疑故。成法印故。又智既合同。身亦无二故。六明诸佛来现称赞金刚幢。明以言加。令入定者印法不惑。亦令当学之徒。断除疑惑故。又身智既同。说法亦等故。七明诸佛共加入定者。所云共加者。有二义。一自智所会合佛德故。二诸佛随智与力二缘会故。名之为加。又为自虽不疑。断他惑故。诸佛与加。成法则故。又说佛加持有六。一同名号加。与同名故。二现身加。而现其前故。三言赞加。以言赞叹故。四毗卢遮那往昔愿力加。五与十种法加。如文自明。六以十方诸佛手摩其顶加。八明诸佛手摩其顶因缘。何故手摩其顶。明右手者作用之便。明诸佛以右手引接。令出定说法。又自作用。与诸佛作用相及故。又诸佛许可到法际故。以当位有自位际法也。九明出定告众叹法者。经文自具。十明正说十种回向。如经下文。此释初段三十三行经竟 。

第一佛子菩薩摩訶薩已下至過去未來現在諸佛已說當說今說有九行半經。是正舉十迴向之名目分。自此已下佛子云何為菩薩摩訶薩已下至第二十三卷內至皆得清淨到於彼岸總有十卷經。明正說十迴向隨十波羅蜜進修行門分。已上十箇迴向。一箇是一箇波羅蜜行。都共為十段科。至後隨當位分中方釋。第三正說十迴向隨十波羅蜜進修分中從佛子是為菩薩摩訶薩十種迴向已下至云何為菩薩摩訶薩救護一切眾生離眾生相迴向。於此一段中有二義。一科其當段經意。一隨文解說。此十箇迴向中長科有一百八十段經文。一科其當段經意者。於此救護一切眾生離眾生相迴向段中長科為十段。

第一佛子云何為菩薩摩訶薩救護一切眾生相迴向已下至加是等無量善根可五行經。明修六波羅蜜四無量心成就初迴向分。第一隨文釋義。云何行檀波羅蜜淨戒波羅蜜。以能捨惡法戒體自淨故。云何修忍波羅蜜施戒已成當修忍力。為施體能捨故與戒體為淨因。忍體須加行修學。為忍防他凌辱非由己自捨故須加行學忍。云何第二佛子菩萨摩诃萨已下。至过去未来现在诸佛已说当说今说。有九行半经。是正举十回向之名目分。自此已下佛子云何为菩萨摩诃萨已下。至第三十三卷内至皆得清净到于彼岸。总有十卷经。明正说十回向随十波罗蜜进修行门分。已上十个回向。一个是一个波罗蜜行。都共为十段科。至后随当位分中方释。第三正说十回向随十波罗蜜进修分中。从佛子是为菩萨摩诃萨十种回向已下。至云何为菩萨摩诃萨救护一切众生离众生相回向。于此一段中。有二义。一科其当段经意。二随文解说。此十个回向中。长科有一百八十段经文。一科其当段经意者。于此救护一切众生离众生相回向段中。长科为十段 。

第一佛子云何为菩萨摩诃萨救护一切众生相回向已下。至如是等无量善根。可五行经。明修六波罗蜜四无量心。成就初回向分。第二随文释义。云何行檀波罗蜜。净戒波罗蜜。以能舍恶法。戒体自净故。云何修忍波罗蜜。施戒已成。当修忍力。为施体能舍故。与戒体为净因。忍体须加行修学。为忍防他凌辱。非由己自舍。故须加行学忍。云何起精進波羅蜜。以忍體是自息其忿恨。非是欣修利物之行。故須起利物之行。是此位精進義。云何起精進波羅蜜。以精進勤行利物之行。恐多散動相應。故須入禪波羅蜜。云何住般若波羅蜜。以禪能發生淨慧故。云何大慈大悲大喜大捨。爲六波羅蜜是出世心多故。加以慈悲喜捨利衆生法均調諸行故。此以上六度四無量心使令均平智悲得所。成此初迴向門。此迴向法門從十信十住十行總具有之。至此本位方令齊等。若以解行門中有此差降。若以理智門中總無前後始終之法。已下當位有十度調治之法。如下文中具明。不煩更釋。但如文以行行之。云何但以六波羅蜜爲利生行。爲明大悲門中但令衆生出世間故。然後方令入生死中。

第二修善根時已下。至皆令得一切智。有十四行半經。明起願念度衆生分。

第三佛子菩薩摩訶薩已下。至阿耨多羅三藐三菩提。有三十三行半經。明親疎善惡平等分。

第四佛子菩薩摩訶薩已下。至住佛所住。有二十行經。明以諸佛法而爲勝緣深植自善根願與起精进波罗蜜。以忍体是自息其忿恨。非是欣修利物之行。故须起利物之行。是此位精进义。云何起精进波罗蜜。入禅波罗蜜。以精进勤行利物之行。恐多散动相应。故须入禅波罗蜜。云何住般若波罗蜜。以禅能发生净慧故。云何大慈大悲大喜大舍。为六波罗蜜。是出世心多故。加以慈悲喜舍利众生法。均调诸行故。此以上六度四无量心。使令均平。智悲得所。成此初回向门。此回向法门。从十信十住十行总具有之。至此本位方令齐等。若以解行门中。有此差降。若以理智门中。总无前后。始终之法。已下当位有十度调治之法。如下文中具明。不烦更释。但如文以行行之。云何但以六波罗蜜为利生行。为明大悲门中。但令众生出世间故。然后方令入生死中。

第二修善根时已下。至皆令得一切智。有十四行半经。明起愿念度众生分。

第三佛子菩萨摩诃萨已下。至阿耨多罗三藐三菩提。有三十三行半经。明亲疏善恶平等分。

第四佛子菩萨摩诃萨已下。至住佛所住。有二十行经。明以诸佛法而为胜缘。深植自善根。愿与衆生分。

第五佛子菩薩摩訶薩已下至令得解脫有三十八行半經明菩薩入於惡道代諸衆生受苦令諸衆生得樂分。

第六佛子菩薩摩訶薩復作是念已下至使到彼岸有七行經明菩薩以自善根令諸衆生得十種究竟樂分。

第七佛子菩薩摩訶薩已下至無量善根有五行經明菩薩隨宜救護衆生得出生死供養諸佛親近善友分。

第八佛子已下至令一切衆生斷疑故有十二行半經明菩薩大願衆生雖多不假多聖唯我一人獨能度盡分。

第九佛子已下至救護一切衆生離衆生相迴向有三十一行經明菩薩如日普照不求恩報不著衆生法迴向分。

第十爾時已下至說頌有五行半經明金剛幢菩薩觀衆說頌分

已下頌中有五十六行頌頌此救護衆生離衆生相迴向。此一段中明菩薩所行之行均調得所兩行一頌如文自具得意以行行之第二隨文解众生分。

第五佛子菩萨摩诃萨已下。至令得解脱。有三十八行半经。明菩萨入于恶道。代诸众生受苦。令诸众生得乐分。

第六佛子菩萨摩诃萨复作是念已下。至使到彼岸。有七行经。明菩萨以自善根。令诸众生得十种究竟乐分。

第七佛子菩萨摩诃萨已下。至无量善根。有五行经。明菩萨随宜救护众生。得出生死。供养诸佛亲近善友分。

第八佛子已下。至令一切众生断疑故。有十二行半经。明菩萨大愿。众生虽多不假多圣。唯我一人独能度尽分。

第九佛子已下。至救护一切众生离众生相回向。有三十一行经。明菩萨如日普照。不求恩报。不著众生法。回向分。

第十尔时已下。至说颂。有五行半经。明金刚幢菩萨观众说颂分。

已下颂中。有五十六行颂。颂此救护众生离众生相回向。此一段中。明菩萨所行之行均调得所。两行一颂。如文自具。得意以行行之。第二随文解釋者。何故名爲救護一切眾生離眾生相迴向。釋此名目有二義。一明隨位修行次第之法。二明本位名號。一明隨位修行次第之法者。如十住中於初發心住。求一切智。此菩薩所緣十種難得法而發於心。所謂處非處等十種如來智力而發於心。生佛家爲佛眞子。如十行之中。行歡喜行爲大施主。凡所有物悉能惠施。無有悔悋。行菩薩行以爲所緣。如此十迴向中初迴向名救護眾生離眾生相者。卽以六波羅蜜四無量心以爲所緣。明卽以十住十行所得大智法身無著淨行。起廣大願行。處於生死。以六波羅蜜以爲行首。慈悲喜捨以爲處生死利物之緣。是故卽名爲救護眾生離眾生相迴向。卽以慈悲喜捨爲救護。以六波羅蜜出世間法爲離眾生相故。爲六度行門是出世行故。是故如是安立次第。總在十住初發心位一時總具。只爲紙素竹帛名言次第。遂生分段。非是法有前後義故。如十住位中善財童子表法之中。海門國觀大海具有阿脩羅等十王供養等。是迴向義。然教門次第昇進不可不存。若不如斯。使後學之流行沈淪而不進。二明本位之名者。又以大智法身释者。何故名为救护一切众生离众生相回向。释此名目有二义。一明随位修行次第之法。二明本位名号。一明随位修行次第之法者。如十住中。于初发心住求一切智。此菩萨所缘十种难得法而发于心。所谓处非处等十种如来智力而发于心。生佛家为佛真子。如十行之中。行欢喜行。为大施主。凡所有物。悉能惠施。无有悔吝。行菩萨行。以为所缘。如此十回向中。初回向名救护众生离众生相者。即以六波罗蜜。四无量心。以为所缘。明即以十住十行。所得大智法身。无著净行。起广大愿行。处于生死。以六波罗蜜。以为行首。慈悲喜舍。以为处生死利物之缘。是故即名为救护众生离众生相回向。即以慈悲喜舍为救护。以六波罗蜜出世间法。为离众生相故。为六度行门。是出世行故。是故如是安立次第。总在十住初发心位一时总具。只为纸素行帛名言次第。遂生分段。非是法有前后义故。如十住位中。善财童子表法之中。海门国观大海。具有阿修罗等十王供养等。是回向义。然教门次第升进不可不存。若不如斯。使后学之流。行沉沦而不进。二明本位之名者。又以大智法身。

以爲離體。十波羅蜜四無量心以爲處生死救護衆生所緣。是故名救護衆生離衆生相迴向。以智體無依。所救護者無性。衆生無相。正爲救護而無作者故。衆生自真無出沒故。名救護衆生離衆生相迴向。成此初迴向法門具足五緣。一具自了法身本自清淨解脫緣。二得大智慧解脫緣。三具大願力奉事諸佛利衆生緣。四十波羅蜜具足勝行緣。五慈悲喜捨一切衆生緣。具此五法方能成就此初迴向。此之一段。以檀波羅蜜爲主。九波羅蜜爲伴。善財以鬻香長者號青蓮華表所行行之人以名下義思之可解。於中所行法則鬻香長者賣香人也。能辯諸香。和合諸香賣鬻與人用表此位之行。前已釋竟。

第二不壞迴向。以戒波羅蜜爲體。餘九爲伴。善財以船師號婆施羅爲表行之人。此云自在。住樓閣城城門外海岸上住。修大悲幢行法門。明此迴向位中以大悲爲戒體。觀一切生死之海。令得一切大智之海。居生死海而得自在。故名自在。廣說如經。又表戒體如海。性淨不宿死屍。明法身本淨不宿煩惱染淨死屍也。廣義如文。經云佛子云何以为离体。十波罗蜜。四无量心。以为处生死救护众生所缘。是故名救护众生离众生相回向。以智体无依。所救护者无性。众生无相。正为救护。而无作者故。众生自真。无出没故。名救护众生离众生相回向。成此初回向法门。具足五缘。一具自了法身本自清净解脱缘。二得大智慧解脱缘。三具大愿力奉事诸佛利众生缘。四十波罗蜜具足胜行缘。五慈悲喜舍一切众生缘。具此五法。方能成就此初回向。此之一段。以檀波罗蜜为主。九波罗蜜为伴。善财以鬻香长者号青莲华。表所行行之人。以名下义思之可解。于中所行法则。鬻香长者。卖香人也。能辩诸香。和合诸香。卖鬻与人。用表此位之行。前已释竟 。

第二不坏回向。以戒波罗蜜为体。余九为伴。善财以船师号婆施罗。为表行行之人。此云自在。住楼阁城。城门外。海岸上住。修大悲幢行法门。明此回向位中。以大悲为戒体。视一切生死之海。令得一切大智之海。居生死海而得自在。故名自在。广说如经。又表戒体如海性净。不宿死尸。明法身本净。不宿烦恼染净死尸也。广义如文。经云佛子云何爲菩薩摩訶薩不壞迴向者。於此一段經文義分爲二。一長科此一段經意。二隨文解説第一長科此一段經意者。自佛子已下。至説頌已來總科爲六段。

一佛子已下至無量無數行境界故有十三行半經。明菩薩得信不壞分。

二佛子已下。至大願悉使滿足有十一行經。明菩薩住持教化衆生分。

三菩薩如是已下至阿僧祇衣敷布其地有三十三行經。明舉依果報嚴分。釋義云。如是阿僧祇寶是本行中以法利生依果也。阿僧祇華者是以行能利自他開敷衆善之依果。阿僧祇鬘是忍所報也。阿僧祇衣從慚愧生也。阿僧祇蓋大慈悲所生也。阿僧祇旛迴向心所生也。阿僧祇幢是隨行不退力所生也。阿僧祇莊嚴具諸助道法所生也。阿僧祇侍從謙敬離慢所生也。阿僧祇塗飾地從戒品生也。阿僧祇塗香以戒徧諸法生也。阿僧祇秣香以往昔散華香報所生。大綱以行知果如影隨形。一一相似准物類以義解之可解。亦以昔曾以如是物供養佛法僧獲得斯果故。餘准此知之。

为菩萨摩诃萨不坏回向者。于此一段经文。义分为二。一长科此一段经意。二随文解说。第一长科此一段经意者。自佛子已下。至说颂已来。总科为六段 。

一佛子已下。至无量无数行境界故。有十三行半经。明菩萨得信不坏分 。

二佛子已下。至大愿悉使满足。有十一行经。明菩萨住持教化众生分 。

三菩萨如是已下。至阿僧祇衣敷布其地。有三十三行经。明举依果报严分。释义云。如是阿僧祇宝。是本行中以法利生依果也。阿僧祇华者。是以行能利自他开敷众善之依果。阿僧祇鬘。是忍所报也。阿僧祇衣。从惭愧生也。阿僧祇盖。大慈悲所生也。阿僧祇幡。回向心所生也。阿僧祇幢。是随行不退力所生也。阿僧祇庄严具。诸助道法所生也。阿僧祇侍从。谦敬离慢所生也。阿僧祇涂饰地。从戒品生也。阿僧祇涂香。以戒遍诸法生也。阿僧祇末香。以往昔散华香报所生。大网以行知果。如影随形。一一相似。准物类以义解之可解。亦以昔曾以如是物供养佛法僧。获得斯果故。余准此知之。

四佛子已下至最上信解心迴向有二十二行半經。明菩薩以加上依果所有莊嚴供養諸佛。皆爲度脫衆生分。

五佛子已下至第二不壞迴向有二十四行經。明菩薩能隨生死度脫衆生。同事諸業。求一切智自淨等法悉不捨分。

六菩薩摩訶薩已下至說頌有八行經。明菩薩得於諸佛妙法。斷疑如聞自達。能隨想力入一切刹。普照衆生分。

已上頌有五十行。兩行一頌。皆頌當位之中迴向所行之行。如文自具。不煩更釋。如文行之。第二隨文解義者。云何爲不壞迴向。雖隨生死海不壞法身。雖隨分別而不壞無作。雖隨諸見而不壞法眼。雖隨諸行而不壞菩提心。雖教化成熟衆生皆至佛果不壞身心無依住門。雖隨一切衆生知根同事而不壞戒體悉自淨。是故名爲不壞迴向。又一切世間出世間法。無成壞體。此迴向體。如經云。如實法印印諸業門。得法無生住佛所住。觀無生性印印諸境界。諸佛護念發心迴向。與諸法性相應迴向。入無作法成就所作方便迴向。此是不壞迴向之大體也。智不壞生死。不壞大願。不壞大悲四佛子已下。至最上信解心回向。有二十二行半经。明菩萨以如上依果所有庄严。供养诸佛皆为度脱众生分。

五佛子已下。至第二不坏回向。有二十四行经。明菩萨能随生死度脱众生。同事诸业求一切智。白净等法恒不舍分。

六菩萨摩诃萨已下。至说颂。有八行经。明菩萨得于诸佛妙法断疑。如闻自达。能随想力入一切刹。普照众生分。

已上颂有五十行。两行一颂。皆颂当位之中回向所行之行。如文自具。不烦更释。如文行之。第二随文解义者。云何为不坏回向。虽随生死海不坏法身。虽随分别。而不坏无作。虽随诸见。而不坏法眼。虽随诸行。而不坏菩提心。虽教化成熟众生皆至佛果。不坏身心无依住门。虽随一切众生知根同事。而不坏戒体恒自白净。是故名为不坏回向。又一切世间出世间法。无成坏体。此回向体。如经云。如实法印。印诸业门。得法无生。住佛所住。观无生性。印诸境界。诸佛护念发心回向。与诸法性相应回向。入无作法成就所作方便回向。此是不坏回向之大体也。智不坏。生死不坏。大愿不坏。大悲不壞。皆如實故。如十住位。以離染大悲爲戒體。即以海門國海雲比丘爲所表。十行位中。即以工巧算術以爲戒體。即以釋天童子於河渚中算印法以爲所表。爲明行爲河流歸海故。十迴向中。以處俗大悲爲戒體。即以海師自在爲所表。

校譌

第二紙十七行加明書藏作如　第五紙十九行集宋論作習后第九紙十五行十七行第二十一紙一行第二十四紙九行集宋論俱作習　第九紙十七行欲下宋論無廣字　第十五紙七行凡下宋論無所字　第十七紙十九行於下南論有諸字佛明書藏作諸　第二十三紙五行承佛神力觀察十方宋南藏北論作觀察十方承佛神力

第二十六紙十三行算明書藏作筭

不坏。皆如实故。如十住位。以离染大悲为戒体。即以海门国海云比丘为所表。十行位中。即以工巧算术以为戒体。即以释天童子于河渚中算印法。以为所表。为明行为河流归海故。十回向中。以处俗大悲为戒体。即以海师自在为所表。

大方廣佛新華嚴經論卷第二十一

唐于闐國三藏沙門實叉難陀譯經

唐太原方山長者李通玄造論

第三等一切佛迴向以忍波羅蜜爲體。餘九爲伴。表法中以善財童子所見可樂城東大莊嚴幢無憂林中無上勝長者是也。爲城名可樂依主所行之行立其名故。爲明得法成忍人見可樂住城東者爲明忍爲覺行之首。爲表東方角亢氐房之位主眾善之首房爲青龍主吉慶位故。以東方爲陽爲生萬物之首。明忍爲萬行之首生眾福故。故居城東也。大莊嚴幢者忍隨違境不動也。是幢義。無憂林者明忍成行滿如林廣蔭也。號無上勝者。眾行之中不勝忍也。眾行之中無忍不成行故。餘廣如經說。二義如前。第一長科當段經意者。從此一段經中約科爲十段。

一佛子云何菩薩摩訶薩等一切佛迴向已下至諸根清涼有五行半經明學佛迴向心得自在清涼分。

大方广佛新华严经论卷第二十一

唐于阗国三藏沙门实叉难陀译经

唐太原方山长者李通玄造论

第三等一切佛回向。以忍波罗蜜为体。余九为伴。表法中以善财童子所见可乐城东大庄严幢无忧林中无上胜长者是也。为城名可乐依主所行之行立其名故。为明得法成忍。人见可乐。住城东者。为明忍为觉行之首。为表东方角亢氐房之位。主众善之首。房为青龙。主吉庆位故。以东方为阳。为生万物之首。明忍为万行之首。生众福故。故居城东也。大庄严幢者。忍随违境不动也。是幢义。无忧林者。明忍成行满。如林广荫也。号无上胜者。众行之中不胜忍也。众行之中。无忍不成行故。余广如经说。二义如前。第一长科当段经意者。从此一段经中。约科为十段 。

一佛子云何菩萨摩诃萨等一切佛回向已下。至诸根清凉。有五行半经。明学佛回向。心得自在清凉分 。

二佛子已下至不變異樂有七行半經。是菩薩迴向佛樂分。

三佛子已下至證薩婆若有七行經。明迴向菩薩行願分。薩婆若此云一切智。

四佛子已下至證一切智有十行經。明迴向一切眾生令得離苦分。

五佛子已下至具足充滿有兩行經。明菩薩行由願廣大充滿分。

六佛子已下至迴向諸佛無上菩提有十八行半經。明菩薩以本大悲處俗無染著分。

七佛子已下至如來究竟之地有二十五行半經。明施與畜生食願永離眾苦得樂分。

八佛子已下至第三等一切佛迴向有十四行經。明菩薩等一切諸佛迴向分。

九菩薩摩訶薩已下至心無所著有六行經。明菩薩入佛功德深入法界善知菩薩修行次第分。

十爾時已下。一行經。明金剛幢菩薩觀眾說頌分。

已上有四十八行頌。兩行一頌。所頌前法。如文具明。不煩更解。第二隨文釋義者。何故名為等一二佛子已下。至不变异乐。有七行半经。是菩萨回向佛乐分。

三佛子已下。至证萨婆若。有七行经。明回向菩萨行愿分。萨婆若。此云一切智。

四佛子已下。至证一切智。有十行经。明回向一切众生。令得离苦分。

五佛子已下。至具足充满。有两行经。明菩萨行由愿广大充满分。

六佛子已下。至回向诸佛无上菩提。有十八行半经。明菩萨以本大悲处俗无染著分。

七佛子已下。至如来究竟之地。有二十五行半经。明施与畜生食。愿永离众苦得乐分。

八佛子已下。至第三等一切佛回向。有十四行经。明菩萨等一切诸佛回向分。

九菩萨摩诃萨已下。至心无所著。有六行经。明菩萨入佛功德。深入法界。善知菩萨修行次第分。

十尔时已下。一行经。明金刚幢菩萨观众说颂分。

已上有四十八行颂。两行一颂。所颂前法。如文具明。不烦更解。第二随文释义者。何故名为等一切佛迴向。爲此第三迴向成其忍門。明無貪瞋癡三業如佛。佛所行願皆悉願爲。故云等一切佛迴向。令願行一如佛故。又前云不壞迴向。以次等一切諸佛迴向。明次第合然。

第四至一切處迴向者。以精進波羅蜜爲體。餘九爲伴。以善財所見比丘尼名師子頻伸。住輸那國。此曰勇猛。城名迦陵迦林。此云鬭諍時也。明此比丘尼能和斷鬭諍。此表第四迴向行精進業利物之相。表比丘者明離染清潔。尼者慈育明此精進行門離染慈悲以爲行體。號師子頻伸者明已得四無礙智已得四種無畏故。師子者明智無畏也。頻伸者卷舒自在也。明以清淨大智勇猛自在卷舒說法利生。善和斷鬭諍皆悉從伏。無量諸衆生見聞不同。廣如經說。意表此第四迴向中行精進之行表智悲之相故。無染慈悲說法自在。表悲常隨苦流智常無染。是摩尼義。四無礙智者。一義無礙智。二法無礙智。三辭無礙智。四樂說無礙智。四無畏者。一一切智無畏。二漏盡無畏。三說障道無畏。四說盡苦道無畏。一義如前第一長科此一段經意義爲八段。

切佛回向。为此第三回向。成其忍门。明无贪嗔痴。三业如佛。佛所行愿。皆悉愿为。故云等一切佛回向。令愿行一如佛故。又前云不坏回向。以次等一切诸佛回向。明次第合然 。

第四至一切处回向者。以精进波罗蜜为体。余九为伴。以善财所见比丘尼。名师子频伸。住输那国。此曰勇猛。城名迦陵迦林。此云斗诤时也。明此比丘尼能和断斗诤。此表第四回向行精进业利物之相。表比丘者。明离染清洁。尼者。慈音。明此精进行门。离染慈悲以为行体。号师子频伸者。明已得四无碍智。已得四种无畏故。师子者。明智无畏也。频伸者。卷舒自在也。明以清净大智勇猛。自在卷舒。说法利生。善和断斗诤。皆悉从伏。无量诸众生见闻不同。广如经说。意表此第四回向中行精进之行。表智悲之相故。无染慈悲。说法自在。表悲常随苦流。智常无染。是摩尼义。四无碍智者。一义无碍智。二法无碍智。三辞无碍智。四乐说无碍智。四无畏者。一一切智无畏。二漏尽无畏。三说障道无畏。四说尽苦道无畏。二义如前。第一长科此一段经意。义为八段 。

一佛子云何為菩薩摩訶薩至一切處迴向已下。至無邊世界。有十一行經。明菩薩所修善根如實際徧三世供養分。

二佛子已下。至廣大威德種性中。故有十一行經。明諸佛興世。如法身徧往無有差別廣大利益分。釋義云。如世界種。即如華藏世界種是也。約先德云。數三千大千世界至一恆河沙數為一世界海。又數世界海至一恆河沙為一世界性。又數世界性至一恆河沙為一世界種。云種種世界。云眾生雜多也。如轉世界者。或圓形轉。或流轉。如江河是。如日月亦是。皆無住止名轉。側世界。如四天王天在須彌山側。仰世界可知。覆世界。如胡蜂巢等是。亦如世界成就品說。已下如經自具。

三佛子已下。至護持一切諸佛教。故有六十四行經。明菩薩以眾多無盡如法性供養雲供養如法性無邊眾多如來普攝諸善根分。

四佛子已下。至以善方便修迴向道。有十六行半經。明菩薩修迴向以無所得而為方便修一切善根分。

五佛子已下。至具足一切功德。有六行經。總結一佛子云何为菩萨摩诃萨至一切处回向已下。至无边世界。有十二行经。明菩萨所修善根如实际遍三世供养分。

二佛子已下。至广大威德种性中故。有十二行经。明诸佛兴世。如法身遍往。无有差别。广大利益分。释义云。如世界种。即如华藏世界种是也。约先德云。数三千大千世界至一恒河沙数。为一世界海。又数世界海至一恒河沙。为一世界性。又数世界性至一恒河沙。为一世界种。云种种世界。云众生杂多也。如转世界者。或圆形转。或流转。如江河是。如日月亦是。皆无住止。名转。侧世界。如四天王天在须弥山侧。仰世界可知。覆世界。如胡蜂窠等是。亦如世界成就品说。已下如经自具。

三佛子已下。至护持一切诸佛教故。有六十四行经。明菩萨以众多无尽如法性供养云。供养如法性无边众多如来。普摄诸善根分。

四佛子已下。至以善方便修回向道。有十六行半经。明菩萨修回向。以无所得而为方便。修一切善根分。

五佛子已下。至具足一切功德。有六行经。总结已上供養功德分。

六佛子已下。至第四至一切處迴向有六行經。明都結已上徧一切處迴向所作令佛種不斷廣嚴淨佛刹分。

七菩薩摩訶薩已下。至能以善根如是迴向有十二行半經。明住此迴向時得身語意業徧十方一切處分。

八爾時已下。一行經。明金剛幢菩薩觀衆說頌分。

已上有二十二行頌。兩行一頌。如文自具。第二隨文釋義者。云何至一切處迴向。約位有十一。一法身至一切處。二智身至一切處。三大願至一切處。四供養諸佛至一切處。五見聞聽受諸法至一切處。六徧現色身至一切處。七開悟衆生至一切處。八不出毛孔至一切處。九徧滿十方等于法界而無去來至一切處。十入一衆生身心等一切衆生身心至一切處。十一入一佛身毛孔等一切佛身毛孔至一切處迴向。又迴向者有十法。一以無作法迴向有作法。二以有作法迴向無作法。三以已上供养功德分。

六佛子已下。至第四至一切处回向。有六行经。明都结已上遍一切处回向所作。令佛种不断。广严净佛刹分。

七菩萨摩诃萨已下。至能以善根如是回向。有十二行半经。明住此回向时。得身语意业遍十方一切处分。

八尔时已下。一行经。明金刚幢菩萨观众说颂分。

已上有二十二行颂。两行一颂如文自具。第二随文释义者。云何至一切处回向。约位有十一。一法身至一切处。二智身至一切处。三大愿至一切处。四供养诸佛至一切处。五见闻听受诸法至一切处。六遍现色身至一切处。七开悟众生至一切处。八不出毛孔至一切处。九遍满十方等于法界而无去来至一切处。十入一众生身心。等一切众生身心。至一切处。十一入一佛身毛孔。等一切佛身毛孔。至一切处回向。又回向者有十法。一以无作法回向有作法。二以有作法回向无作法。三以一法迴向多法。四以多法迴向一法。五於諸有法迴向無法。六於無法迴向有法。七以世間法迴向出世間法。八以出世間法迴向世間法。九以一切自性無迴向以爲方便有迴向法。十以一切有迴向法以爲自性無迴向法爲令滯有無者得自在故。生死涅槃無障礙故。得大神通無法拘留故。供養諸佛教化衆生。一多同別皆得自在故。以誠實心起大願雲周覆法界虛空界與種種供具。供養三世一切諸佛皆願自他福德圓滿故。是故名爲至一切處迴向。大意以修得十住十行之中法身理智。即依此法起大願大悲依無作理智起神通行。使不滯染淨。不爲染淨二法心所拘留。入神通自在門。不著神通。不著自在爲神通諸法性自離故。

第五無盡功德藏迴向者。以禪波羅蜜爲體。以善財童子所見婆須蜜女。以爲所行行之人。所住國土名爲險難城名寶莊嚴。以歎德中。心無分別普知諸法。一身端坐充滿法界。於自身現一切剎。所明禪體徧周自在。爲明禪與智悲會無二體用自在故。以國名險難者以眞智會俗城名寶莊嚴者一法回向多法。四以多法回向一法。五于诸有法回向无法。六于无法回向有法。七以世间法回向出世间法。八以出世间法回向世间法。九以一切自性无回向。以为方便有回向法。十以一切有回向法。以为自性无回向法。为令滞有无者得自在故。生死涅槃无障碍故。得大神通无法拘留故。供养诸佛。教化众生。一多同别。皆得自在故。以诚实心起大愿云。周覆法界虚空界。兴种种供具。供养三世一切诸佛。皆愿自他福德圆满故。是故名为至一切处回向。大意以修得十住十行之中法身理智。即依此法。起大愿大悲。依无作理智。起神通行。使不滞染净。不为染净二法心所拘留。入神通自在门。不著神通。不著自在。为神通诸法性。自离故。

第五无尽功德藏回向者。以禅波罗蜜为体。以善财童子所见婆须蜜女。以为所行行之人。所住国土名为险难。城名宝庄严。以叹德中。心无分别普知诸法。一身端坐充满法界。于自身现一切刹。所明禅体遍周自在。为明禅与智悲会无二体用自在故。以国名险难者。以真智会俗。城名宝庄严者。

會俗體自眞明定亂兩融智悲不礙隨塵不染故號城名寶莊嚴。婆須蜜女者。此云世友。能與世人爲師友故。亦曰天友。能與諸天作師友。或曰易寶。或以此女善巧方便易取衆生一切智寶。此女身金色目髮紺青。若聞說法。若暫見若執手若坐其座。總得三昧。爲明禪體徧周與智會。故道合見者總皆是禪體智悲相會之流。若也別見之流常對而不覩其容也。但爲定與智會智與悲冥隨根接俗。號之爲女。非卽但爲女也。十住中第五主禪門。卽俗土長者號爲解脫。明俗體本眞衆生身本來佛國故。長者身含佛國明衆生身亦然。但禪觀相應卽見。十行中卽以寶髻長者以明禪門。以本自居宅十層之閣宅有八門。市上接俗引來宅內卽明以智爲禪體。就俗引生故云市上引入智境名歸宅內。今十迴向之內以婆須蜜女以爲禪門。卽明十迴向以智悲爲禪體。以女表之以致其像用之表法。卽以所行俗事用彰智隨悲行處世染而不汙。若也未悟俗塵爲業所羁要須戒定慧志求出世之智。若也達智業亡要須處纏不汙。方便利生。皆令解脫。切須知根接引。不得惑亂衆生。要須会俗体自真。明定乱两融。智悲不碍。随尘不染。故号城名宝庄严。婆须蜜女者。此云世友。能与世人为师友故。亦曰天友。能与诸天作师友。或曰易宝。或以此女善巧方便。易取众生一切智宝。此女身金色。目发绀青。若闻说法。若暂见。若执手。若坐其座。总得三昧。为明禅体遍周。与智会故。道合见者。总皆是禅体智悲相会之流。若也别见之流。常对面不睹其容也。但为定与智会。智与悲冥。随根接俗。号之为女。非即但为女也。十住中第五主禅门。即俗士长者。号为解脱。明俗体本真。众生身本来佛国故。长者身含佛国。明众生身亦然。但禅观相应即见。十行中。即以宝髻长者以明禅门。以本自居宅十层之阁。宅有八门。市上接俗。引来宅内。即明以智为禅体。就俗引生。故云市上。引入智境。名归宅内。今十回向之内。以婆须蜜女以为禅门。即明十回向以智悲为禅体。以女表之。以至其像。用之表法。即以所行俗事。用彰智随悲行。处世染而不污。若也未悟俗尘。为业所留。要须戒定慧。志求出世之智。若也达智业亡。要须处缠不污。方便利生。皆令解脱。切须知根接引。不得惑乱众生。要须依根受藥。一義如前。一長科當段經意者。於此段長科為十二段。

一佛子已下至皆悉具足有六十一行經。明菩薩凡所隨喜迴向。衆悉皆具足圓滿分。

二佛子已下至一切佛剎悉亦如是有三十行經。明菩薩以大願願菩薩衆海圓滿十方莊嚴國剎分。

三佛子已下至轉無障礙不退法輪有七行經。明方便迴向分。

四佛子已下至超然出現有四行半經。明願清淨佛剎至一切衆剎佛常超然出現分。

五佛子已下至入一切法界有三行半經。明菩薩達一切智知業果寂滅分。

校譌

第二紙十五一行善行下正明南藏書宋藏論宋作論根在字十第八紙二乘宋行論

論成作第十五紙宋十藏九作行性柑第十六紙作十貫十宋一行

有具足一切下二宋字論第十七紙宋十論九作行能皆第二十二紙七十

末行有作都一切覩

六佛子已下至無有少法與法同止有六行經。明不分別不著不取分。

依根受药。二义如前。一长科当段经意者。于此段长科为十三段。

一佛子已下。至皆悉具足。有六十一行经。明菩萨凡所随喜回向。悉皆具足圆满分。

二佛子已下。至一切佛刹悉亦如是。有三十行经。明菩萨以大愿。愿菩萨众海圆满十方。庄严国刹分。

三佛子已下。至转无障碍不退法轮。有七行经。明方便回向分。

四佛子已下。至超然出现。有四行半经。明愿清净佛刹。至一切众刹。佛常超然出现分。

五佛子已下。至入一切法界。有三行半经。明菩萨达一切智。知业果寂灭分。

六佛子已下。至无有少法与法同止。有六行经。明不分别不著不取分。

七佛子已下。至得無盡善根有十行經。是菩薩得無盡善根分。

八佛子已下。至一切境界悉無所有可六行經。明菩薩了眾生界無眾生。於法無得證分。補特伽羅云數取趣。

九佛子已下。至悉充足故有五行經。明菩薩無智入法。無法入智分。

十佛子已下。至修治諸行故有六行半經。是菩薩成就功德藏。堪為眾生福田分。

十一佛子已下。至第五無盡功德藏迴向可七行半經是菩薩福相處世無倫分。

十二從菩薩摩訶薩已下。至十種無盡藏有十四行半經。是菩薩得十無盡藏分。經云於一毛孔見阿僧祇諸佛出興於世得入法無盡藏者。明心性本無大小。計盡身為智影。國土亦然。智淨影明。大小相入。如因陀羅網境界喻是也。經云以佛智力觀一切法悉入一法者。明萬境雖多皆一心而起。心亡境滅。萬境皆虛。如淨水中眾影也。水亡影滅。此約破有成無說。又以境約智生。智虛境幻。多幻相入不離一虛。幻不異虛。虛不異幻。幻虛無二。

七佛子已下。至得无尽善根。有十行经。是菩萨得无尽善根分。

八佛子已下。至一切境界悉无所有。有六行经。明菩萨了众生界无众生。于法无得证分。补特伽罗。云数取趣。

九佛子已下。至悉充足故。有五行经。明菩萨无智入法。无法入智分。

十佛子已下。至修治诸行故。有六行半经。是菩萨成就功德藏。堪为众生福田分。

十一佛子已下。至第五无尽功德藏回向。可七行半经。是菩萨福相处世无伦分。

十二从菩萨摩诃萨已下。至十种无尽藏。有十四行半经。是菩萨得十无尽藏分。经云于一毛孔见阿僧祇诸佛出兴于世得入法无尽藏者。明心性本无。大小计尽。身为智影。国土亦然。智净影明。大小相入。如因陀罗网境界喻是也。经云以佛智力观一切法悉入一法者。明万境虽多。皆一心而起。心亡境灭。万境皆虚。如净水中众影也。水亡影灭。此约破有成无说。又以境约智生。智虚境幻。多幻相入。不离一虚。幻不异虚。虚不异幻。幻虚无二。

一異總虛。此約以智幻虛自在無礙門說。此皆借法況說。如實所知。唯亡思者智會。其智會者。方可用而常眞不惑、心境以大願力隨智幻生等衆生數身如應攝化。故名無盡功德藏。自餘如文自具。不煩更解。

十三爾時已下。一行經。明金剛幢菩薩說頌分。

已上有五十行頌。兩行一頌。如文自具。但如說修行第二隨文釋義者。云何名無盡功德藏迴向。此位明禪與智冥。智與悲會。以無盡虛空爲一道場。以無盡衆生無明行相而爲佛事。身恆承事無盡諸佛。而徧周法界化無盡衆生。總成佛身表裏相亡。始終都盡。徧知諸法。不壞無心。故名無盡功德藏。

第六隨順堅固一切善根迴向。此明般若波羅蜜爲體。以善財知識名鞞瑟胝羅住善度城常供養栴檀座佛塔以爲表法。名鞞瑟胝羅。此云包攝。以身含佛剎爲名。爾住善度國者。約化行爲名。故以此主智慧善度衆生。故供養栴檀座佛塔者。明戒定慧解脫解脫法身爲座體。得佛不涅槃際者。明戒定慧體無滅沒也。廣如經說。其座不安形象者。明無相理會是佛義。故見座入法。故城名善度身一异总虚。此约以智幻虚自在无碍门说。此皆借法况说。如实所知。唯亡思者智会。其智会者。方可用而常真。不惑心境。以大愿力。随智幻生。等众生数身。如应摄化。故名无尽功德藏。自余如文自具。不烦更解 。

十三尔时已下。一行经。明金刚幢菩萨说颂分。

已上有五十行颂。两行一颂。如文自具。但如说修行。第二随文释义者。云何名无尽功德藏回向。此位明禅与智冥。智与悲会。以无尽虚空。为一道场。以无尽众生无明行相。而为佛事。身恒承事无尽诸佛。而遍周法界。化无尽众生。总成佛身。表里相亡。始终都尽。遍知诸法。不坏无心。故名无尽功德藏 。

第六随顺坚固一切善根回向。此明般若波罗蜜为体。以善财知识名鞞瑟胝罗。住善度城。常供养旃檀座佛塔。以为表法。名鞞瑟胝罗。此云包摄。以身含佛刹为名尔。住善度国者。约化行为名故。以此主智慧。善度众生故。供养旃檀座佛塔者。明戒定慧解脱解脱法身为座体。得佛不涅槃际者。明戒定慧体无灭没也。广如经说。其座不安形象者。明无相理会。是佛义故。见座入法。故城名善度。身與空合名爲佛國。亦名包攝也。以明無相智慧是佛不滅度法門。以智無生滅故。第一長科經意。於此一段長科約作六十四段。如下此段迴向長行中有六十一段經總明行施。於段段中皆有三義。一明行施心成就。二明施已迴向菩提。三明各發十種願皆願自他成佛。已下三段是總結所施之功及金剛幢菩薩觀衆說頌。

第一身肉手足國城妻子悉捨行施。

第二施食。

第三施飲。

第四施味。

第五施車乘。

第六施衣。

第七施華。

第八施鬘。

第九施香。

第十施塗香。

第十一施牀座。

第十二施房舍。

第十三施住處。

与空合。名为佛国。亦名包摄也。以明无相智慧。是佛不灭度法门。以智无生灭故。第一长科经意。于此一段。长科约作六十四段。如下此段回向长行中。有六十一段经。总明行施。于段段中。皆有三义。一明行施心成就。二明施已回向菩提。三明各发十种愿。皆愿自他成佛。已下三段。是总结所施之功。及金刚幢菩萨观众说颂 。

第一身肉手足。国城妻子。悉舍行施 。

第二施食 。

第三施饮 。

第四施味 。

第五施车乘 。

第六施衣 。

第七施华 。

第八施鬘 。

第九施香 。

第十施涂香 。

第十一施床座 。

第十二施房舍 。

第十三施住处 。

第十四施燈明，

第十五施湯藥。

第十六施器物。

第十七施種種寶嚴飾車。

校譌

第二紙七行補下宋南北藏無特字十七行集宋論作習　第四紙十八行境幻下南論無多幻二字　第五紙五行菩薩下宋南北藏無承佛神力四字　第九紙十六行髻宋南藏作髮　第十一紙二行摶宋論作揣　第十六紙二行任下宋南藏無處字　第十七紙十九行諸南北藏作上　第十八紙二十行無南北藏作不　第十九紙十三行能宋論作皆　第二十二紙十九行上明書藏作止

第二十三紙五行至宋論作到　第二十六紙十二行上宋南北藏作中

第二十七紙五行一切如來宋論作如來一切

第十八施象寶。

第十九施師子座，

第二十施寶蓋。

第二十一施寶幢。

第二十二施寶藏。

第二十三施種種妙莊嚴具。

第二十四施寶冠及髻中珠。

第二十五施財寶妻子。救眾生牢獄，

第十四施灯明。

第十五施汤药。

第十六施器物。

第十七施种种宝严饰车。

第十八施象宝。

第十九施师子座。

第二十施宝盖。

第二十一施宝幢。

第二十二施宝藏。

第二十三施种种妙庄严具。

第二十四施宝冠。及髻中珠。

第二十五施财宝妻子。救众生牢狱。

第二十六捨身代命。

第二十七施連膚頂髻。

第二十八施眼。

第二十九施耳。

第三十施鼻。

第三十一施牙齒。

第三十二施舌。

第三十三施頭。

第三十四施手足。

第三十五施血。

第三十六施髓。

校譌

第七紙十四行幢旛宋藏南論作幔幢 第八紙五行能悉宋論作悉能 第九紙十四行爲令下宋論有一切二字 第十一紙十七行檐宋論作鑰 第十五紙十四行常宋論作恆十九行障南藏作礙障下宋論有礙字二十行壅宋論作擁 第十六紙一行因宋論作由 第二十紙九行惠宋論作慧

第三十七施心。

第三十八施肝肺。

第三十九施肢節骨。

第四十施皮。

第四十一施手足指。

第二十六舍身代命。

第二十七施莲肤顶髻。

第二十八施眼。

第二十九施耳。

第三十施鼻。

第三十一施牙齿。

第三十二施舌。

第三十三施头。

第三十四施手足。

第三十五施血。

第三十六施髓。

第三十七施心。

第三十八施肝肺。

第三十九施肢节骨。

第四十施皮。

第四十一施手足指。

第四十二施蓮肉爪甲。

第四十三爲求法故投身火坑。

第四十四爲求正法。以身具受無量苦惱。

第四十五爲求法乃至一字一句捨其王位國城妻子一切所有。

第四十六菩薩爲自捨屠殺業。

第四十七見殘忍損諸人畜慈心救之。所謂去男形也。

第四十八菩薩見佛出興普告衆生捨我慢戲論。

第四十九捨大地。

第五十捨僮僕。

第五十一捨身施與一切衆生謙下離慢。

第五十二施身給侍諸佛。

第五十三施土地一切諸物及捨世事。

第五十四捨都城關防輸稅。

校譌

第二紙十一行不南論作無十九行任宋論作住 第四紙十六行見南論作若 第八紙十行廣下南論無示字 第九紙六行脫下宋論無處字 第十紙十七行志北藏作習 第十一紙七行習宋藏作集十八行當宋論作皆 第十二紙八行離下宋論有負字九行所北藏作有 第十五紙七行施宋藏南論作侍

第四十二施连肉爪甲。

第四十三为求法故投身火坑。

第四十四为求正法。以身具受无量苦恼。

第四十五为求法乃至一字一句。舍其王位国城妻子一切所有。

第四十六菩萨为自舍屠杀业。

第四十七见残忍损诸人畜。慈心救之。所谓去男形也。

第四十八菩萨见佛出兴。普告众生舍我慢戏论。

第四十九舍大地。

第五十舍僮仆。

第五十一舍身施与一切众生。谦下离慢。

第五十二施身给侍诸佛。

第五十三施土地一切诸物。及舍世事。

第五十四舍都城关防输税。

第五十五捨妓女。

第五十六施所愛妻子。

第五十七施舍宅。

第五十八施園林臺榭。

第五十九施廣大施會。

第六十施一切資生分。

第六十一隨諸眾生所須一切阿僧祇物施。

已上此一段迴向中總有六十一種施。一一施中十種大願。六十一願中有十種迴向。以表捨一切所著。成一切無所著。諸性無作。供養諸佛。教化眾生行無盡行故。

從佛子是爲菩薩摩訶薩第六隨順堅固一切善根迴向已下。至於諸法中而得自在有六行經。

都結已下迴向之功。

從爾時金剛幢已下有六行經。明金剛幢菩薩觀眾說頌歎法分。

今上下長行及八十二行頌。於中文義自具。不煩更釋。且略釋迴向名目。云何隨順堅固一切善根迴向。經云佛子。如是迴向時。卽爲隨順佛住。隨順法住。隨順智住。隨順菩提住。總明行檀波羅蜜周徧剎海。不壞法身。智身成就通化。長大慈悲等第五十五舍妓女。

第五十六施所爱妻子。

第五十七施舍宅。

第五十八施园林台榭。

第五十九施广大施会。

第六十施一切资生分。

第六十一随诸众生所须一切阿僧祇物施。

已上此一段回向中。总有六十一种施。一一施中。十种大愿。六十一愿中有。十种回向。以表舍一切所著。成一切无所著。诸性无作。供养诸佛。教化众生。行无尽行故。

从佛子是为菩萨摩诃萨。第六随顺坚固一切善根回向已下。至于诸法中而得自在。有六行经。都结已下回向之功。

从尔时金刚幢已下。有六行经。明金刚幢菩萨观众说颂叹法分。

今上下长行。及八十二行颂。于中文义自具。不烦更释。且略释回向名目。云何随顺坚固一切善根回向。经云佛子。如是回向时。即为随顺佛住。随顺法住。随顺智住。随顺菩提住。总明行檀波罗蜜。周遍刹海不坏法身智身。成就通化。长大慈悲。等佛所行故為名也又釋以理順行以行順理以智順悲以悲順智以方便願力引生智海成就悲門均調自在名為隨順堅固善根迴向論主頌曰法身理智無體性平等清淨無造作方便以願力莊嚴神通變化行充滿法無自性從緣生緣生不失無作性說興迴向大願雲周徧無邊一切行不離緣體性無生智如影響充法界智體如願如普賢迴向大願皆無實雖復無實不廢緣雖復從緣性無作菩薩所興諸行雲智無來去如影現假使教化諸羣生猶如化人度幻眾大約如世造立宮室要以功成論其現自施功功體各無自性及至成功事畢還以無功而益人設宮室有覆養之功亦復不云養育此迴向大願亦復如是為理智雖有淨煩惱之功不興迴向大願無覆育饒益大慈悲之功此之迴向從初發心住具足有之但約昇進勝劣言之亦約說文廣狹言爾亦以時不遷論也總五位一時說也古今無前後義也

第七等隨順一切眾生迴向以方便波羅蜜為體主大悲門前六波羅蜜是修出生死心此第七已後四波羅蜜是方便智入生死中教化眾生是故

佛所行。故为名也。又释以理顺行。以行顺理。以智顺悲。以悲顺智。以方便愿力。引生智海。成就悲门。均调自在。名为随顺坚固善根回向。论主颂曰。法身理智无体性。平等清净无造作。方便以愿力庄严。神通变化行充满。法无自性从缘生。缘生不失无作性。设兴回向大愿云。周遍无边一切行。不离缘体性无生。智如影响充法界。智体如愿如普贤。回向大愿皆无实。虽复无实不废缘。虽复从缘性无作。菩萨所兴诸行云。智无来去如影现。假使教化诸群生。犹如化人度幻众。大约如世造立宫室。要以功成。论其现自施功。功体各无自性。及至成功事毕。还以无功而益人。设宫室有覆养之功。亦复不云养育。此回向大愿。亦复如是。为理智虽有净烦恼之功。不兴回向大愿。无覆育饶益大慈悲之功。此之回向。从初发心住。具足有之。但约升进胜劣言之。亦约说文广狭言尔。亦以时不迁论也。总五位一时说也。古今无前后义也 。

第七等随顺一切众生回向。以方便波罗蜜为体。主大悲门。前六波罗蜜。是修出生死心。此第七已后四波罗蜜。是方便智入生死中教化众生。是故表法中善財知識觀世音菩薩。以爲此第七隨順一切眾生大悲迴向中行故。此新經翻爲觀自在菩薩不可依也。舊經名觀世音菩薩者是。爲十方世界共爲一佛國。無別西方別有阿彌陀。是如來權設引有爲小衆方便。隨心專念攝餘惡心。隨心念處得見化佛稱自心是諸德。謬解謂此娑婆世界無觀世音此改舊經不作觀自在。云觀自在者。但約名彰行中但彰觀照世間出世間無相理智自在。非明慈悲之行也。觀世音菩薩文殊普賢此三法。是古今三世一切佛之共行十方共同。文殊主法身妙慧之理。普賢明智身知根成萬行之門。觀世音明大慈悲處生死。三人之法成一人之德。號毗盧遮那。一切眾生總依此三法號之爲佛。少一不成。今此一位依舊不依新翻。又依梵云光世音菩薩。明以教光行光大慈悲之光等眾生而利物。即一切處文殊一切處普賢亦得名一切處光世音。今言觀世音者。取正念心成依心應現而立名也。不可以爲觀自在。所表法也。觀自在者。約名表法義中是表第六般若波羅蜜位也。非是方便波羅蜜入生死同眾生行以四攝四無量不斷煩表法中。善财知识。观世音菩萨。以为此第七随顺一切众生大悲回向中行故。此新经翻为观自在菩萨。不可依也。旧经名观世音菩萨者。是为十方世界。共为一佛国。无别西方。别有阿弥陀。是如来权设。引有为小蒙方便。随心专念摄余恶心。随心念处。得见化佛。称自心量。诸德谬解。谓此娑婆世界无观世音。此改旧经本作观自在。云观自在者。但约名彰行中。但彰观照世间出世间无相理智自在。非明慈悲之行也。观世音菩萨。文殊。普贤。此三法。是古今三世一切佛之共行。十方共同。文殊主法身妙慧之理。普贤明智身知根成万行之门。观世音明大慈悲处生死。三人之法。成一人之德。号毗卢遮那。一切众生。总依此三法。号之为佛。少一不成。今此一位。依旧不依新翻。又依梵云光世音菩萨。明以教光行光大慈悲之光。等众生而利物。即一切处文殊。一切处普贤。亦得名一切处光世音。今言观世音者。取正念心成。依心应现。而立名也。不可以为观自在所表法也。观自在者。约名表法义中。是表第六般若波罗蜜位也。非是方便波罗蜜。入生死同众生行。以四摄四无量。不断烦惱之名。此由翻譯者誤也。觀世音住居補怛洛迦。此云小白華樹山。觀世音菩薩居之爲諸菩薩說慈悲經。此山多有小白華樹。其華甚香。經云住山西阿者西爲金爲白虎主殺位明於殺位以主慈悲門。正趣菩薩東來以明智位。至文方釋。經云佛子云何爲菩薩摩訶薩等隨順一切衆生迴向已下至說頌長科爲二十段

第一從初佛子已下至一切世間善根有十四行經。明菩薩自集已上三十二種無邊善根分。

第二佛子已下至修習一切善根有十四行經。明菩薩如上所修三十二種無限福田善根迴向。爲一切衆生功德之藏分。

第三佛子已下至永不退轉有六行經。明菩薩念如上善根不離無作無依菩提心所積集憐愍一切衆生分。

第四佛子已下至悉亦如是有十一行半經。明菩薩發願願如上所修無限善根所有果報盡未來劫所修如上善根悉以迴向一切衆生令十方世界衆寶充滿惠施無限衆生分。

第五佛子已下至常行惠施住一切智智心有

恼之名。此由翻译者误也。观世音住居补怛洛迦。此云小白华树山。观世音菩萨居之。为诸菩萨说慈悲经。此山多有小白华树。其华甚香。经云住山西阿者。西为金。为白虎。主杀位。明于杀位以主慈悲门。正趣菩萨东来。以明智位。至文方释。经云佛子云何为菩萨摩诃萨等随顺一切众生回向已下。至说颂。长科为二十段。

第一从初佛子已下。至一切世间善根。有十四行经。明菩萨自集已上三十二种无边善根分。

第二佛子已下。至修习一切善根。有十四行经。明菩萨如上所修三十二种无限福田善根回向。为一切众生功德之藏分。

第三佛子已下。至永不退转。有六行经。明菩萨念如上善根。不离无作无依菩提心所积集。怜愍一切众生分。

第四佛子已下。至悉亦如是。有十一行半经。明菩萨发愿。愿如上所修无限善根所有果报。尽未来劫所修如上善根。悉以回向一切众生。令十方世界众宝充满。惠施无限众生分。

第五佛子已下。至常行惠施住一切智智心。有五行半經。明菩薩無五種心。常行惠施成五種心分。如經自具無虛僞心爲首已上五段結前三十二種善根竟。

第六佛子已下至皆如是施有十六行半經。明菩薩以如是等阿僧祇象馬王妓女及自身等十種不可數物盡不可數劫而常施分。

第七佛子已下至無有一彈指頃生疲倦心有六行經。明菩薩以如上十種施滿足無限衆生盡無限劫無一念疲勞分。

第八佛子已下至入一切智智心有六行經。明菩薩以如上布施以十種無著解脫心爲施者分。

第九佛子已下至得一切智有九行經。明菩薩以如上十種無限施起十種無限願願一切衆生得一切智分。

校譌

第十一紙五行補下宋藏南論有特字　第十四紙十二行志南論作守十九行令南北藏作應　第十五紙九行求宋藏作乞　第二十一紙六行持下宋論有淸字　第二十三紙十六行施下南藏無住一切智智心六字　第二十五紙九行質一本作寶

五行半经。明菩萨无五种心。常行惠施。成五种心分。如经自具无虚伪心为首。已上五段。结前三十二种善根竟。

第六佛子已下。至皆如是施。有十六行半经。明菩萨以如是等阿僧祇象马王妓女及自身等。十种不可数物。尽不可数劫而常施分。

第七佛子已下。至无有一弹指顷生疲倦心。有六行经。明菩萨以如上十种施。满足无限众生。尽无限劫无一念疲劳分。

第八佛子已下。至入一切智智心。有六行经。明菩萨以如上布施。以十种无著解脱心为施者分。

第九佛子已下。至得一切智。有九行经。明菩萨以如上十种无限施。起十种无限愿。愿一切众生得一切智分。

第十佛子已下至於諸有中最尊勝故有一百一十五行半經，明菩薩以如上兩段無限布施業普爲一切無限種種衆生起一百一十種廣大無限所爲衆生等所緣事業而行如上等施願迴向故，此已上總結已前三十二種無限善根以次象馬等十種施業及大願迴向及爲衆生等境界竟。

第十一佛子已下至具足十力調伏衆生有二十三行經，明菩薩爲慈愍衆生入苦同行以大願接生分。

第十二佛子已下至不著無一切法有三行經，明菩薩雖以施願迴向入苦利益衆生其心有十種不著分。

第十三佛子已下至增長成就三世佛種有三行經，明菩薩以如上一切善根願一切衆生得智種分。云何得入佛智種有四法：一得清淨心，二智慧明了，三内心寂靜，四外緣不動。如是修治能增長三世諸佛智種故。

第十四佛子已下至與諸菩薩等同一見有十七行半經，明菩薩修行如上迴向之時神通智力陀羅尼門出過世所稱歎分。

第十佛子已下。至于诸有中最尊胜故。有一百一十五行半经。明菩萨以如上两段无限布施业。普为一切无限种种众生。起一百一十种。广大无限所为众生等所缘事业。而行如上等施愿回向故。此已上总结已前三十二种无限善根。以次象马等十种施业。及大愿回向。及为众生等境界竟。

第十一佛子已下。至具足十力调伏众生。有二十三行经。明菩萨为慈愍众生。入苦同行。以大愿接生分。

第十二佛子已下。至不著无一切法。有三行经。明菩萨虽以施愿回向入苦利益众生。其心有十种不著分。

第十三佛子已下。至增长成就三世佛种。有三行经。明菩萨以如上一切善根。愿一切众生得智种分。云何得入佛智种有四法。一得清净心。二智慧明了。三内心寂静。四外缘不动。如是修治。能增长三世诸佛智种故。

第十四佛子已下。至与诸菩萨等同一见。有十七行半经。明菩萨修行如上回向之时。神通智力陀罗尼门。出过世所称叹分。

第十五佛子已下至神通境界平等清淨有八行經。明菩薩如是修行菩薩行時功德出過思量。何況得成無上菩提。此段明功德作法報生猶尚無限。出過思量。何況無作自在菩提之理智豈可不能成也。言功過也。如此段得知法業平等三世互不相違。約作略釋。經云一切佛刹平等清淨。一切衆生平等清淨。此約理智說。一切根平等清淨乃至四行經。總明約理智說

第十六佛子已下至不違菩薩行有十五行經。明菩薩見法三世體相平等分。如經云衆生不違一切刹。刹不違一切衆生。明依報正報相似。刹從心業起。故衆生心差別。卽刹差別。如世界成就品具明。思不違心者。以思從心生。卽思是心。餘倣此知。業不違報者。報從業生。報是業果。餘倣此知。如業不違業道者。明來生受生與現世作業相似。餘倣此。法性不違相。爲無性爲性。無相爲相。無性中實相。卽如來身色及妙境。是衆生不了無性妄計之相。卽天人龍鬼畜等。是各隨自心所生業相稱。餘倣此。生不違性。明以生是無生。無生爲生。故刹平等不違衆生平等。此約理無淨穢。已下例然。一

第十五佛子已下。至神通境界平等清净。有八行经。明菩萨如是修行菩萨行时。功德出过思量。何况得成无上菩提。此段明功德作法报生。犹尚无限。出过思量。何况无作自在菩提之理智。岂可不能成也。言功过也。如此段得知法业平等。三世互不相违。约作略释。经云一切佛刹平等清净。一切众生平等清净。此约理智说。一切根平等清净。乃至四行经。总明约理智说。

第十六佛子已下。至不违菩萨。行有十五行经。明菩萨见法三世体相平等分。如经云众生不违一切刹。刹不违一切众生。明依报正报相似。刹从心业起故。众生心差别。即刹差别。如世界成就品具明。思不违心者。以思从心生。即思是心。余仿此知。业不违报者。报从业生。报是业果。余仿此知。如业不违业道者。明来生受生。与现世作业相似。余仿此。法性不违相。为无性为性。无相为相。无性中实相。即如来身色及妙境是。众生不了无性。妄计之相。即天人龙鬼畜等是。各随自心所生业相称。余仿此。生不违性。明以生是无生。无生为生故。刹平等不违众生平等。此约理无净秽。已下例然。一切眾生安住平等不違離欲際平等者。明眾生報居之境與解脫涅槃際無二。理性同時。無二性故。過去不違未來。總明三世性同時無二性故。三世無體可相違故。餘例知。佛平等不違菩薩行平等。明以佛理智及菩薩體用不離無性。

第十七佛子已下。至第七等隨順一切眾生迴向有九行經。明菩薩如是迴向時得法業刹三世平等已得承事一切諸佛入一切清淨眾會道場分。經云菩薩摩訶薩如是迴向時得業平等得報平等得身平等如是十平等法。明以迴向發願力莊嚴自報得此十平等果故。

第十八菩薩摩訶薩已下。至隨順一切眾生如是迴向有九行經。明總歎如上迴向施願所得之德業用成就分。

第十九爾時已下。一行經。明金剛幢菩薩觀眾說頌分。

切众生安住平等不违离欲际平等者。明众生报居之境。与解脱涅槃际无二。理性同时。无二性故。过去不违未来。总明三世性同时。无二性故。三世无体可相违故。余例知。佛平等不违菩萨行平等。明以佛理智。及菩萨体用。不离无性。

第十七佛子已下。至第七等随顺一切众生回向。有九行经。明菩萨如是回向时。得法业刹三世平等。已得承事一切诸佛。入一切清净众会道场分。经云菩萨摩诃萨如是回向时。得业平等得报平等得身平等。如是十平等法。明以回向发愿力庄严自报得此十平等果故。

第十八菩萨摩诃萨已下。至随顺一切众生如是回向。有九行经。明总叹如上回向施愿所得之德业用成就分。

第十九尔时已下。一行经。明金刚幢菩萨观众说颂分。

二十七頌總有四十二行。文義自具。不煩更釋。

第一隨文釋義者。何故名為等隨順一切眾生迴向。為明此第七方便波羅蜜主大悲門。以六波羅蜜中所修智慧之力。入於生死遍隨一切眾生根品。同行利生。故名等隨順。即如十住中第七住大悲位。休捨優婆夷云。我有同行者。屬八萬四千那由他。常居此園者是。大意云。同一切眾生八萬四千及不可說煩惱悉同行故。是此義也。亦是此位第七迴向與善財所見觀音是此位也。可知。如此一段迴向總有二十段經文。餘十九段文義自顯。不煩更釋。表法中。如善財知識。十住第七以優婆夷休捨表慈悲位。十行第七位表慈悲門。以滿足王自化其身作諸罪逆。以化其身捉來殺罰。以息眾生惡逆。此十迴向第七。即以觀世音表慈悲位也。夫大教之攸文。務義顯法門名句。明白宛然十十之數。相從萬萬。下千分第。不可以將小池而添巨海。求足以致其深。豈微燈而益日光。焉能資其遠照。此經義泓言備。理具窮辭豐旨。且略釋大意。盡智幽潛。聊申少趣。不可加飾。經之法相潛此妙旨。若得意修行者。理由定發。智以理明。悲智願與行二十其颂总有四十二行。文义自具。不烦更释。第二随文释义者。何故名为等随顺一切众生回向。为明此第七方便波罗蜜。主大悲门。以六波罗蜜中所修智慧之力。入于生死海。随一切众生根品。同行利生故。故名等随顺。即如十住中第七住大悲位。休舍优婆夷云。我有同行眷属八万四千那由他。常居此园者是。大意云。同一切众生八万四千及不可说烦恼悉同行故。是此义也。亦是此位第七回向。与善财所见观音。是此位也。可知。如此一段回向总有二十段经文。余十九段。文义自显。不烦更释。表法中如善财知识。十住第七。以优婆夷休舍。表慈悲位。十行第七位。表慈悲门。以满足王。自化其身作诸罪逆。自化其身捉来杀罚。以息众生恶逆。此十回向第七。即以观世音表慈悲位也。夫大教玄悠。文芳义广。法门名句。明白宛然。十十之数相从。万万千千次第。不可以将小池而添巨海。未足以致其深。炷微灯而益日光。焉能资其远照。此经义弘言备。理具辞丰。且略释大意。密智幽潜。聊申少趣。不可加余经之法相滞此妙章。若得意修行者。理由定发。智以理明。悲藉愿兴。行

成願發理。弘智博。願廣悲寶。佛種因此而生法界
以斯緣濟。都結如此。餘義後文。
第八眞如相迴向。以願波羅蜜爲體。明此位同第
八地智增勝。以願引生智業。成大悲故。以願防智。
爲智體淨故。利化不弘。表法中如善財童子見東
方正趣菩薩是其行也。從空中來至娑婆世界者。
明法空智現普周。亦無來去。觀世音指東方正趣
及見時與觀世音同會而見。表以願會悲至智明
圓。悲智令滿故。東方表智。西方表悲。日出照明。春
陽發生。青龍吉祥。表智。日入昏迷。秋霜白虎殺害。
明智入悲處苦流濟眾生故。第八願波羅蜜。明防
智體性淨。以願會悲。成普賢行。昇進隨其行位。和
會如之。二義如前。第一長科經意者。自初爾時已
下至頌已來。長科爲十段。

第一爾時已下至普能往詣一切佛土有三十
五行經。明菩薩入此眞如相迴向位中。以自所得
善根更加迴向發願所緣成位昇進分。

第二佛子已下至顯示安隱住處有十行經。明
菩薩觀眾生惡道苦如己身願速出離分。

第三佛子已下。至心不動搖無障礙故有十行

成愿发。理弘智博。愿广悲宽。佛种因此而生。法界以斯缘济。都结如此。余义后文。

第八真如相回向。以愿波罗蜜为体。明此位同第八地智增胜。以愿引生智业。成大悲故。以愿防智。为智体净故。利化不弘。表法中如善财童子见东方正趣菩萨。是其行也。从空中来至娑婆世界者。明法空智现普周。亦无来去。观世音指东方正趣。及见时与观世音同会而见。表以愿会悲至智。明圆悲智令满故。东方表智。西方表悲。日出照明。春阳发生。青龙吉祥。表智。日入昏迷。秋霜白虎杀害。明智入悲。处苦流。济众生故。第八愿波罗蜜。明防智体性净。以愿会悲。成普贤行。升进随其行位。和会知之。二义如前。第一长科经意者。自初尔时已下。至颂已来。长科为十段。

第一尔时已下。至普能往诣一切佛土。有三十五行经。明菩萨入此真如相回向位中。以自所得善根。更加回向发愿所缘。成位升进分。

第二佛子已下。至显示安隐住处。有十行经。明菩萨观众生恶道苦如已身。愿速出离分。

第三佛子已下。至心不动摇无障碍故。有十行經。明菩薩以如上迴向有十。爲令衆生得十種大利分。

第四佛子已下。至普於世間現成正覺有四十六行半經。明菩薩見勝妙國土及一切妙境以無量大願願一切衆生皆盡普得生在其中并獲衆益分。

第五佛子已下。至廣大善根有五行經。明菩薩以如上迴向善根自增善根分。

校譌

第二紙六行智慧下宋藏宋論有淸字十行集宋論作習二十行懈下宋論有怠字 第十三紙四行滿南北藏宋論俱作徧 第十七紙二行習南藏作集四行審宋論作密 第二十紙九行說宋論作施 第二十一紙一行可下宋南藏無愛字

第六佛子已下。至圓滿一切淸淨智慧有一百八十九行半經。明以如上迴向。皆以無性無著眞如爲迴向分。已上一百八十九行半經。明約以眞如爲迴向體。以眞如徧世間出世間一切法。迴向還徧世間出世間一切法。何以然者。爲以迴向爲方便。興起無作眞如中大智大悲大陀羅尼門。大神通道力。令稱眞如無作大自在作用極寂故。若不如是以大願大悲大智慧無限迴向。但依無作经。明菩萨以如上回向有十。为令众生得十种大利分。

第四佛子已下。至普于世间现成正觉。有四十六行半经。明菩萨见胜妙国土及一切妙境。以无量大愿愿一切众生皆尽普得生在其中。并获众益分。

第五佛子已下。至广大善根。有五行经。明菩萨以如上回向善根。自增善根分。

第六佛子已下。至圆满一切清净智慧。有一百八十九行半经。明以如上回向。皆以无性无著真如为回向分。已上一百八十九行半经。明约以真如为回向体。以真如遍世间出世间一切法。回向还遍世间出世间一切法。何以然者。为以回向为方便。兴起无作真如中大智大悲大陀罗尼门。大神通道力。令称真如无作大自在。作用恒寂故。若不如是以大愿大悲大智慧无限回向。但依无作眞如用淨煩惱。卽同二乘樂寂。及三乘六通菩薩。但生一方淨國。不入法界之眞門。居門外之權乘。且止草庵之位。當知滿十方之差別種智。皆由大願力而發生。圓法界之行門。藉迴向而興起。故立斯教網。用接有緣。明知軌度。而設其蹤。使學者省功而不錯謬者也。

第七佛子已下。至第八眞如相迴向。有十一行半經。明以如上眞如相迴向自獲義利分。

第八菩薩摩訶薩已下。至善根隨順眞如相迴向。有十三行半經。明如上迴向已得同如來成道分。

第九爾時已下。一行經。明金剛幢菩薩說頌歎法分。

十已下有五十八行頌。明以頌重頌前法分第

真如。用净烦恼。即同二乘乐寂。及三乘六通菩萨。但生一方净国。不入法界之真门。居门外之权乘。且止草庵之位。当知满十方之差别种智。皆由大愿力而发生。圆法界之行门。藉回向而兴起。故立斯教网。用接有缘。明知轨度。而践其踪。使学者省功。而不错谬者也。

第七佛子已下。至第八真如相回向。有十一行半经。明以如上真如相回向。自获义利分。

第八菩萨摩诃萨已下。至善根随顺真如相回向。有十三行半经。明如上回向已得同如来成道分。

第九尔时已下。一行经。明金刚幢菩萨说颂叹法分。

十已下有五十八行颂。明以颂重颂前法分。第二隨文釋義者。於自餘文義經文自具。如第八段經云一身充徧一切世間得佛無量音聲於一毛孔中普能容納一切國土得佛無量神通遣諸衆生於一毛孔此約十住初心見道之後能入如實知見。然爲凡夫有信之士略釋少分以開心目。非入禪定觀智會融方親見爾。論主以頌說曰。了知毛孔大小性。十方國土無表裏。智境含容十方剎。剎土體相本皆幻。智身體淨相無礙。毛孔微塵亦復然。國土因心虛妄生。無妄智境恆相納。衆生心淨無表裏。乃了自身毛亦然。心無分別自他情。一切塵毛含佛剎。是故如來說迴向。廣興願行融自他。願他得樂與己同。心淨佛國恆相入。以廣大願興大智。同體智悲充法界。無功理智起身雲。隨類現形聲亦爾。能以自他同體智。衆生身中現佛國。以衆生智轉法輪。衆生心迷不知覺。以衆生智是佛智。佛智本是衆生智。迷者佛智作衆生。悟者衆生是佛智。如是了達體同別。堪與衆生作依止。約釋第八眞如相迴向竟。

第九無著無縛解脫迴向。以力波羅蜜爲體。以善財所見天神爲所表此位之行也。所居之城名墮二随文释义者。于自余文义。经文自具。如第八段经云。一身充遍一切世间。得佛无量音声。于一毛孔中普能容纳一切国土。得佛无量神通。置诸众生于一毛孔。此约十住初心见道之后。能入如实知见。然为凡夫有信之士。略释少分。以开心目。非入禅定。观智会融。方亲见尔。论主以颂说曰。了知毛孔大小性。十方国土无表里。智境含容十方刹。刹土体相本皆幻。智身体净相无碍。毛孔微尘亦复然。国土因心虚妄生。无妄智境恒相纳。众生心净无表里。乃了自身毛亦然。心无分别自他情。一切尘毛含佛刹。是故如来说回向。广兴愿行融自他。愿他得乐与己同。心净佛国恒相入。以广大愿兴大智。同体智悲充法界。无功理智起身云。随类现形声亦尔。能以自他同体智。众生身中现佛国。以众生智转法轮。众生心迷不知觉。以众生智是佛智。佛智本是众生智。迷者佛智作众生。悟者众生是佛智。如是了达体同别。堪与众生作依止。约释第八真如相回向竟 。

第九无著无缚解脱回向。以力波罗蜜为体。以善财所见天神。为所表此位之行也。所居之城。名堕羅鉢底。神號大天、城名隨羅鉢底者。此曰有門城。此是此界乾坤。以乾爲天門。已後次第見地神。以此二位明和會此十迴向位之智極悲終。天神表法空妙智之極。地神表大慈悲至極。厚載萬物。育含生。故像如父母位也。天神現無量種眾寶積聚如山。地神放光地震。嚴寶種種寶物處處莊嚴地爲淨剎。眾多寶藏自然踊現。明天神地神隨業養育濟物之德廣大。至文方明。略舉會通表法之意令後學者易見其意。不迷教行。不迂修行。表法中明智淨稱天之性。即法財充滿功德寶出現如山。若純淨大悲育載萬物。如地無勞。故地體本唯淨土。此唯智悲之淨極。故即佛國莊嚴淨也。此明神智應真德會天地濟育物也。亦是天地之神靈是菩薩。約位所堪治真俗之行。此位天神表之。明昇進理智幽微像天靈而不測。神功萬有。以不作而爲之。二義如前。第一從佛子至說頌已來長科爲七段。

罗钵底。神号大天。城名堕罗钵底者。此曰有门城。此是此界乾神。以乾为天门。以后次第见地神。以此二位。明和会此十回向位之智极悲终。天神表法空妙智之极。地神表大慈悲至极。厚载万物。育含生故。像如父母位也。天神现无量种众宝。积聚如山。地神放光地震严宝。种种宝物处处庄严地为净刹。众多宝藏自然踊现。明天神地神。随业养育。济物之德广大。至文方明。略举会通表法之意。令后学者易见其意。不迷教行。不迂修行。表法中明智净称天之性。即法财充满。功德宝出现如山。若纯净大悲育载万物。如地无劳。故地体本唯净土。此唯智悲之净极故。即佛国庄严净也。此明神智应真。德会天地。济育物也。亦是天地之神灵是菩萨。约位所堪治真俗之行。此位天神表之。明升进理智幽微。像天灵而不测神功万有。以不作而为之。二义如前。第一从佛子至说颂已来。长科为七段。

第一佛子云何爲菩薩摩訶薩無著無縛解脫
迴向已下至隨順忍可有八行經。明因中種善根
生十種尊重分。經云菩薩摩訶薩於一切善根心
生尊重者。舉十種意在無盡。所謂者欲論及所陳
之法。謂於出生死心生尊重者。二乘中出分段生
死得變易生死。爲有厭生死欣寂靜故得入變易
生死不同一乘以智生身徧周刹海。任根應現非
生死性。乃至同於世法非生死性。諸見道者應如
是知。若論自報智合行同方能觀也。如是出生死
性心生尊重。故經云於攝取一切善根心生尊重
者。卽攝善法戒。於希求一切善根心生尊重者十
信有漏所求。十住已去無漏希求。總須心生尊重
於悔諸過業心生尊重者。是悔往業也。已下隨文
義可知。如是令尊其因故果便不退。如十廻之間
下因而上存。已上一段以尊重因竟。

校譌

第五紙五行菩宋 論作善 根下宋南北 藏無臨字 第十紙七行種宋 藏作種種 第十一紙五行

第一佛子云何为菩萨摩诃萨无著无缚解脱回向已下。至随顺忍可。有八行经。明因中种善根。生十种尊重分。经云菩萨摩诃萨于一切善根心生尊重者。举十种意在无尽。所谓者欲论及所陈之法。谓于出生死心生尊重者。三乘中出分段生死。得变易生死。为有厌生死欣寂静故。得入变易生死。不同一乘以智生身。遍周刹海。任根应现。非生死性。乃至同于世法。非生死性。诸见道者应如是知。若论自报。智合行同。方能睹也。如是出生死性。心生尊重故。经云于摄取一切善根心生尊重者。即摄善法戒。于希求一切善根心生尊重者。十信有漏所求。十住已去无漏希求。总须心生尊重于悔诸过业心生尊重者。是悔往业也。已下随文义可知。如是令尊其因故。果便不退。如十层之阁。下固而上存。已上一段。以尊重因竟 。

第二佛子已下至無所依智生一切佛法智已上可十一紙經明修初十種善根修十種尊重行無著無縛解脫迴向得入普賢微細智境界此一段總明成就三世諸佛果德及普賢果行諸微細法如是微細法門約立十種微細略以示之餘皆倣此一佛身微細如一佛報身中於一佛身中及一衆生身中有不可說不可量佛身一切佛身一切衆生身總爾一佛智微細於一智慧中徧虛空界衆生隨樂之法皆差別知三佛受生微細盡十方一切佛剎皆抹爲塵於一一塵中一時受胎一時初生一時逾道場一時轉法輪等而亦不壞起隨類身對現故四攝化三世一切衆生微細於一切佛剎塵中具普賢行一一衆生前隨類現形說法致化各各差別重重無礙五國土微細於一一塵中皆有量等虛空廣大國土一一國土互相參入重重無礙如華藏海是六菩薩衆海微細於如上

第二佛子已下。至无所依智生一切佛法智。已上可十二纸经。明修初十种善根。修十种尊重行。无著无缚解脱回向。得入普贤微细智境分。此一段总明成就三世诸佛果德。及普贤果行诸微细法。如是微细法门。约立十种微细。略以示之。余皆仿此。一佛身微细。如佛报身中。于一佛身中及一众生身中。有不可说不可量佛身。一切佛身一切众生身总尔。二佛智微细。于一智慧中。遍虚空界众生随乐之法。皆差别知。三佛受生微细。尽十方一切佛刹。皆抹为尘。于一一尘中。一时受胎。一时初生。一时趣道场。一时转法轮等。而亦不坏起随类身对现故。四摄化三世一切众生微细。于一切佛刹尘中。具普贤行。一一众生前。随类现形。说法教化。各各差别。重重无碍。五国土微细。于一一尘中。皆有量等虚空广大国土。一一国土。互相参入。重重无碍。如华藏海是。六菩萨众海微细。于如上佛刹塵中。一一佛所有如虛空量等廣大道場菩薩眾海皆悉充滿。如是一切刹塵之內總皆如是。如是道場。如是眾海。皆相參入重重無礙。如光如影。七菩薩見佛微細隨其十住十行十迴向十地皆見如來如對目前說隨自位法見隨自位身。八佛音聲微細。如來音聲不從心出不從身出常有音聲恆徧十方。隨應聞之皆使得聞九時劫微細。以三世不可說劫一切諸佛不出一念普在如今。如今現前諸佛還居未來過去一時三世參入劫劫重重無礙。十神通道力微細以法性徧故智身亦爾以無依住智對現色身十方響應而無來往。亦無變化造作之心。以智隨本願法應如是及一切塵中境界亦復如是重重無盡。如是已上安立十種法門釋此位中迴向之法大況如是明此無著無縛迴向位中菩薩堪如是入故餘文倣知大意以無作法身無依住智以十迴向大願調和令得成就大慈悲利眾生之行海令使一切思量分別便爲智用。令使一切知見總爲禪門本來不動。令使理性本寂定門起差別智身慧身變易身令使一毛孔中安立一切佛刹眾生刹悉皆無礙。令佛刹尘中。一一佛所有如虚空量等广大道场。菩萨众海皆悉充满。如是一切刹尘之内。总皆如是。如是道场。如是众海。皆相参人。重重无碍。如光如影。七菩萨见佛微细。随其十住十行十回向十地。皆见如来。如对目前。说随自位法。见随自位身。八佛音声微细。如来音声。不从心出。不从身出。常有音声恒遍十方。随应闻之。皆使得闻。九时劫微细。以三世不可说劫一切诸佛。不出一念普在如今。如今现前诸佛。还居未来过去。一时三世参入劫劫。重重无碍。十神通道力微细。以法性遍故。智身亦尔。以无依住智。对现色身。十方响应。而无来往。亦无变化造作之心。以智随本愿。法应如是。及一切尘中境界。亦复如是。重重无尽。如是已上安立十种法门。释此位中回向之法大况如是。明此无著无缚回向位中菩萨。堪如是入故。余文仿知。大意以无作法身。无依住智。以十回向大愿调和。令得成就大慈悲利众生之行海。令使一切思量分别。便为智用。令使一切知见。总为禅门。本来不动。令使理性本寂定门。起差别智身慧身变易身。令使一毛孔中。安立一切佛刹众生刹。悉皆无碍。令使有爲無爲爲一法界自在故如是迴向。

第三佛子已下。至不分別若法若智有七行經。明得無分別分。

第四佛子已下。至第九無著無縛解脫心迴向。有十六行半經。明修此迴向得三業無著無縛同三世佛迴向自在分。

第五菩薩摩訶薩已下。至成就菩薩自在神通有九行經。明此修迴向得善根不壞所生值佛得自在神通分。

第六爾時金剛幢菩薩已下。一行經。明觀眾說頌分。

第七已下有一百二行頌。文義自具。兩行一頌。

第二隨文釋義者。云何爲無著無縛解脫迴向。爲無性理智無依。即一切無著一切無縛。是故經云。甚深微細智。修菩薩行。住普賢道。若文若義皆如實知。生如影智。生如夢如幻如響如化如空。乃至無所依等智生也。

校譌

第八紙十六行細下宋論有智字 第十一紙二行世間宋南北藏宋論俱作世界

第十四紙七行息宋論作怠十二行修下宋論有習字

使有为无为。为一法界自在。故如是回向。

第三佛子已下。至不分别若法若智。有七行经。明得无别分。

第四佛子已下。至第九无著无缚解脱心回向。有十六行半经。明修此回向得三业无著无缚。同三世佛回向自在分。

第五菩萨摩诃萨已下。至成就菩萨自在神通。有九行经。明此修回向得善根不坏。所生值佛得自在神通分。

第六尔时金刚幢菩萨已下。一行经。明观众说颂分。

第七已下有一百二行颂。文义自具。两行一颂。第二随文释义者。云何为无著无缚解脱回向。为无性理智无依。即一切无著一切无缚。是故经云。甚深微细智。修菩萨行。住普贤道。若文若义。皆如实智生。如影智生。如梦如幻如响如化如空。乃至无所依等智生也。

第十等法界無量迴向以智波羅蜜爲體表法以善財童子所見安住地神此是女神如此坤神分位在西南方又處中宮而治四季明處智行悲圓滿故其地神住摩竭國者是如來成道之國明此位昇進至中道同如來智悲圓滿位故摩竭國是此閻浮之中心是中宮位若隨當方有帝王所居處卽是若隨位昇進修行中智悲圓滿行是若望迴向表位會融中前天神表智坤神表悲二位會融以成一位養含生之道成德化之門如百萬地神放大光明徧三千大千世界者以智行悲百萬行門慈光照燭徧也大地震吼者悲心感應也種種寶物處處莊嚴者明大悲行滿現業果報舉本位因果報得所嚴也廣釋至位方明又表智悲成滿可以說教利生須當其智如神其心如地載育萬物不以爲勞如地能生能養能載終始不移

第十等法界无量回向。以智波罗蜜为体。表法以善财童子所见安住地神。此是女神。如此坤神分位。在西南方。又处中宫而治四季。明处智行悲圆满故。其地神住摩竭国者。是如来成道之国。明此位升进至中道。同如来智悲圆满位故。摩竭国是此阎浮之中心。是中宫位。若随当方。有帝王所居处即是。若随位升进修行中。智悲圆满行是。若望回向表位会融中。前天神表智。坤神表悲。二位会融。以成一位。养含生之道。成德化之门。如百万地神放大光明遍三千大千世界者。以智行悲。百万行门。慈光照烛遍也。大地震吼者。悲心感应也。种种宝物处处庄严者。明大悲行满。现业果报。举本位因果报得所严也。广释至位方明。又表智悲成满。可以说教利生。须当其智如神。其心如地。载育万物。不以为劳。如地能生能养能载。终始不移爲二義如前第一長科當位者從初佛子已下至三十三卷中說頌已來長科爲二十六段。

第一佛子已下至令其善根增長成就有十一行經明此位菩薩智悲圓滿堪爲法師施法利生分。

第二佛子已下至無盡梵行有二十一行經明菩薩以法利生自修梵行分

第三佛子已下至亦令衆生安住正法有二十五行經明菩薩自住梵行正法亦令他住梵行分。

第四佛子已下至悉得成就一切智故有二十二行經明如上法施所生善根迴向願得爲一切衆生演說三世佛法入無礙辯及音聲無礙分。

第五佛子已下至得如我無異有十一行經明菩薩令諸清淨以如上法施及迴向發願善根又迴向願見等法界如來出興於世調伏等法界無盡衆生分。

第六佛子已下至永不失壞諸清淨行有十五行經明菩薩迴向善根如法界無量分。

焉。二义如前。第一长科当位者。从初佛子已下。至三十三卷中说颂已来。长科为二十六段。

第一佛子已下。至令其善根增长成就。有十一行经。明此位菩萨智悲圆满。堪为法师施法利生分。

第二佛子已下。至无恚梵行。有二十一行经。明菩萨以法利生。自修梵行分。

第三佛子已下。至亦令众生安住正法。有二十五行经。明菩萨自住梵行正法。亦令他住梵行分。

第四佛子已下。至悉得成就一切智故。有二十二行经。明如上法施所生善根回向。愿得为一切众生演说三世佛法。入无碍辩及音声无碍分。

第五佛子已下。至得如我无异。有十一行经。明菩萨令诸清净。以如上法施及回向发愿善根又回向。愿见等法界如来出兴于世。调伏等法界无尽众生分。

第六佛子已下。至永不失坏诸清净行。有十五行经。明菩萨回向善根如法界无量分。

第七佛子已下至於一切法永不忘失有十六行經。明以法界等無量善根迴向願令一切眾生得見佛心清淨分。

第八佛子已下至無差別性迴向有六行經。明如法界性無起無選迴向分。

第九佛子已下至成就菩薩說法願力有二十七行經。明菩薩願如上法施迴向善根又願一切眾生得入佛法師位分。

第十佛子已下至不以取著利益眾生故迴向有六行經。明以無取著以爲迴向分。

第十一佛子已下至無礙光明恆不斷故迴向有二十二行經。明不爲世法不爲二乘法但爲令一切眾生入佛智故迴向分。

第十二佛子已下至入佛廣大門故迴向有二十九行半經。明菩薩以如上迴向一切善根但令一切眾生離苦得樂成大菩提分。

第十三佛子已下至無有休息故迴向有二十三行經。明自在神通無有休息明以如上等善根迴向爲一切眾生住大慈大悲大喜大捨及離二種著成滿佛智慧分。二種著者著有著無是非自第七佛子已下。至于一切法永不忘失。有十六行经。明以法界等无量善根回向。愿令一切众生得见佛心清净分。

第八佛子已下。至无差别性回向。有六行经。明如法界性无起无迁回向分。

第九佛子已下。至成就菩萨说法愿力。有二十七行经。明菩萨愿如上法施回向善根。又愿一切众生得入佛法师位分。

第十佛子已下。至不以取著利益众生故回向。有六行经。明以无取著以为回向分。

第十一佛子已下。至无碍光明恒不断故回向。有二十二行经。明不为世法不为二乘法。但为令一切众生入佛智故回向分。

第十二佛子已下。至入佛广大门故回向。有二十九行半经。明菩萨以如上回向一切善根。但令一切众生离苦得乐成大菩提分。

第十三佛子已下。至无有休息故回向。有二十三行经。明自在神通无有修息。明以如上等善根回向。为一切众生住大慈大悲大喜大舍。及离二种著。成满佛智慧分。二种著者。著有著无。是非。自他彼此內外能所都爲一。

第十四佛子已下至應以修習善根迴向有六行經。明菩薩如是迴向時於三有中所有五欲境界不應貪著以無貪瞋癡善根故修習善根分。

第十五佛子已下至設大施會有四行經。明菩薩捨惡成善離眾魔業設法施會分。

第十六佛子已下至覺悟一切眾生長夜睡眠音有二十五行經。明菩薩自得無礙音聲普徧願令一切眾生音聲圓滿分。

第十七佛子已下至正念智慧辯才有十行半經。明願一切眾生得離過惡得清淨分。

第十八佛子已下至一切智身有十四行半經。明菩薩以如上善根迴向願得清淨智身分。

第十九佛子已下至安住修菩薩行有十四行經。明菩薩法施善根如是迴向願隨住一切剎無有休息見者獲益分。已上十九段明法施迴向善根饒益自他行門分。已下三十三卷中明莊嚴佛剎迴向分。此等法界無量迴向中通此三十二三十三兩卷經。

他。彼此。内外。能所。都为二。

第十四佛子已下。至应以修习善根回向。有六行经。明菩萨如是回向时。于三有中所有五欲境界不应贪著。以无贪嗔痴善根故。修习善根分。

第十五佛子已下。至设大施会。有四行经。明菩萨舍恶成善。离众魔业。设法施会分。

第十六佛子已下。至觉悟一切众生长夜睡眠音。有二十五行经。明菩萨自得无碍音声普遍。愿令一切众生音声圆满分。

第十七佛子已下。至正念智慧辩才。有十行半经。明愿一切众生得离过恶得清净分。

第十八佛子已下。至一切智身。有十四行半经。明菩萨以如上善根回向。愿得清净智身分。

第十九佛子已下。至安住修菩萨行。有十四行经。明菩萨法施善根如是回向。愿随住一切刹无有休息。见者获益分。已上十九段。明法施回向善根。饶益自他行门分。已下三十三卷中。明庄严佛刹回向分。此等法界无量回向中。通此三十二三十三两卷经。

第二十佛子已下至廣大智寶究竟圓滿有三紙半經。明以如上法施功德寶迴向莊嚴兼畢佛刹皆令清淨分。如第二十段以法施善根迴向莊嚴佛刹中。此是願力莊嚴有義隱者釋之。可知者。如文。如延袤言樓閣相連延長無限寶窗牖者。大曰窗。小曰牖。寶多羅形如半月者。是西域樹名。如此欄楯樹。以寶為體。以半月寶用嚴其樹。不可言樹形如半月。兼非如來善根所起者。以願力如佛善根所起莊嚴。而用莊嚴佛國土故。阿僧祇寶海法水盈滿者。言水說法。阿僧祇寶芬陀利華。常出妙法芬陀利聲。此是百葉白蓮華也。還能出百種音聲說百種法故。阿僧祇寶須彌山。智慧山王秀出清淨者。明以願智慧業起勝報得。出過餘法名秀出。能清眾業名清淨。須彌云妙高。山名為止以艮為山為止。王者自在也。明以止其心心即淨故。若心淨即智慧妙用自在故。故報得其山亦如是淨故。因果相似故。阿僧祇八楞妙寶寶線貫穿嚴淨兼此者。明八正道之報。得寶線者教也。以名言竹帛而貫之。令法無散失故。以成果報也。菩薩寶者如菩薩形。約行報得阿僧祇寶旋示現菩薩智眼第二十佛子已下。至广大智宝究竟圆满。有三纸半经。明以如上法施功德宝回向。庄严无量佛刹皆令清净分。如第二十段以法施善根回向庄严佛刹中。此是愿力庄严。有义隐者释之。可知者如文。如延袤。言楼阁相连延长无限。宝窗牖者。大曰窗。小曰牖。宝多罗形如半月者。是西域树名。如此棕榈树。以宝为体。以半月宝用严其树。不可言树形如半月。无非如来善根所起者。以愿力如佛善根所起庄严。而用庄严佛国土故。阿僧祇宝海法水盈满者。言水说法。阿僧祇宝芬陀利华。常出妙法芬陀利声。此是百叶白连华也。还能出百种音声。说百种法故。阿僧祇宝须弥山。智慧山王秀出清净者。明以愿智慧业超胜报得。出过余法。名秀出。能清众业。名清净。须弥云妙高。山名为止。以艮为山为止。王者自在也。明以止其心。心即净故。若心净。即智慧妙用自在故。故报得其山亦如是故。因果相似故。阿僧祇八楞妙宝。宝线贯穿严净无比者。明八正道之报得。宝线者教也。以名言竹帛而贯之。令法无散失故。以成果报也。菩萨宝者。如菩萨形。约行报得。阿僧祇宝旋。示现菩萨智眼約無礙智報得。爲以一智中知無盡法門。以深幽無極名之爲旋阿僧祇宮殿者。悲宮智殿報相嚴也。鑒者照徹也。寶山垣牆者。以止爲防護報得故。阿僧祇寶化事者。此寶能化作種種事法。此約以一智行萬行報得也。寶藏見示一切正法。是一切種種之智藏報得故。如來幢相迥然高出者。有寶似佛形像而立。莊嚴國土。明眞如智幢不傾動報得也。阿僧祇寶賢大智賢像具足其實似賢人形狀。有賢人之相約自賢而報生也。寶園生諸菩薩三昧快樂者。明以三昧爲園林之報得故。寶音者以音聲爲寶。非有形質也。寶形者。以種種寶作種種形故。寶相者。以寶爲相好故。寶威儀者。以寶作菩薩威儀庠序故。寶聚見者。皆生智慧聚明以智慧聚報得故。寶住者。以智境界現作菩薩十住之位。寶修習者。以寶爲修習法門次第。見者知一切寶皆是業。此是識業寶也。寶無礙知見者。以寶爲無礙知見。見者得清淨法眼。約淨智無礙所生也。寶多羅樹。此樹似欏欄。堅如鐵。葉長稠密。設多時大雨。如屋常乾。如此經所說。約以寶爲體。非如西域人間木樹也。其樹無枝。處爲身。身直上者爲榦。

约无碍智报得。为以一智中。知无尽法门。以深幽无极。名之为旋。阿僧祇宫殿者。悲宫智殿。报相严也。鉴者照彻也。宝山垣墙者。以止为防护报得故。阿僧祇宝化事者。此宝能代作种种事法。此约以一智行万行报得也。宝藏见示一切正法。是一切种种之智藏报得故。如来幢相回然高出者。有宝似佛形象而立。庄严国土。明真如智幢不倾动报得也。阿僧祇宝贤。大智贤像具足。其宝似贤人形状。有贤人之相。约自贤而报生也。宝园生诸菩萨三昧快乐者。明以三昧为园林之报得故。宝音者。以音声为宝。非有形质也。宝形者。以种种宝。作种种形故。宝相者。以宝为相好故。宝威仪者。以宝作菩萨威仪庠序故。宝聚见者皆生智慧取。明以智慧聚报得故。宝住者。以智境界。现作菩萨十住之位。宝修习者。以宝为修习法门次第。见者知一切宝皆是业。此是识业宝也。宝无碍知见者。以宝为无碍知见。见者得清净法眼。约净智无碍所生也。宝多罗树。此树似棕榈。坚如铁。叶长稠密。设多时大雨。如屋常干。如此经所说。约以宝为体。非如西域人间木树也。其树无枝处为身。身直上者为干。

榦上傍生者爲枝。枝上細者爲條。王都及聚落總是約大願行化作莊嚴佛刹。跋陀羅樹者此名賢。以樹下有賢人居。又樹出賢才。其上有帝釋寶網莊嚴也。寶吹者能出音寶如螺貝之形。其聲清亮者清朗也。寶鼓妙音克諧窮劫不絕者。克者能也。諧者和也。言音韻和雅曲調無比。阿僧祇寶生。以寶能生種種法寶。亦衆生能發心爲寶也。寶身者明以寶爲種種之身也。寶口者。以寶爲口形能演法音故。寶心者以寶爲心之形。具足意業及大智願寶。大意已下如上以因果相似解之。其中可解之事。如文自具。大綱以果知所因。如上莊嚴皆大願興行所成。如華藏世界皆由普賢願力起明因願起行故。寶身業語業意業。以寶爲三業。從自三業起行立譚詮思惟去就。以心寶爲之。

校譌

第二紙十四行悲南論作慧　第九紙十七行衆法之宋論作軍　第十八紙十八行淨寶下宋論有莊嚴二字　第二十一紙九行王北藏作生　第二十二紙三行方宋北藏作力

干上傍生者为枝。枝上细者为条。王都及聚落。总是约大愿行化作。庄严佛刹。跋陀罗树者。此名贤。以树下有贤人居。又树出贤才。其上有帝释宝网庄严也。宝吹者。能出音宝。如螺贝之形。其声清亮者。清朗也。宝鼓妙音克谐穷劫不绝者。克者能也。谐者和也。言音韵和雅。曲调无比。阿僧祇宝生。以宝能生种种法宝。亦众生能发心为宝也。宝身者。明以宝为种种之身也。宝口者。以宝为口形。能演法音故。宝心者。以宝为心之形。具足意业及大智愿宝。大意已下如上以因果相似解之。其中可解之事。如文自具。大网以果知所因。如上庄严。皆大愿兴行所成。如华藏世界。皆由普贤愿力起明因愿起行故。宝身业语业意业。以宝为三业。从自三业起行立谭诠思惟去就。以心宝为之 。

第二十一佛子已下至如是廣說有十一行經明菩薩願以菩薩身徧諸佛刹及寶莊嚴倍過前百千倍分。如此段中明願以菩薩身莊嚴佛刹充滿其中下文都結如上莊嚴復過百倍。以此善根以將迴向。

第二十二佛子已下至佛子菩薩摩訶薩以諸善根普爲一切衆生如是迴向已有二十八行經明菩薩總爲衆生如是迴向分。

第二十三復以此善根已下至咸令歡喜故迴向有十九行經明菩薩以如上迴向但欲令說法及行安樂一切衆生令圓滿如法界分。

第二十四佛子已下至如來衆會道場平等迴向有二十二行經明菩薩以如法施及大願莊嚴廣願化衆生總令住法界平等故迴向分。

第二十五佛子已下至第十等法界無量迴向有十一行半經明以如上迴向一切善根時得如是身口心業及十種安住法界清淨分。從佛子已下舉十種迴向所有如文具悉。

第二十一佛子已下。至如是广说。有十一行经。明菩萨愿以菩萨身遍诸佛刹。及宝庄严位过前百千倍分。如此段中。明愿以菩萨身庄严佛刹充满其中。下文都结如上庄严复过百倍。以此善根以将回向。

第二十二佛子已下。至佛子菩萨摩诃萨以诸善根普为一切众生如是回向已。有二十八行经。明菩萨总为众生如是回向分。

第二十三复以此善根已下。至咸令欢喜故回向。有十九行经。明菩萨以如上回向。但欲令说法及行。安乐一切众生。令圆满如法界分。

第二十四佛子已下。至如来众会道场平等回向。有二十二行经。明菩萨以如法施及大愿庄严广愿化众生总令住法界平等故回向分。

第二十五佛子已下。至第十等法界无量回向。有十一行半经。明以如上回向一切善根时。得如是身口心业。及十种安住法界清净分。从佛子已下。举十种回向所有。如文具悉。

第二十六菩薩摩訶薩已下至到於彼岸有二十四行經。明菩薩以如上法施等善根迴向。皆願

大方廣佛新華嚴經論卷第二十二

一切衆生得見佛入佛知見同佛所得分。此已上是正舉十箇迴向門竟。

長科第十三佛神力故已下至一切世界兜率天宮悉亦如是有十六行經。明佛威動地興供分。如地震動段中動有三義。一說教威感動。二大衆闘法悅樂動。三推佛神德致令動。諸天興供有二義。一說法教門招感供。二諸天聞法歡喜供。興供中有二義。一華香旛蓋供。二諸天歌讚禮敬放光等供。如供養色數。如經可知。如一切佛刹。現無量阿僧祇諸佛境界。如來化身出過諸天者。此是說法現德法境相稱故現。非由天供也。一切世界兜率天宮悉亦如是。都結十方同此。

第二十六菩萨摩诃萨已下。至到于彼岸。有二十四行经。明菩萨以如上法施等善根回向。皆愿

(大方广佛新华严经论卷第二十二)*

一切众生得见佛。入佛知见同佛所得分*此已上是正举十个回向门竟 。

长科第十三佛神力故已下。至一切世界兜率天宫悉亦如是。有十六行经。明佛威动地兴供分。如地振动段中。动有三义。一说教威感动。二大众闻法悦乐动。三推佛神德致令动。诸天兴供有二义。一说法教门招感供。二诸天闻法欢喜供。兴供中有二义。一华香幡盖供。二诸天歌赞礼敬放光等供。如供养色数。如经可知。如一切佛刹。现无量阿僧祇诸佛境界。如来化身出过诸天者。此是说法现德。法境相称故现。非由天供也。一切世界兜率天宫悉亦如是。都结十方同此 。

第十四爾時復以佛神力故已下至亦復如是有十行經明同號菩薩來集作證分。爾時佛神力故十方各舉過百萬佛刹微塵數者。十住百十行百千。此位百萬。明昇進知見智之增廣之量。如是百萬世界塵數之外而來者。處迷不及云。外昇進悟解入位云來。百萬佛刹微塵數菩薩同名金剛幢來歎善哉稱歎金剛幢菩薩者。明智會道同名亦同故。亦明今時之智會與古合故。亦是達如是等刹塵之境總是金剛智無迷惑故。世界名金剛光亦如是。

第十五爾時已下。有六行半經。明金剛幢菩薩說頌分。明歎金剛幢菩薩說頌之德。如文可知。已下有九十四行頌。兩行一頌。如文自具。其中隨位授記作佛漸漸經劫廣者。明隨位昇進智慧大悲廣故。非是有時日歲月劫量延促廣也。皆是約修行之位安立佛果之名。

第二隨文解釋者。云何爲等法界無量迴向。釋曰。如法界無中邊迴向心無中邊。如法界無作者。迴向心無作者。法界無來去遠近迴向心無來去遠近。法界如虛空迴向智如虛空法界不思議迴第十四尔时复以佛神力故已下。至亦复如是。有十行经。明同号菩萨来集作证分。尔时佛神力故。十方各举过百万佛刹微尘数者。十住百。十行百千。此位百万。明升进知见智之增广之量。如是百万世界尘数之外而来者。处迷不及云外。升进悟解入位云来。百万佛刹微尘数菩萨同名金刚幢。来叹善哉。称叹金刚幢菩萨者。明智会道同。名亦同故。亦明今时之智会与古合故。亦是达如是等刹尘之境。总是金刚智无迷惑故。世界名金刚光亦如是。

第十五尔时已下。有六行半经。明金刚幢菩萨说颂分。明叹金刚幢菩萨说颂之德。如文可知。已下有九十四行颂。两行一颂。如文自具。其中随位授记作佛。渐渐经劫广者。明随位升进智慧大悲广故。非是有时日岁月劫量延促广也。皆是约修行之位。安立佛果之名。

第二随文解释者。云何为等法界无量回向。释曰。如法界无中边。回向心无中边。如法界无作者。回向心无作者。法界无来去远近。回向心无来去远近。法界如虚空。回向智如虚空。法界不思议。回

向智不思議法界無所依迴向智無所依法界一
切諸佛之所共住。如無依智一切佛之所共住法
界非三世及一切生滅時分所攝迴向之智非三
世時分所攝。法界圓滿三世事業在於現前迴向
之智圓三世事業在於現前。法界有無自在迴向
之智有無自在。爲令自他皆如法界無礙自在如
諸佛故。以是名爲等法界無量迴向。大意令一切
發菩提心者。一如法界諸德用。自在圓滿。廣大無
限。離大小性。不屬一二三百千萬等有限量。故等
無限量法。世間出世間大智大悲喜捨等法界衆
生界故。若不如是迴向。設求菩提。但得二乘住寂
菩提。菩薩樂生淨土。皆住門外三車。露地白牛不
當其分。此十迴向。令諸二乘得出世心者。令達世
間生死之性。自性法界。令起大悲。與一切衆生皆
得。令見衆生性自法界智故得平等悲門。入普光
明圓智之宅。故不令久住草庵化城。即如維摩居
士所說一期法門。是令二乘迴向之少分。法華露
地白牛之乘略陳一分之實所總與法界門。普光
明大智佛果普賢行海。是普終畢也。如此當部經
中十迴向門爲迴十住十行中。大悲大智法身萬

向智不思议。法界无所依。回向智无所依。法界一切诸佛之所共住。如无依智一切佛之所共住。法界非三世及一切生灭时分所摄。回向之智。非三世时分所摄。法界圆满三世事业。在于现前。回向之智圆三世事业在于现前。法界有无自在。回向之智有无自在。为令自他皆如法界无碍。自在如诸佛故。以是名为等法界无量回向。大意令一切发菩提心者。一如法界诸德用。自在圆满广大无限。离大小性。不属一二三百千万等有限量故。等无限量法。世间出世间大智大悲喜舍等法界众生界故。若不如是回向。设求菩提。但得二乘住寂菩提。菩萨乐生净土。皆住门外三车。露地白牛不当其分。此十回向。令诸三乘得出世心者。令达世间生死之性。自性法界。令起大悲。与一切众生皆得。令见众生性。自法界智故。得平等悲门。入普光明圆智之宅故。不令久住草庵化城。即如维摩居士所说一期法门。是令三乘回向之少分。法华露地白牛之乘。略陈一分之宝所。总兴法界门。普光明大智佛果。普贤行海。是普终毕也。如此当部经中十回向门。为回十住十行中。大悲大智法身万行功德莊嚴自他滯障。悲敬不眞知見不廣。悲心不普。心不廣大。不稱無限法界。將此迴向均洽。令等稱法界無礙無限自在性故。若不如是以無限迴向發願普爲無限法界衆生。卽自住眞門偏生淨土。不依法界無礙垢淨平等無限同體大悲不成佛果故。如是十迴向均十信十住十行及十地十一地行門。總在其中。此義十地位更不別配佛果。但取此位十箇佛果上名總同同名爲妙。菩薩名號。十地位中菩薩上名與此十迴向位菩薩總名金剛但幢與藏別。明妙用之佛果及所行之法。與此無殊。但蘊積功終。大悲功滿名之爲藏。非是異此迴向位外別法也。是故善財十迴向中善友卽長者天神地神所表。十地知識九箇夜天總是女衆。一箇是如來爲太子時妻。以表純修大悲之位明十住十行修行智位。十迴向以願力均融。令智悲等進。十地蘊修。令大智大悲深廣成備故以十箇女衆表之。十一地悲滿成普賢行門。卽明以悲興智。卽以佛母摩耶爲十一地初善知識。能生一切諸佛爲表母。是悲位。佛是智故。以悲生智故云摩耶生佛故。故得幻生法門。此明悲智德成普行功德庄严。自他滞障。悲敬不真。知见不广。悲心不普。心不广大。不称无限法界。将此回向均治。令等称法界。无碍无限自在性故。若不如是以无限回向发愿。普为无限法界众生。即自住真门。偏生净土。不依法界无碍垢净平等无限同体大悲。不成佛果故。如是十回向。均十信十住十行及十地十一地行门。总在其中。此义十地位。更不别配佛果。但取此位十个佛果。上名总同。同名为妙。菩萨名号。十地位中菩萨上名。与此十回向位菩萨。总名金刚。但幢与藏别。明妙用之佛果。及所行之法。与此无殊。但蕴积功终。大悲功满。名之为藏。非是异此回向位外别法也。是故善财十回向中善友。即长者天神地神所表。十地知识。九个夜天总是女众。一个是如来为太子时妻。以表纯修大悲之位。明十住十行修行智位。十回向以愿力均融。令智悲等进。十地蕴修。令大智大悲深广成备故。以十个女众表之。十一地悲满。成普贤行门。即明以悲兴智。即以佛母摩耶。为十一地初善知识。能生一切诸佛。为表母是悲位。佛是智故。以悲生智。故云摩耶生佛故。故得幻生法门。此明悲智德成。普賢行滿故。明其進修次第如是安立。若以修行一時同進。即如善財十住位中第二海門國海雲比丘。是成就初發心住悲智門。以此義故於中有阿脩羅王等十王。是表入生死之行故。又海雲是此迴向位中能入生死大海故。又生死海即佛海故。故云有佛出現說普眼經。著十王等表萬行自在也。乃至十住第七住休捨優婆夷等亦是。但以成熟慣習增降處論之。又此五位法門。總不出一剎那際始終成故。總無前後之義故。

第六會他化自在天宮說十地法門。

十地品第二十六

約釋此品以四門分別。一釋品名目。二釋品來意。三敘其昇進次第。四隨文解釋。第一釋品名目者。何故名爲十地品。釋曰。以明如來普光明智以成地體。如經如是菩薩已發如來普光明地。即大圓鏡智是所說四智及一切種一切智之差別。以此爲智體。以諸菩薩雖登十住十行十迴向不離此體。道力未充。更以十波羅蜜十重進修。令其道力圓滿。名爲十地。又以一波羅蜜中而自具十法名爲十地。十十之中具百百不移十故名爲十地贤行满故。明其进修次第。如是安立。若以修行。一时同进。即如善财十住位中。第二海门国海云比丘。是成就初发心住悲智门。以此义故。于中有阿修罗王等十王。是表入生死之行故。又海云。是此回向位中。能入生死大海故。又生死海即佛海故。故云有佛出现说普眼经。着十王等。表万行自在也。乃至十住第七住休舍优婆夷等亦是。但以成熟惯习增降处论之。又此五位法门。总不出一刹那际始终成故。总无前后之义故 。

第六会。他化自在天宫。说十地法门 。

十地品第二十六

约释此品。以四门分别。一释品名目。二释品来意。三叙其升进次第。四随文解释。第一释品名目者。何故名为十地品。释曰。以明如来普光明智以成地体。如经。如是菩萨已践如来普光明地。即大圆镜智是。所说四智及一切种一切智之差别。以此为智体。以诸菩萨。虽登十住十行十回向。不离此体。道力未充。更以十波罗蜜十重进修。令其道力圆满。名为十地。又以一波罗蜜中。而自具十法。名为十地。十十之中具百。百不移十故。名为十地。

乃至十百千千萬十萬十億乃至十不可說
明十數該含一多無盡故云十地。此十地之法通
因十即通十信所信。十箇佛果即以普光明殿所
說十箇佛果不動智佛爲初信故。乃至無礙智佛
解脫智佛。通十箇智佛爲所信之果。進修之中。經
十住十行十迴向。還將十信之中十箇智果以成
此十地之體。十箇智佛以不動智佛爲本。不動智
佛以普光明智爲本。普光明智以無依住智爲本。
又無依住智。以一切衆生爲本。如善財見彌勒菩
薩彌勒菩薩還令善財卻見初善知識文殊師利。
是其義也。乃至於五位滿不離初信之佛果也。以
此十地之法通初徹末一際法門。是故號名十地
品品普均分義一多次第昇進同別階級義故。此
乃是無昇進中進修無層級中層級。且略言之。十
地之體若無十信能信自心初佛果者。十地亦不
成。故十信之初心無十地十一地之佛果。亦無成
信心故。始終總全。是不動智之果。故能信自心者
亦佛果。故所信佛果亦佛果。故修行之身亦佛果
故。如是信心方得成信。其所修因果終始不異。不
動智佛故。是故此經十住十行十迴向皆有隨位

乃至十百。十千。十万。十十万。十亿。乃至十不可说。明十数该含一多无尽。故云十地。此十地之法通因十。即通十信所信。十个佛果。即以普光明殿所说十个佛果。不动智佛。为初信故。乃至无碍智佛。解脱智佛。通十个智佛。为所信之果。进修之中。经十住十行十回向。还将十信之中十个智果。以成此十地之体。十个智佛。以不动智佛为本。不动智佛。以普光明智为本。普光明智。以无依住智为本。又无依住智。以一切众生为本。如善财见弥勒菩萨。弥勒菩萨还令善财却见初善知识文殊师利。是其义也。乃至于五位满。不离初信之佛果也。以此十地之法。通初彻末一际法门。是故号名十地品。品者均分义。一多次第升进同别阶级义故。此乃是无升进中进修。无层级中层级。且略言之。十地之体。若无十信能信自心初佛果者。十地亦不成故。十信之初心。无十地十一地之佛果。亦无成信心故。始终总全。是不动智之果故。能信自心者。亦佛果故。所信佛果亦佛果故。修行之身。亦佛果故。如是信心方得成信。其所修因果。终始不异不动智佛故。是故此经十住十行十回向。皆有随位

進修因果十佛號故十地十一地以取十迴向中
佛果通號更不別立佛名號故為此後十地十一
德但取十迴向中唯智大悲妙用蘊積使德行功
熟智現無異法以此義故十迴向中十箇佛果總同
名號之為妙為明十迴向已和會理事悲智妙用
法成故以此如來亦不云昇天他化天王亦不云
道見亦無迎佛及以興供古人云十地無迎佛及
數座者以經來文未足者此非為得經之意也但
為法則如十迴向中大願及智悲修令圓滿如彼
故無數座等事為明法則依地前舊法不更別有
加行進修以十地法門但依十信十住中法則以
不動智為體以十住中十箇月佛十行中十箇眼
佛十迴向中十箇妙佛以為十信中不動智佛上
加行進修十地同此准知不移初法第一釋品來
意者為明已說地前三十心竟以十迴向方法和
會理智大悲及廣興大願竟但依前法則以積行
蘊修令使功成滿前智願令使大悲深厚功畢以
是此品須來是故善財以九箇夜神皆是女天以
表慈悲故一箇佛為太子時妻號曰瞿波以表十
地慈悲法喜以悦一切眾生以此十地是蘊積慈

进修因果十佛号故。十地十一地。以取十回向中佛果通号。更不别立佛名号故。为此后十地十一地。但取十回向中理智大悲妙。用蕴积使德行功熟。更无异法。以此义故。十回向中十个佛果。总同名号之为妙。为明十回向已和会理事悲智妙用法成故。以此如来亦不云升天。他化天王亦不云遥见。亦无迎佛及以兴供。古人云。十地无迎佛及敷座者。以经来文未足者。此非为得经之意也。但为法则。如十回向中大愿及智悲。修令圆满如彼。故无敷座等事。为明法则。依地前旧法。不更别有加行进修。以十地法门。但依十信十住中法则。以不动智为体。以十住中十个月佛。十行中十个眼佛。十回向中十个妙佛。以为十信中不动智佛。上加行进修。十地同此。准知不移初法。第二释品来意者。为明已说地前三十心竟。以十回向方法。和会理智大悲。及广兴大愿竟。但依前法则以积行蕴修。令使功成满前智愿。令使大悲深厚功毕。以是此品须来。是故善财以九个夜神皆是女天。以表慈悲故。一个佛为太子时妻。号曰瞿波。以表十地慈悲法喜。以悦一切众生。以此十地。是蕴积慈悲滿前智願故。以此十地之初歡喜地得願求一切佛法心故。如後地中所說故。又以三十七箇菩薩俱名爲藏。亦表此十地俱依地前之法。以三十七助菩提分法助成地前志樂智悲大願令行滿故。合容衆德成滿無功諸佛德門。名之爲藏。一箇菩薩獨名解脫月。是三十七箇助菩提行中得法清涼之果故。一一皆有所表。思之可解。是故以此十地品成就地前志樂智悲大願令功畢故。此品須來。第三敘其昇進次第。約立三門。一明三乘一乘十地同異。二明隨位進修次第。三明重敘說法之處及座體。一明三乘一乘十地同異者有二義。第一三乘十地。第二一乘十地。第一三乘十地者。如仁王經雖安立內凡外凡菩薩修六波羅蜜作六種人王。若修檀波羅蜜得作小國王。幷修戒波羅蜜作粟散王。幷修忍波羅蜜得作鐵輪王王一閻浮提。幷修精進波羅蜜作銅輪王王二天下。幷修禪波羅蜜作銀輪王王三天下。幷修般若波羅蜜得作金輪王王四天下。具足千子。自檀戒二度是外凡夫菩薩信心位。自忍進定慧四種度門是內凡位。是十住十行十迴向中位也。十地中名十悲。满前智愿故。以此十地之初欢喜地。得愿求一切佛法心故。如后地中所说故。又以三十七个菩萨俱名为藏。亦表此十地俱依地前之法。以三十七助菩提分法。助成地前志乐智悲大愿。令行满故。含容众德。成满无功诸佛德门。名之为藏。一个菩萨独名解脱月。是三十七个助菩提行中。得法清凉之果故。一一皆有所表。思之可解。是故以此十地品。成就地前志乐智悲大愿。令功毕故。此品须来。第三叙其升进次第。约立三门。一明三乘一乘十地同异。二明随位进修次第。三明重叙说法之处及座体。一明三乘一乘十地同异者有二义。第一三乘十地。第二一乘十地。第一三乘十地者。如仁王经。虽安立内凡外凡。菩萨修六波罗蜜。作六种人王。若修檀波罗蜜。得作小国王。并修戒波罗蜜。作粟散王。并修忍波罗蜜得作铁轮王。王一阎浮提。并修精进波罗蜜。作铜轮王。王二天下。并修禅波罗蜜。作银轮王。王三天下。并修般若波罗蜜。得作金轮王。王四天下具足千子。自檀戒二度是外凡夫。菩萨信心位。自忍进定慧四种度门。是内凡位。是十住十行十回向中位也。十地中名十

聖位。修十波羅蜜得作十種天王該管已上天位
自忉利爲首。若約斷惑見道之中。三乘中地前修
六波羅蜜。以空觀。折伏現行五見及。五鈍使且令
伏息所有煩惱。如呪毒蛇不能害物伏而不起空
觀心成達心境本性無生。名爲見道修道。小乘以
空觀滅情入寂身智總亡。地上菩薩得三種意生
身。而不隨空而滅智故爲不了根本無明住地。是
如來根本智故。受三界外變易生死故。已捨分段
生死三種意生身者。初二三地得三摩跋提樂意
生身。明從定發正慧念用故。四五六地得覺法自
性意生身。明覺法自性任性生故。七八九十地得
種類俱生無行無作意生身。明無功任運生無作
意故。五見者。一身見。二邊見。三見取。四戒取。五邪
見。此已上五見名利使。能障見道。與見道作煩惱。
小乘修空滅智菩薩達法是空有智慧有慈悲之
行。或生淨土或處世間利生隨意樂自在。五純使
者。一貪。二嗔。三癡。四慢。五疑。通前爲十使。此能障
修道上隨事之行不能稱理。如是十使煩惱。小乘
先斷見道上煩惱。後斷修道中煩惱。大乘菩薩於
諸煩惱以諸波羅蜜如理通融無斷無證。如上總

圣位。修十波罗蜜。得作十种天王。该管已上天位。自忉利为首。若约断惑见道之中。三乘中。地前修六波罗蜜。以空观。折伏现行五见。及五钝使。且令伏息所有烦恼。如咒毒蛇不能害物。伏而不起。空观心成。达心境本性无生。名为见道修道。小乘以空观灭情入寂。身智总亡。地上菩萨得三种意生身。而不随空而灭智故。为不了根本无明住地。是如来根本智故。受三界外变易生死故。已舍分段生死。三种意生身者。初二三地。得三摩跋提乐意生身。明从定发正慧念用故。四五六地。得觉法自性意生身。明觉法自性。任性生故。七八九十地。得种类俱生无行无作意生身。明无功任运。生无作意故。五见者。一身见。二边见。三见取。四戒取。五邪见。此已上五见。名利使。能障见道。与见道作烦恼。小乘修空灭智。菩萨达法是空。有智慧有慈悲之行。或生净土。或处世间利生。随意乐自在。五纯使者。一贪。二嗔。三痴。四慢。五疑。通前为十使。此能障修道上随事之行。不能称理。如是十使烦恼。小乘先断见道上烦恼。后断修道中烦恼。大乘菩萨。于诸烦恼。以诸波罗蜜如理通融。无断无证。如上总明權教大乘中菩薩。約簡斷惑地位得果如是。十地菩薩修法空。無生菩薩得十種意生身。於三界業外受變易生死。是生死無明任他。未能了知。如是菩薩猶於一乘佛果華嚴經未聞。設聞不信不順不證不入。猶有厭苦心多。一向樂求出世淨土。猶忻淨土在於他方。佛果在三祇之後。華嚴經云。設有菩薩無量劫行六波羅蜜得六神通及修種種菩提分法。爲不聞此大方廣佛華嚴經猶名假名菩薩不眞菩薩。設復聞時不信不順不證不入。如法華經不退諸菩薩亦復不能知。總其例也。又云。設有菩薩讀誦八萬四千法藏悉皆通利。爲人解說。得六神通。此未爲難。暫讀此經是卽爲難。或爲一分劣解衆生發菩提心者。三祇之劫方成佛故。三乘不退菩薩是十眞如觀。或是觀空不退。不是無明爲根本智發心不退。此已前明時劫定實淨土及穢土全隔在於他方。忻厭之徒安立諸地故第二一乘十地者。從十信之心。卽信自心根本無明具分別見便爲不動智佛。卽文殊師利覺首目首等菩薩是其位也。以自信自心無始無明爲不動智。文殊師利。卽爲自心理智妙慧用也。法界明权教。大乘中菩萨。约简断惑地位得果如是。十地菩萨修法空。无生菩提得十种意生身。于三界业外受变易生死。是生死无明住地。未能了知。如是菩萨犹于一乘佛果华严经未闻。设闻。不信不顺。不证不入。犹有厌苦心多。一向乐求出世净土。犹忻净土在于他方。佛果在三祇之后。华严经云。设有菩萨。无量劫行六波罗蜜。得六神通及修种种菩提分法。为不闻此大方广佛华严经。犹名假名菩萨。不真菩萨。设复闻时。不信不顺。不证不入。如法华经。不退诸菩萨。亦复不能知。总其例也。又云。设有菩萨。读诵八万四千法藏。悉皆通利。为人解说。得六神通。此未为难。暂读此经。是即为难。或为一分劣解众生发菩提心者。三祇之劫方成佛故。三乘不退菩萨。是十真如观。或是观空不退。不是无明为根本智。发心不退。此以前。明时劫定实。净土及秽土全隔在于他方。忻厌之徒安立诸地故。第二一乘十地者。从十信之心。即信自心根本无明具分别见。便为不动智佛。即文殊师利觉首目首等菩萨。是其位也。以自信自心无始无明。为不动智。文殊师利。即为自心理智妙慧用也。法界

大智大悲門普賢行海是自己所行之行如是信
已以爲信心是故從經之初爲例如來成道之果
及十普賢幷海月光大明菩薩及神天等五十衆
以爲現果成信門諸菩薩神天等衆示現人法獲
益所有人法皆同佛所得故明信從自心無明上
見不動智佛故信亦是佛悟亦是佛以不異佛智
體用爲進修故作此信時普見一切衆生所有心
量皆從如來大智而有凡聖一體同一智慧無有
二性如金光明經天女發願此語不虛者願三千
大千世界衆生悉皆金色具大人相當時稱願一
切衆生悉皆金色具大人相如彼經廣明又如此
經如來出現品云衆生種種樂及諸方便智皆依
佛智起又云應信自心中常有諸佛出興於世轉
正法輪從如是信已以方便三昧發生悟入現不
智慧與佛果同名生如來智慧家爲眞佛子從此
初住住佛所住種如來性名清淨智慧從此慧已
經十住十行十迴向位位之中配十箇所修行之
人十箇世界國土十箇修行行下之佛果如前釋
十信十住十行十迴向位中所配當者是今此十
地位中修行之人部金剛藏等三十八箇菩薩是

大智大悲门普贤行海。是自己所行之行。如是信已。以为信心。是故从经之初。为例如来成道之果。及十普贤。并海月光大明菩萨。及神天等五十众。以为现果成信门。诸菩萨神天等众。示现入法获益。所有入法。皆同佛所得故。明信从自心无明上见不动智佛故。信亦是佛。悟亦是佛。以不异佛智体用。为进修故。作此信时。普见一切众生所有心量。皆从如来大智而有。凡圣一体。同一智慧。无有二性。如金光明经。天女发愿。此语不虚者。愿三千大千世界众生。悉皆金色具大人相。当时称愿。一切众生。悉皆金色具大人相。如此经广明。又如此经如来出现品云。众生种种乐。及诸方便智。皆依佛智起。又云。应信自心中。常有诸佛出兴于世。转正法轮。从如是信已。以方便三昧。发生悟入。现本智慧。与佛契同。名生如来智慧家。为真佛子。从此初住。住佛所住。种如来性。名清净智慧。从此慧已经十住十行十回向。位位之中。配十个所修行之人。十个世界国土。十个修行行下之佛果。如前释十信十住十行十回向位中所配当者是。今此十地位中修行之人。即金刚藏等三十八个菩萨是。

三十七箇是三十七助道法，助前十迴向中悲智妙用功終不立自位佛果。為明十迴向中以大願力已圓理智大悲事畢。十地但以助道行力成之使熟，及至十一地佛果總如十迴向位也。解脫月菩薩一人表是能請法之人，亦表三十七助道之中解脫清凉之法樂也。故有此三十八菩薩，三十七同名為藏，唯一人名解脫月。即是表三十七助道之中無煩惱之果故。

校譌

第十三紙〔十四行普賢行末 南北藏作如普賢〕

此四十心中位成佛果及普賢行，非論人王梵王之位，但論位位之中以如來智生身等法界眾生界對現一切眾生前身，非論意生身隨意所往也。但以根本無明成一切智海一切世界一切處現形隨類應現，不論於三界外別受變易生死。又三十七个。是三十七助道法。助前十回向中。悲智妙用功终。不立自位佛果。为明十回向中。以大愿力已圆理智大悲事毕。十地但以助道行力。成之使熟。乃至十一地佛果。总如十回向位也。解脱月菩萨一人。表是能请法之人。亦表三十七助道之中。解脱清凉之法乐也。故有此三十八菩萨。三十七同名为藏。唯一人名解脱月。即是表三十七助道之中。无烦恼之果故。

此四十心中。位成佛果。及普贤行。非论人王梵王之位。但论位位之中。以如来智生身。等法界众生界。对现一切众生前身。非论意生身。随意所往也。但以根本无明。成一切智海。一切世界一切处现形。随类应现。不论于三界外。别受变易生死。又於此一乘智用境界中。無別論變易生死。但以智用善達心境。智無礙性。等法界性。無去來性。無造作性。不見過去是凡夫。未來是變易。現在是分段。有此心者。皆是虛妄。非正見故。若斷惑中。但以五蓋十纏十使。遞為智用。不於三界外。別受變易之生死。於毛孔微塵之內。刹海凡聖。如影同居。焉得別有三界之內外也。不變尚自本無。焉能有別所變化。但以大悲本願之力。以法界普光明智性自等周任器。而與同光。無別方所往來者之性故。純以世間一切境界人天魔梵為一佛土。而作佛事。不於他方別有淨土也。五蓋者。一貪欲。二瞋恚。三睡眠。四掉悔。五疑。十纏者。一無慚。二無愧。三眠。四悔。五慳。六嫉。七掉擧。八昏沉。九忿。十覆。達智具悲。此等用為智海。為慈悲喜捨。諸佛知見。故如此華嚴境界海中。佛果內。非但人位。菩薩攝化境界。以信心廣大力。為世間主。為信解廣大。受生廣大。且如毗盧遮那品中。喜見善慧王。人王所都。非是輪王城名。談光明。有百萬億那由他城周帀圍遶。妙寶所成。縱廣各有七千由旬。七寶為郭。廣如經說。居大須彌華山上住。夫人婇女三萬七千。一萬五于此一乘智用境界中。无别论变易生死。但以智用。善达心境。智无碍性。等法界性。无去来性。无造作性。不见过去是凡夫。未来是变易。现在是分段。有此心者。皆是虚妄。非正见故。若断惑中。但以五盖十缠十使绕为智用。不于三界外。别受变易之生死。于毛孔微尘之内。刹海凡圣。如影同居。焉得别有三界之内外也。不变尚自本无。焉能有别忻变化。但以大悲本愿之力。以法界普光明智。性自等周。任器而与同光。无别方所往来者之性故。纯以世间一切境界人天魔梵。为一佛土。而作佛事。不于他方别有净土也。五盖者。一贪欲。二嗔恚。三睡眠。四掉悔。五疑。十缠者。一无惭。二无愧。三眠。四悔。五悭。六嫉。七掉举。八昏沉。九忿。十覆。达智具悲。此等用为智海。为慈悲喜舍。诸佛知见故。如此华严经界海中佛果内。非但入位菩萨摄化境界。以信心广大力。为世间主。为信解广大。受生广大。且如毗卢庶那品中。喜见善慧王。人王所都。非是轮王。城名焰光明。有百万亿那由他城。周匝围绕。妙宝所成。纵广各有七千由旬。七宝为郭。广如经说。居大须弥华山上住。夫人婇女三万七千。二万五千子其中人報同諸天衣服飲食隨念而至行即遊空天城龍城乾闥婆城夜叉城阿脩羅城隣接居止總是淨國莊嚴如善見善慧王一生見一佛出世此明信心廣大如善財童子宅内七寶與身同生身金色總是信位之福以信心廣大願行廣大自信與佛果智齊起願修行此福不難即得如隨好光明功德品天鼓所説悔除法以盡法界衆生數等善身口意於悔除所有業障諸天問言云何悔除天鼓云觀業不從東西南北四維上下來而共積集身心乃至十方推求悉不可得乃至廣説如經天鼓如是爲諸天衆説法之時百千萬億那由他佛刹微塵數世界兜率天子得無生法忍得十地位如上諸天子總是過去修十信中十勝解業爲中有作惡業墮地獄中蒙毗盧遮那光照其身得生兜率天上得天鼓説法一時得十地離垢三昧此爲三生得十地果若信解無作惡業者一生成佛如善財是也云一生者言見道無生性總是入法界無時之生故如三乘之教刊削屈曲理滯難成尚能信而爲之此一乘法理智端直不剋不削蓬自根本無明便爲不動智佛萬事自正

千子。其中人报同诸天。衣服饮食。随念而至。行即游空。天城。龙城。乾闼婆城。夜叉城。阿修罗城。邻接居止。总是净国庄严。如喜见善慧王。一生见二佛出世。此明信心广大。如善财童子。宅内七宝。与身同生。身金色。总是信位之福。以信心广大。愿行广大自信与佛果智齐。起愿修行。此福不难即得。如随好光明功德品。天鼓所说悔除法。以尽法界众生数等善身口意舌。悔除所有业障。诸天问言。云何悔除天鼓云。观业不从东西南北四维上下来。而共积集身心。乃至十方推求悉不可得。乃至广说如经。天鼓如是。为诸天众说法之时。百千万亿那由他佛刹微尘数世界。兜率天子。得无生法忍。得十地位。如上诸天子。总是过去修十信中。十胜解业。为中有作恶业堕地狱中。蒙毗卢遮那光照其身。得生兜率天上。得天鼓说法。一时得十地离垢三昧。此为三生得十地果。若信解无作恶业者。一生成佛。如善财是也。云一生者。言见道无生性总是入法界无时之生故。如三乘之教。刊削屈曲。理滞难成。尚能信而为之。此一乘法。理智端直。不克不削。达自根本无明。便为不动智佛。万事自正。

以智利生。即是佛故。又將十迴向廣大無限悲願會融。令行廣大稱法界智用而無作者。具行而無依者。即普賢行具故。世土大迷。易成而功廣者。即不信。多劫曲修刊階難成功劣者。反存其情。畢竟多生。還須歸此。教如此經中少起信樂。獲得無邊廣大饒益。具如隨好光明功德品中說。約有六門。第一說修十信中十種勝解力故。其中有造惡業墮地獄中。有信解之種。毗盧遮那菩薩處兜率天時。放光名幢王光明。照地獄眾生。離苦生天。天鼓說法。得十地位。入離垢三昧。此是三生得果。三生者。一修十勝解是一生。二作惡入地獄是第二生。三蒙光照獨生兜率天。得十地果。是第三生。此是第一功少獲益廣多門。第二諸天得果。毛孔化花與華雲供佛。所有香氣。若有眾生身蒙香者。一切業障皆悉銷滅。得成就香幢雲自在光明清淨善根。此是第二功少益多門。第三若有眾生見其益者。種清淨金網轉輪王位。得一恒河沙善根。此轉輪王位。於百千億那由他佛剎微塵數世界中教化眾生。此是第三功少益多門。第四如是清淨金網轉輪王位。放摩尼髻清淨光明。若有眾生遇斯以智利生。即是佛故。又将十回向广大无限悲愿会融。令行广大称法界智用。而无作者。具行而无依者。即普贤行具故。世士大迷。易成而功广者。即不信多劫曲修刊削难成功劣者。反存其情。毕竟多生。还须归此教。如此经中。少起信乐。获得无边广大饶益。具如随好光明功德品中说。约有六门。第一说修十信中十种胜解力故。其中有造恶业随地狱中。有信解之种。毗卢遮那菩萨处兜率天时。放光。名幢王光明。照地狱众生离苦生天。天鼓说法得十地位。入离垢三昧。此是三生得果。三生者。一修十胜解。是一生。二作恶入地狱。是第二生。三蒙光照烛。生兜率天。得十地果。是第三生。此是第一功少获益广多门。第二诸天得果。毛孔化华。兴华云供佛。所有香气。若有众生身蒙香者。一切业障。皆悉销灭。得成就香幢云自在光明清净善根。此是第二功少益多门。第三若有众生见其益者。种清净金网转轮王位。得一恒河沙善根。此转轮王位。于百千亿那由他佛刹微尘数世界中教化众生。此是第三功少益多门。第四如是清净金网转轮王位。放摩尼髻清净光明。若有众生遇斯光者。皆得菩薩第十地位。成就無量智慧光明。得十種清淨眼。乃至十種清淨意等。此是第四功少益多門。第五經云。佛子。假使有人以億那由他佛剎碎為微塵。一塵為一佛剎。以如是等微塵數佛剎。又碎為微塵。如是微塵悉置右手。持以東行過爾許微塵數世界。乃下一塵。如是東行盡此微塵。南西北方四維上下。亦復如是。如是十方所有世界。若著微塵及不著者。悉以集成一佛國土。若有眾生聞此譬喻能生信解。當知更為希有奇特。佛言。寶手。如是如汝所說。若有善男子善女人。聞此譬喻而生信者。我授彼記。決定當得阿耨多羅三藐三菩提。當獲如來無上智慧。此是第五功少獲益廣多門。第六經云。寶手。設使有人以千億佛剎微塵數如上所說廣大佛土抹為微塵。以此微塵依前譬喻一一下盡。乃至集成一佛國土。復抹為塵。如是次第展轉。乃至八十反。如是一切廣大佛土所有微塵。菩薩以業報清淨肉眼。於一念中悉能明見。亦見百億廣大佛剎微塵數佛。如玻瓈鏡清淨光明照耀十佛剎微塵數世界。寶手。如是皆是清淨金網轉輪王甚深三昧福德善根之所成光者。皆得菩萨第十地位。成就无量智慧光明。得十种清净眼。乃至十种清净意等。此是第四功少益多门。第五经云佛子。假使有人以亿那由他佛刹碎为微尘。一尘为一佛刹。以如是等微尘数佛刹。又碎为微尘。如是微尘悉置右手。持以东行过尔许微尘数世界。乃下一尘。如是东行尽此微尘。南西北方四维上下。亦复如是。如是十方所有世界。若著微尘及不著者。悉以集成一佛国土。若有众生闻此譬喻。能生信解。当知更为希有奇特。佛言。宝手。如是。如汝所说。若有善男子善女人。闻此譬喻而生信者。我授彼记。决定当得阿耨多罗三藐三菩提。当获如来无上智慧。此是第五功少获益广多门。第六经云。宝手。设使有人以千亿佛刹微尘数如上所说广大佛土。抹为微尘。以此微尘依前譬喻一一下尽。乃至集成一佛国土。复抹为尘。如是次第展转。乃至八十返。如是一切广大佛土所有微尘。菩萨以业报清净肉眼。于一念中悉能明见。亦见百亿广大佛刹微尘数佛。如玻璃镜清净光明。照耀十佛刹微尘数世界。宝手。如是皆是清净金网转轮王甚深三昧。福德善根之所成

就。此是第六功少獲益廣多門。如是明此經法門
廣大無限。一念信解心無限。其心清淨無限供養
諸佛饒益。一切衆生心無限。一念相應獲無限廣
大之益。爲明以根本無明便爲根本智所起善根
皆廣大無限。爲智無依等法界故。所作善根等法
界故。如是一念聞法便獲廣大利益者。皆是於此
教門生信樂種故。大綱如是。如來處胎現生娑婆
穢土。出生滅歿之佛。爲劣解衆生權施接引之教
剏三乘之教是也。如此經云。爲劣解衆生母胎出
現。爲上根衆生蓮華化生。如此華嚴教門。是法界
普光明大智報佛所說。非是出生滅度穢國之身
故。是爲上上根所說。學三乘教者雖引此教門和
會三乘法相行位。然心想不廣不稱教智將此教
門同三乘三祇之教。只可迴權就實。是乃契會聖
心。何得迴實就權反虧聖說。乖迷昇進成佛何期。
設致百萬億三大阿僧祇。終違聖旨。如三乘教中。
分分有此教在。只爲學者不能了知佛開無上正
詮。迷者返生遮截。如金剛般若云。此經爲大乘者
說。爲最上乘者說。剏三乘權教是大乘。故最上乘
者。一乘教是。如法華經是迴三乘向一乘之教。舉

就。此是第六功少获益广多门。如是明此经法门广大无限。一念信解心无限。其心清净无限。供养诸佛。饶益一切众生心无限。一念相应获无限广大之益。为明以根本无明便为根本智。所起善根皆广大无限。为智无依。等法界故。所作善根。等法界故。如是一念闻法。便获广大利益者。皆是于此教门生信乐种故。大纲如见。如来处胎现生娑婆秽土。出生灭殁之佛。为劣解众生权施接引之教。即三乘之教是也。如此经云。为劣解众生。母胎出现。为上根众生。莲华化生。如此华严教门。是法界普光明大智报佛所说。非是出生灭度秽国之身故。是为上上根所说。学三乘教者。虽引此教门。和会三乘法相行位。然心想不广。不称教智。将此教门。同三乘三祇之教。只可回权就实。是乃契会圣心。何得回实就权。反亏圣说。乖迷升进。成佛何期。设致百万亿三大阿僧祇。终违圣旨。如三乘教中。分分有此教在。只为学者不能了知。佛开无上正诠。迷者反生遮截。如金刚般若云。此经为大乘者说。为最上乘者说。即三乘权教是大乘故。最上乘者。一乘教是。如法华经。是回三乘向一乘之教。举

龍文彰法界寶理智之無時即於一刹那之際示
三生而成佛爲破三乘情塵劫執反稱是化就三
乘三祇之劫爲眞只爲情多生反玻瓈妙寶鏡
而歸如銅鐵之明以閻浮檀明淨眞金令同瓦礫
之價非是寶ゝ之咎也只爲別寶睹者無功此以已
上一段明一乘三乘十地竟修行者但以簡教修
行遲速須去世情大小彼我言之但稱根即用第
二立隨位進修次第者約立十門第一明十種信
中信果成因門即十箇佛果以不動智佛爲首以
文殊師利覺首等十箇菩薩爲表修行之人金色
世界等十箇色世界爲所修之法金色表法身餘
九是隨用爲十信是凡夫有爲心修行是色心悲
信故是第二會普光明殿光明覺品所集之衆是
如善財見文殊師利是表信心位明自妙慧之理
徧因果終始故第二從信創昇佛果智慧門即第
三昇須彌山頂說十住位十箇佛果下名同號號
之爲月是此位之果法慧等十箇菩薩是表入位
修行之人十箇世界同名爲華是表人位開發慧
華心開敷故此表如善財童子於妙峯山得憶念
諸佛智慧光明門表初會佛智慧住佛所住故此

龙女彰法界实理智之无时。即于一刹那之际。示三生而成佛。为破三乘情尘劫执。反称是化。就三乘三祇之劫为真。只为情翳多生。反玻璃妙宝镜。而归如铜铁之明。以阎浮檀明净真金。令同瓦砾之价。非是宝之咎也。只为别宝贿者无功。此以已上一段。明一乘三乘十地竟。修行者。但以简教修行迟速。须去世情大小彼我言之。但称根即用。第二立随位进修次第者。约立十门。第一明十种信中信果成因门。即十个佛果。以不动智佛为首。以文殊师利觉首等十个菩萨为表修行之人。金色世界等十个色世界。为所修之法。金色表法身。余九是随用。为十信是凡夫有为心修行。是色心起信故。是第二会普光明殿光明觉品所集之众是。如善财见文殊师利。是表信心位。明自妙慧之理。遍因果终始故。第二从信创升佛果智慧门。即第三升须弥山顶说十住位。十个佛果。下名同号。号之为月。是此位之果。法慧等十个菩萨。是表入位修行之人。十个世界同名为华。是表入位开发慧华。心开敷故。此表如善财童子。于妙峰山。得忆念诸佛智慧。光明门。表初会佛智慧。住佛所住故。此爲十住。妙峯山者。是止中之妙慧也。爲艮爲山爲止爲門闕。爲童蒙。爲初明。昇須彌者。亦同此。第三明已居佛慧修行門者。即第四會夜摩天宮說十行法門是也。其中有十箇佛果。皆下名同號。號之爲眼。是此位修行之果。功德林等十箇同名爲林菩薩。是表修行之人。十箇世界皆名爲慧。是此位行中智慧方便之法。故。如善財表法中。於三眼國見比丘。林下經行。表行廣多覆育。如林。經行表行無住。故。三眼者。表智眼慧眼法眼等三眼。此兩位佛號。十住位同月。十行同眼。十迴向十箇佛號上名悉同號之爲妙。爲表妙用智圓。昇進功熟。妙在其先。一一是有所表。不泯施名。第四大願理事悲智參融無盡門。即第五會兜率天宮說十迴向。以無盡大願會融理智大悲。令普賢行滿。十箇佛果。上名號之爲妙。是此位之果。十箇菩薩下名同號之爲幢。是表此位修行之人。十箇世界號之爲妙。是此位修行之法。明理智悲願萬行妙用爲世界故。如善財表法中。見鬻香長者。青蓮華者。明此位法。以將理智慈悲願行。一切無盡差別智慧差別願行。以將迴向之蜜。合之爲一丸。戒定慧之香。以为十住。妙峰山者。是止中之妙慧也。为艮。为山。为止。为门阙。为童蒙。为初明。升须弥者亦同此。第三明已居佛慧修行门者。即第四会夜摩天宫说十行法门是也。其中有十个佛果。皆下名同号。号之为眼。是此位修行之果。功德林等十个同名为林菩萨。是表修行之人。十个世界皆名为慧。是此位行中智慧方便之法故。如善财表法中于。三眼国见比丘林下经行。表行广多覆育如林。经行表行无住故。三眼者。表智眼慧眼法眼等三眼。此两位佛号。十住位同月。十行同眼。十回向十个佛号。上名悉同号之为妙。为表妙用智圆。升进功熟。妙在其先。一一是有所表。不浪施名。第四大愿理事悲智参融无尽门。即第五会兜率天宫说十回向。以无尽大愿。会融理智大悲。令普贤行满。十个佛果。上名号之为妙。是此位之果。十个菩萨。下名同号之为幢。是表此位修行之人。十个世界号之为妙。是此位修行之法。明理智悲愿万行妙用。为世界故。如善财表法中。见鬻香长者青莲华者。明此位法。以将理智慈悲愿行。一切无尽差别智慧。差别愿行。以将回向之蜜。合之为一丸戒定慧之香。以無依住智徧周法界對現色身隨病調伏而與五分法身之香而無所著如青蓮華色香第一而無所著和合願智悲法身十波羅蜜四攝四無量三十七助道之分世間出世間法共爲一法猶如合香以將眾香合爲一丸第五蘊修成德門第六會他化自在天宮說十地法門明十地法但修前迴向法令使德行功熟滿其十迴向願行更無別路佛果世界但取十迴向中妙用同功不別安立亦無他化天王遙見佛來敷座及迎佛等事爲明十地中已下法則如十迴向和會已終但生熟不等無更有別異塗故但將十地十一地行門觀智及資前果猶如蘆菔長菓資根如善財表法中善財見摩竭提國迦毗羅城主夜神名婆珊婆演底此云春時主當明此神春時主當苗稼亦名依止無畏謂與一切眾生作依止無畏身出星宿照耀眾生於身一一毛孔現行化度無數惡道眾生迦毗羅城者此云黃色也爲明此城在閻浮提之處中明中宮土爲黃色表十地契中道應眞不偏故此是如來示成道處國夜神總是女神以明凡得智成悲故以女神表之神者應眞其智則神故其智

无依住智。遍周法界。对现色身。随病调伏。而与五分法身之香。而无所著。如青莲华色香第一。而无所著。和合愿智悲。法身。十波罗蜜。四摄。四无量。三十七助道之分。世间。出世间法。共为一法。犹如合香。以将众香合为一丸。第五蕴修成德门。第六会他化自在天宫说十地法门。明十地法。但修前回向法。令使德行功熟。满其十回向愿行。更无别路。佛果世界。但取十回向中妙用同功。不别安立。亦无他化天王遥见佛来。敷座及迎佛等事。为明十地中已下法则。如十回向和会以终。但生熟不等。无更有别异途故。但将十地十一地行门观智。反资前果。犹如芦菔长叶资根。如善财表法中。善财见摩竭提国迦毗罗城主夜神。名婆珊婆演底。此云春时主当。明此神春时主当苗稼。亦名依止无畏。谓与一切众生。作依止无畏。身出星宿。照耀众生。于身一一毛孔。现行化度无数恶道众生。迦毗罗城者。此云黄色也。为明此城在阎浮提之处中。明中宫土为黄色。表十地契中道。应真不偏故。此是如来示成道处国。夜神总是女神。以明凡得智成悲故。以女神表之。神者应真其智则神故。其智不爲不思而徧資萬有此神表初歡喜地自第九迴向已來直至第九地總人神位明昇進智通祐物無限不爲不思而智自徧故且略言爾廣在後文凡是善財問善知識發心久近在世多少者皆是明成就長養大悲之行住劫久遠明大悲深厚在智久劫是一刹那故如觀世音菩薩以名號及所說法號慈悲經又是十迴向中第七迴向中善知識與第八迴向位中正趣菩薩共成七八迴向悲智二門皆須如是前後和會方了其經意不可見一法而能了佛心明此十地但如十迴向中法蘊修成悲智滿前願故是初歡喜地得願求成滿心以依前十迴向願心成滿故第六德滿行圓利生自在無限門者在第三禪說是第七會經梵本未來有百萬億偈依菩薩纓絡本業經說此經是如來化三乘人後却領三乘之衆至菩提樹下說往昔初成正覺時說華嚴經一一排次重敘其會至第三禪如纓絡本業經說十一地等覺位爲一生補處菩薩位爲此地普賢行滿十一地爲妙覺如來故以此爲一生也如善財以行表法中見佛母摩耶夫人是其行故明十地以智從悲成行門

不为不思。而遍资万有。此神表初欢喜地。自第九回向已来。直至第九地。总入神位。明升进智通。佑物无限。不为不思。而智自遍故。且略言尔。广在后文。凡是善财问善知识。发心久近在世多少者。皆是明成就长养大悲之行。住劫久远。明大悲深厚。在智久劫是一刹那故。如观世音菩萨。以名号及所说法。号慈悲经。又是十回向中第七回向中善知识。与第八回向位中正趣菩萨。共成七八回向悲智二门。皆须如是前后和会。方了其经意。不可见一法而能了佛心。明此十地。但如十回向中法。蕴修成悲智。满前愿故。是初欢喜地。得愿求成满心。以依前十回向愿心成满故。第六德满行圆利生自在无限门者。在第三禅说。是第七会经。梵本未来。有百万亿偈。依菩萨璎珞本业经说。此经是如来化三乘人后。却领三乘之众。至菩提树下说往昔初成正觉时。说华严经。一一排次重叙其会。至第三禅。如璎珞本业经。说十一地等觉位。为一生补处菩萨位。为此地普贤行满。十二地为妙觉如来故。以此为一生也。如善财以行表法中。见佛母摩耶夫人。是其行故。明十地以智从悲成行门。

卽以夜天女神及如來爲太子時妻號瞿波此云守護地。此十箇女衆成長大悲守護大慈悲地也。如十一地等覺位中。行悲行滿。卽從悲生智廣利益衆生。卽以見佛母表之。母是慈悲之義。出生大智化利衆生。卽等覺位中十箇善知識是也。故云摩耶生佛。佛是智故。第七德行圓滿成佛果終門。卽如第八會普光明殿說十一品經。以十定品爲初。次十通十忍阿僧祇如來壽量菩薩住處佛不思議法。如來十身相海如來隨好光明功德普賢行品。如來出現等品。准初會中問處。幷有十頂未有說處。亦是來文未具。總是如善財表法中見彌勒菩薩。是其行也。明同其善財一生成佛果故。遂於樓閣之內現三生之行。總在如今。三生者。一過去久遠見道修行生。二現在得果圓滿生。三當來示現成正覺出世生。總在樓閣之內。如今現前。無古今去來現在。不可得故。然亦不廢三生之相。現在其中。但以智知。爲隨俗利人故。卽三生也。若約眞論。無發菩提心時。無修行見道時。無現生得果時。無當來示成正覺時。以三世及心量無性體故。無安立故。無處無依住故。名爲成佛時也。若見自即以夜天女神。及如来为太子时妻。号瞿波。此云守护地。此十个女众。成长大悲守护大慈悲地也。如十一地等觉位中。行悲行满。即从悲生智。广利益众生。即以见佛母表之。母是慈悲之义。出生大智化利众生。即等觉位中十个善知识是也。故云摩耶生佛。佛是智故。第七德行圆满成佛果终门。即如第八会普光明殿说十一品经。以十定品为初。次十通十忍。阿僧祇。如来寿量。菩萨住处。佛不思议法。如来十身相海。如来随好光明功德。普贤行品。如来出现等品。准初会中问处。并有十顶。未有说处。亦是来文未具。总是如善财表法中。见弥勒菩萨。是其行也。明同其善财一生成佛果故。遂于楼阁之内。现三生之行。总在如今。三生者。一过去久远见道修行生。二现在得果圆满生。三当来示现成正觉出世生。总在楼阁之内。如今现前。无古今去来现在。不可得故。然亦不废三生之相。现在其中。但以智知。为随俗利人故。即三生也。若约真论。无发菩提心时。无修行见道时。无现生得果时。无当来示成正觉时。以三世及心量。无性体故。无安立故。无处无依住故。名为成佛时也。若见自心有能發菩提心時當來成正覺時即為情識生滅不名發心時故以是義故信心及佛果總不離普光明殿乃至常行普賢無始終之行離此時間總不離普光明殿明因果同本不動普光明大智以為昇進功終故時復無體智復無依故彌勒令善財却見初友文殊師利即明至果不移因善財念見文殊便聞普賢菩薩名及自見其身入普賢身者明表正覺之因不移行果總明圓會因果行總一時滿故為智境界上能含一切眾生情量多劫是一時故明智無情有故但不離十信中不動智佛無前中後際故此如文殊師利十信中說偈云一念普觀無量劫無去無來亦無住如是了知三世事超諸方便成十力第八普賢行海常行門即如第九會中說離世間品是常住世間無限利生不與情合作業相應即如善財所表行中憶念文殊初友便聞普賢名及見自身入普賢身是也此是自成佛果竟常行普賢無始終行此普賢行亦明不移本普光明無依住智古人釋云重會普光法堂三會普光法堂總非重及三故大體明但以一箇普光明無依住大智圓會初發心因及佛

心。有能发菩提心时。当来成正觉时。即为情识生灭。不名发心时故。以是义故。信心及佛果。总不离普光明殿。乃至常行普贤无始终之行。离世间品总不离普光明殿。明因果同本不动普光明大智。以为升进功终故。时复无体。智复无依故。弥勒令善财却见初友文殊师利。即明至果不移因。善财念见文殊。便闻普贤菩萨名。及自见其身入普贤身者。明表正觉之因。不移行果。总明圆会因果行。总一时满故。为智境界上。能含一切众生情量。多劫是一时故。明智无。情有故。但不离十信中不动智佛。无前中后际故。此如文殊师利十信中说偈云。一念普观无量劫。无去无来亦无住。如是了知三世事。超诸方便成十力。第八普贤行海常行门。即如第九会中说离世间品是。常住世间无限利生。不与情合作业相应。即如善财所表行中。忆念文殊初友。便闻普贤名。及见自身入普贤身是也。此是自成佛果竟。常行普贤无始终行。此普贤行。亦明不移本普光明无依住智。古人释云。重会普光法堂。三会普光法堂。总非重及三故。大体明但以一个普光明无依住大智。圆会初发心因。及佛果升修行行滿此三事總不離此智時亦不遷為明依智發心始終無情見之跡故第九如來不出不沒佛智恆果門者即如第十會中說法界一品經是以法界是佛之恆果故第十表通信六位人法所進求門即如覺城東會大塔廟處善財見文殊菩薩升已下入位中五位善知識是也此已上十門從普光明殿說十信已來總重敘使令學者易解經意故并以略舉善財知識表法次第和會令易解故第三重敘佛所說法處及座體者其義有三一敘說法之處及意趣二敘放光之處及意趣三敘座體及意趣第一敘說法處及意趣者其處有十其意趣有十一第一菩提場菩提樹下一會在熙連河邊去優樓頻螺迦葉聚落五里是一牛吼地是阿蘭若處得道依世間法如此是化眾生法則佛無此也乃至昇天總是所表法則若望如來以智體徧周十方恆徧而無來去對現色身故此明與世成法有可倣學也此一段是如來舉

大方廣佛新華嚴經論卷第二十三

自果法勸眾生修行門第二會於普光明殿此承上古德說云去菩提樹三里又云龍造此將未可也普光明殿者約所顯得普光明智所報居之殿

果。并修行行满。此三事总不离此智。时亦不迁。为明依智发心。始终无情见之迹故。第九如来不出不没佛智恒果门者。即如第十会中说法界一品经是。以法界是佛之恒果故。第十表通信六位人法所进求门。即如觉城东会大塔庙处。善财见文殊菩萨。并已下入位中五位善知识是也。此已上十门。从普光明殿说十信已来总重叙。使令学者易解经意故。并以略举善财知识表法次第。和会令易解故。第三重叙佛所说法处及座体者。其义有三。一叙说法之处及意趣。二叙放光之处及意趣。三叙座体及意趣。第一叙说法处及意趣者。其处有十。其意趣有十一。第一菩提场菩提树下一会在熙连河边。去优楼频螺迦叶聚落五里。是一牛吼地是阿兰若处。得道依世间法如此。是化众生法则。佛无此也。乃至升天。总是所表法则。若望如来以智体遍周。十方恒遍而无来去。对现色身故。此明与世成法。有可仿学也。此一段。是如来举

(大方广佛新华严经论卷第二十三)*

自果法劝众生修行门*第二会。于普光明殿。此承上。古德说云。去菩提树三里。又云。龙造此。将未可也。普光明殿者。约所显得普光明智所报居之殿。

智體廣大。無限量也。所報之境無限重重等周法
界。如經初所陳其地堅固金剛所成寶樹行列宮
殿樓閣等是。皆煥耀光明徧周法界。此明智體報
居之宅徧一切處。一切處總在纖毫之內。不可拘
其處所。以智徧觀其宅亦復徧周十方。總是無限
境也。於此普光明殿說十信法門明以舉果成信。
還將智果報得宅中說本不動智佛以爲信位明
信自心是不動智佛。約此以爲信體。心外有法不
成信心。故卽如來根本智宅還信自心所有分別
是如來根本普光明大智本無動故。只爲迷本妄
爲動。故第三會於須彌山頂上說十住表入理契
智非生滅心所得至。故如須彌山在大海中高八
萬四千由旬非手足攀攬所及。明八萬四千塵勞
山住煩惱大海。於一切法無思無爲卽煩惱海枯
竭。塵勞山便成一切智山。煩惱海便成性海。若起
心思慮。所有攀緣。塵勞山逾高煩惱海逾深。不可
至其智頂。明以定爲方便。是故法慧菩薩入方便
三昧方說此法門。當知亡思卽智現在想卽迷存。
滯寂智潛情虛智發。此乃見道之初生佛智慧家
之始。約表出凡超世同天自在得智慧山之頂。又

智体广大。无限量也。所报之境。无限重重。等周法界。如经初所陈。其地坚固。金刚所成。宝树行列。宫殿楼阁等是。皆焕耀光明。遍周法界。此明智体报居之宅。遍一切处。一切处。总在纤毫之内。不可拘其处所。以智遍观。其宅亦复遍周十方。总是无限境也。于此普光明殿。说十信法门。明以举果成信。还将智果报得宅中。说本不动智佛。以为信位。明信自心是不动智佛。约此以为信体。心外有法。不成信心故。即如来根本智宅。还信自心所有分别。是如来根本普光明大智。本无动故。只为迷本。妄为动故。第三会。于须弥山顶上说十住。表入理契智。非生灭心所得至故。如须弥山在大海中。高八万四千由旬。非手足攀揽所及。明八万四千尘劳山。住烦恼大海。于一切法无思无为。即烦恼海枯竭。尘劳山便成一切智山烦恼海便成性海。若起心思虑。所有攀缘。尘劳山逾高。烦恼海逾深。不可至其智顶。明以定为方便。是故法慧菩萨。入方便三昧。方说此法门。当知亡思即智现。在想即迷存。滞寂智潜。情虚智发。此乃见道之初。生佛智慧家之始。约表出凡超世。同天自在。得智慧山之顶。又以方便定止心不亂爲山體故以艮爲山爲止此爲十住位也初生佛智慧家住佛所住明依定發慧像須彌山故第四會夜摩天宮說十行此以上天空居表約智慧法空而爲行體卽處世無染又明此天名時分天明菩薩處行知根生熟時非時也不妄利生又知何惑增多何惑滅少隨惑增滅而成熟之表知根利生名爲時分法空隨行名爲空居也第五會兜率天說十迴向此天於欲界處中又名樂知足天明迴向法門不貪涅槃不貪生死常處生死常處涅槃無二性故處中道故餘四天皆放逸如色界無色界天樂淨不可和會中道義故雖他化自在天說十地法還以此位中道之法成十地蘊修成功故說十迴向法以膝上放光表卷舒自在莫不由膝故明理智大願大悲滿周十方會融無礙莫不皆由十迴向位如十地依此而行蘊積令熟故無別法故第六會他化自在天說十地表至欲際之頂又表依衆生而應化故無自化也故借此天處以表化他之智故又此天處是魔波旬所居明十地位智伏心魔也成大慈悲之行令成熟故第七會在第三禪表普賢行滿法

以方便定。止心不乱。为山体故。以艮为山为止此为十住位也。初生佛智慧家。住佛所住。明依定发慧。像须弥山故。第四会。夜摩天宫说十行。此已上天空居。表约智慧法空。而为行体。即处世无染。又明此天。名时分天。明菩萨处行。知根生熟时非时也。不妄利生。又知何惑增多。何惑减少。随惑增减而成熟之。表知根利生。名为时分。法空随行。名为空居也。第五会。兜率天说十回向。此天于欲界处中。又名乐知足天。明回向法门不贪涅槃。不贪生死。常处生死。常处涅槃。无二性故。处中道故。余四天皆放逸。如色界无色界天乐净。不可和会中道义故。虽他化自在天说十地法。还以此位中道之法。成十地蕴修成功故。说十回向法。以膝上放光。表卷舒自在。莫不由膝故。明理智大愿大悲。满周十方会融无碍。莫不皆由十回向位。如十地依此而行。蕴积令熟故。无别法故。第六会。他化自在天说十地。表至欲际之顶。又表依众生而应化故。无自化也。故借此天处。以表化他之智故。又此天处是魔波旬所居。明十地位。智伏心魔也。成大慈悲之行。令成熟故。第七会。在第三禅。表普贤行满。法

悅利生表此天唯禪悅喜動故第八會普光明殿
說十定及如來出現品明佛出現進修道極不離
本處明不離一箇普光明智以為進修云昇天上
者表法昇進元來不離一箇普光明大智本定之
宅明雖修昇進行滿元不移本不動智中普光大
用第九會又在普光明殿說離世間法明以普光
明智徧周十方普利眾生不染眾法名離世間以
普光明智具普賢行恆在世間不出不入名離世
間故以智體恆用而無依故名為離非厭離故如
此三會總在普光明殿者明行因與果幷普賢行
滿總是一箇普光明無始終無依住自在大智故
若眾生發菩提心者不見此智不名發心見此智
者方名發心若心外見佛者及取相求真者皆且
作善根名發一切智心故經云乘一切智乘直至
道場以乘普光明大智之乘還不出普光明大智
道場名之為至此名發心究竟二不別是故發心
先心難明此智難信信得即能入故夫證發心易
先起信發心難信極即入位故但須方便三昧現
之即智境便現此三會總在普光明殿者明定體
用始終因果萬行同一智也如前所述第十會在

悦利生。表此天唯禅悦喜动故。第八会。普光明殿说十定。及如来出现品。明佛出现进修道极。不离本处。明不离一个普光明智以为进修。云升天上者。表法升进。元来不离一个普光明大智本定之宅。明虽修升进行满。元不移本不动智中普光大用。第九会。又在普光明殿。说离世间法。明以普光明智。遍周十方。普利众生。不染众法。名离世间。以普光明智。具普贤行。恒在世间。不出不入。名离世间故。以智体恒用而无依故。名为离。非厌离故。如此三会总在普光明殿者。明行因。与果。并普贤行满。总是一个普光明无始终无依住自在大智故。若众生发菩提心者。不见此智。不名发心。见此智者。方名发心。若心外见佛者。及取相求真者。皆且作善。未名发一切智心故。经云。乘一切智乘。直至道场。以乘普光明大智之乘。还不出普光明大智道场。名之为至。此名发心究竟二不别。是故发心先心难。明此智难信。信得即能入故。夫证发心易。先起信发心难。信极即入位故。但须方便三昧现之。即智境便现。此三会总在普光明殿者。明定体用始终因果万行。同一智也。如前所述。第十会。在

給孤獨園說法界品。明法界不離世間給養之義
故表世間生死園林即法界體用。是故如來所居
重閣講堂包含法界。師子之座皆平十方。唯應度
者知之。處迷者不覺。即五百聲聞及餘眾生是也。
第十一會在覺城東。文殊師利為諸大眾說普照
法界修多羅門。及善財童子善知識等。明文殊是
引蒙之首。十方諸佛及一切眾生總依此法為師
首故。為無性妙慧之首故。即以普賢為行首故。二
首同發無前後也。已上敘會處所。及所表意趣竟。
但約如來自身表法放光有十度。第二敘放光處
及意趣者。約彼表昇進修行光明。約有其十。一初
會中如來現相品。前兩度放光。一放齒間光十方告
眾。知佛成道。令眾咸集。說佛因果之法。二眉間毫
中放光。普照十方。名一切菩薩力智光明。照耀十
方藏。照十方已。其光來入佛足下輪中。明從果成
因入信。光又於毫中出佛刹微塵數菩薩。勝音為
首。明如來自所行之行徧周。明佛自覺行徧周之
果用成信。放此光入足下輪中。明此光與說十地
放眉間光相對。此是所信之佛果。彼是自己修行
昇進之果光也。三第二會。如來兩足下輪中放光

给孤独园。说法界品。明法界。不离世间给养之义故。表世间生死园林。即法界体用。是故如来所居重阁讲堂。包含法界。师子之座。暨乎十方。唯应度者知之。处迷者不觉。即五百声闻。及余众生是也。第十一会。在觉城东。文殊师利为诸大众。说普照法界修多罗门。及善财童子善知识等。明文殊是引蒙之首。十方诸佛及一切众生。总依此法为师首故。为无性妙慧之首故。即以普贤为行首故。二首同发。无前后也。已上叙会处所。及所表意趣竟。但约如来自身表法。放光有十度。第二叙放光处及意趣者。约叙表升进修行光明。约有其十。一初会中。如来现相品。两度放光。一放齿间光。十方告众。知佛成道。令众咸集。说佛因果之法。二眉间毫中放光普照十方。名一切菩萨力智光明照耀十方藏。照十方已。其光来入佛足下轮中。明举果成因入信光。又于毫中出佛刹微尘数菩萨胜音为首。明如来自所行之行遍周。明佛自觉行遍周之果。用成信故。此光入足下轮中。明此光与说十地放眉间光相对。此是所信之佛果。彼是自己修行升进之果光也。三第二会。如来两足下轮中放光。

此是普光明殿成信位之光。是初會中放人足下
輪中之光。令放出以成十信果故。明說十信光以
足下表之。輪表圓滿故明說佛果德用成信心表
信心之中信佛果圓滿故。四第三會如來足指端
放光明入位之始。登聖道之初。生佛家之首。行聖
行之初故。此表之。此明說十住位光發足入聖之
始。五第四會如來兩足趺上放光。表依法空行行
故。此明說十行位光。以明依空起行故。六第五會
如來膝上放光明表十迴向大願。理事互參智悲
同濟。猶如人膝是卷舒所由也。此是說十迴向光。
表悲願興悲生死涅槃智悲自在。七第六會眉間
放光名菩薩力燄明。此光是初會中眉間所放之
光名菩薩力智光明。此因果相似。初名力智表根
本智。此名力燄明表自功達本。卽能照俗故名力
燄明。如三乘中號名根本智及緣俗名後得智。此
明達根本智卽能照俗無二體先後。雖立昇進之
位階級。智不異。大悲不異。時不異。普賢行不異。總
無遷法故。乃說無量智慧皆隨用言之。不移本也。
以智照之可見。以情見之卽迷。以大悲門中引俗
卽時劫及法各分。若大智約眞時劫元無依止長

此是普光明殿成信位之光。是初会中放入足下轮中之光。今放出以成十信果故。明说十信光。以足下表之。轮表圆满故。明说佛果德。用成信心。表信心之中。信佛果圆满故。四第三会。如来足指端放光。明入位之始。登圣道之初。生佛家之首。行圣行之初。故此表之。此明说十住位光。发足入圣之始。五第四会。如来两足趺上放光。表依法空行行故。此明说十行位光。以明依空起行故。六第五会。如来膝上放光。明表十回向大愿。理事互参。智悲同济。犹如人膝。是卷舒所由也。此是说十回向光。表起愿兴悲。生死涅槃。智悲自在。七第六会。眉间放光。名菩萨力焰明。此光是初会中眉间所放之光。名菩萨力智光明。此因果相似。初名力智。表根本智。此名力焰明。表自功达本。即能照俗故。名力焰明。如三乘中号名根本智。及缘俗名后得智。此明达根本智。即能照俗。无二体先后。虽立升进之位阶级。智不异。大悲不异。时不异。普贤行不异。总无迁法故。乃说无量智慧。皆随用言之。不移本也。以智照之可见。以情见之即迷。以大悲门中引俗。即时劫及法各分。若大智约真。时劫元无依止长短。以總別六相言之。八第八會隨好光明功德品於手中放光照惡道苦。明道滿大悲接俗光也。九出現品內。如來放眉間光灌文殊頂。放口中光灌普賢口。表令理智萬行共相參。以說佛果德故。意明文殊是理及妙慧。普賢是智萬行之用。意表理智妙慧寂用交徹相參問答佛果之門。文殊是如來法身無相善法正邪妙慧之果。普賢是如來大智徧周對現色身。知根利俗之行果。一切諸佛用此二法而成佛故。此教之中。如來出現品還令此二法會融參徹方成佛果理智萬行法界無礙圓融之門故放光照之令相問答令後學者見法易明。此三人因果從初發信直至果終參體交徹思之以理智照自心體用可見初會佛果是佛自成故。此十地十一地後佛果是修行者自力所成。以將此文殊普賢二行參徹明理智萬行滿故。此已上自第一會已來。是自修行者昇進之終。是此一終之教末付囑流通亦在此出現品內。如前所明第十法界品還於眉間放光名普照三世法界明三世總一時故。總以法界爲果體。從信住行迴向十地十一地及佛果。總以法界爲果體。文殊爲法短。以总别六相言之。八第八会。随好光明功德品。于手中放光。照恶道苦。明道满大悲接俗光也。九出现品内。如来放眉间光。灌文殊顶。放口中光。灌普贤口。表令理智万行共相参。以说佛果德故。意明文殊是理及妙慧。普贤是智万行之用。意表理智妙慧。寂用交彻。相参问答佛果之门。文殊是如来法身无相。善决正邪妙慧之果。普贤是如来大智遍周。对现色身。知根利俗之行果。一切诸佛。用此二法而成佛故。此教之中。如来出现品。还令此二法会融参彻。方成佛果理智万行。法界无碍圆融之门。故放光照之。令相问答。令后学者。见法易明。此三人因果。从初发信。直至果终。参体交彻。思之。以理智照自心体用可见。初会佛果。是佛自成故。此十地十一地后佛果。是修行者自力所成。以将此文殊普贤二行参彻。明理智万行满故。此已上自第二会以来。是自修行者升进之终。是此一终之教未。付嘱流通。亦在此出现品内。如前所明。第十法界品。还于眉间放光。名普照三世法界。明三世总一时故。总以法界为果体。从信住行回向十地十一地及佛果。总以法界为果体。文殊为法

界理普賢為法界智理智妙用為一佛門以此一
門為化摹蒙分為二法若也逐根隨俗法門無盡
若論實理不離無法之中一法一多無礙名為普
賢始接童蒙達無性理中妙簡正邪入無生慧名
號文殊亦名童子菩薩能同若際興行利生治佛
家法名為普賢二人參體名之為佛本來自在名
為法界從初徹後總此法界為體更無別法此品
為一切諸佛因果之大都亦是眾聖賢所行之大
路無出此也亦是自心一切智王之所遊觀之大
宅也亦是一切眾生之所依故名法界敘放光處
意趣竟第三敘座體及意趣者其義有十種同異
意趣第一會座體以摩尼為臺者約本體以法身
性自無垢為摩尼名離垢寶故意以佛果菩提約
法身無垢為體報得佛身及化身為智用故明依
體起智用故故以摩尼為座體第二會座體蓮華
為藏者意表第一會約化利眾生令成信種處信
之中表行在世無染表以利物無染為功即蓮華
為藏第三會在帝釋妙勝殿上安置普光明藏師
子之座百千層級意表從信入位以方便無念無
作寂靜三昧名為安置以三昧力顯得如來根本

界理。普贤为法界智。理智妙用为一佛门。以此一门。为化群蒙。分为二法。若也逐根随俗。法门无尽。若论实理。不离无法之中一法。一多无碍。名为普贤。始接童蒙。达无性理中。妙简正邪。入无生慧。名号文殊。亦名童子菩萨。能同苦际。兴行利生。治佛家法。名为普贤。二人参体。名之为佛。本来自在。名为法界。从初彻后。总此法界为体。更无别法。此品为一切诸佛因果之大都。亦是众圣贤所行之大路。无出此也。亦是自心一切智王之所游观之大宅也。亦是一切众生之所依。故名法界。叙放光处意趣竟。第三叙座体及意趣者。其义有十种同异意趣。第一会座体以摩尼为台者。约本体以法身性自无垢。为摩尼名离垢宝故。意以佛果菩提。约法身无垢为体。报得佛身及化身为智用故。明依体起智用故。故以摩尼为座体。第二会座体莲华为藏者。意表第二会。约化利众生令成信种。处信之中。表行在世无染。表以利物无染为功。即莲华为藏。第三会在帝释妙胜殿上。安置普光明藏师子之座。百千层级。意表从信入位。以方便无念无作寂静三昧。名为安置。以三昧力。显得如来根本智慧創生佛家。得無畏慧名普光明藏師子之座藏者表此位入如來智慧之藏。師子者明智慧無畏。普光明者表契如來本普光明法界大智慧也。百千層級者表十住進修階級出世越百千情計無明故。破百千業障故。如佛果座總不云層級進修昇降覺惑淺深智慧勝劣故。如十住中初且百千層級爲明人位進修超業障之分齊也。第四會夜摩天宮化作寶蓮華藏師子之座。爲表說十行位約行處世無著。以蓮華所表師子如前依主釋也。百萬層級者昇進過前超業勝故。云化作座不云安置者表以入如來智慧以智隨行所行行業以智化爲故。猶如變化故。不云安置明行從理化故。第五會兜率天宮即殿上敷摩尼藏師子之座百萬億層級。表十迴向其中以出世之理智依本法身處世無垢。依本佛果座體爲昇進還歸本故設以迴向方便願力成其悲智不易法身自體無垢爲迴向悲願會融令體用均平故。云敷座。不云安置及化作。故百萬億層級者昇進過前故。除染淨二障。成無礙法界大悲智。雖十住十行五位齊修。然以教辯病明前二位出俗心勝大悲心劣。此智慧。创生佛家。得无畏慧。明普光明藏师子之座。藏者。表此位入如来智慧之藏。师子者。明智慧无畏。普光明者。表契如来本普光明法界大智慧也。百千层级者。表十住进修阶级出世。越百千情计无明故。破百千业障故。如佛果座。总不云层级。进修升降。觉惑浅深。智慧胜劣故。如十住中。初且百千层级。为明入位进修。超业障之分齐也。第四会夜摩天宫。化作宝莲华藏师子之座。为表说十行位。约行处世无著。以莲华所表。师子如前。依主释也。百万层级者。升进过前。超业胜故。云化作座。不云安置者。表以入如来智慧。以智随行。所行行业。以智化为故。犹如变化故。不云安置。明行从理化故。第五会兜率天宫。即殿上敷摩尼藏师子之座。百万亿层级。表十回向。其中以出世之理智。依本法身处世无垢。依本佛果座体。为升进。还归本故。设以回向方便愿力。成其悲智。不易法身自体无垢。为回向悲愿会融。令体用均平。故云敷座。不云安置。及化作故。百万亿层级者。升进过前故。除染净二障。成无碍法界大悲智。虽十住十行五位齐修。然以教辩病。明前二位。出俗心胜。大悲心劣。此

十迴向位以願力會融智悲得所故第六會他化
自在天王宮但云摩尼藏殿不云座體者總表座
不易兜率天摩尼座但樂法性無垢大智成大悲
門覆育含生故但云殿不云座以明依前迴向之
法長大悲之殿覆育眾生無別昇進故第七會在
第二禪其會法則教行未來且以普賢行品略舉
其普賢行品在三十六品是且其略舉大本未來
有百萬億頌第八第九第一會同在普光明殿明
十信心無昇進修行所至佛果及離世間品普賢
常行及十定十通等總不離普光明一箇智體故
以成五位十信等進修故總不出此智此普光明
智十方諸佛及一切眾生同共有之諸佛已達眾
生迷之故然體用是一迷悟不同望此發中發心
之者一悟即知見如佛如法華經以佛知見示悟
眾生欲令眾生入佛知見乃至乘一切智乘道至
道場又此經云乘如來乘不思議乘勝乘無上乘
等是如初卷中歎諸菩薩德中善知一切佛平等
法已證如來普光明地此普光明智眾生迷智為
迷悟者悟迷成普光明智為悟是故初會神天示
現人法獲益人即同佛所入同佛知見與眾生作

十回向位。以愿力会融智悲得所故。第六会他化自在天王宫。但云摩尼藏殿。不云座体者。意表座不易兜率天摩尼座。但举法性无垢大智。成大悲门。覆育含生故。但云殿。不云座。以明依前回向之法。长大悲之殿。覆育众生。无别升进故。第七会在第三禅。其会法则。教行未来。且以普贤行品略举。其普贤行品。在三十六品是。且其略举。大本未来。有百万亿颂。第八第九第二会。同在普光明殿。明十信心。与升进修行所至佛果。及离世间品普贤常行。及十定十通等。总不离普光明一个智体故。以成五位十信等进修故。总不出此智。此普光明智。十方诸佛及一切众生。同共有之。诸佛已达。众生迷之故。然体用是一。迷悟不同。望此教中发心之者。一悟即知见如佛。如法华经。以佛知见示悟众生。欲令众生入佛知见。乃至乘一切智乘。直至道场。又此经云。乘如来乘。不思议乘。胜乘。无上乘等。是如初卷中叹诸菩萨德中。善知一切佛平等法。已践如来普光明地。此普光明智。众生迷智为迷。悟者悟迷成普光明智为悟。是故初会神天。示现入法获益。入即同佛所入。同佛知见。与众生作

人法之樣令後學倣之是故此三會總在普光明
殿者意明五位昇進信亦不離此智悟入修行亦
不離此智時劫無體可轉智復不異此普光明智
以十迴向法門和融悲願卽自在神通總在其內
如一生修有漏十善尙得生於天上得業報神通
十念成就尙得往生淨土何況依智發心又復更
加悲願諸波羅蜜之行豈此一生之後不得智體
自在神通豈以智境會實而論設無盡劫元來不
出一念今言一生者時終不延智終不異生終無
生必不可逐情見生滅之生但以眞智知卽萬迷
不惑也如西方淨土十六觀門總是作想想成由
自報得神通何況達理智無依明淨徧照了身心
無體內外見亡者但任理智廓然與大願海會融
悲智一剎那際對現色身供養諸佛教化衆生復
無作者性皆平等無心無主無性無相凡聖一如
如無所住以無住法隨無住智供佛利生如是修
行何處不獲大力神通一依十迴向品修學卽得
第十法界品但云其座普周法界不云層級但明
佛果座體摩尼爲體從初會至第五會座體同是
摩尼爲體會佛果體同故大意以智行悲不異一

入法之样。令后学仿之。是故此三会总在普光明殿者。意明五位升进。信亦不离此智。悟入修行亦不离此智。时劫无体可转。智复不异此普光明智。以十回向法门。和融悲愿。即自在神通。总在其内。如一生修有漏十善。尚得生于天上。得业报神通。十念成就。尚得往生净土。何况依智发心。又复更加悲愿诸波罗蜜之行。岂此一生之后。不得智体自在神通。望以智境会实而论。设无尽劫。元来不出一念。今言一生者。时终不延。智终不异。生终无生。必不可逐情见生灭之生。但以真智知。即万迷不惑也。如西方净土十六观门。总是作想。想成由自报得神通。何况达理智无依。明净遍照。了身心无体。内外见亡者。但任理智。廓然兴大愿海。会融悲智。一刹那际。对现色身。供养诸佛。教化众生复无作者。性皆平等。无心无主。无性无相。凡圣一如。如无所住。以无住法。随无住智。供佛利生。如是修行。何虑不获大力神通。一依十回向品修学即得。第十法界品。但云其座普周法界。不云层级。但明佛果座体。摩尼为体。从初会至第五会座体。同是摩尼为体。会佛果体同故。大意以智行悲。不异一

箇普光明智。處世無垢不異一箇妙理法身。智與
法身同爲一箇自在無依體用而無作。不往而至
任物而應。以理智會融方可知之。已上表意但令
衆生見事知法令易解。故起進修行無疑惑。故更
廣云云。約知所趣。論主頌曰。普光明智等虛空。虛
空但空智自在。從初發心依此生。究竟還依此處
滿。是故三會光明殿和會因果無別體。隨位進修
行差別智。隨行別報境殊。不離本智無生滅。是故
佛坐摩尼座。此意明五位佛果中昇進。皆以法界
本普光明智爲體用故。是故始終因果。不離普光
明殿中。敘座體意趣竟。

校譌

第一紙十五行遂北論作遂第十六紙三行將下宋論無此字第十一紙四行住宋論作在

第四隨文釋義者。於此品經中長科四段。一序
分。二正說。三勸持。四說頌歎法。第一序分者。
從初爾時世尊已下至法界智印善印故於中有
四段經名爲序分。二從爾時十方諸佛各伸右手
已下至三十九卷中受持修習然後至於一切智

个普光明智。处世无垢。不异一个妙理法身。智与法身。同为一个自在无依体用而无作。不往而至。任物而应。以理智会融。方可知之。已上表意。但令众生见事知法。令易解故。起进修行。无疑惑故。更广云云。约知所趣。论主颂曰。普光明智等虚空。虚空但空智自在。从初发心依此生。究竟还依此处满。是故三会光明殿。和会因果无别体。随位进修行差别。智随行别报境殊。不离本智无生灭。是故佛坐摩尼座。此意明五位佛果中升进。皆以法界本普光明智为体用故。是故始终因果。不离普光明殿中。叙座体意趣竟 。

第四随文释义者。于此品经中。长科四段。一序分。二正说。三动地兴供。四说颂叹法。第一序分者。从初尔时世尊已下。至法界智印善印故。于中有四段经。名为序分。二从尔时十方诸佛各伸右手已下。至三十九卷中受持修习然后至于一切智地此一段是正說分。三動地與供分者。從爾時佛神力故已下。至而說頌言是。四說頌歎法分者。從其心寂滅恆調順已下至三十九卷經末是第一序分中復分四段。

第一爾時世尊在他化自在天已下。至說不能盡有十八行經。歎諸來菩薩志德分。釋義者。從爾時世尊在他化自在天宮者。明如來智身應位而現故。託處表法明此菩薩十地道終至欲界頂故又爲衆生故而修行十地。非爲自己有所求故。名爲他化。又爲十地道終降心境魔得自在故。入離垢三昧自淨清潔法合然故。處欲界頂常處三昧不住淨心不居禪界故。爲明此十地功終法雲普潤。不拘垢淨對現色身故於此天說此十地故是故初會中自在天王獲益頌曰。佛身徧周等法界地。此一段是正说分。三动地兴供分者。从尔时佛神力故已下。至而说颂言是。四说颂叹法分者。从其心寂灭恒调顺已下。至三十九卷经末是。第一序分中。复分四段。

第一尔时世尊在他化自在天已下。至说不能尽。有十八行经。叹诸来菩萨志德分。释义者。从尔时世尊在他化自在天宫者。明如来智身应位而现故。托处表法。明此菩萨十地道终。至欲界顶故。又为众生故。而修行十地。非为自己有所求故。名为他化。又为十地道终。降心境魔。得自在故。入离垢三昧。白净清洁。法合然故。处欲界顶。常处三昧。不住净心。不居禅界故。为明此十地功终。法云普润。不拘垢净。对现色身。故于此天说此十地故。是故初会中。自在天王获益颂曰。佛身遍周等法界。

普應眾生悉現前種種教門常化誘於法自在能開悟問曰何以故如來降此他化天中何故不云天王遙見佛來及敷座迎逆莊嚴偈讚等事答曰此位但依前兜率天宮法門迴向願行悲智之法行之更無異法以此不陳餘事但積德依前願海功終智極不假更須法事表其昇進初會但依法故又問何故不次第至化樂天因何越昇他化天說其十地答曰明十地向前須依次第初會理智悲願昇降會融得所十迴向和融悲願理智齊均廣狹稱周法界等眾生量表法處於中道遷於處中處說中道之義說十迴向和會悲願理智即於欲界處兜率天是上下俱有二天說十地處中創於欲界上際色界下際欲明不拘染淨即理智大悲自在又說十一地等覺法門於第三禪說表利眾生之行滿法樂利生似彼三禪悅樂第四禪表佛果徧周妙用圓滿故又十地超化樂十一地超二禪又明倍倍智高越次第故摩尼寶藏殿者表無垢大慈能令覆育物故明此位一無儲取自安樂心但饒益眾生長大慈故故處摩尼無垢寶藏殿表之與大菩薩眾俱即是金剛藏等三十七表

普应众生悉现前。种种教门常化诱。于法自在能开悟。问曰。何以故如来降此他化天中。何故不云天王遥见佛来。及敷座迎逆。庄严偈赞等事。答曰。此位但依前兜率天宫法门。回向愿行悲智之法行之。更无异法。以此不陈余事。但积德依前愿海功终智极。不假更须法事。表其升进。和会但依法故。又问。何故不次第至化乐天。因何越升他化天。说其十地。答曰。明十地向前。须依次第。和会理智悲愿升降。会融得所。十回向和融悲愿理智。齐均广狭。称周法界。等众生量。表法处于中道。还于处中处。说中道之义。说十回向和会悲愿理智。即于欲界处兜率天。是上下俱有二天。说十地处中。即于欲界上际色界下际。欲明不拘染净。即理智大悲自在。又说十一地等觉法门。于第三禅说。表利众生之行满。法乐利生。似彼三禅悦乐。第四禅。表佛果遍周。妙用圆满故。又十地超化乐。十一地超二禅。又明倍倍智高。越次第故。摩尼宝藏殿者。表无垢大悲。能含覆育物故。明此位一无情取自安乐心。但饶益众生长大悲故。故处摩尼无垢宝藏殿表之。与大菩萨众俱。即是金刚藏等三十七。表

三十七助道法眾解脫月一人明一一助道下當
體皆是解脫清涼樂故。明卽助卽正道爲地前見
道正見已終。十地助顯成熟。不同三乘十地見道
地前資糧。爲此一乘教。從初依如來根本智發信
心修薩婆若智故。不依空觀折伏現行煩惱。十地
方得意生身故。此教雖說如來無量色受想行識
及心意者。明不壞俗境以達成差別智故。非同伏
惑留生往生淨土故。或云三千之境爲佛境故。望
此教中初信心之中但約無限佛境塵含十方毛
容法界爲信進修行。不云三千大千爲佛報境。一
如賢首品是所信忻修之門。發心功德品是十住
悟入之德。經云。其諸菩薩皆於無上正等菩提得
不退轉者。菩提有五。一小乘菩提。二二乘菩提。三
空觀行六波羅蜜菩薩菩提。四修十種相似眞如
觀修十波羅蜜有十眞如障十一種麤重二十二
種愚癡菩提。五依十種如來智修十波羅蜜以無
盡劫爲一刹那際契無盡多生爲一生。一念迷解
卽佛智慧菩提。此明依根本智發菩提心。如起信
論亦有此文。依本覺故而有不覺。又云覺心源故
名究竟覺。明知依如來智上而有不覺依無明上

三十七助道法众。解脱月一人。明一一助道下。当体皆是解脱清凉乐故。明即助即正道。为地前见道。正见已终。十地助显成熟。不同三乘十地见道。地前资粮。为此一乘教。从初依如来根本智发信心。修萨婆若智故。不依空观折伏现行烦恼。十地方得意生身故。此教虽说如来无量色受想行识及心意者。明不坏俗境。以达成差别智故。非同伏惑留生。往生净土故。或云三千之境为佛境故。望此教中初信心之中。但约无限佛境。尘含十方。毛容法界。为信进修行。不云三千大千为佛报境。一如贤首品。是所信忻修之门。发心功德品。是十住悟入之德。经云。其诸菩萨皆于无上正等菩提得不退转者。菩提有五。一小乘菩提。二二乘菩提。三空观行六波罗蜜菩萨菩提。四修十种相似真如观。修十波罗蜜。有十真如障。十一种粗重。二十二种愚痴菩提。五依十种如来智修十波罗蜜。以无尽劫为一刹那际。契无尽多生为一生。一念迷解即佛智慧菩提。此明依根本智发菩提心。如起信论。亦有此文。依本觉故而有不觉。又云觉心源故名究竟觉。明知依如来智上而有不觉。依无明上門有覺者。於此覺者。隨根種性有此五種覺法差別。如此經菩提。並一乘佛果根本智上不退菩提如起信論說。或云超劫成佛。云我於無量劫修行成佛道者。皆爲懈慢眾生作無數方便。或云要經三僧祇方得成佛者。此皆逐世情說。爲三乘不依根本智發心。此教約智發心。若以智論之。不隨迷情。直以不可數阿僧祇劫。以爲無時。以此無時假施設一剎那際攝無限三世無限三世劫。總不出一剎那際。經云。智入三世而無來往。如是三僧祇劫。情有智無。以智收情。情居智內。無量劫情有在剎那際智中。若取情虛智實。元來總無時體。始終無時可遷。二事校量。只可從實。不從虛也。經云。悉從他方世界來集者。以從十迴向法來成十地。名之他方。故法界性中。無別他方。以未至位處名他方。故乃至諸位例然。住一切菩薩智所住境者。但五位菩薩智境總同至此十地中佛智境故。入如來智所入處者。爲依如來根本智發心。入行差別智成大悲故。善入一切菩薩禪定者。一如十定品說。三摩鉢底神通明智明三昧能起智印神通三之云正。此云正慧。以三摩者三昧鉢底者慧。於一而有觉者。于此觉者随根种性。有此五种觉法差别。如此经菩提。并一乘佛果根本智上不退菩提。如起信论说。或云超劫成佛。云我于无量劫修行成佛道者。皆为懈慢众生。作无数方便。或云要经三僧祇方得成佛者。此皆逐世情说。为三乘不依根本智发心。此教依智发心。若以智论之。不随迷情。直以不可数阿僧祇劫。以为无时。以此无时。假施设一刹那际。摄无限三世。无限三世劫。总不出一刹那际。经云。智入三世而无来往。如是三僧祇劫。情有智无。以智收情。情居智内。无量劫情有。在刹那际智中。若取情虚智实。元来总无时体。始终无时可迁。二事校量。只可从实。不从虚也。经云。悉从他方世界来集者。以从十回向法。来成十地。名之他方故。法界性中。无别他方。以未至位处。名他方故。乃至诸位例然。住一切菩萨智所住境者。但五位菩萨智境。总同至此十地中佛智境故。入如来智所入处者。为依如来根本智发心。入行差别智成大悲故。善入一切菩萨禅定者。一如十定品说。三摩钵底神通明智。明三昧能起智印神通。三之云正。此云正慧。以三摩者三昧。钵底者慧。于一念頃無所動作悉能往詣一切道場者。以三昧智印性自徧故。無去來故。常與智俱。無動散故。

第二其名曰已下。至而為上首。有十八行經。是菩薩列名分。其名曰金剛藏菩薩者。以智慧為金剛能破諸惑故。藏者明智德徧周名之為藏。寶藏菩薩者法寶徧周名之寶藏。蓮華藏菩薩者明於眾行及涅槃生死無所染著故。德藏菩薩者明眾德圓滿故。蓮華德藏菩薩者明無染眾行莊嚴智德故。日藏菩薩者明大智照用也。蘇利耶藏菩薩者此云日之照用也。無垢月藏菩薩者明大慈悲心照俗破煩惱熱故。於一切國土普現莊嚴藏菩薩者明徧智一事徧周故。毗盧遮那智藏菩薩者示光明徧照之智故。俱蘇摩德藏菩薩者明此菩薩有德見者悅意如華。故名悅意尊也。優鉢羅德藏菩薩者取青蓮華為喻。以義取之可知。星宿王光照藏菩薩者明自在無礙差別智分明故。如是諸菩薩以名下義解之可見。此一段有三十八菩薩。三十七箇菩薩同名為藏者。即表三十七助道行門。如解脫月一人。即表三十七助道行中助菩提分清涼之果故。與諸菩薩作請法之主。故令諸大眾聞法修行得清涼樂故念顷无所动作。悉能往诣一切道场者。以三昧智印。性自遍故。无表里故。常与智俱。无动散故 。

第二其名曰已下。至而为上首。有十八行经。是菩萨列名分。其名曰金刚藏菩萨者。以智慧为金刚。能破诸惑故。藏者。明智德遍周。名之为藏宝藏菩萨者。法宝遍周。名之宝藏。莲华藏菩萨者。明于众行及涅槃生死无所染著故。德藏菩萨者。明众德圆满故。莲华德藏菩萨者。明无染众行庄严智德故。日藏菩萨者。明大智照用也。苏利邪藏菩萨者。此云日之照用也。无垢月藏菩萨者。明大慈悲心照俗。破烦恼焰故。于一切国土普现庄严藏菩萨者。明福智二事遍周故。毗卢遮那智藏菩萨者。示光明遍照之智故。俱苏摩德藏菩萨者。明此菩萨有德。见者悦意如华。故名悦意华也。优钵罗德藏菩萨者。取青莲华为喻。以义取之可知。星宿王光照藏菩萨者。明自在无碍。差别智分明故。如是诸菩萨。以名下义解之可见。此一段。有三十八菩萨。三十七个菩萨同名为藏者。即表三十七助道行门。如解脱月一人。即表三十七助道行中。助菩提分清凉之果故。与诸菩萨作请法之主故。令诸大众闻法修行得清凉乐故 。

第二爾時金剛藏菩薩已下。至滿足一切智智
故有二十五行經。明金剛藏菩薩入定。同號諸佛
皆來現前勸諭令說十地法門分。入定分中。義分
為四段。一爾時金剛藏菩薩有一行半經。總有三
句經文。明金剛藏菩薩入定分。二入是三昧已下。
至而現其前。有兩行經。明同號諸佛來現前分。三
作如是言已下。至能徧至一切處洪定開悟故。有
十六行經。明以二十一事因緣入此三昧分。四善
男子已下。有五行經。明十方諸佛勸金剛藏菩薩
令說法分。經云金剛藏菩薩承佛神力。入菩薩大
智光明三昧者。以如來智慧以為信進修行。所作
一切佛事總是佛神力。無我自作。故名三昧。菩薩
大智慧光明。即是如來眉間所放十地智慧中道
之光明。名菩薩力焰明。亦是初會中如來放眉間
光。名一切菩薩力智光明。總是十地道終佛智慧
光明。令入三昧還是此之智慧三昧。說十地道之
智慧。名菩薩大智慧光明。以根本智成菩薩大悲
行。故十方各過十億佛剎微塵數世界外。各有十
億佛剎微塵數諸佛同號金剛藏者。十億表數之
圓滿無盡。故云世界外者。從十住十行十迴向中
佛果為外。今成此十地智德佛果。名來現其前。故

第三尔时金刚藏菩萨已下。至满足一切智智故。有二十五行经。明金刚藏菩萨入定。同号诸佛皆来现前劝喻令说十地法门分。入定分中。义分为四段。一尔时金刚藏菩萨。有一行半经。总有三句经文。明金刚藏菩萨入定分。二入是三昧已下。至而现其前。有两行经。明同号诸佛来现前分。三作如是言已下。至能遍至一切处决定开悟故。有十六行经。明以二十二事因缘。入此三昧分。四善男子已下。有五行经。明十方诸佛劝金刚藏菩萨令说法分。经云。金刚藏菩萨承佛神力。入菩萨大智光明三昧者。以如来智慧以为信进修行。所作一切佛事。总是佛神力无我自作。故三昧名。菩萨大智慧光明。即是如来眉间所放。十地智慧中道之光明。名菩萨力焰明。亦是初会中。如来放眉间光。名一切菩萨力智光明。总是十地道终。佛智慧光明。今入三昧。还是此之智慧三昧。说十地道之智慧。名菩萨大智慧光明。以根本智成菩萨大悲行故。十方各过十亿佛刹微尘数世界外。各有十亿佛刹微尘数诸佛同号金刚藏者。十亿表数之圆满无尽故。云世界外者。从十住十行十回向中佛果为外。今成此十地智德佛果。名来现其前故。

所以與入定菩薩同名者。明入定者智慧自及與
本位佛智合故。言十億佛剎塵為數者。明無作智
體用遍周故。故言十億佛剎微塵數佛共加者。明
位主會源自力與佛力會故。故下文亦是汝勝智
力故汝以毗盧遮那如來應正等覺本願力故威
神力故者。明昇此十地法門。皆以十迴向中一切
諸佛大願發起。若無十大願迴向。此位不能自成
故。威神力者。由初發心皆乘如來一切智乘威神
之力而昇此十地。故不離如來所作一切智用故。
若不由乘如來一切智乘。云何至此十地之位。此
智通因徹果同智地故。是故於此教中。十信十住
十行十迴向位位有佛果故。此十地十一地中佛
果。取十迴向中佛果同妙用也。通十信并五位進
修中。有六十重佛果。若但取入位有五十重佛果。
通修行因。共有一百重因果。以佛本位中十波羅
蜜自具十重因果。明修行者皆依此佛本因果上
起五位修行昇進。以依本起名一百一十城之法
門。總通取十迴向中佛果同名為妙。以此十地十
一地。不更別立佛果之號。以十地十一地法同十
迴向法故。如佛本位十波羅蜜者。如初會舉果勸

所以与入定菩萨同名者。明入定者。智慧会及。与本位佛智合故。言十亿佛刹尘为数者。明无作智体用遍周故。故言十亿佛刹微尘数。佛共加者。明位至会源。自力与佛力会故。故下文亦是汝胜智力故。汝以毗卢遮那如来应正等觉本愿力故。威神力故者。明升此十地法门。皆以十回向中一切诸佛大愿发起。若无十大愿回向。此位不能自成故。威神力者。由初发心。皆乘如来一切智乘威神之力。而升此十地故。不离如来所作一切智用故。若不由乘如来一切智乘。云何至此十地之位。此智通因彻果。同智地故。是故于此教中。十信十住十行十回向。位位有佛果故。此十地十一地中佛果。取十回向中佛果同妙用也。通十信并五位进修中。有六十重佛果。若但取入位。有五十重佛果。通修行因。共有一百重因果。以佛本位中十波罗蜜。自具十重因果。明修行者。皆依此佛本因果上。起五位修行升进。以依本起。名一百一十城之法门。总通取十回向中佛果。同名为妙。以此十地十一地。不更别立佛果之号。以十地十一地法。同十回向法故。如佛本位十波罗蜜者。如初会举果劝修中如來是佛果。次十箇菩薩上名恐同號爲普者明佛果位中普賢菩薩隨十波羅蜜隨行名殊此是佛本因果行門故四十衆神天倣此而起隨十住十行十迴向十地位進修行別十波羅蜜亦隨昇進行上亦名別通十普賢四十衆神天有五十以十波羅蜜隨行五位上昇進。即有五十箇菩薩行因五十箇佛果。通爲一百常不離本佛果。本十普賢行名。一十通四十衆神天爲五十箇波羅蜜行。一中攝十。即有五百種差別智門。方成萬行圓滿佛也。即安立一刹那際爲昇進始終之時。例如龍女是刹那不出三生成佛。亦取十定品中。以刹那際降神初生及入涅槃。以爲時體本來如是見時日遷者情隨妄想也。已上釋汝以毗盧遮那如來應正等覺本願力故威神力故竟。此一段釋本發心及成果之因緣。皆乘初會中毗盧遮那智力十普賢行四十衆神天所行行力。倣此而修名乘佛神力。是如來願力亦是汝勝智力故。已下十二行都舉入三昧之所爲有二十二因緣。文義可知。第四段善男子有五行經。是勸說分。有十事因緣。如文自明。云滿一切智智者。一滿根本智。二滿修中。如来是佛果。次十个菩萨上名悉同号为普者。明佛果位中普贤菩萨。随十波罗蜜随行名殊。此是佛本因果行门故。四十众神天。仿此而起。随十住十行十回向十地位。进修行别。十波罗蜜。亦随升进行上亦名别。通十普贤四十众神天。有五十。以十波罗蜜随行五位上升进。即有五十个菩萨行因。五十个佛果。通为一百。常不离本佛果。本十普贤行名。一十通四十众神天。为五十个波罗蜜行。一中摄十。即有五百种差别智门。方成万行圆满佛也。即安立一刹那际。为升进始终之时。例如龙女。是刹那不出。三生成佛。亦取十定品中。以刹那际降神初生及入涅槃。以为时体本来如是。见时日迁者。情随妄想也。已上释汝以毗卢遮那如来应正等觉本愿力故威神力故竟。此一段释本发心及成果之因缘。皆乘初会中毗卢遮那智力。十普贤行。四十众神天所行行力。仿此而修。名乘佛神力。是如来愿力。亦是汝胜智力故。已下十二行。都举入三昧之所为。有二十二因缘。文义可知。第四段善男子。有五行经。是劝说分。有十事因缘。如文自明。云满一切智智者。一满根本智。二满

差別智

第四爾時十方諸佛已下至法界智印善印故有九行經明十方諸佛與金剛藏菩薩十種力令說法自在分。於此諸佛與力加持中義分爲三。一明諸佛十種加持。二明十種因緣法入是三昧。三明諸菩薩請說法。一爾時已下至具足莊嚴有五行半經明十方諸佛與金剛藏菩薩十種力加持分。二何以故已下有四行經明舉十種因緣法合入是三昧分。於此欲說十地法時諸佛加持有六。一十方諸佛同名現前加。二毗盧遮那本願威神加。三諸佛與金剛藏十種法力加。四諸佛以言讚歎加。五諸佛各伸右手摩頂加。六如來放光灌頂加。三如諸菩薩請說有四。一如來放光光臺勸說二解脫月三請。三諸菩薩同請。四通諸佛放光勸說總有六種加持四重請。一勸說第二正說分中從爾時十方諸佛各伸右手已下至動地興供已來正說十地。且從初第一歡喜地中長科爲十段。

第一爾時十方諸佛各伸右手已下至隨證智一段有十六行半經明十方諸佛手摩金剛藏菩薩頂令起正說十種地名分。

差别智 。

第四尔时十方诸佛已下。至法界智印善印故。有九行经。明十方诸佛与金刚藏菩萨十种力。令说法自在分。于此诸佛与力加持中。义分为三。一明诸佛十种加持。二明十种因缘法入是三昧。三明诸菩萨请说法。一尔时已下。至具足庄严。有五行半经。明十方诸佛与金刚藏菩萨十种力加持分。二何以故已下。有四行经。明举十种因缘法合入是三昧分。于此欲说十地法时。诸佛加持有六。一十方诸佛同名现前加。二毗卢遮那本愿威神加。三诸佛与金刚藏十种法力加。四诸佛以言赞叹加。五诸佛各伸右手摩顶加。六如来放光灌顶加。三如诸菩萨请说有四。一如来放光。光台劝说。二解脱月三请。三诸菩萨同请。四通诸佛放光劝说。总有六种加持。四重请。一劝说。第二正说分中。从尔时十方诸佛各伸右手已下。至动地兴供已来。正说十地。且从初第一欢喜地中。长科为十段。

第一尔时十方诸佛各伸右手已下。至随证智一段。有十六行半经。明十方诸佛手摩金刚藏菩萨顶。令起。正说十种地名分 。

第二爾時金剛藏菩薩已下長行有五行。通偈頌有十行經。明金剛藏菩薩默然不說法解脫月菩薩知衆之心爲衆請說十地法門分。

第三爾時大智無所畏金剛藏菩薩已下。長行通偈頌有七行經。明金剛藏菩薩以申默然不說之意。

第四爾時解脫月菩薩已下通頌有九行經。明解脫月菩薩重請說法分。

第五爾時金剛藏菩薩已下。長行及頌有九行經。明金剛藏菩薩恐劣解隨識者不能生信分。

第六爾時解脫月菩薩已下一段通頌有十四行半經。明解脫月三請此衆堪聞若有得聞佛所護念願說無疑分。

第七爾時諸大菩薩衆已下幷頌有六行半經。明大衆同請分。

第八爾時世尊已下幷頌有二十一行經。明十方世界如來各放眉間光灌金剛藏菩薩頂。互相照燭。光化成臺光臺出音聲勸說十地分第二尔时金刚藏菩萨已下。长行有五行。通偈颂有十行经。明金刚藏菩萨默然不说法。解脱月菩萨知众之心。为众请说十地法门分。

第三尔时大智无所畏金刚藏菩萨已下。长行通偈颂。有七行经。明金刚藏菩萨以申默然不说之意。

第四尔时解脱月菩萨已下。通颂有九行经。明解脱月菩萨重请说法分。

第五尔时金刚藏菩萨已下。长行及颂。有九行经。明金刚藏菩萨恐劣解随识者不能生信分。

第六尔时解脱月菩萨已下。一段通颂有十四行半经。明解脱月三请此众堪闻。若有得闻佛所护念。愿说无疑分。

第七尔时诸大菩萨众已下。并颂有六行半经。明大众同请分。

第八尔时世尊已下。并颂有二十一行经。明十方世界如来。各放眉间光。灌金刚藏菩萨顶。互相照烛。光化成台。光台出音声。劝说十地分。

第九爾時金剛藏菩薩已下長行并頌有十三
行經明金剛藏菩薩歎十地法門甚深出過情意
識唯智所知非言所及承諸佛威神略說少許分。
此九段門中大意有十支自具足不煩更釋其十
事者。一諸佛摩頂明印可許說二總舉十種地名
三默時止請請方宣明法可貴不輕授物四解脫月
知時而三請五金剛藏菩薩恐器劣而三止六大
眾咸同請七明堪聞者諸佛所加不堪者元自不
聞八明光臺出音勸說九明佛光灌頂十明金剛
藏菩薩辭退法深難說略說少分。大意明此十地
體與十信十住十行十迴向十一地互作依止故
是故從十信十住十行十迴向總有十地行門次
第。爲以一箇如來自在無礙大智同行一箇十波
羅蜜以爲方便進修故總是初會中普賢法故是
故解脫月菩薩言以字母等喻一切書字及數說
無離字母。一切佛法皆以十地爲本明此十地法
通因徹果不離如來根本智位十普賢行修差別
智故滿薩婆若海故是故從初舉果勸修中放眉
間光名菩薩力智光明入佛足下輪中用成十信

第九尔时金刚藏菩萨已下。长行并颂。有十三行经。明金刚藏菩萨叹十地法门甚深。出过情意识。唯智所知。非言所及。承诸佛威神。略说少许分。此九段门中。大意有十。文自具足。不烦更释。其十事者。一诸佛摩顶明印可许说。二总举十种地名。三默止待请方宣。明法可贵。不轻授物。四解脱月知时而三请。五金刚藏菩萨恐器劣而三止。六大众咸同请。七明堪闻者诸佛所加。不堪者元自不闻。八明光台出音劝说。九明佛光灌顶。十明金刚藏菩萨辞退法深难说。略说少分。大意明此十地体。与十信十住十行十回向十一地。互作依止故。是故从十信十住十行十回向。总有十地行门次第。为以一个如来自在无碍大智。同行一个十波罗蜜。以为方便进修故。总是初会十普贤法故。是故解脱月菩萨言。以字母等喻。一切书字及数说。无离字母。一切佛法。皆以十地为本。明此十地法。通因彻果。不离如来根本智。依十普贤行修差别智。故满萨婆若海故。是故从初举果劝修中。放眉间光。名菩萨力智光明。入佛足下轮中。用成十信。

今還於如來眉間放光名菩薩力燄明灌金剛藏菩薩頂用說十地。足下光明以果成因生信。此光明說十地是所信之果終。是故今還放初所信之十地智果之光用灌加持金剛藏菩薩頂令說此十地之行從頂入者明十地是一切菩薩中道智果頂故。至一切智之盡處故。是故如來出現品法界品總於如來眉間放光總明果體智光圓滿處故。又光從頂入者明以從智頂處世行悲稱十迴向中所發大願令行滿故。明此十地長養大慈悲門赴所願滿足故是以善財知識以十女天表之十一地明悲滿從智徧利衆生以佛母摩(邪)生佛表之須妙得其意方可知眞成信解之門昇進之路不窮大教無可以指南

校譌

第八紙八行入宋南北藏俱作人 第九紙七行十二南北論作六 第十六紙十七行書字下宋論有母字 第十八紙十九行應宋論作廣

第十佛子若有衆生已下至卷末已來是正說第一歡喜地行相門分。又分二義。一長科此位。二隨文釋義。一長科此位者。於此歡喜地中長科爲十二段。

今还于如来眉间放光。名菩萨力焰明。灌金刚藏菩萨顶。用说十地。足下光明以果成因生信。此光明说十地是所信之果终。是故今还放初所信之十地智果之光。用灌加持金刚藏菩萨顶。令说此十地之行从顶入者。明十地是一切菩萨中道智果顶故。至一切智之尽处故。是故如来出现品。法界品。总于如来眉间放光。总明果体智光圆满处故。又光从顶入者。明以从智顶处世行悲。称十回向中所发大愿。令行满故。明此十地长养大慈悲门。赴所愿满足故。是以善财知识。以十女天表之。十一地明悲满从智。遍利众生。以佛母摩耶生佛表之。须妙得其意。方可知真成信解之门。升进之路。不穷大教。无可以指南 。

第十佛子若有众生已下。至卷末已来。是正说第一欢喜地行相门分。又分二义。一长科此位。二随文释义。一长科此位者。于此欢喜地中。长科为十二段 。

第一佛子若有眾生深種善根已下有十七行

經。明初從凡夫地起三十種廣大志樂深心入菩薩位。生如來家分。第二隨文釋義者。從初段中經云佛子若有眾生深種善根者。即此段中生三十種志樂廣大是。善修諸行善集助道者。即十波羅蜜三十七助菩提觀行是也。從四念觀。常念觀身空無性相。觀受不在內外中間。觀心無住。觀法無我。勤行此觀名四正勤。心稱所觀得法無我名四如意足。以得法無我故獲得五根。以觀達真不退名根。五根者信進念定慧。以不退生死正信根成故。隨行不染。不與情俱名之為力。力者如前五根隨境不退。不與情合。但與智俱名之為力。即便獲得七菩提分法。七覺者念覺支。擇法覺支。精進覺支。喜覺支。捨覺支。猗覺支。此心稱理為猗定覺支以得此七種覺支分獲得八種正道分。八正道者。正見正思惟正精進正念正定正語正業正命是第一佛子若有众生深种善根已下。有十七行经。明初从凡夫地。起三十种广大志乐深心。入菩萨位。生如来家分。第二随文释义者。从初段中。经云佛子若有众生深种善根者。即此段中生三十种志乐广大是。善修诸行善集助道者。即十波罗蜜三十七助菩提行观是也。从四念观。常念观身空无性相。观受不在内外中间。观心无住。观法无我。勤行此观。名四正勤。心称所观。得法无我。名四如意足。以得法无我故。获得五根。以观达真不退名根。五根者。信。进。念。定。慧。以不退生死正信根成故。随行不染。不与情俱。名之为力。力者。如前五根。随境不退。不与情合。但与智俱。名之为力。即便获得七菩提分法。七觉者。念觉支。择法觉支。精进觉支。喜觉支。舍觉支。猗觉支。此心称理为猗定觉支。以得此七种觉支分。获得八种正道分。八正道者。正见。正思惟。正精进。正念。正定。正语。正业。正命是也解云。以人佛智名爲正見以智觀法名正思惟依五位法而行進修名正精進。常與智合。不與情俱名爲正念。心無生滅。而能發起諸佛智慧及起無量大神通力名爲正定。善能分別人天外道。三乘一乘邪見正見邪定正定邪行正行名爲正語。善簡自他一切邪業善顯佛智慧等。一切衆生同共有之名爲正業。令一切衆生人天外道世間生死及三乘出世解脫法門皆令迴向如來根本一切智心本無情動名爲正命。如三十種廣大志樂。如經具明。從佛子菩薩始發如是心已下。有五行經。都結菩薩能發此三十種廣大志樂。始發如是心即超凡夫地入菩薩位。生如來家。此一段通收。前十住中初發心住。同此十地中初歡喜地。生如來家爲佛眞子。爲明同乘一如來智慧爲體故。明五位中差別行及差別智無前後始終。一時同進故。非同三乘逐情法故。法行雖廣是一佛智印諸法非前後故。故此十地法返成前十住十行十迴向法。非是此十地別有法來。猶如蘿菔從根生葉復以葉滋根。亦如種穀以果生苗苗熟果成還初果也。如善財見慈氏如來慈氏如來還令却見文也。解云。以入佛智。名为正见。以智观法。名正思惟。依五位法而行进修。名正精进。常与智合。不与情俱。名为正念。心无生灭。而能发起诸佛智慧。及起无量大神通力。名为正定。善能分别人天外道。三乘一乘。邪见正见。邪定正定。邪行正行。名为正语。善简自他一切邪业。善显佛智慧等。一切众生同共有之。名为正业。令一切众生人天外道世间生死及三乘出世解脱法门。皆令回向如来根本一切智心本无情动。名为正命。如三十种广大志乐。如经具明。从佛子菩萨始发如是心已下。有五行经。都结菩萨能发此三十种广大志乐。始发如是心。即超凡夫地。入菩萨位。生如来家。此一段通收。前十住中初发心住。同此十地中初欢喜地。生如来家。为真佛子。为明同乘一如来智慧为体故。明五位中差别行。及差别智。无前后始终。一时同进故。非同三乘逐情法故。法行虽广。是一佛智印。诸法非前后故。故此十地法。返成前十住十行十回向法。非是此十地别有法来。犹如萝菔。从根生叶。复以叶滋根。亦如种谷。以果生苗。苗熟果成。还初果也。如善财见慈氏如来。慈氏如来还令却见文

殊翢果不離因中果也。又如人初生。至三十而長
終。但以長初生爲大故。非別有大來。又初生至老
大。時無先後也。以智爲先導。非情所收。無先後異
也。此一乘五位法門。智爲先導。無前後故。五位之
行教辯昇進同異差別。雖立昇降差殊。但明一法
界智中階級。非如情見階級故。以智照之可見。亦
如龍女一刹那際。三生具行成佛是也。三乘之種
不體會法華經會權就實之意。返云是化要經三
祇劫方得成佛。此是法界大智宅外門前之見也
猶住草庵。且免三界麤苦之樂。得三種意生身。住
火宅門外權設三車。是以凡案有憑據之乘。以淨
土穢土有二別故。未入法界大智生死涅槃無依
住故。若智悲無限佛本報居華藏海宅。故以衆生
海。卽佛海故。衆生智是如來智故。於一毛孔以智
所觀一切刹海凡聖同在其中。於一刹那中普見
無限三世劫海無有始終。不同權敎定時劫淨穢
全作差別法。故此經十地之法門。莫以三乘留惑
或以願力不取淨土留身穢境。以悲化衆生等解。
皆不稱此之法界普光明大智本宅之門。須改三
乘之見網眇目者。令圓滅存留惑及淨穢土之漏

殊。明果不离因中果也。又如人初生。至三十而长终。但以长初生为大故。非别有大来。又初生至老大。时无先后也。以智为先导。非情所收。无先后异也。此一乘五位法门。智为先导。无前后故。五位之行教。辩升进同异差别。虽立升降差殊。但明一法界智中阶级。非如情见阶级故。以智照之可见。亦如龙女一刹那际。三生具行成佛是也。三乘之种不体会法华经会权就实之意。返云是化。要经三祇劫。方得成佛。此是法界大智宅外门前之见也。犹住草庵。且免三界粗苦之乐。得三种意生身。住火宅门外权设三车。是以几案有凭据之乘。以净土秽土有二别故。未入法界大智生死涅槃无依住故。若智悲无限佛。本报居华藏海宅故。以众生海。即佛海故。众生智。是如来智故。于一毛孔。以智所观一切刹海。凡圣同在其中。于一刹那中。普见无限三世劫海。无有始终。不同权教定时劫净秽。全作差别法故。此经十地之法门。莫以三乘留惑。或以愿力不取净土。留身秽境。以悲化众生等解。皆不称此之法界普光明大智本宅之门。须改三乘之见网眇目者。令圆灭存留惑及净秽土之漏

身始可稱智身之廣大人此不動廣大智身方名
歡喜地不動相應也。亦是十信中不動智佛爲體
十住十行十迴向隨昇進立名。至此位歸本名故
論主乃爲頌曰無限智悲成佛德佛以智悲成十
地還將十地成諸位前後五位加行門。不離十地
智悲起。是故十住初發心發心即入十地智。雖然
五位方便殊，只爲成熟十地智。猶如迅鳥飛虛空
不廢遊行無所至。亦如魚龍游水中，不廢常遊不
離水。如是五位行差別。不廢差別不離智所有日
月歲差別。以智法印無別異體，智不成亦不壞。以
明諸位除習氣。了習無習悲行成萬行常興無作
智。如無礙智是觀達無礙因觀行所成皆以自然
無作智爲體。亦名不動智無依無可動故。如是安
立五位昇進之門。有十一事因緣。何者爲十一。一
令發菩提心者不滯一法而生懈慢。二令發菩提
心者得智修行諸行。三令發菩提心者以願起智
從悲。四令行慈悲者。陞因圓滿。五令發菩提心者
自治隨俗習氣以諸波羅蜜令昇進智悲之境。六
令發菩提心者從位加行對治習惑進修智門。七
爲發菩提心者簡辯三乘一乘及人天等差別。諸

身。始可称智身之广大。入此不动广大智身。方名欢喜地不动相应也。亦是十信中不动智佛为体。十住十行十回向随升进立名。至此位归本名故。论主乃为颂曰。无限智悲成佛德。佛以智悲成十地。还将十地成诸位。前后五位加行门。不离十地智悲起。是故十地初发心。发心即入十地智。虽然五位方便殊。只为成熟十地智。犹如迅鸟飞虚空。不废游行无所至。亦如鱼龙游水中。不废常游不离水。如是五位行差别。不废差别不离智。所有日月岁差别。以智法印无别异。智体不成亦不坏。以明诸位除习气。了习无习悲行成。万行常兴无作智。如无碍智是观达。无碍因观行所成。皆以自然无作智为体。亦名不动智。无依无可动故。如是安立五位升进之门。有十一事因缘。何者为十一。一令发菩提心者。不滞一法而生懈慢。二令发菩提心者。得智修行诸行。三令发菩提心者。以愿起智从悲。四令行慈悲者。坚固圆满。五令发菩提心者。自治随俗习气。以诸波罗蜜令升进智悲之境。六令发菩提心者。从位加行。对治习惑。进修智门。七为发菩提心者。简辩三乘一乘。及人天等差别诸行。八令發菩提心者自知自行所至之緣。九令發菩提心者明三乘一乘攝化廣狹遍智減增。十明古今諸佛化儀常爾。十一加鍊眞金不離金體。十度鍊治轉更明淨。且略釋歡喜地十二門中初門十七行經竟。自餘如下更明。

第二佛子菩薩住歡喜地已下一段有二十五行經。明菩薩初入地位多歡喜分釋義中分爲五段。一佛子菩薩住歡喜地已下至多無瞋恨有兩行半經。此一段明菩薩入初歡喜地多歡喜分。二佛子已下至復作是念有五行半經。明正說此位菩薩歡喜之意有十種歡喜。如此一段明見聞念諸佛法故生歡喜分。三我轉離一切世間境界故已下至何以故有六行半經。有十種歡喜明自知得佛智慧永離苦源。此一段入法故生歡喜分。四此菩薩得歡喜地已下至何以故有兩行半經。明入此歡喜地已能離五種怖畏分。五此菩薩已下至毛豎等事有七行經。明正說五種怖畏所緣分。此之已上二十五行經如文自具。不煩更釋。

行。八令发菩提心者。自知自行所至之缘。九令发菩提心者。明三乘一乘摄化广狭。福智减增。十明古今诸佛化仪常尔。十一如炼真金不离金体。十度炼冶转更明净。且略释欢喜地。十二门中。初门十七行经竟。自余如下更明。

第二佛子菩萨住欢喜地已下。一段。有二十五行经。明菩萨初入地位多欢喜分。释义中。分为五段。一佛子菩萨住欢喜地已下。至多无嗔恨。有两行半经。此一段。明菩萨入初欢喜地多欢喜分。二佛子已下。至复作是念。有五行半经。明正说此位菩萨欢喜之意。有十种欢喜。如此一段。明见闻念诸佛法故生欢喜分。三我转离一切世间境界故已下。至何以故。有六行半经。有十种欢喜。明自知得佛智慧。永离苦源。此一段。入法故生欢喜分。四此菩萨得欢喜地已已下。至何以故。有两行半经。明入此欢喜地已。能离五种怖畏分。五此菩萨已下。至毛竖等事。有七行经。明正说五种怖畏所缘分。此之已上二十五行经。如文自具。不烦更释。

第三佛子此菩薩以大悲爲首已下一段有十五行半經明入初地已又生三十四種廣大志樂分。釋義中。分爲三段。一從佛子已下。至修一切善根而得成就。有一行半經。此一段明更勤勤修信進助菩提行無疲懈分。二所謂信增上故已下至上上殊勝道故有十二行半經。此一段明以三十種法增上進修淨治此地法分。三佛子已下。有一行半經。此一段。明結勸修住地分。如上十五行半經經文自具。不煩更釋。

第四佛子菩薩住此歡喜地已下。有五十八行經。明住歡喜地興發十種無盡廣大誓願分。釋義中。分爲十一段。一佛子已下。至如是大作用有一行半經。是都舉此地所堪爲十大願分。二所謂已下至無有休息。有三行半經。明願以一切供養具供養一切諸佛。如法界虛空界無休息分。三又發大願已下至無有休息有三行經。明願一切佛法第三佛子此菩萨以大悲为首已下。一段。有十五行半经。明入初地已。又生三十四种广大志乐分。释义中。分为三段。一从佛子已下。至修一切善根而得成就。有一行半经。此一段。明更劝勤修信进助菩提行无疲懈分。二所谓信增上故已下。至上上殊胜道故。有十二行半经。此一段。明以三十种法增上进修净治此地法分。三佛子已下。有一行半经。此一段。明诸结劝修住地分。如上十五行半经。经文自具。不烦更释 。

第四佛子菩萨住此欢喜地已下。有五十八行经。明住欢喜地。兴发十种无尽广大誓愿分。释义中。分为十二段。一佛子已下。至如是大作用。有一行半经。是都举此地所堪为十大。愿分。二所谓已下。至无有休息。可三行半经。明愿以一切供养具。供养一切诸佛。如法界虚空界无休息分。三又发大愿已下。至无有休息。有三行经。明愿一切佛法

護持無休息分。四又發大願已下。至無有休息有
四行半經。明願一切世界佛出興世。皆往詣供養
爲上首受行正法無有休息分。五又發大願已下。
至無有休息。可四行半經。明菩薩廣大行。不離諸
波羅蜜淨治諸地。有總別同異成壞等相。皆如實
說。教化衆生無有休息分。此一段。如五位昇進。隨
位安立十波羅蜜。十菩薩行。十世界。十佛名號。總
是一波羅蜜中隨行成名。於五位中具有五百。爲
一波羅蜜中具十。十中具百。隨五位上加行同異
上有五百。即如初會中。菩薩神天等衆。一衆有十。
十衆有百。五十衆上有五百。各各位中。隨當位菩
薩神天名下義。是波羅蜜行。又善財四衆。各具五
百者是。爲一中具足十義。名之爲總。其行殊途。名
之爲別。一智無二。名之爲同。隨行報殊。名之爲異。
能成別報。名之爲成。因果本虛。名之爲壞。爲行
無體故。且如波羅蜜一中有此六門。一能破慳貪
等十煩惱結。名之爲壞。二能成善果。名之爲成。三
衆惑雖多。捨過多法。名之爲總。四殊招別果。名之
爲別。五終歸一智。名之爲同。六隨惑對治。名之爲
異。此六相之法。於一切法中。總具此六門。一一人

护持无休息分。四又发大愿已下。至无有休息。有四行半经。明愿一切世界佛出兴世。皆往诣供养。为上首受行正法。无有休息分。五又发大愿已下。至无有休息。可四行半经。明菩萨广大行。不离诸波罗蜜净治诸地。有总别同异成坏等相。皆如实说教化众生。无有休息分。此一段。如五位升进。随位安立十波罗蜜。十菩萨行。十世界。十佛名号。总是一波罗蜜中随行成名。于五位中俱有五百。为一波罗蜜中具十。十中具百。随五位上加行同异上有五百。即如初会中。菩萨神天等众。一众有十。十众有百。五十众上有五百。各各位中。随当位菩萨神天名下义。是波罗蜜行。又善财四众。各具五百者是。为一中具足十义。名之为总。其行殊途。名之为别。一智无二。名之为同。随行报殊。名之为异。能成别报。名之为成。因果本虚。名之为坏。为行行无体故。且如波罗蜜一中有此六门。一能破悭贪等十烦恼结。名之为坏。二能成善果。名之为成。三众惑虽多。舍通多法。名之为总。四殊招别果。名之为别。五终归一智。名之为同。六随惑对治。名之为异。此六相之法。于一切法中。总具此六门。一一人

法行門中以智觀之可見。若一一法中無此六義
皆偏見也。又一波羅蜜上具十波羅蜜。即摠義通

大方廣佛新華嚴經論卷第二十四

該無法不徧。餘准例知。六又發大願已下至無有
休息有五行半經。明願化一切三界四生衆生皆
安住一切智智廣大無休息分。此一段明教化三
界四生法。欲界心多者。勸令觀諸法苦空無常。對
治欲惡。修諸善法。樂清淨定。淨治心垢。離貪瞋癡
慢。破欲界業。得寂靜樂。色界心多者。住息想禪。生
有漏善界。方便勸修十波羅蜜慈悲喜捨。令方便
成就自體無作大寂定門。離息伏想。現一切智。成
就無量巧方便智教化衆生。若無色界心多者。方
便教化。修廣多聞慧。分別世間一切事業。令無迷
滯。無定亂體。起大願力。成就神通。供佛法僧。修一
切種。一切智智教化。一切無盡衆生皆成佛故。如
是依根發起調伏使令皆至一切智智。智智者。根
本智中修差別智也。如根本智依無作定顯差別。
智依根本智加行起觀方成。或自力不修。依佛菩
薩先達之者學而方得。七又發大願已下至無有
休息有四行經。明願以智明了麤細世界廣多無
限分。有形世界名麤。無形世界名細。亂住者多類

法行门中。以智观之可见。若一一法中。无此六义。皆偏见也。又一波罗蜜上。具十波罗蜜。即舍义通

(大方广佛新华严经论卷第二十四)*

该。无法不遍。余准例知*六又发大愿已下。至无有休息。有五行半经。明愿化一切三界四生众生。皆安住一切智。智广大无休息分。此一段。明教化三界四生法。欲界心多者。劝令观诸法苦空无常。对治欲恶。修诸善法。乐清净定。净治心垢。离贪嗔痴慢。破欲界业。得寂净乐。色界心多者。住息想禅。生有漏善界。方便劝修十波罗蜜。慈悲喜舍。令方便成就自体无作大寂定门。离息伏想。现一切智。成就无量巧方便智。教化众生。若无色界心多者。方便教化。修广多闻慧。分别世间一切事业。令无迷滞。无定乱体。起大愿力。成就神通。供佛法僧。修一切种。一切智智。教化一切无尽众生。皆成佛故。如是依根发起调伏。使令皆至一切智智。智智者。根本智中修差别智也。如根本智。依无作定显。差别智。依根本智加行起观方成。或自力不修。依佛菩萨先达之者学而方得。七又发大愿已下。至无有休息。有四行经。明愿以智明了粗细世界广多无限分。有形世界名粗。无形世界名细。乱住者。多类

雜居如此閻浮提諸雜居世界是也。側住如四天王居處是。倒住者如蝴蜂巢等是。正住可知。若人者。如土居眾生。只欲入不欲出。若行者如人等身中八萬四千戶虫。居而人或行住坐立者是也。若去者。如流水居眾生。其一向流去是也。帝網差別者。如天帝網重重光影。互相容也。如是世界重重共住。即華藏莊嚴世界是。與諸眾生世界海共住。業不相妨。猶如帝網互相容而住。各依自業相見如經云。一切種一切智智者。明菩薩大慈悲種由大願力助成。一切智由定方現。差別智由觀助成。總以此知之。皆依根本智起。無限智門總由此也。八又發大願已下。有六行經。明願佛國互相參入莊嚴分。此一段明入智境界佛刹如光影互相參現故。九又發大願已下至無有休息有七行經。明願諸菩薩同志行無怨嫉分。十又發大願已下至無有休息有五行半經。明願乘不退輪行菩薩行身語意業見聞者無空過分。十一又發大願已下至無有休息可十行經。明願於一切世界隨眾生欲。示現成佛入涅槃分。十二佛子已下可兩行經。明都結十種大願滿無盡願分。

杂居。如此阎浮提诸杂居世界是也。侧住。如四天王居处是。倒住者。如胡蜂巢等是。正住可知。若入者。如土居众生。只欲入不欲出。若行者。如人等身中八万四千户虫居。而人或行住坐立者是也。若去者。如流水居众生。其一向流去是也。帝网差别者。如天帝网。重重光影。互相容也。如是世界重重共住。即华藏庄严世界是。与诸众生世界海共住。业不相妨。犹如帝网。互相容而住。各依自业相见。如经云。一切种一切智智者。明菩萨大慈悲种。由大愿力助成。一切智。由定方现。差别智。由观助成。总以此知之。皆依根本智起。无限智门。总由此也。八又发大愿已下。有六行经。明愿佛国互相参入庄严分。此一段。明入智境界。佛刹如光影。互相参现故。九又发大愿已下。至无有休息。有七行经。明愿诸菩萨同志行无怨嫉分。十又发大愿已下。至无有休息。有五行半经。明愿乘不退轮行菩萨行。身语意业见闻者无空过分。十一又发大愿已下。至无有休息。可十行经。明愿于一切世界。随众生欲。示现成佛入涅槃分。十二佛子已下。可两行经。明都结十种大愿满无尽愿分 。

第五佛子此大願已下有七行半經。明前十無盡願以十盡句而能成就。分於此段中分爲兩段一從佛子已下。至衆生界盡我願乃盡有五行半經。明十盡句分二。而衆生界不可盡已下至無有窮盡可兩行經。明願不盡分。言世間轉法轉智轉界者。明衆生三界流轉法流轉智流轉衆生界盡菩薩願行方盡。如是不盡願行不盡。

第六佛子菩薩發如是大願已下有八行經。明發十無盡願已得十種利益心。十種信功用分釋義中分爲三段。一明發十盡大願已得十種柔輭心。二得十種信。三舉要言之已後。一行都結如文可解。

第七佛子此菩薩復作是念已下有十七行半經。明菩薩知眞俗隨迷緣生起大慈悲分。釋義中分爲五段。此一段是當歡喜地中第七地相觀苦成悲門。一佛子已下至如是廣大有三行經。先舉佛正法甚廣大分二。而諸凡夫心墮邪見已下。至於三界田中復生苦芽有六行經。明凡夫心墮邪見而生苦趣相續不斷分三。所謂已下。至如是衆生生長苦聚有四行經。明十二因緣有支爲生第五佛子此大愿已下。有七行半经。明前十无尽愿。以十尽句而能成就分。于此段中。分为两段。一从佛子已下。至众生界尽我愿乃尽。有五行半经。明十尽句分。二而众生界不可尽已下。至无有穷尽。可两行经。明愿不尽分。言世间转法转智转界者。明众生三界流转。法流转。智流转。众生界尽菩萨愿行方尽。如是不尽。愿行不尽 。

第六佛子菩萨发如是大愿已下。有八行经。明发十无尽愿已。得十种利益心。十种信功用分释义中。分为三段。一明发十尽大愿已。得十种柔软心。二得十种信。三举要言之已后。一行都结。如文可解 。

第七佛子此菩萨复作是念已下。有十七行半经。明菩萨知真愍俗。随迷缘生。起大慈悲分。释义中。分为五段。此一段。是当欢喜地中第七地相。观苦成悲门。一佛子已下。至如是广大。有三行经。先举佛正法甚广大分。二而诸凡夫心堕邪见已下。至于三界田中复生苦芽。有六行经。明凡夫心堕邪见。而生苦趣相续不断分。三所谓已下。至如是众生生长苦聚。有四行经。明十二因缘有支。为生因分四是中皆空已下至不覺不知可兩行經明衆生不知身空無我分五菩薩已下至大慈光明智可有三行經明見衆生苦發悲愍分此一段十七行半經約立四門分別一舉體示迷門二凡夫迷體成苦門三不了緣生無體流轉門四菩薩達眞愍苦接生門第一舉體示迷門者卽如初三行是舉諸佛正法如是甚深如是寂靜如是寂滅如是無相等愍念凡夫不悟邪見無明長夜覆翳輪轉苦流問曰一切衆生體自眞理智等如來何故從迷成諸業苦答曰爲眞如理智體皆無性無性卽智不能自知若也自知不名無性但衆生緣隨境流轉不知善惡爲隨境變業有差殊或因佛菩薩爲說苦因或自因苦生厭方求正見不苦之道若也未厭苦果終不信聖言未可自知是眞是假是苦是樂但受得其生都無厭患驚怖熱惱都不覺知若不深自勤修責躬匪懈作諸定觀人法界之眞門者終未可盡其苦源也第二凡夫迷體成苦門者如後凡夫心墮邪見已下至於三界田中復生苦芽有六行經是於此段中所受生苦有十八種煩惱皆依二種煩惱起故云何爲二一根本

因分。四是中皆空已下。至不觉不知。可两行经。明众生不知身空无我分。五菩萨已下。至大慈光明智。可有三行经。明见众生苦。发悲愍分。此一段。十七行半经。约立四门分别。一举体示迷门。二凡夫迷体成苦门。三不了缘生无体流转门。四菩萨达真愍苦接生门。第一举体示迷门者。即如初三行是。举诸佛正法如是甚深。如是寂静。如是寂灭。如是无相等。愍念凡夫不悟邪见无明。长夜覆翳。轮转苦流。问曰。一切众生体自真理。智等如来。何故从迷。成诸业苦。答曰。为真如理智。体皆无性。无性理智。不能自知。若也自知。不名无性。但众生缘。随境流转。不如善恶。为随境变。业有差殊。或因佛菩萨为说苦因。或自因苦生厌方求正见不苦之道。若也未厌苦果。终不信圣言。未可自知是真是假。是苦是乐。但受得其生。都无厌患。惊怖热恼。都不觉知。若不深自勤修责躬匪懈。作诸定观。入法界之真门者。终未可尽其苦源也。第二凡夫迷体成苦门者。如后凡夫心堕邪见已下。至于三界田中复生苦芽。有六行经是。于此段中。所受生苦。有十八种烦恼。皆依二种烦恼起故。云何为二。一根本

無明爲長夜所覆。一邪見逐境常流轉不息。此二
種無明若達得根本智方成智用，非三乘空觀能
斷得。故是故勝鬘經聲聞。緣覺及淨土菩薩但能
折伏現行煩惱。不名爲斷煩惱。爲折伏故得變易
生死。菩薩得隨意樂生身。皆有忻厭自他佛刹。皆
未得法界普光明。智未得與十方諸佛同一智海。
示絕邪見自他取捨。一切見流爲迷前二種無明
妄生厭捨。別證眞如及空相。迷大智故。是故淨名
經云。一切煩惱諸塵勞門。以爲佛種。此無明邪見
一乘菩薩達而成智。三乘折伏現行。亦云調惑潤
生。此乃皆非稱智而說。不同一乘依不動智上自
有無邊大自在用門。如十信位中十箇智佛是以
不動智佛爲首。如此無明及邪見與一切煩惱而
作根本。自餘已下一切諸煩惱皆從此生。總名隨
煩惱。爲依根本而有故。如無明通總名邪見因境
起識。爲因六根中見名色等。爲名色對六根作境
因境識種取著名之邪見。爲迷眞理智號曰無明。
以名色識種起邪見。二種對於六根根根之上皆
具有三。且如耳根聞聲知如是聲皆有名色識起
邪見等三種。如眼根鼻舌身意總具此三名色識

无明。为长夜所覆。二邪见逐境。常流转不息。此二种无明。若达得根本智。方成智用。非三乘空观能断得故。是故胜鬘经。声闻。缘觉。及净土菩萨。但能折伏现行烦恼。不名为断烦恼。为折伏故。得变易生死。菩萨得随意乐生身。皆有忻厌。自他佛刹皆未得法界普光明智。未得与十方诸佛同一智海。永绝邪见。自他取舍。一切见流。为迷前二种无明妄生厌舍。别证真如及空相。迷大智故。是故净名经云。一切烦恼诸尘劳门。以为佛种。此无明邪见。一乘菩萨达而成智。三乘折伏现行。亦云留惑润生。此乃皆非称智而说。不同一乘。依不动智上。自有无边大自在用门。如十信位中十个智佛。是以不动智佛为首。如此无明及邪见。与一切烦恼而作根本。自余已下一切诸烦恼皆从此生。总名随烦恼。为依根本而有故。如无明通总名邪见。因境起识为因。六根中见名色等。为名色对六根作境。因境识种取著。名之邪见。为迷真理智号曰无明。以名色识种起邪见二种对于六根。根根之上。皆具有三。且如耳根闻声知如是声。皆有名色识起邪见等三种。如眼根鼻舌身意。总具此三。名色识及六根。以名色為境。根為主。識為取。思之可見。是故此經云。不離此名色。增長生六處。繫落於中。相對生觸。觸生受。受生愛。愛生取。取生有。有生老死等是也。如憍慢一種。為增長無明。能成增長苦種。令不推度。是故經云。立憍慢幢。入渴愛網中。如愛為津潤無明。能潤生死。常流轉故。為非愛不愛身。如諂誑是稠林無明。為自迷覆實多故。為凡夫常所行無暫間斷故。此非修定業不可制之。如慳嫉一種。是常計無明。與惡道生死更加勝因。是故經云。心與慳嫉相應。不捨恆造諸趣受生因緣。如貪恚愚癡是集業無明。是故經云。貪恚愚癡積集諸業日夜增長。如忿恨無明。與嗔作因。是故經云。以忿恨風吹心識火熾然不息。欲流有流無明流見流。此是常流無明。恆流轉不息。明是四流大河常流不息。成大苦海。若心無念。諸流頓竭。若也智現。便成法流。如是十二有支。互為主伴。則一支上有十二有支。總一百四十四有支。以成無邊生死。已上十八種煩惱無明。皆依十二有支以為根本。十二有支。依名色邪見為本。若以無作定門印之。八萬四千塵勞。總為法流智海。如是無明名色對五及六根。以名色为境。根为主。识为取思之可见。是故此经云。不离此名色。增长生六处聚落。于中相对生触。触生受。受生爱。爱生取。取生有。有生老死等是也。如骄慢二种。为增长无明。能成增长苦种令不摧坏。是故经云。立骄慢幢。入渴爱网中。如爱为津润无明。能润生死。常流转故。为非爱不受身。如谄诳。是稠林无明。为自迷覆广多故。为凡夫常所行。无暂间断故。此非修定业。不可制之。如悭嫉二种。是常计无明。与恶道生死。更加胜因。是故经云。心与悭嫉相应不舍。恒造诸趣受生因缘。如贪恚愚痴。是集业无明。是故经云。贪恚愚痴积集诸业。日夜增长。如忿恨无明。与嗔作因。是故经云。以忿恨风。吹心识火。炽然不息。欲流有流无明流见流。此是常流无明。恒流转不息。明是四流大河。常流不息。成大苦海。若心无念。诸流顿竭。若也智现。便成法流。如是十二有支。互为主伴。则一支上有十二有支。总一百四十四有支。以成无边生死。已上十八种烦恼无明。皆依十二有支以为根本。十二有支。依名色邪见为本。若以无作定门印之。八万四千尘劳。总为法流智海。如是无明名色对五根有觸受想行總以心生意取爲主如是九緣同起了境名識以此十事總名無明總名邪見作一切煩惱迷心及境名曰無明境者名色是也六根對境邪見隨生第三不了緣生無體流轉門者此之一段明迷眞逐妄所生之因從所謂已下至生長苦聚四行經是所謂因依名色對六根所緣生觸以觸故六根取受因受生愛因愛生取因取生有有生故有老死憂悲苦惱以名中具色色中具名名色二存聲香味觸總在其內有表色無表色但心意眼耳鼻舌身意所緣擊發成惑者皆爲觸唯如來無爲純與智俱無法觸也衆生觸受成三界之煩惱聲聞有厭生死證涅槃觸受淨土菩薩有淨穢二種觸一乘菩薩有悲和智悲未自在觸如是諸觸以智明觀以成智用是故淨名經云受諸觸如智證又法本不生今則不滅是明緣生體自性無性非生滅法凡夫不了號曰無明但知心境本無即起唯法起常是智境非生滅緣以定慧觀照即自然開解第四菩薩懸業接生門者即從是中皆空離我我所至大慈光明智五行經是如是十二有支一切衆生從此而起前十八種煩惱

根。有触受想行。总以心生意取为主。如是九缘同起。了境名识。以此十事。总名无明。总名邪见。作一切烦恼迷心及境。名曰无明。境者。名色是也。六根对境。邪见随生。第三不了缘生无体流转门者。此之一段。明迷真逐妄所生之因。从所谓已下。至生长苦聚。四行经是。所谓因依名色。对六根所缘生触。以触故。六根取受。因受生爱。因爱生取。因取生有。有生故有老死忧悲苦恼。以名中具色。色中具名。名色二存。声香味触。总在其内。有表色。无表色。但心意眼耳鼻舌身意所缘击发成惑者。皆为触。唯如来无为。纯与智俱。无法触也。众生触受。成三界之烦恼。声闻有厌生死证涅槃触受。净土菩萨有净秽二种触。一乘菩萨有圆和智悲未自在触。如是诸触。以智明观。以成智用。是故净名经云。受诸触如智证。又法本不生。今则不灭。是明缘生体自性无性。非生灭法。凡夫不了。号曰无明。但知心境本无。即起唯法起。常是智境。非生灭缘。以定慧观照。即自然开解。第四菩萨愍业接生门者。即从是中皆空离我我所。至大慈光明智。五行经是。如是十二有支。一切众生从此而起前十八种烦恼。

而流轉生死無苦不受聲聞緣覺淨土菩薩厭而伏之現行不起一乘菩薩以此十二有支而成根本智起差別智教化眾生住持善法及成菩提心意明迷悟不同非十二有支與智異故如勝鬘經亦同此說如上十八種煩惱如邪見無明十住初發心住上初生如來智慧家時正使能作惡道邪見已除故習氣微薄未盡憍慢等十八種總爾以十種故十行十迴向法中有十法加行治之漸漸微薄至十地以正智增明唯有見道隨行法執無隨三界現行習氣不善之業如慳嫉忿恨瞋五種入十地中習氣已無自餘至七地悲終智滿方成隨煩智用只可名為違煩惱而成智用不可名為斷煩惱故法執現行至七地故法執習氣十地方無如等數廣大悲隨好功德患此二愚至佛果行終方見盡如阿僧祇品隨好光明功德品是是故如來自說一品經明佛果一愚故明十二有支微習道至佛果方盡以此安立五位十度十治之皆十住十行十迴向十地十一地法則皆體相似以明治習階級不同如是五位十波羅蜜皆初三波羅蜜以治從纏出世之道如善財十住中初及

而流转生死。无苦不受。声闻。缘觉。净土菩萨。厌而伏之。现行不起。一乘菩萨。以此十二有支而成根本智。起差别智。教化众生。住持善法。及成菩提心。意明迷悟不同。非十二有支与智异故。如胜鬘经亦同此说。如上十八种烦恼。如邪见无明。十住初发心住上。初生如来智慧家时。正使能作恶道。邪见以除。故习气微薄。未尽骄慢等十八种。总尔以十种。故十行十回向法中。有十法加行治之。渐渐微薄。至十地以正智增明。唯有见道随行法执。无随三界现行。习气不善之业。如悭嫉忿恨嗔五种。入十地中。习气已无。自余至七地。悲终智满。方成随愿智用。只可名为达烦恼而成智用。不可名为断烦恼故。法执现行至七地故。法执习气十地方无。如算数广大愚。随好功德愚。此二愚。至佛果行终方见尽。如阿僧祇品。随好光明功德品是。是故如来自说二品经。明佛果二愚故。明十二有支微习。直至佛果方尽。以此安立五位十度。十十治之。皆十住十行十回向十地十一地法则。皆体相似。以明治习阶级不同。如是五位十波罗蜜。皆初三波罗蜜。以治从缠出世之道。如善财十住中。初及一三知識以三比丘表之次後三波羅蜜以治出世間世間之惑卽以彌伽長者解脫長者海幢比丘表之次以方便波羅蜜已下願力等三波羅蜜門以治人世間中出世間令悲智自在卽以休捨優婆夷仙人若行婆羅門表之次以世間出世間智悲自在故卽以智波羅蜜以智生悲得自在故卽以師子幢王女名曰慈行表之智自在如王也以七住中以修悲生智以此第十住中以智生悲故爲王女也明以智波羅蜜以智成悲而自在故此明五位進修位位有此四種勢分差別同異至

善財知識一一差別同異重明方得了其五位解行同異從此十地法門亦如上有此四種治惑差別同異一從初地至第三地是治世間中染成出世間習四五六地是治出世間中世間智慧不自在習七八九地是治入世間中悲智不自在習是故八地位中諸佛以作三加七種勸發以用防之如八地位中具明第九第十地智波羅蜜治世間悲智得自在故是故以如來爲太子時第三夫人瞿波表之明大慈大悲已滿是表慈悲法悅義加善財於十地中表法有九箇女天一箇佛妻爲明

二三知识。以三比丘表之。次后三波罗蜜。以治出世间世间之惑。即以弥伽长者。解脱长者。海幢比丘表之。次以方便波罗蜜以下。愿力等三波罗蜜门。以治入世间。中出世间令悲智自在。即以休舍优婆夷。仙人。苦行婆罗门表之。次以世间出世间智悲自在故。即以智波罗蜜。以智生悲。得自在故。即以师子幢王女。名曰慈行表之。智自在如王也。以七住中以修悲生智。以此第十住中以智生悲。故为王女也。明以智波罗蜜。以智成悲而自在故。此明五位进修。位位有此四种势分差别同异。至善财知识。一一差别同异重明。方得了其五位解行同异。从此十地法门。亦如上有此四种治惑差别同异。一从初地至第三地。是治世间中染。成出世间习。四五六地。是治出世间中世间智慧不自在习。七八九地。是治入世间中悲智不自在习。是故八地位中。诸佛以作三加七种劝发以用防之。如八地位中具明。第九第十地智波罗蜜。治世间悲智得自在故。是故以如来为太子时第三夫人瞿波表之。明大慈大悲已满。是表慈悲法悦义。如善财于十地中。表法有九个女天。一个佛妻。为明

此十地法門。長養大慈悲門。令圓滿自在故。故以
女天表之。至彼位具明。仍普賢利他行未自在。大
約略敘五位昇進大意有六。一十住明創生佛家。
且除正使煩惱。一明十行治隨世現行習氣。二明
十迴向起大願力。和融智悲。使世間出世間無礙
利物。四明十地長養纖習悲智功圓。五明十一地
普賢行滿。即普賢行品及十定品已後是。六明成
佛位終。即如來出現品是、如離世間品明進修佛
果已後普賢恆行、法界品即明前後一部之經皆
是以法界為體。如是以法界大智圓通。總無一法
一時有前後差別。以智照之可見、如是五位中差
別行位。總在初發心住中、以願行智悲普印令圓
滿故。教雖前後。願行悲智法是一時。時亦不異。法
亦不差、是故發心之士。應如是修。如是圓滿、不離
如來不動智之體圓滿故。於一佛果智悲始終徹
故、普見一切眾生是佛國土。無出入故。教化迷如
來智中眾生。令依本故、令諸眾生於自智中普見
諸佛同一智故、不於自智生別有佛想故。令一切
眾生不於自身起內外遠近見故、以一智印印之
破情有大小長短量故。如是修行、即是令諸眾生

此十地法门。长养大慈悲门。令圆满自在故。故以女天表之。至彼位具明。仍普贤利他行未自在。大约略叙五位升进。大意有六。一十住明创生佛家。且除正使烦恼。二明十行治随世现行习惑。三明十回向起大愿力。和融智悲。使世间出世间无碍利物。四明十地长养蕴习悲智功圆。五明十一地普贤行满。即普贤行品。及十定品已后是六明成佛位终。即如来出现品是。如离世间品。明进修佛果以后普贤恒行。法界品。即明前后一部之经。皆是以法界为体。如是以法界大智圆通。总无一法一时有前后差别。以智照之可见。如是五位中差别行位。总在初发心住中。以愿行智悲普印。令圆满故。教虽前后。愿行悲智。法是一时。时亦不异。法亦不差。是故发心之士。应如是修。如是圆满。不离如来不动智之体圆满故。于一佛果智悲始终彻故。普见一切众生是佛国土。无出入故。教化迷如来智中众生。令依本故。令诸众生于自智中。普见诸佛同一智故。不于自智生别有佛想故。令一切众生不于自身起内外远近见故。以一智印印之。破情有大小长短量故。如是修行。即是令诸众生

佛種不斷故。爲諸衆生說如斯法。是故能令法種
不斷。普令一切衆生普見自身同佛智海。入佛知
見。是故能令僧種不斷。一一如是觀察。而令心境
如是相應。

校譌

第四紙七行三生南論作一生　第八紙五行習南藏作集八行貢宋論作寶　第
十二紙二十行入南北論作人　第十六紙九行見下宋論有爲字十三行皆下
宋論有與字　第十八紙九行受宋論作愛

第八佛子菩薩摩訶薩已下有二十一行半經
明入初地菩薩隨順大慈大悲行施分。釋義中分
爲四段。此是初地中第八地相。一佛子已下至凡
是所有一切能施有兩行半經。明一切能捨分。二
所謂已下至是名菩薩住於初地大施成就。有五
行半經。明此位中爲求佛智故於身命財無悋惜

佛种不断故。为诸众生说如斯法。是故能令法种不断。普令一切众生。普见自身同佛智海。入佛知见。是故能令僧种不断。一一如是观察。而令心境如是相应。

第八佛子菩萨摩诃萨已下。有二十一行半经。明入初地菩萨。随顺大慈大悲行施分。释义中。分为四段。此是初地中第八地相。一佛子已下。至凡是所有一切能施。有两行半经。明一切能舍分。二所谓已下。至是名菩萨住于初地大施成就。有五行半经。明此位中为求佛智故。于身命财无吝惜分。於此段中其施有三。一財寶施。二象馬妻子施三頭目眼耳身肉施。三佛子菩薩以此慈悲已下至於佛教法能如說行有十行經。明此位菩薩成前施已得十種利益分。一明大慈悲大施所緣。二明所施為求正法所為救眾生故。三求出世智無疲勞心。四於一切經論無怯弱心。五善籌量上中下眾生隨力而行成世間智分。六慚愧莊嚴修自利利他之道。七勤修無退。八成堅固力。九供養諸佛。十於佛教法隨說能行。四佛子已下至依教修行有兩行半經。明總結成就十種淨諸地法亦具如經。如此段中已如上信慈悲喜捨無有疲厭。知諸經論善解世法慚愧堅固力供養諸佛教。以教修行以為法門淨治行地。以檀度為體。餘九為伴。

第九佛子菩薩住此歡喜地已下有十八行半經。明以大願力得見多百千萬億佛及行四攝攝眾生分。釋義中分為三段。一佛子已下至迴向無上菩提有七行半經。明以願力得見多百千佛并及悉承事供養分。二佛子已下至隨意堪用有七行經。明因供養佛獲勝益分。三佛子已下文至隨意堪用有四行經。明金師鍊金數數入火。喻菩薩分。于此段中。其施有三。一财宝施。二象马妻子施。三头目眼耳身肉施。三佛子菩萨以此慈悲已下。至于佛教法能说能行。有十行经。明此位菩萨成前施已。得十种利益分。一明大慈悲大施所缘。二明所施为求正法所为救众生故。三求出世智无疲劳心。四于一切经论无怯弱心。五善筹量上中下众生。随力而行成世间智分。六惭愧庄严修自利利他之道。七勤修无退。八成坚固力。九供养诸佛。十于佛教法随说能行。四佛子已下。至依教修行。有两行半经。明总结成就十种净诸地法分。具如经。如此段中。已如上信慈悲喜舍。无有疲厌。知诸经论。善解世法。惭愧坚固力。供养诸佛教。以教修行。以为法门。净治行地。以檀度为体。余九为伴。

第九佛子菩萨住此欢喜地已下。有十八行半经。明以大愿力得见多百千万亿佛。及行四摄摄众生分。释义中。分为三段。一佛子已下。至回向无上菩提。有七行半经。明以愿力得见多百千佛。并及悉承事供养分。二佛子已下。至随意堪用。有七行经。明因供养佛。获胜益分。三佛子已下。又至随意堪用。有四行经。明金师炼金数数入火。喻菩萨修行轉增上分。此一段如文自具。
第十佛子菩薩摩訶薩已下。有一十八行半經
明菩薩人初地時。善問地地次第進修對治障礙
分。釋義中。約分為二段。一佛子已下。至成於如來
智慧光明。有十四行經。明菩薩人初地已。更求此
地及十地入如來地相因果分。一佛子已下。至悉
免憂患。有六行半經。明以商主所往大城。喻菩薩
問於諸地行相安危。一時齊備所資具分。二佛子
已下。至百千阿僧祇差別事。有七行半經。明菩薩
修行諸知地相安危。主導眾生。令得無礙解脫如
商主分。
第十一佛子菩薩摩訶薩已下。有一十行半經
明菩薩人位攝職分。釋義云。是正答前所問佛菩
薩善知識初地及十地因果分。於此段中復分為
二。第一從初佛子已下。至一切智智。有八行經。於
中大意有五。一正舉初地之果。二明能護持正法
三明所行四攝之行。四明一切所作。不離念佛法
僧。五明不離念具一切種一切智智。如一切種者。
是以加行大願助成大悲種故。一切智智如前已
明。又悲大志樂修一切智及差別智。廣行大悲種
由薰修所生。如一切智由定顯發。故差別智由依

修行转增上分。此一段。如文自具 。

第十佛子菩萨摩诃萨已下。有二十八行半经。明菩萨入初地时。善问地地次第进修对治障碍分。释义中。约分为三段。一佛子已下。至成于如来智慧光明。有十四行经。明菩萨入初地已。更求此地。及十地入如来地相因果分。二佛子已下。至悉免忧患。有六行半经。明以商主所往大城。喻菩萨问于诸地行相安危。一时齐备所资具分。三佛子已下。至百千阿僧祇差别事。有七行半经。明菩萨修行善知地相安危。主导众生。令得无碍解脱如商主分 。

第十一佛子菩萨摩诃萨已下。有二十行半经。明菩萨入位授职分。释义云。是正答前所问佛菩萨善知识初地及十地因果分。于此段中。复分为二。第一从初佛子已下。至一切智智。有八行经。于中大意有五。一正举初地之果。二明能护持正法。三明所行四摄之行。四明一切所作。不离念佛法僧。五明不离念具一切种一切智智。如一切种者。是以加行大愿。助成大悲种故。一切智智。如前已明。又起大志乐。修一切智及差别智。广行大悲种。由熏修所生。如一切智。由定显发故。差别智。由依師發先達者修學方成皆依根本智而有或因自根力上上觀達得明解之徒必藉師教第二復作是念已下至而說頌曰有十二行經明此位菩薩能捨家妻子修出家法得見百佛境界法門分於此十二行半經中大意有八一堪與眾生為首二堪與求一切智及差別智者為依止三明難捨能捨四明出家勤行精進五明所得三昧有百六明依報見佛之數七明以願力見佛增廣八明重說其頌如上見多百佛者即是華藏智境一佛剎海融十方諸佛剎海互參徧徹之多百非如三千大千世界佛境限之百佛故乃至身塵毛孔等周法界虛空界之百也不可如情所知之百佛故此是智境無限中多百但以安立隨位昇進之法明其升進然其一一佛境不可存其中邊量見但得自觀身智境無中邊見何得論佛境有邊量見此初地中間十地及如來地法為一地通修十地及佛地法故此中因果依十迴向中佛果名妙以十地但成就十迴向中大願海令滿彼大願行故亦不離初信心中金色世界不動智佛文殊師利普賢等行如經頌云佛子始發生如是妙寶心則超凡

师教先达者修学方成。皆依根本智而有。或因自根力上上观达得。明解之徒。必藉师教。第二复作是念已下。至而说颂曰。有十二行经。明此位菩萨能舍家妻子。修出家法。得见百佛境界法门分。于此十二行半经中。大意有八。一堪与众生为首。二堪与求一切智及差别智者为依止。三明难舍能舍。四明出家勤行精进。五明所得三昧有百。六明依报见佛之数。七明以愿力见佛增广。八明重说其颂。如上见多百佛者。即是华藏智境。一佛刹海融十方诸佛刹海。互参遍彻之多百。非如三千大千世界佛境限之百佛故。乃至身尘毛孔。等周法界虚空界之百也。不可如情所知之百佛故。此是智境无限中多百。但以安立随位升进之法。明其升进。然其一一佛境。不可存其中边量见。但得自观身智境无中边见。何得论佛境有边量见。此初地中间十地及如来地法。为一地通修十地及佛地法故。此中因果。依十回向中佛果名妙。以十地但成就十回向中大愿海。令满彼大愿行故。亦不离初信心中。金色世界。不动智佛。文殊师利。普贤等行。如经颂云。佛子始发生。如是妙宝心。则超凡天位入佛所行處。

第十一若人集眾善已下有四十六行半經頌前之法分。如文自具。夫驗經所說人此初地法。乃至是創始具足凡夫能發廣大願行能悲人故。非是由因地前行解而來者。意明設教備明修行滯障節級安危。然發心者一時總頓修。居一時一行之內。非是要從節級次第來修。以總別同異成壞六相法圓融可見。於此六字三對法中。一字有六。且如人類之餘可准知。如一人身具足是六相。頭身手足眼耳鼻舌等用各別是別相。全是一身一四大。是總相。一空無體是名同相。不廢如是同無異性。頭身手足眼耳鼻舌等用有殊是為異相。頭無身手足眼耳鼻舌等共成一身名為成相。但隨無作緣行各無自性無體無相無生無滅無成無壞名為壞相。又一切眾生名為總相。悲智區分名為別相。皆同佛智而有名為同相。隨報業異名為異相。所因作業受報得生名為成相。心無所依業體無作。名為壞相。又十方報佛名為總相。眾寶所嚴夫位。入佛所行处 。

第十二若人集众善已下。有四十六行半经。颂前之法分。如文自具。夫验经所说入此初地法。乃至是创始具足凡夫。能发广大愿行能趣入故。非是由因地前行解而来者。意明设教备明修行滞障节级安危。然发心者一时总顿修。居一时一行之内。非是要从节级次第来修。以总别同异成坏六相法。圆融可见。于此六字三对法中。一字有六。且如人类之。余可准知。如一人身。具足是六相。头身手足眼耳鼻舌等用各别。是别相。全是一身一四大。是总相。一空无体。是名同相。不废如是同无异性。头身手足眼耳鼻舌等用有殊。是为异相。头身手足眼耳鼻舌等共成一身。名为成相。但随无作缘有。各无自性。无体无相。无生无灭。无成无坏。名为坏相。又一切众生。名为总相。愚智区分。名为别相。皆同佛智而有。名为同相。随报业异。名为异相。所因作业受报得生。名为成相。心无所依。业体无作。名为坏相。又十方报佛。名为总相。众宝所严身土差別名爲別相。同一法身理智無二名爲同相。知隨行異名爲異相。成就衆生名爲成相。能所皆無無得無證名爲壞相。又以一智慧該收五位名爲總相。行解昇進名爲別相。同佛根本智名爲同相。修差別智名爲異相。成大菩提具普賢行名爲成相。智體無依用而無作名爲壞相。又三世久劫差別名爲別相。以智普觀在一刹那名爲總相。隨業長短名爲異相。情亡見盡長短時無名爲同相。智無依住名爲壞相。應根與法名爲成相。約舉五翻六相同異。自餘一切法准此例知。又明一字中有六相義。互爲主伴。十玄義亦在此通。一同時具足相應門。二廣狹自在無礙門。三一多相容不同門。四諸法相卽自在門。五秘密隱顯俱成門。六微細相容安立門。七因陀羅網境界門。八託事表法生解門。九十世圓融異成門。十主伴圓明具德門。是其義也。

六相義

異　成
同　總　壞
別

此一字中有六相。一切字。一切法皆有此六相。若身土差别。名为别相。同一法身。理智无二。名为同相。知随行异。名为异相。成就众生。名为成相。能所皆无。无得无证。名为坏相。又以一智慧该收五位。名为总相。行解升进。名为别相。同佛根本智。名为同相。修差别智。名为异相。成大菩提。具普贤行。名为成相。智体无依。用而不作。名为坏相。又三世久劫差别。名为别相。以智普观在一刹那名为总相。随业长短。名为异相。情亡见尽。长短时无。名为同相。智无依住。名为坏相。应根与法。名为成相。约举五翻六相同异。自余一切法。准此例知。又明一字中有六相义。互为主伴。十玄义亦在此通。一同时具足相应门。二广狭自在无碍门。三一多相容不同门。四诸法相即自在门。五秘密隐显俱成门。六微细相容安立门。七因陀罗网境界门。八托事表法生解门。九十世圆融异成门。十主伴圆明具德门。是其义也。

六相义

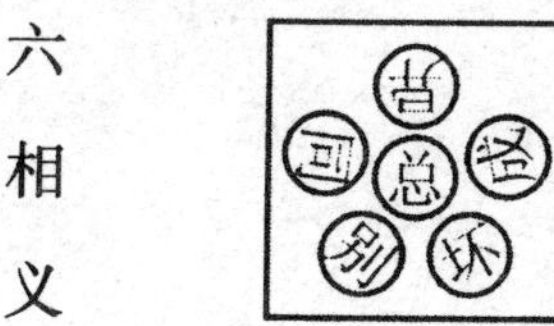

此一字中有六相。一切字。一切法。皆有此六相。若

善見者得智無礙總持門。於諸法不滯有無斷常等障。可以離情照之可見。此六字義闕一。卽理智不圓。是此初地中觀通世間一切法門故。

第二離垢地。將釋此地約作五門分別。一釋地名目。二明此地修何行門。三明善財表法。四明此地於三界中得何界解脫。五隨文釋義。一釋地名目者。何故名爲離垢地。爲此位治上上十善戒。上上十善戒卽法身性戒。能自體無垢。故故名離垢地也。二明此地修何行門者。以戒波羅蜜爲主。餘九波羅蜜爲伴。三明善財表法者。善財此位中知識號普德淨光夜神。此是女天。在菩提場內。善財得菩薩寂靜禪定樂普遊步解脫門。凡是夜神河神海神地神。總是女神。表慈悲位。明此十地蘊積大悲滿十迴向中普賢願故。故天女表之。名普德淨光夜神者。爲滿普賢願行故。夜神者常居生死大夜。破一切眾生長迷闇故。神者其智應眞號之爲神。此女天在菩提場內者。明以法身妙理爲戒體故。善財得菩薩寂靜禪定樂普遊步解脫門者。明以性戒徧周。行齊法界。不爲而用。對現色身常處世間。不染塵垢。故爲名也。以體用恆寂故。以禪定善见者。得智无碍总持门。于诸法不滞有无断常等障。可以离情照之可见。此六字义。阙一。即理智不圆。是此初地中观。通世间一切法门故 。

第二离垢地。将释此地。约作五门分别。一释地名目。二明此地修何行门。三明善财表法。四明此地于三界中得何界解脱。五随文释义。一释地名目者。何故名为离垢地。为此位治上上十善戒。上上十善戒。即法身性戒。能自体无垢故。故名离垢地也。二明此地修何行门者。以戒波罗蜜为主。余九波罗蜜为伴。三明善财表法者。善财此位中知识。号普德净光夜神。此是女天。在菩提场内。善财得菩萨寂静禅定乐普游步解脱门。凡是夜神河神海神地神。总是女神。表慈悲位。明此十地蕴积大悲。满十回向中普贤愿故。故天女表之。名普德净光夜神者。为满普贤愿行故。夜神者。常居生死大夜。破一切众生长迷暗故。神者。其智应真。号之为神。此女天在菩提场内者。明以法身妙理。为戒体故。善财得菩萨寂静禅定乐普游步解脱门者。明以性戒遍周。行齐法界。不为而用。对现色身。常处世间。不染尘垢。故为名也。以体用恒寂故。以禅定是體遊步是用。樂是法樂。此神住菩提場內者。爲上上十善。是全體菩提法身妙理。又是初歡喜地婆珊婆演底夜神本發心之師。明一切發心。以菩提妙理爲體。故四明此地於三界中得何界解脫者。若以菩提無作之體。即三界六道總通解脫。是總相義。若也別相論之。善知三界法差別者。即以戒體能治欲界煩惱。以菩提妙理現前。但能觀欲界煩惱行相。以菩提妙理且治欲界惑習故。色無色二界。三地位中修八禪定。方明此色無色界行門。若不如是別別修行。但以菩提無作用。不能簡知三界所染行法。即於三界法不能了達。便同聲聞外道無大智故。是故此地修戒治欲界煩惱。三地修八禪治色無色界煩惱。初地明凡夫發心。但有大志樂。忻求大法故。三地修八禪者。明上界禪皆息想安定心而住禪。菩薩不息。任體自寂禪捨彼息心。任理自寂。稱菩提故。凡上二界禪。隨其淺深。皆有息心想伏。隨寂靜住。第四禪中無出入息唯白淨妙色現前。水火風三災不至。爲念亡想滅無此業。故唯有色界業在。第五隨文釋義者。於中復分爲二。一長科經意。二隨文釋義。一長科經意是体。游步是用。乐是法乐。此神住菩提场内者。为上上十善。是全体菩提法身妙理。又是初欢喜地婆珊婆演底夜神本发心之师。明一切发心。以菩提妙理为体故。四明此地于三界中得何界解脱者。若以菩提无作之体。即三界六道总通解脱。是总相义。若也别相论之。善知三界法差别者。即以戒体能治欲界烦恼。以菩提妙理现前。但能观欲界烦恼行相。以菩提妙理。且治欲界惑习故。色无色二界。三地位中修八禅定。方明此色无色界行门。若不如是别别修行。但以菩提无作用。不能简知三界所染行法。即于三界法不能了达。便同声闻外道。无大智故。是故此地修戒。治欲界烦恼。三地修八禅。治色无色界烦恼。初地明凡夫发心。但有大志乐。忻求大法故。三地修八禅者。明上界禅。皆息想安定心而住禅。菩萨不息。任体自寂禅。舍彼息心。任理自寂。称菩提故。凡上二界禅。随其浅深。皆有息心想伏。随寂静住。第四禅中。无出入息。唯白净妙色现前。水火风三灾不至。为念亡想灭。无此业故。唯有色界业在。第五随文释义者。于中复分为二。一长科经意。二随文释义。一长科经意者。於此第一地中長科爲六段。
第一諸菩薩聞此已下有五行頌。明諸菩薩聞
法歡喜分。第二隨文釋義中。從初五行頌。大意有
三。一菩薩聞說初地法歡喜。二散華稱讚。三解脫
月知衆心請說第二地。其義如文自具。

第二爾時已下一段有四十三行經。明已修初
地欲向第二地捨惡行善分。釋義中分爲兩段。第
一從爾時金剛藏已下。至以此十心得入離垢地
有四行半經。明以十心修第二地向第二佛子菩
薩住離垢地已下。至令他修者無有是處有三十
八行經。明第二地菩薩種性自身口意業調善。順
十善心具慈悲分。十善者身無殺盜婬意無貪瞋
癡。口無妄言綺語惡口兩舌。如欲界十善散善修。
色界無色界十善并修定業以息想方至。

者。于此第二地中。长科为六段 。

第一诸菩萨闻此已下。有五行颂。明诸菩萨闻法欢喜分。第二随文释义中。从初五行颂。大意有三。一菩萨闻说初地法欢喜。二散华称赞。三解脱月知众。又请说第二地。其义如文自具 。

第二尔时已下一段。有四十三行经。明已修初地。欲向第二地。舍恶从善分。释义中。分为两段。第一从尔时金刚藏已下。至以此十心得入离垢地。有四行半经。明以十心修第二地向。第二佛子菩萨住离垢地已下。至令他修者无有是处。有三十八行经。明第二地菩萨种性。自身口意业调善。顺十善心。具慈悲分。十善者。身无杀盗淫。意无贪嗔痴。口无妄言绮语恶口两舌。如欲界十善散善修。色界无色界十善。并修定业以息想方至 。

第三佛子已下一段有三十九行半經明第二地中菩持上上十善分釋義中分爲三段一佛子已下至如是方便菩薩當學有十四行經明此位菩薩持十善道分於此段其意有六一念十不善業是地獄餓鬼畜生二念十善業道得生三界至有頂天此十善通修非想頂總名有頂三上品十善畏苦修眞得聲聞乘得出三界有爲心伏盡三界煩惱入變化生死有入滅定經劫不覺四上品十善自覺緣生不具慈悲成獨覺乘亦得變化生死爲根别故迴向大菩提亦經十千劫五上品十善修廣大願不捨衆生求佛大智成菩薩行六上上十善修一切種智清淨故成十力四無畏故名爲最上乘已上生天及出世有此五種十善業道二佛子此菩薩摩訶薩已下至無邊衆大苦聚有二十三行經明行十不善業各有二種因果如經具明又十不善中亦有上中下三品因緣受苦不同如經自具三是故菩薩作如是念已下至令住其中有兩行經明菩薩自行十善亦教他行十善

第三佛子已下一段。有三十九行半经。明第二地中善持上上十善分。释义中。分为三段。一佛子已下。至如是方便菩萨当学。有十四行经。明此位菩萨持十善道分。于此段其意有六。一念十不善业。是地狱饿鬼畜生。二念十善业道。得生三界至有顶天。此十善通修非想顶。总名有顶。三上品十善。畏苦修真。得声闻乘。得出三界。有为心伏。尽三界烦恼。入变化生死。有入灭定。经劫不觉。四上品十善。自觉缘生。不具慈悲。成独觉乘。亦得变化生死。为根利故。回向大菩提。亦经十千劫。五上品十善。修广大愿不舍众生。求佛大智。成菩萨行。六上上十善。修一切种智清净故。成十力四无畏故。名为最上乘。已上生天及出世。有此五种十善业道。二佛子此菩萨摩诃萨已下。至无边众大苦聚。有二十三行经。明行十不善业。各有二种因果。如经具明。又十不善中。亦有上中下三品因缘。受苦不同。如经自具。三是故菩萨作如是念已下。至令住其中有两行经。明菩萨自行十善。亦教他行十善分。如上上十善者。明依智發心。自餘三品雖皆離三界業。得出三界果。皆依空發心。漸求佛智。方入普賢願行。爲三乘中菩薩願行雖廣。爲未至佛智故。皆有限量。如立三千大千國土爲佛報境者。是以是義故。與佛智中行普賢行者全別。三乘以觀空及五位行門。忻理至理。方忻如來種智之門。然更須入普賢願行。即佛果在十信五位後。云滿三祇方至。若不迴心者。元且在門外草庵上上十善一乘之門。即以如來一切處不動智佛以爲信心十住位中。即入如來智慧之果。十信五位皆以佛果大智以成行門。即以如來普光明智以成十住十行十迴向十地十一地爲體。即佛果與普賢行同資。以智體圓明出情見故。非三世攝。是以法華經爲迴三乘令歸智海。即以龍女表之。此經頓示佛門。即如善財所表。善財雖偏巡諸友。然不動足於覺母之前。慈氏雖授一生成佛之功。然不離一念無前後無生智海。此是乘一切智乘。古今見盡。若情存前後。不入佛智之門。且住草庵上於門外。論主頌曰。一切眾生金色界。白淨無垢智無壞。智珠自在內衣中。只欲長貧住門外。廣大寶城住四分。如上上十善者。明依智发心。自余三品。虽皆离三界业得出三界果。皆依空发心。渐求佛智。方入普贤愿行。为三乘中菩萨。愿行虽广。为未至佛智故。皆有限量。如立三千大千国土为佛报境者是以是义故。与佛智中行普贤行者全别。三乘以观空及五位行门忻理。至理方忻如来种智之门。然更须入普贤愿行。即佛果在十信五位后。云满三祇方至。若不回心者。元且在门外草庵。上上十善一乘之门。即以如来一切处不动智佛以为信心。十住位中。即入如来智慧之果。十信五位。皆以佛果大智以成行门。即以如来普光明智。以成十住十行十回向十地十一地为体。即佛果与普贤行同资。以智体圆明。出情见故。非三世摄。是以法华经为回三乘令归智海。即以龙女表之。此经顿示佛门。即如善财所表。善财虽遍巡诸友。然不动足于觉母之前。慈氏虽受一生成佛之功。然不离一念无前后。无生智海。此是乘一切智乘。古今见尽。若情存前后。不入佛智之门。且住草庵。止于门外。论主颂曰。一切众生金色界。白净无垢智无坏。智珠自在内衣中。只欲长贫住门外。广大宝城住四徧。文殊引導普賢扶。肥壯白牛甚多力。一念徧遊無卷舒。如是寶乘不能入。但樂勤苦門前立。不覺自身常住中道上。恆言我不及。

第四佛子已下有三十九行半經。明第二地中起慈悲眾生分。釋義中。分為十段。一佛子已下三十九行半經。總有十種慈悲眾生心。十種念眾生苦道。令安在十種樂中。如經自具。次第十種復作是念。如是身邊二見。見取戒取總依邪見起。故摽在其首。六道三界無明總依名色。邪見惡慧惡欲生生死稠林。故摽之為首。若明此諸見無體諸見卽是法界緣生。起唯法起。見唯法見。隨智而轉。所緣三界六道諸不善道。總由此五種生。若了卽是入佛知見。已後諸煩惱總無有生。如是五見相破壞者。是離世間業因。此五見而生鬬諍瞋恨。如因貪便起邪命。如三毒因貪起瞋癡業。惡業增盛名為熾然。清涼涅槃者業亡智現卽樂。又舉愚癡重衢。文殊引导普贤扶。肥壮白牛甚多力。一念遍游无卷舒。如是宝乘不能入。但乐勤苦门前立。不觉自身常住中。遣上恒言我不及 。

第四佛子已下。有三十九行半经。明第二地中起慈悲众生分。释义中。分为十段。一佛子已下。三十九行半经。总有十种慈念众生心。十种念众生苦道。令安在十种乐中。如经自具次第十种。复作是念。是如身边二见。见取。戒取。总依邪见起故。标在其首。六道三界无明。总依名色邪见。恶慧恶欲。生生死稠林故。标之为首。若明此诸见无体。诸见即是法界缘生。起唯法起。见唯法见。随智而转。所缘三界六道诸不善道。总由此五种生。若了。即是入佛知见。已后诸烦恼总无有生。如是五见相破坏者。是离世间业。因此五见而生斗诤嗔恨。如因贪便起邪命。如三毒因贪起嗔痴业。恶业增盛。名为炽然。清凉涅槃者。业亡智现即乐。又举愚痴重闇妄見瞙者。總明多迷障業。爲迷名色以障正智又舉墮地獄畜生餓鬼明由前迷障妄墮地獄。此謂十八地獄。十八者鑊湯鑪炭刀山劍樹黑闇寒冰火車火輪鐵網銅柱沸屎拔舌釘身吐火飲銅愚癡。火城。灰河等。已上十八種地獄。約心所作惡業處卽受之。入惡見網中者。明衆生迷眞妄取名色身見邊見戒取見取邪見常自籠網輪轉苦流。愚癡稠林所迷者。如一切衆生愚癡稠林所迷大要約有八萬四千。大體總論一迷等虛空迷爲迷自身如來普光本智慧海卽等法界虛空界總迷如是愚癡廣多蔽障本智。故號稠林。如入位菩薩迷道愚癡隨五位上進修因果有一百以五位中。各有十種波羅蜜以爲昇進之行體。如十住中從十信已後修方便三昧是修十住中初發心住向所謂得憶念諸佛智慧光明是正入初發心住果入海門國觀修治地住向觀察一切衆生海是淸淨法界海得普眼法門是正入治地住果。如是五位五十箇法門皆有二種因果都有一百箇昇進法門又以從初發心住乘自佛智經過五位見諦漸明復有五因。有五箇果。此約本五位上立通爲暗妄见膜者。总明多迷障业。为迷名色以障正智。又举堕地狱畜生饿鬼。明由前迷障。妄堕地狱。此谓十八地狱。十八者。镬汤。炉炭。刀山。剑树。黑暗。寒冰。火车。火轮。铁网。铜柱。沸屎。拔舌。钉身。吐火。饮铜。愚痴。火城。灰河等。已上十八种地狱。约心所作恶业处即受之。入恶见网中者。明众生迷真。妄取名色。身见。边见。戒取。见取。邪见。常自笼网。轮转苦流。愚痴稠林所迷者。如一切众生愚痴稠林所迷。大要约有八万四千。大体总论一迷等虚空迷。为迷自身如来普光本智慧海。即等法界虚空界总迷。如是愚痴。广多蔽障本智。故号稠林。如入位菩萨迷道愚痴。随五位上进修因果有一百。以五位中。各有十种波罗蜜。以为升进之行体。如十住中。从十信已后。修方便三昧。是修十住中初发心住向。所谓得忆念诸佛智慧光明。是正入初发心住果。入海门国观。修治地住向。观察一切众生海是清净法界海。得普眼法门。是正入治地住果。如是五位五十个法门。皆有二种因果。都有一百个升进法门。又以从初发心住。乘自佛智。经过五位。见谛渐明。复有五因。有五个果。此约本五位上立。通为十。都有一百一十法門。皆有迷障愚癡等法。一如善財童子舉行所彰。待至彼位具明。如是名爲隨位進修未得自在愚癡。直至佛果所謂算數廣大愚隨好光明功德分量廣大愚。唯佛窮果方始了知。如阿僧祇品隨好光明功德品如來自說者是。如是隨地位中進修迷障。至善財表法知識一一對行具明令易解故。隨逐邪道有九十五種諸邪道故。又一切衆生人天魔梵聲聞緣覺淨土菩薩皆是邪道。但爲苦樂不同。皆非正見行顚倒行者四倒八倒等是。猶如盲人無有導師者明菩薩觀迷起悲求出要道思濟攀品已下可知。入魔境界者。五蘊魔煩惱魔死魔天魔是也。惡賊所攝者六根逐境起諸邪見是也。隨順魔心遠離佛意者明根隨境變迷自佛智故。我拔出如是險難令住無畏一切智城者。明念苦興悲令達本智故。又作是念。一切衆生爲大瀑水波浪所沒者。明因愛水所沒故。入欲流有流無明流見流生死洄澓者。明總因愛河漩流漂轉故。湍馳奔激不暇觀察者。明前四流迅速逐境從見起諸妄業無暇起觀而調伏之故。爲欲覺恚覺害覺隨逐不捨者。明此三種惡十。都有一百一十法门。皆有迷障愚痴等法。一如善财童子举行所彰。待至彼位具明。如是名为随位进修未得自在愚痴。直至佛果。所谓算数广大愚。随好光明功德分量广大愚。唯佛穷果。方始了知。如阿僧祇品。随好光明功德品。如来自说者是。如是随地位中进修迷障。至善财表法如识。一一对行具明。令易解故。随逐邪道。有九十五种诸邪道故。又一切众生。人天魔梵。声闻缘觉。净土菩萨。皆是邪道。但为苦乐不同。皆非正见。行颠倒行者。四倒八倒等是。犹如盲人无有导师者。明菩萨观迷起悲求出要道。惠济群品已下可知。入魔境界者。五蕴魔。烦恼魔。死魔。天魔是也。恶贼听摄者。六根逐境起诸邪见是也。随顺魔心远离佛意者。明根随境变。迷自佛智故。我拔出如是险难。令住无畏一切智城者。明念苦与悲。令达本智故。又作是念。一切众生为大瀑水波浪所没者。明因爱水所没故。入欲流有流无明流见流。生死洄复者。明总因爱河漩流漂转故。湍驰奔激不暇观察者。明前四流迅速。逐境从见。起诸妄业。无暇起观而调伏之故。为欲觉恚觉害觉随逐不舍者。明此三种恶

作流依身見羅刹於中執。將永入愛欲稠林。故明
因身等五見俱生六十二見齊起。六十二見者。依
婆沙說。五蘊中各起四見四五二十。三世各二十。
通為六十。通身即是神身異神二見。總為六十二
見。且於色蘊中。即色是我。離色非我。我中有色。色
中有我。五蘊中各具有此四。如是諸見。皆依身見
所起。是故此經云。無身亦無見。得佛無上身。將入
愛欲稠林者。明一切生死皆從愛欲所生。故為生
死多故如稠林。一刹那間八百生滅心齊起流注
不絕。刹那時盡生滅齊無。於所貪愛深生染著者。
明深作生死苦業。轉轉不休。故我慢原卑諸慢有
七。憍慢慢慢過慢。異慢。我慢增上慢。邪慢。原卑者。
明慢上更加慢及過慢等名之曰卑。如世平地更
有高地。其上平坦曰原。原上更高為堆。堆上更高
為阜。明我慢上加六重慢。此為重阜也。安六處聚
落者。憍慢原阜上更加眼耳鼻舌身意取著名色
境增長苦因。已下十四行經。如文可解。此十段經
明此地中觀苦起悲救護分。

校讎

第一紙六行大慈大悲宋南北藏作大悲大慈　第二紙二行慈悲喜捨宋南北藏

作流。依身见罗刹于中执将。永入爱欲稠林故。明因身等五见俱生。六十二见齐起。六十二见者。依婆沙说。五蕴中各起四见。四五二十。三世各二十。通为六十。通身即是神身异神二见。总为六十二见。且于色蕴中。即色是我。离色非我。我中有色。色中有我。五蕴中各具有此四。如是诸见。皆依身见所起。是故此经云。无身亦无见。得佛无上身。将入爱欲稠林者。明一切生死。皆从爱欲所生故。为生死多故如稠林。一刹那间。八百生灭心齐起。流注不绝。刹那时尽。生灭齐无。于所贪爱。深生染著者。明深作生死苦业。转转不休故。所慢原阜者。慢有七。骄慢。慢慢。过慢。卑慢。我慢。增上慢。邪慢。原阜者。明慢上更加慢及过慢等。名之曰阜。如世平地。更有高地。其上平坦曰原。原上更高为堆。堆上更高为阜。明我慢上加六重慢。此为重阜也。安六处聚落者。骄慢原阜上。更加眼耳鼻舌身意。取著名色境。增长苦因已下十四行经。如文可解。此十段经。明此地中观苦起悲救护分 。

作悲慈捨第三紙二行教以下南北論有依字第六紙三行豪宋論作高五行益
宋南北藏作行十五行化百下宋南北藏無佛字第八紙四行得南論作如十五行屬宋
論作接第十紙十六行所宋論作間第十一紙三行王南論作主第十
二紙十五行提宋論作薩第十三紙十五行門宋論作相第十四紙六行
其北論作具第十六紙十五行兇於之兇宋論作行第十八紙三行向第
二下南北論有地字第二十三紙十四行礙下宋南北藏無證字第二十七
紙四行有南論作加

第五佛子已下一段。有三十一行半經。明正入
第二離垢地得見多佛分。釋義中明此地菩薩以
願力得見多百千佛。於此段中復分十段。一佛子
已下至那由他佛有三行半經。明此位菩薩以願
力得見多佛分。二於諸佛所已下至亦以供養一
切眾僧有兩行半經。明以三心五事之供佛及僧
分。此中佛法僧者以毗盧遮那爲佛寶文殊師利
爲法寶以普賢行爲僧寶。總攝三乘人天六道三

第五佛子已下一段。有三十一行半经。明正入第二离垢地得见多佛分。释义中。明此地菩萨以愿力得见多百千佛。于此段中。复分十段。一佛子已下。至那由他佛。有三行半经。明此位菩萨以愿力得见多佛分。二于诸佛所已下。至亦以供养一切众僧。有两行半经。明以三心五事之供佛及僧分。此中佛法僧者。以毗卢遮那为佛宝。文殊师利为法宝。以普贤行为僧宝。总摄三乘人天六道三寶總在此三寶中。皆從普賢隨行教成故。三以此善根已下至布施持戒清淨滿足有四行經。明重受十善戒分。此明初地亦受上十善。此更重明鍊磨四譬如真金已下至持戒清淨滿足有三行半經。明畢鍊磨真金更加礬石更明淨喻。五佛子已下至但隨力隨分有兩行半經。明此位菩薩所行之行分。六佛子已下至一切種一切智智有六行半經。明此位菩薩受職分。如云一切種者以加行熏修種。一切智即是根本智。又智者明以根本智加行成差別智。如根本智因三昧現故差別智由以根本智觀察加行力修成。若不一一入以加行觀察力大願力即根本智滯寂聲聞同乘故無有用也。七又作是念已下至一切智智依止者有兩行半經。明此位菩薩自知道德殊勝分。八是菩薩已下至以爲眷屬有四行半經明此菩薩亦能捨家妻子出家得千三昧得見千佛分。九若以菩薩殊勝願力已下至不能數知有兩行經。明以勝願力見佛過前依報業力分。十爾時已下明金剛藏說頌分。

宝。总在此三宝中。皆从普贤随行教成故。三以此善根已下。至布施持戒清净满足。有四行经。明重受十善戒分。此明初地亦受上上十善。此更重明炼磨。四譬如真金已下。至持戒清净满足。有三行半经。明举炼磨真金更加矾石更明净喻。五佛子已下。至但随力随分。有两行半经。明此位菩萨所行之行分。六佛子已下。至一切种一切智智。有六行半经。明此位菩萨受职分。如云一切种者。以加行熏修种。一切智。即是根本智。又智者。明以根本智加行成差别智。如根本智。因三昧现故。差别智。由以根本智观察加行力修成。若不一一人以加行观察力大愿力。即根本智滞寂。声闻同乘故。无有用也。七又作是念已下。至一切智智依止者。有两行半经。明此位菩萨自知道德殊胜分。八是菩萨已下。至以为眷属。有四行半经。明此菩萨亦能舍家妻子出家。得千三昧得见千佛分。九若以菩萨殊胜愿力已下。至不能数知。有两行经。明以胜愿力见佛过前依报业力分。十尔时已下。明金刚藏说颂分 。

第六說頌已下。有四十二行頌。明重頌前法。及請說第三地分。釋義中分為五段。一質直柔軟及堪能已下。至為諸佛子已開演。有三十行頌。明頌前十段法門。兩行一頌。如文自具。二佛子已下。至第二地中之行相。有四行頌。明大眾聞法興供分。三是諸菩薩微妙行已下。至願為演說第三地。有三行頌。明諸菩薩聞第二地。又請說第三地法分。四與法相應諸智業已下。至佛清淨行願皆說。有三行頌。明諸菩薩同請說分。五時解脫月已下。有兩行頌。明解脫月重請說第三地分。

第三發光地。將釋此地。五門如前。一釋地名目者。何故名為發光地。明此地修色無色界八禪定善達色無色界世間禪體識相對治。明達三界障惑。分明。益令智慧明淨。故名發光地。為從初地二地以善達欲界中隨纏法。於三地善達色無色界四禪八定法門。得出三界智慧光明現前。故名發光地。若但修治欲界煩惱。不修八定。達色無色界。猶有上二界障在。不名發光。為此地修三界業障盡。故名發光地。以定能發慧光故。二明此地第六说颂已下。有四十二行颂。明重颂前法。及请说第三地分。释义中。分为五段。一质直柔软及堪能已下。至为诸佛子已开演。有三十行颂。明颂前十段法门。两行一颂。如文自具。二佛子已下。至第二地中之行相。有四行颂。明大众闻法兴供分。三是诸菩萨微妙行已下。至愿为演说第三地。有三行颂。明诸菩萨闻第二地。又请说第三地法分。四与法相应诸智业已下。至佛清净行愿皆说。有三行颂。明诸菩萨同请说分。五时解脱月已下。有两行颂。明解脱月重请说第三地分。

第三发光地。将释此地。五门如前。一释地名目者。何故名为发光地。明此地修色无色界八禅定。善达色无色界。世间禅体。识相对治。明达三界障惑分明。益令智慧明净故。故名发光地。为从初地二地以善达欲界中随缠法。于三地。善达色无色界四禅八定法门。得出三界智慧光明现前故。故名发光地。若但修治欲界烦恼。不修八定达色无色界。由有上二界障在。不名发光。为此地修三界业障尽故。故名发光地。以定能发慧光故。二明此地修何行門者以忍波羅蜜爲體餘九爲伴此明三界業障盡故以此忍名爲得無生忍若也初發心住得佛智慧現前名初生諸佛智慧家以十住十行十迴向總得無生忍是總義若也麤細進修言之地前三賢名爲以佛智慧調伏名爲伏忍初地二地三地名順無生忍四五六地得出三界及世間障亡方得名無生忍七八九地方名無功用寂滅忍十地悲智圓該位同諸佛。三明善財表法者善財於此位中得見喜目觀察眾生夜天神去菩提場不遠坐蓮華藏師子之座善財得大勢力普喜幢解脫門表初地。初入地位初發心第二離垢地是初會菩提之體爲戒體第三地是依菩提之理修忍忍是行首故故去菩提場不遠以菩提成忍行故坐蓮華藏師子之座蓮華表在行無染師子明依主義也號喜目觀察眾生者明法忍行慈也夜天神者如前釋也善財得大勢力普喜幢解脫者明出三界障盡法忍成滿貪瞋忿恨惑不能生故法忍現前有大勢力故普喜幢解脫者明能摧壞自他煩惱故於諸境界不傾動故於諸違順成法樂故四明於三界中。此地得何界解脫者此修何行门者。以忍波罗蜜为体。余九为伴。此明三界业障尽故。以此忍。名为得无生忍。若也初发心住。得佛智慧现前。名初生诸佛智慧家。以十住十行十回向。总得无生忍。是总义若也粗细进修言之。地前三贤。名为以佛智慧调伏。名为伏忍。初地二地三地。名顺无生忍。四五六地。得出三界及世间障亡。方得名无生忍。七八九地。方名无功用寂灭忍。十地悲智圆该。位同诸佛。三明善财表法者。善财于此位中。得见喜目观察众生夜天神。去菩提场不远。坐莲华藏师子之座。善财得大势力普喜幢解脱门。表初地。初入地位初发心。第二离垢地。是初会菩提之体为戒体。第三地。是依菩提之理修忍。忍是行首故。故去菩提场不远。以菩提成忍行故。坐莲华藏师子之座。莲华表在行无染。师子明依主义也。号喜目观察众生者。明法忍行慈也。夜天神者。如前释也。善财得大势力普喜幢解脱者。明出三界障尽。法忍成满。贪嗔忿恨。惑不能生故。法忍现前。有大势力故。普喜幢解脱者。明能摧坏自他烦恼故。于诸境界不倾动故。于诸违顺成法乐故。四明于三界中。此地得何界解脱者。此得三界解脫。爲前二地對治欲界。此三地以次對治上二界八禪。總是三界障盡故。以四地修三十七助道觀。五地修十諦觀。六地修十二緣生觀。學出世中世間智慧故。五隨文釋義中。二義如前。第一長科經意者。於此發光地中長科爲七段。

第一爾時金剛藏菩薩已下。至得入第三地。有五行經。明從第二地修第三地。向起十種心分。如經自具。

第二佛子已下。至非但口言而可清淨。有五十二行半經。明正住第三地。觀諸有爲法。及於一切衆生起慈悲。並貴法重人。能入火坑受苦樂聞法分。第二隨文釋義中。分爲五段。一佛子菩薩摩訶薩住第三地已下。至是爲十。有十九行經。明觀有爲苦無常以十種哀愍衆生分。二菩薩如是見衆生界已下。至究竟涅槃之樂。有七行半經。明菩薩念度衆生。以何方便安置何處令得究竟涅槃之樂分。三便作是念已下。至如是觀知已。可五行經。明菩薩所念知安置衆生之究竟處分。四倍於正法已下。至觀察修行。可有十九行經。明菩薩欲度得三界解脱。为前二地对治欲界。此三地以次对治上二界八禅。总是三界障尽故。以四地修三十七助道观。五地修十谛观。六地修十二缘生观。学出世中世间智慧故。五随文释义中。二义如前。第一长科经意者。于此发光地中。长科为七段 。

第一尔时金刚藏菩萨已下。至得入第三地。有五行经。明从第二地。修第三地向。起十种心分。如经自具 。

第二佛子已下。至非但口言而可清净。有五十二行半经。明正住第三地。观诸有为法。及于一切众生起慈悲。并贵法重人。能入火坑受苦。乐闻法分。第二随文释义中。分为五段。一佛子菩萨摩诃萨住第三地已下。至是为十。有十九行经。明观有为苦无常。以十种哀愍众生分。二菩萨如是见众生界已下。至究竟涅槃之乐。有七行半经。明菩萨念度众生。以何方便安置何处。令得究竟涅槃之乐分。三便作是念已下。至如是观知已。可五行经。明菩萨所念知安置众生之究竟处分。四倍于正法已下。至观察修行。可有十九行经。明菩萨欲度

論藏名著選編
主編・李利安
整理・楊航 康曉紅

新華嚴經論

［唐］李通玄 著

肆

西北大學出版社

图书在版编目(CIP)数据

新华严经论/(唐)李通玄著;杨航,康晓红整理 .—西安:
西北大学出版社,2005.11
(论藏名著选编/李利安主编)
ISBN 7 - 5604 - 2064 - 8
Ⅰ.新… Ⅱ.①李…②杨…③康… Ⅲ.大乘—论藏 Ⅳ.B942.1
中国版本图书馆 CIP 数据核字(2005)第 100825 号

论藏名著选编

新华严经论

作　　者:李通玄
整　　理:杨　航　康晓红
主　　编:李利安

出版发行:西北大学出版社
策　　划:书僮图书工作室
地　　址:西安市太白北路 229 号
购书电话:029 - 88302590　84337138
邮政编码:710069
印　　刷:陕西地质印刷厂

开　　本:880 毫米×1230 毫米　1/32
印　　张:75
字　　数:912 千字
版　　次:2005 年 11 月第 1 版　第 1 次印刷
书　　号:ISBN 7 - 5604 - 2064 - 8/B·59
定　　价:148.00 元(共伍册)

目录四

衆生倍勤修習。求法身命能捨入大火坑無苦分
五。此菩薩已下有兩行經。明決定修行非但口言

大方廣佛新華嚴經論卷第二十五

分。如欲度衆生。令住涅槃。樂不離無障解脱智。此
是根本智。乃至如是實覺無行無生慧光禪善巧
決定觀察智善巧多聞。如此五法總是一根本智
之隨用。修行者修方便定顯之。可見如倍於正法
勤求修習日夜唯願聞法者喜法者明智現無憂
故樂法者無生死故依法者依如來智故隨法者
隨順正解脱故解法者解第一義故順法者順正
智故。到法者自到涅槃能到人生死度衆生故。亦
令到涅槃故。住法者住如來智慧中住故。如得一
得法勝樂。得大千世界寶及輪王位者明。世法不免
生死故。已下准知。

第三佛子已下至而無所樂者有十行半經。明
住發光地修色無色界四禪八定隨順法性而行
無所著分。復分爲九段。一佛子已下至離生喜樂
一行半經。是住初禪分。二滅覺觀已下至定生喜
樂。一行經。住第二禪分。三離喜住捨已下至捨有
念受樂有兩行經。是住第三禪分。四斷樂已下至
住第四禪有一行經。是住第四禪分。五超一切色
想已下至住無邊虛空處有一行半經。是空處定

众生。倍勤修习。求法。身命能舍。入大火坑无苦分。五此菩萨已下。有两行经。明决定修行。非但口言

(大方广佛新华严经论卷第二十五)*

分*如欲度众生令住涅槃乐。不离无障解脱智。此是根本智。乃至如是实觉。无行无生慧光。禅善巧决定观察智。善巧多闻。如此五法。总是一根本智之随用。修行者。修方便定显之可见。如倍于正法勤求修习。日夜唯愿闻法者。喜法者。明智现无忧故。乐法者。无生死故。依法者。依如来智故。随法者。随顺正解脱故。解法者。解第一义故。顺法者。顺正智故。到法者。自到涅槃。能到入生死度众生故。亦令到涅槃故。住法者住如来智慧中住故。如得一偈法。胜得大千世界宝及轮王位者。明世法不免生死故。已下准知 。

第三佛子已下。至而无所乐著。有十行半经。明住发光地。修色无色界四禅八定。随顺法性无行。无所著分。复分为九段。一佛子已下。至离生喜乐。一行半经。是住初禅分。二灭觉观已下。至定生喜乐。一行经。住第二禅分。三离喜住舍已下。至舍有念受乐。有两行经。是住第三禅分。四断乐已下。至住第四禅。有一行经。是住第四禅分。五超一切色想已下。至住无边虚空处。有一行半经。是空处定

分。六超一切虛空無邊處至住無邊識處有一行
經，是識處定分。七超一切識無邊處已下至住無
所有處。一行經，是無所有處定分。八超一切無所
有處已下至非有想非無想處一行經，是定非有想
定分。此是三界頂，凡但隨順法故而無所著。是心
無依定。此是法界定體。隨文釋義者，明此發光地
得出三界心入法界自體無作大三昧門，雖修四
禪八定，應隨法性而無所依。但為鍊磨三界習氣
令智明淨，應如是進修故。如善鍊金不失銖兩，
如是重重以戒定慧鍊磨，不失法界大圓明智銖
兩。以此八種禪定鍊磨，令智慧轉更明淨。以法身
智體本無增減，故名發光地。權教菩薩得出八禪
超三界苦，生於淨土。有慈悲者，留惑潤生，住於世
間。聲聞羅漢出八禪定後，入第九定，依空智滅身
智，總無。如一乘菩薩修習八禪，善知世法無有體
性，成一切智之妙用故，超三界體自無生滅，故發
起大智知世法故，故名發光地。明初地修檀住世
間，第二地修戒，明能淨世間，第三地修八定明得
出世間，四五六地明修出世間中世間之智，七八
九地明修入世間，成悲智圓融，第十地明修智悲

分。六超一切虚空无边处。至住无边识处。有一行经。是识处定分。七超一切识无边处已下。至住无所有处。一行经。是无所有处定分。八超一切无所有处已下。至非有想非无想处。一行经。是非有想定分。此是三界顶。九但随顺法故而无所著。是心无依定此是法界定体。随文释义者。明此发光地。得出三界心。入法界自体无作大三昧门。虽修四禅八定。恒随法性而无所依。但为炼磨三界习气。令智明净。应如是进修故。如善炼金不失铢两喻。如是重重以戒定慧炼磨。不失法界大圆明智铢两。以此八种禅定炼磨。令智慧转更明净。以法身智体本无增减。故名发光地。权教菩萨。得出八禅。超三界苦。生于净土。有慈悲者。留惑润生。住于世间。声闻罗汉。出八禅之后。入第九定。依空智灭。身智总无。如一乘菩萨。修习八禅。善知世法无有体性。成一切智之妙用故。达三界体自无生灭故。发起大智知世法故。故名发光地。明初地修檀住世间。第二地修戒明能净世间。第三地修八定。明得出世间。四五六地。明修出世间中世间之智。七八九地。明修入世间。成悲智圆融。第十地。明修智悲回游成佛位故，計其理智無有地體層級，為治慣習，及會融悲智生熟，及修世間出世間差別智有淺深，安立諸地，設此帆度，令使做之。

第四佛子已下至亦復如是，有兩行半經，明此位修慈悲喜捨四無量心，以大慈為首分。

第五佛子已下至以意願力而生其中，有三十三行經，明住此地以修禪定獲神通力，六根清淨分。於此段中復分六段：一、佛子此菩薩得無量神通力已下至於梵世，有六行經，明神足通分。二、此菩薩已下至亦悉能聞，有兩行經，明天耳通分。三、此菩薩已下至以他心智知衆生心，有七行經，明得他心智分。四、此菩薩已下至皆能憶念，有八行經，明得宿命分。五、此菩薩已下至皆如實知，有七行半經，明得天眼分。此已上明菩薩五通自在，為智悲未滿本願故，具普賢行故，異淨土菩薩故，異二乘故，不證漏盡通，以智於生死隨行自在故。如淨名經云：雖行六通而不盡漏者是也。六、此菩薩已下至以意願力而生其中，有兩行經，明不隨三昧力受生分。

第六佛子已下至而說頌曰，有三十一行經，明圆满成佛位故。计其理智。无有地体层级。为治惯习。及会融悲智生熟。及修世间出世间差别智有浅深。安立诸地。设有轨度。令使仿之 。

第四佛子已下。至亦复如是。有两行半经。明此位修慈悲喜舍四无量心。以大慈为首分 。

第五佛子已下。至以意愿力而生其中。有三十三行经。明住此地。以修禅定获神通力。六根清净分。于此段中。复分六段。一佛子此菩萨得无量神通力已下。至于梵世。有六行经。明神足通分。二此菩萨已下。至亦悉能闻。有两行经。明天耳通分。三此菩萨已下。至以他心智知众生心。有七行经。明得他心智分。四此菩萨已下。至皆能忆念。有八行经。明得宿命分。五此菩萨已下。至皆如实知。有七行半经。明得天眼分。此已上明菩萨五通自在。为智悲未满本愿故。具普贤行故。异净土菩萨故。异二乘故。不证漏尽通。以智于生死随行自在故。如净名经云。虽[证]六通而不尽漏者是也。六此菩萨已下。至以意愿力而生其中。有两行经。明不随三昧力受生分 。

第六佛子已下。至而说颂曰。有三十一行经。明此位菩薩見佛廣狹及受職分。於此段中復分七段。一佛子已下至隨力修行有六行半經明此位菩薩以願力得見多佛及供養聞法分。二此菩薩已下至轉更明淨有四行經明觀法解縛分。三佛子已下至轉更明淨有三行經明喻鍊真金此菩薩地加行轉明淨分。四此菩薩已下至皆轉清淨有三行經明忍辱柔和十二種心轉明淨分。五此菩薩已下至隨力隨分有兩行經明此位菩薩所行之法分。六佛子已下至不能數知有十一行半經明此位菩薩授職依定見佛數量分。七爾時已下明金剛藏說頌分。

第七於說頌中有三十六行頌兩行一頌重頌前法如文自具。

第四發慧地將釋此地作五門如前。一釋此地名目者何故名為發慧地前地修上界八禪得出三界智慧故名發光地此修三十七助道觀門觀身此位菩萨见佛广狭及受职分。于此段中。复分七段。一佛子已下。至随力修行。有六行半经。明此位菩萨以愿力得见多佛。及供养闻法分。二此菩萨已下。至转更明净。有四行经。明观法解缚分。三佛子已下。至转更明净。有三行经。明喻炼真金。比菩萨地加行。智转明净分。四此菩萨已下。至皆转清净。有三行经。明忍辱柔和十三种心转明净分。五此菩萨已下。至随力随分。有两行经。明此位菩萨所行之法分。六佛子已下。至不能数知。有十一行半经。明此位菩萨授职。依定见佛数量分。七尔时已下。明金刚藏说颂分 。

第七于说颂中。有三十六行颂。两行一颂。重颂前法。如文自具 。

第四焰慧地。将释此地。作五门如前。一释此地名目者。何故名为焰慧地。前地修上界八禅。得出三界智慧故。名发光地。此修三十七助道观门。观身受心法轉加明淨故名爲燄慧地。前地因定發故名發光地。此地以三十七助道觀門觀身受心法自性無依慧加明淨故名燄慧。一明此地修何行門者。以精進波羅蜜爲首。餘九爲伴。三明善財表法者。善財於此位中見普救眾生妙德夜神。得菩薩普現一切世間調伏眾生解脫門。此神住在此眾會中者。明與前喜目神同會。爲表前離垢地是以法身無作性戒是菩提體故。忍波羅蜜精進波羅蜜是菩提行故。是故普德淨光住道場之內喜目神住處去道場不遠。此第四地中普救眾生夜天在此眾會中。明以忍精進二位不離萬行故。又明三十七助道行門是助菩提行故。故言在此眾會。此位明以菩提心觀身受心法成世間智慧故。前之三地已求出世菩提心。此四五六地以菩提心返修世間智慧。故云在此眾會此位中見普救眾生夜天神者。明三十七道品四念處觀是三世諸佛教化一切眾生助道方便。一切諸佛從初發心至究竟智皆依此方便而增明諸智慧故是故此神名普救一切眾生妙德者。明三十七助道觀能顯自他妙慧故也。明前三地修施戒受心法转加明净故。名为焰慧地。前地因定发故。名发光地。此地以三十七助道观门。观身受心法。自性无依。慧加明净。故名焰慧。二明此地修何行门者。以精进波罗蜜为首。余九为伴。三明善财表法者。善财于此位中。见普救众生妙德夜神。得菩萨普现一切世间调伏众生解脱门。此神住在此众会中者。即明与前喜目神同会。为表前离垢地。是以法身无作性戒。是菩提体故。忍波罗蜜。精进波罗蜜。是菩提行故。是故普德净光住道场之内。喜目神住处去道场不远。此第四地中。普救众生。夜天在此众会中。明以忍精进二位。不离万行故。又明三十七助道行门。是助菩提行故。故言在此众会。此位明以菩提体。却观身受心法。成世间智慧故。前之三地。已求出世菩提心。此四五六地。以菩提心返修世间智慧。故云在此众会。此位中见普救众生夜天神者。明三十七道品。四念处观。是三世诸佛教化一切众生助道方便。一切诸佛从初发心至究竟智。皆依此方便而增明诸智慧故。是故此神名普救一切众生妙德。妙德者。明三十七助道观。能显自他妙慧故也。明前三地。修施戒

忍得出世心此地重以三十七助道觀再更治之
故名發慧地得普現世間調伏一切眾生解脫門
者為明此位三十七道品通三乘一乘共所修行
調伏之大路故名普現調伏一切眾生解脫一
依善財表行中類之可見其意若不如是不可了
知地位行門後至入法界品具明四明於三界中
此得何界解脫者若以總相得三界一切解脫若
別相昇進明此位中以修三十七道品觀得欲界
中智慧解脫心多大意明重治前第三地中出三
界餘習為明第五地修禪波羅蜜修十諦觀得上

二界并欲界中世間世間中解脫皆須以總別同
異成壞論之如初歡喜地表法神明初生佛家以
樞波羅蜜能資生聖道故神名主當春生如第二
離垢地戒波羅蜜以法身無作以為戒體故神名
普德淨光明戒光也明住居道場之內表法身是
道場體故身是菩提體故第三發光地以忍波羅
蜜為體神名普目觀察眾生以忍故無事不悅去
道場不遠者明忍以法身無作為體故第四發慧
地以精進波羅蜜為體神名普救眾生以精進波
羅蜜是善救義故又為普治前三地出三界習氣

忍。得出世心。此地重以三十七助道观。再更治之。故名焰慧地。得普现世间调伏一切众生解脱门者。为明此位三十七道品。通三乘一乘共所修行调伏之大路。故名普现调伏一切众生解脱。一一依善财表行中类之。可见其意。若不如是。不可了知地位行门。后至入法界品具明。四明于三界中。此得何界解脱者。若以总相。得三界一切解脱。若别相升进。明此位中以修三十七道品观。得欲界中智慧解脱心多。大意明重治前第三地中出三界余习。为明第五地。修禅波罗蜜。修十谛观。得上二界并欲界中世间世间中解脱。皆须以总别同异成坏论之。如初欢喜地表法神。明初生佛家。以檀波罗蜜。能资生圣道故。神名主当春生。如第二离垢地。戒波罗蜜。以法身无作以为戒体故。神名普德净光。明戒光也。即住居道场之内。表法身是道场体故。身是菩提体故。第三发光地。以忍波罗蜜为体。神名喜目观察众生。以忍故无事不悦。去道场不远者。明忍以法身无作为体故。第四焰慧地。以精进波罗蜜为体。神名普救众生。以精进波罗蜜。是普救义故。又为普治前三地出三界习气故。住在此眾會者。明不離法身及性戒忍行中行精進行故。如是總約名及住處所表地位次第令易見故。思之可見。又入地中以神為表法者。明入地以聖智從行而生名神故。又以總別同異成壞之義六相法門思之方無有惑。五隨文釋義者。有二義。一長科經意。二隨文釋義。一長科經意者。於此欲慧地中長科為七段。

第一佛子已下有十二行頌。明大眾聞前地歎喜復請後地法分。第二隨文釋義中復分為兩段。一佛子聞此廣大行已下。至菩薩勝行妙法意有八行頌。明大眾聞第三地法歎喜興供稱歎分。二從願更演說聽慧者有四行頌。明更請第四地法門分。已上文義如文自具。不須更釋。如大自在天王天忻慶者。為此天是說十地處。非餘天不說。但舉說法處主故。

故。住在此众会者。明不离法身。及性戒忍行中。行精进行故。如是总约名及住处。所表地位次第。令易见故。思之可见。又入地中多以神为表法者。明入地以圣智从行佑生名神故。又以总别同异成坏之义。六相法门思之。方无有惑。五随文释义者。有二义。一长科经意。二随文释义。一长科经意者。于此焰慧地中。长科为七段 。

第一佛子已下。有十二行颂。明大众闻前地欢喜复请后地法分。第二随文释义中。复分为两段一佛子闻此广大行已下。至菩萨胜行妙法音。有八行颂。明大众闻第三地法欢喜兴供称叹分。二从愿更演说聪慧者。有四行颂。明更请第四地法门分。已上文义。如文自具。不烦更释。如大自在天王大忻庆者。为此天是说十地处。非余天不说。但举说法处主故 。

第二爾時金剛藏已下一段有六行半經明以
十法修入第四地向分。釋義中分爲兩段。一爾時
已下至當修十法明門有兩行半經。明欲入第四
地勸修十法名目觀察分。二何等爲十已下，有四
行經。是正舉十法名目觀察分。何故舉此十法重
令觀者，明於前三地得出世間智慧，令重觀此十
法，明將出世間智慧返達世間同出世間故。

校記

[illegible]

第二尔时金刚藏已下。一段。有六行半经。明以十法修入第四地向分。释义中。分为两段。一尔时已下。至当修十法明门。有两行半经。明欲入第四地。劝修十法名目观察分。二何等为十已下。有四行经。是正举十法名目观察分。何故举此十法重令观者。明于前三地。得出世间智慧。今重观此十法。明将出世间智慧。返达世间。同出世间故。

第三佛子住此焰慧地已下一段。三十七行半经。明修三十七道品分。释义中。分为十段。一佛子已下。至生如来家。有一行半经。明以十种智得法

生佛家分。問。如十住中初發心住亦名生如來家
至初地中亦名生如來智慧家。至此四地亦名生
如來家有何差別。答。計其總相。生如來智慧家。即
一體無二。若論別相昇進。即有淺深。如十住之中。
於妙峯之頂。明創啟凡情。始開佛智慧。但啟迷解
得一分煩惱清凉故。佛果名月。如十住位中十箇
月佛是加善財表法中妙峯山上見比丘。且彰佛
慧解脫。求明智德神通加初地生如來家。雖有智
德神通。但且得出三界之神智。所教化衆生亦以
如已所知。未得達世間智慧與出世間智慧自在
無礙。此第四地生在佛家。明達世間中出世間智
慧故。與初地中雖入神性共同。然出世間世間智
慧淺深差別。明前三位。但修上一界禪得出三界
一單之理。此位觀身受心法。故經云。得彼內法生
如來家。內法者。明智慧返觀達俗智無俗不真故。
二向等爲十已下至是爲十有四行半經。明以十
法成此地之智慧分從所謂深心不退故於三實
中淨信畢竟不壞故。此三寶是通三界及三世
一切法總三寶稱非如世情三寶故云深心也觀
三界法性自無性是名佛寶了三界法同異總別

生佛家分。问。如十住中。初发心住。亦名生如来家。至初地中。亦名生如来智慧家。至此四地。亦名生如来家。有何差别答。计其总相。生如来智慧家。即一体无二。若论别相升进。即有浅深。如十住之中。于妙峰之顶。明创启凡情。始开佛智慧。但启迷解。得一分烦恼清凉故。佛果名月。如十住位中十个月佛是。如善财表法中。妙峰山上见比丘。且彰佛慧解脱未明智德神通。如初地生如来家。虽有智德神通。但且得出三界之神智。所教化众生。亦以如已所知。未得达世间智慧。与出世间智慧自在无碍。此第四地生在佛家。明达世间中出世间智慧故。与初地中。虽入神性共同。然出世间世间智慧浅深差别。明前三位。但修上二界禅得出三界。一单之理。此位观身受心法。故经云得彼内法生如来家。内法者。明智慧返观。达俗智。无俗不真故。二何等为十已下。至是为十。有四行半经。明以十法成此地之智慧分。从所谓深心不退故。于三宝中净信毕竟不坏故者。此三宝。是通三界及三世一切法。总三宝摄。非如世情三宝。故云深心也。观三界法性自无性。是名佛宝。了三界法同异总别

成壞是名法寶以自行門和衆生心意方便引接
令得聽眞及人天乘是名僧寶觀世間成壞故者
下文云因業故有生還因業故成約本法界無成
壞故明不成壞中衆生妄見成壞觀生死涅槃故
者明生死本涅槃總無體故觀衆生國土業故者
明國土由業起故是本無今有故觀前際後際者
明三世本無無有盡相故不言多劫而有不盡但
言三世本無無有可盡是爲十總結前十法故三
佛子菩薩住此第四地已下至世間貪憂有六行
經明觀身受心法四念處觀門分四念處觀者一
身念處觀者循者順也明善順觀內身腸胃肝膽
心肺脾腎五藏六腑都無我人主宰體相勤勇者
明勤觀不倦念知者不忘念也除世貪憂者勸觀
內身苦知無主除世貪欲煩惱故觀外身循身觀
循者巡身亦云隨意者周巡觀察外身皮肉筋骨
髮毛爪齒眼耳鼻舌手足腰髖都無主宰我人體
相皆從虛妄業者業生無有實法有業即有無業
即無當觀業體本無依止遂身無體受者亡遺有
大智圓明都無我人受者動寂住智內外無依勤
勇念知如前除世貪憂者除身見邊見見取戒取

成坏。是名法宝。以自行门和众生心意。方便引接。令得应真及人天乐。是名僧宝。观世间成坏故者下文云。因业故有生。还因业故成。约本法界无成坏故。明不成坏中众生妄见成坏。观生死涅槃故者。明生死本涅槃总无体故。观众生国土业故者。明国土由业起故。是本无今有故。观前际后际者。明三世本无。无有尽相故。不言多劫而有不尽。但言三世本无。无有可尽。是为十。总结前十法故。三佛子菩萨住此第四地已下。至世间贪爱。有六行经。明观身受心法四念处观门分。四念处观者。一身念处观者。循者顺也。明善顺观内身肠胃肝胆心肺脾肾五藏六腑。都无我人主宰体相。勤勇者。明勤观不倦。念知者。不忘念也。除世贪忧者。勤观内身。善知无主。除世贪欲烦恼故。观外身循身观。循身巡身。亦云顺亦云善。意者。周巡观察外身皮肉筋骨发毛爪齿眼耳鼻舌手足腰胯。都无主宰我人体相。皆从虚妄系著业生。无有实法。有业即有。无业即无。当观业体本无依止。达身无体。受者亡遗有大智圆明。都无我人受者。动寂任智。内外无依。勤勇念知如前。除世贪忧者。除身见边见见取戒取邪見上貪憂觀內外身周巡徧觀內外身見如前。前勸別觀。此令總觀其身內外無主猶如虛空無有一法而可得者。此是身念處觀。已下觀內外受周巡內外觀能受所受內外中間性無依止。已下觀內心外心能知所知都無住處。已下觀內法外法無有我人。此已上是四念處觀四復次。已下至發心正行有三行半經是修四正勤分五復次。此菩薩已下至迴向於捨有三行經明修四神足分修欲定斷行者。明勤觀前四念處不亂是欲定。為有覺有觀故。斷行者。勤觀前四念法斷身見邊見邪見等行及色受想行識等行。此位重治練欲界惑。上二界惑以五地禪波羅蜜重治之。前二地以戒體治麤。此四地以四念觀治細。成就神足者以欲界諸天等神足是下品十善業報。此約一分法性智通殊勝。卽不可比於三界及二乘。三乘有限之通且望後位。卽此位不如。雖作觀行皆以理智為體。為成差別智。更令微細故。觀眾生法起滿本願成大慈悲故。依止厭者。對治不取世惡法故依止離者。性自無著故。依止滅者。滅諸惡法令不生故。迴向於捨者。至無依處故。此明是非總捨至邪见上贪忧。观内外身。周巡遍观。内外身见如前。前劝别观。此令总观。其身内外无主。犹如虚空无有一法而可得者。此是身念处观。已下观内外受。周巡内外。观能受所受。内外中间。性无依止。已下观内心外心。能知所知。都无住处。已下观内法外法。无有我人。此已上是四念处观。四复次已下。至发心正行。有三行半经。是修四正勤分。五复次此菩萨已下。至回向于舍。有三行经。是修四神足分。修欲定断行者。明勤观前四念处不乱是欲定。为有觉有观故。断行者。勤观前四念法。断身见边见邪见等行。及色受想行识等行。此位重治练欲界惑。上二界惑。以五地禅波罗蜜重更治之。前二地以戒体治粗。此四地以四念观治细。成就神足者。以欲界诸天等神足。是下品十善业报。此约一分法性智通殊胜。即不可比于三界及二乘三乘有限之通。且望后位。即此位不如。虽作观行。皆以理智为体。为成差别智。更令微细故。观众生法起。满本愿成大慈悲故。依止厌者。对治不取世恶法故依止离者。性自无著故。依止灭者。灭诸恶法令不生故。回向于舍者。至无依处故。此明是非总舍。至露地智故。修行精進普救一切眾生故。定心定觀定斷行者。一心專作無錯失故。已下如前。六復次已下至迴向於捨有兩行半經明修信進念定慧五根分依止厭離滅迴向於捨總以四法為對治之體故。如文可知。七復次已下至迴向於捨有兩行半經是修五力分還以依止厭離滅捨為體明於境不動名之為力。八復次已下至迴向於捨有三行半經明修七覺分還依止厭離滅捨為體明簡正邪名擇法覺分。自利勸他修無疲倦名精進覺分。法樂現前。自來求者歡喜無厭名喜覺分。荷者依也。悅也。以無依住之理智恆現前故。法悅熙怡世無憂恨之所傷故名荷覺分。內外觀終受心隨智不隨境轉名之為定覺分。身邊見亡自他境滅身受心法都無所依名為捨覺分。心境見亡。起唯智起無雜亂故名為念覺分。已下如前。九復次已下至迴向於捨有三行經明八正道分依止厭離滅捨為體以八邪為體以八邪為八正道十善薩修行如是功德已下至善巧方便故有五行半經明作如上觀行之意為一法故以不捨一切眾生為首。如文具明如十力處非處為首。如前已明。

露地智故。修行精进。普救一切众生故。定心定观定断行者。一心专作无错失故。已下如前。六复次已下。至回向于舍。有两行半经。明修信进念定慧五根分。依止厌离灭。回向于舍。总以四法为对治之体故。如文可知。七复次已下。至回向于舍。有两行半经。是修五力分。还以依止厌离灭舍为体。即于境不动。名之为力。八复次已下。至回向于舍。有三行半经。明修七觉分。还依止厌离灭舍为体。明简正邪。名择法觉分。自利劝他。恒无疲倦。名精进觉分。法乐现前。见来求者欢喜无厌。名喜觉分。猗者依也。悦也。以无依住之理智恒现前故。法悦熙怡。世无忧恨之所伤故。名猗觉分。内外观终。受心随智。不随境转。名之为定觉分。身边见亡。自他境灭。身受心法都无所依。名为舍觉分。心境见亡。起唯智起。无杂乱故。名为念觉分。已下如前。九复次已下。至回向于舍。有三行经。明八正道分。依止厌离灭舍为体。以八邪为体。以八邪为八正道。十菩萨修行如是功德已下。至善巧方便故。有五行半经。明作如是观行之意。为十法故。以不舍一切众生为首。如文具明。如十力处非处为首。如前已明。

無畏者。四無畏也。一一切智無畏。二漏盡無畏。三說障道無畏。四說盡苦道無畏。如是四種人天外道。無能難其過失者。不共佛法者。十八不共法也。一佛身無失。身行善故。二口無失。口業善故。三念無失。無雜念故。四意無異。寃親平等故。五心無不定。不異法界無作智故。六無不知以一切無不明了故。七欲無減。滿眾生心行所欲。隨順利生故。八精進無失。自離道滿建法利生無休息故。九念無滅者。善知一切眾生根時非時故。十者定無退。本無動故。十一者慧無減。善簡諸法無生滅故。十二者解脫知見無減。普光明智無不達故。十三者身業隨智慧行。四威儀中無不成益一切眾生。十四者口業隨智慧行。無雜談論故。十五者意業隨智慧行。永無邪思想故。十六者智慧知過去世無礙事。十七者智慧知現在世無礙事。十八者智慧知未來世無礙事。此十八種唯佛獨有。不通下果。相好者。有九十七大人之相。隨好者。如隨好功德光明品說。但舉一箇手中隨好。名圓滿王。出光明名爲熾盛。七百萬阿僧祇光明而爲眷屬。但舉其一。隨好無盡。又有十華藏世界海微塵數大人相。一无畏者。四无畏也。一一切智无畏。二漏尽无畏。三说障道无畏。四说尽苦道无畏。如是四种。人天外道。无能难其过失者。不共佛法者。十八不共法也。一佛身无失。身行善故。二口无失。口业善故。三念无失。无杂念故。四意无异。冤亲平等故。五心无不定。不异法界无作智故。六无不知。以一切无不明了故。七欲无减。满众生心行所欲。随顺利生故。八精进无失。自虽道满。建法利生无休息故。九念无减者。善知一切众生根时非时故。十者定无退。本无动故。十一者慧无减。善简诸法无生灭故。十二者解脱知见无减。普光明智无不达故。十三者身业随智慧行。四威仪中无不成益一切众生。十四者口业随智慧行。无杂谈论故。十五者意业随智慧行。永无邪思相故。十六者智慧知过去世无碍事。十七者智慧知现在世无碍事。十八者智慧知未来世无碍事。此十八种。唯佛独有。不通下果。相好者。有九十七大人之相。随好者。如随好功德光明品说。但举一个手中随好。名圆满王。出光明。名为炽盛。七百万阿僧祇光明而为眷属。但举其一。随好无尽。又有十华藏世界海微尘数大人相。一一身相眾寶妙相以爲莊嚴。此明無盡相無盡隨好等法界虛空量故。音聲悉具足者。約總言之有六十種梵音。若隨差別經云廣大微妙之音遍一切剎住無量劫。求於上上殊勝道故。即此佛果法門餘法不過故。隨順所聞甚深佛解脫者。乘如來一切智乘故。思惟大智善巧方便者。巧能隨逐一切眾生根所宜令度苦故。

第四佛子已下一段五行半經。明對治身見分。釋義中分爲二段。一佛子住此欲慧地已下至一切皆離有三行經。明此地以四念處所觀對治身見爲首。自餘我人眾生等遍觀身受心法皆能離著處故。一此菩薩已下至皆悉修行有兩行經。明此菩薩見業是如來所訶所讚分。明一切眾生所作業道惡流轉生死。此是如來所訶應可以觀治之。若也以觀自治無業可當以智方便隨生死同眾生事業濟度眾生是順菩薩道。如來所讚皆悉能修故。

一身相。众宝妙相以为庄严。此明无尽相。无尽随好。等法界虚空量故。音声悉具足者。约总言之。有六十种梵音。若随差别经云。广大微妙之音。遍一切刹。住无量劫。求于上上殊胜道故。即以佛果法门。余法不过故。随顺所闻甚深佛解脱者。乘如来一切智乘故。思惟大智善巧方便者。巧能随逐一切众生根所宜。令度苦故 。

第四佛子已下一段。五行半经。明对治身见分。释义中。分为二段。一佛子住此焰慧地已下。至一切皆离。有三行经。明此地以四念处所观。对治身见为首。自余我人众生等。遍观身受心法。皆能离著处故。二此菩萨已下。至皆悉修行。有两行经。明此菩萨见业是如来所诃所赞分。明一切众生所作业道。恒流转生死。此是如来所诃。应可以观治之。若也以观自治。无业可当。以智方便。随生死同众生事业。济度众生。是顺菩萨道。如来所赞。皆悉能修故 。

第五佛子此菩薩已下一段十五行經。明以前觀智方便獲大利益柔和分。釋義中義分爲四段。一佛子此菩薩隨所起方便已下至皆善修行心有四行半經。明此位如上修習於道及助道得十種利益心分。二此菩薩已下至得説法者意可有兩行經。又得十種心得説法者意分無稠林行者明無迷滯障所覆蔭故。三此菩薩已下至道非道精進有五行半經。明此位菩薩得十忍成就得十種精進分。此十精進以成當地令堅固故。亦成後地令相應故。四是菩薩心界清淨已下至皆悉成就有三行經。明此位菩薩心界清淨得佛護念分。已上明以作四念觀於法深細悟解明利明斷具足故。

第六佛子菩薩住此焰慧地已下。有三十行經。明此地見佛增廣分。於此段中義分爲八。一佛子菩薩住此焰慧地已下至一切衆僧有四行半經。明以願力見多佛并供養分。二以此善根已下至轉復明淨有四行經。明見佛承事住多劫中深心信解更增明分。三佛子譬如金師已下至悉不能第五佛子此菩萨已下一段。十五行经。明以前观智方便。获大利益柔和分。释义中。义分为四段。一佛子此菩萨随所起方便已下。至皆善修行心。有四行半经。明此位如上修习于道及助道。得十种利益心分。二此菩萨已下。至得说法者意。可有两行经。又得十种心。得说法者意分。无稠林行者。明无迷滞障所覆荫故。三此菩萨已下。至道非道精进。有五行半经。明此位菩萨。得十忍成就。得十种精进分。此十精进。以成当地令坚固故。亦成后地令相应故。四是菩萨心界清净已下。至皆悉成就。有三行经。明此位菩萨心界清净。得佛护念分。已上明以作四念观。于法深细。悟解明利。明断具足故。

第六佛子菩萨住此焰慧地已下。有三十行经。明此地见佛增广分。于此段中。义分为八。一佛子菩萨住此焰慧地已下。至一切众僧。有四行半经。明以愿力见多佛并供养分。二以此善根已下。至转复明净。有四行经。明见佛承事住多劫中。深心信解更增明分。三佛子譬如金师已下。至悉不能

瓔珞有六行經。明以金師鍊眞金作莊嚴具轉明淨
喻分。四此菩薩已下。至第四燄慧地有兩行半經
明此位中所行之行分。五菩薩住此地已下。至具
足一切種一切智智可有四行經。明此位菩薩授
職分。如一切種者明加行成種。一切智智者明入
根本智及差別智。皆可以求如是者之所依止。六
復作是念已下。至一切智智依止者可有兩行經
明此位堪爲一切衆生師首分。七是菩薩已下。至
以爲眷屬有三行經。是依自報業入三昧見佛及
威動廣狹分。八若以願力已下。有兩行經。明以願
力見佛甚多不能數知分。

第七菩薩已淨第三地已下有三十四行頌。明
重頌已前法分。釋義中分爲兩段。一初兩行頌。歎
菩薩已淨第三地法方能趣入第四地分。二始發
燄地增勢力已下。至我爲佛子已宣說有三十一
行頌。明重頌前法分。加身見爲首六十二見者。明

坏。有六行经。明以金师炼真金作庄严具转明净喻分。四此菩萨已下。至第四焰慧地。有两行半经。明此位中所行之行分。五菩萨住此地已下。至具足一切种一切智智。可有四行经。明此位菩萨授职分。如一切种者。明加行成种。一切智智者。明入根本智及差别智。皆可以求如是者之所依止。六复作是念已下。至一切智智依止者。可有两行经。明此位堪为一切众生师首分。七是菩萨已下。至以为眷属。有三行经。是依自报业入三昧见佛及威动广狭分。八若以愿力已下。有两行经。明以愿力见佛甚多不能数知分。

第七菩萨已净第三地已下。有三十四行颂。明重颂已前法分。释义中。分为两段。一初两行颂。叹菩萨已净第三地法。方能趣入第四地分。二始登焰地增势力已下。至我为佛子已宣说。有三十二行颂。明重颂前法分。如身见为首。六十二见者。明有身見即六十二見俱生。以是義故。修觀身受心法以用治之。得無身受心法。即諸見總無。唯智所見也。名悟佛知見。入佛知見。生佛家故。六十二見者。於五陰上各有三世。於三世上廣計有四句。一如去。二不如去。三亦如去亦不如去。四非如去非不如去。未來五陰上各計四句。一者邊。二者無邊。三者亦邊亦無邊。四者非邊非無邊。現在五陰上各計四句。一者常。二者無常。三者亦常亦無常。四者非常非無常。於五陰上有三世。三世上各有四見。一世有二十。三世各有二十。通爲六十。總斷常二見爲本。共爲六十二見。又爲色受想行識各有四見。一世上有二十。三世爲六十。斷常二見共爲六十二。若以四念觀門。諸見總爲佛事。爲身見無性。總是佛知見故。

第五難勝地。將釋此地。五門如前。一釋地名目。此地何故名爲難勝地。爲以禪波羅蜜發起善根慈悲喜捨。通達世法。下地不如。故名難勝地。二明此地修何行門者。此地以禪波羅蜜爲體。餘九爲伴。三明善財表法者。云去此不遠有夜神名寂靜音海。坐摩尼幢莊嚴蓮華座。善財得菩薩念出生有身见。即六十二见俱生。以是义故。修观身受心法。以用治之。得无身受心法。即诸见总无。唯智所见也。名悟佛知见。入佛知见。生佛家故。六十二见者。于五阴上。各有三世。于三世上横计有四句。一如去。二不如去。三亦如去亦不如去。四非如去非不如去未来五阴上。各计四句。一者边。二者无边。三者亦边亦无边。四者非边非无边。现在五阴上。各计四句。一者常。二者无常。三者亦常亦无常。四者非常非无常。于五阴上有三世。三世上各有四见。一世有二十。三世各有二十。通为六十。总断常二见为本。共为六十二见。又为色受想行识。各有四见。一世上有二十。三世为六十。断常二见。共为六十二。若以四念观门。诸见总为佛事。为身见无性。总是佛知见故 。

第五难胜地。将释此地。五门如前。一释地名目。此地何故名为难胜地。为以禅波罗蜜。发起善根慈悲喜舍。通达世法。下地不如。故名难胜地。二明此地修何行门者。此地以禅波罗蜜为体。余九为伴。三明善财表法者。云去此不远。有夜神名寂静音海。坐摩尼幢庄严莲华座。善财得菩萨念念出生廣大喜莊嚴解脫門。云去此不遠者。不離菩提體而有禪波羅蜜行故。號寂靜音海者。明禪體是寂靜故。音海是表定能發慧用故。坐摩尼幢莊嚴蓮華座者。表摩尼名離垢寶。明禪定離垢故。幢者明法性定體不隨境動。明境界與心當體自定。爲無自性故莊嚴者以無作性禪用嚴萬行故。蓮華者表行無染故。明行性不異無作禪俱無性故。得菩薩念出生廣大喜莊嚴解脫門者。表無作性禪體同法界故。云廣大。常居生死。常行萬行。禪悅無厭名之爲喜。以定嚴慧名曰莊嚴。不迷靜亂名爲解脫。此名難勝地者。爲明以定體善知世法無定亂性。勝於定亂。故名難勝地。爲過三界。或復不證涅槃。三界及涅槃總不能壞其無依住之智慧。故名難勝地。夜神者表無依住中智悲處生死之長夜。破一切衆生之迷故。此夜神所將名目及所坐之座。表法大意明不壞無依無作無性自體之禪用。彰萬行以寂起用故。善財問言。此解脫門爲何事業。行何境界。起何方便。作何觀察。夜神言。我發起淸淨平等樂欲心。我發起離一切世間塵垢淸淨堅固莊嚴不可壞樂欲心。我發起攀緣不退轉广大喜庄严解脱门。云去此不远者。不离菩提体而有禅波罗蜜行故。号寂静音海者。明禅体是寂静故。音海。是表定能发慧用故。坐摩尼幢庄严莲华座者。表摩尼名离垢宝。明禅定离垢故。幢者。明法性定体不随境动。明境界与心当体自定。为无自性故。庄严者。以无作性禅。用严万行故。莲华者。表行无染故。明行性不异无作禅。俱无性故。得菩萨念念出生广大喜庄严解脱门者。表无作性禅。体同法界。故云广大。常居生死。常行万行。禅悦无忧。名之为喜。以定严慧。名曰庄严。不迷静乱。名为解脱。此名难胜地者。为明以定体。善知世法无定乱性。胜于定乱。故名难胜地。为过三界惑。复不证涅槃。三界及涅槃。总不能坏。其无依住之智慧。故名难胜地。夜神者。表无依住中智悲。处生死之长夜。破一切众生之迷故。此夜神所将名目。及所坐之座。表法大意。明不坏无依无作无性自体之禅。用彰万行。以寂起用故。善财问言。此解脱门。为何事业。行何境界。起何方便。作何观察。夜神言。我发起清净平等乐欲心。我发起离一切世间尘垢。清净坚固庄严不可坏乐欲心。我发起攀缘不退转

位永不退轉心。已下如是無量發悲心。具如經說
意明住欲界心多者。便令使修寂靜定。至色界無
色界禪多者令入法性禪。發起攀緣於後上上位
中。智慧方便廣度衆生等。空無限大用故。不令守
靜住禪樂故。此寂靜音海主夜神坐摩尼幢莊嚴
蓮華座。百萬阿僧祇主夜神前後圍遶。表法性無
作定體徧周無盡行體亦徧周故。言百萬者大數
之長也。阿僧祇者。不可數也。此明寂用圓滿。以名
座及所同住之衆及住處近遠及法門名目。思之
可解。此地之意。第四明於三界中。此地得何界解
脫者。若以總相三界同一解脫。若以別相此地以
禪波羅蜜爲體。得上色無色界解脫。爲四地重治
欲界細惑。此地重治色無色界細惑。既上界解脫
下界自然同解脫。以此一乘法門。常以根本智以
爲進修。以無作智爲禪體。以過上二界中息想禪
故。得任理智法界自在隨緣無作禪。此明昇進漸
妙智體不離本智。此明前四地以三十七觀重治
前位欲界之習。此地重以將定體用治上界之細
惑。第五隨文釋義者。二義如前第一長科經意者。
於此第五地長科爲十四段。

位。永不退转心。已下如是无量发起心。具如经说。意明住欲界心多者。便令使修寂静定。至色界无色界禅多者。令入法性禅。发起攀缘于后上上位中智慧方便。广度众生。等空无限大用故。不令守静住禅乐故。此寂静音海主夜神。坐摩尼幢庄严莲华座。百万阿僧祇主夜神前后围绕。表法性无作定体遍周。无尽行体亦遍周故。言百万者。大数之长也。阿僧祇者。不可数也。此明寂用圆满。以名座及所同住之众。及住处近远。及法门名目。思之可解此地之意。第四明于三界中。此地得何界解脱者。若以总相。三界同一解脱。若以别相。此地以禅波罗蜜为体。得上色无色界解脱。为四地重治欲界细惑。此地重治色无色界细惑。既上界解脱。下界自然同解脱。以此一乘法门。常以根本智以为进修。以无作智为禅体。以过上二界中息想禅故。得任理智法界自在随缘无作禅。此明升进渐妙。智体不离本智。此明前四地以三十七观。重治前位欲界之习。此地重以将定体。用治上界之细惑。第五随文释义者。二义如前。第一长科经意者。于此第五地。长科为十四段。

第一從菩薩聞此勝地行已下有十九行頌明大衆聞說第四地法門稱歎歡喜興供及請說後地分。第二隨文釋義者。於此頌中復分爲兩段。一從菩薩聞此勝地行已下至瞻仰如來默然住十七行頌明大衆聞法歡喜興供稱讚分。二是時已下兩行頌明解脫月爲諸大衆請第五地法門分。於頌中文義隨文自具可知。

第二爾時金剛藏菩薩已下至得入菩薩第五地有十行經。明以十種平等心入第五地向分。釋義云。如道非道智。明此地治見道疑。修行任運八地方終。十地始自在。大意三地治上二界麤惑。此五地重治上二界細惑。以此能除見道是非疑。第六地明得出世間中世間智慧自在。如十住中第六住海幢比丘是其樣式。同此第六地出世間世間智慧自在。故以比丘表之。此十地第六地位中。即以守護一切城夜天神表。以明出世間中世間智慧心城。無有邪思惡賊所入。一切邪念總成智慧城。故此明第五地得難勝名者。爲出世間無作本寂用定已終。故第六現前地世出世法皆悉了知。智慧現前已終。故以此十地以智成悲故第一从菩萨闻此胜地行已下。有十九行颂。明大众闻说第四地法门。称叹欢喜兴供。及请说后地分。第二随文释义者。于此颂中。复分为两段。一从菩萨闻此胜地行已下。至瞻仰如来默然住。十七行颂。明大众闻法欢喜兴供称赞分。二是时已下。两行颂。明解脱月为诸大众请第五地法门分。于颂中文义。随文自具可知 。

第二尔时金刚藏菩萨已下。至得入菩萨第五地。有十行经。明以十种平等心入第五地向分。释义云。如道非道智。明此地治见道疑。修行任运。八地方终。十地始自在。大意三地治上二界禅粗惑。此五地重治上二界禅细惑。以此能除见道是非疑。第六地明得出世间中世间智慧自在。如十住中第六住海幢比丘是其样式。同此第六地。出世间世间智慧自在故。以比丘表之。此十地第六地位中。即以守护一切城夜天神表。以明出世间中世间智慧心城。无有邪思恶贼所入。一切邪念总成智慧城故。此明第五地得难胜名者。为出世间无作本寂用定以终故。第六现前地。世出世法皆悉了知。智慧现前已终故。以此十地以智成悲。故以夜神表之。是故此五地除見道疑。六地除世間出世間智慧疑。

第三佛子已下，至得不退轉心，有五行半經，明以十二種法住第五地分，如文可知。

第四佛子已下，至究竟智力知，有十四行半經，明善知十諦法門分。釋義中復分為兩段。一佛子已下，至善知如來智成就諦，有六行經，明此位菩薩善知十種諦法門分。二此菩薩隨衆生心樂已下，有八行半經，明便進知諦之所由，經自釋訖。如第一段中，善知此苦聖諦者，不同二乘厭苦析滅方求聖諦故。但達此世間諸苦體無，故即苦無滅性，道無生性，當知若體即不生不滅，即與聖道無二性故。云善知苦聖諦。已下四聖諦總如之。已下諸諦義如經自具。

第五佛子已下，至生大慈光明，有兩行半經，明知諸諦智，於諸衆生生大慈悲分。釋義云，明善知諸諦智已，如實知有為虛妄誑惑愚夫，轉增大慈光明。如文自具。諦者實也，真也，如實知見，不虛名之為諦。

以夜神表之。是故此五地除见道疑。六地除世间出世间智慧疑 。

第三佛子已下。至得不退转心。有五行半经。明以十二种法住第五地分。如文可知 。

第四佛子已下。至究竟智力知。有十四行半经。明善知十谛法门分。释义中。复分为两段。一佛子已下。至善知如来智成就谛。有六行经。明此位菩萨善知十种谛法门分。二此菩萨随众生心乐已下。有八行半经。明便述知谛之所由。经自释讫。如第一段中。善知此苦圣谛者。不同三乘厌苦忻净。方求圣谛故。但达此世间诸苦体无故。即苦无灭性。道无生性。当知苦体即不生不灭。即与圣道无二性故。故云善知苦圣谛。已下四圣谛总如之。已下诸谛义。如经自具 。

第五佛子已下。至生大慈光明。有两行半经。明知诸谛智。于诸众生生大慈悲分。释义云。明善知诸谛智已。如实知有为虚妄。诳惑愚夫。转增大慈光明。如文自具。谛者。实也。真也。如实知见不虚。名之为谛 。

第六佛子已下至皆如實知有六行半經明以智觀眾生迷真隨妄分。釋義明此位菩薩觀諸諦無有諦相根栽本末無我無人之智。然不捨一切眾生。善知一切眾生皆從十二緣有生居五蘊宅中。復知緣體離我我所分。

第七佛子已下至波濤之所漂溺有八行經明菩薩念眾生愚癡隨苦漂流分。此一段如經自具。但以說法者以大慈悲心如文稱歎善知者纏善知纏體性自無爲。

第八佛子已下至無礙智慧有五行半經明念一切眾生窮苦獨勵發心不求伴侶以己功德普令一切眾生得至如來十力智分。如文自具。

第九佛子已下一段有六行經明菩薩以智慧觀察善根救護一切眾生令入涅槃不爲自求己樂分。如文可知。

第十佛子已下一段有十七行經明菩薩住第五地能善知諸法分。釋義明此難勝地於世間出世間自利利他法具足及成就莊嚴佛身語意。

校譌

第四紙十九行住南北論作任　第九紙四行利益下宋南北藏無心字　第十

第六佛子已下。至皆如实知。有六行半经。明以智观众生迷真随妄分。释义。明此位菩萨观诸谛无有谛相根栽本末无我无人之智。然不舍一切众生。善知一切众生。皆从十二缘有生。居五蕴宅中。复知缘体离我我所分 。

第七佛子已下。至波涛之所漂溺。有八行经。明菩萨念众生愚痴随苦漂流分。此一段。如经自具。但以说法者以大慈悲心如文称叹。善知者缚。善知缚体性自无为 。

第八佛子已下。至无碍智慧。有五行半经。明念一切众生穷苦。独励发心不求伴侣。以己功德普令一切众生得至如来十力智分。如文自具 。

第九佛子已下一段。有六行经。明菩萨以智慧观察善根救护一切众生令入涅槃。不为自求己乐分。如文可知 。

第十佛子已下一段。有十七行经。明菩萨住第五地。能善知诸法分。释义。明此难胜地。于世间出世间自利利他法具足。及成就庄严佛身语意 。

二紙南十九北十行藏作變宋作愛第十三紙五行論作彼宋行彼第二十一紙南二十行藏作無行

第十一佛子已下一段有八行半經。明此位菩薩以布施愛語同行善能教化眾生及自求勝法分。釋義中復分為兩段。一佛子已下至以種種方便行教化眾生有六行半經。明以布施四攝等十種方便教化眾生分。布施一。四攝二。後有八。通為十。如文自具。二佛子已下。至常勤修學殊勝行法有兩行半經。明教化眾生恆相續分。如文自具。

第十二佛子已下一段有十一行半經。明此地菩薩為眾生善解世間諸雜技藝分。經云印璽者。明玄既未萌。及如呪中結手印等。准王用王為璽。銅鐵木為印。此明如龍樹等符印也。地水火風。明五行陰陽覺風鳥情等。云種種。餘如文自具。

第十三佛子已下一段有三十三行半經。明此地菩薩見佛廣狹及受職分。於中大意有十一種事。一明此地以願力故見佛廣多。二明供養。三明恭敬聽法隨力修行。四明出家聞法總持。五明住地多積修眾善。六明如真金以硨磲磨瑩轉更明第十一佛子已下一段。有八行半经。明此位菩萨以布施爱语同行。善能教化众生及自求胜法分。释义中。复分为两段。一佛子已下。至以种种方便行教化众生。有六行半经。明以布施四摄等十种方便教化众生分。布施一。四摄二。后有八。通为十。如文自具。二佛子已下。至常勤修学殊胜行法。有两行半经。明教化众生恒相续分。如文自具 。

第十二佛子已下一段。有十一行半经。明此地菩萨为众生善解世间诸杂技艺分。经云印玺者。明玄既未萌。及如咒中结手印等。准王用玉为玺。铜铁木为印。此明如龙树等符印也。地水火风。明五行阴阳。觉风鸟情等云种种。余如文自具 。

第十三佛子已下一段。有三十三行半经。明此地菩萨见佛广狭及受职分。于中大意。有十一种事。一明此地以愿力故见佛广多。二明供养。三明恭敬听法。随力修行。四明出家闻法总持。五明住地多积修众善。六明如真金以砗磲磨莹转更明淨。七明下地善不能得及。八明受職為兜率天王。九明入千億三昧現身千億事千億佛。十明以願力故其數甚過。十一明金剛藏說頌歎法。如文自具。

第十四菩薩四地已清淨已下一段有四十四行頌，重頌前法分。如文自具。意明雖勝地以其禪體治三界中寂亂障，契菩提根本無造作禪，理不出三界，不在三界，無有欣求淨穢等障，任理恆禪，寂用自在，以定觀察為世技之妙能。

第六現前地，將釋此地五門如前。一釋地名目者，何故名為現前地，為明此地世間出世間一切智慧皆悉現前，為善觀十二緣生故，為得十三昧故。二明此地修何行者，修般若波羅蜜為體，餘九為伴。三明善財表法者，善財於此位中見夜天，號守護一切城增長威力，在菩提場如來會中，坐一切寶光明摩尼王師子之座，無數夜神所共圍遶，現一切眾生色相身及現普對一切眾生身等，得甚深自在妙音解脫。明守護一切城增長威力者，經净。七明下地善不能得及。八明受职为兜率天王。九明入千亿三昧。现身千亿。事千亿佛。十明以愿力故其数甚过。十一明金刚藏说颂叹法。如文自具。

第十四菩萨四地已清净已下一段。有四十四行颂。重颂前法分。如文自具。意明难胜地。以其禅体。治三界中寂乱障。契菩提根本无造作禅理不出三界。不在三界。无有欣求净秽等障。任理恒禅。寂用自在。以定观察。为世技之妙能。

第六现前地。将释此地。五门如前。一释地名目者。何故名为现前地。为明此地世间出世间一切智慧皆悉现前。为善观十二缘生故。为得十三昧故。二明此地修何行者。修般若波罗蜜为体。余九为伴。三明善财表法者。善财于此位中见夜天。号守护一切城增长威力。在菩提场如来会中。坐一切宝光明摩尼王师子之座。无数夜神所共围绕。现一切众生色相身。及现普对一切众生身等。得甚深自在妙音解脱。明守护一切城增长威力者。经云。善男子。我於生死夜無明昏寐諸衆生中而獨覺悟。令諸衆生守護心城。捨三界城。住一切智無上法城。明此第六地是所修之法門。此主夜神是此六地所行之行。恐修行者不解其事。以此法行二俱表之。住在菩提場佛衆會者。明行以菩提爲體故。坐一切寶摩尼王師子座者。明以一切差別智慧爲座體故。還依果亦爾。摩尼表智慧離染自他垢故。王者明智慧自在故。師子者依主釋。皆須觀知因果故。無數夜神圍遶者。表行徧周也。現一切衆生色相身者。對現色身隨根接俗故。得甚深自在妙音解脫者。明此位智慧自在善說教故。當以名義思之可見。大意此位說教猶恐衆生不解其行故。以是聖者舉教及行總彰。令易解故。修行不錯謬故。十住第六住且明出世間中世間智慧。卽以比丘表之。以十住且求出世心多故。此十地中明長養慈悲。卽第六地及餘地以女天表之。准此例隨位昇進。以知其意。第四明於此地得何界解脫者。此通三界及三乘一乘出三界中世間出世間智慧解脫。爲明善能分別三界中染淨及出三界中染淨等。智慧自在故。得入明淨隨順無生云。善男子。我于生死夜无明昏寐诸众生中而独觉悟。令诸众生守护心城。舍三界城。住一切智无上法城。明此第六地。是所修之法门。此主夜神。是此六地所行之行。恐修行者不解其事。以此法行二俱表之。住在菩提场佛众会者。明行以菩提为体故。坐一切宝摩尼王师子座者。明以一切差别智慧为座体故。还依果亦尔。摩尼。表智慧离染自他垢故。王者。明智慧自在故。师子者。依主释。皆须观知因果故。无数夜神围绕者。表行遍周也。现一切众生色相身者。对现色身随根接俗故。得甚深自在妙音解脱者。明此位智慧自在。善说教故。当以名义思之可见。大意此位说教。由恐众生不解其行故。以是圣者举教及行总彰。令易解故。修行不错谬故。十住第六住。且明出世间中世间智慧。即以比丘表之。以十住且求出世心多故。此十地中明长养慈悲。即第六地及余地。以女天表之。准此例随位升进以知其意。第四明于此地得何界解脱者。此通三界及三乘一乘出三界中世间出世间智慧解脱。为明善能分别三界中染净。及出三界中染净等。智慧自在故。得入明净。随顺无生

忍。如稱理契無生忍。即七地以出世間智慧善能
入世間智慧。能隨一切眾生塵勞之行。不異世間。
不壞無生。七地創修。八地畢功。九地方能說法自
在。十地始悲智圓成自在。若也取隨分無生。十住
創心即分分有之。若也論始終不易。雖同眾生無
量劫積修。元不移毫念。還依六相義。總別思之。若
也但逐進昇。即便乖其本體。故無虧本智。了積修
昇降不遷。即理事非虧。即同異俱齊。即智愚全別。
即因果無二。五隨文釋義者。一義如前。第一長科
經意者。於此第六地一段中義。分為九段。

第一段有十八行頌。約分為兩段。一有十七行
頌。明聞第五地法門。大眾歡喜興供稱讚分。二最
下一行明解脫月更請後地分。經文自具。

第二爾時已下一段有九行經。明觀十平等法
修後六地之問分。

忍。如称理契无生忍。即七地以出世间智慧。善能入世间智慧。能随一切众生尘劳诸行。不异世间。不坏无生。七地创修。八地毕功。九地方能说法自在。十地始悲智。圆成自在。若也取随分无生。十住创心。即分分有之。若也论始终不易。虽同众生无量劫积修。元不移毫念。还依六相义。总别思之。若也但逐进升。即便乖其本体。故无亏本智。了积修升降不迁。即理事非亏。即同异俱齐。即智愚全别。即因果无二。五随文释义者。二义如前。第一长科经意者。于此第六地一段中。义分为九段。

第一段。有十八行颂。约分为两段。一有十七行颂。明闻第五地法门。大众欢喜兴供称赞分。二最下一行。明解脱月更请后地分。经文自具。

第二尔时已下一段。有九行经。明观十平等法。修后六地之向分。

第三佛子此菩薩已下至無所有盡觀故有十段經。明逆順觀十二緣生觀分第二隨文釋義者。於逆順觀十二緣生法有十段經。具如下列。一如觀十二緣法中第一段從佛子此菩薩摩訶薩如是觀已大悲爲首已下一段有十四行半經。明觀世間生滅作是念世間受生皆由著我若離此著則無生處。又明由有我故常求有無。一切諸惡業邪道皆由此生。邪道者九十五種邪道也。罪行者三惡趣也。福行者人中及第六天已來散善福也。不動行者色無色界八禪是也。及小乘三果分段生死乃至四果淨土菩薩變易生死。雖免麤苦分段生死及變易生死。皆名邪道。亦名不動行積集增長者。三惡道積集增長惡業。欲界積集增長有爲善業。上二界積集增長有漏八禪。聲聞緣覺淨土菩薩積集增長淨業。成變易生死之身。一乘菩薩積集增長具佛悲智。雖總十二緣生。乘緣各有差別。若於三界中具縛凡夫。以十二緣成諸惡業。二乘觀十二緣空無體性。折伏現行煩惱得有爲無漏。淨土菩薩以修四諦十二緣行六度門。生於淨土。一乘菩薩以如來知見修十波羅蜜四攝四第三佛子此菩萨已下。至无所有尽观故。有十段经。明逆顺观十二缘生观分。第二随文释义者。于逆顺观十二缘生法。有十段经。具如下列。一如观十二缘法中。第一段。从佛子此菩萨摩诃萨如是观已大悲为首已下一段。有十四行半经。明观世间生灭。作是念。世间受生皆由著我。若离此著则无生处。又明由有我故。常求有无。一切诸恶业邪道。皆由此生。邪道者。九十五种邪道也。罪行者。三恶趣也。福行者。人中及第六天已来散善福也。不动行者。色无色界八禅是也。及小乘三果分段生死。乃至四果净土菩萨变易生死。虽免粗苦。分段生死。及变易生死。皆名邪道。亦名不动行。积集增长者。三恶道积集增长恶业。欲界积集增长有为善业。上二界积集增长有漏八禅。声闻缘觉净土菩萨。积集增长净业。成变易生死之身。一乘菩萨积集增长具佛悲智。虽总十二缘生。乘缘各有差别。若于三界中具缚凡夫。以十二缘成诸恶业。二乘。观十二缘空无体性。折伏现行烦恼。得有为无漏。净上菩萨。以修四谛十二缘。行六度门。生于净土。一乘菩萨。以如来知见。修十波罗蜜。四摄。四

無量三十七品助菩提行。成一切種一切智智。廣
大如法界。究竟如虛空。無限圓滿佛大慈大悲大
智佛果法門。乃成法界無作自性緣起大圓明普
光明智慳。以一切衆生生死海。便爲一箇道場。慳
以十方佛刹衆生刹。住居毛孔。夫緣生之法性自
本無。衆生横計。諸聖嗟歎。枉流生死。無自覺知。故
勞聖歎大悲示誨。是故諸仁。應當順理善觀。離諸
慢業。便得識種業謝。智果開敷。三界報亡。等悲垂
俗。任性緣起。不沒死流。對現色身。應根利物。經云
於諸行中植心種子。植者種也。於業田中。種識種
子。爲有取。爲漏。其漏有七。一見。二諸根。三忘。四惡
五親近。六愛。七念。復起後有。生來世生老病死。已
下如文自具。無明闇覆者。覆謂覆蓋自己如如之
本智故。爲智自無性。遂境緣迷。故隨迷苦極。自覺
迷除故。以覺無我智。無明即無。故迷我成妄。覺我
成智。覺之與迷本無二性。爲智之與迷各無自性
皆悉從緣而有迷悟。故爲根本智自性無性故。不
自了知是智非智。但隨境起。遂境情生。起於我見。
非至苦極厭苦求眞。若自求厭苦厭。設聖者化時。
大方廣佛新華嚴經論卷第二十六
不信。從斯發起。有二種發心。一者久從生死苦厭

无量。三十七品助菩提行。成一切种一切智智。广大如法界。究竟如虚空。无限圆满佛大悲大慈大智佛果法门。及成法界无作自性缘起大圆明普光明智。恒以一切众生生死海。便为一个道场。恒以十方佛刹。众生刹。住居毛孔。夫缘生之法。性自本无。众生横计。诸圣嗟叹。枉流生死。无自觉知。故劳圣叹。大悲示护。是故诸仁。应当顺理善观。离诸慢业。便得识种业谢。智果开敷。三界报亡。等悲垂俗。任性缘起。不没死流。对现色身。应根利物。经云。于诸行中植心种子。植者种也。于业田中。种识种子。为有取有漏。其漏有七。一见。二诸根。三妄。四恶。五亲近。六爱。七念。复起后有。生来世生老病死。已下如文自具。无明暗覆者。覆谓覆盖自己如如之本智故。为智自无性。逐境缘迷故。随迷苦极。自觉迷除故。以觉无我智。无明即无故。迷我成妄。觉我成智。觉之与迷。本无二性。为智之与迷。各无自性。皆悉从缘而有迷悟故。为根本智自性无性故。不自了知是智非智。但随境起。逐境情生。起于我见。非至苦极。厌苦求真。若自未厌苦源。设圣者化时。

(大方广佛新华严经论卷第二十六)*

不信从斯发起。有二种发心*一者久从生死苦厌若發心有得二乘一乘之果名自覺聖智亦名佛智自然智無師智一依先覺者勸令知若本方能發心大發心者有此二種若言要依先佛發心者卽有常過卽同外道常見卽先覺者以誰爲師轉轉相承不離常見若有古時常佛爲展轉之師卽古佛自體自眞不隨妄者卽不可踐其古跡爲眞自常眞不可以眞隨生死故卽生死是常生死佛自是常佛故若也衆生定有生死者生死自常生死不可得成眞故此是斷見此二種俱非不離斷常也爲一切衆生生死無性本無生死横計生死本非生死一切諸佛本無自性故實無菩提亦無涅槃而衆生妄謂諸佛有菩提涅槃若有衆生能如是知者名爲發心名爲諸佛名爲見道而能開悟一切衆生是達無明者無明本無諸佛亦無名爲覺者但以無依無住無體無性妙智能隨響應對現色身能以此理教化衆生名爲大悲故不可有得有證有所有厭有取有捨有古有今有眞有假發菩提心也如是發菩提心不爲長夜無明之所覆故經云愛水爲潤者因愛有生故我慢溉灌者有八種慢一慢二大慢三慢慢四我慢五增上

苦发心。有得三乘一乘之果。名自觉圣智。亦名佛智。自然智。无师智。二依先觉者。劝令知苦本。方能发心。夫发心者。有此二种。若言要依先佛发心者。即有常过。即同外道常见。即先觉者。以谁为师。转转相承。不离常见。若有古时常佛为展转之师。即古佛自体自真。不随妄者。即不可践其古迹。为真自常真。不可以真随生死故。即生死是常生死。佛自是常佛故。若也众生定有生死者。生死自常生死。不可得成真故。此是断见。此二种俱非。不离断常也。为一切众生生死无性。本无生死横计生死本非生死。一切诸佛。本无自性故。实无菩提。亦无涅槃。而众生妄谓诸佛有菩提涅槃。若有众生能如是知者。名为发心。名为诸佛。名为见道。而能开悟一切众生。是达无明者。无明本无。诸佛亦无。名为觉者。但以无依无住无体无性妙智。能随响应对现色身。能以此理教化众生。名为大悲故。不可有得有证。有忻有厌。有取有舍。有古有今。有真有假。发菩提心也。如是发菩提心。不为长夜无明之所覆故。经云。爱水为润者。因爱有生故。我慢溉灌者。有八种慢一慢二大慢。三慢慢。四我慢。五增上

慢六不如慢七邪慢八傲慢見網增長者五見及
六十二見等是生名色芽者由於諸見起貪與名
色俱起名色增長生五根者由名色故以眼耳鼻
舌身對名色生觸相觸生受其身觸體有十一種
澀滑輕重冷飢渴堅濕煖動眼色觸有二十五青
黃赤白長短方圓高下正不正光影明闇煙雲塵
霧麤細迥表空顯色故耳聞聲有十一種觸可意
不可意俱相違因受大種因不受大種因俱大種
世所共成成所引徧計所執聖言所攝非聖言所
攝是也鼻有六種觸香臭好惡平等和合俱生變
異味有十二種觸苦醋甘辛鹹淡可意不可意俱
相違和合俱生變異於前五根上所得隨意思量
名之爲六十五種意法以心起意識隨五根中所
現名觸意根隨取名受受之不捨名愛增長生
取取增長生有有生已將前六根上六十五種意
識所緣於諸趣中成五蘊身爲生生已衰變名老
終歿爲死於死時生諸熱惱乃至憂愁悲歎衆苦
皆集從此因緣故集已後一行半經明緣生無體
妄謂生死隨順緣體應如是觀明十二緣體衆生
情有而實理無善逹理無緣性便卽生死爲不生

慢。六不如慢。七邪慢。八傲慢。见网增长者。五见。及六十二见等是。生名色芽者。由于诸见起。贪与名色俱起。名色增长生五根者。由名色故。以眼耳鼻舌身。对名色生触。相触生受。其身触体有十一种。涩。滑。轻。重。冷。饥。渴。坚。湿。暖。动。眼色触有二十五。青。黄。赤。白。长。短。方。圆。高。下。正。不正。光。影。明。暗。烟。云。尘。雾。粗。细。迥。表。空显色故。耳闻声有十一种触。可意。不可意。俱相违。因受大种。因不受大种。因俱大种。世所共。成成所引。遍计所执。圣言所摄。非圣言所摄声也。鼻有六种触。香臭。好恶。平等。和合。俱生。变异。味有十二种触。苦。醋。甘。辛。咸。淡。可意。不可意。俱相违。和合。俱生。变异。于前五根上所得。随意思量。名之为六十五种意法。以心起意识。随五根中所现名触。意根随取名受。受之不舍名爱。爱增长生取。取增长生有。有生已。将前六根上六十五种意识所缘。于诸趣中成五蕴身为生。生已衰变名老。终殁为死。于死时生诸热恼。乃至忧愁悲叹众苦皆集。从此因缘故集。已后一行半经。明缘生无体。妄谓生死。随顺缘体。应如是观。明十二缘体。众生情有。而实理无。善达理无缘性。便即生死为不生死。此上一段明由著我因有十二有支。若作無我觀。得離我所諸虛妄緣。便爲法界大智無作自性緣生故。第二段中有十行半經。明菩薩念一切衆生迷。第一義諦號曰無明。此作業果是行。依止初心是識者。以明迷第一義故名爲無明。迷之爲妄皆有依報以有依報。便有名色。爲迷真相情識取境與受想行識及以六根同時而取。名之爲蘊。蘊不壞故名爲業識。心爲主。六根及境三事和合而爲所緣。共生四取者爲名色爲境。情識爲能緣。受想隨之名爲行。尋思煩擾迷其淨智名之爲蘊。六根境識三事和合名之爲觸。因此五蘊對於六根情識之上。十二有支同時而有。已下十二有支。具如經文說。如是已上一段明迷第一義而生五蘊從五蘊上共生十二有支。第三段中有七行半經明三界所有唯是一心。明十二有支從一心起。以隨事貪欲迷真心故。妄心生爲妄想。想心乖智妄辯爲識。妄心所辯是識。緣境是行。於行迷惑者所緣之境謂實有故名曰無明。以心無明故便生名色。從名色上六根妄心三事和合生觸。正觸相應分別取著是受。餘如經自具。此已上心境六根觸受死。此上一段。明由著我。因有十二有支。若作无我观。得离我所诸虚妄缘。便为法界大智无作自性缘生故。第二段中。有十行半经。明菩萨念一切众生。迷第一义谛。号曰无明。此作业果是行。依止初心是识者。以明迷第一义故。名为无明。真之为妄。皆有依报。以有依报。便有名色。为迷真相。情识取境。与受想行识及以六根同时而取。名之为蕴。蕴不坏故。名为业识。心为主。六根及境三事和合而为所缘。共生四取者。为名色为境。情识为能缘。受想随之名为行。寻思烦扰迷其净智。名之为蕴。六根境识三事和合。名之为触。因此五蕴。对于六根。情识之上。十二有支同时而有。已下十二有支。具如经文说。如是已上一段。明迷第一义而生五蕴。从五蕴上共生十二有支。第三段中。有七行半经。明三界所有唯是一心。明十二有支从一心起。以随事贪欲。迷真心故。妄心生为妄想。想心乖智。妄辩为识。妄心所辩是识。缘境是行。于行迷惑者。所缘之境谓实有故。名曰无明。以心无明故。便生名色。从名色六根妄心。三事和合生触。正触相应。分别取著是受。余如经自具。此已上心境六根触受

愛取有生老死。一時無前後。體妄作前後。迷如來
之理智本來無作者故。橫生諸苦。波浪苦流不息。
故。第四一段有十五行半經。明無明及十二有支。
皆有二種業者。一由無明故。令一切衆生迷於無
作智。二由迷自性法界緣生。便作思想行緣故。故
云與行作生起因。行亦有二種業者。一由迷法界
智。執成來世報。二由妄行心想識種。便生是故經
云與識作生起因。識亦有二種業者。一由迷根本
智。種妄生識種。令諸業有相續不斷。二由迷根本
普光明智所有無名相之微妙功德之名色。由識
種所成生死業報之麤名色也。名色亦有二種業
者。一由識成名色。由名色成識。故云互相助成。二
由名色故。對六根中現相。能令六根中情識取之
六根亦有二種業者。一由迷無相體。一相之理智
各隨別境。別取境界色聲等異。爲六根現境識。二
心相對妄。遍便起故。云與觸作生起因。觸亦有二
種業者。一由觸能迷所緣成諸善惡。二由觸識種
便生受。能受現世塵成未來果故。又由受現世塵
故成當來有苦果。故受亦有二種業者。一由迷一
切法空。能領受愛憎等事。二與愛作生起因。已下

爱取有生老死。一时无前后体。妄作前后。迷如来之理智。本来无作者故。横生诸苦波浪。苦流不息故。第四一段。有十五行半经。明无明及十二有支。皆有二种业者。一由无明故。令一切众生迷于无作智。二由迷自性法界缘生。便作思想行缘故。故云与行作生起因。行亦有二种业者。一由迷法界智。执成来世报。二由妄行心想。识种便生。是故经云与识作生起因。识亦有二种业者。一由迷根本智种。妄生识种。令诸业有相续不断。二由迷根本普光明智。所有无名相之微妙功德之名色。由识种所成生死业报之粗名色也。名色亦有二种业者。一由识成名色。由名色成识。故云互相助成。二由名色故。对六根中现相。能令六根中情识取之。六根亦有二种业者。一由迷无相体一相之理智。各随别境别取境界色声等异。二为六根现境识心相对。妄情便起。故云与触作生起因。触亦有二种业者。一由触能迷所缘。成诸喜怒。又由触识种便生受。能受现世尘。成未来果故。又由受现世尘故。成当来有苦果故。受亦有二种业者。一由迷一切法空。能领受爱憎等事。二与爱作生起因。已下如文自具此一段緣生皆從無明迷理智爲首第五段有四行半經分爲兩段一佛子此中無明緣行已下至助成故有兩行經明無明等十二有支皆總由迷根本智以妄心成識更相助成分於一一緣中皆有十二以互體更相助成有一百四十四於三世上各有一百四十四總共爲四百三十二總由迷本眞智號曰無明於無明中因境六根識三事而生五蘊以五蘊對六根緣生一切觸總以意識爲主而隨根境識能作種種生死業緣乃至八萬四千一切塵勞從此而起八萬四千煩惱者其名數至隨好光明功德品中具明但自了識心根境三事一性一性者所謂無性達無性理以普光明智普印諸境妙用恆寂無明成智名爲一切種智海一無明滅已下兩行半經明達無明成解脫緣如文自具第六段有三行半經明無明愛取三事不斷是煩惱道行有一事不斷是業道餘分者所謂識名色觸受生老病死憂悲等是苦道前後際及現在三世上前三段煩惱斷即無三世及三段煩惱離我我所但有生滅猶如束蘆者明雖有分別相似生滅了中虛無也如束蘆喜其相

如文自具。此一段缘生。皆从无明迷理智为首。第五段。有四行半经。分为两段。一佛子此中无明缘行已下。至助成故。有两行经。明无明等十二有支。皆总由迷根本智。以妄心成识。更相助成分。于一一缘中。皆有十二。以互体更相助成。有一百四十四。于三世上。各有一百四十四。总共为四百三十二。总由迷本真智。号曰无明。于无明中。因境六根识三事。而生五蕴。以五蕴对六根缘。生一切触。总以意识为主。而随根境识。能作种种生死业缘。乃至八万四千一切尘劳。从此而起八万四千烦恼者。其名数至随好光明功德品中具明。但自了识心根境三事一性。一性者。所谓无性。达无性理。以普光明智。普印诸境。妙用恒寂无明成智名为一切种智海。二无明灭已下。两行半经。明达无明成解脱缘。如文自具。第六段。有三行半经。明无明爱取三事不断。是烦恼道。行有二事不断。是业道。余分者。所谓识名色触受生老病死忧悲等。是苦道。前后际及现在三世上。前三段烦恼断。即无三世及三段烦恼。离我我所。但有生灭。犹如束芦者。明虽有分别相似生灭。了中虚无也。如束芦苇。其相

雖有一中虛。明六根及境。雖有法眼常虛。此明
觀達也。第七一段有兩行半經。云復次無明緣行
者。有三世無明。無明緣行。是當念中過去。是所緣
前境。故經云以觀過去識乃至受。是觀現在為識
受是當念中現在。為明識愛是分別領受現在事
故愛有二事。是當念中未來求故。為愛有二事。是當
念中識受後方計實有成愛染。故於是已後展轉
相續者。以此無明緣行識受愛有成三世業苦果
相續不斷。但無明滅即行滅。即識受愛有并十二
有支總滅。是觀待斷者。明十二緣待觀方斷。故此
以六相義該通。第八一段有兩行半經。總明十二
有支共成三苦。一無明行及六根是行苦。是迷境
攀緣不息。故是行苦。二觸受是苦苦。明受諸觸有
(受)憎生苦。以受觸時即有苦。更加貪戀及以憎嫌
苦更加苦。故餘是壞苦者。於十二有支中。從名色
識取愛有生老病死。此是壞苦。但觀無明滅即行
滅。即三苦滅。十二有支滅。第九一段有五行經明
有三段斷滅生起十二有支之緣。一明無明緣行
是生起(緣)。無無明諸行亦無。餘亦如之。二無明緣
行者是繫縛義。是生起義。無明滅行滅者。繫縛滅

虽有。一一中虚。明六根及境虽有。法眼常虚。此明观达也。第七一段。有两行半经。云复次无明缘行者。有三世无明。无明缘行。是当念中过去。是所缘前境。故经云是观过去。识乃至受。是观现在。为识受是当念中现在。为明识受。是分别领受现在事故爱有二事。是当念中未来故。为爱有二事。是当念中识受后。方计实有成爱染故。于是已后展转相续者。以此无明缘行识受爱有。成三世业。苦果相续不断。但无明灭即行灭。即识受爱有并十二有支总灭。是观待断者。明十二缘待观方断故。此以六相义该通。第八一段。有两行半经。总明十二有支共成三苦。一无明行及六根是行苦。是迷境攀缘不息故是行苦。二触受是苦苦。明受诸触有爱憎生苦。以受触时即有苦。更加贪恋及以憎嫌。苦更加苦故。余是坏苦者。于十二有支中。从名色识取爱有生老病死。此是坏苦。但观无明灭即行灭。即三苦灭。十二有支灭。第九一段。有五行经。明有三段断灭生起十二有支之缘。一明无明缘行。是生起义。无无明。诸行亦无。余亦如之。二无明缘行者。是系缚义。是生起义。无明灭行灭者。系缚灭。

是斷煩惱義。是解脫故。爲大智慧相應故。三無明
緣行者。是隨順無所有觀。是悲生觀行力。隨緣觀
十二緣自體無所有故。無明滅行滅者。以觀十二
有支無體故。餘亦如是。通總相十二緣。但無明無
即十二緣無故。第十此一段有四行半經。明以十
種逆順觀十二有支緣起相續皆一心所攝。但以
自業苦樂不同。而有差別。不離十二有支。但如前
道斷者。所謂心境無明此三無者。餘皆自無。若不
斷者。三苦聚集。即行苦苦苦壞苦聚也。言其斷者
以無無明即成不苦之妙用理智故。已上是長科

第三段中。十種逆順觀十二有支分。

第四佛子已下至離有無想。有七行半經。明觀
逆十二緣生無體得空解脫分。長科此段明作前
十種逆順觀十二有支已。達諸緣起性自無生。便
得三解脫門現前。三解脫門者。一觀十二緣自性
空無作。皆自性滅。畢竟解脫。得空解脫門。一無有
少法可得。即得無相解脫門。二得前空及無相一
門。更無餘願求。唯有大悲教化一切衆生。皆令畢
竟解脫。得無願解脫門。餘如文自具。

第五佛子已下至圓滿故。有十行半經。明此位

是断烦恼义。是解脱故。为大智慧相应故。三无明缘行者。是随顺无所有观。是生起观行力。随缘观十二缘自体无所有故。无明灭行灭者。以观十二有支无体故。余亦如是。通总相十二缘。但无明无。即十二缘无故。第十此一段。有四行半经。明以十种逆顺。观十二有支缘起相续。皆一心所摄。但以自业苦乐不同。而有差别。不离十二有支。但如前道断者。所谓心境无明此三无者。余皆自无。若不断者。三苦聚集。即行苦。苦苦。坏苦。聚也。言其断者。以无无明。即成不苦之妙用理智故。已上是长科第三段中。十种逆顺观十二有支分 。

第四佛子已下。至离有无想。有七行半经。明观达十二缘生无体。得空解脱分。长科此段。明作前十种逆顺观十二有支已。达诸缘起性自无生。便得三解脱门现前。三解脱门者。一观十二缘自性空无作。皆自性灭。毕竟解脱。得空解脱门。二无有少法可得。即得无相解脱门。三得前空及无相二门。更无余愿求。唯有大悲教化一切众生。皆令毕竟解脱。得无愿解脱门。余如文自具 。

第五佛子已下至圆满故。有十行半经。明此位

菩薩得二空解脫觀十一緣大悲轉增精勤修習
分。於此段中復分為二：一佛子此菩薩已下至亦
不畢竟滅於諸行有五行半經。明觀一切有為皆
是無常甚可厭患，為成就眾生亦不永滅諸行分。
一佛子菩薩如是已下至未圓滿故有五行半經，
明菩薩觀有為法多諸過惡無有自性而恆起大
悲得般若波羅蜜分。如經云為未得菩提分法者，
明此六地已得空無相無作出世菩提。未得入俗
大悲圓滿隨普賢行海自在菩提。復作是念一切
有為有和合則轉者。明迷情緣即諸法無常轉變。
情亡稱理即一切諸法性自無生。此明心生即法
生也。已下准知。如緣集則轉，不集則不轉者，若無
明緣行則轉，若無明滅即行隨智起，則悲唯法起
非無常遷變故。已下准知。有為法多諸過患者，有
情識所為皆生老病死苦痛患，若以智悲所行皆
普賢行也。已下准知。即得般若波羅蜜現前者，已
超聞思修慧。此一乘智慧是佛智慧，是究竟無作
普光明智慧也。此稱智遍周，應根利物，不為而用，
不作而應，自餘加經自具。以菩提分法未圓滿故
者，言正覺菩提初心成，隨行菩提十一地始滿。

菩萨得三空解脱。观十二缘。大悲转增。精勤修习分。于此段中。复分为二。一佛子此菩萨已下。至亦不毕竟灭于诸行。有五行半经。明观一切有为皆是无常。甚可厌患为成就众生。亦不永灭诸行分。二佛子菩萨如是已下。至未圆满故。有五行半经。明菩萨观有为法多诸过恶。无有自性。而恒起大悲。得般若波罗蜜分。如经云。为未满菩提分法者。明此六地。已得空无相无作出世菩提。未得入俗大悲圆满。随普贤行海自在菩提。复作是念。一切有为。有和合则转者。明迷情缘。即诸法无常转变情亡称理。即一切诸法。性自无生。此明心生即法生也。已下准知。如缘集则转。不集则不转者。若无明缘行则转。若无明灭。即行随智起。则起唯法起。非无常迁变故。已下准知。有为法多诸过患者。有情识所为。皆生老病死苦痛患。若以智悲所行。皆普贤行也。已下准知。即得般若波罗蜜现前者。已超闻思修慧。此一乘智慧。是佛智慧。是究竟无作普光明智慧也。此称智遍周。应根利物。不为而用。不作而应。自余如经自具。以菩提分法未圆满故者。言正觉菩提初心成。随行菩提十一地始满 。

校譌

第一紙八行通下宋論有四字十八行悉下宋南北藏無皆字第四紙一十行無我宋論作我無第五紙十六行[illegible]北藏作[illegible]第六紙十一行推宋論作暨一十行[illegible]南論作行第七紙十一行界下南北論無城字第八紙五行以十南北論作前十第九紙四行佛南論作養第十五紙十四行轉南論作展第十六紙十八行相下南北論無運字俱大種下南北論有因俱大種四字十九行成下南北論無成字第十七紙十五行爲妄之爲南北論作與第二十[illegible]

漑古代切 芽五加切 胷許恭切 悶莫困切 [illegible] 澀色立切 擾而少切 寐莫閉切 咨即斯切 嗟子那切 盧落胡切 [illegible]

第六佛子已下至皆悉現前有六行半經明此現前地得十空無相無願三昧分。自性空三昧者。不由修作。任理無功。而自現。故三者正也。昧者定也。此云正定。何故以三爲正。凡爲作法以三度爲正。昧者情識不現名之爲昧。正智現前名之爲三。又三者正也。何以故。以三爲陽故正也。如十一月一陽生。十二月二陽生。正月三陽生。爲正月以寅爲木。爲日。日爲火也。以火生於寅。又以日爲智。以十二月正月爲艮分。艮爲山。爲土。爲門闕。爲小男第六佛子已下。至皆悉现前。有六行半经。明此现前地得十空无相无愿三昧分。自性空三昧者。不由修作。任理无功。而自现故。三者。正也。昧者。定也。此云正定。何故以三为正。凡为作法。以三度为正。昧者。情识不现。名之为昧。正智现前。名之为三。又三者。正也。何以故。以三为阳。故正也。如十一月一阳生。十二月二阳生。正月三阳生。为正月以寅。为木。为日。日为火也。以火生于寅。又以日为智。以十二月正月为艮分。艮为山。为止。为门阙。为小男。

爲童蒙。是故聖者取之爲法。表正月三陽已生以從艮止而生火也。明從定爲止。發起無作正智慧明是人道啟蒙之門關故。艮爲童蒙。以明童蒙心止。能啟大智慧日光明故。云三者正也。昧者定也。以五蘊空昧。即正智便現。又一止是正字。以一心止其道正。故故止之一處無事不辦。第一義空三昧者。過一切有爲無常法故。第一空三昧者明創過上二界。息想定。亦過聲聞緣覺淨土二乘淨穢之定。又萬象一性名一空三昧。大空三昧者過世也情所識空。過二乘住無作空也。得意生身故。合空三昧者。明與十方凡聖有情無情合故。起空三昧者。明寂用自在故。如實不分別空三昧者。明無情識故。別空三昧者。示現隨根所見故。不捨離空三昧者。示現遠離過惡故。離不離空三昧者。處世界如蓮華居水故。以此十三昧爲首。皆不離空無作無願三昧門爲體。百千三昧總從此起。

第七佛子已下至隨順無違故。有九行半經。明住此現前地。復更修習不可壞心入佛智地分。分爲三段。一佛子已下至皆悉圓滿有三行半經。明修十種無限心分。二佛子已下至常行不捨有四行經。明隨順佛菩提不懼異論入佛智地分。三佛为童蒙。是故圣者取之为法。表正月三阳已生。以从艮止。而生火也。明从定为止。发起无作正智慧。明是入道启蒙之门阙故。艮为童蒙。以明童蒙心止。能启大智慧日光明故。云三者。正也。昧者。定也。以五蕴冥昧。即正智便现。又一止是正字。以一心止。其道正故。故止之一处。无事不办。第一义空三昧者。过一切有为无常法故。第一空三昧者。明创过上二界息想定。亦过声闻。缘觉。净土。三乘净秽之定。又万像一性。名一空三昧。大空三昧者。过世情所识空。过三乘住无作空也。得意生身故。合空三昧者。明与十方凡圣有情无情合故。起空三昧者。明寂用自在故。如实不分别空三昧者。明无情识故。别空三昧者。示现随根所见故。不舍离空三昧者。示现远离过恶故。离不离空三昧者。处世界如莲华居水故。以此十三昧为首。皆不离空无作无愿。三三昧门为体。百千三昧总从此起 。

第七佛子已下。至随顺无违故。有九行半经。明住此现前地。复更修习不可坏心。入佛智地分。分为三段。一佛子已下。至皆悉圆满。有三行半经。明修十种无限心分。二佛子已下。至常行不舍。有四行经。明随顺佛菩提。不惧异论。入佛智地分。三佛子已下至隨順不違故有兩行半經。明住此位菩薩般若波羅蜜行得隨順忍分。經云不懼異論者。人天外道及二乘異論。入佛智地者。入差別智地故。離一乘地者。一乘斷煩惱而證空。菩薩達煩惱而成智海故。云趣於佛智。諸煩惱魔無能沮壞者。明煩惱魔是生死因也。陰魔死魔是生死果也。天魔生死緣也。住於菩薩智者。一切隨世差別智也。佛子菩薩住此現前地中得般若波羅蜜行增上者。明此地菩薩於三界中一切諸緣生法逆順觀徹。得世間中出世間智慧滿故。故名增上。第三明利順忍者。准五忍中是第三順忍。若准十忍中是第二順忍。如三乘中五忍者。一伏忍。二信忍。三順忍。四無生忍。五寂滅忍。如三乘中地前三賢菩薩得伏忍。五地得信忍。六地順忍。八地無生忍。十地寂滅忍。十忍者經下文自具。如此一乘教中以十波羅蜜以五位十住十行十迴向十地十一地通修。皆位位中以十波羅蜜互爲主伴。五位之上有五百箇行門。分分微薄。以六相總別之義言之。時日歲月皆如是。猶如帝網重重參映。一多同異皆不轉變。

子已下。至随顺无违故。有两行半经。明住此位菩萨。般若波罗蜜行。得随顺忍分。经云不惧异论者。人天外道及三乘异论。入佛智地者。明从根本智入差别智地故。离二乘道者。二乘断烦恼而证空。菩萨达烦恼而成智海。故云趣于佛智。诸烦恼魔无能沮坏者。明烦恼魔是生死因也。阴魔死魔是生死果也。天魔。生死缘也。住于菩萨智者。一切随世差别智也。佛子菩萨住此现前地中。得般若波罗蜜行增上者。明此地菩萨于三界中一切诸缘生法。逆顺观彻。得世间中出世间智慧满故。故名增上。第三明利顺忍者。准五忍中。是第三顺忍。若准十忍中。是第二顺忍。如三乘中五忍者。一伏忍。二信忍。三顺忍。四无生忍。五寂灭忍。如三乘中。地前三贤菩萨得伏忍。五地得信忍。六地顺忍。八地无生忍。十地寂灭忍。十忍者。经下文自具。如此一乘教中。以十波罗蜜。以五位十住十行十回向十地十一地通修。习位位中。以十波罗蜜互为主伴。五位之上有五百个行门。分分微薄。以六相总别之义言之。时日岁月皆如是。犹如帝网。重重参映一多同异。皆不转变 。

第八佛子已下至而說頌曰有二十七行半經明入此位中見佛廣狹分。約分爲六段。一從初佛子已下至轉更明淨有九行經明以願力見佛廣多及供養佛法僧分。二譬如眞金已下至四種魔道所不能壞可六行半經明舉喻顯法分。三此菩薩十波羅蜜已下至第六現前地可兩行半經明此地菩薩所修法門分。四菩薩住此地已下至爲一切智智依止者可六行經。明此位菩薩受職堪能教化一切衆生分。五此菩薩已下至說頌有四行經。明此位菩薩以三昧力見佛廣多分。

第九一段有四十四行頌。明重頌前法分。如文具明。已上一段以釋第六現前地。此地是善達緣生成世間出世間智慧。第七遠行地以方便波羅蜜成就入世間中出世間智慈之慧。

第七遠行地。將釋此地五門如前。第一釋地名目者。何故名爲遠行地者。以此地行方便波羅蜜。以六地之中三空三昧現無量無作智慧門。能入無量衆生界。入無量教化衆生業。入無量世界網。以無作智慧入一切世間等衆生行普令徧周。故名遠行地。爲入世間行徧周廣大。故名遠行地。第二第八佛子已下。至而说颂曰。有二十七行半经。明入此位中见佛广狭分。约分为六段。一从初佛子已下。至转更明净。有九行经。明以愿力见佛广多。及供养佛法僧分。二譬如真金已下。至四种魔道所不能坏。可六行半经。明举喻显法分。三此菩萨十波罗蜜已下。至第六现前地。有两行半经。明此地菩萨所修法门分。四菩萨住此地已下。至为一切智智依止者。可六行经。明此位菩萨受职。堪能教化一切众生分。五此菩萨已下。至说颂。有四行经。明此位菩萨以三昧力见佛广多分 。

第九一段。有四十四行颂。明重颂前法分。如文具明。已上一段。以释第六现前地。此地是善达缘生成世间出世间智慧。第七远行地。以方便波罗蜜成就入世间中出世间智慈之慧 。

第七远行地。将释此地。五门如前。第一释地名目者。何故名为远行地者。以此地行方便波罗蜜。以六地之中三空三昧。现无量无作智慧门。能入无量众生界。入无量教化众生业。入无量世界网。以无作智慧。入一切世间。等众生行。普令遍周。故名远行地。为入世间行遍周广大故。名远行地。第二

明此地修何行門者。此地修方便波羅蜜。以出生
死空無相無願解脫門能入世間同眾生之萬行。
然不離世間。不隨生死。長大慈悲故名方便波羅
蜜。第三明善財表法者。善財於此所見知識於佛
會中者明不離菩提體行眾行故名開敷樹華者。
表於無相妙慧之樹開敷普賢行華亦是開敷一
切眾生無明行樹華也。令成普賢行華故。為表第
七地成世間行成慈悲門令圓滿故其身在眾寶
樹樓閣之內妙寶所成師子之座者。表眾寶樹是
眾行。明依報以寶樹成樓閣形。明隨行之智也。妙
寶師子座者。表妙用無畏行也。善財得菩薩廣大
喜解脫者。明此地菩薩成就大慈悲行普能方便
教化眾生歡喜無厭故。不居染淨故。名為解脫第
七地是所施之教。此是七地中所行之行故。名目
住處以表之也。四明三界中得何解脫者。此地明
處一切世間行方便利生不染世法解脫門。亦以
善財所得菩薩廣大歡喜解脫門是。如經云此七
地功用行滿得入智慧自在行。又云。初地中緣一
切佛法願求滿故。第二地離心垢故。第三地願轉
增長得法光明故。第四地入道故。第五地順世

明此地修何行门者。此地修方便波罗蜜。以出生死空无相无愿解脱门。能入世间同众生之万行。然不离世间。不随生死。长大慈悲。故名方便波罗蜜。第三明善财表法者。善财于此所见知识于佛会中者。明不离菩提体行众行故。名开敷树华者。表于无相妙慧之树。开敷普贤行华。亦是开敷一切众生无明行树华也。令成普贤行华故。为表第七地。成世间行。成慈悲门。令圆满故。其身在众宝树楼阁之内。妙宝所成师子之座者。表众宝树是众行。明依报。以宝树成楼阁形。明随行之智也。妙宝师子座者。表妙用无畏行也。善财得菩萨广大喜解脱者。明此地菩萨。成就大慈悲行。普能方便教化众生。欢喜无厌故。不居染净故。名为解脱。第七地是所施之教。此是七地中所行之行故。名自住处以表之也。四明三界中得何解脱者。此地明处一切世间行。方便利生不染世法解脱门。亦以善财所得菩萨广大欢喜解脱门是。如经云。此七地功用行满。得入智慧自在行。又云。初地中缘一切佛法愿求满故。第二地离心垢故。第三地愿转增长。得法光明法故。第四地入道故。第五地顺世所作故第六地入甚深法門故第七地起一切佛法故皆亦滿足菩提分法故又明從初地乃至第七地成就智功用故第八地乃至十地成就無功用行故明第七地已前皆有功用八地已去得無功用第五隨文釋義二義如前第一長科經意者於此七地中長科爲十段從是時天衆心歡喜已下有二十四行頌分爲兩段

第一是時天衆心歡喜已下至瞻仰人尊願聞法有二十二行頌明大衆聞六地歡喜興供分。

第二時解脫月已下兩行頌明更請後地法門分。

第二爾時金剛藏菩薩已下一段有五十行半經明以十法修第七地向幷初住第七地法分第二隨文釋義者於此段中約分爲三段一爾時金剛藏菩薩已下至住第七遠行地有十八行經明

所作故。第六地入甚深法门故。第七地起一切佛法故。皆亦满足菩提分法故。又明从初地乃至第七地。成就智功用故。第八地乃至十地。成就无功用行故。明第七地已前。皆有功用。八地已去。得无功用。第五随文释义。二义如前。第一长科经意者。于此七地中。长科为十段。从是时天众心欢喜已下有二十四行颂。分为两段。

第一是时天众心欢喜已下。至瞻仰人尊愿闻法。有二十二行颂。明大众闻六地欢喜兴供分。

第二时解脱月已下。两行颂。明更请后地法门分。

第三尔时金刚藏菩萨已下一段。有五十行半经。明以十法修第七地向。并初住第七地法分。第二随文释义者。于此段中。约分为三段。一尔时金刚藏菩萨已下。至住第七远行地。有十八行经。明

修十法入第七地向。一佛子菩薩摩訶薩已下。至
以無功用心成就圓滿有十五行經。明菩薩住第
七地有二十種入眾生界及一切法門教化眾生
分。三佛子菩薩以深智慧已下。至皆悉圓滿有十
七行半經。明此位菩薩行十波羅蜜四攝四無量
三十七道品一切菩提法分。如初段中經云修空
無相無願三昧慈悲不捨一切眾生者。明一乘修
空自或已滅無悲利生淨土菩薩修二空法門自
惑已滅。隨願生於淨土聞佛教化自力成已。方還
穢國方便利生。然有淨穢二障往來彼此。如三乘
經中餘方菩薩來此娑婆聞法之已還歸本土者
是。如此一乘教中菩薩明從迷入法名為他方佛
剎而來集會悟已不云還歸本土明身土無二性
故。此一段十八行經意不離三空體以為萬行故
意明六地已前三空成就出世圓滿於七地中以
三空成行滿足世間慈悲行故經云雖得諸佛平
等而樂常供養佛者。明以法身無性平等而崇敬
行徧周無限明寂用不礙也雖入觀空智門而勤
集福德者。明以觀空之智而行十波羅蜜門。雖遠
離三界而莊嚴三界者。明無三界業而常生三界

修十法入第七地向。二佛子菩萨摩诃萨已下。至以无功用心成就圆满。有十五行经。明菩萨住第七地。有二十种入众生界。及一切法门。教化众生分。三佛子菩萨以深智慧已下。至皆悉圆满有十七行半经。明此位菩萨。行十波罗蜜。四摄四无量。三十七道品。一切菩提法分。如初段中。经云修空无相无愿三昧。慈悲不舍一切众生者。明二乘修空。自惑已灭。无悲利生。净土菩萨。修三空法门。自惑已灭。随愿生于净土。闻佛教化。自力成已。方还秽国。方便利生。然有净秽二障。往来彼此。如三乘经中。余方菩萨来此娑婆。闻法之已。还归本土者是。如此一乘教中菩萨。明从迷入法。名为他方佛刹而来集会。悟已不云还归本土。明身土无二性故。此一段十八行经。意不离三空体以为万行故。意明六地已前。三空成就出世圆满。于七地中。以三空成行。满足世间慈悲行故。经云虽行诸佛平等。而乐常供养佛者。明以法身无性平等。而崇敬行遍周无限。明寂用不碍也。虽入观空智门。而勤集福德者。明以观空之智。而行十波罗蜜门。虽远离三界。而庄严三界者。明无三界业。而常生三界善行教化眾生雖畢竟寂滅諸煩惱欲而能爲一切眾生悲滅貪瞋癡煩惱欲者明十使煩惱也十使者一貪二瞋三癡四慢五疑六身見七邊見八見取九戒禁取十邪見三界十使煩惱迷四諦及修道上煩惱成一百二十種煩惱欲界四諦上各有十種煩惱四諦上有四十以通修道大煩惱有六一貪二瞋三癡四慢五身見六邊見以爲根本欲界煩惱總有四十六自餘見取戒取邪見疑此四從六上起非根本故上二界各除瞋餘如欲界從色界四諦上各有九共有四十二無色界四諦上各有九共有四十二合有一百三十種乃至八萬四千煩惱至隨好品自明如三乘中斷煩惱以身邊邪見戒取見取以此五見爲利使貪瞋癡慢疑五種爲鈍使五利使爲見諦煩惱五鈍使爲修道煩惱利使障見道爲有諸見不亡理不現前故五鈍使障修行者隨行事上數數習生雖入見道貪瞋癡等猶有習氣爲慣習未成故須陀洹人斷見諦煩惱盡斯陀含阿那含斷修道煩惱總未盡阿羅漢斷三界見諦修道一種煩惱盡故不生三界三乘菩薩以空觀折伏三界十使十纏煩惱以

善行。教化众生。虽毕竟寂灭诸烦恼焰。而能为一切众生起灭贪嗔痴烦恼焰者。明十使烦恼也。十使者。一贪。二嗔。三痴。四慢。五疑。六身见。七边见。八见取。九戒禁取。十邪见。三界十使烦恼迷。四谛及修道上烦恼。成一百三十种烦恼。欲界四谛上。各有十种烦恼。四谛上有四十。以通修道大烦恼有六。一贪。二嗔。三痴。四慢。五身见。六边见。以为根本。欲界烦恼总有四十六。自余见取。戒取。邪见。疑此四从六上起。非根本故。上二界各除嗔。余如欲界。从色界四谛上各有九。共有四十二。无色界四谛上各有九。共有四十二。合有一百三十种。乃至八万四千烦恼。至随好品自明。如三乘中断烦恼。以身。边。邪见。戒取。见取。以此五见为利使。贪。嗔。痴。慢。疑。五种。为钝使。五利使为见谛烦恼。五钝使为修道烦恼。利使障见道。为有诸见不亡。理不现前故。五钝使障修行者。随行事上。数数习生。虽入见道。贪嗔痴等。犹有习气。为惯习未成故。须陀洹人。断见谛烦恼尽。斯陀含。阿那含。断修道烦恼总未尽。阿罗汉。断三界见谛修道二种烦恼尽。故不生三界。三乘菩萨。以空观折伏三界十使十缠烦恼。以

修六波羅蜜生於淨土。亦云色界上別有十地菩
薩報生之天。名摩醯首羅。亦十地菩薩唯有無明
住地未斷盡故。十纏者。一無慚。二無愧。三眠。四悔。
五慳。六嫉。七掉舉。八昏沉。九忿。十覆。此十纏隨十
使起。亦與十使作生起因。如一乘菩薩從十信
自分別心從如來智起。十住初心上。即同初地。至
第六住。即同第六地。得入寂滅定神通。即如十住
中第六海幢比丘是也。大意前之十住十行十迴
向三位。總同十地昇進次第。為體總一切如來不
動智為體。所有煩惱以禪定力起無作智力。一時
普印同智體。過去未來三世一際。無有短長延促
之相。下文更明。大意於一念之際。若見自心有成
佛有未成佛作延促時分限量者。當知此人不成
正見。如來智體未現前故。已上明斷煩惱竟。經云。
雖知諸法如幻如夢如文自具。而隨心作業無量
差別者。明以無體之智。幻作諸行。應眾生心無量
差別。雖知一切國土猶如虛空。而能以清淨妙行
莊嚴佛土者。明業空境寂。悲智報嚴。悲智無依報
相如影。雖知諸佛法身不無身。而以相好莊嚴其
身者。明法身無相。以淨妄業。妄亡業謝。智境依正

修六波罗蜜。生于净土。亦云色界上。别有十地菩萨报生之天。名摩醯首罗。亦十地菩萨唯有无明住地未断尽故。十缠者。一无惭。二无愧。三眠。四悔。五悭。六嫉。七掉举。八昏沉。九忿。十覆。此十缠随十使起。亦与十使作生起因。如一乘菩萨。从十信。信自分别心。从如来智起。十住初心上。即同初地。至第六住。即同第六地。得入寂灭定神通。即如十住中第六海幢比丘是也。大意前之十住十行十回向三位。总同十地升进次第为体。总一切如来不动智为体。所有烦恼。以禅定力。起无作智力。一时普印同智体。过现未来三世一际。无有短长延促之相。下文更明。大意于一念之际。若见自心有成佛有未成佛。作延促时分限量者。当知此人不成正见。如来智体未现前故。已上明断烦恼竟。经云虽知诸法如幻如梦。如文自具。而随心作业无量差别者。明以无体之智。幻作诸行。应众生心无量差别。虽知一切国土犹如虚空。而能以清净妙行庄严佛土者。明业空境寂。悲智报严。悲智无依。报相如影。虽知诸佛法身本无身。而以相好庄严其身者。明法身无相。以净妄业。妄亡业谢。智境依正

福相如淨光影不斷有無之執。如華藏界也。雖隨
諸佛了知三世唯是一念而隨眾生意解分別以
種種相種種時種種劫數。而修諸行者。明法身智
體無時無劫無三世體為隨一切眾生業差別有
一切時劫差別而為眾生分別時劫差別而修行
諸行即如說三祇劫及三生一生一念及六十劫
等是菩薩以如是十種方便慧起殊勝行從第六
地入第七地明已前十法是入第七地向已下名
為住第七地有二十種所入法門。如文自具。此菩
薩作是念已依前科。文義如經自具。
第四爾時已下一段有四十四行半經。明十種
地中昇進同異分。釋義中分為七段。一爾時解脫
月已下。至亦能滿足有兩行半經明解脫月所問
諸地滿足一切菩提分法分。二金剛藏菩薩言已
下。至第十無功用行可有十行經明答前所問十
地已來諸地解行差別分。三佛子譬如有一世界
已下。至乃能得過有四行半經明此地菩薩以願
力故。入染淨二行不住其中分。四解脫月菩薩言
已下。至超過人位有八行半經。明舉喻況說此地
所行染淨二行非淨非染分。五佛子菩薩亦復如
是已下。至得一切盡超過故可有十六行經。明七地

福相。如净光影。不属有无之执。如华藏界也。虽随诸佛了知三世唯是一念。而随众生意解分别。以种种相。种种时。种种劫数。而修诸行者。明法身智体。无时无劫。无三世体。为随一切众生业差别。有一切时劫差别。而为众生分别时劫差别。而修行诸行。即如说三祇劫。及三生一生一念。及六十劫等是。菩萨以如是十种方便慧。起殊胜行。从第六地入第七地。明已前十法。是入第七地向。已下名为住第七地。有二十种所入法门。如文自具。此菩萨作是念已。依前科。文义如经自具 。

第四尔时已下一段。有四十四行半经。明十种地中升进同异分。释义中。分为七段。一尔时解脱月已下。至亦能满足。有两行半经。明解脱月所问诸地。满足一切菩提分法分。二金刚藏菩萨言已下。至第十无功用行。可有十行经。明答前所问十地已来。诸地解行差别分。三佛子譬如有二世界已下。至乃能得过。有四行半经。明此地菩萨以愿力故。入染净二行。不住其中分。四解脱月菩萨言已下。至超过人位。有八行半经。明举喻况说此地所行染净二行非净非染分。五佛子菩萨亦复如是已下。至得一切尽超过故。可有六行经。明七地

有功用行八地無功用行分。六佛子此第七地已
下。至不名無者有三行半經。明此地不名有煩惱
不名無煩惱分。七佛子菩薩住此第七地已下。至
轉勝圓滿有九行半經。明世技悉達爲大明師分。
於此四十四行半經中。從初爾時解脫月問金剛
藏菩薩言。佛子。菩薩但於此第七地中滿足一切
菩提分法爲諸地中亦能滿足者。若以同相門中。
總是一箇如來根本普光明大智寂用無礙自體
菩提。若望修行進勝。節異相門中。總有五十種菩
提。隨行差別。大體總相。但約此十地差別菩提。以
爲昇進之大體。從此十種地中菩提。總以五種菩
提以爲大體。五種菩提者。一空無相菩提。二普光
明無依住智菩提。三大願能起大智大悲廣利衆
生菩提。四以其大悲能隨染淨不染淨菩提。五智
悲萬行圓滿無作菩提。夫菩提者。此云覺也。覺者
普通衆法無過也。云無上者。但一乘非二乘也。一
空無相菩提者。二乘及一乘共得。但以有大悲願
行無大悲願行。及廣狹寂用不同。大體同歸無相。
一普光明無依住智菩提。唯一乘非二乘也。一乘
菩薩十住之心。初住此智名住佛所住生如來智

有功用行八。地无功用行分。六佛子此第七地已下。至不名无者。有三行半经。明此地不名有烦恼。不名无烦恼分。七佛子菩萨住此第七地已下。至转胜圆满。有九行半经。明世技悉达。为大明师分。于此四十四行半经中。从初尔时解脱月问金刚藏菩萨言。佛子。菩萨但于此第七地中满足一切菩提分法。为诸地中亦能满足者。若以同相门中。总是一个如来根本普光明大智。寂用无碍。自体菩提。若望修行进胜。即异相门中。总有五十种菩提。随行差别。大体总相。但约此十地差别菩提。以为升进之大体。从此十种地中菩提。总以五种菩提。以为大体。五种菩提者。一空无相菩提。二普光明无依住智菩提。三大愿能起大智大悲广利众生菩提。四以其大悲能随染净不染净菩提。五智悲万行圆满无作菩提。夫菩提者。此云觉也。觉者。普通众法无过也。云无上者。但一乘。非三乘也。一空无相菩提者。三乘及一乘共得。但以有大悲愿行。无大悲愿行。及广狭寂用不同。大体同归无相。二普光明无依住智菩提。唯一乘。非三乘也。一乘菩萨十住之心。初住此智。名住佛所住。生如来智

慧家故以此智地進修諸行。隨差別智隨差別行
慣習淺深安立十波羅蜜五十重昇進階級不離
初心所得普光明無依住之智地以智無體時亦
無遷依本如是故。非情橫有故此明發心畢竟二
不別如是發心先心難者得此智地難故。如此經
云已踐如來普光明地。此經法門。以此智爲發心
修行之地體故。一切種種智海。及萬行海。生在其
中。三大願能起大智發生大悲廣利眾生菩提者。
明諸法不自生。即藉大願而起智成悲。亦不從他
生者。明智之及願無自性故。不共生者。法無和合
故。不無因者。要因願起智行慈悲故。故云佛種從
緣起。是故說一乘。以是三乘。或滯寂或但生淨土
爲無廣大願起智成滿法界虛空界等眾生大悲
故。或云以願留惑住於娑婆者。但得法空無相菩
提。非得普光明智故。如三乘菩薩雖有願行。皆忻
它劫成佛。不同此教。刹那無時。又此八地菩薩無
功之智現前。猶恐滯寂。以第八願波羅蜜防之。又
令憶念本願故。又十方諸佛以三加七勸發令智
不滯寂故。又十迴向中。有十種起智大願門故。四
以其大悲能隨染淨不染不淨菩提者。明前六地

慧家故。以此智地。进修诸行。随差别智。随差别行。惯习浅深。安立十波罗蜜。五十重升进阶级。不离初心所得普光明无依住之智地。以智无体。时亦无迁。依本如是故。非情横有故。此明发心毕竟二不别。如是发心先心难者。得此智地难故。如此经云。以践如来普光明地。此经法门。以此智为发心修行之地体故。一切种种智海。及万行海。生在其中。三大愿能起大智发生大悲广利众生菩提者。明诸法不自生。即藉大愿而起智成悲。亦不从他生者。明智之及愿无自性故。不共生者。法无和合故。不无因者。要因愿起智行慈悲故。故云。佛种从缘起。是故说一乘。以是三乘。或滞寂。或但生净土。为无广大愿起智。成满法界虚空界等众生大悲故。或云以愿留惑住于娑婆者。但得法空无相菩提。非得普光明智故。如三乘菩萨。虽有愿行。皆忻多劫成佛。不同此教刹那无时。又此八地菩萨。无功之智现前。犹恐滞寂。以第八愿波罗蜜防之。又令忆念本愿故。又十方诸佛。以三加七劝发。令智不滞寂故。又十回向中。有十种起智大愿门故。四以其大悲能随染净不染不净菩提者。明前六地行六波羅蜜得出世間及世間並出世間菩提。至此第七地以出世間及世間並出世間菩提用入世間。同一切凡夫事業。成大慈悲行。使普賢行得圓滿故。雖同俗染。以智無染性處世無著故。如蓮華處水恆生水中不濕故。又以本願處世利生。以於智體無自貪世樂故。不樂愛慢憍世所榮者故。又明智體無依無性。能隨大願處於俗流。不屬染淨而自在故。此之第七地法門。非一乘所及。亦非行六波羅蜜忻厭煩惱菩薩所知。如下文六通菩薩所不能知。為證漏盡通故。不能隨於生死。具普賢行滿大悲故。為於生死有忻厭有疲勞樂生淨土故。五智悲萬行得圓滿無作菩提者。若以總相同相門中。智體不異時亦不異。即十住初心即總具。若以別相門中。十住十行十迴向得一分如來同體大智。得一分如來同體之行。得一切如來迴向大願智悲圓滿之門。從初地至第六地。依前三賢位中之法。長養成就合得出纏。雖有慈悲是願令一切眾生出世之悲。如第七地之悲恆處世間。如蓮華處水不濕。即明生死恆寂。即從初發心已來。依教而生信順。非自分法法爾行然故。今行六波罗蜜。得出世间及世间并出世间菩提。至此第七地。以出世间及世间并出世间菩提。用入世间。同一切凡夫事业。成大慈悲行。使普贤行得圆满故。虽同俗染。以智无染性。处世无著故。如莲华处水。恒生水中不湿故。又以本愿处世利生。以于智体无自贪世乐故。不乐爱慢骄世所荣奢故。又明智体无依无性。能随大愿处于俗流。不属染净而自在故。此之第七地法门。非二乘所及。亦非行六波罗蜜忻厌烦恼菩萨所知。如下文六通菩萨所不能知。为证漏尽通故。不能随于生死。具普贤行。满大悲故。为于生死有忻厌。有疲劳。乐生净土故。五智悲万行得圆满无作菩提者。若以总相同相门中。智体不异。时亦不异。即十住初心即总具。若以别相门中。十住十行十回向。得一分如来同体大智。得一分如来同体之行。得一分如来回向大愿。和融悲智圆满之门。从初地至第六地。依前三贤位中之法。长养成就。令得出缠。虽有慈悲。是愿令一切众生出世之悲。如第七地之悲。恒处世间。如莲华处水不湿。即明生死恒寂。即从初发心已来。依教而生信顺。非自分法。法尔行然故。今至此位已地將前出世脫之心方始處纏不汙。
為以創居同俗。隨悲願力受生。從三空無作之門。
始入世間同辦方便之行。滿有無作有作一種習
氣仍在有行有開發是故善財長法善知識號開
敷樹華。為開敷智樹萬行之華令如普賢行海故
從茲入纏行華開發至第八地第十地悲智圓滿
任物利生無作方終至第十一地所利眾生等同
法界。隨根隨時對現色身。無生不利不為而用不
作而應。以普光明智不屬方所。同眾生心任物現
形無往來故。為普光明智與一切眾生虛妄心是
一性體故。故能知一切眾生所作業行隨而應現
故。是故經云初地中一切佛法願求故者明初地
是緣地前三賢位中所發立佛果樣式願成彼故
非自行滿故是願求菩提如因滿故。二乘佛果樣
式在十地之後。此經佛果行樣在十地之前乃至
初會神天等眾總是第二地離心垢故者。明以上
上十善法身性戒以淨諸妄故第三地顯轉增長
得法光明者。明修上二界四禪八定。得稱理智淨
明故。得過三界心障礙故。入第九定故。第四地入
道故者。明以修三十七品助菩提觀令智眼明淨

至此第七地。将前出世解脱之心。方始处缠不污。为以创居同俗。随悲愿力受生。从三空无作之门。始入世间同缠方便之行。犹有无作有作二种习气仍在。有行有开发。是故善财表法善知识。号开敷树华。为开敷智树万行之华。令如普贤行海故。从兹入缠。行华开发。至第八地第十地。悲智圆满。任物利生。无作方终。至第十一地。所利众生。等同法界。随根随时。对现色身。无生不利。不为而用。不作而应。以普光明智。不属方所。同众生心。任物现形。无往来故。为普光明智。与一切众生虚妄心。是一性体故。故能知一切众生所作业行。随而应现故。是故经云初地中一切佛法愿求故者。明初地是缘地前三贤位中所安立佛果样式。愿成彼故。非自行满故。是愿求菩提如因满故。三乘佛果样式。在十地之后。此经佛果行样。在十地之前。乃至初会神天等众总是。第二地离心垢故者。明以上上十善法身性戒。以净诸妄故。第三地愿转增长得法光明者。明修上二界四禅八定。得称理智净明故。得过三界心障碍故。入第九定故。第四地入道故者。明以修三十七品助菩提观。令智眼明净故。第五地順世所作故者。明以法界自體無作定門能順違世間技藝悉能了。故第六地入甚深法門者。明入智慧方便。世間出世間法。無不明故。第七地起一切佛法故。明第七地能入世間學普賢行故。已前諸地雖以普光明智爲體。皆有學有解有行有作上位法門。從第八地乃至第十地無功用行皆悉成就。第八地初得智慧無功用。第九地明無功用智說教自在。第十地明無功用中智悲總圓滿故。同佛位故。第七地最爲殊勝者。下文云功用行滿故。明從六地無功用之智慧成有功之萬行故。成普賢之行圓滿。至十地是此位中之果故。明因行難發果行易成故。如水入流住運至海。何況此行不出海中。此第七地行同十住中第七住休捨優婆夷行。八萬四千那由他眾生之行哉皆同之。亦如十行中第七行滿足王。以自化身示行殺害。亦如十迴向中第七迴向金剛山西見觀世音菩薩。此第七地中行門。一一倣地前之解行樣式。地前三位解行已周。十地之中藴功成德。一如地前之果法也。地前是果。地上行因倣地前之果。然不同三乘立佛果在三祇之後也。若修行者。

故。第五地顺世所作故者。明以法界自体无作定门。能顺达世间技艺。悉能了故。第六地入甚深法门者。明入智慧方便。世间出世间法。无不明故。第七地起一切佛法故。明第七地。能入世间学普贤行故。已前诸地。虽以普光明智为体。皆有学有解有行有忻上位法门。从第八地乃至第十地。无功用行皆悉成就。第八地初得智慧无功用。第九地明无功用智说教自在。第十地明无功用中智悲总圆满故。同佛位故。第七地最为殊胜者。下文云功用行满故。明从六地无功用之智慧。成有功之万行故。成普贤之行圆满。至十地。是此位中之果故。明因行难发。果行易成故。如水入流。任运至海。何况此行。不出海中。此第七地行。同十住中第七住休舍优婆夷行。八万四千那由他众生之行。我皆同之。亦如十行中第七行满足王。以自化身示行杀害。亦如十回向中第七回向。金刚山西见观世音菩萨。此第七地中行门。一一仿地前之解行样式。地前三位解行已周。十地之中蕴功成德。一一如地前之果法也。地前是果。地上行因。仿地前之果故。不同三乘立佛果在三祇之后也。若修行者。

善知教意，勿妄解佛心。如正修十住之因時。即十住十行十迴向十地十一地五位一時總踐。為於智境智不異時不移以一法界智印印之古今絕究竟依六相之義即但了因圓果滿不備。若望起智遷變即以始初發心住功高。若以大悲先首。即第七住第七行第七迴向第七地為勝。餘皆任運滿故如經云。佛子。譬如有世界。一處雜染。一處純淨。是二中間難得過者。明六地純淨。七地純染。於此一位滯於染淨難可得過。下文云。唯除菩薩有大方便神通願力已下。如文自明。意明以大悲大智不離此二行。教化一切眾生。而令究竟成大菩提具一切智智。以加行智顯發根本智。以根本智觀照力成差別智。解脫月菩薩言。佛子。此七地菩薩為是染行。為是淨行。金剛藏菩薩言。佛子。從初地至第七地。所行諸行。皆捨離煩惱業。分得平等。未名超煩惱行。如輪王喻。不離人位。非有貧窮困苦所患。爆喻如文具明。大意為得第六地中三空妙慧及根本智。又加大願力故。智自在故。不離人位不染世法。能同世事。不垢不淨故。以智無依。不受瘂垢。以垢無依。不能染淨。但為大悲緣起方便善知教意。勿妄解佛心。如正修十住之因时。即十住十行十回向十地十一地五位一时总践。为于智境。智不异。时不移。以一法界智印印之。古今绝矣。还依六相之义。即但了因圆。果无不备。若望起智达缠。即以始初发心住功高。若以大悲先首。即第七住第七行第七回向第七地为胜。余皆任运满故。如经云。佛子。譬如有世界。一处杂染。一处纯净。是二中间难得过者。明六地纯净。七地纯染。于此二位。滞于染净。难可得过。下文云。唯除菩萨有大方便神通愿力已下。如文自明。意明以大悲大智。不离此二行。教化一切众生。而令究竟成大菩提。具一切智智。以加行智。显发根本智。以根本智观照力。成差别智。解脱月菩萨言。佛子。此七地菩萨。为是染行。为是净行。金刚藏菩萨言。佛子。从初地至第七地。所行诸行。皆舍离烦恼业。分得平等。未名超烦恼行。如轮王喻。不离人位。非有贫穷困苦所患。举喻如文具明。大意为得第六地中三空妙慧及根本智。又加大愿力故。智自在故。不离人位。不染世法。能同世事。不垢不净故。以智无依。不受恒垢。以垢无依。不能染净。但为大悲缘起。方便

利生。八地會滅功終無功之行一分門在十地方
終若㊈七地有行有功無盡大悲普賢大智不可
成辦。是故淨名經對三乘出纏之種說塵勞之疇
是如來種故亦說火中生蓮華實可爲希有此意
已得第六地已前出纏者說。若也具縛之徒未可
全登此跡。餘文如經自具。諸禪者定也。三昧者無
沈掉也。三摩鉢底者正受諸法智相應故神通解
脫者以正受諸法智相應即得神通自在名爲解
脫。

校讎

第一紙八行不分別空三昧下據論文當有別空三昧四字第四紙九行參賦南論
參作交第十紙論十作行主王宋第十八紙南七藏行作諸之宋論

第五佛子已下一段。有七行半經。明十種善擇
三昧分。釋義中分爲兩段。一佛子菩薩住此地已
下。至淨治此地。有五行半經。明得十種三昧分。二
是菩薩得此三昧已下。至智慧地。有一行半經。明
得十大三昧超過二乘地分。此應云超過三乘地。
爲此是學三乘人等共譯此經。不善知教意。但云
超過二乘。不云超過三乘。若也但超二乘者。如此
經頌云。一切世間羣生類。鮮有欲求聲聞道。求緣

利生。八地会融功终。无功之行。一分自在。十地方终。若[无]七地有行有功。无尽大悲。普贤大智。不可成办。是故净名经。对三乘出缠之种。说尘劳之畴是如来种故。亦说火中生莲华。实可为希有。此意已得第六地已前出缠者说。若也具缚之徒。未可全登此迹。余文如经自具。诸禅者。定也。三昧者。无沉掉也。三摩钵底者。正受诸法智相应故。神通解脱者。以正受诸法智相应。即得神通自在。名为解脱 。

第五佛子已下一段。有七行半经。明十种善择三昧分。释义中。分为两段。一佛子菩萨住此地已下。至净治此地。有五行半经。明得十种三昧分。二是菩萨得此三昧已下。至智慧地。有一行半经。明得十大三昧。超过二乘地分。此应云超过三乘地。为此是学三乘人等共译此经。不善知教意。但云超过二乘。不云超过三乘。若也但超二乘者。如此经颂云。一切世间群生类。鲜有欲求声闻道。求缘悲智。轉復小。求大乘者甚希有。求大乘者猶爲易。能信此法爲甚難。若此地但超過一乘者。此四乘義若爲安置。何得一部經義前後義意不相貫通。只爲三乘之碩智迷謬。題聖旨。後有善達君子兼依此言。應云超過三乘。不可云一乘也。經云菩薩住此地入菩薩善觀擇三昧者。明此位菩薩入觀擇諸三昧次第。是色界定。是無色界定。是聲聞是緣覺是二乘定一乘定。善擇義三昧者。明善簡擇世間義出世間義。是正義。是邪義。最勝慧三昧者。是一乘佛慧故。分別義藏三昧者。是小乘藏是大乘藏。是一乘藏。如實分別義三昧者。如實知諸法不妄解故。善住堅固根三昧者。無退轉故。智慧神通門三昧者。以此智慧能起種種神通法門故。法界業三昧者。心境動止無不真故。如來勝利三昧者。無心無思智隨三世教化衆生而無往來之相故。種種義藏三昧者。都合萬法無不違也。生死涅槃三昧者。明以涅槃常寂滅法而有生死常以生死以爲涅槃。二俱無體性故。寂用一真故。無我無人。智能隨俗利益生故。已下總結如文自具。

觉者转复少。求大乘者甚希有。求大乘者犹为易。能信此法为甚难。若此地但超过二乘者。此四乘义。若为安置。何得一部经义。前后义意不相贯通。只为三乘之种智迷。误题圣旨。后有善达君子。无依此言。应云超过三乘。不可云二乘也。经云菩萨住此地。入菩萨善观择三昧者。明此位菩萨。入观择诸三昧次第。是色界定。是无色界定。是声闻。是缘觉。是三乘定。一乘定。善择义三昧者。明善简择世间义。出世间义。是正义。是邪义。最胜慧三昧者。是一乘佛慧故。分别义藏三昧者。是小乘藏。是大乘藏。是一乘藏。如实分别义三昧者。如实知诸法不妄解故。善住坚固根三昧者。无退转故。智慧神通门三昧者。以此智慧。能起种种神通法门故。法界业三昧者。心境动止。无不真故。如来胜利三昧者。无心无思。智随三世。教化众生。而无往来之相故。种种义藏三昧者。都含万法。无不达也。生死涅槃三昧者。明以涅槃常寂灭法而有生死。常以生死以为涅槃。二俱无体性故。寂用一真故。无我无人。智能随俗。利群生故。已下总结。如文自具。

第六佛子菩薩已下一段有十二行半經。明從
初地來所有三業勝二乘分。釋義中分爲五段。一
佛子菩薩住此地已下至法忍光明有兩行半經。
明此地菩薩無量身語意業皆無相行分。二解脫
月已下至超過二乘耶可兩行經。是解脫月起問
分。三金剛藏已下至一切二乘所不能及有兩行
半經。是金剛藏菩薩答所問分。四譬如已下至自
力超過有兩行半經。明舉喻況說分。五一切菩薩
已下至出過一切二乘之上可三行經。明此地菩
薩是自力超過二乘非是初地已來志求大法超
過故。已上十二行半經。意明此地菩薩無量身語
意業。自力超過二乘智外修空但行六度菩薩及
聲聞緣覺折伏煩惱現行不生得變易生死。於他
方或云上方別有十地菩薩淨土。如是三乘皆是
如來權時且免驚苦方便安立。非如此教依智發
心。即此娑婆便爲淨國華藏世界等徧虚空淨穢
含容一塵多刹。無有彼此往來等見。翻經之衆未
詳佛意。誤題聖旨云超二乘。後有學徒勿從此失。
又明從初地已來至第六地皆是志求大法及願力
超過非是自力過也。此第七地明自力超二乘故。
如文自明。

第六佛子菩萨已下一段。有十二行半经。明从初地来所有三业胜二乘分。释义中。分为五段。一佛子菩萨住此地已下。至法忍光明。有两行半经。明此地菩萨无量身语意业皆无相行分。二解脱月已下。至超过三乘耶。可两行经。是解脱月起问分。三金刚藏已下。至一切三乘所不能及。有两行半经。是金刚藏菩萨答所问分。四譬如已下。至自力超过。有二行半经。明举喻况说分。五一切菩萨已下。至出过一切三乘之上。可三行经。明此地菩萨是自力超过三乘。非是初地已来志求大法超过故。已上十二行半经。意明此地菩萨无量身语意业。自力超过三乘。智外修空。但行六度菩萨及声闻缘觉。折伏烦恼。现行不生。得变易生死。于他方。或云上方。别有十地菩萨净土。如是三乘。皆是如来权时且免粗苦。方便安立。非如此教依智发心。即此娑婆便为净国。华藏世界等遍虚空。净秽含容一尘多刹。无有彼此往来等见。翻经之众。未详佛意。误题圣旨。云超二乘。后有学徒。勿从此失。又明从初地已来至第六地。是志求大法及愿力超过。非是自力过也。此第七地明自力超三乘故。如文自明 。

第七段有九行半經明此地遠離有無行常行身語意業常入滅定而不作證分。釋義中分為五段。一佛子菩薩已下至雖行實際而不作證有兩行半經明不住無行常行三業不證涅槃分。二解脫月已下至能入滅定有一行經是解脫月起問分。三金剛藏菩薩言已下至而不作證故可兩行經。明此位及第六地菩薩能入滅定而不作證分。四此菩薩已下至行於實際而不作證有一行半經。明此位菩薩三業不思議不取證寂滅分。五譬如有人已下至而不證滅有兩行半經明舉乘船入海不遇水難喻分。自第六地已來及七地菩薩入滅定者非如上界四禪四空息想證滅亦非如羅漢厭苦修空隨空性滅悲智不生如大虛空更無所作乃至經劫不覺頭上擊鼓不復聞聲亦有化火自焚入變易生死亦非如緣覺觀十二緣空順空想滅悲智不生亦非如權教菩薩析法明空隨空任理性自無生以本願力并修六度麤識已無細識猶在隨願力故生於淨土或云報土在於色界已上出過三界之身為心有依止淨業為緣所有生處還有依止。如此一乘中十住第六住心。

第七段。有九行半经。明此地远离有无行常行身语意业。常入灭定而不作证分。释义中。分为五段。一佛子菩萨已下。至虽行实际而不作证。有两行半经。明不住无行。常行三业。不证涅槃分。二解脱月已下。至能入灭定。有一行经。是解脱月起问分。三金刚藏菩萨言已下。至而不作证故。可两行经。明此位及第六地菩萨。能入灭定而不作证分。四此菩萨已下。至行于实际而不作证。有一行半经。明此位菩萨三业不思议。不取证寂灭分。五譬如有人已下。至而不证灭。有两行半经。明举乘船入海不遭水难喻分。自第六地已来。及七地菩萨入灭定者。非如上界四禅四空。息想证灭。亦非如罗汉。厌苦修空。随空性灭。悲智不生。如太虚空。更无所作。乃至经劫不觉。头上击鼓。不复闻声。亦有化火自焚。入变易生死。亦非如缘觉。观十二缘空。顺空想灭。悲智不生。亦非如权教菩萨。析法明空。随空任理。性自无生。以本愿力并修六度。粗识已无。细识犹在。随愿力故。生于净土。或云报土在于色界。已上出过三界之身。为心有依止。净业为缘。所有生处还有依止。如此一乘中。十住第六住心。

如海幢比丘於經行道側結跏趺坐離出入息，隨其身分對現色身。悲化如雲。徧周剎海。此約根本普光明智自體寂用無限法界之門。不同三乘皆有業果報生依止處所。設為化事。皆有分限。如此十地第六地。即以守護一切城增長威力明已能守護心城。非定亂所攝所行世事。是同事所須。非自業有故。七地是有用有開發。如前三空而悲行故。是故善財此位中知識號開敷樹華。明三空願開發行華也。是故從第六地已來能入滅定。即十住第六住以海幢比丘為樣。自十行十迴向十地十一地普第六心總例然。設不入定者。即但明十住海幢為體。餘後是海幢中大用。餘意如經自明。

已上一段明不證涅槃門。

第八段有十一行經。明以方便示入生死一切諸道而住佛法分。釋義云。以滅定方便起十種示現出過於世。不捨樂法之心。如經云。雖然隨順佛智而示現入聲聞辟支佛地者。明二乘人得果之後。厭患其所受父母分段胎生之身。自化其火自焚其身。入變易生死身。餘如文自明。下云天者已上欲界色界無色界天。龍者是世間諸龍。夜叉者如海幢比丘。于经行道侧。结跏趺坐。离出入息。随其身分。对现色身。起化如云。遍周刹海。此约根本普光明智自体寂用无限法界之门。不同三乘。皆有业果报生。依止处所。设为化事。皆有分限。如此十地第六地。即以守护一切城增长威力。明已能守护心城。非定乱所摄。所行世事。是同事所须。非自业有故。七地是有用有开发。如前三空而起行故。是故善财此位中知识。号开敷树华。明三空恒开发行华也。是故从第六地已来。能入灭定。即十住第六住。以海幢比丘为样。自十行十回向十地十一地。每第六心总例然。设不入定者。即但明十住海幢为体。余后是海幢中大用。余意如经自明。已上一段。明不证涅槃门 。

第八段。有十一行经。明以方便示入生死一切诸道。而住佛法分。释义云。以灭定方便。起十种示现。出过于世。不舍乐法之心。如经云。虽然随顺佛智而示现入声闻辟支佛地者。明二乘人得果之后。厌患其所受父母分段胎生之身。自化其火。自焚其身。入变易生死身。余如文自明。下云天者。已上欲界色界无色界天。龙者。是世间诸龙。夜叉者。

此云苦活。或曰伺察。或云捷疾。乾闥婆者此曰食
香。或曰尋香。此香神設樂求食。阿脩羅者此是天
趣所攝。此云無天。妙樂迦樓羅者此云悲苦聲。以
食龍在喉中猶活。有悲苦聲。亦為實翅鳥。緊那羅
此曰疑神。頭上有角人見生疑。為人耶為非人耶。
摩睺羅伽者此云胸腹行。此是諸畜是同龍輩。古
云大蟒神。人及非人。非人是鬼類。帝釋此云能主。
梵天王是初禪王。梵者淨也。以過欲界名為淨王。
明此位菩薩能徧同其類。引之修學菩提徧智。而
無樂著。故云不捨樂法之心。餘如文自具。又明自
忻後地未滿。眞當勤心樂法也。

第九段有二十九行半經。明此位菩薩以願力
見佛廣多及受職分。釋義中分為五段。一佛子菩
薩已下至餘莊嚴具所不能及。有十二行半經。明

此云苦活。或曰伺察。或云捷疾。乾闼婆者。此曰食香。或曰寻香。此香神设乐求食。阿修罗者。此是天趣所摄。此云无天妙乐。迦楼罗者。此云悲苦声。以食龙。在嗉中犹活。有悲苦声。亦为宝翅鸟。紧那罗此曰疑神。头上有角。人见生疑。为人耶。为非人耶。摩睺罗伽者。此云胸腹行。此是诸畜。是同龙辈。古云大蟒神。人及非人。非人是鬼类。帝释。此云能主。梵天王。是初禅王。梵者。净也。以过欲界。名为净王。明此位菩萨。能遍同其类。引之修学菩提福智。而无乐着。故云不舍乐法之心。余如文自具。又明自忻后地未满。须当勤心乐法也 。

第九段。有二十九行半经。明此位菩萨以愿力见佛广多及受职分。释义中。分为五段。一佛子菩萨已下。至余庄严具所不能及。有十二行半经。明

此遠行地得見多佛及供養聞法轉增勝分。一菩
薩住此第七地已下至一切眾生識惑泥滓有五
行半經。明二乘之所不過分。二此菩薩已下至七
遠行地有兩行半經。明此地所修行門分。四菩薩
住此地已下至一切智智依止者有五行經。明此
位菩薩受職堪為眾生依止求智分。五此菩薩若
發勤精進已下有四行半經。明此位菩薩以自精
進力及願所得法門三昧眷屬之量分。如鍊真金
轉明淨除第六地已前。但明鍊治磨鎣轉令明淨
者。為加戒定慧四念觀十二緣觀等淨治智地。令
此地菩薩入世間方便示現種種眾生行。皆能同事
教化眾生故。明以種種眾妙寶間錯莊嚴。明以淨
妙之智嚴種種眾行。以種種眾行而莊嚴智地。互
相顯發更增明淨。意明此地以普光明智用嚴萬
行。以世間利益眾生之行起智用自在。彰智更明
故。智不對萬行而明者。智無大用。即二乘是也。萬
行不得智而行者。即有限礙。即人天外道善行故。
餘文如經自具。

此远行地得见多佛。及供养闻法转增胜分。二菩萨住此第七地已下。至一切众生诸惑泥潦。有五行半经。明三乘之所不过分。三此菩萨已下。至七远行地。有两行半经。明此地所修行门分。四菩萨住此地已下。至一切智智依止者。有五行经。明此位菩萨受职。堪为众生依止求智分。五此菩萨若发勤精进已下。有四行半经。明此位菩萨以自精进力及愿。所得法门三昧眷属之量分。如炼真金转明净喻。第六地已前。但明炼治磨莹转令明净者。为加戒定慧。四念观。十二缘观等。净治智地。令此地善入世间。方便示现种种众生行。皆能同事教化众生故。明以种种众妙宝间错庄严。明以净妙之智。严种种众行。以种种众行。而庄严智地。互相显发。更增明净。意明此地。以普光明智。用严万行。以世间利益众生之行。起智用自在。彰智更明故。智不对万行而明者。智无大用。即三乘是也。万行不得智而行者。即有限碍。即人天外道善行故。余文如经自具 。

大方廣佛新華嚴經論卷第二十七

第六段中有四十一行頌重頌前法分如文自具。

第八不動地將釋此地五門如前。一釋地名目者。此地何故名不動地明此位菩薩於世間智不須功用神智思量不思不為而智隨萬有通化無方名為不動地一明此地行何行門者此地行願波羅蜜為此地以智增以智體本淨以願興行轉更自在若不以願起智恐還同二乘以願防之不令滯淨至此地已法合得諸佛三加七種勸令念本願悲生智用任運能起廣大慈悲便能成無作智悲任用圓滿前第七地入世間中有行有開發此地成有行有開發中無行無開發任智用滿大悲故仍於後善慧來自在故又以任運智慧增明非待作意故三善財表法者善財於此行中所見善知識在此道場中者明八地稱理入真智稱無作契會中義故云住此道場中明智契中道名之為中理無彼此我人自他名之為道明此善知識能入願精進力救護一切眾生者明此位中方能起其本願救生無限為表第七地隨悲修智者難成故此位隨智行悲濟物廣大易成故為智體徧周

大方广佛新华严经论卷第二十七

第六段中。有四十二行颂重颂前法分。如文自具 。

第八不动地。将释此地。五门如前。一释地名目者。此地何故名不动地。明此位菩萨。于处世间智。不须功用。神智思量。不思不为。而智随万有。通化无方。名为不动地。二明此地行何行门者。此地行愿波罗蜜。为此地智增。以智体本净。以愿兴行。转更自在。若不以愿起智。恐还同二乘。以愿防之。不令滞净至此地已。法合得诸佛三加七种劝。令念本愿起生智用。任运能起广大慈悲。便能成无作智悲。任用圆满前第七。成入世间中有行有开发。此地成有行有开发中无行无开发。任智用满大悲故。仍于后善慧未自在故。又以任运智慧增明。非待作意故。三善财表法者。善财于此行中。所见善知识在此道场中者。明八地称理入真。智称无作。契会中义。故云在此道场中。明智契中道。名之为中。理无彼此我人自他。名之为道场。此善知识。号大愿精进力救护一切众生者。明此位中。方能赴其本愿。救生无限。为表第七地随悲行智者难成故。此位随智行悲济物广大易成故。为智体遍周。

十方對現，隨眾生廣狹故，如響應聲，無心而與一
切眾音合，故其智無思，與等虛空界法界一切眾
生所樂心合，而以利之，而無我所，而無作者。是故
以夜天號大願精進力救護一切眾生，坐普現一
切宮殿摩尼王藏師子之座者，明大慈悲普覆一
切眾生為宮，以智對現利生為殿，智無染淨為摩
尼，隨居染淨而無功，而廣救眾生，名之為王，故普
現法界國土摩尼寶網彌覆其上者，表智境普合
隨根設教，名之為網，以智無體能現眾法，而無作
者，名曰摩尼。此明約智用利生所報依果，觀因知
果，樂果勸因故，乃至廣如經說。明此八地教門是
所修行之法，夜天名大願精進力是行行之人。四
明於三界中此地得何解脫者，明得智用利物徧
周恆無功而解脫。明從初地已來至於七地，有為
無為皆有修學。此八地一行已終，如菩薩行中此
地功畢，諸佛十力十八不共自在十地方終。五隨
文釋義者，一義如前。一長科經意者，於此八地約
分十一段長科。
　第一是時天王及天眾已下至一心瞻仰欲聽
法，有二十一行頌，明諸天聞法興供歎佛神德分。
第二時解脫月已下，兩行頌，明請說八地分。

十方对现。随众生广狭故。如响应声。无心而与一切众音合故。其智无思与等虚空界法界一切众生所乐心合。而以利之。而无我所。而无作者。是故以夜天号大愿精进力救护一切众生。坐普现一切宫殿摩尼王藏师子之座者。明大慈悲普覆一切众生为宫。以智对现利生为殿。智无染净为摩尼。随居染净而无功。而广救众生。名之为王故。普现法界国土摩尼宝网弥覆其上者。表智境普含随根设教。名之为网。以智无体。能现众法。而无作者。名曰摩尼。此明约智用利生所报依果。观因知果。举果劝因故。乃至广如经说。明此八地教门。是所修行之法。夜天名大愿精进力。是行行之人。四明于三界中此地得何解脱者。明得智用利物遍周恒无功而解脱。明从初地已来至于七地有为无为皆有修学。此八地二行已终。如菩萨行中。此地功毕。诸佛十力十八不共自在。十地方终。五随文释义者。二义如前。一长科经意者。于此八地。约分十二段长科 。

第一是时天王及天众已下。至一心瞻仰欲听法。有二十二行颂。明诸天闻法兴供。叹佛神德分。

第二时解脱月已下。两行颂。明请说八地分 。

第三爾時已下一段有十行經明修第八地向入無生法忍分。第一隨文釋義者。經云入一切法如虛空性是名得無生法忍者。明初地已來至七地是順無生忍。八地方得無生忍。八地已前有爲無爲。皆有覺觀修學。至此八地一行方終。自餘文義如文自明。

第四佛子菩薩成就此忍已下。有十七行經明此位菩薩入無功用分。釋義中分爲四段。一佛子菩薩已下至皆悉止息。有五行半經。明入第八不動地離一切想寂滅現前。二乘滅定所不及分。二菩薩摩訶薩已下至一行相行悉不現前。可八行經明自初地已來方便功終。無功一行不現前分。三佛子已下。至皆不現前。可兩行經。明舉生梵世欲界煩惱不現前喻分。四此菩薩摩訶薩已下。一行半經明菩薩心佛心菩提心涅槃心尚不現前分。經云一切聲聞辟支佛所不能及者。爲二乘是厭有證無。不同有無一行滿任無作功。離諸諠諍寂滅現前。有無一淨功已滿故。無有諍故。五地世技邊六地三空智慧終。七地大悲諸行滿。八地任運無功智自在。大化利生故。無作者故。經云譬如比丘具足神通得心自在者。約小況大。如比丘得第三尔时已下一段。有十行经。明修第八地向。入无生法忍分。第二随文释义者。经云。入一切法如虚空性。是名得无生法忍者。明初地已来至七地。是顺无生忍。八地方得无生忍。八地已前。有为无为。皆有觉观修学。至此八地。二行方终。自余文义。如文自明 。

第四佛子菩萨成就此忍已下。有十七行经。明此位菩萨入无功用分。释义中。分为四段。一佛子菩萨已下。至皆悉止息。有五行半经。明入第八不动地。离一切想寂灭现前。二乘灭定所不及分。二菩萨摩诃萨已下。至二行相行悉不现前。可八行经。明自初地已来方便功终。无功二行不现前分。三佛子已下。至皆不现前。可两行经。明举生梵世欲界烦恼不现前喻分。四此菩萨摩诃萨已下。一行半经。明菩萨心佛心菩提心涅槃心。尚不现前分。经云一切声闻辟支佛所不能及者。为二乘是厌有证无。不同有无二行满。任无作功。离诸諠诤。寂灭现前。有无二行功已满故。无有诤故。五地世技达。六地三空智慧终。七地大悲诸行满。八地任运无功智自在。大化利生故。无作者故。经云譬如比丘具足神通得心自在者。约小况大。如比丘得

出三界定。無三界心。但隨淨定力以出三界妙淨
意化現神通。其通有六。一身通。二天耳通。三天眼
通。四宿命通。五他心通。六漏盡通。如是一乘六通
與淨土菩薩名數相似。但通用廣狹不同。二乘神
通變化。不得徧他方佛土淨土菩薩神通得往他
方淨土。一乘菩薩神通十方佛剎眾生剎總納於
毛孔。二乘以漏盡通爲證。一乘菩薩雖離諸欲不
以漏盡通爲證。二乘六通皆有限量。一乘十通無
限。如下十通品自明。如淨名經云。雖行六通而不
盡漏。以智自在不同小果。二乘通皆有往來。如三
乘經云。我欲還歸本土等是。一乘菩薩所有神通
依理智印性自徧周。等虛空界。應物施爲。無有去
來中邊之性。所以一乘菩薩不證漏盡通者。爲以
明處智境界不見漏性及以無漏。有取有捨。萬法
性自法界故。以智自在故。攝生行徧。故不同二乘
有所厭取捨故。是故今此以小況大。喻如下以夢
況法喻者。明初地至七地有學有修。如夢所作未
寤。八地如夢已覺。故萬事總無任用。從智以智自
在。號智爲王。自餘如文自明。
第五佛子此地菩薩已下一段有四十行半經。

出三界定。无三界心。但随净定力。以出三界妙净意。化现神通。其通有六。一身通。二天耳通。三天眼通。四宿命通。五他心通。六漏尽通。如是二乘六通。与净土菩萨名数相似。但通用广狭不同。二乘神通变化。不得遍他方佛土。净土菩萨神通。得往他方净土。一乘菩萨神通。十方佛刹众生刹。总纳于毛孔。三乘以漏尽通为证。一乘菩萨虽离诸欲。不以漏尽通为证。三乘六通皆有限量。一乘十通无限。如下十通品自明。如净名经云。虽行六通而不尽漏。以智自在。不同小果。三乘通皆有往来。如三乘经云。我欲还归本土等是。一乘菩萨所有神通依理智印。性自遍周。等虚空界。应物施为。无有去来中边之性。所以一乘菩萨不证漏尽通者。为以明处智境界。不见漏性及以无漏有取有舍。万法性自法界故。以智自在故。摄生行遍故。不同三乘有忻厌取舍故。是故今此以小况大喻。如下以梦况法喻者。明初地至七地。有学有修。如梦所作未寤。八地如梦已觉故。万事总无。任用从智。以智自在。号智为王。自余如文自明 。

第五佛子此地菩萨已下一段。有四十行半经。

明此位人無功用已。諸佛以十種勸發加持分。釋義中約分十二段。一佛子此菩薩已下至於此忍門有五行半經。是十方諸佛現加勸修諸如來十八不共法分。二又善男子已下至汝當愍如是眾生有兩行半經。是諸佛勸歎得無生忍念度煩惱惡趣眾生分。三又善男子汝當憶念已下至智慧之門有兩行經。是諸佛勸念本所誓願普大饒益一切眾生分。四又善男子已下至得此無分別法有兩行半經。明諸佛勸不住法性分。五又善男子汝觀我等身相已下至成就此事有兩行半經。是諸佛加勸令修徧德智慧說法音聲分。六又善男子已下至成就此法有三行半經。明諸佛勸修兼量法明分。七又善男子已下至通達其事有兩行經。是諸佛勸修種種差別如實通達其事分。如上二十行半經。總有三加七勸。三加者。一諸佛現身二與智。三言讚善哉善哉及與摩頂。七勸者。如上科文作七段是也。八佛子諸佛世尊已下至差別智業有兩行經。明諸佛以七勸三加令起差別業分。九佛子已下至優波尼沙陀分亦不及一。有七行經。明已得起智門。超前初發心不可比對分。十明此位入无功用已。诸佛以十种劝发加持分。释义中。约分十二段。一佛子此菩萨已下。至于此忍门。有五行半经。是十方诸佛现加。劝修诸如来十八不共法分。二又善男子已下。至汝当愍如是众生。有两行半经。是诸佛劝叹得无生忍。念度烦恼恶觉众生分。三又善男子汝当忆念已下。至智慧之门。有两行经。是诸佛劝念本所誓愿。普大饶益一切众生分。四又善男子已下。至得此无分别法。有两行半经。明诸佛劝不住法性分。五又善男子汝观我等身相已下。至成就此事。有两行半经。是诸佛加劝令修福德智慧说法音声分。六又善男子已下。至成就此法。有三行半经。明诸佛劝修无量法明分。七又善男子已下。至通达其事。有两行经。明诸佛劝修种种差别。如实通达其事分。如上二十行半经。总有三加七劝。三加者。一诸佛现身。二与智。三言赞善哉善哉。及与摩顶。七劝者。如上科文作七段是也。八佛子诸佛世尊已下。至差别智业。有两行经。明诸佛以七劝三加。令起差别业分。九佛子已下。至优波尼沙陀分亦不及一。有七行经。明以得起智门。超前初发心不可比对分。十

何以故已下。至以不動法故有五行經。明得無量
身語意業分。十一佛子已下。至設經百歲亦不能
及有三行經。明舉喻況乘船至海還於經過百歲
分。十二佛子已下。至不能及有四行經。明乘一乘
船至此無功行海分。如是勸加從十住十行十迴
向十地。一一位初首皆諸佛勸歎加持說法令
說法故。至此八地三加七勸。明自修行者明自行
無功所得及故。於此地中。法爾智現諸佛加持法
相應故。堪領受一切諸佛廣大法故。如世帝王德
備即鳳翔麟應。是德所感也。明此八地無功智現
即十方諸佛感應。是法爾合然。故經云善男子此
忍第一順諸佛法者。明此地得無生忍非如第六
七地已前順忍。故此忍第一順諸佛法者明此無
生忍是諸佛本體智性故。善男子。我等所有十力
無畏者。即處非處力等及四無畏是十八不共諸
佛之法汝今未得者。明勸昇進如來自在。不令住
在無功用中。十八不共者。一無有咲失。二無卒暴
音。三無忘失念。四無不定心。五無種種想。六無不
擇捨。七志欲無退。八精進無退。九念無退。十定無
退。十一慧無退。十二解脫無退。十三一切身業智

何以故已下。至以不动法故。可五行经。明得无量身语意业分。十一佛子已下。至设经百岁亦不能及。有三行经。明举喻况乘船至海。速于经过百岁分。十二佛子已下。至不能及。有四行经。明乘一乘船。至此无功行海分。如是劝加。从十住十行十回向十地。一一位初首。皆诸佛劝叹加持说法者。令说法故。至此八地三加七劝。明自修行者。明自行无功所得及故。于此地中。法尔智现。诸佛加持法相应故。堪领受一切诸佛广大法故。如世帝王德备即凤翔麟应。是德所感也。明此八地无功智现。即十方诸佛感应。是法尔合然故。经云善男子。此忍第一。顺诸佛法者。明此地得无生忍。非如第六七地已前顺忍故。此忍第一顺诸佛法者。明此无生忍。是诸佛本体智性故。善男子。我等所有十力无畏者。即处非处力等。及四无畏是。十八不共诸佛之法。汝今未得者。明劝升进如来自在。不令住在无功用中。十八不共者。一无有误失。二无卒暴音。三无忘失念。四无不定心。五无种种想。六无不择舍。七志欲无退。八精进无退。九念无退。十定无退。十一慧无退。十二解脱无退。十三一切身业。智爲前導隨智而轉。十四一切語業智爲前導隨智而轉。十五一切意業智爲前導隨智而轉。十六知過去世無著。十七知未來世無著。十八知現在世無著。四無畏者，一一切智無畏。二漏盡無畏。三說障道無畏。四說盡苦道無畏。十力如先已明。如汝雖得是寂滅解脫已下，勸令念求得衆生，令念本願。普大饒益。已下通有三加七勸。如文自明。以此七勸令起無量差別智業。如歌羅分者，此云豎析人身上一毛爲百分中一分。或曰爲十六分之一分。以西域十六升爲一斗。所謂此地悲智昇進，不可以前地法能比對少分故。優波尼沙陀分者，優波此云近也。沙陀云對。明此地悲智利物之廣大，前地說經百千億不可數劫所作利益亦不比並此地少許微毫之益故。爲明前地以益劣故，以此地悲無限化身之益故。餘如文自具。已上一段，以明三加七勸安立法則。十住十行十迴向十地等第八位中大勢共同。總明十住初心一念入道生如來智慧家時，一切法總具昉之。然法須安立次第昇進，不滯諸行故；令諸始發心者，知軌度故。從初發心興大願故，令大悲智而與法身齊昇進故。

为前导。随智而转。十四一切语业。智为前导。随智而转。十五一切意业。智为前导。随智而转。十六知过去世无著。十七知未来世无著。十八知现在世无著。四无畏者。一一切智无畏。二漏尽无畏。三说障道无畏。四说尽苦道无畏。十力如先已明。如汝虽得是寂灭解脱已下。劝令念未得众生。令念本愿。普大饶益。已下通有三加七劝。如文自明。以此七劝。令起无量差别智业。如歌罗分者。此云竖析。人身上一毛。为百分中一分。或曰为十六分之一分。以西域十六升为一斗。所谓此地起智升进。不可以前地法能比对少分故。优波尼沙陀分者。优波。此云近也。沙陀。云对。明此地起智利物之广大。前地设经百千亿不可数劫所作利益。亦不比并此之少许微毫之益故。为明前地以益劣故。以此地起无限化身之益故。余如文自具。已上一段。以明三加七劝。安立法则。十住十行十回向十地等。第八位中。大势共同。总明十住初心一念入道。生如来智慧家时。一切法总具防止。然法须安立次第升进。不滞诸行故。令诸始发心者知轨度故。从初发心兴大愿故。令大悲智而与法身齐升进故。

設教前鄉學者一時智有迷悟淺深自導以智境
界非有前後。

校譌

第八紙十六行識宋前此蔵作諸　第十一紙二十行成宋論作故　第十五
紙十行說宋論作法　第十六紙十九行寬庿宋論俱作廨庿　第十七紙
一行故至下宋論無此字

第六佛子已下一段有五十九行經明此位菩
薩以自智德善知眾法差別成壞同事攝生廣大
自在分。釋義中約分爲八段一佛子菩薩住此第
八地已下至皆如實知有四行經。明以善巧智觀
世間成壞由何業因分。二又知地界小相大相已
下至差別相有兩行經。明地水火風大小差別相
分。三知微塵細相已下至知微塵差別智有七行
經明知微塵差別相分四又知欲界色界已下至
觀三界差別智有兩行半經明知三界成壞相分。
五佛子此菩薩已下至悉現其身有八行半經明
觀眾生身差別隨應現身分六佛子已下至而爲
現身有十二行經明現身同事分七佛子已下至
於此身現如是形有十行半經明此位菩薩住於
無心想中。現身同別自在分。八此菩薩知眾生集

设教前却。学者一时。智有迷悟浅深自露。以智境界。非有前后 。

第六佛子已下一段。有五十九行经。明此位菩萨以自智德。善知众法差别成坏。同事摄生广大自在分。释义中。约分为八段。一佛子菩萨住此第八地已下。至皆如实知。有四行经。明以善巧智。观世间成坏。由何业因分。二又知地界小相大相已下。至差别相。有两行经。明地水火风大小差别相分。三知微尘细相已下。至知微尘差别智。有七行经。明知微尘差别相分。四又知欲界色界已下。至观三界差别智。有两行半经。明知三界成坏相分。五佛子此菩萨已下。至悉现其身。有七行半经。明观众生身差别。随应现身分。六佛子已下。至而为现身。有十二行经。明现身同事分。七佛子已下。至于此身现如是形。有十行半经。明此位菩萨住于无心相中。现身同别自在分。八此菩萨知众生集

已下至顯現色身相有十一行半經明業報身及
相差別分。經云觀一切智者是根本智所行境
者差別智也。從根本智所行分別故觀世間成相
者如世界初成。及四時八天地獄畜生餓鬼等成
相及以壞相。皆由業成皆由業壞。皆同類相應非
常。總爾於不遷不變無時之中。見長壽見短壽生非
延促。當類不同自成他壞。或復同時。皆隨業變非
亙有故如是成壞劫住延促時分增減此八地菩
薩悉知。知地界小相大相者。明知小相一塵是也
大相一塵無體即廣狹悉等。又如一毛孔中安立無
廣大世界及小世界淨穢差別咸住其中。微細無
限重重無礙。如因陀羅網十方互參。如是悉見。如
水火風界大小之相者。且如此世界約俱舍論云
安立器世界。風輪最居下。其量廣無數。厚十六億
由旬。次上水輪深厚十一億二萬三千四百半由
旬。下八由旬水。餘結凝成金。如是金剛際已上積
塵成世界。如楞伽經云。津潤妄想能生內外水界
堪能妄想能生內外火界。斷截妄想能生內外地
界。飄動妄想能生內外風界。所謂愛生水界。我所
堪能生於火界。能所一執能生地界。思想彼此能

已下。至显现色身相。有十二行半经。明业报身及相差别分。经云观一切智智者。是根本智。所行境者。差别智也。从根本智所行分别故。观世间成相者。如世界初成。及四时人天地狱畜生饿鬼等成相。及以坏相。皆由业成。皆由业坏。皆同类相应非常。总尔于不迁不变无时之中。见长寿。见短寿。生延促。万类不同。自成他坏。或复同时。皆随业然。非真有故。如是成坏劫住延促时分增减。此八地菩萨悉知。知地界小相大相者。明知小相一尘是也。大相一尘无体。即广狭悉等。又如一毛孔中。安立广大世界及小世界净秽差别咸住其中。微细无限。重重无碍。如因陀罗网。十方互参。如是悉见。如水火风界大小之相者。且如此世界。约俱舍论云。安立器世界。风轮最居下。其量广无数。厚十六亿由旬。次上水轮。深厚十一亿二万三千四百半由旬。下八由旬水。余结凝成金。如是金刚际已上。积尘成世界。如楞伽经云。津润妄想。能生内外水界。堪能妄想。能生内外火界。断截妄想。能生内外地界。飘动妄想。能生内外风界。所谓爱生水界。我所堪能。生于火界。能所二执。能生地界。思想彼此能生風界愛心亡水災不及我能我所亡火災不及思想亡風災不及。一禪水災不及二禪火災不及四禪風災不及為思想絕故內無出入息外無風災內無能所外無火災內無欲愛外無水災一如色界四禪次第又以增上欲愛故能生火界即如蓮華寶女地獄以愛心取故欲愛增上便成熱銅柱等若以熱燒嚐悶絕便死而復更生如是一日千生萬死若無窮極皆由愛變如增上業火成融銅猛火業風等一如說地獄等經如是業壞此位菩薩悉能如實知見經云隨何世界中所有地水火風界各若干微塵者如以積小成其大者即以隣虛塵透金透銅透鐵隙中兔毫羊毛蟣虱草子麤塵皆七比之以成分寸尺肘弓等量知之者是凡情所知如俱舍論所說及此閻浮提洲地南北東西廣狹之量亦如彼說知人畜身以身長短以積塵之法七七比之而知人畜身之塵數者此是凡情之量見也此位菩薩世界國土人畜等身皆智眼見之知三界成壞智者三界所成時乃至大相小相此位菩薩皆智力知見婆羅門眾者淨種也剎利眾者王種毗舍眾者商估種首陀眾者生风界。爱心亡。水灾不及。我能我所亡。火灾不及。思想亡。风灾不及。二禅水灾不及。三禅火灾不及。四禅风灾不及。为思想绝故。内无出入息。外无风灾。内无能所。外无火灾。内无欲爱。外无水灾。一如色界四禅次第。又以增上欲爱故。能生火界。即如莲华宝女地狱。以爱心取故。欲爱增上。便成热铜柱等苦。以热烧煿。闷绝便死。而复更生。如是一日千生万死。苦无穷极。皆由爱恋。如增上业火。成融铜猛火业风等。一如说地狱等经。如是业坏。此位菩萨悉能如实知见。经云随何世界中所有地水火风界各若干微尘者。如以积小成其大者。即以邻虚尘。透金。透铜。透铁隙中。兔毫。羊毛。虮虱。草子。穬麦。皆七七比之。以成分寸尺肘弓等量。知之者是凡情所知。如俱舍论所说。及此阎浮提洲地。南北东西广狭之量。亦如彼说。如人畜身。以身长短以积尘之法。七七比之。而知人畜身之尘数者。此是凡情之量见也。此位菩萨。世界国土人畜等身。皆智眼见之。知三界成坏智者。三界所成时。乃至大相小相。此位菩萨皆智力知见。婆罗门众者。净种也。刹利众者。王种。毗舍众者。商估种。首陀众者。

農夫種也。經云。此菩薩知眾生身者。是業報身也。
國土身者。或以眾生身為國土。如人身。於中有八
萬四千戶蟲等居是。已下十身悉能同別自在。此
菩薩知眾生集業身。集何業果。聲上而報得身悉
知之。煩惱身者。道三界身。色身者。色界身也。無色
身者。無色界也。如是等身大小相。以智能知。如
來身有菩提身。有願身者。以菩提心起願成身故。
化身者。隨眾生所現故。力持身者。十力所持故。相
好身者。福智萬行所莊嚴故。威勢身者。示現摧伏
諸我慢故。意生身者。遂眾生情所欲故。福德身者
具莊嚴故。法身者。如虛空故。智身者。知無邊法故
知智身者。覺自智及他智故。善思量相者。任智所
知。無情識故。如實決擇相者。以根本智起差別智
善決擇義相故。果行所攝相者。即一乘從根本智
果。起普賢願行故。世間出世間差別相者。真俗二
智悉現前故。三乘差別相者。三乘趣寂。菩薩生於
淨土。或云。說惡濁生等事。共相者。三乘一乘共一
無生相。不共相者。具慈悲無慈悲名不共相。又共
相者。凡聖一體具如來智。不共相者。迷悟不同故。
出離相者。二乘是也。非出離相者。一切凡夫具煩

农夫种也。经云此菩萨知众生身者。是业报身也。国土身者。或以众生身为国土。如人身。于中有八万四千户虫居等是。已下十身。悉能同别自在。此菩萨知众生集业身。集何业果增上。而报得身。悉知之。烦恼身者。通三界身。色身者。色界身也。无色身者。无色界也。如是等身大小相。以智能知。知如来身有菩提身有愿身者。以菩提心起愿成身故。化身者。随众生所现故。力持身者。十力所持故。相好身者。福智万行所庄严故。威势身者。示现摧伏诸我慢故。意生身者。逐众生情所欲故。福德身者。具庄严故。法身者。如虚空故。智身者。知无边法故。知智身者。觉自智及他智故。善思量相者。任智所知无情识故。如实决择相者。以根本智起差别智。善决择义相故。果行所摄相者。即一乘从根本智果。起普贤愿行故。世间出世间差别相者。真俗二智悉现前故。三乘差别相者。二乘趣寂。菩萨生于净土。或云留惑润生等事。共相者。三乘一乘共一无生相。不共相者。具慈悲。无慈悲。名不共相。又共相者凡圣一体具如来智。不共相。有迷悟不同故。出离相者。三乘是也。非出离相者。一切凡夫具烦惱者是。一乘非此一事。有學相者七地已前菩薩是無學相者。八地已後菩薩是。知法身平等相者萬法無性故。不壞相者如智所報得境界故。隨時隨假名差別相者即化身隨樂欲心故。眾生非眾生差別相者有情無情差別相故。佛法聖僧法差別相者聲聞僧緣覺僧淨土菩薩僧一乘菩薩僧差別相佛亦隨類如之知虛空身無量相以法身起智隨行所感無量色別故。周遍相爲法身智身周徧行亦周徧故其色相亦徧。無形相無異相者悉同體故。無邊相者以法身智境非情限故。顯現色身相者明色身無體無依智自在顯現故。已上如前科文中有八段經文。深隱處解之。文自具處如文自明。大意明此八地菩薩無功之智所及之用故。

第七佛子已下。有十行半經。明此位菩薩於身命財十自在無過失分。釋義中。約分爲二段。一佛子已下。至法自在。有兩行半經。明此位已成就如上身智已得十自在分。二得此十自在故已下。至無能壞智者有一行半經。明得四種智自在分。三此菩薩已下。至積集一切佛法。有六行半經。明此位菩薩以無過失身口意業隨般若波羅蜜能集恼者是。一乘非此二事。有学相者。七地已前菩萨是。无学相者。八地已后菩萨是。知法身平等相者。万法无性故。不坏相者。如智所报得境界故。随时随假名差别相者。即化身随乐欲心故。众生非众生差别相者。有情无情差别相故。佛法圣僧法差别相者。声闻僧。缘觉僧。净土菩萨僧。一乘菩萨僧。差别相。佛亦随类如之。知虚空身无量相。以法身起智随行所感无量色别故。周遍相。为法身。智身周遍。行亦周遍。故其色相亦遍。无形相无异相者。悉同体故。无边相者。以法身智境非情限故。显现色身相者。明色身无体无依智自在显现故。已上如前科文中有八段经文。深隐处解之。文自具处。如文自明。大意明此八地菩萨无功之智所及之用故 。

第七佛子已下。有十行半经。明此位菩萨于身命财十自在无过失分。释义中。约分为三段。一佛子已下。至法自在。有两行半经。明此位已成就如上身智。已得十自在分。二得此十自在故已下。至无能坏智者。有一行半经。明得四种智自在分。三此菩萨已下。至积集一切佛法。有六行半经。明此位菩萨以无过失身口意业。随般若波罗蜜。能集一切諸法分。經云命自在者。於不生不滅大智體上同一切眾生受生死自在故。心自在者。隨無念智所作能辦故。餘如文自具。

第八佛子菩薩住此地已下至於諸事中無有過咎有九行半經。明此位菩薩得住十種力分。如經自具。云一切種一切智智者。一切種者明加行具修多種智故。一切智者是根本智。或云一切智智者明從根本智起差別智。意明以根本無功用智作種種多功用智無二故。智現前故者明如上自在智現前故。此菩薩已下明得無功之智力故能現一切諸所作事中。無有過咎。以智無能所故

第九佛子已下一段有六行半經。明不動地隨德用具十種名分。其地名義如經自明。如一切世間無能測故。名童真地明七地已前有行有開發是世間智。此八地無功之智現前故是初童蒙入真智故。號曰童真地無過失故。名為生地者明有覺有觀已絕無覺觀刺之所傷故。故云生地以生在無功用智中故。餘如文自具。

一切诸法分。经云命自在者。于不生不灭大智体上。同一切众生受生死自在故。心自在者。随无念智所作能办故。余如文自具 。

第八佛子菩萨住此地已下。至于诸事中无有过咎。有九行半经。明此位菩萨得住十种力分。如经自具。云一切种一切智智者。一切种者。明加行具修多种智故。一切智者。是根本智。或云一切智智者。明从根本智起差别智。意明以根本无功用智。作种种多功用。智无二故。智现前故者。明如上自在智现前故。此菩萨已下。明得无功之智力故。能现一切诸所作事中。无有过咎。以智无能所故。

第九佛子已下一段。有六行半经。明不动地随德用具十种名分。其地名义。如经自明。如一切世间无能测故。名童真地。明七地已前。有行有开发。是世间智。此八地无功之智现前故。是初童蒙入真智故。号曰童真地。无过失故。名为生地者。明有觉有观已绝。无觉观刺之所伤故。故云生地。以生在无功用智中故。余如文自具 。

第十佛子菩薩已下一段有十行半經明此位菩薩入佛境界得佛護念梵釋四王力士隨侍普伏魔道。住不動地分。於此段中分為兩段。一佛子菩薩已下至示成正覺有五行半經明此位菩薩入佛境界分。自力所持感招梵釋四王等常隨侍奉分。二佛子菩薩如是入大乘會已下有五行經明入一乘無功用會獲神通隨意自在分。常為如來之護念者。明諸佛非不護念一切眾生。及斷善根之輩。其護念有二義。一護念苦道眾生未發心者。一護念已發心者有學有開發者。二護念入無功用菩薩令得佛自在故。梵釋四王金剛力士常侍衛亦有二義。一侍衛一切眾生。二侍衛已發心之者。三侍衛已至無功用智及一切諸佛故。如侍衛有二義。一大悲覆育侍衛一人位菩薩以尊敬彼法侍衛。如一身大勢力報得神通者。七地已前是修生報業神通。未得自在。此地無功之智報業神通廣大自在。七地已前報業神通依禪定願力生。此地報業神通無作智生。無修作故。放大光明若所作障亡故。放光明自應。入無礙法界者。諸作已亡故。任智用故。智無有礙。餘如文自具。

第十佛子菩萨已下一段。有十行半经。明此位菩萨。入佛境界得佛护念。梵释四王力士随侍。普伏魔道。住不动地分。于此段中。分为两段。一佛子菩萨已下。至示成正觉。有五行半经。明此位菩萨入佛境界。自力所持。感招梵释四王等常随侍奉分。二佛子菩萨如是入大乘会已下。有五行经。明入一乘无功用会。获神通随意自在分。常为如来之护念者。明诸佛非不护念一切众生。及断善根之辈。其护念有三义。一护念苦道众生未发心者。二护念已发心者。有学有开发者。三护念入无功用菩萨令得佛自在故。梵释四王金刚力士常侍卫。亦有三义。一侍卫一切众生。二侍卫已发心之者。三侍卫已至无功用智。及一切诸佛故。如侍卫有二义。一大悲覆育侍卫。二入位菩萨以尊敬彼法侍卫。如一一身大势力报得神通者。七地已前是修生报业神通。未得自在。此地无功之智。报业神通广大自在。七地已前报业神通。依禅定愿力生。此地报业神通。无作智生。无修作故。放大光明者。所作障亡。故放光明自应。入无碍法界者。诸作已亡故。任智用故。智无有碍。余如文自具 。

第十一佛子已下一段有三十一行半經明此
位菩薩知見廣多及受職分。約分爲四段。一佛子
已下至善能開闡智慧門。故有十二行半經明此
位菩薩見佛廣多及與眞金冶作寶莊嚴喻分。二
佛子已下至不可窮盡。有六行半經。明此位菩薩
普放光明及所行之行。願波羅蜜增上分。三佛子
已下至一切智智依止者。可有七行經。明此位菩
薩受職及行諸波羅蜜四攝四無量不離三寶分。
四此菩薩已下至而說頌曰。有五行半經。明此位
菩薩以無功用智起精進力所得三昧及願力所
示現菩薩眷屬廣多分。

第十一七地修治方便慧已下至經於億劫不
能盡有四十四行頌。明重頌前法。如文自具。

第九善慧地。將釋此地五門如前。一釋地名目者。
此地何故名爲善慧。爲此第九地。行同十住中第
九法王子住。每與五位中第九位並同法師位。善

第十一佛子已下一段。有三十二行半经。明此位菩萨知见广多及受职分。约分为四段。一佛子已下。至善能开阐智慧门故。有十三行半经。明此位菩萨见佛广多。及举真金治作宝庄严喻分。二佛子已下。至不可穷尽。有六行半经。明此位菩萨普放光明。及所行之行愿波罗蜜增上分。三佛子已下。至一切智智依止者。可有七行经。明此位菩萨受职。及行诸波罗蜜。四摄四无量。不离三宝分。四此菩萨已下。至而说颂曰。有五行半经。明此位菩萨以无功用智起精进力。所得三昧及愿力所示现菩萨眷属广多分 。

第十二七地修治方便慧已下。至经于亿劫不能尽。有四十四行颂。明重颂前法。如文自具 。

第九善慧地。将释此地。五门如前。一释地名目者。此地何故名为善慧。为此第九地行。同十住中第九法王子住。每与五位中第九位。并同法师位。善

知眾法故名善慧地。一明此地修何行門者。此修
力波羅蜜為主。餘九為伴。二明善財表法者。善財
於閻浮提有一園林名嵐毗尼見有神名妙德圓
滿。此閻浮提者是此洲林名。此洲因林而德名故。
以明此位智慧設教如林廣多覆蔭故。又云其中
有園林者明智慧重重無盡故名嵐毗尼或曰流
彌尼。尼者女音。流彌者樂勝圓光也。明此善慧地
智慧法樂無垢圓光明以善慧圓光破煩惱合得
樂故。神名妙德圓滿明法師位妙慧圓滿故。住寶
樹莊嚴樓閣寶樹者是法法師之行也。樓閣者明智
慧高遠重重迴照無礙故。明以眾行莊嚴智慧善
說諸教令眾生信伏故。是法師解行具足也。四明
此於三界得何解脫者。得智慧圓滿解脫。五隨文
釋義二義如前一長科經意者。於此善慧地長科
為七段。

第一說此菩薩八地時已下有一十六行頌。明
讚前地之法大眾興供稱歎及請說第九地法門
分。第一隨文釋義者於此頌中復分兩段一二十
五行頌。是讚前地大眾歎喜興供歎法分。一末後
一行頌。是請後地分此兩段頌於中文義如頌自
明。

知众法故。名善慧地。二明此地修何行门者。此修力波罗蜜为主。余九为伴。三明善财表法者。善财于阎浮提。有一园林。名岚毗尼。见有神。名妙德圆满。此阎浮提者。是此洲林名。此洲因林而得名故。以明此位智慧设教如林广多覆荫故。又言其中有园林者。明智慧重重无尽故。名岚毗尼。或曰流弥尼。尼者。女音。流弥者。乐胜圆光也。明此善慧地。智慧法乐。无垢圆光。明以善慧圆光。破烦恼令得乐故。神名妙德圆满。明法师位妙慧圆满故。住宝树庄严楼阁。宝树者。是法师之行也。楼阁者。明智慧高远。重重迴照无碍故。明以众行庄严智慧。善说诸教。令众生信伏故。是法师解行具足也。四明此于三界得何解脱者。得智慧圆满解脱。五随文释义。二义如前。一长科经意者。于此善慧地。长科为七段 。

第一说此菩萨八地时已下。有二十六行颂。明闻前地之法。大众兴供称叹。及请说第九地法门分。第二随文释义者。于此颂中。复分两段。一二十五行颂。是闻前地。大众欢喜兴供叹法分。二末后一行颂。是请后地分此两段颂。于中文义。如颂自明 。

第二段有六十一行半經。明修入九地向正住九地心知諸法差別分。隨文釋義中分爲十四段。一爾時已下至第九善慧地有六行半經。是趣入第九地向分。二佛子已下至無爲法行有四行經。明住第九地知一切衆生十種所行法分。三此菩薩已下至差別稠林可三行經。明此位菩薩知一切衆生十一種稠林分。四此菩薩如實知已下至皆如實知有四行經。明此位菩薩通達十種相差別分。五又知諸煩惱已下至八萬四千皆如實知有四行半經。明此位菩薩如實知八萬四千煩惱相分。六又知諸業已下至八萬四千皆如實知可五行經。明此位菩薩知業種種相乃至八萬四千分。七又知諸根已下至乃至八萬四千皆如實知有四行半經。明此位菩薩知諸根差別相分。八又知諸解有一行半經。明此位菩薩知諸解差別乃至八萬四千分。九又知諸隨眠已下至唯以聖道拔出相可六行經。明此位菩薩知隨眠種種相分。十又知受生種種相已下至妄謂出三界貪求相可五行經。明此位菩薩知受生種種相分。十一又知習氣種種相已下至如來熏習相可五行經。明第二段。有六十一行半经。明修入九地向。正住九地心。知诸法差别分。随文释义中。分为十四段。一尔时已下。至第九善慧地。有六行半经。是趣入第九地向分。二佛子已下。至无为法行。有四行经。明住第九地。知一切众生十种所行法分。三此菩萨已下。至差别稠林。可三行经。明此位菩萨知一切众生十一种稠林分。四此菩萨如实知已下。至皆如实知。有四行经。明此位菩萨通达十种相差别分。五又知诸烦恼已下。至八万四千皆如实知。有四行半经。明此位菩萨如实知八万四千烦恼相分。六又知诸业已下。至八万四千皆如实知。可五行经。明此位菩萨知业种种相。乃至八万四千分。七又知诸根已下。至乃至八万四千皆如实知。有四行半经。明此位菩萨知诸根差别相分。八又知诸解。有一行半经。明此位菩萨知诸解差别。乃至八万四千分。九又知诸随眠已下。至唯以圣道拔出相。可六行经。明此位菩萨知随眠种种相分。十又知受生种种相已下。至妄谓出三界贪求相。可五行经。明此位菩萨知受生种种相分。十一又知习气种种相已下。至如来熏习相。可五行经。明此位菩薩知習氣種種相分。十二又知眾生正定已下至二俱捨不定相可四行半經。明此位菩薩知定邪正分。十三佛子已下至令得解脫有兩行經。明都結已下十二段知差別諸法分。十四佛子此菩薩已下至而得解脫有四行半經。明以四乘法隨根獲益分。又從初第一段六行半經。經云以如是無量智慧思量觀察。欲更求轉勝寂滅解脫者。明第八地人理智無功。進入昇進如來佛果。十力。四無畏。大用寂滅無功用。故復修習如來智慧者。明修八九地。於佛功用未自在故。入如來祕密法者。過思量修習所知。而不作念。普應萬有無依息故。觀察。不思議大智性者。是根本普光明大智也。性者明智體也。性無依住。對根物而成大用故。淨諸陀羅尼三昧門者。以無依住智普應物而成大用。是正受總持義故。具六神通者。智隨根應名之為神。不往而體徧十方名之為通。又智無住名之為神。與自他而齊知見名之為通。又智性具大功而無形名之為神。無自性而具眾知名之為通。又具知見而無生死名之為神。等法界而同一多名之為通。已下如文自明。已上是修第九地向第此位菩萨知习气种种相分。十二又知众生正定已下。至二俱舍不定相。可四行半经。明此位菩萨知定邪正分。十三佛子已下。至令得解脱。有两行经。明都结已下十二段知差别诸法分。十四佛子此菩萨已下。至而得解脱。有四行半经。明以四乘法随根获益分。又从初第一段六行半经。经云以如是无量智慧思量观察。欲更求转胜寂灭解脱者。明第八地入理智无功。趣入升进如来佛果。十力四无畏大用寂灭无功用故。复修习如来智慧者。明修八九地。于佛功用未自在故。入如来秘密法者。过思量修习所知。而不作念。普应万有。无休息故。观察不思议大智性者。是根本普光明大智也。性者。明智体也。性无依住。对根物而成大用故。净诸陀罗尼三昧门者。以无依住智。普应物而成大用。是正受总持义故。具大神通者。智随根应。名之为神。不往而体遍十方。名之为通。又智无住。名之为神。与自他而齐知见。名之为通。又智性具大功而无形。名之为神。无自性而具众知。名之为通。又具知见而无生死。名之为神等。法界而同一多。名之为通。已下如文自明。已上是修第九地向。第

一段可四行經住第九地分中。經云：佛子菩薩摩
訶薩住此善慧地，如實知善不善無記法行者。明
此位爲大法師，善知一切衆生心之所行。若善若
不善及不作善不作不善名無記。皆悉知之。如不
善有四種：自性相應引發勝義。善有十二種：自性
相屬隨逐發起第一義生得方便現前供養饒益
引攝對治靜等流寂靜。無記有二。如八種識中。眼
耳等五識無覆無記。第六意識有覆有記。第七執
識有覆有記。第八種子名爲藏識。無覆無記。但與
執識成有漏善惡種子。作來世生因故。如器盛物
種下故。又有四種無記。威儀工巧變化異熟。如世
人有威儀無威儀及工巧。皆忘失正念。如學世間
變化亦爾。與正念不相應。如今世造業。成來世異
熟。身與死相應一念不覺受生。又四種無記自性
相應引發勝義。此四無記是出世道。如是等行法
此位菩薩悉知有漏無漏法行者。三界法是有漏。
出三界法是無漏。二乘出三界法是無漏一。佛乘
善光明智是無漏一。世間出世間法行者。二乘是
出世間法行。凡夫是世間法行。一乘是非世間非
出世間。能隨世間具普賢行法故。思議不思議法

二段可四行经。住第九地分中。经云佛子菩萨摩诃萨住此善慧地。如实知善不善无记法行者。明此位为大法师。善知一切众生心之所行。若善。若不善。及不作善不作不善名无记。皆悉知之。如不善有四种自性相应引发胜义。善有十三种自性相应。随逐发起第一义生。得方便现前。供养饶益。引摄对治静等流寂静。无记有二。如八种识中。眼耳等五识。无覆无记。第六意识。有覆无记。第七执识。有覆无记。第八种子名为藏识。无覆无记。但与执识成有漏善恶种子。作来世生因故。如器盛物种子故。文有四种无记。威仪。工巧。变化。异熟。如世人有威仪无威仪及工巧。皆忘失正念。如学世间变化亦尔。与正念不相应。如今世造业。成来世异熟。身与死相应。一念不觉受生。又四种无记自性相应引发胜义。此四无记是出世道。如是等行法。此位菩萨悉知。有漏无漏法行者。三界法是有漏。出三界法是无漏。三乘出三界法是有漏。一佛乘普光明智是无漏二。世间出世间法行者。三乘是出世间法行。凡夫是世间法行。一乘是非世间非出世间。能随世间具普贤行法故。思议不思议法者。一切三界是思議法。又三乘出世皆是思議。皆有所得故。一乘智境是不思議。無所得故。是寂用無邊大自在故。定不定法者。色界四禪無色界四禪。是定法是不定法。非真定故。有生滅故。三乘出世寂滅定。是定法是不定法。皆有取捨法故。一乘法界禪是定法是不定法。是寂用自在故。一切凡夫法是不定法。一切諸佛法是定法。故一切凡聖皆無定法。性無依止故。聲聞獨覺法者。厭苦集修滅道。了緣生。入無生性。捨離悲智。超世緣縛故。菩薩行法行者。行六波羅蜜。習戒及生淨土法行。如求地法行者。普光明智是。而與一切眾生及三乘一乘而作地故。有為法行者。三界人天。及三乘修生無漏。總屬有為行故。淨穢心在故。無為法行者。唯如來智地故。已上一段四行經明知十種法行分竟。三此菩薩知一切眾生十種稠林分中。經云此菩薩以如是智慧。如實知眾生心稠林者。總舉煩惱廣多如稠林。皆由心起。無心即諸行稠林滅。大智如林。能普覆護一切眾生故。煩惱稠林者。迷法界自性緣生。成等虛空界世界微塵數一切煩惱稠林。明煩惱廣多翳障如稠林。一達智境。便為者。一切三界是思议法。又三乘出世皆是思议。皆有所得故。一乘智境是不思议。无所得故。是寂用无边大自在故。定不定法者。色界四禅。无色界四禅。是定法是不定法。非真定故。有生灭故。三乘出世寂灭定。是定法是不定法。皆有取舍法故。一乘法界禅。是定法是不定法。是寂用自在故。一切凡夫法是不定法。一切诸佛法是定法故。一切凡圣皆无定。法性无依止故。声闻独觉法者。厌苦集。修灭道。了缘生。入无生性。舍离悲智。超世缘缚故。菩萨行法行者。行六波罗蜜。留惑及生净土法行。如来地法行者。普光明智是。而与一切众生及三乘一乘而作地故。有为法行者。三界人天。及三乘修生无漏。总属有为行故。净秽心在故。无为法行者。唯如来智地故。已上一段四行经。明知十种法行分竟。三此菩萨知一切众生十种稠林分中。经云此菩萨以如是智慧。如实知众生心稠林者。总举烦恼广多如稠林。皆由心起。无心即诸行稠林灭。大智如林。能普覆护一切众生故。烦恼稠林者。迷法界自性缘生。成等虚空界世界微尘数一切烦恼稠林。明烦恼广多翳障如稠林。一达智境。便为萬行功德稠林。故業根解種性樂欲並可知。隨眠稠林者有七。一欲愛。二瞋。三有[illegible]。四愛。五慢。六無明。七見疑。是見道疑。此七種[illegible]相迷覆號曰隨眠。能迷無邊心境。障菩提智。故號稠林。愛生稠林者。一剎那際。八百生滅。同時而起。習氣稠林者。如經安立十住十行十迴向十地。皆爲地前一分生如來智慧家生。頓斷三界麤識。地上漸治習氣。如初地明觀世法。二地以戒波羅蜜以治欲界識習。三地修四禪八定。治上二界識習。四地生如來家。五地修世間衆技之門。六地出纏智慧已滿。七地入利生之方便。八地智無功現前。九地行成任運。十地功圓佛用。皆是治習氣方便。三聚差別稠林者。從三不善根中約有十六種稠林。名廣乃八萬四千及無盡。十六種者。三不善根。三毒。三株杌。三垢。三燒害。三箭。三惡行。三遺。三縛。三所有。三熱。三惱。三諍。三熾然。三稠林。三拘礙。總以貪瞋癡爲體。作種種煩惱名。已上三行經明稠林煩惱分。四此菩薩如實知衆生心種種相者。都言之也。所謂雜起相者。心所緣雜境界。速轉相者。生滅無常。剎那不住。壞不壞相者。世間無常。是名心取爲壞相。世間万行功德稠林故。业。根。解。种性。乐欲。并可知。随眠稠林者。有七。一欲受。二嗔。三有恚。四爱。五慢。六无明。七见疑。是见道疑。此七种常相迷覆。号曰随眠。能迷无边心境。障菩提智。故号稠林。受生稠林者。一刹那际。八百生灭同时而起。习气稠林者。如经安立十住十行十回向十地。皆为现前一分。生如来智慧家生。顿断三界粗惑。地上渐治习气。如初地明观世法。二地以戒波罗蜜。以治欲界惑习。三地修四禅八定治。上二界惑习。四地生如来家。五地修世间众技之门。六地出缠智慧已满。七地入利生之方便。八地智无功现前。九地行成任运。十地功圆佛用。皆是治习气方便。三聚差别稠林者。从三不善根中。约有十六种稠林名。广乃八万四千及无尽。十六种者。三不善根。三毒。三株杌。三垢三烧害。三箭。三恶行。三遗。三缚。三所有。三热。三恼。三诤。三炽然。三稠林。三拘碍。总以贪嗔痴为体。作种种烦恼名。已上三行经。明稠林烦恼分。四此菩萨如实。知众生心种种相者。都言之也。所谓杂起相者。心所缘杂境界。速转相者。生灭无常。刹那不住。坏不坏相者。世间无常。是名心取为坏相。世间相無成。即無有壞。真假同此。即世間出世間平等相。無形質相者。如心念空作空無相見無邊際相者。作無邊際念想清淨相者。如是染淨縛不縛悉如實知。乃至無量皆如實知。如十二緣中。自愛取有已下爲環。已上明此位菩薩如實知種種心想相以智能知。

校譌

第二紙六行會下一本無之字　第三紙九行提宋論作薩　第六紙二行隳南論作隙　第十紙二行不下宋論無退字　第十二紙十二行二宋論作三　第十三紙十二行受職宋論作授職下十八行同　第十四紙三行地宋南北藏宋論皆作住　第十八紙十九行智下宋論有慧字　第二十紙七行染宋南北藏作深與心下宋南北藏無不字　第二十一紙八行趣宋論作聚　第二十五紙十四行故號南論作號曰

五有四行半經。又知諸煩惱種種相者。都言之也。所謂八遠隨行相者。言諸煩惱無有始終。恆隨無明所緣行故。無邊引起相者。由名色以心所緣名色。名之爲行。其心緣境。受乃同時。心想繫緣識種便熟。五蘊十二緣波濤不息。名色爲境。心爲受相无成。即无有坏。真假同此。即世间出世间平等相。无形质相者。如心念空。作空无相见。无边际相者。作无边际念想。清净相者。如是染净缚不缚。悉如实知。乃至无量。皆如实知。如十二缘中。自爱取有已下为坏。已上明此位菩萨。如实知种种心想相。以智能知 。

五有四行半经。又知诸烦恼种种相者。都言之也。所谓久远随行相者。言诸烦恼无有始终。恒随无明所缘行故。无边引起相者。由名色。以心所缘名色。名之为行。其心缘境。受乃同时。心想系缘。识种便熟。五蕴十二缘涛波不息。名色为境。心为受主想行爲使。末那執識起貪愛瞋癡。於本業田中種識種子。生諸苗稼紉有八萬四千。俱生不捨。如前已釋。眠起一義者。眠煩惱者。如前七種是。起煩惱者現作業十使十纏等是。如十使中。身見邊見邪見戒見取見等六是障見道。貪瞋癡慢四是障修道行。爲雖見道在行數起。修道煩惱至三地除。見道煩惱六地除。七地會佛悲智利衆生行。爲初地二地以上上十善治欲界惑。三地修四禪八定治上二界惑得出三界心故。六地三空現前出世智慧悉皆具足故無見道惑。七地已去。一向處世學佛智悲利生之門。如是安立明分法則須當如是初發心者。一時具修。經云眠起一義相者明體無二性故。迷一真智而作多妄者還一體收故。與心相應不相應相者。心與境合爲相應相不與境合而妄緣之是心不相應相。隨想愛生而住相因相者。如是煩惱生。如是住處。悉皆知之。三界差別相者。欲界色界無色界。愛生報境於中定亂心想所緣皆如實知。愛見癡慢如箭深入過患相者。明三界愛生皆由是四種煩惱作種種煩惱乃至八萬四千者。如十使煩惱以五蘊所成。一蘊中有主。想行为使。末那执识。起贪爱嗔痴。于本业田中。种识种子。生诸苗稼。约有八万四千。俱生不舍。如前已释。眠起一义者。眠烦恼者。如前七种是。起烦恼者。现作业十使十缠等是。如十使中。身见边见邪见戒见疑见取等六。是障见道。贪嗔痴慢四。是障修道行。为虽见道。在行数起。修道烦恼至三地除。见道烦恼六地除。七地会佛悲智利众生行。为初地二地以上上十善治欲界惑。三地修四禅八定治上二界惑。得出三界心故。六地三空现前。出世智慧悉皆具足故。无见道惑。七地已去。一向处世。学佛智悲利生之门。如是安立。明分法则。须当如是。初发心者。一时具修。经云眠起一义相者。明体无二性故。迷一真智而作多妄者。还一体收。故与心相应不相应相者。心与境合。为相应相。不与境合。而妄缘之。是心不相应相。随趣受生而住相因相者。如是烦恼生。如是住处。悉皆知之。三界差别相者。欲界色界无色界。受生报境。于中定乱心想所缘。皆如实知。爱见痴慢如箭深入过患相者。明三界受生。皆由是四种烦恼。作种种烦恼。乃至八万四千者。如十使烦恼。以五蕴所成。一蕴中有百。五蘊中有五百。以五蘊成五塵。五塵中還有五蘊十使。以爲一百。五塵中有五百。以蘊爲內。以塵爲外。皆意爲主。意爲能緣。塵爲所緣。以此內外各有五百。共成一千。配七識七千。分三世。三七二十一。二萬一千。瞋行多貪行多癡行多等分行者各二萬一千。共爲八萬四千。以約造煩惱業。但七識故。餘不能爲。如隨好光明功德品云。於色聲香味觸。其內具有五百煩惱。其外亦有五百煩惱。瞋行多者二萬一千。貪行多者二萬一千。癡行多者二萬一千。等分行者二萬一千。但有此言。亦不配當。

已上四行半經明此位菩薩如實知種種諸煩惱相分。六有五行經明此位菩薩知業種種相分。如經云。又知業種種相者。都言之也。所謂善不善無記。善不善可知。無記者有一種無記。一不記善不善。及昏沉睡眠。是不善無記。二三昧正受心境俱亡。正智現前。但爲眾生轉正法輪。於其自他無法可記。故六無記相。有表示無表示相者。明有表業者。或有業因有表示生。或因有前境可見聞覺知。由心取彼以成業種。或有業種外無表示。由心横念自計成業相與心同生不離相者。明業由心起百。五蕴中有五百。以五蕴成五尘。五尘中还有五蕴十使。以为一百。五尘中有五百。以蕴为内。以尘为外。皆意为主。意为能缘。尘为所缘。以此内外各有五百。共成一千。配七识七千。分三世。三七二十一。二万一千。嗔行多。贪行多。痴行多。等分行者。各二万一千。共为八万四千。以约造烦恼业。但七识故。余不能为。如随好光明功德品云。于色声香味触。其内具有五百烦恼。其外亦有五百烦恼。嗔行多者二万一千。贪行多者二万一千。痴行多者二万一千。等分行者二万一千。但有此言。亦不配当。已上四行半经。明此位菩萨如实知种种诸烦恼相分。六有五行经。明此位菩萨知业种种相分。如经云。又知业种种相者。都言之也。所谓善不善无记。善不善可知。无记者。有二种无记。一不记善不善。及昏沉睡眠。是不善无记。二三昧正受。心境俱亡。正智现前。但为众生转正法轮。于其自他无法可记。故云无记相。有表示。无表示相者。明有表业者。或有业因。有表示生。即因有前境。可见闻觉知。由心取彼。以成业种。或有业种。外无表示。由心横念自计成业相。与心同生不离相者。明业由心起。

心卽是業如鏡中像。業所報果是心影像。心亡境亡。因自性刹那壞而次第集果不失相者。明作業由迷自性雖作妄業忽起還亡。雖不常繫在前所集果報一一不失。自非正智現前諸業便為智用。始可脫也。有報無報相者。三界衆生及二乘并淨土菩薩皆是有報相。唯一乘佛果染淨心亡不依果報。但為隨衆生樂欲隨物現形。似如意摩尼。與物同色。無自性無他性。為本來與一切衆生同其一心。任彼心所見。達者法自如是非作用往來故。受黑黑等衆報相者。明無明業中。重重作黑業故。以智為白。以識為黑。如由無量相者。舉喻明業。如田中生種種草木。如業田中。生種種識種苗芽甚繁稠林故。凡聖差別相者。明是八業。是畜生業是地獄是餓鬼是天業。是聲聞是緣覺是淨土菩薩。是一乘佛果大悲智業。此位菩薩悉能了知。現受生後受生相者。明懸知三世受生業故。乘非乘定不定相者。外道所乘及定并三乘出世妄謂出世。非出世道業故。乃至八萬四千皆如實知。及佛果已來差別業皆如實知。已上明知業差別相。七知諸根輭中上勝相者。輭者下根。中者中根。上者上心即是业。如境中像。业所报果。是心影像。心亡境亡。因自性刹那坏而次第集果不失相者。明作业由迷自性。虽作妄业。忽起还亡。虽不常系在前。所集果报一一不失。自非正智现前。诸业便为智用。始可脱也。有报无报相者。三界众生。及二乘。并净土菩萨。皆是有报相。唯一乘佛果染净心亡。不依果报。但为随众生乐欲。随物现形。似如意摩尼。与物同色。无自性。无他性。为本来与一切众生同其一心。任彼心所见。达者法自如是。非作用往来故。受黑黑等众报相者。明无明业中。重重作黑业故。以智为白。以识为黑。如田无量相者。举喻明业。如田中生种种草木。如业田中。生种种识种苗芽。甚繁稠林故。凡圣差别相者。明是人业是畜生业是地狱。是饿鬼。是天业。是声闻。是缘觉。是净土菩萨。是一乘佛果大悲智业。此位菩萨悉能了知。现受生后受生相者。明悬知三世受生业故。乘非乘定不定相者。外道所乘及定。并三乘出世。妄谓出世。非出世道业故。乃至八万四千皆如实知。及佛果已来差别业。皆如实知。已上明知业差别相。七知诸根软中上胜相者软者下根。中者中根。上者上根。如是先際後際差別無差別上中下相者。知三世根行差別同異悉知故。煩惱俱生不相離相者。修生煩惱俱生煩惱不相離相皆悉知之。乘非乘定不定相如前。隨根網輕轉壞相者。隨根說教網。隨輕重煩惱轉壞相悉能知之。增上無能壞相者。言根品上上而無退動故。如遠隨共生不同相者。如一切眾生無始共生不離一性而隨分別根性差別不同。悉皆知之。乃至八萬四千如實知之。皆無錯謬。八知諸根(解)上知根差別解中。知諸解下

大方廣佛新華嚴經論卷第二十八

中上性樂欲。乃至八萬四千。如文自具。已上知解性欲樂差別八萬四千者。迷成八萬四千煩惱。悟成八萬四千解脫智慧。九知諸隨眠種種差別相者。都言之也。隨眠者。明惑與識染相應而無一念了覺之相。總名之為隨眠。所謂業心共生相者。明因名色與心共生。由迷斯名色。從自心起。執為外有。遂生業心共名色俱起。故言與心共生相相應不相應差別相者。明一切眾生心與境相應不相應差別相悉能知之。八遠相應無始不拔相者。明無始恆與五蘊十二緣未會一念覺心而以觀拔之。與一切禪定解脫三昧三摩鉢底神通相違相者。

根。如是先际后际差别无差别。上中下相者。知三世根行差别。同异悉知故。烦恼俱生不相离相者。修生烦恼。俱生烦恼。不相离相。皆悉知之。乘非乘定不定相如前。随根网轻转坏相者。随根设教网。随轻重烦恼转坏相。悉能知之。增上无能坏相者。言根品上上而无退动故。如远随共生不同相者。如一切众生。无始共生。不离一性。而随分别根性差别不同。悉皆知之。乃至八万四千如实知之。皆无错谬。八知诸根。已上知根差别解中知诸解。下

(大方广佛新华严经论卷第二十八)*

中上性乐欲。乃至八万四千。如文自具*已上知解性欲乐差别。八万四千者。迷成八万四千烦恼。悟成八万四千解脱智慧。九知诸随眠种种差别相者。都言之也。随眠者。明恒与惑染相应。而无一念了觉之想。名之为随眠。所谓染心共生相者。明因名色与心共生。由迷斯名色从自心起。执为外有遂生染心。共名色俱起。故言与心共生相。相应不相应差别相者。明一切众生心与境。相应不相应差别相。悉能知之。久远相应无始不拔相者。明无始恒与五蕴十二缘。未曾一念觉心而以观拔之。与一切禅定解脱三昧三摩钵底神通相违相者。

心境無性無可動移名之為禪。心亡即諸繫滅名之解脫。三昧者無沉掉也。三摩鉢底者正智慧也。神通者正定不亂相應正智神通無礙自相應故。明隨眠煩惱與此相違。三界相續受生繫縛相皆悉知見。令無邊心相續現起相者。以隨眠故開諸處門相者。以隨眠故開三界六道受生之門。豎實難治相者。為執深無明重故。迷根本智故。地處成就不成相者。明十種中成與不成相。唯以聖道拔出相者。明如上隨眠煩惱非以聖道無能濟拔已上明此位菩薩知隨眠煩惱相。十又知受生種種相者。都言之也。所謂隨業受生相。此段有十二種隨業受生因緣相。明六趣差別相。天。人。阿脩羅畜生餓鬼地獄等差別相。明欲界色界無色界者。是無色界相。有想者通欲界色界。無想者都無色界天。於中受生差別相悉皆知見。業為田愛為潤無明所覆識為種子皆與名色俱生繼不相離。如是迷一心之境生後有身轉為因無有斷絕。實無有性。妄作多生。如是悉知。癡愛希求相續有相者。為迷自心無性無生之智。於諸善惡常有希求。以此有生相續。欲受欲生者。於一切名色常有心境无性。无可动移。名之为禅。心亡即诸系灭。名之解脱。三昧者。无沉掉也。三摩钵底者。正智慧也。神通者。正定不乱相应正智。神通无碍自相应故。明随眠烦恼。与此相违。三界相续受生系缚相。皆悉知见。令无边心相续现起相者。以随眠故。开诸处门相者。以随眠故。开三界六道受生之门。坚实难治相者。为执深无明重故。迷根本智故。地处成就不成就相者。明十种中成与不成相。唯以圣道拔出相者。明如上随眠烦恼。非以圣道。无能济拔。已上明此位菩萨知随眠烦恼相。十又如受生种种相者。都言之也。所谓随业受生相。此段有十三种随业受生因缘相。明六趣差别相天。人。阿修罗。畜生。饿鬼。地狱等。差别相。明欲界色界。无色界者。是无色界相。有想者。通欲界色界。无想者。都举无色界天。于中受生差别相。悉皆知见。业为田。爱为润。无明所覆。识为种子。皆与名色俱生。总不相离。如是迷一心之境。生后有身。转转为因。无有断绝。实无有性。妄作多生。如是悉知。痴爱希求相续有相者。为迷自心无性无生之智。于诸善恶常有希求。以此有生相续。欲受欲生者。于一切名色。常有

欲受故有受故即有生也。變爲生根故照心無體
即境無所起。心境總無業體便謝。唯普光智無暗
無明。即無明滅十二處妄緣滅。唯法界自在無礙
智悲自在緣成也。性無能所自他同體。隨計示迷
如是等緣生如實知見。無始終者妄謂出三界者
明以有所希求妄謂出三界。乃至三乘解脫。但於
三界外受麤塵變化生死身。如微細變化身。於一
塵之內咸該剎海。一切佛事悉在其中。此唯一乘
智身所辦。已上知受生種相十一。又知習氣種
種相。行不行差別相者。明此位菩薩知習氣行不
行差別相隨惡熏習相者。明隨天人六道受生隨
煩習氣相。謂不依境得。隨眾生行熏習相者。明見
他所作之行。隨事起染淨善惡例知。隨業煩惱熏習
相者。謂不依他境而自起故。如是熏習悉皆知之。
善不善無記熏習相者。雖行善雖行不善不記善
不記不善是無記熏習相。隨人後有熏習相者。如
是無記還成後生所熏種子。亦皆知之。次第熏習
相者。如有三界業。何業種子勝依所勝業次第熏
習。又如十住十行十迴向十地。一一次第熏習相
故。不斷煩惱遠行不捨熏習相者。即是第七具足

欲受故。有受故。即有生也。爱为生根故。照心无体即境无所起。心境总无。业体便谢。唯普光智。无暗无明。即无明灭。十二虚妄缘灭。唯法界自在无碍。智悲自在缘成也。性无能所。自他同体。随计示迷。如是等缘生。如实知见。无始乐著妄谓出三界者。明以有所希求。妄谓出三界。乃至三乘解脱。但于三界外。受粗尘变化生死身。如微细变化身。于一尘之内。咸该刹海。一切佛事悉在其中。此唯一乘智身所办。已上知受生种种相。十一又知习气种种相。行不行差别相者。明此位菩萨知习气行不行差别相。随趣熏习相者。明随天人六道受生。随趣习气相。谓不依境得。随众生行熏习相者。明见他所作之行。随事起染。善恶例知。随业烦恼熏习相者。谓不依他境而自起故。如是熏习悉皆知之。善不善无记熏习相者。虽行善虽行不善。不记善不记不善。是无记熏习相。随入后有熏习相者。如是无记。还成后生。所熏种子。亦皆知之。次第熏习相者。如有三界业。何业种子胜。依所胜业。次第熏习。又如十住十行十回向十地。一一次第熏习相故。不断烦恼。远行不舍熏习相者。即是第七具足方便住。第七遠行地。八萬四千煩惱悉皆同事故。
實非實。熏習相者。若實若虛悉皆知見。見聞親近
聲聞獨覺菩薩如來熏習相者。親近一乘。厭苦修
空捨大悲習。親近菩薩修空破我成大慈悲習。親
近如來成就根本普光明智圓該法界具普賢行
習。已上知諸習氣相。十一又知眾生邪定正定不
定相。所謂正見正定邪定相者。一法相。但正見即
有正定。正見者思亡智現。正邪見盡。定亂總無。無
得無證。無生無滅。名為正見。心稱此理。名為正定。
返此有作有為。即為邪定。一俱不定相。如欲界眾
生未修定業者。一俱不定。五逆邪定相者。如一乘
殺無明。貪愛能所。覺心諸結使。名為五逆。以無明
為父。貪愛為母。覺境識為佛。諸使為羅漢。陰集名
為僧。無間次第斷。如楞伽所說。五根正定相者。信
根進根念根定根慧根。如是五根所修名為正定
相。一俱不定相者。以邪正一事總無性故。八邪
定相者。邪語邪業邪命。邪精進邪定邪思惟邪念
邪見。此依意識及末那所作。依正智所行動用俱
定為正定相。正性正定相者。一切法無思無想無
分別為正性。即此正性為正定相。更不作一俱離

方便住。第七远行地。八万四千烦恼。悉皆同事故。实非实熏习相者。若实若虚。悉皆知见。见闻亲近声闻独觉菩萨如来熏习相者。亲近二乘。厌苦修空。舍大悲习。亲近菩萨。修空破我。成大慈悲习。亲近如来。成就根本普光明智。圆该法界。具普贤行习。已上知诸习气相。十二又知众生邪定正定不定相。所谓正见正定邪定相者。二法相。但正见即有正定正见者。思亡智现。正邪见尽。定乱总无。无得无证。无生无灭。名为正见。心称此理。名为正定。返此有作有为。即为邪定。二俱不定相。如欲界众生未修定业者。二俱不定。五逆邪定相者。如二乘。杀无明。贪爱。能所觉心。诸结使。名为五逆。以无名为父。贪爱为母。觉境识为佛。诸使为罗汉。阴集名为僧。无间次第断。如楞伽所说。五根正定相者。信根。进根。念根。定根。慧根。如是五根所修。名为正定相。二俱不定相者。以正邪二事。总无性故。八邪邪定相者。邪语。邪业。邪命。邪精进。邪定。邪思惟。邪念。邪见。此依意识及末那所作。依正智所行。动用俱定。为正定相。正性正定相者。一切法无思无相无分别为正性。即此正性为正定相。更不作二俱离不定相者。正邪俱捨無有定亂方至眞也深著邪法邪定相者。明取相衆生樂求諸見。(說)入定中遺取諸相。名爲邪法邪定相。習行聖道正定相者明修諸法空無相無性無作作者名爲聖道其心不與生滅和合名爲正定。又修四聖諦名爲聖道修於八禪人九次第定名爲正定。九次第定者名滅盡定。此滅定有四種滅定。一聲聞滅定。以四諦觀識心滅。現行煩惱及智亦滅。一緣覺滅定。十二緣滅現行煩惱滅。智亦滅。三權教菩薩。觀四諦十二緣。明苦空無常無我無人無衆生壽者。性相空寂。都無所縛。行六波羅蜜。生於淨土。或以隨意生身住於娑婆。或言以慈悲留惑住世。設入寂定。但隨無相理滅。不得法界大用。滅故。四如一乘菩薩依如來普光明智發心。但達根本無明是一切諸佛根本普光明智。以此大智以爲進修之體。所有寂用皆隨智門。一身寂多身用。多身寂一身用。同身寂別身用。別身寂同身用。如是同別寂用自在。等空法界無礙重重。如海嚬比。已是也。不同三乘以一切法空爲進修十地之體。或以無性之理爲十地之體。是三乘極果故。二俱捨不定相者。正邪

不定相者。正邪俱舍。无有定乱。方至真也。深著邪法邪定相者。明取相众生。乐求诸见。设入定中。还取诸相。名为邪法邪定相。习行圣道正定相者。明修诸法空。无相无性。无作作者。名为圣道。其心不与生灭和合。名为正定。又修四圣谛。名为圣道。修于八禅。入九次第定。名为正定。九次第定者。名灭尽定。此灭定者。有四种灭定。一声闻灭定。以四谛观识心灭。现行烦恼及智亦灭。二缘觉灭定。十二缘灭。现行烦恼灭。智亦灭。三权教菩萨。观四谛十二缘。明苦。空。无常。无我。无人。无众生。寿者。性相空寂。都无所缚。行六波罗蜜。生于净土。或以随意生身。住于娑婆。或言以慈悲留惑住世。设入寂定。但随无相理灭。不得法界大用灭故。四如一乘菩萨。依如来普光明智发心。但达根本无明。是一切诸佛根本普光明智。以此大智。以为进修之体。所有寂用。皆随智门。一身寂。多身用。多身寂。一身用。同身寂。别身用。别身寂。同身用。如是同别寂用自在。等空法界。无碍重重。如海幢比丘是也。不同三乘以一切法空。为进修十地之体。或以无性之理。为十地之体。是三乘极果故。二俱舍不定相者。正邪俱捨。無定無亂方始應真。已上知正定邪定相。十二佛子菩薩有兩行經是都結此地所知。文自具也。十四佛子此菩薩善能演說四乘法及能隨衆生諸趣受生。如文自具。

第三段有三十六行半經。明此位菩薩為大法師以四無礙智說一切法門分。釋義中分為三段。一從佛子已下至而演說法有兩行半經。明善巧智起四無礙智分。二此菩薩已下至樂說無礙智可有兩行半經。明是正舉四無礙智之名分。三此菩薩已下至圓滿說有二十一行半經。明四無礙智隨用差別無限分。此一段明此位為大法師之智用自在。云善能守護如來法藏者。三乘一乘之藏及仁義禮智信並是菩薩善安立故。三藏者戒定慧道一切法藏故。用菩薩言詞而演說法者明佛為正覺之體無分別故。明如來所有出生滅度度衆生及轉法輪總是菩薩道故。已下如文自明。各依四智所轉法輪皆有所歸。以法無礙智總辯法身平等自性之理。以義無礙智能辯諸法總別俱舍。无定无乱。方始应真。已上知正定邪定相。十三佛子菩萨有两行经。是都结此地所知。文自具也。十四佛子此菩萨善能演说四乘法。及能随众生诸趣受生。如文自具 。

第三段。有三十六行半经。明此位菩萨为大法师。以四无碍智说一切法门分。释义中。分为三段。一从佛子已下。至而演说法。有两行半经。明善巧智起四无碍智分。二此菩萨已下。至乐说无碍智。可有两行半经。明是正举四无碍智之名分。三此菩萨已下。至圆满说。有三十一行半经。明四无碍智随用差别无限分。此一段。明此位为大法师之智用自在。云善能守护如来法藏者。三乘一乘之藏。及仁义礼智信。并是菩萨善安立故。三藏者。戒定慧。通一切法藏故。用菩萨言词而演说法者。明佛为正觉之体。无分别故。明如来所有出生灭度。度众生。及转法轮。总是菩萨道故。以下如文自明。各依四智所转法轮皆有所归。以法无碍智。总辩法身平等自性之理。以义无碍智。能辩诸法总别同異。以詞無礙智所說無錯謬。以樂說無礙智所說諸法無有斷盡。以如是四智轉一切法輪不離此也。如阿耨池流出四河潤諸世間。生諸草木各有差別而體不離一水。四河思之可見。

第四段有二十八行半經。明此位菩薩為大法師得百萬億不可說總持門隨意自在分。釋義中分為五段。一佛子菩薩住第九地已下至而演說法有六行半經。明此位中得法師位。以四無礙善巧智得十種百萬不可說陀羅尼門分。二此菩薩已下至為他演說有三行半經。明自於佛所以百萬不可說總持門聽聞諸法聞已不忘為他演說分。三此菩薩初見於佛已下至不能領受有兩行半經。明此菩薩初於佛所得法門非聲聞百千劫而能領受分。四此菩薩得如是陀羅尼已下至無能與比可三行半經。明此位菩薩處座說法滿同异。以词无碍智。所说无错谬。以乐说无碍智。所说诸法无有断尽。以如是四智。转一切法轮。不离此也。如阿耨池。流出四河。润诸世间。生诸草木。各有差别。而体不离一水四河。思之可见 。

第四段。有二十八行半经。明此位菩萨为大法师。得百万亿不可说总持门。随意自在分。释义中。分为五段。一佛子菩萨住第九地已下。至而演说法。有六行半经。明此位中得法师位。以四无碍善巧智。得十种百万不可说陀罗尼门分。二此菩萨已下。至为他演说。有三行半经。明自于佛所。以百万不可说总持门。听闻诸法。闻已不忘。为他演说分。三此菩萨初见于佛已下。至所能领受。有两行半经。明此菩萨初于佛所所得法门。非声闻百千劫而能领受分。四此菩萨得如是陀罗尼已下。至无能与比。可三行半经。明此位菩萨处座说法。满大千界隨眾生心樂分。五此菩薩處於法塵已下。至無不得者有十二行經。明一音中隨心所念令諸眾生悉令開解及以無情亦令說法分。云陀羅尼者。是總持義。得如來妙法藏者。明與佛合智所說。如十住中。為法王子位。得義陀羅尼者。明法總別同異無礙門。法陀羅尼者。明法身無性無作自性之理。智陀羅尼者。明善了根性隨根授法。光照陀羅尼者。以教光及放光照觸令一切眾生解脫。善慧陀羅尼者。得總持諸善慧故。眾財陀羅尼者。明法財世財悉具足故。威德陀羅尼者。明總持一切聖三千威儀八萬細行悉具足令眾生見者悉解脫故。無礙門陀羅尼者。明智無礙訶無礙義無礙樂說無礙神通無礙故。無邊陀羅尼門者。所作利生無限故。種種義陀羅尼門者。能安立一切種種法門故。言百萬阿僧祇善巧明百萬不可說智門善巧能令眾根皆令稱當。已下如文自具。

第五段有十六行半經。明此位菩薩以一音聲而為無限眾生說法問難隨彼所欲皆令歡喜分。釋義分為兩段。一佛子此菩薩已下。至普為一切作所依怙有十行半經。明此位菩薩假使三千大大千界随众生心乐分。五此菩萨处于法座已下。至无不得者。有十三行经。明一音中随心所念。令诸众生悉令开解。及以无情亦令说法分。云陀罗尼者。是总持义。得如来妙法藏者。明与佛合智所说。如十住中为法王子位。得义陀罗尼者。明法总别同异无碍门。法陀罗尼者。明法身无性无作自性之理智陀罗尼者。明善了根性。随根授法。光照陀罗尼者。以教光及放光照烛。令一切众生解脱。善慧陀罗尼者。得总持诸善慧故。众财陀罗尼者。明法财世财。悉具足故。威德陀罗尼者。明总持一切。三千威仪。八万细行。悉具足。令众生见者悉解脱故。无碍门陀罗尼者。明智无碍。词无碍。义无碍。乐说无碍。神通无碍故。无边陀罗尼门者。所作利生无限故。种种义陀罗尼门者。能安立一切种种法门故。言百万阿僧祇善巧。明百万不可说智门。善巧能令众根皆令称当。已下如文自具。

第五段。有十六行半经。明此位菩萨以一音声。而为无限众生说法问难。随彼所欲皆令欢喜分。释义分为两段。一佛子此菩萨已下。至普为一切作所依怙。有十行半经。明此位菩萨。假使三千大

千世界乃至無量眾生。一時皆以無量言音問難
一時領受亦以一音為其解釋令其歡喜分。二佛
子已下至無有忘失有六行經明此位菩薩能受一
十方㊣毛端處皆有不可說微塵數諸佛眾會。一
佛皆隨無量不可說微塵數眾生性欲不同所說一
不可說法門此位菩薩皆能領受分。已上如文自
具。

第六一段有二十九行半經。明此位菩薩見佛
廣多及以供養承事并自受職分。釋義中分為五
段。一佛子菩薩住此第九地已下至諸莊嚴具無
與等者有八行半經明此位菩薩親近諸佛承事
供養廣多及此真金作輪王寶冠小王不如喻分。
二此九地菩薩已下至但隨力隨分有七行經明
此位菩薩一乘及下地菩薩不如并與力波羅蜜
為所修行分。三佛子已下至亦不能盡有一行半
經明略說此位菩薩十地總相大分。四佛子已下至
一切智智依止者有七行經。明此位菩薩受職說
化廣大分。五此菩薩已下至說頌有五行半經明
此位菩薩加精進業及殊勝願力皆屬倍加廣大
自在分。

千世界。乃至无量众生。一时皆以无量言音问难。一时领受。亦以一音为其解释。令其欢喜分。二佛子已下。至无有忘失。有六行经。明此位菩萨能受十方无量处皆有不可说微尘数诸佛众会。一一佛皆随无量不可说微尘数众生性欲不同。所说不可说法门。此位菩萨皆能领受分。已上如文自具。

第六一段。有二十九行半经。明此位菩萨见佛广多。及以供养承事。并自受职分。释义中。分为五段。一佛子菩萨住此第九地已下。至诸庄严具无与等者。有八行半经。明此位菩萨亲近诸佛承事供养广多。及比真金作轮王宝冠小王不如喻分。二此九地菩萨已下。至但随力随分。有六行经。明此位菩萨。二乘及下地菩萨不如。并举力波罗蜜为所修行分。三佛子已下。至亦不能尽。有一行半经。明略说此位菩萨志德广大分。四佛子已下。至一切智智依止者。有七行经。明此位菩萨受职统化广大分。五此菩萨已下。至说颂。有五行半经。明此位菩萨加精进业。及殊胜愿力。眷属倍加。广大自在分。

第七一段從無畏智力善觀察已下至我為佛
子已宣說有四十八行頌明重頌前法分。如文自
具。此已上大綱。明但隨智境約智德見佛供養及
攝生乃至眷屬廣大。非有往來自他所為。但以智
境對現故。如一切智智依止者明修真俗二諦者
之所依止故。明六地真俗二智現前。七地雖存利
物。八九二地行圓任運。十地佛力方終。云如來無
上兩足尊者。明此真俗二智滿故。明如是修二智
者所依止故。

第十法雲地。將釋此地五門如前。一釋地名目者。
明此地何故名為法雲地者。明此菩薩登法王之
位。智滿行周。以大慈悲雲。於諸生死海。普降法雨。
灌一切眾生心田。令一切眾生長菩提之芽。兼有
休息。以此名為法雲地。明此地從初發心入此智
地而生佛家。昇進修行至此地大悲願力功終行
滿故。常雨法故。一明此地修何行門者。此地修智
波羅蜜為主。餘九為伴。二明善財表法者。善財於
此位中於菩薩集會普現法界光明講堂中見無
量億神幷一萬主宮殿神。俱來迎善財。及稱歎供
養。至菩薩集會普現法界光明講堂者。明此地菩
薩集智悲行滿。故其神等隨逐善財入普現法界

第七一段。从无量智力善观察已下。至我为佛子已宣说。有四十八行颂。明重颂前法分。如文自具。此已上大纲。明但随智境。约智德见佛供养。及摄生乃至眷属广大。非有往来自他所为。但以智境对现故。如一切智智依止者。明修真俗二智者之所依止故。明六地真俗二智现前。七地唯存利物。八九二地行圆任运。十地佛力方终。云如来无上两足尊者。明此真俗二智满故。明如是修二智者所依止故。

第十法云地。将释此地。五门如前。一释地名目者。明此地何故名为法云地者。明此菩萨登法王之位。智满行周。以大慈悲云。于诸生死海。普降法雨。灌一切众生心田。令一切众生长菩提之芽。无有休息。以此名为法云地。明此地。从初发心入此智地而生佛家。升进修行至此地。大悲愿力功终行满故。常雨法故。二明此地修何行门者。此地修智波罗蜜为主。余九为伴。三明善财表法者。善财于此位中。于菩萨集会。普现法界光明讲堂中。见无忧德神。并一万主宫殿神。俱来迎善财。及称叹供养。至菩萨集会普现法界光明讲堂者。明此地菩萨集智悲行满故。其神等随逐善财入普现法界光明講堂。見釋氏女瞿波坐寶蓮華師子之座。八萬四千婇女所共圍遶。明菩薩集會普現法界光明講堂者。此是依一智報得是智境界而作堂體。釋氏女而處其中者。明女爲悲體表智中行悲。七住七地悲中修智。八地上地智中行悲。婇女有八萬四千所共圍遶者。明以普光明之大智行等一切衆生八萬四千煩惱皆共同行是慈悲之極。故以女表之也。如是一切衆生八萬四千煩惱樂欲不同。菩薩以大慈悲心皆同其行方便引之。以慈悲心育養衆生。以女表之。非獨直爲女也。瞿波者此云守護地。明此法雲地願力智悲皆悉已滿。但常守護一切衆生心地以爲地體。故名守護地。神號無憂德者。是此地慈悲法悅行滿之智與一萬主宮殿神來迎善財。表法是智中之慈悲引接衆。生之萬行。故主宮殿神者。明慈悲爲宮智慧爲殿。此表常以智悲爲主。主導一切衆生皆令悟入。故此瞿波女自說本因從久遠已來常爲佛妻者。表智悲不獨有也。以表智悲常不相捨離爲佛妻義。又表十地大智慈悲法悅如妻義也。此託世間事表法。但取其意。況以智悲濟益含生之行。非即實如光明讲堂。见释氏女瞿波。坐宝莲华师子之座。八万四千婇女所共围绕。明菩萨集会普现法界光明讲堂者。此是依二智报得。是智境界而作堂体。释氏女而处其中者。明女为悲体。表智中行悲。七住七地。悲中修智。八地十地。智中行悲。婇女有八万四千所共围绕者。明以普光明之大智行。等一切众生八万四千烦恼。皆共同行。是慈悲之极故。以女表之也。如是一切众生。八万四千烦恼乐欲不同。菩萨以大慈悲心。皆同其行。方便引之。以慈悲心育养众生。以女表之。非独直为女也。瞿波者。此云守护地。明此法云地。愿力智悲。皆悉已满。但常守护一切众生心地。以为地体。故名守护地。神号无忧德者。是此地慈悲法悦行满之智。与一万主宫殿神来迎善财。表法是智中之慈悲。引接众生之万行故。主宫殿神者。明慈悲为宫。智慧为殿。表常以智悲为主。主导一切众生皆令悟入故。此瞿波女自说本因。从久远已来常为佛妻者。表智悲不独有也。以表智悲常不相舍离为佛妻义。又表十地大智慈悲法悦。如妻义也。此托世间事表法。但取其意况。以智悲济养含生之行。非即实如凡夫有欲之妻故。託事表法，令易解故。加毗盧遮那是法界主，非如化佛引俗出纏。如是諸女皆從王種中生者，明此位悲從智生，以智王於生死法中而得自在，名之為王。故悲從智生也。明從第七地至第八地，從悲修智故，已滿入無功之智用。從八地至十地，從智隨本悲力修無功之悲滿故。至十一地，以無功之大悲幻生大智，佛徧周刹海，普利衆生，即以摩耶為母，徧生諸佛，教化衆生，以表之。如是逆順進修，發菩提心者，須明解使得進修。十修下經四明此地於三界中得何法者，此地於十方三界得法界普光明大智人慈大悲任運圓滿，以大法雲皆雨智雨受佛職門，如善財所入毘波女講堂者，是為明智能常與等虛空界一切衆生八萬四千煩惱諸根欲以法對治解脫故。五明隨文釋義者，一義如前。一長科經意者，從此十地一段經中長科為十六段。

第一段有三十二行頌，長科為兩段：一從淨居天衆已下至瞻仰如來默然住，有二十八行頌，明凡夫有欲之妻故。托事表法。令易解故。如毗卢遮那是法界主。非如化佛。引俗出缠。如是诸女皆从王种中生者。明此位悲从智生。以智王于生死法中而得自在。名之为王故。故悲从智生也。明从第七地至第八地。从悲修智已满。入无功之智用。从八地至十地。从智随本愿力。修无功之悲满故。至十一地。以无功之大悲。幻生大智佛。遍周刹海。普利众生。即以摩耶为母。遍生诸佛教化众生。以表之。如是逆顺进修。发菩提心者。悉须明解。使得进修不谬。四明此地于三界中得何法者。此地于十方三界得法界普光明大智。大慈大悲。任运圆满。以大法云。普雨智雨。受佛职门。如善财所入瞿波女讲堂者是。为明智能常与等虚空界一切众生八万四千烦恼诸根欲。以法对治解脱故。五明随文释义者。二义如前。一长科经意者。从此十地一段经中。长科为十六段 。

第一段。有三十二行颂。长科为两段。一从净居天众已下。至瞻仰如来默然住。有二十八行颂。明淨居天眾鬬法興供及見佛德廣大無邊分。淨居天是九地菩薩眾。是第二禪天眾。後十地是第四禪位。從初地多作閻浮提王。二地忉利王。以次排之。即可知也。以表昇進自在。如天亦不獨作天王。一一位明行徧周自在如天。此總明第一義天。一切智天。非如諸天下品十善業果報生天也。二即時解脫月已下四行頌明請第十地行門分。於中文義如經自具。

校譌

第八紙十二行說疑當作設　第二十紙一行門宋南北藏作明

第三段有六十八行半經。明此位菩薩坐蓮華座為大法師受十地佛大職位分。第一隨文釋義。於此段中復分為十段。一從初爾時金剛藏菩薩已下。至受職位有七行經。明此位菩薩從初地至第九地修大福智。大慈悲行滿入眾生界如來所行分。二佛子已下。至授一切智勝職位有八行净居天众闻法兴供。及见佛德广大无边分。净居天。是九地菩萨众。是第三禅天众。后十地是第四禅位。从初地多作阎浮提王。二地忉利王。以次排之。即可知也。以表升进自在如天。亦不独作天王。一一位。明行遍周自在如天。此总明第一义天。一切智天。非如诸天。下品十善业果。报生天也。二即时解脱月已下。四行颂。明请第十地行门分。于中文义。如经自具 。

第三段。有六十八行半经。明此位菩萨坐莲华座。为大法师。受十地佛大职位分。第二随文释义。于此段中。复分为十段。一从初尔时金刚藏菩萨已下。至受职位。有七行经。明此位菩萨从初地至第九地。修大福智。大慈悲行满。入众生界。入如来所行分。二佛子已下。至授一切智胜职位。有八行

半經。明此位菩薩得十三昧及一切諸三昧現前
分。三此三昧現在前時已下。至以爲眷屬有八行
經。明此位菩薩以三昧力。福德感報蓮華出興分。
四爾時已下。至一心瞻仰有三行經。明此位菩薩
幷諸眷屬菩薩身處華座與華量等分。五佛子已
下至諸佛衆會悉皆顯現有五行經。明此位菩薩
坐華座已言音普充滿十方。世界自然震動一切
樂音自鳴。及以不思議供養之具供佛分。六佛子
已下。至得不退轉有二十四行半經。明此位菩薩
處座放光教化衆生及供佛分。七佛子已下。至從
諸如來足下而入有兩行半經。明此位菩薩所放
光明遶十方界入佛足下分。八爾時已下。至到受
職位。有兩行經。明十方諸佛菩薩皆悉咸知此有
菩薩受職分。九佛子已下。至即各獲得十千三昧
可兩行半經。明九地菩薩皆來恭敬獲益分。十當
爾之時已下。有五行半經。明此十方同受職菩薩
放臆德光明普照十方。來入此菩薩臆德令勢力
增長過百千倍分。第一段七行經。明從初地至第
九地以分分自淨法修助道行觀察衆法修習福
德智慧。廣行大悲並爲成就此十地根本智悲之

半经。明此位菩萨得十三昧。及一切诸三昧现前分。三此三昧现在前时已下。至以为眷属。有八行经。明此位菩萨以三昧力。福德感报莲华出兴分。四尔时已下。至一心瞻仰。有三行经。明此位菩萨并诸眷属菩萨。身处华座。与华量等分。五佛子已下。至诸佛众会悉皆显现。有五行经。明此位菩萨坐华座已。言音普充满十方。世界自然震动。一切乐音自鸣。及以不思议供养之具供佛分。六佛子已下。至得不退转。有二十四行半经。明此位菩萨处座放光。教化众生及供佛分。七佛子已下。至从诸如来足下而入。有两行半经。明此位菩萨所放光明。绕十方界入佛足下分。八尔时已下。至到受职位。有两行经。明十方诸佛菩萨。皆悉咸知此有菩萨受职分。九佛子已下。至即各获得十千三昧。可两行半经。明九地菩萨皆来恭敬获益分。十当尔之时已下。有五行半经。明此十方同受职菩萨放亿德光明。普照十方。来入此菩萨亿德。令势力增长过百千倍分。第一段七行经。明从初地至第九地。以分分白净法。修助道行。观察众法。修习福德智慧。广行大悲。并为成就此十地根本智悲之地。至此地滿故。明元將一切諸佛智悲之地以作五位修行。從初發心住已至此諸佛智地故。從初發心有五種發心。不離一念。五種初發心者。一十住初發心。二十行初發心。三十迴向初發心。四十地初發心。五十一地初發心。如是五位初發心皆不異如來根本智而起初發心。故爲智體無始終。此五種初發心皆無始終。爲非情識能所見故。非時日歲月所攝。故如是五位皆一時發。故一切十住初發心。即以其止心不亂開發如來根本智慧。即以妙峯山德雲比丘得憶念諸佛智慧光明門。山者止也。即初從凡夫地止心不亂。即佛智慧現人如來智慧地名初發心住。一如十行初發心。即明於諸佛智慧中行無染。即以三眼國善見比丘林中經行。比丘表行無染。林中經行表行無住。三眼表佛眼法眼智眼。此眼自得如來智慧三眼。復利一切衆生。即行無所著故。三十迴向初發心。即以鬻香長者青蓮華。即明和合諸香實鬻香而居。即明以十迴向門起無限大願門和融悲智法身。使令均平等進故。青蓮華者明於諸妙色香兼染也。四十地初發心修長養大慈大悲增勝。即以地。至此地满故。明元将一切诸佛智悲之地。以作五位修行。从初发心住已。至此诸佛智地故。从初发心有五种发心。不离一念。五种初发心者。一。十住初发心。二。十行初发心。三。十回向初发心。四。十地初发心。五。十一地初发心。如是五位初发心。皆不异如来根本智。而起初发心故。为智体无始终。此五种初发心。皆无始终。为非情识能所见故。非时日岁月所摄故。如是五位。皆一时发故。一如十住初发心。即以其止心不乱。开发如来根本智慧。即以妙峰山德云比丘。得忆念诸佛智慧光明门。山者止也。即初从凡夫地。止心不乱。即佛智慧现。入如来智慧地。名初发心住。二如十行初发心。即明于诸佛智慧中行行无染。即以三眼国善见比丘林中经行。比丘。表行无染。林中经行。表行无住。三眼。表佛眼法眼智眼。此眼自得如来智慧三眼。复利一切众生。即行无所著故。三十回向初发心。即以鬻香长者青莲华。即明和合诸香。卖鬻香而居。即明以十回向门。起无限大愿门。和融悲智法身。使令均平等进故。青莲华者。明于诸妙色香无染也。四十地初发心。修长养大慈大悲增胜。即以

夜神婆珊婆演底。此云春生主當神以表大悲主
當衆生發生菩提芽故五第十一地以無作任運
大悲初發心。卽以摩耶夫人生諸佛爲首。卽明從
悲生智發化衆生故。如上初發心。有此五種逆順
不同。總在初心之中。一時具足。無前後際。皆以法
界大智爲體故。不可說前後古今之解。此一段七
行經。明成無前後古今之大智大悲法界衆生界
佛行滿故。至大法王職。處人衆生生死稠林。分。第
一段中有八行半經。明此位菩薩入此職位之中
卽得十種三昧及一切三昧。其初離垢三昧者。云
正定也。明此地悉離染淨涅槃悲智功用不均平
垢故。名離垢三昧。不同二乘離生死取涅槃及淨
土垢故。亦不同下地菩薩調治智悲生死涅槃萬
行未自在垢故。此地菩薩離如是垢故。名爲離垢
三昧。明以法界無作智印印諸境界無非智境。更
無能所生死涅槃染淨等障。故名離垢三昧。又三
之言正。正者明一止卽是正字。故明此地菩薩以
一大普光明智性自無依曰止。慮以此智常照諸
境。名之曰正。昧之云定。定者以智利生不迷諸見
名之爲定。明從初地修諸方便助菩提分。至此地

夜神婆珊婆演底。此云春生主当神。以表大悲主当众生。发生菩提芽故。五第十一地。以无作任运大悲初发心。即以摩耶夫人生诸佛为首。即明从悲生智。教化众生故。如上初发心。有此五种逆顺不同。总在初心之中。一时具足。无前后际。皆以法界大智为体故。不可说前后古今之解。此一段七行经。明成无前后古今之大智大悲。法界众生界。佛行满故。至大法王职处。入众生生死稠林分。第二段中。有八行半经。明此位菩萨。入此职位之中。即得十种三昧及一切三昧。其初离垢三昧者。云正定也。明此地悉离染净涅槃悲智功用不均平垢故。名离垢三昧。不同三乘离生死取涅槃及净土垢故。亦不同下地菩萨调治智悲生死涅槃万行未自在垢故。此地菩萨离如是垢故。名为离垢三昧。明以法界无作智印。印诸境界无非智境。更无能所生死涅槃染净等障。故名离垢三昧。又三之言正。正者。明一止即是正字故。明此地菩萨。以一大普光明智。性自无依曰止。恒以此智常照诸境。名之曰正。昧之云定。定者以智利生。不迷诸见。名之为定。明从初地修诸方便。助菩提分。至此地所作功行無功。習氣亦無故名離垢三昧。又云三昧者是正受。以明此位以無依住無功智任自徧用故名離垢三昧故。此明無功之智任自徧用故。入法界差別三昧者。是無功用智任運隨用應事施為是差別智故明用不離體不離無作根本智故。莊嚴道場三昧者。有諸佛成道轉法輪處徧至其中身行及以眾寶莊嚴故。一切蓮華光三昧者。明以三昧行光照燭一切眾生故蓮華藏三昧者明含藏眾法故。如海具十德喻等。海印三昧者以大智海印自性圓明清淨無垢印三世諸境界咸現其中。虛空界廣大三昧者明法空智體所照自體無限徧故。觀一切法自性三昧者。明以智觀照諸法無自性無他性自在故。知一切眾生心行三昧者。以智知根隨根濟度故。一切佛現前三昧者。明此離垢三昧與體性三昧並與一切諸佛同一體相故。如是等已下總與無數三昧皆現在前。菩薩於此一切三昧。若入若起皆得善巧者。明一身入多身起多身入一身起。又起中入入中起。又於一三昧中分別多眾生心行所行多三昧境界教多眾生而不失時。最後三昧名受一切勝職位者。此所作。功行无功。习气亦无。故名离垢三昧。又云三昧者是正受。以明此位。以无依住无功智任自遍周故。名离垢三昧故。此明无功之智任自遍周故。入法界差别三昧者。是无功用智。任运随用。应事施为。是差别智故。明用不离体。不离无作根本智故。庄严道场三昧者。有诸佛成道转法轮处。遍至其中。身行及以众宝庄严故。一切种华光三昧者。明以三昧行光。照烛一切众生故。海藏三昧者。明含藏众法故。如海具十德喻等。海印三昧者。以大智海印。性自圆明清净无垢。印三世诸境界咸现其中。虚空界广大三昧者。明法空智体所照自体无限边故。观一切法自性三昧者。明以智观照诸法。无自性无他性自在故。知一切众生心行三昧者。以智知根。随根济度故。一切佛现前三昧者。明此离垢三昧。与体性三昧。并与一切诸佛同一体相故。如是等已下。总举无数三昧皆现在前。菩萨于此一切三昧。若入若起皆得善巧者。明一身入多身起。多身入一身起。又起中入。入中起。又于一三昧中。分别多众生心行所行。多三昧境界。教多众生而不失时。最后三昧名受一切胜职位者。此

是十地智滿行周平等無作大悲任運處世利眾
生定如是眾多三昧皆從體性無作法身法界普
光明智寂用無礙三昧起故。如是三昧非是二乘
隆寂靜者求出三界者樂生淨土者之境界是達
一切無明便成大智是便以一切眾生身土微塵
總合佛國者之境界。此寂用無依大智三昧。是一
切諸佛根本智體用無盡藏王。能隨一切眾生無
限情量化不失時。然無作者故第三此三昧現在
前時已下有七行半經。明受職菩薩紹報華生。經
云。此三昧現在前時有大蓮華忽然出生。此是受
職菩薩自悲智行滿法合等用法界利益眾生之
報得是十地之中最後三昧身也。其華量等百萬
三千大千世界者。千箇百億四天下為一小千。千
箇小千為一中千。千箇中千為一大千。今云量等
百萬三千大千世界者意明無限量之大稱。已下
光嚴。如經自具。經云出世善根之所生起者。非是
超過三界淨土菩薩及二乘變易生死菩薩諸善
根所不能知故。是知諸法如幻性所成極放光明
普照法界。此配善根因果。如蓮華以毗瑠璃摩尼
寶為莖者。毗之二云光。以光明瑠璃表法身智身明

是十地智满行周。平等无作大悲。任运处世利众生定。如是众多三昧。皆从体性无作法身。法界普光明智。寂用无碍三昧起故。如是三昧。非是三乘修寂静者。求出三界者。乐生净土者。之境界。是达一切无明便成大智。是便以一切众生身土微尘总含佛国者。之境界。此寂用无依大智三昧。是一切诸佛根本智体用无尽藏王。能随一切众生无限情意。化不失时。然无作者故。第三此三昧现在前时已下。有七行半经。明受职菩萨。约报华生。经云。此三昧现在前时。有大莲华忽然出生。此是受职菩萨自悲智行满法合等用法界利益众生之报得。是十地之中最后三昧身也。其华量等百万三千大千世界者。千个百亿四天下。为一小千。千个小千为一中千。千个中千为一大千。今云量等百万三千大千世界者。意明无限量之大称。已下庄严如经自具。经云。出世善根之所生起者。非是超过三界净土菩萨。及二乘变易生死菩萨。诸善根所不能知故。是知诸法如幻生所成。恒放光明普照法界。此配善根因果。如莲华以毗琉璃摩尼宝为茎者。毗之云光。以光明琉璃。表法身智身明淨。故其摩尼寶光淨無垢似瑠璃。非瑠璃所成。但以摩尼為蓮華莖。莖者以法身智身性無垢之報果。以法身智體與一切諸行作根本。故今依果報生蓮華。還以法身智體性自清淨以成報故。是故光淨摩尼以為其莖。栴檀王為臺者。明戒定慧解脫解脫知見五分法身之香善根之所生起。以法身能成戒定慧等五分法身之香。今依果報得以大相資。瑪瑙為鬚者。是助菩提之分萬行善根之報得此是亦色寶。表萬行顯發菩提理智。及莊嚴五分法身故。互相資發以大而映。閻浮檀金為葉者。此金明淨。衆暎是慈悲善根所生。為慈悲是覆蔭義故。其華常有無量光明者。智慧法光利生善根所起。衆寶為藏者。都結此地含藏衆善所生寶網彌覆者。善設教網漉諸衆生善根所生。十三千大千世界微塵數蓮華以為眷屬者。是一行徧一切行。一切行徧一行善根所起。是主伴萬行自在善根所起。如上之華是於普光明殿中初說十信於如來前所現之華。諸眷屬衆。是如來眉間毫中之衆。前是樂果勸修。此是行終之果。第四爾時下。三行經。明此位菩薩處座大小相稱所坐華王净故。其摩尼宝光净无垢似琉璃。非琉璃所成。但以摩尼为莲华茎。茎者。以法身智身性无垢之报果。以法身智体。与一切诸行作根本故。今依果报生莲华。还以法身智体性自清净。以成报故。是故光净摩尼以为其茎。旃檀王为台者。明戒。定。慧解脱。解脱知见。五分法身之香。善根之所生起。以法身能成戒定慧等五分法身之香。今依果报得。以次相资。玛瑙为须者。是助菩提之分。万行善根之报得。此是赤色宝。表万行显发菩提理智。及庄严五分法身故。互相资发。以次而陈。阎浮檀金为叶者。此金明净柔软。是慈悲善根所生。为慈悲是覆荫义故。其华常有无量光明者。智慧法光利生善根所起。众宝为藏者。都结此地含藏众善所生。宝网弥覆者。善设教网漉诸众生善根所生。十三千大千世界微尘数莲华以为眷属者。是一行遍一切行。一切行遍一行。善根所起。是主伴万行自在善根所起。如上之华。是于普光明殿中初说十信。于如来前所现之华。诸眷属众。是如来眉间毫中之众。前是举果劝修。此是行终之果。第四尔时已下。三行经。明此位菩萨处座。大小相称。所坐华王之上者是根本智。眷屬菩薩坐諸華座者是差別智。明此位菩薩智悲萬行徧周。如文自具。第五佛子已下可五行經。明此位菩薩及眷屬處座之時感動興供。如文自具。第六佛子已下二十四行半經。明此位菩薩處座放光濟苦。一依身分而作次第。以足下光照大地獄苦。明足下是所履之行極以濟苦故。次兩膝放光照畜生苦。明在所履次由於膝之勞苦。次齊輪中放光照閻羅王界苦。如大地獄無王所攝。以極增上惡業猶如電擊直往苦趣。小地獄有王所攝。齊者眾穢積中之分。生死之際。迷真之極。生死之源。如戌亥兩辰配於乾卦。是萬象生死在中。放光所照也。左右兩脇放光照人中苦。脇者攝受扶持之處。明人處可攝受故。兩手放光照諸天脩羅者。可引接故。兩肩放光照聲聞乘者。明能樂鬭法敵煩惱故。為兩肩近耳。明因聞法得果故。項背放光照辟支佛者。明不樂聞法背佛知見故。面門放光是受教故。眉間放光是十地中道果故。頂上放光是佛極果故。餘如文自具。第七佛子已下有兩行半經。明此位菩薩如上所放光明供養及所作事畢。遍十方一切世界一一諸之上者。是根本智。眷属菩萨坐诸华座者。是差别智。明此位菩萨智悲万行遍周。如文自具。第五佛子已下。可五行经。明此位菩萨。及眷属处座之时。感动兴供。如文自具。第六佛子已下。二十四行半经。明此位菩萨处座。放光济苦。一依身分而作次第。以足下光照大地狱苦。明足下是所履之行极以济苦故。次两膝放光照畜生苦。明在所履次。由于膝之劳苦。次脐轮中放光照阎罗王界苦。如大地狱无王所摄。以极增上恶业。犹如电击。直往苦趣。小地狱有王所摄。脐者。众秽积中之分。生死之际。迷真之极。生死之源。如戌亥两辰配于乾卦。是万象生死在中。放光所照也。左右两胁放光照人中苦。胁者。摄受挟持之处。明人处可摄受故。两手放光照诸天修罗者。可引接故。两肩放光照声闻乘者。明能乐闻法。敌烦恼故。为两肩近耳。明因闻法得果故。项背放光照辟支佛者。明不乐闻法。背佛知见故。面门放光。是受教故。眉间放光。是十地中道果故。顶上放光。是佛极果故。余如文自具。第七佛子已下。有两行半经。明此位菩萨如上所放光明。供养及所作事毕。绕十方一切世界一一诸佛道場衆會十市。從諸如來足下而入者十市者明十法圓滿故。光入佛足下者。明返果還因故明從普光明殿中起十信心如來於兩足下輪中放光成其十信。次十住佛足指端放光。次十行佛足趺上放光。次十迴向膝上放光。次十地佛眉間毫中放光。今至此十地道滿果終。不異初信之法。時不移。法不異。果不異。是故十地道滿之光還從佛足下而入。明果同因故。不異所信之法故。明如來示果即因。菩薩進修以因即果。是故此十地之位返果從因。是故光入諸佛足下也。亦明行滿故入佛光輪。是足是行故。已下三段可有十行經如文自具。

第四段有二十二行半經。明十方諸佛咸放智光灌頂許可同佛職位分。釋義中分爲四段。一爾時十方一切諸佛已下至隨在佛數有十一行經明此位菩薩受職蒙十方諸佛放光灌頂分。二佛子如轉輪聖王已下至亦得名爲轉輪聖王有六行經明舉轉輪王受太子職取四大海水而灌其頂喻分。三菩薩受職亦復如是已下至隨在佛數可有兩行經明菩薩受職以一切諸佛四智之水佛道场众会十匝。从诸如来足下而入者。十匝者。明十法圆满故。光入佛足下者。明返果还因故。明从普光明殿中起十信心。如来于两足下轮中放光。成其十信。次十住。佛足指端放光。次十行。佛足趺上放光。次十回向。膝上放光。次十地。佛眉间毫中放光。今至此十地道满果终。不异初信之法。时不移。法不异。果不异。是故十地道满之光。还从佛足下而入。明果同因故。不异所信之法故。明如来示果即因。菩萨进修以因即果。是故此十地之位返果从因。是故光入诸佛足下也。亦明行满故。入佛足轮。足是行故。已下三段。可有十行经。如文自具 。

第四段。有二十二行半经。明十方诸佛咸放智光灌顶许可同佛职位分。释义中。分为四段。一尔时十方一切诸佛已下。至堕在佛数。有十二行经。明此位菩萨受职。蒙十方诸佛放光灌顶分。二佛子如转轮圣王已下。至亦得名为转轮圣王。有六行经。明举转轮王受太子职。取四大海水而灌其顶喻分。三菩萨受职亦复如是已下。至堕在佛数。可有两行经。明菩萨受职。以一切诸佛四智之水光明而灌其頂。卽隨佛數分。四佛子已下至名爲安住法雲地可二行經。明都結受職智光灌頂德行倍增分。已上四段經。明十地智滿法合諸佛放光灌頂。爲智齊諸佛智故。以佛果智相印合故。又發起增長十一地及佛妙智令成熟故。此十地創現佛智。十一地方自在故。餘如文自具。

第五段有三十六行半經。明此位菩薩入廣大微細差別智善知諸集諦分。釋義中分爲八段。一佛子已下至知一切集有八行經。明此法雲地知一切集諦分。二佛子已下至皆如實知有三行半經。明此位菩薩如實知十種化法分。三又如實知已下至皆如實知。有兩行經。明此位菩薩如實知十種持法分。四又如實知已下至如是等皆如實知。有四行半經。明此位菩薩知如來十種微細智分。五又入如來祕密處已下至皆如實知。有四行經。明此位菩薩知如來十種祕密分。六又知諸佛已下至皆如實知。有七行經。明此位菩薩知如來逆順劫相入分。七又知如來諸所入智已下至菩光明而灌其顶。即随佛数分。四佛子已下。至名为安住法云地。可三行经。明都结受职智光灌顶德行倍增分。已上四段经。明十地智满。法合诸佛放光灌顶。为智齐诸佛智故。以佛果智相印合故。又发起增长十一地。及佛妙智。令成熟故。此十地创现佛智。十一地方自在故。余如文自具 。

第五段。有三十六行半经。明此位菩萨入广大微细差别智。善知诸集谛分。释义中。分为八段。一佛子已下。至知一切集。有八行经。明此法云地知一切集谛分。二佛子已下。至皆如实知。有三行半经。明此位菩萨如实知十种化法分。三又如实知已下。至皆如实知。有两行经。明此位菩萨如实知十种持法分。四又如实知已下。至如是等皆如实知。有四行半经。明此位菩萨知如来十种微细智分。五又入如来秘密处已下。至皆如实知。有四行经。明此位菩萨知如来十种秘密分。六又知诸佛已下。至皆如实知。有七行经。明此位菩萨知如来逆顺劫相入分。七又知如来诸所入智已下。至菩薩行如來行智。有六行半經。明此位菩薩入十三種智分。八佛子已下至皆能得入有一行半經。明此位菩薩能入如來廣大智慧分。從第一段八行經中。經云如實知欲界集者。以五蘊是三界同迷。以十使煩惱隨於四諦上迷諦無明。一諦上具十。即欲界集有四十箇苦集。以此苦集滅道。上二界除瞋。各有三十六。是有為禪界苦集。此上二界禪皆從作意息伏而得。是故三界有漏攝故。禪消想起。三界往來。此三界共通一百一十八種煩惱集。是三界六道之大體。約以五蘊配六根與十使無明相因。總有八萬四千。及不可數集。如八九地已前並已配說。如前知之。色界無色界。如上可知。法界集者。明一念稱真智現。如上八萬四千及不可說諸塵勞門。總法界大智慧解脫解脫知見集。總積集智慧之海。名為一切種種智海。有為界集者。三界所有煩惱是。亦通二乘折伏現行煩惱得變易生死隨意生身。皆是出三界有為集故。無為集者。唯如來一切智。一切種種諸差別智也。自餘皆有為故。眾生界集及虛空涅槃界集者。為善分別從一切智起眾生界。虛空界。涅槃界。各各差別智萨行如来行智。有六行半经。明此位菩萨入十三种智分。八佛子已下。至皆能得入。有一行半经。明此位菩萨能入如来广大智慧分。从第一段八行经中。经云。如实知欲界集者。以五蕴是三界同迷。以十使烦恼。随于四谛上迷谛无明。一谛上具十。即欲界集有四十个苦集。以此苦集灭道。上二界除嗔。各有三十六。是有为禅界善集。此上二界禅皆从作意息伏而得。是故三界有漏摄故。禅消想起。三界往来。此三界共通一百二十八种烦恼集。是三界六道之大体。约以五蕴。配六根与十使。无明相因。总有八万四千。及不可数集。如八九地已前。并已配讫。如前知之。色界。无色界。如上可知。法界集者。明一念称真智现。如上八万四千及不可说诸尘劳门。总法界大智慧解脱。解脱知见集。总积集智慧之海。名为一切种种智海。有为界集者。三界所有烦恼是。亦通三乘折伏现行烦恼。得变易生死。随意生身。皆是出三界。有为集故。无为集者。唯如来一切智。一切种种诸差别智也。自余皆有为故。众生界集。及虚空涅槃界集者。为善分别。从一切智。起众生界。虚空界涅槃界各各差别智集此菩薩如實知諸見煩惱行集者。身邊等五見及六十二見前地已釋訖。知世界成壞集者。知三千大千世界及十方一切世界若干劫成若干劫住。若干劫壞皆悉知之。菩薩行集者。以四諦觀厭三界苦欣涅槃樂。又觀諸世間苦空無常不淨無有可樂皆厭滅法。虛積諸業果苦無斷絕猶如波浪。集不善法。增長生老病死。二十六物共成其身。修一百五十戒淨欲界苦。修上二界八禪。知上界業皆是無常。入第九定。出三界想。入滅盡定。身智俱盡。寂滅無知。如此經下文。譬如比丘入寂滅定頭上擊鼓不復聞聲。又有聲聞得出三界心厭患分段身。化火焚身。入變易生死。如勝鬘及涅槃經並同此說。聲聞二乘淨土菩薩以空觀折伏現行煩惱。得變易生死。非是斷煩惱。爲不了無明成根本智故。妄爲無明實有。妄生厭離以厭患心成出過三界分段生死得變易生死。作無漏界。不受後有三界之身。有如化火焚身。如涅槃經自有文說皆是厭生死住涅槃集。辟支佛行集者。十二緣行是。此四諦十二緣。三乘互參。以爲九乘。如前已述。一乘菩薩亦修如此四諦十二緣。此十地位內次集。此菩萨如实知诸见烦恼行集者。身边等五见及六十二见。前地已释讫。知世界成坏集者。知三千大千世界。及十方一切世界。若干劫成。若干劫住。若干劫坏。皆悉知之。声闻行集者。以四谛观。厌三界苦。忻涅槃乐。又观诸世间。苦。空。无常。不净。无有可乐。皆磨灭法。虚积诸业果。苦无断绝。犹如波浪。集不善法。增长生老病死。三十六物共成其身。修二百五十戒。净欲界若。修上二界八禅。知上界业皆是无常。入第九定。出三界想。入灭尽定。身智俱尽。寂灭无知。如此经下文。譬如比丘入寂灭定。头上击鼓不复闻声。又有声闻。得出三界心。厌患分段身。化火焚身。入变易生死。如胜鬘及涅槃经。并同此说。声闻二乘。净土菩萨。以空观折伏现行烦恼得变易生死。非是断烦恼。为不了无明。成根本智故。妄为无明实有。妄生厌离。以厌患心。成出过三界分段生死。得变易生死。住无漏界。不受后有三界之身。有如化火焚身。如涅槃经。自有文说。皆是厌生死住涅槃集。辟支佛行集者。十二缘行是。此四谛十二缘。三乘互参。以为九乘。如前已述。一乘菩萨亦修如此四谛十二缘。此十地位内。次第而寂所修之法是一種修四諦十二緣心量見道名自不同菩薩行集者出纏菩薩上六波羅蜜分修慈悲生於淨土道滿方來處世教化衆生大悲菩薩依無相觀四念處七菩提分四攝四無量心十波羅蜜修大慈悲不著三界教化衆生此是依空無相無願無作解脫門而建諸行亦是三乘菩薩所修方便加行所忻行門境界俱以三千大千世界為一佛土如此一乘經但約如來根本普光明智境發心所修十波羅蜜四諦十二緣四念處三十七品四攝四無量一切助道皆以自心根本智為體用以智無依無限所作行門報果皆無依無限自他身土重重互相參現以智無限無礙故所有身土自他如幻如影皆無障礙故所修諸行皆智為體是三乘一乘菩薩行集如此經十住十行十迴向十地十一地如是所行方便是一乘菩薩行集如來力無所畏色身法身集力無所畏者十力無畏是也色身者九十七大人之相隨好無盡是法身集者理無得證無縛無解無生無滅不垢不淨是也一切種者是五位加行成熏習種者一切衆生而隨五蘊加行飢成無明諸業種故菩

第而说。所修之法。是一种修四谛十二缘。心量见道。各自不同。菩萨行集者。出缠菩萨。六波罗蜜。分修慈悲。生于净土。道满方来处世。教化众生。大悲菩萨。依无相观。四念处。七菩提分。四摄。四无量心。十波罗蜜。修大慈悲。不著三界。教化众生。此是依空。无相。无愿。无作。解脱门。而建诸行。亦是三乘菩萨。所修方便加行。所忻行门境界。但以三千大千世界为一佛土。如此一乘经。但约如来根本普光明智境发心。所修十波罗蜜。四谛十二缘。四念处。三十七品。四摄。四无量。一切助道。皆以自心根本智为体用。以智无依无限。所作行门报果皆无依无限。自他身土重重。互相参现。以智无限无碍故。所有身土自他。如幻如影。皆无障碍故。所修诸行。皆智为体。是三乘一乘菩萨行集。如此经十住十行十回向十地十一地。如是所行方便是一乘菩萨行集。如来力无所畏色身。法身集。力无所畏者。十力无畏是也。色身者。九十七大人之相。随好无尽是。法身集者。理无得证。无缚无解。无生无灭。不垢不净是也。一切种者。是五位加行。成熏习种者。一切众生而随五蕴加行。即成无明诸业种故。菩

薩五位加行以成一切智智之種一切智智者明
根本無依住無作智可生差別智三乘名後得智
一乘中智道以根本圓明三世一時不分前後得
菩提時轉法輪智集者所說十一分教是人一切
法分別決定智集者以金剛無礙智慧善分別出
世法無不明了無不決定皆無錯謬舉要言之總
陳大綱以一切智知一切集者明無不盡知也此

大方廣佛新華嚴經論卷第二十九

是總結已上知一切集意第一段三行半經云以
如是上慧上知實知眾生業化者明一切眾生
以自煩惱所造業自化其形及所居境土一一自
成自形及所居境土所有受用除業更無餘物能
與因慳因貪因瞋因愛因憎多者先受皆一一眾
生乘諸業化皆如實知煩惱化者乘何煩惱合隨
何道因果相稱皆悉知之諸見化者由五見及六
十二見緣名色便生執取化生種種諸煩惱身世
界化者由自心諸業化生種種諸世界形復於所
化世界上復更取之化生諸業法界化者皆從自
體清淨智而化生諸境界等聲聞化者隨無漏定
起正念力起十八變化等緣覺亦然總明一乘正
解脫力隨意念力變化通用菩薩化者隨諸波羅

萨五位加行。以成一切智智之种。一切智智者。明根本无依住无作智。而生差别智。三乘名后得智。一乘中智。直以根本圆明。三世一时。不分前后。得菩提时转法轮智集者。所说十二分教是。入一切法分别决定智集者。以金刚无碍智慧。善分别出世法。无不明了。无不决定。皆无错谬。举要言之。总陈大纲。以一切智知一切集者。明无不尽知也。此

(大方广佛新华严经论卷第二十九)*

是总结。已上知一切集竟*第二段三行半经。云以如是上上觉慧。如实知众生业化者。明一切众生。以自烦恼所造业。自化其形。及所居境土。一一自成自形。及所居境土。所有受用。除业更无余物。能与。因悭。因贪。因嗔。因爱。因憎。多者先受。皆一一众生乘诸业化。皆如实知。烦恼化者。乘何烦恼。合堕何道。因果相称。皆悉知之。诸见化者。由五见及六十二见。缘名色便生执取。化生种种诸烦恼身。世界化者。由自心诸业。化生种种诸世界形。复于所化世界上。复更取之。化生诸业。法界化者。皆从自体清净智。而化生诸境界等。声闻化者。随无漏定。起正念力。起十八变化等。缘觉亦然。总明二乘。正解脱力。随意念力。变化通用。菩萨化者。随诸波罗

業力。大悲願力。自己解脫知見。隨如念力。得意生身力。而變化種種身。種種行。如來化者。從無作大智普應群物。應自徧故。分別無分別化者。以未悟者。分別無分別法。令一切眾生而開解故。又正分別時。無分別化故。已下總結。已上知一切化竟。第三段兩行半經。明此位菩薩常能憶持此十無量法。憶持一一不亂失故。佛持知佛所持一切法故。法持知法次第故。僧持知諸合散性體無離隔故。業持知眾生業同異故。煩惱持識煩惱相故。時持知無始及三世劫時。同異總別不遷故。已下例知。已上知諸持竟。四又如實知如來十微細智一段有四行半經。明如來於一無依無住無作智任運徧知盡一切法故。修行命終受生出家現神通力。成正覺轉法輪住壽命般涅槃教法住。如是十事。不作念而頓徧知。不移時而極三世事故。已上微細知竟。五又入如來祕密處有四行經。入如來十無盡祕密處。所謂身祕密者。於身塵毛孔中現無量土。無量身。無量示現成佛。示現涅槃。無量語業言音。如是十事。一時同異自在。十方咸然。總是如來普光明智。猶如圓鏡。等虛空界。一時普應任物。

蜜力。大悲愿力。自己解脱知见。随如念力。得意生身力。而变化种种身种种行。如来化者。从无作大智。普应群物。恒自遍故。分别无分别化者。以未悟者。分别无分别法。令一切众生而开解故。又正分别时。无分别化故。已下总结。已上知一切化竟。第三段两行半经。明此位菩萨。常能忆持此十无量法。忆持一一不乱失故。佛持。知佛所持一切法故。法持。知法次第故。僧持。知诸合散性。体无离隔故。业持。知众生业同异故。烦恼持。识烦恼相故。时持。知无始及三世劫时。同异总别不迁故。已下例知。已上知诸持竟。四又如实知如来十微细智一段。有四行半经。明如来于一无依无住无作智。任运遍知。尽一切法故。修行。命终。受生。出家。现神通力。成正觉。转法轮。住寿命。般涅槃。教法住。如是十事。不作念而恒遍知。不移时而极三世事故。已上微细知竟。五又入如来秘密处。有四行经。入如来十无尽秘密处。所谓身秘密者。于身尘毛孔中。现无量土。无量身。无量示现成佛。示现涅槃。无量语业言音。如是十事。一时同异自在。十方咸然总是如来普光明智。犹如圆镜等虚空界。一时普应。任物所爲皆能對現無所造作已上祕密知竟六又知諸佛所有入劫智有七行經。一念入何僧祇劫。阿僧祇劫入一念。已下如經自具。如是長短多少劫相入法者。理智無性故爲衆生根延促。即劫延促。如來以智方便。一時頓現諸業境界。於一同之智。各自現見因業時分同異不同。破彼迷情定時劫長短之執。若無情計智等。一時無延促相無劫歲月時日分限。已上知劫相入竟。七又知如來諸所入智有六行半經。明此位菩薩知如來十三種入智。所謂毛道智者。入不定性衆生。起方便智。令得正信智。入微塵智者。入微細衆生道中。與之同生引生智慧。令得入天。住佛善根。入國土身正覺智者。於佛身中及毛孔之內示現成佛入般涅槃智故。入衆生身正覺智者。方便行四攝行覺悟衆生是也。入衆生心正覺智者。以衆生心與如來心同一體性。以此如來知一切衆生而隨業接之。故入隨順一切處正覺智者。一切六道徧生其中隨根覺悟故。入示現徧行智者。一切衆生行及九十五種外道盡同事智故。入示現逆行智者。示作惡魔惱惑行者。或行於非道無不利生。如示作阿闍世所为。皆能对现无所造作。已上秘密知竟。六又知诸佛所有入劫智。有七行经。一念入阿僧祇劫。阿僧祇劫入一念。已下如经自具。如是长短多少劫相入法者。理智无性故。为众生根延促。即劫延促。如来以智方便。一时顿现诸业境界。于一同之智。各自现见因业时分同异不同。破彼迷情定时劫长短之执。若无情计。智等一时。无延促相。无劫岁月时日分限。已上知劫相入竟。七又知如来诸所入智。有六行半经。明此位菩萨知如来十三种入智。所谓毛道智者。入不定性众生。起方便智。令得正信智。入微尘智者。入微细众生道中。与之同生引生智慧。令得人天。住佛善根。入国土身正觉智者。于佛身中及毛孔之内。示现成佛入般涅槃智故。入众生身正觉智者。方便行四摄行。觉悟众生是也。入众生心正觉智者。以众生心与如来心同一体性。以此如来知一切众生。而随业接之故。入随顺一切处正觉智者。一切六道遍生其中。随根觉悟故。入示现遍行智者。一切众生行。及九十五种外道。尽同事智故。入示现逆行智者。示作恶魔恼惑行者。或行于非道。无不利生。如示作阿阇世

王殺害父母等事，令信得道業除，入示現思議不
思議世間了知不了知智者。或令世間知是不思
議聖行。或令世間不能了知是凡是聖，餘可準知。
如經自具。已上入如來智竟。八佛子已下一行半
經總結此位菩薩總能入一切諸佛廣大無量智
竟。
第六段有七行半經，明此位菩薩得十大解脫
分釋義。此一段中都舉四法，一先舉十種不可思
議解脫，二總舉百千阿僧祇解脫，三拜舉所得三
昧之數，四拜舉無量百千神通，皆如文自具。
校譌
第二紙十六行別某之某宋論作此第五紙十一行已下宋論有能初一字第
六紙四行經行下宋論無比已二字第十四紙十五行得宋論作行第二十
一紙九行藏解下宋論有解脫二字
第七段有四十五行半經，明此地菩薩於一念
頃能受十方所有諸佛法明皆能領受，及能於十
方雨法自在分。釋義中分爲八段，一佛子已下至
不能持有八行半經，明此地菩薩堪持一切諸佛
大法明大法照餘二乘及九地菩薩而不堪持，拌
畢娑伽羅龍降雨喻分。二佛子已下至名爲法雲

王。杀害父母等事。令信得道业除。入示现思议不思议世间了知不了知智者。或令世间知是不思议圣行。或令世间不能了知是凡是圣。余可准知。如经自具。已上入如来智竟。八佛子已下。一行半经。总结此位菩萨总能入一切诸佛广大无量智竟。

第六段。有七行半经。明此位菩萨得十大解脱分释义。此一段中。都举四法。一先举十种。不可思议解脱。二总举百千阿僧祇解脱。三并举所得三昧之数。四并举无量百千神通。皆如文自具。

第七段。有四十五行半经。明此位菩萨于一念顷。能受十方所有诸佛法明。皆能领受。及能于十方雨法自在分。释义中。分为八段。一佛子已下。至不能持。有八行半经。明此地菩萨堪持一切诸佛大法明大法照。余二乘及九地菩萨而不堪持。并举娑伽罗龙降雨喻分。二佛子已下。至名为法云。

有六行半經明堪大海能受諸大龍王所雨喩并
畢此位菩薩堪受一切諸法明。一念之間皆能一
時演說。分三解脫月已下至大法雨有兩行經。明
解脫月問此位菩薩一念間能受持幾如來法明
分四金剛藏菩薩已下至說此譬喩有一行半經。
明此位菩薩所受幾許佛說諸法以算數無量分。
五佛子已下至乃至譬喩亦不能及有十一行半
經是第一譬喩廣大不可及此位菩薩所領幾如
求法明聞多喩分六如一佛所已下至名爲法雲
有四行經明此位菩薩所受諸佛法雨倍過前喩。
分七佛子此地菩薩已下。至名爲法雲有七行經
明此位菩薩以自願力慈悲廣大饒益分。八佛子
此菩薩已下至名爲法雲有四行半經明此位菩
薩能於十方世界從兜率天宮下生倍過前微塵
喩分。如初段云大法明者。十方世界出世法無不
總知總解盡故。大法照者明能以智日所照十方
一切衆生根及業常如目前。一切衆生若好若惡
無有不見。大法雨者明能隨十方一切衆生根一
時等雨法故。一切諸有如是廣大佛事此位菩薩
能安能受如娑伽羅龍王所雨大海喩。娑伽羅者。

有六行半经。明举大海能受诸大龙王所雨喻。并举此位菩萨堪受一切诸法明。一念之间皆能一时演说分。三解脱月已下。至大法雨。有两行经。明解脱月问此位菩萨一念间。能受持几如来法明分。四金刚藏菩萨已下。至说其譬喻有一行半经。明此位菩萨所受几许佛说诸法以算数无量分。五佛子已下。至乃至譬喻亦不能及。有十一行半经。是第一譬喻广大不可及此位菩萨所领几如来法明广多喻分。六如一佛所已下。至名为法云有四行经。明此位菩萨所受诸佛法雨倍过前喻分。七佛子此地菩萨已下。至名为法云。有七行经。明此位菩萨以自愿力慈悲广大饶益分。八佛子此菩萨已下。至名为法云。有四行半经。明此位菩萨能于十方世界从兜率天宫下生。倍过前微尘喻分。如初段云。大法明者。十方世界出世法。无不总知总解尽故。大法照者。明能以智日。所照十方一切众生根及业。常如目前。一切众生。若好若恶。无有不见。大法雨者。明能随十方一切众生根。一时等雨法故。一切诸有如是广大佛事。此位菩萨能安能受。如娑伽罗龙王所雨大海喻。娑伽罗者。

因所雨大海得名能雨大海。此龍所雨唯海能受。如十方諸佛法雨唯此位菩薩一念能受。已下如文自具。

第八段有三十五行半經明此位菩薩隨念廣大微細大小一多相入通化自在分釋義中明此法雲地菩薩隨心念力廣大微細自在相入一多大小互參神通德用自在皆隨自心念所成。故如一切眾生作用境界。皆是自心報業所成。人天地獄苦生餓鬼善惡等報果。一依心造如此十地菩薩以無作法身大智之力。隨所心念莫不十方一時自在皆悉知見。爲無迷故以普光明智爲體爲智體無依稱性徧周法界。與虛空量等周滿十方世界。以無性智大用隨念。以不忘失智隨念皆成以具總別智。總別同異成壞俱作。以廣狹大小自在智化通無礙。以與一切眾生同體智能變一切眾生境界。純爲淨土之刹。以自他無二智一身而作多身多身而作一身。以法界無大小離量之智能以毛孔廣容佛刹。以等虛空無邊無方之智而一念現生滿十方而無去來。以加響智而能響應因所雨大海。得名能雨大海。此龙所雨。唯海能受。如十方诸佛法雨。唯此位菩萨一念能受。已下如文自具 。

第八段。有三十五行半经。明此位菩萨随念。广大微细大小一多相入。通化自在分。释义中。明此法云地菩萨。随心念力。广大微细。自他相入。一多大小互参。神通德用自在。皆随自心念所成故。如一切众生作用境界。皆是自心报业所成。人天地狱畜生饿鬼善恶等报果。一依心造。如此十地菩萨。以无作法身大智之力。随所心念。莫不十方一时自在。皆悉知见。为无迷故。以普光明智为体。为智体无依。称性遍周法界。与虚空量等。周满十方世界。以无性智。大用随念。以不忘失智。随念皆成。以具总别智。总别同异成坏俱作。以广狭大小自在智。化通无碍。以与一切众生同体智。能变一切众生境界。纯为净土之刹。以自他无二智。一身而作多身。多身而作一身。以法界无大小离量之智。能以毛孔广容佛刹。以等虚空无边无方之智。而一念现生。满十方而无去来。以如响智。而能响应。

對現等眾生應形、以具足圓滿福德智而恆居妙刹、常與一切眾生同居。若非聖所加持力、而眾生不見。如是十地菩薩智力神通、雖言性等虛空、然虛空廣大無用、如是十地之智、智滿虛空、智無體性無造作者。一如虛空、然隨念力周滿虛空、依果重重通化無盡、如隨意摩尼珠。雖性無能所、無所造作、而與一切眾境同色、餘如文自具。

第九段有十八行半經、明此大眾聞十地菩薩神通生疑、時金剛藏菩薩入體性三昧、現佛神通為眾除疑分、釋義、於此段中約有十事。一大眾懷疑、二解脫月為請。三金剛藏入定、四定所現境界、五大眾自見自身在金剛藏身中、六現菩提樹殊特高顯、七樹下有佛坐師子座號一切智通王。八大眾見佛。九金剛藏菩薩罷其神通。十大眾還自見身還在本處、得未曾有、如一切佛國土體性三昧者。即是無作法性身也、菩提樹約以法性身行報得故、樹下佛號一切智通王者、即法性中無作之大智自在故、此三法。一切眾生體常如是、只為不旨加行顯發故。餘如文自具。

对现等众生应形。以具足圆满福德智。而恒居妙刹。常与一切众生同居。若非圣所加持力。而众生不见。如是十地菩萨智力神通。虽言性等虚空。然虚空广大无用。如是十地之智。智满虚空。智无体性。无造作者。一如虚空。然随念力。周满虚空。依果重重。通化无尽。如随意摩尼珠。虽性无能所。无所造作。而与一切众境同色。余如文自具 。

第九段。有十八行半经。明此大众闻十地菩萨神通生疑。时金刚藏菩萨入体性三昧。现佛神通为众除疑分。释义。于此段中。约有十事。一大众怀疑。二解脱月为请。三金刚藏入定。四定所现境界。五大众自见自身在金刚藏身中。六现菩提树殊特高显。七树下有佛坐师子座。号一切智通王。八大众见佛。九金刚藏菩萨罢其神通。十大众还自见身还在本处。得未尝有。如一切佛国土体性三昧者。即是无作法性身也。菩提树。约以法性身行报得故。树下佛号一切智通王者。即法性中无作之大智自在故。此三法。一切众生体常如是。只为不自加行显发故。余如文自具 。

第十段有一十七行經，明此地菩薩智慧神通力。下地不知不可比，如來神力智慧分，釋義於此段中，約有十一法：一解脫月問三昧之名，二金剛藏菩薩正答三昧之號，三又問三昧之境界，四金剛藏正答，五正說法雲地得三昧之總相，六明法雲地菩薩三業神通，下地不知。七明略說法雲地境界廣說無量百千劫難量，八解脫月問佛神力如何，九金剛藏舉一土塵況四天下土多少難比，十金剛藏正說十地道力由故難宣況如來神力可說，十一舉喻約明其中意趣，如文自具。

第十一段有三十五行半經，明此位菩薩不異如來身語意業，不捨菩薩諸三昧無數劫承事供養一切諸佛分。釋義於此分中，約有一十法門：一不異如來身語意業，二不捨菩薩諸三昧力，三於無數劫承事供養一切諸佛，四一切諸佛神力所加智慧轉增勝，五於法界中所有問難善能解釋，六喻眞金以摩尼寶鈿廁其間成天寶冠，七自在天王服戴餘天不如，八正說此地菩薩下地不如，九如摩醯首羅天能令衆生心得清涼喻，明此地菩薩能令一切衆生得一切智智，十一乘及九地第十段。有二十七行经。明此地菩萨智慧神通力。下地不知。不可比如来神力智慧分。释义。于此段中。约有十一法。一解脱月问三昧之名。二金刚藏菩萨正答三昧之号。三又问三昧之境界。四金刚藏正答。五正说法云地得三昧之总相。六明法云地菩萨三业神通。下地不如。七明略说法云地境界。广说无量百千劫难量。八解脱月问佛神力如何。九金刚藏举一土块。况四天下土。多少难比。十金刚藏正说十地道力由故难宣。况如来神力可说。十一举喻约明。其中意趣。如文自具 。

第十一段。有三十五行半经。明此地菩萨不异如来身语意业。不舍菩萨诸三昧。无数劫承事供养一切诸佛分。释义。于此分中。约有二十法门。一不异如来身语意业。二不舍菩萨诸三昧力。三于无数劫承事供养一切诸佛。四一切诸佛神力所加。智慧转增胜。五于法界中所有问难。善能解释。六喻真金。以摩尼宝钿厕其间。成天宝冠。七自在天王服戴。余天不如。八正说此地菩萨下地不如。九如摩醯首罗天能令众生心得清凉喻。明此地菩萨能令一切众生得一切智智。十二乘及九地菩薩皆不能及。十一此地菩薩諸佛世尊更爲演說十種智門。十二明此地菩薩所行之行。智波羅蜜爲主。餘九爲伴。十三明且略說此地大綱。廣說難盡。十四舉此地菩薩受職作摩醯首羅天王。十五明此位菩薩於四攝法。善能廣行。十六不離念佛法一切種一切智智。十七自念堪爲一切衆生所依。十八自更勤修。十九一念得十不可說百千億那由他三昧。二十若加以殊勝願力。倍過前數。文義如文自具。如摩醯首羅者。此云大自在。是色界上極。於大千界得大自在。神通道力。智無過者。

第十一段有四十一行半經。明華阿耨達池十大山王喻十種地六段經方便所行之智慧分釋義

此一段總有十二段經。如經自有節量。不須更科文初舉阿耨達池喻菩薩從十住初心從菩提心流出善根大願之水。以四攝法充滿衆生無有窮

菩萨皆不能及。十一此地菩萨。诸佛世尊更为演说十种智门。十二明此地菩萨所行之行。智波罗蜜为主。余九为伴。十三明且略说此地大纲。广说难尽。十四举此地菩萨受职作摩醯首罗天王。十五明此位菩萨于四摄法善能广行。十六不离念佛法一切种一切智智。十七自念堪为一切众生所依。十八自更勤修。十九一念得十不可说百千亿那由他三昧。二十若加以殊胜愿力。倍过前数。文义。如经自具。如摩醯首罗者。此云大自在。是色界上极。于大千界。得大自在。神通道力。智无过者。

第十二段。有四十二行半经。明举阿耨达池十大山王。喻十种地次第方便所行之智慧分。释义。此一段。总有十二段经。如经自有节量。不烦更科。文初举阿耨达池。喻菩萨从十住初心。从菩提心。流出善根大愿之水。以四摄法充满众生。无有穷盡復更增長乃至入於一切智海明從初發心住生在如來智慧大願水中以四攝行成就衆生。滿一切智海不離初時智慧大願水體。以初水體成漸廣多。又舉大地有十山王喻。明從如來智地起十種進修不離智地體漸高勝故。如五位五重十法不離如來普光明一切智地起五重十十進修。如是五重五位十十進修總是一時一際一念無前後三世之勝進以如來智爲體故。還如阿耨達池中水流入大海如閻浮提地而出十大山王不離地體。以定慧照之可見初發心便成佛者。此爲可表。倣此知之以此說十信心於普光明殿中所說。此殿約普光明智報生明。果中說因。修滿不離此智故。十山王者。雪山王喻初地。如經文義自具。以次准知。以次香山王。以次鞞陀梨山王者。鞞者此云種種。陀梨者此云持。云此山能持種種衆寶華果故。喻三地如經文義自具如禪定解脫三昧三摩鉢底者如何。如禪宗但云稱體三昧。以明識想不行。爲日未出爲昧字。爲識想冥昧正智方現。爲三云正以十一月至正月三陽生故。以三爲正。三陽生方智明。以智爲正故以五蘊不生世情頓尽。复更增长。乃至入于一切智海。明从初发心住生在如来智慧大愿水中。以四摄行成就众生。满一切智海。不离初时智慧大愿水体。以初水体成渐广多。又举大地有十山王喻。明从如来智地。起十种进修。不离智地体。渐高胜故。如五位五重十法。不离如来普光明一切智地。起五重十十进修。如是五重五位十十进修。总是一时一际一念。无前后三世之胜进。以如来智为体故。还如阿耨达池中水。流入大海。如阎浮提地。而出十大山王。不离地体。以定慧照之可见。初发心便成佛者。此为可表。仿此知之。以此说十信心。于普光明殿中所说。此殿约普光明智报生。明果中说因。修满不离此智故。十山王者。雪山王喻初地。如经文义自具。以次准知。以次香山王。以次鞞陀梨山王者。鞞者。此云种种。陀梨者。此云持。云此山能持种种众宝华果故。喻三地。如经文义自具。如禅定解脱三昧三摩钵底者如何。如禅定。但云称体三昧。以明识相不行。为日未出为昧字。为识想冥昧。正智方现。为三云正。以十一月至正月三阳生故。以三为正。三阳生方智明。以智为正故。以五蕴不生。世情顿

止名之爲昧從此能現正智名之三昧又一止爲
正字三摩鉢底者。明五蘊昧能現正慧故云三摩
鉢底，是正慧故。爲無五蘊正智甚現名爲解脫禪
定都云大體三昧別異其行神仙山王表四地文
義如經。乾陀羅山者。乾者此云雙也陀羅此云持
明此山夜叉及大神共持此山明五地得出世間
及世間一智慧。神通諸明總能博達持故。焉耳山
王表六地位如經自具。尼民陀山王此曰持邊山
表還行地而能持一切衆生諸邊見行故乃至三
界六道總能持故。斫迦羅山。此云輪圍。圍大千界。
明八地無功行自圓滿故。計都末底山者。計都云
幢，末底云慧。明善慧地須彌盧山處閻浮四洲內
處大海中。明十地法雲中道之智藏總攝一切諸
三界故。佛子已下一行半經明都結十地差別圓
一切智中差別得名。明根本智從初發心位乃至
十地及佛地無二。由智差別得別名故已上十二
段一一如經文中其所表地意次第經自明說。
第十三段有十四行經明舉大海有十種德喻
十種地昇進分。釋義中分爲兩段。一先舉海之十
德，二託海之十德表法，舉十地之智慧差別進修。

止。名之为昧。从此能现正智。名之三昧。又一止为正字。三摩钵底者。明五蕴昧能现正慧故。云三摩钵底。是正慧故。为无五蕴。正智慧现。名为解脱。禅定。都云大体。三昧。别举其行。神仙山王表四地。文义如经。乾陀罗山者。乾者。此云双也。陀罗。此云持。明此山夜叉及大神共持此山。明五地得出世间及世间二智慧。神通诸明。总能博达持故。马耳山王表六地位。如经自具。尼民陀山王。此曰持边山。表远行地。而能持一切众生诸边见行故。乃至三界六道总能持故。斫迦罗山。此云轮围。围大千界。明八地无功行自圆满故。计都末底山者。计都。云幢。末底。云慧。明善慧地。须弥卢山。处阎浮四洲内。处大海中。明十地法云中道之智满。总摄一切诸三界故。佛子已下。一行半经。明都结十地差别。因一切智中差别得名。明根本智从初发心住。乃至十地及佛地无二。由智差别。得别名故。已上十二段。一一如经文中。其所表地意次第。经自明说 。

第十三段。有十四行经。明举大海有十种德。喻十种地升进分。释义中。分为两段。一先举海之十德。二托海之十德表法。举十地之智慧差别进修。

其中文義。如文具足。各各十法具足。不須科文。

第十四段有一十行半經。明摩尼珠有十種性出過衆寶。喻十種地出過衆聖分。釋義中分爲六段。一佛子已下。至充滿其願有六行經。明舉摩尼珠有十種性分。二佛子已下。至隨作佛事有七行半經。明正舉十地之加行次第分。如第六地善知十二因緣法。善知生老病死因緣根本。體相一如。第六地中所說以善巧觀生死緣生至底。喻寶。第七地由以種種方便智爲纔能隨生死不受諸垢。第八地爲行任用。徧諸衆生界。知迴無體不動如幢。自餘如文自具。三佛子已下。至不可得聞有兩行經。歎此品難聞分。四解脫月已下可一行經。是解脫月問此法得幾所福分。五金剛藏已下。至福德如是。可一行半經。明金剛藏菩薩答言如一切智所集之福德。明所聞法者如佛福德分。六何以故已下。至一切智地有三行半經。明如聞此法得福廣大生疑分。如一切智是佛所得根本智。若聞法者。其福德如佛。何爲。以明因聞此法方有信解故。爲初聞是一切智之首故。以初信因之福與果同體。明非因不果故。如非果不苗非苗不果故。

其中文义。如文具足。各各十法具足。不烦科文 。

第十四段。有二十行半经。明摩尼珠有十种性出过众宝。喻十种地出过众圣分。释义中。分为六段。一佛子已下。至充满其愿。有六行经。明举摩尼珠有十种性分。二佛子已下。至广作佛事。有七行半经。明正举十地之加行次第分。如第六地。善知十二因缘法。善知生老病死因缘根本。体相一如。第六地中所说。以善巧观生死缘生至底。喻钻。第七地。由以种种方便智为缕。能随生死不受诸垢。第八地。万行任用。遍诸众生界。知恒无体。不动如幢。自余如文自具。三佛子已下。至不可得闻。有两行经。叹此品难闻分。四解脱月已下。可一行经。是解脱月问闻此法得几所福分。五金刚藏已下。至福德如是。可一行半经。明金刚藏菩萨答言。如一切智所集之福德。明所闻法者如佛福德分。六何以故已下。至一切智地。有三行半经。明如闻此法得福广大生疑分。如一切智。是佛所得根本智。若闻法者。其福德如佛何为。以明因闻此法。方有信解故。为初闻。是一切智之首故。以初信因之福。与果同体。明非因不果故。如非果不苗非苗不果故。

爲明信心信果成因故即如說十信位於如來普
光明法界大智殿中說十箇智佛以不動智佛爲
首以爲信心以不動智佛及十箇智佛是自心之
智果故畢竟成滿不移此智餘義如文自具意明
如種子種果成其生因其根本智喻種子差別智
是加行喻苗上之果以此二智各具無邊功德。
第十五段有二十一行半經明說此十地法門
所感大地六種十八相動及興供拜十方金剛藏
菩薩咸來證法分。於此段中復分爲三段。一爾時
佛神力故已下至一切世界悉亦如是有八行經
明法成動地天雨眾華供養分。二爾時已下至而
往作證有九行經明十方同名金剛藏菩薩咸來
作證分。三爾時金剛藏已下至而說頌言有六行
經明觀眾生及所緣法欲說頌分。云十方各十億
佛剎微塵數世界外有十億佛剎微塵數菩薩而
來此會者明以本體十地之廣大甚多以十億剎
塵爲遠近及多數之量皆此一切剎初入十地菩
薩因果本末法智無疑明將本十地果法會同剎
入此十地菩薩智無二故會前九地之劣入十地
之廣大智故以曉遠近法之多少故亦明金剛藏

为明信心。信果成因故。即如说十信位。于如来普光明法界大智殿中。说十个智佛以不动智佛为首。以为信心。以不动智佛及十个智佛。是自心之智果故。毕竟成满。不移此智。余义如文自具。意明如种子。种果成其生因。其根本智。喻种子。差别智是加行。喻苗上之果。以此二智。各具无边功德 。

第十五段。有二十二行半经。明说此十地法门。所感大地六种十八相动及兴供。并十方金刚藏菩萨咸来证法分。于此段中。复分为三段。一尔时佛神力故已下。至一切世界悉亦如是。有八行经。明法威动地。天雨众华供养分。二尔时已下。至尔往作证。有九行经。明十方同名金刚藏菩萨。咸来作证分。三尔时金刚藏已下。至而说颂言。有六行经。明观众生及所缘法。欲说颂分。云十方各十亿佛刹微尘数世界外。有十亿佛刹微尘数菩萨而来此会者。明以本体十地之广大甚多。以十亿刹尘为远近及多数之量。会此一切创初入十地菩萨。因果本末法智无疑。明将本十地果法。会同创入此十地菩萨智无二故。会前九地之劣。入十地之广大智故。以陈远近法之多少故。亦明金刚藏

所說之法。與十方諸佛會同不二故。世界外者。創
下地位也。來此會者。即昇進入此十地智也。歎普
哉者。明所說法契當不異也。同名者。明法藏智同
故。世界各各差別者。明差別智差別行故。悉名金
剛德。明差別智及行不離金剛德故。佛號金剛幢
者。明金剛智能破一切妄業。自無體可動故。餘義
如文自具。如一切智根本智。又智是差別智。從一
切智中用故。故以重言。

第十六段有八十四行頌。明重頌前法分。明都
歎從初地發心已來。通此十地。一時次第十地悉
皆重頌。文義如經自具。

校譌

第二紙二十行叢下宋論有生業二字　第五紙八行匽甬藏作匽

十定品第二十七

此品佛自說十定之名。普賢說十定之用。以明
佛根本智是體。普賢差別智是用故。明一切施為
不離根本智之大定體故。以是義故。還於根本智
普光明殿中說寂用之門。
將釋此品。約作五門分別。一釋會來意。二釋欲說

所说之法。与十方诸佛会同不二故。世界外者。即下地位也。来此会者。即升进入此十地智也。叹善哉者。明所说法契当不异也。同名者。明法藏智同故。世界各各差别者。明差别智差别行故。悉名金刚德明差别智及行不离金刚德故。佛号金刚幢者。明金刚智能破一切妄业。自无体可动故。余义如文自具。如一切智。根本智。又智。是差别智。从一切智中用故。故以重言 。

第十六段。有八十四行颂。明重颂前法分。明都叹从初地发心已来。通此十地。一时次第十地悉皆重颂。文义如经自具 。

十定品第二十七

此品佛自说十定之名。普贤说十定之用。以明佛根本智是体。普贤差别智是用故。明一切施为。不离根本智之大定体故。以是义故。还于根本智普光明殿中。说寂用之门 。

将释此品。约作五门分别。一释会来意。二释欲说此會重敘摩竭提國初成佛之所由。三明何因緣故在此普光明殿中說此十一品經。四明次第釋十一品之大意。五明依品釋文。第一釋會來意者。以從此普光明大智殿中起信。以不動智爲昇進修行。至十地十一地道滿行周。至於佛果不離本智。是故此會須來。明不移因行至果。不移智不移行。不移因果一體故。還發善財見慈氏。慈氏還令卻見文殊及入普賢身是也。第二釋欲說此會何故重敘摩竭提國初成佛之所由者。經云爾時世尊在摩竭提國阿蘭若法菩提場中始成正覺於普光明殿入剎那際三昧者。明初成佛及四十九年中所轉法輪。從天下降。總不出一剎那時。不移不遷故。恐後眾生失其本意。妄生遷移。故須重敘。明始末無時可遷。故此明三世諸佛一切眾生總同一箇不遷之體。從初信進修行經過五位。總不移初時歲月日時。及佛根本智法故。第三明何因緣故在此普光明殿說此十一品經。釋曰。爲明初會菩提場始成正覺是佛舉自始成之果勸修。第二會普光明殿明是如來大智自果所居之報宅。說十箇智佛。以不動智爲首。以爲信進修行此会。重叙摩竭提国初成佛之所由。三明何因缘故在此普光明殿中说此十一品经。四明次第释十一品之大意。五明依品释文。第一释会来意者。以从此普光明大智殿中起信。以不动智为升进修行。至十地十一地道满行周。至于佛果不离本智。是故此会须来。明不移因也。为时不移。智不移。行不移。因果一体故。还教善财见慈氏。慈氏还令却见文殊。及入普贤身是也。第二释欲说此会。何故重叙摩竭提国初成佛之所由者。经云。尔时世尊在摩竭提国阿兰若法菩提场中。始成正觉。于普光明殿。入刹那际三昧者。明初成佛。及四十九年中所转法轮。并从天下降。总不出一刹那时。不移不迁故。恐后众生失其本意。妄生迁移。故须重叙。明始末无时可迁故。此明三世诸佛一切众生。总同一个不迁之体。从初信进修行。经过五位。总不移初时岁月日时。及佛根本智法故。第三明何因缘故在此普光明殿。说此十一品经。释曰。为明初会菩提场始成正觉。是佛举自始成之果劝修。第二会普光明殿。明是如来大智自果所居之报宅。说十个智佛。以不动智佛为首。以为信进修行之門。令初發菩提心者從此普光明大智宅起信進修行。畢竟不離如來本智本行本時還成本佛萬事依舊故。於此十地後在於本信心處說此十一品經。用明因果依本時日歲月總依本故。故於此處說十一品經。此十一品經總明成佛之際所有境界故。即是明能發菩提心者自成佛故。無異初會中毗盧遮那佛故。依樣倣修一加本故。爲約智無時十方一切古今諸佛總與如今始發心者一時成佛故。以智照之可見情識閪之即迷。是故表依本如是故。還於本處說佛果始終之門故。以表法界體中始末同際說也。此乃約實論之不順凡情之教說多劫也。第四明次第釋十一品之大意者。一明十定品是古今一切諸佛寂用普周無時之大體也。二明十通品是古今諸佛普光明智利生自在及報業之神通徧周。三十忍品即是十方古今諸佛自體無作法身一切法無生隨行之忍門。四阿僧祇品即五隨好光明功德品是明佛果所迷一愚之法。以此一品經是如來自說。六如來壽量品即是一切諸佛隨眾生根性長短所現不同之壽而自報命與虛空之齊年。七菩薩住處品即是佛之门。令初发菩提心者。从此普光明大智宅起信进修行。毕竟不离如来本智本行本时。还成本佛。万事依旧故。于此十地后。在于本信心处。说此十一品经。用明因果依本。时日岁月。总依本故。故于此处说十一品经。此十一品经。总明成佛之际所有境界故。即是明能发菩提心者。自成佛故。无异初会中毗卢遮那佛故。依样仿修。一如本故。为约智无时。十方一切古今诸佛。总与如今始发心者。一时成佛故。以智照之可见。情识闻之即迷。是故表依本如是故。还于本处说佛果始终之门故。以表法界体中。始末同际说也。此乃约实论之。不顺凡情之教说多劫也。第四明次第释十一品之大意者。一明十定品。是古今一切诸佛寂用遍周无时之大体也。二明十通品。是古今诸佛普光明智利生自在。及报业之神通遍周。三十忍品。是十方古今诸佛自体无作法身。一切法无生随行之忍门。四阿僧祇品。五随好光明功德品。是明佛果所迷二愚之法。以此二品经。是如来自说。六如来寿量品。是一切诸佛随众生根性长短。所现不同之寿。而自报命与虚空之齐年。七菩萨住处品。是佛果攝眾生之分界明菩薩行門常不斷故八不思議法品明一切十方古今諸佛智德難思非情識之測度九如來十身相海品明佛報身依正一果難量十普賢行品明十方一切古今諸佛共所行自利利他之行周故十一如來出現品明五位修行者昇進位滿同佛出興出世入纏二行圓滿文殊是主出纏智慧普賢是主入俗行周於此品中一行圓滿故今二人自相問答說此出現之門已上十一品經大意如是一一隨文別釋更當重明大綱總明十一地已後佛果位中所行法則亦是一切菩薩一切眾生總不離此定體而無遷易此時分故明時不遷也第五明依品釋文者將釋十定一品約作五門分別一釋品來意二釋品名目三何故此之一處三會重重四釋此處三度重敘初成正覺摩竭提國五隨文釋義一釋品來意者明此十一地前已說進修行行及智用差別已滿此佛果普光明智明五位法界自體寂用重重無礙又明昇進因果修行終始明時法不遷故此品須來又明一多純雜同別自在故此品須來又明十地菩薩自知未具普賢行不見普賢身故此品

果摄众生之分界。明菩萨行门常不断故。八不思议法品。明一切十方古今诸佛智德难思。非情识之测度。九如来十身相海品。明佛报身依正二果难量。十普贤行品。明十方一切古今诸佛。共所行自利利他之行周故。十一如来出现品。明五位修行者。升进位满。自佛出兴。出世入缠。二行圆满。文殊是主出缠智慧。普贤是主入俗行周。于此品中二行圆满。故令二人自相问答。说此出现之门。已上十一品经。大意如是。一一随文别释。更当重明。大纲总明十一地以后。佛果位中所行法则。亦是一切菩萨一切众生。总不离此定体。而无迁易此时分故。明时不迁也。第五明依品释文者。将释十定一品。约作五门分别。一释品来意。二释品名目。三何故此之一处三会重重。四释此处三度重叙。初成正觉摩竭提国。五随文释义。一释品来意者。明此十一地前。已说进修行行。及智用差别已满。此佛果普光明智。明五位法界。自体寂用。重重无碍。又明升进因果。修行始终。明时法不迁故。此品须来。又明一多纯杂同别自在故。此品须来。又明十地菩萨。自知未具普贤行。不见普贤身故。此品須來。如此品自具明也。一釋品名目者。明此品如來自說十種定名。故因說法而立其名。此定乃是古今一切諸佛經常之法。令諸五位菩薩皆同得之。一切眾生亦同此體。普賢說用。明佛是體。普賢是用。二何故此處三會重重者。明信心及定體幷離世間品普賢常行。此等三事總是如來普光明智一體因果。幷普賢菩薩佛果後位行。總是普光明一箇智用。始終因果時日歲月。總無時。體以此三會重重總一時有也。非是如世情所見去已更來。故如是三會重重一時一會有此二種之法事故。或以三世遠近劫作九世相入重重不礙故。爲不離普光明之智兼始兼終兼不印故。兼終不徹故。三世劫海總一時故。五位因果亦不出此之定體也。四明釋此一處三度重敘初成正覺在摩竭提國者。明此一部經有五重因果。其五者何。一如佛初成道在菩提樹下示成正覺所集神天等眾。是一重佛因果也。二於普光明殿中。說佛自成因果。令諸後學信進修行。即出毫中之光及眾是也。三說此十定品等十一品經。明諸菩薩信進修行。經過信住行迴向十地十一地等六位自行滿周须来。如此品自具明也。二释品名目者。明此品如来自说十种定名。故因说法而立其名。此定乃是古今一切诸佛恒常之法。令诸五位菩萨皆同得之。一切众生亦同此体。普贤说用。明佛是体。普贤是用。三何故此处三会重重者。明信心及定体。并离世间品普贤常行。此等三事。总是如来普光明智一体因果。并普贤菩萨佛果后恒行。总是普光明一个智用。始终因果。时日岁月。总无时体。以此三会重重。总一时有也。非是如世情所见。去已更来故。如是三会重重。一时一会。有此三种之法事故。或以三世远近劫。作九世相入。重重不碍故。为不离普光明之智。无始无终无不印故。无终不彻故。三世劫海总一时故。五位因果。亦不出此之定体也。四明释此一处三度重叙初成正觉在摩竭提国者。明此一部经。有五重因果。其五者何。一如佛初成道在菩提树下示成正觉。所集神天等众。是一重佛因果也。二于普光明殿中。说佛自成因果。令诸后学信进修行。即出毫中之光及众是也。三说此十定品等十一品经。明诸菩萨信进修行。经过信住行回向十地十一地等六位。自行满周。

所成之佛果。此十一品經是。四離世間品是一切
諸佛皆自成佛果後經。以自己果行普行利生。亦
名爲利世間品。不可作遠離之離此品名目恐將
娛究釋經之上。或可妄詳佛意於中取意亦有義
通。如此四段經文品初皆云爾時世尊在摩竭提
國阿蘭若法菩提場中始成正覺者明說一部之
經以菩提智無前後際一時說故。非如情量有前
後。古人云重會三會普光明殿者意非然也。非但
不移剎那際說此一部之經。亦乃從兜率天降神
乃至入涅槃亦如之也。乃至三世無盡劫佛亦一
時不出此一剎那際齊成佛故。一切衆生於本無
時之內妄生多劫延促之相。覺已元無故。今此段
經文意明菩提智上無延促時日往來之相。故總
云在摩竭提國始成正覺。以智照之可見。凡情思
之即迷。乃至昇天諸會皆云不離菩提樹下普光
明殿而昇一切剎夜摩等。故以菩提根本智體性自
徧周無表裏中間長短延促大小去來等見故。五
法界品。是一切諸佛之所共果。凡聖共同不離法
界大智慧無限德用圓滿之果。一切諸佛以此法
界大智慧而成正覺。亦名普光明大智慧殿。故以

所成之佛果。此十一品经是。四离世间品。是一切诸佛。皆自成佛果后。恒以自己果行。常行利生。亦名为利世间品。不可作远离之离。此品名目。恐将误矣。译经之士。或可妄详佛意。于中取意。亦有义通。如此四段经文。品初皆云尔时世尊在摩竭提国阿兰若法菩提场中始成正觉者。明说一部之经。以菩提智无前后际一时说故。非如情量有前后。古人云重会三会普光明殿者。意非然也。非但不移刹那际。说此一部之经。亦乃从兜率天降神。乃至入涅槃。亦如之也。乃至三世无尽劫佛。亦一时不出此一刹那际。齐成佛故。一切众生。于本无时之内。妄生多劫延促之相。觉已元无故。今此段经文。意明菩提智上。无延促时日往来之相。故总云在摩竭提国始成正觉。以智照之可见。凡情思之即迷。乃至升天诸会。皆云不离菩提树下普光明殿。而升忉利夜摩等故。以菩提根本智体。性自遍周。无表里中间长短延促大小去来等见故。五法界品。是一切诸佛之所共果。凡圣共同。不离法界大智慧无限德用圆满之果。一切诸佛。以此法界大智慧而成正觉。亦名普光明大智慧殿故。以

此五段經總明一真無礙大智無始終之無限經
卷量等十方一切境界於一剎那際通持悉徧。亦
名普眼經也。意明說此一部經及出世涅槃總不
出此一剎那際法界之果。此法界品是菩提智境
究竟之果。此乃都該一部也。第五隨品釋義者。約
分二義。一長科經意。二隨文釋義。一長科經意者。
於此品中長科為十一段

第一爾時世尊已下。至所謂無相。有五行半經。
明當十一品經之序分。第二隨文釋義。從爾時世
尊在摩竭提國者。此云不害國。亦名聰慧。為依此
國人聰慧故。以人得名。又摩者云不。竭提者云至。
為此國將謀兵勇。鄰國敵不至。以主將立名。又云
摩者大也。竭提體也。云此國最大。為五印度之大
體故。以此國是閻浮提之處中。以是如來示成正
覺。明處中道義故。又明大悲無害義故。又表大悲

此五段经。总明一真无碍大智无终始之无限经卷。量等十方一切境界。于一刹那际诵持悉遍。亦名普眼经也。意明说此一部经。及出世涅槃。总不出此一刹那际法界之果。此法界品。是菩提智境究竟之果。此乃都该一部也。第五随品释义者。约分二义。一长科经意。二随文释义。一长科经意者。于此品中。长科为十一段 。

第一尔时世尊已下。至所谓无相。有五行半经。明当十一品经之序分。第二随文释义。从尔时世尊在摩竭提国者。此云不害国。亦名聪慧。为依此国人聪慧故。以人得名。又摩者。云不。竭提者。云至。为此国将谋兵勇。邻国敌不至。以主将立名。又云摩者。大也。竭提。体也。云此国最大。为五印度之大体故。以此国是阎浮提之处中。以是如来示成正觉。明处中道义故。又明大悲无害义故。又表大悲普利不偏化故皆如初會中說。問爾若法如初會已釋於成正覺皆明於兜率天下降神受生說法入涅槃總不離始成正覺刹那際三昧之時故。此經四品之內皆共同有此普明普光明大智體無時分。明其殿體是智報境。以智成。令同境智無二。所居之殿體皆合三世多劫不屬時收。無古今去來之體。所有眾生自業現量。三世之事皆現其中。不屬遷變移時之相。如來所見一切眾生三世無限業報及心所緣以此普光明智應現在前。十方世界纖毫之事無不知見爲普光明大智與一切眾生及等虛空無限境界。同一體性故能一切無不知也。以智淨無障故。又刹那際諸佛三昧者。明三世古今同一時故。一刹那者。會無三世生滅時也。此刹那之時。爲教化眾生說法會古今之名言。以智實論猶無此體故。以無此刹那之時能合三世古今一切劫時。總同一故。以六相門觀之可見。諸佛三昧者。明一切如來久已清塵見亡性與智俱。以一切智自在神通力現如來身清淨無礙無所依止者。以一切智是根本智無功用也。自在神通者。明根本智應無體性而能普現隨根之身。設普利不偏化故。皆如初会中说。阿兰若法。如初会已释。始成正觉者。明于兜率天下。降神受生。说法入涅槃。总不离始成正觉刹那际三昧之时故。此经四品之内。皆共同有此言。明普光明大智。体无时分。明其殿体。是智报境。以智成名。以境智无二。所居之殿体。皆含三世多劫。不属时收。无古今去来之体。所有众生自业现量。三世之事。皆现其中。不属迁变移时之相。如来所见一切众生。三世无限业报。及心所缘。以此普光明智恒现在前。十方世界纤毫之事。无不知见。为普光明大智。与一切众生。及等虚空无限境界。同一体性故。能一切无不知也。以智净无障故。又刹那际诸佛三昧者。明三世古今同一时故。一刹那者。会无三世生灭时也。此刹那之时。为教化众生说法。会古今之名言。以智实论。犹无此体故。以无此刹那之时。能含三世古今一切劫时。总同一故。以六相门观之可见。诸佛三昧者。明一切如来。久已情尘见亡。恒与智俱。以一切智自在神通力现如来身。清净无碍无所依止者。以一切智。是根本智无功用也。自在神通者。明根本智恒无体性。而能普现随根之身。设一切法而無失時。名爲神通力也。亦名現如來清淨之身。一時總釋。總明從根本智隨一切眾生起無礙廣大用故。無所依止者明根本智無體性起故。爲根本智無體性故。方能圓照十方成廣大功用故。無有攀緣者。明以智境寂用非是虛妄緣故。任著摩他最極寂靜者。明根本智寂用自在境智俱眞。功用俱寂起者。唯法起。寂唯法寂。十方萬法無事不眞。故云最極寂靜奢摩他者此云定也。明此定是佛根本智無作大體應根(六)用之寂用故。是諸佛根本智體用大自在定故。明此會總是諸佛果中根本智作用也。具大威德者。明佛十力四無畏十八不共法悉自在。若有見聞如來皆念敬發心悉歸伏故。餘如文自具。隨宜出興不失於時者。宜堪見聞應時不失故。至極住一相所謂無相者。此已上五行半經。明歎佛成道智德覺已下列眾如下更明。

第二從十佛刹微塵數已下至諸善根行有三十六行半經。明列菩薩大眾分。釋義中約分三段。一從十佛刹微塵數菩薩已下至無住解脫有一切法。而无失时。名为神通力也。亦名现如来清净之身。一时总释。总明从根本智。随一切众生。起无碍广大用故。无所依止者。明根本智无体性故。为根本智无体性故。方能圆照十方。成广大力用故。无有攀缘者。明以智境寂用。非是虚妄缘故。住奢摩他最极寂静者。明根本智寂用自在。境智俱真。万用俱寂。起唯法起。寂唯法寂。十方万法。无事不真故。云最极寂静。奢摩他者。此云定也。明此定是佛根本智无作大体应根[本]用之寂用故。是诸佛根本智体用大自在定故。明此会总是诸佛果中根本智作用也。具大威德者。明佛十力。四无畏。十八不共法。悉自在。若有见闻如来。皆念敬发心。悉归伏故。余如文自具。随宜出兴不失于时者。宜堪见闻。应时不失故。至恒住一相所谓无相者。此已上五行半经。明叹佛成道智德竟。已下列众。如下更明。

第二与十佛刹微尘数已下。至诸善根行。有三十六行半经。明列菩萨大众分。释义中。约分三段。一从与十佛刹微尘数菩萨已下。至无住解脱。有

五行經。明歎諸菩薩志德分。二其名曰已下至無
邊慧菩薩有九行經有三十箇菩薩同名爲慧明
三空禪定解脫門中所生智慧同名爲慧分。此已
上明三空解脫禪定中一解脫門中具生十種慧。
三空中有三十種慧知見差別。三空者無相無願
無作空也。如是三空門任運發生此三十種慧以
表無盡故。令三十箇菩薩同名爲慧者是三念莊
嚴菩薩已下至同修菩薩諸善根有一十二行半
經有七十箇菩薩各隨行別名列衆分已上七
十箇菩薩明前三空解脫已終。以七覺行華常處
生死菩覺悟一切衆生行故。此明十地道終常入
生死方便行周。令欲成普賢門故。故以十佛刹微
塵爲數量者。一一菩薩皆具如是十徧周行是故
前歎德中無不皆灌頂位。即十地位也。又云獲諸
菩薩普見三昧明以其十地智眼普見衆生根欲
差別故。大悲安隱一切衆生者以自十地道滿不
離方便三空七覺方便行華引接含識是入普賢
行故。故於此品以三昧力三求推覓普賢者明
三昧雖有慈悲是出世心多以此不見十一地之
位。普賢入俗利生之門。三求推覓方見普賢者明

五行经。明叹诸菩萨志德分。二其名曰已下。至无边慧菩萨。有九行经。有三十个菩萨。同名为慧。明三空禅定解脱门中所生智慧同名为慧分。此已上。明三空解脱禅定中。一解脱门中。具生十种慧。三空中。有三十种慧。知见差别。三空者。无相。无愿。无作空也。如是三空门。任运发生。此三十种慧。以表无尽故。今三十个菩萨同名为慧者是。三念庄严菩萨已下。至同修菩萨诸善根。有二十二行半经。有七十个菩萨。各各随行别名列众分。已上七十个菩萨。明前三空解脱已终。以七觉行华。常处生死。善觉悟一切众生行故。此明十地道终。常入生死。方便行周。今欲成普贤门故。故以十佛刹微尘为数量者。一一菩萨。皆具如是十遍周行。是故前叹德中。无不皆灌顶位。即十地位也。又云。获诸菩萨普见三昧。明以其十地智眼。普见众生根欲差别故。大悲安隐一切众生者。以自十地道满。不离方便。三空七觉。方便行华。引接含识。是入普贤行故。故于此品。以三昧力。三求推觅。觅普贤者。明三昧虽有慈悲。是出世心多。以此不见十一地之位。普贤入俗利生之门。三求推觅方见普贤者。明

從十地昇進入普賢行果之位成普賢寂用自在
門故。是故下文以如意摩尼珠王能隨所求及與
物同色不失自珠之德。明常以如來自果一切智
王。不壞菩薩種種方便之行。隨諸衆生種種樂欲
皆隨引之使令得樂。又明雖成八地已後乃至十
地十一地及佛位。而常不壞七地已前三空七覺
諸方便行故。是故列衆之內以菩薩名數表之使
易解故。都舉十佛刹塵爲數量者。明一一菩薩總
具如是行徧周故。是故淨名經云。雖成正覺轉於
法輪而不捨菩薩之道是菩薩行。此之十定列衆
之位。總是已成十地出世智悲之衆。不捨七地已
前諸助道門以利衆生故。亦是一切菩薩從初發
心不離此定體。信進修行至於果滿不遷時故。此
品之初以敘如來初成正覺之意。明說此四十品
經及出生滅度時日總不遷。始終一際故法不如
是故非是如來神通使然。約智境實論不隨妄情
所說多劫以智照之可見。所列前後位法之法及
衆答以隨位菩薩一時頓彰。明智法界無始末也。
總以此十定爲體。此品初一段敘分及列衆歎德。
略舉大意和會始終。於中文義隨行隨法立菩薩

从十地升进。入普贤行果之位。成普贤寂用自在门故。是故下文。以如意摩尼珠王。能随所求。及与物同色。不失自珠之德。明常以如来自果一切智王。不坏菩萨种种方便之行。随诸众生种种乐欲。皆随引之使令得乐。又明虽成八地已后。乃至十地十一地及佛位。而常不坏七地以前。三空七觉诸方便行故。是故列众之内。以菩萨名数表之。使易解故。都举十佛刹尘为数量者。明一一菩萨。总具如是行遍周故。是故净名经云。虽成正觉转于法轮。而不舍菩萨之道。是菩萨行。此之十定列众之位。总是已成十地出世智悲之众。不舍七地已前诸助道门。以利众生故。亦是一切菩萨从初发心。不离此定体。信进修行。至于果满不迁时故。此品之初。以叙如来初成正觉之意。明说此四十品经。及出生灭度。时日总不迁。始终一际故。法本如是故。非是如来神通使然。约智境实论。不随妄情所说多劫。以智照之可见。所列前后五位之法及众。各以随位菩萨一时顿彰。明智法界无始末也。总以此十定为体。此品初一段叙分。及列众叹德。略举大意和会始终。于中文义。随行随法。立菩萨

玄約此法行之行如前略準十佛刹塵所表以貫
而會無有盡極。但以根本智爲佛自果餘皆以智
中一切法總是菩薩行故故以十佛刹微塵爲數
宜。

第三爾時普眼已下至自在解脫有十六行半
經明普眼菩薩白佛問普賢道德諸菩薩修幾三
昧神通變化而得自在及如來教令請普賢菩薩
演說三昧自在分。釋義中約分四段。一爾時普眼
已下至願垂哀許有三行經明普眼菩薩悲問普
賢菩薩道德所行法門分。二佛言普眼已下至令
汝心喜有一行經明佛許問分。三普眼言已下至
無有休息有四行半經明正問普賢及大眾三昧
行門多少分。四佛言善哉已下至自在解脫有八
行經明如來歎普眼所問及示普賢所在拜歎普
賢之行及勸普眼令請普賢說十三昧分。餘如文
自具。

第四爾時會中諸菩薩眾已下至使其然耳有

名。约此法行之名。如前略举十佛刹尘所表。以实而论。无有尽极。但以根本智。为佛自果。余差别智中一切法。总是菩萨行故。故以十佛刹微尘为数量。

第三尔时普眼已下。至自在解脱。有十六行半经。明普眼菩萨白佛。问普贤道德诸菩萨修几三昧。神通变化而得自在。及如来教令请普贤菩萨演说三昧自在分。释义中。约分四段。一尔时普眼已下。至愿垂哀许。有三行经。明普眼菩萨起问普贤菩萨道德所行法门分。二佛言普眼已下。至令汝心喜。有一行经。明佛许问分。三普眼言已下。至无有休息。有四行半经。明正问普贤及大众三昧行门多少分。四佛言善哉已下。至自在解脱。有八行经。明如来叹普眼所问。及示普贤所在。并叹普贤之行。及劝普眼令请普贤说十三昧分。余如文自具。

第四尔时会中诸菩萨众已下。至使其然耳。有八行中經明諸菩薩衆聞普賢菩薩名得不可思議無量三昧分釋義中約有十法一大衆得聞普賢菩薩名便獲無量三昧二大衆得三昧已現前得見無數諸佛三大衆得如來十力同如來性四大衆獲福五大衆神通具足六大衆尊重普賢渴仰欲見七大衆悉皆周徧觀察八大衆竟不覩見普賢身座九推佛威所持十推普賢自力然也夫意明十信已後十地已前以普賢行成法身及根本智得出世中差別智已成十一地中以法身根本智純成處生死中無限大用普賢門與一切衆生妄念齊等故同想用隨彼解脫故以是如來令想念普賢經云諸菩薩得如來力者即十力也同如來性者即法性身也大意明從十地十一地昇進佛果位至此方終尊重普賢渴仰欲見者明昇進普賢行故將十地智成普賢差別智道至出現品始齊故如彼品自有所表如善財見彌勒菩薩同一生之佛果卻令見文殊憶念文殊便聞普賢名及入無量三昧自見其身入普賢身是其樣式一同此普光明殿中說十信心令至佛果不移因位及具佛果後普賢行位滿離世間品是佛果後

八行半经。明诸菩萨众闻普贤菩萨名。得不可思议无量三昧分。释义中。约有十法。一大众得闻普贤菩萨名。便获无量三昧。二大众得三昧已。现前得见无数诸佛。三大众得如来十力同如来性。四大众获福。五大众神通具足。六大众尊重普贤渴仰欲见。七大众悉皆周遍观察。八大众竟不睹见普贤身座。九推佛威所持。十推普贤自力然也。大意明十信已后。十地已前。以普贤行成法身及根本智。得出世中差别智已成。十一地中。以法身根本智。纯成处生死中无限大用。普贤门。与一切众生妄念齐等。故同想用随彼解脱故。以是如来令想念普贤。经云。诸菩萨得如来力者。即十力也。同如来性者。即法性身也。大意明从十地十一地。升进佛果位。至此方终。尊重普贤竭仰欲见者。明升进普贤行故。将十地智。成普贤差别智。直至出现品始齐故。如彼品自有所表。如善财见弥勒菩萨。同一生之佛果。却令见文殊。忆念文殊。便闻普贤名。及入无量三昧。自见其身入普贤身。是其样式。一同此普光明殿中说十信心。今至佛果。不移因位。及具佛果后普贤行位满。离世间品。是佛果后

普賢行。云周徧觀察不見普賢及所坐之座者明
從初十信十住十行十迴向十地。自己乘普賢行
昇進。多求如來解脫悲智出世間心兼修。以成佛
自在無作道圓滿。已自見徧周故。如十地佛果後
普賢行。及所有三昧。純是普入世間。無求出世佛
果故。以將兼修悲智出世佛果三昧。三求不見。純
是大悲無有自利之行。即不相見故。以十地佛果
已前行普賢行。有自利利他之心以求出世解脫
故。以十一地行普賢之行。不求自己解脫。純是利
生之行故。以十一地已前助顯根本智。明於自解
脫道已滿足無所希求故。於十一地但爲饒益一
切眾生無蘊積已自功故。是故以將十地已前自
利利他普賢行求十一地中普賢行求及見故。以
此是故大眾周徧觀察竟不得見普賢身及座故。
審諦觀察以智思惟可見餘如文自具。
第五爾時普眼已下至是故汝等不能見耳。有
十一行經。明諸菩薩入三昧力欲見普賢徧求不
見如來爲說普賢志德甚深汝等不能得見分。何
故不見普賢爲明十地菩薩得出世智慈增上所
有三昧皆出世智慈。以是不見普賢是十一地行

普贤行。云周遍观察不见普贤及所坐之座者。明从初十信十住十行十回向十地。自已乘普贤行升进。多求如来解脱悲智。出世间心兼修。以成佛自在无作道圆满。已自见遍周故。如十地佛果后普贤行。及所有三昧。纯是善入世间。无求出世佛果故。以将兼修悲智。出世佛果三昧。三求不见。纯是大悲。无有自利之行。即不相见故。以十地佛果已前行普贤行。有自利利他之心。以求出世解脱故。以十一地行普贤之行。不求自己解脱。纯是利生之行故。以十一地已前。助显根本智。明于自解脱道已满足。无所希求故。于十一地但为饶益一切众生。无蕴积己自功故。是故以将十地已前自利利他普贤行。求十一地中普贤行。未及见故。以此是故大众周遍观察。竟不得见普贤身及座故。审谛观察。以智思惟可见。余如文自具 。

第五尔时普眼已下。至是故汝等不能见耳。有十一行经。明诸菩萨入三昧力。欲见。普贤遍求不见如来为说普贤志德甚深。汝等不能得见分。何故不见普贤。为明十地菩萨。得出世智慈增上。所有三昧。皆出世智慈。以是不见普贤。是十一地行門。常在世間。出世心亡。寂用自在。以出世三昧不相應故。以是不見。釋義中。分為四段。一爾時普眼菩薩已下至今何所在。有一行餘經。明普眼問普賢菩薩所在分。二佛言已下至彻無動移。有一行半經。明如來示普賢所在分。三是時普眼及諸菩薩已下至其身及座。有兩行半經。明普眼及諸菩薩重更觀普賢菩薩猶未能見分。四佛言如是已下至不能見耳。有六行經。明如來為普眼等歎普賢菩薩志德甚深入師子奮迅定故等不能得見分。經云人師子奮迅定者。明入十地果後普賢行總是無畏自在定故。明以無邊想念同眾生行故。明大用自真不待念故。師子明無畏自在也。奮迅者明普賢菩薩遍十方普作用定而常行等十方世界無有一眾生而不遍濟根堪可利而不失時故。名奮迅定。猶如師子一時奮迅全分身毛一時普展。明普賢菩薩常居大用定海。任智遍周一時普用等眾生行無失時故。不待念故。普遍大用利眾生無休息故。無始及今同一念故。無古今故。法如是行故。普明大用而常寂。是奮迅義。得無上自在用者。於大用中恆遍用。利眾生全是定。無別止息。不同十地已前昇進有出世心故。入清淨無门。常在世间。出世心亡。寂用自在。以出世三昧不相应故。以是不见。释义中。分为四段。一尔时普眼菩萨已下。至今何所在。有一行余经。明普眼问普贤菩萨所在分。二佛言已下。至初无动移。有一行半经。明如来示普贤所在分。三是时普眼及诸菩萨已下。至其身及座。有两行半经。明普眼及诸菩萨。重更观普贤菩萨。犹未能见分。四佛言如是已下。至不能见耳。有六行经。明如来为普眼等。叹普贤菩萨志德甚深。入师子奋迅定。汝等不能得见分。经云入师子奋迅定者。明入十地果后普贤行。总是无畏自在定故。明以无边想念同众生行故。明大用自真不待念故。师子。明无畏自在也。奋迅者。明普贤菩萨。恒遍十方普作用定而常行。等十方世界。无有一众生而不遍济。根堪可利而不失时。故名奋迅定。犹如师子一时奋迅。全分身毛一时普震。明普贤菩萨。常居大用定海。任智遍周。一时普用。等众生行。无失时故。不待念故。普遍大用利众生无休息故。无始及今同一念故。无古今故。法如是行故。意明大用而常寂。是奋迅义。得无上自在用者。于大用中恒遍用利众生全是定。无别止息。不同十地已前升进。有出世心故。入清净无礙際者。明普賢智身等虛空無根不悉知故無行不同剎故。生如來十種力者。明如來十種智力是普賢行生。又教化眾生成佛十力皆由普賢願力起故。以法界藏為身者。以根本智身及差別智身性自徧周。量等一切眾生心行無不含容皆為佛事故。於一毛孔徧容十方。凡聖國土無不總含以智無表裏中間之際量故。本如是故。一切如來共所護念者。為與如來同根本智為大作用故。於一念頃悉能證入無差別智者。明普賢菩薩於十方眾生界示成正覺度眾生方便之行示現一念成佛等事。亦明始終以無差別智體徧之無盡劫總是一念。一切眾生於一念中自作無盡劫生死之見。若以達理智明觀以無盡劫便為一念無差別智故。如是相應便與古今三世一切諸佛一時成佛故。以無分別智印印三世時體本齊無先後際故。明十地菩薩猶有出世心在猶迷十一地入纏之行故。不能得見者。使昇進菩薩存自力能不滯前十地位故。餘如文自具。如師子奮迅三昧者。於十方世界普同一切眾生想念作用而成熟之。大用而無作。是奮迅義。是三昧義。就大用而論。無別止息故。

碍际者。明普贤智。量等虚空。无根不悉知故。无行不同利故。生如来十种力者。明如来十种智力。是普贤行生。又教化众生成佛十力。皆由普贤愿力起故。以法界藏为身者。以根本智身。及差别智身性自遍周。量等一切众生心行。无不含容。皆为佛事故。于一毛孔。遍容十方。凡圣国土。无不总含。以智无表里中间之际量故。本如是故。一切如来共所护念者。为与如来同根本智。为大作用故。于一念顷悉能证入无差别智者。明普贤菩萨。于十方众生界。示成正觉。度众生方便之行。示现一念成佛等事。亦明始终以无差别智体论之。无尽劫总是一念。一切众生于一念中。自作无尽劫生死之见。若以达理智明观。以无尽劫便为一念。无差别智故。如是相应。便与古今三世一切诸佛。一时成佛故。以无分别智印。印三世时体本齐。无先后际故。明十地菩萨犹有出世心在。犹迷十一地入缠之行故。不能得见者。使升进菩萨存自力能。不滞前十地位故。余如文自具。如师子奋迅三昧者。于十方世界。普同一切众生想念作用。而成熟之。大用而无作。是奋迅义。是三昧义。就大用而论。无别止息故 。

大方廣佛新華嚴經論卷第三十

第十六爾時普眼菩薩已下至求請得見普賢菩薩有三十一行經。明菩薩大眾三稱普賢菩薩名殷勤求請欲得見普賢菩薩分。釋義於此段中復分為七段。一爾時普眼菩薩已下至俱亦不見有三行半經。明普眼菩薩以十千不可說三昧求覓普賢亦不能見分。二時普眼菩薩已下至悉皆不見有三行經。明普眼菩薩從三昧起白佛不見普賢菩薩身語意業及座分。三佛言如是已下至究竟邊際有十一行經。明佛為普眼稱歎普賢三業甚深不可以能出能入三昧能見分。四善男子已下至無空過者有三行半經。明佛為歎見聞親近承事普賢菩薩利益無空過分。五爾時普眼已下至頭頂禮敬。可三行已下經。明普眼等及諸菩薩皆渴仰普賢。三稱南無。頭頂禮敬分。六爾時佛告普眼已下至則當得見普賢菩薩有六行半經。明佛更勸普眼等大眾更致禮敬。徧想法界。推求普賢菩薩。如對現前分。七是時已下至得見普賢菩薩有一行半經。明普眼及諸菩薩大眾依勸更加禮敬。普賢知時欲為現身分。已上三十一行中七段經。不見普賢菩薩。意明普眼等諸菩薩以出

大方广佛新华严经论卷第三十

第六尔时普眼菩萨已下。至求请得见普贤菩萨。有三十二行经。明菩萨大众三称普贤菩萨名。殷勤求请欲得见普贤菩萨分。释义于此段中。复分为七段。一尔时普眼菩萨已下。至俱亦不见。有三行半经。明普眼菩萨以十千不可说三昧。求觅普贤亦不能见分。二时普眼菩萨已下。至悉皆不见。有三行经。明普眼菩萨从三昧起。白佛不见普贤菩萨身语意业及座分。三佛言如是已下。至究竟边际。有十一行经。明佛为普眼称叹普贤三业甚深。不可以能出能入三昧能见分。四善男子已下。至无空过者。有三行半经。明佛为叹见闻亲近承事普贤菩萨利益无空过分。五尔时普眼已下。至头顶礼敬。可三行已下经。明普眼等及诸菩萨。皆渴仰普贤。三称南无。头顶礼敬分。六尔时佛告普眼已下。至即当得见普贤菩萨。有六行半经。明佛更劝普眼等大众。更致礼敬。遍想法界。推求普贤菩萨。如对现前分。七是时已下。至得见普贤菩萨。有一行半经。明普眼及诸菩萨大众。依劝敕更加礼敬。普贤知时欲为现身分。已上三十二行中七段经。不见普贤菩萨。意明普眼等诸菩萨。以出

入三昧不得見普賢三業及座境界故舉幻術文
字中種種幻相所住處悉明幻術文字之體無
處所如何所求不可將出入三昧處所之求去彼
沈寂生滅卻令生想明想念動用自體徧周用而
常寂非真滅也以是普賢以金剛慧普入法界於
一切世界無所行無所住知一切衆生身皆非身
無去無來得無斷盡無差別自在神通此明任物
自真稱之爲神不爲不思不定不亂不來不去任
智徧周刹生自在知根應現名之爲通萬法如是
無出入定亂方稱普賢所行三業作用及座如十
地菩薩座體但言滿三千大千世界之量此普賢
座量等虛空一切法界大蓮華藏故明知十地
菩薩智量猶隔以此乘異此位如許乖宜入出如
許不可說三昧之門猶有寂用有限障未得十地
果位後普賢菩薩大自在故故三求普賢三重昇
進卻生想念方始現身及說十三昧境界之事意
責彼十地猶有求於出世習在於世間生死境界
未得等於十方任用自在以此如來教令卻生想
念去彼十地中染習出世淨心故此明十地緣真
俗出世餘習氣惑故已上意明治十地菩薩緣真

入三昧。不得见普贤三业及座境界故。举幻术文字中种种幻相所住处喻。明幻术文字之体。了无处所。如何所求。不可将出入三昧处所之求。去彼沉寂生灭。却令生想。明想念动用。自体遍周。用而常寂。非更灭也。以是普贤以金刚慧普入法界。于一切世界无所行无所住。如一切众生身皆非身。无去无来。得无断尽无差别自在神通。此明任物自真。称之为神。不为不思。不定不乱。不来不去。任智遍周。利生自在。知根应现。名之为通。万法如是。无出入定乱。方称普贤所行三业作用及座。如十地菩萨座体。但言满三千大千世界之量。此普贤座量。量等虚空。一切法界大莲华藏故。明知十地菩萨智量犹隔。以此来升此位。如许乖宜。入出如许不可说三昧之门。犹有寂用有限障。未得十地果位后普贤菩萨大自在故。故三求普贤。三重升进。却生想念。方始现身。及说十三昧境界之事。意责彼十地。犹有求于出世习在。于世间生死境界。未得等于十方任用自在。以此如来教令却生想念。去彼十地中染习出世净心故。此明十地缘真俗出世余习气惑故。已上意明治十地菩萨缘真

俗一習未亡。寂亂一習未盡。於諸三昧有出入習
故。未得常入生死。猶如虛空性無作者而常普偏。
非限量所收。一切眾生及以境界。以之為體。普賢
之智猶如虛空。一切眾生以為生體。有諸眾生自
迷智者名為無明。普賢菩薩隨彼迷事。十方世界
對現色身。以智無體猶如虛空。非造作性無有去
來。非生非滅。但以等虛空之智海。於一切處啟迷
智無體相。能隨等法界虛空界之大用。故豈將十
地之位諸菩薩以出入三昧有所推求。云何得見。
是故如來為諸菩薩說幻術文字求其體相有可
得。不求幻之心尚不可得。如何有彼幻相可求。是
故將出入三昧及以求心而求普賢大用無依善
巧智身。了無可得。是故如來教諸菩薩卻生想念
殷勤三禮。普賢菩薩方以神通力加應現身。明智
身不可以三昧處所求。為智體無所住無所依故。
若想念願樂。即如應現化。無有處所依止故。猶如
谷響但有應物之音。若有欲求即無有處所可得。
佛言普賢菩薩今現在此道場眾會親近我住初
無動移者。明以根本智性自無依為現在此道
場故。為能治有所得諸見纔故。以無礙總別同異

俗二习未亡。寂乱二习未尽。于诸三昧有出入习故。未得常入生死。犹如虚空。性无作者。而常普遍。非限量所收。一切众生及以境界。以之为体。普贤之智。犹如虚空。一切众生以为生体。有诸众生自迷智者。名为无明。普贤菩萨随彼迷事。十方世界对现色身。以智无体。犹如虚空。非造作性。无有去来。非生非灭。但以等虚空之智海。于一切处启迷。智无体相。能随等法界虚空界之大用故。岂将十地之位诸菩萨以出入三昧有所推求。云何得见。是故如来为诸菩萨。说幻术文字。求其体相。有可得不。求幻之心。尚不可得。如何有彼幻相可求。是故将出入三昧及以求心。而求普贤大用无依善巧智身。了无可得。是故如来教诸菩萨。却生想念。殷勤三礼。普贤菩萨。方以神通力如应现身。明智身不可以三昧处所求。为智体无所住无所依故。若想念愿乐。即如应现化。无有处所依止故。犹如谷响。但有应物之音。若有欲求。即无有处所可得。佛言普贤菩萨今现在此道场众会。亲近我住初无动移者。明以根本智性自无依。名为现在此道场故。为能治有所得诸见蕴故。以无碍总别同异普光明智與十方一切諸佛大用體同名爲衆會故。無邊差別智海一時等用。不移根本智體無依住智名爲親近我住初無動移故。云稱南無者明歸命信順故。約法以南爲离。爲离中虛以虛無故即明离爲日。离主心。以心達虛無之理。即心智明。故云南無。表歸命信順虛無之理智故。是故善財南方詢友者義亦如然。龍文南方成佛義亦如之但達虛無之理智十方總南無若執諸法作實有者十方總北故。餘如文自具。

校譌

第五紙十八行人北論作今　第十紙十五行藏宋北藏作義　第十三紙十行於宋藏作諸十八行彼下宋論無彼字　第十五紙九行已北論作丁　第二十紙二十行普賢菩薩宋南北藏作普賢大士

第七爾時已下至三藐三菩提。有十九行半經。是普賢菩薩爲衆現身分。何故得見普賢菩薩爲存想念是以見之。以迴體從用故。是普賢身也。以明想念皆爲佛用故。普見一切衆生亦佛用也。經義中分爲三段。一爾時普賢菩薩已下。至示現一切三世諸佛有七行經。明普賢菩薩如應現身分。一是時普眼已下至一切諸佛有兩行半經。明菩普光明智。与十方一切诸佛大用体同。名为众会故。无边差别智海一时等用。不移根本智体无依住智。名为亲近我住初无动移故。云称南无者。明归命信顺故。约法以南为离。为离中虚。以虚无故即明。离为日。离主心。以心达虚无之理。即心智明。故云南无。表归命信顺虚无之理智故。是故善财南方询友者。义亦如然。龙女南方成佛。义亦如之。但达虚无之理智。十方总南无。若执诸法作实有者。十方总北故。余如文自具 。

第七尔时已下。至三藐三菩提。有十九行半经。是普贤菩萨为众现身分。何故得见普贤菩萨。为存想念。是以见之。以回体从用故。是普贤身也。以明想念皆为佛用故。普见一切众生亦佛用也。释义中。分为三段。一尔时普贤菩萨已下。至示现一切三世诸佛。有七行经。明普贤菩萨如应现身分。二是时普眼已下。至一切诸佛。有两行半经。明菩

薩大眾得見普賢菩薩歡喜。如見十方一切諸佛
分。二是時已下至三藐三菩提有十行經。明諸菩
薩信解力。普賢菩薩本願興雲供養。光明普照息
三惡趣令諸菩薩入普賢行分。加普賢菩薩如應
現身即見。故將心出入三昧求即不得見明無出
入智不可作出入三昧求故。自非位合道同智自
會矣。想念而見且是如應現身故。然後方會其本
身也。餘義如文自具。意明無依住智是普賢之大
體。如應現身是普賢之大用。

第八爾時普眼菩薩已下至歎不可盡功德九
行半經。明普眼菩薩以十種住法歎普賢菩薩十
種廣大所住之法分。釋義明普眼歎普賢十種廣
大住。如來歎普賢十廣大功德。其義如文稱歎。

第九爾時如來告普賢菩薩已下至咸皆樂聞
有四十五行經。明令普賢菩薩演説十種三昧分。
釋義中分爲八段。一爾時如來已下至當得出離
有四行半經。明佛令普賢説十大三昧分。二何者
爲十已下至無礙輪大三昧有六行經。明如來先
自説十三昧名分。三此十大三昧已下至當説現
説有一行半經。明此三昧十方三世諸佛共所同

萨大众得见普贤菩萨欢喜。如见十方一切诸佛分。三是时已下。至三藐三菩提。有十行经。明诸菩萨信解力。普贤菩萨本愿。兴云供养。光明普照息三恶趣。令诸菩萨入普贤行分。如普贤菩萨如应现身即见故。将心出入三昧求。即不得见。明无出入智。不可作出入三昧求故。自非位合道同。智自会矣。想念而见。且是如应现身故。然后方会其本身也。余义如文自具。意明无依住智。是普贤之大体。如应现身。是普贤之大用 。

第八尔时普眼菩萨已下。至叹不可尽功德。九行半经。明普眼菩萨以十种住法。叹普贤菩萨十种广大所住之法分。释义。明普眼叹普贤十种广大住。如来叹普贤十广大功德。其义如文称叹 。

第九尔时如来告普贤菩萨已下。至咸皆乐闻。有四十五行经。明令普贤菩萨演说十种三昧分。释义中。分为八段。一尔时如来已下。至当得出离有四行半经。明佛令普贤说十大三昧分。二何者为十已下。至无碍轮三昧。可有六行经。明如来先自说十三昧名分。三此十大三昧已下。至当说现说。有一行半经。明此三昧。十方三世诸佛共所同說分其三昧名如來自說者。意明如來是三昧之體。令普賢說三昧之功用者。明普賢是三昧之用。以明佛果位中體用圓滿故。此約體名佛。用是普賢。此位會體用自在故。四若諸菩薩已下至亦名一切法自在有四行半經。明佛歎若聞此三昧愛樂修行名得佛自在。分五。此菩薩已下至普了一切佛所說有九行半經。明修學此十三昧者得於一切法無所著自在善巧轉佛法輪。分六。此是諸菩薩法相門已下至嚴淨一切世界門有五行半經明佛歎修此十三昧能入十種法門。分七。若菩薩入此三昧已下至示現種種廣大神通有十一行半經。明佛歎若人此三昧得獲大方便利用。亦現成佛不捨修菩薩行。分八。是故已下至咸皆願聞有一行半經明如來勸令普賢說此十三昧德用自在。分其中文義加經自明。如此十定品已後十一品經意以十地中所得出世大悲智成處世大悲智。令差別智圓滿自在。方成普賢行具足以出世悲智是佛果處世差別智悲是普賢行是菩薩道。至出現品。三行方終。

第十爾時已下。有十段經正說十種三昧作用之功。分其文列後。

说分。其三昧名如来自说者。意明如来是三昧之体。令普贤说三昧之功用者。明普贤是三昧之用。以明佛果位中体用圆满故。此约体名佛。用是普贤。此位会体用自在故。四若诸菩萨已下。至亦名一切法自在。有四行半经。明佛叹若闻此三昧。爱乐修行。名得佛自在分。五此菩萨已下。至普了一切佛所说。有九行半经。明修学此十三昧者。得于一切法无所著。自在善巧转佛法轮分。六此是诸菩萨法相门已下。至严净一切世界门。有五行半经。明佛叹修此十三昧。能入十种法门分。七若菩萨入此三昧已下。至示现种种广大神通。有十二行半经。明佛叹若入此三昧。得获大方便利用。示现成佛。不舍修菩萨行分。八是故已下。至咸皆愿闻。有一行半经。明如来劝令普贤说此十三昧德用自在分。其中文义。如经自明。如此十定品已后十一品经意。以十地中所得出世大悲智。成处世大悲智。令差别智圆满自在。方成普贤行具足。以出世悲智。是佛果。处世差别智悲。是普贤行。是菩萨道。至出现品。二行方终 。

第十尔时已下。有十段经。正说十种三昧作用之功分。其文列后 。

初普光明三昧中。約分四門。一釋三昧名。二明三昧之體用。三舉三昧之境界。四隨文釋義。一釋三昧名者。何故名為普光明三昧。三者正也。昧者定也。識心不現名之為昧。正智徧周名之為普。照迷破惑名之為光。法無不達名之為明。二明三昧之體用者。此三昧明以法身根本智為體。十種無盡智為用。以此義故。佛自說三昧之名。普賢說三昧之用。三明舉三昧之境界者。於此初三昧中。略舉境界。以三千大千世界為一蓮華。現身徧此蓮華之上結跏趺坐。於其身中。復現三千大千世界。其中有百億四天下。一一四天下。現百億身。一一身入百億百億三千大千世界。於彼世界一一四天下現百億百億菩薩修行。一一菩薩修行生百億百億決定解。令百億百億根性圓滿。一一根性成百億百億菩薩法不退業。然所現身非一非多。入定出定無所錯亂。如是從後後信信增廣。具如經說。此是初三昧之境界。意明身土重重重重相入。徧周廣大無盡限故。四隨文釋義者。於此段略舉十義。一普賢菩薩承如來旨說此三昧。不自已功。旨者意也。二重舉三昧名。三舉菩薩十種無盡智。

初普光明三昧中。约分四门。一释三昧名。二明三昧之体用。三举三昧之境界。四随文释义。一释三昧名者。何故名为普光明三昧。三者。正也。昧者定也。识心不现。名之为昧。正智遍周。名之为普。照迷破惑。名之为光。法无不达名之为明。二明三昧之体用者。此三昧。明以法身根本智为体。十种无尽智为用。以此义故。佛自说三昧之名。普贤说三昧之用。三明举三昧之境界者。于此初三昧中。略举境界。以三千大千世界为一莲华。现身遍此莲华之上。结加趺坐。于其身中。复现三千大千世界。其中有百亿四天下。一一四天下。现百亿身。一一身。入百亿百亿三千大千世界于彼世界。一一四天下。现百亿百亿菩萨修行。一一菩萨修行。生百亿百亿决定解。令百亿百亿根性圆满。一一根性。成百亿百亿菩萨法不退业。然所现身非一非多。入定出定无所错乱。如是后后。倍倍增广。具如经说。此是初三昧之境界。意明身土重重重重相入。遍周广大无尽限故。四随文释义者。于此段略举十义。一普贤菩萨承如来旨。说此三昧。不自已功。旨者意也。二重举三昧名。三举菩萨十种无尽智。

四明如是菩薩能發十種無邊心。五明是菩薩有十種入三昧。六明十種入三昧善巧智。七舉羅睺羅阿脩羅王，不壞本身現變化身喻。八明菩薩深達心法如幻法門。九明此正觀察內身不淨不壞本身如故喻。十明菩薩住此三昧觀察法身，見諸世間及世間法，并皆入其身。如上修學普光明三昧，以觀法身根本智爲體，以十無盡智爲用，以發十無邊心爲所行之行，以十種入三昧差別智爲三昧同別自在之力，以十種入三昧善巧智令三昧身一多佛刹衆生刹現在身內，不壞自身常復如故。復於身內現無量身，度衆生及供養諸佛。如下文云：住此三昧，觀察法身，見諸世間普入其身，於中明見一切世間及世間法，於諸世間及世間法皆無所著。爲以法身性自無內外大小中邊量故，法如是見故，法如是無著故。爲從法身無相所現世間及世間法，皆如影幻體故。爲世間及世間法皆法身一味無二相故。所有報境皆如影像重重不礙故。如羅睺羅阿脩羅王者，明能攝日光令世生惱。以羅云攝，睺云惱也。阿脩羅云無天，無天妙戲故。於中化事如經自明。

四明如是菩萨能发十种无边心。五明是菩萨有十种入三昧。六明十种入三昧善巧智。七举罗睺罗阿修罗王。不坏本身现变化身喻。八明菩萨深达心法如幻法门。九明比丘观察内身不净。不坏本身如故喻。十明菩萨住此三昧观察法身。见诸世间及世间法普入其身。如上修学普光明三昧。以观法身根本智为体。以十无尽智为用。以发十无边心。为所行之行。以十种入三昧差别智。为三昧同别自在之力。以十种入三昧善巧智。令三昧身一多。佛刹众生刹现在身内。不废自身常复如故。复于身内现无量身。度众生及供养诸佛。如下文云。住此三昧观察法身。见诸世间普入其身。于中明见一切世间及世间法。于诸世间及世间法皆无所著。为以法身。性自无内外大小中边量故。法如是见故。法如是无著故。为从法身无相理所现。世间及世间法皆如影幻体故。为世间及世间法。皆法身一味。无二相故。所有报境。皆如影像。重重不碍故。如罗睺罗阿修罗王者。明能摄日光。令世生恼。以罗云摄。睺云恼也。阿修罗。云无天无天妙戏故。于中化事。如经自明 。

第一妙光明三昧者。於此段中四義如前。一釋三昧名。二明三昧體用。如下自明。三明三昧之境界。四隨文釋義。一釋三昧名者。爲明法身理智體淨能現妙光以立其名。二釋三昧之體用者。明此三昧還以根本智爲體幻智爲用。三明三昧之境界者。以入三千大千世界微塵數三千大千世界。乃於一一世界中復現三千大千世界微塵數身。身至一一身放三千大千世界微塵數光。具如經說。乃至菩薩身中能現一切聖凡國土。其相照現。重重相入等。是此三昧之境界。具如經說。四隨文釋義者。復分爲二。一長科經意。二隨文解釋。一長科經意者。於此段中長科爲十段。一佛子已下一行經。是普賢菩薩告衆重舉三昧之名分。二佛子此菩薩已下至種種諸法亦不壞滅。有十一行經。明第二妙光明三昧者。于此段中。四义如前。一释三昧名。二明三昧体用。如下自明。三明三昧之境界。四随文释义。一释三昧名者。为明法身理智体净。能现妙光。以立其名。二释三昧之体用者。明此三昧。还以根本智为体。幻智为用。三明三昧之境界者。以入三千大千世界微尘数三千大千世界。于一一世界中。复现三千大千世界微尘数身。乃至一一身。放三千大千世界微尘数光。具如经说。乃至菩萨身中。能现一切圣凡国土。更相照现。重重相入等。是此三昧之境界。具如经明。四随文释义者。复分为二。一长科经意。二随文解释。一长科经意者。于此段中。长科为十段。一佛子已下一行经。是普贤菩萨告众。重举三昧之名分。二佛子此菩萨已下。至种种诸法亦不坏灭。有十一行经。明

人三昧境界廣狹身土照現互相涉入光影重重
不雜亂分。三佛子譬如日出已下至亦不離水有
八行經。明以日光照現七寶山及大海水及山間
以此日光影更相照現影像重重無盡光影喻分。
四佛子菩薩摩訶薩已下至恆不捨離有五行經
明如是菩薩住妙光廣大三昧不壞世間相不壞
眞性。一俱不住。一俱不壞分。五佛子譬如幻師已
下至本日不滅有七行經。明以幻師幻作日月年
歲長短不同。不壞本日喻分。六菩薩摩訶薩已下
至不壞彼多世界有十七行經。明菩薩入此妙光
大三昧能一多世界更互相入。各不妨礙分。七何
以故已下至是名住大悲法者有十一行經。明菩
薩住無我法。於諸法自他境界身之及心無所妨
礙分。八佛子已下至無退轉故有六行半經。明此
菩薩以不可數世界入一世界善知無數衆生差
別菩薩趣入差別佛處處出興皆現自身於彼一
一佛所修行諸行而身彼此無去來能同異自在
分。九如有幻師已下至後不亂初有五行半經。明
以幻師喻菩薩實智所生如幻喻分。十菩薩了知
一切智幻故已下至下有二十行半經。明入此妙

入三昧境界广狭。身土照现互相涉入。光影重重不杂乱分。三佛子譬如日出已下。至亦不离水。有八行经。明以日光照现七宝山及大海水及山间。以此日光影更相照现。影像重重无尽光影喻分。四佛子菩萨摩诃萨已下。至恒不舍离。有五行经。明如是菩萨住妙光广大三昧。不坏世间相。不坏真性。二俱不住。二俱不坏分。五佛子譬如幻师已下。至本日不灭。有七行经。明以幻师幻作日月年岁长短不同。不坏本日喻分。六菩萨摩诃萨已下。至不坏彼多世界。有十七行经。明菩萨入此妙光大三昧。能一多世界更互相入。各不妨碍分。七何以故已下。至是名住大悲法者。有十一行经。明菩萨住无我法。于诸法自他境界。身之及心。无所妨碍分。八佛子已下。至无退转故。有六行半经。明此菩萨以不可数世界入一世界。善知无数众生差别。菩萨趣入差别。佛处处出兴。皆现自身于彼一一佛所修行诸行。而身彼此无去来。能同异自在分。九如有幻师已下。至后不乱初。有五行半经。明以幻师喻菩萨实智所生如幻喻分。十菩萨了知一切智幻故已下。至下有二十行半经。明入此妙

光明大三昧。得智幻門自在分。一隨文釋義者。此
一段以根本無作智性自徧周。以如影智顯現諸
境。自他相入。一多自在。由根本智故。多入一中。猶
如影智一現多境。各身色相狀差別故。如世界所
因者。今生修是來世因。世界建立者。明各各世界
建立法則故。世界同住者。一世界中有多類眾生
同住。光色世界者。或有眾生於佛光中住故。如此
日月星是帝王及人中眾生共業所化精光昇上。
復有天住居其中故。往來者。於虛空中持轉往來。
此菩薩悉知。如八部神名。如初會中已釋。補特伽
羅法者。數取趣。明數取惡法趣於苦果。摩納婆法
教儒童法。餘如經自具。

第三六第徧往諸佛國土神通三昧者。於此段
中約有三門。一釋三昧名。二釋三昧體用。三隨文
釋義。一釋三昧名者。何故名為徧往諸佛國土神
通三昧。為此三昧。以理性自性徧周。即智用自體
徧周。以智用自體徧周。即神通徧周。此明約理智
自體徧周。以如幻智應物動寂。依根本智為無來
往彼此延促。以此立名。名為徧往諸佛國土神通
三昧。二釋三昧體用者。此三昧以法性身為體。以

光明大三昧。得智幻门自在分。二随文释义者。此一段。以根本无作智。性自遍周。以如影智。显现诸境。自他相入。一多自在。由根本智故。多入一中。犹如影智。一现多境。各身色相状差别故。如世界所因者。今生修是来世因。世界建立者。明各各世界建立法则故。世界同住者。一世界中有多类众生同住。光色世界者。或有众生于佛光中住故。如此日月星。是帝王及人中众生共业所化。精光升上。复有天住居其中故。往来者。于虚空中持转往来。此菩萨悉知。如八部神名。如初会中已释。补特伽罗法者。数取趣。明数取恶法。趣于苦果。摩纳婆法。教儒童法。余如经自具 。

第三次第遍往诸佛国土神通三昧者。于此段中。约有三门。一释三昧名。二释三昧体用。三随文释义。一释三昧名者。何故名为遍往诸佛国土神通三昧。为此三昧以理性自性遍周。即智用自体遍周。以智用自体遍周。即神通遍周。此明约理智自体遍周。以如幻智。应物动寂。依根本智。恒无来往彼此延促。以此立名。名为遍往诸佛国土神通三昧。二释三昧体用者。此三昧以法性身为体。以根本智起如幻智爲用。此如幻智如空谷響應物成音自無體故。以此一智以法爲體。但有德用而無所依。乃至一切衆生心本來如是故。但爲智自無性不能自了。迷境成迷。故以止觀一門照之。迷解依本。此約法身爲止體。約觀十一緣生成智體用。明定能發慧。觀能起智。三隨文釋義者。一義如前。一長科經意者。於此段中長科爲四段。一佛子已下至神通三昧有一行半經。明普賢重舉三昧之名分。二佛子此菩薩已下至於究竟有十六行半經。明入三昧延促自在。無所分別於諸法不忘失分。三譬如日天子已下至亦復如是有三行半經。明舉日天子照臨四天下。晝夜無生滅喻分。四佛子已下至善巧智有一行半經。明都舉已上總結其三昧之名分。已上文義自具。不煩更釋。

第四清淨深心行三昧。於此段中。三門如前。一釋三昧之名者。何故名爲清淨深心行三昧。以菩薩已修空無相之理智。得身如理智徧周之身。起前理智徧周之身。以善巧智加行深心供養。隨所供養一切諸佛香華蓋等十事。而心不壞法身智根本智起如幻智为用。此如幻智。如空谷响。应物成音。自无体故。以此二智以法为体。但有德用而无所依。乃至一切众生心。本来如是故。但为智自无性。不能自了。逐境成迷。故以止观二门照之。迷解依本。此约法身为止体。约观十二缘生成智体用。明定能发慧。观能起智。三随文释义者。二义如前。一长科经意者。于此段中。长科为四段。一佛子已下。至神通三昧。有一行半经。明普贤重举三昧之名分。二佛子此菩萨已下。至于究竟。有十六行半经。明入三昧延促自在。无所分别。于诸法不忘失分。三譬如日天子已下。至亦复如是。有三行半经。明举日天子照临四天下。昼夜无生灭喻分。四佛子已下。至善巧智。有一行半经。明都举已上总结其三昧之名分。已上文义自具。不烦更释。

第四清净深心行三昧。于此段中。三门如前。一释三昧之名者。何故名为清净深心行三昧。以菩萨已修空无相之理智。得身如理智遍周之身。起前理智遍周之身。以善巧智加行深心供养。随所供养一切诸佛香华盖等十事。而心不坏法身智身無作無想。是故以立其名。一釋三昧之體用者。以法身根本智為體。起方便善巧智興十事供養等眾生數佛為用。二隨文釋義。二義如前。一長科經意者。於此段中科為四段。一佛子已下。一行經明普賢菩薩重舉三昧之名。一佛子此菩薩已下。至不分別如來出世及涅槃相有十八行半經。明以香華蓋等十事供養等眾生數諸佛分。三佛子如日中陽燄已下。至皆是心想之所分別有七行經。明舉日中陽燄喻菩薩得知如來出興滅度分。四佛子此三昧已下。至善巧智有十行經。明入三昧如夢中所見境界。憶念不忘為人善說喻分。二隨文釋義者。其義如文。但入觀者善得其宜。先須入無思無心定。得法身之理。稱虛空之性。方可於根本智方便起智興供養心起用。須得自在稱理智而為之。若也但修空無相法身。即於智不能起用。若但一向生想不見無相法身即純是有為。一一依此十定次第方便。一一經文自具明矣。

身无作无想。是故以立其名。二释三昧之体用者。以法身根本智为体。起方便善巧智。兴十事供养等众生数佛为用。三随文释义。二义如前。一长科经意者。于此段中。科为四段。一佛子已下。一行经。明普贤菩萨重举三昧之名。二佛子此菩萨已下。至不分别如来出世及涅槃相。有十八行半经。明以香华盖等十事。供养等众生数诸佛分。三佛子如日中阳焰已下。至皆是心想之所分别。有七行经。明举日中阳焰喻菩萨得知如来出兴灭度分。四佛子此三昧已下。至善巧智。有十行经。明入三昧。如梦中所见境界。忆念不忘。为人善说喻分。二随文释义者。其义如文。但入观者。善得其宜。先须入无思无心定。得法身之理。称虚空之性。方可于根本智。方便起智。兴供养心起用。须得自在称理智而为之。若也但修空无相法身。即于智不能起用。若但一向生想。不见无相法身。即纯是有为。一一依此十定次第方便。一一经文自具明矣 。

第五知過去莊嚴藏三昧。於此段中三門如前。一釋三昧名者。何故名爲知過去莊嚴藏大三昧。此菩薩入此定中。能知過去諸佛出現劫刹諸佛出現法門。以嚴自心根本智具差別智。以此成名。爲前之三昧興其供養。於定中須知劫刹諸佛出興之次第法門。二釋三昧之體用者。以根本智爲體。知劫刹次第差別智爲用。已下如文。三隨文釋義者。三輪者。神通記心正教是三輪。清淨明此三昧得神通善記不忘善說諸法。如歌羅邏者此云薄酪。謂初受胎如薄酪。自餘如文自具。

譌

第一紙十一行通宋論作變　第七紙十六行者宋論作等　第八紙九行嚈下宋南北藏無羅字　第十二紙六行世界安立一本作世閒安立八行住宋論作在　第十三紙四行所宋論作在七行普皆宋藏作悉皆十三行補下宋南北藏無特字　第十七紙一行二明書藏作四　第十九紙二十行散宋論作以寶下有散字　第二十紙四行一一宋論作一切

第五知过去庄严藏三昧。于此段中。三门如前。一释三昧名者。何故名为知过去庄严藏大三昧。此菩萨入此定中。能知过去诸佛出现劫刹。诸佛出现法门。以严自心根本智。具差别智。以此成名。为前之三昧。兴其供养。于定中须知劫刹诸佛出兴之次第法门。二释三昧之体用者。以根本智为体。知劫刹次第差别智为用。已下如文。三随文释义者。三轮者。神通。记心。正教。是三轮清净。明此三昧得神通。善记不忘。善说诸法。如歌罗逻者。此云薄酪。谓初受胎如薄酪。自余如文自具 。

第六智光明藏三昧者。明此菩薩能知未來一
切諸劫中所有諸佛若已說法若未說法皆悉能
知故。智光明藏者。不離一念含三世劫智名之為
藏。餘義如文自具。於中八部王等名。依初會已釋
名。此不表法。但以供養恭敬法故親近如來。
第七了知一切世界佛莊嚴三昧者。明此菩薩
能徧入十方一切世界。見一切諸佛所有教化莊
嚴悉能見盡。及承事供養及所聞法普入諸趣等
總盡故。因立名也。於中文義經自具明。
第八一切眾生差別身三昧者。明入此三昧能
現佛身等眾生差別身。皆隨其類現。故立其名也。
又能入同異順逆三昧。皆以立其名。餘義如文自
具。

校譌

第二紙一行上劫入下宋論無百字　第十七紙十六行住南論作居　第十
八紙七行薩南論作提

第九法界自在三昧者。明此菩薩於自身一一

第六智光明藏三昧者。明此菩萨能知未来一切诸劫中所有诸佛。若已说法。若未说法。皆悉能知故。智光明藏者。不离一念。含三世劫智。名之为藏。余义如文自具。于中八部王等名。依初会已释名。此不表法。但以供养恭敬法。故亲近如来 。

第七了知一切世界佛庄严三昧者。明此菩萨能遍入十方一切世界。见一切诸佛。所有教化庄严。悉能见尽。及承事供养。及所闻法。普入诸趣等。总尽故。因立名也。于中文义。经自具明 。

第八一切众生差别身三昧者。明入此三昧。能现佛身。等众生差别身。皆随其类现故。立其名也。又能入同异顺逆三昧故。以立其名。余义如文自具 。

第九法界自在三昧者。明此菩萨于自身一一

毛孔中入三昧。自然能知諸世間及知世間法。及十方虛空界中一切世間法。悉皆知盡。乃至佛菩薩大眾亦皆知盡。何以故。以智稱法界故。以智無中邊大小量故。如虛空故。智體性明白故。於一毛孔中虛空無大小量。即等虛空界。悉能徧知十方世界一切境界。此不可以情識籌量知。當可以亡思方便定顯發之後。理智現前。方可堪爲。此乃定盡想亡。無思無心以無作智印。方會故名法界自在三昧。不在情作。任智徧知。故名法界自在。此經云如蟲食芥子孔中。虛空無損減。以無思之智可見。以思知之者即乖。身邊見盡。即十方與身量同一性。無表裏故。情存即隔。如無熱惱大龍王宮流出四河者。准經說香山頂上有阿耨達池。其池四方各流出一河。東面私陀河。師子口中流出金剛沙。東入震旦國。便入東海。南面殑伽河從象口流出銀沙。流入南印度。便入南海。西面信度河從牛口流出黃金沙。流入信度國。便入西海。北面縛芻河。從瑠璃馬口流出瑠璃沙。入波斯耕林國。便入北海。其池縱廣五十由旬。隨方面口各一由旬。於中表法。經自具明。優鉢羅華。此云青蓮華。波頭摩毛孔中入三昧。自然能知诸世间。及知世间法。及十方虚空界中一切世间法。悉皆知尽。乃至佛菩萨大众。亦皆知尽。何以故。以智称法界故。以智无中边大小量故。如虚空故。智体性明白故。于一毛孔中虚空无大小量。即等虚空界。悉能遍知十方世界一切境界。此不可以情识筹量知。当可以亡思方便定。显发之后。理智现前。方可堪为。此乃定尽想亡。无思无心。以无作智印方会。故名法界自在三昧。不存情作。任智遍知。故名法界自在。此经云。如虫食芥子孔中。虚空无损减。以无思之智可见。以思知之者即乖。身边见尽。即十方与身量同一性。无表里故。情存即隔。如无热恼大龙王宫流出四河者。准经说。香山顶上有阿耨达池。其池四方各流出一河。东面私陀河。师子口中流出金刚沙。东入震旦国。便入东海。南面恒伽河。从象口流出银沙。流入南印度。便入南海。西面信度河。从牛口流出黄金沙。流入信度国。便入西海。北面缚刍河。从琉璃马口流出琉璃沙。入波斯拂林国。便入北海。其池纵广五十由旬。随方面口各一由旬。于中表法。经自具明。优钵罗华。此云青莲华。波头摩華。此示赤蓮華。拘物頭華。此云小白華。其華未開時華葉鬱蹙然。因立其名。芬陀利華。此云百葉白蓮華。如阿那婆達多龍王者。阿者無也。那婆達多者熱惱也。言此龍永離龍中之熱惱故。於中文義表法。一一如經自具。

校譌

第二紙十行子下宋論有此字十八行微塵南宋藏作彼 第七紙二十行意業下宋論有智爲前導四字 第八紙一行於北藏作爲十三行寶下一本無莊字 第十紙五行不下南論北藏無可字 第十四紙九行不北藏作無 第十六紙六行就南論北藏作熟 第十八紙四行眼南論北藏作明 第十九紙十四行諸法無起一本無諸字

第十無礙輪大三昧輪者。譬如輪王千輻金剛輪。轂輻輞軔悉圓滿。明壞生死行圓。表此菩薩智悲萬行神通道力滿眾生界。斷眾生惑悉圓滿故。明自己佛果已成。菩薩智悲願行無有休息。不離一念滿三世劫。不離毛孔。等周十方法界眾生界。悲智行雲。一時普覆。是故名無礙輪三昧。摩那斯龍王者。摩那者意也。斯云慈。謂此龍王興雲降雨。從慈心起故。

华。此云赤莲华。拘物头华。此云小白华。其华未开时。华叶都蹙然。因立其名。芬陀利华。此云百叶白莲华。如阿那婆达多龙王者。阿者无也。那婆达多者。热恼也。言此龙永离龙中之热恼故。于中文义表法。一一如经自具 。

第十无碍轮大三昧轮者。譬如轮王千辐金刚轮。毂辐辋轫悉圆满。明坏生死行圆。表此菩萨。智悲万行。神通道力。满众生界。断众生惑。悉圆满故。明自己佛果已成。菩萨智悲愿行无有休息。不离一念。满三世劫。不离毛孔。等周十方法界众生界。悲智行云。一时普覆。是故名无碍轮三昧。摩那斯龙王者。摩那者意也。斯云慈。谓此龙王兴云降雨。从慈心起故 。

第十一爾時普眼菩薩白普賢菩薩已下直至
四十二卷末。明普眼菩薩問普賢菩薩。如是菩薩
何故不名佛。不名十力。伊羅鉢那象王住金宮
山者。伊羅鉢那此云香葉。以於寶窟邊多有香葉
樹。以此爲名。又以化作三十三頭。一一頭有六牙
一一牙上化作七池。一一池化作七蓮華。以取能
化蓮華。其葉香潔。因此爲名。住居第一金山之窟。
以知帝釋欲遊行時。此沒而天上出。送帝釋至園
遊觀。時化其自身與天人相似。帝釋還宮還作象
身。送帝釋還宮。便於天上沒。於寶窟中出。此舉喻
明此菩薩雖已成佛。位不壞方便行也。如彼象王
雖能化身作天。而常不失象之本位。自餘廣義如
經備文。已上十定有十一段文。意明從初發心成
道始終出生入涅槃。總以此剎那際爲體。乃至古
今一切諸佛亦總同時成佛。故有情延促。生約眞
無終始。又明此一會十一品經。總明至隨位佛果
不壞方便行普賢之道。如十信已來乘如來根本
智起普賢行願。并教化衆生。及自資自智。轉令明
淨。如作十度。鍊眞金喻者。是亦不離此定體。令至
十一地。已去自智鍊磨已終。即乃純是利益衆生

第十一尔时普眼菩萨白普贤菩萨已下。直至四十三卷末。明普眼菩萨问普贤菩萨。如是菩萨何故不名佛不名十力分。伊罗钵那象王住金胁山者。伊罗钵那。此云香叶。以于宝窟边多有香叶树。以此为名。又以化作三十三头。一一头有六牙一一牙上化作七池。一一池化作七莲华。以取能化莲华。其叶香洁因此为名。住居第一金山之胁。以知帝释欲游行时。此没而天上出。送帝释至园游观时。化其自身与天人相似。帝释还宫。还作象身。送帝释还宫。便于天上没。于宝窟中出。此举喻。明此菩萨。虽已成佛位。不坏方便行也。如彼象王虽能化身作天。而常不失象之本位。自余广义。如经备文。已上十定。有十一段文意。明从初发心成道始终出生入涅槃。总以此刹那际为体。乃至古今一切诸佛。亦总同时成佛故。有情延促生。约真无终始。又明此一会十一品经。总明至随位佛果。不坏方便行普贤之道。如十信已来。乘如来根本智。起普贤行愿。并教化众生。及自资自智。轮令明净。如作十度炼真金喻者是。亦不离此定体。今至十一地已去。自智炼磨已终。即乃纯是利益众生普賢之行故。此十定品和會從初發心來及無始來諸佛成佛時劫不遷。佛果及普賢方便行無始終時劫。身心作用滿十方。不出毛孔時不離刹那不遷故。一切古今三世歲劫皆以此十定品該收眾生迷之妄作延促。迷解還源此十定爲本體不延促之常道本來如是。

十通品第二十八

將釋此品兩門分別。一釋品來意。二隨文釋義

一釋品來意者。爲明前有十定品。此明以定起用即有十種神通。二隨文釋義者。即明定有十種神通。其十通者具如下列。如文具明。

第一段有十三行半經。明都舉十種通之數。并舉初他心智通之大用。闊魔王者此曰遮止謂遮止誡勖罪人能離苦故。

第二段有十一行經。明天眼智通之大用。

第三段有二十四行半經。明宿命隨念智通大用。

第四段有十八行經。明知盡未來際劫智通大用。

第五段有十三行半經。明天耳圓滿通之大用。

普贤之行故。此十定品。和会从初发心来。及无始来诸佛成佛。时劫不迁。佛果及普贤方便行。无始终时劫。身心作用满十方。不出毛孔。时不离刹那不迁故。一切古今三世岁劫。皆以此十定品该收。众生迷之。妄作延促。迷解还源。此十定为本体。不延促之常道。本来如是 。

十通品第二十八

将释此品两门分别。一释品来意。二随文释义。一释品来意者。为明前有十定品。此明以定起用。即有十种神通。二随文释义者。即明定有十种神通。其十通者。具如下列。如文具明 。

第一段。有十三行半经。明都举十种通之数。并举初他心智通之大用。阎魔王者。皆曰遮止。谓遮止诫勖罪人。能离苦故 。

第二段。有十一行经。明天眼智通之大用 。

第三一段。有二十四行半经。明宿命随念智通大用 。

第四一段。有十八行经。明知尽未来际劫智通大用 。

第五一段。有十三行半经。明天耳圆满通之大用 。

第六一段有二十行半經。明住無體性神通起

十二種神通大用。

第七一段有十三行經明善分別一切衆生語

言智通大用。

校譌

第一紙九行不下宋論有可字第一紙三行兩終明書藏作雲終第十六紙

一行曆宋南北論俱作悲第十二紙十四行二頭一本作一頭十五行六牙北藏作七牙

一牙下宋論有上字第十七紙十行日下南北無迷北謂三字

六行聽宋論作聽十四行無迷無惑宋論作不迷不惑

第八一段有四十一行經。明出生無量阿僧祇

色身莊嚴智通大用。

第九一段有二十二行半經。明以一切法智通

大用。此明於根本無作智起一切差別智故。

第十段。三十五行半經。明以一切法滅盡三昧

智通大用。此一段明於法性寂滅理中。常起大智

大悲大用利生性圓滿故。此已上十通皆以不思

議無作無礙無限大自在智起無限寂用入因陀

羅網境界重重自在法門。皆不可作三乘有限量

第六一段。有二十行半经。明住无体性神通。起十三种神通大用。

第七一段。有十三行经。明善分别一切众生语言智通大用。

第八一段。有四十一行经。明出生无量阿僧祇色身庄严智通大用。

第九一段。有二十二行半经。明以一切法智通大用。此明于根本无作智。起一切差别智故。

第十段。三十五行半经。明以一切法灭尽三昧智通大用。此一段。明于法性寂灭理中。常起大智大悲大用利生性圆满故。此已上十通。皆以不思议无作无碍无限大自在智。起无限寂用。入因陀罗网境界。重重自在法门。皆不可作三乘有限量見故。如阿挪律。我以天眼見三千大千世界如觀掌中菴摩勒果等。如權教菩薩見自他佛國往來彼此皆有量故。此約法身無限無表裏中間智身亦爾總無限故。虚空帝網重重大用故。總約第一義天。一切智天。非如世間上界諸天眼耳通及三乘聲聞緣覺淨土菩薩通故。以往無體性神通身遍不離本處而十方一切諸佛國土。一切眾生國土皆悉現自在身及以毛孔而眼耳鼻舌身心無不共同一體一性。如因陀羅網。眾像互容無往來自他之性。此十通體如是遍周。如是通徹名爲神通以智遍通與物同性而知物故。名爲神通。非是往來自他見故。如此十定十通十忍等。是十地位終入於生死利眾生之方便。亦是十住十行十迴向十地十一地五位通修。餘義經文自具。

十忍品第二十九

將釋此品約分三門。一釋品名目。二釋品來意。三隨文釋義。一釋品名目者。明此品通初發心之始自位昇進行之門。亦通佛果後利眾生成行之方便。以隨行之忍依行立名。若以權教菩薩地前爲伏忍。地上見道方入順無生忍。若以一乘通十见故。如阿那律。我以天眼见三千大千世界。如观掌中庵摩勒果等。如权教菩萨。见自他佛国。往来彼此。皆有量故。此约法身无限。无表里中间。智身亦尔。总无限故。处帝网重重大用故。总约第一义天。一切智天。非如世间上界诸天眼耳通。及三乘声闻缘觉净土菩萨通故。以住无体性神通身。恒不离本处。而十方一切诸佛国土。一切众生国土。皆悉现自在身。及以毛孔。而眼耳鼻舌身心。无不共同一体一性。如因陀罗网。众像互容。无往来自他之性。此十通体。如是遍周。如是通彻。名为神通。以智遍通。与物同性。而知物故。名为神通。非是往来自他见故。如此十定十通十忍等。是十地位终。入于生死。利众生之方便。亦是十住十行十回向十地十一地五位通修。余义经文自具 。

十忍品第二十九

将释此品。约分三门。一释品名目。二释品来意。三随文释义。一释品名目者。明此品。通初发心之始。自位升进行之门。亦通佛果后。利众生成行之方便。以随行之忍。依行立名。若以权教菩萨。地前为伏忍。地上见道。方入顺无生忍。若以一乘。通十住初心得憶念諸佛智慧光明門。名生佛智慧家名得音聲忍。亦名順無生忍。但爲隨行名異故。且約十住初生佛智慧家。約名順佛正智慧無生忍以十行中名以佛智慧隨行無生忍。以十迴向中以約理智之中。以無限大願。起大慈悲門。和融理智大慈悲。使令均調。名和融大願大悲大智寂用無生忍。此是地前隨行順無生忍。從初地至三地總取地前三位。總作一法修行。名長養智悲。使令慣習成滿。以初地依地前十住十行十迴向大願圓滿發心。是常處生死守護衆生之志。是故亦名順忍。直至八地名得無生忍。善財童子初地善知識名婆珊演底。此名主當春生苗稼。亦名依止無畏。爲明表主當衆生初發心之菩提苗稼。亦名主嘗衆生與作依止。使令無畏。此初地菩薩以前願力處衆生界行故。一地明修上上十善戒。治欲界惑習。使令無著故。二地修上界八禪及以九定令於禪界不著。此名順其理智利俗長養大悲順無生忍。四地方明三界不污文明生在佛家。五地以禪定門。發善巧智慧。修世間技藝。六地修世間出世間智慧已終。滅定三空。現前名寂滅忍。七地常住初心。得忆念诸佛智慧光明门。名生佛智慧家。名得音声忍。亦名顺无生忍。但为随行名异故。且约十住初生佛智慧家。约名顺佛正智慧无生忍。以十行中名以佛智慧随行无生忍。以十回向中以约理智之中。以无限大愿。起大慈悲门。和融理智大悲慈。使令均调。名和融大愿大悲大智。寂用无生忍。此是地前随行顺无生忍。从初地至三地总取地前三位。总作一法修行。名长养智悲。使令惯习成满。以初地。依地前十住十行十回向大愿圆满发心。起常处生死守护众生之志。是故亦名顺忍。直至八地。名得无生忍。善财童子初地善知识。名婆珊演底。此名主当春生苗稼。亦名依止无畏为明表主当众生初发心之菩提苗稼。亦名主当众生与作依止。使令无畏。此初地菩萨以前愿力处众生界行故。二地明修上上十善戒。治欲界惑习。使令无著故。三地修上界八禅及以九定。令于禅界不著。此名顺其理智利俗。长养大悲。顺无生忍。四地方明三界不污。又明生在佛家。五地以禅定门。发善巧智慧。修世间技艺。六地修世间出世间智慧已终。灭定三空现前。名寂灭忍。七地常處生死行圓。八地現行菩薩行。功用已終。得無生忍。九地以法師位明說法得自在用。十地佛用一分。方終十一地普賢行滿。已上純是妙覺如來不離菩薩方便以用濟生。此十種忍。若以十地升進論之。一地得一忍。十定十通亦然。約以堪忍之位至普賢行內。以立品之名目。又隨位進修之位調治之功。隨行立名。名之十忍品。一釋品來意者。前已有十通。此乃約通有忍。若無神智通達。但成伏忍。法忍不生。以此品須來。此乃十地已前以忍成通。十一地內以通成忍。亦是十定十通十忍是一德之功用故。二隨文釋義者。已下有十段文明十種忍。

第十段已下有一段頌。是重頌前十忍法故。如第一音聲忍。總配五位中初位。十住初。十行初。十迴向初。十地初。十一地初。如第一。順忍者。十住第二住。十行第二行。十迴向第二迴向。十地第二地。十一地第二位。如是一一次第五位同配。但以昇進功用慣習生熟不同故。如是無生法忍。如幻忍。如燄忍。如夢忍。如響忍。如影忍。如化忍。如空忍。皆如上一一隨五位同配修。又一位具十忍故。餘处生死行圆。八地现行菩萨行。功用已终得无生忍。九地以法师位。明说法得自在用。十地佛用一分方终。十一地普贤行满已去。纯是妙觉如来。不离菩萨方便。以用济生。此十种忍。若以十地升进论之。一地得一忍。十定十通亦然。约以堪忍之位。至普贤行内。以立品之名目。又随位进修之位。调治之功。随行立名。名之十忍品。二释品来意者。前已有十通。此乃约通有忍。若无神智通达但成伏忍。法忍不生。以此品须来。此乃十地已前。以忍成通。十一地内。以通成忍。亦是十定十通十忍。是一德之功用故。三随文释义者。已下有十段文。明十种忍 。

第十段已下。有一段颂。是重颂前十忍法故。如第一音声忍。总配五位中初位。十住初。十行初。十回向初。十地初。十一地初。如第二顺忍者。十住第二住。十行第二行。十回向第二回向。十地第二地。十一地第二位。如是一一次第。五位同配。但以升进功用惯习生熟不同故。如是无生法忍。如幻忍。如焰忍。如梦忍。如响忍。如影忍。如化忍。如空忍。皆如上一一随五位同配同修。又一位具十忍故。余

義如文自具。已上十一地行滿

校譌

第一紙十八行色堅固宋論作堅固色第十一紙三行不行下宋南北藏無於字

第十四紙三行非不分別下宋南北藏無法字第十六紙十五行不動之不宋

論作無第十八紙三行故宋南北藏作道第十九紙四行旨宋南藏作嘗

五行力宋論作方第二十紙十二行一宋南北藏作三第二十一紙二行

示宋論作亦七行也無之世宋論作法第二十三紙十四行作宋論作住第二

十四紙二行性宋論作際

阿僧祇品第三十

將釋此品。約立四門。一釋品來意。一釋能問之

主。三釋說法之主。四隨文釋義。一釋品來意者。明

前十定十通十忍三品。明該括因果。初終始末。不

遷剎那之際。已成神通法忍具足。明一切諸佛所

施因果教行方便果行相資始終不絕。不離剎那

义如文自具。已上十一地行满。

阿僧祇品第三十

将释此品。约立四门。一释品来意。二释能问之主。三释说法之主。四随文释义。一释品来意者。明前十定十通十忍三品。明该括因果初终始末。不迁刹那之际。已成神通法忍具足。明一切诸佛所施因果教行方便。果行相资。始终不绝。不离刹那之時。如仁王經。一念中具九十刹那。一刹那經九百生滅。如是三世佛果。及普賢方便行。總時不遷故。但以刹那爲量。不立生滅之名。設論生滅。但於刹那內安立更無長短。自此已下。至如來出現品。明佛果之中三業廣大自在行門。且如阿僧祇一品。明如來心業廣大自在。二如來壽量品明如來命廣大自在。三菩薩住處品明如來行攝生廣大常住自在。四佛不思議法品明歎佛三業神德廣大自在。五如來十身相海品明佛身業報得莊嚴廣大自在。六如來隨好光明功德品明佛三業所順法身所感之功德廣大自在。依纓絡經配第三禪說佛華三昧。有百萬億頌。即是此普賢行品是其略也。當第七會名佛華三昧品。七普賢行品。明佛三業果行徧周廣大自在。八如來出現品明佛覺行徧周常於一切世間無時不出現廣大自在。此之八品總歎佛果行智德三業功用及莊嚴報相廣大自在故。以次此品須來。一釋能問法主者。菩薩名心王。此明得心成忍之後心業自在名之爲王。三釋能說法之主者。此品何故如來自說。明此數法廣大。下位智所不及。唯佛能究竟故。

之时。如仁王经。一念中具九十刹那。一刹那经九百生灭。如是三世佛果。及普贤方便行。总时不迁故。但以刹那为量。不立生灭之名。设论生灭但于刹那内安立。更无长短。自此已下。至如来出现品。明佛果之中。三业广大自在行门。且如阿僧祇一品。明如来心业。广大自在。二如来寿量品。明如来命。广大自在。三菩萨住处品。明如来行。摄生广大。常住自在。四佛不思议法品。明叹佛三业神德。广大自在。五如来十身相海品。明佛身业。报得庄严。广大自在。六如来随好光明功德品。明佛三业所顺法身所感之功德。广大自在。依璎珞经。配第三禅。说佛华三昧。有百万亿偈。即是此普贤行品。是其略也。当第七会。合名佛华三昧品。七普贤行品。明佛三业果行遍周。广大自在。八如来出现品。明佛觉行遍周。常于一切世间无时不出现。广大自在。此之八品经。总叹佛果行智德。三业功用。及庄严报相。广大自在故。以次此品须来。二释能问法主者。菩萨名心王。此明得心成忍之后。心业自在。名之为王。三释能说法之主者。此品何故如来自说。明此数法广大。下位智所不及。唯佛能究竟故。

此是佛果一愚。非至差別智滿方了。即此阿僧祇
品隨好光明功德品。一品法是如來自說。自餘五
位各各隨位菩薩自說。十信菩薩說十信法。即文
殊覺首等是。十住菩薩說十住法。即法慧財慧等
是。如是准此例知。以此品非至差別智果滿佛
位方明。還是如來自說。故所問之主還是如來心
智自在名之為王。表心自在故方堪能問。總是佛
自在之心故。設教法則令學者倣之。故說行以普
賢主之。以行成忍。即以王主之。又此數法智滿佛
果方終。以智徧故。任運而知。非是加行作意而知。
以此佛自說故。

四隨文釋義者。一百洛叉為一俱胝者。一洛叉
此云一億。一俱胝。此云一兆。又案此方黃帝算法
總有二十三數。謂一二三四五六七八九十百千
萬億兆京垓秭壤溝澗正載。從壤已去。有三等數
法。其下者十十變之。中者萬萬變之。上者億億變

此是佛果二愚。非至差别智满方了。即此阿僧祇。品。随好光明功德品。二品法。是如来自说。自余五位。各各随位菩萨自说。十信菩萨。说十信法。即文殊觉首等是。十住菩萨。说十住法。即法慧财慧等是。如是准此例知。以此此品。非至差别智果满。佛位方明。还是如来自说故。所问之主。还是如来心智自在。名之为王。表心自在故。方堪能问。总是佛自在之心故。设教法则。令学者仿之。故说行以普贤主之。以行成忍。即以王主之。又此数法智满。佛果方终。以智遍故。任运而知。非是加行作意而知。以此佛自说故 。

四随文释义者。一百洛叉为一俱胝者。一洛叉。此云一亿。一俱胝。此云一兆。又案此方黄帝算法。总有二十三数。谓一二三四五六七八九十百千万亿兆京垓秭壤沟涧正载。从壤已去。有三等数法。其下者十十变之。中者万万变之。上者亿亿变之。今此阿僧祇品。用上等數法。故云百千百千爲一俱胝。俱胝俱胝是當此壤也。那由他當溝也。穰婆羅當此澗也。作正也。來載也。自是已去此方數名盡也。彌伽及毗伽皆上聲呼。矜居陵反羯摩娑婆上聲呼羅即我反毗佉擔擔多甘反豎擺陀豎於奚反阿麼莫我反勃蒲沒反薜蒲計反窣蘇沒反瞑普計反謎莫計反茶宅加反此已上數義廣大。雖復無量難量。意明如來智慧普賢願行。三業廣大。世數不能及。故如下文頌中具明。此已上依大數有百二十大數。至不可說不可說轉。以爲一終。頌云。不可言說不可說。充滿一切不可說。不可言說諸劫中。說不可說不可盡。不可言說諸佛剎。皆悉碎抹爲微塵。一塵中剎不可說。如一一切皆如是。此不可說諸佛剎。一念碎塵不可說念念所碎悉皆然。盡不可說劫恆爾。此塵爲剎不可說。此剎爲塵說更難。以不可說算數法。不可說劫如是數。以此諸塵數諸劫。一塵十方不可說爾劫稱讚。一普賢。無能盡其功德量。意明如來普賢願行功德過稱量數量所不及。故如是此品說佛位內普賢行願。虛空不可量。剎塵不可比。無限重重無限重重。廣如經自具。如是多劫是一剎之。今此阿僧祇品。用上等数法。故云百千百千为一俱胝。俱胝俱胝是当此壤也。那由他当沟也。鞞婆罗。当此涧也。作。正也。来载也。自是已去。此方数名尽也。弥伽及毗伽。皆上声呼。矜居陵反羯摩娑婆上声呼罗即我反毗佉担担甘多反翳椤陀翳奚于反阿麽莫我反勃蒲反没薜蒲反计窣苏反没骈普反计谜莫反计荼宅反加此已上数义广大。虽复无量难量。意明如来智慧。普贤愿行。三业广大。世数不能及故。如下文颂中具明。此已上依大数有百二十大数。至不可说不可说转。以为一终。颂云。不可言说不可说。充满一切不可说。不可言说诸劫中。说不可说不可尽。不可言说诸佛刹。皆悉碎抹为微尘。一尘中刹不可说。如一一切皆如是。此不可说诸佛刹。一念碎尘不可说。念念所碎悉皆然。尽不可说劫恒尔。此尘为刹不可说。此刹为尘说更难。以不可说算数法。不可说劫如是数。以此诸尘数诸劫。一尘十方不可说。尔劫称赞一普贤。无能尽其功德量。意明如来普贤愿行功德。过称量。数量所不及故。如是此品说佛位内普贤行愿。虚空不可量。刹尘不可比。无限重重。无限重重。广如经自具。如是多劫。是一刹

剎際劫。如是如來普賢行是一剎剎中無盡故准
前第一會所問合有十頂品來文未至。

壽量品第三十一

將釋此品約作三門。一釋品來意。二釋說教之
主。三隨文釋義。一釋品來意者。明前品既是阿僧
祇。此即合便有壽量。二釋說教之主者。說此品教
主以心王菩薩說者。明佛壽量以心王為體。以心
王表命自在故。即明如來心王之命隨根延促長
短任物自在。而實如來無壽命者無長短者故。三
隨文釋義者。此之一品經。明佛壽量長短。約未悟
者作節級。令知如來壽量無盡。以少顯多。以短顯
長。若不如是。云何能知佛之壽量。然實如來無長
短命性無生滅故。如來壽命如根本智無生無滅
無去無來故。約以十佛之命表之無盡故。

菩薩住處品第三十二

將釋此品約作三門。一釋品來意。二釋說法之
主。三隨文釋義。一釋品來意者。前有如來壽命住
劫。此品佛以菩薩行持世間人間海中攝化遍故。雖
此方如是。十方國土及閻浮提例然。且約住處雖
有所依。化行無方不至。總是身合佛刹毛容法界
之眾。於剎剎際應十方而等周對現色身隨根普

那际多。如是如来普贤行。是一刹那中无尽故。准前第二会所问。合有十顶品。来文未至 。

寿量品第三十一

将释此品。约作三门。一释品来意。二释说教之主。三随文释义。一释品来意者。明前品既是阿僧祇。此即合便有寿量。二释说教之主者。说此品教主。以心王菩萨说者。明佛寿量以心王为体。以心王表命自在故。即明如来心王之命。随根延促长短任物自在。而实如来无寿命者。无长短者故。三随文释义者。此之一品经。明佛寿量长短。约未悟者作节级。令知如来寿量无尽。以少显多。以短显长。若不如是。云何能知佛之寿量。然实如来无长短命性无生灭故。如来寿命。如根本智。无生无灭。无去无来故。约以十佛之命。表之无尽故 。

菩萨住处品第三十二

将释此品。约作三门。一释品来意。二释说法之主。三随文释义。一释品来意者。前有如来寿命住劫。此品佛以菩萨行持世间。人间海中摄化遍故。此方如是。十方国土及阎浮提例然。且约住处虽有所依。化行无方不至。总是尘含佛刹。毛容法界之众。于刹那际。应十方而等周。对现色身。随根普

見為明菩薩住持攝化境界此品須來一釋說法
之主者明菩薩攝化住持之行是心王自在隨智
之行故令心王菩薩說此住處之品總明隨自心
王悲智用故明以普賢行隨行成忍已後皆名心
王於世自在明不與物違

二隨文釋義者支提山者此云淨信為此山見
者能生淨信毗舍離城此云廣博為於中印度中
最廣大故亦名廣嚴城摩度羅城者此云孔雀城
亦云密蓋皆因古事立名俱珍那城亦名俱陳那
俱陳者此云大盆於大盆中畜水若池壓於盆側
修仙法常為人說護淨經及養生經後學之徒皆
以師法為姓令城因此為稱目真隣陀窟此云解
脫是龍名也隣陀此云處以有龍在此處聞法得
解脫故因此為名摩蘭陀國未翻甘菩遮國未翻
震旦或曰支那亦云真丹此翻為思慮為此國人
多思慮計度以之為名是此漢國也那羅延此云
堅牢疏勒國正云佉路數怛勒此方存略但云疏
勒迦葉彌羅國舊云罽賓國此翻為阿誰入昔此
國未立之時其有大龍池人莫敢近其後有一羅
漢見其形勝宜人居止乃從龍乞容一膝地龍乃

见。为明菩萨住持摄化境界。此品须来。二释说法之主者。明菩萨摄化住持之行。是心王自在随智之行故。令心王菩萨。说此住处之品。总明随自心王起智用故。明以普贤行。随行成忍已后。皆名心王。于世自在。明不与物违 。

三随文释义者。支提山者。此云净信。为此山见者能生净信。毗舍离城。此云广博。为于中印度中最广大故。亦名广严城。摩度罗城者。此云孔雀城。亦云密盖。皆因古事立名。俱珍那城。亦名俱陈那。俱陈者。此云大盆。于大盆中畜水若池。恒于盆侧修仙法。常为人说护净经及养生经。后学之徒。皆以师法为姓。今城因此为称。目真邻陀窟。此云解脱。是龙名也。邻陀。此云处。以有龙在此处闻法得解脱故。因此为名。摩兰陀国未翻。甘菩遮国未翻。震旦。或曰支那。亦云真丹。此翻为思虑。为此国人多思虑计度。以之为名。是此汉国也。那罗延。此云坚牢。疏勒国。正云佉路数怛勒。此方存略。但云疏勒。迦叶弥罗国。旧云罽宾国。此翻为阿谁入。昔此国未立之时。其有大龙池。人莫敢近。其后有一罗汉。见其形胜。宜人居止。乃从龙乞容一膝地。龙乃許之。羅漢化身令大其膝漸滿池中。龍以言信捨之而去。羅漢以神力乾竭其水。令百姓居之。建立屋宅。衆人咸言。我等不因聖師阿誰得入此處。故從此語以立其名。其國即在北印度境。乾陀羅國此云持地。以此國多有賢聖居在此國不爲他國所侵害故。又云乾陀是香。羅謂陀羅。此云徧也。言此國內多生香氣徧故。在中印度北。北印度南。二界中間。苫婆羅者是香華樹名。其處側近多生此樹因名耳。此之一品。大意明菩薩攝生住持不斷三寶之行。但舉此一閻浮提表十方剎土及一切閻浮提總皆准此。已上加第三禪佛華會以爲七會。通下離世間普光明殿中會及法界品逝多林會總爲十會。

校譌

第七紙 四行方宋南 北藏作蔔

第十一紙 七行亦宋南 北藏作不

第十七紙 八行求入北藏作人求九行分別 南藏作分布十七行量宋論作數 宋

第十八紙 十九行補南 北論作畔

第二十紙 十五行於下 宋論有大字

许之。罗汉化身令大。其膝渐满池中。龙以言信。舍之而去。罗汉以神力干竭其水。令百姓居之。建立屋宅。众人咸言。我等不因圣师。阿谁得入此处。故从此语以立其名。其国即在北印度境。乾陀罗国。此云持地。以此国多有贤圣居在此国。不为他国所侵害故。又云乾陀是香。罗谓陀罗。此云遍也。言此国内多生香气遍故。在中印度北。北印度南。二界中间。苫婆罗窟。是香华树名。其窟侧近。多生此树。因名耳。此之一品。大意明菩萨摄生住持不断三宝之行。但举此一阎浮提。表十方刹土。及一切阎浮提。总皆准此。已上加第三禅佛华会。以为七会。通下离世间普光明殿中会。及法界品逝多林会。总为十会 。

佛不思議法品第三十三

將釋此品，約立四門。一釋品名目。二釋品來意。三釋能說法主。四隨文釋義、一釋品名目者。此品依如來身口智三業得名。云何名不思議。想心不能及，名爲不思，情識名言不能及，故言不議。以想心曰思，是有所得心。故言義名識，是世情名言義量，是妄度量。心不能及，情亡識滅，任智用，故明如來智用，非識心妄情思慮所知，故非情亡想寂，智現乃應。是修方便三昧力方現也。識情昧。正智現前，名爲不思議。二釋品來意者。明前品既說菩薩住處，攝生住持之宜，此品即明能化之智，故名佛不思議，非情識量所爲。任智自性，徧用不爲，應物故，有此品來也。三釋能說法主者。說法菩薩號青蓮華藏。明前品菩薩得法成忍，得心自在，號曰心王。此明根本智圓明清淨，無染名青蓮華，以根本智圓明，能成差別智名藏，故先青蓮華藏菩薩者。

佛不思议法品第三十三

将释此品。约立四门。一释品名目。二释品来意。三释能说法主。四随文释义。一释品名目者。此品依如来身口智三业得名。云何名不思议。想心不能及。名为不思。情识名言不能及。故言不议。以想心曰思。是有所得心故。言义名识是世情。名言义量是妄度量。心不能及。情亡识灭。任智用故。明如来智用。非识心妄情思虑所知故。非情亡想寂。智现乃应。是修方便三昧力方现也。识情昧。正智现前。名为不思议。二释品来意者。明前品既说菩萨住处。摄生住持之宜。此品即明能化之智。故名佛不思议。非情识议量所为。任智自性遍周。不为应物故。有此品来也。三释能说法主者。说法菩萨。号青莲华藏。明前品菩萨。得法成忍。得心自在。号曰心王。此明根本智圆明清净无染。名青莲华。以根本智圆明。能成差别智名藏故。告莲华藏菩萨者。

明根本智告差別智故。為表相成故。二乘名先得
智緣真。後得智緣俗。此一乘得即同得。不分三世
有前後故。故青蓮華藏菩薩告蓮華藏菩薩說此
不思議如來國土身眼耳鼻等。不思議智自在法
故，此品意明以自心王根本智說差別智教化眾
生自佛事業大自在用故。為此會中從阿僧祇品
至此現品，有八品經。總談佛果位中心行法則故，
該前五位差別同所歸故。不移十三昧之體普光
明智而有此八品法門及一部經故。皆約自佛智
德立菩薩名，而說自法。令易解故。四隨文釋義者，
於此一品經長科為三十五段。前三段是問，并佛
加持及青蓮華獲益。後三十二段是答。
第一爾時已下，至云何不思議有六行經，明諸
菩薩大眾作念有問佛十種不思議分。
第二爾時世尊已下，至佛法方便有四行半經，
明如來以十法加持青蓮華藏菩薩分。
第三爾時青蓮華藏菩薩已下，至告蓮華藏菩
薩言佛子有六行經，明青蓮華藏菩薩蒙佛加持。
以十種自在智慧答前菩薩眾所問十法分。

明根本智告差别智故。为表相成故。三乘名先得智缘真。后得智缘俗。此一乘得即同得。不分三世有前后故。故青莲华藏菩萨告莲华藏菩萨。说此不思议如来国土身眼耳鼻等。不思议智自在法故。此品意明以自心王根本智说差别智。教化众生自佛事业大自在用故。为此会中。从阿僧祇品。至出现品。有八品经。总谈佛果位中心行法则故。该前五位差别同所归故。不移十三昧之体普光明智。而有此八品法门。及一部经故。皆约自佛智德立菩萨名。而说自法。令易解故。四随文释义者。于此一品经。长科为三十五段。前三段是问。并佛加持。及青莲华获益。后三十二段是答 。

第一尔时已下。至云何不思议。有六行经。明诸菩萨大众作念。有问佛十种不思议分 。

第二尔时世尊已下。至佛法方便。有四行半经。明如来以十法。加持青莲华藏菩萨分 。

第三尔时青莲华藏菩萨已下。至告莲华藏菩萨言佛子。有六行经。明青莲华藏菩萨蒙佛加持。以十种自在智慧。欲答前菩萨众所问十法分 。

第四諸佛世尊已下至無有障礙究竟之法有
五行經。明青蓮華藏菩薩都舉諸佛有十種無量
住。且總答前大眾十種問分。已下通十種無量住。
總有三十一種無量普徧用無礙總別同異成壞
自在因陀羅網門。答前十問。問佛不思議法故。於
此三十一種如因陀羅網互參普徧周法門中。約
數有三百一十種。答前十問。此三百一十種因陀
羅網互參法門中。以明佛不思議無盡無盡重重
重重無限無限。如下一一段中。自具十法。如經自
明。不煩科意。

校譌

第三紙四行第下明書藏有等字第十紙十一行一一疑當作一切宋南北藏無一
一字二十行一切世界宋論作一一世界第十二紙十六行何等下北藏無爲十二
字爲十下宋南藏無所謂一二字第十七紙四行爲十下宋南北藏無所謂二字第十
八紙五行其宋論作某字第十九紙八行出生下宋南北藏無故字第二十
二紙十三行皆宋論作皆第二十五紙三行眠宋南北藏作明

此品大意明從前進修至此自己三業身語智
用業用廣大會佛三業廣大用故。一業之上答十
百千萬等無量三業用故。三業用上各答三十百

第四诸佛世尊已下。至无有障碍究竟之法。有五行经。明青莲华藏菩萨都举诸佛有十种无量住。且总答前大众十种问分。已下通十种无量住。总有三十二种无量普遍周无碍总别同异成坏自在因陀罗网门。答前十问。问佛不思议法故。于此三十二种如因陀罗网互参普遍周法门中。约数有三百二十种。答前十问。此三百二十种因陀罗网互参法门中。以明佛不思议。无尽无尽。重重重重。无限无限。如下一一段中。自具十法。如经自明。不烦科意。

此品大意。明从前进修至此。自己三业身语智用业用广大。会佛三业广大用故。一业之上。答十百千万等无量三业用故。三业用上。各答三十百

千萬等。十種無量三業之上各答三十百千萬等
不可說無量業用。餘兩段各具十百千萬無量以
明三業所明業用。不離一諦真俗二門。一一十法
之中。身語智爲體。餘七是三業上用。或以青蓮華
藏菩薩答前十問有三十二種答。一一答中皆有
十無盡法故。意明至此佛果三業用中真俗法滿
足故。故號爲無上兩足尊也。此明三種業用二
智徧周。總攝諸法。故青蓮華是真智。蓮華藏是隨
俗智。以真俗二智自說自己三種業用廣大自在
不思議門。人王都邑者。王所居城所管天下爲都。
自餘爲邑。宮殿者。所居止寢宿之室爲宮。以法治
生陳說正法處爲殿。毗舍闍者是鬼趣。此云噉人
精氣。屬東方提頭賴吒天王所管。提頭賴吒此云
云持國。謂護持國土。因以爲名。乾闥婆此曰尋香。
是樂神。亦此王所管。如於身毛孔及一微塵中所
現一切世界國土。一切諸佛及以衆生咸住其中
施化佛事者。妄情滅。唯智境乃爾。以三昧力方現。
非情識所求。法常如是。然唯妄情自隔故。如世界
種等前華藏品已釋。自餘如文自具。

千万等。十种无量。三业之上。各答三十百千万等不可说无量业用。余两段。各具十百千万无量。以明三业。所明业用。不离二谛真俗二门。一一十法之中。身语智为体。余七是三业上用。故以青莲华藏菩萨。答前十问。有三十二种答。一一答中。皆有十无尽法故。意明至此佛果三业用中。真俗法满足故。故号佛为无上两足尊也。此明三种业用。二智遍周。总摄诸法故。青莲华是真智。莲华藏是随俗智。以真俗二智。自说自己三种业用。广大自在不思议门。人王都邑者。王所居城。所管天下为都。自余为邑。宫殿者。所居止寝宿之室为宫。以法治生陈设正法处为殿。毗舍阇者。是鬼趣。此云啖人精气。属东方提头赖吒天王所管。提头赖吒者。此云持国。谓护持国土。因以为名。乾闼婆。此曰寻香。是乐神。亦此王所管。如于身毛孔及一微尘中。所现一切世界国土。一切诸佛。及以众生咸住其中。施化佛事者。妄情灭。唯智境乃尔。以三昧力方现。非情识所求。法常如是。然唯妄情自隔故。如世界种等。前华藏品已释。自余如文自具 。

大方廣佛新華嚴經合論卷第三十一

如來十身相海品第三十四

將釋此品。約分三門。一釋品來意。二釋能說法主。三隨文釋義。一釋品來意者。明前品說自佛三業一智人不思議際徧周廣大無限饒益衆生。此品約三業一智人不思議智中之報身。故此品來也。二釋能說法主者。明此相海由行報成。普賢是行還令行者自說自行報德之果。三隨文釋義者。於此一品經長分爲九十九段。

第一爾時普賢菩薩已下。至所有相海一行半經。是初總舉如來身相如海廣多。第二略說九十七種大人之相。分爲九十七段如下。

校譌

第二紙十一行種力下宋南藏無何等爲十所謂十六字四行動力宋作力下藏新數宋藏無是爲十佛
十于諸佛世尊有十往十一字第五紙一六行數藏下宋藏無於字第十八紙十一
本行及下一無諸字

最下一段。總說十華藏世界微塵數諸相爲總結。通前初爾時已下。都有九十九段經文。以取十華藏世界微塵數相海莊嚴號十身相海品。此一品經文。大意明三種業用。身語智廣大無限利益一

大方广佛新华严经论卷第三十一

如来十身相海品第三十四

将释此品。约分三门。一释品来意。二释能说法主。三随文释义。一释品来意者。明前品说自佛三业二智。入不思议际遍周。广大无限饶益众生。此品约三业二智入不思议智中之报身故。此品来也。二释能说法主者。明此相海。由行报成。普贤是行。还令行者。自说自行报德之果。三随文释义者。于此一品经。长分为九十九段。

第一尔时普贤菩萨已下。至所有相海。一行半经。是初总举如来身相如海广多。第二略说九十七种大人之相。分为九十七段。如下。

最下一段。总说十华藏世界微尘数诸相为总结。通初尔时已下。都有九十九段经文。以取十华藏世界微尘数相海庄严。号十身相海品。此一品经文。大意明三种业用。身语智广大无限。利益一切眾生善根行上報生福相如初顯頂上三十二寶莊嚴大人相其中有大人相名光照一切方普放無量大光明網一切妙寶以為莊嚴者。初明三十種寶是明三種業用是萬德之總相。一種寶是二智。明如來三業一智是修眾福之本故。萬善根海無不以此三業一智以為體故。故初所感果以先標為首。又用嚴如來之頭首故。經云：其中有大人相名光照一切方。方普法也。是根本智成差別智之法故。普放無量大光明網者。是差別智中隨根設教濟潤一切眾生之所報生。約因名為光網。一切妙寶以為莊嚴者。一切業果福相報得。皆以此二智為所莊嚴故。寶髮周徧者。明以智治生周旋普覆以此報生寶髮柔軟密緻者。慈悲柔軟眾根普濟報成故。一一寶髮咸放摩尼寶光充滿一切無邊世界。悉現佛身色相圓滿者。明於根本智所生諸差別智化差別行。皆純淨無垢故。報得摩尼淨光光化佛身。為約此二智純淨無礙所有報境。總成智用故。皆與身同。此二業上。一一中報十三業上三十故。一智上二種。總言三十二種寶用嚴頂。髮通此頂上及身。略舉有九十七種大人之相切众生善根行上。报生福相。如初举顶上三十二宝庄严大人相。其中有大人相名光照一切方。普放无量大光明网。一切妙宝以为庄严者。初明三十种宝。是明三种业用。是万德之总相。二种宝是二智。明如来三业二智。是修众福之本故。万善根海。无不以此三业二智以为体故。故初所感果。以先标为首。又用严如来之头首故。经云。其中有大人相名光照一切方。方者法也。是根本智成差别智之法故。普放无量大光明网者。是差别智中。随根设教。济漉一切众生之所报生。约因名为光网。一切妙宝以为庄严者。一切业果福相报得。皆以此二智为所庄严故。宝发周遍者。明以智治生。周旋普覆。以此报生宝发。柔软密致者。慈悲柔软。众根普济报成故。一一宝发咸放摩尼宝光。充满一切无边世界。悉现佛身色相圆满者。明于根本智所生诸差别智。起差别行。皆纯净无垢故。报得摩尼净光。光化佛身。为约此二智纯净无碍。所有报境。总成智用故。皆与身同。此三业上。一中报十。三业上三十故。二智上二种。总言三十二种宝。用严顶发。通此顶上及身。略举有九十七种大人之相者明且約隨眞俗一智淨三業上行七菩提分十波羅蜜能淨一切三界九品煩惱便爲智用以智淨故所有報果亦淨以智無礙自在故所有報果亦自在故。九品煩惱者。欲界一色界四禪無色界四禪。上二界有八欲界一共爲九品有能覺之者便以二智七覺十波羅蜜方便自利及以利生具普賢行滿。便報成此九十七相。以十波羅蜜方便發起三界中大自在行用故。於九品煩惱上各成十波羅蜜行門成九十種大人相。以七菩提分上助顯方便分明故。以成七種通。以此七覺分十波羅蜜助道方便行。助顯九品煩惱成眞俗二智合大悲圓滿。於一品煩惱上成十種行門報生十種相。九十配十波羅蜜。七種配七覺分。十華藏世界微塵相者。配眞俗二智三業及行普賢行徧周也。問曰。此出何教所配。答曰。此經所有法門但出自教。餘經不能與此教門相會。何者是自教。答曰。爲普賢是佛自行。還令自行說自行所報得之相。普賢行者。不離眞俗二智七菩提分十波羅蜜故。但約名知教。約教知行。約行治惑。惑亡報成。即知因果所生。即爲教也。不可引餘權教三乘行門例此者。明且约随真俗二智净三业上。行七菩提分十波罗蜜。能净一切三界九品烦恼便为智用。以智净故。所有报果亦净。以智无碍自在故。所有报果亦自在故。九品烦恼者。欲界一。色界四禅无色界四禅。上二界有八。欲界一。共为九品。有能觉之者。便以二智七觉十波罗蜜。方便自利及以利生。具普贤行满。便报成此九十七相。以十波罗蜜。方便发起三界中有自在行用故。于九品烦恼上。各成十波罗蜜行门。成九十种大人相。以七菩提分上。助显方便分明故。以成七种。通以此七觉分十波罗蜜助道方便行。助显九品烦恼成真俗二智。令大悲圆满。于一品烦恼上。成十种行门。报生十种相。九十配十波罗蜜。七种配七觉分。十华藏世界微尘相者。配真俗二智三业及行普贤行遍周也。问曰。此出何教所配。答曰。此经所有法门。但出自教。余经不能与此教门相会。何者是自教。答曰。为普贤是佛自行。还令自行说自行所报得之相。普贤行者。不离真俗二智。七菩提分。十波罗蜜故。但约名知教。约教知行。约行治惑。惑亡报成。即知因果所生。即为教也。不可引余权教三乘行门。例此所修因果報得。但准已前諸品所放光。及菩薩名乃至座名數。以次類之。可曉其意也。佛行普賢行者。不離三界九地煩惱中。而成智悲之門。所有報生因果。還約三界九品煩惱中。成殊勝智。行出三界自在行。獲過三界殊勝報業。故以此准知可明佛意。即是經之教也。已下諸相以此三業二智七覺分十波羅蜜為體。又以七菩提分九波羅蜜共成一箇智波羅蜜。以智波羅蜜為佛果。七菩提分九波羅蜜是行。故報得九十七大人之相。十蓮華藏世界微塵數大人之相者。是差別智。大悲圓滿十方世界。以普賢行報得故。此前後二釋義通其一故。已下諸相約根本智起大悲用。隨差別智報生。如文自明。如經云紺蒲成就者。意明頸文三約嬰節成就。云西國有紺蒲果。赤色。三約文成。以此比之。彌盧藏雲者。明如來右輔上牙大人相寶欲高遠如須彌山之狀也。

如來隨好光明功德品第三十五

將釋此品。約立四門。一釋品名目。二釋品來意。三釋說法之主。四隨文釋義。一釋品名目。何故名為隨好光明功德者。明前品已明十身相海。有十所修因果报得。但准已前诸品所放光。及菩萨名乃至座名数。以次类之。可晓其意也。佛行普贤行者。不离三界九地烦恼中。而成悲智之门。所有报生因果。还约三界九品烦恼中。成殊胜智。行出三界自在行。获过三界殊胜报业故。以此准知。可明佛意。即是经之教也。已下诸相。以此三业二智七觉分十波罗蜜为体。又以七菩提分九波罗蜜。共成一个智波罗蜜。以智波罗蜜为佛果。七菩提分九波罗蜜是行故。报得九十七种大人之相。十莲华藏世界微尘数大人之相者。是差别智。大悲圆满十方世界。以普贤行报得故。此前后二释。义通其一故。已下诸相。约根本智起大悲用。随差别智报生。如文自明。如经云。绀蒲成就者。意明颈文三约婴节成就。云西国有绀蒲果。赤色。三约文成。以此比之。弥卢藏云者。明如来右辅上牙大人相。宝焰高远。如须弥山之状也 。

如来随好光明功德品第三十五

将释此品。约立四门。一释品名目。二释品来意。三释说法之主。四随文释义。一释品目者。何故名为随好光明功德者。明前品已明十身相海。有十蓮華藏世界微塵數相海莊嚴其身。此品約其佛身相中。隨相無性功德故。以約行報得成大人之相。隨行法身之理智以成光明故。以立品名。故以隨行破煩惱之妙理智慧以成報相之光。一釋品來意者。明前品大人之相約如來行生報得。故即令普賢說故。爲普賢行是一切諸佛行故。此隨好光明明法身根本智無性隨行無體無相功德以爲光明能大利物。還以無形質無體性光照有緣。如無形質天鼓音聲說法令解脫故。此品須來。然雖理行無二。同爲一體。令約感果利物之殊不可無其次第。三釋說教之主者。明如是妙理之果實手是引接義故。表以法身妙慧性光。引接一切衆生故。立此品。何故如來自說。如來自說此品者。明佛果中二愚。一數法廣大愚。二隨好光明功德愚。此二位法非諸菩薩智所及。至佛果滿方明。以理智法身但與行作無依之體。達妄之緣。其行中所感功德之相。即自屬普賢行成。即普賢自行報生。還令普賢自說自行報終之果。阿僧祇品是數法廣大隨好光明功德品。是法身智身自體無性無依功德故。此二法皆非依行作得。不由普賢行之所莲花藏世界微尘数相海庄严其身。此品约其佛身相中。随相无性功德故。以约行报得。成大人之相。随行法身之理智。以成光明故。以立品名故。以随行破烦恼之妙理智慧。以成报相之光。二释品来意者。明前品大人之相。约如来行生报得。故即令普贤说故。为普贤行。是一切诸佛行故。此随好光明。明法身根本智。无性随行。无体无相功德。以为光明。能大利物。还以无形质无体性光照有缘。如无形质天鼓音声说法令解脱故。此品须来。然虽理行无二。同为一体。今约感果利物之殊。不可无其次第。三释说教之主者。明如是妙理之果。宝手是引接义故。表以法身妙慧性光。引接一切众生故。立此品何故如来自说。如来自说此品者。明佛果中二愚。一数法广大愚。二随好光明功德愚。此二位法。非诸菩萨智所及。至佛果满方明。以理智法身。但与行作无依之体。达妄之缘。其行中所感功德之相。即属普贤行成。即普贤自行报生。还令普贤自说自行报终之果。阿僧祇品。是数法广大。随好光明功德品。是法身智身自体无性无依功德故。此二法皆非依行作得。不由普贤行之所及故。但與行爲依止故。是普賢行滿佛果位終之法。是故如來自說。明當位自說自位法門。令後學者不惑故。此品明法身智身無相理中功德所有利物之法。還以光明天鼓無形質物響音所告。還說法身無相妙理頓發十地離垢之功故。非餘下位和會大願智悲萬行之相得故以是如來自位自說。故雖行果與智果不殊。然約法辯位令法則分明。令發心修行者解行不惑。意明法身及根本智。學不屬行所修生。唯大悲及差別智須依此根本智加普賢大願力和融迴向修學。常以根本智爲無作之體。此之法身及根本智雖加十波羅蜜三十七菩提分法四攝四無量成就饒益眾生之一行。然根本智法身爲無自性可有成壞但能與一切諸行願作無染著無煩惱無三界業解脫果之體。以此品中明此隨好功德能隨行用不失自果廣利眾生。此是一切菩薩行之匝佛果故。故以此如來自說。若無此智德之果。一切眾生皆無常故。如虛空體全與諸有而作全體。然虛空不屬修生。

四隨文釋義者。於此段中長科分爲十三段。

及故。但与行为依止故。是当普贤行满佛果位终之法。是故如来自说。明当位自说自位法门。令后学者不惑故。此品明法身智身无相理中功德。所有利物之法。还以光明天鼓。无形质物。响音所告。还说法身无相妙理。顿登十地离垢之功故。非余下位和会大愿智悲万行之相得故。以是如来自位自说故。虽行果与智果不殊。然约法辩位。令法则分明。令发心修行者解行不惑。意明法身及根本智。不属行所修生。唯大悲及差别智。须依此根本智。加普贤大愿力。和融回向修学。常以根本智为无作之体。此之法身及根本智。虽加十波罗蜜。三十七菩提分法。四摄四无量。成就饶益众生之行。然根本智法身。为无自性可有成坏。但能与一切诸行愿。作无染著无烦恼无三界业解脱果之体。以此品中。明此随好功德。能随行用。不失自果。广利众生。此是一切菩萨行之恒佛果故。故以此如来自说。若无此智德之果。一切众行皆无常故。如虚空体。全与诸有而作全体。然虚空不属修生。四随文释义者。于此段中。长科分为十三段 。

第一爾時世尊已下。至而爲眷屬有三行經。明
舉光之體用分。
第二佛子已下。至於彼命終來生此天。有八行
經。明如來處兜率天時放法身妙理智無作淨光
地獄獲益天鼓告因分。
第三佛子菩薩足下千輻輪中已下。至入無依
智印三昧。有四十二行半經。明惡道衆生蒙光所
照。捨報生天。天鼓說法分。
第四時諸天子聞是音已下。至而不得見有
四行半經。明諸天子興供而往天宮而不得見毗
盧遮那菩薩分。
第五時有天子已下。至摩耶夫人胎有兩行經
明天子告諸天衆菩薩所生人間分。
第六時諸天子以天眼觀已下。至悔除所有諸
障過惡有十五行半經。明諸天子欲往人間供養
天鼓音告云毗盧遮那菩薩體無來去并勸發菩
提心悔除過惡分。
第七爾時天鼓已下。至一切罪惡悉得清淨有
二十七行經。明天鼓爲諸天子說菩薩悔除罪惡
淨業無生分。

第一尔时世尊已下。至而为眷属有三行经。明举光之体用分。

第二佛子已下。至于彼命终来生此天。有八行经。明如来处兜率天时。放法身妙理智无作净光。地狱获益。天鼓告因分。

第三佛子菩萨足下千辐轮中已下。至人无依智印三昧。有四十二行半经。明恶道众生蒙光所照。舍报生天。天鼓说法分。

第四时诸天子闻是音已已下。至而不得见。有四行半经。明诸天子兴供而往天宫。而不得见毗卢遮那菩萨分。

第五时有天子已下。至摩耶夫人胎。有两行经。明天子告诸天众菩萨所生人间分。

第六时诸天子以天眼观已下。至悔除所有诸障过恶。有十五行半经。明诸天子欲往人间供养天鼓音告云。毗卢遮那菩萨体无来去。并劝发菩提心悔除过恶分。

第七尔时天鼓已下。至一切罪恶悉得清净。有二十七行经。明天鼓为诸天子说菩萨悔除罪恶。达业无生分。

第八說此法時已下至離垢三昧少分之力有十一行半經。明諸天子天女獲益分。

第九爾時彼諸天子已下至恆河沙善根有十二行經。明諸天子興香華供佛。及有眾生聞香八萬四千煩惱皆悉清淨。成就香幢雲自在光明清淨善根。若有眾生見其蓋者種金網轉輪王一恆河沙善根分。

第十佛子菩薩住此轉輪王位已下至教化眾生有一行半經。明金網轉輪王境位攝化廣狹分。

第十一佛子譬如明鏡世界已下至必得往生彼佛國土有四行經。明舉月智如來喻聞名獲益分。

第十二菩薩安住已下至成就如是清淨肉眼有九行經。明若有遇此金網轉輪聖王光明即獲得十地法門分。

十三佛子假使有人已下至末有二十一行經明此清淨金網轉輪王肉眼所見境界廣大難量

第八说此法时已下。至离垢三昧少分之力。有十一行半经。明诸天子天女获益分 。

第九尔时彼诸天子已下。至恒河沙善根。有十二行经。明诸天子兴香花供佛。及有众生闻香。八万四千烦恼皆悉清净。成就香幢云自在光明清净善根。若有众生见其盖者。种金网转轮王一恒河沙善根分 。

第十佛子菩萨住此转轮王位已下。至教化众生。有一行半经。明金网转轮王境位摄化广狭分。

第十一佛子譬如明镜世界已下。至必得往生彼佛国土。有四行经。明举月智如来喻闻名获益分 。

第十二菩萨安住已下。至成就如是清净肉眼。有九行经。明若有遇此金网转轮圣王光明。即获得十地法门分 。

十三佛子假使有人已下。至末。有二十一行经。明此清净金网转轮王肉眼。所见境界广大难量分。隨文釋義者，於此品中十三段文約立三門：一說光明所因從何所來。二蒙光觸者以何因緣。三明天鼓從何所因而能說法，第一說光所因從何所來者。從如來自體性自清淨法身根本無依住智自性清淨功德所生，能成相好無所依止。故名隨好光明功德品。此之光明一切眾生同共有之為不以普賢行願助揚顯發，不能顯現普賢願行不以此光明體亦不能得成法界無限大用。是故此經名為贊行互嚴經。至此一行圓滿，遂乃各各自顯其功。前品大人之相因普賢行成，還令普賢說故。此品隨好光明是佛自果無作法身無依住根本智光是佛自說，但依教主以取經意顯光之中其隨好光無量。今依此品略舉其三。一初舉來應正等覺有隨好名圓滿王者，都陳根本智無依無性而能普照自在名圓滿王。別舉此光中隨用云此隨好中出大光明名為熾盛。此明隨用能破迷惑。七百萬阿僧祇光明而為眷屬者。此明用備根。七百者都數約七菩提分息六道苦乃為七百。百者數之長也。皆令發起一乘中十地道故為此光體是佛果光。光所及者皆依本故。又約八分。随文释义者。于此品中十三段文。约立三门。一说光明所因从何所来。二蒙光触者以何因缘。三明天鼓从何所因而能说法。第一说光所因从何所来者。从如来自体性自清净法身根本无依住智。自性清净功德所生。能成相好。无所依止。故名随好光明功德品。此之光明。一切众生同共有之。为不以普贤行愿助扬显发。不能显现普贤愿。行不以此光明体。亦不能得成法界无限大用。是故此经。名为觉行互严经。至此二行圆满。遂乃各各自显其功。前品大人之相。因普贤行成。还令普贤说故。此品随好光明。是佛自果无作法身无依住根本智光。是佛自说。但依教主以取经意。举光之中其随好光无量。今依此品略举其三。一初举如来应正等觉有随好名圆满王者。都陈根本智无依无性。而能普照自在。名圆满王。别举此光中随用。云此随好中出大光明名为炽盛。此明随用能破迷惑。七百万阿僧祇光明而为眷属者。此明随用备根。七百者。都数。约七菩提分息六道苦。乃为七百。百者。数之长也。皆令发起一乘中十地道故。为此光体是佛果光。光所及者皆依本故。又约八地已前有行有開發爲七百。萬眷萬行。阿僧祇者明光體備根偏周。次舉兜率天爲菩薩時放大光明名幢王。照十佛刹塵世界地獄衆生得衆苦休息。得十種眼耳鼻舌身意清淨。捨地獄身生兜率天。聞天鼓音而爲說法。得離垢三昧。登十地道。此明光照往因。十信解心修力不圓有因放逸生惡道者。遇光苦息。三業復本。此明三生成果。第一生修十信解心。心不精專作諸惡業。第二生惡道住地獄中。三蒙光照觸苦息生兜率天。天鼓響音告法成十地果。此爲三生。若也於此教中依智發心專求不懈無放逸心。修方便定。入佛智慧。生如來家爲佛眞子。便名成佛。如輪王第一夫人所生太子。具輪王相。雖未當位。是王眞種體無差別。如是十住初發心菩薩創從信種修方便定。自顯正智生如來家。雖未有神足通力。當其佛位。然其眞智慧種與佛不殊。從此一生加行修治。隨其正智入變易生。神通自在。如入一生身語意業修有爲十善。尚得生天報得天神通。何况正智慧現前法身體會無心作惡。專學慈悲。豈可不入變易生身也。若也直約第一義論。通於生死總爲變化悟智即地已前有行有开发。为七百。万者。万行。阿僧祇者。明光体备根遍周。次举兜率天为菩萨时。放大光明名幢王。照十佛刹尘世界。地狱众生得众苦休息。得十种眼耳鼻舌身意清净。舍地狱身生兜率天。闻天鼓音而为说法。得离垢三昧。登十地道。此明光照往因。十信解心修力不固。有因放逸生恶道者。遇光苦息。三业复本。此明三生成果。第一生修十信解心。心不精专。作诸恶业。第二生恶道。住地狱中。三蒙光照触。苦息。生兜率天。天鼓响音告法。成十地果。此为三生。若也于此教中。依智发心。专求不懈。无放逸心。修方便定。入佛智慧。生如来家。为佛真子。便名成佛。如轮王第一夫人所生太子。具轮王相。虽未当位。是王真种。体无差别。如是十住初发心菩萨。创从信种修方便定。自显正智生如来家。虽未有神足通力。当其佛位。然其真智慧种。与佛不殊。从此一生加行修治。随其正智入变易生。神通自在。如人一生身语意业。修有为十善。尚得生天。报得天神通。何况正智慧现前。法身体会。无心作恶。专学慈悲。岂可不入变易生身也。若也直约第一义论。通于生死总为变化。悟智即佛。不約神通。爲神通是利衆生之權方便故。若直取覺義。智是正覺。自餘神通降生成佛總屬行收。今至此品明覺行圓滿佛。前之二種光明一名圓滿王一名光幢王者。且約佛果法身根本智圓明破惑之大用。一切修道不會此根本智光無成佛期。二舉足下千輻輪光名圓滿王者。明成菩薩昇進加行之光。爲足表所行行故。常放四十種光明者。成十信十住十行十迴向地前四位也。中有一光隨於一切六道種種諸欲所樂皆令成熟。乃至阿鼻地獄受無間苦遇斯光者皆生兜率天。天鼓響音說法。及以悔除諸惡。得離垢三昧。或得無依智印定。一光是一切六道應根起信之光。餘二是十住十行十迴向加行成十地道果滿之光。爲地前三賢位是圓會悲智願行已終。十地但成此地前十迴向之功。不別有位。以此但放四十光明。不放五十也。無功之果是佛自位。不屬行故。明足下光是表十信十住十行十迴向願行之位。十地約法而成功滿前願。故二右手掌中一隨好光明出現無量自在神力者。此表引接光。以手是引接義故。此乃宜同一切世間三界所行方便。非世間天佛。不约神通。为神通是利众生之权方便故。若直取觉义。智是正觉。自余神通降生成佛。总属行收。今至此品。明觉行圆满佛。前之二种光明。一名圆满王。一名光幢王者。且约佛果法身根本智圆明破惑之大用。一切修道。不会此根本智光。无成佛期。二举足下千辐轮光名圆满王者。明成菩萨升进加行之光。为足表所行行故。常放四十种光明者。成十信十住十行十回向。地前四位也。中有一光。随于一切六道种种诸欲所乐。皆令成熟。乃至阿鼻地狱受无间苦遇斯光者。皆生兜率天。天鼓响音说法。及以悔除诸惑。得离垢三昧。或得无依智印定。一光。是一切六道应根起信之光。余三是十住十行十回向加行。成十地道果满之光。为地前三贤位。是圆会悲智愿行已终。十地但成此地前十回向之功。不别有位。以此但放四十光明。不放五十也。无功之果。是佛自位。不属行故。明足下光。是表十信十住十行十回向愿行之位。十地约法而成功。满前愿故。三右手掌中一随好光明。出现无量自在神力者。此表引接光。以手是引接义故。此乃宜同一切世间三界所行方便。非世间天人及三乘所知故。且舉此三種光明備世諸有已徧。自餘廣多不論。第一業光觸者何因緣者。經意明先世有信心故。如經云汝往昔親近衆善知識卽明昔會有信心之種。雖造惡業生於地獄。爲有信種光及其身。若自息種存。便能發意捨身生天。若無先世信種。設光照身者不覺不知。三明天鼓從何所因緣而能說法。如經云但以毗盧遮那三昧力故。般若波羅蜜威德力故。出音聲。大約三緣而得聞之。一毗盧遮那菩薩三昧之力。二於無體性三昧中有自在無作妙慧。三衆生昔會聞此無性法身大智慧之種。方堪得聞。如是妙聲迷除得道。加離垢三昧者。是無性妙理。自體無中邊等虛空性性自無垢。具無限智慧知見。自無我所。須以方便定發起方明。加法慧菩薩入無量方便三昧是也。又加善財於妙峯山上得憶念一切諸佛智慧光明者是也。總是十住初心創始顯發故。至此品中。不離初處滿故。還向普光明殿說十信心處說此十一品十一地及佛果之門。表此意也。不離一念。不隔一時。而成果故。方便三昧者。任無作性邊。然自定。不收不攝。任心自安。萬惑自淨。道自現礙。

人及三乘所知故。且举此三种光明。备世诸有已遍。自余广多不论。第二蒙光触者何因缘者。经意明先世有信心故。如经云。汝往昔亲近众善知识。即明昔曾有信心之种。虽造恶业生于地狱。为有信种。光及其身。苦息种存。便能发意。舍身生天。若无先世信种。设光照身者。不觉不知。三明天鼓从何所因缘而能说法。如经云。但以毗卢遮那三昧力故。般若波罗蜜威德力故。出音声。大约三缘而得闻之。一毗卢遮那菩萨三昧之力。二于无体性三昧中。有自在无作妙慧。三众生昔曾闻此无性法身大智慧之种。方堪得闻如是妙声。迷除得道。如离垢三昧者。是无性妙理。自体无中边。等虚空性。性自无垢。具无限智慧知见。自无我所。须以方便定发起方明。如法慧菩萨入无量方便三昧是也。又如善财于妙峰山上。得忆念一切诸佛智慧光明者。是也。总是十住初心。创始显发故。至此品中。不离初处满故。还向普光明殿说十信心处。说此十一品十一地及佛果之门。表此意也。不离一念。不隔一时。而成果故。方便三昧者。任无作性。荡然自定。不收不摄。任心自安。万惑自净。道自现尔。

方可任用施爲。不失其理。然以普賢願行方成悲
智大用。無作法界緣起之門。一如其上五位進修
行者是也。如經云。於色聲香味觸。其內具有五百
煩惱。其外亦有五百煩惱。瞋行多者二萬一千。貪
行多者二萬一千。癡行多者二萬一千。等分行者
二萬一千。已上都有八萬四千。如色聲香味觸各
有五蘊。共十使煩惱。皆意根爲主。如是色聲香味
觸爲外。受想行識及意爲內。如因內外心境成緣。
皆能成十使煩惱。色聲香味觸受想行識及意能
所互參。內外各十。如是內外十種煩惱。一一皆能
起十使煩惱。即內外所緣各有五百煩惱。由迷心
境內外相資。由內五蘊成境。因外五境所起能緣。
由此內外能所二緣。十使煩惱因之不息。乃至八
萬四千。如是十使皆因五蘊所成。一一使中有百。
以將十使中五蘊以五蘊成十使。一一蘊中一百。
五蘊中有五百。以五蘊成五塵。五塵中有五百。以
塵蘊爲內外之上。共爲一千。配七識中有七千。分
三世。三七二十一。當二萬一千。即依貪瞋癡多者
及等分。各二萬一千。共爲八萬四千。餘如文自具
如十使中。各有內外五蘊十使互參。即有一百。於

方可任用施为。不失其理。然以普贤愿行。方成悲智大用无作法界缘起之门。一如其上五位进修行者是也。如经云。于色声香味触。其内具有五百烦恼。其外亦有五百烦恼。嗔行多者二万一千。贪行多者二万一千。痴行多者二万一千。等分行者二万一千。已上都有八万四千。如色声香味触。各有五蕴。共十使烦恼。皆意根为主。如是色声香味触为外。受想行识及意为内。如因内外心境成缘。皆能成十使烦恼。色声香味触。受想行识及意。能所互参。内外各十。如是内外十种烦恼。一一皆能起十使烦恼。即内外所缘。各有五百烦恼。由迷心境。内外相资。由内五蕴成境。由外五境所起能缘。由此内外能所二缘。十使烦恼因之不息。乃至八万四千。如是十使。皆因五蕴所成。一一使中有百。以将十使中五蕴。以五蕴成十使。一一蕴中一百。五蕴中有五百。以五蕴成五尘。五尘中有五百。以尘蕴为内外之上。共为一千。配七识中有七千。分三世。三七二十一。当二万一千。即依贪嗔痴多者及等分。各二万一千。共为八万四千。余如文自具。如十使中。各有内外五蕴。十使互参。即有一百。于一百十使一一使皆有五蘊爲五百。由內心緣外境互爲主伴。以此內外各有五百。共成一千。由末那與六識相因作業。有七千煩惱。法如前。配三七二十一。亦當一萬一千。若約此品法門。天鼓所說無生理智。及說悔除過惡之法。甚善甚妙。修道發菩提心者。可以持誦作意。倣而學之。以方便定慧力勤思觀察。還同此品刹那成佛。於中法門融通次第具如此品。如善財童子所見善知識皆云我已先發阿耨多羅三藐三菩提心。云何教我學菩薩道者。明菩提無求無修無三世故。但求其行菩提無修。此隨好光明功德但與行作光明令行無依無修作者。一切發心者先修方便三昧而以顯之。從此理中方當加行。是故名以果成因門。以因即果門。以理智之外無別行故。即理事無礙以爲進修。是故但求其菩薩道。即行是菩提。明隨行無得故。是以發普賢行未圓滿故求菩薩道以菩提無三世。不出一刹那萬行皆圓滿故名爲佛乘即乃直論智境。不分三世延促等障。凡夫及二乘謂三無數劫及無限劫。是此教中智境不遷之門故以本如是故。法如是故。非佛神通使然也。三乘情一百十使。一一使皆有五蕴。为五百。由内心缘外境。互为主伴。以此内外各有五百。共成一千。由末那与六识相因作业。有七千烦恼。法如前配三七二十一。亦当二万一千。若约此品法门。天鼓所说无生理智。及说悔除过恶之法。甚善甚妙。修道发菩提心者。可以持诵作意仿而学之。以方便定慧力勤思观察。还同此品刹那成佛。于中法门融通次第。具如此品。如善财童子所见善知识。皆云我已先发阿耨多罗三藐三菩提心。云何教我学菩萨道者。明菩提无求无修无三世故。但求其行。菩提无修。此随好光明功德。但与行作光明。令行无依无修作者。一切发心者。先修方便三昧。而以显之。从此理中。方当加行。是故名以果成因门。以因即果门。以理智之外无别行故。即理事无碍。以为进修。是故但求其菩萨道。即行是菩提。明随行无得故。是以发普贤行未圆满故。求菩萨道。以菩提无三世。不出一刹那。万行皆圆满故。名为佛乘。即乃直论智境。不分三世延促等障。凡夫及三乘。谓三无数劫及无限劫。是此教中智境不迁之门故。以本如是故。法如是故。非佛神通使然也。三乘情見謂佛神通。以迷實法本來如是。此普光明殿中十一品法是都該一部。及無盡古今。總不移毫念也。須當如是信解修行。名爲佛知見。入佛知見故當知十地及等妙二位。總依十信十住十行十迴向法則而成。

校譌

第十四紙十一行依下宋南藏無智字　第十七紙五行善一本作業十二行牟下宋論無陀字　第十八紙十二行種下一本有一字

普賢行品第三十六

將釋此品。約作四門分別。一釋品名目。二釋品來意。三釋說教之主。四隨文釋義。一釋品名目者。何故名爲普賢行品。爲明從初會菩提場如來是佛果。如十普賢菩薩幷已下菩薩神天等衆是佛普賢行故。從第二會普光明殿說不動智佛無礙见。诸佛神通。以迷实法。本来如是。此普光明殿中十一品法。是都该一部。及无尽古今。总不移毫念也。须当如是信解修行。名悟佛知见。入佛知见故。当知十地及等妙二位。总依十信十住十行十回向。法则而成。

普贤行品第三十六

将释此品。约作四门分别。一释品名目。二释品来意。三释说教之主。四随文释义。一释品名目者。何故名为普贤行品。为明从初会菩提场。如来是佛果。如十普贤菩萨。并已下菩萨神天等众。是佛普贤行故。从第二会普光明殿。说不动智佛无碍智等十智如來以成十信心。明其能信自心是不動智佛是自心之本果。餘九亦然。文殊師利覺首目首等十首菩薩是自身所行普賢之行。以六十住十行十迴向十地十一地所有十十等佛號十十等菩薩名乃至無量佛號無量菩薩名皆是自身自心進修佛果自普賢行。直至於此普賢行品是一箇自心佛果一箇自心普賢行。至如來出現品方明自已佛果現。理智體用方終。以此出現品中如來放眉間光灌文殊頂口中光灌普賢口。令其理智法身妙慧文殊師利共普賢菩薩自相問答如來出現所有境界。方明自身理智妙慧普賢行海佛果進修始終圓滿付囑流通亦在出現品內。離世間品是佛果後常道無始終普賢行故。法界品是佛常道法界如以佛果後普賢行依義亦可作利世間品是自已道行已滿純是利益世間。無世間可離無出世間可至故以普賢行恆利益衆生爲本故餘義至後品重明以此品通該十信已來至出現品一勢始終因果本末以立其品名大約此一會十定已來十一品經總以十定之體通收始末不出一刹那際故此品以明佛果位內智等十智如来。以成十信心。明其能信自心是不动智佛。是自心之本果。余九亦然。文殊师利觉首目首等十首菩萨。是自身所行普贤之行。以次十住十行十回向十地十一地。所有十十等佛号。十十等菩萨名。乃至无量佛号。无量菩萨名。皆是自身自心进修佛果。自普贤行。直至于此普贤行品。是一个自心佛果。一个自心普贤行。至如来出现品。方明自己佛果现。理智体用方终。以此出现品中。如来放眉间光灌文殊顶。口中光灌普贤口。令其理智法身妙慧。文殊师利共普贤菩萨自相问答。如来出现所有境界。方明自身理智妙慧。普贤行海。佛果进修始终圆满。付嘱流通。亦在出现品内。离世间品。是佛果后常道。无始终普贤行故。法界品。是佛常道法界。如以佛果后普贤行。依义亦可作利世间品。是自己道行已满。纯是利益世间。无世间可离。无出世间可至故。以普贤行恒利益众生为本故。余义至后品重明。以此品通该十信已来。至出现品。一势始终因果本末。以立其品名。大约此一会。十定已来十一品经。总以十定之体通收始末。不出一刹那际故。此品以明佛果位内自行普賢行滿故以立其名。二釋品來意者。爲明前品果極性智光明以利衆生。此品明普賢行能利物故。有理智無行理智乃處俗不圓。有行無理智其行無由出俗故。理行體徹方成不二自在之門。以此品須來。三釋說教之主者。此品何故普賢爲能說教之主者。爲此品行門是普賢之行滿故還令普賢自說。明普賢是法身本智妙理之用故。二法獨行卽不圓故。究竟法身性智之光大說普賢之行故。四隨文釋義者。於此一品經長科爲十五段。

第一爾時普賢菩薩已下。至出興於世。有五行半經。明衆生去佛遠近佛乃出世。前品所說略說少分境界分。隨文釋義者。如向所說者。言前十身相海品及隨好光明功德品是略說少分。爲邪見恆興結使繫縛痴相應故。遠離如來道。不云出現。

自行普贤行满故。以立其名。二释品来意者。为明前品果极性智光明以利众生。此品明普贤行能利物故。有理智无行。理智乃处俗不圆。有行无理智。其行无由出俗。故理行体彻。方成不二自在之门。以此此品须来。三释说教之主者。此品何故。普贤为能说教之主者。为此品行门。是普贤之行满故。还令普贤自说。明普贤是法身本智妙理之用故。二法独行即不圆故。先举法身性智之光。次说普贤之行故。四随文释义者。于此一品经。长科为十五段 。

第一尔时普贤菩萨已下。至出兴于世。有五行半经。明众生去佛道远佛乃出世。前品所说。略说少分境界分。随文释义者。如向所说者。言前十身相海品。及随好光明功德品。是略说少分。为邪见恒与结使系缚恒相应故。远离如来道。不知出现。

若以正見。何出何沒。何成何壞。何染何淨。若得自心如是平等。不染不淨。是佛出興。結縛者。六處結縛。眼耳鼻舌身意。邪見者。所謂八邪。邪念。邪命。邪思。邪精進。邪定。邪語。邪業。邪慧。計我我所者。身邊二見。是顛倒疑惑者。四倒。無常計常。無我計我。非樂計樂。不淨計淨。如來爲如是衆生。示現出興。略說少分。福德境界。而實如來無出無沒。唯道相應者智境自會。不於諸佛作出生滅沒之見。但自以定觀二門。以治心垢。身邊見謝。智現相應。

第二佛子已下至成就百萬障門。故有兩行半經。明普賢菩薩衆生有大過惡。不會見一過惡。若見一菩薩有瞋心。成百萬障門分。

第三何等爲百萬障門已下至成就如是等百萬障門。有四十四行經。明舉一百箇障門以彰百萬障門之首分。已下說一百箇障門與百萬障門爲首。以防修道者於他菩薩起一念瞋心。如經自具。如有修道者。大須慎之。如上修道創始發心。非慮亡想盡。其道乃會。情在想存。我見求道。終不相應。須依智入。自摧憍慢。敬心徹到。方以定觀二門洪擇上二界。禪聲聞外道及權教菩薩所修定慧若以正见。何出何没。何成何坏。何染何净。若得自心如是平等。不染不净。是佛出兴。结缚者。六处结缚。眼耳鼻舌身意。邪见者。所谓八邪。邪念。邪命。邪思。邪精进。邪定。邪语。邪业。邪慧。计我我所者。身边二见是。颠倒疑惑者。四倒。无常计常。无我计我。非乐计乐。不净计净。如来为如是众生示现出兴。略说少分福德境界。而实如来无出无没。唯道相应者智境自会。不于诸佛作出生灭没之见。但自以定观二门。以治心垢。身边见谢。智现相应 。

第二佛子已下。至成就百万障门故。有两行半经。明普贤菩萨。众生有大过恶。不曾见一过恶。若见一菩萨有嗔心。成百万障门分 。

第三何等为百万障门已下。至成就如是等百万障门。有四十四行经。明举一百个障门。以彰百万障门之首分。已下说一百个障门。与百万障门为首。以防修道者。于他菩萨起一念嗔心。如经自具。如有修道者。大须慎之。如上修道。创始发心。非虑亡想尽。其道乃会。情在想存。我见求道。终不相应。须依智人。自摧骄慢。敬心彻到。方以定观二门。决择上二界禅。声闻外道。及权教菩萨。所修定慧。

一須知。方識正法。方始心無邪正求差別智門。
以大願力長大慈悲成普賢行。如作賊心求法。不
善調心。懱慢心增。於他菩薩起一念瞋恨。當人百
萬障門。如經具明。作惡神惡鬼等難。已得一分求
道之心。助成勢力。怒不可當。諸有發心者。應當防
之。如法謙敬。一心志求。亦可常須誦持此普賢行
品。以防三業。令使應真。

第四何以故已下至起瞋心者有一行半經明
都結已上於他菩薩不起瞋心分。

是故諸菩薩摩訶薩已下至佛子菩薩摩訶薩
應發心恭敬受持有六段十法。如經文義自明。一
諸菩薩欲疾滿足諸菩薩行應勤修十法。二則能
具足十種清淨分。三則能具足十廣大智分。四則
得十種普入分。五則住十種勝妙心分。六則得十
種善巧智分。已上有十段經文。如經云知一切眾
生心行智者。此名他心智。以自無心自他障絕。即

一一须知。方识正法。方始心无邪正。求差别智门。以大愿力。长大慈悲。成普贤行。如作贼心求法。不善调心。傲慢心增。于他菩萨起一念嗔恨。当入百万障门。如经具明。作恶神恶鬼等难。已得一分求道之心。助成势力。怒不可当。诸有发心者。应当防之。如法谦敬。一心志求。亦可常须诵持此普贤行品。以防三业。令使应真。

第四何以故已下。至起嗔心者。有一行半经。明都结已上于他菩萨不起嗔心分 。

是故诸菩萨摩诃萨已下。至佛子菩萨摩诃萨应发心恭敬受持。有六段十法。如经文义自明。一诸菩萨欲疾满足诸菩萨行。应勤修十法。二则能具足十种清净分。三则能具足十广大智分。四则得十种普入分。五则住十种胜妙心分。六则得十种善巧智分。已上有十段经文。如经云。知一切众生心行智者。此名他心智。以自无心。自他障绝。即自心與一切眾生心一體無二。以此能知一切眾生心故。以自心眾生心無二故。乃至知一切佛法深密理趣智亦爾。以自心無自他心故。即聖凡一理同體。聖凡一理同體。即聖凡心法悉知故。以聖凡心一理故。即身無內外。諸見無內外見故。即無邊世界虛空界平等。自心與虛空界平等。即無大小遠近中間。既自心無大小遠近中間。即智恆徧滿十方世界。而無往來。既智恆徧滿十方世界而無往來。即能隨根對現色身自在。既能隨根對現色身自在。即應根說法自在。即一身多身相入自在。已下諸自在法皆如是修行。以禪定智慧力性自融通。非生滅妄想所知。如是自無心無思無妄想之正智性自徧周而無來往。隨時隨根為教化一切眾生故。現作一切等眾生之事業。皆無作者無有處所。住性智用故。如響應聲。無有處所。無作者故。非往來故。已下皆准此智知之修之。

第十一何以故已下至與三世諸佛法等有兩行半經。明聞此法勸恭敬受持以少方便速成佛分。

第十二爾時佛神力故已下至一切世界中悉

自心与一切众生心一体无二。以此能知一切众生心故。以自心众生心无二故。乃至知一切佛法深密理趣智亦尔。以自心无自他心故。即圣凡一理同体。圣凡一理同体。即圣凡心法悉知故。以圣凡心一理故。即身无内外诸见。无内外见故。即无边世界虚空界平等。自心与虚空界平等。即无大小远近中间。既自心无大小远近中间。即智恒遍满十方世界而无往来。既智恒遍满十方世界而无往来。即能随根对现色身自在。既能随根对现色身自在。即应根说法自在。既一身多身相入自在。已下诸自在法。皆如是修行。以禅定智慧力性自融通。非生灭妄想所知。如是自无心无思无妄想之正智。性自遍周而无来往随时随根。为教化一切众生故。现作一切等众生之事业。皆无作者。无有处所。任性智用故。如响应声。无有处所。无作者故。非往来故。已下皆准此智知之修之。

第十一何以故已下。至与三世诸佛法等。有两行半经。明闻此法。劝恭敬受持。以少方便速成佛分。

第十二尔时佛神力故已下。至一切世界中悉

亦如是有十一行經。明正法感地六震動天興供雲供養法分。如地動興供有三義。一法感法感也。一諸菩薩聞法適悅。二如經云法如是故經云受持此法，心作功力疾得菩提者。一念無思無依智現。即菩提也。

第十三爾時佛神力故已下至十方一切世界中悉亦如是有十行半經。明普勝世界一切處普賢菩薩俱來作證。分如十方各過十不可說世界佛刹微塵數世界外。有十佛刹微塵數菩薩摩訶薩來詣此土充滿十方者。此即是普賢行滿故。歎言善哉善哉者。歎教法難遇故。佛子乃能說此諸佛如來最大誓願受記深法者。明普賢行願是理智大悲圓滿法果行已終故。以果終定佛受記深法故。明法身智身大悲之行。塵塵之內具佛普賢無盡行故。號曰甚深。佛子我等一切同名普賢明法行無二。以此名同。各從普勝世界。普幢自在如來所來者。處道謙和。名爲普勝世界。能破自他憍慢及諸煩惱。號之普幢者。明心不隨境動。理智亦如是。有十一行经。明正法威感。地六震动。天兴供云供养法分。如地动兴供有三义。一法威感也。二诸菩萨闻法适悦。三如经云。法如是故。经云受持此法。少作功力。疾得菩提者。一念无思。无依智现。即菩提也 。

第十三尔时佛神力故已下。至十方一切世界中悉亦如是。有十行半经。明普胜世界。一切处普贤菩萨。俱来作证分。如十方各过十不可说世界佛刹微尘数世界外。有十佛刹微尘数菩萨摩诃萨来诣此土充满十方者。此即是普贤行满故。叹言善哉善哉者。叹教法难遇故。佛子乃能说此诸佛如来最大誓愿受记深法者。明普贤行愿。是理智大悲圆满法。果行已终故。以果终。是佛受记深法故。明法身智身大悲之行。尘尘之内具佛普贤无尽行故。号曰甚深。佛子。我等一切同名普贤。明法行无二。以此名同。各从普胜世界普幢自在如来所来者。处道谦和。名为普胜世界。能破自他骄慢及诸烦恼。号之普幢。幢者。明心不随境动。理智

悲行重重徧周。故名為普勝幢。雖處生死不與染
俱。名為自在。此佛號世界。是隨行因果之名。衆語
此土者。明昇進位極至此法也。以佛神力故。於一
切處演說此法者。前明身業行周。此明語業徧周。
已下如文可見。

第十四爾時普賢菩薩已下。有七行經。明普賢
菩薩觀衆并陳說頌之意分。如經欲聞示菩薩行
者。普賢行是。欲說如來行菩提界者。法身無性根
本智是。欲說大願界者。是普賢發興大悲願者是。
欲說一切世界劫數者。如下頌中云。一劫入一切
劫。一切劫入一劫。一念入一切劫者是。欲明如來
出世功不唐捐者。明隨根不失時。欲明所種善根
必獲果報者。明佛菩薩應根衆生獲益。欲明大威
德菩薩為一切衆生現形說法者。明理智徧周無
來往者而對現色身隨根接法。已上十事法皆已下
頌中一一具明。

第十五正申頌意。此一段頌有一百二十一行。
並一時普頌前十法。明普賢行終因果理智悲願
皆圓滿故。如頌中自明。

悲行重重遍周故。名为普胜幢。虽处生死。不与染俱。名为自在。此佛号世界是随行因果之名。来诣此土者。明升进位极至此法也。以佛神力故。于一切处演说此法者。前明身业行周。此明语业遍周已下如文可见 。

第十四尔时普贤菩萨已下。有七行经。明普贤菩萨观众。并陈说颂之意分。如经。欲开示菩萨行者。普贤行是。欲说如来行菩提界者。法身无性根本智是。欲说大愿界者。是普贤发兴大悲愿者是。欲说一切世界劫数者。如下颂中云。一劫入一切劫。一切劫入一劫。一念入一切劫者是。欲明如来出世功不唐捐者。明应根不失时。欲明所种善根必获果报者。明佛菩萨应根。众生获益。欲明大威德菩萨为一切众生现形说法者。明理智遍周无来往。而对现色身随根授法。已上十事法。皆以下颂中一一具明 。

第十五正申颂意。此一段颂。有一百二十一行。并一时普颂前十法。明普贤行终。因果理智悲愿皆圆满故。如颂中自明 。

校譌

第三紙四行縛論作行宋作使　第十六紙二行其論作所宋　第二十一紙八行知論作如宋

如來出現品第三十七

將釋此品，約立四門。一釋品名目。二釋品來意。三釋如來放光加文殊普賢所由。四隨文釋義。一釋品名目者，何故名爲如來出現品。爲從初信首，第二會普光明殿，說十信心，以不動智佛爲初信首。次無礙智佛等，餘九佛是十信中進修之文。明一智中具十種智，故隨行立名。從十信中信進修行，不離根本智不動智體，起大悲願行，修差別智，成大慈悲。至此位滿，名爲如來出現品。明前初會菩提場中出現始成正覺者，是毗盧遮那佛出現。此品中出現是菩薩進修五位行解，智悲位滿，出現。故名出現品，亦如善財見慈氏，見德生童子、有德童女，表智悲二行滿，故便見慈氏如來是表如來出現義。是故如來以光加此二人，問答說如來出現之門，文殊表根本智，普賢是差別智，成就饒益衆生之門，之門。一以明前五位中文殊普賢及佛果三法，二

如来出现品第三十七

将释此品。约立四门。一释品名目。二释品来意。三释如来放光加文殊普贤所由。四随文释义。一释品名目者。何故名为如来出现品。为从第二会普光明殿。说十信心。以不动智佛为初信首。次无碍智佛等余九佛。是十信中进修。又明一智中具十种智故。随行立名。从十信中信进修行。不离根本智不动智体。起大悲愿行。修差别智。成大慈悲。至此位满。名为如来出现品。明前初会菩提场中。出现始成正觉者。是毗卢遮那佛出现。此品中出现。是菩萨进修五位行解。智悲位满出现。故名出现品。亦如善财见德生童子有德童女。表智悲二行满故。便见慈氏如来。是表如来出现义。是故如来以光加此二人。问答说如来出现之门。文殊表现根本智。普贤是差别智。成就饶益众生之门。二释品来意者。明前五位中文殊普贤及佛果三法已周。此明佛果行圓滿故。此品須來三釋如來放光加文殊普賢所由者。明如來眉間光是佛中道佛果智光。以灌文殊之頂者。明佛果智德高勝。爲令文殊起問佛果之門。如來放口中光灌普賢口者。明普賢是差別智滿。欲令說法故。問曰。何故如來不自說此品。所以放光加此文殊普賢二人。答曰。以表法故。令後學者易解故。非是如來自不能說。云何爲表法。答曰。爲明文殊是佛法身現根本智者。普賢菩薩是佛昇進修行差別智者。明至此位。根本智及差別智齊滿周圓方始名爲如來出現。表以法身自性自淨無垢中能現自體無依明淨。本智問差別智自說自已修行行解之心與古今諸佛合其智德。方是自已所行覺行圓滿佛故。是故如來放光加之成法則故。明一切菩薩果滿功終。法皆如是。佛所放光。許至佛位故。法非謬故。表明如是法身根本智差別智刹生萬行齊備周圓。方是自已如來出現。表文殊是現根本智者普賢是說法者。佛是果也。思之可見。大意明文殊普賢是成就佛果理智行門還令說佛出現之法。佛是根本智自體無言。凡是有言皆是差別智。初會已周。此明佛果行圆满故。此品须来。三释如来放光加文殊普贤所由者。明如来眉间光。是佛中道佛果智光。以灌文殊之顶者。明佛果智德高胜。为令文殊起问佛果之门。如来放口中光灌普贤口者。明普贤是差别智满。欲令说法故。问曰。何故如来不自说此品。所以放光加此文殊普贤二人。答曰。以表法故。令后学者易解故。非是如来自不能说。云何为表法。答曰。为明文殊是佛法身现根本智者。普贤菩萨是佛升进修行差别智者。明至此位。根本智及差别智齐满周圆。方始名为如来出现。表以法身自性白净无垢中。能现自体无依明净本智。问差别智自说自己修行行解之心。与古今诸佛合其智德。方是自己所行觉行圆满佛故。是故如来放光加之成法则故。明一切菩萨果满功终。法皆如是。佛所放光。许至佛位故。法非谬故。表明如是法身根本智差别智。利生万行齐备周圆。方是自己如来出现。表文殊是现根本智者。普贤是说法者。佛是果也。思之可见。大意明文殊普贤。是成就佛果理智行门。还令说佛出现之法。佛是根本智。自体无言。凡是有言。皆是差别智。初会

菩提場中毗盧遮那佛出現者。明初會菩提場非
是毗盧遮那如來放光成法與初發心修行者爲
樣式故。明表法身根本智與差別利生行周圓滿
故。令此二人說自佛與古佛出興恰相似故。如是初
文殊普賢是古今諸佛之共法。若初發心者從初
發信心已來皆悉遊履此之文殊普賢二行至此
方滿故。如是進修皆不離初信中不動智佛十智
之體故。以明時不動智不動行不動能遍遊十方
不動一人多不不動多人一不動小入大不動乃至
如經所明。爲進身心理智無性無依。情識繫亡。法
會常爾故。以此五位昇進。或昇天表法。或身遍十
方。終成不離普光明殿本智之體一刹那際。是故
此自果已終之法還不離說信心之處普光明殿
說。還如善財至慈氏如來還見文殊信心初友人
普賢身相似。恐後學者迷法。一一以善財將行表
之令易解故。大意依此可知。又約此一部之經有
三終因果。二種常道。一從初菩提場至毗盧遮那
品有六品經。是佛自分五位中因果。即以十普賢
海月光大明菩薩通神天等五十眾是。二發信心
菩薩五位通信心即六位因果者。從第二會於普

菩提场中毗卢遮那佛出现者。明初会菩提场。非是毗卢遮那如来放光成法。与初发心修行者为样式故。明表法身根本智。与差别利生行周圆满故。令此二人说自佛。与古佛出兴恰相似故。如是文殊普贤。是古今诸佛之共法。若初发心者。从初发信心已来。皆悉游履此之文殊普贤二行。至此方满故。如是进修。皆不离初信中不动智佛十智之体故。以明时不动。智不动。行不动。能遍游十方不动。一入多不动。多入一不动。小入大不动。乃至如经所明。为达身心理智。无性无依。情识系亡。法会常尔故。以此五位升进。或升天表法。或身遍十方。终成不离普光明殿本智之体一刹那际。是故此自果已终之法。还不离说信心之处普光明殿说。还如善财至慈氏如来。还见文殊信心初发入普贤身相似。恐后学者迷法。一一以善财将行表之。令易解故。大意依此可知。又约此一部之经。有三终因果。二种常道。一从初菩提场。至毗卢遮那品。有六品经。是佛自分五位中因果。即以十普贤海月光大明菩萨。通神天等五十众是。二发信心菩萨五位。通信心即六位因果者。从第二会于普

光明殿說佛名號品已下至第八會普光明殿如
來出現品有三十二品經明菩薩發心因果一終。
此三十二品中第三禪佛華三昧品來是此修
行中加行之究第三自文殊師利至大塔廟說普
照法界修多羅門化善財令南求五十三勝友明
以行勸修五位一終之因果為表但說教由恐在
行還迷以置善財是發心能行行者五十三善知
識是已行行之人一求學昇進與後發菩提心
者作五位昇進之樣令不迷其行故其中意至文
方釋二種常道者如法界品離世間品於出離道
常利眾生煩惱真法界非虛妄也常真法界是常道
佛果故煩惱利世間利生無求自利是佛常道之普
賢行也是名此經三終因果一種常道如第二會
至第八會中如來出現品是明發心菩薩昇進五
位一終付囑流通總在此品明此品是五位進昇
果圓之末也有人於法界品終竟付囑流通此為
未得經之意趣以法界品總該一部教體及以三
世古今無本末時分寂用之大體非是安立加行
置因果所為但以引接菩薩發心乘法界乘引接
迷徒至此如來出現品以明經五位加行進修功

光明殿说佛名号品已下。至第八会普光明殿如来出现品。有三十二品经。明菩萨发心因果一终。此三十二品中。第三禅佛华三昧品未来。是此修行中加行之次第。三自文殊师利至大塔庙。说普照法界修多罗门。化善财令南求五十三胜友。明以行劝修五位一终之因果。为表但说教。由恐在行还迷。以置善财。是发心能行行者。五十三善知识。是已行行之人。一一求学升进。与后发菩提心者。作五位升进之样。令不迷其行故。其中意至文方释。二种常道者。如法界品。离世间品。于出离道。常利众生。恒真法界。非虚妄也。常真法界。是常道佛果故。恒利世间。利生无求自利。是佛常道之普贤行也。是名此经三终因果。二种常道。如第二会至第八会中如来出现品。是明发心菩萨升进五位一终。付嘱流通。总在此品。明此品是五位进升果圆之末也。有人于法界品终。觅付嘱流通。此为未得经之意趣。以法界品。总该一部教体。及以三世古今无本末时分寂用之大体。非是安立加行置因果所为。但以引接菩萨发心。乘法界乘。引接迷徒。至此如来出现品。以明经五位加行进修功熟處方論流通付囑故。若論根本法界性自不迷性自不悟。無出無沒不成不壞無流無通也。此付囑流通意從凡夫未悟令加行功終處說故非在法界品後也。如法界品直論一切諸佛功終之果是自流通不須付囑。如法界品中如來師子座暨於法界無有邊涯。此明果極也。如此如來出現品明信心者五位加行功終之力方始純眞。創登功畢一行圓周。便說付囑流通。明果初滿故。方入常道法界。非古今始末之量也。流通此法名曰流通即法界品是。爲自以法界功滿。常以法界行勸衆生以方便行倣而學之。名爲付囑流通。方便行者即五位中方法是也。卽諸波羅蜜。四攝四無量三十七品大願大智大悲等。是一切諸佛法皆如是方能成也。四隨文釋義者。於此一品之中長科兩段。

第一從初爾時世尊已下至佛子如是無量阿僧祇法門圓滿成於如來於中并頌有一百行半

熟处。方论流通付嘱故。若论根本法界。性自不迷。性自不悟。无出无没。不成不坏。无流无通也。此付嘱流通意。从凡夫未悟。令加行功终处说故。非在法界品后也。如法界品。直论一切诸佛功终之果。是自流通。不须付嘱。如法界品中。如来师子座。暨于法界无有边涯。此明果极也。如此如来出现品。明信心者。五位加行功终之力。方始纯实。创登功毕。二行圆周。便说付嘱流通。明果初满故。方入常道法界。非古今始末之量也。流通此法。名曰流通。即法界品是。为自以法界功满。常以法界行劝众生。以方便行仿而学之。名为付嘱流通。方便行者。即五位中方法是也。则诸波罗蜜。四摄。四无量。三十七品。大愿大智大悲等是。一切诸佛。法皆如是。方能成也。四随文释义者。于此一品之中。长科两段。

第一从初尔时。世尊已下。至佛子如是无量阿僧祇法门圆满成于如来。于中并颂有一百行半經明如來放光加文殊普賢令說如來出現分隨文釋義分爲五段第一從初爾時世尊從眉間放白毫相光已下至而說頌言有十二行半經明佛放光灌文殊頂令問法分第二十二行頌明文殊師利菩薩稱歎如來德及放光加持之意請問誰堪演說佛境界分第三爾時如來即於口中放大光明已下至頌有三十五行經明如來放光入普賢口令文殊知問法所在并舉問如來出現十法請分第四三十行頌明文殊師利菩薩重頌前所請說如來出現十法分第五爾時普賢菩薩摩訶薩已下至佛子如是無量阿僧祇法門圓滿成於如來明普賢告衆如來出現有十無量百千阿僧祇事而得成就分已上五段是佛光加文殊普賢令相問答說佛出現分光加之意前已敘竟大意表法中明昇進修行法身根本智差別智慈悲行十方圓終處名爲如來出現故放光加令文殊普賢二人明理智體用參徹是如來出現明文殊是十方一切諸佛之法身妙理現根本智悲之門普賢是十方一切諸佛差別智萬行大悲之門今明五位進修至此位此二法圓滿名自佛出現故放眉

经。明如来放光加文殊普贤。令说如来出现分。随文释义。分为五段。第一。从初尔时世尊从眉间放白毫相光已下。至而说颂言。有十二行半经。明佛放光灌文殊顶令问法分。第二。二十行颂。明文殊师利菩萨称叹如来德。及放光加持之意。请问谁堪演说佛境界分。第三。尔时如来即于口中放大光明已下。至颂。有三十五行经。明如来放光入普贤口。令文殊知问法所在。并举问如来出现十法分。第四。二十行颂。明文殊师利菩萨重颂前所请说如来出现十法分。第五。尔时普贤菩萨摩诃萨已下。至佛子如是无量阿僧祇法门圆满成于如来。明普贤告众。如来出现有十无量百千阿僧祇事而得成就分。已上五段。是佛光加文殊普贤。令相问答说佛出现分。光加之意。前已叙竟。大意表法中。明升进修行。法身根本智。差别智慈悲行。十方圆终处。名为如来出现故。放光加令文殊普贤二人。明理智体用参彻。是如来出现。明文殊是十方一切诸佛之法身妙理现根本智慧之门。普贤是十方一切诸佛差别智万行大悲之门。今明五位进修至此位。此二法圆满。名自佛出现故。放眉

問光灌文殊頂。令問自佛果極至頂法門。放口中
光是說教之光。令說自已佛果極至頂差別萬行
智悲十方圓滿法。故以此二人表法。令學者易解
故非是如來自不能說。又表根本智非言所及也。
此一品經表明法身根本智差別智悲萬行圓滿
故十地十一地已前加行。此位真俗二法功終。其
義十如文自明。第二佛子譬如三千大千世界已下
有十段經。明普賢菩薩說如來出現身境界。及所
行行十事之法分。於此段中演說如來十種出現
門中。有十段經文。說如來出現有十百千阿僧祇
事。其十者。第一明如來十無量出現。
第二明如來出現有十無量身。

校譌

第上德作無
六宋所因宋
紙南行縧論
六論藏作十作
行作第七然
臨訛九紙行
宋第紙
七十南
紙三藏
十南作行
五論宋國佛
行作白
問第二十
第八紙
紙七因
十行行宋
八功生論

第三明如來出現有十無量音聲。
第四明如來出現有十無量心。
第五明如來出現有十無量境界。

间光灌文殊顶。令问自佛果极至顶法门。放口中光是说教之光。令说自己佛果极至顶差别万行智悲十方圆满法故。以此二人表法。令学者易解故。非是如来自不能说。又表根本智。非言所及也。此一品经。表明法身根本智差别智悲万行圆满故。十地十一地已前加行。此位真俗二法功终。其义如文自明。第二佛子譬如三千大千世界已下。有十段经。明普贤菩萨说如来出现身境界。及所行行十事之法分。于此段中。演说如来十种出现门中。有十段经文。说如来出现有十百千阿僧祇事。其十者。第一明如来十无量出现 。

第二明如来出现有十无量身 。

第三明如来出现有十无量音声 。

第四明如来出现有十无量心 。

第五明如来出现有十无量境界 。

校譌

第五紙十行四下宋論有種字十一行業宋論作根第十一紙二行明盛一本

作蛾然五行日燈二昧雷聲下明書藏無皆令眾生歎喜三昧雷聲十字第十五紙

界宋南藏作雨第十八紙十一行明下宋論有字第二十紙八行圓下宋論

字有山第二十一紙字經下宋南藏無字大十九行此下宋南藏有下

第六明如來出現有十無量所行之行。

第七明如來出現有十無量成正覺。

第八明如來出現有十無量轉法輪。

第九明如來出現有十無量入涅槃。

第十明如來出現有十無量見聞親近。

大方廣佛新華嚴經論卷第三十二

唐于闐國三藏沙門實叉難陀譯經

唐太原方山長者李通玄造論

如是已上如來出現十無量法。一一法皆有十喻。如經具明。如佉陀羅山者此是木名。尼民陀羅山此云持邊山。目眞隣陀山。此云解脫。此是解脫龍所居處。優波尼沙陀分。前已釋訖。或牟薩羅此第六明如来出现有十无量所行之行。

第七明如来出现有十无量成正觉。

第八明如来出现有十无量转法轮。

第九明如来出现有十无量入涅槃。

第十明如来出现有十无量见闻亲近。

大方广佛新华严经论卷第三十二

唐于阗国三藏沙门实叉难陀译经

唐太原方山长者李通玄造论

如是已上如来出现十无量法。一一法皆有十喻。如经具明。如佉陀罗山者。此是木名。尼民陀罗山。此云持边山。目真邻陀山。此云解脱。此是解脱龙所居处。优波尼沙陀分。前已释讫。或牟萨罗。此

一云紫色寶。如是已上都有百喻。喻如來出現身心
智慧十無量事境界。皆是非喻為喻。略示少分。是
心智路絕。任不思議無性無作任無限自在之功
用故非言量譬喻所表及。故如此品付囑流通中。
此法門不入餘眾生手者。樂學一乘三乘聲聞緣
覺樂空無我願生淨土者是餘眾生。以未迴心住
變易生死。是餘眾生故。若有大心凡夫及二乘有
迴心者佛所付囑。名曰流通。設令於此法聖位菩
薩自所演說。無凡夫樂學不名付囑。不名流通。明
此經付囑凡夫及二乘有迴心者。令使樂學。已
悟入名曰流通。不付已生佛家入位十地已去菩
薩。若論十地已去入佛境界菩薩。十方此土數分
難量。如來何須慮恐無人信樂。無人流通。是故當
知付大心凡夫及二乘迴心者。令其悟入。名曰付
囑流通。不付囑十地已去大菩薩等。經意唯為趣
向乘不思議乘菩薩說此法門。明趣向一乘凡夫
迴心悟入法界乘不思議乘十信十住。令其昇進
故。又舉輪王太子具足王相者王命終後所有七
寶不散滅喻。便以此子能治王位。故若無此子。
王命終後此諸寶等七日中悉皆散滅。佛子。此經

云紫色宝。如是已上都有百喻。喻如来出现身心智慧十无量事境界。皆是非喻为喻。略示少分。是心智路绝。任不思议无性无作。任无限自在之功用故。非言量譬喻所表及故。如此品付嘱流通中。此法门不入余众生手者。乐学二乘三乘声闻缘觉。乐空无我愿生净土者。是余众生。以未回心。住变易生死。是余众生故。若有大心凡夫。及三乘有回心者。佛所付嘱。名曰流通。设令于此法。圣位菩萨自所演说。无凡夫乐学。不名付嘱。不名流通。明此经付嘱凡夫及三乘有回心者。令使乐学。学已悟入。名曰流通。不付已生佛家入位十地已去菩萨。若论十地已去入佛境界菩萨。十方此土数分难量。如来何须虑恐无人信乐。无人流通。是故当知付大心凡夫及三乘回心者。令其悟入。名曰付嘱流通。不付嘱十地已去大菩萨等。经意唯为趣向乘不思议乘菩萨说此法门。明趣向一乘凡夫。回心悟入法界。乘不思议乘。十信十住。令其升进故。又举轮王太子具足王相者。王命终后。所有七宝不散灭喻。便以此子能治王正位故。若无此子。王命终后。此诸宝等七日中悉皆散灭。佛子。此经

珍寶亦復如是。不入一切餘眾生手唯除如來法
王眞子生如來家種如來相諸善根者。若無此等
佛之眞子如是法門不久散滅明知但令凡夫發
心悟入不付囑十地已去諸菩薩故若論入地已
去諸菩薩先得道者數若世界海微塵猶尚未比
何須所處無人流通意明設有聖者常說。無凡夫
樂修悟入其法自滅言無凡夫修行言滅法無生
滅經云唯除如來法王眞子。生如來家種如來相
諸善根者。明如來以解脫智慧為家。如一念無念
身心諸見已亡。使生如來無性妙理正智慧家故。
名十住中初發心住此為初生佛家。四地得二界
法盡亦名初生佛家。八地得一分無功用現前。亦
名初生如來無生忍家如前已說。種如來相諸善
根者。如來見一切法無性為性無相為相不壞相
而無相明智境相自眞故。名種如來相明自心智
境界。非生住滅。是如來相明自心智慧等一切諸
佛。及以一切眾生智慧。皆一性無性。一相無相。無
表裏中間如虛空界。能隨眾生性欲樂現如影身。
生無來處。滅無去處。達心境如幻。是如來相。蓮如
斯法者。是生在佛家。種如來相諸善根蓮者。明有

珍宝亦复如是。不入一切余众生手。唯除如来法王真子。生如来家。种如来相诸善根者。若无此等佛之真子。如是法门不久散灭。明知但令凡夫发心悟入。不付嘱十地已去诸菩萨故。若论入地已去诸菩萨先得道者。数若世界海微尘。犹尚未比。何须所虑无人流通。意明设有圣者常说。无凡夫乐修悟入。其法自灭。言无凡夫修行言灭。法无生灭。经云。唯除如来法王真子。生如来家种如来相诸善根者。明如来以解脱智慧为家。如一念无念。身心诸见已亡。便生如来无性妙理正智慧家故。名十住中初发心住。此为初生佛家。四地得三界法尽。亦名初生佛家。八地得一分无功用现前。亦名初生如来无生忍家。如前已说。种如来相诸善根者。如来见一切法。无性为性。无相为相。不坏相而无相。明智境相自真故。名种如来相。明自心智境界。非生住灭。是如来相。明自心智慧。等一切诸佛。及以一切众生智慧。皆一性无性。一相无相。无表里中间。如虚空界。能随众生性欲乐。现如影身。生无来处。灭无去处。达心境如幻。是如来相。达如斯法者。是生在佛家。种如来相诸善根种者。明有

修學如來如是眞智慧種故。如是凡夫聞此法已
修學。如來如是眞智慧種名爲佛種不斷名曰付
囑流通。是故當知此教不付囑先以人位得道菩
薩故經云。設有菩薩於無量百千那由他劫行六
波羅蜜修習種種菩提分法。若未聞此如來不思
議大威德法門。或時聞已不信不解不順不入。不
得名爲眞實菩薩。以不能生如來家故。如是菩薩
即是權教中觀空無我。但欣出世。雖修六波羅蜜
厭苦發心樂求淨土。非是達自無明是根本如來
智故。此菩薩修於淨行觀空無我厭苦發心取捨
全在一見恒存。非如此教依智發心。達自心境本
不思議無忻厭心無淨穢障故衆生境界是如來
境界。衆生心是如來心。一如此品所說。

說此品時其地六種十八相動者。說普賢行品
直言六種震動爲明直言行體。此品乃明法身理

修学如来如是真智慧种故。如是凡夫闻此法已。修学如来如是真智慧种。名为佛种不断。名曰付嘱流通。是故当知此教。不付嘱先以入位得道菩萨故。经云。设有菩萨。于无量百千那由他劫。行六波罗蜜。修习种种菩提分法。若未闻此如来不思议大威德法门。或时闻已。不信不解。不顺不入。不得名为真实菩萨。以不能生如来家故。如是菩萨。即是权教中。观空无我。但欣出世。虽修六波罗蜜。厌苦发心乐求净土。非是达自无明是根本如来智故。此菩萨修于净行。观空无我。厌苦发心。取舍全在。二见恒存。非如此教依智发心。达自心境本不思议无忻厌心。无净秽障故。众生境界是如来境界。众生心是如来心。一如此品所说 。

说此品时。其地六种十八相动者。说普贤行品。直言六种震动。为明直言行体。此品乃明法身理

智幷普賢行悲智圓滿。等十方圓動故。乃至興供
亦圓滿。云十方各遍八十不可說百千億那由他
佛刹微塵數世界外。各有八十不可說百千億那
由他佛刹微塵數如來同名普賢。皆現其身而來
作證。稱歎等事。皆舉八十爲量。佛號同名普賢者。
明以八聖道是佛所行。以所行之行以立佛名號
故。此明八聖道覺行齊圓徧十方故。故以八十不
可說那由他佛刹微塵數佛同號普賢。此八十行圓
滿。以八聖行爲體。此會中十萬佛刹微塵數菩薩
摩訶薩。得一切神通三昧。皆得一生之記者。明既
自己修行得果。此是所化之衆故。亦乃一生得記。攝
一生者。不見三世生故。名爲一生義也。此乃總
凡聖元一體。相無別異性。以一刹那生入此位者。
名爲一生。更不見三世生性故。實法如是。餘見皆
非。又佛刹微塵數衆生發阿耨多羅三藐三菩提
心。我亦與授記。於當來世經不可說佛刹微塵數
劫。皆得成佛。同號殊勝境界者。明以一刹那中方
便三昧。顯正智慧海現前時。無邊劫迷一時頓滅。
心境解脫。名爲佛號殊勝境界。非如情繫有如許
塵劫次第積修作此解者。從生想慮未有成佛之

智。并普贤行。悲智圆满。举十方国动故。乃至兴供亦圆满。云十方各过八十不可说百千亿那由他佛刹微尘数世界外。各有八十不可说百千亿那由他佛刹微尘数如来同名普贤。皆现其身而来作证称叹等事。皆举八十为量。佛号同名普贤者。明以八圣道是佛所行。以所行之行以立佛名号故。此明八圣道觉行齐圆遍十方故。故以八十不可说那由他佛刹微尘数佛同号普贤。此觉行圆满。以八圣行为体。此会中十万佛刹微尘数菩萨摩诃萨。得一切神通三昧。皆得一生之记者。明既自己修行行果。此是所化之众故。亦乃一生得记。一生者。不见三世生故。名为一生义也。此乃总摄凡圣。元一体相。无别异性。以一刹那生入此位者。名为一生。更不见三世生性故。实法如是。余见皆非。又佛刹微尘数众生。发阿耨多罗三藐三菩提心。我亦与授记。于当来世经不可说佛刹微尘数劫。皆得成佛。同号殊胜境界者。明以一刹那中方便三昧。显正智慧海现前时。无边劫迷一时顿灭。心境解脱。名为佛号殊胜境界。非如情系。有如许尘劫次第积修。作此解者。徒生想虑。未有成佛之

期。眞法中未曾如是。已下明此四天下所度衆生
廣多總結十方同此。已下過十不可說百千億那
由他佛刹微塵數世界外各有十不可說百千億
那由他佛刹微塵數菩薩來詣於此充滿十方者。
明普賢行徧周同來作證普賢之法故。云我等一
切皆同名普賢各從普光明世界普幢自在佛所
來者。明皆從法身根本性自清淨普光明智之
普幢。從此智上起等法界虛空界等衆生數差別
智差別行。行普賢行故。故言從普光明世界普幢
佛所來故餘義如經具明。此皆約根本智作世界。
約差別智作普賢。總合會實行慈悲圓滿。表明此
品之法門如是故爲以明如來根本智中行普賢
差別智故號佛爲普賢佛故。總是表以佛智作諸
行故。以八聖道十波羅蜜不離根本智徧一切行
故舉之爲數。云八十不可說那由他佛刹微塵總
是表法也此教爲大心者說。非劣解者妄作穿鑿
所知。須深達本末前後經文隨位差降總別同異
之意。此品是自己進修經過五位已終理智萬行
大悲圓之畢也是自己如來出現處世利生無著
之門。此品如大海五位加行河歸流廣大之體。此

期。真法中未曾如是。已下明此四天下所度众生广多。总结十方同此。已下过十不可说百千亿那由他佛刹微尘数世界外。各有十不可说百千亿那由他佛刹微尘数菩萨。来诣于此。充满十方者。明普贤行遍周。同来作证普贤之法故。云我等一切皆同名普贤。各从普光明世界。普幢自在佛所来者。明皆从法身根本性自清净普光明智。名之普幢。从此智上。起等法界虚空界。等众生数。差别智。差别行。行普贤行故。故言从普光明世界普幢佛所来故。余义如经具明。此皆约根本智作世界。约差别智作普贤。总合会觉行慈悲圆满。表明此品之法门如是故。为以明如来根本智中。行普贤差别智。故号佛为普贤佛故。总是表以佛智作诸行故。以八圣道十波罗蜜。不离根本智遍一切行故。举之为数。云八十不可说那由他佛刹微尘。总是表法也。此教为大心者说。非劣解者妄作穿凿所知。须深达本末。前后经文。随位差降。总别同异之意。此品是自己进修。经过五位已终。理智万行大悲圆之毕也。是自己如来出现。处世利生无著之门。此品如大海。五位加行河。归流广大之极。此品如須彌山諸寶山王高莫逾也。此品如大地大悲育載一切含生故。此品如虛空法身智身法界充滿故。如圓淨摩尼寶鏡其量遍周十方一切世界色像咸現其中無礙顯現。此如來出現法門亦復以法身妙理無色無形普光明根本清淨大圓明智鏡普現十方一切衆生業普賢行海諸佛身土咸處其中無不自在。是故有發菩提心者當信自心及一切衆生心總有如是如來智德自在當知不久還同佛身自信有故。如此品云量等三千大千世界經卷內在一微塵中一切微塵亦復如是者。意令信知一切微細衆生皆有如來四智經卷之海。云破彼微塵出經卷者明菩薩自得此乃見一切衆生皆等有之及以方便智居生死海中。起等衆生數身行方便引之令心開悟遂自智境如佛不異故云破此微塵出此經卷如經云如大海水潛流四天下地八十億小洲有穿鑿者無不得水。喻明一切衆生自觀察力兼有不得如來智慧大海心故又經云菩薩摩訶薩應知自心念念常有佛成正覺明諸佛如來不異此心成正覺故。又下云一切衆生心悉如是悉有如來成品如须弥山。诸宝山王。高莫过也。此品如大地。大悲育载一切含生故。此品如虚空。法身智身法界充满故。如圆净摩尼宝镜。其量遍周十方。一切世界色像。咸现其中。无碍显现。此如来出现法门。亦复以法身妙理无色无形普光明根本清净大圆明智镜。普现十方。一切众生业。普贤行海。诸佛身土。咸处其中。无不自在。是故有发菩提心者。当信自心。及一切众生心。总有如是如来智德自在。当知不久还同佛身。自信有故。如此品云。量等三千大千世界经卷。内在一微尘中。一切微尘亦复如是者。意令信知一切微细众生。皆有如来四智经卷之海。云破彼微尘出经卷者。明菩萨自得此已及见一切众生皆等有之。及以方便智。居生死海中。起等众生数身行。方便引之。令心开悟。达自智境。如佛不异。故云破此微尘出此经卷。如经云。如大海水。潜流四天下地。八十亿小洲有穿凿者无不得水。喻明一切众生有自观察力。无有不得如来智慧大海心故。又经云。菩萨摩诃萨应知自心。念念常有佛成正觉。为明诸佛如来。不异此心成正觉故。又下云。一切众生心悉如是。悉有如来成

正覺。此明凡聖心自體清淨無異。但有迷悟不隔
分毫。但一念妄念不生得心境蕩然性自無生無
得無證。卽成正覺。故便以此法廣利衆生是普賢
行。故無心性理妙慧簡擇一乘三乘人天因果惡
道業報名爲文殊。隨差別智同行知根利生無有
休息。名爲普賢。以大悲救護一切衆生名爲觀音。
以此三心一時修學名毗盧遮那。慣習心成名爲
自在。無法不明名爲無礙智隨根應普徧十方性
無往來名曰神通。修之在初慣習總得妄生多劫
智曰不還。此總非難何須不作學而不得猶勝
人天不信不修菩窮何盡。大意此之如來出現佛
果之門文殊妙理普賢妙行等一切衆生咸共有
之。非古非今性自一體。令後學者如是信修深誠
非遠勿自生難。如此品頌云。如海印現衆生身。以
此說其爲大海菩提普印諸心行。是故說名爲正
覺意明菩提是無心性無體相無得無證之妙理
通達此法者名爲妙智。以此菩提妙智普印邪思
妄行性自無生名爲正覺論主頌曰。
一切衆生金色界自淨無垢智無境智珠無價在
衣中祇欲長貧住門外廣大寶乘住四衢文殊引

正觉。此明凡圣心。自体清净无异。但有迷悟。不隔分毫。但一念妄念不生。得心境荡然。性自无生。无得无证。即成正觉故。便以此法广利众生。是普贤行故。无心性理。妙慧简择。一乘三乘。人天因果。恶道业报。名为文殊。随差别智。同行知根利生。无有休息。名为普贤。以大悲救护一切众生。名为观音。以此三心。一时修学。名毗卢遮那。惯习心成。名为自在。无法不明。名为无碍。智随根应。普遍十方。性无往来。名曰神通修之在初。惯习总得。妄生多劫。智日不迁。此总非难。何须不作。学而不得。犹福胜人天。不信不修。苦穷何尽。大意此之如来出现佛果之门。文殊妙理。普贤妙行。等一切众生咸共有之。非古非今。性自一体。令后学者。如是信修。深诚非远。勿自生难。如此品颂云。如海印现众生身。以此说其为大海。菩提普印诸心行。是故说名为正觉。意明菩提是无心性无体相无得无证之妙理。通达此法者。名为妙智。以此菩提妙智。普印邪思妄行。性自无生名为正觉。论主颂曰

一切众生金色界。白净无垢智无坏。智珠无价在衣中。只欲长贫住门外。广大宝乘住四衢。文殊引

導普賢扶肥壯白牛甚多力。一念徧遊無卷舒如
是寶乘不能入。但樂勤苦門前立。不覺自身常在
中。還上恆言我不及。
大體常須自信自己身語意境界一切諸行分別
皆從如來身語心意境界諸行分別中生。皆無體
無性無我無人。但以法界無作自性緣生。本無根
栽處所可得。性自法界。無有內外中間。應如是知。
如是觀察。觀自觀他同一體性。無我無我所。以定
慧力如是修行。既自知已。觀眾生苦。自利利他。皆
如普賢廣大行願。一如此經五位法則。此品和會
明文殊是顯根本智之法門。普賢是根本中萬行
無作根本智是佛。故令體用自相問答。說根本智
佛果之門。明根本智因此二行所成。明根本智自
無成壞。皆因文殊普賢二法所顯發。故以此還令
所顯之因還自說。故佛自無成壞者也。以明因可
說果無作者故。以此二法自在圓通。名佛出現世
間。故此明不作而作。作而不作者故。

校譌

第四紙十一行一本育汝於字下第七紙九行論作成於宋第九紙
五行日略北藏宋論第九紙十五行十方一切
作自略塵宋藏作跋第十九紙宋南藏作一切十
方第一十四紙十九行無作任前
第二十紙北論作常在內

导普贤扶。肥壮白牛甚多力。一念遍游无卷舒。如是宝乘不能入。但乐勤苦门前立。不觉自身常在中。遣上恒言我不及 。

大体常须自信自己身语意境界。一切诸行分别。皆从如来身语心意境界诸行分别中生。皆无体无性。无我无人。但以法界无作自性缘生。本无根栽处所可得。性自法界。无有内外中间。应如是知。如是观察。观自观他。同一体性。无我无我所。以定慧力。如是修行。既自知已。观众生苦。自利利他。皆如普贤广大行愿。一如此经五位法则。此品和会。明文殊是显根本智之法门。普贤是根本中万行。无作。根本智是佛。故令体用自相问答。说根本智佛果之门。明根本智因此二行所成。明根本智自无成坏皆因文殊普贤二法所显发故。以此还令所显之因还自说故。佛自无成坏者也。以明因可说果无作者故。以此三法自在圆通。名佛出现世间故。此明不作而作。作而不作者故 。

第九會在普光明殿說離世間品

離世間品第三十八

將釋此品約作五門。一釋品名目。二釋品來意。
三釋敘致始成正覺所由。四釋說法之主所以。五
隨文釋義。一釋品名目者。所以名離世間品。明前
品既名如來出現。此品即名得離世間。故名離
世間。此有二義。一望說法之主。說教益衆生是利
益世間品。合作利益之名。二望衆生間法處世無
染是離世間品。故此約說法之主及得益者。二義
通釋。二釋品來意者。明前品是五位昇進已終自
己佛果覺行已滿。此品是普賢常行。自從初如來
始成正覺已來。一時同說。是古今諸佛共行。乃至
從普光明殿說十信心法。十定法。十通。十忍。阿僧
祇如來壽量菩薩住處佛不思議如來十身相海。
如來隨好光明功德普賢行。如來出現離世間法
界品如是十四品經。乃至四十品經。天上人中。未

第九会。在普光明殿。说离世间品。

离世间品第三十八

将释此品。约作五门。一释品名目。二释品来意。三释叙致始成正觉所由。四释说法之主所以。五随文释义。一释品名目者。所以名离世间品。明前品既名如来出现。此品即名得离世间故。故名离世间。此有二义。一望说法之主。说教益众生。是利益世间品。合作利益之名。二望众生闻法。处世无染。是离世间品故。此约说法之主。及得益者。二义通释。二释品来意者。明前品是五位升进已终。自己佛果觉行已满。此品是普贤常行。自从初如来始成正觉已来。一时同说。是古今诸佛共行。乃至从普光明殿。说十信心法。十定法。十通。十忍。阿僧祇。如来寿量菩萨住处。佛不思议。如来十身相海。如来随好光明功德。普贤行。如来出现。离世间。法界品。如是十四品经。乃至四十品经。天上人中。不雖一刹那際三昧。以普光明智一時普印。一時同說。以此諸會及至昇天。皆云不離始成正覺普光明殿。此明圓通始末時法不遷。故此品須來。三釋敘致始成正覺之所由者。何故品初敘其始成佛之時及處何意。經云爾時世尊在摩竭提國阿蘭若法菩提場中普光明殿。乃至妙悟已滿者。意明此十定及離世間品等。五位進修始終。皆以此普賢行體為昇進故。又四十品意謂雖別總不離普光明智十定之體。一時同說。無前後際。十方同然。已此昇天。但云不離菩提場普光明殿。如說十定品一會說十一品經。在於十定初亦同此品如前敘致還云爾時世尊在摩竭提國乃至妙悟已滿。以明十定品。以定無前後。普收一部經之始末及三世故。此離世間品。以其二千法門。普賢行體。成佛因果。普收前後及以三世常然之道。故以敘之。明總是初成正覺時。一時以普光明智人間天上及十方世界一時頓印無有前後圓鏡頓照諸境。為此教頓為大心眾生頓舉智境。非如劣解者情識所知故。成佛亦一念成。說教亦一念說。但約智體非三世時分歲月情量所收故。四釋說法之主离一刹那际三昧。以普光明智一时普印。一时同说。以此诸会乃至升天。皆云不离始成正觉普光明殿。此明圆通始末。时法不迁故。此品须来。三释叙致始成正觉之所由者。何故品初叙其始成佛之时及处何意。经云尔时世尊在摩竭提国阿兰若法菩提场中普光明殿。乃至妙悟已满者。意明此十定及离世间品等。五位进修始终。皆以此普贤行体为升进故。又四十品意谓虽别。总不离普光明智十定之体。一时同说。无前后际。十方同然。以此升天。但云不离菩提场普光明殿。如说十定品一会说十一品经。在于十定初。亦同此品如前叙致。还云尔时世尊在摩竭提国乃至妙悟已满。以明十定品。以定无前后。普收一部经之始末及三世故。此离世间品。以其二千法门。普贤行体。成佛因果。普收前后及以三世常然之道。故以叙之。明总是初成正觉时。一时以普光明智。人间天上及十方世界一时顿印无有前后。圆镜顿照诸境。为此教。顿为大心众生。顿举智境。非如劣解者情识所知故。成佛亦一念成。说教亦一念说。但约智体。非三世时分岁月情量所收故。四释说法之主

所以者，此品何故還令普賢菩薩說者，明此二十
法門是普賢所行，常行故，還令普賢自說自行，令十
諸聞法者倣而斆之，即行普賢之行。如是乃至示
現成佛入涅槃，總是普賢行故。若以根本法身智
身佛無成壞之功，以差別智論，總是普賢行攝故。
是故如來出現品明自己覺行圓滿，故十方諸佛
同號普賢，以明十住十行十迴向中，但一分覺心
能治一切煩惱中一分麤惑，行得一分慈悲，雖踐
普賢一分行蹤，然未全具普賢行滿，故隨位佛果
但同號爲月爲眼爲妙，至如來出現品明覺行齊
圓故，是以不可說佛刹微塵數佛同號普賢佛故。
明根本智全成差別智，用滿得名故。以體收用，此
乃就用成名故。今此品令普賢說者，亦是以根本
智就用成名，若約初心信解，即將用從本，以本以普
賢用從根本智，世界名金色，佛果號不動智，能以覺
之人號曰文殊，此至自行佛果覺行已圓，即以根
本智從用，佛號普賢，故所行行亦號普賢，故如說
此品普賢是約本從用普賢及說十定品普賢亦
是加初會中普賢是毗盧遮那如來自行普賢，十
定品已來普賢是凡夫從十信十住已來昇進道

所以者。此品何故还令普贤菩萨说者。明此二千法门。是普贤所行常行故。还令普贤自说自行。令诸闻法者。仿而效之。即行普贤之行。如是乃至示现成佛。入涅槃。总是普贤行故。若以根本法身智身佛。无成坏之功。以差别智论。总是普贤行摄故。是故如来出现品。明自己觉行圆满故。十方诸佛同号普贤。以明十住十行十回向中。但一分觉心。能治一切烦恼中一分粗惑行。得一分慈悲。虽践普贤一分行踪。然未全具普贤行满故。随位佛果。但同号为月为眼为妙。至如来出现品。明觉行齐圆故。是以不可说佛刹微尘数佛。同号普贤佛故。明根本智全。成差别智用。满得名故。以体收用。此乃就用成名故。今此品令普贤说者。亦是以根本智就用成名。若约初心信解。即将用从本。本以普贤用从根本智。世界名金色。佛果号不动智。能觉之人。号曰文殊。此至自行佛果觉行已圆。即以根本智从用。佛号普贤故。所行行亦号普贤故。如说此品普贤。是约本从用普贤。及说十定品普贤亦是如初会中普贤。是毗卢遮那如来自行普贤。十定品已来普贤。是凡夫从十信十住已来升进道

滿自行普賢明自十信心至十地以用從本即成
根本智使令圓滿從十地向十一地以根本智從
用成差別智一向利生即說十定已來普賢菩薩
是也是故說十定品時已登十地諸菩薩再三求
見普賢不得者明以根本智會用未及滿故如來
令生想念普賢如對目前方得見者明純用是普
賢故即以智想從用是故出現品中令文殊問普
賢者明以體從用故如說此品即普賢是主以體從
用普賢共初如來初會中普賢其功相似是以初
會所說法門皆令普賢說法亦是以體從用第二
會以普賢智用從體直至十地皆是以用從體且
令成其根本智使圓明然後十地終始三昧涅槃
業如稠林煩惱故方令具普賢大用始得稱周設
發於生死中自在故如是安立修行以智度乃至
一時是故十定及此品總通敘致始成正覺菩提
場始末有發心之士深須得意力興修道作前後
多生尋求不可相應但自以定慧力觀照所緣真
俗內外心境染淨偏多處以理智體用平等法而
用治之散動多者以定治之樂寂多者以平等法
身及大願迴向力以悲智治之一如此經五位修

满自行普贤。明自十信心至十地。以用从本。即成根本智使令圆满。从十地向十一地。以根本智从用。成差别智。一向利生。即说十定已来普贤菩萨是也。是故说十定品时。已登十地诸菩萨。再三求觅普贤不得者。明以根本智会用未及满故。如来令生想念。普贤如对目前。方得见者。明纯用是普贤故。即以智体从用。是故出现品中。令文殊问普贤者。明以体从用故。如说此品普贤。是主以体从用普贤。共初如来初会中普贤。其功相似。是以初会所说法门。皆令普贤说法。亦是以体从用。第二会以普贤智用从体。直至十地。皆是以用从体。且令成其根本智使圆明。然后十地终。舍三昧涅槃乐。如稠林烦恼故。方令具普贤大用。始得称周设教。于生死中自在故。如是安立修行。以智境乃至一时。是故十定及此品。总通叙致始成正觉菩提场始末。有发心之士。深须得意。方堪修道。作前后多生寻求。不可相应。但自以定慧力。观照所缘真俗内外心境。染净偏多处。以理智体用平等法而用治之。散动多者。以定治之。乐寂多者。以平等法身及大愿回向力。以悲智治之。一如此经五位修

行法治之至究竟趣若自智不及志求良匠不可
安然致無所益當知此說法主者是成佛果後以
體從用普賢說始終常道普賢一千種法用該萬
行八地拾七地中有行有開發智淨無功十地捨
涅槃三昧稠林行成普賢行人於生死圓滿大悲
方始自在第五隨文釋義者於此一品有七卷經
長科爲十段
第一爾時世尊已下至盡於法界虛空界有八
行經明歎佛成道所得法門是此品序分如歎德
中妙悟皆滿者無功之理智性自徧知故二行永
絕者斷常有無無二見也達無相法者智境如幻
心境無主住佛所住者佛無所住得佛平等者大
智徧周知根與益無自他也到無障處者聖凡同
體總別自在不可轉法者體用自在無性可轉所
行無礙者智用徧周無物爲礙故立不思議者迷
亡任智也普見三世者智印古今無延促也身亟
徧用一切國土者內外見亡大小情盡心如虛空
智體自徧對現色身非往來也智恆明達一切諸
法者歎如來差別智滿了一切行盡一切疑無能
測身一切菩薩等所求智者歎如來最後身之德

行法治之。至究竟趣。若自智不及。志求良匠。不可安然。致无所益。当知此说法主者。是成佛果后。以体从用普贤。说始终常道。普贤二千种法。用该万行。八地舍七地中有行有开发。智净无功。十地舍涅槃三昧稠林行。成普贤行。入于生死。圆满大悲。方始自在。第五随文释义者。于此一品。有七卷经。长科为十段 。

第一尔时世尊已下。至尽于法界虚空界。有八行经。明叹佛成道所得法门。是此品序分。如叹德中妙悟皆满者。无功之理智。性自遍知故。二行永绝者。断常有无。无二见也。达无相法者。智境如幻。心境无主。住佛所住者。佛无所住。得佛平等者。大智遍周。知根与益。无自他也。到无障处者。圣凡同体。总别自在不可转法者。体用自在。无性可转。所行无碍者。智用遍周。无物为碍故。立不思议者。迷亡任智也。普见三世者。智印古今。无延促也。身恒遍周一切国土者。内外见亡。大小情尽。心如虚空。智体自遍。对现色身非往来也。智恒明达一切诸法者。叹如来差别智满。了一切行。尽一切疑。无能测身一切菩萨等所求智者。叹如来最后身之德

用義無不盡行無不周身無不徧事無不知智無
不圓任無功用心無卷舒十方普應無心意識任
德所求以無依住聲一音徧告隨根別悟任智不
同故。已下如文自明。

第二與不可說百千億已下至說不可盡有二
十一行經。是歎菩薩大眾至德圓滿分。

第三其名曰已下至入於無礙清淨法界有十
行經。明菩薩列名及歎德分。

第四爾時普賢已下至然後從三昧而起有三
行半經。明普賢入定大地十八相震動普賢起定
分。

第五爾時普慧菩薩已下至佛子如是等法願
為演說有七十一行半經。此一段明普慧菩薩有
二百問都問一切初發心乃至究竟佛果法門行
相分。

校譌

第五紙十一行盡南論作除第八紙十四行知北藏宋論作人第十六紙
十一行謂北南論作讚第十七紙十四行之宋論作諸第十九紙八行令南
藏作戒藏

用。义无不尽。行无不周。身无不遍。事无不知。智无不圆。任无功用。心无卷舒。十方普应。无心意识。任德所求。以无依住声。一音遍告。随根别悟。任智不同故。已下如文自明 。

第二与不可说百千亿已下。至说不可尽。有二十一行经。是叹菩萨大众至德圆满分 。

第三其名曰已下。至入于无碍清净法界。有十行经。明菩萨列名及叹德分 。

第四尔时普贤已下。至然后从三昧而起。有三行半经。明普贤入定。大地十八相震动。普贤起定分 。

第五尔时普慧菩萨已下。至佛子如是等法愿为演说。有七十二行半经。此一段。明普慧菩萨有二百问。都问一切初发心。乃至究竟佛果。法门行相分 。

第六爾時普賢菩薩告普慧菩薩等已下至第五十九卷中二千答後佛子是爲如來應正等覺觀十義故示般涅槃。此一段普賢菩薩有二千答。其所答法。一一有十法。其文一一自具。不煩解釋。但如說修行。是爲正說分。

第七佛子此法門已下至三藐三菩提有十二行半經。是付囑流通此品法門分。

第八說此品時已下至頌有十一行經。明法感動地十方諸佛皆悉現前。稱讚普賢所說之法。佛共守護此法分。

第九於無量劫修苦行已下。一段頌有十六行。都歎能發大菩提心所行慈悲願行之人。功德廣大無比分。

第十其心不高下已下五言頌。直至卷末有二百七行半頌。以諸譬喻頌諸菩薩大悲饒益及所修法門。如經自具。一一分明。但有發菩提心者。皆應頂敬諷誦持。以用莊嚴身口意業。以成法身大智大悲行願之門。成就佛果普賢大用。此離世間品是佛果之後普賢極行普印十方無休息也。如善財見慈氏如來。慈氏如來却令見文殊師利。又聞第六尔时普贤菩萨告普慧菩萨等已下。至第五十九卷中二千答后佛子。是为如来应正等觉。观十义故示般涅槃。此一段。普贤菩萨有二千答。其所答法。一一有十法。其文一一自具。不烦解释。但如说修行。是为正说分 。

第七佛子此法门已下。至三藐三菩提。有十二行半经。是付嘱流通此品法门分 。

第八说此品时已下。至颂。有十一行经。明法威动地。十方诸佛皆悉现前。称赞普贤所说之法。佛共守护此法分 。

第九于无量劫修苦行已下。一段颂。有十六行。都叹能发大菩提心。所行慈悲愿行之人。功德广大无比分 。

第十其心不高下已下。五言颂。直至卷末。有二百七行半颂。以诸譬喻。颂诸菩萨大悲饶益及所修法门。如经自具。一一分明。但有发菩提心者。皆应顶敬诵持。以用庄严身口意业。以成法身大智大悲行愿之门。成就佛果普贤大用。此离世间品。是佛果之后普贤恒行。普印十方无休息也。如善财见慈氏如来。慈氏如来却令见文殊师利。又闻普賢名。善財起無量十大願雲。方見自身入普賢身。此品同彼。

校讎

第五紙四行能忍上宋論有行字八行爲令衆生樂寂靜法增長善根宋藏作欲令未來衆生發精進　第六紙五行現北藏宋論作觀　第十二紙十六行蔦宋論作鳥　第十四紙十二行法宋論作空　第十八紙二行苦宋南藏作善十二行來宋論作求　第二十紙一行慇宋論作悲十八行違宋藏作遺　第二十一紙四行隱宋論作慰二十行住宋論作往　第二十二紙十行心初發宋南北藏作心發心

第十會在給孤獨園。說法界門。

入法界品第三十九

將釋此品。六門分別。一釋品名目。二釋品來意。三釋如來所居之處。四釋說法之主。五釋所集之衆意。六隨文釋義。一釋品名目者。此品何故名爲入法界品。明信樂者從迷創達名之爲入。身心境普贤名。善财起无量十大愿云。方见自身入普贤身此品同彼 。

第十会。在给孤独园。说法界门 。

入法界品第三十九

将释此品。六门分别。一释品名目。二释品来意。三释如来所居之处。四释说法之主。五释所集之众意。六随文释义。一释品名目者。此品何故名为入法界品。明信乐者。从迷创达。名之为入。身心境

界。性自無依名之為法。一多通徹。眞假是非障亡
名之為界。又純與智俱。非情識境。名之為法界。又
達無明識種。純為智用。不屬迷收。是無依智之境
界。名為法界。又以智體無依無方不偏。普見眞俗
總不思議。毛孔身塵參羅眾像。無邊境界佛剎重
事。智凡同體境像相入。名為法界。又一塵之內普
含眾剎。無空不偏。無剎不該。不壞報境。重重法無
不眞。通理徹事。名為法界。又以一妙音偏聞剎海。
以一纖毫量等無方。以大小見亡。物我同體。識謝
情滅。智通無礙。名為入法界。此剎智境普名。勿依
肉眼情識所見。一釋品來意者。明前有自己如來
出現。又明心無所染。名離世間。此乃純是法界無
虛妄界。以是此品來也。此品是一切諸佛成道之
已管之常果。無始無終。亦是前之五位進修以此
為體。至此慣習滿故。任智施為還源本法也。三釋
如來所居之處者。問何故前之餘會之首皆云不
離菩提之場普光明殿。又二會同居普光明殿。此
之法界一會何故不同前會。直言爾時世尊在室
羅筏國逝多林給孤獨園者何意。答曰。為明前普
光明殿說十信心。以次說十住十行等五位六位

界。性自无依。名之为法。一多通彻。真假是非障亡。名之为界。又纯与智俱。非情识境。名之为法界。又达无明识种。纯为智用。不属迷收。是无依智之境界。名为法界。又以智体无依。无方不遍。普见真俗。总不思议。毛孔身尘。参罗众像。无边境界。佛刹重重。智凡同体。境像相入。名为法界。又一尘之内。普含众刹。无空不遍。无刹不该。不坏报境重重。法无不真。通理彻事。名为法界。又以一妙音。遍闻刹海。以一纤毫。量等无方。以大小见亡。物我同体。识谢情灭。智通无碍。名为入法界。此约智境普名。勿依肉眼情识所见。二释品来意者。明前有自己如来出现。又明心无所染。名离世间。此乃纯是法界无虚妄界。以是此品来也。此品是一切诸佛成道之已智之常果。无始无终。亦是前之五位进修。以此为体。至此惯习满故。任智施为。还源本法也。三释如来所居之处者。问。何故前之余会之首。皆云不离菩提之场普光明殿。又三会同居普光明殿。此之法界一会。何故不同前会。直言尔时世尊在室罗筏国逝多林给孤独园者何意。答曰。为明前普光明殿说十信心。以次说十住十行等五位六位昇進之門。為不離菩提體上而有進修故。言不離菩提場如來成正覺之體。恐失經之本意。故須重敘三會同在普光明殿者。明信進五位修行已終。不移普光明根本不動智體。為智境非妄情故。時亦不遷剎那之際。此法界會直言在室羅筏國逝多林園。明前約位昇進已終。此會明自己成佛果滿度眾生之行。故在人間國邑園林。又化一乘聲聞緣覺。以淨土菩薩即純以自在法界為體。不立五位菩提及行可修。亦無差別智普賢願行可學。總是佛果已滿普賢行已周遍十方利眾生法。不須和會以此直言逝多園。如眾流入海。諸河名亡。但以法界為名。不同已前五位昇進和會行相故。在室羅筏國者。舊云舍衛國。云室羅筏國者此云好道。亦云聞物。以此城中人好學道德。餘國聞其國中有多人物。故以人之道德以成國之名。逝多林者。逝者往也。度也。速也。為佛世尊在此園居。一切眾生而往佛所速得度脫。以佛度眾生廣多故。故因立名也。林者此園有林。故亦以如來行多以法界普覆陰遍含生。故以佛行為林。以林為陰覆。得清涼義。故以法界清涼蔭眾生煩惱熱。令清升进之门。为不离菩提体上而有进修故。言不离菩提场如来成正觉之体。恐失经之本意。故须重叙三会同在普光明殿者。明信进五位修行已终。不移普光明根本不动智体。为智境非妄情故。时亦不迁刹那之际。此法界会。直言在室罗筏国逝多林园。明前约位升进已终。此会明自己成佛果满度众生之行。故在人间国邑园林。又化二乘声闻缘觉。及净土菩萨。即纯以自在法界为体。不立五位菩提及行可修。亦无差别智普贤愿行可学。总是佛果已满。普贤行已周。恒遍十方利众生法不须和会。以此直言逝多园。如众流入海。诸河名亡。但以法界为名。不同已前五位升进和会行相故。在室罗筏国者。旧云舍卫国。云室罗筏国者。此云好道。亦云闻物。以此城中人好学道德。余国闻其国中有多人物故。以人之道德以成国之名。逝多林者。逝者。往也。度也。速也。为佛世尊在此园居。一切众生而往佛所速得度脱。以佛度众生广多故。故因立名也。林者。此园有林故。亦以如来行多。以法界普覆荫遍含生故。以佛行为林。以林为荫覆。得清凉义故。以法界清凉。荫众生烦恼热。令清凉。故故曰逝多林。若以因置寺園之時。以所施成名。以祇陀太子植林。須達長者置園。以長者濟之所求孤老皆悉。亦號祇樹給孤獨園。今以約如來智德徧含廣多濟物號爲逝多林園。此方名寺。彼方名園。若法界體用境智皆含。以法界無限智境爲逝多林園。非以肉眼情識所見也。乃是塵剎徧含之園也。四釋說法之主者。此說法之主。亦是卽菩提場毗盧遮那如來。亦是於五位法中諸菩薩自成之佛。亦是當來彌勒如來所成之佛。亦是三世古今一切佛故。以法界中智體無二世古今延促之情見故。以法界中無新舊成壞佛故。以法界見見一切衆生初發菩提心乃至成佛轉法輪度衆生入涅槃。不移法界一毫一微塵體用時分異故。在凡情妄見異。在法界智一切三世諸佛成佛一切衆生成佛。同住一剎那一微塵一法身一智慧一言音一解脫一神通一不思議一報境界一蓮華座重重重重無礙無礙。此約智眼實見。不可隨順肉眼妄情所知。若有能如是眞實信解者。當知此人悟佛知見。人佛知見坐佛道場得如來智。爲能信自他身心總一法界大智之體用故。此法凉故。故曰逝多林。若以因置寺园之时。以所施成名。以祇陀太子植林。须达长者置园。以长者济乏所求。孤老皆惠。亦号祇树给孤独园。今以约如来智德遍含。广多济物。号为逝多林园。此方名寺。彼方名园。若法界体用。境智普含。以法界无限智境。为逝多林园。非以肉眼情识所见也。乃是尘刹遍含之园也。四释说法之主者。此说法之主。亦是前菩提场毗卢遮那如来。亦是于五位法中诸菩萨自成之佛。亦是当来弥勒如来所成之佛。亦是三世古今一切佛故。以法界中智体。无三世古今延促之情见故。以法界中无新旧成坏佛故。以法界见。见一切众生初发菩提心。乃至成佛转法轮度众生入涅槃。不移法界一毫一微尘体用时分异故。在凡情妄见异。在法界智。一切三世诸佛成佛。一切众生成佛。同住一刹那一微尘一法身一智慧一言音一解脱一神通一不思议一报境界一莲华座。重重重重无碍无碍。此约智眼实见。不可随顺肉眼妄情所知。若有能如是真实信解者。当知此人。悟佛知见。入佛知见。坐佛道场。得如来智。为能信自他身心总一法界大智之体用故。此法界中能說法教體約舉其十。一以如來神力爲能說教體。以佛神力所現法故。二以不思議爲教體所現音聲法門非口言心思住法現故。三虛空爲教體。所現諸法境界如虛空故。四以光明爲教體。以此如來眉間光明普照三世法界如來放眉間光明現諸法故。五境界爲教體。以一一境界互體相含十方佛剎法故。六以佛報果爲教體。現普往業所修行法門所莊嚴故。七以法性爲教體。無身心可證修故。八以菩薩名號爲教體。一一名號之中約所行法以成名故。九以菩薩等名數爲教體。列普賢文殊五百菩薩十同名表五位因果法界境中。一多齊圓滿故。十以普光明爲教體。十方世界一時應根普現化故。如是說法教體無量無邊。且約舉其十。若以能聞受教之人約以六事相應。眼耳鼻舌身心六處觸受得無所著以爲能聞及所受教之人。非獨耳根聽聞以爲聞教之者。五釋所集之衆意者。此會初所集之衆有一百四十二箇菩薩。普賢文殊爲二之首。自餘一百四十箇菩薩十同名。都云五百。經云菩薩摩訶薩五百人俱。又下文云。此諸菩薩皆悉成就普賢行。如界中能说法教体。约举其十。一以如来神力为能说教体。以佛神力所现法故。二以不思议为教体。所现音声法门。非口言心思。任法现故。三虚空为教体。所现诸法境界如虚空故。四以光明为教体。以此如来眉间光明普照三世法界如来。放眉间光明现诸法故。五境界为教体。以一一境界互体相含。含十方佛刹法故。六以佛报果为教体。现昔往业所修行法门所庄严故。七以法性为教体。无身心可证修故。八以菩萨名号为教体。一一名号之中。约所行法以成名故。九以菩萨等名数为教体。列普贤文殊五百菩萨。十十同名。表五位因果。法界境中。一多齐圆满故。十以普光明为教体。十方世界一时应根普现化故。如是说法教体无量无边。且约举其十。若以能闻受教之人。约以六事相应。眼耳鼻舌身心六处触受。得无所著。以为能闻及所受教之人。非独耳根听闻。以为闻教之者。五释所集之众意者。此会初所集之众。有一百四十二个菩萨。普贤文殊为二之首。自余一百四十个菩萨。十十同名。都云五百。经云。菩萨摩诃萨五百人俱。又下文云。此诸菩萨皆悉成就普贤行。如是五百菩薩。皆以文殊為法身根本智之為體。
普賢為差別智之大用。如是一百四十二箇菩薩
云何成五百之數。自天冠菩薩已下。一百箇菩薩
是本法界果體中本十波羅蜜之行。互體一中具
十。十中具百。是法界中等一切眾生萬行大用之
門。十天冠菩薩已下。是法界中行果也。自初日光
燄幢等十幢菩薩摩十力菩薩十藏菩薩摩十眼菩薩
如是四十箇。皆以文殊普賢二行。於十住十行十
迴向十地中。通普賢文殊四十二賢聖行中。各以
十波羅蜜會融理智大願大悲。進修四十心之行。
一波羅蜜中具十。十中具百。於四十心中成四百
加後法界本果中百波羅蜜成五百。皆以普賢文
殊為體用。以四十二聖行中以四百箇波羅蜜門。
至此法界本果行中。天冠菩薩已下。一百箇菩薩
行果會同入法界故。故號為五百。此明四十心進
修之佛果。會法界根本無進修之本果行故。自十
天冠菩薩所以為法界中本行果。天冠是頂上莊
嚴。明法界是本佛果萬行之頂。故以名下之義及
所嚴飾知之。為此經名目。嚴飾住處。眾數皆是法
門。他皆倣此。次下有五百聲聞眾。是得聞此法眾

是五百菩萨。皆以文殊为法身现根本智之为体。普贤为差别智之大用。如是一百四十二个菩萨。云何成五百之数。自天冠菩萨已下。一百个菩萨。是本法界果体中本十波罗蜜之行。互体一中具十。十中具百。是法界中等一切众生万行大用之门。十天冠菩萨已下。是法界中行果也。自初日光焰幢等十幢菩萨。十力菩萨。十藏菩萨。十眼菩萨。如是四十个。皆以文殊普贤二行。于十住十行十回向十地中。通普贤文殊四十二贤圣行中。各以十波罗蜜。会融理智大愿大悲。进修四十心之行。一波罗蜜中具十。十中具百。于四十心中成四百。加后法界本果中百波罗蜜。成五百。皆以普贤文殊为体用。以四十二圣行中。以四百个波罗蜜门。至此法界本果行中。天冠菩萨已下。一百个菩萨行果。会同入法界故。故号为五百。此明四十心进修之佛果。会法界根本无进修之本果行故。自十天冠菩萨。所以为法界中本行果。天冠是顶上庄严。明法界是本佛果万行之顶故。以名下之义及所严饰知之。为此经名目。严饰。住处。众数。皆是法门。他皆仿此。次下有五百声闻众。是得闻此法众。

天下有無量世主眾已下他方所來十方感集之眾。皆是法界本行因果。五百聲聞眾是示現不聞不見此法界不思議神力眾。如是五眾隨文釋義方明。且略言爾。六隨文釋義者。於此品中長分爲兩段。第一從爾時世尊在室羅筏國已下至第六十一卷中。一切法界教化成就一切眾生而亦不離此逝多林如來之所有一卷半餘經。明如來入師子頻伸三昧。及放眉間光現法界門令諸菩薩以五位昇進佛果。入法界無進求自在佛果分。於此分中復長科爲二十七段。

一爾時世尊已下至五百人俱有一行半經是當品序分。

一普賢菩薩已下至如是等菩薩摩訶薩五百人俱有四十九行半經。爲列眾分。隨文釋義者。從列眾分中有二義。一釋菩薩名。二釋聲聞名。初釋菩薩名有六段意趣。一從初一百四十一箇菩薩次下有无量世主众。已下他方所来十方咸集之众。皆是法界本行因果。五百声闻众。是示现不闻不见此法界不思议神力众。如是五众。随文释义方明。且略言尔。六随文释义者。于此品中。长分为两段。第一从尔时世尊在室罗筏国已下。至第六十一卷中。一切法界教化成就一切众生而亦不离此逝多林如来之所。有一卷半余经。明如来入师子频伸三昧。及放眉间光现法界门。令诸菩萨以五位升进佛果。入法界无进求自在佛果分。于此分中。复长科为二十七段 。

一尔时世尊已下。至五百人俱。有一行半经。是当品序分 。

二普贤菩萨已下。至如是等菩萨摩诃萨五百人俱。有四十九行半经。为列众分。随文释义者。从列众分中有二义。一释菩萨名。二释声闻名。初释菩萨名。有六段意趣。一。从初一百四十二个菩萨。

以普賢文殊二菩薩及佛是總該五位及法界因果。通收一部經之總別同異成壞法也。一從初十箇同名號爲幢菩薩。是十住位中法法慧等十慧菩薩。至此法界無作果中號之爲幢。爲以彼初發心十住智慧摧壞煩惱至此法界果位號之爲幢。二次已下有十箇威力菩薩明從十行中功德林等十林菩薩。至此法界果中號爲威力故。明以眾善行威力故能成法界果行故。四次已下有十箇同名藏菩薩是十迴向中金剛幢等十箇幢菩薩。至此法界果中號名爲十箇藏菩薩以彼十迴向以迴向摧破偏見會融理智悲願能成眾德至此法界果中號之爲藏。五次已下善眼等十箇同名爲眼菩薩。是十地位中金剛藏等三十七箇藏菩薩至此法界果中號之爲眼故。以彼十地中含藏眾德。則法眼分明普見法界故。此已上四十箇十同號菩薩。法界果前四位。以此四十心通普賢文殊爲四十一賢聖道以成法界果門。今至本故六次已下有十箇菩薩同號爲冠直至列菩薩眾末有一百箇菩薩是法界中根本智上十波羅蜜之行。爲一波羅蜜中互體圓融即一中具十。十中具百。

以普贤文殊二菩萨及佛。是总该五位及法界因果。通收一部经之总别同异成坏法也。二。从初十个同名号为幢菩萨。是十住位中法慧等十慧菩萨。至此法界无作果中号之为幢。为以彼初发心十住智慧摧坏烦恼。至此法界果位号之为幢。三。次已下有十个威力菩萨。明从十行中功德林等十林菩萨。至此法界果中号为威力故。明以众善行威力。故能成法界果行故。四。次已下有十个同名藏菩萨。是十回向中金刚幢等十个幢菩萨。至此法界果中号名为十个藏菩萨。以彼十回向。以回向摧破遍见。会融理智悲愿。能成众德。至此法界果中号之为藏。五。次已下善眼等十个同号为眼菩萨。是十地位中金刚藏等三十七个藏菩萨。至此法界果中号之为眼故。以彼十地中含藏众德。则法眼分明。普见法界故。此已上四十个十同号菩萨。法界果前四位。以此四十心通普贤文殊为四十二贤圣道。以成法界果门。今至本故。六。次已下有十个菩萨同号为冠。直至列菩萨众末。有一百个菩萨。是法界中根本智上十波罗蜜之行。为一波罗蜜中互体圆融。即一中具十。十中具百。

如是天冠菩薩已下一百菩薩。即明百波羅蜜中
行也。通前四十箇菩薩。皆具十波羅蜜。四十中有
四百箇隨位進修波羅蜜通此法界果中百波羅
蜜共爲五百。是經云如是五百人俱。
二此諸菩薩已下至以大光明網照法界故。有
八行半經。明歎前菩薩至德分。經云此諸菩薩皆
悉成就普賢行願者。即普賢文殊及佛根本智三
人法行徧故。與如是五百行門以爲自在體用。乃
至無盡。如下五百童子童女。優婆塞優婆夷列五
百。總約此五百行門立名。一萬龍以約隨智萬行。
六千比丘約加信及五位中五百行門通收故云
六千。
四及與五百聲聞已下至於佛智海深信趣入。
有三行半經。明列聲聞眾及歎德分。
五及與無量諸世主俱已下至求一切智。有四
行經。明列世主眾及歎德分。已上五段是列眾分
六時諸菩薩已下至如來智。有三行半經。明諸
大眾同心念請如來十種法門分。
七一切世間諸天及人已下至一切智廣大願
力。有六行半經。明能信解開示此法之人皆自非

如是天冠菩萨已下一百菩萨。即明百波罗蜜中行也。通前四十个菩萨。皆具十波罗蜜。四十中有四百个随位进修波罗蜜。通此法界果中百波罗蜜。共为五百。是经云如是五百人俱 。

三此诸菩萨已下。至以大光明网照法界故。有八行半经。明叹前菩萨志德分。经云此诸菩萨皆悉成就普贤行愿者。即普贤文殊及佛根本智三人法行遍故。与如是五百行门以为自在体用。乃至无尽。如下五百童子童女。优婆塞优婆夷列五百。总约此五百行门立名。一万龙。以约随智万行。六千比丘。约加信及五位中五百行门通收。故云六千 。

四及与五百声闻已下。至于佛智海深信趣人。有三行半经。明列声闻众及叹德分 。

五及与无量诸世主俱已下。至求一切智。有四行经。明列世主众及叹德分。已上五段。是列众分。

六时诸菩萨已下。至如来智。有三行半经。明诸大众同心念请如来十种法门分 。

七一切世间诸天及人已下。至一切智广大愿力。有六行半经。明能信解开示此法之人。皆自非得加被方知分。

八唯願世尊已下。至願皆爲說有十二行半經。

明重請佛說隨順菩薩及衆生法及如來往昔所

行之行成道等有二十問請佛爲說分。已上三段

請法分。

九爾時世尊已下。至摩尼所成有十三行經。明

如來以三昧力顯示往昔所行報果莊嚴十方及

此大莊嚴樓閣廣博分。經云師子者。無畏也。頻伸

者適悅無疲勞也。此明無作智自在。不爲而應

無限衆法自成也。以無功圓滿也。如前已釋。入此

頻伸三昧莊嚴樓閣忽然廣博無有邊際者。廣大

博寬也。言此樓閣忽然寬大。與法界虛空等故。明

得加被方知分 。

八唯愿世尊已下。至愿皆为说。有十二行半经。明重请佛说随顺菩萨及众生法。及如来往昔所行之行成道等。有三十问。请佛为说分。已上三段请法分 。

九尔时世尊已下。至摩尼所成。有十三行经。明如来以三昧力。显示往昔所行报果。庄严十方。及此大庄严楼阁广博分。经云师子者。无畏也。频伸者。适悦无疲劳也。此明无作。纵智自在。不为而应无限众法自成也。以无功圆满也。如前已释。入此频伸三昧。庄严楼阁忽然广博无有边际者。广大。博宽也。言此楼阁忽然宽大。与法界虚空等故。明如來境界恆自無邊。眾生迷解。一念相應。無法不等故。心如虛空遍合法界。故云忽然廣博無有邊際。此乃引導後徒。非現前之眾。金剛為地者。法身感果所報成。故無量寶華及諸摩尼普散其中處處盈滿者。總別眾行之所感生。瑠璃為柱者。無垢淨心住持悲願之所報成。眾寶合成者。明柱上莊嚴具足眾寶明以一淨心中住持萬行無所傾動。大光摩尼之所莊嚴者。根本智之感生。故閻浮檀金者。其金赤黃明淨甚過常金。柔和恭順心所感生故。如意寶王周置其上以為嚴飾者。從根本智悲差別智行差別萬行自在無礙饒益一切眾生之所感生。危樓迴帶者。危者高也。迴者遶也。帶者以眾寶嚴暎帶。總言寶樓高遠暎帶互嚴以遍法界。其中眾多寶樓互嚴暎徹。以樓傍閣道傍出棟宇相承。承猶連接也。言一一滿法界。窗闥交暎者。明寶閣上。門窗暎徹明淨無障。階墀軒檻者。簷級為階。階下平地砌寶為墀。階上寶板為檻。檻上寶竿為軒。登樓賦云。憑軒檻以遥望。此之是也。種種備足。都言萬寶備嚴。大約閣是差別智感成。樓是根本智。起觀照用總諸境界感報所成。或人天形如来境界恒自无边。众生迷解。一念相应。无法不等故。心如虚空遍含法界。故云忽然广博无有边际。此乃引导后徒。非现前之众。金刚为地者。法身感果所报成故。无量宝华及诸摩尼。普散其中处处盈满者。总别众行之所感生。琉璃为柱者。无垢净心住持悲愿之所报成。众宝合成者。明柱上庄严具足众宝。明以一净心中住持万行无所倾动。大光摩尼之所庄严者。根本智之感生故。阎浮檀金者。其金柔软明净。甚过常金。柔和恭顺心所感生故。如意宝王周置其上以为严饰者。从根本智起差别智。行差别万行。自在无碍。饶益一切众生之所感生。危楼回带者。危者高也。回者远也。带者以众宝严映带。总言宝楼高远映带互严。以遍法界。其中众多宝楼。互严映彻。以楼傍阁道傍出。栋宇相承。承。犹连接也。言一一满法界。窗闼交映者。明宝阁上。门窗映彻。明净无障。阶墀轩槛者。层级为阶。阶下平地砌宝为墀。阶上宝板为槛。槛上宝竿为轩。登楼赋云。凭轩槛以遥望。此之是也。种种备足。都言万宝备严。大约阁是差别智感成。楼是根本智起观照用。照诸境界感报所成。或人天形

像

十爾時復以佛神力故已下至周徧十方行列莊嚴有十六行經。明以佛神力忽然迸多林地嚴麗廣博周徧十方分。寶地上為嚴利益人天行所報成。寶網是教寶垣牆是戒寶樹是依蔭眾生之行。寶幢是迴向之行。寶河是慈悲之行。一一如是約智眾行所成報故。

十一時逝多林已下至以為嚴飾有七行經明以如來往昔善根及自法力報嚴虛空分。

十二何以故已下至菩薩眾會皆悉充滿有十四行經。明歎如來神力自在莊嚴大眾圓滿。都結十方同然分。

十三見普雨一切莊嚴雲已下至而為莊嚴雲有十一行經。明十方虛空雨寶雲莊嚴虛空及以寶地分。

校譌

第七紙十一行日宋論作月 第八紙九行海音南藏作海十四行悲宋論作悲 劉

第十四紙十三行引宋論作弘

像。

十尔时复以佛神力故已下。至周遍十方行列庄严。有十六行经。明以佛神力。忽然逝多林地严丽广博。周遍十方分。宝地上为严。利益人天行所报成。宝网是教宝。恒墙是戒宝。树是依荫众生之行。宝幡是回向之行。宝河是慈悲之行。一一如是约智众行所成报故。

十一时逝多林已下。至以为严饰。有七行经。明以如来往昔善根及自法力报严虚空分。

十二何以故已下。至菩萨众会皆悉充满。有十四行经。明叹如来神力自在庄严大众圆满。都结十方同然分。

十三见普雨一切庄严云已下。至而为庄严云。有十一行经。明十方虚空雨宝云。庄严虚空及以宝地分。

十四爾時東方過不可說佛刹已下至與其眷屬結跏趺坐已上有十段經明十方菩薩來集分明法界中佛果不可說佛刹微塵數本行答前菩薩所問總是自佛果行無盡徧周是故世界名金剛燈雲幢金剛燈雲幢者大悲雨衆法明一切佛皆從此金剛智起大悲之行權破諸衆生煩惱故名幢也佛號毗盧遮那勝德王者即是行中之果菩薩亦名毗盧遮那願光明者是明以果隨普願行大慈悲故王者明佛果隨行種種自在無礙以從金剛智起故以是果行名同故與不可說佛刹微塵數菩薩俱來者言行滿令諸菩薩會此法故故云來也此明稱波羅蜜中主伴行滿所有諸來菩薩皆以寶網嚴身者明教行滿故已下九方總以十波羅蜜以次排之總是一佛之金剛智上總別同異之行倣此例知已下如文自明但釋經大意法門經中自具已上六段是答前兩度共四十種問已下亦是前之五段答前問佛三昧神力及

十四尔时东方过不可说佛刹已下。至与其眷属结跏趺坐已上。有十段经。明十方菩萨来集分。明法界中佛果不可说佛刹微尘数本行。答前菩萨所问。总是自佛果行无尽遍周。是故世界名金刚灯云幢。金刚灯云幢者。大悲雨众法。明一切佛皆从此金刚智。起大悲之行。摧破诸众生烦恼。故名幢也。佛号毗卢遮那胜德王者。即是行中之果。菩萨亦名毗卢遮那愿光明者。是明以果随昔愿。行大慈悲故。王者。明佛果随行。种种自在无碍。以从金刚智起故。以是果行名同故。与不可说佛刹微尘数菩萨俱来者。言行满令诸菩萨会此法故。故云来也。此明檀波罗蜜中主伴行满。所有诸来菩萨皆以宝网严身者。明教行满故。已下九方总以十波罗蜜以次排之。总是一佛之金刚智上总别同异之行。仿此例知。已下如文自明。但释经大意。法门经中自具。已上六段。是答前两度共四十种问。已下亦是前之五段。答前问佛三昧神力及佛報境。次下十方來集菩薩眾是往所修行身於依報中答前往因所修諸地十波羅蜜以明行滿故莊嚴身亦滿。有十箇佛國十佛名號是所行行中因果。十佛皆號王者皆明佛果智自在菩薩以網羅覆其身。皆明教網具足。

十五如是十方一切菩薩已下。至皆是如來威神之力。有二十五行經歎如上十方諸來菩薩至德用分。又就以報上又加神通所嚴。初陳樓閣莊嚴。次陳寶地徧周莊嚴。次陳虛空莊嚴。次陳十方諸菩薩來集身相莊嚴。一一莊嚴皆暎徹相入互體重重。十方諸佛菩薩眾海身土及莊嚴一一相入自在無礙者。但約法身根本智爲體差別智報得萬事合然故。設一切如來起一切神通不離此智悲大用故。無不自在。無不相入。無不明淨。如是之智以如上五位和會進修乃得成故。獨修一法不可得也。只可多不離一。不可守一以爲自然。此逝多林及一切法界國土莊嚴不離二法。一約往昔所修行理智大慈大悲大願眾行所成。二以佛佛报境。次下十方来集菩萨众。是往所修行身。于依报中。答前往因所修诸地十波罗蜜。以明行满故。庄严身亦满。有十个佛国。十佛名号。是所行行中因果。十佛皆号王者。皆明佛果智自在。菩萨以网罗覆其身。皆明教网具足 。

十五如是十方一切菩萨已下。至皆是如来威神之力。有二十五行经。叹如上十方诸来菩萨至德用分。又就以报上又加神通所严。初陈楼阁庄严。次陈宝地遍周庄严。次陈虚空庄严。次陈十方诸菩萨来集身相庄严。一一庄严。皆映彻相入。互体重重。十方诸佛菩萨众海。身土及庄严一一相入。自在无碍者。但约法身根本智为体。差别智报得万事合然故。设一切如来。起一切神通。不离此智起大用故。无不自在。无不相入。无不明净。如是之智。以如上五位和会进修。乃得成故。独修一法。不可得也。只可多不离一。不可守一以为自然。此逝多林。及一切法界国土庄严。不离二法。一约在昔所修行理智大慈大悲大愿众行所成。二以佛

菩薩不思議神通所嚴。如經自明。是答前諸菩薩

四十問。

十六千時上首諸大聲聞舍利弗已下至不見

如是廣大神變有五十行經。明如上聲聞無如是

善根之種。如來居逝多林。神變莊嚴廣大佛刹菩

薩眾海。爲宿世無根皆悉不見分。第一釋聲聞眾

名者。舍利弗以其母眼明利如鶖鷺鳥目。以母之

目似鶖鳥狀以爲子號。大目犍連者此云採菽氏。

以母姓菽以爲名故。母是菉豆仙之苗裔故。摩訶

迦葉者。以身金色。能飲日光在其身像。亦云是飲

光仙人之苗裔也。摩訶一云大。離婆多者此云供養。須

菩提者。此云善現。阿㝹樓馱此云無滅。難陀此云

歡喜。劫賓那此云黃色。是往昔黃頭仙之苗裔也。迦

旃延者是一宗之姓。是此肩故延爲肩也。富樓那

者。母號滿慈以取母號。如是十大聲聞亦同不聞

不見如來不思議法界變化之事。令樂小法者趣

求大故。前五百聲聞及世主是先已有種者能隨

菩萨不思议神通所严。如经自明。是答前诸菩萨四十问 。

十六于时上首诸大声闻舍利弗已下。至不见如是广大神变。有五十行经。明如上声闻。无如是善根之种。如来居逝多林。神变庄严。广大佛刹。菩萨众海。为宿世无根。皆悉不见分。第二释声闻众名者。舍利弗。以其母眼明利。如鹫鹭鸟目。以母之目似鹫鸟状。以为子号。大目建连者。此云采菽氏。以母姓菽以为名故。母是绿豆仙之苗裔故。摩诃迦叶者。以身金色。能饮日光在其身像。亦云是饮光仙人之裔也。摩诃云大。离婆多者。此云供养。须菩提者。此云善现。阿㝹楼驮。此云无灭。难陀。此云欢喜。劫宾那。此云黄色。是往昔黄头仙之裔也。迦旃延者。是一宗之性。是此胤故。延为胤也。富楼那者。母号满慈。以取母号。如是十大声闻。示同不闻不见如来不思议法界变化之事。令乐小法者趣求大故。前五百声闻及世主。是先已有种者。能随佛所行故。
十七佛子如恆河岸有百億無量餓鬼已下至
諸大聲聞悉不知見非其器故。有七十四行半經。
有十種喻比聲聞無有廣大菩提善根在其會中
不知不見如來自在分。其所有十喻經文自明。如
是聲聞示同不聞不見如來變化神力境界菩薩
海眾。令諸實是聲聞迴心種如來大願大智大慈
悲常處生死廣利眾生故。
十八明毗盧遮那菩薩等十菩薩說頌分。已下
有十菩薩並是十方來者。各說一頌。各隨自名各
歎自法。頌意是一切諸佛諸菩薩行。皆隨菩薩名下義
表其頌意可見。如初毗盧遮那願光明菩薩是種
種光明直是佛非願光者是佛果菩薩中行。從初
總歎令諸觀察遊多林如來境界。次下九箇是總
中別。各隨菩薩名下義取所須之法也。如不可壞
精進王者。還須不可壞精進義。王者自在義。已下
倣此准知。
十九爾時普賢菩薩已下至嚬伸三昧有六行
經。明普賢菩薩以十等一切方便門欲演說師子
嚬伸三昧分。

佛所行故。

十七佛子如恒河岸有百亿无量饿鬼已下。至诸大声闻悉不知见非其器故。有七十四行半经。有十种喻。比声闻无有广大菩萨善根。在其会中不知不见如来自在分。其所有十喻经文自明。如是声闻示同不闻不见如来变化神力境界菩萨海众。令诸实是声闻回心种如来大愿大智大慈悲。常处生死广利众生故。

十八明毗卢遮那菩萨等十菩萨说颂分。已下有十菩萨。并是十方来者。各说一颂。各随自名。各叹自法。是一切诸佛诸菩萨行。皆随菩萨名下义表其颂意可见。如初毗卢遮那愿光明菩萨。是种种光明直是佛果愿光者。是佛果中菩萨行。从初总叹。令诸观察逝多林如来境界。次下九个是总中别。各随菩萨名下义。取所颂之法也。如不可坏精进王者。还颂不可坏精进义。王者自在义。已下仿此准知。

十九尔时普贤菩萨已下。至频伸三昧。有六行经。明普贤菩萨以十等一切方便门。欲演说师子频伸三昧分。

二十何等爲十已下至佛子此十爲首有十八
行經。是十種不可說法句分。
二十一有十不可說佛刹微塵數法句都結通
已下六行經。是普賢菩薩觀佛境界說頌分。
於此十行頌中。重頌前十無盡句法。言明法界
體性無礙。一多互參。大小相入。毛孔微塵悉含一
切諸佛刹海。一一境界皆互容無礙。頌云。一一毛
孔中。微塵數刹海。悉有如來坐。皆具菩薩衆。如一
孔具明。已上二十一段經。明如來以師子顯伸三昧。
令五位中上昇進普賢萬行法門。會入法界性自圓
滿本無和會普賢行。故自此已下如來放眉間光
名普照三世法界門。令諸菩薩入安住師子嚬伸
三昧門。已上二十一段自會法界中普賢差別智
無礙行滿。還令普賢說頌數法。已下放眉間光節

二十何等为十已下。至佛子此十为首。有十八行经。是十种不可说法句分 。

二十一有十不可说佛刹微尘数法句都结。通已下六行经。是普贤菩萨观佛境界说颂分 。

于此十行颂中。重颂前十无尽句法。意明法界体性无碍。一多互参。大小相入。毛孔微尘。悉含一切诸佛刹海。一一境界。皆互容无碍。颂云。一一毛孔中。微尘数刹海。悉有如来坐。皆具菩萨众。如经具明。已上二十一段经。明如来以师子频伸三昧。令五位中升进普贤万行法门。会入法界性自圆满本无和会普贤行故。自此已下。如来放眉间光。名普照三世法界门。令诸菩萨入安住师子频伸三昧门。已上二十一段。且会法界中。普贤差别智无碍行满。还令普贤说颂叹法。已下放眉间光。即明已法身根本普光明智與法界中無礙自在差別同異普賢行門理智體用一時同會即令文殊說頌歎法以文殊普賢二體成真俗二智法界平等恆然法門此法界中體用一門若無普賢即差別智不行即就寂無悲行無文殊即普賢行是有為是無常故以此二人之法門成一法界之體用一切諸佛法總如是言其佛者但於此二人體用中無所住名之為佛言住佛所住者佛住無住但於此文殊普賢理智萬行體用中而無所住之智而得佛名是故前普賢是以行彰理門後文殊是以理顯行門為言詮立教即名有前後約其法界二法同資元一體用故且以如來舉緣表法即師子嚬伸三昧屬普賢門眉間毫相光明即屬文殊門以光明是法身妙慧所顯得根本智所起師子嚬伸三昧是差別智中行故一人同體方成法界自在之門表根本智自性無言作用言說是普賢所收若也三法別行即是人天生死設得道者名為眇目跛陋或止窩草庵不入法界大宅門故師子嚬伸三昧者是五位中進修已滿理智會融已終加行疲極頓亡法悅充滿不屬昇進任智普周

明已法身根本普光明智。与法界中无碍自在。差别同异普贤行门。理智体用一时同会。即令文殊说颂叹法。以文殊普贤二体。成真俗二智法界平等恒然法门。此法界中体用二门。若无普贤。即差别智不行。即就寂无悲行。无文殊。即普贤行是有为。是无常故。以此二人之法门。成一法界之体用。一切诸佛法总如是。言其佛者。但于此二人体用中无所住。名之为佛。言住佛所住者。佛住无住。但于此文殊普贤理智万行体用中。而无所住之智。而得佛名。是故前普贤是以行彰理门。后文殊是以理显行门。为言诠立教。即名有前后。约其法界。二法同资。元一体用故。且以如来举缘表法。即师子频伸三昧。属普贤门。眉间毫相光明。即属文殊门。以光明是法身妙慧所显得根本智所起师子频伸三昧。是差别智中行故。二人同体方成法界自在之门。表根本智。自性无言。作用言说。是普贤所收。若也三法别行。即是人天生死。设得道者名为眇目矬陋。或止宿草庵。不入法界大宅门故。师子频伸三昧者。是五位中进修已满。理智会融已终。加行疲极顿亡。法悦充满不属升进。任智普周。

現化神通。不爲而智境應用。不作而佛刹互參。極
微不爲小而無盡佛刹海處中盡虛空不爲大宜
十方咸處纖毫之內。此乃縱任智海現寶刹而互
參名曰嚬伸。稱理而一多身境相容名爲三昧嚬
伸者舒適悅樂無勞之義意明前五位昇進緣有
爲無爲融通作意疲勞。明此法界是昇進已滿任
智適悅衆法自成無作意勞倦故已下放眉間毫
相光明名普照三世法界門。此以法身根本智顯
行自任門。文殊師利即下以文殊說頌歎法明
令此文殊普賢理智法同行故即佛果自然圓滿
但體理智體用法界之意不可逐於紙素竹帛著
錄鈔爲前後名言。爲名言不可一時但取理智知
其總別同異成壞。然爲迷情初啟先須諸善行方
便以顯理門。因理智明。如十波羅蜜中。九波羅蜜
是行。唯智波羅蜜是果。餘九波羅蜜是助顯智之
方便體用。以是如來出現品前。先明普賢行滿。出
現品內。方明果行一時。文殊普賢佛以光加二人。
共爲一箇理智萬行體用。今此初以普賢會法界
大用之體。現師子嚬伸三昧之門印之以三昧是
行故。文眉間光明名普照三世法界門。令諸菩薩

现化神通。不为而智境应用。不作而佛刹互参。极微不为小。而无尽佛刹海处中。尽虚空不为大。恒十方咸处纤毫之内。此乃纵任智海。现宝刹而互参。名曰频伸。称理而一多身境相容。名为三昧。频伸者。舒适悦乐无劳之义。意明前五位升进。缘有为无为融通作意疲劳。明此法界是升进已满。任智适悦。众法自成。无作意劳倦故。已下放眉间毫相光明。名普照三世法界门。此以法身根本智。显行自在门。属文殊师利。即下以文殊说颂叹法。明令此文殊普贤理智法同行故。即佛果自然圆满。但体理智体用法界之意。不可逐于纸素竹帛著录抄写前后名言。为名言不可一时。但取理智。知其总别同异成坏。然为迷情初启。先须诸善行方便。以显理门。因理智明。如十波罗蜜中。九波罗蜜是行。唯智波罗蜜是果。余九波罗蜜。是助显智之方便体用。以是如来出现品前。先明普贤行满。出现品内。方明果行一时。文殊普贤。佛以光加二人。共为一个理智万行体用。今此初以普贤会法界。大用之体。现师子频伸三昧之门印之。以三昧是行故。次眉间光明名普照三世法界门。令诸菩萨安住師子嚬伸三昧者。即明法身根本智照現差別智爲一體用方名入法界門。是故已前二十一段經。是以行會理無著門。即以普賢爲主文殊爲伴。已下如來放眉間光名普照三世法界門。即是以理會行圓融自在無礙門。即以文殊爲主普賢爲伴。如是主伴參融方名法界自在。從爾時世尊欲令諸菩薩安住如來師子嚬伸廣大三昧故已下直至不離此逝多林如來之所名以理會行圓融自在無礙門。於此段中復分爲六段。

一爾時世尊欲令諸菩薩已下至佛神變海方便門有四十四行經。明諸菩薩蒙佛光照得無量神變海方便門分。爾時世尊欲令諸菩薩安住師子嚬伸三昧放眉間白毫相光名普照三世法界門者。以此光是法性身中根本普光明智此智現前時。即見三世久遠如今一體。無盡劫生死亦不移現前。總無體性成大智海。衆法清涼。便以衆生起差別智知根利生普周刹海。無有休息。名爲普賢行。即經已下文中獲不可說諸三昧門教化無限諸衆生門。具如經說。如文自具。

安住师子频伸三昧者。即明法身根本智。照现差别智为一体用。方名入法界门。是故已前二十一段经。是以行会理无著门。即以普贤为主。文殊为伴。以下如来放眉间光。名普照三世法界门。即是以理会行圆融自在无碍门。即以文殊为主普贤为伴。如是主伴参融。方名法界自在。从尔时世尊欲令诸菩萨安住如来师子频伸广大三昧故已下。直至不离此逝多林如来之所。名以理会行圆融自在无碍门。于此段中。复分为六段 。

一尔时世尊欲令诸菩萨已下。至佛神变海方便门。有四十四行经。明诸菩萨蒙佛光照得无量神变海方便门分。尔时世尊欲令诸菩萨安住师子频伸三昧。放眉间白毫相光明。名普照三世法界门者。以此光是法性身中根本普光明智。此智现前时。即见三世久远。如今一体。无尽劫生死。亦不移现前。总无体性。成大智海。众法清凉。便以众生起差别智。知根利生。普周刹海。无有休息。名为普贤行。即经已下文中。获不可说诸三昧门。教化无限诸众生门。具如经说。如文自具 。

校譌

第一紙 八行亦男 書藏作示小 第九紙 三行遍 論作迫 南 第十紙 五行 安他

以丽 十不論 四下作 宋他書 安論恒 有十 得五 行字 第十三紙 論三 作行 得行 宋 第十四

紙 宋十 論四 作行 常恒 第十五紙 十三 九行 音 宋論 宋南 北論 作漢 清 山 第

十一紙 宋八 論行 作示 自北 藏 第十九紙 論八 作行 常恒 宋 第二十

一紙 南十 藏八 無行 數佛 字下 宋 第二十二紙 北九 藏行 集有 下十 宋字 南

第二十三紙 疑十 當一 作句 法句 法 第二十八紙 生十 之五 生行 南刹

行北 搃論 宋作 論行 作十 復六

念念充滿法界三昧神變海有六十六行經正說

一云何為種種三昧已下。至入毗盧遮那如來

所入三昧之名分。

三其諸菩薩皆悉具足大神通已下。至悉見於

佛光明所照有五十三行半經。明諸菩薩蒙佛光

明所益之德分。

四爾時諸菩薩已下。至說頌有二十一行半經。

明諸菩薩所得三昧神通現變化雲莊嚴遊多林

及十方國分。

五汝應觀此逝多林已下。至莫不於此林中見

有二十六行頌。明文殊師利重頌前法。如文具明。

已上明佛光所照諸菩薩蒙光照入嚬伸三昧普

賢境界方便門。但是一切三昧總是方便行門普

二云何为种种三昧已下。至入毗卢遮那如来念念充满法界三昧神变海。有六十六行经。正说所入三昧之名分 。

三其诸菩萨皆悉具足大神通已下。至悉见于佛光明所照有五十三行半经。明诸菩萨蒙佛光明所益之德分 。

四尔时诸菩萨已下。至说颂。有二十一行半经。明诸菩萨所得三昧神通现变化云。庄严逝多林及十方国分 。

五汝应观此逝多林已下。至莫不于此林中见。有二十六行颂。明文殊师利重颂前法。如文具明。已上明佛光所照诸菩萨。蒙光照入频伸三昧普贤境界方便门。但是一切三昧。总是方便行门普

論藏名著選編

主編·李利安

整理·楊航 康曉紅

新華嚴經論

[唐]李通玄 著

伍

西北大學出版社

图书在版编目(CIP)数据

新华严经论/(唐)李通玄著;杨航,康晓红整理.—西安:
西北大学出版社,2005.11
(论藏名著选编/李利安主编)
ISBN 7-5604-2064-8
Ⅰ.新…　Ⅱ.①李…②杨…③康…　Ⅲ.大乘—论藏　Ⅳ.B942.1
中国版本图书馆 CIP 数据核字(2005)第 100825 号

论藏名著选编
新华严经论

作　　者:李通玄
整　　理:杨　航　康晓红
主　　编:李利安

出版发行:西北大学出版社
策　　划:书僮图书工作室
地　　址:西安市太白北路 229 号
购书电话:029-88302590　84337138
邮政编码:710069
印　　刷:陕西地质印刷厂

开　　本:880 毫米×1230 毫米　1/32
印　　张:75
字　　数:912 千字
版　　次:2005 年 11 月第 1 版　第 1 次印刷
书　　号:ISBN 7-5604-2064-8/B·59
定　　价:148.00 元(共伍册)

目　录　五

賢境界。總是文殊法身根本智所成就故。

六爾時彼諸菩薩已下至不離逝多林如來之所有上六十三行經。明諸菩薩以佛三昧光明照故得如上三昧及無限大悲無限神通無限饒益眾生分。已上二十七段經文總明答前菩薩大眾前

大方廣佛新華嚴經論卷第二十三

後所問四十法門竟。此法界法門明智體自在以智力自現。不藉如來口言。又令文殊普賢二人本位自當本果之行。令易解故。不迷教之體用。已上是一部經之始終圓滿。總以法界體收。第一爾時文殊師利童子已下直至經末已來。爲文殊師利童子。從善住樓閣南行就根利生成行表法。令後發心者不迷其行令易開解分。自爾時文殊師利童子已下名爲就俗利生成行門。已前教中但云文殊師利。不云童子。明此已下入俗化業。以行立名。便名童子。明已前總約佛果普光明智中。起十方賢聖以立化儀。即覺首目首等五位諸菩薩是。皆通化無方潛顯自在。文殊爲信首不名童子。自此已下以法界體中入俗尊創化業約行所行立名。即號文殊師利童子。以妙智慧化童蒙入佛智慧生佛家故。此是三世諸佛始發菩提心初法身

贤境界。总是文殊法身根本智所成就故 。

六尔时彼诸菩萨已下。至不离逝多林如来之所。有六十三行经。明诸菩萨以佛三昧光明照故。得如上三昧。及无限大悲。无限神通。无限饶益众生分。已上二十七段经文。总明答前菩萨大众前

(大方广佛新华严经论卷第三十三)*

后所问四十法门竟。*此法界法门。明智体自在。以智力自现。不藉如来口言。又令文殊普贤二人。本位自宣本果之行。令易解故。不迷教之体用。已上是一部经之始终圆满。总以法界体收。第二尔时文殊师利童子已下。直至经末已来。为文殊师利童子。从善住楼阁南行。就根利生。成行表法。令后发心者不迷其行。令易开解分。自尔时文殊师利童子已下。名为就俗利生成行门。已前教中。但云文殊师利。不云童子。明此已下。入俗化蒙。以行立名。便名童子。明已前总约佛果普光明智中。起十方贤圣以立化仪。即觉首目首等五位诸菩萨是。皆通化无方。潜显自在。文殊为信首。不名童子。自此已下。以法界体中入俗草创化蒙。约行所行立名。即号文殊师利童子。以妙智慧化童蒙。入佛智慧。生佛家故。此是三世诸佛始发菩提心。初法身

現根本智無性之理妙慧故。一切三世諸佛從此而初生佛家。從此而成就普賢大願行故。何故名爲就俗利生成行門者。已前但云昇天表行成就諸天。未往人間俗中化利。此法界品已前一卷半餘經。但有菩薩聲聞世主已得道者。未有處俗凡夫入此法門。自文殊師利童子從善住樓閣已下。是入人間就根接俗。化利凡夫。令其得此法界道理。又令善財童子。徧求善知識五十三人。以表五位三種因果。法身中根本智。普賢差別智中行。於此二中無所住智名之爲佛。以此三法具足。名之爲佛。以此三法。徧與五位終始而作因果。名爲乘如來乘直至道場。亦名乘法界乘。以法界還以此三種因果爲體用故。前後五位因果例然。總以此三法爲因果。此佛文殊師利普賢菩薩與五十箇善知識行而作因果。而自無因果。爲自佛果位中。無所修無所行故。但與五位中修行者作治染淨二障習氣生熟處說名因果。然法身理智萬行自無因果。但以五位中加行治惑習氣。而立如來因果之名。以文殊師利往詣覺城人間就根教化。令善財起加行位求五十三善知識成一百一十因现根本智无性之理妙慧故。一切三世诸佛从此而初生佛家。从此而成就普贤大愿行故。何故名为就俗利生成行门者。已前但云升天。表行成就诸天。未往人间俗中化利。此法界品已前一卷半余经。但有菩萨声闻世主已得道者。未有处俗凡夫入此法门。自文殊师利童子从善住楼阁已下。是入人间就根接俗。化利凡夫。令其得此法界道理。又令善财童子。遍求善知识五十三人。以表五位三种因果。法身中根本智。普贤差别智中行。于此二中无所住智。名之为佛。以此三法具足。名之为佛。以此三法。遍与五位终始而作因果。名为乘如来乘直至道场。亦名乘法界乘。以法界还以此三种因果为体用故。前后五位因果例然。总以此三法为因果。此佛。文殊师利。普贤菩萨。与五十个善知识行而作因果。而自无因果。为自佛果位中。无所修无所行故。但与五位中修行者。作治染净二障习气生熟处。说名因果。然法身理智万行。自无因果。但以五位中加行治惑习气。而立如来因果之名。以文殊师利。往诸觉城人间。就根教化。令善财起加行位。求五十三善知识。成一百一十因

果法門。令學者不迷其五位之行使易解故。與後
發菩提心者作修行之樣式故。名爲就俗利生成
行門。爲與學者成行樣式。令不迷故。更有餘意至
下就位方明。從此就俗利生成行門中。自文殊師
利童子已下。至經末。長科三段。

第一從爾時文殊師利童子從善住樓閣已下。
至六十一卷之初爾時文殊師利菩薩勸諸比丘
發阿耨多羅三藐三菩提心已此一段經名爲創
始就根入俗遊歷門。於此門中。分爲兩段。一從爾
時文殊師利童子已下。至辭退南行往於人間有
一十一行半經明與同行菩薩及常隨侍衛之衆辭
佛南行往於人間分。二爾時尊者舍利弗已下。至
成就一切佛法有八十六行半經。明舍利弗等六
千比丘隨逐文殊師利南行在路發心得此一乘
法門分。隨文釋義者。第一從初爾時文殊師利童
子從善住樓閣出者。明以自法身現根本智樓閣
中。起差別智以利衆生。故名爲出。無量同行菩薩
者。成助道翼從。其教化衆生故。是萬行主伴。常隨
侍衛諸金剛神者。都舉諸侍衛之神。此神之中。約

果法门。令学者不迷其五位之行。使易解故。与后发菩提心者。作修行之样式故。名为就俗利生成行门。为与学者成行样式。令不迷故。更有余意。至下就位方明。从此就俗利生成行门中。自文殊师利童子已下。至经末。长科三段 。

第一从尔时文殊师利童子从善住楼阁已下。至六十二卷之初。尔时文殊师利菩萨劝诸比丘发阿耨多罗三藐三菩提心已。此一段经。名为创始就根入俗游历门。于此分中。分为两段。一从尔时文殊师利童子已下。至辞退南行往于人间。有二十行半经。明与同行菩萨及常随侍卫之众。辞佛南行往于人间分。二尔时尊者舍利弗已下。至成就一切佛法。有八十六行半经。明舍利弗等六千比丘随逐文殊师利南行。在路发心得此一乘法门分。随文释义者。第一从初尔时文殊师利童子从善住楼阁出者。明以自法身现根本智。楼阁中。起差别智以利众生。故名为出。无量同行菩萨者。成助道翼从。共教化众生故。是万行主伴。常随侍卫诸金刚神者。都举诸侍卫之神。此神之中。约有二義。一以諸神所行約自德立名。二約文殊師利之德差別行上以標其德以爲侍衛守護之義。此一段幷菩薩神天有三十一衆。通後六千比丘衆。以爲四十二衆。以爲四十二種方便行。成就衆生大智慧解脫之海。初金剛神者。法身中普光明智也。智現名神。普爲衆生供養身衆神者。是恭敬義。以廣化身雲十方恭敬供養諸佛引接衆生。報得其身端正嚴飾故。足行神者。是精勤教化衆生無疲勞行。風神以摩尼爲寶冠者。表明淨無垢。智能發教義。以風體能吹壞散一切萬物。亦能昇持生長一切萬物。然自無體性所依。以離垢寶冠表之。像法身智慧能說教網故壞煩惱染淨自無所依。以巽爲風教故。餘如經自具。如鳩槃荼王所除餓鬼魅者。此以大囊垂下加冬瓜坐以賑之行以體之於肩。取像表法。以大悲進俗荷負衆生無饜勞倦。摩睺羅伽王者。此是腹行大蟒之類。取像表法。以胷腹行是恭敬義。此是守護僧伽藍神。自餘准名下義表之做此。及文殊師利諸菩薩出自住處者。隨根接俗也。右遶如來無量匝者。敬順所行。右遶者從南自東至北是。二舍利弗等六千比丘有二义。一以诸神所。行约自德立名。二约文殊师利之德。差别行上以标其德。以为侍卫守护之义。此一段并菩萨神天。有三十二众。通后六千比丘众。以为四十二众。以为四十二种方便行。成就众生大智慧解脱之海。初金刚神者。法身中普光明智也。智现名神。普为众生供养身众神者。是恭敬义。以广化身云。十方恭敬供养诸佛。引接众生。报得其身端正严饰故。足行神者。是精勤。教化众生无疲劳行。风神以摩尼为宝冠者。表明净无垢。智能设教义。以风体能吹坏散一切万物。亦能升持生长一切万物。然自无体性所依。以离垢宝冠表之。像法身智慧。能说教网。散坏烦恼染净。自无所依。以巽为风教故。余如经自具。如鸠槃茶王所除饿鬼趣者。此以大囊垂下如冬瓜。坐以踞之。行以置之于肩。取像表法。以大悲垂俗。荷负众生。无辞劳倦。摩睺罗伽王者。此是腹行大蟒之类。取像表法。以胸腹行是恭敬义。此是守护僧伽蓝神。自余准名下义表之仿此。文殊师利及诸菩萨出自住处者。随根接俗也。右绕如来无量匝者。敬顺所行。右绕者。从南自东至北是。二舍利弗等六千比丘隨逐文殊南行段中。復分爲七段。一爾時尊者舍利弗已下。至皆是文殊師利說法教化之所成就。有十三行半經。明舍利弗及六千比丘。隨文殊師利南行分。二爾時尊者舍利弗已下。至白毫相光來照其身從頂上入。有十六行經。明舍利弗勸諸比丘。觀察文殊師利隨路行時。十種福相嚴身及道路分。三爾時尊者舍利弗已下至此諸比丘願得奉覲。有十行半經。明舍利弗讚歎文殊師利十無量德。諸比丘衆咸欲願見文殊師利。舍利弗爲白文殊師利分。四爾時文殊師利童子菩薩已下。至願我一切悉當具得。有六行半經。明六千比丘頂禮文殊師利。自發大願請佛證知分。五爾時文殊師利菩薩告諸比丘已下。至入如來地。有十八行經。明文殊師利菩薩爲諸比丘說十種無疲厭法行。不墮二乘地。入如來地分。六諸比丘聞此法已已下。至住菩薩心堅固不動。有十六行經。明六千比丘聞文殊師利說法得無礙眼三昧。於一切法各得十十法解脫門分。七爾時文殊師利菩薩勸諸比丘已下。至卷末。有六行經。明文殊師利重勸比丘住普賢行便得不離文殊師利足下。普於随逐文殊南行段中。复分为七段。一尔时尊者舍利弗已下。至皆是文殊师利说法教化之所成就。有十三行半经。明舍利弗及六千比丘。随文殊师利南行分。二尔时尊者舍利弗已下。至白毫相光来照其身从顶上入。有十六行经。明舍利弗劝诸比丘。观察文殊师利随路行时。十种福相严身及道路分。三尔时尊者舍利弗已下。至此诸比丘愿得奉觐。有十行半经。明舍利弗赞叹文殊师利十无量德。诸比丘众咸欲愿见文殊师。利舍利弗为白文殊师利分。四尔时文殊师利童子菩萨已下。至愿我一切悉当具得。有六行半经。明六千比丘顶礼文殊师利。自发大愿请佛证知分。五尔时文殊师利菩萨告诸比丘已下。至入如来地。有十八行经。明文殊师利菩萨为诸比丘说十种无疲厌法行。不堕二乘地。入如来地分。六诸比丘闻此法已已下。至住菩提心坚固不动。有十六行经。明六千比丘闻文殊师利说法。得无碍眼三昧。于一切法各得十十法解脱门分。七尔时文殊师利菩萨劝诸比丘已下。至卷末。有六行经。明文殊师利重劝比丘住普贤行。便得不离文殊师利足下。普于十方佛所悉現身。具足一切佛法分。隨文釋義者。
十六千比丘。表信心亦入位故。以十信心十住十行
十迴向十地十一地路上一時總得故。故云六千。明
前後圍遶。以舍利弗為主。自餘為伴。主伴同行。明
昇進進求正法故。出自住處者。出自聲聞及諸權
見故、趣求法界大菩提故。遶佛三帀者、順佛正教
故。遶佛三帀。皆是右遶。自南。向東。向北。向西至南。
如是三帀。以為右遶成法。令人退左行。如是六千
比丘。是舍利弗同住、出家未久。非是羅漢。宿世有
種。皆是易發心。經云六千比丘悉曾供養無量諸佛
深植善根。解力廣大。信根明徹者。明往昔曾種信
根。今生信種已熟。舍利弗勸諸比丘。令觀文殊師
利菩薩福德圓光映徹者、是心淨之常光。能令見
者歡喜。光網者是法網圓滿。明其教光嚴身。見者
滅苦故。文殊師利所行之路。左右八步平坦莊嚴
者。明身心常與八正道俱故。周徧十方皆有道場
者。化行常滿十方。十方諸佛說法之時。放眉間光
灌文殊頂者。明文殊師利。是十方佛創發心法
身無相智慧之頂。一切諸佛初發心時。入此智慧
而生佛家故。一切眾生初發菩提心。皆以此法身

十方佛所悉现身。具足一切佛法分。随文释义者。六千比丘。表信心亦入位故。以十信心十住十行十回向十地十一地。路上一时总得故。故云六千。前后围绕。以舍利弗为主。自余为伴。主伴同行。明升进进求正法故。出自住处者。出自声闻及诸权见故。趣求法界大菩提故。绕佛三匝者。顺佛正教故。绕佛三匝。皆是右绕。自南。向东。向北。向西。至南。如是三匝。以为右绕成法。今人返左行。如是六千比丘。是舍利弗同住。出家未久。非是罗汉。宿世有种。皆易发心。经云六千比丘悉曾供养无量诸佛深植善根。解力广大信根明彻者。明往昔曾种信根。今生信种已熟。舍利弗劝诸比丘。令观文殊师利菩萨福德圆光映彻者。是心净之常光。能令见者欢喜。光网者是法网圆满。明其教光严身。见者灭苦故。文殊师利所行之路。左右八步平坦庄严者。明身心常与八正道俱故。周遍十方皆有道场者。化行常满十方。十方诸佛说法之时。放眉间光灌文殊顶者。明文殊师利。是十方佛创蒙发心。法身无相智慧之顶。一切诸佛初发心时。入此智慧而生佛家故。一切众生初发菩提心。皆以此法身無相智慧爲體。一切衆生皆自有之。皆須方便三昧方能明現。故樹皆實嚴明因行報生。六千比丘觀察文殊師利。及所聞十種無疲厭法。便獲得無礙眼三昧者。得法身中無相智眼明淨。以執亡見謝。智眼圓通。非肉眼故。身邊等五見亡。法自明矣。卽十方礙盡。初一切法中各明十法。以明三昧力創始初明。後勸普賢願行加進。一切諸明悉達。此已上明六千比丘發心竟。後明覺城發緣利物。如舍利弗是示現聲聞。前已述訖。已上餘義可解之意。如文自具。

校譌

第一紙六行云何下宋南北藏無爲字 第三紙八行法界海宋南北藏作法海 第五紙四行依宋論作住七行根宋論作眼 第六紙五行見宋論作現八行一方宋論作十方十五行明宋論作照 第十紙二行截宋論作我 第十二紙十五行十明書藏作子 第十七紙四行者宋論作等十一行一切力宋南北藏作十力 第十八紙一行一切世界明書藏作十方世界

第二漸次南行經歷人間。至福城東。是文殊入俗人間。說普照法界脩多羅門。卽在福城東娑羅无相智慧为体。一切众生皆自有之。皆须方便三昧。方能明现故。树皆宝严。明因行报生。六千比丘观察文殊师利。及所闻十种无疲厌法。便获得无碍眼三昧者。得法身中无相智眼明净。以执亡见谢。智眼圆通非肉眼故。身边等五见亡。法自明矣。即十方碍尽。初一切法中各明十法。以明三昧力创始初明。后劝普贤愿行加进。一切诸明悉达。此已上明六千比丘发心竟。后明觉城化缘利物。如舍利弗是示现声闻。前已述讫。已上余义可解之意。如文自具 。

第二渐次南行。经历人间。至福城东。是文殊入俗人间。说普照法界修多罗门。即在福城东娑罗林大塔廟處也。又此一段從爾時文殊師利菩薩勸諸比丘已下。至娑羅林大塔廟處有十五行半經。復分為兩段。一爾時文殊師利菩薩已下。至人與非人之所供養有七行半經。明文殊師利行往人間至所提攜化緣之分。一時文殊師利與其眷屬已下。至大塔廟處有八行經。明文殊師利說普照法界脩多羅門。聞法獲益分。爾時文殊師利菩薩勸諸比丘發菩提心已。都結前法。漸次南行經歷人間者。明菩薩接引向明。以離為明。經人間者。明菩薩大悲為不請之友。就根引化故。福城者。約人多修福以立城名。亦約聖者所止皆為福德莊嚴。莊嚴幢者有二義。一過去諸佛會於此處難捨能捨破所著故名之為幢。一此處古佛塔廟并有林木森聳高妙之所莊嚴。大塔廟者。名稱十方佛國遐聞名之為大。亦約說法界門兼裏外中間見亡名之為大。於中安置尊者之形像不可毀壞。名之為塔廟。亦名為幢。有梵僧云其此塔廟南邊打鼓北邊不聞。故世間名為大也。娑羅云高聳也。天龍夜叉已下。明天龍八部及人常所供養故。文殊師利與其眷屬者。所同來菩薩神天六千之眾。說普照林大塔庙处也。又此一段。从尔时文殊师利菩萨劝诸比丘已下。至娑罗林大塔庙处。有十五行半经。复分为两段。一尔时文殊师利菩萨已下。至人与非人之所供养。有七行半经。明文殊师利行往人间。至所堪授化缘之分。二时文殊师利与其眷属已下。至大塔庙处。有八行经。明文殊师利说普照法界修多罗门。闻法获益分。尔时文殊师利菩萨劝诸比丘发菩提心已。都结前法。渐次南行经历人间者。明菩萨接引向明。以离为明。经人间者。明菩萨大悲为不请之友。就根引化故。福城者。约人多修福以立城名。亦约圣者所止。皆为福德。庄严幢者。有二义。一过去诸佛曾于此处难舍能舍破所著故。名之为幢。二此处古佛塔庙。并有林木森耸高妙之所庄严。大塔庙者。名称十方佛国远闻。名之为大。亦约说法界门。无里外中间见亡。名之为大。于中安置尊者之形像。不可毁坏。名之为塔庙。亦名为幢。有梵僧云。其此塔庙。南边打鼓。北边不闻。故世间名为大也。娑罗。云高耸也。天龙夜叉已下。明天龙八部及人常所供养故。文殊师利与其眷属者。所同来菩萨神天六千之众。说普照法界脩多羅者是根本智明徹徧周隨根徧故。百萬億那由他者當此溝也大意不可說脩多羅以爲眷屬。此明差別智徧周應根授益。脩多羅此云長行經。說此經時大海中已下明無量龍聞法悉捨龍身生天人中。一萬諸龍發無上菩提得不退轉。及無數衆生三乘中各得調伏。明各自依根隨差別智得自根性法門。已上明普照法界脩多羅隨根濟益門。如經自具。

第三辯根與法成行門。從無量大衆從其城出直至經末總是文殊師利觀察善財及其人數幷往南山妙峯山上。以次南行詢求五十三人爲善知識。用五位因果進修行門。欲令後人做之成行。故云辯根與法成行門。於此一段之中復分爲兩段。第一從無量大衆從其城出已下至爾時文殊師利菩薩如象王迴。有九十四行半經。明福城四衆咸集。文殊師利隨所樂求爲其說法令得清凉。

法界修多罗者。是根本智明彻遍周。随根遍故。百万亿那由他者。当此沟也。大意不可说修多罗以为眷属。此明差别智遍周。应根授益。修多罗此云长行经。说此经时大海中已下。明无量龙闻法。悉舍龙身生天人中。一万诸龙发无上菩提得不退转。及无数众生三乘中各得调伏。明各自依根。随差别智。得自根性法门。已上明普照法界修多罗随根益门。如经自具 。

第三辨根与法成行门。从无量大众从其城出。直至经末总是。文殊师利观察善财及其人数。并往南方妙峰山上。以次南行。询求五十三人。为善知识。用五位因果进修行门。欲令后人仿之成行。故云。辩根与法成行门。于此一段之中。复分为两段。第一从无量大众从其城出已下。至尔时文殊师利菩萨如象王回。有九十四行半经。明福城四众咸集。文殊师利随所乐求。为其说法。令得清净及別觀善財推其因果勸令親近善知識分。第二爾時文殊師利如象王迴已下直至經末名知根與法令其成行發生後學門。從初第一段中。九十四行半經約分為六段。一從無量大眾從其城出來詣其所已下至五百童女有二十一行半經。是大眾來集分。二爾時文殊師利童子已下至迴向菩提無所障礙有二十五行經明文殊師利菩薩觀察善財名字所因及歎往昔善根今生果報分。三爾時文殊師利菩薩如是觀察善財童子已已下至說一切佛無二法有六行半經明文殊師利知善財根堪而為說法分。四爾時文殊師利童子已下至然後而去有四行半經明文殊師利為善財及大眾說法已而去分。五爾時善財童子已下至而說頌言有兩行半經明善財聞法生信已勤求無上菩提向文殊師利說頌自歎三有苦輪及請法教授分。六說頌中有三十四行頌明善財自嗟苦本以頌請法自利利他分。其此一段三十四行頌中。初四行頌自嗟生死苦因下有三十行頌是歎文殊師利菩薩德及請法門分隨文釋義者。如第一段中四眾來集經云無量大眾從其城出及别观善财。推其因果。劝令亲近善知识分。第二尔时文殊师利如象王回已下。直至经末。名知根与法令其成行发生后学门。从初第一段中。九十四行半经。约分为六段。一从无量大众从其城出来诣其所已下。至五百童女。有二十一行半经。是大众来集分。二尔时文殊师利童子已下。至回向菩提无所障碍。有二十五行经。明文殊师利菩萨观察善财名字所因。及叹往昔善根今生果报分。三尔时文殊师利菩萨如是观察善财童子已已下。至说一切佛无二法。有六行半经。明文殊师利知善财根堪而为说法分。四尔时文殊师利童子已下。至然后而去。有四行半经。明文殊师利为善财及大众说法已而去分。五尔时善财童子已下。至而说颂言。有两行半经。明善财闻法生信已。勤求无上菩提。向文殊师利说颂自叹三有苦轮。及请法教授分。六说颂中。有三十四行颂。明善财自嗟苦本。以颂请法。自利利他分。其此一段三十四行颂中。初四行颂。自嗟生死苦因。下有三十行颂。是叹文殊师利菩萨德。及请法门分。随文释义者。如初一段中。四众来集。经云无量大众从其城出。

及其列數但言五百者。此明約能發菩提心。以五位十波羅蜜成其數。不從人爲數。以五位修行中十波羅蜜互體有百。爲一中有十故。且如檀波羅蜜爲主。餘九爲伴。戒波羅蜜爲主。餘九爲伴。忍波羅蜜爲主。餘九爲伴。餘皆倣此。如是百波羅蜜。於十住十行十迴向十地十一地昇進見道治惑習氣深淺上隨行名殊。安立五百。若約普賢行總該法界無盡刹海。即有不可說不可說佛刹微塵數諸波羅蜜。今且但約五位中。一位有百波羅蜜。五位五百。前言一萬龍皆發菩提心者。即明萬行圓滿。須達多者此云善給施無依怙者。亦名給孤獨。婆須達多者此云財施。亦曰有善施行。如是四衆幷一萬龍發菩提心。衆數有五衆。如龍衆及五百優婆塞五百優婆夷。並是居世俗流信心純厚。童子童女皆是二十已下。年未弱冠。無染世欲。清信男女。名曰童子童女。年幼創啟初心。歸法流而受教。名曰童子童女。童者。創蒙也。立下里爲童。爲年居未長立志德於閭里之間。號童子。年居長者。能有清淨信心。但云清信士女。已上列衆。但隨名下義。是所修之德。或以形貌立名。如大智居士女。以及其列数但言五百者。此明约能发菩提心。以五位十波罗蜜成其数。不从人为数。以五位修行中。十波罗蜜互体有百。为一中有十故。且如檀波罗蜜为主。余九为伴。戒波罗蜜为主。余九为伴。忍波罗蜜为主。余九为伴。余皆仿此。如是百波罗蜜。于十住十行十回向十地十一地。升进见道治惑习气深浅上。随行名殊。安立五百。若约普贤行。总该法界无尽刹海。即有不可说不可说佛刹微尘数诸波罗蜜。今且但约五位中。一位有百波罗蜜。五位五百。前言一万龙皆发菩提心者。即明万行圆满。须达多者。此云善给施无依怙者。亦名给孤独。婆须达多者。此云财施。亦日有善施行。如是四众。并一万龙发菩提心。众数有五众。如龙众。及五百优婆塞。五百优婆夷。并是居世俗流。信心纯厚。童子童女。皆是二十已下。年未弱冠。无染世欲。清信男女。名曰童子童女。年幼创启初心。归法流而受教。名曰童子童女。童者。创蒙也。立下里为童。为年居未长立志德于闾里之间。号童子。年居长者。能有清净信心。但云清信士女。已上列众。但随名下义。是所修之德。或以形貌立名。如大智居士女。以父之號智德立名餘准知之經云感光赫奕者明文殊師利身色盛明暎於大眾如文殊師利觀察善財名字因緣以初入胎時於其宅內自然出七寶樓閣者此從因感果不可無因而有報生明先世信心能信自心具足白淨無垢法身及無依住普光明智以爲信種名之爲胎如信位中普光明殿說金色世界不動智者是以白淨無垢法身名爲金色世界也普光明智號爲不動智佛爲本無性可動故即今號無明者是爲往世信此自心無明及一切眾生無明總是一切諸佛法身清淨智種以此信心名之爲胎以此信胎生於世間報得七寶樓閣此信心胎以智慧觀照力之所成就云七寶及七伏藏並約七種助道分之所報生已下七數例然處胎十月者於信心中行十波羅蜜也世法滿也誕生者出世智生也形體支分端正者以八正道法之所成就故宅中自然而有五百寶器種種諸物自然盈滿諸寶器中間暎相嚴者明於先世信種之中信佛因果五位行門十波羅蜜五百行門七覺八正向異萬行始終因果總在信中之所報得是今生以此信還能發心不離一生

父之号智德立名。余准知之。经云。威光赫奕者。明文殊师利身色盛明。映于大众。如文殊师利观察善财名字因缘。以初入胎时。于其宅内自然出七宝楼阁者。此从因感果。不可无因而有报生。明先世信心。能信自心具足白净无垢法身。及无依住普光明智。以为信种。名之为胎。如信位中普光明殿。说金色世界不动智者是。以白净无垢法身。名为金色世界也。普光明智。号为不动智佛。为本无性可动故。即今号无明者。是为往世信此自心无明。及一切众生无明。总是一切诸佛法身清净智种。以此信心。名之为胎。以此信胎生于世间。报得七宝楼阁。此信心胎。以智慧观照力之所成就。云七宝及七伏藏。并约七种助道分之所报生。已下七数例然。处胎十月者。于信心中。行十波罗蜜也。世法满也。诞生者。出世智生也。形体支分端正者。以八正道法之所成就故。宅中自然而有五百宝器。种种诸物自然盈满。诸宝器中间映相严者。明于先世信种之中。信佛因果五位行门。十波罗蜜。五百行门。七觉八正。同异万行。始终因果。总在信中之所报得。是今生以此信还能发心。不离一生。

一百一十城之法門一時頓印。無所信處成一百一十之法門。不出娑羅之林而身徧遊諸國。只爲塵含法界。性自如然。智該三世古今一念。此乃約法界實然。不依凡情虛妄。餘義向下對文方明。此以約因辯名約報辯因竟。經云。又此童子已曾供養過去諸佛深種善根信解廣大者。明往世信種今生信滿。爾時文殊師利菩薩所謂一切佛積集法者。明積集十波羅蜜四攝四無量三十七品助道之分。五位加行。一百一十城之法門。一百一十城之法門者。以五位中有五十箇所修之因果。即如前十住中十箇慧菩薩是。即十箇佛果同號爲月者是。如是十行中十林菩薩十眼佛等。十迴向中十幢菩薩十妙佛等。如是十地十一地皆依此十迴向中菩薩佛因果。如是五位五十重因果上各具進修因果。分爲一百。不離根本三世諸佛恆常法界體中十波羅蜜爲一百一十。以初從十住之中以方便三昧顯發法身根本智慧乘法界乘。行普賢行以治習氣。安立次第治惑習氣差別之門。以此一百箇因果以爲治惑習之昇降次第。十箇波羅蜜下理智悲願之因果即是法界體中普一百一十城之法门。一时顿印。无亏信处。成一百一十之法门。不出娑罗之林。而身遍游诸国。只为尘含法界。性自如然。智该三世。古今一念。此乃约法界实然。不依凡情虚妄。余义向下对文方明。此已约因辩名。约报辩因竟。经云。又此童子已曾供养过去诸佛。深种善根。信解广大者。明往世信种。今生信满。尔时文殊师利菩萨。所谓一切佛积集法者。明积集十波罗蜜。四摄。四无量。三十七品助道之分。五位加行一百一十城之法门。一百一十城之法门者。以五位中。有五十个所修之因果。即如前十住中十个慧菩萨是。即十个佛果同号为月者是。如是十行中十林菩萨十眼佛等。十回向中十幢菩萨十妙佛等。如是十地十一地。皆依此十回向中菩萨佛因果。如是五位五十重因果上。各具进修因果。分为一百。不离根本三世诸佛恒常法界体中十波罗蜜。为一百一十。以初从十住之中。以方便三昧。显发法身根本智慧。乘法界乘。行普贤行。以治习气。安立次第。治惑习气差别之门。以此一百个因果。以为治惑习之升降次第。十个波罗蜜下理智悲愿之因果。即是法界体中普賢常爾之行。與一切發菩提心者。以爲履踐之跡。
是故名乘如來乘直至道場。以初發心。卽乘法界
中文殊普賢體用理智大悲願行門故。卽道場本
之體用也。已下善財童子善知識五十三人。是前
五位中行相故。明前五位但說其法。恐迷其行。令
此文殊師利菩薩。欲令善財起求法之樣。重明前
菩薩五位中行相法則。令其後學者倣之。故安立
此五十三人。成一百一十重之因果門故。明於法
界體中安立文殊爲法身佛根本智。普賢爲差別
智。彌勒佛是此文殊普賢理中無作之果。以此三
法成一法界體用自在無礙之門。徧與五位中五
十箇菩薩以爲因果。還如前以法界體中十波羅
蜜爲所乘之行。隨其勝進中。五位上五十重波羅
蜜皆有因果。如是五十善知識中。一中有一。五十
中有百。通法界中本常行十波羅蜜爲一百一十。
文殊普賢彌勒佛果。此三法但爲一法界無功果
中大用自在門。但與一切勝進菩薩作因果。以明
勝進之功。然自無因果故。猶如帝王自無階品。但
以成德自在。而與一切官屬隨有功者而作階品
故。問曰。何故在此取彌勒佛爲佛果。何不取毗盧

贤常尔之行。与一切发菩提心者。以为履践之迹。是故名乘如来乘直至道场。以初发心。即乘法界中文殊普贤体用理智大悲愿行门故。即道场本之体用也。已下善财童子善知识五十三人。是前五位中行相故。明前五位但说其法。恐迷其行。今此文殊师利菩萨。欲令善财起求法之样。重明前菩萨五位中行相法则。令其后学者仿之。故安立此五十三人。成一百一十重之因果门故。明于法界体中。安立文殊为法身佛根本智。普贤为差别智。弥勒佛是此文殊普贤理中无作之果。以此三法。成一法界体用自在无碍之门。遍与五位中五十个菩萨。以为因果。还如前以法界体中十波罗蜜为所乘之行。随其胜进中。五位上五十重波罗蜜。皆有因果。如是五十善知识中。一中有二。五十中有百。通法界中本常行十波罗蜜。为一百一十。文殊普贤弥勒佛果。此三法。但为一法界无功果中大用自在门。但与一切胜进菩萨作因果。以明胜进之功。然自无因果故。犹如帝王自无阶品。但以威德自在。而与一切官属随有功者而作阶品故。问曰。何故在此取弥勒佛为佛果。何不取毗卢遮那如來以爲佛果。答曰。明毗盧遮那是已成之果。彌勒是當來之佛果。明如今毗盧遮那佛所初發菩提心。一念成當來彌勒佛果。契會相應故。同於彌勒樓閣之內。會三世時劫日月。總一時故。明以根本智印印三世古今無前後故。經云積集法說一切佛相續法。乃至一切佛次第法。總如上釋訖。一切佛眾會清淨法。明一切佛眾會皆同一清淨故。身土眾會不相障礙。重重重重。以相映徹故。自餘如文自具。如此三十四行頌。初四行頌。自歎生死由三有爲首。輪迴諸苦生老不休。已下三十行頌。明善財歎文殊德。幷及請法。三有爲城郭者。明善財自歎居三有中自固其不出如處城郭。三有者。欲界有。色界有。無色界有。此三有身一切眾生不能出離。憍慢者。非禮爲憍。輕他曰慢。又有七慢。慢慢。過慢。不如慢。增上慢。我慢。邪慢。諸趣者。所謂見趣。戒趣。又有三趣。邪定趣。不定趣。正定趣。又有四惡趣。又人天五戒十善趣。又二乘厭苦出世間趣。大乘菩薩淨土趣。一乘菩薩智悲圓會示自在趣。如是等諸趣。隨善惡言之。皆是門戶所入之業。愛水爲池塹。以愛能津潤生死。故如池塹。愚癡遮那如来以为佛果。答曰。明毗卢遮那是已成之果。弥勒是当来之佛果。明如今毗卢遮那佛所。初发菩提心。一念成当来弥勒佛果。契会相应故。同于弥勒楼阁之内。会三世时劫日月。总一时故。明以根本智印。印三世古今无前后故。经云。积集法。说一切佛相续法。乃至一切佛次第法。总如上释讫。一切佛众会清净法。明一切佛众会。皆同一清净故。身土众会。不相障碍。重重重重。以相映彻故。自余如文自具。如此三十四行颂。初四行颂。自叹生死由三有为首。轮回诸苦。生老不休。已下三十行颂。明善财叹文殊德。并及请法。三有为城郭者。明善财自叹居三有中自固其不出如处城郭。三有者。欲界有。色界有。无色界有。此三有身。一切众生不能出离。骄慢者。非礼为骄。轻他曰慢。又有七慢。慢慢。过慢。不如慢。增上慢。我慢。邪慢。诸趣者。所谓见趣。戒趣。又有三趣。邪定趣。不定趣。正定趣。又有四恶趣。又人天五戒十善趣。又二乘厌苦出世间趣。大乘菩萨净土趣。一乘菩萨智悲圆会未自在趣。如是等诸趣。随善恶言之。皆是门户所入之业。爱水为池堑。以爱能津润生死故。如池堑。愚痴者能迷眞諦號曰愚癡凡夫有八萬四千十地菩薩有二十二種隨位不了愚癡若隨五位上一百一十種愚癡若了成一百一十種解脫貪恚火熾然者三界煩惱以貪爲十使之首恚爲瞋之眷屬無明爲總覆慢爲輕自輕輕他疑與五見俱能障聖道共成生死之因果疑亡見謝智乃現前十使之中疑與五見俱能障聖道貪瞋癡慢而能障修道行者若於行中不以道治之還於生死中隨業流轉不得自在今以經之略言其貪恚二門餘八總例居其義以此貪恚二障一切善根不生故如火熾然魔王作君主者所謂四魔陰魔煩惱魔天魔生死魔童蒙依止住者所謂覆障令心不明名爲童蒙貪愛爲徽纆者前因貪起恚此因貪起愛以自纏縛徽纆者執縛罪人之繩諂誑爲繼勒者明樂著虛誑被制御故疑惑覆其眼者以於正道生疑趣入諸邪道者以於無性現智生疑卽邪道生也慳嫉憍盈故者慳有五種住處家舍財物不樂稱讚他善於法恪惜不樂與人是爲五嫉者憎餘勝己憍者自縱爲憍不拘禮故奢者不儉也如愛恚慢嫉慳但爲下界五結色愛無色愛掉舉慢

者。能迷真谛。号曰愚痴。凡夫有八万四千。十地菩萨有二十二种随位不了愚痴。若随五位上。一百一十种愚痴若了。成一百一十种解脱。贪恚火炽然者。三界烦恼。以贪为十使之首。恚为嗔之眷属。无明为总。覆慢为轻。自轻轻他。疑与五见。俱能障圣道。共成生死之因果。疑亡见谢。智乃现前。十使之中。疑与五见。俱能障圣道。贪嗔痴慢。而能障修道行者。若于行中不以道治之。还于生死中随业流转。不得自在。今以经之略言其贪恚二门。余八总例居其义。以此贪恚二障。一切善根不生。故如火炽然。魔王作君主者。所谓四魔。阴魔。烦恼魔。天魔。生死魔。童蒙依止住者。所谓覆障令心不明。名为童蒙。贪爱为徽纆者。前因贪起恚。此因贪起爱。以自缠缚。徽纆者。执缚罪人之绳。谄诳为辔勒者。明乐虚著诳。被制御故。疑惑覆其明者。以于正道生疑。趣入诸邪道者。以于无性现智生疑。即邪道生也。悭嫉骄盈故者。悭有五种。住处。家舍。财物。不乐称赞他善。于法吝惜。不乐与人。是为五。嫉者。憎余胜己。骄者。自纵为骄。不拘礼故。奢者。不俭也。如爱恚慢嫉悭。但为下界五结。色爱无色爱掉举慢

無明道上界下界五結。以如是十使五結四魔人
於三惡道生老病死苦。得出世者不爲。已上善財
歎三界生死苦因緣竟。已下三十行頌歎德請法
如文自明。如是三界煩惱，初地二地治下界惑，三
地治上二界惑。四地出三界。五地習世技。六地世
出世慧具足。七地入生死等三界六道行大慈悲，
八地無功用智悲圓。九地十地佛用方滿。十一地
普賢行周。十二地功齊法界理智悟然。十住法則
一分與此十地行門法用相似，但勝進不同。十行
但論無染行門，十迴向中會融悲願。如下五十三
善知識具彰至位具明。第一文殊師利知根與法
令其成行發生後學門中，約立五門。一明信心已
發。一明聖者攝受。三明聖者勸親近善友。四明善
財請問云何學菩薩道。五明文殊指授修行所歸。
一明信心已發者，如經云：善男子，汝已發阿耨多
羅三藐三菩提者，此是信心菩提人位菩薩，以三
昧行方能顯得。理行相顯業盡純明。一明聖者攝
受者，經云：爾時文殊師利菩薩如象王迴者是攝
受義。如大聖無方智圓形徧隨根對現，不背衆生。
一切衆生如應見者皆悉對面，時諸衆生各不相

无明。通上界下界五结。以如是十使五结四魔。入于三恶道。生老病死苦。得出世者不为。已上善财叹三界生死苦因缘竟。已下三十行颂。叹德请法。如文自明。如是三界烦恼。初地二地治下界惑。三地治上二界惑。四地出三界。五地习世技。六地世出世慧具足。七地入生死等三界六道行大慈悲。八地无功用智悲圆。九地十地佛用方满。十一地普贤行周。十二地功齐法界理智恒然。十住法则一分与此十地行门法用相似。但胜进不同。十行但论无染行门。十回向中会融悲愿。如下五十三善知识具彰至位具明。第二文殊师利知根与法令其成行发生后学门中。约立五门。一明信心已发。二明圣者摄受。三明圣者劝亲近善友。四明善财请问云何学菩萨道。五明文殊指授修行所归。一明信心已发者。如经云。善男子。汝已发阿耨多罗三藐三菩提者。是此信心菩提入位菩提。以三昧行方能显得。理行相显。业尽纯明。二明圣者摄受者。经云。尔时文殊师利菩萨如象王回者。是摄受义。如大圣无方。智圆形遍。随根对现。不背众生。一切众生如应见者。皆悉对面。时诸众生各不相

知但謂聖者獨與我語。今言文殊師利見善財所
謂如象王迴者，是知根採攝受與法故。三明聖
者勸親近善友者，經云善男子親近供養諸善知
識是具足一切智最初因緣，是故於此勿生疲厭。
此一切智是菩提心無所得，因此而現名根本智。
以無所得爲體，而照現萬法爲用。四明善財請法
者，經云云何學菩薩道有十一問，諸菩薩道門曰。
何故但云求菩薩道不云學菩提心，答曰爲菩提
無所得無所修無所學無所行，是故但求菩薩道。
學菩薩行然菩提心自恆明現，如下妙峯山上得
憶念諸佛智慧光明門者，託事表法，以良爲山，良
爲止，以約止心無念妄想不生，正慧現前名爲憶
念。以正慧與一切諸佛無相妙理合，故以此無相
正慧現前普照心境身邊等五見總亡，萬境虛寂
見亡業謝名曰光明，故言憶念諸佛智慧光明門。
此明三昧禪定是方便行，能顯理智體用一門圓
周自在，乃至不可說三昧總是現正智之方便是
行故。如十波羅蜜中唯智波羅蜜是無功用自在
之果，餘九波羅蜜是助顯之行，從初發心住十十
互參，如鍊真金轉轉明淨，而令成就種種莊嚴業

知。但谓圣者独与我语。今言文殊师利见善财。所谓如象王回者。是知根采顾。摄受与法故。三明圣者劝亲近善友者。经云。善男子。亲近供养诸善知识。是具足一切智。最初因缘。是故于此勿生疲厌。此一切智是菩提心无所得。因此而现。名根本智。以无所得为体。而照现万法为用。四明善财请法者。经云。云何学菩萨道。有十一问请菩萨道。问曰。何故但云求菩萨道。不云学菩提心。答曰。为菩提无所得。无所修。无所学。无所行。是故但求菩萨道。学菩萨行。然菩提心自恒明现。如下妙峰山上。得忆念诸佛智慧光明门者。托事表法。以艮为山。艮为止。以约止心无念。妄想不生。正慧现前。名为忆念。以正慧与一切诸佛无相妙理合故。以此无相正慧现前。普照心境。身边等五见总亡。万境虚寂。见亡业谢。名曰光明。故言忆念诸佛智慧光明门。此明三昧禅定。是方便行。能显理智体用二门。圆周自在。乃至不可说三昧。总是现正智之方便是行故。如十波罗蜜中。唯智波罗蜜。是无功用自在之果。余九波罗蜜。是助显之行。从初发心住。十十互参。如炼真金。转转明净。而令成就种种庄严。业亡智滿行周。人因陀羅網法門。方可稱法界。功堪任運從初發心住皆以菩提心無作用無所修無所行為體而求修學普賢一切無盡行門。以此但求菩薩道學菩薩行。無作菩提隨行自明。以行之中常有禪波羅蜜助顯體用理智轉令明白自在故。大意初發心住以無念無作三昧加行方便助顯菩提。以菩提無體無性與一切諸行作無住之緣。以此求菩薩諸行。以諸行即菩提無體性故。若於行外別修菩提。即聲聞緣覺及空觀菩薩菩提。非一乘文殊普賢理智萬行悲願自在菩提。以是如來對權教菩薩說諸行無常是生滅法。以權教菩薩修析法明空觀破三界有。如來對此說諸行無常。未明三界諸有即菩提用故。以此一乘實教菩薩但求菩薩道行菩薩行即菩提用。明理智體用總該。不別求也。若也別求菩提。即體用各別二見恆存。不名乘不思議乘故。是故但求菩薩道無別菩提也。以明菩提無求無發心無所行無處所無問無答無得無證。行一切行具普賢道。無行無修是菩提大用圓滿故。但求菩薩道學菩薩行故。始可得名初發心時便成正覺。五明文殊師利亡智满行周。入因陀罗网法门。方可称法界。功堪任运。从初发心住。皆以菩提心无作用。无所修无所行为体。而求修学普贤一切无尽行门。以此但求菩萨道学菩萨行。无作菩提。随行自明。以行行之中。常有禅波罗蜜。助显体用理智。转令明白自在故。大意初发心住。以无念无作三昧。加行方便。助显菩提。以菩提无体无性。与一切诸行作无住之缘。以此求菩萨诸行。以诸行即菩提。无体性故。若于行外别修菩提。即声闻缘觉及空观菩萨菩提。非一乘文殊普贤理智万行悲愿自在菩提。以是如来对权教菩萨。说诸行无常。是生灭法。以权教菩萨。修析法明空观。破三界有。如来对此说诸行无常。未明三界诸有即菩提用故。以此一乘实教菩萨。但求菩萨道。行菩萨行。即菩提用。明理智体用总该。不别求也。若也别求菩提。即体用各别。二见恒存。不名乘不思议乘故。是故但求菩萨道。无别菩提也。以明菩提无求。无发心。无所行。无处所。无问无答。无得无证。行一切行。具普贤道。无行无修。是菩提大用圆满故。但求菩萨道学菩萨行故。始可得名初发心时便成正觉。五明文殊师利指授修行所歸者。經云善男子於此南方有一國土名為勝樂其國有山名曰妙峯於彼山中有一比丘名曰德雲者是也。又於此知根與法令其成行發生後學門中。直至經末長科為八段。一從爾時文殊師利如象王迴已下至爾時文殊師利菩薩說此頌已并頌有二十二行經。明文殊師利勸發善財童子親近善知識。明趣入十住以定會理契真門。卽妙峯山上德雲比丘所得憶念諸佛智慧光明門是。以次向下至王女慈行童女有十箇善知識總是十住位中善知識也。從此妙峯山已下約立七門。一從信趣入十住以定會理契真門十住品是。二依真發起諸行門。卽善見比丘并已下共有十善知識是十行品是。三理智大悲願行會融門。卽從鬻香長者青蓮華等已下十善知識是十迴向品是。四蘊修悲智成德門。卽夜神婆珊婆演底并已下共有十善知識是十地品是。五悲終起智成佛門。卽佛母摩耶夫人并下共有十善知識是十定品已下共有十品是。六修行已滿佛果門。卽慈氏如來是如來出現品經是。七法界自在無功大用如因陀羅網互參圓融門無功法界指授修行所归者。经云。善男子。于此南方有一国土。名为胜乐。其国有山名曰妙峰。于彼山中有一比丘。名曰德云者是也。又于此知根与法令其成行发生后学门中。直至经末。长科为八段。一从尔时文殊师利如象王回已下。至尔时文殊师利菩萨说此颂已。并颂。有二十二行经。明文殊师利劝发善财童子亲近善知识。明趣入十住以定会理契真门。即妙峰山上德云比丘所得忆念诸佛智慧光明门是。以次向下至王女慈行童女。有十个善知识。总是十住位中善知识也。从此妙峰山已下约立七门。一从信趣入十住以定会理契真门。十住品是。二依真发起诸行门。即善见比丘并已下。共有十善知识是。十行品是。三理智大悲愿行会融门。即从鬻香长者青莲花等。已下十善知识是。十回向品是。四蕴修悲智成德门。即夜神婆珊婆演底并已下共有十善知识是。十地品是。五悲终起智成佛门。即佛母摩耶夫人并下共有十善知识是。十定品已下共有十品是。六修行已满佛果门。即慈氏如来是。如来出现品经是。七法界自在无功大用如因陀罗网互参圆融门。无功法界大用是。法界品是。明總法界該括所收。如是五十三善知識起此行門方便。令後發菩提心者識其五位進修行門。令易解故。前雖說法在行。恐迷是故。令善財重起行門。表示令學者不錯謬故。第一從信趣入十住以定會理契眞門中。從爾時文殊師利菩薩如象王迴已下。至願學普賢乘。幷頌有二十二行經。於此段中分爲四段。一爾時文殊師利菩薩如象王迴已下。至是故於此勿生疲厭。有五行經。明文殊師利稱歎善財發菩提心。勸近善知識勿生疲厭分。二善財白言已下。至云何令普賢行速得圓滿。有五行半經。明善財請問十一問菩薩所行分。三爾時文殊師利菩薩已下。可有一行經。明文殊師利說頌讚歎善財分。四正申其頌。頌云。若有諸菩薩。不厭生死苦。則具普賢道。一切無能壞者。明以生死苦爲菩提。卽無所壞。若離生死苦修菩薩行發菩提心。卽有所壞。何以故。卽有生死涅槃染淨二障所壞。卽有是非二見斷常所壞。又云。若入方便海。安住佛菩提。能隨導師學。當成一切智者。明以大願大悲萬行海爲方便。方可安住佛菩提。若於一切法。一切行。一法不明。一行大用是。法界品是。明总法界该括所收。如是五十三善知识。起此行门方便。令后发菩提心者识其五位进修行门。令易解故。前虽说法在行恐迷。是故令善财重起行门表示。令学者不错谬故。第一从信趣入十住以定会理契真门中。从尔时文殊师利菩萨如象王回已下。至愿学普贤乘。并颂。有二十二行经。于此段中。分为四段。一尔时文殊师利菩萨如象王回已下。至是故于此勿生疲厌。有五行经。明文殊师利称叹善财发菩提心劝近善知识勿生疲厌分。二善财白言已下。至云何令普贤行速得圆满。有五行半经。明善财请问十一问菩萨所行分。三尔时文殊师利菩萨已下。可有一行经。明文殊师利说颂赞叹善财分。四正申其颂。颂云。若有诸菩萨。不厌生死苦。则具普贤道。一切无能坏者。明以生死苦为菩提。即无所坏。若离生死苦。修菩萨行。发菩提心即有所坏。何以故。即有生死涅槃染净二障所坏。即有是非二见断常所坏。又云。若入方便海。安住佛菩提。能随导师学。当成一切智者。明以大愿大悲万行海为方便。方可安住佛菩提。若于一切法。一切行。一法不明。一行不行。卽菩提心不得圓滿。以菩提心無障礙無體性。一法一行上有取有捨。卽有障礙取捨。但以法界普光明智海印之無法不徹。以此但求菩薩行滿。卽菩提心圓滿。以菩薩行與菩提心無一異俱不俱無合散故。二不可得故。如是而行菩薩行故生死涅槃二不可得故。謂於生死安住涅槃。如是修行一切菩薩行。長大慈大悲大願滿普賢道故。自餘如文自明。又第一從信趣入十住以定會理契眞門中。從爾時文殊師利菩薩說此頌已。至德雲比丘。當爲汝說。有十二行半經。約分五段。一從爾時已下。有兩行半經。明文殊師利歎善財能發無上菩提心分。二善男子已下。至倍更爲難。有兩行經。明歎善財求善知識倍更爲難分。三善男子已下。至應決定求眞善知識。有一行經。明求一切智應決定求眞善知識分。四善男子已下。至勿見過失。有兩行半經。明文殊師利敎誡善財見善知識無厭足勿見過失分。如文自具。五善男子已下。至德雲比丘爲汝演說。有四行半經。約有五法。一示善知識所居方面。二示善知識所居國土。三示善知識所居處所。四舉善知識約德立名。五舉善不行。即菩提心不得圆满。以菩提心无障碍无体性。一法一行上有取有舍。即有障碍取舍。但以法界普光明智海印之。无法不彻。以此但求菩萨行满。即菩提心圆满。以菩萨行与菩提心。无一异俱不俱无合散故。二不可得故。如是而行菩萨行故。生死涅槃二不可得故。谓于生死安住涅槃。如是修行一切菩萨行。长大慈大悲大愿。满普贤道故。自余如文自明。又第一从信趣入十住以定会理契真门中。从尔时文殊师利菩萨说此颂已。至德云比丘当为汝说。有十二行半经约分五段。一从尔时已下。有两行半经。明文殊师利叹善财能发无上菩提心分。二善男子已下。至倍更为难。有两行经。明叹善财求善知识倍更为难分。三善男子已下。至应决定求真善知识。有一行经。明求一切智。应决定求真善知识分。四善男子已下。至勿见过失。有两行半经。明文殊师利教诫善财见善知识勿厌足勿见过失分。如文自具。五善男子已下。至德云比丘为汝演说。有四行半经。约有五法。一示善知识所居方面。二示善知识所居国土。三示善知识所居处所。四举善知识约德立名。五举善

大方廣佛新華嚴經論卷第三十四

知識道德堪能演說何法。一示善知識所居之方
面者。何故令往南方。以明託方隅而表法。以南爲
正。爲离。爲明。以离中虛。以中虛故离爲明。爲日。爲
九天。在身爲頭。爲目。爲心。心達虛無。智日自明。故
取之像。表其道也。是故經云明鍊十方一切儀式
主方神。方者法也。但取其法。大象無方。如日行於
天。明麗於地。智行於空。明麗於萬物。無不知。無不
明。取之一法。十方混然。二示善知識所居國土者。
南方有國名爲勝樂者。爲明理智虛無能淨煩惱
名爲勝樂。三示善知識住處。其國有山名曰妙峯
者。無念淨聽名之爲山。心空智現名之爲妙。理淨
智明慧能破惑名之爲峯。以艮爲山。爲止。爲童蒙
爲小男。爲門闕。以止爲初明。以三陽爻生之始爲
正月。一下止則正字也。以十一月一陽生。十二月
二陽生。正月三陽生。故取之爲正月。故三陽生故
以三爲正。又三陽生處火生於寅。以火爲日。日生
於寅。以日生於寅。是明初生處。故名爲童蒙。小男
位。故取之以像。表之以法。以文殊師利居東北方
清涼山者。取摩竭提國菩提場是東北方。此山是
南閻浮洲菩提場之東北。是此閻浮提眾山之王。

(大方广佛新华严经论卷第三十四)*

知识道德堪能演说何法。*一示善知识所居之方面者。何故令往南方。以明托方隅而表法。以南为正。为离。为明。以离中虚。以中虚故。离为明。为日。为九天。在身为头。为目。为心。心达虚无。智日自明。故取之像。表其道也。是故经云。明炼十方一切仪式主方神。方者法也。但取其法。大象无方。如日行于天。明丽于地。智行于空。明丽于万物。无不知。无不明。取之一法。十方混然。二示善知识所居国土者。南方有国名为胜乐者。为明理智虚无。能净烦恼。名为胜乐。三示善知识住处。其国有山名曰妙峰者。无念净禅。名之为山。心空智现。名之为妙。理净智明。慧能破惑。名之为峰。以艮为山。为止。为童蒙。为小男。为门阙。以止为初明。以三阳爻生之始为正月。一下止则正字也。以十一月一阳生。十二月二阳生。正月三阳生。故取之为正月故。三阳生故以三为正。又三阳生处。火生于寅。以火为日。日生于寅。以日生于寅。是明初生处。故名为童蒙小男位故。取之以像。表之以法。以文殊师利居东北方清凉山者。取摩竭提国菩提场是东北方。此山是南阎浮洲菩提场之东北。是此阎浮提众山之王。

以艮爲山王故。一萬菩薩於中止住是文殊師利
主伴萬行圓滿之侶也。故以文殊主法身根本智
之妙慧、爲一切諸佛啟蒙之師。卽有一切處文殊
師利、亦乃一切眾生皆自有之。皆從此法初入聖
智也。初生佛家與一切諸佛同一智慧解脫知見。
從茲之後學差別智起願行成大慈悲。號曰普賢
法界行也。是故如來取像世間法則。用表法令易
解故。卽以勝樂國妙峯山取像。明其三賜生處。以
艮爲止。以止則明初生故。以明初生號曰童蒙。亦
以文殊師利以發蒙人聖之初故。故號文殊爲童
子菩薩。因化立名故。以發起一切眾生入無相理
妙智慧故、此明以方便三昧現根本智初生一切
諸佛智慧家故。故立名也。以取像表法。令學者先
以心無念慮寂靜不動如山王。無相妙理智慧使
現自心智慧得解脫清涼。不卽要身足登山也。是
故十住位於須彌頂上說十箇隨位昇進佛果皆
號之爲月。同此妙峯山德雲比丘已下十箇善知
識創從凡夫位得法清涼樂也。此明善財舉行用
彰十住門言妙峯山者。意明從定方能顯發自心
根本智慧、如諸佛見萬法無性萬法無相萬法無

以艮为山王故。一万菩萨于中止住。是文殊师利主伴万行圆满之侣也。故以文殊主法身根本智之妙慧。为一切诸佛启蒙之师。即有一切处文殊师利。亦乃一切众生皆自有之。皆从此法初入圣智也。初生佛家。与一切诸佛同一智慧解脱知见。从兹之后。学差别智。起愿行成大慈悲。号曰普贤法界行也。是故如来取像世间法则。用表法令易解故。即以胜乐国妙峰山取像。明其三阳生处。以艮为止。以止则明初生故。以明初生。号曰童蒙。亦以文殊师利以发蒙入圣之初故。故号文殊为童子菩萨因化立名故。以发起一切众生。入无相理妙智慧故。此明以方便三昧现根本智。初生一切诸佛智慧家故。故立名也。以取像表法。令学者先以心无念虑。寂静不动如山王。无相妙理智慧便现。自心智慧得解脱清凉。不即要身足登山也。是故十住位于须弥顶上说。十个随位升进佛果。皆号之为月。同此妙峰山德云比丘已下十个善知识。创从凡无位得法清凉乐也。此明善财举行用彰十住门。言妙峰山者。意明从定方能显发自心根本智慧。如诸佛见万法无性。万法无相。万法无依萬法無有本末住處。契此法已名爲住佛所住。方得見亡業謝。生聖智流中。學差別智成就法界無限普賢大用。廣化無盡一切法界衆生。皆使入於根本智之知見故。亦可凡心初學。先入山樂靜。方學定心用現正智。亦是方便。亦可得名勝樂國妙峯山也。以心離俗境樂修寂靜。亦是勝樂義。引凡方便種種利生。但不住其中也。四舉善知識約德立名。名爲德雲者。以德雲能雨法。灑潤衆生。令得清涼之義。比丘者。此云滅諍。以滅有無是非煩惱之諍。故云滅諍。以身邊等五見及有無二見。能障道故。先須以無念無思三昧止之。正智方現。故云滅諍。故以妙峯山表其比丘三昧行智現定亡寂用自在。方能說教以潤童蒙。名爲德雲。故居艮爲蒙位。以止是潤生啟明之初。以比丘德雲居山之頂。取像表法。明此位從信心凡夫創始以三昧加行啟蒙入聖位中十住之首。至法頂故。與無相妙智慧會處。號爲妙峯。以妙智慧能說教處潤益含生。號名德雲。修學如是方便現其自心正智現前。其妙峯山德雲比丘之義。總在己躬。乃至文殊普賢佛果總皆自有。以方便三昧理智現前利衆依。万法无有本末住处。契此法已。名为住佛所住。方得见亡业谢。生圣智流中。学差别智。成就法界无限普贤大用。广化无尽一切法界众生。皆使入于根本智之知见故。亦可凡心初学。先入山乐静。方学定心。用现正智。亦是方便。亦可得名胜乐国妙峰山也。以心离俗境。乐修寂静。亦是胜乐义。引凡方便。种种利生。但不住其中也。四举善知识约德立名。名为德云者。以德云能雨法。洒润众生。令得清凉之义。比丘者。此云灭诤。以灭有无是非烦恼之诤。故云灭诤。以身边等五见。及有无二见。能障道故。先须以无念无思三昧止之。正智方现。故云灭诤。故以妙峰山。表其比丘三昧行。智现定亡。寂用自在。方能说教以润童蒙。名为德云故。居艮为蒙位。以止是润生启明之初。以比丘德云居山之顶。取像表法。明此位从信心凡夫。创始以三昧加行启蒙。入圣位中十住之首。至法顶故。与无相妙智慧会处。号为妙峰。以妙智慧能说教处。润益含生。号名德云。修学如是方便。现其自心正智现前。其妙峰山德云比丘之义。总在已躬。乃至文殊普贤佛果。总皆自有。以方便三昧理智现前。利众生行之即是。一如經具明。此明於法界品中安立如是五位行門。明五位方便修行行門。總以法界佛果爲體。以法界普光明根本智。具普賢差別智爲大用故。始終本末不移此也。以進修生熟處安立諸位。起一百一十城之法門。總共同一十波羅蜜行。一三十七道品。一四攝四無量心。總別同異成壞六門在其中也。以智照之可見。一百一十城義如前福城東已釋訖。五舉善知識道德所能者。此善知識堪能說示菩薩行之加行具普賢行之五位門戶。是故文殊令善財問德雲比丘。云何學菩薩行。云何修菩薩行。乃至云何於普賢行疾得圓滿。德雲比丘當爲汝說。此是入十住之初心名初發心住。

校譌

第四紙四行堅宋論作賢 第八紙十八行哉宋南藏作財 第九紙六行善宋南北藏作若 第十三紙二行七明書藏作十 第十五紙十九行餘明書藏作以 第十七紙六行現北論作理 第二十四紙三行爻北論作發 第二十五紙五行足宋南論作定

從此已下。總是善財知識。第一十住門中十知識。第一妙峯山德雲比丘。主發心住。

生行行之即是。一如经具明。此明于法界品中安立如是五位行门。明五位方便修行行门。总以法界佛果为体。以法界普光明根本智。具普贤差别智为大用故。始终本末不移此也。以进修生熟处。安立诸位。起一百一十城之法门。总共同一十波罗蜜行。一三十七道品。一四摄四无量心。总别同异成坏六门。在其中也。以智照之可见。一百一十城义。如前福城东已释讫。五举善知识道德所能者。此善知识堪能说示菩萨行之加行。具普贤行之五位门户。是故文殊令善财问德云比丘。云何学菩萨行。云何修菩萨行。乃至云何于普贤行疾得圆满。德云比丘当为汝说。此是入十住之初心。名初发心住。

从此已下。总是善财知识。第一十住门中十知识。第一妙峰山德云比丘。主发心住。

爾時善財童子聞是語已。歡喜踊躍已下。至我唯得此憶念一切諸佛境界智慧光明普見法門。有三十七行經義有十一門。一得聞善知識名歡喜。二頂禮文殊師利右遶三帀悲泣辭退南行。三至處求覓德雲比丘。四求經七日。五見比丘在別山上徐步經行。六見已往詣禮敬右遶三帀。七申請所求。八德雲歎善財一種難法皆能已發。九先舉善財所求十種菩薩之行。十自申己德授與善財。十一我唯得此憶念一切諸佛境界智慧光明普見法門。是都結自己當位法門授與善財竟。已下更推勝進前位。一得聞善知識名歡喜者。經云聞是語已歡喜踊躍。舉身離地為踊。再踊不已為躍。二頂禮文殊足下辭退南行。頭頂禮足以己之尊高。至彼之足下。是敬極之禮也。遶無數帀敬順法心。辭退南行身進明智。三至處求覓德雲比丘者。明至勝樂國妙峯山。表無染寂靜為勝樂。身心不動如山。是定習定也。十方求覓是觀也。是十方觀尔时善财童子闻是语已。欢喜踊跃已下。至我唯得此忆念一切诸佛境界智慧光明普见法门。有三十七行经。义有十一门。一得闻善知识名欢喜。二顶礼文殊师利。右绕三帀。悲泣辞退南行。三至处求觅德云比丘。四求经七日。五见比丘在别山上徐步经行。六见已往诣礼敬右绕三匝。七申请所求。八德云叹善财二种难法皆能发行。九先举善财所求十种菩萨之行。十自申己德授与善财。十一我唯得此忆念一切诸佛境界智慧光明普见法门。是都结自己当位法门授与善财竟。已下更推胜进前位。一得闻善知识名欢喜者。经云闻是语已欢喜踊跃。举身离地为踊。再踊不已为跃。二顶礼文殊足下辞退南行。头顶礼足。以己之尊高。至彼之足下。是敬极之礼也。绕无数匝敬顺法心辞退南行。升进明智。三至处求觅德云比丘者。明至胜乐国妙峰山。表无染寂静为胜乐。身心不动如山。是习定也。十方求觅是观也。是十方观

圓融心境使無邊等虛空故。四求經七日者明七
覺分推求勝進除沉掉心也。處定日沉出定日掉
去此二障。五見比丘在別山上徐步經行者表同
其定體已登山頂義也。明初居定體猶有定心。以
七覺支分推求正覺法身本無定亂體故。初心有
癰可定。故云遥見德雲住居別山頂也。徐步者不
居亂體也。經行者表不住淨心也。定亂兩融方明
契會。又離得同十方一切諸佛正覺慧現前。自此
方堪求菩薩之行。成普賢行。為明不住用故。故云
徐步。不住定故修菩薩行故。云經行。夫修道者皆
須信心之後當須要以定門以為方便。得定之後
方堪起十方觀七覺支觀用會心境徧周定亂雙
融。身邊見謝始名見道。方堪修菩薩道具菩薩行。
隨俗多生。在眞一念。六見已往詣禮敬右遶三帀
者。勝進敬順體會心成也。右遶者。左尊右卑。以自
卑已順尊正教。三帀者。一三五七九是陽之位。二
四六八十是陰之位。陽生陰煞。以三是生義也。七
申請所求者。經云我已先發無上菩提心而未知
菩薩云何學菩薩行是乃至應云何於普賢行速
得圓滿。八德雲比丘歎善財二種難法皆能發行

圆融心境。使无边等虚空故。四求经七日者。明七觉分。推求胜进。除沉掉心也。处定曰沉。出定曰掉。去此二障。五见比丘在别山上徐步经行者。表同其定体。已登山顶义也。明初居定体。犹有定心。以七觉支分。推来正觉法身。本无定乱体故。初心有禅可定。故云遥见德云住居别山顶也。徐步者。不居乱体也。经行者。表不住净心也。定乱两融。方明契会。又虽得同十方一切诸佛正觉慧现前。自此方堪求菩萨之行。成普贤行。为明不住用故。故云徐步。不住定故。修菩萨行。故云经行。夫修道者。皆须信心之后。当须要以定门以为方便。得定之后。方堪起十方观。七觉支观。用会心境遍周。定乱双融。身边见谢。始名见道。方堪修菩萨道。具菩萨行。随俗多生。在真一念。六见已往诣礼敬。右绕三匝者。胜进敬顺。体会心成也。右绕者。左尊右卑。以自卑已。顺尊正教。三匝者。一三五七九是阳之位。二四六八十是阴之位。阳生阴杀。以三是生义也。七申请所求者。经云。我已先发无上菩提心。而未知菩萨云何学菩萨行是。乃至应云何于菩贤行速得圆满。八德云比丘叹善财二种难法皆能发行

者。歎菩提心難發先已發菩薩行難行今能行。云
我已發無上菩提心者。已於文殊師利所發菩提
心。為知菩提無證修無所求故。但求菩薩方便三
昧加行。其菩提心自然明白無垢。猶如空中有雲
雲亡其虛空自空。不復云求虛空也。以明但修菩
薩三昧觀照以治執障。然菩提心無有修作留除
之體。在凡不減。在聖不增。是故今以妙峯山像以
止觀二門七菩提之助顯方便。菩提心自明白。及
至菩提明白。即菩薩行諸三昧自是菩提。不復別
有菩提而自明白。以明菩薩處於世間修諸萬行。
世間萬行乃至菩提涅槃性自離故。以將此法教
化迷流不了此者。而令悟達性空無垢之智。以淨
諸業。令苦不生。名為大悲。猶如化人教化幻士。以
智觀業隨時隨根。十方等利。無心意識。智幻利生。
以此義故。但求菩薩一切諸行。以明即行是菩提
一切無生滅故。云我已發無上菩提心者。以明信
心菩提雖未有三昧加行顯發。已知無所修無所
求故。今求菩薩行者。以明方便三昧相印方明。行
及菩提如實無二。於此之中不可說言諸行無常
是生是滅。經云。一切法不生。一切法不滅。若能如

者。叹菩提心难发先已发。菩萨行难行今能行。云我已发无上菩提心者。已于文殊师利所发菩提心。为知菩提无证修无所求故。但求菩萨方便三昧加行。其菩提心自然明白无垢。犹如空中有云。云亡。其虚空自空。不复云求虚空也。以明但修菩萨三昧观照。以治执障。然菩提心。无有修作留除之体。在凡不减。在圣不增。是故今以妙峰山像。以止观二门七菩提之助显方便。菩提心自明白。及至菩提明白。即菩萨行诸三昧自是菩提。不复别有菩提而自明白。以明菩萨处于世间修诸万行。世间万行乃至菩提涅槃性自离故。以将此法教化迷流不了此者。而令悟达性空无垢之智。以净诸业。令苦不生。名为大悲。犹如化人教化幻士。以智观业。随时随根。十方等利。无心意识。智幻利生。以此义故。但求菩萨一切诸行。以明即行是菩提一切无生灭故。云我已发无上菩提心者。以明信心菩提。虽未有三昧加行显发。已知无所修无所求故。今求菩萨行者。以明方便三昧相印方明。行及菩提。如实无二。于此之中。不可说言诸行无常是生是灭。经云。一切法不生。一切法不灭。若能如是見諸佛常現前以是下文得見四維上下十方無數佛等。爲得此見解故。如來於三乘中說諸行無常者。爲執諸行作實者說非爲大根衆生頓受法界佛乘理智體用無礙者說故。是故發菩提心者須識教之權實可以堪發大心。問曰。何故不於文殊師利一箇善知識邊求法豈不足耶。何故須經歷五十三善知識求菩薩行也。答曰。明治宿習氣之淺深。修差別智之廣狹。大慈悲之厚薄。攝化之多少。以此安立五位修行法則隨位善知識五十三人。一百一十重因果總。別同異成壞之相。令進修法不錯謬。不滯其功。不迂其行故。從此妙峯山以方便三昧加行因緣顯自法身自體清淨本無依住普光明智與菩薩行寂用無二門。已下諸位以普光明智用修差別智及治習氣。幷以大願起生智門。長養大悲行周法界。如下具明一一次第。九德雲先舉善財所求十種菩薩之行者。從所謂求菩薩行已下。總有十種菩薩行是總舉十住十。十行十。十迴向十。十地十。十一地十。如是五位中各十十。總在此十種菩薩行中。且如初第一所謂求菩薩行。向十住中配初發心住。成檀波羅蜜是见。诸佛常现前。以是下文。得见四维上下十方无数佛等。为得此见解故。如来于三乘中说诸行无常者。为执诸行作实者说。非为大根众生顿受法界佛乘理智体用无碍者说故。是故发菩提心者。须识教之权实。可以堪发大心。问曰。何故不于文殊师利一个善知识边求法岂不足耶。何故须经历五十三善知识求菩萨行也。答曰。明治宿习气之浅深。修差别智之广狭。大慈悲之厚薄。摄化之多少。以此安立五位修行法则。随位善知识五十三人。一百一十重因果。总别同异成坏之相。令进修法不错谬。不滞其功。不迂其行故。从此妙峰山。以方便三昧加行因缘。显自法身自体清净。本无依住。普光明智。与菩萨行。寂用无二门。已下诸位。以普光明智。用修差别智。及治习气。并以大愿起生智门。长养大悲行周法界。如下具明一一次第。九德云先举善财所求十种菩萨之行者。从所谓求菩萨行已下。总有十种菩萨行。是总举。十住十。十行十。十回向十。十地十。十一地十。如是五位中各十十。总在此十种菩萨行中。且如初第一所谓求菩萨行。向十住中配初发心住。以檀波罗蜜門爲主。餘九爲伴。以方便三昧爲檀行體。能捨一切法故。二求菩薩境界者。配治地住。以戒波羅蜜爲體。餘九爲伴。以法身根本智爲戒體。大悲及差別智爲用。如海雲比丘所觀察大海見佛出興。達十二緣生。成根本智。便以差別智說普眼經。及十王是智悲之行。如下至位方明。此同十地中第二地治欲界惑。三求菩薩出離道者。配修行住。此同十地中第三地修上二界禪。超彼禪定位故。治上二界惑。如此修行住中第三善知識。於海岸國善住比丘在於虛空中來往經行。明得不住三界及禪定得智自在故。十王恭敬者。明智悲並濟不偏修故。至位方明。此以忍波羅蜜爲主。餘九爲伴。此明三界惑盡。是出離道故。四求菩薩清淨道。如十住中第四生貴住。及十地第四地。三界心盡。出世現前。方學世間文字智義。五住五地方滿。六住中如海幢比丘得離出入息寂滅神通化身周徧十方。如是十種所求所修菩薩道。一一中十十之行。五位齊彰。一一如上配之。於中意況具在文義炳然。不悟讀之虛談且過。一一須得意。如十住法與後位及十地作樣。已後諸位倣此規模。慣習已終。元门为主。余九为伴。以方便三昧为檀行体。能舍一切法故。二求菩萨境界者。配治地住。以戒波罗蜜为体。余九为伴。以法身根本智为戒体。大悲及差别智为用。如海云比丘所观察大海。见佛出兴。达十二缘生成根本智。便以差别智说普眼经。及十王是智悲之行。如下至位方明。此同十地中第二地治欲界惑。三求菩萨出离道者。配修行住。此同十地中第三地。修上二界禅。超彼禅定位故。治上二界惑。如此修行住中第三善知识。于海岸国善住比丘。在于虚空中来往经行。明得不住三界及禅定。得智自在故。十王恭敬者。明智悲并济。不偏修故。至位方明。此以忍波罗蜜为体。余九为伴。此明三界惑尽。是出离道故。四求菩萨清净道。如十住中第四生贵住。及十地第四地。三界心尽。出世现前。方学世间文字智义。五住五地方满。六住中如海幢比丘。得离出入息。寂灭神通。化身周遍十方。如是十种所求。所修菩萨道。一中十十之行。五位齐彰。一一如上配之。于中意况具在文义炳然。不悟读之。虚谈且过。一一须得意。如十住法。与后位及十地作样。已后诸位。仿此规模。惯习已终。元依初法。十自申己德授與善財者。經云。善男子。我得自在決定解力。信眼清淨。智光照耀。普觀境界離一切障善巧觀察。普眼明徹。具清淨行。往詣十方一切佛國土。恭敬供養一切諸佛。此明學本果法。令凡信樂修行。從初發心修行慣習。十地功終。方依及此初時本樣果法也。還以法界中時不遷智不異。慈悲不異。願行不異之所成就。以於法界大智無延促中修行故。不同情解。有修行者。莫作延促時分修學。應須善觀法界體用。莫如世情作一刹那計。作三僧祇計。如法界中。都無脩短遠近故。以此解行。如法修行。於諸境界。善照生滅。令使執盡而成智之大用。於自心境。莫退攝持。但知放蕩。任性坦然。習定觀照。執盡智現。生滅自無。業垢自淨。會佛境界。同如來心。佛見自會。非由捉搦。譏作別宕。令心狂惑。但自明心境見融。執業便謝。見亡執謝。一切萬法本自無瘡。智境朗然。名爲佛國也。無煩強生見執。示自沈淪。自作自殃。非他能與。十一自此善男子我得自在決定信解力已下。至善男子我唯知此憶念一切諸佛境界智慧光明普見法門。有十九行半經。明普見十方一切諸佛依初法。十自申己德授与善财者。经云。善男子。我得自在决定解力信眼清净智光照耀。普观境界离一切障善巧观察。普眼明彻具清净行。往诣十方一切佛国土。恭敬供养一切诸佛。此明举本果法。令凡信乐修行。从初发心修行惯习。十地功终。方依及此初时本样果法也。还以法界中。时不迁智不异。慈悲不异。愿行不异之所成就。以于法界大智无延促中修行故。不如情解。有修行者。莫作延促。时分修学。应须善观法界体用。莫如世情作一刹那计。作三僧祇计。如法界中。都无修短远近故。以此解行。如法修行。于诸境界。善照生灭。令使执尽。而成智之大用。于自心境。莫浪摄持。但知放荡任性坦然。习定观照。执尽智现。生灭自无。业垢自净。会佛境界。同如来心。佛见自会。非由捉搦。谩作别治。令心狂惑。但自明心境见融。执业便谢。见亡执谢。一切万法本自无疮。智境朗然。名为佛国也。无烦强生见执。永自沉沦。自作自殃。非他能与。十一自此善男子我得自在决定信解力已下。至善男子我唯知此忆念一切诸佛境界智慧光明普见法门。有十九行半经。明普见十方一切诸佛

及諸佛國土境界無礙門。是此位中之果也。此明
本來如是佛境清淨。此來妄作客塵。今從文殊師
利所得決定信眼。以止觀一門七覺支分全此眞
境契會無差。普見一切衆生心境及以自心本來
解脫佛國。此之已初發心住。以身心會佛所住故。以
檀波羅蜜爲主。餘九爲伴。自此已下。但有所見佛
及佛境界。總是當位中之果也。自此已下。推功前
位治地住中。已下一一善知識皆有本位昇進
一門。第二治地住善知識名字法門如下。一初昇
進門中。從豈能了知諸大菩薩無邊智慧清淨行
門已下。至辭退而去。有三十八行半經。是推德勝
進分。於此段中。約分四段。一豈能了知諸大菩薩
無邊智慧已下。至云何能知能說彼功德行。有二
十九行半經。明仰推勝德。令善財進修分。二南方
有國名爲海門。是示善知識處。三彼有比丘名爲
海雲。是示善知識名。四禮德雲足。是辭去而昇進
前位。此明一一位中與十法門令人。授十法門令彼
修。皆一位有正人本位之果授前位之因。已下
此例然。初二十九行半經。明求申善知識名號
其德自推無能。後九行半經。明舉善知識名。重嘆

及诸佛国土境界无碍门。是此位中之果也。此明本来如是佛境清净。比来妄作客尘。今从文殊师利所得决定信眼。以止观二门七觉支分。至此真境契会无差。普见一切众生心境。及以自心。本来解脱佛国。此名初发心住。以身心会佛所住故。以檀波罗蜜为主。余九为伴。自此已下。但有所见佛及佛境界。总是当位中之果也。自此已下。推功前位治地住中。已下一一善知识边。皆有本位升进二门。第二治地住善知识。名字法门如下。一初升进门中。从岂能了知诸大菩萨无边智慧清净行门已下。至辞退而去。有三十八行半经。是推德胜进分。于此段中。约分四段。一岂能了知诸大菩萨无边智慧已下。至云何能知能说彼功德行。有二十九行半经。明仰推胜德。令善财进修分。二南方有国名为海门。是示善知识处。三彼有比丘名为海云。是示善知识名。四礼德云足是辞去而升进前位。此明一一位中。与十法门令入。授十法门令修。皆一位有正入本位之果。授前位之因。已下仿此例然。初二十九行半经。明未申善知识名。悬叹其德。自推无能。后九行半经。明举善知识名。重举十法而令須問一一如經具明。

第二海門國海雲比丘。主治地住。

第二治地住本位門中復分爲五段。一爾時善財已下正念觀十法。二南行至海門國。三至海雲比丘所頂禮其足。四正申所求。五海雲比丘稱歎善財示所觀法。如海門國者。明觀生死海爲廣大佛海。海雲比丘者。因所觀法立名。其心如雨以法潤生如雲。又性戒如海不宿死屍。一切生滅死屍至於根本智海皆爲智海無生滅故。海雲比丘稱歎善財與所觀之法者。所謂觀察大海。云我住此海門國十有二年者。明不離十二因緣生死海。故如是十二有支。一切凡夫無明所覆常處其中。權教菩薩及以二乘皆厭而捨之。一乘菩薩以此無明十二有支以爲如來一切智智之海。爲大智海無有生滅本來如是。凡夫不了妄繫生死無明。故云我住此海門國十有二年。經云常以大海爲其十法而令预闻。一一如经具明 。

第二海门国海云比丘。主治地住 。

第二治地住。本位门中。复分为五段。一尔时善财已下。正念观十法。二南行至海门国。三至海云比丘所顶礼其足。四正申所求。五海云比丘称叹善财示所观法。如海门国者。明观生死海为广大佛海。海云比丘者。因所观法立名。其心如海。以法润生如云。又性戒如海。不宿死尸。一切生灭死尸至于根本智海。皆为智海无生灭故。海云比丘称叹善财与所观之法者。所谓观察大海。云我住此海门国十有二年者。明不离十二因缘生死海故。如是十二有支。一切凡夫无明所覆常处其中。权教菩萨及以二乘皆厌而舍之。一乘菩萨以此无明十二有支。以为如来一切智智之海。为大智海无有生灭。本来如是。凡夫不了。妄系生死无明。故云我住此海门国十有二年。经云常以大海为其

境界已下有十種思惟大海。意明一切眾生十二
緣生生老之海廣大無量無有中邊性相可得便
爲佛海。思惟大海無量眾寶奇妙莊嚴明觀生死
緣生海便成自性清淨佛之智海。即一切智寶功
德莊嚴。思惟大海積無量水者。以諸愛水爲大悲
水。思惟大海水色不同者。根本智中起無量差別
智慈。思惟大海無量眾生住處。以明佛海中有無
量眾生之所住處不覺不知。思惟大海容受種種
大身眾生。明無量菩薩咸處生死海中。一一身土
咸滿其中。如影如光不相障蔽。思惟大海能受大
雲所雨之雨者。菩薩心海堪受大雲諸佛法雨。思
惟大海無增無減。諸佛智性之海。無有增減。乃至
四種無過此廣大深廣。便見海中有大蓮華忽然
出現。其上有佛說普眼經。意明自觀生死海便爲
自己如來清淨智海。自佛出興根本智差別智究
竟不離此生死海中圓滿故。十力四無畏一切智
智海皆迴生死海廣大業力而成就之生死業果
盡一切智智海。如是成自己如來廣大智海普賢
行海。不離一切眾生及自己十二有支緣生行海
中。若離此者別有成佛處所法者無有是處。從海

境界。已下有十种思惟大海。意明一切众生十二缘生老死之海。广大无量。无有中边性相可得。便为佛海。思惟大海无量众宝奇妙庄严。明观生死缘生海。便成自性清净佛之智海。即一切智宝功德庄严。思惟大海积无量水者。以诸爱水为大悲水思惟大海。水色不同者。根本智中起无量差别智慈。思惟大海无量众生住处。以明佛海中。有无量众生之所住处。不觉不知。思惟大海容受种种大身众生。明无量菩萨咸处生死海中。一一身土咸满其中。如影如光。不相障蔽。思惟大海能受大云所雨之雨者。菩萨心海。堪受大云诸佛法雨思惟大海无增无减。诸佛智性之海。无有增减。乃至四种无过此广大深广。便见海中有大莲华忽然出现。其上有佛说普眼经。意明自观生死海。便为自己如来清净智海。自佛出兴。根本智。差别智。究竟不离此生死海中圆满故。十力四无畏一切智智海。皆回生死海广大业力而成就之。生死业果。尽一切智智海。如是成自己如来广大智海普贤行海。不离一切众生及自己十二有支缘生行海中。若离此者。别有成佛处所法者。无有是处。从海

出蓮華。其蓮華上所有莊嚴眾寶。是達無明及諸
有支為大智海。以智隨行功德報生。因陀羅者主
也。尼羅者青色。此寶青色。為眾寶中之主。為蓮華
莖。芬敷布護者。言此蓮華開敷廣大。遍布大海。此
明以行隨智用無染業所成。百萬阿脩羅王執持
其莖者。百萬隨智用處生死而不沒。像阿脩羅處
大海而纔沒半身。表萬行隨智以智為主。明智悲
萬行處生死海而恆不沒故。一切眾苦波濤。此明
根本智差別智大悲萬行。一時同舉。明前妙峯山
得佛境界無相智慧光明海。但得普見諸佛智慧
光明境界門。此治地住中以將無相智慧光明照
十二有支成根本智差別大悲萬行齊備。百萬摩
尼寶莊嚴網彌覆其上者。明以根本智起差別智
說教遍周之所報生。百萬龍王雨以香水者。明以
智隨悲行雨戒定慧解脫知見香水。洽眾生心垢。
百萬迦樓羅王銜諸瓔絡及寶繒帶周帀垂下者。
智隨萬行垂大慈悲同於生死引接義也。百萬羅
剎王慈心觀察者。羅剎王者即毗沙門王也。主此
眾也。此云持國。在須彌北面而居。明守護義。取其
像以表法。明菩薩以大慈悲常居生死海守護眾

出莲华。其莲华上所有庄严众宝。是达无明及诸有支为大智海。以智随行功德报生。因陀罗者。主也。尼罗者。青色。此宝青色。为众宝中之主。为莲华茎。芬敷布护者。言此莲华开敷广大。遍布大海。此明以行随智用无染业所成。百万阿修罗王执持其茎者。百万随智用。处生死而不没。像阿修罗处大海而才没半身。表万行随智。以智为主。明智悲万行。处生死海而恒不没故。一切众苦波涛。此明根本智。差别智。大悲万行。一时同举。明前妙峰山得佛境界无相智慧光明海。但得普见诸佛智慧光明境界门。此治地住中。以将无相智慧光明。照十二有支。成根本智。差别大悲。万行齐备。百万摩尼宝庄严网弥覆其上者。明以根本智起差别智。设教遍周之所报生。百万龙王雨以香水者。明以智随悲行。雨戒定慧解脱知见香水。浴众生心垢。百万迦楼罗王衔诸璎珞。及宝缯带周匝垂下者。智随万行。垂大慈悲。同于生死。引接义也。百万罗刹王慈心观察者。罗刹王。者即毗沙门王也。主此众也。此云持国。在须弥北面而居。明守护义。取其像以表法。明菩萨以大慈悲。常居生死海。守护众生。令一切眾生慈心相向。百萬夜叉王恭敬禮拜者。取之像表離憍慢殘害。夜叉常恭敬故。號之為王。明勝於生死惡害心故。明主當護持生死惡害不生自在如王也。百萬乾闥婆王種種音樂讚歎供養者。明法樂以樂眾生故。百萬天王雨諸天華鬘香及衣服幢旛蓋等。明廣大饒益皆悉自在。萬事備周如天王。已下例然。總明迴生死海中無量不善作無量善根。表以十王。明於生死海達無明十二緣行一切不善成大智大悲善行滿足。寄喻如王。舉諸寶莊嚴充滿大海。義亦如之。以迴一切不善行作一切善行之所報生。隨智隨悲莊嚴滿剎。皆以無為無性智法印普印生死海總成福海。以法身無依住自性清淨普光明大平等智印印生死海總成法界解脫法門。以差別智印印眾生根之所調伏而為說法號之為佛出興也。普眼徧知諸法緣起善知總別同異本末生起號之為普眼法門。應當如是觀生死海觀如來海觀如來無差別智海。觀如來差別智海。觀如來大慈悲海。乃至普賢行願海。無邊法門海。總在此一切眾生十二有支生死海生。若出此海外。別有成佛處所無生。令一切众生慈心相向。百万夜叉王恭敬礼拜者。取之像。表离骄慢残害。夜叉常恭敬故。号之为王。明胜于生死恶害心故。明主当护持生死。恶害不生。自在如王也。百万乾闼婆王种种音乐赞叹供养者。明法乐以乐众生故。百万天王雨诸天华鬘香。及衣服幢幡盖等。明广大饶益皆悉自在。万事备周如天王。已下例然。总明回生死海中无量不善。作无量善根。表以十王。明于生死海。达无明十二缘行一切不善。成大智大悲善行满足。寄喻如王。举诸宝庄严充满大海。义亦如之。以回一切不善行。作一切善行之所报生。随智随悲。庄严满刹。皆以无为无性智法印。普印生死海总成福海。以法身无依住自性清净普光明大平等智印。印生死海。总成法界解脱法门。以差别智印。印众生根之所调伏。而为说法。号之为佛出兴也。普眼遍知诸法缘起。善知总别同异本末生起。号之为普眼法门。应当如是观生死海。观如来海。观如来无差别智海。观如来差别智海。观如来大慈悲海。乃至普贤行愿海。无边法门海。总在此一切众生十二有支生死海生。若出此海外。别有成佛处所。无有是處。當知諸佛及以國土。生居此生住居此住無別處也。從時海雲比丘告善財言。善男子。汝已發阿耨多羅三藐三菩提耶。已下至善男子我唯知此普眼法門。有九十一行經。是正入本位法門。從如諸菩薩已下至辭退而去。有十三行經。是此位中推德昇進。於此段中約分四門。一歎推先德二示善知識住處。三舉其名號。四禮敬辭去文義如經自具。如從此南行六十由旬者。南義如前所釋。六十由旬者。明此位治上二界四禪四空八禪惑。已過前位欲界六天業故。故言六十由旬。海岸聚落者。明超過欲界第六欲天故。此位治上二界住禪息念障。約昇進之德立名。此位治三界惑盡。住無所住。名爲善住。此位與第六海幢比丘得無三界業見齊。有習氣未得。第六住寂滅定神通自在。又世間文頌字智技藝未具。且得一分出三界麤業得一分神通。未於世間中出世間自在。即如下海幢比丘。是三界定亂二業不能拘留也。前妙峯山以止觀門顯諸佛境界智慧光明普見法門。以成真諦。此位直以智慧觀察世間俗諦十二有支爲佛境界。通修大悲普賢願行。以戒波羅蜜爲有是处。当知诸佛及以国土。生居此生。住居此住无别处也。从时海云比丘告善财言善男子汝已发阿耨多罗三藐三菩提耶已下。至善男子我唯知此普眼法门。有九十一行经。是正入本位法门。从如诸菩萨已下。至辞退而去。有十三行经。是此位中推德升进。于此段中。约分四门。一叹推先德。二示善知识住处。三举其名号。四礼敬辞去。文义如经自具。如从此南行六十由旬者。南义如前所释。六十由旬者。明此位治上二界四禅四空八禅惑也。过前位欲界六天业故。故言六十由旬。海岸聚落者。明超过欲界第六欲天故。此位治上二界住禅息念障。约升进之德立名。此位治三界惑尽。住无所住。名为善住。此位与第六海幢比丘得无三界业见齐。有习气。未得第六住寂灭定神通自在。又世间文颂字智技艺未具。且得一分出三界粗业。得一分神通。未于世间中出世间自在。即如下海幢比丘。是三界定乱二业不能拘留也。前妙峰山。以止观门显诸佛境界智慧光明普见法门。以成真谛。此位直以智慧观察世间俗谛十二有支为佛境界。通修大悲普贤愿行。以戒波罗蜜为主。餘九爲伴。約智三界通觀同治。約位偏治欲界惑障。已上諸位。但有所見境界。及如來名號。總是自心佛果所會之法。若自心不會。對面無覩見之期。

校譌

第一紙十四行道宋南北藏作行　第二紙十三行三千世界微塵數佛下一本有十字　第三紙十三行一念之念宋南藏作月十八行諸佛宋藏作如來　第十三紙十三行華宋南北藏作藏濩宋論作護　第十七紙十二行老疑當作死

第三海岸聚落善住比丘主修行住。

第三修行住。從爾時善財童子已下。至我唯知此普速疾供養諸佛成就衆生無礙解脫門。有八十行經。明入本位法門。約分五段。一念善知識所投之教。二次第南行。三詣善知識處。四見善知識恭敬禮拜。五正申所求。見此比丘於虛空中來往經行者。明不住上二界。息心住念禪。不住出三界禪。不住不出。故言來往經行。十王恭敬供養。明攝主。余九为伴。约智三界通观同治。约位遍治欲界惑障。已上诸位。但有所见境界。及如来名号。总是自心佛果所会之法。若自心不会。对面无睹见之期。

第三海岸聚落善住比丘。主修行住。

第三修行住。从尔时善财童子已下。至我唯知此普速疾供养诸佛成就众生无碍解脱门。有八十行经。明入本位法门。约分五段。一念善知识所授之教。二次第南行。三诣善知识处。四见善知识恭敬礼拜。五正申所求。见此比丘于虚空中来往经行者。明不住上二界息心住念禅。不住出三界禅。不住不出。故言来往经行。十王恭敬供养。明摄

眾生行徧故。表十波羅蜜行智自在故如王。空中
莊嚴剎法空中起行報生。龍王表智悲自在。雲雷
明法音普震。激寵智慧般哉。緊那羅王奏眾樂音
明以法音悅樂一切眾生故。摩睺羅伽是恭敬義
阿脩羅是處生死海不沒義。迦樓羅王作童子形
嬈女之所圍遶是離慢謙下智悲義。羅剎王者是
住生死海大悲守護眾生義。夜叉王者是大智守
護眾生義。為能行於虛空迅疾故。如智自在速疾
故。梵天王恭敬義。淨居天空中與宮殿俱表智悲
自在合會義。如是皆云不思議數者皆表行周眾
有普徧含生故。此第五正申所求中請菩薩所修
十種佛法。研求十種不捨之法。具如經文。時善住
比丘告善財言已下是正授其法。經云善男子我
已成就菩薩無礙解脫者。明得法空智慧。在空中
經行明不着靜亂。於染淨一障不能留滯名為無
礙解脫。得解脫已若來若去若行若止隨順思惟
觀察即時獲得智慧光明名究竟無礙。從是已去
即他心宿命神足等十無障礙。明以法空觀察三
界細習淨業現前即得此十無障礙法門。此明以
法空觀照力。治三界習氣及出三界治習已自然

众生行遍故。表十波罗蜜行智自在故如王。空中庄严。约法空中起行报生。龙王。表智悲自在。震雷。明法音普震。激电。智慧破惑。紧那罗王奏众乐音。明以法音悦乐一切众生故。摩睺罗伽。是恭敬义。阿修罗。是处生死海不没义。迦楼罗王作童子形。婇女之所围绕。是离慢谦下智慧义。罗刹王者。是住生死海大悲守护众生义。夜叉王者。是大智守护众生义。为能行于虚空速疾故。如智自在速疾故。梵天王。恭敬义。净居天空中与宫殿俱。表智悲自在含育义。如是皆云不思议数者。皆表行周众有。普遍含生故。此第五正申所求中。请菩萨所修十种佛法。并求十种不舍之法。具如经文。时善住比丘告善财言已下。是正授其法。经云。善男子。我已成就菩萨无碍解脱者。明得法空智慧。在空中经行。明不著静乱。于染净二障不能留滞。名为无碍解脱。得解脱已。若来若去。若行若止。随顺思惟观察。即时获得智慧光明。名究竟无碍。从是已去。即他心宿命神足等十无障碍。明以法空观察三界细习。净业现前。即得此十无障碍法门。此明以法空观照力。治三界习气及出三界治习已。自然

而得此十無障礙法。是故歎善財言。今復發心求
問佛法一切智法自然者。法明佛法出世。一切智
法用照世間。意明以所得法空用治染淨二習。神
通道力自然顯著。一切自在皆自然現前。已下准
此。至兆難知此善速疾供養諸佛成就眾生無礙
解脫門。是都結所人當位法門竟。已下以明昇進
前門。此段以明將方便觀照門佛智自然智神通
道力自至。以此不捨方便。而成就佛法。不捨佛法
而成菩薩行教化眾生。此以忍波羅蜜為主。餘九
為伴。此三比丘明入十住中得出三界解脫心還
以比丘表之。已下彌伽是俗人。住居市肆明處煩
闠而不亂故。教諸人眾輪字莊嚴法門者。明修世
技文字令圓滿故。意明先修出三界解脫。方修世
法住於生死故。約智一位道修諸法。約位偏修世
智。爲明前三已得出三界解脫神通故。先修出世
方學世間。明自在無業不染著世間故。又以出世
間智學世間智易明了故。第二昇進前位中從如
諸菩薩持大悲戒已下。至辭退而去有九行半經。
約分爲五門。一歎推先德。二示善知識所居之國。
三示其居處。四舉知識之名。五辭退而去。國名達

而得此十无障碍法。是故叹善财言。今复发心求问佛法一切智法自然者法。明佛法出世。一切智法用照世间。意明以所得法空。用治染净二习。神通道力自然显著。一切自在皆自然现前。已下准此。至我唯知此普速疾供养诸佛成就众生无碍解脱门。是都结所入当位法门竟。已下以明升进前门。此段以明将方便观照门。佛智自然智神通道力自至。以此不舍方便。而成就佛法。不舍佛法。而成菩萨行教化众生。此以忍波罗蜜为主。余九为伴。此三比丘。明入十住中得出三界解脱心。还以比丘表之。已下弥伽是俗人。居住市肆。明处烦阛而不乱故。教诸人众轮字庄严法门者。明修世技文字令圆满故。意明先修出三界解脱。方修世法住于生死故。约智一位通修诸法。约位偏修世智。为明前三已得出三界解脱神通故。先修出世。方学世间。明自在无业。不染著世间故。又以出世间智学世间智易明了故。第二升进前位中。从如诸菩萨持大悲戒已下。至辞退而去。有九行半经。约分为五门。一叹推先德。二示善知识所居之国。三示其居处。四举知识之名。五辞退而去。国名达里鼻荼者其國在南印度境。名義未譯。彌伽此云能伏。爲出世智已恆現前。世間智已得具足。眞俗二智已滿。能伏邪見異論。故名能伏。亦名爲雲。以能有德陰俗雨法故。故名爲雲。城名自在者。明出世智已得現前。於世名言義智自在。故城名自在。此依主立名也。

第四達里鼻荼國彌伽長者。主生貴住。

第一正入當位法門。從爾時善財童子已下至妙音陀羅尼光明法門。有六十七行經。約分爲十門。一正念其所授之法思惟勝進。二南行至處推覓彌伽。三見已致敬禮畢。四正申所求。五彌伽速自下座。五體投地敬初發心。六散金銀華無價寶爲座。令善財坐上。七稱讚善財而能發無上大菩提心爲世所依。八彌伽面門放光集衆。九彌伽爲衆說輪字品莊嚴門。十彌伽授與善財妙音陀羅尼光明法門。自我唯知此妙音陀羅尼已下是推德昇進。彌伽所以速自下其座。五體投地致敬善財。言遽者疾也。明彌伽敬能發大菩提心者。與十方諸佛同一體性。同一智慧。同一解脫。人天所依。何得不敬。以善財先於前三善知識已得出世菩提心已得同於十方諸佛法身根本智。至彌伽所。

里鼻茶者。其国在南印度境。名义未译。弥伽。此云能伏。为出世智已恒现前。世间智已得具足。真俗二智已满。能伏邪见异论。故名能伏。亦名为云。以能有德。荫俗雨法故。故名为云。城名自在者。明出世智已得现前。于世名言义智自在故。城名自在。此依主立名也 。

第四达里鼻茶国弥伽长者。主生贵住 。

第一正入当位法门。从尔时善财童子已下。至妙音陀罗尼光明法门。有六十七行经。约分为十门。一正念其所授之法。思惟胜进。二南行至处。推觅弥伽。三见已致敬礼毕。四正申所求。五弥伽遽自下座。五体投地。敬初发心。六散金银华无价宝为座。令善财坐上。七称赞善财而能发无上大菩提心。为世所依。八弥伽面门放光集众。九弥伽为众说轮字品庄严门。十弥伽授与善财妙音陀罗尼光明法门。自我唯知此妙音陀罗尼已下。是推德升进。弥伽所以遽自下其座。五体投地。致敬善财。言遽者疾也。明弥伽敬能发大菩提心者。与十方诸佛同一体性。同一智慧。同一解脱。人天所依。何得不敬。以善财先于前三善知识。已得出世菩提心。已得同于十方诸佛法身根本智。至弥伽所。

學世間差別言音名字句義智。明世間俗智敬出世間真智慧故。以明約真而有世間俗智。即真俗自在故。故城名自在。是以彌伽敬彼善財所得諸佛出世間智慧。是世間智慧根本故。是以敬之。以表俗諦差別智敬真諦根本智。以俗智是根本智中起故。令後學者貴出世道根本智故。以根本智與一切眾生作無明生死之因果。善財初覺彌伽敬之。十方一切菩薩。常頂禮初發心。以貴初覺根本智是出三界智慧相應。與一切諸佛智慧解脫同一體性故。普賢行海因茲而起。是故彌伽敬之而禮。又表無知法慢故。又此第四生貴住。明三界業謝名生在佛家故。第四地亦名生在佛家。與此住位同知同得同見。其法依本而安立之。修學者初生後熟。輪字品莊嚴法門者。明於一名字法門。於一音聲。言音無一體。名字無一性。莊嚴種種名字以為助伴。而與人天六道眾生說種種法門令生歡喜。令得解脫。然其不離無聲一聲無名一名。為隨順眾生世間言詞。故說一切世間諸法無時。即以無名字為主。即以有一切出世間法而為莊嚴。若說無有出世間法時。即有一切世間為学世间差别言音名字句义智。明世间俗智。敬出世间真智慧故。以明约真而有世间俗智。即真俗自在故。故城名自在。是以弥伽敬彼善财所得诸佛出世间智慧。是世间智慧根本故。是以敬之。以表俗谛差别智。敬真谛根本智。以俗智是根本智中起故。令后学者贵出世道根本智故。以根本智。与一切众生作无明生死之因果。善财初觉。弥伽敬之。十方一切诸菩萨。恒常顶礼初发心。以贵初觉根本智。是出三界智慧相应。与一切诸佛智慧解脱。同一体性故。普贤行海。因兹而起。是故弥伽敬之而礼。又表无知法慢故。又此第四生贵住。明三界业谢。名生在佛家故。第四地亦名生在佛家。与此住位同知同得同见。其法依本而安立之。修学者。初生后熟。轮字品庄严法门者。明于一名字法门。于一音声。言音无二体。名字无二性。庄严种种名字。以为助伴。而为人天六道众生。说种种法门。令生欢喜。令得解脱。然其不离无声一声。无名一名。为随顺众生世间言词。故说一切世间诸法无时。即以无名字为主。即以有一切出世间法而为庄严。若说无有出世间法时。即有一切世间为莊嚴。如是互爲主伴互爲莊嚴。有無緣起皆無自性。將用教化衆生隨根開解令得解脫。衆生及名字言音皆無自性。以此名字圓滿清淨音聲輪無所障礙。以一音聲說無量名皆以一音聲與無量名無量字作體故。卽無量名無量字總是一字故以聲性無體故無量名字與一切聲作體故。卽以名字體自無能所分別性相故。以衆生自無性故以此無聲之聲無名之名無說之說教化一切無性衆生令其破業至其本地。又以無依之智無聲之聲無名之名猶如虛空徧一切六道衆生音聲。同其類音爲其說法令其歡喜。然身心智慧名字六根總無受者說者。然一字中徧含多字之義互爲主伴。然亦各不相知。無彼無此故。是故當知一切名字皆以有無二字互爲緣起。若說一切法有字時卽一切有法自具無故自相成壞自有自無自在。說一切法本自無卽有法自具以有無自相成壞故。卽無與有自在。以從有無無體如法緣生。無盡名言互爲主伴隨世安立更相成壞皆一一字中有無盡義猶如帝網影像相入若究之本源皆幻緣有各無主宰。當知名不與聲作聲聲不與庄严。如是互为主伴。互为庄严。有无缘起。皆无自性。将用教化众生。随根开解。令得解脱。众生及名字言音。皆无自性。以此名字圆满清净音声轮无所障碍。以一音声说无量名。皆以一音声。与无量名无量字作体故。即无量名无量字总是一字故。以声性无体故。无量名字。与一切声作体故。即以名字体自无能所分别性相故。以众生自无性故。以此无声之声。无名之名。无说之说。教化一切无性众生。令其破业。至其本地。又以无依之智。无声之声。无名之名。犹如虚空。遍一切六道众生音声。同其类音为其说法。令其欢喜。然身心智慧名字六根。总无受者说者。然一字中遍含多字之义。互为主伴。然亦各不相知。无彼无此故。是故当知一切名字。皆以有无二字互为缘起。若说一切法有字时。即一切有法。自具无故。自相成坏自有自无自在。说一切法本自无。即有法自具。以有无自相成坏故。即无与有自在。以从有无无体。如法缘生。无尽名言。互为主伴。随世安立更相成坏。皆一一字中。有无尽义。犹如帝网。影像相入。若究之本源。皆幻缘有。各无主宰。当知名不与声作声。声不与名作字。智慧本體猶如虛空。徧一切塵等眾生界。以智體性隨其類音皆令歡喜而得解脫。故名妙音陀羅尼光明法門。此是第四生貴住善知識。以精進波羅蜜為體。餘九為伴。若約智通修五位。若約位徧修俗智輪字莊嚴法門。前三善友明出世智慧以三比丘表之。此彌伽及解脫長者二人明處世間解脫。故還以俗士表之。餘義如文自具。第一昇進前位門中從如諸菩薩摩訶薩已下至辭退而行有十四行經。約分為四門。一推德於先。二示其善友所在。三舉善友之名。四頂禮辭去。此不推別有國土者。但南行有一聚落明同處俗流。以精進波羅蜜與禪波羅蜜大體不二故。所以不別國也。為此二友並是俗流故。明從真入俗以和會真俗無二門。世與出世體無有二。

第五住林城解脫長者主具足方便住。

第一正入當位法門中從爾時善財童子已下至善男子我唯知此於如來無礙莊嚴解脫門而

名作字。智慧本无。犹如虚空。遍一切处。等众生界。以智体性。随其类音。皆令欢喜。而得解脱。故名妙音陀罗尼光明法门。此是第四生贵住善知识。以精进波罗蜜为体。余九为伴。若约智通修五位。若约位偏修俗智轮字庄严法门。前三善友。明出世智慧。明三比丘表之。此弥伽及解脱长者二人。明处世间解脱故。还以俗士表之。余义如文自具。第二升进前位门中。从如诸菩萨摩诃萨已下。至辞退而行。有十四行经。约分为四门。一推德于先。二示其善友所在。三举善友之名。四顶礼辞去。此不推别有国土著。但南行有一聚落。明同处俗流。以精进波罗蜜。与禅波罗蜜。大体不二故。所以不别国也。为此二友并是俗流故。明从真入俗。以和会真俗无二门。世与出世。体无有二 。

第五住林城解脱长者。主具足方便住 。

第一正入当位法门中。从尔时善财童子已下。至善男子我唯知此于如来无碍庄严解脱门而得入出有一百四十行半經。於此段中約分十門。一正念所授之法思惟勝進。二漸次遊行十有二年至住林城。三推求解脫長者。四見已致敬正申所求。五解脫長者即入菩薩三昧現其身中十方各十佛刹土。答善財所請令其同入。六解脫長者從定而起文以言說說其定中十佛境界大會道場。七明解脫長者隨心應念諸佛現前。八心念無體見佛如影。九心無表裏徧至十方而無去來。十善男子我於此如來無礙莊嚴解脫門而得入出是正示三昧之名及出入自在分。自此已下是昇進前位。云漸次遊行者。明勝進不住於前法也。十有二年者。如前第二海門國海雲比丘住海門國十有二年。明直觀十二緣以爲出世間解脫。以表比丘是求出世解脫故。以生死海爲佛體故。善財來至此住林城漸次遊行十有二年。爲明於十二緣生法中行於世間。然以十二緣生以爲禪體。以解脫長者是世間俗士。表處俗行眞名爲解脫。前海雲比丘不住生死觀十二緣生得出世心。此解脫長者於十二緣生法中處於生死。不壞緣生不著緣生。故云遊行十二年。是不住義故。是生死涅得入出。有一百四十行半经。于此段中。约分十门。一正念所授之法。思惟胜进。二渐次游行十有二年。至住林城。三推求解脱长者。四见已致敬。正申所求。五解脱长者即入菩萨三昧。现其身中十方各十佛刹土。答善财所请。令其同入。六解脱长者从定而起。又以言说说其定中十佛境界大会道场。七明解脱长者随心应念诸佛现前。八心念无体。见佛如影。九心无表里。遍至十方而无去来。十善男子我于此如来无碍庄严解脱门而得入出。是正示三昧之名。及出入自在分。自此已下。是升进前位。云渐次游行者。明胜进不住于前法也。十有二年者。如前第二海门国海云比丘。住海门国十有二年。明直观十二缘。以为出世间解脱。以表比丘是求出世解脱故。以生死海为佛体故。善财来至此住林城。渐次游行十有二年。为明于十二缘生法中行于世间。然以十二缘生以为禅体。以解脱长者是世间俗士。表处俗行真。名为解脱。前海云比丘不住生死。观十二缘生得出世心。此解脱长者。于十二缘生法中。处于生死。不坏缘生。不著缘生。故云游行十二年。是不住义故。是生死涅槃無一義。是生死涅槃無出沒義。故若約智通治。
以十波羅蜜為體。此約位別治。以明同別自在。以
此第五禪波羅蜜門。以法界自體無作禪中。諸有
緣生性自離故。一切心境莫不自是法界無礙解
脫禪定林故。是故號名住林。一切心境作而無用
性自住故。推求者觀察勝進也。得見解脫長者者。
明以真會俗。真俗自體本性解脫也。見已五體投
地。真俗無依。五位同會也。亦明五蘊十二緣總禪
林也。合掌者。真俗會而不二也。已上以觀察禪定
冥會。已下以言更申所求。已下入三昧十方各現
十佛刹者。明定體徧周圓滿故。以十為圓數也。又
已下以從定中所見十佛如來及上首菩薩。是三
昧所現自位佛果及行故。又已下隨念而見諸佛
者。以自心應真是佛故。所念皆是佛境界。更無餘
也。明自心是佛。諸念總佛。餘如文自具。此是第五
具足方便住。以禪波羅蜜為體。餘九為伴。若以智
境之中即五位通修。若以約位之中偏治真俗靜
亂一障。會五蘊十二緣為法界性自禪用而無作
緣生之定門。以明一切世間心境總皆禪也。第二

大方廣佛新華嚴經論卷第三十五

明昇進前位中從如諸菩薩摩訶薩已下至辭退

槃无二义。是生死涅槃无出没义故。若约智通治。以十波罗蜜为体。此约位别治。以明同别自在。以此第五禅波罗蜜门。以法界自体无作禅中。诸有缘生性自离故。一切心境。莫不自是法界无碍解脱禅定林故。是故城名住林。一切心境。作而无用。性自住故。推求者。观察胜进也。得见解脱长者者。明以真会俗。真俗自体。本性解脱也。见已五体投地。真俗无依。五位同会也。亦明五蕴十二缘总禅林也。合掌者。真俗会而不二也。已上以观察禅定冥会。已下以言更申所求。已下入三昧十方各现十佛刹者。明定体遍周圆满故。以十为圆数也。又已下以从定中所见十佛如来。及上首菩萨。是三昧所现自位佛果及行故。又已下随念而见诸佛者。以自心应真是佛故。所念皆是佛境界。更无余也。明自心是佛。诸念总佛。余如文自具。此是第五具足方便住。以禅波罗蜜为体。余九为伴。若以智境之中。即五位通修。若以约位之中。偏治真俗静乱二障。会五蕴十二缘。为法界性自禅用而无作缘生之定门。以明一切世间心境。总皆禅也。第二

(大方广佛新华严经论卷第三十五)*

明升进前位中*从如诸菩萨摩诃萨已下。至辞退

而去有十六行經約分爲四門。一推德於前。二示善知識方所及國土。三舉善知識名號。四善財敬戀善友流淚辭去。第一推德於前者明解脫長者推德於前位善知識。有十種殊勝勸令善財進求加行。第二南行如前初位已釋。至閻浮提畔者明此位正心住是得出世間及處世間智慧神通之未極畔。故故云閻浮提畔。唯得世間出世大悲心。未得入俗同纏行圓滿大慈悲心故。故以比丘表之。於世間中出俗相故。後位卽明入俗大悲心圓滿。卽以優婆夷滿願表之。有一國土名摩利伽羅者。此梵本未譯。有比丘名海幢者。明約以德智慧如海。能破衆生業惑處名之爲幢。幢者摧壞義故。

校譌

第十四紙二十行任宋論作住

而去。有十六行经。约分为四门。一推德于前。二示善知识方所及国土。三举善知识名号。四善财敬恋善友。流泪辞去。第一推德于前者。明解脱长者推德于前位善知识。有十种殊胜。劝令善财进求加行。第二南行。如前初位已释。至阎浮提畔者。明此位正心住。是得出世间及处世间智慧神通之极畔故。故云阎浮提畔。唯得世间出世大悲心。未得入俗同缠行圆满大慈悲心故。故以比丘表之。于世间中出俗相故。后位即明入俗大悲心圆满。即以优婆夷满愿表之。有一国土名摩利伽罗者。此梵本未译。有比丘名海幢者。明约以德。智慧如海。能破众生业惑处。名之为幢。幢者。摧坏义故。

第六閻浮提畔海幢比丘正心住。

第一正入當位門中。從爾時善財童子一心正
念已下至我唯知此一般若波羅蜜三昧光明。此
一段經約分為五門。一正念前法令其增長。二漸
次南行至閻浮提畔摩利聚落。三周徧求覓海幢
比丘是進求觀照。四乃見在經行地側結跏趺坐
入於三昧離出入息無別思覺。五明入三昧中身
分出眾十方教化。何故在經行地側結跏趺坐入
於三昧表寂用自在。以經行地是用三昧是寂表
依用有寂地側者表不住寂用之中而任運自在
故。離出入息明稱理而寂稱理而用性自徧周。非
同二乘作寂滅證也。此同十地中第六地也。以十
地行依此十住行樣修行至彼同此本故。是故第
六地菩薩得寂滅定神通現前。此是隨空慧寂用
門。十地大悲寂用從第五身出眾海十方教化中。
約有二十三種法門。一足下出無數百千億長者
居士婆羅門眾周徧十方者表足是所行之行。還
從其中出行故為居士長者婆羅門是世間仁士
之行故。二從兩膝出無數百千億剎帝利婆羅門

第六阎浮提畔海幢比丘。主正心住　。

第一正入当位门中。从尔时善财童子一心正念已下。至我唯知此一般若波罗蜜三昧光明。此一段经。约分为五门。一正念前法令其增长。二渐次南行至阎浮提畔摩利聚落。三周遍求觅海幢比丘。是进求观照。四乃见在经行地侧。结跏趺坐入于三昧。离出入息无别思觉。五明入三昧中。身分出众。十方教化。何故在经行地侧结跏趺坐入于三昧。表寂用自在。以经行地是用。三昧是寂。表依用有寂。地侧者。表不住寂用之中。而任运自在故。离出入息。明称理而寂。称理而用。性自遍周。非同二乘作寂灭证也。此同十地中第六地也。以十地行。依此十住行样修行。至彼同此本故。是故第六地菩萨。得寂灭定神通现前。此是随空慧寂用门。十地大悲寂用。从第五身出众海十方教化中。约有二十三种法门。一足下出无数百千亿长者居士婆罗门众周遍十方者。表足是所行之行。还从其中出行故。为居士长者婆罗门。是世间仁士之行故。二从两膝出无数百千亿刹帝利婆罗门眾皆聽慧者以兩膝是起止坐臥卷舒自在之所由。膝還出清淨王種。表智制御生死如王自在。利帝利者是王種也。婆羅門者是淨行也。表智隨生死自在如王無染也。聽慧是智能明自萬法故。以種種色相者從智化現也。餘皆是智中之行故。以義取之。三從其腰間出等眾生數無量仙人者。表腰間是世間行五欲之境。表以智幻生同眾生行利眾生事。自無五欲故出仙人。四從兩脅出不思議龍。及龍女眾者。表兩脅是覆陰義。故於中出能雨法潤眾生故。五從胸前卍字中出無數百千億阿脩羅王皆悉示現不可思議自在幻力令百千世界皆大震動者。胸是勇猛義。卍者清涼義。故於中出脩羅眾。表精勤勇猛震動摧破煩惱魔軍。高慢山王諂愛宮殿故令清涼故。六從其背上應以二乘得度者出無數百千億二乘者。表背是背眾生之方所。還從其中出二乘眾。表二乘皆背佛大智大悲萬行利眾生事及法界體用故。七從其兩肩出無數百千億諸夜叉羅刹王者。表兩肩是荷負守御之處。還從其中出夜叉羅刹可畏之眾守護行眾善業之眾生及向十住及正入十住十行位众。皆悉聪慧者。以两膝是起止坐卧卷舒自在之所由。膝还出清净王种。表智制御生死。如王自在。刹帝利者。是王种也。婆罗门者。是净行也。表智随生死自在如王无染也。聪慧是智。能明白万法故。种种色相者。从智化现也。余皆是智中之行故。以义取之。三从其腰间出等众生数无量仙人者。表腰间是世间行五欲之境。表以智幻生。同众生行。利众生事。自无五欲。故出仙人。四从两胁出不思议龙。及龙女众者。表两胁是覆荫义。故于中出龙。雨法润众生故。五从胸前卍字中出无数百千亿阿修罗王。皆悉示现不可思议自在幻力。令百千世界皆大震动者。胸是勇猛义。卍者清凉义故。于中出修罗众。表精勤勇猛。震动摧破。烦恼魔军。高慢山王。谄爱宫殿故。令清凉故。六从其背上。应以二乘得度者。出无数百千亿二乘者。表背是背众生之方所。还从其中出二乘众。表二乘背佛大智大悲万行利众生事。及法界体用故。七从其两肩出无数百千亿诸夜叉罗刹王者。表两肩是荷负守御之处。还从其中出夜叉罗刹可畏之状。守护行众善业之众生。及向十住及正入十住十行位者乃至現作執金剛神守護諸佛及佛住處。八從其腹出無數百千億緊那羅王及女及出無數百千乾闥婆王及各奏無數百千天樂及歌詠讚歎一切諸佛及法者。表腹包含眾法義。還於其中出歌詠音樂之神。稱讚諸佛及法故。九從其面門出轉輪王者。明口是轉法輪王之所由。還於其中出輪王之眾故。十從兩目出無數百千日輪普照地獄惡趣。表目是慈悲破闇處故。及一切眾寶國土以作種種光明莊嚴顯耀。及照一切眾生無量事業。十一從其眉間白毫相中出無數百千帝釋。表眉間白毫主中道十地之果。還於其中出帝釋身。以表住於中道得法之頂者能爲世主。主導眾生。以帝釋號能主故。大十一梵天一眾。十二從其頭上出無量佛剎微塵數諸菩薩眾者。明修行至法之頂。表行徧滿故。十四從其頂上出無數百千億如來身。明佛果故。如是隨位雨法。如經自具。十五又海幢比丘從身一切毛孔一一皆出阿僧祇佛剎微塵數光明網者。表全身總是法界。般若波羅蜜妙慧三空無礙解脫教眾生之光重重無盡故。十六爾時善財童子一心觀察已下。是善財觀察善者。乃至现作执金刚神。守护诸佛及佛住处。八从其腹出无数百千亿紧那罗王及女。及出无数百千乾闼婆王。及各奏无数百千天乐。及歌咏赞叹一切诸佛及法者。表腹包含众法义。还于其中出歌咏音乐之神。称赞诸佛及法故。九从其面门出转轮王者。明口是转法轮王之所由。还于其中出轮王之众故。十从两目出无数百千日轮。普照地狱恶趣。表目是慈悲破暗处故。及一切众宝国土。以作种种光明庄严显耀。及照一切众生无量事业。十一从其眉间白毫相中。出无数百千帝释。表眉间白毫。主中道十地之果。还于其中出帝释身。表住于中道。得法之顶者。能为世主。主导众生。以帝释号能主故。欠十二梵天一众。十三从其头上出无量佛刹微尘数诸菩萨众者。明修行至法之顶。表行遍满故。十四从其顶上出无数百千亿如来身。明佛果故。如是随位雨法。如经自具。十五又海幢比丘从身一切毛孔。一一皆出阿僧祇佛刹微尘数光明网者。表全身总是法界。般若波罗蜜妙慧三空无碍解脱教众生之光。重重无尽故。十六尔时善财童子。一心观察已下。是善财观察善知識所作三昧境界事業。十七六月六日已下海幢出定。善財稱歎。十八聖者已下。是善財問三昧之名。十九海幢比丘舉三昧之號。名普眼捨得。又名般若波羅蜜境界清淨光明。又名普莊嚴清淨門。二十明海幢比丘舉修般若波羅蜜門。所得三昧有百萬僧祇三昧莊嚴。二十一善財重問三昧境界。二十二海幢比丘重說此三昧。約說二十二種無障礙法。二十三我唯知此一般若波羅蜜三昧光明推德於先。令善財昇進。善財以如上十法觀察海幢比丘。又住立思惟觀察。經一日一夜者明檀波羅蜜。七日七夜者明七支戒。半月者忍波羅蜜。以明忍但自益。不益於人故。半月表之。一月者。以明精進自利利人故。一月表之。六月者第六住也。復經六日者是第六波羅蜜故。以爲海幢比丘。是十住中第六正心住。修般若波羅蜜智慧日故。故云六月。是第六正心住。六日是第六波羅蜜智慧日故。此是十住中第六正心住。般若波羅蜜爲主。餘九爲伴。以約智門中。諸位通治。約位門中。此第六波羅蜜徧治世間出世間寂用不自在障。令得寂用神通自在門。由出世慈悲心多。入俗常知识所作三昧境界事业。十七六月六日已下。海幢出定。善财称叹。十八圣者已下。是善财问三昧之名。十九海幢比丘举三昧之号。名普眼舍得。又名般若波罗蜜境界清净光明。又号普庄严清净门。二十明海幢比丘举修般若波罗蜜门。所得三昧有百万僧祇三昧庄严。二十一善财重问三昧境界。二十二海幢比丘重说此三昧。为说二十二种无障碍法。二十三我唯知此一般若波罗蜜三昧光明。推德于先。令善财升进。善财以如上十法。观察海幢比丘。又住立思惟观察。经一日一夜者。明檀波罗蜜。七日七夜者。明七支戒。半月者。忍波罗蜜。以明忍但自益。不益于人故。半月表之。一月者。以明精进自利利他故。一月表之。六月者。第六住也。复经六日者。是第六波罗蜜故。以为海幢比丘。是十住中第六正心住。修般若波罗蜜智慧日故。故云六月。是第六正心住。六日。是第六波罗蜜智慧日故。此是十住中第六正心住。般若波罗蜜为主。余九为伴。以约智门中。诸位通治。约位门中。此第六波罗蜜。偏治世间出世间寂用不自在障。令得寂用神通自在门。由出世慈悲心多。入俗常

住世間慈悲猶劣。故以海幢比丘表之。雖有慈悲
但得無染行清淨之慈。不得同眾生行等眾生事。
一無有違方便攝取一切眾生。故。即以後位俗士
休捨優婆夷表其行。明處真不證如真行俗。第一
明昇進前位第七不退住中。如諸菩薩入智慧自
在三昧已下。至辭退而行。有十六行經。約分為五
門。一推德於先。二示善知識居處。三舉善知識所
居園林。四舉善知識名號。五明善財正念海幢比
丘敎戀慕辭退而去。南行表如前已釋。住處名海
潮者。明善知識住生死海廣度眾生。如應引化而
無失時。猶如大海潮不失時。故以所居以表其行。
園林名普莊嚴者。以一切生死海為園苑。以萬行
海為林。以行此大悲無盡無邊之行海以嚴淨十
方眾生海。令成佛海。故園林名普莊嚴。於園中有
優婆夷名為休捨者。此云滿願。言滿自本願徧化眾
生故。優婆夷者表慈悲行也。此是十地中第七遠
行地大慈悲行之軌模。從此位之至彼地功熟。故
以神表之。明神用自在。前位是出世無染大悲真法
門。即以比丘表之。此位人俗處染而不污處真同
俗之慈悲。即以優婆夷表之。漸成方用自在故。餘

住世间慈悲犹劣。故以海幢比丘表之。虽有慈悲。但得无染行清净之慈。不得同众生行。等众生事。一无有违方便摄取一切众生故。即以后位俗士休舍优婆夷表其行。明处真不证。知真行俗。第二明升进前位第七不退住中。如诸菩萨入智慧自在三昧已下。至辞退而行。有十六行经。约分为五门。一推德于先。二示善知识居处。三举善知识所居园林。四举善知识名号。五明善财正念海幢比丘教。恋慕辞退而去。南行义。如前已释。住处名海潮者。明善知识住生死海。广度众生。如应引化。而无失时。犹如大海潮不失时。故以所居以表其行。园林名普庄严者。以一切生死海为园苑。以万行海为林。以行此大悲无尽无边之行海。以严净十方众生海。令成佛海。故园林名普庄严。于园中有优婆夷名为休舍者。此云满愿。满自本愿遍化众生故。优婆夷者。表慈悲行也。此是十地中第七远行地。大慈悲行之轨样。从此仿之。至彼地功熟故。以神表之。明神用自在。前位是出世无染大悲法门。即以比丘表之。此位入俗处染而不污。处真同俗之慈悲。即以优婆夷表之。渐成力用自在故。余如文自具。

第七海潮處休捨優婆夷主不退住。

校譌

第四紙 [illegible] 第十三紙 [illegible]

也故義紙

第十六紙 [illegible] 第二十三紙 [illegible]

第一正入當位法門中。從爾時善財已下。至我

唯知此一解脫門。於此段中約分為十三門。一念

善知識教思惟勝進。二漸漸南行至海潮處。三見

普莊嚴園林莊嚴眾寶。四入其園中周徧推求。五

見優婆夷往詣其所。六致敬禮拜正申所求。七休

捨優婆夷為說自己所行之法。八善財自言聖者

發無上菩提心其已久如。九善財童子言聖者久

如當得成無上菩提。十休捨優婆夷正答成佛久

近因緣。十一善財請說解脫法門如何名目。十二

休捨優婆夷正答其名名離憂安隱幢。十三我唯

知此一解脫門已下推德昇進。如園林眾寶及宮

殿眾事皆眾寶所嚴者。表約行願廣大。證佛界眾

生界故。依報莊嚴廣大無限。容親覲止。及諸嚴飾

表慈悲心。慈悲隨物。利生調順。恭和。體道。無我。十波

羅蜜。無不順行。十方諸佛身徧。承侍供養所感正

如文自具。

第七海潮处休舍优婆夷。主不退住。

第一正入当位法门中。从尔时善财已下。至我唯知此一解脱门。于此段中。约分为十三门。一念善知识教思惟胜进。二渐渐南行至海潮处。三见普庄严园林庄严众宝。四入其园中周遍推求。五见优婆夷往诣其所。六致敬礼拜正申所求。七休舍优婆夷为说自己所行之法。八善财白言圣者发无上菩提心其已久如。九善财童子言圣者久如当得成无上菩提。十休舍优婆夷正答成佛久近因缘。十一善财请说解脱法门如何名目。十二休舍优婆夷正答其名。名离忧安隐幢。十三我唯知此一解脱门已下。推德升进。如园林众宝。及宫殿众事皆众宝所严者。表约行愿广大。尽佛界众生界故。依报庄严。广大无限。容貌端正及诸严饰。表慈心悲愍益物利生。调顺柔和。体道无我。十波罗蜜无不顺行十方诸佛。身遍奉侍供养。所感正報容止可觀。見者除惑。人天崇重。表大悲行示現女身。而非女心。所有莊嚴及以宮殿樓閣池沼皆約悲智萬行報生。如前先約略表示所有嚴飾。如經自明。意明此位方便波羅蜜慈悲行廣莊嚴報廣。經云。善男子。其有眾生得見我者。皆於阿耨多羅三藐三菩提得不退轉者。明來至此位要修至三空解脫。世間智出世間智慧現前。成廣大慈悲行。方來至方便入生死門。遂生死性與佛遍智海本來一性。使得離憂安隱幢解脫門。方名不退住。雖復知空無我。常於生死有畏。未入離憂安隱幢常居退位。設不退還凡夫。還退作二乘及生淨土別析樂果故。云十方諸佛悉來至我所。於寶座上爲我說法。表悲與智會。明此位以悲成無功之智門。第十位中王女慈行童女。明以智成悲自在門。師子幢王。表是十住位中無功用智自在。女表無染之慈也。至第十灌頂住智悲滿故。第十地是蘊積大悲成行門。以九箇女天一箇如來表之。十一地是大悲行滿。以悲起智成佛門。即以摩耶生佛表之。以此十一地中十箇善知識總佛果已滿善知識。以具普賢行故。徧作世間人中仁士之行。

报。容止可观。见者除惑。人天崇重。表大悲行示现女身。而非女心。所有庄严及以宫殿楼阁池沼。皆约悲智万行报生。如前先约略表示所有严饰。如经自明。意明此位方便波罗蜜慈悲行广。庄严报广。经云善男子。其有众生得见我者。皆于阿耨多罗三藐三菩提得不退转者。明来至此位。要修至三空解脱。世间智出世间智慧现前。成广大慈悲行。方来至方便入生死门。达生死性。与佛福智海。本来一性。便得离忧安隐幢解脱门。方名不退住。虽复知空无我。常于生死有畏。未入离忧安隐幢。常居退位。设不退还凡夫。还退作二乘。及生净土别忻乐果故。云十方诸佛悉来至我所。于宝座上为我说法。表悲与智会。明此位以悲成无功之智门。第十位中王女慈行童女。明以智成悲自在门。师子幢王。表是十住位中无功用智自在。女表无染之慈也。至第十灌顶住智悲满故。第十地是蕴积大悲成行门。以九个女天一个如来妻表之。十一地是大悲行满。以悲起智成佛门。即以摩耶生佛表之。以此十一地中十个善知识。总佛果已满善知识。以具普贤行故。遍作世间人中仁士之行。

童子師居士長者童子童女。行同凡士。此明果極
行徧故。大約以智發心。從初發心住。卽悲智齊發。
爲其始學出世道根本智爲先。以此立五位五十
箇行門。以箇生熟同別。由茲五十箇波羅蜜五位
中五重鍊磨。箇其智悲廣狹生熟出世入纏逆順
和會福慧多少勝劣不同。令發心者不住一法及
三四五十百千。卽以爲足故。意令進昇至於無限
廣大如法界故。就之設五位。五十重中。一一具有
智悲二行。五十箇波羅蜜互相參徹。約有五百箇
波羅蜜門。互爲主伴。圓此悲智世及出世。心量廣
狹生熟之門。方明總別同異成壞六義。如此十住
門十波羅蜜直以約法界體實法安立。十法圓融
互參成一百法門。以初發菩提心。以此佛本果行
爲樣修行。從此本樣修行五重加行鍊磨。方始得
依初樣。雖復鍊磨生熟差別。然智悲不異初心。日
月時節亦無遷轉。以約智發心。本無三世時分故。
此優婆夷者表對第六住。是世間出世間法故。爲
迴彼出世心多者令依滿本願故。起愛處生死愛
度衆生成慈悲行故。以優婆夷名滿願表之。以取
其志養育子孫無疲勞故。表大悲菩薩養育一切

童子师。居士。长者。童子。童女。行同凡士。此明果极行遍故。大约以智发心。从初发心住。即悲智齐发。为其始学出世道。根本智为先。以此立五位五十个行门。以简生熟同别。由兹五十个波罗蜜。五位中五重练磨。简其智悲广狭生熟。出世入缠逆顺和会。福慧多少胜劣不同。令发心者不住一法。及三四五十百千。即以为足故。意令进升。至于无限。广大如法界故。就之设五位。五十重中。一一具有智悲二行。五十个波罗蜜。互相参彻。约有五百个波罗蜜门。共为主伴。圆此悲智。世及出世。心量广狭生熟之门。方明总别同异成坏六义。如此十住门十波罗蜜。直以约法界体实法安立。十法圆融互参。成一百法门。以初发菩提心。以此佛本果行为样修行。从此本样修行五重加行练磨。方始得为初样。虽复练磨生熟差别。然智悲不异初心。日月时节。亦无迁转。以约智发心。本无三世时分故。此优婆夷者。表对第六住。是世间出世间法故。为回彼出世心多者。令依满本愿故。起爱处生死。爱度众生。成慈悲行故。以优婆夷名满愿表之。以取其志养育子孙无疲劳故。表大悲菩萨。养育一切法界眾生。若善不善皆無捨離。未曾起不濟之心。化種種身。未曾捨一眾生如毛髮許。恆常對現一切眾生前種種教詔。使令成熟故。此位約迴第六以住出世心多。令不斷生死。處度眾生。猶存愛習。以優婆夷表之。故名有行有開發。第十灌頂中。以一分無功智成。以智生悲。無有愛習。以師子幢王女慈行童女表之。此是當十住位中。請治和會智悲生熟之意。如上我有八萬四千那由他同行眷屬常居此園。明以眾生八萬四千那由他諸煩惱園林悉皆與之同行而接引之。善財問優婆夷發菩提心久近者。意明求解脫無有久近。一發即三世一時求。解脫體中無有久近故。明大悲行中問發心久近者。意明大慈大悲深厚。還與眾生界住劫久近相似。若眾生界無盡。大悲願行無盡。後問久如成佛意亦如之。且舉三十恆河沙爲量。已去唯佛所知。意不可極也。又前三比丘得出世心。是一十。至彌伽海幢比丘。得了世間出世間心。是二十。至此第七住人。世行慈悲是三十也。明發心久近。俱枳羅鳥。梵本未譯。此毗盧遮那摩尼寶着名爲光明徧照如意無垢寶也。實多羅樹形如此方椶櫚。

法界众生。若善不善。皆无舍离。未曾起不济之心。化种种身。未曾舍一众生如毛发许。恒常对现一切众生前。种种教诏使令成熟故。此位约回第六住出世心多。令不断生死。爱度众生。犹存爱习。以优婆夷表之。故名有行有开发。第十灌顶中。以一分无功智成。以智生悲。无有爱习。以师子幢王女慈行童女表之。此是当十住位中。调治和会智悲生熟之意。如上我有八万四千那由他同行眷属常居此园。明以众生八万四千那由他诸烦恼园林。悉皆与之同行而接引之。善财问优婆夷发菩提心久近者。意明求解脱无有久近。一发即三世一时求。解脱体中无有久近故。明大悲行中问发心久近者。意明大慈大悲深厚。还与众生界住劫久近相似。若众生界无尽大悲愿行无尽。后问久如成佛。意亦如之。且举三十恒河沙为量。已去唯佛所知。意不可极也。又前三比丘。得出世心。是一十。至弥伽海幢比丘。得了世间出世间心。是二十。至此第七住。入世行慈悲。是三十也。明发心久近。俱枳罗鸟。梵本未译。毗卢遮那摩尼宝者。名为光明遍照如意无垢宝也。宝多罗树。形如此方棕榈。

以妙寶所成、阿盧那香此云赤色婆樓那天佛。此云水天。解脫名離憂安隱幢者此有二義、一教化眾生使令離憂是菩薩安隱幢、眾生未離生死。菩薩不自取安隱故。因化成名。二菩薩雖達生死性空。於生死有畏未爲究竟安隱無憂。若能入生死教化眾生達生死眾生及以教化者總涅槃行無出無沒。方名離憂安隱幢故。此是十住中第七不退住。方便波羅蜜爲主。餘九爲伴。約智門中。五位通治。約位門中偏治世間出世間心多。大悲心劣。而令悲智得圓滿故。第二推德昇進前位中。如諸菩薩摩訶薩已下。至辭退而行有十六行半經。於中文義約分五門。一推德於先令其勝進。二示善知識處名爲海潮。三示其國土名那羅素。四舉善知識名號。五頂禮流淚辭退而行。此流淚者表大悲弘深。又敬法貴人。情至厚重。又表智悲自在。垂悲俗流傷嗟苦趣。聖心廣濟悲歎難勝。此南方有海潮處與前位同名海潮處者表悲智同會。以將前位慈悲之門昇進會於智體。以將第八願波羅蜜發起智業會其悲門。智若不發興大願行悲趣寂無由起用。是故十地中至第八地位諸佛三加以妙宝所成。阿卢那香。此云赤色。婆楼那天佛。此云水天。解脱名离忧安隐幢者。此有二义。一教化众生使令离忧。是菩萨安隐幢。众生未离生死。菩萨不自取安隐故。因化成名。二菩萨虽达生死性空。于生死有畏。未为究竟安隐无忧。若能入生死教化众生。达生死众生及以教化者。总涅槃行无出无没。方名离忧安隐幢故。此是十住中第七不退住。方便波罗蜜为主。余九为伴。约智门中。五位通治。约位门中。偏治世间出世间心多。大悲心劣。而令悲智得圆满故。第二推德升进前位中。如诸菩萨摩诃萨已下。至辞退而行。有十六行半经。于中文义。约分五门。一推德于先令其胜进。二示善知识处名为海潮。三示其国土名那罗素。四举善知识名号。五顶礼流泪辞退而行。此流泪者。表大悲弘深。又敬法贵人。情至厚重。又表智悲自在。垂悲俗流。伤嗟苦趣。圣心广济。悲叹难胜。此南方有海朝处。与前位同名海潮处者。表悲智同会。以将前位慈悲之门。升进会于智体。以将第八愿波罗蜜。发起智业。会其悲门。智若不发兴大愿行悲。趣寂无由起用。是故十地中至第八地位。诸佛三加七勸令念本願方能生大慈悲。是故二位同名海潮。明以第八願波羅蜜會其悲智一體。方得無功大用。行廣利而無思。猶如海潮汎洪波而不作故。像此位菩薩以無功智化諸群品知根而不失時也。是故二位同名海潮。此會智悲不二。國名那羅素者此云不懶惰。爲第八住人無功之智本稱智徧周利生無懈無疲勞懶惰之心。此位是十地中八地之樣。從此而起初跡。至第八地方與本樣會同。此中一分相應十地中第八地。大用一體無功智周佛地方滿。至如來出現品是其滿處。以法界品爲源始根本智叵爾無功大用故。以初發大菩提心者元依法界普光智體發心。功熟即是本來法界。但約智悲生熟廣狹上明位次第。仙人名毗目瞿沙者此云出聲可畏。爲智目增明善摧邪論。出言契當與論息心。故名出聲可畏善財悲泣流淚思惟有十難事。如經具明。

第八海潮處毗目瞿沙仙人。主童眞住。

第一正入當位法門中。從初爾時善財童子已下至我得無勝幢解脫門。此一段文約分十三門。一念教誨思惟勝進二漸遊行至那羅素國。三周七劝。令念本愿。方能生大慈悲。是故二位同名海潮。明以第八愿波罗蜜。会其悲智一体。方得无功大用。行广利而无思。犹如海潮泛洪波而不作故。像此位菩萨。以无功智化诸群品。知根而不失时也。是故二位同名海潮。此会智悲不二。国名那罗素者。此云不懒惰。为第八住人无功之智本。称智遍周利生无懈。无疲劳懒惰之心。此位是十地中八地之样。从此而起初迹。至第八地方与本样会同。此中一分相应十地中第八地。大用一体。无功智周。佛地方满。至如来出现品。是其满处。以法界品为源始。根本智恒尔无功大用故。以初发大菩提心者。元依法界普光智体发心。功熟即是本来法界。但约智悲生熟广狭上。明位次第。仙人名毗目瞿沙者。此云出声可畏。为智目增明。善摧邪论。出言契当。异论息心。故名出声可畏。善财悲泣流泪思惟有十难事。如经具明 。

第八海潮处毗目瞿沙仙人。主童真住 。

第一正入当位法门中。从初尔时善财童子已下。至我得无胜幢解脱门。此一段文。约分十三门。一念教诲思惟胜进。二渐游行至那罗索国。三周徧推求毗目瞿沙。四見一大林阿僧祇樹以爲莊嚴。五見仙人栴檀樹下敷草而坐領徒一萬。六申其所求。七仙人稱歎善財。八仙人示其善財法門名字。九善財問其無勝幢解脫境界。十仙人以手摩善財頂執其手。令善財自見其身往十方佛刹微塵數世界中。十一善財見佛獲益。十二仙人放善財手。還在本處。十三我唯知此無勝幢解脫已下。是推德昇進。波吒羅樹者。似此方楸樹。甚有香氣。其華紫色。尼拘律樹葉。似此方柹葉。其子似枇杷子。子下承蔕如柹。其種類耐老。於諸樹中最高大。領徒一萬。明萬行具足。問何故此位見仙人。何意。答曰此有二義。一表智淨如仙。爲明此位無功智現無染如仙。二爲無功智現。以大悲行能同異道。同事接生。其居處林樹莊嚴。明陰覆利物。池沼蓮華莊嚴。明慈悲處世無染行。仙人於栴檀樹下敷草而坐。表智樹覆陰。熏戒定慧解脫知見香。徧周法界。敷草而坐。明無功之智能善治貪亂。明少欲之相。鹿皮草衣。示行少欲知足。髻鬟垂鬢者。無功之智圓滿。如是徒眾前後圍遶者。明主伴萬行圓滿。善財見已往詣其所五體投地者。明敬法重遍推求毗目瞿沙。四见一大林阿僧祇。树以为庄严。五见仙人旃檀树下敷草而坐。领徒一万。六申其所求。七仙人称叹善财。八仙人示其善财法门名字。九善财问其无胜幢解脱境界。十仙人以手摩善财顶执其手。令善财自见其身。往十方佛刹微尘数世界中。十一善财见佛获益。十二仙人放善财手。还在本处。十三我唯知此无胜幢解脱已下是推德升进。波吒罗树者。似此方楸树。甚有香气。其华紫色。尼拘律树。叶似此方柿叶。其子似枇杷子。子下承蒂如柿。其种类耐老。于诸树中最高大。领徒一万。明万行具足。问。何故此位见仙人何意。答曰。此有二义。一表智净如仙。为明此位无功智现。无染如仙。二为无功智现。以大悲行。能同异道。同事接生。其居处林树庄严。明荫覆利物。池沼莲华庄严。明慈悲处世无染行。仙人于旃檀树下敷草而坐。表智树覆荫。熏戒定慧解脱知见香。遍周法界。敷草而坐。明无功之智能善治贪乱。明少欲之相。鹿皮草衣。示行少欲知足。髻鬟垂鬓者。无功之智圆满。如是徒众前后围绕者。明主伴万行圆满。善财见已往诣其所五体投地者。明敬法重人之體。又表以五塵之境。皆歸智地。歎言且善知識。真善知識者。無功之智本自真故。無勝幢解脫者。明此位無功用智地自遍周利益一切眾生。以破煩惱無有斷絕下位不如故。云無勝幢仙人以手摩善財頂者。示以發慈接善財手者。表引接也。善財自見其身往詣十方十佛刹微塵數世界中。及到十佛刹微塵數佛所者。明會智境遍周也。凡至十住中第八住。十地中第八地。皆須諸佛聖者總灌頂勸發加持。及第十灌頂住。及第十法雲地。總須諸佛灌頂加持故。若不加持。此時滯寂。或不了佛境界故。無能自進。為創初不達佛無功用智之境界故。已下見佛境界。如經具明。阿庾多者。此方一兆之數。那由他者。此方一億。仙人放善財手。善財即見自身還本處。明以智力加持入法。既得法已。自力常然。雖復聖者捨其加持。一見無有退故。如舟濟渡於岸。未可負舟而行。此是童真住明創初童蒙入真無功智之境界。以願波羅蜜為主。餘九為伴。明此位無功智現恐當滯寂。以大願門與其智用故。又令念不願度眾生。有此節級以法防之。令不滯故。以智門中。諸位通治。約位門中。

人之礼。又表以五尘之境。皆归智地。叹言真善知识。真善知识者。无功之智本自真故。无胜幢解脱者。明此位无功用智地自遍周。利益一切众生。摧破烦恼。无有断绝。下位不如。故云无胜幢。仙人以手摩善财顶者。示以安慰。接善财手者。表引接也。善财自见其身往诣十方十佛刹微尘数世界中。及到十佛刹微尘数佛所者。明会智境遍周也。凡至十住中第八住。十地中第八地。皆须诸佛圣者。灌顶劝发加持。及第十灌顶住。及第十法云地。总须诸佛灌顶加持故。若不加持。或时滞寂。或不了佛境界故。无能自进。为创初不达佛无功用智之境界故。已下见佛境界。如经具明。阿庾多者。此方一兆之数。那由他者。此方一亿。仙人放善财手。善财即见自身还本处。明以智力加持入法。既得法已。自力常然。虽复圣者舍其加持。一见见无有异故。如舟济度于岸。不可负舟而行。此是童真住。明创初童蒙。入真无功智之境界。以愿波罗蜜为主。余九为伴。明此位无功智现。恐当滞寂。以大愿门兴其智用故。又令念本愿广度众生。有此节级。以法防之。令不滞故。以智门。中诸位通治。约位门中。

此位會七住中悲行第八住中無功之智以大願
波羅蜜興作令使智悲任用自在。第二推德昇進
中從如諸菩薩摩訶薩已下。至辭退南行有十二
行半經。於中義意約分六門。一推德於先。二示善
知識所在。三舉聚落名伊沙那。四示知識名爲勝
熱。五勸令致問所行法門。六禮敬辭退南行。南方
如初所釋。聚落名伊沙那者。此云長直。爲表此善
知識攝化長其直道無諸諂誑故。名長直。婆羅門
者。此云淨也。爲表此善知識無染寂靜故。名勝熱
者。表勝世間煩惱熱故。示勝盛火炎熱故。此是第
九法王子住。得法自在明。第九力波羅蜜法力自
在。示同外道五熱炙身。引接邪徒。令歸正智明得
智同邪接諸邪見妄行苦行者。令皆信伏。下自有
具文。
第九伊沙那聚落勝熱婆羅門。主法王子住。

此位会七住中悲行。第八住中无功之智。以大愿波罗蜜兴作。令使智悲任用自在。第二推德升进中。从如诸菩萨摩诃萨已下。至辞退南行。有十二行半经。于中义意。约分六门。一推德于先。二示善知识所在。三举聚落名伊沙那。四示知识名为胜热。五劝令致问所行法门。六礼敬辞退南行。南方如初所释。聚落名伊沙那者。此云长直。为表此善知识摄化。长其直道。无诸谄诳。故名长直。婆罗门者。此云净也。为表此善知识无染寂静故。名胜热者。表胜世间烦恼热故。示胜盛火炎热故。此是第九法王子住。得法自在。明第九力波罗蜜。法力自在。示同外道。五热炙身。引接邪徒。令归正智。明得智同邪。接诸邪见妄行苦行者。令皆信伏。下自有具文。

第九伊沙那聚落胜热婆罗门。主法王子住。

第一正入當位法門中從爾時善財童子已下至我唯得此無盡輪解脱。此一段經約分爲二十五門。一得無勝幢法光所照入諸佛不思議神力。二念善知識教漸次南行。三至長直聚落見彼勝熱修苦行四面火聚猶如大山。四中有刀山高峻無極登彼山上投身入火。五善財頂禮諮問所求。六婆羅門令善財上其刀山投身入火。七善財念言人身難得。心有懔疑。八十千梵天在虛空中勸喻此是金剛燄定光明。九有十千諸魔在虛空中勸喻善財歎婆羅門德行。十復有十千自在天王於虛空中告語善財不令生疑。十一復有化樂天王亦在虛空歎婆羅門德。十二復有十千兜率天王在空稱歎。十三十三天王在空稱歎。十四十千龍。十五十千夜叉。十六十千乾闥婆王。十七十千阿脩羅王。十八十千迦樓羅王。十九十千緊那羅王。二十有無量欲界諸天。如是等十三種衆皆在空中稱歎婆羅門德勸喻善財不生第一正入当位法门中。从尔时善财童子已下。至我唯得此无尽轮解脱。此一段经约分为二十五门。一得无胜幢法光所照。入诸佛不思议神力。二念善知识教。渐次南行。三至长直聚落见彼胜热修苦行。四面火聚犹如大山。四中有刀山高峻无极。登彼山上投身入火。五善财顶礼咨问所求。六婆罗门令善财上其刀山投身入火。七善财念言人身难得。心有怀疑。八十千梵天在虚空中。劝喻此是金刚焰定光明。九有十千诸魔在虚空中。劝喻善财。叹婆罗门德行。十复有十千自在天王。于虚空中告语善财。不令生疑。十一复有化乐天王。亦在虚空叹婆罗门德。十二复有十千兜率天王在空称叹。十三复有十千三十三天王在空称叹。十四十千龙。十五十千夜叉。十六十千乾闼婆王。十七十千阿修罗王。十八十千迦楼罗王。十九十千紧那罗王。二十有无量欲界诸天。如是等十三种众。皆在空中称叹婆罗门德。劝喻善财不生

疑惑。二十一善財悔過。二十二婆羅門爲善財說
頌。二十三善財順教登其刀山入火火聚。二十四
善財入火聚時獲益。二十五我唯得此菩薩無盡
輪已下是推德昇進。如上婆羅門示行此行時隨
諸衆生總見行門各自差別。約表法中刀山是法
王子住中力波羅蜜。智慧爲體。成修行者達生死
苦難。但見法界性解脫。須得無有怖畏方堪力用
自在。火聚是金剛智之光明。亦名金剛三昧。如上
諸天已說。伊那拔羅龍王。此龍往因由破戒損其
極臭樹遂頭上生此臭樹。故以名之也。難陀此云
歡喜。優婆難陀者清信也。明此龍聞法信樂歡喜故。菩
薩無盡輪解脫者。意明法王子住得法師位。以此
一行隨諸衆生樂欲不同。各見說法及行門無盡
差別。明稱衆生根圓滿。故名無盡輪。此是法王子
住。以力波羅蜜爲主。餘九爲伴。以約智門中。以五
位通治。約位門中治說法不自在障。令得自在。同
十地中第九地。從此果行修行。至第九善慧地功
熟。倣此十住中本果。還以法界體普光明智爲大
用。第二推德昇進門中約分爲四門。一推德昇進。
二示善知識處。云南方有城名師子奮迅。三舉善

疑惑。二十一善财悔过。二十二婆罗门为善财说颂。二十三善财顺教登其刀山入大火聚。二十四善财入火聚时获益。二十五我唯得此菩萨无尽轮已下。是推德升进。如上婆罗门示行此行时。随诸众生总见行门。各自差别。约表法中。刀山是法王子住中力波罗蜜。智慧为体。成修行者达生死苦难。但见法界性解脱。须得无有怖畏。方堪力用自在。火焰是金刚智之光明。亦名金刚三昧。如上诸天已说。伊那跋罗龙王。此龙往因。由破戒损其极臭树。遂头上生此臭树。故以名之也。难陀。此云欢喜。优婆者。清信也。明此龙闻法信乐欢喜故。菩萨无尽轮解脱者。意明法王子住。得法师位。以此一行。随诸众生乐欲不同。各见说法及行门无尽差别。明称众生根圆满故。名无尽轮。此是法王子住。以力波罗蜜为主。余九为伴。以约智门中。以五位通治。约位门中。治说法不自在障。令得自在。同十地中第九地。从此果行修行。至第九善慧地功熟。仿此十住中本果。还以法界体普光明智为大用。第二推德升进门中。约分为四门。一推德升进。二示善知识处。云南方有城名师子奋迅。三举善知識名。云童女慈行四頂禮勝熱婆羅門足辭退而去。南方義如前。初位釋城名師子奮迅者。是師子幢王所居之城。其王是慈行女父。表智自在為王。大悲行徧為女。明此從智生悲。處生死染而與不染等。明習氣盡故。前第七住中休捨優婆夷。明故存愛習用成悲門。以未斷度眾生之愛習故。號優婆夷。以此成大慈悲之行。滿八住中無功之智方成。即明以從悲生智。此位以從智生悲故。即師子幢王女是童女也。表此位任運利生無染習也。

校譌

第十五紙一行此將非下宋論有是字 第十七紙十六行時下宋北藏無合字

第十師子奮迅城慈行童女主灌頂住。

第一正入當位法門中。約經文義分為二十一門。一於善知識心生尊重。二念教勝進。三漸次南行。四至師子奮迅城。五推求慈行童女。六聞其童女族姓王種。七五百童女以為侍從。八明女所居之殿。九明女之所坐之座。十善財聞已往詣。十一善財入已覩見童女依正報得莊嚴。十二善財見已正申所求。十三童女令善財觀其依果所居報得知其行因。十四善財觀已合掌瞻仰慈行童女。

知识名。云童女慈行。四顶礼胜热婆罗门足。辞退而去。南方义。如前初位释。城名师子奋迅者。是师子幢王所居之城。其王是慈行女父。表智自在为王。大悲行遍为女。明此从智生悲。处生死染。而与不染等。明习气尽故。前第七住中休舍优婆夷。明故存爱习用成悲门。以未断度众生之爱习故。号优婆夷。以此成大慈悲之行满。八住中无功之智方成。即明以从悲生智。此位以从智生悲故。即师子幢王女是童女也。表此位任运利生。无染习也。

第十师子奋迅城慈行童女。主灌顶住。

第一正入当位法门中。约经文义分为二十一门。一于善知识心生尊重。二念教升进。三渐次南行。四至师子奋迅城。五推求慈行童女。六闻其童女族姓王种。七五百童女以为侍从。八明女所居之殿。九明女之所坐之座。十善财闻已往诣。十一善财入已。睹见童女依正报得庄严。十二善财见已。正申所求。十三童女令善财观其依果所居报得。知其行因。十四善财观已。合掌瞻仰慈行童女。

十五童女告善財法門名般若波羅蜜普莊嚴門。十六童女舉所修行法門見佛之數有三十六恆河沙諸佛名號不同。十七明童女受此法門諸佛各以異門而入。十八諸佛一說更不重宣。十九善財自言問此法門之境界。二十正舉所修觀察法門時得普總持門。其數有百萬阿僧祇總持法門。其大數有一百一十八。二十一我唯知此般若波羅蜜普莊嚴門已下。明推德昇進漸次南行者勝進也。至師子奮迅城周徧推求慈行童女者。會智悲無二體也。問此童女是師子幢王女五百童女以為侍從者。明信此十住位中灌頂住普該五位智悲二門。總如此十住中修更無異路故名為師子幢王女五百侍從。已聞法者是此當位中修行也。信此一位都攝五位智悲總如此門。方名此十住門名住佛所住。當如是知。以此住中善知識依報之境總與佛果報所得境界名體俱同。皆具因陀羅網互參之。佛境身土重重含容時劫歲月都無延促。一一門各各具足無量一切法門。如經文自具。今善觀察者是如慈行童女所居之殿名毗盧遮那藏殿者。即是佛果包含眾德五位行藏佛十五童女告善财法门名般若波罗蜜普庄严门。十六童女举所修行法门见佛之数。有三十六恒河沙诸佛名号不同。十七明童女受此法门。诸佛各以异门而入。十九诸佛一说更不重宣。十九善财白言。问此法门之境界。二十正举所修观察法门时。得普总持门。其数有百万阿僧祇总持法门。其大数有一百一十八。二十一我唯知此般若波罗蜜普庄严门已下。明推德升进。渐次南行者。胜进也。至师子奋迅城。周遍推求慈行童女者。会智悲无二体也。闻此童女是师子幢王女。五百童女以为侍从者。明信此十住位中灌顶住。普该五位智悲二门。总如此十住中修。更无异路故。名为师子幢王女五百侍从。以闻法者。是此当位中修行也。信此一位。都摄五位智悲总如此门。方名此十住门。名住佛所住。当如是知。以此住中善知识依报之境。总与佛果报所得境界名体俱同。皆具因陀罗网互参之。佛境身土。重重含容。时劫岁月。都无延促。一一门。各各具足无量一切法门。如经文自具。令善观察者是。如慈行童女所居之殿。名毗卢遮那藏殿者。即是佛果包含众德。五位行藏佛因果門總在此位之中故。龍勝栴檀足金線網天衣座上而說妙法者。明以大慈悲身坐一切智智座上爲龍勝也。說一切戒定慧解脫解脫知見五分法身之香白淨教網。覆護引接一切衆生。以之爲座。善財聞已詣王宮門求見彼女見無量衆來入宮中者。明此智殿悲宮是一切衆生共所入處五位菩薩共所居都。善財問言諸人今者何所往詣咸報之言我等欲詣慈行童女聽受妙法者。此明信而無疑。善財童子即作是念。此王宮門既無限礙我亦應入者。自念信已當入。入已見毗盧遮那藏殿者。自心智悲萬行與五位因果智悲。一時會入故。玻瓈爲地者。明以此寶似水精。然紅白赤碧不同。但以明淨類以法身報得。瑠璃爲柱。以淨行住持萬德。金剛爲壁者。智淨防護也。閻浮檀金以爲垣墻者。表淨戒外嚴也。百千光明而爲窗牖者。以教光明照俗報得也。阿僧祇摩尼而爲莊校者。離垢行嚴報生。寶藏摩尼鏡周帀莊嚴者。根本智起差別智照衆生根報生也。以世間最上摩尼寶而爲莊飾者。淨行無染世間行報生。無數寶網羅覆其上。即能設教網約報生也。其上百千金鈴因果门。总在此位之中故。龙胜旃檀足金线网天衣座上而说妙法者。明以大慈悲身。坐一切智智座上。为龙胜也。说一切戒。定。慧。解脱。解脱知见。五分法身之香。白净教网。覆护引接一切众生。以之为座。善财闻已。诣王宫门求见彼女。见无量众来入宫中者。明此智殿悲宫。是一切众生共所入处。五位菩萨共所居都。善财问言。诸人今者何所往诣。咸报之言。我等欲诣慈行童女听受妙法者。此明信而无疑。善财童子即作是念。此王宫门既无限碍。我亦应入者。自念信已当入。入已。见毗卢遮那藏殿者。自心智悲万行。与五位因果智悲。一时会入故。玻璃为地者。明以此宝似水精。然红白赤碧不同。但以明净。类以法身报得。琉璃为柱。以净行住持万德。金刚为壁者。智净防护也。阎浮檀金以为垣墙者。表净戒外严也。百千光明而为窗牖者。以教光明照俗报得也。阿僧祇摩尼而为庄校者。离垢行严报生。宝藏摩尼镜周匝庄严者。根本智起差别智。照众生根报生也。以世间最上摩尼宝而为庄饰者。净行无染世间行报生。无数宝网罗覆其上。即能设教网约报生也。其上百千金铃出妙音者明聲徧十方說法之音所報生也。已下明正報莊嚴。慈行童女皮膚金色。明法身白淨心無垢濁。報生金色。應眞菩薩皆金色也。目髮皆悉紺青。以淨智照矚覆護眾生法故。梵音聲者清朗遠聞十方也。令善財觀其依報者明知果卽識其法門也。於一一鏡中所現一切佛境界互相含者具如經說。云此般若波羅蜜普莊嚴門我於三十六恆河沙佛所求得此法者明十住十行十迴向。爲三十故。六恆河沙佛所求得此法者。通攝六位十信十地十一地及佛果行總在十住十行十迴向法中。成彼前後六位法故以前信位且信未是實入住位故。十地十一地因果行門。但依十住十行十迴向法會融理事智悲願行門已備。十地十一地依而倣之令使慣熟更無新法故。以前十地十一地中。不立隨位進修十佛果名號。亦無遙見佛來。亦無迎佛法事。上下隨文看之意自現爾。以是此第十灌頂住中智悲二行。總收十住十行十迴向智悲願行總在其內故。云三十。教雖文字有前後安立之跡約智悲願行歲月日劫是一法總是一時。乃至十信心亦爾。十地十一地亦爾。此一出妙音者。明声遍十方说法之音所报生也。已下明正报庄严。慈行童女皮肤金色。明法身白净心无垢浊。报生金色。应真菩萨皆金色也。目发皆悉绀青。以净智照瞩覆护众生法故。梵音声者。清朗远闻十方也。令善财观其依报者。明知果即识其法门也。于一一镜中所现一切佛境界互相含者。具如经说。云此般若波罗蜜普庄严门。我于三十六恒河沙佛所求得此法者。明十住十行十回向。为三十故。六恒河沙佛所求得此法者。通摄六位。十信十地十一地及佛果行。总在十住十行十回向法中。成彼前后六位法故。以前信位具信。未是实入住位故。十地十一地因果行门。但依十住十行十回向法。会融理事智悲愿行门已备。十地十一地。依而仿之。令使惯熟。更无新法故。以前十地十一地中。不立随位进修十佛果名号。亦无遥见佛来。亦无迎佛法事。上下随文看之。意自现尔。以是此第十灌顶住中智悲二行。总收十住十行十回向智悲愿行总在其内。故云三十。教虽文字有前后安立之迹。约智悲愿行。岁月日劫是一法。总是一时。乃至十信心亦尔。十地十一地亦尔。此一

位中一切總別同異成壞法無不在中。故如此位
經文中。令善財童子觀莊嚴境界中。見一壁中
一一柱中。一一鏡中。一一相中。一一形中。乃至一
一寶瓔珞中。悉見法界一切如來。從初發心修菩
薩行。成滿大願具足功德。成等正覺轉妙法輪。乃
至示現入於涅槃。如是影像靡不皆見。如水中普
見虛空星宿日月所有眾像。廣如經說。以此境界
用明一位總含諸位。諸劫日月時分皆不遷移。故
云我於三十六恒河沙佛所求此法門。一說不再
悉皆領受。即須知十住十行十迴向。此三種十法
總十住中一住中行。故亦以智中有此三十箇法
門。悉中亦有三十箇法門。亦為三十六恒河沙佛
也。以一一位有皆徧法界行門。故以恒河沙略舉
其徧義。故亦取一位通該六位。故亦表一切智慧
解脫不離三空六波羅蜜故。一一位中有六位故
一一六位皆有無盡行願故。已下舉一百一十八
箇陀羅尼門。明此一位總攝十信十住十行十迴
向十地十一地因果不出此位一百一十八箇總
持收故。如是一百一十八大總持門不出十波羅
蜜中行。互參有百波羅蜜。如是百波羅蜜不出三

位中。一切总别同异成坏法。无不在中故。如此位经文中。令善财童子观庄严境界中。见一一壁中。一一柱中。一一镜中。一一相中。一一形中。乃至一一宝缨络中。悉见法界一切如来。从初发心修菩萨行。成满大愿具足功德。成等正觉转妙法轮。乃至示现入于涅槃。如是影像靡不皆见。如水中普见虚空星宿日月所有众像。广如经说。以此境界。用明一位总含诸位。诸劫日月时分。皆不迁移。故云我于三十六恒河沙佛所求此法门。一说不再。悉皆领受。即须知十住十行十回向。此三种十法。总十住中一住中行故。亦以智中有此三十个法门。悲中亦有三十个法门。亦为三十六恒河沙佛也。以一一位皆有遍法界行门故。以恒河沙略举。其遍义故。亦取一位通该六位故。亦表一切智慧解脱。不离三空六波罗蜜故。一一位中有六位故。一一六位皆有无尽行愿故。以下举一百一十八个陀罗尼门。明此一位。总摄十信十住十行十回向十地十一地因果。不出此位一百一十八个总持收故。如是一百一十八大总持门。不出十波罗蜜中行。互参有百波罗蜜。如是百波罗蜜。不出三十七覺支，以爲互參助伴，成三賢十聖等妙六位。
共名三十六恆河沙佛所求此般若波羅蜜莊
嚴門，以此恆河沙是此經中最初小數故，故舉之。
明初發心中十住門，即徧該六位中六十法故。除
十信不入位，深細思之可解。六意明此十住十行
十迴向三賢位，一一皆含十地十一地及妙覺地
法界門，總通收一法界故。一智慧一慈悲一解脫
一劫一歲一月一日一時，無前後無別異門，然安
立種種隨世差別法門故。終不可作延促長短見
故。如初善財童子於善知識所起最極尊重心，生
廣大清淨解，常念佛乘，專求佛智，願見諸佛，觀法
界，無障礙智常現在前，不合云專念大乘。此經是
法界佛果門，與二乘無比對分，亦與權教大乘十
地之後安立佛果者亦非比對，何得云專念大乘
以大者比小者，說大此法門所有發心，皆依佛果
發心，所有心量願行智悲之境，皆非比對，不可以
將比對大小之乘，或亂佛乘之門，令使失其經意
妄傳教門。此是譯經者不達深言也，如後應云專
求佛乘一切智乘不思議乘佛果乘，以佛果文殊
普賢法界纔初發心總入故，又終始不分時劫差

十七觉支。以为互参助伴。成三贤十圣等妙六位。共名三十六恒河沙佛所求此般若波罗蜜普庄严门。以此恒河沙。是此经中最初小数故。故举之明初发心中十住门。即遍该六位中六十法故除十信不入位。深细思之可解。大意明此十住十行十回向三贤位。一一皆含十地十一地及妙觉地法界门。总通收一法界故。一智慧。一慈悲。一解脱。一劫。一岁。一月。一日。一时。无前后。无别异门。然安立种种随世差别法门故。终可不作延促长短见故。如初善财童子。于善知识所。起最极尊重心。生广大清净解。常念佛乘专求佛智。愿见诸佛。观法界。无障碍智常现在前。不合云专念大乘。此经是法界佛果门。与二乘无比对分。亦与权教大乘十地之后安立佛果者。亦非比对。何得云专念大乘。以大者比小者说大。此法门所有发心。皆依佛果发心。所有心量愿行智悲之境。皆非比对。不可以将比对大小之乘。惑乱佛乘之门。令使失其经意。妄传教门。此是译经者不达误言也。如后应云。专求佛乘。一切智乘。不思议乘。佛果乘。以佛果文殊普贤法界。才初发心总入故。又终始不分时劫差別絕情所量直是智故。餘如經文。此灌頂住位。以智波羅蜜爲主。餘九爲伴。此位以智治修行前後差別及智悲不均平障。入智悲圓滿前後自在無二門。問曰。此灌頂住位。智悲已滿。何故不以佛表之。何故將王女表之。答曰。明此十住中。一住卽十住。明前德雲比丘。海雲比丘。善住比丘。海幢比丘。總是成佛出世間解脫位。彌伽解脫長者休捨優婆夷。毗目仙人。勝熱婆羅門。王女慈行。總是佛果中圓會菩薩道。以一位互體通收。總在其內具足。凡見比丘。是表求佛果以莊嚴菩薩行。凡見俗士卽明求菩薩行不離佛果。或男或女。長者外道神天表法。一一隨位行門配之方明。此已上十箇善知識。初德雲比丘。明以禪定觀照顯發自心佛智慧。普見諸佛境界光明門。第二海雲比丘所是觀生死海十二有支本來清淨佛國海門。第三善住比丘法身智自在無礙出俗門。第四彌伽處俗修行世間文字門。第五解脫長者處俗身含無盡佛刹莊嚴自體萬境自性禪定門。第六海幢比丘。眞俗無二達出纏寂用無礙神通門。第七休捨優婆夷處世成長大悲門。第八毗目瞿沙無功智現同别。绝情所量。直是智故。余如经文。此灌顶住位。以智波罗蜜为主。余九为伴。此位以智。治修行前后差别。及智悲不均平障。入智悲圆满前后自在无二门。问曰。此灌顶住。位智悲已满。何故不以佛表之。何故将王女表之。答曰。明此十住中。一住即十住。明前德云比丘。海云比丘。善住比丘海幢比丘。总是成佛出世间解脱位。弥伽解脱长者。休舍优婆夷。毗目仙人。胜热婆罗门。王女慈行。总是佛果中圆会菩萨道。以一位互体通收。总在其内具足。凡见比丘。是表求佛果以庄严菩萨行。凡见俗士。即明求菩萨行不离佛果。或男。或女。长者。外道。神天。表法。一一随位行门配之方明。此已上十个善知识。初德云比丘。明以禅定观照显发自心佛智慧。普见诸佛境界光明门。第二海云比丘所。是观生死海十二有支。本来清净佛国海门。第三善住比丘。法身智自在无碍出俗门。第四弥伽。处俗修行世间文字门。第五解脱长者。处俗身舍无尽佛刹。庄严自体万境自性禅定门。第六海幢比丘。真俗无二。达出缠寂用无碍神通门。第七休舍优婆夷。处世成长大悲门。第八毗目瞿沙。无功智现同

邪門。第九勝熱婆羅門。攝諸邪見苦行門。第十三
女慈行。明智悲圓滿總攝諸位智悲因果同時具
足門。如是十門總攝六位因果三十七道品互體
圓融。一多具足如帝網法門。此十住門明自住佛
所住。已下十行經明自利利他之行。已下推德昇
進入於十行位也。此童女慈行是智波羅蜜中大
悲圓滿門明總攝諸六位同該位位如是故云三
十六恆河沙佛所求此法門三十爲十住十行十
迴向是也。六帥通佛果妙覺及五位通收表智波
羅蜜圓該三賢六位總含一際。約法門依報表之。
如前以六相明之。於此十行中從初善見比丘已
下至出家外道名爲徧行是十行中十箇善知識
第二推德昇進中從如諸菩薩已下至辭退而行
有十一行經。於中文義約分五門。一推德昇進。二
示善知識方所。三舉國土名四舉善知識名號。五
禮敬辭去。南方義如初釋。國土名三目者。一法眼
二智眼。三慧眼。如推德中智眼無瞖普觀法界慧
心廣大。此是三眼國土明隨世利生智眼觀根法
眼知法慧眼決擇正邪。此三是一。隨用說三。
第二十行法門十知識第一三目國善見比丘。主
歡喜行。

邪门。第九胜热婆罗门。摄诸邪见苦行门。第十王女慈行。明智悲圆满。总摄诸位智悲因果同时具足门。如是十门总摄六位因果。三十七道品。互体圆融。一多具足。如帝网法门。此十住门。明自住佛所住。已下十行经。明自利利他之行。已下推德升进入于十行位也。此童女慈行。是智波罗蜜中大悲圆满门。明总摄诸六位同该。位位如是。故云三十六恒河沙佛所求此法门。三十。为十住十行十回向是也。六。即通佛果妙觉及五位通收。表智波罗蜜。圆该三贤六位。总含一际。约法门依报表之。如前以六相明之。于此十行中。从初善见比丘已下。至出家外道名为遍行。是十行中十个善知识。第二推德升进中。从如诸菩萨已下。至辞退而行。有十一行经。于中文义。约分五门。一推德升进。二示善知识方所。三举国土名。四举善知识名号。五礼敬辞去。南方义如初释。国土名三目者。一法眼。二智眼。三慧眼。如推德中。智眼无翳。普观法界。慧心广大。此是三眼国土。明随世利生。智眼观根。法眼知法。慧眼决择正邪。此三是一。随用说三 。

第二十行法门十知识。第一三目国善见比丘。主欢喜行 。

第一正人皆位法門中。自爾時已下至我唯知
此菩薩隨順燈解脫門。於此段中經文義分爲六
門。一善財思惟菩薩所住行。有一十三種甚深。二
漸次遊行至三眼國。三推覓善見比丘。四見在林
中經行往返。天龍恭敬。五善財頂禮敬中所求。六
善見比丘授與善財經行極遍十方菩薩隨順燈
解脫門。比丘號善見者。明此法眼智眼慧眼善見
諸法。善見一切眾生根性。應時教化而令解脫。故
號善見也。比丘者。此名滅諍。能化眾生煩惱見諍
故云比丘。問。何故十行之初先見比丘。答。爲明菩
薩所行之行。皆令一切眾生無諍離染出世間。故
爲行之首。皆須無染出世間。以此先見比丘。明心
離世間。方堪處俗同光利物。是故已下方明俗倫
在林中經行者。表行廣多。如林覆陰。根莖枝葉華
果備濟。明行如是。故林中經行。經行往返者。明入
生死度眾生。令諸眾生得出世涅槃之樂。又令不
住涅槃。起大悲願。入於生死。又度眾生。令至涅槃
是往返義。如是轉轉無有休息。猶如一燈然百千
燈。冥者皆明。明終不盡。故以隨順燈法門授與善
財。故以林中經行往返所表也。又壯年美貌端正
可喜者。明能行諸行爲壯年也。美貌端正是行報

第一正入当位法门中。自尔时已下。至我唯知此菩萨随顺灯解脱门。于此段中经文。义分为六门。一善财思惟菩萨所住行。有一十三种甚深。二渐次游行至三眼国。三推觅善见比丘。四见在林中经行往返。天龙恭敬。五善财顶礼敬申所求。六善见比丘授与善财经行恒遍十方菩萨随顺灯解脱门。比丘号善见者。明此法眼智眼慧眼。善见诸法。善见一切众生根性。应时教化而令解脱故。号善见也。比丘者。此名灭诤。能化众生烦恼见诤。故云比丘。问何故十行之初先见比丘答。为明菩萨所行之行。皆令一切众生无诤离染出世间故。为行之首。皆须无染出世间。以此先见比丘。明心离世间。方堪处俗同光利物。是故已下方明俗伦。在林中经行者。表行广多。如林覆荫。根茎枝叶华果备济。明行如是。故林中经行。经行往返者。明入生死度众生。令诸众生得出世涅槃之乐。又令不住涅槃。起大悲愿入于生死。又度众生令至涅槃是往返义。如是转转无有休息。犹如一灯然。百千灯。冥者皆明。明终不尽。故以随顺灯法门授与善财。故以林中经行往返所表也。又壮年美貌端正可喜者。明能行诸行为壮年也。美貌端正。是行报生故。又心端行正名爲端正。其髮紺青右旋不亂者順正法也。頂有肉髻者智高德滿報生也。皮膚金色者智淨心安素白無垢慈悲利物業報所招黃相是福德色也。頸文三道者是不妄出言報所生故。額廣平正者智寬博達之報也。眼目脩廣如青蓮華者以智慈悲所報得也。脣口丹潔如頻婆果者明赤色也。是南方色以南爲离离爲日爲虛無爲心爲法門。以智爲日口爲說法之門。以智慧日口能詮表正法所生報也。胷標卍字者智業清淨所生。七處平滿者兩手兩足兩肩馬王陰藏爲七處平滿。其傭纖長者引接成善所生報業。其指網縵以教漉衆生所生報業。手足中有金剛輪明轉法輪利衆生所生業果。如是廣歎其福皆具如經所明。皆是智行內修外嚴衆福。因不虛棄明知因識果無量天龍夜叉乾闥婆阿脩羅迦樓羅緊那羅摩睺羅伽釋梵護世人及非人前後圍遶者。明比丘所攝生依根徧故。以招其衆侍從隨之。亦是表法衆也。主方神隨方迴轉引導其前者。方法也。法隨衆生根器迴轉引接衆生。方無定相卽法無定相。足行神持蓮華以承其足者表行無染無生故。又心端行正。名为端正。其发绀青右旋不乱者。顺正法也。顶有肉髻者。智高德满报生也。皮肤金色者。智净心安。素白无垢。慈悲利物。业报所招黄相。是福德色也。颈文三道者。是不妄出言报所生故。额广平正者。智宽博达之报也。眼目修广如青莲华者。以智慈悲所报得也。唇口丹洁如频婆果者。明赤色也。是南方色。以南为离。离为日。为虚无。为心。为法门。以智为日。口为说法之门。以智慧日。口能诠表正法所生报也。胸标卍字者。智业清凉所生。七处平满者。两手。两足。两肩。马王阴藏。为七处平满。其臂纤长者。引接成善所生报业。其指网缦。以教漉众生所生报业。手足中有金刚轮。明转法轮利众生所生业果。如是广叹其福。皆具如经所明。皆是智行内修。外严众福。因不虚弃。明知因识果。无量天龙。夜叉。乾闼婆。阿修罗。迦楼罗。紧那罗。摩喉罗伽。释梵护世。人及非人。前后围绕者。明比丘所摄生。依根遍故。以招其众侍从随之。亦是表法众也。主方神随方回转引导其前者方。法也。法随众生根器回转。引接众生。方无定相。即法无定相。足行神持莲华以承其足者。表行无染。无盡光神舒。光破闇者。以教光破惑也。閻浮幢林神雨衆雜華者。明以廣多善言衆行接引衆生。令住戒定慧香華。故不動藏地神現諸寶藏。此是禪定行。能現智慧之寶藏。故普光明虛空神莊嚴虛空者。明以正智慧觀照諸法莊嚴法空。起差別智行差別行。不離法空。故成就德海神雨摩尼寶者。明以普賢大願成就大慈悲之德。普雨法寶利益衆生。故須彌山神頭頂禮敬曲躬合掌者。明謙下離慢恭敬行也。無礙力風神雨妙香華者。明柔輭語謙敬語無我語和悅語無麤惡語。知時語不妄語利益語如法語讚歎語。一切衆善語。皆爲無礙力風神雨妙香華。所聞之者。戒定慧香華悉皆具足。是故易云。巽爲言說。風行於地上可以觀。此明君子之典禮雅言也。有所倣學以成仁德。故云風行於地。地者坤也。坤爲衆人倣君子言教。故有所可觀。此經以正智慧風神口出正教言音爲風出合典禮之言爲香華。春和主夜神莊嚴其身舉體投地者。明慈悲和悅常處生死之夜。令衆生見者皆悉歡喜發生善根。名爲春和主夜神。莊嚴其身投地者明大慈大悲願行莊嚴投於生死之地教化尽光神舒光破暗者。以教光破惑也。阎浮幢林神雨众杂华者。明以广多善言众行。接引众生。令住戒定慧香华故。不动藏地神现诸宝藏。此是禅定行。能现智慧之宝藏故。普光明虚空神庄严虚空者。明以正智慧观照诸法。庄严法空。起差别智。行差别行。不离法空故。成就德海神雨摩尼宝者。明以普贤大愿。成就大慈悲之德。普雨法宝利益众生故。须弥山神头顶礼敬曲躬合掌者。明谦下离慢恭敬行也。无碍力风神雨妙香华者。明柔软语。谦敬语。无我语。和悦语。无粗恶语。知时语。不妄语。利益语。如法语。赞叹语。一切众善语。皆为无碍力。风神雨妙香华所闻之者。戒定慧香华悉皆具足。是故易云。巽为言说。风行于地上可以观。此明君子之典礼雅言也。有所仿学。以成仁德。故云风行于地。地者坤也。坤为众人。仿君子言教。故有所可观。此经以正智慧风神。口出正教言音为风。出合典礼之言为香华。春和主夜神庄严其身举体投地者。明慈悲和悦。常处生死之夜。令众生见者。皆悉欢喜。发生善根。名为春和主夜神。庄严其身投地者。明大慈大悲愿行庄严。投于生死之地。教化安樂一切眾生。常覺主晝神執普照諸方摩尼幢住在虛空放大光明者。明法空根本智照諸眾生以差別智度令解脫故。時善財童子詣比丘所已下。申請所求。皆云已發無上菩提心者。明於初友文殊師利所。已發菩提。即達菩提體無行無修無求無得無證。以此求菩薩道。即不離菩提心。但求菩薩道成菩提心。菩提本自無成壞故。不可已求當求現求。已發當發現發。若無如是念故名爲已先發無上正覺之心。故出此三世心故名爲已發無上正覺之心。比丘答善財言我年既少出家又近。明始從十住初生諸佛智慧而行此行名爲年少出家又近。此十行門。列名前後。行是一時。十迴向亦然。此三法一時行。以智境界不出一刹那際都該信及十地十一地六位一時故。又初始發心不見生老前後際故名爲年少出家又近。我此生中者。即明不見始終之生中也。於三十八恆河沙佛所淨修梵行者。明十住十行十迴向以三十箇法均調智悲。以此三十箇隨位佛因果法互參智悲無盡故云三十。不離八正道行門故云三十八恆河沙佛所淨修梵行。前慈行童女即云三十六安乐一切众生。常觉主昼。神执普照诸方摩尼幢。住在虚空放大光明者。明法空根本智照诸众生。以差别智度令解脱故。时善财童子诣比丘所已下。申请所求。皆云已发无上菩提心者。明于初友文殊师利所。已发菩提。即达菩提体。无行无修。无求无得无证。以此求菩萨道。即不离菩提心。但求菩萨道。成菩提心。菩提本自无成坏故。不可已求当求现求。已发当发现发。若无如是念故。名为已先发无上正觉之心故。出此三世心故。名为已发无上正觉之心。比丘答善财言。我年既少。出家又近。明始从十住初生诸佛智慧而行此行。名为年少出家又近。此十行门。列名前后。行是一时。十回向亦然。此三法一时行。以智境界。不出一刹那际。都该信及十地十一地六位一时故。又初始发心。不见生老前后际故。名为年少出家又近。我此生中者。即明不见始终之生中也。于三十八恒河沙佛所净修梵行者。明十住十行十回向。以三十个法均调智悲。以此三十个随位佛因果法。互参智悲无尽。故云三十。不离八正道行门。故云三十八恒河沙佛所净修梵行。前慈行童女。即云三十六

恆河沙。即表三賢七覺之行。此云三十八恆河沙
佛所者。即勝進至八正道故。三十八恆河沙佛者
總三賢之位八正道中佛因果也。總明發心之際
正智現前。破無明時。無量惡業滅。無量智慧現前
號爲恆沙佛數故。從一日一夜淨修梵行。或七日
七夜淨修梵行。或有佛所半月一月一歲百歲。乃
至不可說歲。乃至不可說劫。滿足六波羅蜜者。此
明出世道滿足六波羅蜜。餘四方便願力智波羅
蜜等是人生死成大悲行故。此是比丘。但云六度
行不云十波羅蜜也。亦見彼佛成道說法住持入
滅遺教各各差別悉能見者。明智境界順俗差殊
智無纖毫時分遷也。已上日月歲劫明時不遷也
又云善男子。我經行時。一念中一切十方皆悉現
前。乃至不可說佛刹皆悉嚴淨。乃至不可說衆生
差別行皆悉現前。乃至成就普賢行願力故。一念
領受不可說不可說諸如來法。廣如經說。此一段
明遠近合容不遷不可具陳。總不出一念者。意明
經行所表法身智體無依。以智無依故。即無表裏
中邊。以智無表裏故。即十方不遠此方無近。以智
無遠近體若虛空明照十方。隨願起行應根利物。

恒河沙。即表三贤七觉之行。此云三十八恒河沙佛所者。即胜进至八正道故。三十八恒河沙佛者。总三贤之位八正道中佛因果也。总明发心之际。正智现前。破无明时。无量恶业灭。无量智慧现前号为恒沙佛数故。从一日一夜净修梵行。或七日七夜净修梵行。或有佛所半月一月一岁百岁。乃至不可说岁。乃至不可说劫。满足六波罗蜜者。此明出世道。满足六波罗蜜。余四。方便。愿力。智。波罗蜜等。是入生死成大悲行故。此是比丘。但云六度行。不云十波罗蜜也。亦见彼佛成道说法。住持入灭遗教。各各差别悉能见者。明智境界顺俗差殊。智无纤毫时分迁也。已上日月岁劫。明时不迁也。又云。善男子。我经行时。一念中一切十方皆悉现前。乃至不可说佛刹皆悉严净。乃至不可说众生差别行皆悉现前。乃至成就普贤行愿力故。一念领受不可说不可说诸如来法。广如经说。此一段明远近含容不迁。不可具陈。总不出一念者。意明经行所表法身智体无依。以智无依故。即无表里中边。以智无表里故。即十方不远十方无近。以智无远近。体若虚空。明照十方。随愿起行。应根利物。

不去不來對現色身。如日現於眾水之內。以此智境界故。時日歲劫性自無遷。一念迷已。古今玄劫卽纖毫不轉。遠近境界不出塵中。智爲願使。願是智王。悲行神通普賢行海皆由願使。智加普聞緣覺。雖有神通。以無大願利眾生故。對普賢行願神通。猶如百千日光。比一箇螢火也。餘意如經自明。

法門名菩薩隨順燈解脫門者。明菩薩以自如來普光明智順諸眾行起差別智教化眾生。洽令發明。無有休息。名菩薩隨順燈解脫門。此是歡喜行。檀波羅蜜爲主。餘九爲伴。以智門中一行之中通修眾行。約位門中修六波羅蜜出世之行。此十行初門以將十住中智波羅蜜門普印三世一切佛境眾生境無盡劫總一時故。不出毫內故。已下例

大方廣佛新華嚴經論卷第三十六

然初終總爲第一推德昇進門中自諸菩薩摩訶薩已下至辭退而去有二十一行半經。於中文義約分五門。一推德昇進。二示善知識方處國土。三示善知識居止處所在河渚中。四舉善知識名號名爲自在主。五頂禮致敬辭退而去。南方義如初釋。國土號名聞者。依教主立名。爲教主有名聞故。河渚中居止者。表戒爲河流。必入智海故。童子者

不去不来。对现色身。如日现于众水之内。以此智境界故。时日岁劫性自无迁。一念悉亡。古今多劫即纤毫不转。远近境界不出尘中。智为愿使。愿是智王。悲行神通。普贤行海。皆由愿使。智如声闻缘觉。虽有神通。以无大愿利众生故。对普贤行愿神通。犹如百千日光。比一个萤火也。余意如经自明。法门名菩萨随顺灯解脱门者。明菩萨以自如来普光明智。顺诸众行起差别智。教化众生恒令发明。无有休息。名菩萨随顺灯解脱门。此是欢喜行。檀波罗蜜为主。余九为伴。以智门中。一行之中通修众行。约位门中。修六波罗蜜出世之行。此十行初门。以将十住中智波罗蜜门。普印三世一切佛境众生境。无尽劫总一时故。不出毫内故。已下例

(大方广佛新华严经论卷第三十六)*

然。初终总尔*第二推德升进门中。自诸菩萨摩诃萨已下。至辞退而去。有二十一行半经。于中文义。约分五门。一推德升进。二示善知识方处国土。三示善知识居止处所。在河渚中。四举善知识名号。名为自在主。五顶礼致敬。辞退而去。南方义如初释。国土号名闻者。依教主立名。为教主有名闻故。河渚中居止者。表戒为河流。必入智海故。童子者。

爲明戒淨無染號爲童子。名自在主者。爲明已從如來法身智果。入俗利生。出世入纏。主導眾生。皆自在故。以立名也。

校譌

第二紙十七行普現一本作普見　第五紙二十行眼明書藏作目　第七紙九行善下宋北論有財字　第十八紙二十行涼北論作淨

第二名聞國自在主童子。主饒益行。

第一正入當位門者。從爾時善財童子已下至我唯知此一切工巧大神通智光明法門。於此段約分爲七門。一受教念持昇進。二天龍夜叉眾圍遶。三向名聞國。周徧求覓自在童子。四天龍示其所在。五善財卽詣其所。見十千童子所共圍遶。六聚沙爲戲。善財見已頂禮。申請所求之法。七自在主告善財所行之法。於此所修法中。約有十門。一为明戒净无染。号为童子。名自在主者。为明已从如来法身智果。入俗利生。出世入缠。主导众生。皆自在故。以立名也 。

第二名闻国自在主童子。主饶益行 。

第一正入当位门者。从尔时善财童子已下。至我唯知此一切工巧大神通智光明法门。于此段约分为七门。一受教念持升进。二天龙夜叉众围绕。三向名闻国。周遍求觅自在童子。四天龙示其所在。五善财即诣其所。见十千童子所共围绕。六聚沙为戏。善财见已。顶礼申请所求之法。七自在主告善财所行之法。于此所修法中。约有十门。一書。二數算。三印手印符印等。是四界世界也。五處者即世界衆生住居處所。六療病。七工巧。八調練仙藥。九農商。十知衆生所出世根等。於中算法前阿僧祇品略敘。此亦如彼也。此是菩薩行。以法算數而知彼阿僧祇品佛智滿智眼自然而知。不須算法也。自餘如文自明。此是饒益行中。戒波羅蜜爲主。餘九爲伴。若約智境法門。一位通修十行。若約位門中。此饒益行中以書數算印農商相法幷出世間方名戒體。前十住中但以法身法性理智爲戒體。即海雲比丘觀十二有支生死海爲佛智海是。十迴向中以海師善入生死海爲戒體。如十信中即以畏罪修福離世間行爲戒體。十地中即修大悲爲戒體。即喜目觀察衆生夜神是。在佛右面。左爲智。右爲悲。又喜目觀察衆生者是慈悲之名。以之爲戒體。各隨五位戒體昇進不同。以智通該。一位中五位總具。此中上下十善知識約其行體論之。世技醫方供養等事。如經具言。第二推德昇進。從如諸菩薩摩訶薩已下至辭退而去十七行經。於中文義約分五門。一推德昇進。二示善知識住處及方所。三舉善知識所居城名海住。四舉书。二数算。三印。手印符印等是。四界。世界也。五处者。即世界众生住居处所。六疗病。七工巧。八调练仙药。九农商。十知众生所出世根等。于中算法。前阿僧祇品略序。此亦如彼也。此是菩萨行以法算数而知。彼阿僧祇品佛智满。智眼自然而知。不须算法也。自余如文自明。此是饶益行中。戒波罗蜜为主。余九为伴。若约智境法门。一位通修十行。若约位门中。此饶益行中。以书数算印农商相法。并出世间。方名戒体。前十住中。但以法身法性理智为戒体。即海云比丘观十二有支生死海。为佛智海。是十回向中。以海师善入生死海为戒体。如十信中。即以畏罪修福离世间行为戒体。十地中。即修大悲为戒体。即喜目观察众生夜神是。在佛右面。左为智。右为悲。又喜目观察众生者。是慈悲之名。以之为戒体。各随五位戒体升进不同。以智通该。一位中五位总具。此中上下十善知识。约其行体论之。世技医方供养等事。如经具言。第二推德升进从如诸菩萨摩诃萨已下。至辞退而去。十七行经。于中文义。约分五门。一推德升进。二示善知识住处及方所。三举善知识所居城名海住。四举善知識之名是優婆夷名爲具足。五禮敬辭退而去。城名海住者。表此優婆夷能含眾德如海。優婆夷名具足者。明約德立名。表此優婆夷以住忍波羅蜜中具十波羅蜜。以常能大捨具檀波羅蜜。素服清潔名爲持戒。被髮毀容名之爲忍。心常不與世心和合名爲精進。智悲利俗。不與識俱名之禪定。已踐佛果出世妙慧名爲智慧。常處生死引接眾生。又心無女業示受女身明大悲行。是名方便。常隨本願六道濟生名之大願。不畏生死常轉法輪名之爲力。隨智幻生一切刹海常施佛事。名之爲智。具足如是十波羅蜜。四攝四無量故名具足。善財聞已舉身毛豎者。爲聞具足之名喜心驚悅

第三海住城具足優婆夷。主無違逆行。

第一正入當位法門中。從爾時善財童子已下。至我唯知此無盡福德藏解脫門中。於此段約分爲二十門。一念善知識教門廣大如海思惟昇進。二漸次南行。三至海住城尋覓善友。四眾人告語所在城中。五善財詣門。合掌而立。六所觀依果。其宅廣博種種莊嚴。七善財入已見優婆夷處於寶座。八觀其正報身相容儀可尊。九見其宅內敷於

善知识之名。是优婆夷名为具足。五礼敬辞退而去。城名海住者。表此优婆夷能含众德如海。优婆夷名具足者。明约德立名。表此优婆夷。以住忍波罗蜜中。具十波罗蜜。以常能大舍。具檀波罗蜜。素服清洁名为持戒。被发毁容。名之为忍。心常不与世心和合。名为精进。智悲利俗。不与识俱。名之禅定。已践佛果出世妙慧。名为智慧。常处生死引接众生。又心无女业。示受女身明大悲行。是名方便。常随本愿六道济生。名之大愿。不畏生死。常转法轮。名之为力。随智幻生一切刹海。常施佛事。名之为智。具足如是十波罗蜜。四摄。四无量。故名具足。善财闻已举身毛竖者。为闻具足之名。喜心惊悦。第三海住城具足优婆夷。主无违逆行 。

第一正入当位法门中。从尔时善财童子已下。至我唯知此无尽福德藏解脱门中。于此段约分为二十门。一念善知识教门广大如海。思惟升进。二渐次南行。三至海住城。寻觅善友。四众人告语所在城中。五善财诣门。合掌而立。六所观依果。其宅广博种种庄严。七善财入已。见优婆夷处于宝座。八观其正报身相容仪可尊。九见其宅内敷于十億妙座十見其小器在於座前一萬童女以爲侍衛更無諸餘衣服飲食十一善財見已致敬申請十二優婆夷告善財所修之法門名菩薩無盡福德藏十三以其小器十方六道衆生所須飲食種種美味悉皆具足十四聲聞獨覺食已皆證聲聞辟支佛果住最後身十五一生所繫菩薩食已皆於菩提樹下成佛十六舉百萬億阿僧祇同行之衆三業皆同十七善財見無量衆生從四門入十八隨願所請隨所須食皆悉充滿十九舉其我唯知此菩薩福德藏門二十推德昇進以成後行十千童女者萬行具足四門而入者四無量心以一小器所施飲食徧周無限衆生皆充飽者明器雖量小約以法界智施入因陀羅網門小含無盡又加法界智願力廣大之心以一微塵許大食令十方一切所生衆生食之充足元來不減毫釐以一微塵之食卽法界量無邊外中邊限所礙故法門名菩薩福德藏明施願廣大也此是第三無違逆行以忍波羅蜜爲主餘九爲伴約智門中十行五位遍修約位門中以忍爲體以忍爲小器無行不具足故以謙無不利故第一推德昇進中發

十亿妙座。十见其小器在于座前。一万童女以为侍卫。更无诸余衣服饮食。十一善财见已。致敬申请。十二优婆夷告语善财所修之法门。名菩萨无尽福德藏。十三以其小器十方六道众生所须饮食。种种美味悉皆具足。十四声闻独觉食已。皆证声闻辟友佛果。住最后身。十五一生所系菩萨食已。皆于菩提树下成佛。十六举百万亿阿僧祇同行之众。三业皆同。十七善财见无量众生从四门入。十八随愿所请。随所须食。皆悉充满。十九举其我唯知此菩萨福德藏门。二十推德升进。以成后行。十千童女者。万行具足。四门而入者。四无量心。以一小器所施饮食。遍周无限众生皆充饱者。明器虽量小。约以法界智施。入因陀罗网门。小含无尽。又加法界智愿力广大之心。以一微尘许大食。令十方一切所生众生食之充足。元来不减毫厘。以一微尘之食。即法界量。无里外中边限所碍故。法门名菩萨福德藏。明施愿广大也。此是第三无违逆行。以忍波罗蜜为主。余九为伴。约智门中。十行五位通修。约位门中。以忍为体。以忍为小器。无行不具足故。以谦无不利故。第二推德升进中。从如諸菩薩摩訶薩已下。至辭退而去。有八行半經。於中義意。約分四門。一推德昇進。二示善知識方所。及所居之城。三舉城名大興。及知識名明智居士。四善財頂禮辭退而去。城名大興者。約教主立名。以精進波羅蜜大興利益。以立城名。居士名明智者。約第四無屈撓行。見根利物。仰覻虛空。即財法俱施。故名明智。此是十住中生貴住。十地中第四地。得出世智現前。三界業盡。當生佛家。故此十行中為明智居士者。居家處俗。懷道利生。故名居士。

第四大興城明智居士。主無屈撓行。

第一正入當位法門中。從爾時善財童子已下。至我唯知此隨意出生福德藏解脫門。於此段中。義分十門。一念善知識所授之教。思惟昇進。二漸次而行至大興城。推求明智居士。三於善知識心生渴仰。四念當承事諸善知識。心無懈倦。五見其居士在城內市肆衢道七寶臺上處無數寶莊嚴座。六善財申請所求。七居士稱歎能發大菩提心求菩薩道。八居士示其善財能發大菩提之眾。九居士告善財所行之法門名隨意出生福德藏解如诸菩萨摩诃萨已下。至辞退而去。有八行半经。于中义意。约分四门。一推德升进。二示善知识方所。及所居之城。三举城名大兴。及知识名明智居士。四善财顶礼辞退而去。城名大兴者。约教主立名。以精进波罗蜜大兴利益。以立城名。居士名明智者。约第四无屈挠行。见根利物。仰视虚空。即财法俱施。故名明智。此是十住中生贵住。十地中第四地。得出世智现前。三界业尽。当生佛家故。此十行中为明智居士者。居家处俗。怀道利生。故名居士 。

第四大兴城明智居士。主无屈挠行 。

第一正入当位法门中。从尔时善财童子已下。至我唯知此随意出生福德藏解脱门。于此段中。义分十门。一念善知识所授之教。思惟升进。二渐次而行至大兴城。推求明智居士。三于善知识心生渴仰。四念当承事诸善知识心无懈倦。五见其居士在城内市士衢道七宝台上。处无数宝庄严座。六善财申请所求。七居士称叹能发大菩提心求菩萨道。八居士示其善财能发大菩提之众。九居士告善财所行之法门。名随意出生福德藏解脫門。凡有所須悉皆滿足。十待眾來集。示其施法仰視虛空。如其所須從空而下。皆悉充滿。然爲說法。從我唯知此隨意出生福德藏解脫門已下是推德昇進。前位優婆夷。以其小器。以明忍門離慢慠高心。施其飲食充滿。此位之中。表精進之心無屈撓行。常行空觀以除煩惱。得無上智心。一切依正法報。人天善根總在其中。居士云生如來家長白淨法者。明此位是第四生貴住行。亦是十地中第四地中。三界業盡生如來家。唯有世間智悲未滿。五住中及第五地中修學。六住及六地眞俗二智俱終得寂滅定。三空現前。任運神通十方教化。然後七住及七地已去。入俗起同凡行行大慈悲門。八地分得無功。十地佛力方滿。十一地任運利生。是故於此仰視虛空。是所修行精進之行。一切業苦皆悉除斷。一切佛法及人天福德咸在其中。但修法空達緣起寂一門。一切煩惱自然不現。一切明智自然現前。且約舉大要廣義如經自明。此第四無屈撓行。以精進爲主。餘九爲伴。約智門中五位十行同行。約位門中觀法空門。了緣生解脫爲勝治三界餘習法身智現生如來家。十住初心脱门。凡有所须悉皆满足。十待众来集。示其施法。仰观虚空。如其所须从空而下。皆悉充满。然为说法。从我唯知此随意出生福德藏解脱门已下是推德升进。前位优婆夷。以其小器。以明忍门。离慢怠高心。施其饮食充满。此位之中。表精进之心无屈挠行。常行空观以除烦恼。得无上智心。一切依正法报。人天善根。总在其中。居士云生如来家长白净法者。明此位是第四生贵住行。亦是十地中第四地中。三界业尽生如来家。唯有世间智悲未满。五住中及第五地中修学。六住及六地。真俗二智俱终。得寂灭定。三空现前。任运神通十方教化。然后七住及七地已去。入俗起同凡行。行大慈悲门。八地分得无功。十地佛力方满。十一地任运利生。是故于此仰视虚空。是所修行精进之行。一切业苦皆悉除断。一切佛法及人天福德咸在其中。但修法空。达缘起寂一门。一切烦恼自然不现。一切明智自然现前。且约举大要。广义如经自明。此第四无屈挠行。以精进为主。余九为伴。约智门中。五位十行同行。约位门中。观法空门。了缘生解脱为胜。治三界余习。法身智现生如来家。十住初心創開佛慧生如來家。第四住治三界惑淨佛智慧現前生如來家。第八住中無功智現生如來無功智慧家。第十住中智悲普濟受佛職位亦是生如來家。十地位中。一依此樣而成地位。十住是十地勝進之樣。不同權教佛果在十地之後。三乘四十心。地前爲加行。十地爲見道。此華嚴經十住爲見道。十行十迴向十地十一地爲加行。修行令慣熟故。佛果於初先現。以普賢悲願令智悲大用慣熟自在故。以自如來根本普光明智先現故。始終本末總無延促時日分劑故。以法身根本智如實而言。不同三乘權教情所解故。皆須約本而觀之。畢竟佛果慣習已成。普賢行已滿。一往但以教化一切衆生爲常恆行。從初至末。無始無終。無成無壞。但以普徧十方一切六道。以智對現利生爲永業也。從初發心起信修行時。發如是信樂。發如是志願。起如是志求。見如是道。從初發心住。以定觀力契會法身。顯根本普光明智。照知一切自他生死海性自解脫。但爲教化衆生。令其迷解離妄想苦故。亦不見自身成佛不成佛故。若也起心圖成佛念。當知此人去佛道遠。若也但以法身無性之力创开佛慧生如来家。第四住治三界惑净。佛智慧现前生如来家。第八住中无功智现。生如来无功智慧家。第十住中智悲普济。受佛职位。亦是生如来家。十地位中。一依此样而成地位。十住是十地胜进之样。不同权教佛果在十地之后。三乘四十心。地前为加行。十地为见道。此华严经十住为见道。十行十回向十地十一地为加行。修行令惯熟故。佛果于初先现。以普贤悲愿。令智悲大用惯熟自在故。以自如来根本普光明智先现故。始终本末。总无延促时日分剂故。以法身根本智如实而言。不同三乘权教情所解故。皆须约本而观之。毕竟佛果惯习已成。普贤行已满。一往但以教化一切众生为常恒行。从初至末。无始无终。无成无坏。但以普遍十方一切六道。以智对现利生。为永业也。从初发心起信修行时。发如是信乐。发如是志愿。起如是志求。见如是道。从初发心住。以定观力契会法身。显根本普光明智。照知一切自他生死海性自解脱。但为教化众生。令其迷解离妄想苦故。亦不见自身成佛不成佛故。若也起心图成佛念。当知此人去佛道远。若也但以法身无性之力。

自他性離。無成壞心。忘方便力。興大願力。起大悲門。無作而作。發無限志願。教化一切法界中無性眾生。使令迷解。還令自得自心無性之理。妄想繫著自無。不言成佛。不言不成佛。不可作如是圖念之情。如此華嚴經安立五位教門。但為引接未得謂得未至謂至未滿云滿滯染淨障。於菩提道及菩薩行有止足心。有休息想。安立五十重因果。一百一十重法門。使不滯住止息休廢之心滿普賢願行至無盡極故。第一推德昇進門中從如諸菩薩摩訶薩已下。至辭退而去。有十五行半經約分為五門。一推德昇進者。從如諸菩薩已下是。二示善知識方所者。云南方。如前所釋。三示善知識所居城者。城名師子宮。此約化主立名。師子是無畏義。明此第五離癡亂行中。以禪定為宮。四有長者號法寶髻者。表此長者所行禪行。是法界體用自在無礙。總攝十波羅蜜行八正道成在其中。如下長者所居其宅十層樓閣宅有八門者是。明定體徧該諸行名法寶髻。表攝諸位故。至法頂故。五禮敬辭去。

校譌

第八紙十八行以宋藏作已第十一紙六行居士宋南北藏作長者十三紙十四

自他性离。无成坏心。起方便力。兴大愿力。起大悲门。无作而作。发无限志愿。教化一切法界中无性众生。使令迷解。还令省得自心无性之理。妄想系着自无。不言成佛。不言不成佛。不可作如是图念之情。如此华严经安立五位教门。但为引接未得谓得。未至谓至。未满云满。滞染净障。于菩提道及菩萨行。有止足心。有休息想。安立五十重因果。一百一十重法门。使不滞住止息休废之心。满普贤愿行至无尽极故。第二推德升进门中。从如诸菩萨摩诃萨已下。至辞退而去。有十五行半经。约分为五门。一推德升进者。从如诸菩萨已下是。二示善知识方所者。云南方。如前所释。三示善知识所居城者。城名师子宫。此约化主立名。师子是无畏义。明此第五离痴乱行中。以禅定为宫。四有长者号法宝髻者。表此长者所行禅行。是法界体用自在无碍禅。总摄十波罗蜜行。八正道咸在其中。如下长者所居。其宅十层楼阁。宅有八门者是。明定体遍该诸行。名法宝髻。表椁摄诸位故。至法顶故。五。礼敬辞去 。

行然現赤第十五紙十二宋藏作行滿布第十七紙十九明書行藏先作光現
第十九紙八行論作樹緇北

第五師子宮城寶髻長者。主離癡亂行。

第一正入當位法門中。從爾時善財已下至我唯知此菩薩無量福德寶藏解脫門。於此段中義分爲十門。一念善知識教增長福德海。二漸次南行向師子城。三周徧推求寶髻長者見在市中。四禮敬正申所求。五長者執善財手將詣所居之宅。六令善財觀其報居之宅衆寶所成十層八門。七善財觀已問其所修之因。八長者爲說往昔所修之因。九拜陳迴向三處。十推德昇進隨文釋義者。周徧推求寶髻長者。明徧觀心境空有三界定亂昇進無依無得無證之定門。市中而見者明寂亂等也。若望十住中解脫長者即入三昧明身含佛刹之門表創居定體。此十行中定明行體恆定表處生死市鄽攝化衆生無虧定體。明動用俱寂性自離故。遶卽往詣頂禮者。速會其定體不遲滯也。已下正舉申請中。執善財手者。引接也。將詣所居示其舍宅令善財觀察者。令知所因也。舍宅清淨光明眞金所成者。約位以禪爲主。餘九波羅蜜爲伴。明定體白淨無垢報成光明眞金爲舍宅之大第五师子宫城宝髻长者。主离痴乱行 。

第一正入当位法门中。从尔时善财已下。至我唯知此菩萨无量福德宝藏解脱。门于此段中。义分为十门。一念善知识教。增长福德海。二渐次南行向师子城。三周遍推求宝髻长者。见在市中。四礼敬正申所求。五长者执善财手。将诣所居之宅。六令善财观其报居之宅。众宝所成。十层八门。七善财观已。问其所修之因。八长者为说往昔所修之因。九并陈回向三处。十推德升进。随文释义者。周遍推求宝髻长者。明遍观心境空有三界定乱。升进无依无得无证之定门。市中而见者。明寂乱等也。若望十住中。解脱长者即入三昧。明身含佛刹之门。表创居定体。此十行中定。明行体恒定。表处生死市廛。摄化众生。无亏定体。明动用俱寂。性自离故。遽即往诣顶礼者。速会其定体。不迟滞也。已下正举申请中。执善财手者。引接也。将诣所居示其舍宅。令善财观察者。令知所因也。舍宅清净光明真金所成者。约位以禅为主。余九波罗蜜为伴。明定体白净无垢。报成光明真金。为舍宅之大體。白銀爲牆者。以禪體爲戒。戒爲防護義。玻瓈爲殿者。以禪體斷智成。忍此寶似水精明淨。然有眾色不同。紺璢璃寶而爲樓。閣者以禪體而作精進觀照。更增明淨清潔也。砷磲妙寶而爲其柱者。以禪爲行。住持諸法。故已下自餘莊嚴以次依十波羅蜜次第排之。十層樓閣亦准此十波羅蜜。從下向上排之自有次第。宅開八門者。一面各有兩門。四方都八也。明八正道行也。第十層中。明第十智波羅蜜圓會三世佛因果。一念而滿。教化眾生及入涅槃總。皆不移也。剎智境界法爾如斯。故已下九層中。初以檀度。二以戒。三忍。配之自有次第。並是以行報生表法。爲善財說本因中。云我念過去佛剎微塵數劫有世界名圓滿莊嚴。佛號無邊光明法界普莊嚴王。彼佛入城時。我奏樂音幷燒一丸香。以此供養迴向三處。得此果報所居舍宅。如是者。明得定體以十住位中已得。言佛剎微塵爲數量者。明定起迷塵自智慧佛入此十行禪門故。故表越迷塵智現以善說法爲樂音。表因定起慧也。定香但燒一丸。五分法身周備。迴向三處者。但入此隨行寂用無礙定門即能示離貪之。常見諸体白银为墙者。以禅体为戒。戒为防护义。玻璃为殿者。以禅体显智成忍。此宝似水精明净。然有众色不同。绀琉璃宝而为楼阁者。以禅体而作精进观照。更增明净清洁也。车磲妙宝而为其柱者。以禅为行。住持诸法故。已下自余庄严。以次依十波罗蜜次第排之。十层楼阁。亦准此十波罗蜜。从下向上排之。自有次第。宅开八门者。一而各有两门。四方都八也。明八正道行也。第十层中。明第十智波罗蜜。圆会三世佛因果。一念而满。教化众生及入涅槃。总皆不移也。约智境界。法尔如斯故。已下九层中。初以檀度。二以戒。三忍。配之自有次第。并是以行报生表法。为善财说本因中。云我念过去佛刹微尘数劫。有世界名圆满庄严。佛号无边光明法界普庄严王。彼佛入城时。我奏乐音并烧一丸香。以此供养回向三处。得此界报。所居舍宅如是者。明得定体。以十住位中已得。言佛刹微尘为数量者。明定越迷尘。自智慧现。入此十行禅门故。故表越迷尘智现。以善说法为乐音。表因定起慧也。定香但烧一丸。五分法身周备。回向三处者。但入此随行寂用无碍定门。即能永离贫乏常见诸佛及善知識。恆聞正法。是爲三處。如經具言。我唯知此菩薩無量福德寶藏解脫門者。明隨行寂用無礙定門能攝福智及以大慈大悲四攝四無量法。皆在其內。是故號此長者名爲寶髻。表此隨行定門。總爲饒攝法義。自餘如文自具。此一段是第五離癡亂行。以禪波羅蜜爲主。餘九爲伴。約智門中諸位同治。約位之中。此位治世間出世間定亂不自在障。如此長者十層樓閣。總攝十住十行十迴向十地十一地及佛果。皆悉通收。以法界無依無性禪爲體故。皆以自體無依無住禪體中十波羅蜜以爲莊嚴。論主以頌釋曰。

無作自性禪園苑。普光明智爲大宅。差別觀照嚴樓閣。布施法食滿衆生。淨戒寶衣恆普著。精進慈心爲婇女。禪心善達世間智。五地通明菩薩住。寂滅般若第六層。七層方便住生死。無功八層用自在。九層一生法王居。第十層中佛果滿。如是次第而修學。畢竟不居初中末。以此衆法利羣生。依正二報於中得。

此略釋大況廣意。如文意明一行中十行齊行。無始無終。例皆如是。第二推德昇進中。從如諸菩薩佛及善知识。恒闻正法。是为三处。如经具言。我唯知此菩萨无量福德宝藏解脱门者。明随行寂用无碍定门。能摄福智及以大慈大悲四摄四无量法。皆在其内。是故号此长者名为宝髻。表此随行定门。总为鬘摄法义。自余如文自具。此一段是第五离痴乱行。以禅波罗蜜为主。余九为伴。约智门中。诸位同治。约位之中。此位治世间出世间定乱。不自在障。如此长者十层楼阁。总摄十住十行十回向十地十一地及佛果。皆悉通收。以法界无依无性禅为体故。皆以自体无依无住禅体中十波罗蜜以为庄严。论主以颂释曰 。

无作自性禅园苑。普光明智为大宅。差别观照严楼阁。布施法食满众生。净戒宝衣恒普著。精进慈心为婇女。禅心善达世间智。五地通明菩萨住。寂灭般若第六层。七层方便住生死。无功八层用自在。九层一生法王居。第十层中佛果满。如是次第而修学。毕竟不居初中末。以此众法利群生。依正二报于中得 。

此略释大况广意如文。意明一行中十行齐行。无始无终。例皆如是。第二推德升进中。从如诸菩萨摩訶薩已下至辭退而去有十行半經。於中約分六門。一推德令進。二示善知識之方所云南方。三示善知識之國土名藤根。四示善知識所居之城名普門。五舉善知識名號普眼。六致敬辭去。隨文釋義者。推德令善財昇進。如歎德中有八行經。如文具明。國名藤根者。表善知識第六般若深固徹眾生源故。如藤根深固徹於大地至水際故。取堅實窮達義。以類智慧觀達世出世法。皆徹源底故。長城名普門者。明以普眼徧知諸法。依法主立名。長者名曰普眼者。智慧過人天。名之為長者。世及出世無不徧知。名為普眼。已下勸令往詣。如文自具。

第十六藤根國普眼長者主善現行。

第一正入當位法門中從爾時已下至我唯知

摩诃萨已下。至辞退而去。有十行半经。于中约分六门。一推德令进。二示善知识之方所。云南方。三示善知识之国土。名藤根。四示善知识所居之城。名普门。五举善知识名。号普眼。六致敬辞去。随文释义者。推德令善财升进。如叹德中有八行经。如文具明。国名藤根者。表善知识第六般若深固。彻众生源故。如藤根深固。彻于大地至水际故。取坚实穿达义。以类智慧观。达世出世法。皆彻源底故。城名普门者。明以普眼遍知诸法。依法主立名。长者名曰普眼者。智慧过人天。名之为长者。世及出世。无不遍知。名为普眼。已下劝令往诣。如文自具。

第六藤根国普眼长者。主善现行 。

第一正入当位法门中。从尔时已下。至我唯知此令一切眾生普見諸佛歡喜門。於此段中約分為八門。一正念善知識教思惟昇進。二往藤根國推問求覓普門城、三在衢路見長者正中所求。四長者授與善財所行之事。其所行事有四。一善治眾疾。二善說對治諸根法門。三善和合諸香供養。普見諸佛。四推德昇進。隨文釋義者。其城雉堞崇峻。重堞最高曰雉。雉重曰堞。城高曰崇。難昇曰峻。明此善知識住第六行中。智慧無盡。重重尊高難入。故衢路寬平者。三空智慧蕩無涯際。世及出世智無不周。對治諸病者。世間四大不和病以湯藥治。如煩惱病。以五停心觀十波羅蜜治。善合諸香者。以戒定慧解脫法身智身香隨根普熏自佛出現。如上之事皆約事表法。有事有法皆含世間出世間二義。如十住中第六正心住以海幢比丘入寂滅定身出化雲徧周饒益表第六住中般若寂用無礙門。今此十行位中第六般若善現行中舉純用是寂得成就寂靜身語意行。如上能療治眾生病者。實有是行表法者。風病明想念多者。以數息對治。引令內止方便令所緣心息順無作定顯智用神通利化。一切黃病表貪欲多者。對以不淨此令一切众生普见诸佛欢喜门。于此段中。约分为八门。一正念善知识教。思惟升进。二往藤根国。推问求觅普门城。三在衢路见长者。正申所求。四长者授与善财所行之事。其所行事有四。一善治众疾。二善说对治诸根法门。三善和合诸香供养。普见诸佛。四推德升进。随文释义者。其城雉堞崇峻。重堞。最高曰雉。雉重曰堞。城高曰崇。难升曰峻。明此善知识住第六行中。智慧无尽重重。尊高难入故。衢路宽平者。三空智慧荡无涯际。世及出世。智无不周。对治诸病者。世间四大不和病。以汤药治。如烦恼病。以五停心观。十波罗蜜治。善合诸香者。以戒定慧解脱法身智身香。随根普熏。自佛出现。如上之事。皆约事表法。有事有法。皆含世间出世间二义。如十住中第六正心住。以海幢比丘入寂灭定。身出化云遍周饶益。表第六住中般若寂用无碍门。今此十行位中。第六般若善现行中。举纯用是寂。得成就寂静身语意行。如上能疗治众生病者。实有是行。表法者。风病。明想念多者。以数息对治。引令内止方便。令所缘心息。顺无作定。显智用神通。利化一切。黄病。表贪欲多者。对以不净觀。瘀熱病者表愚癡多者。對以十二緣生觀。鬼魅病者表取著妙相不離魔業及天報神通對以法空觀。蠱毒者表一切有所得心能生一切諸纏害業。愛業喻水。瞋業喻火。如是等病皆能對治。如合和諸香者亦實有如是行表法者。卽明智慧善說教香令熏淨諸惡執業故。隨諸惡業爲臭。隨智慧行爲香。如辛頭波羅香。卽明阿耨達池西面金牛口中所出大河流入信度國。波羅者。此云岸也。明此香出此河之岸上。表此第六善現行。三空智慧四辯無礙。如彼大池涌出四河潤澤大地復成大海。一切戒定慧解脫解脫知見五分法身香皆生其中。若有衆生聞而入信皆得度脫超昇彼岸。經舉其一。餘三河准此知之。阿盧那跋底香者。此云香赤色鮮明。表赤色是南方正色。又表离爲虛無爲日爲明爲心。以离法心故。离猶麗也。像此位三空四辯無相智慧光明麗於一切衆生心境皆得智慧解脫香。故烏洛迦栴檀香者。烏洛迦蛇名。栴檀者香樹也。明此蛇最毒。常患毒熱。以身遶此香樹。其毒氣便息。表若有衆生聞說心境俱空本無體相無有處所無一法可得之香。信而悟入。一切观。痰热病者。表愚痴多者。对以十二缘生观。鬼魅病者。表取著妙相。不离魔业。及天报神通。对以法空观。蛊毒者。表一切有所得心。能生一切诸缠害业。爱业喻水。嗔业喻火。如是等病皆能对治。如合和诸香者。亦实有如是行。表法者。即明智慧善说教香。令熏净诸恶执业故。随诸恶业为臭。随智慧行为香。如辛头波罗香。即明阿耨达池西面。金牛口中。所出大河。流入信度国。波罗者。此云岸也。明此香出此河之岸上。表此第六善现行。三空智慧。四辩无碍。如彼大池涌出四河。润泽大地。复成大海。一切戒定慧解脱解脱知见。五分法身香。皆生其中。若有众生闻而入信。皆得度脱超升彼岸。经举其一。余三河准此知之。阿卢那跋底香者。此云香赤色鲜明。表赤色是南方正色。又表离为虚无。为日。为明。为心。以离法心故。离犹丽也。像此位三空四辩无相智慧光明。丽于一切众生心境。皆得智慧解脱香故。乌洛迦旃檀香者。乌洛迦。蛇名。旃檀者。香树也。明此蛇最毒。常患毒热。以身绕此香树。其毒气便息。表若有众生闻说心境俱空。本无体相。无有处所。无一法可得之香。信而悟入。一切煩惱毒熱自然清淨。餘香如名可解。如是八種智慧香熏諸眾生邪見識種令依八正道行。入如來智慧香故。善男子我唯知此令一切眾生普見諸佛歡喜門。明如上對治諸法智慧開發諸佛智慧方便皆令眾生入佛智慧皆歡喜故。已下明推德昇進此名第六善現行中善知識以般若波羅蜜爲主餘九爲伴。若約智門中諸位同治。若約位門中治隨行寂則不自在障令隨行成就寂靜身語意行純清淨故。第一推德昇進分中從如諸菩薩已下至辭退而去有九行半經。約分四門。一推德昇進。二示善知識所居方所及所居之城名多羅幢。三舉其王名無厭足四敬禮辭去城名多羅幢者此云明淨。約化主立名。以第七無著行中。以出世間明淨智慧善入世間作慈悲主善知諸根化身同事不妄接生故王名無厭足者利生無厭故。因行成名。餘如文自具。

第七多羅幢城無厭足王主無著行

第一正入當位門中從爾時善財童子已下至我唯得此如幻解脫。此一段經約分十四門。一正念善知識昇進。二往多羅幢城。三問眾人其王所在四眾人答言今在正殿于善財往詣遙見彼王處烦恼毒热自然清净。余香如名可解。如是八种智慧香。熏诸众生邪见识种。令依八正道行。入如来智慧香故。善男子。我唯知此令一切众生普见诸佛欢喜门。明如上对治诸法智慧开发诸佛智慧方便。皆令众生入佛智慧皆欢喜故。已下明推德升进。此名第六善现行中善知识。以般若波罗蜜为主。余九为伴。若约智门中诸位同治。若约位门中。治随行寂用不自在障。令随行成就寂静身语意行纯清净故。第二推德升进分中。从如诸菩萨已下。至辞退而去。有九行半经。约分四门。一推德升进。二示善知识所居方所。及所居之城名多罗幢。三举其王名无厌足。四敬礼辞去。城名多罗幢者。此名明净。约化主立名。以第七无著行中。以出世间明净智慧。善入世间作慈悲主。善知诸根化身同事。不妄接生故。王名无厌足者。利生无厌故。因行成名。余如文自具 。

第七多罗幢城无厌足王。主无著行 。

第一正入当位门中。从尔时善财童子已下。至我唯得此如幻解脱。此一段经。约分十四门。一正念善知识升进。二往多罗城。三问众人其王所在。四众人答言今在正殿。五善财往诣遥见彼王处那羅延金剛之座。六見王報嚴身殿皆是衆寶、七見王苦具罰惡痛切難當。八善財心生疑惑、九空中天告用善知識言令除疑惑。十善財疑除往詣王所頂禮正中所求。十一其王執善財手將入宮中令觀報境。十二其王舉如幻解脫門化現其身自作惡業受種種苦令實衆生心生惶怖起諸善根發菩提心。十三其王自申所行。常於身口意乃至一蚊一蟻不生苦害之心。況復人耶。十四推德昇進。阿那羅王者。此云無厭足也。如十住第七住慈悲位以休捨優婆夷表之。此十行第七慈悲行、以無厭足王表之。以明治惡人之行。自化作惡自苦治之令實衆生厭世修德成菩提道。第七迴向以觀世音主之。第七遠行地中以夜天名開敷樹華主之。如是皆是隨位成就慈悲之別名。自餘如經具明。此是第七無著行善知識以方便波羅蜜爲主。餘九爲伴。約智門中。諸位通治。約位門中。以治處生死中染淨二行不自在令得住生死中大智大悲得自在故。第二推德昇進中從諸菩薩已下至辭退而去有八行半經。約分四門。一推德昇進。二示善知識方處及所居之城名爲妙光。三舉那罗延金刚之座。六见王报严身殿皆是众宝。七见王苦其罚恶痛切难当。八善财心生疑惑。九空中天告。用善知识言。令除疑惑。十善财疑除。往诣王所顶礼。正申所求。十一其王执善财手将入宫中。令观报境。十二其王举如幻解脱门。化现其身自作恶业受种种苦。令实众生心生惶怖。起诸善根发菩提心。十三其王自申所行。常于身口意。乃至一蚊一蚁。不生苦害之心。况复人耶。十四推德升进。阿那罗王者。此云无厌足也。如十住第七住慈悲位。以休舍优婆夷表之。此十行第七慈悲行。以无厌足王表之。以明治恶人之行。自化作恶自苦治之。令实众生厌世修德成菩提道。第七回向。以观世音主之。第七远行地中。以夜天名开敷树华主之。如是皆是随位成就慈悲之别名。自余如经具明。此是第七无著行善知识。以方便波罗蜜为主。余九为伴。约智门中。诸位通治。约位门中。以治处生死中染净二行不自在。令得住生死中大智大悲得自在故。第二推德升进中。从诸菩萨已下。至辞退而去。有八行半经。约分四门。一推德升进。二示善知识方处。及所居之城名为妙光。三举善知識王名大光。四頂禮辭去。經云城名妙光者。此同第八住第八地無功智慧妙用是本位之中差別智滿。王名大光者。名根本智。自餘如文自具。

校譌

第十紙八行論作數量宋 第十一紙三行論作云此宋 第十六
紙七行論無一字下字宋

第八妙光城大光王。主難得行。

第一正入當位法門中。從蹈時善財童子已下。至我唯知此菩薩大慈爲首隨順世間三昧門。於此一段經約分爲十五門。一念善知識教。思惟昇進。二漸次遊行人間城邑。三然後乃至妙光大城。四問人求覓所居。人咸報言今此城是。五善財得聞城所居住處。歡喜踊躍。六明善財入妙光大城善知识王名大光。四顶礼辞去。经云城名妙光者。此同第八住第八地无功智慧妙用。是本位之中差别智满。王名大光者。名根本智。自余如文自具。

第八妙光城大光王。主难得行 。

第一正入当位法门中。从尔时善财童子已下。至我唯知此菩萨大慈为首随顺世间三昧门。于此一段经。约分为十五门。一念善知识教。思惟升进。二渐次游行人间城邑。三然后乃至妙光大城。四问人求觅所居。人咸报言今此城是。五善财得闻城所居住处。欢喜踊跃。六明善财入妙光大城。

所見依果報境眾寶莊嚴。七明善財見如上妙境及男女諸六塵境界。皆無愛著。但一心思惟究竟之法。八漸次遊行。見大光王所住之處。九見王依正二報身座莊嚴。十善財五體投地頂禮其足。十一正申所求。十二王告善財所行之行。名菩薩大慈幢行。十三妙光城隨心所見淨穢不同。十四王入大慈為首隨順世間三昧門時所有報殿寶地宮殿皆六震動。樹林低首泉涌歸王萬姓天人龍神恭敬夜叉羅剎咸起慈心八部諸王無不頂敬皆生歡喜發起善根。以此大慈為首三昧之力法如是故。十五推德令善財昇進隨文釋義者漸次遊行。或至人間城邑聚落曠野巖谷。然後乃至妙光大城者。明周巡觀照治前位中智劣大悲不圓滿習。治令智悲均平。智悲自在。方至第八無功妙用之行城故。問眾人言。妙光城今在何處者。明以觀照之力。智悲齊等。猶不自識是故須問舊住之人。表無功之位。智悲難會。眾人咸報言妙光城者今此城是。是大光王之所住處者。明善財契會智悲自在如王之門。善財歡喜者。入法樂也。作如是念已下。自念必當更聞勝法菩薩所行。作如是十所见依果报境众宝庄严。七明善财见如上妙境及男女诸六尘境界。皆无爱著。但一心思惟究竟之法。八渐次游行。见大光王所住之处。九见王依正二报身座庄严。十善财五体投地顶礼其足。十一正申所求。十二王告善财所行之行。名菩萨大慈幢行。十三妙光城随心所见净秽不同。十四王入大慈为首随顺世间三昧门时。所有报严宝地宫殿皆六震动。树林低首。泉涌归王。万姓天人龙神恭敬。夜叉罗刹咸起慈心。八部诸王无不顶敬。皆生欢喜发起善根。以此大慈为首三昧之力法如是故。十五推德令善财升进。随文释义者。渐次游行。或至人间城邑聚落旷野岩谷。然后乃至妙光大城者。明周巡观照。治前位中智劣大悲不圆满习。治令智悲均平。智悲自在。方至第八无功妙用之行城故。问众人言。妙光城今在何处者。明以观照之力。智悲齐等。犹不自识。是故须问旧住之人。表无功之位。智悲难会。众人咸报言。妙光城者今此城是。是大光王之所住处者。明善财契会智悲自在如王之门。善财欢喜者。入法乐也。作如是念已下。自念必当更闻胜法菩萨所行。作如是十

種念已人妙光城明以前第七行中修世間慈悲
之行入第八無功智之城名人妙光城爲明達智
朗然大慈增廣已下入城所見寶嚴地樹宮閣臺
觀池沼等皆明入此行門約智悲報生一不虛來
皆以慈宮智殿悲觀樓種種智閣法性行華七菩
提塹八正道水隨菩提行樹防護一切眾生身口
意業以爲垣牆一如十迴向初配當埤堄者是垣
上傾看之孔也皆以寶嚴此七重以七菩提行之
所報成舉七數倣此其城縱廣一十由旬由旬者
若約佛本行集經第十二云以七微塵成一窗牖
塵七窗牖塵成一兔毫頭塵七兔毫頭塵成一羊
毛頭塵七羊毛頭塵成一牛毛頭塵七牛毛頭塵
成一蟣七蟣成一虱七虱成一芥子七芥子成一
大麥七大麥成一指節七指節成半尺二半尺成
一肘四肘成一弓五弓成一丈二十丈名一息八
十息成一俱盧舍八俱盧舍成一由旬計此方尺
量二里餘八十步當一俱盧舍八俱盧舍爲一由
旬一由旬合有一十七里其城一十由旬者合東
西南北一百七十里若准其城內有十億衢道一
一道間皆有無量萬億眾生於中止住者即非是

种念已。入妙光城。明以前第七行中。修世间慈悲之行。入第八无功智之城。名入妙光城。为明达智朗然。大慈增广。已下入城所见宝严地树宫阁台观池沼等。皆明入此行门。约智悲报生。一不虚来。皆以慈宫。智殿。悲观楼。种种智阁。法性行华。七菩提堑。八正道水随菩提行树。防护一切众生身口意业以为垣墙。一如十回向初配当。埤堄者。是垣上倾看之孔也。皆以宝严。此七重。以七菩提行之所报成。举七数仿此。其城纵广一十由旬。由旬者。若约佛本行集经第十二云。以七微尘成一窗牖尘。七窗牖尘成一兔毫头尘。七兔毫头尘成一羊毛头尘。七羊毛头尘成一牛毛头尘。七牛毛头尘成一虮。七虮成一虱。七虱成一芥子。七芥子成一大麦。七大麦成一指节。七指节成半尺。二半尺成一肘。四肘成一弓。五弓成一丈。二十丈名一息。八十息成一俱卢舍。八俱卢舍成一由旬。计此方尺量。二里余八十步当一俱卢舍。八俱卢舍为一由旬。一由旬合有一十七里。其城一十由旬者。合东西南北一百七十里。若准其城内有十亿衢道。一一道间皆有无量万亿众生于中止住者。即非是

此世間小由旬量之所能容。卽是以根本智為大
城一卽十故體用徹也。差別智為徧道十智之中
一中有一億同別之用。乃至無盡八正道為八門。
四八三十二。明十波羅蜜七覺分八正道分共為
進修十住十行十迴向。和合圓融智悲一行令使
自在號根本智曰大光之王。隨諸眾生根品上中
下見名妙光大城廣狹不同淨穢差別。所有眾寶
莊嚴城及地樹宮殿總約智悲報生。如文自具。此
城有一樓閣名正法藏大光王常處其中者。此是
差別智之報境。根本智自在王常處其中。善財見
大光王。去所住樓閣。不遠。於四衢道中坐如意摩
尼寶蓮華藏廣大莊嚴師子之座者。此明四智四
無量四攝法引接眾生為四衢。以南北東西通過
大道名為四衢。此一四衢攝多道路。乃至百千總
以此一四衢收故。以隨意接生皆令無垢故以如
意離垢寶以為其座。以行無染故號蓮華。瑠璃為
座足者明智隨萬行明淨無障。金繒為帳表智隨
慈令普眾生。寶網以約妙說教網報生也。天衣以
為茵蓐者。以智無依為座體。茵蓐者有文綵蓐也。
以智無依具足四無礙辯之文章。引接眾生故。其

此世间小由旬量之所能容。即是以根本智为大城。一即十故。体用彻也。差别智为衢道。十智之中。一中有一亿同别之用。乃至无尽。八正道为八门。四八三十二。明十波罗蜜七觉分。八正道分。共为进修十住十行十回向。和合圆融智悲二行。令使自在。号根本智曰大光之王。随诸众生根品上中下见。名妙光大城。广狭不同净秽差别。所有众宝庄严。城及地树宫殿。总约智悲报生。如文自具。此城有一楼阁名正法藏。大光王常处其中者。此是差别智之报境。根本智自在王常处其中。善财见大光王去所住楼阁不远。于四衢道中坐如意摩尼宝莲华藏广大庄严师子之座者。此明四智四无量四摄法引接众生。为四衢。以南北东西通过大道。名为四衢。此一四衢。摄多道路。乃至百千。总以此一四衢收故。以随意接生皆令无垢。故以如意离垢宝以为其座。以行无染。故号莲华琉璃为座足者。明智随万行明净无障。金缯为帐。表智随慈含育众生。宝网。以约妙说教网报生也。天衣以为茵蓐者。以智无依为座体。茵蓐者。有文彩蓐也。以智无依。具足四无碍辩之文章。引接众生故。其王於上結跏趺坐者。智悲二業交徹自在。二十八種大人之相者。明此十住十行二位智悲已修。猶有十迴向未滿。以此未具三十二相。明以三賢位極方成轉輪王之三十二相故。此約智境不動念而和會諸位同異總別之義也。必不得作如情延促量也。即全虧經意。設此經教金輪王。即如隨好光明功德品中所說金網轉輪王。此轉輪王於百千億那由他佛刹微塵數世界中教化衆生。此王放摩尼髻中清淨光明。若有衆生遇斯光者。皆得菩薩十地位。成無量智慧光明。得十種清淨眼。十種清淨意。八十隨好者。以隨好上界梵天王同得是世間好故。非同三賢位滿三十二相八十種好。如頂生王等。是轉輪王。以凌帝釋便失神通。仍居退墜。此是三乘中一四天下小金輪王也。亦有三十二相八十種好。皆具福相。就中不同。如此十行中大光王。是人王攝化境界周滿十方百千萬億那由他世界。悉皆化現普資引接故。如三乘中金輪王但化四天下人。不及諸天。此十行中第八難得行爲人王。攝化十方無邊境界。及上界天王。人天六道無不徧攝故。以得佛智故。已下歎王福智王于上结跏趺坐者。智悲二业。交彻自在。二十八种大人之相者。明此十住十行二位。智悲已修。犹有十回向未满。以此未具三十二相。明以三贤位极。方成转轮王之三十二相故。此约智境。不动念。而和会诸位同异总别之义也。必不得作如情延促量也。即全亏经意。设此经教金轮王。即如随好光明功德品中所说金网转轮王。此转轮王于百千亿那由他佛刹微尘数世界中教化众生。此王放摩尼髻中清净光明。若有众生遇斯光者。皆得菩萨十地位。成无量智慧光明。得十种清净眼。十种清净意。八十随好者。以随好。上界梵天王同得。是世间好故。非同三贤位满。三十二相八十种好。如顶生王等。是转轮王。以凌帝释。便失神通。仍居退坠。此是三乘中一四天下小金轮王也。亦有三十二相八十种好。皆具福相。就中不同。如此十行中大光王。是人王。摄化境界。周满十方百千万亿那由他世界。悉皆化现。普资引接故。如三乘中金轮王。但化四天下人。不及诸天。此十行中第八难得行。为人王。摄化十方无边境界。及上界天王。人天六道。无不遍摄故。以得佛智故。已下叹王福智一業如文具明經云亦如虛空顯現種種法門星象者明主方神以方隅成法卽八卦九宮是也上方乾象其中二十八宿及十二時支干及日月五星諸列宿等皆有法則其世人王法之以施德令佛以取之用表說法自餘如文自具其王座前種種珍寶周滿衢路者是王所施之物如經廣明其王身如金山者應眞色也以淨智內明行慈益物之所感也端正女人皆具六十四能未詳我淨修菩薩大慈幢行者明從十行之初至第六行修行出世智慧之門從第七行至此第八行前修處世慈悲起智之行至此第八行處世無功用智現前常以大慈悲爲首智隨破惑名之爲幢從此已去至於第十行中徧行外道以大慈悲行乃至九十六種外道身我皆爲之接諸邪見是一終行滿故淨名經云彼外道六師所墮汝亦隨墮乃可取食王言我於無量百千佛所問難此法思惟觀察修習莊嚴者意斷善財疑也前十住中第八童眞住見毗目多羅仙人亦五體投地於此第八行中見大光王亦五體投地者何也意明此位修悲至智總五位通該以表智悲普徧故以此表之但五位

二业。如文具明。经云。亦如虚空显现种种法门星象者。明主方神。以方隅成法。即八卦九宫是也。上方乾像。其中二十八宿。及十二时支干。及日月五星诸列宿等。皆有法则。其世人王法之。以施德令。佛以取之。用表说法。自除如文自具。其王座前种种珍宝周满衢路者。是王所施之物。如经广明。其王身如金山者。应真色也。以净智内明行慈佑物之所感也。端正女人皆具六十四能。未详。我净修菩萨大慈幢行者。明从十行之初至第六行。修行出世智慧之门。从第七行至此第八行前。修处世慈悲起智之行。至此第八行。处世无功用智现前。常以大慈悲为首。智随破惑。名之为幢。从此已去。至于第十行中遍行外道。以大慈悲行。乃为九十六种外道身。我皆为之。接诸邪见。是一终行满故。净名经云。彼外道六师所堕。汝亦随堕。乃可取食王言。我于无量百千佛所问难此法。思惟观察修习庄严者。意断善财疑也。前十住中第八童真住。见毗目多罗仙人。亦五体投地。于此第八行中。见大光王。亦五体投地者。何也。意明此位修悲至智。总五位通该。以表智悲普遍故。以此表之。但五位中第八位皆明菩薩行圓。從此第八位已去皆修如來十種力用自在。以五位中第十位皆是智波羅蜜爲主。餘九爲伴故。從此已去後位任運自成。其大光王入菩薩大慈爲首三昧顯所行慈心業用饒益自在。令後學者倣之。以明無依之智入等衆生心與之同體。無有別性。有情無情皆悉同體入此三昧所感業故。令一切衆生及以樹林涌泉悉皆歸流。悉皆低枝。悉皆稽首。夜叉羅刹悉皆息惡。以明智隨一切衆生皆與同其業用。一性無二。如世間帝王有慈悲於人。龍神順伏。鳳集麟翔。何況人焉而不歸仰。況此大光王智徹眞源。行齊法界。慈心爲首。神會含靈與衆物而同光。爲萬有之根本。如摩尼寶與物同色而本色不違。如聖智無心以萬物心爲心而物無違也。明同體大慈悲心與物同用。對現色身而令發明。故山原及諸草樹無不迴轉向王禮敬。陂池泉井及以河海悉皆騰溢流注王前者。以智境大慈法合如此。若衆生情識所變之境。卽衆生不能爲之。如蓮華藏世界中境界盡作佛事。以是智境非情所爲故。聖者以智歸情令有情衆生報得無情草木山泉河海悉皆中第八位。皆明菩萨行圆。从此第八位已去。皆修如来十种力用自在。以五位中第十位。皆是智波罗蜜为主。余九为伴故。从此已去。后位任运自成。其大光王入菩萨大慈为首三昧。显所行慈心业用饶益自在。令后学者仿之。以明无依之智。入等众生心。与之同体无有别性。有情无情。皆悉同体。入此三昧所感业故。令一切众生。及以树林涌泉悉皆归流。悉皆低枝。悉皆稽首。夜叉罗刹悉皆息恶。以明智随一切众生。皆与同其业用。一性无二。如世间帝王。有慈悲于人。龙神顺伏。凤集麟翔。何况人焉。而不归仰。况此大光王。智彻真源行齐法界。慈心为首。神会含灵。与众物而同光。为万有之根本。如摩尼宝。与物同色。而本色不违。如圣智无心。以万物心为心。而物无违也。明同体大慈悲心。与物同用。对现色身。而令发明故。山原及诸草树。无不回转。向王礼敬。陂池泉井及以河海。悉皆腾溢流注王前者。以智境大慈法合如此。若众生情识所变之境。即众生不能为之。如莲华藏世界中。境界尽作佛事。以是智境。非情所为故。圣者以智归情。令有情众生报得无情草木山泉河海。悉皆

隨智迴轉以末爲本故如世間有至孝於心冰池
涌魚冬竹抽筍尚自如斯况眞智從慈者歟此第
八行中明智從悲行用故以是列眾之中先標十
千龍王以爲眾首者表智悠遊空垂慈雨法以龍
遊空興雲注雨表之次如天王自在已下諸眾皆
明以大慈爲首三昧業用所招之眾如文具明從
頂禮於王已下有四行半經明攝化廣狹及推德
善財昇進此是第八難得行善知識以願波羅蜜
爲主餘九爲伴約智門中諸位通治約位門中治
第八行中智悲不自在障令得自在大慈爲首智
爲先導已前以慈修智已後第九第十二位以智
行悲前十住中亦如是後十迴向十地亦倣此意
明以無功之智用成慈悲等眾生之業用無自功
可成如來十力四無畏任運自至第二推德昇進
中從如諸菩薩已下至辭退而去可有十六行經
約分五門一推德於先令善財昇進二示善知識
方所三舉善知識所居城名是王所都名安住四
舉善知識名有優婆夷名爲不動五致敬辭退而
去隨文釋義者有一王都者明此位是第九法王
子菩薩所居故號王都凡五位中第九位皆是法

随智回转。以末为本故。如世间有至孝于心。冰池涌鱼。冬竹抽笋。尚自如斯。况真智从慈者欤。此第八行中。明智从悲行用故。以是列众之中。先标十千龙王以为众首者。表智恒游空。垂慈雨法。以龙游空兴云注雨表之。次如天王自在。已下诸众。皆明以大慈为首三昧业用所招之众。如文具明。从顶礼于王已下。有四行半经。明摄化广狭。及推德善财升进。此是第八难得行善知识。以愿波罗蜜为主。余九为伴。约智门中。诸位通治。约位门中。治第八行中智悲不自在障。令得自在。大慈为首智为先导。已前以慈修智。已后第九第十二位以智行悲。前十住中亦如是。后十回向十地亦仿此意。明以无功之智用。成慈悲等众生之业用。无自功可成。如来十力四无畏任运自至。第二推德升进中。从如诸菩萨已下。至辞退而去。可有十六行经。约分五门。一推德于先。令善财升进。二示善知识方所。三举善知识所居城名。是王所都名安住。四举善知识名。有优婆夷名为不动。五致敬辞退而去。随文释义者。有一王都者。明此位是第九法王子菩萨所居。故号王都。凡五位中第九位。皆是法王子位。得說法自在。優婆夷者。是淸信士女也。年已長大二十已上不嫁。自居修德。離俗無染淸潔。號優婆夷。名不動者。明此女人自發心來。經閻浮提微塵數劫。所生之中。於世五欲及以瞋恨更無所動。名爲不動。

第九安住王都不動優婆夷。主善法行。

校譌

第十紙十六行曰宋論作日　第十三紙二十行麟明書藏作鱗　第十六紙十九行義宋論作善　第二十二紙五行抚宋論作撓

第一正入當位法門。於此段中。從爾時已下。至我唯得此求一切法無厭足三昧光明。爲一切衆生說微妙法。皆令歡喜。於此段中約分十七門。一念善知識教。思惟昇進。二如是思惟善知識衆善深恩。悲泣流淚。三善財童子如是悲哀思念之時王子位。得说法自在。优婆夷者。是清信士女也。年已长大二十已上不嫁。自居修德。离俗无染清洁。号优婆夷。名不动者。明此女人自发心来。经阎浮提微尘数劫。所生之中。于世五欲及以嗔恨。更无所动。名为不动。

第九安住王都不动优婆夷。主善法行。

第一正入当位法门。于此段中。从尔时已下。至我唯得此求一切法无厌足三昧光明为一切众生说微妙法皆令欢喜。于此段中。约分十七门。一念善知识教。思惟升进。二如是思惟善知识众善深恩。悲泣流泪。三善财童子如是悲哀思念之时。

有隨逐覺悟菩薩如來使天於虛空中便加勸譽令往安住王都。四從彼智光明三昧起漸次遊行至安住城。五周徧推求不動優婆夷。六衆人咸告之言。此是童女在其家內父母守護。七善財聞已。往詣不動優婆夷所。入其宅內見其依報所居。八蒙堂宇光照其身得五百三昧門。九次觀正報身相殊勝。十明善財說頌歎德正中所求。十一優婆夷正說自行之法。十二善財所請三昧境界云何。十三優婆夷自說自行本因發起時劫緣起。十四正說空中佛爲說法。十五自說發心已來經閻浮提微塵數劫於爾所劫中修世間出世間一切衆技藝法未曾廢捨一文一句。十六優婆夷問善財欲得見菩薩求一切法無厭足莊嚴門不善財答云欲見。十七優婆夷入此三昧不可說佛刹微塵數世界六種震動悉皆清淨瑠璃所成。至善財言已見已下推德昇進隨文釋義者問曰何故此位念善知識悲泣流淚何意。答曰。爲明從智修悲滿佛十力故。又問。此位善知識何故爲女。答曰。如下文云過去有佛號曰脩臂脩者長也明引接義。表此從無功之智以願波羅蜜行慈接引一切衆生有随逐觉悟菩萨如来使天于虚空中便加劝誉。令往安住王都。四从彼智光明三昧起。渐次游行至安住城。五周遍推求不动优婆夷。六众人咸告之言。此是童女。在其家内父母守护。七善财闻已往诣不动优婆夷所。入其宅内见其依报所居。八蒙堂宇光照其身。得五百三昧门。九次观正报身相殊胜。十明善财说颂叹德。正申所求。十一优婆夷正说自行之法。十二善财所请三昧境界云何。十三优婆夷自说自行本因发起时劫缘起。十四正说空中佛为说法。十五自说发心已来。经阎浮提微尘数劫。于尔所劫中修世间出世间一切众技艺法。未曾废舍一文一句。十六优婆夷问善财。欲得见菩萨求一切法无厌足庄严门不。善财答云欲见。十七优婆夷入此三昧。不可说佛刹微尘数世界六种震动。悉皆清净琉璃所成。至善财言已见已下。推德升进。随文释义者。问曰。何故此位念善知识。悲泣流泪何意。答曰。为明从智修悲满佛十力故。又问。此位善知识。何故为女。答曰。如下文云。过去有佛号曰修臂。修者。长也。明引接义。表此从无功之智。以愿波罗蜜行慈。接引一切众生故。王名電授者是智也。爲明智能破迷見道速疾。如電光也。唯有一女者慈悲也。明第六行至第七行。以悲修智。自第八行已去。以智修慈悲故。故以王女表之。是童女者第八住第八行已前慈位猶有染習。此第九住第九行從智起悲無有染習故。故以童女表之。在家父母守護者。以方便爲父智度爲母。以守護慈心爲女。無染障故。淨習障至十一地方無。如十定品中灌頂菩薩猶三求推覓不見普賢者其樣式是也。善男子。我得菩薩摧伏智慧藏解脫門者明第九法師行中善摧邪論世無當者。已入如是十力智分故。如下文云。我於彼佛所聞如是法。求一切智求佛十力求佛辯才。又以法師位中表行素潔清高慈悲和悅謙下無慢以女表之。非即女也。善財入其宅內見彼堂宇金色光明普皆照耀者。明此第九法師位悲室教光所燭故。觸善財身卽得五百三昧門者。意有五門。一了相本淨自體光明。二達心境無依不居空有性自寂靜。三如是三昧能於世間無所染著。四以普眼捨得三昧者明智眼無依名之爲捨善知萬有名之爲得。五如來藏三昧門者明一智之內含容故。王名电授者。是智也。为明智能破迷。见道速疾。如电光也。唯有一女者。慈悲也。明第六行至第七行。以悲修智。自第八行已去。以智修慈悲故。故以王女表之。是童女者。第八住第八行已前慈位。犹有染习。此第九住第九行。从智起悲。无有染习故。故以童女表之。在家父母守护者。以方便为父。智度为母。以守护慈心为女。无染障故。净习障至十一地方无。如十定品中。灌顶菩萨犹三求推觅不见普贤者。其样式是也。善男子。我得菩萨摧伏智慧藏解脱门者。明第九法师行中。善摧邪论。世无当者。已入如是十力智分故。如下文云。我于彼佛所。闻如是法。求一切智。求佛十力。求佛辩才。又以法师位中。表行素洁清高。慈悲和悦。谦下无慢。以女表之。非即女也。善财入其宅内。见彼堂宇金色光明普皆照耀者。明此第九法师位。悲室教光所烛故。触善财身。即得五百三昧门者。意有五门。一了相本净。自体光明。二达心境无依。不居空有。性自寂静。三如是三昧。能于世间无所染著。四以普眼舍得三昧者。明智眼无依名之为舍。善知万有名之为得。五如来藏三昧门者。明一智之内含容萬德舉此五數。以明五百。都合五位五百法門。善財人此三昧如七日胎。者同此位中。以智入慈悲和適悅也。一切眾生見此女人。皆無染著心。一切煩惱自然消滅者。明智相福資。仁慈端正。無染愛業。以受其身。所生其身。無有姪相。天人恭敬。見者惑亡。善財以一行頌歎此女人修戒忍精進三種行得光明照世間身。如經具明。以優婆夷人定顯求一切法無厭三昧門。令善財見。如文具明。以不空輪三昧者須學世間出世間皆具足故。十力智輪三昧者會佛差別智輪滿故。佛種無盡藏三昧門者智無不合化無斷絕故。此三三昧是總。一萬三昧是別。明一多相容自在入因陀羅網教門。已下推德昇進。於此中是第九善法行中善知識。以力波羅蜜為主。餘九為伴。約智門中諸位遍治。約位門中治說法不自在障。令得自在。第二推德昇進中從加諸菩薩已下。至辭退而去。有十五行半經。於中約分四門。一推德令善財昇進。二示善友方所。及舉城名名都薩羅。三辭善友之名行爲出家外道名爲遍行。四禮敬辭去。隨文釋義者。城名無量都薩羅。都云喜樂。薩羅云出生。謂此城出生万德。举此五数。以明五百。都含五位五百法门。善财入此三昧。如七日胎者。同此位中。以智入慈。柔和适悦也。一切众生见此女人皆无染著心一切烦恼自然消灭者。明智相福资。仁慈端正。无染爱业。以受其身。所生其身。无有淫相。天人恭敬。见者惑亡。善财以一行颂。叹此女人修戒忍精进三种行。得光明照世间身。如经具明。以优婆夷入定。显求一切法无厌三昧门。令善财见。如文具明。以不空轮三昧者。须学世间出世间皆具足故。十力智轮三昧者。会佛差别智轮满故。佛种无尽藏三昧门者。智无不含化无断绝故。此三三昧是总。一万三昧是别。明一多相容自在。入因陀罗网教门。已下推德升进。于此中是第九善法行中善知识。以力波罗蜜为主。余九为伴。约智门中。诸位通治。约位门中。治说法不自在障。令得自在。第二推德升进中。从如诸菩萨已下。至辞退而去。有十五行半经。于中约分四门。一推德令善财升进。二示善友方所。及举城名名都萨罗。三举善友之名行。为出家外道名为遍行。四礼敬辞去。随文释义者。城名无量都萨罗。都云喜乐。萨罗云出生。谓此城出生無量喜樂等事。表此善知識智度圓滿。行同十地已終佛果。徧行諸行。宜應所見普現其身。同彼行門接生利俗。皆令歡喜。故城名出生無量喜樂等事。號出家外道。名為徧行者。智齊佛果。名為出家。為化邪流。示同邪見。名為外道。益眾生行及以三乘。盡同其事。名為徧行。所行無染。名為出家。以菩薩行中化邪不化正。名為外道。處行無染。名為出家。乃至九十六種外道我皆為之。南方義如初釋。

第十都薩羅城出家徧行外道主真實行。

第一正入當位法門中。從爾時善財童子已下。至我唯知此至一切處菩薩行。總分五門。一念善知識思惟昇進。二漸次遊行推求善友。三見在山上平地經行山頂是智平地是法身表不離法身大智同於邪見。四往詣致敬正申所求。五徧行善友與善財所行之法。隨文釋義者。言外道名徧行者菩薩化邪不化正名為外道。凡所修進未至究竟一乘法界理智妙行一多同異自在身土交徹十方世界如因陀羅網門皆是外道。如是通凡及无量喜乐等事。表此善知识。智度圆满。行同十地已终佛果。遍行诸行。宜应所见普现其身。同彼行门。接生利俗。皆令欢喜。故城名出生无量喜乐等事。号出家外道名为遍行者。智齐佛果。名为出家。为化邪流。示同邪见。名为外道。益众生行。及以三乘尽同其事。名为遍行。所行无染。名为出家。以菩萨行中。化邪不化正。名为外道。处行无染。名为出家。乃至九十六种外道。我皆为之。南方义如初释。第十都萨罗城出家遍行外道。主真实行 。

第一正入当位法门中。从尔时善财童子已下。至我唯知此至一切处菩萨行。总分五门。一念善知识。思惟升进。二渐次游行。推求善友。三见在山上平地经行。山顶是智。平地是法身。表不离法身大智。同于邪见。四往诣致敬。正申所求。五遍行善友与善财所行之法。随文释义者。言外道名遍行者。菩萨化邪不化正。名为外道。凡所修进。未至究竟一乘法界理智妙行。一多同异自在身土交彻十方世界如因陀罗网门。皆是外道。如是通凡及

聖盡以同行方便引之名爲徧行外道即如此孔
丘老莊之流亦是其類。如名濟相隱隨類而行。眾
生但受其益。總不知誰是誰非。如是之行常徧十
方無時不現。如影隨形。如響應聲。非往來之質。以
智通萬有常對現色身。如下文云。我已成就普觀
世間三昧門。已成就無依作神通力。已成就普門
般若波羅蜜。我普於世間種種方所種種形貌種
種行解。饒益眾生。乃至普徧一切諸趣。雖在世間
常行利益。時諸人眾不知從何而至。亦無疑怪。不
知不覺是何人流。有眾生處一切行徧。故此是第
十眞實行善知識。以智波羅蜜爲主。餘九爲伴。此
位治於生死中行不自在障。令得自在。餘廣意如
文。前十住是入佛所住法門之樣。此十行是普賢
行之樣式。十地倣此而成。十迴向是以此十住十
行中和融慈悲願力。起智興悲。令使不偏修出世
涅槃及染淨二障。使得常居十方一切生死海中。
依自體法界佛果普賢大行。遮常充滿如因陀羅
網境界無礙門。故以是安立十迴向門。和會智悲
世及出世。咸使融通。依本自在。故使偏修定業求
出世者和融無量想念。起大智用。無定亂故。安立

圣。尽以同行。方便引之。名为遍行外道。即如此孔丘庄老之流。亦是其类。如名潜隐相。随类而行。众生但受其益。总不知谁是谁非。如是之行。常遍十方。无时不现。如影随形。如响应声。非往来之质。以智通万有。常对现色身。如下文云。我已成就普观世间三昧门。已成就无依作神通力。已成就普门般若波罗蜜。我普于世间种种方所。种种形貌。种种行解。饶益众生。乃至普遍一切诸趣。虽在世间常行利益。时诸人众不知从何而至。亦无疑怪。不知不觉是何人流。有众生处一切行遍故。此是第十真实行善知识。以智波罗蜜为主。余九为伴。此位治于生死中行不自在障。令得自在。余广意如文。前十住。是入佛所住法门之样。此十行。是普贤行之样式。十地仿此而成。十回向。是以此十住十行中。和融慈悲愿力。起智兴悲。令使不偏修出世涅槃。及染净二障。使得常居十方一切生死海中。依自体法界佛果。普贤大行恒常充满。如因陀罗网境界无碍门故。以是安立十回向门。和会智悲。世及出世。咸使融通。依本自在故。使偏修定业求出世者。和融无量想念。起大智用。无定利故。安立

十迴向。使權學菩薩。不一向妄求他方別有佛淨
土故。妄立十迴向。使得常居寂定身恆徧滿一切
生死攝化眾生故。起十迴向。使想念十方等一切
眾生數受想思惟憶念流注飄動使成智用。起十
迴向。使微小如芥子許福用令徧滿十方充滿法
界。起十迴向。令使世間諸見及微小神通咸成普
賢大用。起十迴向。令使八住八地智增菩薩憶念
大願廣利眾生方便。起大神通力。徧興大利。不住
淨智中。起十迴向。令使初始發心菩薩。起如來大
願。具佛功德。起十迴向。廣如十迴向品說。若無此
十迴向門。一切發心者。總住一乘地。無有菩薩得
成佛道。具普賢行也。初地菩薩。依此三法。以殊勝
願力發心。一依前三法加行昇進。至其功畢。道滿
加初發心。以明智不遷時日歲月不遷。還如慈氏
返指文殊。明果不移因也。便見自身入普賢身中。
明普賢行亦不離因內。故慈氏云。我當來下閻浮
提。汝與文殊還來見我。明來世與今時不移。此乃
約智實論。不同情識妄想虛變生多劫見。一乘之
行見道在初發心位之初也。加行在初發心見諸
之後。以此果行相資。方成萬用自在。三乘道前三

十回向。使权学菩萨。不一向妄求他方别有佛净土故。安立十回向。使得常居寂定。身恒遍满一切生死。摄化众生故。起十回向。使想念十方等一切众生数受想思惟忆念流注飘动。便成智用。起十回向。使微小如芥子许福田。令遍满十方充满法界。起十回向。令使世间诸见及微小神通。咸成普贤大用。起十回向。令使八住八地智增菩萨。忆念大愿广利众生方便。起大神通力。遍兴大利。不住净智中。起十回向。令使初始发心菩萨。起如来大愿。具佛功德。起十回向。广如十回向品说。若无此十回向门。一切发心者。总住二乘地。无有菩萨得成佛道。具普贤行也。初地菩萨。依此三法。以殊胜愿力发心。一依前三法加行升进。至其功毕道满。如初发心。以明智不迁。时日岁月不迁。还如慈氏返指文殊。明果不移因也。便见自身入普贤身中。明普贤行亦不离因内故。慈氏云。我当来下阎浮提。汝与文殊还来见我。明来世与今时不移。此乃约智实论。不同情识妄想虚变。生多劫见。一乘之行。见道在初发心位之初也。加行在初发心见谛之后。以此果行相资。方成万用自在。三乘。道前三

賢菩薩有漏發心。地上方成見道。十一地妙覺如來。又云三千大千世界爲佛報境。未通法界無限

大方廣佛新華嚴經論卷第三十七

之境互參無礙門。已下推德昇進十迴向位善財童子善知識十迴向位。從推德昇進中自如諸菩薩摩訶薩已下。至辭退而去。皆作五門。已下諸位倣此例然。一推德令善財昇進。二示善知識方處國名廣大。三舉善知識名號曰鬻香長者名優鉢羅華。四勸善財往問。五致敬辭去。隨文釋義者。歎德中。以無礙願住一切劫得如帝網諸無礙行者。卽是十迴向中願行方便。又以善知眾香法門。合和香藥。以充賣鬻。以表迴向和合智悲涅槃染淨想念分別。總成一丸戒定慧香。解脫知見生死涅槃總別自在。如此合香。以其眾香合爲一丸。互相資益皆無自性不失自德同異自在。此將賣鬻香長者靑蓮華表十迴向和融理智大悲大願萬行總別自在總爲一丸。義無著故。南方義如前十住初釋也。國土名廣大者。廣興大願起行無邊普接一切羣品故。此願是萬行之風。令行無邊故。又願是智風。令一切想念成大智神通自在用故。願是開敷一切三昧定風。引發滯染淨眾生令無所依。

贤菩萨有漏发心。地上方成见道。十一地妙觉如来。又云三千大千世界为佛报境。未通法界无限

(大方广佛新华严经论卷第三十七)*

之境互参无碍门。已下推德升进十回向位*善财童子善知识十回向位。从推德升进中。自如诸菩萨摩诃萨已下。至辞退而去。皆作五门。已下诸位。仿此例然。一推德令善财升进。二示善知识方处。国名广大。三举善知识名。号曰鬻香长者名优钵罗华。四劝善财往问。五致敬辞去。随文释义者。叹德中。以无碍愿住一切劫。得如帝网诸无碍行者。即是十回向中愿行方便。又以善知众香法门。合和香药。以充卖鬻。以表回向和合。智悲涅槃染净想念分别。总成一丸戒定慧香。解脱知见生死涅槃。总别自在。如此合香。以其众香合为一丸。互相资益。皆无自性。不失自德。同异自在。此将卖鬻香长者青莲华。表十回向和融理智大悲大愿万行。总别自在。总为一丸。义无著故。南方义。如前十住初释也。国土名广大者。广兴大愿。起行无边。普接一切群品故。此愿是万行之风。令行无边故。又愿是智风。令一切想念成大智神通自在用故。愿是开敷一切三昧定风。引发滞染净众生令无所依。

得無依智寂用自在徧一切眾生故如十住之首以妙峯山而表無相智慧。十行之首以三眼國比丘而表明行出纏。十迴向之首以合香長者而表迴向和融智悲萬行涅槃生死。此是隨位意趣。思之可詳其意。此五十三善知識皆是昇進修行意趣。甚須知之。不妄修學。此鬻香是表十迴向以大願和融十住十行中理智慈悲人於生死一切無礙法界門。名號青蓮華表行不染生死不染涅槃。於二不二而中不汙。如青蓮華要以淤泥濁水之中而生。不染泥水之性。色香第一。明菩薩以此大願迴向力故處於生死淤泥之中方始成法界佛果普賢萬行功德果報色香第一。餘莫能勝。諸華中青蓮華爲色香中殊勝。如諸行中。以十迴向和融生死涅槃智悲萬行爲一法界教化一切眾生皆令無苦顯大智香。此爲殊勝。餘別求出世者皆悉不如。故以青蓮華合香長者表之。令易解故。

第三十迴向位十知識第一廣大國鬻香長者。主救護一切眾生離眾生相迴向。

第一正入當位法門。從爾時善財已下至我唯

得无依智。寂用自在。遍一切众生故。如十住之首。以妙峰山而表无相智慧。十行之首。以三眼国比丘而表明行出缠。十回向之首。以合香长者而表回向和融智悲万行涅槃生死。此是随位意趣。思之可详其意。此五十三善知识。皆是升进修行意趣。甚须知之。不妄修学。此鬻香是表十回向。以大愿和融十住十行中理智慈悲。入于生死一切无碍法界门。名号青莲华。表行不染生死。不染涅槃。于二不二。而中不污。如青莲华。要以淤泥浊水之中而生。不染泥水之性。色香第一。明菩萨以此大愿回向力故。处于生死淤泥之中。方始成法界佛果。普贤万行。功德果报色香第一。余莫能胜。诸华中青莲华为色香中殊胜。如诸行中。以十回向和融生死涅槃智悲万行为一法界。教化一切众生皆令无苦。显大智香。此为殊胜。余别求出世者皆悉不如故。以青莲华合香长者表之。令易解故 。第三十回向位中知识。第一广大国鬻香长者。主救护一切众生离众生相回向 。

第一正入当位法门。从尔时善财已下。至我唯知此調和香法。於此段中以立五門。餘下諸位亦倣此樣例然。一正念善知識教思惟昇進。二漸次遊行至長者所。三致敬禮足。四正申所求。五長者說其自行授與善財。隨文釋義者。從爾時善財童子已下。有十願門。明入迴向以願和融一切眞俗染淨智悲無礙之門。漸次遊行者昇進也。至廣大國者。以願起智興無盡行接引衆生也。乃至如十方世界微塵剎中。一一塵內有無盡佛法及身行接引衆生。一切十方國剎塵中悉皆如是。如帝網重重無盡。以願行廣大故。國名廣大。於第四正申所求門中。長者答言。我善別知一切諸香。有二義一實知世間諸香。二以香表法。一實知諸香者。即經所說所知一切香總體燒塗末是別陳香王出處。已下是隨生業類所生諸香是。已下人間有五種香。羅剎中一種香。天中有四種香。總共有十種香。其功能如經自具。以將如上諸香表十迴向。爲明香性無依。能發衆善滅一切惡。明大願無依。能興無量善根。故起無量大智之雲。雨無量白淨法雨。行無量大慈悲行。化無量衆生。令得滅苦。發無上意。若無大願。不能發起大菩提心。設修解脫悉知此调和香法。于此段中。以立五门。余下诸位。亦仿此样例然。一正念善知识教。思惟升进。二渐次游行至长者所。三致敬礼足。四正申所求。五长者说其自行。授与善财。随文释义者。从尔时善财童子已下。有十愿门。明入回向。以愿和融一切真俗染净智悲无碍之门。渐次游行者。升进也。至广大国者。以愿起智。兴无尽行。接引众生也。乃至如十方世界微尘刹中。一一尘内有无尽佛法及身行接引众生。一切十方国刹尘中悉皆如是。如帝网重重无尽。以愿行广大故。国名广大。于第四正申所求门中。长者答言。我善别知一切诸香。有二义。一实知世间诸香。二以香表法。一实知诸香者。即经所说所知一切香。总体烧涂末是。别陈香王出处已下。是随生业类。所生诸香是。已下人间有五种香。罗刹中一种香。天中有四种香。总共有十种香。其功能如经自具。以将如上诸香表十回向。为明香性无依。能发众善。灭一切恶。明大愿无依。能兴无量善根故。起无量大智之云。雨无量白净法雨。行无量大慈悲行。化无量众生。令得灭苦。发无上意。若无大愿。不成发起大菩提心。设修解脱。悉

皆一乘。人間有香名爲象藏此香因龍鬭所生燒
之一丸起大香雲彌覆王都於七日中雨細香雨
若露著身身則金色者。表如十住位中初發心時。
以七覺之香。起大願雲。廣興悲行普覆一切衆生。
求一切智。以止觀龍與十二有支煩惱共鬭。微塵
無際。生智慧火。然大智香。起慈悲雲雨白法雨。衆
生露者即初發心時便成正覺若著衣服宮殿樓
閣亦皆金色者。明因起大願迴向香所有一切世
間忍辱慈悲觀智總會法界自在白淨法故若因
風吹入宮殿中衆生聞者七日七夜離諸憂苦。不
驚不怖不亂不恚慈心相向志意清淨者。明轉轉
而聞。亦皆歡喜發大願門。起七覺意。我知是已而
爲說法者。明欲勸衆生發無上覺心者要先勸發
廣大願迴向。起堅誠誓願之心。先數三十七品七
覺行華。方便爲說至眞之道。如是勤修。萬無失一。
摩羅耶山者。此山在南天竺境摩利伽耶國。此國
依此山立名。此山多出白栴檀香。此山出栴檀香
名牛頭若以塗身設入火坑火不能燒。明治地住。
以悲大願力及迴向力。以上上十善法身兼性之
理以成戒體。用塗其身。遍向人生死火坑貪瞋愛

皆二乘。人间有香名为象藏。此香因龙斗所生。烧之一丸。起大香云弥覆王都。于七日中雨细香雨。若沾著身身则金色者。表如十住位中。初发心时。以七觉之香。起大愿云。广兴悲行。普覆一切众生。求一切智。以止观龙。与十二有支烦恼共斗。彻空无际。生智慧火。燃大智香。起慈悲云。雨白法雨。众生沾者。即初发心时便成正觉。若著衣服宫殿楼阁亦皆金色者。明因起大愿回向香。所有一切世间忍辱慈悲观智。总会法界自在白净法故。若因风吹入宫殿中。众生嗅者七日七夜离诸忧苦。不惊不怖不乱不恚。慈心相向志意清净者。明转转而闻。亦皆欢喜。发大愿门。起七觉意。我知是已而为说法者。明欲劝众生发无上觉心者。要先劝发广大愿回向。起坚诚誓愿之心。先敷三十七品七觉行华。方堪为说至真之道。如是劝修。万无失一。摩罗耶山者。此山在南天竺境摩利伽耶国。此国依此山立名。此山多出白旃檀香。此山出旃檀香名牛头。若以涂身。设入火坑。火不能烧。明治地住。以起大愿力及回向力。以上上十善法身无性之理。以成戒体。用涂其身。回向入生死火坑。贪嗔爱火不能燒害。海中有香名爲無能勝。若以塗鼓及諸螺貝。其聲發時。一切敵軍皆自退散。若明修行住。以法忍成就迴入生死海中教化衆生。以忍辱心。聞一切善惡聲音鼓惡邪怨敵自然退散。阿耨達池邊有沈水香名蓮華藏。其香一丸如麻子大若以燒之一丸香氣普熏閻浮提界。衆生聞者離一切罪戒品清淨明生貴住達三界業皆無障礙常生佛家無垢清淨。此同第四地位得出三界業以本四弘誓願之心。迴入生死四流大池中教化一切沈溺生死衆生皆無染著名蓮華藏。演微妙法香徧熏十方聞者罪滅戒品清淨。雪山有香名阿盧那者。是赤色香也。堪以染緋。若衆生齅此香者其心決定離諸染著者。此是具足方便住禪波羅蜜門。以大願迴向生死令諸衆生染習禪波羅蜜得入離垢三昧。以雪山表是禪定體自白淨無垢體故。羅刹界中有香名海藏。其香但爲輪王所用。若燒一丸而以熏之王及四軍皆悉騰空。若明表以第六正心住以三空智慧爲羅刹迴入生死海。以般若輪王燒智慧海藏香熏生死王四種魔皆昇法空。已下總表十迴向以十住十行中願行火不能烧害。海中有香名为无能胜。若以涂鼓及诸螺贝。其声发时一切敌军皆自退散者。明修行住。以法忍成就。回入生死海中。教化众生。以忍辱心。闻一切善恶声音鼓。恶邪怨敌自然退散。阿耨达池边有沉水香名莲华藏。其香一丸如麻子大。若以烧之一丸。香气普熏阎浮提界。众生闻者离一切罪戒品清净。明生贵住。达三界业皆无障碍。常生佛家无垢清净。此同第四地位。得出三界业。以本四弘誓愿之心。回入生死四流大池中。教化一切沉溺生死众生。皆无染著。名莲华藏。演微妙法香。遍熏十方。闻者罪灭戒品清净。雪山有香名阿卢那者。是赤色香也。堪以染绯。若众生嗅此香者。其心决定离诸染著者。此是具足方便住禅波罗蜜门。以大愿回向生死。令诸众生染习禅波罗蜜。得入离垢三昧。以雪山表是禅定体自白净无垢体故。罗刹界中有香名海藏。其香但为轮王所用。若烧一丸而以熏之。王及四军皆悉腾空者。明表以第六正心住。以三空智慧为罗刹。回入生死海。以般若轮王。烧智慧海藏香。熏生死王四种魔。皆升法空。已下总表十回向。以十住十行中愿行。

和融生死涅槃真俗一智悲智一門。使令自在。十
地依此而修成。就法界自性無作緣起道理。以燒
香塗香合香以表之。令學者易解。皆倣此知之。若
十住十行十地中。普無迴向大願力。但得二乘之
道。不可有成佛者。故。有修行之士。大須善得其儀
明觀教意。總別同異成壞六相。從我唯知此調和
香法者。明調和真俗二諦智悲願行生死涅槃染
淨自在之香。及以青蓮華名號表之。已下推德昇
進。餘義如文自明。一推德令善財昇進中。從如諸
菩薩已下。至辭退而去。有十行經。分為五門。一推
德昇進。二示善知識方所。三舉善知識所居城名
樓閣。四舉船師名婆施羅。五頂禮而去。隨文釋義
者。南方義如初釋。城名樓閣者。此近南海下濕。人
多以作樓閣而居。亦約差別智以十迴向中和融
萬法。總別同異重重以立城名。船師婆施羅此云
自在。明於生死海而得自在。此為十迴向中。以能
入生死海行大慈悲。以為戒體。十住中。以觀生死
海十二緣生。以為性自清淨本唯佛智。故以為戒
體。十行之中明工巧法。相法算法。世間技藝饒益
眾生。以為戒體。此十迴向。以真入俗處生死海主

和融生死涅槃真俗二智悲智二门。使令自在。十地依此而修。成就法界自性无作缘起道理。以烧香涂香合香以表之。令学者易解。皆仿此知之。若十住十行十地中。若无回向大智力。但得二乘之道。不可有成佛者故。有修行之士。大须善得其仪。明观教意总别同异成坏六相。从我唯知此调和香法者。明调和真俗二谛智悲愿行生死涅槃染净自在之香。及以青莲华名号表之。已下推德升进。余义如文自明。二推德令善财升进中。从如诸菩萨已下。至辞退而去。有十行经。分为五门。一推德升进。二示善知识方所。三举善知识所居城名楼阁。四举船师名婆施罗。五顶礼而去。随文释义者。南方义如初释。城名楼阁者。此近南海下湿。人多以作楼阁而居。亦约差别智。以十回向中和融万法。总别同异重重。以立城名。船师婆施罗。此云自在。明于生死海而得自在。此为十回向中。以能入生死海行大慈悲。以为戒体。十住中。以观生死海十二缘生。以为性自清净本唯佛智故。以为戒体。十行之中明工巧法。相法。算法。世间技艺。饶益众生。以为戒体。此十回向。以真入俗。处生死海。主導衆生成慈悲行以爲戒體。如是三位修戒各有同異昇進法則。船師者。師以大慈悲爲戒體。常住處生死海往來度衆生故。如歎德中具明大意云具足成就無所著戒。如船師度人不住此岸不住彼岸。

校譌

第五紙三行德宋論作得　第十二紙二行集宋論作習二十行婆下宋南北藏無香字

第二樓閣城婆施羅船師。主不壞迴向。

第一正入當位法門中從爾時善財已下至我唯知此大悲幢行若有見我及以聞我與我同住憶念我者皆悉不空此段門中。分爲五門。一念善知識教思惟升進。二漸次遊行往詣彼城。三見其导众生。成慈悲行。以为戒体。如是三位修戒。各有同异升进法则。船师者。师以大慈悲为戒体。常住处生死海。往来渡众生故。如叹德中具明大意。云具足成就无所著戒。如船师渡人。不住此岸。不住彼岸 。

第二楼阁城婆施罗船师。主不坏回向 。

第一正入当位法门中。从尔时善财已下。至我唯知此大悲幢行若有见我及以闻我与我同住忆念我者皆悉不空。于此段中。分为五门。一念善知识教。思惟升进。二渐次游行往诣彼城。三见其

船師在城門外海岸上住。四禮敬合掌申其所求
五船師授與善財自行法門。隨文釋義者。見船師
在城門外海岸上住。百千商人及餘大衆圍遶。此
有二義。一實有此行。以主導入海商人及採寶者。
爲海險難非聖智不知。二表法。以自得眞門出纏
離苦。以其願行成大悲海。常臨生死海岸引接衆
生。百千商人。表戒波羅蜜中萬行圓滿。無量大衆
表行徧周滿一切諸行。經云。往一切智大寶洲因
成就不壞摩訶衍因者。摩訶云大。衍云乘。所說之
教。總云大乘教。遠離二乘怖畏生死住寂靜三昧
旋還。此明歎譽善財。明能以寂靜三昧處生死旋
還利生不出。故善男子我知此海中一切寶洲。一
切寶處。一切寶類。一切寶種。一切寶器。如是實有
此智聖智所知世間諸法。求法者我知海中一切
寶洲者。明達一切智洲。一切寶處者。善別賢能諸
根利鈍。一切寶類者。善知同行類別行類。一切寶
種者。善知大小乘差別種。我知一切寶器者。知衆
生大小根器堪與何法而成熟之。一切寶用應根
與法令任其作用。一切寶境界。三乘一乘三寶境
界。一切寶光明者。三乘一乘智慧大小光明。我知

船师在城门外海岸上住。四礼敬合掌。申其所求。五船师授与善财自行法门。随文释义者。见船师在城门外海岸上住。百千商人及余大众围绕。此有二义。一实有此行。以主导入海商人及采宝者。为海险难。非圣智不知。二表法。以自得真门出缠离苦。以其愿行成大悲海。常临生死海岸引接众生。百千商人表戒波罗蜜中万行圆满。无量大众。表行遍周。满一切诸行。经云。往一切智大宝洲因成就不坏摩诃衍因者。摩诃云大。衍云乘。所说之教。总云大乘教。远离二乘怖畏生死。住寂静三昧旋还。此明叹誉善财。明能以寂静三昧。处生死旋还利生不出故。善男子。我知此海中一切宝洲。一切宝处。一切宝类。一切宝种。一切宝器。如是宝有此智。圣智所知世间诸法。表法者。我知海中一切宝洲者。明达一切智洲。一切宝处者。善别贤能诸根利钝。一切宝类者。善知同行类别行类。一切宝种者。善知大小乘差别种。我知一切宝器者。知众生大小根器。堪与何法而成熟之。一切宝用。应根与法。令任其作用。一切宝境界。三乘一乘三宝境界。一切宝光明者。三乘一乘智慧大小光明。我知

淨一切寶者三十七道品十波羅蜜五停心觀方
便是淨一切智寶方便鑽一切寶者止觀二門是
出一切寶者善能依根設教令現智寶故作一切
寶者以無相智起差別智以大願風興大慈雲雨
諸寶雨化一切眾生和合心境令使無依自能顯
現一切智寶故一切龍宮難處者淨土菩薩如龍
分有慈悲遊空神足一分自在夜叉除聲聞能空
三毒亦得神通羅刹宮難處者除緣覺居涅槃海
能空無明及諸佛一切智種不現前故如是等難
悉皆以迴向願力同處生死不害無明十二有支
運取無明成佛種智處法界緣生自在門名為悉
皆迴避免其諸難亦善別知漩澓深淺者要取有
業深淺也波濤遠近者情識想念攀緣多少水色
好惡者愛心善惡亦善別知日月星宿運度數量
晝夜晨晡晷漏延促者明了世事中明陰陽之象
五星行度數風起時分晷漏四時延促皆悉知之
表法中明五位進修及三乘差別教分行門隨行
隨根迴轉軌則方法時熟解脫日月歲劫所經多
少悉能知之其船鐵木堅脆機關澀滑水之大小
風之逆順如是一切安危之相無不明了者實知

净一切宝者。三十七道品。十波罗蜜。五停心观方便。是净一切智宝方便。钻一切宝者。止观二门是出一切宝者。善能依根设教。令现智宝故。作一切宝者。以无相智起差别智。以大愿风兴大慈云雨诸宝雨。化一切众生和合心境。令使无依。自能显现一切智宝故。一切龙宫难处者。净土菩萨如龙分有慈悲。游空神足一分自在。夜叉喻声闻。能空三毒。亦得神通。罗刹宫难处者。喻缘觉。居涅槃海。能空无明。及诸佛一切智种不现前故。如是等难。悉皆以回向愿力同处生死。不害无明十二有支。达取无明成佛种智。处法界缘生自在门。名为悉皆回避免其诸难。亦善别知漩复深浅者。爱取有业深浅也。波涛远近者。情识想念攀缘多少。水色好恶者。爱心善恶。亦善别知日月星宿运度数量。昼夜晨晡晷漏延促者。明了世事中。明阴阳玄象。五星行度数。风起时分。晷漏四时延促。皆悉知之。表法中。明五位进修及三乘差别教分行门。随行随根回转轨则方法。时熟解脱。日月岁劫所经多少。悉能知之。其船铁木坚脆。机关涩滑。水之大小。风之逆顺。如是一切安危之相。无不明了者。实知此事表法者明善知三乘迴心未迴心堪入生死不堪入生死根器成熟及未成熟。一乘中菩薩第六住第六地現前處生死中得出生死心。三空智慧寂滅現前。七住七地菩薩於出生死中常處生死。八住八地得無生忍現前菩薩無功智現前任運利生。九住九地學佛十力四無畏。十住十地。一分與如來出世智慧解脫知見齊圓。住佛灌頂位十一地方學普賢神通妙行至普賢行品方終。如來出現品中佛果文殊普賢三法法身根本智差別智方始理智大慈悲如先所發願稱願圓滿。如三乘教中後得智以普賢行教化衆生。此一乘中。名字教法說似前後。如是升進不出一刹那際。如是三乘因前果後道滿三祇。如是一乘見道在初發心住中。加行行因在十行十迴向十地十一地如是船之鐵木安危澀滑悉能知之。乃至知根遲速應止卽止且止三乘及以人天法中乃至五停心觀根若熟者應行卽行令使升進一乘法中。以生死性十二有支。便爲法事大智用故。已下大意如然善男子。我將好船運諸商衆至安隱道。乃至引至寶洲與其珍寶咸令充足然後將領還閻浮此事。表法者。明善知三乘回心未回心。堪入生死不堪入生死。根器成熟及未成熟。一乘中菩萨。第六住第六地现前。处生死中得出生死心。三空智慧寂灭现前。七住七地菩萨。于出生死中常处生死。八住八地得无生忍现前菩萨。无功智现前。任运利生。九住九地学佛十力四无畏。十住十地。一分与如来出世智慧解脱知见齐圆。住佛灌顶位。十一地方学普贤神通妙行。至普贤行品方终。如来出现品中。佛果文殊普贤三法法身根本智差别智。方始理智大慈悲。如先所发愿。称愿圆满。如三乘教中。后得智以普贤行教化众生。此一乘中。名字教法说似前后。如是升进不出一刹那际。如是三乘。因前果后道满三祇如是一乘。见道在初发心住中。加行行因在十行十回向十地十一地。如是船之铁木安危涩滑。悉能知之。乃至知根迟速。应止即止。且止三乘及以人天法中。乃至五停心。观根若熟者。应行即行。令使升进一乘法中。以生死性十二有支。便为法事大智用故。已下大意如然。善男子。我将好船运诸商众至安隐道。乃至引至宝洲。与其珍宝咸令充足。然后将领还阎浮提者是事。表法中明從初發心住得佛根本智。自此已去。經後諸位中皆與說其妙法。至於十地。一切智智之道珍寶已滿。十一地中還當送至本所舊住生死海中。以此所得一切智智之珍寶廣利無盡眾生。此明約修行升進。作如是說。使令易解。而亦不出生死海中。成大寶洲。自餘如文自具。此皆約事理說。託事表法。令生解故。此是第一不壞迴向善知識。船師云我將大船往來無始無有令其一損壞者。若有眾生得見我身聞我法者。令其永不怖生死海。必得入於一切智海者。是不壞迴向義。以戒波羅蜜為主。餘九為伴。約智門中諸位通治。約位門中以成大慈悲戒。以海中船師所表往來常不出生死海故。成大悲幢行已下。推德升進。第一推德令善財升進中。從如諸菩薩已下。至辭退而去有十行經。約分為五門。一推德升進。二示善知識之方所。三舉善知識所居之城名可樂。四舉善知識之名號曰無上勝。五禮敬辭去。城名可樂者。以長者善明斷決人間種種諸事。復能說出世之法。眾生樂之不捨。故城名可樂。長者號無上勝者。此是忍波羅蜜門。處眾行之中。忍為殊勝。

提者。是事。表法中。明从初发心住。得佛根本智。自此已去。经后诸位中。皆与说其妙法。至于十地。一切智智之道珍宝已满。十一地中。还当送至本所旧住生死海中。以此所得一切智智之珍宝。广利无尽众生。此明约修行升进。作如是说。使令易解。而亦不出生死海中。成大宝洲。自余如文自具。此皆约事理说托事表法。令生解故。此是第二不坏回向善知识。船师云。我将大船往来。无始无有令其一损坏者。若有众生得见我身闻我法者。令其永不怖生死海。必得入于一切智海者。是不坏回向义。以戒波罗蜜为主。余九为伴。约智门中。诸位通治。约位门中。以成大慈悲戒。以海中船师所表。往来常不出生死海故。成大悲幢行已下。推德升进。第二推德令善财升进中。从如诸菩萨已下。至辞退而去。有十行经。约分为五门。一推德升进。二示善知识之方所。三举善知识所居之城名可乐。四举善知识之名。号曰无上胜。五礼敬辞去。城名可乐者。以长者善明断决人间种种诸事。复能说出世之法。众生乐之不舍。故城名可乐。长者号无上胜者。此是忍波罗蜜门。处众行之中。忍为殊胜。

又德藝過世間故號爲無上勝。餘行約前歎德中所說

第三可樂城無上勝長者。主等一切佛迴向。

第一正入當位法門中從爾時善財童子已下至一切處修菩薩行清淨法門無依無作神通之力。於此段中約立五門。一念善知識教。思惟升進。二漸次經歷到於彼城。三見無上勝長者在其城東無憂林中。商眾居士無量百千之所圍遶。四投身於地禮敬而起。五正申所請無上勝便授自所行法門。隨文釋義者。漸次經歷到彼城內者。升進入位名內。見無上勝在城東者。明以智利生爲東。表不住本位東方表智以就俗引眾生發明生位也。西方表慈悲。如下以觀世音菩薩住金剛山之西阿表慈悲位也。以此是等一切佛迴向。佛者覺

又德艺过世间故。号为无上胜。余行约前叹德中所说。

第三可乐城无上胜长者。主等一切佛回向。

第一正入当位法门中。从尔时善财童子已下。至一切处修菩萨行清净法门无依无作神通之力。于此段中。约立五门。一念善知识教。思惟升进。二渐次经历到于彼城。三见无上胜长者在其城东无忧林中。商众居士无量百千之所围绕。四投身于地礼敬而起。五正申所请。无上胜便授自所行法门。随文释义者。渐次经历到彼城内者。升进入位名内。见无上胜在城东者。明以智利生为东。表不住本位。东方表智。以就俗引众生。发明生位也。西方表慈悲。如下以观世音菩萨住金刚山之西阿。表慈悲位也。以此是等一切佛回向。佛者觉

也以角商是東方之商以角主僧尼道士眾善之
門俗作此角計所主屬合作此覺也爲主眾善門
故角爲天門眾善也以此在城東普賢智行以東
表之表明生眾善之首觀音大慈悲行以西方表
之以西方是金金爲白虎主秋主殺以慈悲主之
以是經云明練十方儀式主方神又主方神隨方
迴轉意明隨方法迴轉以度眾生然實大象性自
無形體虛融而非跡隨方表法法逐緣分聖人垂
訓於俗纏還以俗緣中事物而表法只如亡言之
理不可以引蒙絕象真源不可以益俗是故以方
隅而表法執之者還非利俗啟迷廢之者復失今
者利俗啟迷以城東是引迷明生起眾善之義亦
以房爲青龍是世間福德之位無憂林中者此主
忍波羅蜜以忍成滿處行無憂故林者以此長者
行徧十方隨形而廣蔭羣品以行廣多覆蔭故爲
林亦以化他令無憂故爲無憂林也無量商人百
千居士之所圍遶者是所化之象表以愚智易以
智易愚以惡易善亦爲商人常處生死以行仁德
化利羣品名爲居士此約行釋善財童子觀長者
爲眾說法已以身投地表十迴向大體約迴真入

也。以角宿是东方之宿。以角主僧尼道士。众善之门。俗作此角。计所主属。合作此觉也。为主众善门故。角为天门众善也。以此在城东。普贤智行。以东表之。表明生众善之首。观音大慈悲行。以西方表之。以西方是金。金为白虎。主秋主杀。以慈悲主之。以是经云明练十方仪式主方神。又主方神。随方回转。意明随方法回转。以度众生。然实大象性自无形。体虚融而非迹。随方表法。法逐缘分。圣人垂训于俗缠。还以俗缘中事物而表法。只如亡言之理。不可以引蒙。绝象真源。不可以益俗。是故以方隅而表法。执之者还非利俗启迷。废之者复失。今者利俗启迷。以城东是引迷明生起众善之义。亦以房为青龙。是世间福德之位。无忧林中者。此主忍波罗蜜。以忍成满。处行无忧故。林者。以此长者行遍十方。随形而广荫群品。以行广多覆荫故为林。亦以化他令无忧故。为无忧林也。无量商人百千居士之所围绕者。是所化之象。表以愚。易智以智易愚以恶易善。亦为商人。常处生死。以行仁德化利群品。名为居士。此约行释。善财童子观长者为众说法已。以身投地。表十回向大体约回真入

俗以大慈悲善忍爲地再云我是善財我是善財
者表求法深重也。亦萌達我無我。以成忍也。已下
長者告善財所行之行名成就一切處菩薩行。以
明如一切佛迴向十方一切世界一切眾生所行
無不徧故如下文具明。如十住中從初至第三住
見三比丘表從世間修出世間法。此從初迴向見
三長者是純俗流合香船師無上勝等。明從真入
俗名爲迴向。此是等一切佛迴向中善知識。以忍
波羅蜜爲主。餘九爲伴。約智門中諸位通治。約位
門中治入生死海中忍不自在障令得法忍自在。
前十住十行明修出世間離苦忍。此位明入世間
中成就慈悲饒益忍。以此十迴向中捨身肉手足
國城妻子。有來乞者無厭恨心倍增歡喜。第二推
德升進中。從如諸菩薩已下。至辭退而去有十行
半經。分爲五門。一推德升進。二示善友所住之國。
三示善知識所居之城名。四舉善知識名號。五禮
敬辭去。城名迦陵林者此云相鬭諍。以此比丘尼
位同十住中第四住。十地第四地出三界纏生如
來家。以迴真入俗成無染慈。明比丘是出俗義。尼
是慈音。明迴向行位法門非男女性示相表法也。

俗。以大慈悲善忍为地。再云我是善财我是善财者。表求法深重也。亦明达我无我。以成忍也。已下长者告善财所行之行名。成就一切。处菩萨行。以明如一切佛回向十方一切世界一切众生所行无不遍故。如下文具明。如十住中。从初至第三住见三比丘。表从世间修出世间法。此从初回向见三长者。是纯俗流合香船师无上胜等。明从真入俗。名为回向。此是等一切佛回向中善知识。以忍波罗蜜为主。余九为伴。约智门中。诸位通治。约位门中。治入生死海中忍不自在障。令得法忍自在。前十住十行。明修出世间离苦忍。此位明入世间中成就慈悲饶益忍。以此十回向中舍身肉手足国城妻子。有来乞者。无厌恨心。倍增欢喜。第二推德升进中。从如诸菩萨已下。至辞退而去。有十行半经。分为五门。一推德升进。二示善友所住之国。三示善知识所居之城名。四举善知识名号。五礼敬辞去。城名迦陵林者。此云相斗诤。以此比丘尼位。同十住中第四住。十地第四地。出三界缠。生如来家。以回真入俗。成无染慈。明比丘是出俗义。尼是慈音。明回向行位法门。非男女性。示相表法也。

以貫而言。此尼是此位法故。表以眞入俗。和融眞俗是非染淨二見諍故。成法性理智處俗恆眞無染之慈。以滅眞俗有無染淨二見鬭諍故。成就第四至一切處迴向行精進慈。以此城名鬭諍。林者。明慈行徧周覆蔭廣多故。故名爲林。亦約此比丘尼報得莊嚴衆寶林樹廣多。故號爲林。國名輸那。此名勇猛者。是精進義。爲此是第四精進波羅蜜。此教皆是託處託事表法以事即法也。尼名師子頻申者。約德行成名。如師子頻申者明慈悲適悅行徧十方教化衆生。無有疲勞法樂義也。如人身心舒適悅樂也。表比丘尼雖行徧十方善和鬭諍心恆出俗也。明迴向中處纏無染慈故。

第四迦陵林城師子頻申比丘尼。主至一切處迴向。

第一正入當位法門中。從爾時善財童子已下。至我唯知此成就一切智解脫門。於此段中。約分五門。一漸次遊行至彼國城。二周徧推求此比丘尼。三衆人告語比丘尼之所在。四善財詣彼勝光王日光園中觀察見比丘尼所有依報。五善財合以实而言。此尼是此位法故。表以真入俗。和融真俗是非染净二见诤故。成法性理智处俗恒真无染之慈。以灭真俗有无染净二见斗诤故。成就第四至一切处回向行精进慈。以此城名斗诤。林者。明慈行遍周覆荫广多故。故名为林。亦约此比丘尼报得庄严众宝林树广多。故号为林。国名输那。此名勇猛者。是精进义。为此是第四精进波罗蜜。此教皆是托处托事表法。以事即法也。尼名师子频申者。约德行成名。如师子频申者。明慈悲适悦。行遍十方教化众生。无有疲劳法乐义也。如人身心舒适悦乐也。表比丘尼虽行遍十方善和斗诤。心恒出俗也。明回向中处缠无染慈故 。

第四迦陵林城师子频申比丘尼。主至一切处回向 。

第一正入当位法门中。从尔时善财童子已下。至我唯知此成就一切智解脱门。于此段中。约分五门。一渐次游行至彼国城。二周遍推求此比丘尼。三众人告语比丘尼之所在。四善财诣彼胜光王日光园中观察。见比丘尼所有依报。五善财合

掌申請所求比丘尼授與善財自行之法如第四
善財詣勝光王日光園中觀察見比丘尼之依報
中及大眾莊嚴有十三種。一寶樹莊嚴。二七寶流
泉陂池及華莊嚴。三寶樹下師子座莊嚴。四眾寶
嚴地五林雨華香莊嚴。六音樂樹及以眾寶鈴樂
音和鳴莊嚴。七天衣莊嚴。八百千寶樓閣莊嚴。及
寶蓋莊嚴。九如須彌峯光明莊嚴。十宮殿莊嚴。十
一歎比丘尼所有功德出世善根供養諸佛之所
生起。十二歎比丘尼志德。三乘現化業用周徧。見
者不空。十三明大眾圍遶。此已下三十種眾皆明
此比丘尼攝生行徧隨根授法。各各不同。直至十
一地金剛智次隣佛位已來眾總皆攝化明一位
徧五位行故。一一位皆然。皆行徧法界。如是重重
鍊磨。以五十三法。一百一十城法。方稱總別同異
成壞無盡自在之法。一一位中皆徧一切位也。為
顯一法徧多法故。以一位徧一切行故。為顯多法
入一法故。安立五位五百法門入一法故。明總不
異別。別不異總。如帝網相入也。如上勝光王之所
捨施者是事。表法者明一切智忍慈三法總會故
比丘出家捨飾好是忍。尼是慈悲義。勝光王是智。

掌申请所求。比丘尼授与善财自行之法。如第四善财诣胜光王日光园中观察。见比丘尼之依报中。及大众庄严有十三种。一宝树庄严。二七宝流泉陂池及华庄严。三宝树下师子座庄严。四众宝严地。五林雨华香庄严。六音乐树及以众宝铃乐音和鸣庄严。七天衣庄严。八百千宝楼阁庄严。及宝盖庄严。九如须弥峰光明庄严。十宫殿庄严。十一叹比丘尼所有功德。出世善根供养诸佛之所生起。十二叹比丘尼志德。三乘现化业用周遍。见者不空。十三明大众围绕。此已下三十种众。皆明此比丘尼摄生行遍。随根授法。各各不同。直至十一地金刚智。次邻佛位已来众。总皆摄化。明一位遍五位行故。一一位皆然。皆行遍法界。如是重重炼磨。以五十三法。一百一十城法。方称总别同异成坏无尽自在之法。一一位中。皆遍一切位也。为显一法遍多法故。以一位遍一切行故。为显多法入一法故。安立五位五百法门入一法故。明总不异别。别不异总。如帝网相入也。如上胜光王之所舍施者是事。表法者。明一切智忍慈三法总会故。比丘出家舍饰好是忍。尼是慈悲义。胜光王是智。

明以願力迴向入俗行精進行和會忍智慈總攝
五位之行。總為一法界體用故。以師子頻申。是法
界門中法悅樂故。從此精進行中。會此三法忍智
慈。至第七第八迴向位中。見觀音正趣菩薩方始
齊故。後之二位。修佛十力作用也。前三長者。非無
此智忍慈。此約升進勝劣言之。表長者猶明智多
悲劣。尼表悲心處世無染。童女表染而不汙。波利
質多羅樹者。此云香徧此樹根莖枝葉悉皆徧熏
忉利諸天。此乃約行徧熏法界。迦隣衣。此云細緜
衣。婆樓那天。此云水天。普眼捨得等十般若門。如
經具明。是比丘尼所說之法。如是無數百萬般若
門。日光園者。以忍智慈為園體。善財合掌住立申
請不致禮敬。但與園中眾樹悉右遶者。表眾樹是
行報生。明以眾行園林。以忍智慈三昧法具故。以
表三行圓滿。但與行圓遶。是所敬法故。無別禮也。
與眾樹圓遶。明會人忍智慈三行故。是此位精進
義。善財申請比丘尼與法名成就一切智者。此約
根本智中忍智慈悲。一切差別智從此三法而具
足出生。以此攝化之眾直至十地之後金剛智神
通。善財又請此法門境界如何。如經云。善男子。我

明以愿力回向入俗。行精进行。和会忍智慈。总摄五位之行。总为一法界体用故。以师子频申。是法界门中法悦乐故。从此精进行中。会此三法忍智慈。至第七第八回向位中。见观音正趣菩萨。方始齐故。后之二位。修佛十力作用也。前三长者。非无此智忍慈。此约升进胜劣言之。表长者犹明智多悲劣。尼表悲心处世无染。童女表染而不污。波利质多罗树者。此云香遍。此树根茎枝叶。悉皆遍熏忉利诸天。此乃约行遍熏法界。迦邻衣。此云细绵衣。婆楼那天。此云水天。普眼舍得等十般若门。如经具明。是比丘尼所说之法。如是无数百万般若门。日光园者。以忍智慈为园体。善财合掌住立申请。不致礼敬。但与园中众树悉右绕者。表众树是行报生。明以众行园林。以忍智慈三昧法具故。以表三行圆满。但与行围绕。是所敬法故。无别礼也。与众树围绕。明会入忍智慈三行故。是此位精进义。善财申请。比丘尼与法名成就一切智者。此约根本智中忍智慈悲。一切差别智从此三法而具足出生。以此摄化之众。直至十地之后金刚智神通。善财又请此法门境界如何。如经云。善男子。我入此智光明門。得出生一切法三昧王。以此三昧故得意生身。已下是此法門所作業用境界。如經具明。大意約以根本智。悲忍智慈悲萬行。大用自在差別法門。稱法界境界故。從此樣式修行相稱。即號觀世音。亦名正趣菩薩。無功之智及慈悲齊等故。是故第七迴向中。觀世音與正趣同會一處而見。善男子。我見一切衆生。不分別衆生相。以智眼明見故。乃至聽聞語言音聲佛法。皆無所著以智眼所見。法眼所知故。已下推德令善財升進。第一切諸菩薩摩訶薩已下。是推德升進。於此升進分中。有十一行經。分爲五門。一推德升進。二示善知識方所。及所居之國。三舉所居之城名寶莊嚴。四舉善知識名號。五禮敬辭去。南方如初釋。國名險難者。爲此女人行禪波羅蜜門。歎德之中。一身端坐充滿法界。於自身中現一切剎。善惡境界。總以法界禪體徧該。普令衆行。普攝衆生。普皆同事。徧滿十方一切諸境。或有世人見其染行。若見聞難信。故號國名險難也。城名寶莊嚴者。見聞難信名爲險難。信而悟入心境皆無。稱性莊嚴。除生死永盡獲自神通名寶莊嚴。明一乘及出纏菩薩離入此智光明门。得出生一切法三昧王。以此三昧故。得意生身。已下是此法门所作业用境界。如经具明。大意约以根本智。起忍智慈悲万行。大用自在差别法门。称法界境界故。从此样式修行相称。即号观世音。亦名正趣菩萨。无功之智及慈悲齐等故。是故第七回向中。观世音与正趣。同会一处而见。善男子。我见一切众生。不分别众生相。以智眼明见故。乃至听闻语言音声佛法僧。皆无所著以智眼所见。法眠所知故。已下推德令善财升进。第二如诸菩萨摩诃萨已下。是推德升进。于此升进分中。有十一行经。分为五门。一推德升进。二示善知识方所。及所居之国。三举所居之城名宝庄严。四示善知识名号。五礼敬辞去。南方如初释。国名险难者。为此女人行禅波罗蜜门。叹德之中。一身端坐充满法界。于自身中现一切刹。善恶境界。总以法界禅体遍该。普含众行。普摄众生。普皆同事。彻满十方一切诸境。或有世人见其染行者。见间难信。故号国名险难也。城名宝庄严者。见闻难信。名为险难。信而悟入心境皆无。称性惑除。生死永尽。获自神通。名宝庄严。明二乘及出缠菩萨。离

而不為名解脫。此十迴向中第五迴向。迴出纏行
中第五清淨無染觀人於世間同為俗事徧行利
生之中。乃至示行染法未曾一念染汙之心。故號
女也。而實體中非男非女。以取妙智理性不真大
慈悲體如女。非如世情起男女等見。若存世情起
男女見者亦自不見此之法門。此約菩薩以妙智
用起慈悲之行。冥同俗行周備十方。對現色身應
宜設化。於此位中表菩薩有如是德。處眞不證在
纏不汙法門。徧周法界。誰是誰非。此非世情思度
故。亦非世情愚惑所行。自非智徹眞源。行齊法界。
冥應所為。知根備俗者歟。方能體會斯道。婆須蜜
女者。此云世友。或云天友。為徧與人天作師友故。
或云以寶易財。或示現世間婬染之行易以財事。
此皆世行難可了知。三界六道人天地獄無行不
備也。此是不染而染。唯諸賢智所及。

校譌

第九紙二行販北藏作貼
第十五紙十八行十萬北藏作十方

而不为。名解脱。此十回向中第五回向。回出缠行中。第五清净无染禅。入于世间。同为俗事。遍行利生之中。乃至示行染法。未曾一念染污之心。故号女也。而实体中非男非女。以取妙智理性。本真大慈悲体如女。非如世情起男女等见。若存世情起男女见者。亦自不见此之法门。此约菩萨以妙智用。起慈悲之行。冥同俗行。周备十方。对现色身。应宜设化。于此位中。表菩萨有如是德。处真不证。在缠不污法门。遍周法界。谁是谁非。此非世情思度故。亦非世情愚惑所行。自非智彻真源行齐法界。冥应所为。知根备俗者欤。方能体会斯道。婆须蜜女者。此云世友。或云天友。为遍与人天作师友故。或云以宝易财。或示现世间淫染之行易以财事。此皆世行难可了知。三界六道人天地狱无行不备也。此是不染而染。唯普贤智所及 。

第五險難國婆須蜜女。主無盡功德藏迴向。

第一正入當位法門者。從爾時善財童子已下至我唯知此菩薩離貪欲際解脫門。於此段中約立五門。一念善知識教思惟升進。二漸次遊行至險難國寶莊嚴城。三處處推求婆須蜜女。四於此城內市鄽之北於自宅內而得見之。五見已禮敬正申所求。幷授善財離貪欲際解脫隨所樂欲而爲現身。隨文釋義中。善財於市鄽之北自宅中住者。以生死繁多爲市鄽。北爲坎位。坎是北方主黑也。是衆迷愚衆生之位也。菩薩居此迷流愛海闇闇之處。同行接生。令其發明。自宅中住者。以衆生生死海是菩薩自所住宅。菩薩以大悲故。住一切衆生生死宅中。度脫衆生。成就普賢之行。具足無量功德。如經云。善財童子往詣其門。見其住宅廣博嚴麗已下。廣說莊嚴。此是初見其依報。次爾時第五险难国婆须蜜女。主无尽功德藏回向 。

第一正入当位法门者从尔时善财童子已下。至我唯知此菩萨离贪欲际解脱门。于此段中约立五门。一念善知识教。思惟升进。二渐次游行。至险难国宝庄严城。三处处推求婆须蜜女。四于此城内市鄽之北。于自宅内而得见之。五见已礼敬正申所求。并授善财离贪欲际解脱。随所乐欲而为现身。随文释义中。善财于市鄽之北自宅中住者。以生死繁多为市鄽。北为坎位。坎是北方主黑也。是众迷愚众生之位也。菩萨居此迷流爱海。阛阓之处。同行接生。令其发明。自宅中住者。以众生生死海是菩萨自所住宅。菩萨以大悲故。住一切众生生死宅中。度脱众生。成就普贤之行。具足无量功德。如经云。善财童子往诣其门。见其住宅广博严丽。已下广说庄严。此是初见其依报。次尔时

善財見此女人顏貌端嚴乃至皮膚金色是見其
正報及諸藝能。已下具如經說爾時善財前詣其
所已下申請所求善男子已下正授善財所行之
法菩薩解脫名離貪欲際以此解脫隨其樂欲而
爲現身。十方三界所見不同如經具明。又經云若
有衆生暫見我者卽離貪欲得菩薩歡喜三昧者
明有信者而修禪定禪悅其心故若有衆生暫與
我語者則離貪欲得菩薩無礙音聲三昧者明從
定發慧了音聲無體若有衆生執我手者則離貪
欲得菩薩徧往一切佛刹三昧者是引接義。如是
已下升座是無相智增義。暫觀於我是觀照義頻
伸是法悅義目瞬是見諦入佛智境也。抱持於我
者攝受不捨衆生義。唼我脣吻者受教說法義。凡
有親近於我。一一皆得離貪欲際入菩薩一切智
地者。都舉諸有親近無空過者皆獲一切智門。此
明一乘及出纏菩薩但求離苦未入大慈悲入於
生死海同事接生門不達法界自在智王處染淨
而無垢。會無依處普光明智圓滿十方。任運利生
無縛無解方名永離貪欲際也。厭而出纏無大悲
行智未究竟有所依在修行不應以得心一分無

善财见此女人颜貌端严。乃至皮肤金色。是见其正报及诸艺能。已下具如经说。尔时善财前诣其所已下。申请所求。善男子已下。正授善财所行之法。菩萨解脱名离贪欲际。以此解脱。随其乐欲而为现身。十方三界所见不同。如经具明。又经云。若有众生暂见我者。即离贪欲。得菩萨欢喜三昧者。明有信者而修禅定禅悦其心故。若有众生暂与我语者则离贪欲得菩萨无量音声三昧者。明从定发慧。了音声无体。若有众生执我手者。则离贪欲。得菩萨遍往一切佛刹三昧者。是引接义。如是已下。升座。是无相智增义。暂观于我。是观照义。频伸是。法悦义。目瞬。是见谛入佛智境也。抱持于我者。摄受不舍众生义。唼我唇吻者。受教说法义。凡有亲近于我。一一皆得离贪欲际。入菩萨一切智地者。都举诸有亲近。无空过者。皆获一切智门。此明二乘。及出缠菩萨。但求离苦。未入大慈悲。入于生死海。同事接生门。不达法界自在智王。处染净而无垢。会无依处普光明智。圆满十方。任运利生。无缚无解。方名永离贪欲际也。厌而出缠。无大悲行。智未究竟。有所依在。修行不应。以得心一分无

相無願無作空解脫門莫以爲足應修智悲發起
願求誓度衆生學差別智盡三界法無不皆知。明
用三界事便成法界。善照自他十二緣生成一切
智。了無邊劫與今無一不來餘處別有出世解脫
涅槃以無作無依智印三界法本唯佛法。法本如
是無別思求。一依十住十行十迴向法門圓會。自
當相稱。此發須齋文。是會第五無盡功德藏迴向
門。爲以行齊生死。是非見亡。以法界觀門。眞俗一二
染俱盡。以性等法界。智周有無。無行不行無生不
利。招多福德。故名無盡功德藏。善財自言。聖者種
何善根修何功德已下。其文與善財說自往昔因。
高行如來出世。爲長者裝布施寶錢及文殊師利
勸發大菩提心。以是因緣得如斯解脫。我唯知此
離貪欲際解脫者明往因以捨所重寶錢。是離貪。
文殊師利勸發無性菩提心是離欲。如一寶錢。其
所施不多。爲心貴重故能捨與多非異。此是無盡
功德藏迴向。亦以禪波羅蜜爲體明圓通諸法。是
寶錢義。約智門中。諸位通治。約位門中。以治第五
迴向中。以出世禪入於生死眞俗染淨不自在障
行不自在徧衆生障。治令自在。故第一推德升進

相无愿无作空解脱门。莫以为足。应修智悲。发起愿求。誓度众生。学差别智。尽三界法。无不皆知。明用三界事。便成法界。善照自他十二缘生。成一切智。了无边劫。与今无二。不求余处别有出世解脱涅槃。以无作无依智。印三界法。本唯佛法。法本如是无别思求。一依十住十行十回向法门圆会。自当相称。此婆须蜜女。是会第五无尽功德藏回向门。为以行齐生死。是非见亡。以法界禅门。真俗二染俱尽。以性等法界。智周有无。无行不行。无生不利。招多福德。故名无尽功德藏。善财白言。圣者种何善根修何功德已下。其女与善财说自往昔因。高行如来出世。为长者妻。布施宝钱。及文殊师利劝发大菩提心。以是因缘。得如斯解脱。我唯知此离贪欲际解脱者。明往因以舍所重宝钱。是离贪。文殊师利劝发无性菩提心。是离欲。如一宝钱。其所施不多。为心贵重故能舍。与多非异。此是无尽功德藏回向。亦以禅波罗蜜为体。明圆通诸法。是宝钱义。约智门中。诸位通治。约位门中。以治第五回向中。以出世禅入于生死。真俗染净不自在障。行不自在遍众生障。治令自在故。第二推德升进中。從如諸菩薩摩訶薩已下至辭退而去有六行經分爲五門。一推德升進。二示其方所及以城名善度。三舉善知識居士名鞞瑟胝羅。四舉善知識所行事業供養栴檀塔座。五禮敬辭退而去。隨文釋義者。南方如初釋。城名善度者。約此長者善度衆生故。居士名鞞瑟胝羅者。此云包攝。爲此居士智慧廣大。包攝十方一切法門。具云悉但羅曳。此翻爲慈氏。爲明以第六出世智慧處俗行慈方便利生以行成名故。

第六善度城鞞瑟胝羅居士。主隨順堅固一切善根迴向。

第一正入當位法門中。從爾時善財童子已下。至我唯知此菩薩所有佛不涅槃際解脫於此段中。約立五門。一漸次遊行至善度城。二詣居士宅頂禮其足。三合掌而立。正申所求。四居士爲善財正說所行之法所行解脫門名不涅槃際。五舉所現行供養栴檀座塔者。經云。我開栴檀座如來塔門時得三昧名佛種無盡者。明一切衆生分別心皆是如來智慧種同於諸佛智慧種無有生滅等相。此同十住中第六住十地中第六地十行中第六行。以十住十行中第六出世間之智慧門迴向中。从如诸菩萨摩诃萨已下。至辞退而去。有六行经。分为五门。一推德升进。二示其方所。及以城名善度。三举善知识居士名鞞瑟胝罗。四举善知识所行事业。供养旃檀塔座。五礼敬辞退而去。随文释义者。南方如初释。城名善度者。约此长者善度众生故。居士名鞞瑟胝罗者。此云包摄为此居士智慧广大。包摄十方一切法门。具云悉怛履曳。此翻为慈氏。为明以第六出世智慧。处俗行慈。方便利生。以行成名故 。

第六善度城鞞瑟胝罗居士。主随顺坚固一切善根回向 。

第一正入当位法门中。从尔时善财童子已下。至我唯知此菩萨所有佛不涅槃际解脱。于此段中。约立五门。一渐次游行。至善度城。二诣居士宅顶礼其足。三合掌而立。正申所求。四居士为善财正说所行之法。所行解脱门名不涅槃际。五举所现行供养旃檀座塔者。经云。我开旃檀座如来塔门时。得三昧名佛种无尽者。明一切众生分别心皆是如来智慧种。同于诸佛智慧种无有生灭等相。此同十住中第六住。十住中第六住十行中第六行。以十住十行中第六出世间之智慧门。回向

人纏處俗中智慧利生之行故爲居士身處世化
俗置一塔室。於中安置一柄檀座不置形像表第
六智慧門。達無相法也。以此塔座供養諸佛現在
其前明無相法。無有三世古今之見。爲以自佛智
慧與一切諸佛智慧無相體同。皆爲一際。一切衆
生亦與一切諸佛智慧本來一際。爲諸衆生說如
斯法。令諸衆生開佛知見悟佛知見入佛知見。故
城名善度。居士名含攝含攝一切諸佛一切衆生
智慧皆一體不生滅故。既是諸佛智慧無生滅性
一切衆生亦不生滅。以此法故得一切諸佛不入
涅槃。此意明如座上無相是佛。故善財自言此三
昧境界云何已下是居士答人此三昧見佛之數。
此界他方三世諸佛。總皆得見所有見佛之數。如
經具明。意明諸佛衆生無生滅相。方便以將其柄
檀座塔引接表示。令一切衆生達自身心性相智
慧加柄檀座塔。本來無相。本來佛也。明性相皆無
俱不生滅。達相如化。了性如空。智無依住。何有生
滅。此是隨順堅固一切善根迴向。以般若波羅蜜
爲體。餘九爲伴。此治出世智慧處生死中行大慈
悲不自在障。令得自在故。第二推德升進中從如

入缠处俗中智慧利生之行。故为居士身。处世化俗置一塔室。于中安置一旃檀座。不置形像表第六智慧门。达无相法也。以此塔座供养诸佛现在其前。明无相法。无有三世古今之见。为以自佛智慧。与一切诸佛智慧。无相体同。皆为一际。一切众生。亦与一切诸佛智慧。本来一际。为诸众生说如斯法。令诸众生。开佛知见。悟佛知见。入佛知见。故城名善度。居士名含摄含摄一切诸佛一切众生智慧。皆一体不生灭故。既是诸佛智慧无生灭性。一切众生亦不生灭。以此法故得一切诸佛不入涅槃。此意明如座上无相是佛故。善财白言。此三昧境界云何已下。是居士答入此三昧见佛之数。此界他方三世诸佛。总皆得见所有见佛之数。如经具明。意明诸佛众生无生灭相。方便以将其旃檀座塔引接表示。令一切众生。达自身心性相智慧。如旃檀座塔。本来无相。本来佛也。明性相皆无。俱不生灭。达相如化。了性如空。智无依住。何有生灭。此是随顺坚固一切善根回向。以般若波罗蜜为体。余九为伴。此治出世智慧处生死中。于大慈悲不自在障。令得自在故。第二推德升进中。从如諸菩薩摩訶薩至辭退而去拜頌有十四行經分爲五門一推德升進一示善知識方所三舉山名補怛洛迦四舉善知識名觀自在正號觀世音五禮敬辭退隨文釋義者山名補怛洛迦者此云小白華樹山爲此山多生白華樹其華甚香香氣遠及爲明此聖者修慈悲行門以謙下極小爲行也華者明開敷萬行故此慈悲謙小相悅行華開敷教化行香遠熏一切衆生皆令聞其名者發菩提心故舉善知識名觀自在者以舊經云觀世音爲正梵云光世音以慈悲光照世間聞苦便救有苻念而方救者意令彼迴心事緣善法發心令功德善根深固也問觀自在可兼慈悲何以要須光世音答曰夫一切菩薩約行成名約名行表位雖一切菩薩皆具智悲二門今以名行表升進要須以名表法今此第七隨順一切衆生迴向成處世慈悲門以光世音名是慈悲之號以爲表位行門令升進也觀自在者但明觀照成出世般若義自在故以表觀世間苦表悲門不如觀世音之號法華中云普賢菩薩從東方寶威德上王佛所來者又餘經云觀世音在西方阿彌陀佛所者總是加來

诸菩萨摩诃萨。至辞退而去。并颂有十四行经。分为五门。一推德升进。二示善知识方所。三举山名补怛洛迦。四举善知识名观自在。正号观世音。五礼敬辞退。随文释义者。山名补怛洛迦者。此云小白华树山。为此山多生白华树。其华甚香。香气远及。为明此圣者。修慈悲行门。以谦下极小为行也。华者。明开敷万行故。此慈悲谦小和悦行华开敷。教化行香。远熏一切众生。皆令闻其名者发菩提心故。举善知识名观自在者。以旧经云观世音为正。梵云光世音。以慈悲光照世间。闻苦便救。有待念而方救者。意令彼回心专缘善法发心。令功德善根深固也。问。观自在可无慈悲。何以要须光世音。答曰。夫一切菩萨。约行成名。约名行表位。虽一切菩萨皆具智悲二门。今以名行表升进。要须以名表法。今此第七随顺一切众生回向。成处世慈悲门。以光世音名。是慈悲之号。以为表位行门。令升进也。观自在者。但明观照成出世般若义自在故。以表观世间苦。表悲门不如观世音之号。法华中云。普贤菩萨从东方宝威德上王佛所来者。又余经云。观世音在西方阿弥陀佛所者。总是如来密意方便表法成名意云東方是智西方是悲以方表法實無方所但約東爲春陽發生日出普照二十八宿中東方角及房心等七星皆爲衆善位以表智門西方七宿昴畢參等主白虎秋殺義昴爲刑獄多主罰惡以觀世音主之而實佛國一方滿十方一塵含法界何有方所而存自他隔礙別佛也先德翻經之士以三乘教謂此方無觀世音以觀自在充號此非實得法界毗盧遮那如來境智道理於法華經中會三入一門中具有此三法文殊普賢觀世音菩薩表法身無相慧及根本智即文殊之行主之表從根本智起差別行以普賢主之表大慈悲心恆處苦流不求出離以觀世音主之以此三法屬於一人所行行令具足徧周一切衆生界教化衆生令無有餘名毗盧遮那佛即明一切處文殊一切處普賢一切處觀世音一切處毗盧遮那乃至微塵中重重充徧且約略明也如海上有山多賢聖者此約南海之上亦主生死海上餘義如文具明亦約慈悲爲泉流

第七補怛洛山觀世音菩薩主隨順一切衆生迴向。

密意方便。表法成名。意云东方是智。西方是悲。以方表法。实无方所。但约东为春阳发生。日出普照。二十八宿中。东方角及房心等七星。皆为众善位以表智门。西方七宿昴毕参等。主白虎秋杀义。昴为刑狱。多主罚恶。以观世音主之。而实佛国。一方满十方。一尘含法界。何有方所而存自他隔碍别佛也。先德翻经之士。以三乘教谓此方无观世音。以观自在充号。此非实得法界毗卢遮那如来境智道理。于法华经中。会三入一门中。具有此三法。文殊普贤。观世音菩萨。表法身无相慧及根本智。即文殊之行主之。表从根本智起差别行。以普贤主之。表大慈悲心恒处苦流不求出离。以观世音主之。以此三法。属于一人所行行。令具足遍周一切众生界。教化众生令无有余。名毗卢遮那佛。即明一切处文殊。一切处普贤。一切处观世音。一切处毗卢遮那。乃至微尘中重重充遍。且约略明也。如海上有山多贤圣者。此约南海之上。亦主生死海上。余义如文具明。亦约慈悲为泉流 。

第七补怛洛山观世音菩萨。主随顺一切众生回向 。

第一正入當位法門中從爾時善財童子已下至我唯知此大悲行門於此段中約立五門一念善知識教思惟升進二漸次遊行至於彼山處處求覓此大菩薩三見其西面巖谷之中觀世音菩薩於金剛寶石上結跏趺坐四善財見已歡喜觀世音遥見善財稱歎五善財頂禮申請觀世音爲說大慈悲行解脫門隨文釋義者如第五婆須蜜女以師子頻伸引接成悲舉行及報身相及境界所居皆寶莊嚴至第六第七迴向爲大悲至極就物利生不就自報就眾生界穢境而居巖谷泉流瑩暎樹林蓊鬱香草柔輭右旋布地觀世音菩薩坐金剛寶石無量菩薩皆坐寶石此是所居處表巖谷明險道惡趣流泉瑩暎者明慈悲瑩徹樹林蓊鬱者表慈心蔭密香草柔輭者表和言芳致稟悦人心右旋布地者表眾生順化布慈悲地令有所歸觀世音菩薩坐金剛石者表以金剛智用隨悲行堅實深重無所傾動也結跏趺坐者智悲交徹也無量菩薩皆坐寶石上悲行堅厚也善財諸觀目不暫瞬者敬法貴人慈心見徹無別念也善財歎德如經具明善財往詣觀世音所觀世音菩薩遥見善財卽云善來并諸稱歎求及致敬先有

第一正入当位法门中。从尔时善财童子已下。至我唯知此大悲行门。于此段中。约立五门。一念善知识教。思惟升进。二渐次游行至于彼山。处处求觅此大菩萨。三见其西面岩谷之中。观世音菩萨于金刚宝石上结跏趺坐。四善财见已欢喜。观世音遥见善财称叹。五善财顶礼申请。观世音为说大慈悲行解脱门。随文释义者。如第五婆须蜜女。以师子频伸引接成悲。举行及报身相及境界所居皆宝庄严。至第六第七回向。为大悲至极。就物利生。不就自报。就众生界秽境而居。岩谷泉流莹映。树林蓊郁香草柔软右旋布地。观世音菩萨坐金刚宝石。无量菩萨皆坐宝石。此是所居处。表岩谷明险道恶趣。流泉莹映者。明慈悲莹彻。树林蓊郁者。表慈心荫密。香草柔软者。表和言芳教熏悦人心。右旋布地者。表众生顺化。布慈悲地。令有所归。观世音菩萨坐金刚石者。表以金刚智用随悲行坚实深重无所倾动也。结跏趺坐者。智悲交彻也。无量菩萨皆坐宝石者。悲行坚厚也。善财谛观目不暂瞬者。敬法贵人。慈心见彻。无别念也。善财叹德。如经具明。善财往诣观世音所。观世音菩萨遥见善财。即云善来。并诸称叹。未及致敬先有是言者。明大悲深厚。先致慰問及稱歎。然後頂禮旋遶申其所請。觀世音菩薩授與善財大悲行解脫門。明迴向第七住第七地中修出世慈悲令成入俗慈悲之行。至此位中菩薩是第七等隨順一切眾生迴向滿故。入俗智亦於此行故。如下文指位雖在東方有菩薩名為正趣。及至見時還同會而居。表此位菩薩入俗現行悲智齊也。至於下文和會經云。善男子我住此大悲行門。常在一切諸佛如來所。普現一切眾生之前。以四攝事攝眾生廣如經說。意明不離根本智十方世界對現色身。慈悲利物。已下廣明觀世音菩薩自所誓願利眾生事行。如下具明。我唯得此菩薩大悲行門已下。是推德升進。此是等隨順一切眾生迴向門方便波羅蜜為主。餘九為伴。約智門中諸位通治。約位門中治十住十行中出世大悲處俗不自在障令得自在也。第一推德升進中從如諸菩薩已下。至修菩薩道者十八行半經。分為五門。一推德升進。二示善知識方所。三舉善知識名為正趣。四重歎善知識光明威德神通普化。五勸令往問。問曰。此何意不云辭退而去。答曰。為此觀世音菩薩會中是言者。明大悲深厚。先致慰问及称叹。然后顶礼旋绕申其所请。观世音菩萨授与善财大悲行解脱门。明回向第七住第七地中修出世慈悲。令成入俗慈悲之行。至此位中菩萨。是第七等随顺一切众生回向满故。入俗智亦于此行故。如下文指位虽在东方有菩萨。名为正趣。及至见时。还同会而居。表此位菩萨入俗现行悲智齐也。至次下文和会。经云。善男子。我住此大悲行门。常在一切诸佛如来所。普现一切众生之前。以四摄事摄众生。广如经说。意明。不离根本智。十方世界对现色身。慈悲利物。已下广明观世音菩萨自所。誓愿利众生事行。如下具明。我唯得此菩萨大悲行门已下。是推德升进。此是等随顺一切众生回向门。方便波罗蜜为主。余九为伴。约智门中。诸位通治。约位门中。治十住十行中出世大悲处俗。不自在障。令得自在也。第二推德升进中。从如诸菩萨已下。至修菩萨道。有十八行半经。分为五门。一推德升进。二示善知识方所。三举善知识名为正趣。四重叹善知识光明威德神通普化。五劝令往问。问曰。此何意不云辞退而去。答曰。为此观世音菩萨会中

見正趣菩薩表智悲一位在此位齊滿表悲終卽
無明之智自成明悲智無一體故不辭去也又明
從師子頻伸比丘尼修悲起智從此第八迴向至
第十迴向地神卽從智成悲卽天神是智地神是
悲明智悲合體卽普賢行自在此明智悲應眞體
通神性名之天地之神非世鬼神也觀世音菩薩
云東方有一菩薩名曰正趣者明正智無邪故云
正趣從空而來者明智體無依性無形質神無不
徧自體眞空悲如幻身應緣何物一刹那際響應
十方性無往來以虛空而現幻像故云從空而來
東方者表是智也云南方表法爲虛無爲明爲離
離中虛爲明爲正爲日離者麗也以明麗於地以
北方爲坎爲黑以子爲陰極癸爲陰終以背黑而
從明背邪而從正是初啟蒙之位故往南方今至
第八眞如相迴向卽明東方爲智爲震爲雷爲音
聲爲青龍爲春生爲福德爲吉慶日生於寅出於
卯定是非於辰巳也至午巳(未)總屬陽位午爲陽
極未爲陽終自未至丑是陰位以此第八智增明
眞如相迴向卽取東方爲智明照萬邪故入於生
死震動萬有令明生故教化衆生達眞如故照愚

见正趣菩萨。表智悲二位在此位齐满。表悲终即无明之智自成。明悲智无二体故。不辞去也。又明从师子频伸比丘尼。修悲起智。从此第八回向至第十回向地神。即从智成悲。即天神是智。地神是悲。明智悲合体。即普贤行自在。此明智悲应真。体通神性。名之天地之神。非世鬼神也。观世音菩萨云。东方有一菩萨名曰正趣者。明正智无邪。故云正趣。从空而来者。明智体无依。性无形质。神无不遍。自体真空。起如幻身。应缘利物。一刹那际。响应十方。性无往来。以虚空而现幻像。故云从空而来。东方者。表是智也。云南方。表法。为虚无。为明。为离。离中虚。为明。为正。为日。离者丽也。以明丽于地。以北方为坎。为黑。以子为阴极。癸为阴终。以背黑而从明。背邪而从正。是初启蒙之位。故往南方。今至第八真如相回向。即明东方。为智。为震。为雷。为音声。为青龙。为春生。为福德。为吉庆。日生于寅。出于卯。定是非于辰巳也。至午巳东。总属阳位。午为阳极。未为阳终。自未至丑。是阴位。以此第八智增明真如相回向。即取东方。为智明照万邪故。入于生死。震动万有。令明生故。教化众生。达真如故。照愚

夫道成君子之德故破佞邪道成正智故照一切
惡生一切善故長諸善根成白淨無垢吉祥福德
故故東方表智西方表悲以此二位明悲智齊故
正趣菩薩從東方來白華山西一處而見以明東
表智西表悲此觀音正趣會悲智二位一分始終
自此已去從智行悲也即大後天地之神是以明
從悲行智即行狹不終以智行悲即行廣無限自
在故如十地位滿智悲功成十一地中還以悲爲
體以智爲用即摩耶是悲生佛是智如是一一位
中升進皆有意趣總別同異如東西南北表自有
想求啓迷發明即往南方表之若明智悲益俗即
東西表之觀音在白華山西者白者金位也西方
白表金位也主將位也東方者木位主青像主相
位也相主生將主殺如來以約世間法則安立法
門令世間易解故以此殺害之處置大慈悲之門
以爲救苦以東方春生之位置大智之門以表智
生衆善令易達其事故如老子云上將軍居右偏
將軍居左明上者明而具慈恐妄殺也而實大象
混然何有方形而可得也但約法立名設其則也
然智悲之道以一法而滿十方以一行而行一切

夫道。成君子之德故。破佞邪道。成正智故。照一切恶。生一切善故。长诸善根。成白净无垢吉祥福德故。故东方表智。西方表悲。以此二位。明悲智齐故。正趣菩萨从东方来。白华山西一处而见。以明东表智。西表悲。此观音正趣。会悲智二位一分始终。自此已去。从智行悲也。即次后天地之神是。以明从悲行智。即行狭不终。以智行悲。即行广无限自在故。如十地位满。智悲功成。十一地中。还以悲为体。以智为用。即摩耶是悲。生佛是智。如是一一位中升进皆有意趣。总别同异。如东西南北。表自有趣求。启迷发明。即往南方表之。若明智悲益俗。即东西表之。观音在白华山西者。白者。金像也。西方白。表金位也。主将位也。东方者木位。主青像。主相位也。相主生。将主杀。如来以约世间法则。安立法门。令世间易解故。以此杀害之处。置大慈悲之门。以为救苦。以东方春生之位。置大智之门。以表智生众善。令易达其事故。如老子云。上将军居右。偏将军居左。明上者明而具慈。恐妄杀也。而实大象混然。何有方形而可得也。但约法立名。设其则也。然智悲之道。以一法而满十方。以一行而行一切

萬行。雖然約世軌則。說法不無。如世陳設者。是隨
方應用也。是故此經觀世音菩薩云。東方有菩薩
名爲正趣。表第八智位。照世間大夜故。此同十住
十行十地十一地第八無功智之大用。故位同。升
進生熟逆順有異。此正趣菩薩從空中來。至娑婆
世界輪圍山頂。以足指按地。其娑婆世界六種震
動者。表智能破闇。衆生惑滅。境亡散也。智現妄亡。
妄業所報得大地之境界亦亡散。故地動。動者。散
也。如定現前。妄亡智應。報境盡亡。足指按地者。智
之所行也。表以法空起智。現前衆執皆散。輪圍山
是妄所執之執境。無依智現所執境無。以禪觀方
明。不可以想心斟酌。一切皆以衆寶莊嚴者。明妄
亡境滅。隨智淨徧相應。卽諸功德便現。放身光明
暎蔽一切日月星電天龍八部釋梵護世四王所
有光明皆如聚墨。其光普照一切地獄畜生者。如
三界之光。皆有漏業隨生滅心功德所生。皆未離
生滅我所有漏業果。皆有自他能所得業在。如眞
理智無漏無我無作具法性清淨任性大慈悲之
智光。非世所及。無有隔障邊際分劑可及。十方洞
徹。上六道遍周故。已下智悲之行。如經具明。

万行。虽然约世轨则。设法不无。如世陈设者。是随方应用也。是故此经观世音菩萨云。东方有菩萨名为正趣。表第八智位。照世间大夜故。此同十住十行十地十一地。第八无功智之大用故。位同。升进生熟逆顺有异。此正趣菩萨从空中来。至娑婆世界轮围山顶。以足指按地。其娑婆世界六种震动者。表智能破暗。众生惑灭。境亡散也。智现妄亡。妄业所报得大地之境界亦亡散。故地动。动者。散也。如定现前。妄亡智应。报境尽亡。足指按地者。智之所行也。表以法空起智现前。众执皆散。轮围山是妄所执之报境。无依智现。所执境无。以禅观方明。不可以想心斟酌。一切皆以众宝庄严者。明妄亡境灭。随智净福相应。即诸功德便现。放身光明映蔽一切日月星电。天龙八部释梵护世四王所有光明皆如聚墨。其光普照一切地狱畜生者。如三界之光。皆有漏业。随生灭心功德所生。皆未离生灭我所有漏业果。皆有自他能所得业在。如真理智无漏无我无作。具法性清净。任性大慈悲之智光。非世所及。无有隔障边际分剂可及。十方洞彻。六道遍周故。已下智悲之行。如经具明 。

第八正趣菩薩主眞如相迴向。

校譌

第一紙十二行業下宋南北藏無行字第四紙十一行貪下北藏無欲字第十三紙十六行煢北藏作縈第二十二紙十三行普下北藏無速字

第一正入當位法門中。從爾時善財童子已下。至我唯知此菩薩普門速疾行解脫門。於此段中。約立五門。一依教速往詣彼菩薩。二頂禮合掌申請所求。三正趣菩薩說自所行法。名普門速疾行解脫。四善財致問於何佛所得此法門。所從來剎去此幾何。來已久如。五正說所緣因依得法所在久近之數。云善男子。我從東方妙藏世界普勝生佛所而來此土。於彼佛所得此法門者。此約實而論智無方所遠近之體。約以表法中。云東方妙藏世界普勝生佛所得此法門。明東方是眾善發生之位。妙藏世界者。自是妙理法身根本智藏性周圓滿普徧十方。名爲世界普勝生佛所得此法門者。明從根本智生差別智響應眾生。意明不移根本智大用而無功。故從彼發來已經不可說不可說佛剎微塵數劫者。以根本智超塵出劫不屬數第八正趣菩萨。主真如相回向 。

第一正入当位法门中。从尔时善财童子已下。至我唯知此菩萨普门速疾行解脱门。于此段中。约立五门。一依教速往诣彼菩萨。二顶礼合掌申请所求。三正趣菩萨说自所行法。名普门速疾行解脱。四善财致问。于何佛所得此法门。所从来刹去此几何。来已久如。五正说所缘因依得法所在久近之数。云善男子。我从东方妙藏世界普胜生佛所而来此土。于彼佛所得此法门者。此约实而论。智无方所远近之体。约以表法中。云东方妙藏世界普胜生佛所得此法门。明东方是众善发生之位。妙藏世界者。自是妙理法身根本智藏。性周圆满。普遍十方。名为世界。普胜生佛所得此法门者。明从根本智生差别智。响应众生。意明不移根本智。大用而无功故。从彼发来。已经不可说不可说佛刹微尘数劫者。以根本智。超尘出劫。不属数

量所收。一一念中。懸不可說不可說佛剎微塵數
步。明念念中超出過如是情量度量。一一步過不
可說不可說世界微塵數佛剎。一一佛剎我皆徧
入。至其佛所。以妙供具而為供養。此諸供具意明
根本智性自徧周。差別智業用亦如根本智徧周。
所作供具供養諸佛。依根本智起。以根本無作智
印。起如幻業用。普印諸供養具。無功而自成。以用
歸本故。明此第八迴向已前。以根本智行差別智
具大慈悲。及世所有一切功巧五明技術之法饒
益眾生。此位差別智終。約用從本。總無功用。任法
自成。教化眾生亦復如是。自餘如經具明。此是真
如相迴向。以隨波羅蜜為主。餘九為伴。約智門中。
諸位通治。約位門中。以治有功用行人於世間無
功用智任運大悲。此位明有學諸法已終。會令悲
智一性。無二徧周。故在觀音會中一處而見第二
推德升進門。從如諸菩薩已下。至辭退而去。有九
行經。約立五門。一推德升進。二示善知識所在方
所。三舉其城名隨羅鉢底。四舉神名為大天。五禮
敬辭去。隨文釋義者。城名隨羅鉢底。此云有門。為
此第九迴向主大法師位。同十住中第九住王子

量所收。一一念中。举不可说不可说佛刹微尘数步。明念念中超。出过如是情量度量。一一步。过不可说不可说世界微尘数佛刹。一一佛刹。我皆遍入。至其佛所。以妙供具而为供养。此诸供具。意明根本智性自遍周。差别智业用。亦如根本智遍周。所作供具供养诸佛。依根本智起。以根本无作智印。起如幻业用。普印诸供养具。无功而自成。以用归本故。明此第八回向已前。以根本智行差别智。具大慈悲。及世所有一切功巧。五明技术之法。饶益众生。此位差别智终。约用从本。总无功用。任法自成。教化众生亦复如是。自余如经具明。此是真如相回向。以愿波罗蜜为主。余九为伴。约智门中。诸位通治。约位门中。以治有功用行。入于世间。无功用智任运大悲。此位明有学诸法已终。会令悲智一性。无二遍周。故在观音会中一处而见。第二推德升进门。从如诸菩萨已下。至辞退而去。有九行经。约立五门。一推德升进。二示善知识所在方所。三举其城名堕罗钵底。四举神名为大天。五礼敬辞去。随文释义者。城名堕罗钵底。此云有门。为此第九回向。主大法师位。同十住中第九法王子住十地中第九善慧地。有大法門饒益衆生故城名有門。問曰何故此位見大天神。答曰爲明第九無縛無著解脫迴向智淨爲天。其智無依不爲不思而恆應靈萬有。故號天神。卽是此界乾神是也。自會此智道相應也。凡爲天地日月五星名山大川五嶽四瀆河海社稷之神皆是菩薩所爲。非是凡世鬼神力所堪能。故以乾爲天門。以淨無垢智現衆法故。巽爲地戶。以巽爲風。風動生萬物。能勝持萬物荷負天地故。以配長女。主持陰位。如初會風神是也。今大天神城名有門。如天淨體現世一切所有法門。此依化主立名。有大法門。故城名有門。如天現像善惡俱示。如天無私賞罰應時。此天神卽是無爲無作淨智爲體。一切衆生同共有之。後自心迷惑殊品見各不同淨穢皆別。若心淨者便爲淨土。名第一義天。一切智天非如五行生滅天也。此天神是應眞名神爲明修行升進漸次智通靈性號之爲神。

第九墮羅鉢底城大天神。主無縛無著解脫迴向。

住。十地中第九善慧地。有大法门饶益众生。故城名有门。问曰。何故此位见大天神。答曰。为明第九无缚无著解脱回向。智净为天。其智无依。不为不思。而恒应灵万有。故号天神。即是此界乾神是也。自会此智。道相应也。凡为天地日月五星名山大川五岳四渎河海社稷之神。皆是菩萨所为。非是凡世鬼神力所堪能故。以乾为天门。以净无垢智现众法故。巽为地户。以巽为风。动生万物。能胜持万物。荷负大地故。以配长女。主持阴位。如初会风神是也。今大天神。城名有门。如天净体。现世一切所有法门。此依化主立名。有大法门故。城名有门。如天现像。善恶俱示。如天无私。赏罚应时。此天神。即是无为无作净智为体。一切众生同共有之。后自心迷惑殊品。见各不同。净秽皆别。若心净者。便为净土。名第一义天。一切智天。非如五行生灭天也。此天神。是应真名神。为明修行升进渐次。智通灵性。号之为神。

第九随罗钵底城大天神。主无缚无著解脱回向。

第一正人當位法門中從爾時善財童子已下。至我唯知此雲網解脫門。於此段中約立五門。一念善知識教。思惟升進。二漸次遊行至有門城。三推問諸人大天所在。四知其所在往詣頂禮申請所求。五時大天出四長手取四大海水用洗其面。持金華以散善財。然爲說法。隨文釋義者。出四長手取四大海水用自洗其面者。明發大菩提心者難得難見。取四大海水用洗面者。明貴發心者洗面方觀。持諸金華以散善財者。明貴重而觀貴敬供養能發大菩提心者故。又表四長手取四大海水。以四無量心四攝法攝衆生故。用洗面者明以大悲水。以智從用。觀察衆生。恆攝受也。如芬陀利華者百葉白蓮華也。明端正香潔人皆樂見菩薩亦爾。心端行正。能說法香。熏澤人心。皆令解脫。人皆樂見。善男子我已成就雲網法門者明大悲雲第一正入当位法门中。从尔时善财童子已下。至我唯知。此云网解脱门。于此段中。约立五门。一念善知识教。思惟升进。二渐次游行至有门城。三推问诸人大天所在。四知其所在。往诣顶礼。申请所求。五时大天出四长手。取四大海水用洗其面。持金华以散善财。然为说法。随文释义者。出四长手取四大海水用自洗其面者。明发大菩提心者。难得难见。取四大海水用洗面者。明贵发心者。洗面方观。持诸金华以散善财者。明贵重而观。贵敬供养能发大菩提心者故。又表四长手取四大海水。以四无量心四摄法摄众生故。用洗面者。明以大悲水。以智从用。观察众生。恒摄受也。如芬陀利华者。百叶白莲华也。明端正香洁。人皆乐见。菩萨亦尔。心端行正。能说法香。熏泽人心。皆令解脱。人皆乐见。善男子。我已成就云网法门者。明大悲云普覆一切雨教如網漉眾生故善財問言此法門境界云何。如下所明金銀瑠璃玻瓈硨磲瑪瑙火燄寶離垢寶大光明寶寶纓絡寶耳璫及寶冠寶釧寶鎖珠網種種摩尼等及華鬘香一切衣服音樂等具皆如山聚及無數百千億諸童女眾而彼大天授與善財令其捨施攝受眾生具如經廣說及所教饒益眾生之行。如經廣明此是第九無縛無著解脫迴向行中善知識以力波羅蜜為主餘九為伴約智門中諸位同治約位門中偏治處於三界菩薩人天眾中說法不自在障令得自在。入於靈智神化自在轉正法輪第二推德升進中從如諸菩薩摩訶薩已下至辭退而去有十行經約立五門。一推德升進。二示善知識所在云在閻浮提摩竭提國菩提場中三舉善知識名有地神名安住。四勸詣彼問五禮敬辭去隨文釋義者問曰何故不云南方云閻浮提摩竭提國菩薩場中有地神名安住者答此同十住中第十灌頂住迴彼解脫入於生死令隨智行大慈悲饒益眾生悉圓滿故普云閻浮提無別偏求此以等法界迴向法如是故又菩提場主地神是總攝義故十地倣此普覆一切。雨教如网漉众生故。善财问言。此法门境界云何。如下所明金银。琉璃玻璃车磲玛瑙。火焰宝。离垢宝。大光明宝。宝璎珞宝耳珰。及宝冠。宝钏。宝锁珠网种种摩尼等。及华鬘香。一切衣服音乐等具。皆如山聚。及无数百千亿诸童女众。而彼大天授与善财。令其舍施摄受众生。具如经广说。及所教饶益众生之行。如经广明。此是第九无缚无著解脱回向行中善知识。以力波罗蜜为主。余九为伴。约智门中。诸位同治。约位门中。偏治处于三界菩萨人天众中。说法不自在障。令得自在。入于灵智。神化自在。转正法轮。第二推德升进中。从如诸菩萨摩诃萨已下。至辞退而去。有十行经。约立五门。一推德升进。二示善知识所在。云在阎浮提摩竭提国菩提场中。三举善知识名。有地神名安住。四劝诣彼问。五礼敬辞去。随文释义者。问曰。何故不云南方。云阎浮提摩竭提国菩提场中。有地神名安住者。答。此同十住中第十灌顶住。回彼解脱入于生死。令随智行大慈悲饶益众生。悉圆满故。普云阎浮提。无别偏求。此以等法界回向法如是故。又菩提场主地神。是总摄义故。十地仿此樣式。摩竭提國者。前已釋也。菩提場主地神者。已前明天神主智圓滿。此云地神主慈悲圓滿表地能荷負萬有長養眾生。故以表慈悲處下。生諸法門。育載荷負眾生。皆令離生死苦。故以地神表之。亦明地神是此位菩薩主持。即是此方坤神也。明大悲厚載萬物。菩提場中者。此位會菩提理智慈悲五法為一。皆圓滿故。名安住神者。於此五法齊圓無所傾動故。

第十菩提場安住神主等法界無量迴向。

第一正入當位法門中。從爾時善財童子已下至我唯知此不可壞智慧藏法門。於此段中。約立五門。一漸次遊行。趣摩竭提國菩提場內安住神所。二百萬地神同在其中。同共稱歎善財至德。三百萬地神放大光明。照大千界。普皆震吼莊嚴大地。四示善財往業善根。五舉自行法門名菩薩不可壞智慧藏解脫門。授與善財。隨文釋義者。百萬地神表大慈悲行圓滿故。咸放光明照三千大千世界者。明智滿悲圓。又三千大千世界一時震吼者。明善財至此位智悲總圓涅槃染淨業謝福增報現。致使如然。地神以足指按地百千億阿僧祇寶藏自然踊出者。表善財自行所及。故足指按地样式。摩竭提国者。前已释也。菩提场主地神者。已前明天神。主智圆满。此云地神。主慈悲圆满。表地能荷负万有。长养众生故。以表慈悲处下。生诸法门。育载荷负众生。皆令离生死苦故。以地神表之。亦明地神。是此位菩萨主持。即是此方坤神也。明大悲厚载万物。菩提场中者。此位会菩提理智慈悲五法为一。皆圆满故。名安住神者。于此五法齐圆。无所倾动故 。

第十菩提场安住神。主等法界无量回向 。

第一正入当位法门中。从尔时善财童子已下。至我唯知此不可坏智慧藏法门。于此段中。约立五门。一渐次游行。趣摩竭提国菩提场内安住神所。二百万地神同在其中。同共称叹善财至德。三百万地神放大光明。照大千界。普皆震吼。庄严大地。四示善财往业善根。五举自行法门。名菩萨不可坏智慧藏解脱门。授与善财。随文释义者。百万地神。表大慈悲行圆满故。咸放光明照三千大千世界者。明智满悲圆。又三千大千世界一时震吼者。明善财至此位。智悲总圆。涅槃染净业谢。福增报现。致使如然。地神以足指按地。百千亿阿僧祇宝藏自然涌出者。表善财自行所及故。足指按地。

又表善財始發行人此位故既入此位報境便現
所現寶藏是也初舉此地神自行報果後舉善財行
所及處我得菩薩解脫名不可壞智慧藏者明悲
從智悲即無可壞故藏者以法界行無智不含無
悲不滿無生不濟無苦不救智悲徧周名之爲藏
於行不著名爲解脫凡所差別智中所行大慈大
悲皆是菩薩行故唯法身根本智是佛也善男子
我憶自從然燈佛求常隨菩薩恭敬守護觀察菩
薩所有心行者明從根本智起差別智學慈悲行
也乃至如下廣明善男子乃往古世過須彌山微
塵數劫有劫名莊嚴世界名月幢佛號妙眼於彼
佛所得此法門乃至不可說不可說佛剎微塵數
如來應正等覺悉皆承事者明大悲行深廣自不
求安乃至示成正覺入涅槃總是菩薩行妙眼
如來及世界總是智慈自己之法故如毗盧遮那
如來處道滿圓極之報身報土如是菩薩行無始
無終是尋常家事周滿十方如因陀羅網也自從
此已去入十地位中所論發心近遠皆是多表大
悲深廣不限其生及以劫量無始無終然亦不出
剎那之際也隨世多劫約智無時此是等法界無

又表善财始发行入此位故。既入此位。报境便现。所现宝藏是也。初举地神自行报果。后举善财行所及处。我得菩萨解脱名不可坏智慧藏者。明悲从智起。即无可坏故。藏者。以法界行。无智不含。无悲不满。无生不济。无苦不救。智悲遍周。名之为藏。于行不著。名为解脱。凡所差别智中所行大慈大悲。皆是菩萨行故。唯法身根本智是佛也。善男子。我忆自从然灯佛来。常随菩萨恭敬守护。观察菩萨所有心行者。明从根本智。起差别智。学慈悲行也。乃至如下广明。善男子。乃往古世过须弥山微尘数劫。有劫名庄严。世界名月幢。佛号妙眼。于彼佛所得此法门。乃至不可说不可说佛刹微尘数如来应正等觉。悉皆承事者。明大悲行深广。自不求安。乃至示成正觉入涅槃。总是菩萨行收妙眼如来及世界。总是智慈自已之法故。如毗卢遮那如来。处道满圆极之报身报土。如是菩萨行无始无终。是寻常家事。周满十方。如因陀罗网也。自从此已去。入十地位中。所论发心近远。皆是多表大悲深广。不限其生及以劫量。无始无终然亦不出刹那之际也。随世多劫。约智无时。此是等法界无

量迴向。以智波羅蜜爲主。餘九爲伴。約智門中。諸位通治。約位門中。治出世智悲迴入生死中令自

大方廣佛新華嚴經論卷第三十八

在故。已下推德升進入初地位中也。善財童子善知識十地位。自此已後十箇地中修行。一依安住地神所行智悲之行。以彼十住十行位中。出世智悲之行。猶多滯淨。以十迴向大願和融世出世間眞俗二智。使恆處世間行大慈悲。智無染淨。雖處世間。如淨蓮華處水不污開敷菡萏色香第一。菩薩處世大悲行華開敷功德第一。如下九箇天神一箇瞿波。總是女類。並是俗流無出家之類。明以前出世間入於世間如迴向法長養大悲。以女表之夜神者。以明入於世間無明大夜。以法照凡。令開敷明解故。以出纏妙智。入俗接生。名之爲神。亦以慈悲之行處於天地晝夜之中。以爲神位。主持世間法則養衆生故。以出家法以化初心智未具者。若已智滿。便爲俗士現同外道工巧技術。智增悲妙。便入諸天地靈神位中。主持世法。祐護衆生。以其靈智十方應現。各各不同。然其本身不離一切諸佛衆會。而亦不壞十方示現佛身故。應知如是次第。如是修學不滯其功。第二推德升進中。從

量回向。以智波罗蜜为主。余九为伴。约智门中。诸位通治。约位门中。治出世智悲。回入生死中令自

(大方广佛新华严经论卷第三十八)*

在故。已下推德升进入初地位中也*善财童子善知识十地位。自此已后十个地中修行。一依安住地神所行智悲之行。以彼十住十行位中。出世智悲之行。犹多滞净。以十回向大愿。和融世出世间真俗二智。使恒处世间行大慈悲。智无净染。虽处世间。如净莲华处水不污。开敷菡萏。色香第一。菩萨处世。大悲行华开敷。功德第一。如下九个天神。一个瞿波总是女类。并是俗流。无出家之类。明以前出世间入于世间。如回向法长养大悲。以女表之。夜神者。以明入于世间无明大夜。以法照凡。令开敷明解故。以出缠妙智。入俗接生。名之为神。亦以慈悲之行。处于天地昼夜之中。以为神位。主持世间法则。养众生故。以出家法。以化初心智未具者。若以智满。便同俗士。现同外道工巧技术。智增悲妙。便入诸天地灵神位中。主持世法。佑护众生。以其灵智。十方应现。各各不同。然其本身。不离一切诸佛众会。而亦不坏十方示现佛身故。应知如是次第。如是修学。不滞其功。第二推德升进中。从

如諸菩薩摩訶薩已下至辭退而去有七行半經約立五門。一推德升進。二示善知識所在。云在此閻浮提摩竭提國。三舉城之名迦毗羅城。四舉善知識名有夜神號婆珊婆演底。五禮敬辭去隨文釋義者。城名迦毗羅者。此云黃色。此城上古有黃頭仙於此修仙道。故立名也。表法中以夜神智會中道合中宮黃色。黃爲福慶之名。應眞菩薩內懷白法。外現黃色。是福德之色。故城名黃色。摩竭提國。是如來示現成菩提道處。明此位升進會本位故。如十住中初位妙峯山頂以方便定力會佛出纏智慧妙理之體。此十地中初地菩薩位會如來智慧入纏大慈悲中菩提果故。已後例然。神名婆珊婆演底者。此云主當春生。爲此神主當衆生春生諸苗稼也。表法中。是主當初地菩薩升進春生萬行之苗稼也。以能常於生死海破一切衆生無明闇故名爲夜。天又智自在故名之爲天。

第四十地位中善知識第一迦毗羅城婆珊婆演底夜神。主歡喜地。

如诸菩萨摩诃萨已下。至辞退而去。有七行半经。约立五门。一推德升进。二示善知识所在。云在此阎浮提摩竭提国。三举城之名迦毗罗城。四举善知识名。有夜神号婆珊婆演底。五礼敬辞去。随文释义者。城名迦毗罗者。此云黄色。此城上古有黄头仙。于此修仙道。故立名也。表法中。以夜神智会中道。合中宫黄色。黄为福庆之色。应真菩萨。内怀白法。外现黄色。是福德之色故。城名黄色。摩竭提国。是如来示现成菩提道处。明此位升进会本位故。如十住中初位。妙峰山顶以方便定力。会佛出缠智慧妙理之体。此十地中初地菩萨位。会如来智慧入缠大慈悲中菩提果故。已后例然。神名婆珊婆演底者。此云主当春生。为此神主当众生春生诸苗稼也。表法中。是主当初地菩萨升进春生万行之苗稼也。以能常于生死海。破一切众生无明暗故。名为夜天。又智自在故。名之为天 。

第四十地位中善知识。第一迦毗罗城婆珊婆演底夜神。主欢喜地 。

第一正入當位法門中。從爾時善財童子已下至我唯知此破一切眾生癡闇法光明解脫門。於中約立五門。一念善知識教思惟升進。二漸次遊行至於彼城。從東門入。佇立未久。便見日沒。三以入種念善知識勝緣。四見夜神於虛空中處寶樓閣香蓮華藏師子座上。身如金色。目髮紺青。形貌端嚴。五善財見其夜神。以身投地禮夜神足申請所求。從見夜神已後復立六門。一見夜神身色端正皮膚金色。目髮紺青。二見夜神身著朱衣梵冠纓絡。三見夜神星象炳然在體。四見夜神一一毛孔皆現化度無量眾生。隨根與法。或生天上人間聲聞緣覺所得不同。五見夜神或示現菩薩三昧種種自在。六善財投身於地禮夜神足合掌申請所求法門。此之境界身量毛孔乃是法界之身極其法界際境界也。令修行者倣而學之。十地方終。

第一正入当位法门中。从尔时善财童子已下。至我唯知此破一切众生痴暗法光明解脱门。于中约立五门。一念善知识教。思惟升进。二渐次游行至于彼城。从东门入伫立未久。便见日没。三以八种念善知识胜缘。四见夜神于虚空中。处宝楼阁香莲华藏师子座上。身如金色。目发绀青。形貌端严。五善财见其夜神。以身投地。礼夜神足。申请所求。从见夜神已后。复立六门。一见夜神身色端正。皮肤金色。目发绀青。二见夜神身著朱衣梵冠璎珞。三见夜神星象炳然在体。四见夜神一一毛孔。皆现化度无量众生。随根与法。或生天上人间声闻缘觉。所得不同。五见夜神或示现菩萨三昧种种自在。六善财投身于地礼夜神足。合掌申请所求法门。此之境界身量毛孔。乃是法界之身。极其法界际境界也。令修行者仿而学之。十地方终。

舉樣極全。學者纔得其分也。乃是全中之分。故以智之境界及時不遷。卽全。約位升進卽分。於申請所求中。復立十七門。一善財冀望依善知識獲佛功德法藏。二夜神稱歎善財授與自己所行之法。三舉法門名目。名菩薩破一切眾生癡闇法光明解脫。四善男子已下。我於惡慧眾生已下。舉自所行大慈悲之行。五夜神說二十一行頌。以自已所知之法。勸善財修學令入。六善財白夜神發心久近。七又問夜神得此法門其已久如。八從乃往古世過如須彌山微塵數劫。舉自發心久近劫數。九舉劫名寂靜光。十舉世界名出生妙寶。十一舉有四天下名寶月燈光。十二舉城名蓮華光。王名善法度。十三舉城東有一大菩提樹。樹下有佛號一切法雷音王成正覺。十四舉有夜神名淨月。所告有佛出興。十五舉自已身爲王夫人名法慧月。因供養彼佛。發菩提心。經須彌山微塵數劫。不生惡道。種諸善根。經八十須彌山微塵數劫。常受安樂。於彼佛菩薩所常修善根。而未滿足菩薩善根。十六復過萬劫於賢劫前。有劫名無憂。世界名離垢光。有五百佛於中出現。我爲長者女。名妙慧光明。

举样极全。学者才得其分也。乃是全中之分故。以智之境界及时不迁即全。约位升进即分。于申请所求中。复立十七门。一善财冀望依善知识。获佛功德法藏。二夜神称叹善财。授与自己所行之法。三举法门名目。名菩萨破一切众生痴暗法光明解脱。四善男子已下。我于恶慧众生已下。举自所行大慈悲之行。五夜神说二十一行颂。以自己所知之法。劝善财修学令入。六善财白夜神发心久近。七又问夜神得此法门其已久如。八从乃往古世过如须弥山微尘数劫。举自发心久近劫数。九举劫名寂静光。十举世界名出生妙宝。十一举有四天下名宝月灯光。十二举城名莲华光。王名善法度。十三举城东有一大菩提树。树下有佛号一切法雷音王成正觉。十四举有夜神名净月。所告有佛出兴。十五举自己身为王夫人名法慧月。因供养彼佛。发菩提心。经须弥山微尘数劫。不生恶道。种诸善根。经八十须弥山微尘数劫。常受安乐。于彼佛菩萨所。常修善根。而未满足菩萨善根。十六复过万劫。于贤劫前。有劫名无忧。世界名离垢光。有五百佛于中出现。我为长者女。名妙慧光明。

其本夜神生在妙幢王城中作夜神。又來震動我宅。放光現相。讚歎妙眼如來所有功德。自為前導引至佛所。我纔見佛。即得三昧名出生見佛調伏眾生三世智光明輪。十七得此三昧力故。得憶念如須彌山微塵數劫。其中諸佛出現。於彼佛所聽聞妙法。以聞妙法故。即得此破一切眾生癡闇法光明解脫。得此解脫已。即見其身徧往佛剎微塵數世界。已上明發心久近。已經八十一須彌山微塵數劫。又經一萬劫。其中一須彌山微塵數劫是過去發心。八十須彌山微塵數劫。又一萬劫。於佛菩薩所修諸善根。方得三昧名見佛調伏眾生三世智光明輪。又以憶念劫中得見一須彌山微塵數佛。以諸佛所修行聽聞妙法。方得此破一切眾生癡闇法光明解脫門。在此憶念劫中方得此破一切眾生癡闇法光明門。此明得法久近。總是八十二須彌山微塵數劫。又經一萬劫。爾所劫中常以女身行菩薩行。明修大慈悲心深厚。舉劫長遠。以最後憶念劫中該含三世一念普周。皆是一念中多劫也。十方普徧。以智言之。如初舉往昔佛剎微塵數世界一一世界中佛悉供養承事。次舉百其本夜神。生在妙幢王城中作夜神。又来震动我宅。放光现相。赞叹妙眼如来所有功德。自为前导引至佛所。我才见佛。即得三昧。名出生见佛调伏众生三世智光明轮。十七得此三昧力故。得忆念如须弥山微尘数劫。其中诸佛出现。于彼佛所听闻妙法。以闻妙法故。即得此破一切众生痴暗法光明解脱。得此解脱已。即见其身遍往佛刹微尘数世界。已上明发心久近。已经八十一须弥山微尘数劫。又经一万劫。其中一须弥山微尘数劫。是过去发心。八十须弥山微尘数劫。又一万劫。于佛菩萨所修诸善根。方得三昧。名见佛调伏众生三世智光明轮。又以忆念劫中。得见一须弥山微尘数佛。以诸佛所修行听闻妙法。方得此破一切众生痴暗法光明解脱门。在此忆念劫中。方得此破一切众生痴暗法光明门。此明得法久近。总是八十二须弥山微尘数劫。又经一万劫。尔所劫中。常以女身行菩萨行。明修大慈悲心深厚。举劫长远。以最后忆念劫中。该含三世一念普周。皆是一念中多劫也。十方普遍。以智言之。如初举往昔佛刹微尘数世界。一一世界中佛。悉供养承事。次举百佛刹微塵數劫。次千次百千次不可說佛刹微塵數佛刹。悉皆徧往承事。及所說法門。悉皆領受。漸漸增長徧滿十方法界。供養諸佛。教化安樂一切眾生。此是初地。以百爲首。便滿十方一切法界無盡佛刹。不同三乘。但言百佛。不云百佛刹微塵及以不可說佛刹微塵世界等事。自餘如經具明。意明處世行悲深厚。不求出世之心。盡窮劫也。此是初歡喜地善知識。以檀波羅蜜爲主。餘九爲伴。此明人俗同纏長養大慈悲門。具足檀波羅蜜。令得圓滿。以修慈故。多生不離女身表之。無出世相也。常處俗流。此十地中總明處世長養大慈悲門。十箇善知識無出家相。總爲女天。說多生因本發菩提心時亦是女身。以表十地是人眾生界長養大慈悲之行也。以表女是慈悲能長養子孫無疲勞故。用明菩薩養眾生故。第二推德升進中。從如諸菩薩摩訶薩已下。至辭退而去。長行有十五行半經。升十行頌。於中約立五門。一推德升進。二示善知識居處所在。云此閻浮提摩竭提國菩提場內。有主夜神名普德淨光。三善財說頌歎婆珊婆演底夜天神德。四善財說頌已頂禮夜神足。五辭退佛刹微尘数劫。次千。次百千。次不可说佛刹微尘数佛刹。悉皆遍往承事。及所说法门。悉皆领受。渐渐增长。遍满十方法界。供养诸佛。教化安乐一切众生。此是初地。以百为首。便满十方一切法界无尽佛刹。不同三乘。但言百佛。不云百佛刹微尘。及以不可说佛刹微尘世界等事。自余如经具明。意明处世行悲深厚。不求出世之心。尽穷劫也。此是初欢喜地善知识。以檀波罗蜜为主。余九为伴。此明入俗同缠长养大慈悲门。具足檀波罗蜜。令得圆满。以修慈故。多生不离女身以表。无出世相。也常处俗流。此十地中。总明处世长养大慈悲门。十个善知识。无出家相。总为女天。说多生因。本发菩提心时。亦是女身。以表十地是入众生界长养大慈悲之行也。以表女是慈悲。能长养子孙。无疲劳故。用明菩萨养众生故。第二推德升进中。从如诸菩萨摩诃萨已下。至辞退而去。长行有十五行半经。并十行颂。于中约立五门。一推德升进。二示善知识居处所在。云此阎浮提摩竭提国菩提场内。有主夜神名普德净光。三善财说颂。叹婆珊婆演底夜天神德。四善财说颂已。顶礼夜神足。五辞退而去。此普德淨光夜神是婆珊婆演底往劫爲王夫人時，於夜覺悟之師。於八十二須彌山微塵數劫，又經一萬劫常爲其師，引接示導，如前所説者是。不云南方，直云摩竭提國菩提場內者，表修行處生死之慈悲不出菩提體，別有世間慈悲行故。閻浮提及摩竭提國是世間，菩提場內者，表此世間在菩提場內。明會世間慈悲之行是菩提心內所行之行，不別有也。表處纏大慈大悲之行與覺體一也。明果作因，因果一也。如下善財歎夜天頌云：多劫在惡趣，始得見聞法，亦應歡喜受，以滅煩惱故。以明修大慈悲行，要經多劫住生死苦海，不以爲厭，修慈悲行方得成就故。明修出世道，一念而即現前，行大慈悲行，不限劫數也。自餘如文具明。多劫約俗，一念約眞，二事通融，自體無礙，即乃是一念中多劫，多劫中一念，以眞俗體不礙故。

第二菩提場普德淨光夜神，主離垢地。

第一正入當位法門。從爾時善財童子已下，至我唯得此菩薩寂靜禪定樂普遊步解脱門，於此段中約立五門。一念善知識教，思惟升進。二漸次遊行，至普德淨光夜神所，禮敬申請。三夜神爲善而去。此普德净光夜神。是婆珊婆演底。往劫为王夫人时。于夜觉悟之师。于八十二须弥山微尘数劫。又经一万劫。常为其师。引接示导。如前所说者是。不云南方。直云摩竭提国菩提场内者。表修行处生死之慈悲。不出菩提体别有世间慈悲行故。阎浮提及摩竭提国是世间。菩提场内者。表此世间在菩提场内。明会世间慈悲之行。是菩提心内所行之行。不别有也。表处缠大慈大悲之行。与觉体一也。明果作因。因果一也。如下善财叹夜天颂云。多劫在恶趣。始得见闻法。亦应欢喜受。以灭烦恼故。以明修大慈悲行。要经多劫住生死苦海不以为厌。修慈悲行方得成就故。明修出世道。一念而即现前行大慈悲行。不限劫数也。自余如文具明。多劫约俗。一念约真。二事通融。自体无碍。即乃是一念中多劫。多劫中一念。以真俗体不碍故。

第二菩提场普德净光夜神。主离垢地。

第一正入当位法门。从尔时善财童子已下。至我唯得此菩萨寂静禅定乐普游步解脱门。于此段中。约立五门。一念善知识教。思惟升进。二渐次游行。至普德净光夜神所。礼敬申请。三夜神为善財說種種法四夜神說自行法門名菩薩寂靜禪定樂普遊步解脫授與善財五夜神正說以此法門普見三世一切諸佛及國土道場衆會及救護一切衆生故隨文釋義者法門名菩薩寂靜禪定樂普遊步解脫門者此是戒波羅蜜以法身爲戒體即一切境界性自禪故法界性禪即智自徧周以智徧周所以普遊步故常處生死行大慈悲長養自體大慈悲心於法性中具菩薩行徧法界故名菩薩寂靜禪定樂普遊步解脫門明處生死中菩提法樂亦能具足菩薩大慈悲復能徧行普賢道故此明自心菩提場內菩薩大悲之行名普德淨光夜神者智悲徧周照衆生之長夜故名爲淨光其慈育俗名之爲德其智不爲性自大用徧周名之爲神如此禪以菩提體行大寂靜法界無礙大慈悲心寂用徧故約其功用安四禪之名經云分別了達成就增長思惟觀察堅固莊嚴不起一切妄想分別大悲救護一切衆生一心不動修習禪者以法身根本智正緣念度一切衆生不名妄想以不緣惡法故以法性理中所分別所緣利物皆以智爲依止成大慈悲之門無世染習故不名

财说种种法。四夜神说自行法门。名菩萨寂静禅定乐普游步解脱。授与善财。五夜神正说以此法门。普见三世一切诸佛。及国土道场众会。及救护一切众生故。随文释义者。法门名菩萨寂静禅定乐普游步解脱门者。此是戒波罗蜜。以法身为戒体。即一切境界性自禅故。法界性禅。即智自遍周。以智遍周。所以普游步故。常处生死行大慈悲。长养自体大慈悲心。于法性中具菩萨行遍法界故。名菩萨寂静禅定乐普游步解脱门。明处生死中。菩提法乐。亦能具足。菩萨大慈悲。复能遍行普贤道故。此明自心菩提场内菩萨大悲之行。名普德净光夜神者。智悲遍周照众生之长夜故。名为净光。其慈育俗。名之为德。其智不为。性自大用遍周名之为神。如此禅。以菩提体行大寂静法界无碍。大慈悲心寂用遍故。约其功用。安四禅之名。经云。分别了达成就增长。思惟观察坚固庄严。不起一切妄想分别大悲救护一切众生一心不动修习禅者。以法身根本智。正缘念度一切众生。不名妄想。以不缘恶法故。以法性理中。所分别所缘利物。皆以智为依止。成大慈悲之门。无世染习故。不名

妄想。又云。息一切意業。攝一切衆生智力勇猛喜
心悅豫。修第一禪。息一切意業者。是偏慈不普心
也。喜心悅豫者。以此一地菩薩行。以法性菩提之
慈以攝化一切衆生之法悅樂。故名爲一禪。思惟
一切衆生自性離生死。修第二禪者。明以普見一
切衆生。同一菩提法性自體解脫。以爲禪體。不自
獨見一身有禪體。故以一切衆生總禪體解脫。故
修第二禪。經云。一切衆生自厭離生死。修第三禪
者。此厭離生死。自是譯經者誤也。應云。一切衆生
性自離生死。故修第三禪。悉能息滅一切衆生衆
苦熱惱。修第四禪。此一乘菩薩從初發心。乘如來
菩提心根本智乘。修大悲行。處生死海。觀達衆生
根本源底。同一如來菩提體用智海。方便常以法
界智日。常於不達迷暗之衆。爲一切衆生解諸迷
闇。不同前三乘。別求自己清淨樂果。而實未曾而
得究竟一切樂果。是故說法華經會三歸一。來歸
此法故。已下所有利衆生之行門。如經具明。此是
持上上十善戒。以菩提體爲戒體。以居菩提場內
夜神表之。以菩提心成大慈悲爲戒體。十迴向以
船師爲戒體。十行釋天童子。以工巧諸技術以爲

妄想。又云。息一切意业摄一切众生。智力勇猛喜心悦豫。修第二禅。息一切意业者。是偏慈不普心也。喜心悦豫者。以此二地菩萨行。以法性菩提之慈。以摄化一切众生之法悦乐故。名为二禅。思惟一切众生自性离生死。修第三禅者。明以普见一切众生。同一菩提法性。自体解脱。以为禅体。不自独见一身有禅体故。以一切众生。总禅体解脱故。修第三禅。经云。一切众生自厌离生死修第三禅者。此厌离生死。自是译经者误也。应云。一切众生性自离生死故。修第三禅。悉能息灭一切众生众苦热恼。修第四禅。此一乘菩萨。从初发心。乘如来菩提心根本智乘。修大悲行。处生死海。观达众生根本源底。同一如来菩提体用智海。方便常以法界智日。常于不达迷暗之夜。为一切众生解诸迷暗。不同前三乘别求自己清净乐果。而实未曾而得究竟一切乐果。是故说法华经。会三归一。来归此法故。已下所有利众生之行门。如经具明。此是持上上十善戒。以菩提体为戒体。以居菩提场内夜神表之。以菩提心成大慈悲为戒体。十回向以船师为戒体。十行释天童子。以工巧诸技术以为戒體。十住中海雲比丘。觀十二緣生法自體清淨以爲戒體。於此第一地中。以菩提場內普德淨光夜神以爲戒體。此明菩提中智慧於世間修慈悲門以爲戒體。此是第二離垢地中善知識以戒波羅蜜爲體。餘九爲伴。治菩提心處於生死海行於慈悲不自在障。令得自在故。此明和融菩提生死二不自在。使令自在。此位中以菩提體觀三界無生滅性。是總相觀。第一推德升進中。從如諸菩薩摩訶薩已下。至辭退而去。長行升頌有二十四行經。於中約立五門。一推德先令善財升進。二示善知識處。云去此不遠。於菩提場右邊有一夜神。名喜目觀察眾生。三普德淨光天。重爲善財說頌。四善財頂禮普德淨光神足。五辭退而去。釋曰。去此不遠者。明以菩提爲第二戒波羅蜜。在菩提場內此第二忍波羅蜜還以菩提爲忍行故。故云上。此不遠。於菩提場右邊者。以左爲智位。右爲悲位。明以菩提起行。成其忍慈。不忍即無慈故。明以有忍故。能行慈悲。有一夜神名喜目觀察眾生者。是忍中之慈。名之喜目。不捨眾生。名之觀察。又觀根攝化。名爲觀察眾生。夜天神者。前位以菩提爲戒體戒体。十住中海云比丘。观十二缘生法自体清净以为戒体。于此第二地中。以菩提场内普德净光夜神以为戒体。此明菩提中智。处于世间修慈悲门。以为戒体。此是第二离垢地中善知识。以戒波罗蜜为主。余九为伴。治菩提心处于生死海行于慈悲。不自在障。令得自在故。此明和融菩提生死二不自在。使令自在。此位中。以菩提体观三界无生灭性。是总相观。第二推德升进中。从如诸菩萨摩诃萨已下。至辞退而去。长行并颂。有二十四行经。于中约立五门。一推德先令善财升进。二示善知识处。云去此不远。于菩提场右边。有一夜神。名喜目观察众生。三普德净光天。重为善财说颂。四善财顶礼普德净光神足。五辞退而去。释曰。去此不远者。明以菩提为第二戒波罗蜜。在菩提场内。此第三忍波罗蜜。还以菩提为忍行故。故云去此不远。于菩提场右边者。以左为智位。右为悲位。明以菩提起行。成其忍慈。不忍即无慈故。明以有忍故。能行慈悲。有一夜神名喜目。观察众生者。是忍中之慈。名之喜目。不舍众生。名之观察。又观根摄化。名为观察众生。夜天神者。前位以菩提为戒体。

都淨三界有欲之心。下界散動心欲。上二界欣禪樂淨心欲。此第三發光地以修八禪。能同彼禪不染禪性。能同欲界不染欲性。名爲發光地。名爲夜天。其智應眞號之爲神。於三界中教化衆生自在名之爲天。亦明以此位一一別治三界中欲習智令清淨得三界中同別之相。名觀察衆生夜天神。四地生諸佛家。五地習世間藝能。六地三空寂滅神通定現前得寂用神通自在。周遍十方攝化衆生。此已上得出世間中世間自在故。第七地已去入世間自在。如十迴向中亦有此勢分。十住十行亦然。又有勢分不同。如十迴向中卽迴十住十行中解脫入於世間。至第七迴向位中進升通聖卽見觀音正趣菩薩至第九第十迴向中卻還世間智通於神持衆生界乃至九地總是神位。十地釋氏女瞿波是如來往昔爲太子時妻表十地慈心法喜已滿故從前十迴向已後修處世間慈悲之位。至第二地菩提場內普德淨光神是會菩提體一分之極。從此二地已後至三地以於菩提場中起用。一一禪界同別修行。六地中方於菩提體中用始寂用自在。第七地純是處纏修菩提中慈悲都净三界有欲之心。下界散动心欲。上二界欣禅乐净心欲。此第三发光地。以修八禅。能同彼禅。不染禅性。能同欲界。不染欲性。名为发光地。名为夜天。其智应真。号之为神。于三界中教化众生自在。名之为天。亦明以此位一一别治三界中欲习。智令清净。得三界中同别之相。名观察众生夜天神。四地生诸佛家。五地习世间艺能。六地三空寂灭神通定现前。得寂用神通自在。周遍十方摄化众生。此已上得出世间中世间自在故。第七地已去。入世间自在。如十回向中亦有此势分。十住十行亦然。又有势分不同。如十回向中。即回十住十行中解脱。入于世间。至第七回向位中。升进通圣。即见观音正趣菩萨。至第九第十回向中。却还世间。智通于神。持众生界。乃至九地。总是神位。十地释氏女瞿波。是如来往昔为太子时妻。表十地慈心法喜已满故。从前十回向已后。修处世间慈悲之位。至第二地菩提场内普德净光神。是会菩提体一分之极。从此二地已后至三地。以于菩提场中起用。一一禅界同别修行。六地中。方于菩提体中用。始寂用自在。第七地纯是处缠。修菩提中慈悲及智使令圓滿。至八地方始智悲任用無功而自成辦。猶須念本願及佛加持方始明了。九地十地方始學佛十力四無所畏。前從普光明殿說十信心位已次升天。明五位升進猶恐隨言說教中不能具足體會其五位中升進同異之意。於此法界品中。以善財求善知識名目居處國土城名年歲。園林報果南北東西近遠男女聖凡天人龍神。以法及像表之。令會其聖意升進次第之行。令使學者善得其宜。不令錯謬。不滯其功。於中有十三行頌歎如來境界喜目夜神能知。如文具明。

第三善提場右邊喜目觀察眾生夜神主發光地

校譌

第七紙十五行生南論作主　第二十二紙六行想南論作相

第一正入當位法門中。從爾時善財童子已下。至我唯知此普喜幢解脫門。於此段約分五門。一念善知識教思惟升進。二善財意欲詣喜目觀察眾生夜神所。三夜神神力加持善財令知親近善知識多所饒益。四善財蒙加持已速發此念自知由親近善知識能勇猛勤修一切智道。五善財詣及智。使令圆满。至八地方始智悲任用无功而自成办。犹须念本愿。及佛加持。方始明了。九地十地。方始学佛十力四无所畏。前从普光明殿说十信心位。已次升天。明五位升进。犹恐随言说教中。不能具足体会其五位中升进同异之意。于此法界品中。以善财求善知识。名目。居处国土。城名。年岁。园林。报果。南北东西。近远。男女。圣凡。天人龙神。以法及像表之。令会其圣意升进次第之行。令使学者善得其宜。不令错谬。不滞其功。于中有十三行颂。叹如来境界喜目夜神能知。如文具明 。

第三菩提场右边喜目观察众生夜神。主发光地。

第一正入当位法门中。从尔时善财童子已下。至我唯知此普喜幢解脱门。于此段约分五门。一念善知识教。思惟升进。二善财意欲诣喜目观察众生夜神所。三夜神神力加持善财。令知亲近善知识多所饶益。四善财蒙加持已。速发此念。自知由亲近善知识能勇猛勤修一切智道。五善财诣善目夜神所觀察夜神攝化眾生饒益境界從此所見夜神在於如來眾會道場坐蓮華藏師子之座已下長科爲十二段。一爾時善財童子發是念已至皆令歡喜而得利益有五行半經。明初觀察喜目夜天攝化境界分。二所謂出無量化身雲充滿十方一切世界已下至如是宣說一切菩薩種種行法而爲利益於中有八十三行經。明以十波羅蜜攝化眾生分。三復於一一諸毛孔中出無量種種眾生身雲已下至主方神等相似身雲周徧十方充滿法界有十七行半經。明喜目夜神毛孔化身十方同類攝眾生分。四於彼一切眾生之前現種種聲已下至從初發心所集功德有八行經。明喜目神出現徧滿十方音聲說喜目神初發心來所有功德親近諸佛及所行波羅蜜海分。五所謂承事一切諸善知識已下至令無量眾生住如來地有四十六行半經。明前所現音聲所說喜目神所修行及供養諸佛教化眾生境界分。六爾時善財童子見聞如上所現一切諸希有事已下至堪修普賢菩薩行故有八行半經。明善財童子見如上教化境界得入此喜目夜神所行法名不思喜目夜神所。观察夜神摄化众生饶益境界。从此所见夜神在于如来众会道场。坐莲华藏师子之座已下。长科为十二段。一尔时善财童子发是念已。至皆令欢喜而得利益。有五行半经。明初观察喜目夜天摄化境界分。二所谓出无量化身云充满十方一切世界已下。至如是宣说一切菩萨种种行法而为利益。于中有八十三行经。明以十波罗蜜摄化众生分。三复于一一诸毛孔中出无量种种众生身云已下。至主方神等相似身云周遍十方充满法界。有十七行半经。明喜目夜神毛孔化身。十方同类摄众生分。四于彼一切众生之前现种种声已下。至从初发心所集功德。有八行经。明喜目神出现遍满十方音声。说喜目神初发心来所有功德。亲近诸佛及所行波罗蜜海分。五所谓承事一切诸善知识已下。至令无量众生住如来地。有四十六行半经。明前所现音声所说喜目神所修行。及供养诸佛教化众生境界分。六尔时善财童子见闻如上所现一切诸希有事已下。至堪修普贤菩萨行故。有八行半经。明善财童子见如上教化境界。得入此喜目夜神所行法。名不思議大勢力普喜幢自在力解脫法門分。七爾時善財童子已下，一行半經。明善財說頌歎喜目神功德分。八頌中有十行頌。明正申頌意歎夜神道德分。九爾時善財童子已下三行經。明善財問夜神得解脫久近分。十我念過去世已下至其心不忘失有二十六行頌。明夜神答善財住劫久近分。十一從此後供養十億那由他佛已下至了知十法界一切無差別有六十五行頌。答善財住劫供養諸佛久近多少之數。於此供養分中有十一段。一段有十佛名號。十一段佛名號皆配十一地中隨位升進。一地配十佛名號。十地配百佛名號。十一地配一佛名號。明後一攝前多故。明一地具十地行故。以十波羅蜜互參成故。第一初明從此供養十那由他佛者。配初歡喜地。明初總攝末故。初含多故。願廣大故。初地明勝願發心。初即多故。是總相義。此初地是第三地中初地故。乃至十地是第三地中十地故。初佛功德海者。是第三地中初地。檀波羅蜜門爲主。餘九爲伴。以此位是第三地中。前後地內十波羅蜜總在此位中。餘位亦做此相收。如帝網相入。一入多故。此明忍體總收因果徧议大势力普喜幢自在力解脱法门分。七尔时善财童子已下。一行半经。明善财说颂。叹喜目神功德分。八颂中。有十行颂。明正申颂意。叹夜神道德分。九尔时善财童子已下。三行经。明善财问夜神得解脱久近分。十我念过去世已下。至其心不忘失。有二十六行颂。明夜神答善财住劫久近分。十一从此后供养十亿那由他佛已下。至了知十法界一切无差别。有六十五行颂。答善财住劫供养诸佛久近多少之数。于此供养分中。有十一段。一段有十佛名号。十一段佛名号。皆配十一地中随位升进。一地配十佛名号。十地配百佛名号。十一地配一佛名号。明后一摄前多故。明一地具十地行故。以十波罗蜜互参成故。第一。初明从此供养十那由他佛者。配初欢喜地。明初总摄末故。初含多故。愿广大故。初地明胜愿发心。初即多故。是总相义。此初地。是第三地中初地故。乃至十地。是第三地中十地故。初佛功德海者。是第三地中初地。檀波罗蜜门为主。余九为伴。以此位是第三地中。前后地内十波罗蜜。总在此位中。余位亦仿此相收。如帝网相入。一入多故。此明忍体总收因果遍也五位中位位皆然第二一切寶光刹其劫名天勝者第二離垢地戒波羅蜜爲戒體故天者表淨戒自在也此戒淨自在勝於煩惱名爲天勝故五百佛興世者以戒波羅蜜爲主五位中五百箇波羅蜜總以戒淨體收名爲五百佛興世若於自心境自體無垢外若別見他佛是人未離魔業初佛號月光輪者表戒光圓滿餘九佛號是戒中主伴波羅蜜因果名號如下如是等諸佛我悉曾供養尙於諸法中無而計爲有者爲智波羅蜜未圓明升進未熟戒取猶在表以升進生熟論之至於十地智波羅蜜圓明有五百重升進習氣生熟不同此明總相中別同中之異以一發菩提心已受無量安樂所修生熟十地猶存十一地方盡二愚至佛位爲對習氣安立諸地諸位治之計其智理十地差別如空中鳥跡然其約習氣同別行相非無第三從此復有劫名曰梵光明者是第三發光地名以法光地位修八禪都治三界習障欲界樂欲障上二界樂禪障現第一義天光淨無障號劫名梵光明梵名淨也治三界染淨習氣一分淨故名爲淨光明世界名蓮華燈此是當位行無染名也

也。五位中位位皆然。第二。一切宝光刹。其劫名天胜者。第二离垢地。戒波罗蜜为戒体故。天者。表净戒自在也。此戒净自在。胜于烦恼。名为天胜故。五百佛兴世者。以戒波罗蜜为主。五位中五百个波罗蜜。总以戒净体收。名为五百佛兴世。若于自心境自体无垢外。若别见他佛。是人未离魔业。初佛号月光轮者。表戒光圆满。余九佛号。是戒中主伴波罗蜜因果名号如下。如是等诸佛。我悉曾供养。尚于诸法中。无而计为有者。为智波罗蜜未圆。明升进未熟。戒取犹在。表以升进生熟论之。至于十地智波罗蜜圆。明有五百重升进。习气生熟不同。此明总相中别。同中之异。以一发菩提心。已受无量安乐。所修生熟。十地犹存。十一地方尽。二愚至佛位。为对习气。安立诸地。诸位治之。计其理智十地差别。如空中鸟迹。然其约习气同别。行相非无。第三。从此复有劫。名曰梵光明者。是第三发光地名。以法光地位修八禅。都治三界习障。欲界乐欲障。上二界乐禅障。现第一义天。光净无障。号劫名梵光明。梵名净也。治天界染净习气一分净故。名为净光明。世界名莲华灯。此是当位行无染名也。

莊嚴極殊妙。以忍波羅蜜爲莊嚴故。名極殊妙。以忍爲行首。彼有無量佛者。以明忍體總收諸行。故云彼有無量佛。我悉供養者。以忍辱供敬爲供養一切佛故。初寶須彌佛者。以第三地忍辱謙敬爲行中高勝故。如須彌山高勝也。此佛爲主。餘佛爲此忍中之伴。已下一一隨十地十一地十波羅蜜萬行主伴配之。一切諸佛皆依此五位行中理智悲願得佛果。故離此法別見佛者。無有是處。以智所行及處說名劫量。大智之境。都無有時日歲月也。皆須約自實佛實智實法而論。不可隨自他虛妄見。若也智滿行周。一切總佛。已下第四地配精進波羅蜜。以八十那由他佛者。表八正覺道爲精進行體故。餘八邪之行非佛故。那由他者萬行總數。次第五地禪波羅蜜中。劫名寂靜音。剎號金剛寶。表法性身爲禪體。明語默皆寂靜也。金剛總明禪體無壞性。於中有千佛。次第而出興者。表禪體攝用歸本。以十地中。一地有百波羅蜜爲主伴。此禪位中收十地位爲千。次第也。第六地般若爲主。有劫名善出現者。表智慧善能出現諸法。剎號香燈雲。表智慧爲香破闇爲燈。說法普覆爲雲。億佛庄严极殊。妙以忍波罗蜜为庄严。故名极殊妙。以忍为行首。彼有无量佛者。以明忍体总收诸行。故云彼有无量佛。我悉供养者。以忍辱恭敬。为供养一切佛故。初宝须弥佛者。以第三地忍辱谦敬。为行中高胜故。如须弥山高胜也。此佛为主。余佛为此忍中之伴。已下一一随十地十一地十波罗蜜万行主伴配之。一切诸佛。皆依此五位行中理智悲愿得佛果故。离此法别见佛者。无有是处。以智所行及处说名劫量。大智之境。都无有时日岁月也。皆须约自实佛实智实法而论。不可随自他虚妄见。若也智满行周。一切总佛。已下第四地。配精进波罗蜜。以八十那由他佛者。表八正觉道。为精进行体故。余八邪之行非佛故。那由他者。万行总数。次第五地。禅波罗蜜中。劫名寂静音。刹号金刚宝。表法性身为禅体。明语默皆寂静也。金刚总明禅体无坏性。于中有千佛。次第而出兴者。表禅体摄用归本。以十地中。一地有百波罗蜜为主伴。此禅位中收十地位为千次第也。第六地。般若为主。有劫名善出现者。表智慧善能出现诸法。刹号香灯云。表智慧为香。破暗为灯。说法普覆为云。亿佛

於中現者。以般若從用。以億數舉之。前位千。此位
億也。第七地中有五百佛於中而出興者。表方便
波羅蜜通收五位門中出世智慧總入俗同事成
大悲行故。舉五百佛爲行數。劫名集堅固王者。處
纏不污方名堅固王者。自在義。八地有八十那由
他佛者。表無功用之大用已終。八正之行總備。九
地六十億那由他佛者。一那由他當此溝是此第
二十數。表法師之位法雲普雨六道化周。亦表第
一般若總通十地位法雨滿故。十地中有三十
六那由他佛者。表智圓三世六位齊明因果徹故
以智增明三世六位無始終一圓智故。十一地有
一佛者。表收三世六位爲一法界無礙大用故。此
收別同本。依根本智故成普賢門佛果圓故。一多
徹故。一如經細看文義皆自有此意。非是人情强
安立也。第十二段中善男子已下至我唯知此大
勢力普喜幢解脫門有九行半經。明都結已上發
心始末因果劫量分。於此段中彼轉輪聖王名十
方主能紹隆佛種者。豈異人乎。文殊師利是。爾時
夜天神覺悟我者普賢菩薩之所化也。其王寶女
蒙彼夜神所化者卽此喜目夜神是。表法是依根

于中现者。以般若从用。以亿数举之。前位千。此位亿也。第七地中。有五百佛于中而出兴者。表方便波罗蜜。通收五位门中出世智慧。总入俗同事。成大悲行。故举五百佛为行数。劫名集坚固王者。处缠不污。方名坚固。王者。自在义。八地有八十那由他佛者。表无功用之大用已终。八正之行总备。九地。六十亿那由他佛者。一那由他当此沟。是此第二十数。表法师之位。法云普雨六道化周。亦表第一般若。总通十地位。雨法雨满故。十地中。有三十六那由他佛者。表智圆三世。六位齐明因果彻故。以智增明。三世六位无始终。一圆智故。十一地。有一佛者。表收三世六位为一法界无碍大用故。此收别同本。依根本智故。成普贤门。佛果圆故。一多彻故。一如经。细看文义。皆自有此意。非是人情强安立也。第十二段中。善男子已下。至我唯知此大势力普喜幢解脱门。有九行半经。明都结已上发心始末因果劫量分。于此段中。彼转轮圣王名十方主。能绍隆佛种者。岂异人乎。文殊师利是。尔时夜天神觉悟我者。普贤菩萨之所化也。其王宝女蒙彼夜神所化者。即此喜目夜神是。表法。是依根本智法身之理。起差別智行大慈悲。不限時劫。以佛刹微塵數以況之。經如是等劫量修行得此大勢力普喜幢解脫者。明第三地修三界別別對治四禪八定得自在故。處世行慈悲行忍行一分終故。始於一切善惡衆生常歡喜不厭故。以此修行劫數。答前善財所問發心久近故。明忍性徧周一時總答。又明智無前後故。經云禪波羅蜜所有資具者。明施戒忍精進四念觀三十七道品等是禪家資具。亦以五停心觀十八事物空閑寂靜是禪家資具。亦以師弟法智之正教是禪家資具。亦以十波羅蜜與四攝四無量爲助顯法界體用自在是禪家資具。此是第三發光地善知識。以忍波羅蜜爲主。餘九爲伴。治三界中住禪染淨二障令行大慈悲使無礙故。如是染淨二習一分微薄始於善惡衆生一分不生厭捨得大勢力普喜幢解脫門。前五位十地中言說所陳恐不能了。至此位中善財以求善知識以名目處所男女長者比丘比丘尼優婆塞優婆夷菩薩夜神等名行相狀託法及事以表之使令易解。第二推德升進門中從如諸菩薩摩訶薩已下。至辭退而去有十四行經。約本智法身之理。起差别智行大慈悲不限时劫。以佛刹微尘数以况之。经如是等劫量修行。得此大势力普喜幢解脱者。明第三地。修三界别别对治。四禅八定。得自在故。处世行慈悲行忍行一分终故。始于一切善恶众生常欢喜不厌故。以此修行劫数。答前善财所问发心久近故。明忍性遍周。一时总答。又明智无前后故。经云。禅波罗蜜所有资具者。明施。戒。忍。精进。四念观。三十七道品等。是禅家资具。亦以五停心观。十八事物。空闲寂静。是禅家资具。亦以师弟法智之正教。是禅家资具。亦以十波罗蜜。与四摄。四无量。为助显法界体用自在。是禅家资具。此是第三发光地善知识。以忍波罗蜜为主。余九为伴。治三界中住禅染净二障。令行大慈悲使无碍故。如是染净二习一分微薄。始于善恶众生一分不生厌舍。得大势力普喜幢解脱门。前五位十地中。言说所陈。恐不能了。至此位中。善财以求善知识以名目处所。男女长者。比丘比丘尼。优婆塞优婆夷。菩萨夜神等。名行相状。托法及事以表之。使令易解。第二推德升进门中。从如诸菩萨摩诃萨已下。至辞退而去。有十四行经。约分爲五門。一推德升進。二示善知識所在。三舉善知識名號夜神名普救護眾生妙德。四勸善財令往詣。五禮敬辭去。隨文釋義者。在此會中有夜神者。明菩提及智悲圓滿名在此會中。夜神如前所釋。此是十地中第四燄慧地。生諸佛家位。住菩提位。長大慈悲門。以第二地夜神名普德淨光在菩提場內。明與菩提心相會。爲初地是勝願發心。二地方會眞體得中道故。自此已後直至十地長養大慈悲心方終。十一地純是普賢之處世妙行。前三地治三界業一終。名爲發光地。此地生如來家淨慧現前名燄慧地。自餘如文自具。

第四眾會中普救眾生妙德夜神。主燄慧地。

校譌

第六紙十七行淨北論作盡十八行主宋南藏作王　第七紙八行密南論作蜜

第十三紙三行供敬當作恭敬十三行邪明書藏作耶　第十五紙十行弟明書藏作第

第二十三紙十六行不下明書藏有可字　第二十四紙十二行普現明書藏作普見

分为五门。一推德升进。二示善知识所在。三举善知识名号夜神名普救护众生妙德。四劝善财令往诣。五礼敬辞去。随文释义者。在此会中有夜神者。明菩提及智悲圆满。名在此会中。夜神如前所释。此是十地中第四焰慧地。生诸佛家位。住菩提位。长大慈悲门。以第二地夜神名普德净光。在菩提场内。明与菩提心相会。为初地是胜愿发心。二地方会真体。得中道故。自此已后。直至十地。长养大慈悲心方终。十一地纯是普贤之处世妙行。前三地治三界业一终。名为发光地。此地生如来家。净慧现前。名焰慧地。自余如文自具 。

第四众会中普救众生妙德夜神。主焰慧地 。

第一正人當位法門中。從爾時善財童子已下。長科爲十四段。第一爾時善財童子已下。至作如是願已有六行半經。明正念喜目夜神之教思惟趣入。不違其善知識教分。二往詣普救衆生妙德夜神所已下。至放光入善財頂充滿其身有五行經。明普救夜神放眉間光明名智燈普照幢。入善財身分。三善財爾時已下。至令得一切智清淨光明故。有三十九行經。明善財蒙光入身。所見智燈普照法門所照境界。及普救夜神所行之行。教化衆生境界海無邊分。四時善財童子見此夜神如是神力已下。至以偈讚曰有五行經。明善財見其夜神神力。以偈讚德分。五善財正說二十行半偈。已重明前所見法分。六爾時善財童子說此頌已問下。至修何等行而得清淨有三行經。是善財請問修何等行而得清淨。及問得此解脱其已久如分。七夜神云善男子已下。至我承佛神力今爲汝說有九行半經。明夜神推法難知非是天人及二乘所能測知。推以佛神力爲汝說分。八善男子乃往古世已下。至示現如來出現不思議相有九十七行經。明轉輪王城北菩提樹前寶華光明池中蓮第一正入当位法门中。从尔时善财童子已下。长科为十四段。第一尔时善财童子已下。至作如是愿已。有六行半经。明正念喜目夜神之教。思惟趣入。不违其善知识教分。二往诣普救众生妙德夜神所已下。至放光入善财顶充满其身。有五行经。明普救夜神放眉间光明。名智灯普照幢。入善财身分。三善财尔时已下。至令得一切智清净光明故。有三十九行经。明善财蒙光入身。所见智灯普照法门所照境界。及普救夜神所行之行。教化众生境界海无边分。四时善财童子见此夜神如是神力已下。至以偈赞曰。有五行经。明善财见其夜神神力。以偈赞德分。五善财正说二十行半偈。重明前所见法分。六尔时善财童子说此颂已已下。至修何等行而得清净。有三行经。是善财请问修何等行而得清净。及问得此解脱其已久如分。七夜神云善男子已下。至我承佛神力今为汝说。有九行半经。明夜神推法难知。非是天人及二乘所能测知。推以佛神力为汝说分。八善男子乃往古世已下。至示现如来出现不思议相。有九十七行经。明转轮王城北菩提树前。宝华光明池中莲

華十度放光饒益不同。及一切境界普興莊嚴雲
分。九善男子此普照三世一切如來已下至頌有
四十八行半經。明寶華燈王城北蓮華中初佛出
現。普賢菩薩告知輪王與眷屬俱往見佛及偈讚
如來出現分。所說十行頌讚如來德。如經具明。十
爾時轉輪聖王已下。至發阿耨多羅三藐三菩提
心有七十三行半經。明轉輪聖王及女與供。其女
妙眼獲益發菩提心分。十一善男子我念過去由
普賢菩薩善知識已下。至聽聞正法依教修行有
十六行半經。明都結已上修行因緣眷屬名號及
因普賢發起善根分。此初佛所得法門名菩薩普
現一切世間調伏眾生解脫門。十二善男子過毗
盧遮那大威德世界圓滿清淨劫已來有世界名
寶輪妙莊嚴劫名大光有五百佛於中出現已下
十佛所此普救夜神於一一佛所受生不同而為
供養聽聞諸法。如文自具。十三善男子此世界中
有如是等佛剎微塵數劫一切如來於中出現我
皆承事恭敬供養所有法門皆不忘一文一句已
下至頌有十行半經。明總都結所經諸劫供養諸
佛得法門分。此段明智滿行周自佛他佛會為一

华十度放光饶益不同。及一切境界普兴庄严云分。九善男子此普照三世一切如来已下。至颂。有四十八行半经。明宝华灯王城北莲华中初佛出现。普贤菩萨告知轮王与眷属俱往见佛。及偈赞如来出现分。所说十行颂。赞如来德。如经具明。十尔时转轮圣王已下。至发阿耨多罗三藐三菩提心。有七十三行半经。明转轮圣王及女兴供。其女妙眼获益发菩提心分。十一善男子我念过去由普贤菩萨善知识已下。至听闻正法依教修行。有十六行半经。明都结已上修行因缘眷属名号。及因普贤发起善根分。此初佛所。得法门名菩萨普现一切世间调伏众生解脱门。十二善男子。过毗卢遮那大威德世界圆满清净劫已。次有世界名宝轮妙庄严。劫名大光。有五百佛于中出现已下十佛所。此普救夜神。于一一佛所受生不同。而为供养听闻诸法。如文自具。十三善男子。此世界中有如是等佛刹微尘数劫。一切如来于中出现。我皆承事恭敬供养。所说法门皆不忘一文一句。已下至颂。有十行半经。明总都结所经诸劫。供养诸佛得法门分。此段明智满行周。自佛他佛。会为一法界故都舉佛刹微塵爲量也。大約且以自行佛果偏故如下一段頌總都結如上所供養佛會數。作十一段。十十爲首。總有須彌山微塵數佛會所供養。此都言十一地自行佛果故。自行相應他佛自會爲一體也。不可作一向自他之求。十四我唯知此菩薩普現一切世間調伏衆生解脫已下是推德升進。隨文釋義者。云往古過佛刹微塵劫。有劫名圓滿清淨者。此是一切智之圓滿普照之體也。有世界名毗盧遮那威德者。此是種種差別智之純雜光明自在。此是精進行之偏周。有須彌山微塵數佛於中出現者。是精進位升進差別智廣量高出世間之果也。前位舉三十二那由他又一無量又五百億有二佛爲升進見佛智之廣量。此須彌山微塵爲佛量也。明勝進高升。此世界東際輪圍山側。有四天下名寶燈華幢者。明東際者。及以寶燈華幢者。總明修差別智也。有百萬億那由他諸國土者。此明一切智智主伴法門眷屬攝生報居境界也。此四天下閻浮提內一國土名寶華燈。此明差別智自在照耀義也。於中衆生具行十善有轉輪王於中出現。名毗盧遮那妙寶華髻。其王法界故。都举佛刹微尘为量也。大约且以自行佛果遍故。如下一段颂。总都结如上所供养佛数。作十一段。十十为首。总有须弥山微尘数佛。曾所供养。此都言十一地自行佛果故。自行相应。他佛自会为一体也。不可作一向自他之求。十四我唯知此菩萨普现一切世间调伏众生解脱已下。是推德升进。随文释义者。云往古过佛刹微尘劫。有劫名圆满清净者。此是一切智之圆满普照之体也。有世界名毗卢遮那威德者。此是种种差别智之纯杂光明自在。此是精进行之遍周。有须弥山微尘数佛于中出现者。是精进位升进差别智广量高出世间之果也。前位举三十二那由他。又一无量。又五百。更有二佛。为升进见佛智之广量。此须弥山微尘为佛量也。明胜进高升。此世界东际轮围山侧。有四天下名宝灯华幢者。明东际者及以宝灯华幢者。总明修差别智也。有百万亿那由他诸国土者。此明一切智智主伴法门眷属摄生报居境界也。此四天下阎浮提内一国土名宝华灯。此明差别智自在照耀义也。于中众生具行十善。有转轮王于中出现。名毗卢遮那妙宝华髻。其王

於蓮華中忽然化生者表一切智種差別智生
皆無所生而生無所染也。三十二相智所報生也。
七寶具足表七菩提分也。王四天下者四智徧周
也。極演正法教導羣生者。正智現行無邪行也。王
有千子者萬行具足也。夫人寶女。並表法樂慈悲
也。其有一女名普智燄妙德眼者。此是普救夜神
會智悲之行。其此世界淨穢合成惠智同居。是此
位會融染淨成智悲一行。於其城北菩提樹前有
香池名寶蓮華光明此表法身戒定定體之香也。
香池之內出大蓮華名普現三世一切如來莊嚴
境界雲者。是於法身中。起十波羅蜜行也。能現一
切諸佛境界如雲故。須彌山微塵數佛於中出現
者。總明一切諸佛皆以一切智智大慈大悲十波
羅蜜法身池中。起精進行而出現故。已下香池中
蓮華名寶華光明。十度放光節級利生。十千年前
此大蓮華放淨光明名現諸神通成就眾生者有
眾生遇斯光者。心自開悟無不了知者。配檀波羅
蜜爲主。餘九爲伴。十千年後佛當出現者。當以智
波羅蜜爲佛出現。互體爲十。及以百千萬皆以智
爲十佛也。又九千年前放淨光明名一切眾生離

于莲华中忽然化生者。表一切智种种差别智。生皆无所生。而生无所染也。三十二相。智所报生也。七宝具足。表七菩提分也。王四天下者。四智遍周也。恒演正法教导群生者。正智现行无邪行也。王有千子者。万行具足也。夫人宝女。并表法乐慈悲也。其有一女。名普智焰妙德眼者。此是普救夜神会智悲之行。其此世界净秽合成。愚智同居。是此位会融染净。成智悲二行。于其城北菩提树前有香池名宝莲华光明。此表法身戒定。定体之香也。香池之内出大莲华。名普现三世一切如来庄严境界云者。是于法身中。起十波罗蜜行也。能现一切诸佛境界如云故。须弥山微尘数佛于中出现者。总明一切诸佛。皆以一切智智大慈大悲十波罗蜜法身池中。起精进行而出现故。已下香池中莲华。名宝华光明。十度放光。节级利生。十千年前此大莲华放净光明。名现诸神通成就众生。若有众生遇斯光者。心自开悟无不了知者。配檀波罗蜜为主。余九为伴。十千年后佛当出现者。每以智波罗蜜为佛出现。互体为十。及以百千万。皆以智为十佛也。又九千年前放净光明。名一切众生离

垢燈者。配戒波羅蜜爲主。餘九爲伴。九千年後佛
當出現者。至智波羅蜜是佛出現。八千年前放大
光明名一切眾生業果音。若有眾生遇斯光得自
知諸業果報。次配忍波羅蜜中十波羅蜜。八千年
後佛當出現。已下七六五四三二一總如是以次
配之。末後云供養佛刹微塵數佛者。智滿行徧自
心如佛。行總如佛。見總如佛。十方世界無不是佛
故。已下頌中。頌一百一十箇佛號者。配此十地十
一地因果佛位故。頌云第一初佛名智燄。即是初
歡喜地。是檀波羅蜜爲主。自餘九佛是初地中檀波
羅蜜中十波羅蜜互爲主伴。皆隨波羅蜜爲佛名
號。皆當觀之自見意況。從此次第復有十佛。初名
虛空處佛者。此配第二離垢地戒波羅蜜。以戒性
如虛空。以法身爲戒體故。餘九箇佛名是此位戒
中主伴波羅蜜名故。從此後次第復有十佛出。第
一光幢佛者。配第三發光地中忍波羅蜜。以修八
禪淨治三界惑障。名之爲光。惑亡成忍寂不動。名幢。
已下九箇佛號是主伴波羅蜜行中果也。如是已
下。一一地中十波羅蜜參融。皆十佛果名號。如上配
之自見其意。都舉佛刹微塵數佛者。智滿行徧無

垢灯者。配戒波罗蜜为主。余九为伴。九千年后佛当出现者。至智波罗蜜是佛出现。八千年前放大光明。名一切众生业果音。若有众生遇斯光。得自知诸业果报。次配忍波罗蜜中十波罗蜜。八千年后佛当出现。已下七六五四三二一。总如是以次配之。末后云供养佛刹微尘数佛者。智满行遍。自心如佛。行总如佛。见总如佛。十方世界无不是佛故。已下颂中。颂一百一十个佛号者。配此十地十一地因果佛位故。颂云第一初佛名智焰。即是初欢喜地。檀波罗蜜为主。自余九佛。是初地中檀波罗蜜中十波罗蜜。互为主伴。皆随波罗蜜为佛名号皆审观之。自见意况。从此次第复有十佛。初名虚空处佛者。此配第二离垢地。戒波罗蜜。以戒性如虚空。以法身为戒体故。余九个佛名。是此位戒中主伴波罗蜜名故。从此后次第复有十佛出。第一光幢佛者。配第三发光地中忍波罗蜜。以修八禅净治三界惑障。名之为光。惑亡成忍。不动名幢。已下九个佛号。是主伴波罗蜜行中果也。如是已下一一地中。十波罗参融。皆十佛果名号。如上配之。自见其意。都举佛刹微尘数佛者。智满行遍。无非佛故。皆悉承事者。即聖凡同體無一不佛。法空無問也。以普眼觀之。徹其心境無不佛也。智隨敬行一切皆佛故。如是見者。以事而論。亦實如是。表法而論。一切總實是佛故。若一法一物不是佛見者。當知是人即是邪見。非正見也。即有能所是非諸見競生。不得入此普賢文殊智眼境界。如是見初心及智滿不移地中。以總別六相義明之。經云。毗盧遮那藏妙寶蓮華髻轉輪王者。豈異人乎。今彌勒菩薩是者。此明一切智智藏圓滿。是佛果滿菩薩行亦周。其王妃圓滿面者。以智滿法悅是圓滿面。又面者表見聞香味諸法滿故。以表法悅表如妻義也。今寂靜音海夜神配第五禪門。表禪悅樂也。非如世間妻取少分像也。王女妙眼童女者。表以智行慈無染淨一習也。又經云。善男子。過毗盧遮那大威德世界圓滿清淨劫已來有世界名寶輪莊嚴。劫名大光。於中有五百佛出現。我皆承事者。此十一地中都行五位中各十波羅蜜。互爲其體。一位有百。共爲五百。於中隨佛出現事佛之身。或爲夜神。或爲輪王。或爲阿脩羅王。是佛果中隨位之行。最後爲妓女者。表法悅樂。明十一地非佛故。皆悉承事者。即圣凡同体。无一不佛。法空无间也。以普眼观之。彻其心境。无不佛也。智随敬行。一切皆佛故。如是见者。以事而论。亦实如是。表法而论。一切总实是佛故。若一法一物不是佛见者。当知是人即是邪见。非正见也。即有能所是非诸见竞生。不得入此普贤文殊智眼境界。如是见初心。及智满不移。地地中。以总别六相义明之。经云。毗卢遮那藏妙宝莲华髻转轮王者。岂异人乎。今弥勒菩萨是者。此明一切智智藏圆满。是佛果满。菩萨行亦周。其王妃圆满面者。以智满法悦。是圆满面。又面者。表见闻香味诸法满故。以表法悦。表如妻义也。今寂静音海夜神。配第五禅门。表禅悦乐也。非如世间妻。取少分像也。王女妙眼童女者。表以智行慈。无染净二习也。又经云。善男子。过毗卢遮那大威德世界圆满清净劫已。次有世界名宝轮庄严。劫名大光。于中有五百佛出现。我皆承事者。此十一地中。都行五位中各十波罗蜜。互为其体。一位有百。共为五百。于中随佛出现事佛之身。或为夜神。或为轮王。或为阿修罗王。是佛果中随位之行。最后为妓女者。表法悦乐。明十一地中五百行滿。約如是知。離自行法自佛果外。一向別緣身外他佛而求真者。本非修道見道人也。若自行位果及者。諸佛自相應也。以自佛果相應故。設強求而得見者。是暫化現也。非自行所及故。此明一位中具十地法。地地之內。皆有十種十地體故。以十波羅蜜互參而成故。同別具足也。如是皆如帝網門。一多相徹。此是第四燄慧地善知識。以精進波羅蜜爲主。餘九爲伴。治處世間修慈悲憐愍不樂精進捨衆生障。使令專精進教化衆生故。此五位十地位內佛果。一一約修行智慈所及所行所到處。施設佛名。不可如情要期立志暫見佛化身也。一一須立自智自行及處而爲佛名。一一以名下義。次第配當自見其意。不可於自法外別作安模。善男子。我唯知此菩薩普現一切世間調伏衆生解脫者。明推德升進。第一推德升進中。從加諸菩薩摩訶薩已下。至辭退而去。有八行半經。約立六門。一推德升進。二示善知識所在。云去此不遠。三舉夜神名號寂靜音海。四舉夜神徒衆主伴之神數。五勸善財往問。六問善知識所在禮敬辭去。釋曰。前云衆會中。此云不遠者。表前是精進中五百行满。约如是知。离自行法自佛果外。一向别缘身外他佛而求真者。本非修道见道人也。若自行位果及者。诸佛自相应也。以自佛果相应故。设强求而得见者。是暂化现也。非自行所及故。此明一位中具十地法。地地之内。皆有十种十地体故。以十波罗蜜互参而成故。同别具足也。如是皆如帝网门。一多相彻。此是第四焰慧地善知识。以精进波罗蜜为主。余九为伴。治处世间修慈悲懈怠不乐精进舍众生障。使令专精进教化众生故。此五位十地位内佛果。一一约修行智慈所及所行所到处。施设佛名。不可如情。要期立志暂见佛化身也。一一须立自智自行及处而为佛名。一一以名下义。次第配当。自见其意。不可于自法外别作安摸。善男子。我唯知此菩萨普现一切世间调伏众生解脱者。明推德升进。第二推德胜进中。从如诸菩萨摩诃萨已下。至辞退而去。有八行半经。约立六门。一推德胜进。二示善知识所在。云去此不远。三举夜神名。号寂静音海。四举夜神徒众主伴之神数。五劝善财往问。六闻善知识所在。礼敬辞去。释曰。前云众会中。此云不远者。表前是精进波羅蜜。總將眾行會菩提體。不離菩提體中。故言眾會中。此明以禪定進修升位。於此位中習世技術工巧諸餘藝能勝前位故。不離菩提體故。不離精進行故而有巧能名。去此不遠。夜神名寂靜音海者。明寂用徧周也。寂靜是定也。音海是用。故明依此第五地禪門。因定起慧用。如海廣大故。坐摩尼幢莊嚴蓮華座者。明定體無垢無染著也。百萬阿僧祇夜神前後圍遶者。明定體徧周。行亦徧周。百者數之長也。舉百萬阿僧祇。此方云百萬不可數也。數既不窮其源。但約行十方攝化益眾生之行徧故。此寂靜音海夜神。是普救眾生妙德夜神之母。表定能成精進行故。若無定者。一切諸行皆有疲勞。

校譌

第六紙十六行障下北藏無礙字 第十一紙十四行婆宋南藏作娑一

第五去此不遠寂靜音海夜神。主難勝地。

第一正入當位法門中從初長行科爲十段。一爾時善財童子已下至了知信解自在安住有兩波罗蜜。总将众行会菩提体。不离菩提体中。故言众会中。此明以禅定进修升位。于此位中。习世技术工巧诸余艺能。胜前位故。不离菩提体故。不离精进行故。而有巧能。名去此不远。夜神名寂静音海者。明寂用遍周也。寂静是定也。音海。是用故。明依此第五地禅门。因定起慧用。如海广大故。坐摩尼幢庄严莲华座者。明定体无垢无染著也。百万阿僧祇夜神前后围绕者。明定体遍周。行亦遍周。百者。数之长也。举百万阿僧祇。此方云百万不可数也。数既不穷其源。但约行十方摄化益众生之行遍故。此寂静音海夜神。是普救众生妙德夜神之母。表定能成精进行故。若无定者。一切诸行皆有疲劳 。

第五去此不远寂静音海夜神。主难胜地 。

第一正入当位法门中。从初长行科为十段。一尔时善财童子已下。至了知信解自在安住。有两行半經。是念前善友教而不忘失分。二而往寂靜音海夜神所已下。至云何修菩薩道。有五行經。明善財申自所求分。三時彼夜神告善財言已下。至廣大喜莊嚴解脫門。有兩行半經。明夜神爲善財說自行法門分。四善財言大聖此解脫門爲何事業已下。至我爲說其菩薩直心。有六十五行經。明夜神答善財修此法門所行事業及方便分。五善男子我以此等無量法施已下。至無量無邊生大歡喜。有十七行半經。明夜神答前善財所問行何境界分。六善男子我觀毗盧遮那如來已下。至能說一切無邊法故。有三十二行經。是答前所問作何觀察分。七善男子我入此菩薩念念出生廣大喜莊嚴解脫光明海已下。至汝應思惟隨順悟入。有三十三行半經。答前善財所問行何境界分。八爾時善財童子白寂靜音海夜神已下。至增長積集堅固安住圓滿。有十七行經。答善財所問云何修行此法門分。以十波羅蜜爲修行。九善財童子言聖者已發阿耨多羅三藐三菩提心其已久如已下。至念念出生廣大喜莊嚴解脫。有五十四行半經。答善財所問所發大菩提心其已久如分。十行半经。是念前善友教而不忘失分。二而往寂静音海夜神所已下。至云何修菩萨道。有五行经。明善财申自所求分。三时彼夜神告善财言已下。至广大喜庄严解脱门。有两行半经。明夜神为善财说自行法门分。四善财言大圣此解脱门为何事业已下。至我为其说菩萨直心。有六十五行经。明夜神答善财修此法门。所行事业及方便分。五善男子我以此等无量法施已下。至无量无边生大欢喜有十七行半经。明夜神答前善财所问行何境界分。六善男子我观毗卢遮那如来已下至能说一切无边法故。有三十二行经。是答前所问作何观察分。七善男子我入此菩萨念念出生广大喜庄严解脱光明海已下。至汝应思惟随顺悟入。有三十三行半经。答前善财所问行何境界分。八尔时善财童子白寂静音海夜神已下。至增长积集坚固安住圆满。有十七行经。答善财所问云何修行此法门分。以十波罗蜜为修行。九善财童子言圣者已发阿耨多罗三藐三菩提心其已久如已下。至念念出生广大喜庄严解脱。有五十四行半经。答善财所问所发大菩提心其已久如分。十

得此解脫已能入十不可說已下至頌。有五十八
行經。明寂靜音海神自說所行此行。念念出生廣
大喜莊嚴解脫已所入法門。所供養三世諸佛。及
所發心世界今猶現在分。此表定體時不遷故。一
切時總如是。已下有十行頌。明夜神自說本行勸
善財修行。如文自明。善男子我唯知此念念出生
廣大喜莊嚴解脫已下。推德升進。隨文釋義者。云
念念出生廣大喜莊嚴解脫者。明謂悅徧周。利生
廣大。稱本願行。以立其名。理行互嚴。名之莊嚴。夜
神號寂靜音海者。明理性無爲。故名寂靜。言音響
應等利含生。名爲音海。明即音是定體用故。如善
財問夜神發心久如。夜神云。此華藏世界海東。過
十世界海有世界海名一切淨光寶。已下至然後
命終生此華藏莊嚴世界海娑婆世界中。四十六
行半經。明夜神所供養十佛出興。一一佛皆以身
承事供養及所聞法。此是所行之事。答善財所問
發心久近。若以表法門中。是一地中修十地行。次
生娑婆世界。先見三佛。然後見毗盧遮那如來。得
此念念出生廣大喜莊嚴解脫者。是一地入十地
十一地法門。得三世智印。印三世佛。悉皆承事。悉

得此解脱已能入十不可说已下至颂。有五十八行经。明寂静音海神自说所行此行。念念出生广大喜庄严解脱已。所入法门。所供养三世诸佛。及所发心世界今犹现在分。此表定体时不迁故。一切时总如是。已下有十行颂。明夜神自说本行。劝善财修行。如文自明。善男子我唯知此念念出生广大喜庄严解脱已下。推德升进。随文释义者。云念念出生广大喜庄严解脱者。明禅悦遍周。利生广大。称本愿行。以立其名。理行互严。名之庄严。夜神号寂静音海者。明理性无为。故名寂静。言音响应等利含生。名为音海。明即音是定体用故。如善财问夜神发心久如。夜神云。此华藏世界海东。过十世界海有世界海名一切净光宝已下。至然后命终生此华藏庄严世界海娑婆世界中。四十六行半经。明夜神所供养十佛出兴。一一佛皆以身承事供养。及所闻法。此是所行之事。答善财所问发心久近。若以表法门中。是一地中修十地行。次生娑婆世界。先见三佛。然后见毗卢遮那如来。得此念念出生广大喜庄严解脱者。是一地入十地十一地法门。得三世智印。印三世佛。悉皆承事。悉皆聞法。如經具明。以表禪體徧該。三世一念普印諸法。無去來今。是所答善財發菩提心之久近。十佛之後。供養佛刹微塵數佛者。表十地之後。智印普周。於一塵中徧多佛刹。以多佛刹住一塵中。以智無障礙故。無表裏故。等諸佛智同衆生心。故此約法界禪定體用論也。言華藏世界東過十世界海者。表十地升進故。東者發明初首也。有世界海名一切淨光寶者。表第五地禪體徧該諸位。故中有世界種名一切如來願光明音者。卽表此第五地中初歡喜地發十不可壞心爲世界種。故。此明法界大智智悲爲種。以初地依十方諸佛勝願發心。名如來願光明音。又以古德云。以三千大千世界數至極沙。名一世界海。海世界數至極沙爲一世界性。性至極沙爲一世界種。中有世界名清淨光金莊嚴者。約禪體普收。直至金剛智。一切香金剛摩尼王爲體者。以戒定慧解脫解脫知見香金剛智性自無垢爲體。此爲五位十地升進之體王者。表智自在也。形如樓閣者。十地之智重重重重無盡知見慈悲喜捨衆法莊嚴。衆妙寶雲以爲其際者。以悲願大雲而成十種地住於一切寶纓絡皆闻法。如经具。明以表禅体遍该。三世一念。普印诸法。无去来今。是所答善财发菩提心之久近。十佛之后。供养佛刹微尘数佛者。表十地之后。智印普周。于一尘中遍多佛刹。以多佛刹住一尘中。以智无障碍故。无表里故。等诸佛智同众生心故。此约法界禅定体用论也。言华藏世界东。过十世界海者。表十地升进故。东者。发明初首也。有世界海名一切净光宝者。表第五地禅体遍该诸位故。中有世界种名一切如来愿光明音者。即表此第五地中初欢喜地。发十不可坏心为世界种故。此明法界大智智悲为种。以初地依十方诸佛胜愿发心。名如来愿光明音。又以古德云。以三千大千世界数至恒沙。名一世界海。海世界数至恒沙。为一世界性。性至恒沙。为一世界种。中有世界名清净光金庄严者。约禅体普收。直至金刚智。一切香金刚摩尼王为体者。以戒定慧解脱解脱知见香。金刚智性自无垢为体。此为五位十地升进之体。王者。表智自在也。形如楼阁者。十地之智重重重重。无尽知见慈悲喜舍众法庄严。众妙宝云以为其际者。以悲愿大云而成十种地。住于一切宝璎珞海者。以萬行瓔珞海。安立十地次第。妙宮殿雲而嚴其上者。無性廣大悲宮智殿而含覆眾生。淨穢雜居者。明法界大寂定門。智悲齊進。佛國與眾生國。不礙同體該含。性無異外。淨穢等見此世界中。乃往古世有劫名普光幢者。表本普光明智國名普滿也。妙藏者。表普光明智等一切眾生共有。名之爲藏。道場名一切寶藏妙月光明者。表第五地自性清淨。體爲道場。能顯現智慧寶藏皆於其中出。故有佛名不退轉法界音者。得此如上道場法門。方便治惑即得不退轉法界轉法輪音。故於此成阿耨多羅三藐三菩提者。以如上法顯法惑亡即菩提也。無別成壞也。我於爾時菩提樹神名具足福德燈光明幢。表無性理之菩提妙智爲神。從智起無量慈悲萬行爲樹。萬行中報德功果。名具足福德。以智慧極能照根攝化。名燈光明。智極無體可以傾動。常能破一切眾生煩惱。爲幢。守護道場者。明此第五地定體不動。是守護義。亦是道場故。以定能發慧惑亡。守護道場總在其中。從此已下總供養十佛。并往生娑婆世界。供養四佛。及以入法。總表十一地升進之門。一一次第配當自見海者。以万行璎珞海。安立十地次第。妙宫殿云而覆其上者。无性广大悲宫智殿。而含覆众生。净秽杂居者。明法界大寂定门。智悲齐进。佛国与众生国。不碍同体该含性无里外净秽等见。此世界中乃往古世有劫名普光幢者。表本普光明智国名普满也。妙藏者。表普光明智。等一切众生共有。名之为藏。道场名一切宝藏妙月光明者。表第五地自性清净禅为道场。能显现智慧宝藏。皆于其中出故。有佛名不退转法界音者。得此如上道场法门。方便治惑。即得不退转法界转法轮音故。于此成阿耨多罗三藐三菩提者。以如上法。显法惑亡。即菩提也。无别成坏也。我于尔时菩提树神。名具足福德灯光明幢。表无性理之菩提妙智。为神。从智起无量慈悲万行。为树。万行中报德功果。名具足福德。以智慧恒能照根摄化。名灯光明。智恒无体可以倾动。常能破一切众生烦恼。为幢。守护道场者。明此第五地定体不动。是守护义。亦是道场故。以定能发慧惑亡。守护道场总在其中。从此已下总供养十佛。并往生娑婆世界。供养四佛。及以入法。总表十一地升进之门。一一次第配当。自见眉目從此初佛配初地次二地次三地於中所生之身是隨地位中之行所供之佛是行中之果設約事中亦不違此表法若設欲見他佛者智不及此法門行不相應無由相應得見佛故如供養十佛及佛刹微塵數佛者是十地果終之相智眼所觀此明五地禪體中十地總相後生娑婆世界供養四佛者卽明五地已前初二三四地中之果一時供養三世一切世界諸佛者卽明此五地中十一地智圓普賢行滿智印三世古今未來悉皆一際無別時故約實如是無虛假故亦明此地禪體理智之中性圓三世總皆一性三世諸佛一時無前後故直以定體法身智境以實而論若約妄情不可見也此是難勝地善知識以禪波羅蜜爲主餘九爲伴治寂用不自在障令得自在此地所以名難勝者以此地於禪定中善學世智五明世技一切皆知定用功及故六地入寂滅大用般若門如下主城神是亦如前十住中第六住海幢比丘

大方廣佛新華嚴經論卷第三十九

是入寂滅定離出入息化身如雲設教如海第二推德升進中從如諸菩薩摩訶薩已下至辭退而去升頌有十八行經約立五門一推德升進二示

眉目。从此初佛配初地。次二地。次三地。于中所生之身。是随地位中之行。所供之佛。是行中之果。设约事中。亦不违此表法。若设欲见他佛者。智不及此法门。行不相应。无由相应得见佛故。如供养十佛及佛刹微尘数佛者。是十地果终之相。智眼所观。此明五地禅体中十地总相。后生娑婆世界供养四佛者。即明五地已前。初二三四地中之果。一时供养三世一切世界诸佛者。即明此五地中。十一地智圆。普贤行满。智印三世。古今未来。悉皆一际。无别时故。约实如是。无虚假故。亦明此地禅体理智之中。性圆三世总皆一性。三世诸佛一时无前后故。直以定体法身智境以实而论。若约妄情。不可见也。此是难胜地善知识。以禅波罗蜜为主。余九为伴。治寂用不自在障。令得自在。此地所主。名难胜者。以此地于禅定中。善学世智。五明世技。一切皆知。定用功及故。六地入寂灭大用般若门。如下主城神是。亦如前十住中第六住海幢比丘

(大方广佛新华严经论卷第三十九)*

是。入寂灭定。离出入息。化身如云。设教如海*第二推德升进中。从如诸菩萨摩诃萨已下。至辞退而去。并颂有十八行经。约立五门。一推德升进。二示

善知識所在。云在此菩提場如來會中。三舉神之名守護一切城增長威力。四善財說頌。讚寂靜音海之德。五禮敬辭去。隨文釋義。此菩提場內如來會中者。表不離菩提心真如體大會海中故。有夜神者。明菩提性真如中妙理智慧爲神。能破一切衆生無明執著爲主夜神。常不離生死大夜發起一切衆生大明生故。守護一切城增長威力者。表常守護一切衆生心城增長第六地中及一切衆生智慧威力。使三空現前寂滅定力。世間出世間智慧悉現前力。永超生死海常住世間得一切出世間智慧海力。如下文具明。如善財以十行頌歎寂靜音海神法界身無邊佛海衆生海悉在一塵中。此尊解脫力。明前五地中禪體法身性無邊際大小量故。如世水鏡空中乾體普含衆像皆現其中。不相礙也。以定力印之自現。餘如頌中自明。

校譌

第五紙二行海上一本無便字　第十紙十四行經下一本有二字　第十四紙六行念下南北藏無出字

善知识所在。云在此菩提场如来会中。三举神之名守护一切城增长威力。四善财说颂。赞寂静音海之德。五礼敬辞去。随文释义。此菩提场内如来会中者。表不离菩提心真如体大会海中故。有夜神者。明菩提性真如中妙理智慧。为神。能破一切众生无明执著。为主夜神。常不离生死大夜。发起一切众生大明生故。守护一切城增长威力者。表常守护一切众生心城。增长第六地中及一切众生智慧威力。使三空现前。寂灭定力。世间出世间智慧悉现前力。永超生死海。常住世间。得一切出世间智慧海力。如下文具明。如善财以十行颂。叹寂静音海神。法界身无边。佛海众生海。悉在一尘中。此尊解脱力。明前五地中禅体法身。性无边际大小量故。如世水镜。空中乾体。普含众像皆现其中。不相碍也。以定力印之自现。余如颂中自明。

第六如來會中守護一切城增長神。主現前地

第一正人當位法門中。從爾時善財已下。至我唯知此甚深妙音自在解脫門。於此段長科為十段。一爾時善財童子已下。至守護一切城夜神所有四行半經。明正念前法思惟升進分。二見彼夜神已下。至現究竟調伏眾生身。有六行經。明夜神所現差別身。教化一切眾生分。三善財見已歡喜踊躍已下。至唯願慈哀為我宣說。有五行經。明善財申請所求分。四明彼夜神告善財言已下。至問諸菩薩所修行門。有七行經。明夜神歎善財志德所求法分。五善男子我得甚深自在妙音解脫已下。至心恆不捨一切智地。有十五行半經。明夜神自說自行饒益眾生行門分。六善男子我以如是淨法光明已下。至入如來難思境界。有十四行經明夜神說十種觀察入如來境界分。七又善男子第六如来会中守护一切城增长神。主现前地。

第一正入当位法门中。从尔时善财已下。至我唯知此甚深妙音自在解脱门。于此段长科为十段。一尔时善财童子已下。至守护一切城夜神所。有四行半经。明正念前法。思惟升进分。二见彼夜神已下。至现究竟调伏众生身。有六行经。明夜神所现差别身。教化一切众生分。三善财见已欢喜踊跃已下至唯愿慈哀为我宣说。有五行经。明善财申请所求分。四时彼夜神告善财言已下。至问诸菩萨所修行门。有七行经。明夜神叹善财志德所求法分。五善男子我得甚深自在妙音解脱已下。至心恒不舍一切智地。有十五行半经。明夜神自说自行饶益众生行门分。六善男子我以如是净法光明已下。至入如来难思境界。有十四行经。明夜神说十种观察。入如来境界分。七又善男子我如是正念思惟主聖者證得其已久如有二十九行經明得此妙音解脫得佛陀羅尼為諸眾生說法自在并善財問得法久近分。入夜神言善男子乃往古世已下至普入一切法門海般若波羅蜜有三十五行經明答善財得此法久近所見初佛分。九次有佛興名離垢法光明已下至往一切智無上法城有六十九行半經明答善財得法久近供養諸佛數量分。十我唯知此甚深自在妙音解脫令諸世間愜清淨語已下明推德升進分。明菩薩智輪遠離一切分別境界。不可以生死中長短染淨廣狹多少如是諸劫分別顯示。如前十段門中所有法門如文自具從善財問證得此法其已久如已下以理事相表法中義隱難知處略釋少分以舉大綱意明約報境即法故明以所行之法成其報故因果相似以表所行見報知法經云乃往古世過世界轉微塵數劫有世界轉名是西方大數中數如釋天童子菩薩數法中具明。此明轉世界一切眾生微塵數世間名言成大智慧言音海使令世間無麤惡語無雜染語。如下文云我得此甚深自在妙音解脫令諸世間離戲論語不我如是正念思惟。至圣者证得其已久如。有二十九行经。明得此妙音解脱。得佛陀罗尼。为诸众生说法自在。并善财问得法久近分。八夜神言善男子乃往古世已下。至普入一切法门海般若波罗蜜。有三十五行经。明答善财得此法久近。所见初佛分。九次有佛兴名离垢法光明已下。至住一切智无上法城。有六十九行半经。明答善财得法久近。供养诸佛数量分。十我唯知此甚深自在妙音解脱令诸世间恒清净语已下。明推德升进分。明菩萨智轮。远离一切分别境界。不可以生死中长短染净广狭多少。如是诸劫分别显示。如前十段门中。所有法门。如文自具。从善财问证得此法其已久如已下。以理事相表法中。义隐难知处。略释少分。以举大纲。意明约报境即法故。明以所行之法成其报故。因果相似。以表所行。见报知法。经云。乃往古世过世界转微尘数劫者。世界转者。是西方大数中数。如释天童子菩萨数法中具明。此明转世界一切众生微尘数世间名言。成大智慧言音海。使令世间无粗恶语。无杂染语。如下文云。我得此甚深自在妙音解脱。令诸世间离戏论语。不二語常眞實語恆清淨語者。意明變世間一切言說。總成般若波羅蜜門。以舉世界轉微塵爲量。以劫名離垢光明者。表般若中本三空寂滅理體故。世界名法界功德者。明智慧是法界中說教功德雲故。以現一切眾生業摩尼王海爲體者。表無性寂滅三空妙慧善知一切眾生業差別海故。號之爲摩尼王形如蓮華者。表智慧妙用辯體相而中虛無染故。此世界住四天下微塵數香摩尼須彌山網中者。明此三空妙慧。住如來無礙四辯之香中故。具須彌山微塵數教網也。以出一切如來本願音者。是第六地以初發心時依一切諸佛而發大願。以其轉法輪音徧滿十方開悟一切眾生從此願生故。蓮華而爲莊嚴者。明其法音令一切眾生得無礙智慧也。須彌山微塵數蓮華而爲眷屬者。須彌明智慧高出世間義。微塵明智慧廣多義。蓮華明智慧無著義。眷屬明善分別差別業。及諸境界緣生總別同異成壞義。須彌山微塵數香摩尼以爲間錯者。明以差別智慧善說無量戒定慧解脫無垢淨香。以爲間錯。摩尼是離垢義。故有須彌山微塵數四天下者。但以須彌爲四寶所成。於二语。常真实语。恒清净语者。意明变世间一切言说。总成般若波罗蜜门。以举世界转微尘为量。以劫名离垢光明者。表般若中本三空寂灭理体故。世界名法界功德者。明智慧是法界中说教功德云故。以现一切众生业摩尼王海为体者。表无性寂灭三空妙慧。善知一切众生业差别海故。号之为摩尼王。形如莲华者。表智慧妙用辩体相。而中虚无染故。此世界住四天下微尘数香摩尼须弥山网中者。明此三空妙慧。住如来无碍四辩之香中故。具须弥山微尘数教网也。以出一切如来本愿音者。是第六地以初发心时。依一切诸佛而发大愿。以其转法轮音。遍满十方。开悟一切众生。从此愿生故。莲华而为庄严者。明其法音令一切众生得无碍智慧也。须弥山微尘数莲华而为眷属者。须弥。明智慧高出世间义。微尘。明智慧广多义。莲华明智慧无著义。眷属。明善分别差别业。及诸境界缘生总别同异成坏义。须弥山微尘数香摩尼以为间错者。明以差别智慧。善说无量戒定慧解脱无垢净香。以为间错。摩尼。是离垢义故。有须弥山微尘数四天下者。但以须弥为四宝所成于

大海中高勝義。若論此般若智中四無礙辯才等
一切眾生言音心數諸業分別量。一一四天下有
百那由他不可說不可說城。有如是成就那由
他不可說不可說眾生法門。那由他當此講數。善
男子者。呼善財之德稱。以告其法。彼世界中有四
天下名爲妙幢者。於一四無礙辯中。總名妙幢。中
有王都者。以根本智爲王都。名普寶華光者。從根
本智起差別慧。名普寶華光。去此不遠有菩提場
名普顯現法王宮殿者。明以根本智起無上正覺
之心。成大悲宮。差別智慧之殿。正法治眾生故。須
彌山微塵數如來於中出現者。一切眾生微塵數
煩惱。成般若海。爲佛出現。皆依本智爲道場。起差
別智慧。能治惑習故。其最初佛名法海雷音光明
王者。明根本智。起差別智慧。覺觀超出情識之境
名爲最初佛。善能說法。號爲雷音。發光破一切眾
生之惑。名爲光明。立法自在。能破眾邪。在邪不
能壞。名之爲王。彼佛出時。有轉輪王名清淨日光
明面者。明智慧輪王日光照曜明現。如摩尼鏡面
顯照萬像故。於其佛所受持一切法海漩者。明差
別慧。於根本智受持眾法。甚深無際。名之海漩。循

大海中高胜义。若论此般若智中四无碍辩才。等一切众生言音心数诸业分别量。一一四天下。有百那由他不可说不可说城者。有如是成就那由他不可说不可说众生法门。那由他。当此沟数。善男子者。呼善财之德称。以告其法。彼世界中有四天下名为妙幢者。于一四无碍辩中。总名妙幢。中有王都者。以根本智为王都。名普宝华光者。从根本智起差别慧。名普宝华光。去此不远有菩提场名普显现法王宫殿者。明以根本智。起无上正觉之心。成大悲宫。差别智慧之殿。正法治众生故。须弥山微尘数如来于中出现者。一切众生微尘数烦恼。成般若海。为佛出现。皆依本智为道场。起差别智慧。能治惑习故。其最初佛名法海雷音光明王者。明根本智。起差别智慧觉观。超出情识之境。名为最初佛。善能说法。号为雷音。教光破一切众生之惑。名为光明。立法自在。能破众邪。在邪邪不能坏。名之为王。彼佛出时。有轮转王名清净日光明面者。明智慧轮王日光照曜明现。如摩尼镜面显照万像故。于其佛所受持一切法海漩者。明差别慧。于根本智受持众法。甚深无际。名之海漩。修多羅者長行經也。佛涅槃後其王出家者表此第六地中。十地正覺智終。出纏智慧已滿出纏覺觀已亡。名佛滅度。出世智慧已成。十一地中唯普賢入纏行門。非是此第六地中。十地等三空慧出纏門所及。如十定品中。三十箇三空慧解脫菩薩皆已入十地灌頂位中。以出世無量三昧門。三求普賢畢竟覓不得見。如來使令想念求之普賢方現意明三空慧但及十地出纏門。以此已下。但從初至末列一百箇佛果。不置後十一地普賢法門。此第六地寂滅三空智慧解脫但位至十地佛位覺觀已終。名佛涅槃。故其王出家者。此第六地寂滅三空智慧門。是出家義。如十住中。以海幢比丘入滅定表之。其王出家護持正法者。以三空慧護持出世正法。法欲滅時有千部異眾千種說法近於末劫業惑障重諸惡比丘多有鬬諍乃至不求功德者。明此位中但有三空寂滅智慧之門於慈悲無教化故其王現神通現光明種種諸事令其正法六萬五千年而得興盛者。六萬者六地升進之數五千年者。一位都收五位因果齊進也明空解脫門。以智起出世中慈悲。如王女亦出家者。明於多罗者。长行经也。佛涅槃后其王出家者。表此第六地中。十地正觉智终。出缠智慧已满。出缠觉观已亡。名佛灭度出世智慧已成。十一地中。唯普贤入缠行门。非是此第六地中。十地等三空慧出缠门所及。如十定品中。三十个三空慧解脱菩萨。皆已入十地灌顶位中。以出世无量三昧门。三求普贤。毕竟觅不得见。如来使令想念求之。普贤方现。意明三空慧。但及十地出缠门。以此已下。但从初至末。列一百个佛果。不置后十一地普贤法门。此第六地寂灭三空智慧解脱。但位至十地佛位。觉观已终。名佛涅槃故。其王出家者。此第六地寂灭三空智慧门。是出家义。如十住中。以海幢比丘入灭定表之。其王出家护持正法者。以三空慧护持出世正法。法欲灭时。有千部异众。千种说法。近于末劫。业惑障重诸恶比丘。多有斗诤。乃至不求功德者。明此位中。但有三空寂灭智慧之门。于慈悲无教化故。其王现神通现光明种种诸事。令其正法六万五千年而得兴盛者。六万者。六位升进之数。五千年者。一位都收五位。因果齐进也。明空解脱门。以智起出世中慈悲。如王女亦出家者。明于此空智慧門修出世間慈悲。乃至拜前及後一百箇佛次第出興。表此第六般若門。但至十地出世佛果位終。一地具十也。已下都舉供養須彌山微塵數佛。但表般若出纏高勝。如上一百箇佛是十地升進之果。一地配十夜神所有承事供養佛身是十地中修行之行。如供養佛剎微塵數佛。是法界總相無一物不是佛。爲一一塵中有無盡佛故。已上皆明約法約行。成其劫剎國土之果。令觀果配因。總是法門。即事是理。以理是事。其王及女俱作比丘及尼者。爲般若波羅蜜三空寂滅門是出生死中智慈之門。當時轉輪王者今普賢菩薩是。此明智也。比丘尼者我身是。此明悲也。我唯知此甚深自在妙音解脫者。此明一音徧法界音復無體無所分別。能轉一切法門教化一切眾生。名之甚深自在妙音解脫。此是第六現前地。爲一切智慧皆現前故。以般若波羅蜜爲主。餘九爲伴。此位治三空智慧寂用不自在障。令得自在。第二推德升進中。從如諸菩薩摩訶薩已下。至辭退而去。約分六門。一推德升進。二示善知識所在。云在此佛會中。三舉善知識名。云有主夜神名開敷一切樹此空智慧门。修出世间慈悲。乃至并前及后一百个佛次第出兴。表此第六般若门。但至十地出世佛果位终。一地具十地。已下都举供养须弥山微尘数佛。但表般若出缠高胜。如上一百个佛。是十地升进之果。一地配十。夜神所求承事供养佛身。是十地中修行之行。如供养佛刹微尘数佛。是法界总相。无一物不是佛。为一一尘中有无尽佛故。已上皆明约法约行。成其劫刹国土之果。令观果配因。总是法门。即事是理。以理是事。其王及女俱作比丘及尼者。为般若波罗蜜三空寂灭门。是出生死中智慈之门。当时转轮王者。今普贤菩萨是。此明智也。比丘尼者我身是。此明悲也。我唯知此甚深自在妙音解脱者。此明一音遍法界音。复无体无所分别。能转一切法门。教化一切众生。名之甚深自在妙音解脱。此是第六现前地。为一切智慧皆现前故。以般若波罗蜜为主。余九为伴。此位治三空智慧寂用不自在障。令得自在。第二推德升进中。从如诸菩萨摩诃萨已下。至辞退而去。约立六门。一推德升进二示善知识所在。云在此佛会中。三举善知识名。云有主夜神名开敷一切树華。四有二十二行頌是主城神重頌前法。如文具明。五善財以二十行頌歎主城神德。如文具明。六禮敬辭去。此佛會中者。明不離此正覺菩提無作不思不為無性之理。名此佛會中。而開敷一切行華。成方便波羅蜜。於無生死中入一切生死。同事利行四攝之行。此同休捨優婆夷。八萬四千那由他諸煩惱門。皆共同行。明第六地出纏解脫已終。此第七地以彼出纏門入俗利生而無怖畏。以處纏出纏皆平等故。長一切大慈悲心令廣大故。無限剎故。欲令大悲之行徧惡道故。攝取眾生至解脫故。

校譌

第五紙十六行化宋南藏南論作花第六紙二行同　第七紙三行妙下宋南藏南論有蓮字　第十紙五行無量宋南藏南論作量與

华。四有二十二行颂。是主城神重颂前法。如文具明。五善财以二十行颂。叹主城神德。如文具明。六礼敬辞去。此佛会中者。明不离此正觉菩提无作不思不为无性之理。名此佛会中。而开敷一切行华。成方便波罗蜜。于无生死中。入一切生死。同事利行四摄之行。此同休舍优婆夷。八万四千那由他诸烦恼门。皆共同行。明第六地出缠解脱已终。此第七地以彼出缠门入俗利生。而无怖畏。以处缠出缠皆平等故。长一切大慈悲心令广大故。无限剂故。欲令大悲之行遍恶道故。摄取众生至解脱故 。

第七佛會中開敷一切樹華夜神。主遠行地。

第一正入當位法門中。從爾時善財童子已下。至我唯知此菩薩出生廣大喜光明解脫門長科爲五段。一爾時善財童子已下至唯願垂慈爲我宣說有七行經明善財至夜神所正申所求分。二夜神言善男子已下至菩薩出生廣大喜光明解脫門有十五行半經明夜神授與善財自行法門分。三善財言大聖已下。至令其安住菩薩智慧有六十六行經明答善財入此法門境界分。四善財童子言聖者發無上大菩提心其已久如已下至而說頌言有十九行經明欲說發心久近難信分。有二十九行頌是重頌前法甚深難信簡根堪聞者。如經具明。五善男子乃往古世已下。至我唯知此菩薩出生廣大喜光明解脫門已來。有八紙半經。是答前善財所問發心來久如分。隨文釋義中。善男子乃往古世已下。約有四門。一舉過世界海微塵數劫答前所問發心久近。二舉世界海名普光明眞金摩尼山。三舉世界海中有佛出現名普第七佛会中开敷一切树华夜神。主远行地 。

第一正入当位法门中。从尔时善财童子已下。至我唯知此菩萨出生广大喜光明解脱门。长科为五段。一尔时善财童子已下。至唯愿垂慈为我宣说。有七行经。明善财至夜神所正申所求分。二夜神言善男子已下。至菩萨出生广大喜光明解脱门。有十五行半经。明夜神授与善财自行法门分。三善财言大圣已下至令其安住菩萨智慧。有六十六行经。明答善财入此法门境界分。四善财童子言圣者发无上大菩提心其已久如已下。至而说颂言。有十九行经。明欲说发心久近难信分。有二十九行颂。是重颂前法。甚深难信。简根堪闻者。如经具明。五善男子乃往古世已下。至我唯知此菩萨出生广大喜光明解脱门已来。有八纸半经。是答前善财所问发心来久如分。随文释义中。善男子乃往古世已下。约有四门。一举过世界海微尘数劫。答前所问发心久近。二举世界海。名普光明真金摩尼山。三举世界海中有佛出现。名普

照法界智慧山寂靜威德王。四衆其世界海中有
世界微塵數世界種。一一世界種有世界微塵數
世界。一一世界皆有如來出興。乃至已下別舉其
中有一閻浮提有王都名堅固妙寶莊嚴雲燈。一
萬大城周帀圍遶。人壽萬歲。其中有王名一切法
音圓滿蓋。有五百大臣。六萬婇女。七百王子。時此
會有長者女名寶光明。與六十童女俱。皆身金色
目髮紺青。於下文中。王勸其寶光明童女信知他
人功德。以其自手授與童女寶衣。既著衣已。於其
寶衣中普出一切星宿光明。爾時一切法音圓滿
蓋王者。今毗盧遮那如來是。光明王者。淨飯王是。
蓮華夫人者。今摩耶夫人是。寶光童女者。即我身
是。以四攝法所攝衆生。此是答善財所問發無上
大菩提心其已久如之行。明修第七地大慈悲行。
自非不限劫數起廣大心。盡生死心。際等三世劫
如世界海微塵以無劫量為期。等一切衆生煩惱
皆為際。方可稱其此位大慈悲行。故世界海塵為
約。比也。若將世法表修行之門。觀事知法者。舉世
界海微塵數者。直言無時可限也。修大悲行。絕其
限量之心。有世界海名普光明真金摩尼山者。表

照法界智慧山寂静威德王。四举其世界海中。有世界微尘数世界种。一一世界种有世界微尘数世界。一一世界皆有如来出兴。乃至已下别举。其中有一阎浮提有王都。名坚固妙宝庄严云灯。一万大城周匝围绕。人寿万岁。其中有王名一切法音圆满盖。有五百大臣。六万婇女。七百王子。时此会有长者女。名宝光明。与六十童女俱。皆身金色目发绀青。于下文中。王劝其宝光明童女。信知他人功德。以其自手授与童女宝衣。既著衣已。于其宝衣中。普出一切星宿光明。尔时一切法音圆满盖王者。今毗卢遮那如来是。光明王。者净饭王是。莲华夫人者。今摩耶夫人是。宝光童女者。即我身是。以四摄法所摄众生。此是答善财所问发无上大菩提心其已久如之行。明修第七地大慈悲行。自非不限劫数。起广大心。尽生死心际。等三世劫。如世界海微尘以无劫量为期。等一切众生烦恼苦为际。方可称其此位大慈悲行故。世界海尘。为约比也。若将世法表修行之门观事知法者。举世界海微尘数者。直言无时可限。修大悲行也。绝其限量之心。有世界海名普光明真金摩尼山者。表從普光明智起修大慈悲之行從本已來無有始終。眞金者表法身也摩尼者表此智無垢也山者表此普光明智清淨無垢處生死中利一切眾生無傾動如山覺知此智名佛出現。又普照法界智慧山者表約普光明智立其佛號燈者轉轉照明無斷盡智慧也山者不隨境動復是高出義體無所作是寂靜義也智現煩惱叢亡是威德王是自在。故云佛號普照法界智慧山寂靜威德王善男子。其佛往修菩薩行時淨彼世界海者。以根本智起菩薩行莊嚴自報使令嚴淨已下微塵數世界種中皆有如來出興於世者明普光明智普印諸剎種等無有不見如來出興於世。乃至已下諸四天下總以普光明智印印無不周。乃至普印一切眾生心海。如日處空水淨日現。乃至已下王都以法界為都城智王所管主名一切法音圓滿蓋者。明舉悲智一行齊行。五位方便行為大臣名五百大臣。六道中行慈悲法喜為婇女故云六萬婇女。七百王子者。七覺分也。乃至已下惡世起時。人壽短促苦多樂少。是行慈悲之處。六十童女表六道智悲之行。如下文合會爾時一切法音圓滿蓋王从普光明智。起修大慈悲之行。从本已来。无有始终。真金者。表法身也。摩尼者。表此智无垢也。山者。表此普光明智清净无垢。处生死中利一切众生。无倾动如山。觉知此智。名佛出现。名普照法界智慧山者。表约普光明智。立其佛号。灯者。转转照明无断尽智慧也。山者。不随境动。复是高出义。体无所作。是寂静义也。智现烦恼业亡。是威德王是自在。故云佛号普照法界智慧山寂静威德王。善男子。其佛往修菩萨行时。净彼世界海者。以根本智起菩萨行庄严自报使令严净。已下微尘数世界种中。皆有如来出兴于世者。明普光明智。普印诸刹种等。无有不见如来出兴于世。乃至已下诸四天下。总以普光明智印。印无不周。乃至普印一切众生心海。如日处空水净日现。乃至已下王都。以法界为都城。智王所管。王名一切法音圆满盖者。明举悲智二行齐行。五位方便行为大臣。名五百大臣。六道中行慈悲法喜为婇女。故云六万婇女。七百王子者。七觉分也。乃至已下恶世起时。人寿短促。苦多乐少。是行慈悲之处。六十童女。表六道智悲之行。如下文合会。尔时一切法音圆满盖王者豈異人乎今毗盧遮那如來應正等覺是光明王者淨飯王是蓮華夫人者摩耶夫人是寶光童女者我身是大意所表修大智大慈大悲行具此三法論主頌曰普光明智名爲佛隨順本願名爲父慈育含生名夫人法悅利生名童女已下所有世界海及刹種皆以世界海塵量者總是此四攝化之境以無限智悲皆如是行法界海中遠近長短之量不可得以明此經即事即理舉其如是劫海世界國土城都徧周十方廣多無限如來出現徧其國中其王行行濟生童女求法夫人婇女以惡世人苦告其大王、其事實然。又將此法表此第七地修方便波羅蜜法則樣式也。舉法況之。此一段已上經文及頌、大意使令修習處俗大悲不立出家之相。以毗盧遮那佛爲所依主即表第七地之慈悲門通該五位直至佛究竟果海故以是起初至終、不異普光明智但以一佛普會、不安立十地百佛勝進不似前出纏三空般若位中其王及女出家作比丘比丘尼表之。此但以俗士表之。設佛果毗盧遮那佛亦是俗身以華冠纓絡環釧莊嚴非出家像也。以此第七一位慈悲門與前後五者。岂异人乎。今毗卢遮那如来应正等觉是。光明王者。净饭王是。莲华夫人者。摩耶夫人是。宝光童女者我身是。大意所表修大智大慈大悲行。具此三法。论主颂曰。普光明智名为佛。随顺本愿名为父。慈育含生名夫人。法悦利生名童女。已下所有世界海及刹种。皆以世界海尘量者。总是此四摄化之境。以无限智悲。当如是行。法界海中。远近长短之量不可得。以明此经即事即理。举其如是劫海世界国土城都。遍周十方广多无限。如来出现遍其国中。其王行行济生。童女求法。夫人婇女。以恶世人苦告其大王。其事实然。又将此法。表此第七地修方便波罗蜜法则样式也。举法况之。此一段已上经文及颂。大意使令修习处俗大悲。不立出家之相。以毗卢遮那佛为所依主。即表第七地之慈悲门。通该五位直至佛究竟果海故。以是起初至终。不异普光明智。但以一佛普会。不安立十地百佛胜进。不似前出缠三空般若位中。其王及女出家。作比丘比丘尼表之。此但以俗士表之。设佛果毗卢遮那佛。亦是俗身。以华冠璎珞环钏庄严。非出家像也。以此第七一位慈悲门。与前后五位中同行。但約出世處世表像別故。令識勝進總別同異。此是第七遠行地善知識何故名遠行地者。為此地修處世大慈悲行遠徹十方世界海。入天地獄。一切行徹也。不自有求一念出世間心。以方便波羅蜜為主。餘九為伴。以治處世染淨二心大悲處生死不自在障。令得自在至八地菩薩行得一分自在。於佛十力猶未自在。十地方終自六地已前未得四攝中而得自在為有染淨二業未亡。七地已去四攝事中方得自在故以此位治染淨二障入無染淨慈悲行故我唯知此菩薩出生廣大喜光明解脫者。此位四攝四無量心法方始徹故。第二推德升進中。從如諸菩薩摩訶薩已下至辭退而去。約立三門。一推德升進。二此道場中有夜神名大願精進力救護一切眾生。三禮敬辭去。云道場中不云菩提者。為此第八不動地無功智現。諸法普會。無有菩提已發當發現發。不云離與不離。故直云道場中明無功之智處中道故。是故善財亦不云我已先發菩提心等。故夜神名大願精進力救護一切眾生者。以智悲行滿無功任本願風之所吹利物故。以本願波羅蜜風。一往利位中同行。但约出世处世表像别故。令识胜进总别同异。此是第七远行地善知识。何故名远行地者。为此地修处世大慈悲行。远彻十方世界海。人天地狱。一切行彻也。不自有求一念出世间心。以方便波罗蜜为主。余九为伴。以治处世染净二心大悲处生死不自在障。令得自在。至八地。菩萨行得一分自在。于佛十力犹未自在。十地方终。自六地已前。未得四摄中而得自在。为有染净二业未亡。七地已去四摄事中方得自在。故以此位治染净二障。入无染净慈悲行故。我唯知此菩萨出生广大喜光明解脱者。此位四摄四无量心法方始彻故。第二推德升进中。从如诸菩萨摩诃萨已下。至辞退而去。约立三门。一推德升进。二此道场中有夜神名大愿精进力救护一切众生。三礼敬辞去。云道场中。不云菩提者。为此第八不动地。无功智现。诸法普会。无有菩提已发当发现发。不云离与不离。故直云道场中。明无功之智处中道故。是故善财亦不云我已先发菩提心等故。夜神名大愿精进力救护一切众生者。以智悲行满无功。任本愿风之所吹利物故。以本愿波罗蜜风。一往利

生無休息故。一切諸佛七勸三加。令教化眾生無
有休息。以立名故。故名大願精進力救護一切眾
生、

校譌

第二紙三行難宋南北藏作凝　第九紙十三行抉北藏作決　第十四紙七行梵宋南藏南論作慱　第十五紙八行界南論作提

第八道場中大願精進力救護一切眾生夜神。
主不動地。

校譌

第四紙十八行心南論止　第十三紙十二行日一本作因

第一正入當位法門中。從爾時善財童子。至我
唯知此教化眾生善根解脫於此段長科六門。一
爾時善財童子已下。至現本清淨法性身有十五
行經。明善財往見大願精進力救護一切眾生夜
神所見夜神所現差別不同分。二時善財童子已

生无休息故。一切诸佛七劝三加。令教化众生无有休息。以立名故。故名大愿精进力救护一切众生。

第八道场中大愿精进力救护一切众生夜神。主不动地。

第一正入当位法门中。从尔时善财童子。至我唯知此教化众生善根解脱。于此段长科六门。一尔时善财童子已下。至现本清净法性身。有十五行经。明善财往见大愿精进力救护一切众生夜神所。见夜神所现差别不同分。二时善财童子已下至是爲十有十五行半經。明善財見夜神五體投地頂禮發十種心分。二發是心已下至頌有六十六行半經。明善財得彼夜神與諸菩薩佛刹微塵數同行分。三、善財說十行頌歎夜神德如文具明。四、爾時善財已下至阿耨多羅三藐三菩提得不退轉有六十六行經。明夜神答善財法門名目及始起此門見種種色身無盡分。五、善男子如汝所問從發心時來發菩提心修菩薩行已下至滿足大願成就諸力有三十七行經。明夜神告善財菩薩智論遍遊離一切分別境界。不可以生死中長短染淨廣狹多少所知分。六、佛子乃往古世過世界海已下至頌有五紙半經。此一段明夜神答善財發心久如分。已下一段頌明夜神重頌前法隨文釋義者。善財見彼夜神在大衆中坐普現一切宮殿摩尼王藏師子之座。普現法界國土摩尼寶網彌覆其上者。表無功之智體淨無垢爲座。常現一切人天龍神宮殿咸處其中。摩尼寶網覆上。表無功之智憫施教網。此明約智報成。故現日月星宿影像身。現隨衆生心普令得見身。明以智報得其座還如智體能現衆法。所現衆法如佛刹微塵數已下。至是为十。有十五行半经。明善财见夜神。五体投地顶礼。发十种心分。三发是心已下至颂。有六十六行半经。明善财得彼夜神与诸菩萨佛刹微尘数同行分。并善财说十行颂。叹夜神德。如文具明。四尔时善财已下。至阿耨多罗三藐三菩提得不退转。有六十六行经。明夜神答善财法门名目及悟此门现种种色身无尽分。五善男子如汝所问从几时来发菩提心修菩萨行已下。至满足大愿成就诸力。有三十七行经。明夜神告善财菩萨智轮远离一切分别境界。不可以生死中长短染净广狭多少所知分。六佛子乃往古世过世界海已下至颂。有五纸半经。此一段明夜神答善财发心久如分。已下一段颂。明夜神重颂前法。随文释义者。善财见彼夜神在大众中。坐普现一切宫殿摩尼王藏师子之座。普现法界国土摩尼宝网弥覆其上者。表无功之智体净无垢为座。常现一切人天龙宫殿。咸处其中。摩尼宝网覆上者。表无功之智恒施教网。此明约智报成故。现日月星宿影像身。现随众生心普令得见身。明以智报得其座。还如智体能现众法。所现众法如佛刹微尘数。已下如文具明。善財五體投地者。明敬法深重也。善財獲益。如下文具明。爾時善財問夜神得解脫其名何等。夜神答言。名教化眾生令生善根者。明一切眾生皆從無性習生。得此智者。一切善根自然而生。一切諸苦自然而滅。以智體性無作者故。眾生迷之。於無苦之中妄作諸業。苦也。達此苦亡。善生。是故名教化眾生令生善根解脫。又於此解脫。於無色身中以無依住智。普現一切諸佛眾生身。如下文具明。又善財問夜神發無上大菩提心其已久如。夜神答云。如菩薩智輪遠離一切分別境界。不可以生死中長短染淨廣狹多少如是分別顯示。以菩薩智輪本性清淨離一切分別網超一切障礙山。隨應化而普化故。從此已下舉六種喻。一如日遊空無有晝夜喻。二如日輪住閻浮。影現一切寶中及以河海淨水中。而眾生無不見日喻。三如船師常於大河流中。不依彼此及中流喻。四如太虛空一切世界於中成壞。而無分別本清淨喻。五以大願如風輪持萬象喻。六如幻化人肢體雖具。而無出入息及寒熱饑渴憂喜生死喻。此六喻大約智性自如空無性無依。無有處所。而常現下如文具明。善财五体投地者。明敬法深重也。善财获益。如下文具明。尔时善财问夜神得解脱其名何等。夜神答言。名教化众生令生善根者。明一切众生。皆从无性智生。得此智者。一切善根自然而生。一切诸苦自然而灭。以智体性无作者故。众生迷之于无苦之中妄作诸业。若也达此。苦亡善生。是故名教化众生令生善根解脱。又于此解脱。于无色身中以无依住智。普现一切诸佛众生身。如下文具明。又善财问夜神发无上大菩提心其已久如。夜神答云。如菩萨智轮。远离一切分别境界。不可以生死中长短染净广狭多少如是分别显示。以菩萨智轮本性清净。离一切分别网。超一切障碍山。随应化而普化故。从此已下举六种喻。一如日游空。无有昼夜喻。二如日轮住阎浮。影现一切宝中。及以河海净水中。而众生无不见日喻。三如船师常于大河流中。不依彼此及中流喻。四如太虚空。一切世界于中成坏。而无分别本清净喻。五以大愿如风轮持万象喻。六如幻化人。肢体虽具。而无出入息。及寒热饥渴忧喜生死喻。此六喻大约智性自如空。无性无依。无有处所。而常现

一切諸佛眾生前教化無有休息。以先所發大願
風輪所持故。從佛子乃往古世過世界海微塵數
劫已下是夜神隨世說劫舉發心久近因緣。此是
如幻中安立。經云乃往古世過世界海微塵數劫
者。明無數爲數。表本無數體可得。時劫亦然。有劫
名善光者。明無功智體安立名也。世界名寶光無
功用智任物現法。名世界也。於其劫中有一萬佛
出興者。以無功之智隨根應現。名一萬佛出興。一
萬者。以一智應萬行也。其最初佛號法輪音虛空
燈王如來。十號圓滿者。以無功之智任運利生。恆
轉法輪音。如虛空中響無有依處而照燭一切眾
生故。名燈明智自在故。名王。十號具足者。智用徧
周隨行立名也。彼閻浮提有一王都名寶莊嚴。是
智王所化之境。名寶莊嚴。其東不遠有一大林名
曰妙光者。東方表智化眾生令明生處也。以東方
表法也。以木貫日爲東字。林名妙光。以行如林蔭
俗廣多啟明利物。名爲妙光中有道場名爲寶華。
表以行利生心華開敷。故道場名寶華。彼道場中
有普光明摩尼蓮華藏師子之座。時彼如來於此
座上成阿耨菩提者。以無功用智性恆普照法界

一切诸佛众生前。教化无有休息。以先所发大愿风轮所持故。从佛子乃往古世过世界海微尘数劫已下。是夜神随世说劫。举发心久近因缘。此是如幻中安立。经云乃往古世过世界海微尘数劫者。明无数为数。表本无数体可得。时劫亦然。有劫名善光者。明无功智体。安立名也。世界名宝光。无功用智。任物现法。名世界也。于其劫中有一万佛出兴者。以无功之智。随根应现。名一万佛出兴。一万者。以一智应万行也。其最初佛。号法轮音虚空灯王如来。十号圆满者。以无功之智。任运利生。恒转法轮音。如虚空中响。无有依处。而照烛一切众生故名灯。明智自在故名王。十号具足者。智用遍周随行立名也。彼阎浮提有一王都。名宝庄严。是智王所化之境。名宝庄严。其东不远有一大林。名曰妙光者。东方表智化众生令明生处也。以东方表法也。以木贯日为东字。林名妙光。以行如林。荫俗广多。启明利物。名为妙光。中有道场。名为宝华。表以行利生。心华开敷。故道场名宝华。彼道场中有普光明摩尼莲华藏师子之座。时彼如来于此座上成阿耨菩提者。以无功用智。性恒普照法界。

自性無垢為座以此智體性無成壞名曰成無上菩提滿一百年坐於道場者百為表一地中十地十十波羅蜜滿也又約此位升進後位過九地一皆百波羅蜜滿至十地自佛位滿故約立一百為階級已下勝光王是智之所治行慈之境界王及太子舉善惡相形發慈心之方便也王名勝光是智善伏太子是行慈之行已下諸苦境界是智所行慈悲位也如下合會五百大臣欲害我者今提婆達多五百徒黨是是諸人蒙佛所化於當來過須彌山微塵數劫善光世中成佛有五百佛次第而成乃至彼諸罪人我所救者即拘留孫佛等賢劫千佛是拘留孫此云應斷已斷及百萬阿僧祇菩薩並在十方行菩薩行勝光王今薩遮尼乾子大論師是薩遮尼乾者此外道露形自餓不為衣食所繫王宮人及諸眷屬彼尼乾六萬弟子是已上總明智所化境成就之人佛子我於爾時救罪人已父母聽我出家者表智位體淨無染名為出家出有功用家於虛空燈王佛所出家學道五百歲中淨修梵行即得成就百萬陀羅尼者五百歲者表無功用智體通五位但生熟不同此為初佛

自性无垢为座。以此智体性无成坏。名曰成无上菩提。满一百年坐于道场者。百为表一地中十地。十十波罗蜜满也。又约此位升进后位。过九地一皆百波罗蜜满。至十地自佛位满故。约立一百为阶级。已下胜光王。是智之所治行慈之境界。王及太子举善恶相形。发慈心之方便也。王名胜光。是智。善伏太子。是行慈之行。已下诸苦境界。是智所行慈悲位也。如下合会。五百大臣欲害我者。今提婆达多五百徒党是。是诸人蒙佛所化。于当来过须弥山微尘数劫。善光世中成佛。有五百佛次第而成。乃至彼诸罪人我所救者。即拘留孙佛等贤劫千佛是。拘留孙。此云应断已断。及百万阿僧祇菩萨。并在十方行菩萨行。胜光王。今萨遮尼乾子大论师是。萨遮尼乾者。此外道裸形自饿。不为衣食所系。王宫人及诸眷属。彼尼乾六万弟子是。已上总明智所化境成就之人。佛。子我于尔时救罪人已。父母听我出家者。表智位体净无染。名为出家。出有功用家。于虚空灯王佛所出家学道。五百岁中净修梵行。即得成就百万陀罗尼者。五百岁者。表无功用智体通五位。但生熟不同。此为初佛。

通此初佛有十九箇佛次第出興者。明至八地無功智中。學佛十力自成一佛。通為二十箇佛升九地十地佛果故。至此八地攝後二地果故。在此八地位中。以無功之智。即十地佛果不二故。故於此位安立十九箇佛。明通八地無功之智。共為二十。以相入故。表八地中即十地行也。三世一也。其中承事佛者。表隨行之身。初舉萬佛出興。表九地萬行滿。次善光劫中有六十億佛出興。表十地中六位齊。因果一體無前後也。已上意明以普光明智體升進利生大悲智自在無功之行。益眾生之樣式。安立利人發行救眾生之法用。令後學者倣之。如前或隨位中安立一百佛已後更安立一二三四佛者。總明約位成行故。行中有果。設使見其自行果外佛者。不離自行所見故。行及方見即真佛也。要期而方見者暫化還亡。是化佛也。以即事即理言之。二十八相者。欠四相不滿三十二相。表此第八地。欠九地十地四重因果未滿位故。一地兩重因果。以位位中有正位因果有向果故。一切世界海微塵數劫所有諸佛出興於世親近供養者。明無功之智徧周無法不佛佛即法也。十方虛空通。此初佛有十九个佛次第出兴者。明至八地无功智中。学佛十力。自成一佛。通为二十个佛。升九地十地佛果故。至此八地。摄后二地果故。在此八地位中。以无功之智。即十地佛果不二故。故于此位安立十九个佛。明通八地无功之智。共为二十。以相入故。表八地中即十地行也。三世一也。其中承事佛者。表随行之身。初举万佛出兴。表九地万行满。次善光劫中有六十亿佛出兴。表十地中六位齐。因果一体。无前后也。已上意明以普光明智体。升进利生大悲智自在无功之行。益众生之样式。安立利人发行救众生之法。用令后学者仿之。如前或随位中安立一百佛已。后更安立一二三四佛者。总明约位成行故。行中有果。设使见其自行果外佛者。不离自行所见故。行及方见。即真佛也。要期而方见者。暂化还亡。是化佛也。以即事即理言之。二十八相者。欠四相不满三十二相。表此第八地。欠九地十地四重因果未满位故。一地两重因果。以位位中有正位因果。有向果故。一切世界海微尘数劫。所有诸佛出兴于世。亲近供养者。明无功之智遍周。无法不佛。佛即法也。十方虚空無有間缺鍼鋒毛端不是一切法一切佛故。但有微塵許是非染淨心。皆不是見佛也。以智眼印之。已下一段頌重頌前法。如文自具。善男子我唯知此教化眾生令生善根解脫。已下推德升進。此是第八不動地中善知識。以願波羅蜜為主。餘九為伴。治無功用智中說法未自在障。令得自在。第二推德升進中。從如諸菩薩摩訶薩已下。至辭退而去。有十一行半經。於此段中約分四門。一推德升進。二示善知識所居之處。云此閻浮提有一園林名嵐毗尼。三舉善知識名妙德圓滿光。四禮敬辭去。都云閻浮提有一園林者。明修第九善慧地法光徧濟普蔭十方一切眾生。行解廣大。處生死如園。萬行如林。故為名也。嵐毗尼者。此云樂勝園也。為以智慧法樂眾生。故此園林亦是如來示現下生時誕生之園。明八地菩薩從兜率天降神下生。非為處胎為受生也。於九地中修智慧利人天及滿一切眾生之智慧。故名為受生。受學諸佛智慧令滿一切眾生故。如經自明。有神名妙德圓滿者。明善慧地妙慧圓滿。故神者。以悲智善能說教為神。

无有间缺针锋毛端。不是一切法一切佛故。但有微尘许是非染净心。皆不是见佛也。以智眼印之。已下一段颂。重颂前法。如文自具。善男子我唯知此教化众生令生善根解脱已下。推德升进。此是第八不动地中善知识。以愿波罗蜜为主。余九为伴。治无功用智中说法未自在障。令得自在。第二推德胜进中。从如诸菩萨摩诃萨已下。至辞退而去。有十一行半经。于此段中。约分四门。一推德升进。二示善知识所居之处。云此阎浮提有一园林名岚毗尼。三举善知识名妙德圆满光。四礼敬辞去都云阎浮提有一园林者。明修第九善慧地。法光遍济普荫十方一切众生。行解广大。处生死如园。万行如林。故为名也。岚毗尼者。此云乐胜园也。为以智慧法乐众生故。此园林亦是如来示现下生时诞生之园明八地菩萨。从兜率天降神下生。非为处胎为受生也。于九地中。修智慧利人天。及满一切众生之智慧故。名为受生。受学诸佛智慧。令满一切众生故。如经自明。有神名妙德圆满者。明善慧地妙慧圆满故。神者。以悲智善能说教为神 。

第九閻浮提嵐毗尼園妙德圓滿光夜神。主善慧
地。

校譌

第十六紙十六行將下一本無欲字

第一正入當位法門中長科爲十段。一爾時善
財童子已下至增長菩薩大功德海有六行半經。
明善財往見善知識分。二善財見已下至爲世
大明有三行經。明善財見善知識申請所求分。三
彼神答言已下至十者入如來地受生藏有十三
行半經。明正授善財十種受生藏分。四善男子云
何名願常供養一切佛受生藏已下。至是爲菩薩
第十種受生藏。十種受生藏自有十段文分別。五
從佛子菩薩摩訶薩於此十法修習增長已下至
頌有十二行經。明勸修得益分。次下有二十行頌
重頌前法歎受生法門。六善男子菩薩具此十法
生如來家已下至自在受生解脫門有兩行半經
明林神自申得法久遠分。七善財白言聖者此解
脫門境界云何已下至頌有五紙經答前善財所
問受生境界分。八有二十三行頌重頌前法。九善

第九阎浮提岚毗尼园妙德圆满光夜神。主善慧地 。

第一正入当位法门中。长科为十段。一尔时善财童子已下。至增长菩萨大功德海。有六行半经。明善财往见善知识分。二善财见已已下。至为世大明。有三行经。明善财见善知识。申请所求分。三彼神答言已下。至十者入如来地受生藏。有十三行半经。明正授善财十种受生藏分。四善男子云何名愿常供养一切佛受生藏已下。至是为菩萨第十种受生藏十种受生藏。自有十段文分别。五从佛子菩萨摩诃萨于此十法修习增长已下至颂。有十二行经。明劝修得益分。次下有二十行颂。重颂前法。叹受生法门。六善男子菩萨具此十法生如来家已下。至自在受生解脱门。有两行半经。明林神自申得法久远分。七善财白言圣者此解脱门境界云何已下至颂。有五纸经。答前善财所问受生境界分。八有二十三行颂。重颂前法。九善男子我唯知此菩薩於無量劫徧一切處示現受生自在解脫。已下明推德升進。十隨文釋義者。此之菩薩受生門。意明第八地菩薩得無生忍獲無功智創始現前。令使進升九地學佛說法辯才門。令使滿足天之及人一切眾生意。名為初始處胎。名為受生藏。如經頌云。聞法不厭樂觀察。普於三世無所礙。身心清淨如虛空。此名稱者受生藏。其心恆住大悲海。堅如金剛及寶山。了達一切種智門。此最勝者受生藏。廣如經具明。於此第九地學佛智慧普周。十地大智法悅現前。以瞿波表之。十一地悲滿智周。以摩耶生佛表之。處世利物。大約以神及摩耶淨飯王等表智悲之行滿。若佛者。一切處一切時無不是生故。善財問法問境界有二義。一問受生境界。二問得法門久近境界。如下大天得此解脫其已久如。如誕生之中。約三乘境界一如摩耶夫人身所生。法約中下根眾生所見。約上根眾生蓮華化身。或從空現。不從母胎。上上根眾生豁然悟道自覺聖智。冥與智應。不論如來出世。如善財所有知識所說往因發心之始。具有如是種種諸流。亦有夜觀星月。便見空中有佛而為男子我唯知此菩萨于无量劫遍一切处示现受生自在解脱已下。明推德升进。十随文释义者。此之菩萨受生门。意明第八地菩萨。得无生忍。获无功智创始现前。令使进升九地。学佛说法辩才门。令使满足天之及人一切众生意。名为初始处胎。名为受生藏。如经颂云。闻法不厌乐观察。普于三世无所碍。身心清净如虚空。此名称者受生藏。其心恒住大悲海。坚如金刚及宝山。了达一切种智门。此最胜者受生藏。广如经具明。于此第九地学佛智慧普周。十地大智法悦现前。以瞿波表之。十一地悲满智周。以摩耶生佛表之。处世利物。大约以佛。及摩耶。净饭王等。表智悲之行满。若佛者。一切处。一切时。无不是生故。善财问法问境界有二义。一问受生境界。二问得法门久近境界。如下大天。得此解脱其已久如。如诞生之中。约三乘境界。一如摩耶夫人身所生法。约中下根众生所见。约上根众生。莲华化身。或从空现。不从母胎。上上根众生。豁然悟道。自觉圣智冥与智应。不论如来出世。如善财所有知识所说往因发心之始。具有如是种种诸流。亦有夜观星月。便见空中有佛而为說法。亦有見佛從空而下。而爲說法。亦有空中供養旃檀塔座佛。爲說法者。如賢勝優婆夷。得菩薩無依處道場。既自開解。復爲他說。又得無盡眼耳鼻舌身意皆無盡門。此不從師學。此摩耶夫人身但明悲智相資益眾生事。隨根所見。各自不同。普賢菩薩云。爲劣解眾生。母胎出現。上根之類。蓮華出興。若約異類多根。六趣差別所見如來受生。萬類不同。且約人間感根所見。如經具明。乃至十方世界塵中。普見如來受生境界。以此境界以爲圓林。念菩薩何時誕生。纔於百年者。表從此九地升十地爲百年。至十一地是生時。如境界果報光明摩耶夫人身相法事。如下一一具陳十法。已下廣明。寶多羅樹者。如此方椶櫚樹。勝寶所成。已下問發心久近中。言善男子。乃往古世過億佛剎微塵數劫。復過是數者。是不以限量分別之數。但總是無數也。世界名普寶者。從普賢願行爲世界之體故。劫名可樂者。表從第九善慧地生如來家智慧可樂故。八十那由他佛於中出現者。表第八地生第九地佛智慧家故。第一佛號自在功德明。已升十地。已下世界是所化之境。王都是智所攝化之说法。亦有见佛从空而下。而为说法。亦有空中供养旃檀塔座。佛为说法者。如贤胜优婆夷。得菩萨无依处道场。既自开解。复为他说。又得无尽眼耳鼻舌身意。皆无尽门。此不从师学。此摩耶夫人身。但明悲智相资。益众生事。随根所见。各自不同。普贤菩萨云。为劣解众生。母胎出现。上根之类。莲华出兴。若约异类多根。六趣差别。所见如来受生。万类不同。且约人间感根所见。如经具明。乃至十方世界尘中。普见如来受生境界。以此境界以为园林。念菩萨何时诞生。经于百年者。表从此九地升十地为百年。至十一地是生时如境界果报光明。摩耶夫人身相法事。如下一一具陈十法。已下广明。宝多罗树者。如此方棕榈树。胜宝所成。已下问发心久近中。言善男子。乃往古世过亿佛刹微尘数劫。复过是数者。是不以限量分别之数。但总是无数也。世界名普宝者。从普贤愿行。为世界之体故。劫名可乐者。表从第九善慧地。生如来家。智慧可乐故。八十那由他佛于中出现者。表第八地生第九地佛智慧家故。第一佛号自在功德。明已升十地。已下世界。是所化之境。王都。是智所摄化之人王及夫人表智悲之行。二十億那由他婇女表智悲二行法悅充滿。園及樓閣表智遊生死如園。爲明菩薩居生死中攝化衆生令得樂者是菩薩遊法樂故。其邊有樹名一切施喜光。依所生菩薩施法樂得名。夫人攀彼樹枝而生菩薩者表大悲攀緣利衆生萬行而生大智以用利人。然菩薩何得有生。而作生法皆約像表法。引接衆生令易解故。設見生者。但約一分衆生見如是生。非盡然也。已下以此知之。隨衆生解處而取之。是菩薩誕生法。但隨衆生宜何受益是菩薩誕生法故。意明勝智慧生隨衆生欲說法自在。是菩薩受生也。畢洛义樹此云高顯也。依佛名高顯而立名。樹亦稱德高顯彌覆十方。已下合會因緣本行如經具明。已下二十三行頌重頌前法。如文具明。此是第九善慧地善知識。以力波羅蜜爲主。餘九爲伴。治於一切趣說法不自在障令得自在。第二推德升進從如諸菩薩已下至辭退而去有九行經。約分四門。一推德升進。二示知識所居之城名迦毗羅。三擧知識名曰瞿波。四禮敬辭去。迦毗羅城者此云黃色城。是黃頭仙修仙道之處。是事。以會十地應人。王及夫人。表智悲之行。二十亿那由他婇女表智悲二行法悦充满。园及楼阁。表智游生死如园。为明菩萨居生死中。摄化众生令得乐者。是菩萨游法乐故。其边有树。名一切施。喜光。依所生菩萨施法乐得名。夫人攀彼树枝而生菩萨者。表大悲攀缘利众生万行。而生大智以用利人。然菩萨何得有生。而作生法。皆约像表法。引接众生令易解故。设见生者。但约一分众生见。如是生非尽然也。已下以此知之。随众生解处而取之。是菩萨诞生法。但随众生宜何受益。是菩萨诞生法故。意明胜智慧生。随众生欲。说法自在。是菩萨受生也。毕洛叉树。此云高显也。依佛名高显而立名。树亦称德高显。弥覆十方已下合会因缘本行。如经具明。已下二十三行颂。重颂前法。如文具明。此是第九善慧地善知识。以力波罗蜜为主。余九为伴。治于一切趣说法不自在障。令得自在。第二推德升进。从如诸菩萨已下。至辞退而去。有九行经。约分四门。一推德升进。二示知识所居之城。名迦毗罗。三举知识名。名曰瞿波。四礼敬辞去。迦毗罗城者。此云黄色城。是黄头仙修仙道之处。是事。以会十地应

頁合中宮之位。是以表法中宮土為黃色圓而無
方。明智悲二德以體用遍周。鼓育萬有而無體也。
像戊己二位。戊表智己表悲。然遂世應眞者方始
徹其萬法之本也。始得妙用之精微者。智悲為本
也。此瞿波者。亦云瞿夷。此云守護地者。守護菩薩
行中大慈大悲之地。如毗盧遮那如來是智。以華
冠纓絡眾寶莊嚴。是智悲二行之報生佛也。列位
雖一云行是一人。瞿波雖號如來為太子時第三夫
人之數。意是表慈悲法悅之位。終非如世間五欲
妻也。如來出世應眞智會體遍十方。不可以如世
間質礙論。不可以作世間形相解。現同人間。示同
人法。現同天上。與天同風。地獄畜生。隨類差別。不
可以作一行知。不可以作一身解。眾生無量。佛亦
同然。然其報土報身。遍一切方。出超三界。與菩薩
眾人天同居。有翳之流。恆同身共居。而常不知不
見。十方佛剎。智境含容於一微塵。總圓無盡。言瞿
波者。約此人間現同人法。有而不著。表大智之功
難捨而能捨。起引生之路。如經下文。自說往古同
行之因緣所行菩薩行。為夫妻之緣起。乃至佛位。
又約先德所說。如來為太子時。有三夫人。一名耶

真。合中宫之色。是以表法。中宫土为黄色。圆而无方。明智悲二德。以体用遍周。载育万有。而无体也。像戊己二位。戊表智。己表悲。然达世应真者。方始彻其万法之本也。始得妙用之精微者。智悲为本也。此瞿波者。亦云瞿夷。此云守护地者。守护菩萨行中大慈大悲之地。如毗卢遮那如来是智。以华冠璎珞众福庄严。是智悲二行之报生佛也。列位虽二。行是一人。瞿波虽号如来为太子时第三夫人之数。意是表慈悲法悦之位。终非如世间五欲妻也。如来出世。应真智会体遍十方。不可以如世间质碍论。不可以作世间形相解。现同人间。示同人法。现同天上。与天同风。地狱畜生。随类差别。不可以作一行知。不可以作一身解。众生无量。佛亦同然。然其报土报身。遍一切方。出超三界。与菩萨众人天同居。有翳之流。恒同身共居。而常不知不见。十方佛刹。智境含容。于一微尘。总圆无尽。言瞿波者。约此人间现同人法。有而不著。表大智之功。难舍而能舍。起引生之路。如经下文。自说往古同行之因缘。所行菩萨行。为夫妻之缘起。乃至佛位。又约先德所说。如来为太子时。有三夫人。一名耶輸陀羅。二名瞿波。三名摩奴舍。未知出何教門。約有此義。如耶輸陀羅出家作比丘尼依三乘出世法。如瞿波作善財十地位中善知識。表十地大悲行徹。約古人作四句解之。一得眞不證。二知眞行俗。三處纏不染。四大悲同事。此約毗盧遮那行普賢行十方六道化身處世應根大悲之行。今約立十門。以歎其德。一以智體無依隨器現相門。二即相如影性無俗塵門。三智影本無器隨心現門。四智無彼此如響應緣門。五衆生妄夢所見非智有作門。六智無所作隨夢幻生門。七如幻人有形無質非有欲想門。八以智體如空隨本願力十方對現門。九以無作大悲徹俗利生門。十以大智徧通含識。俗體恆眞而無所汚門。以此十法歎瞿波行普賢之行。若以普賢行中。引衆生出纏離俗之行具。即須擇是簡非應根所宜治惑。若智現隨流而性常者。此爲佛子說。大意此瞿波十地道終出世智滿。欲令諸菩薩至十地道者入十一地普賢行門。如蓮華處水不濕成處世大悲破其染淨二種習障。方得入十一地普賢行。如前十定品。十地位中灌頂受如來職位出世智悲二行已滿。猶於十输陀罗。二名瞿波。三名摩奴舍。未知出何教门。约有此义。如耶输陀罗出家作比丘尼。依三乘出世法。如瞿波作善财十地位中善知识。表十地大悲行彻。约古人作四句解之。一得真不证。二知真行俗。三处缠不染。四大悲同事。此约毗卢遮那行普贤行。十方六道。化身处世。应根大悲之行。今约立十门。以叹其德。一以智体无依。随器现相门。二即相如影性无俗尘门。三智影本无。器随心现门。四智无彼此。如响应缘门。五众生妄梦所见。非智有作门。六智无所作。随梦幻生门。七如幻人有形无质。非有欲想门。八以智体如空。随本愿力十方对现门。九以无作大悲。彻俗利生门。十以大智遍通含识。俗体恒真而无所污门。以此十法。叹瞿波行普贤之行。若以普贤行中。引众生出缠离俗之行具。即须择是简非。应根所宜治惑。若智现随流而性常者。此为佛子说。大意此瞿波十地道终出世智满。欲令诸菩萨至十地道者。入十一地普贤行门。如莲华处水不湿。成处世大悲。破其染净二种习障。方得入十一地普贤行。如前十定品。十地位中。灌顶受如来职位。出世智悲二行已满。犹于十一地位。三度入百千三昧門。畢竟覓普賢菩薩不得。如來令生想念志求。方見普賢菩薩。爲有出世淨智習在。准此例知。須發廣大悲願。誓度有情。深觀世間。與眞體一。不屬染淨。處幻生門。入幻住海。化幻衆生。知如幻性。入無依智門。等法界性。以智幻生身。幻作一切供養之具。供養一切幻生如來。以如是智幻生門。供佛利生。無有休息。

第十迦毗羅城瞿波女主法雲地。

校譌　第十六紙六行延一本作耶　第十七紙十四行其一本作彼

第一正入當位法門中。從爾時善財童子已下。長科爲六段。一爾時善財童子已下。至不久當成無上果。故有十九行經。明善財至法界光明講堂無憂妙德神與一萬主宮殿神。來迎善財。歎善財志德發心勇猛精進分。二善財童子已下至頌此一段經。明善財自說菩薩志願益衆生之行。將升法堂。諸神散華供養善財分。已下有十行頌。無憂德神稱歎善財童子。如文具明。三爾時無憂德神一地位。三度入百千三昧门。毕竟觅普贤菩萨不得。如来令生想念志求。方见普贤菩萨。为有出世净智习在。准此例知。须发广大悲愿。誓度有情。深观世间。与真体一。不属染净。处幻生门。入幻住海。化幻众生。知如幻性。入无依智门。等法界性。以智幻生身。幻作一切供养之具。供养一切幻生如来。以如是智幻生门。供佛利生。无有休息 。

第十迦毗罗城瞿波女。主法云地 。

第一正入当位法门中。从尔时善财童子已下。长科为六段。一尔时善财童子已下。至不久当成无上果故。有十九行经。明善财至法界光明讲堂。无忧妙德神。与一万主宫殿神。来迎善财叹善财。志德。发心勇猛精进分。二善财童子已下至颂。此一段经。明善财自说菩萨志愿益众生之行。将升法堂。诸神散华供养善财分。已下有十行颂。无忧德神称叹善财童子。如文具明。三尔时无忧德神

已下至修諸善行恆不止息有一十五行經明善
財至瞿波所中請所求分。四時瞿波告善財言已
下至頌此一段明瞿波女爲善財說菩薩行因陀
羅網普光明智及十種事善知識之行幷二十四
行頌重頌前法分。五時釋迦瞿波說此頌已下至
一切如來解脫光明皆了知故有五十六行經明
瞿波答善財所問法門境界分。六爾時善財童子
白瞿波言已下至卷末總明答善財所問得法久
如分隨文釋義言漸次遊行明升進前位至菩薩
集會普現法界光明講堂者明十地世間出世間
二智清淨平等徧周智悲純淨是一切灌頂菩薩
同會此堂。二智同眞名普現法界智光破闇名爲
光明以一正智普合多法名爲講堂其中有神號
無憂德與一萬主宮殿神來迎善財者名大慈大
悲觀護一切法界中一切衆生心爲宮殿神一萬
者名萬行也。來迎者善財於此地出世智悲二行
相及與位合故明升進智悲會此位也。即以瞿波
女爲智悲圓滿之主故以王種中生者王表智女
表悲。一萬主宮殿神是明主伴萬行圓滿義。已下
歎善財志德如文自明。善財升法堂者入位也。入

已下。至修诸善行恒不止息。有二十五行经。明善财至瞿波所。申请所求分。四时瞿波告善财言已下至颂。此一段。明瞿波女为善财说菩萨行因陀罗网普光明智。及十种事善知识之行。并二十四行颂。重颂前法分。五时释迦瞿波说此颂已下。至一切如来解脱光明皆了知故。有五十六行经。明瞿波答善财所问法门境界分。六尔时善财童子白瞿波言已下。至卷末。总明答善财所问得法久如分。随文释义言渐次游行。明升进前位。至菩萨集会普现法界光明讲堂者。明十地世间出世间二智清净。平等遍周。智悲纯净。是一切灌顶菩萨同会此堂。二智同真。名普现法界。智光破暗。名为光明。以一正智普含多法。名为讲堂。其中有神号无忧德。与一万主宫殿神来迎善财者。名大慈大悲。覆护一切法界中一切众生心。为宫殿神。一万者。名万行也。来迎者。善财于此地。出世智悲二行相及。与位合故。明升进智悲会此位也。即以瞿波女为智悲圆满之主故。以王种中生者。王表智。女表悲。一万主宫殿神。是明主伴万行圆满义。已下叹善财志德。如文自明。善财升法堂者。入位也。入

普現法界光明講堂者。會如來理智大悲大體徧
周故。周徧推求者。人位觀智體會初人位升進釋
氏女者。姓也。在講堂內坐寶蓮華師子座者無染
行也。八萬四千婇女者。八萬四千煩惱皆以慈悲
同行。皆從王種中生。明悲者智王所生。已下四攝
同行皆不離智境故。已下談其瞿波及婇女志德
如文具明。次善財至瞿波中。諮問所求。瞿波為說所
求之法。如文具明。次下善財所入法門境界中云
不善根所攝善根者。如行纔理細。又如世行行非
復能行一分善事。又如外道行是邪行見亦是邪
總不善復是求善。是善根所攝不善根。如人天外
道世間善根所攝。不能斷除三界苦業。是不善根
又二乘及淨土菩薩伏三界業不令現行。是善根
所攝。未能達悟如來智悲。是不善根。是善根所攝
不善根故。又如瞿波女。於往昔因中為居士女。以
愛染心布施寶纓絡。是不善根所攝。因此一百五
十劫。不入三惡道。生人天中。王種中生。乃至十地
位。是不善根所攝善根。餘如文自具。如因依外道
及邪見之徒。無正知見。妄謂正道。因而發心。究竟
不能解脫。因起邪見。入於苦趣。是善根所攝不善

普现法界光明讲堂者。会如来理智大悲大体遍周故。周遍推求者。入位观智体会。初入位升进。释氏女者。姓也。在讲堂内坐宝莲华师子座者。无染行也。八万四千婇女者。八万四千烦恼。皆以慈悲同行。皆从王种中生。明悲者智王所生。已下四摄同行。皆不离智境故。已下谈其瞿波及婇女志德如文具明。次善财至瞿波。申请所求瞿波为说所求之法。如下具明。次下善财所入法门境界中。云不善根所摄善根者。如行粗理细。又如世有行非。复能行一分善事。又如外道行邪行。是见亦是邪。总不善。复是求善。是善根所摄不善根。如人天外道。世间善根所摄。不能断除三界苦业。是不善根。又二乘及净土菩萨。伏三界业不令现行。是善根所摄。未能达悟如来智悲。是不善根。是善根所摄不善根故。又如瞿波女。于往昔因中为居士女。以爱染心布施宝璎珞。是不善根所摄。因此二百五十劫。不入三恶道。生人天中。王种中生。乃至十地位。是不善根所摄善根。余如文自具。如因依外道及邪见之徒。无正知见。妄谓正道。因而发心究竟不能解脱。因起邪见。入于苦趣。是善根所摄不善根如世界種者如華藏世界已釋世界種所攝者一大世界四周十佛刹微塵眷屬國土四周圍遶是安立世界輪者如最下風輪持水水持金剛金剛持大地以火大相資也轉者次第也次第相成故世界場者或以所行法門爲世界道場亦以場者平坦能治高下爲場世界轉者西方大數也自餘如文如善財問得法久近中約立十門一舉久遠劫數云過佛刹微塵數劫二舉有劫名勝行三舉世界名無畏四舉世界中有四天下名安隱五舉四天下中閻浮提六舉閻浮提中有城名高勝七舉於八十城中此城最爲上首八舉王名名爲財主九舉王有六萬婇女十舉大臣王子具有五百已上十段明往發心時總因已下明太子名威德主已下明太子出遊瞿波婚禮及見佛所有因緣於此段中約立十門一太子出行遊觀二善現母女見太子心生愛染三女母自念卑賤非其匹偶四童女寐夢見勝日光佛覺已有天復告其女云勝日光佛出興於世五童女自申美德自進請納爲夫人願垂所納受六太子問女誰爲守護先屬何人七女母說頌以申女德及所生因蓮華中

根。如世界种者。如华藏世界已释。世界种所摄者。一大世界。四周十佛刹微尘眷属国土。四周围绕是。安立世界轮者。如最下风轮持水。水持金刚。金刚持大地。以火大相资也。轮者。次第也。次第相成故。世界场者。或以所行法门。为世界道场。亦以场者平坦。能治高下为场。世界转者。西方大数也。自余如文。如善财问得法久近中。约立十门。一举久远劫数。云过佛刹微尘数劫。二举有劫名胜行。三举世界名无畏。四举世界中有四天下名安隐。五举四天下中阎浮提。六举阎浮提中有城名高胜。七举于八十城中。此城最为上首。八举王名。名为财主。九举王有六万婇女。十举大臣王子具有五百。已上十段。明往发心时总因。已下明太子名威德主已下。明太子出游。瞿波婚礼。及见佛所有因缘。于此段中。约立十门。一太子出行游观。二善现母女见太子心生爱染。三女母自念卑贱非其匹偶。四童女寐梦见胜日光佛。觉已。有天复告其女云。胜日光佛出兴于世。五童女自申美德。自进请纳为夫人。愿垂所纳受。六太子问女。谁为守护。先属何人。七女母说颂。以申女德。及所生因。莲华中化生與太子同日生。八太子入香牙園問女及母我行菩薩行汝不障礙不。九女白太子言敬奉來敎。十太子納女爲夫人以五百摩尼寶散其身上已上十門明太子納妻童女受位。已下女母善現歎女智德。於此已下復分十門。一女母歎女之德二太子與妙德及千婇女往香牙園法雲光道場見佛。三太子及女見佛供養四佛爲說普眼燈門經。五太子及女聞法於一切法中得三昧海。六妙德女得三昧名難勝海藏永不退轉大菩提心。七太子辭佛還宮啟白父母如來出世。八王聞歡喜集諸小王羣臣眷屬受太子灌頂職與諸眷屬俱詣佛所。九王見佛禮敬遶畢退坐一面如來放光以神通力示化其王三乘法化。十其王及眷屬皆獲利益出家學道不久得離闇燈陀羅尼門已上十門財主王得道。已下明太子爲王十五日七寶來至。於此段中復立十門。一太子登紹王位七寶自在。二八十王城安置僧坊。三請佛入城四佛入城已以大神力衆生歡喜衆生獲益五太子輪王者今毗盧遮那如來是。六財主王者寶華佛是今現在東方世界中具如經說。七其女母者我母化生。与太子同日生。八太子入香牙。园问女及母。我行菩萨行。汝不障碍不。九女白太子言。敬奉来教。十太子纳女为夫人。以五百摩尼宝散其身上。已上十门。明太子纳妻。童女受位。已下女母善现叹女智德。于此已下。复分十门。一女母叹女之德。二太子与妙德及十千婇女。往香牙园法云光道场见佛。三太子及女。见佛供养。四佛为说普眼灯门经。五太子及女闻法。于一切法中得三昧海。六妙德女得三昧。名难胜海藏。永不退转大菩提心。七太子辞佛还宫。启白父母如来出世。八王闻欢喜。集诸小王群臣眷属。受太子灌顶职。与诸眷属俱诣佛所。九王见佛礼敬绕毕。退坐一面。如来放光。以神通力。示化其王三乘法化。十其王及眷属。皆获利益。出家学道。不久得离暗灯陀罗尼门。已上十门。财主王得道。已下明太子为王十五日。七宝来至。于此段中。复立十门。一太子登绍王位。七宝自至。二八十王城安置僧坊。三请佛入城。四佛入城已。以大神力。众生欢喜。众生获益。五太子轮王者。今毗卢遮那如来是。六财主王者。宝华佛是。今现在东方世界中。具如经说。七其女母者。我母善目是。八爲輪王夫人妙德者我身是者卽瞿波女是。九自此已去明供養佛數都舉六十億百千那由他。十通本勝日身如來至末佛號廣大解有五十佛。已上十門明都結本緣因果從最後佛號廣大解已下復立十門。一明於此佛所所得法門二明得法門名觀察一切菩薩三昧已經佛刹微塵數劫勤加修習。三明卒化勸修此門四雖多劫勤修自念猶未能盡知菩薩之行。五推德升進六正歎後善友之德。七示其善友所居世界之處。八舉善友之名。曰佛母摩耶九瞿波說頌重頌前法。十更舉往古初時遠因爲居士女時所緣之行。已上五十門總明答善財所問發心久如因緣之行。夫菩薩之意深廣難知。或說事而意在理中。或說理而無虧事行。今且舉其事行。略辯表法之門。教廣文長。約陳少分云爾。經云。善男子我於往古世過佛刹微塵數劫者。都明時之無體可數故。劫名勝行者。表十地大慈悲門。入觀察一切菩薩三昧。是劫名勝行也。世界名無畏者。入此勝行門。無有諸生死五種可畏故。彼世界中有四天下名爲安隱者。是此菩薩行以四攝法安隱衆生故。四天下善目是。八为轮王夫人妙德者。我身是者。即瞿波女是。九自此已去。明供养佛数。都举六十亿百千那由他。十通本胜日身如来。至末佛号广大解。有五十佛。已上十门。明都结本缘因果。从最后佛号广大解已下。复立十门。一明于此佛所所得法门。二明得法门。名观察一切菩萨三昧已。经佛刹微尘数劫勤加修习。三明率化劝修此门。四虽多劫勤修。自念犹未能尽知菩萨之行。五推德升进。六正叹后善友之德。七示其善友所居世界之处。八举善友之名。曰佛母摩耶。九瞿波说颂。重颂前法。十更举往古初时远因。为居士女时所缘之行。已上五十门。总明答善财所问发心久如因缘之行。夫菩萨之意。深广难知。或说事而意在理中。或说理而无亏事行。今且举其事行。略辩表法之门。教广文长。约陈少分云尔。经云。善男子。我于往古世过佛刹微尘数劫者。都明时之无体可数故。劫名胜行者。表十地大慈悲门。入观察一切菩萨三昧。是劫名胜行也。世界名无畏者。入此胜行门。无有诸生死五种可畏故。彼世界中有四天下名为安隐者。是此菩萨行。以四摄法安隐众生故。四天下閻浮提中有一城名高勝樹者。表十地行樹高勝前諸位故。覆育廣博故。八十王城中最爲上首者。表諸位進修八正道爲體。至此十地八正之行勝前行故。財主王已下婇女王子大臣總明五位六位中智慧慈悲法悅萬行也。王表智。婇女表慈悲法悅。王子及臣表行能破惑度衆生故。五配五位六配六位通十信總在十地因果通收無前後二際故。餘倣此知之。已下菩薩衆龍天八部地風水火等一切諸神配六道中衹衆生之行徧故。勝日身如來是表根本智。次六十億百千那由他佛出興於世者於根本智起差別智。通收十信以從根本普光明智發心。六位行終不離此也。普光明殿中說十信是也。從最初勝日身佛至末後廣大解佛於中供養五十箇佛者。表五位加行因果也。至末後廣大解佛是普賢差別智滿。以此十地通收五位及六位因果總在其中。本末相卽。三世一念。入因陀羅網門觀察菩薩三昧者。明觀察菩薩行無盡圓周故不可窮也。餘義如文自具。此是法雲地善友以智波羅蜜爲主。餘九爲伴。治於智境之中具大慈行不自在障。入普賢行門方滿。已下明阎浮提中。有一城名高胜树者。表十地行树高胜前诸位故。覆育广博故。八十王城中最为上首者。表诸位进修。八正道为体。至此十地。八正之行胜前行故。财主王已下。婇女王子大臣。总明五位六位中。智慧慈悲法悦。万行也。王表智。婇女表慈悲法悦。王子及臣。表行能破惑度众生故。五配五位。六配六位。通十信总在十地。因果通收。无前后二际故。余仿此知之。已下菩萨众。龙天八部。地风水火等一切诸神。配六道中佑众生之行遍故。胜日身如来。是表根本智。次六十亿百千那由他佛出兴于世者。于根本智起差别智。通收十信。以从根本普光明智发心。六位行终。不离此也。普光明殿中说十信是也。从最初胜日身佛。至末后广大解佛。于中供养五十个佛者。表五位加行因果也。至末后广大解佛。是普贤差别智满。以此十地。通收五位及六位因果。总在其中。本末相即。三世一念。入因陀罗网门。观察菩萨三昧者。明观察菩萨行。无尽圆周。故不可穷也。余义如文自具。此是法云地善友。以智波罗蜜为主。余九为伴。治于智境之中具大慈行不自在障。入普贤行门方满。已下明

大方廣佛新華嚴經論卷第四十

十一地位第一推德升進中約立四門。一推德升
進。二示善友所在。云在此世界中。三舉善友名摩
耶。四禮敬辭去。云在此世界中者。是佛智境界也。
以善財詣摩耶夫人所。獲得觀佛境界智。以此世
界者。是佛智境界也。名摩耶者。此云天后。亦曰夫
人。是國大夫人。此是十一地常處世間無功大慈
悲爲體。出生普賢行門。意分八門。一且如五位中
十住位中。從第七住休捨優婆夷主從慈悲修智
門。至第八住中分無功智現前。二至第十住中師子幢王女慈
行主智悲圓融具足門。三十行中第七行無厭足
王。是十行中主慈悲方便利生門。四第八行大光
明王。以主無功之行行悲門。五十迴向中第七第
八迴向。觀世音菩薩及正趣菩薩同會而見主悲
智圓融無一門。六十地中第七地開敷樹華夜神
主以大悲發行徧周現果門。七第十地中瞿波女
主大悲智圓滿普合法界門。八此第十一地約。即
以摩耶夫人爲大慈悲之首。即以無功用慈悲圓
滿。以明慈悲起智幻生成佛。及以教化一切眾生
諸行門。以此位法門名菩薩大願智幻解脫門。明
此十一地中。大悲爲首。以本願力慈悲心起智幻

（大方广佛新华严经论卷第四十）*

十一地位*第二推德升进中。约立四门。一推德升进。二示善友所在。云在此世界中。三举善友名摩耶。四礼敬辞去。云在此世界中者。是佛智境界也。以善财诣摩耶夫人所。获得观佛境界智。以此世界者。是佛智境界也。名摩耶者。此云天后。亦曰夫人。是国大夫人。此是十一地。常在世间。无功大慈悲为体。出生普贤行门。意分八门。一且如五位中十住位中。从第七住休舍优婆夷。主从慈悲修智门。至第八住中一分无功智现前二至第十住中。师子幢王女慈行。主智悲圆融具足门。三十行中。第七行无厌足王。是十行中主慈悲方便利生门。四第八行大光明王。以主无功之行行悲门。五十回向中。第七第八回向。观世音菩萨及正趣菩萨同会而见。主悲智圆融无二门。六十地中。第七地开敷树华夜神。主以大悲发行遍周现果门。七第十地中瞿波女。主大悲智圆满普含法界门。八此第十一地初。即以摩耶夫人为大慈悲之首。即以无功用慈悲圆满。以明慈悲起智幻生成佛。及以教化一切众生诸行门。以此位法门。名菩萨大愿智幻解脱门。明此十一地中。大悲为首。以本愿力慈悲心。起智幻生示現成佛利眾生事及以一切諸行之門遍法界虛空界故。已上八門和會五位修德慈悲次第進修方便差別同異。又於此十一地中長科十門，略知此地行相次第。一摩耶夫人，明從悲起智幻生諸行成佛利生門。二三十三天王名正念，友名天主光明智悲自在正念十方諸法無失現前門。三童子師明遍滿十方主世法師範門。四童子善知眾藝明遍周十方字智門。五賢勝優婆夷明主世間一切正邪吉凶諸方技術師範博說一切總還利生門。六堅固長者明處世無著念清淨解脫門。七妙月長者明處世淨智光明門。八無勝軍明於無相法中得無盡相門。九最寂靜婆羅門明誠願語門。十德生童子有德童女明智悲圓滿處世幻住門。此十德生出現品中，文殊普賢二位齊表法身智慈悲齊滿也。已上十門是十一地行也。已下至慈氏如來明一生佛果滿也。一生者兼生中生也。非三世前後生故。

校譌

第八紙十五行庠宋南北藏作詳十六行智光明下宋論有文名光明四字第十紙

生。示现成佛利众生事。及以一切诸行之门。遍法界虚空界故。已上八门。和会五位修德慈悲次第进修方便差别同异。又于此十一地中。长科十门。略知此地行相次第。一摩耶夫人。明从悲起智幻生诸行成佛利生门。二三十三天王名正念。女名天主光。明智悲自在正念十方诸法无失现前门。三童子师。明遍满十方主世法师范门。四善子善知众艺。明遍周十方字智门。五贤胜优婆夷。明主世间一切正邪吉凶诸方技术师巫传说一切总达利生门。六坚固长者。明处世无著念清净解脱门。七妙月长者。明处世净智光明门。八无胜军。明于无相法中得无尽相门。九最寂静婆罗门。明诚愿语门。十德生童子。有德童女。明智悲圆满处世幻住门。此如出现品中。文殊普贤二位齐也。表法身智慈悲齐满也。已上十门。是十一地行也。已下至慈氏如来。明一生佛果满也。一生者。无生中生也。非三世前后生故 。

四行成下宋論有等字第十二紙十四行庠宋南北藏作詳第十三紙四行詣宋南北藏作覲第十六紙十五行界下宋論無場字

第五十一地法門十知識。第一此世界中摩耶夫人。主從悲起智幻生成佛門。

第一正入當位法門中。從爾時善財童子已下。長科爲十一段。一爾時善財童子已下。至得觀佛境界智有一行半經。明善財升進入十一地門分。二作如是念已下。至作是念已有十一行半經。明善財歎摩耶夫人身之體相自在分。三有主城神名曰寶眼已下。至乃至必當成佛。有三十六行經。明主城神爲善財說主治心城法門分。四爾時有身衆神已下。至覩一切刹佛出興故。有十四行半經。明身衆神歎摩耶夫人身。摩耶夫人於耳璫放

第五十一地法门十知识。第一此世界中摩耶夫人。主从悲起智幻生成佛门。

第一正入当位法门中。从尔时善财童子已下。长科为十一段。一尔时善财童子已下。至得观佛境界智。有一行半经。明善财升进入十一地门分。二作如是念已下。至作是念已。有十一行半经。明善财叹摩耶夫人身之体相自在分。三有主城神名曰宝眼已下。至乃至必当成佛。有三十六行经。明主城神为善财说主治心城法门分。四尔时有身众神已下。至睹一切刹佛出兴故。有十四行半经。明身众神叹摩耶夫人身。摩耶夫人于耳珰放

光入善財身分。五時有守護菩薩堂羅刹鬼王名
曰善眼已下至是爲十明羅刹王爲善財說十種
親近善知識法分。六佛子已下至說是語時有十
一行經。明羅刹王爲善財說十三昧法令善財得
常親近善知識分。七善財童子仰視空中已下至
如來不可思議微妙功德有一十七行經。明善財
見羅刹王爲說禮敬十方求善知識法復爲說觀
身心如夢如幻法得見摩耶夫人蓮華及座樓閣
莊嚴分。已上三衆神是入此十一地前方便。方便
有二。一善守護心城。二善知音聲性徧十方。三羅
刹王名守護法堂者。以十三昧門及知身心如夢
幻觀是守護法界堂義。羅刹王者此云可畏王名
自在。以三昧觀察守護身心法堂令妄邪惡鬼破
散故。摩耶耳璫放光入善財身者。明人教光三昧
耳主教音。以此三法以爲十一地前方便。方得正
入十一地門。入爾時善財見如是座已下至已得
成就寂滅身故。有三十一行半經明善財見摩耶
夫人如幻色身徧周十方一切衆生前分。九爾時
善財童子見摩耶夫人已下至云何學菩薩行而
得成就有二十七行半經。明摩耶現超過一切諸

光入善财身分。五时有守护菩萨堂罗刹鬼王名曰善眼已下。至是为十。明罗刹王为善财说十种亲近善知识法分。六佛子已下。至说是语时。有十一行经。明罗刹王为善财说十三昧法。令善财得常亲近善知识分。七善财童子仰视空中已下。至如来不可思议微妙功德。有二十七行经。明善财见罗刹王为说礼敬十方求善知识法。复为说观身心如梦如幻法。得见摩耶夫人莲华及座楼阁庄严分。已上三众神。是入此十一地前方便。方便有三。一善守护心城。二善知音声性遍十方。三罗刹王名守护法堂者。以十三昧门及知身心。如梦幻观。是守护法界堂义。罗刹王者。此云可畏。王名自在。以三昧观察守护身心法堂。令妄邪恶鬼破散故。摩耶耳珰放光入善财身者。明入教光三昧。耳主教音。以此三法。以为十一地前方便。方得正入十一地门。八尔时善财见如是座已下。至已得成就寂灭身故。有三十一行半经。明善财见摩耶夫人如幻色身。遍周十方一切众生前分。九尔时善财童子见摩耶夫人已下。至云何学菩萨行而得成就。有三十七行半经。明摩耶现超过一切诸

色相身徧周剎海。善財亦現等爾許身在前合掌
敬禮申請所求及得證人諸三昧門分十答言佛
子我已成就菩薩大願智幻解脫已下至有修行
普賢行願化一切衆生者我自現身悉爲其母有
一百七行經。總明摩耶答善財所問法門分。十一
爾時善財童子白摩耶夫人證此解脫經今幾時
已下至我唯知此菩薩大願智幻生解脫門有二
十七行半經。明答善財所問得此解脫久如分。隨
文釋義者。摩耶夫人總相中以三法而成。別相中
以等佛數衆生數行門而得其名。三法者。一以等
一切諸佛衆生平等無相自體清淨法身妙理爲
體。二以等一切諸佛衆生平等理中普光明無作
無依之智爲體。三以等一切諸佛衆生無作理智
之中無作性長養一切衆生饒益大慈大悲與一
切衆生本同一體自他性亡恒爲利益不求恩報。
此乃天眞本然衆生共有。依此三法行之即是。雖
然衆生共有。而衆生迷之者須具方便行門。起發
顯明方得。云何方便。其方便有十大願門。如願修
學。一願初發心時起等一切衆生數慈悲大願皆
當救度一切衆生令出三界苦中皆令成佛。一願

色相身遍周刹海。善财亦现等尔许身在前合掌敬礼申请所求及得证入诸三昧门分。十答言佛子我已成就菩萨大愿智幻解脱已下。至有修行普贤行愿化一切众生者我自现身悉为其母。有一百七行经。总明摩耶答善财所问法门分。十一尔时善财童子白摩耶夫人证此解脱经今几时已下。至我唯知此菩萨大愿智幻生解脱门。有二十七行半经。明答善财所问得此解脱久如分。随文释义者。摩耶夫人总相中以三法而成。别相中以等佛数众生数行门而得其名。三法者。一以等一切诸佛众生平等无相自体清净法身妙理为体。二以等一切诸佛众生平等理中普光明无作无依之智为体。三以等一切诸佛众生无作理智之中无作性。长养一切众生。饶益大慈大悲。与一切众生本同一体。自他性亡。恒为利益。不求恩报。此乃天真本然众生共有。依此三法行之即是。虽然众生共有。而众生迷之者。须具方便行门。起发显明方得。云何方便。其方便有十大愿门。如愿修学。一愿初发心时。起等一切众生数慈悲大愿。皆当救度一切众生。令出三界苦中。皆令成佛。二愿承事恭敬供養十方一切諸佛無空過者。三願於諸世界中所生之處有德藝過己之人奉事修學。雖學諸藝智出人天。不生憍慢。恆以大慈大悲爲首。四願恆以四念處觀隨病治之。立四正勤成就根力。五願恆以七覺分不離心首。長諸正慧照十二緣生成大智海。六願恆以八正道行。無始無終。常現在前。七願自己八正道現前。常住世間利益人天一切六道眾生。自己不樂別求餘方淨土。明見一切法界之門。深知染淨本從妄起依眞本無。八願於菩薩五位行門。明知法則。所有十住十行十迴向十地十一地中方便及諸三昧。利人天法一念徧周。善知其趣。次第修行。九願常念本願風輪以持本智。鼓揚無邊諸波羅蜜行。等十方界對現色身應根接引一切眾生。十願常以大慈悲身起一切智如理徧周法界。大智普照不遺一物。平等普賢。此是摩耶夫人身所成之行。若修行者應如是修。無有一佛不從大願海大悲智生。是故經云。但行普賢行願。所願皆從我生。表此十一地智從悲起。十地已前大慈大悲之行皆以本願及以從根本智生。有修學長養。十一地一切功終。純是承事恭敬供养十方一切诸佛。无空过者。三愿于诸世界中所生之处。有德艺过己之人。奉事修学。虽学诸艺智出人天。不生骄慢。恒以大慈大悲为首。四愿恒以四念处观随病治之。立四正勤成就根力。五愿恒以七觉分不离心首。长诸正慧。照十二缘生成大智海。六愿恒以八正道行。无始无终常现在前。七愿自己八正道现前。常住世间利益人天一切六道众生。自己不乐别求余方净土。明见一切法界之门。深知染净本从妄起。依真本无。八愿于菩萨五位行门。明知法则。所有十住十行十回向十地十一地中方便。及诸三昧。利人天法。一念遍周。善知其趣。次第修行。九愿常念本愿风轮。以持本智。鼓扬无边诸波罗蜜行。等十方界对现色身应根接引一切众生。十愿常以大慈悲身。起一切智。如理遍周法界。大智普照。不遗一物。平等普资。此是摩耶夫人身所成之行。若修行者。应如是修。无有一佛不从大愿海大悲智生。是故经云。但行普贤行愿。所愿皆从我生。表此十一地智从悲起。十地已前大慈大悲之行。皆以本愿及以从根本智生。有修学长养。十一地一切功终。纯是大慈悲為法界體。以悲生智幻生等眾生數身。常為利益會無休息名為生佛。非要得三十二相乃至九十七相。但初發心時。一分會真智悲同起雖未得通化變易自在。法是一同。知見真故。如是修學。如是悟入。方名初發心時便成正覺。亦名以佛知見示悟眾生。欲令眾生入佛知見。從此摩耶夫人表十一地初門。已後九箇善知識總明從大慈悲為母體皆從母行。以智幻生。悲智徧周。十方普現。不作階級次第對治。已後善知識雖亦云我唯知此法門。餘不能知者。以明同中具別。表普賢差別智隨俗徧周。非如十地已前滯。障不違。此之十一地但隨修行。十一地行滿此普賢十一地位顯德徧周。行備塵俗。無求出世。自同天主光已去總是同世凡流不標神相異狀。與世人一種。但有法利人。明十地已前是修悲智自已出世鑒道法門。十一地是自以大慈悲心行。世俗濟生之門表自出世道滿。無更求解脫離染離淨之心。但以乘法雖船張大慈悲帆。以大智爲船師。順本願風。吹諸波羅蜜網。常遊生死海。漉一切眾生有著之魚。安置無依普光明之智岸。常生一切幻住萬行功德法大慈悲为法界体。以悲生智。幻生等众生数身。常为利益。曾无休息。名为生佛。非要得三十二相。乃至九十七相。但初发心时。一分会真。智悲同起。虽未得通化变易自在。法是一同。知见真故。如是修学。如是悟入。方名初发心时便成正觉。亦名以佛知见示悟众生。欲令众生入佛知见。从此摩耶夫人。表十一地初门。已后九个善知识。总明从大慈悲为母体。皆从母行。以智幻生。悲智遍周。十方普现。不作阶级次第对治。已后善知识虽亦云我唯知此法门。余不能知者。以明同中具别。表普贤差别智。随俗遍周。非如十地已前。滞障不达。此之十一地。但显修行十一地行。满此普贤十一地位。显德遍周。行备尘俗。无求出世。自天主光已去。总是同世凡流。不标神相异状。与世人一种。但有法利人。明十地已前。是修悲智自己出世圣道法门。十一地。是自以大慈悲心行。赴俗济生之门。表自出世道满。无更求解脱离染离净之心。但以乘法性船。张大慈悲帆。以大智为船师。顺本愿风。吹诸波罗蜜网。常游生死海。漉一切众生有著之鱼。安置无依普光明之智岸。常生一切幻住万行功德法

界無礙寶堂。如下慈氏所居樓閣是。如善財得羅
剎王爲說求善知識法。令善財普禮十方正念思
惟一切境界勇猛自在徧遊十方觀身觀心如夢
如幻如影求善知識。爾時善財受行其教即時覩
見大寶蓮華從地涌出者。明十方求善知識者明
自身心內外十方以法諦求有何體性令稱法身。
又令觀身觀心如夢如影者。令達其相達性達相
如影通同無二。便入智幻生門。是見摩耶夫人也。
初見蓮華從地踊出者。以自性清淨法身爲地體
一切萬行蓮華從此生故金剛爲莖者是根本智
明一切差別行差別智從法身根本智生。設是有
此境界莊嚴亦是此依報也。終不別有報因果也。
妙寶藏者。慈悲含育報生也。摩尼爲葉者行無垢
報生也。光明寶王以爲其臺者以根本智現照用
自在所報生也。眾寶色香以爲鬚者。戒定慧解脫
解脫知見香所報生也。無數寶網彌覆其上者。以
能施教網報生也。上有樓觀者。差別智報生。名普
納十方法界藏者。以大智徧周教網普覆所報生
也。奇妙嚴飾者。妙行報嚴故。金剛爲地者法身報
生也。千柱行列者。行有千萬行也。一切皆以摩尼

界无碍宝堂。如下慈氏所居楼阁是。如善财得罗刹王。为说求善知识法。令善财普礼十方。正念思惟一切境界。勇猛自在遍游十方。观身观心如梦如幻如影。求善知识。尔时善财受行其教。即时睹见大宝莲花从地涌出者。明十方求善知识者。明自身心内外十方。以法谛求。有何体性。令称法身。又令观身观心如梦如影者。令达其相。达性达相。如影通同无二。便入智幻生门。是见摩耶夫人也。初见莲华从地涌出者。以自性清净法身为地体。一切万行莲华从此生故。金刚为茎者。是根本智。明一切差别行差别智。从法身根本智生。设是有此境界庄严。亦是此依报也。终不别有报因果也。妙宝藏者。慈悲含育报生也。摩尼为叶者。行无垢报生也。光明宝王以为其台者。以根本智现照用自在所报生也。众宝色香以为须者。戒定慧解脱解脱知见香所报生也。无数宝网弥覆其上者。以能施教网报生也。上有楼观者。差别智报生。名普纳十方法界藏者。以大智遍周教网普覆所报生也。奇妙严饰者。妙行报严故。金刚为地者。法身报生也。千柱行列者。行有千万行也。一切皆以摩尼寶成者。行中無垢也。以閻浮檀金以爲其壁者。柔和忍辱之所報生也。衆寶纓絡四面垂下者。四攝之行垂慈接生之所報生也。已下准此例知。教廣文長不可具述。已下摩耶夫人所現徧法界身。同一切衆生事業等身生一切諸如來身。如文自明。

校譌

第二紙十七行佛下宋論有轉字　第三紙十九行無礙光下北宋藏無明字　第五紙五行觀宋論作觀　第九紙十九行十下一本無方字　第十一紙二行贍宋論作贍十四行矩北藏作明　第十四紙十六行具明書藏作其

如善財童子問摩耶夫人得此解脫其已久如。摩耶答言善男子乃往古世過不可思議非最後身菩薩神通道眼所知者。唯佛能知。故意明不可以時分知。不可以劫數度也。要須以佛智印冥同。古今量盡始末見亡者。能知其發心得法之久近。

宝成者。行行中无垢也。以阎浮檀金以为其壁者。柔和忍辱之所报生也。众宝璎珞四面垂下者。四摄之行垂慈接生之所报生也。已下准此例知。教广文长。不可具述。已下摩耶夫人所现遍法界身。同一切众生事业等身。生一切诸如来身。如文自明。

如善财童子问摩耶夫人得此解脱其已久如。摩耶答言。善男子。乃往古世过不可思议非最后身菩萨神通道眼所知者。唯佛能知故。意明不可以时分知。不可以劫数度也。要须以佛智印冥同。古今量尽。始末见亡者。能知其发心得法之久近。

若立始終之見者。設將無盡刹微塵比之成數無由可悉。設使展轉無盡無盡刹塵比之成數亦不可悉。數亡計盡智現方知。即無以數法算其遠近若以算法盡無盡劫算毛孔中虛空量了無得其邊際故。以虛空無壽量故。以此無量爲得時也。如文殊師利頌云。一念普觀無量劫。無去無來亦無住。如是了知三世事。超諸方便成十力。此是最後身菩薩之大數也。爾時劫名淨光。表法身爲劫體。世界名須彌者。得不動智爲世界體。雖有諸山五趣雜居。然其國土衆寶所成。清淨莊嚴。無諸穢惡者。唯其自心淨。即一切境界淨。萬法無垢。作淨穢二見。即自心見不淨也。明大悲徧含五趣。大智無染淨等見。故名衆寶莊嚴。有千億四天下者。明萬行利生之位也。有一四天下名師子幢者。明大智偏周十方一境。於中有八十億王城。有城名自在幢者。明八正道行十波羅蜜。於中智所遊居。名輪王所居。號自在幢。王名大威德者。是智自在能治生死。自不壞也。彼王城北有道場名滿月光明者。城北者北爲坎位。是師君智所居治迷之位也。號道場。能治執戢。故名滿月光明。其道場神名曰慈若立始终之见者。设将无尽刹微尘比之成数。无由可悉。设使展转无尽无尽刹尘比之成数。亦不可悉。数亡计尽。智现方知。即无以数法算其远近。若以算法。尽无尽劫。算毛孔中虚空量。了无得其边际故。以虚空无受量故。以此无量为得时也。如文殊师利颂云。一念普观无量劫。无去无来亦无住。如是了知三世事。超诸方便成十力。此是最后身菩萨之大数也。尔时劫名净光。表法身为劫体。世界名须弥者。得不动智为世界体。虽有诸山五趣杂居。然其国土众宝所成。清净庄严无诸秽恶者。唯其自心净。即一切境界净万法无垢。作净秽二见。即自心见不净也。明大悲遍含五趣。大智无染净等见。故名众宝庄严。有千亿四天下者。明万行利生之位也。有一四天下名师子幢者。明大智遍周。十方一境。于中有八十亿王城。有城名自在幢者。明八正道行十波罗蜜。于中智所游居。名轮王所居。号自在幢。王名大威德者。是智自在。能治生死。自不坏也。彼王城北有道场名满月光明者。城北者。北为坎位。是师君智所居治迷之位也。号道场。能治执惑。故名满月光明。其道场神名曰慈德者。以智之化迷以慈悲爲德。有菩薩名離垢幢者。法身起行性自無垢。坐於道場將成正覺者。欲成爲將有一惡魔名金色光與其眷屬無量衆俱至菩薩所彼大威德轉輪王已得菩薩神通自在化作兵衆其數倍多圍遶道場諸魔惶怖悉自奔散者。意明惡魔名金色光者。法身智境眞假一相一向離垢菩薩。未明心境平等。要假一切智王明觀心境理徹無二。心境如幻。一切境界幻智幻生。卽於境不迷。妄想心魔總唯法界皆爲佛事名爲奔散。道場神慈悲歡喜者法悅也道場神於彼王而生子想者。明破見由智起行化俗由悲。明此位智由慈悲所生故觀智如子。乃至合會輪王者毗盧遮那是道場神我身是者。明恐人不解其意託事像之。令易解故。終不可以心外別有境魔但明心無內外中間萬法。自他同體。一亦不一。他亦不他只爲法幽難顯借事表明。諸有智者以譬喻得解。乃至一切初發無上大菩提心。皆先起大願大慈悲心教化衆生。方求出要利衆生之行及至行滿此法不移其志。一切諸佛皆如是先從大慈悲願行生故。十方世界無量諸佛將成佛時皆於爾德者。以智之化迷以慈悲为德。有菩萨名离垢幢者。法身起行性自无垢。坐于道场将成正觉者。欲成为将。有一恶魔名金色光。与其眷属无量众俱。至菩萨所。彼大威德转轮王。已得菩萨神通自在。化作兵众其数倍多。围绕道场。诸魔惶怖悉自奔散者。意明恶魔名金色光者。法身智境。真假一相。一向离垢。菩萨未明心境平等。要假一切智王。明观心境。理彻无二。心境如幻。一切境界幻智幻生。即于境不迷。妄想心魔。总唯法界。皆为佛事。名为奔散。道场神慈悲欢喜者。法悦也。道场神于彼王而生子想者。明破见由智。起行化俗由悲。明此位智由慈悲所生。故观智如子。乃至合会。轮王者毗卢遮那是。道场神我身是者。明恐人不解其意。托事像之。令易解故。终不可以心外别有境魔。但明心无内外中间万法。自他同体。一亦不一。他亦不他。只为法幽难显。借事表明。诸有智者。以譬喻得解。乃至一切初发无上大菩提心。皆先起大愿大慈悲心。教化众生。方求出要利众生之行。及至行满。此法不移其志。一切诸佛皆如是。先从大慈悲愿行生故。十方世界无量诸佛将成佛时。皆于脐中放大光明來照我身。及我宮殿屋宅者。悲宮智殿。養育爲屋。生死海爲宅。明齊處身之中。一切衆生生長之際。此處是含生生長之藏。如樹根魁之際向上長莖榦枝條。向下生根入地。處陰陽之中際發生之元始。又如甲子旬中。以戍爲天魁。左生陽右生陰。今齊中放光者。表受生之元始。如天魁之象。起慈悲之始。生大智之元故。如人生亦爾。初生少小漸長大者。亦從齊輪起氣通於上下生長之性。此處是受氣始生之元。故從此放光也。是其乾位。是始終之際生長之元。此齊中是也。又表處智悲之中際。成智之中。即眉間毫相是。成大悲之中。即齊中是故。此是十一地普賢處世利生門。治十地中出世緣眞利生不自在。行不廣大障。如十定品中諸菩薩求覓普賢三求不見者是。隨大智之中。行檀度爲主。總統法界波羅蜜海門也。都言三世一切佛。以慈悲爲初生。無慈悲利物。有厭生死。即是二乘及淨土菩薩。後迴心始可歸眞。定性之流。生多劫難返。餘如經自具。我唯知此菩薩大願智幻解脫者。明推德升進。有三門。一示善友之處。云在三十三天。一有王名正念。二王女名天主中放大光明来照我身。及我宫殿屋宅者。悲宫智殿。养育为屋。生死海为宅。明脐处身之中。一切众生生长之际。此处是含生生长之藏。如树根魁之际。向上长茎干枝条。向下生根入地。处阴阳之中际。发生之元始。又如甲子旬中。以戌为天魁。左生阳。右生阴。今脐中放光者。表受生之元始。如天魁之象。起慈悲之始。生大智之元故。如人生亦尔。初生少小。渐长大者。亦从脐轮起。气通于上下生长之性。此处是受气始生之元故。从此放光也。是其乾位。是始终之际。生长之元。此脐中是也。又表处智悲之中际。成智之中。即眉间毫相是。成大悲之中。即脐中是故。此是十一地普贤处世利生门。治十地中出世缘真。利生不自在。行不广大障。如十定品中。诸菩萨求觅普贤。三求不见者是随大智之中。行檀度为主。总统法界波罗蜜海门也。都言三世一切佛。以慈悲为初生。无慈悲利物。有厌生死。即是二乘及净土菩萨。后回心始可归真。定性之流。生多劫难返。余如经自具。我唯知此菩萨大愿智幻解脱者。明推德升进。有三门。一示善友之处。云在三十三天。二有王名正念。三王女名天主光。汝往問菩薩行菩薩道。

第三十三天正念天王女名天主光。主智悲自在正念諸法無失現前門

王名正念者。明智淨自在如天王。正念者表淨智無念而自在。任理施爲。不爲而萬事自爲。明十一地淨智任運應現也。在十住位中。但名正念天子問其梵行。未云有女。至此十一地中名王又云有女。名以智生悲也。有女名天主光者。表無作智中慈悲無染。性任用利物也。此位表智圓用無前後也。取天表處生死中自在。神化無方。非即在於處所也。敬申所求。云我得菩薩解脫名無礙念。意明無礙念者。得三世無礙智。一念印三世古今及未來一切眾生生死劫量及一切三世諸佛成道劫量。一念徧知無不了然。如今現前。以無妄念智現前諸法本如是故。此明無妄念之正念智也。於中所有諸劫中諸佛之數於諸劫中或供養多佛

光。汝往问菩萨行菩萨道。

第二三十三天正念天王女名天主光。主智悲自在正念诸法无失现前门。

王名正念者。阴智净自在如天王。正念者。表净智无念而自在。任理施为。不为而万事自为。明十一地净智任运应现也。在十住位中。但名正念天子问其梵行。未云有女。至此十一地中名王。又云有女。名以智生悲也。有女名天主光者。表无作智中慈悲无染性。任用利物也。此位表智圆用。无前后也。取天。表处生死中自在。神化无方。非即在于处所也。敬申所求。云我得菩萨解脱名无碍念。意明无碍念者。得三世无碍智。一念印三世古今及未来一切众生生死劫量。及一切三世诸佛成道劫量。一念遍知。无不了然。如今现前。以无妄念智现前诸法本如是故。此明无妄念之正念智也。于中所有诸劫中诸佛之数。于诸劫中或供养多佛或供養少佛增減不定者。是一念中無念正智普皆供養三世諸佛之數。此是無久近中久近之狀也。總無時之大圓智境法自如是。不由修生也。修者但自照十二緣生達妄成智。智無所修。但自解迷。眞無可作。亦無三世古今之性。此是十一地中第二地善知識。次十一地中第二地善知識已下。總明正念中無礙智用偏周同行攝生之行身也。此方如是。十方一切世界例然。六道等偏。總從摩耶大悲海生。以正念無作智爲體也。此是十一地中戒波羅蜜。以智生悲門。故女名天主光。

第三迦毗羅城偏友童子師。主偏滿十方主世法師範門。

迦毗羅城童子師。此云黃色城也。黃色者。是中宮色。故明爲此童子師不離中道。軌治俗典。如此土孔丘之流。明世間師範門。如孔子頭頂下如返字。表處俗行謙之道。以身表法。像尼丘山。似彼山頂中下。非彼山因求祠而生。此俗說非也。姓孔者聖人無名無姓。以德爲名爲姓。非以俗姓爲姓。約德以有寬明之德以之姓孔。孔者寬也。以行化蒙或供养少佛。增减不定者。是一念中无念正智。普皆供养三世诸佛之数。此是无久近中久近之状也。总无时之大圆智境。法自如是。不由修生也。修者。但自照十二缘生。达妄成智。智无所修。但自解迷。真无可作。亦无三世古今之性。此是十一地中第二地善知识。次十一地中第二地善知识已下。总明正念中无碍智用遍周同行摄生之行身也。此方如是。十方一切世界例然。六道等遍。总从摩耶大悲海生。以正念无作智为体也。此是十一地中戒波罗蜜。以智生悲门故。女名天主光 。

第三迦毗罗城遍友童子师。主遍满十方主世法师范门 。

迦毗罗城童子师。此为黄色城也黄色者。是中宫色故。明为此童子师。不离中道。轨治俗典。如此土孔丘之流。明世间师范门。如孔子头顶。下如返宇。表处俗行谦之道。以身表法。像尼丘山。似彼山顶中下。非彼山因求祠而生。此俗说非也。姓孔者。圣人无名无姓。以德为名为姓。非以俗姓为姓。约德以有宽明之德。以之姓孔。孔者。宽也。以行化蒙。

名之爲丘。丘者山岳之稱。以艮爲山爲小男爲童
蒙。因行所化而立名也。故名丘也。亦以德超過俗
名之爲丘。亦至德尊重無傾動之質名之爲丘。生
在兗州者艮之分也。主以化小男童蒙之位。兗州
上值於角。角爲天門。主衆善之門。亦主以僧尼道
士。以乘角氣而生。此非世凡流之能體。故善財至
此徧友不言而使令善財往衆藝所者。師範之法
正者不親教。付之以助教。不決之事問之以正師。
表德不孤必有鄰。附贊成其化行也。

第四善知衆藝童子主徧周十方字智門。

　　徧友云。此有童子名善知衆藝。學菩薩字智者。
明徧友是師童子是學者。依教立名。即如此方孔
丘門人顏回之流。善財致敬申請所求。童子衆藝
云。我得菩薩解脫名善知衆藝。我恒唱持此之字
母。唱阿字時此云無也。入般若波羅蜜門。名菩薩
威力入無差別境明達一切法空門。是菩薩威力。
斷一切障入無功智徧法界證生界故。唱多字時
入般若波羅蜜門。名無邊差別境。是明一切諸有
是差別智是普賢行。徧知一切三界六道衆生中

名之为丘。丘者山岳之称。以艮为山。为小男。为童蒙。因行所化而立名也。故名丘也。亦以德超过俗。名之为丘。亦至德尊重无倾动之质。名之为丘。生在兖州者。艮之分也。主以化小男童蒙之位。兖州上值于角。角为天门。主众善之门。亦主以僧尼道士。以乘角气而生。此非世凡流之能体故。善财至此。遍友不言。而便令善财往众艺所者。师范之法。正者不亲教。付之以助教。不决之事。问之以正师。表德不孤必有邻。附赞成其化行也 。

第四善知众艺童子。主遍周十方字智门 。

遍友云。此有童子名善知众艺。学菩萨字智者。明遍友是师。童子是学者。依教立名。即如此方孔丘门人颜回之流。善财致敬申请所求。童子众艺云。我得菩萨解脱名善知众艺。我恒唱持此之字母。唱阿字时。此云无也。入般若波罗蜜门。名菩萨威力入无差别境。明达一切法空门。是菩萨威力。断一切障。入无功智。遍法界众生界故。唱多字时。入般若波罗蜜门。名无边差别境。是明一切诸有。是差别智。是普贤行。遍知一切三界六道众生中法則行解及所宜應化，如是總有四十二般若波羅蜜門爲首。名爲字母。入無量無數般若波羅蜜門。如文自明。

第五賢勝優婆夷主世間一切正邪吉凶諸方技術師筮博說一切總達利生門。

賢勝優婆夷者，明世醫方衆術，世及出世，莫不總明。安物養生，無法不了。以居塵俗方便利生。或作博說世筮玄占未達，或作良醫善藥救世不安。辯寶物以定眞僞，刊名言而釋文義，奇才異智莫不普明。鬼魅衆邪，皆能制伏。含普賢之智海等文殊之法身。佛果處躬。化靈萬有，無方不至，無刹不周。無行不行，無生不濟。爲慈悲故現作女身，智無不明，號爲賢勝。主禪波羅蜜門。城名婆怛那者，此云喜增益。此以德立名，以多饒益人，多增喜事。雜薩羅寶，此寶如師子旋毛，得無依處道場者，法無依處，身亦無依，徧萬行故，行無體故，居南印度。

第六南方沃田城以堅固解脫長者主處世無著念清淨解脫門。

法则行解。及所宜应化。如是总有四十二般若波罗蜜门为首。名为字母。入无量无数般若波罗蜜门。如文自明。

第五贤胜优婆夷。主世间一切正邪吉凶诸方技术师巫博说一切总达利生门。

贤胜优婆夷者。明世医方众术。世及出世。莫不总明。安物养生。无法不了。以居尘俗。方便利生。或作博说世巫。玄占未达。或作良医善药救世不安。辩宝物以定真伪。刊名言而释文义奇才异智。莫不普明。鬼魅众邪。皆能制伏。含普贤之智海。等文殊之法身。佛果处躬。化灵万有。无方不至。无刹不周。无行不行。无生不济。为慈悲故。现作女身。智无不明。号为贤胜。主禅波罗蜜门。城名婆怛那者。此云喜增益。此以德立名。以多饶益人。多增喜事。鸡萨罗宝。此宝如师子旋毛。得无依处道场者。法无依处。身亦无依。遍万行故。行无体故。居南印度。

第六南方沃田城以坚固解脱长者。主处世无著念清净解脱门。

南方有城名爲沃田者以約此善友以智德澤資也。人多善增德厚。以立其名故。長者名堅固解脫者。明求法無懈如下自言爾時善財詣彼致敬申請所求。長者云我得無著淸淨念莊嚴明第六般若無相智慧莊嚴諸念卽於一切法念自無著也

第七沃田城妙月長者。主處世淨智光明門。

此城中有一長者名妙月者。明此中長者會第六無相智慧門。以方便波羅蜜爲一體故。明十地已前第六地三空無相智慧門。是出世間解脫。十地已後十一地中三空寂滅智慧門。是處世間成第七方便波羅蜜。與大慈悲一體無二。以從大慈悲母智幻所生此最後地。十住十地中七八二位相融。此十一地中。六七兩位和融一體。須知升進形勢如是。善財往詣致敬頂禮申請所求。妙月長者云我唯知此淨智光明解脫者。是妙月長者約德立名。慈悲智光是破惑義。以破世間衆生惑故。因慈悲利生破惑立名。此明三空慈悲淨智總一體用圓滿故。

第八南方出生城無勝軍長者。主無相法中得無盡相門

南方有城名为沃田者。以约此善友以智德泽资也。人多善增德厚。以立其名故。长者名坚固解脱者。明求法无懈。如下自言尔时善财诣彼致敬申请所求。长者云我得无著清净念庄严。明第六般若无相智慧庄严诸念即于一切法念自无著也。

第七沃田城妙月长者。主处世净智光明门。

此城中有一长者名妙月者。明此中长者会第六无相智慧门。以方便波罗蜜为一体故。明十地已前第六地三空无相智慧门。是出世间解脱。十地已后。十一地中三空寂灭智慧门。是处世间成第七方便波罗蜜。与大慈悲一体无二。以从大慈悲母智幻所生此最后地。十住十地中。七八二位相融。此十一地中。六七两位和融一体。须知升进形势如是。善财往诣。致敬顶礼。申请所求。妙月长者云。我唯知此净智光明解脱者。是妙月长者。约德立名。慈悲智光。是破惑义。以破世间众生惑故。因慈悲利生破惑立名。此明三空慈悲净智。总一体用圆满故。

第八南方出生城无胜军长者。主无相法中得无尽相门。

南方者。依初釋。有城名出生者。表第八願波羅蜜。出生諸法。及眾行故。長者名無勝軍者。表勝一切無明憍慢生死邪見惡賊魔軍故。善財往詣禮敬。申請所求。長者答云。我得菩薩解脫名無盡相者。明一切心境。總如來相。於一毛處。念念出生無盡諸相。無念理中。智幻所生。何有盡相。

第九出生城南法聚落最寂靜婆羅門。主誠願語門。

此城南有一聚落名為法者。眾人所居名之聚落。以無體性名之為法。取其寂靜名之中有婆羅門名最寂靜者。姓之及名總皆寂靜。表力波羅蜜。隨俗不俗眾會不諠名為力用自在。善財往詣致敬。頂禮申請所求。云我得菩薩解脫名誠願語。言誠是實也。明所願依言誠實無虛妄言。此是信士語。從心願所言依真而無虛誑語言。體真也。所豎皆真故。名句文及聲言辭及所說一切皆性真故。此為解脫。此是法師位表法界為聚落。一切言說自真。入法悉皆如然。表言不虛也。

第十妙意華門城德生童子有德童女。主智悲圓滿。處世幻住門。

南方者。依初释。有城名出生者。表第八愿波罗蜜。出生诸法。及众行故。长者名无胜军者。表胜一切无明骄慢生死邪见恶贼魔军故。善财往诣礼敬。申请所求。长者答云。我得菩萨解脱名无尽相者。明一切心境总如来相。于一毛处。念念出生无尽诸相。无念理中。智幻所生。何有尽相 。

第九出生城南法聚落最寂静婆罗门。主诚愿语门 。

此城南有一聚落名为法者。众人所居。名之聚落。以无体性。名之为法。取其寂静。名之中有婆罗门。名最寂静者。姓之及名总皆寂静。表力波罗蜜。随俗不俗众会不喧。名为力用自在。善财往诣致敬顶礼。申请所求。云我得菩萨解脱名诚愿语者。诚是实也。明所愿依言诚实。无虚妄言此是信士语从心愿。所言依真而无虚诳语言体真也。所愿皆真故。名句文及声。言辞及所说。一切皆性真故。此为解脱。此是法师位。表法界为聚落。一切言说自真。人法悉皆如然。表言不虚也 。

第十妙意华门城。德生童子。有德童女。主智悲圆满处世幻住门 。

此南方有城名妙意華門者妙智行華悉圓滿
故表十一地十法滿也彼有童子名曰德生復有
童女名曰有德此明智悲二行齊均無前卻故童
子童女者明智悲齊滿雖處世間無五欲想以居
幻住故善財往詣頂禮致敬申請所求云我等證
得菩薩解脫名爲幻住者約佛境界衆生境界皆
智幻所生住居幻境無實無虛無有識情心境皆
亡性相無礙以智功德故幻生光影身土重重如
因陀羅網身境重重十方身土境相相入無礙無
礙十方世界智凡體徹無始無終圓古今而一性
常住世間無所依止此明世間緣生性自離故眞
如虛妄假安立故妄體本無眞無住故智無依止
如虛空故以智報生皆幻住故有無自在隨智用
故雖智體同空不處寂故智身無量等徧十方性
無往來相光影故身土重重無大小故經云幻境
自性不可思議

校譌

第四紙十四行首句一本無爾時善財四字第七紙十三行從上宋論有善財一字
第九紙十行名下一本無爲字第十一紙二十行知宋論作衆第十二
紙十六行向聚上幷下到於上向妙上滿向上宋論俱有善財一字第十四紙十行

此南方有城名妙意华门者。妙智行华悉圆满故。表十一地十法满也。彼有童子名曰德生。复有童女名曰有德。此明智悲二行齐均。无前却故。童子童女者。明智悲齐满。虽处世间。无五欲想。以居幻住故。善财往诣。顶礼致敬。申请所求。云我等证得菩萨解脱名为幻住者。约佛境界。众生境界。皆智幻所生。住居幻境。无实无虚。无有识情。心境皆亡。性相无碍。以智功德故。幻生光影。身土重重。如因陀罗网身境重重。十方身土境相相入。无碍无碍。十方世界。智凡体彻。无始无终。圆古今而一性。常住世间。无所依止。此明世间缘生性自离故。真如虚妄假安立故。妄体本无真无住故。智无依止如虚空故。以智报生皆幻住故。有无自在随智用故。虽智体同空不处寂故。智身无量等遍十方。性无往来相光影故。身土重重无大小故。经云幻境自性不可思议。

念下宋北藏無清字十五行去宋南北藏作行四字十二行誠下宋南北藏無願字
第十七紙 五行漸次上宋論有善財童子

從此十一地已後會慈氏一生所得佛果門。於此門中長科爲十段。

第一善男子從此南方有國土名爲海岸已下至辭退而去。可有半卷經。明德生童子有德童女推慈氏菩薩之德。令善財童子親近升進分。從善男子南方有國土名爲海岸者。明升進至慈氏一生佛果故。名爲海岸。入佛智海。臨生死海故。亦以此國臨海而居故。有園林名大莊嚴者。約慈氏所居以生死爲園。萬行爲林。莊嚴自己智悲佛果已皆滿足。名大莊嚴。其中有一廣大樓閣。名毗盧遮那莊嚴藏者。明根本智差別智總體報生以立名故。毗云種種光明遮。那云徧照。以差別智爲種種光明。以根本智爲徧照。此二智約用成名。其體用一也。總無作者。以此法界體用普光明智。成諸萬行廣利含生報生敀此大莊嚴樓閣廣大量等虛空。一切世間及以衆生咸處其內。同住遊止不覺不知。如善財童子入此樓閣中。見淨世界不淨世界大千世界小千世界乃至地獄畜生餓鬼所住。乃至十方世界有佛世界無佛世界菩薩衆會種从此十一地已后。会慈氏一生所得佛果门。于此门中。长科为十段 。

第一善男子于此南方有国土名为海岸已下。至辞退而去。可有半卷经。明德生童子有德童女推慈氏菩萨之德。令善财童子亲近升进分。从善男子南方有国土名为海岸者。明升进至慈氏一生佛果故。名为海岸。入佛智海。临生死海故。亦以此国临海而居故。有园林名大庄严者。约慈氏所居。以生死为园。万行为林。庄严自己智悲佛果已皆满足。名大庄严。其中有一广大楼阁。名毗卢遮那庄严藏者。明根本智差别智。总体报生。以立名故。毗云种种光明。遮那云遍照。以差别智为种种光明。以根本智为遍照。此二智约用成名。其体用一也。总无作者。以此法界体用普光明智。成诸万行。广利含生。报生故。此大庄严楼阁广大量等虚空。一切世间及以众生咸处其内。同住游止不觉不知。如善财童子入此楼阁中。见净世界。不净世界。大千世界。小千世界。乃至地狱畜生饿鬼所住。乃至十方世界。有佛世界。无佛世界。菩萨众会。种種等事咸在其中。廣如經說。以佛智海。大悲含物。萬行利生。大願所持。共成樓閣之體。止住一切衆生生死園中。以萬行林覆蔭含識。皆令永得白淨法身無垢淨智清涼之樂。經云。從菩薩善根果報生。從善巧方便生。從福德智慧生。生無來處。滅無去處。皆是如幻智住生滅之相。還如衆生以業生滅無有來去體相可得取捨無有忻厭。經云。善男子住不思議解脫菩薩以大悲心爲諸衆生現如是境界集如是莊嚴彌勒菩薩安處其中。已下廣如經說。從此第一段中復分爲五段。一善男子於此南方有國土名爲海岸。已下至云何事菩薩善知識有二十行半經。明示善友所在及勸往詣其所諮問法門分。二何以故善男子彼菩薩摩訶薩已下至住於十地淨佛國土事善知識有十四行經。明德生童子歎慈氏德令善財親近承事分。三何以故善男子菩薩應種無量諸善根已下至應普事一切善知識有四十九行半經。明德生童子教善財童子所應學應行廣大之法分。四善男子汝求善知識不應疲倦已下至增長一切菩提法分有三十四行經。明德生童子教善財童子事善种等事。咸在其中。广如经说。以佛智海。大悲含物。万行利生。大愿所持。共成楼阁之体。止住一切众生生死园中。以万行林覆荫含识。皆令永得白净法身。无垢净智清凉之乐。经云。从菩萨善根果报生。从善巧方便生。从福德智慧生。生无来处。灭无去处。皆是如幻智住生灭之相。还如众生以业生灭。无有来去体相可得。取舍无有忻厌。经云。善男子住不思议解脱菩萨。以大悲心为诸众生现如是境界。集如是庄严。弥勒菩萨安处其中。以下广如经说。从此第一段中。复分为五段。一善男子于此南方有国土名为海岸已下。至云何事菩萨善知识。有二十行半经。明示善友所在。及劝往诣其所。咨问法门分。二何以故善男子彼菩萨摩诃萨已下。至住于十地净佛国土事善知识。有十四行经。明德生童子叹慈氏德。令善财亲近承事分。三何以故善男子菩萨应种无量诸善根已下。至应普事一切善知识。有四十九行半经。明德生童子教善财童子所应学。应行广大之法分。四善男子汝求善知识不应疲倦已下。至增长一切菩提法分。有三十四行经。明德生童子教善财童子事善知識不觀過失。不應疲倦由善知識獲無量利益分五何以故善男子善知識者能淨諸障已下至辭退而去有八十九行經。明德生童子教恭敬善知識法及由善知識成就廣大佛法分。如經云不應以限量心行於六度住於十地淨佛國土事善知識者明六度十地皆是出世。一分淨見未亡。以此障故未具普賢行。不同毗盧遮那如來報身因果境界。但得同於出世化佛化身。以毗盧遮那報相果海功德身具華冠纓絡環釧衆相福海嚴身。非是出纏捨諸飾好厭生死身故。是達無明本元法界大智之境自具無邊功德報身。又加普賢行願海差別智所成無限功德互爲莊嚴功德報身故。是故十一地滿德生童子教善財童子入法界門會根本果體。不隨引俗化境住於淨見限量行門。餘如經具明。如化佛之境是出世之門。云有他方別分淨土。報佛以十方總爲一淨土。不分淨穢

第二爾時善財童子蒙善知識教潤澤其心已下至皆以信受善知識教之所致耳有三十行經明善財童子自念往因過惡不善自慚愧悔恨起恭敬供養親近善知識分。如文自明。

知识。不观过失。不应疲倦。由善知识获无量利益分。五何以故善男子善知识者能净诸障已下。至辞退而去。有八十九行经。明德生童子教恭敬善知识法。及由善知识成就广大佛法分。如经云。不应以限量心。行于六度。住于十地。净佛国土。事善知识者。明六度十地。皆是出世。一分净见未亡。以此障故。未具普贤行。不同毗卢遮那如来报身因果境界。但得同于出世化佛化身。以毗卢遮那报相果海功德身。具华冠璎珞环钏。众相福海严身。非是出缠舍诸饰好厌生死身故。是达无明本元法界大智之境。自具无边功德报身。又加普贤行愿海差别智所成无限功德。互为庄严功德报身故。是故十一地满。德生童子教善财童子入法界门。会根本果体。不随引俗化境。住于净见限量行门。余如经具明。如化佛之境。是出世之门。云有他方别分净土。报佛以十方总为一净土。不分净秽。

第二尔时善财童子蒙善知识教润泽其心已下。至皆以信受善知识教之所致耳。有三十行经。明善财童子自念往因过恶不善。自惭愧悔恨。起恭敬供养亲近善知识分。如文自明。

第三善財童子以如是尊重如是供養已下至皆從菩薩善巧方便所流出故有三十二行經。明善財童子於樓閣前五體投地暫時斂念思惟獲益無量分。如文具明。

第四善財童子入如是智端心潔念已下至善財說頌有八十行經明善財歎善知識所居樓閣分如文自明。

校譌

第一紙八行國下宋論有上字名下宋論有爲字　第二紙十八行因下宋論有應學無量菩提因七字　第三紙十九行疾宋論作病　第四紙三行悲宋北藏作慈　第五紙三行隨下宋南北藏無順字　第六紙八行分法宋論作法分　第十三紙十二行習一本作集　第十五紙二十行澤宋論作懌

已上八十九行頌是善財童子重頌前慈氏菩薩所居樓閣住處并歎慈氏菩薩之德。如文具明。

第三善财童子以如是尊重如是供养已下。至皆从菩萨善巧方便所流出故。有三十二行经。明善财童子于楼阁前五体投地。暂时敛念思惟。获益无量分。如文具明 。

第四善财童子入如是智端心洁念已下。至善财说颂。有八十行经。明善财叹善知识所居楼阁分。如文自明 。

已上八十九行颂。是善财童子重颂前慈氏菩萨所居楼阁住处。并叹慈氏菩萨之德。如文具明。

第五爾時善財童子以如是等一切菩薩無量稱揚讚歎法已下是善財欲見彌勒菩薩彌勒從外而來爲大衆歎善財功德分此明菩薩常以不居自報隨俗攝生所有隨後之衆是所攝之衆化來至果餘如文自明。

校譌

第八紙二十行直宋論作眞第十紙五行正法宋論作八正十三行佛宋南北藏作法第十一紙十二行欣慶宋南北藏作歡喜第十二紙十一行喜宋論作欣第十三紙十二行今宋論作令第十六紙十二行慰宋論作隱十七行顯宋南北藏作樂十九行曩宋論作先二十行由宋論作遊第十七紙十一行幻宋論作誑十五行沃宋論作沷第二十二紙七行滅宋論作能醫下宋南北藏無暝字十六行任宋論作住

第六爾時善財童子合掌恭敬已下至此卷末。明善財申己已發大菩提心慈氏爲讚菩提心善根功力不思議分。意明一切神通道力菩薩萬行皆以菩提心爲根本。滅生死截苦流淨八萬四千煩惱門顯成一切智海皆以菩提心爲根本。如文廣歎以菩提心無依無住。無有體性生滅可得。如第五尔时善财童子以如是等一切菩萨无量称扬赞叹法已下。是善财欲见弥勒菩萨。弥勒从外而来。为大众叹善财功德分。此明菩萨常以不居自报。随俗摄生。而有随后之众。是所摄之众。化来至果。余如文自明。

第六尔时善财童子合掌恭敬已下。至此卷末。明善财申己已发大菩提心。慈氏为赞菩提心善根功力不思议分。意明一切神通道力。菩萨万行。皆以菩提心为根本。灭生死。截苦流。净八万四千烦恼门。显成一切智海。皆以菩提心为根本。如文广叹。以菩提心无依无住。无有体性生灭可得。如是現前煩惱自淨智海便現由智現故種種方便神通萬行以智能成由菩提心無依故智亦無依以智無依故一切所作皆無作者依住可得以此生死業亡唯智自在大悲萬行從智而生智體無依萬行如化利生如幻神通道力如空中月普現眾水智體不去眾生心水不來隨自業淨與智同體隨淨淺深現智各異非此非彼若欲見十方諸佛如來智海但自淨十二有支業緣佛智現爾但求他勝境自法便隱不及知法一一自已功成不攝功程不違聖旨如善財一一善友所具其五位方便加行菩薩之法不著他法不著自心無所依住但令其心廣大以方便三昧饒益廣多令一切眾生皆得離苦又令自心至究竟實法亦令眾生皆悉同得十方諸佛一切菩薩諸法利眾生諸行乃至一眾生法不知不了不名為智滿之佛不名摩訶薩

校譌

第四紙十行亦上宋南北藏無珠字．第五紙十六行海藏宋南藏作寶藏　第六紙十五行迦下南北藏無若字薝宋南北藏作蟾　第十二紙八行王宋論作正是现前。烦恼自净。智海便现。由智现故。种种方便神通万行。以智能成。由菩提心无依故。智亦无依。以智无依故一切所作皆无作者。依住可得。以此生死业亡。唯智自在。大悲万行。从智而生。智体无依。万行如化。利生如幻。神通道力。如空中月普现众水。智体不去。众生心水不来。随自业净。与智同体。随净浅深。现智各异。非此非彼。若欲见十方诸佛如来智海。但自净十二有支业缘。佛智现尔。但求他胜境。自法便隐。不及知法。一一自己功成。不损功程。不违圣旨。如善财一一善友所具。其五位方便加行菩萨之法。不著他法。不著自心。无所依住。但令其心广大。以方便三昧饶益广多。令一切众生皆得离苦。又令自心至究竟实法。亦令众生皆悉同得。十方诸佛。一切菩萨诸法。利众生诸行。乃至一众生法。不知不了。不名为智满之佛。不名摩诃萨 。

第七爾時善財童子恭敬右遶彌勒菩薩摩訶薩已下。至此卷末明善財入慈氏樓閣觀果知因三世所行境界同異總別一多無礙自在同時圓滿分。於此段中慈氏菩薩彈指出聲其門即開者。明聲是震動啟發之義。彈指者是去塵之義。塵亡執去法門自開善財入已其門還閉者。以迷（忘）智現名之爲開智無內外中間無出無入無迷無證名爲還閉。見其樓閣廣博無量同於虛空者智境界也。於中莊嚴皆約智約慈悲心所行諸行願報得。一一如經具明於中神化境界以約法界智境法爾合然。無物不神達法應眞一切自神乃至見彌勒菩薩三世所行境界。慈氏菩薩往昔會所事諸佛善知識亦爲善財說法者。以法身智境本自如然。無三世性古今三世窮劫元不移一念此非神通法合如是兜沙羅色者此如霜冰之色也。餘第七尔时善财童子恭敬右绕弥勒菩萨摩诃萨已下。至此卷末。明善财入慈氏楼阁。观果知因。三世所行境界。同异总别一多无碍自在同时圆满分。于此段中。慈氏菩萨弹指出声。其门即开者。明声是震动启发之义。弹指者。是去尘之义。尘亡执去。法门自开。善财入已。其门还闭者。以迷亡智现。名之为开。智无内外中间。无出无入。无迷无证名为还闭。见其楼阁广博无量同于虚空者。智境界也。于中庄严。皆约智约慈悲心。所行诸行愿报得。一一如经具明。于中神化境界。以约法界智境。法尔合然。无物不神。达法应真。一切自神。乃至见弥勒菩萨三世所行境界。慈氏菩萨往昔曾所事诸佛善知识。亦为善财说法者。以法身智境。本自如然。无三世性。古今三世穷劫。元不移一念。此非神通。法合如是。兜沙罗色者。此如霜冰之色也。余如經自具。經云。善男子。我願滿足成一切智得菩提時。汝及文殊師利俱得見我者。會三世因圓智無古今。卽三世佛一時相見同一智慧於此段中約科為三段。一爾時善財童子恭敬右遶慈氏菩薩已下。直至見樓閣中一切莊嚴自在境界有九紙經。明入佛智境觀果知因無異分。二爾時彌勒菩薩已下。至善知識加被憶念威神之力。有九行半經。明彌勒菩薩自攝神力。所現一切境界並無以手彈指命善財令起分。三聖者此解脫門其名何等已下。至與汝往昔同生同行。可有四紙經明善財問法門名目。并問彌勒菩薩來處所生處所分。於問法門名目中問其四法。一問入樓閣中所有法門境界解脫之名。二問莊嚴事何處去。三問彌勒菩薩從何處來。四問菩薩生處。一問法門名目者。此解脫門名入三世一切境界不忘念莊嚴藏。二問莊嚴事何處去者。慈氏答言。於來處去。又問從何處來。答曰。從菩薩智慧神力中來。依菩薩智慧神力中住。約體無來去處。具如經文。三問慈氏從何處來者。初約法答。次依事。初約法答云。諸菩薩無來無去如是而來。無行無住如是而來。乃如经自具。经云。善男子我愿满足成一切智得菩提时。汝及文殊师利俱得见我者。会三世因圆。智无古今。即三世佛一时相见。同一智慧。于此段中约科为三段。一尔时善财童子恭敬右绕慈氏菩萨已下。直至见楼阁中一切庄严自在境界。有九纸经。明入佛智境。观果知因无异分。二尔时弥勒菩萨已下。至善知识加被忆念威神之力。有九行半经。明弥勒菩萨自摄神力。所现一切境界并无以手弹指命善财令起分。三圣者此解脱门其名何等已下。至与汝往昔同生同行。可有四纸经。明善财问法门名目。并问弥勒菩萨来处。所生处所分。于问法门名目中。问其四法。一问入楼阁中所有法门境界解脱之名。二问庄严事何处去。三问弥勒菩萨从何处来。四问菩萨生处。一问法门名目者。此解脱门。名入三世一切境界不忘念庄严藏。二问庄严事何处去者。慈氏答言。于来处去。又问从何处来。答曰。从菩萨智慧神力中来。依菩萨智慧神力中住。约体无来去处。具如经文。三问慈氏从何处来者。初约法答。次依事。初约法答云。诸菩萨无来无去。如是而来。无行无住。如是而来。乃

至大慈大悲大願中來廣加經說依事者云我從
生處摩羅提國而來者此國是約聖者之德立號
表聖者智德高出世無過者長者子名瞿波羅者
此云守護心地曰法也慈氏令入佛法故四問生
處者初法答次依事初依法答有十事生處經云
菩提心是菩薩生處次深心次善知識次諸地波
羅蜜次大願次大悲次如理觀察次大乘次教化
眾生次智慧方便如是等是菩薩生處般若爲生
母方便以爲父檀度爲乳母持戒爲養母忍辱爲
莊嚴精進爲養育禪定爲浣濯善友爲教授師菩
提爲伴侶眾善爲眷屬菩薩爲兄弟以如是等是
菩薩生處廣加經自具依事答者於此閻浮提界
摩羅提國拘吒聚落婆羅門家是生處拘吒聚落
此云多家多諸人家所聚同居名爲多家故婆羅
門家者淨種中生明智無垢也善男子我住於此
大樓閣中隨諸眾生心之所樂現種種方便教化
調伏者明處大智大慈悲偏法界廣大報得幻生
樓閣中隨諸眾生所樂見身名隨業果示現調伏
以示現菩薩徧智變化莊嚴超過一切諸欲界者
此對欲界者說討以一生佛果菩薩徧智報境總
超過三界及三乘乃至下地一切諸境界故已智

至大慈大悲大愿中来。广如经说。依事者。云我从生处摩罗提国而来者。此国是约圣者之德立号。表圣者智德高出。世无过者。长者子名瞿波罗者。此云守护心地白法也。慈氏令入佛法故。四问生处者。初法答次依事。初依法答。有十事生处。经云。菩提心是菩萨生处。次深心。次善知识。次诸地波罗蜜。次大愿。次大慈。次如理观察。次大乘。次教化众生。次智慧方便。如是等是菩萨生处。般若为生母。以方便为父。檀度为乳母。持戒为养母。忍辱为庄严。精进为养育。禅定为浣濯。善友为教授师。菩提为伴侣。众善为眷属。菩萨为兄弟。以如是等是菩萨生处。广如经自具。依事答者。于此阎浮提界摩罗提国拘吒聚落婆罗门家是生处。拘吒聚落。此云多家。多诸人家所聚同居。名为多家故。婆罗门家者。净种中生明智无垢也。善男子。我住于此大楼阁中。随诸众生心之所乐。现种种方便教化调伏者。明处大智大慈悲遍法界广大报得幻生楼阁中。随诸众生所乐见身。各随业果示现调伏。以示现菩萨福智变化庄严。超过一切诸欲界者。此对欲界者说。计以一生佛果菩萨。福智报境。总超过三界及三乘。乃至下地一切诸境界故。已智同十方一切諸佛所用故現佛智德無障礙故。已授一生次補佛位故。猶如長子持父家事。不異父故。亦如輪王第一夫人所生太子具三十二相與父同其福智。共其報業若奉王命使持國事與父無異。但以父王所攝衆生化緣未盡不處王位。慈氏如來亦復如是。但爲毗盧遮那示現化跡所攝衆生一勢未終。未處示現下生成佛之位。然約其實德已與。一切諸佛智用無差也。但爲如來設教引凡。示現出沒。令衆生不厭長自道心非是諸佛此生彼沒若以法界智境。不約凡情。十方一切國土微塵。一一塵中佛海無盡。互參暎徹不生不滅。不出不沒。但入法性身處智境幻住門照之。一切衆生亦不生不沒。一如佛境。

第八是故善男子汝應往詣文殊師利之所已下有五行半經。明慈氏還令善財見文殊師利。明至果同因表因中之果本來無二。分此段明慈氏已勝進入一生之佛果。卻令善財會入初信心時普光明殿如來智藏。佛果法界寂滅大用常然之門。無三世體總一時。故菩提體如虛空。非始終三世古今出入故。令善財卻見文殊。明果不移因故如下文自明。

同十方一切诸佛所用故。现佛智德无障碍故。已授一生次补佛位故。犹如长子。持父家事。不异父故。亦如轮王第一夫人所生大子。具三十二相。与父同其福智。共其报业。若奉王命。使持国事。与父无异。但以父王所摄众生。化缘未尽。不处王位。慈氏如来亦复如是。但为毗卢遮那示现化迹。所摄众生一势未终。未处示现下生成佛之位。然约其实德。已与一切诸佛智用无差也。但为如来设教引凡。示现出没。令众生不厌。长自道心。非是诸佛此生彼没。若以法界智境。不约凡情。一方一切国土微尘。一一尘中佛海无尽。互参映彻。不生不灭不出不没。但入法性身处智境幻住门照之。一切众生亦不生不没。一如佛境 。

第八是故善男子汝应往诣文殊师利之所已下。有五行半经。明慈氏还令善财见文殊师利。明至果同因。表因中之果本来无二分。此段明慈氏已胜进入一生之佛果。却令善财会入初信心时普光明殿如来智藏。佛果法界寂灭大用常然之门。无三世体。总一时故。菩提体如虚空。非始终三世古今出入故。令善财却见文殊。明果不移因故。如下文自明 。

校譌

第一紙十三行閒南藏作闕第二紙八行懌宋南藏作澤第三紙五行垂宋論作特第五紙十二行千下宋論有萬字十六行晝宋論作盡第六紙十五行闕宋論作觀十八行樓下宋南藏無闕字第十六紙九行遊一本作由十一行摩宋南北藏作按第十八紙五行等正宋南北藏作正等

第九爾時善財童子依彌勒菩薩摩訶薩教已下至頌。此一段。明善財已於慈氏所得一生之佛果。普印一百一十城之法門方於初信心中金剛藏智菩提場毗盧遮那如來師子座前。一切寶蓮華藏座上起等虛空界廣大十種心等。以明經歷一百一十城至慈氏一生佛果究竟不離初信心毗盧遮那如來金剛藏智菩提妙理中成便於金剛藏智菩提妙理之中。起法界佛果恆常普賢圓第九尔时善财童子依弥勒菩萨摩诃萨教已下至颂。此一段明善财已于慈氏所得一生之佛果。普印一百一十城之法门。方于初信心中。金刚藏智菩提场毗卢遮那如来师子座前。一切宝莲华藏座上。起等虚空界广大十种心等。以明经历一百一十城。至慈氏一生佛果。究竟不离初信心。毗卢遮那如来金刚藏智菩提妙理中成。便于金刚藏智菩提妙理之中。起法界佛果恒常普贤圆周法界妙行。以此已下善財於普賢身中行菩薩行。普賢摩善財童子頂。方明法界中恆常佛果恆常普賢行。相及相應。方始及得一切諸佛已成舊果普賢舊行。至慈氏菩薩明此無三世中一生是見修道行初始入佛果位之生。當來降神下生是當來成佛之生。以六相法門該之。善財亦以今生是見道修行行滿之生。來生方明成佛之生。以此當來一生之佛果會根本金剛藏智菩提妙理毗盧遮那如來所得之果普賢舊行。本來一體具足三世古今不二。時復不還同異自在處法界因陀羅網無礙法門。從此慈氏一位法門約分六門。一明舉果成因起信門。二明已信加行契修門。三加行修行契果門。四已將所契之果會因門。五還依本因圓融門。六究竟法界始終因果無二同時不遷門。以此六門和會可見其意。此一段有十紙已下經明善財於慈氏菩薩所勝進入一生之佛果智境得三世一切境界不忘念莊嚴藏門。返印一百一十城之法門。入初信心時不出剎那際因圓果滿。至金剛藏菩提場毗盧遮那如來師子座前一切寶蓮華藏座上。起等虛空界廣大十種心。方周法界妙行。以此已下善财于普贤身中行菩萨行。普贤摩善财童子顶。方明法界中恒常佛果。恒常普贤行。相及相应。方始乃得一切诸佛已成旧果普贤旧行。至慈氏菩萨。明此无三世中一生。是见修道行。初始入佛果位之生。当来降神下生。是当来成佛之生。以六相法门该之。善财亦以今生是见道修行。行满之生。来生方明成佛之生。以此当来一生之佛果。会根本金刚藏智菩提妙理毗卢遮那如来所得之果。普贤旧行。本来一体具足三世古今不二。时复不迁。同异自在。处法界因陀罗网无碍法门。从此慈氏一位法门。约分六门。一明举果成因起信门。二明已信加行契修门。三加行修行契果门。四已将所契之果会因门。五还依本因圆融门。六究竟法界始终因果无二。同时不迁门。以此六门和会。可见其意。此一段。有十纸已下经明善财于慈氏菩萨所。胜进入一生之佛果智境。得三世一切境界不忘念庄严藏门。返印一百一十城之法门。入初信心时。不出刹那际。因圆果满。至金刚藏菩提场毗卢遮那如来师子座前。一切宝连华藏座上。起等虚空界广大十种心。方起恒常法界佛果普賢行。以此位中。十方佛刹微塵中普賢菩薩。一一塵中一時摩善財頂。以明佛果法界行滿。意明行滿不離因時。不還智不異。乃至見佛刹微塵數善知識。乃至見普賢身肢節毛孔中國土身。以明入法界智境行網。一多重重無礙無礙無盡無盡。利生常然之門。具如文自廣明。論文略申經中意趣。所以不可具錄其文。於此段中長科爲十段。一爾時善財童子依彌勒菩薩摩訶薩教已下。至同住渴仰欲見普賢菩薩。有三十三行半經。明善財以慈氏菩薩所勝進修行入一生之佛果。卻會初信心中菩提場普光明殿智境法界恒然寂用無礙因陀羅網境界佛果普賢行海恒圓滿分。經云漸次而行經遊一百一十城已到普門國者。以一切十方諸佛及一切眾生同爲一法界國土無別體故。經遊一百一十城者。明一時普印前所修法。無前後故。思惟觀察一心願見文殊師利。即見三千大千世界微塵數善知識者。即明以文殊師利法身智慧等周普見一切不異文殊之體明總相也。此三千大千世界微塵數量者。普門國法界初數總相次第意明毛孔中三千起恒常法界佛果普贤行。以此位中。十方佛刹微尘中普贤菩萨。一一尘中一时摩善财顶。以明佛果法界行满。意明行满不离因。时不迁。智不异。乃至见佛刹微尘数善知识。乃至见普贤身肢节毛孔中国土身。以明入法界智境行网。一多重重。无碍无碍。无尽。无尽利生常然之门。具如文自广明。论文略申经中意趣。所以不可具录其文。于此段中长科为十段。一尔时善财童子依弥勒菩萨摩诃萨教已下。至同住渴仰欲见普贤菩萨。有三十三行半经。明善财以慈氏菩萨所胜进修行入一生之佛果。却会初信心中菩提场普光明殿智境法界恒然寂用无碍因陀罗网境界。佛果普贤行海恒圆满分。经云渐次而行。经游一百一十城已。到普门国者。以一切十方诸佛。及一切众生。同为一法界。国土无别体故。经游一百一十城者。明一时普印前所修法。无前后故。思惟观察一心愿见文殊师利。即见三千大千世界微尘数善知识者。即明以文殊师利法身智慧等周。普见一切。不异文殊之体。明总相也。以三千大千世界微尘数量者。普门国法界初数。总相次第。意明毛孔中三千大千世界。卽周十方。一一皆等入法界方便。不可越數之也。次於此金剛藏菩提場中毗盧遮那如來師子座前。一切寶蓮華座上。起等虛空界廣大心者明以本信心中所信佛果菩提金剛智藏無染大悲之體起一切法界因陀羅網境界普賢極行之門。已下意例然。如文廣說。此明總收所進修之因果。而歸本樣。立法如是令使開解。一一如是自心觀達修行令使相稱。是衆聖賢之大意也。意明不離初信心中菩提體根本智。修差別智滿普賢行。充滿十方塵刹重重。普賢行海是自行滿。因果不出刹那際中。恆以此法恆化衆生。不出刹那際。無有斷絕始終之念。此明毗盧遮那普賢法界無始無終。大圓明智恆普印之。常行無有出沒休廢之事。十方常然。身無內外。一卽於此金剛藏菩提場毗盧遮那如來師子座前。一切寶蓮華藏座上起等虛空界廣大心已下至善財童子起如是心時有入行經。明善財於初所信心中法界金剛智藏菩提體中起普賢法界大用。因果同時無礙分。以上六相義該之。三由自善根如來加被普賢菩薩同善根力已下至是爲十有十一行經。爲明善大千世界。即周十方。一一皆等。入法界方便。不可越数之也。次于此金刚藏菩提场中毗卢遮那如来师子座前。一切宝莲华座上。起等虚空界广大心者。明以本信心中所信佛果菩提金刚智藏无染大悲之体。起一切法界因陀罗网境界普贤恒行之门。已下意例然。如文广说。此明总收所进修之因果。而归本样。立法如是。令使开解。一一如是自心观达修行令使相称。是众圣贤之大意也。意明不离初信心中菩提体根本智。修差别智满普贤行。充满十方尘刹重重。普贤行海是自行满。因果不出刹那际中。恒以此法恒化众生。不出刹那际。无有断绝始终之念。此明毗卢遮那普贤法界。无始无终。大圆明智恒普印之。常行无有出没休废之事。十方常然。身无内外。二即于此金刚藏菩提场毗卢遮那如来师子座前。一切宝莲华藏座上。起等虚空界广大心已下。至善财童子起如是心时。有八行经。明善财于初所信心中。法界金刚智藏菩提体中。起普贤法界大用。因果同时无碍分。以六相义该之。三由自善根如来加被普贤菩萨同善根力已下。至是为十。有十一行经。为明善財見十種瑞相分。四又見十種光明相已下至是爲十有十七行經。明善財見十種光明分。五時善財童子見此十種光明相已下至增長大法成一切智有五十七行經明善財見普賢菩薩在如來前衆會之中坐寶蓮華師子之座及見普賢身一一毛孔中廣大法界分。六爾時善財童子見普賢菩薩如是自在神通已下至一切如來遊戲神通有二十三行經。明善財重觀普賢身見十方諸佛人天地獄咸在於身毛孔之中分。七善財童子見普賢菩薩如是已下。至善財童子既得是已有十三行半經。明善財童子得十住智徧一切法智波羅蜜分。八普賢菩薩即伸右手摩善財頂已下。至所得法門亦皆同等有十四行經明此方普賢菩薩摩善財頂及所得法門十方一切世界一切微塵中普賢菩薩。一時摩善財頂及善財所得法門皆悉如此分。九爾時普賢菩薩摩訶薩告善財言已下至善男子汝應觀我此清淨身有六十行經。明普賢菩薩爲善財說。自謂衆生求出離道修行福智二行以不可說不可說佛刹微塵數劫行菩薩行求一切智於身肉手足肝膽王位財寶及财见十种瑞相分。四又见十种光明相已下。至是为十。有十七行经。明善财见十种光明分。五时善财童子见此十种光明相已已下。至增长大法成一切智。有五十七行经。明善财见普贤菩萨在如来前众会之中。坐宝莲华师子之座。及见普贤身一一毛孔中广大法界分。六尔时善财童子见普贤菩萨如是自在神通已下。至一切如来游戏神通。有二十三行经。明善财重观普贤身。见十方诸佛人天地狱。咸在于身毛孔之中分。七善财童子见普贤菩萨如是已下。至善财童子既得是已。有十三行半经。明善财童子得十种智。遍一切法智波罗蜜分。八普贤菩萨即伸右手摩善财顶已下。至所得法门亦皆同等。有十四行经。明此方普贤菩萨摩善财顶。及所得法门。十方一切世界一切微尘中普贤菩萨。一时摩善财顶。及善财所得法门皆悉如此分。九尔时普贤菩萨摩诃萨告善财言已下。至善男子汝应观我此清净身。有六十行经。明普贤菩萨为善财说。自谓众生求出离道。修行福智二行。以不可说不可说佛刹微尘数劫。行菩萨行求一切智。于身肉手足肝胆王位财宝。及

以轉輪王位求一切智利益衆生門無暫時間斷
分十爾時善財童子觀普賢菩薩身相好肢節一
一毛孔中已下至頌有三十九行經。明善財觀普
賢菩薩身相好毛孔境界法門。一念所入諸佛刹
海過前不可說不可說佛刹微塵數位分。一毛孔
如是。一切毛孔亦然廣如經自明。

第十從八行頌已下至經末明普賢稱歎如來
法界果德利生廣大。無量功德分。於說頌中分爲
三段。一初八行頌明普賢菩薩勑衆諦聽欲自說
佛功德分。二有六行經明衆歡喜樂聞分。三以頌
略申如來功德少許之分。其意頌文自具。

校譌

第二紙十一行王宋南藏作主　第四紙七行界下宋論無如東方三字　第十
四紙十五行位分宋論作倍一　第十九紙六行身宋南北藏作聲　第二十
一紙二行音宋論作者十三行間南藏作佛　第二十三紙二十行影宋論作像
第二十五紙二行量南論作盡

新建吳坤修敬刊

同治十一年秋八月金陵刻經處識

以转轮王位。求一切智利益众生门。无暂时间断分。十尔时善财童子观普贤菩萨身。相好肢节一一毛孔中已下至颂。有三十九行经。明善财观普贤菩萨身。相好毛孔境界法门。一念所入诸佛刹海。过前不可说不可说佛刹微尘数位分。一毛孔如是。一切毛孔亦然广如经自明 。

第十从八行颂已下。至经末。明普贤称叹如来法界果德。利生广大。无量功德分。于说颂中。分为三段。一初八行颂。明普贤菩萨敕众谛听。欲自说佛功德分。二有六行经。明众欢喜乐闻分。三以颂略申如来功德少许之分。其意颂文自具 。